胶南市志

1988–2012

胶南市志编纂委员会　编

方志出版社
Publishing House of Local Records

图书在版编目(CIP)数据

胶南市志:1988—2012/胶南市志编纂委员会编.
—北京:方志出版社,2016.12
ISBN 978-7-5144-2280-1

Ⅰ.①胶… Ⅱ.①胶… Ⅲ.①胶南-地方志-1988-2012 Ⅳ.①K295.24

中国版本图书馆 CIP 数据核字(2016)第 320260 号

胶南市志(1988—2012)

编　　者:胶南市志编纂委员会
责任编辑:陈　效　梅中英

出 版 人:冀祥德
出 版 者:方志出版社
地址　北京市朝阳区潘家园东里 9 号(国家方志馆 4 层)
邮编　100021
网址　http://www.fzph.org
发　　行:方志出版社发行中心
电话(010)67110500
经　　销:各地新华书店
印　　刷:青岛国彩印刷有限公司

开　　本:889×1194　1/16
印　　张:53.5
字　　数:1488 千字
版　　次:2016 年 12 月第 1 版　　2016 年 12 月第 1 次印刷
印　　数:0001～1000 册

ISBN 978-7-5144-2280-1　　**定价**:300.00 元

《胶南市志》编纂委员会成员名单

（2016年3月）

名誉主任　王建祥

主　　任　李奉利

副 主 任　柴方利　李福斌

委　　员　（按姓氏笔画排序）

于瑞泳　于增荣　尹相强　王延军　王福生　王锡坤

刘振声　刘瑞进　曲　波　宋　军　张喜军　杨　军

徐全征　徐炳军　徐海洁　董华峰　管池省　管学锋

薛立群　薛清平　薛维来

《胶南市志》编审人员名单

主　　审　王建祥　李奉利

副 主 审　孟庆胜　张磊娜　傅跃鑫

主　　编　王锡坤　彭煜文

执行副主编　山桂春

副 主 编　陈平业　刘要满

编　　辑　程艳芳　高丽杰　陈　静

翻　　译　孙伯东

摄　　影　李　伟　李遵义　冯　磊　李梦君

特邀审核　刘　鹏　王　慧　王连春　管绍波　王伟国　徐宗喜

贺云军　宋成富　王　凯　车增兴　葛宝华　刘佩宁

蔡明义　姚中英

胶南东部新城鸟瞰

老城变迁

①｜②｜③

④

① 20 世纪 80 年代初胶南县城人民路景象

② 20 世纪 90 年代初胶南老城区一角

③ 珠海路两侧城区（2004 年拍摄）

④ 胶南老城区新貌（2012 年拍摄）

新城演进

① 建设初期的胶南东部城区（2005 年拍摄）
② 上海路以西珠海路两侧城区（1999 年拍摄）
③ 滨海大道北侧石嘴子片区（2001 年拍摄）
④ 北京路与珠海路交界处新貌（2012 年拍摄）
⑤ 滨海大道两侧城区图

华灯初上的胶南东部新区

胶南东部行政办公中心

灵山湾省级旅游度假区

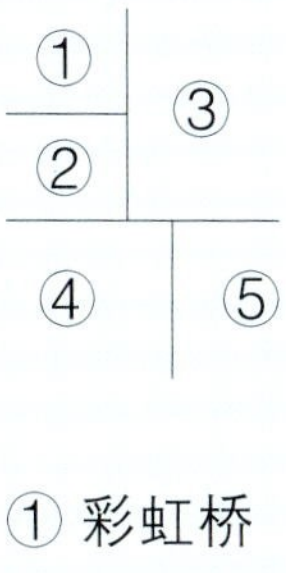

① 彩虹桥
② 沙滩运动广场
③ 城市阳台鸟瞰
④ 海水浴场
⑤ 滨海步道

琅琊台风景名胜区

①
②

① 琅琊台全景

② 琅琊台历史文化陈列馆

① 云梯
② 望越楼
③ 龙湾

大珠山风景区

①	②	③
	④	

① 珠山春色
② 珠山秋韵
③ 珠山秀谷
④ 大珠山鸟瞰

石门寺风景区

① 石门寺
② 墓塔林
③ 天然大佛
④ 石门寺景区全景

小珠山风景区

①小珠山云海
②古月山庄景区
③小珠山齐长城遗址
④小珠山全景
⑤博胜苑景区
⑥小珠山雾凇

藏马山国际旅游度假区

①蓝莓小镇
②藏马山旅游区全景
③仙境藏马山
④滑雪场
⑤藏马庄

灵山岛风景区

① 望海亭
② 老虎嘴
③ 贝壳楼
④ 千层岩
⑤ 背来石
⑥ 海岛渔村
⑦ 灵山岛远眺

董家口港

① 2009 年 5 月 31 日，青岛董家口港区开发建设启动仪式
② 港区引堤工程开工，202 天即突破千米，打破了世界同类建设速度纪录
③ 2010 年 4 月 13 日，港区最大海上项目防波堤工程的首个沉箱开始出运安装
④ 董家口港 40 万吨矿石码头投入使用（2012 年拍摄）
⑤ 董家口港 LNG 码头

①④⑤②③

①	③
②	④

①胶南经济开发区　③ 青岛东方影都

② 大学科研区　④ 青岛临港经济开发区

开放开发

工业企业

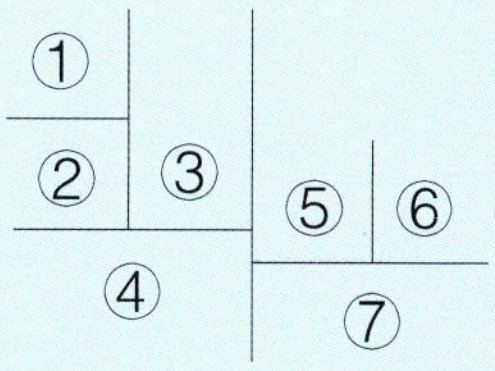

① 青岛琅琊台集团前身老厂区
② 青岛琅琊台酒主要产品
③ 青岛琅琊台集团酿酒车间
④ 青岛琅琊台集团技术中心
⑤ 青岛明月海藻集团公司旧貌
⑥ 海藻生物科技中心
⑦ 青岛明月海藻集团公司新貌

① 青岛环球集团主要产品粗细联纺机
② 青岛环球集团公司旧貌
③ 青岛环球集团新貌

工业企业

④ 双星轮胎公司老厂区
⑤ 双星轮胎车间
⑥ 双星“工业 4.0”智能化工厂

工业企业

① ⑤
② ③ ⑥
④ ⑦

①青岛现代造船基地
②青岛东海药业有限公司
③青岛聚大洋集团公司
④青岛钢铁董家口生产基地
⑤康大食品有限公司股票在新加坡主板市场正式挂牌交易（2006年10月拍摄）
⑥圣元营养食品有限公司
⑦青岛海精化工公司全貌

①　③　④

②　⑤

① 2008 年 11 月，青岛东元启用典礼暨世纪东元奠基仪式

② 德枫丹（青岛）机械有限公司竣工投产仪式

③ 海尔工业园家电生产车间

④ 海尔工业园装配车间

⑤ 海尔（胶南）工业园全貌

工业企业

① 海青采茶节
② 海青优质茶生产基地
③ 现代农业示范园
④ 佳沃蓝莓生产基地
⑤ 张家楼沃林蓝莓加工车间
⑥ 佳沃蓝莓育苗基地

现代农业

① 工厂化食用菌生产车间
② 大村食用菌生产基地
③ 渔业加工
④ 积米崖渔港码头
⑤ 深海抗风浪网箱养殖基地
⑥ 海上养殖基地

现代农业

① 海青茶博城

② 海青镇驻地鸟瞰

③ 海青镇驻地徽派建筑

④ 张家楼镇驻地街景

⑤ 张家楼镇艺博城

特色小镇

①	②	⑤
③		⑥
④		⑦

①泊里镇驻地
②泊里镇主街道
③大场镇驻地
④大场商贸小区
⑤大村镇田园风光
⑥藏南镇驻地
⑦琅琊镇驻地

特色小镇

民俗文化

①③
②④

① 拉网节
② 徐福东渡纪念仪式
③ 民间艺术表演活动
④ 祭海节

民俗文化

①　④
②　③　⑤　⑥
⑦

① 胶南年画
② 胶南茂腔
③ 胶南剪纸
④ 2012 年 6 月 16 日，青岛胶南蓝莓节在张家楼镇开幕
⑤ 青岛海洋音乐季演出现场 (2009 年 9 月拍摄)
⑥ 中国琅琊旅游文化节暨胶南杜鹃花会开幕式 (2011 年 4 月拍摄)
⑦ “醉美灵山湾 活力新胶南” 大型文艺演出 (2012 年 8 月拍摄)

蓝莓之乡 魅力胶南
2012
青岛胶南蓝莓节

青岛海洋音乐季

2012青岛世界城市音乐节系列
醉美灵山湾 活力新胶南
大型文艺演出

琅琊台古韵

序

续修《胶南市志》，历时七载，数易其稿，终将付梓。这是青岛西海岸新区成立以来又一历史文化成果，是全区人民政治文化生活中的一件大事，可喜可贺。

地方志是一种具有特殊历史文化和学术价值的资料性文献，是我国传统文化典籍中的瑰宝，也是人类历史文化遗产的重要组成部分，具有“存史、资政、教化”的重要功能。盛世修志，是中华民族的优良传统，代代相传，绵延不断。

胶南历史虽然悠久，但建置兴废无常。明代修志盛行时期，胶南地区又隶属诸城、胶州，述及胶南有限。乾隆十六年，灵山卫人苏潜修编纂《灵山卫志》八卷，是为胶南境内有史以来的第一部志书。1982 年 5 月，恰逢我国倡修新方志，县政府启动《胶南县志》编修，并于 1991 年 6 月出版发行，这是胶南首部新方志。本次编修的《胶南市志》是《胶南县志》的续篇，其断限为 1988 至 2012 年。这期间，正值神州大地改革开放时期，中华民族迎来了空前的繁荣昌盛，也是胶南经济发展最快、城乡面貌变化最大、人民群众得实惠最多的时期，记录这段历史意义重大。

《胶南市志》承上启下，涵盖纵横，涉及百科，生动详实地记述了胶南改革开放以来的辉煌历程，是一部了解胶南自然风貌、经济嬗变、政治进步以及民情风俗的重要资料著述。展阅这幅历史画卷，能够深刻领略到胶南在历史长河中的变迁，触摸到胶南发展的脉搏，真切体会到改革开放大潮的震撼和胶南的沧桑巨变，也展现了胶南人民团结拼搏，真抓实干，敢为人先，开拓进取的精神面貌。全体编修人员夜以继日，辛勤笔耕，字斟句酌，默默奉献，终于成此一百四十余万言之洋洋巨帙。值此，谨向为这项浩繁工程提供支持帮助的部门、单位，向本志编写的组织者、参与者、支持者表示衷心的感谢！

历史，历久弥新，是宝贵的财富。通晓历史，方能认识大道，我们应敬畏历史、敬畏文化、敬畏先人，传承好历史文化。站在历史的肩膀上，我们一定会看得更清、看得更远。《胶南市志》的编纂告竣，为胶南建市(县)以来的历史划上圆满的句号。胶南的昨天已经载入史册，青岛西海岸新区的全新形象展现在世人面前。有理由相信，青岛西海岸新区人民将在中共青岛市委、青岛市人民政府的正确领导下谱写出崭新的篇章，新区的未来一定会更加美好，更加辉煌！

是为序。

中共青岛市委常委
中共青岛西海岸新区工委书记
中共黄岛区委书记
王建祥

中共青岛西海岸新区工委副书记
青岛西海岸新区管委主任
黄岛区人民政府区长
李奉利

二〇一八年十月

凡　例

编修宗旨　以马克思列宁主义、毛泽东思想、邓小平理论、“三个代表”重要思想和科学发展观以及习近平新时代中国特色社会主义思想为指导，坚持实事求是、突出特色、详今略古的原则，按照国务院《地方志工作条例》和《山东省地方志工作条例》有关要求，全面客观地记述境内自然、政治、经济、文化、社会等历史与现状，力求思想性、科学性、资料性、实用性相统一。

时间断限　本志为1991年版《胶南县志》的续志。时间断限上起1988年，下止2012年。为保证记述的完整性，部分内容、个别条目和图片适当上溯或下延。

地域范围　以2012年原胶南市行政区域为主要记述范围；对历史上原胶南所涉及的事物，予以适当记述。

编修体裁　本志框架结构采用篇、章、节、目体，志首设总述、大事记，中间设专业志28篇，末为附录。以述、记、志、传、图、表、录为表现形式，以志为主体。本志的文体除引文和附录外，一律使用语体文、记述体。

入志人物　坚持生不立传原则，入志人物原则上为1988～2012年期间去世的本籍人物和在境内有重大影响的客籍人物，并补录1991年版《胶南县志》遗漏的部分历史人物。所有人物均按卒年先后排序。

统计数字　有关数据均以统计数据为准，无统计数据的，原则上以主管部门提报的数据为准。

资料来源　本志资料主要由各部门、单位提报，此外还采用了部分档案馆馆藏资料和党史、旧志、专著资料等。

目　录

Contents

序 Preface
凡例 Explanatory Notes
总述 Overview …… 1
大事记 Chronicle of Events …… 9

第一篇　建　置

Administrative Regionalization

第一章　建置　区划 …… 47
第一节　建置沿革 …… 47
第二节　行政区划 …… 48
第二章　乡镇　街道　功能区 …… 52
第一节　张家楼镇 …… 53
第二节　琅琊镇 …… 55
第三节　藏南镇 …… 57
第四节　泊里镇 …… 58
第五节　大场镇 …… 61
第六节　海青镇 …… 63
第七节　大村镇 …… 65
第八节　六汪镇 …… 67
第九节　宝山镇 …… 69
第十节　王台镇 …… 70
第十一节　珠山街道 …… 72
第十二节　珠海街道 …… 73
第十三节　隐珠街道 …… 74
第十四节　滨海街道 …… 76
第十五节　铁山街道 …… 77
第十六节　灵山卫街道 …… 79
第十七节　胶南经济开发区 …… 80
第十八节　青岛琅琊台省级旅游度假区 …… 82
第十九节　青岛临港经济开发区 …… 83
第二十节　黄山经济区 …… 85
第二十一节　胶河经济区 …… 86
第二十二节　理务关经济区 …… 88
第二十三节　积米崖港区 …… 89

第二篇　自然环境与资源

Natural Environment & Resources

第一章　自然环境 …… 93
第一节　地质地貌 …… 93
第二节　山脉 …… 93
第三节　河流 …… 97
第四节　海域 …… 100
第五节　土壤　植被 …… 104
第六节　气候 …… 105
第二章　自然资源 …… 108
第一节　土地资源 …… 108
第二节　水资源 …… 108

第三节　林木资源 …………………………… 108
第四节　水产资源 …………………………… 108
第五节　陆地动物 …………………………… 109
第六节　矿产资源 …………………………… 109
第三章　自然灾害 …………………………… 110
第一节　风灾 ………………………………… 110
第二节　旱灾 ………………………………… 110
第三节　水灾 ………………………………… 111
第四节　雹灾 ………………………………… 112

第三篇　水　　利

Water Conservancy

第一章　水利工程 …………………………… 115
第一节　河道工程 …………………………… 115
第二节　灌溉工程 …………………………… 116
第三节　海坝海堤工程 ………………………… 118
第四节　水土保持工程 ………………………… 118
第二章　供水工程 …………………………… 120
第一节　水源工程 …………………………… 120
第二节　调水工程 …………………………… 127
第三节　饮水工程 …………………………… 127
第三章　水利管理 …………………………… 128
第一节　水资源管理 ………………………… 128
第二节　工程管理 …………………………… 129
第三节　水费计收 …………………………… 129

第四篇　国土管理

Land Resources Management

第一章　土地调查登记 ………………………… 133
第一节　土地利用现状调查 ……………………… 133
第二节　土地权属调查 ………………………… 133
第三节　土地确权登记 ………………………… 133
第二章　建设用地管理 ………………………… 134
第一节　土地征收 …………………………… 134
第二节　土地有偿使用 ………………………… 134
第三节　地价管理 …………………………… 135
第四节　土地拍卖 …………………………… 135
第三章　土地开发利用及保护 ………………… 136
第一节　土地利用总体规划 ……………………… 136
第二节　土地开发与复垦 ……………………… 136
第三节　基本农田保护 ………………………… 136
第四章　矿产资源保护与利用 ………………… 138
第一节　矿产资源保护 ………………………… 138
第二节　矿产开采 …………………………… 138
第五章　国土监察 …………………………… 139
第一节　执法监察机制建设 ……………………… 139
第二节　土地卫片执法检查 ……………………… 139

第五篇　环境保护

Environmental Protection

第一章　环境监测 …………………………… 143
第一节　大气环境监测 ………………………… 143
第二节　水环境监测 ………………………… 143
第三节　噪声环境监测 ………………………… 145
第四节　监测设备 …………………………… 145
第二章　环境治理 …………………………… 145

第一节 水环境污染治理 …… 145
第二节 大气环境污染治理 …… 146
第三节 噪声污染治理 …… 147
第四节 固体废物污染治理 …… 147
第三章 生态环境保护 …… 148
第一节 生态环境治理 …… 148
第二节 太阳能及农村能源综合利用 …… 149
第三节 环保模范市创建 …… 149
第四章 环境管理 …… 150
第一节 建设项目管理 …… 150
第二节 依法检查 …… 150
第三节 总量减排 …… 151
第四节 宣传教育 …… 151

第六篇 城乡建设与管理

Urban and Rural Construction & Management

第一章 城市规划 …… 155
第一节 城市总体规划 …… 156
第二节 专项规划 …… 156
第三节 控制性详细规划及城市设计 …… 157
第四节 勘察设计 …… 158
第二章 城市综合开发 …… 159
第一节 东部开发 …… 159
第二节 海滨工业园开发 …… 159
第三节 临港经济区开发 …… 159
第四节 拆迁改造 …… 160
第三章 市政建设 …… 161
第一节 道路 …… 161
第二节 桥梁 …… 165
第三节 排水 …… 167
第四节 污水处理 …… 171
第五节 照明 …… 172
第四章 公用事业 …… 172
第一节 城区供水 …… 172
第二节 供电 …… 173
第三节 燃气 …… 177
第四节 供热 …… 177
第五章 镇村建设 …… 178
第一节 基础设施建设 …… 178
第二节 中心镇、重点镇建设 …… 179
第三节 村庄改造 …… 180
第六章 房地产业 …… 181
第一节 房地产开发 …… 181
第二节 保障房建设 …… 182
第三节 产权产籍和市场信息管理 …… 183
第四节 公积金管理 …… 183
第七章 建筑业 …… 184
第一节 行业管理 …… 184
第二节 建筑企业 …… 186
第三节 主要建筑工程 …… 186
第八章 城市管理 …… 188
第一节 市容整治 …… 188
第二节 环境卫生 …… 189
第三节 园林绿化 …… 190
第四节 物业管理 …… 191

第七篇 交通 邮电

Transportation, Posts & Telecommunications

第一章 陆路交通 …… 195
第一节 公路建设 …… 195
第二节 公路养护管理 …… 201
第三节 运输管理 …… 202

第四节　公路客运 …… 202
第五节　公路货运 …… 205
第六节　城区交通 …… 207
第二章　海上交通 …… 211
第一节　港口码头 …… 211
第二节　海上客运 …… 212
第三节　海上货运 …… 212
第三章　邮政 …… 213
第一节　邮政业务 …… 213
第二节　邮政设施 …… 215
第三节　邮路 …… 215
第四章　通信 …… 217
第一节　联通 …… 217
第二节　移动 …… 220
第三节　电信 …… 221
第四节　无线电管理 …… 222

第八篇　经济发展与改革

Economic Development & Reform

第一章　经济总量和产业构成 …… 225
第一节　经济总量 …… 225
第二节　产业构成 …… 226
第三节　重点项目 …… 227
第二章　经济结构调整 …… 229
第一节　第一产业结构调整 …… 229
第二节　第二产业结构调整 …… 231
第三节　第三产业结构调整 …… 232
第三章　对外经贸 …… 234
第一节　软环境建设 …… 234
第二节　招商园区建设 …… 235
第三节　招商引资 …… 238
第四节　对外贸易 …… 241
第四章　经济体制改革 …… 243
第一节　农村经济体制改革 …… 243
第二节　工业企业产权制度改革 …… 245
第三节　商贸流通体制改革 …… 248
第四节　民营经济发展 …… 250

第九篇　工　　业

Industry

第一章　概况 …… 255
第一节　发展历程 …… 255
第二节　工业科技 …… 261
第二章　机械工业 …… 264
第一节　纺织机械 …… 264
第二节　铸造机械 …… 265
第三节　手推车 …… 265
第四节　橡胶机械 …… 266
第五节　包装机械 …… 266
第六节　电气机械及器材 …… 267
第七节　工程机械 …… 268
第八节　其他机械 …… 268
第九节　通用零部件 …… 270
第三章　橡胶　造纸 …… 271
第一节　橡胶 …… 271
第二节　造纸及纸制品 …… 273
第四章　食品工业 …… 274
第一节　粮油加工及制品生产 …… 274
第二节　畜禽加工及制品生产 …… 275
第三节　果蔬加工 …… 275
第四节　乳制品 …… 276
第五节　保健食品 …… 276
第六节　白酒、葡萄酒和果酒 …… 276
第五章　化学工业 …… 277
第一节　海洋化工 …… 278
第二节　化学原料 …… 279

第三节　化学肥料 …… 279
第四节　有机肥料及微生物肥料 …… 279
第五节　生物化工 …… 280
第六节　合成材料 …… 280
第七节　涂料、颜料 …… 280
第八节　助剂、试剂 …… 281
第九节　香料 …… 281
第六章　建材工业 …… 281
第一节　玻璃及玻璃制品 …… 281
第二节　水泥、石灰 …… 282
第三节　水泥制品 …… 282
第四节　砖瓦、建筑砌块 …… 283
第七章　船舶　汽车 …… 283
第一节　船舶 …… 283
第二节　汽车 …… 284
第八章　家电电子 …… 286
第一节　家电 …… 286
第二节　电子 …… 286
第九章　医药工业 …… 287
第一节　化学药品原料药 …… 287
第二节　中药 …… 287
第三节　生物药品 …… 287
第四节　兽药 …… 288
第五节　卫生材料及医药用品 …… 288
第十章　电力工业 …… 288
第一节　火力发电 …… 288
第二节　风力发电 …… 289

第十篇　农　业

Agriculture

第一章　高效农业 …… 293
第一节　农业产业化 …… 293
第二节　农业标准化 …… 294
第三节　农业示范园区 …… 295
第四节　特色农业 …… 296
第二章　种植业 …… 301
第一节　农作物种植 …… 302
第二节　种植业结构 …… 303
第三节　栽培技术 …… 305
第四节　种子 …… 306
第五节　肥料 …… 308
第六节　农作物保护 …… 308
第三章　畜牧业 …… 309
第一节　畜禽养殖 …… 310
第二节　特种动物养殖 …… 312
第三节　品种改良 …… 313
第四节　重大动物疫病预防与控制 …… 314
第四章　农业机械 …… 315
第一节　农机种类 …… 315
第二节　农机科研与推广 …… 316
第三节　农机监理 …… 316
第四节　农机培训 …… 318
第五节　农机作业 …… 318

第十一篇　林果与桑蚕业

Forestry, Fruit & Silkworm Industries

第一章　林业 …… 321
第一节　林业生产 …… 321
第二节　林业科技 …… 325
第三节　林业管护 …… 326
第二章　果业 …… 331
第一节　果品种类 …… 331

第二节　果树分布及栽培技术 …… 331
第三节　果品基地建设 …… 332
第四节　优质果品 …… 332
第三章　桑蚕业 …… 333
第一节　柞蚕 …… 333
第二节　桑蚕 …… 333

第十二篇　海洋与渔业

Marine & Fisheries

第一章　海洋捕捞及管理 …… 337
第一节　渔港 …… 337
第二节　渔船及渔具 …… 338
第三节　捕捞生产 …… 339
第四节　渔政管理 …… 340
第二章　海水养殖及苗种培育 …… 342
第一节　藻类养殖 …… 344
第二节　贝类养殖 …… 345
第三节　海水鱼养殖 …… 348
第四节　海珍品养殖 …… 349
第五节　人工增殖及苗种培育 …… 351
第三章　淡水养殖及苗种培育 …… 352
第一节　设施及技术 …… 353
第二节　鱼种培育 …… 354
第四章　水产品加工 …… 355
第一节　鱼类加工 …… 355
第二节　海参鲍鱼加工 …… 356
第三节　海藻加工 …… 356

第十三篇　商业　贸易

Commercial Trade

第一章　商业流通 …… 359
第一节　商品购销 …… 359
第二节　转型改制 …… 359
第二章　粮油贸易 …… 360
第一节　粮油购销 …… 360
第二节　军粮供应 …… 362
第三节　粮油储备与调拨 …… 362
第三章　物资供应 …… 363
第一节　经营体制 …… 363
第二节　物资购销 …… 363
第四章　供销合作商业 …… 365
第一节　农资采供 …… 365
第二节　日用品采供 …… 366
第三节　农副产品购销 …… 367
第五章　烟草经营 …… 368
第一节　专卖管理 …… 368
第二节　卷烟经营 …… 368
第三节　烟叶管理 …… 369
第六章　盐业 …… 370
第一节　盐业生产 …… 370
第二节　食盐购销 …… 371
第三节　市场管理 …… 372
第七章　医药购销 …… 373
第一节　中药材购销 …… 373
第二节　药品购销 …… 373
第三节　医疗器械和卫生材料购销 …… 374
第八章　市场建设 …… 374
第一节　综合商场 …… 374
第二节　专业市场 …… 376
第三节　集贸市场 …… 378

第十四篇　财　　税

Fiscal revenues & taxation

第一章　财政 …… 383
第一节　财政体制 …… 383
第二节　财政收入 …… 384
第三节　财政支出 …… 386
第四节　重点领域财务及资金管理 …… 387
第五节　政府采购管理 …… 389
第六节　会计事务管理 …… 390
第七节　农业综合开发 …… 390
第八节　国有资产管理 …… 392
第二章　国税 …… 394
第一节　税种、税率及征收 …… 395
第二节　税务管理 …… 396
第三章　地税 …… 401
第一节　税种、税率及征收 …… 401
第二节　税务管理 …… 404

第十五篇　金　　融

Finance

第一章　银行业 …… 409
第一节　金融机构与业务 …… 410
第二节　货币发行、金银管理及国库管理 …… 418
第三节　货币信贷 …… 419
第四节　存储 …… 421
第五节　利率 …… 422
第六节　外汇管理 …… 423
第二章　保险业 …… 424
第一节　人民保险 …… 425
第二节　平安保险 …… 426
第三节　太平洋保险 …… 426
第三章　证券　典当 …… 427
第一节　证券 …… 427
第二节　典当 …… 428

第十六篇　经济管理与监督

Economic Management & Supervision

第一章　计划管理 …… 431
第一节　管理体制 …… 431
第二节　计划编制 …… 431
第二章　统计管理 …… 435
第一节　国民经济核算 …… 435
第二节　统计调查 …… 435
第三节　普查工作 …… 437
第四节　统计服务 …… 440
第三章　工商行政管理 …… 440
第一节　市场监管 …… 440
第二节　商标管理 …… 441
第三节　企业登记管理 …… 443
第四节　经济合同管理 …… 444
第五节　个私登记管理 …… 444
第六节　广告管理 …… 445
第七节　企业监督检查 …… 446
第八节　消费者权益保护 …… 447
第四章　质量技术监督 …… 448
第一节　质量管理 …… 448
第二节　依法监督 …… 449

第三节　标准化管理 …… 450
第四节　计量监督管理 …… 451
第五节　特种设备安全监察 …… 453
第五章　物价管理 …… 454
第一节　价格管理 …… 454
第二节　收费管理 …… 455
第三节　监督检查 …… 455
第四节　价格服务 …… 456
第六章　审计管理 …… 456
第一节　国家审计 …… 456
第二节　内部审计 …… 458
第七章　安全生产监督管理 …… 458
第一节　宣传培训 …… 458
第二节　依法监督 …… 459
第三节　社会监督 …… 460
第四节　专项整治 …… 460
第八章　食品药品监督 …… 461
第一节　食品卫生监督 …… 461
第二节　药品质量管理 …… 463
第三节　药品研制生产管理 …… 464
第四节　医疗器械质量管理 …… 464

第十七篇　政　　党

Political Party

第一章　中国共产党胶南市委员会 …… 467
第一节　工作机构 …… 467
第二节　党员代表大会 …… 467
第三节　重大决策 …… 475
第四节　组织工作 …… 479
第五节　编制管理 …… 486
第六节　地方党史编研 …… 493
第七节　宣传工作 …… 493
第八节　档案工作 …… 495
第九节　统战工作 …… 496
第十节　党校教育 …… 497
第十一节　对台事务 …… 497
第十二节　信访工作 …… 498
第十三节　市直机关党建 …… 499
第十四节　老干部工作 …… 499
第二章　纪检监察 …… 501
第一节　案件查处 …… 501
第二节　党性党风党纪教育 …… 502
第三节　纠风与专项治理 …… 503
第四节　行政监察 …… 504
第五节　领导干部廉洁自律 …… 505

第十八篇　群众团体

Mass Organizations

第一章　工会 …… 509
第一节　工会组织建设 …… 509
第二节　会员代表大会和职工代表大会 …… 509
第三节　主要工作 …… 509
第二章　共产主义青年团 …… 512
第一节　组织建设 …… 512
第二节　主要工作 …… 512
第三章　妇女联合会 …… 514
第一节　组织建设 …… 514
第二节　主要工作 …… 514
第四章　科学技术协会 …… 516
第一节　主要活动 …… 516
第二节　学会工作 …… 517
第三节　企业科协工作 …… 517

第五章　归国华侨联合会 …… 517
第一节　侨眷服务 …… 517
第二节　海外联谊 …… 518
第六章　残疾人联合会 …… 518
第一节　登记管理 …… 518
第二节　康复工作 …… 518
第三节　教育与职业培训 …… 519
第四节　就业、扶贫 …… 519
第五节　文体活动 …… 520
第六节　维权工作 …… 520
第七章　红十字会 …… 520
第一节　备灾救灾与募捐救助 …… 520
第二节　红十字应急救护培训 …… 521
第三节　红十字志愿服务 …… 521
第四节　关爱生命三项捐献 …… 521
第八章　工商业联合会 …… 522
第一节　会员代表大会和商会 …… 522
第二节　主要工作 …… 522

第十九篇　政权　政协

Regime & the CPPCC

第一章　胶南市人民代表大会 …… 525
第一节　工作机构 …… 525
第二节　人民代表大会 …… 525
第三节　主要工作 …… 529
第二章　胶南市人民政府 …… 533
第一节　市(县)政府机构 …… 533
第二节　政务会议 …… 536
第三节　调研督查 …… 537
第四节　政府实事 …… 537
第五节　应急管理 …… 540
第六节　行政审批与公共资源交易 …… 542
第七节　政府法制 …… 543
第八节　对口支援 …… 544
第九节　史志工作 …… 545
第三章　政协胶南市委员会 …… 546
第一节　工作机构 …… 546
第二节　全体会议 …… 546
第三节　主要工作 …… 548

第二十篇　政法　武装

Judicature & military affairs

第一章　社会治安综合治理 …… 553
第一节　基层基础工作 …… 553
第二节　“平安胶南”创建 …… 554
第二章　公安 …… 556
第一节　打击刑事犯罪 …… 556
第二节　打击经济犯罪 …… 557
第三节　治安管理 …… 558
第四节　道路交通管理 …… 559
第五节　户政及出入境管理 …… 562
第六节　监所管理 …… 563
第七节　安全保卫 …… 564
第八节　科技强警 …… 565
第三章　检察 …… 566
第一节　刑事检察 …… 566
第二节　反贪污贿赂检察 …… 568
第三节　反渎职侵权检察 …… 569
第四节　民事行政检察 …… 569
第五节　控告申诉检察 …… 569
第六节　监所检察 …… 570
第四章　审判 …… 570
第一节　刑事审判 …… 570
第二节　民事审判 …… 571
第三节　商事审判 …… 572
第四节　行政审判 …… 573

第五节　少年审判 …………………………… 573
第六节　案件执行 …………………………… 575
第七节　审判监督 …………………………… 577
第八节　立案信访 …………………………… 578
第五章　司法行政 …………………………… 579
第一节　普法教育 …………………………… 579
第二节　人民调解 …………………………… 580
第三节　安置帮教 …………………………… 580
第四节　社区矫正 …………………………… 580
第五节　公证 ………………………………… 581
第六节　律师 ………………………………… 581
第七节　基层司法 …………………………… 582
第八节　法律援助 …………………………… 582
第九节　司法鉴定 …………………………… 582
第六章　武装 ……………………………… 583
第一节　工作机构 …………………………… 583
第二节　兵员征集 …………………………… 583
第三节　民兵预备役 ………………………… 584
第四节　军事活动 …………………………… 585
第五节　消防管理 …………………………… 585
第六节　边防管理 …………………………… 587
第七节　武装警察 …………………………… 587
第八节　人民防空 …………………………… 588

第二十一篇　社会事务

Social Affairs

第一章　人事管理 ………………………… 591
第一节　公务员管理 ………………………… 591
第二节　事业单位人员管理 ………………… 591
第三节　军队转业干部安置 ………………… 593
第四节　专业技术人员管理 ………………… 593
第五节　人才交流与毕业生就业 …………… 595
第六节　机关事业单位工资管理 …………… 596
第七节　机关事业单位离退休待遇 ………… 598
第二章　劳动保障 ………………………… 602
第一节　就业与再就业管理 ………………… 602
第二节　劳动关系管理 ……………………… 603
第三节　职业技能培训 ……………………… 604
第四节　企业职工工资与福利 ……………… 604
第五节　社会保险管理 ……………………… 607
第六节　职工离、退休待遇 ………………… 611
第七节　劳动监察与劳动争议仲裁 ………… 613
第三章　民政 ……………………………… 614
第一节　村(居)民自治和城乡社区建设 …… 614
第二节　拥军优抚安置 ……………………… 614
第三节　婚姻登记 …………………………… 617
第四节　民间组织登记管理 ………………… 618
第五节　地名、界线管理 …………………… 619
第六节　老龄事业 …………………………… 619
第七节　救济救助 …………………………… 620
第八节　社会福利事业 ……………………… 624
第九节　移民安置 …………………………… 625
第十节　慈善事业 …………………………… 627
第十一节　殡葬管理 ………………………… 628

第二十二篇　科学技术

Science and Technology

第一章　科研机构与队伍 ………………… 631
第一节　科研机构 …………………………… 631
第二节　科技队伍 …………………………… 631
第二章　科技开发 ………………………… 632
第一节　高新产业 …………………………… 632
第二节　民企科技 …………………………… 632

第三节 科研成果 …… 633
第三章 科技服务 …… 635
第一节 知识产权保护及专利管理 …… 635
第二节 情报交流 …… 635
第三节 技术市场 …… 635
第四节 科技兴农 …… 636
第五节 科技兴工 …… 636
第四章 气象观测及服务 …… 637
第一节 气象观测 …… 637
第二节 气象预报 …… 638
第三节 气象服务 …… 638
第四节 人工影响天气 …… 638
第五章 地震监测与防御 …… 639
第一节 监测预报 …… 639
第二节 震害防御 …… 639
第三节 应急救援 …… 639

第二十三篇 医药 卫生

Health Care & Hygiene.

第一章 综合医疗 …… 643
第一节 医疗机构 …… 643
第二节 医疗队伍 …… 646
第三节 医疗设备 …… 648
第四节 医疗技术 …… 648
第五节 医疗急救与血液管理 …… 649
第六节 医疗经费 …… 650
第二章 专业防治与保健 …… 651
第一节 传染病防治 …… 651
第二节 慢性病监测及防治 …… 652
第三节 计划免疫 …… 652
第四节 妇女保健 …… 653
第五节 儿童保健 …… 655
第三章 爱国卫生及社会卫生 …… 656
第一节 除“四害” …… 656
第二节 农村改水改厕 …… 657
第三节 创卫工作 …… 657
第四章 农村医疗卫生 …… 657
第一节 机构管理 …… 657
第二节 新型农村合作医疗管理 …… 658
第三节 乡村医生管理 …… 659
第四节 卫生下乡支农 …… 659
第五章 卫生科研与人才培训 …… 660
第一节 医学科研 …… 660
第二节 医学人才培训 …… 660

第二十四篇 教育 体育

Education & Sports

第一章 教育行政 …… 663
第一节 教育管理与监督 …… 663
第二节 教育经费与装备 …… 668
第三节 招生考试 …… 671
第二章 基础教育 …… 674
第一节 学前教育 …… 674
第二节 义务教育 …… 675
第三节 普通高中教育 …… 680
第四节 特殊教育 …… 682
第三章 中等专业(职业)教育 …… 683
第一节 中等师范教育 …… 683
第二节 中等职业教育 …… 683
第四章 高等教育 …… 689
第一节 公办高等教育 …… 689
第二节 民办高等教育 …… 691
第五章 成人教育 …… 691

第一节 农民教育 …… 691
第二节 职工教育 …… 692
第六章 体育 …… 693
第一节 学校体育 …… 693
第二节 群众体育 …… 694
第三节 竞技体育 …… 696
第四节 体育设施 …… 702
第五节 承办赛事 …… 704

第二十五篇 文　化

Culture

第一章 文化设施 …… 707
第一节 文化馆 …… 708
第二节 图书馆 …… 708
第三节 博物馆 …… 708
第四节 书店 …… 708
第五节 电影发行放映 …… 710
第六节 社区(村)文化活动基地 …… 711
第二章 群众文艺创作 …… 711
第一节 文学 戏剧 …… 711
第二节 影视 美术 …… 712
第三节 书法 摄影 …… 713
第四节 曲艺 音乐 …… 716
第五节 舞蹈 民间文艺 …… 716
第三章 文物保护及非物质文化遗产 …… 717
第一节 文物保护与管理 …… 717
第二节 重点文物 …… 718
第三节 非物质文化遗产 …… 729
第四章 文化活动 …… 733
第一节 专题文化活动 …… 733
第二节 民间艺术及其表演活动 …… 735
第五章 文化传媒 …… 736
第一节 广播 …… 736
第二节 电视 …… 736
第三节 报刊 …… 737
第六章 文化市场管理 …… 737
第七章 琅琊与徐福研究 …… 738
第一节 琅琊与徐福研究的缘起 …… 738
第二节 学术活动 …… 739
第三节 对外交流与合作 …… 741
第四节 琅琊台天文历法研究 …… 742

第二十六篇 旅　游

Tourism

第一章 旅游规划与资源开发 …… 745
第一节 旅游规划 …… 745
第二节 旅游资源开发 …… 746
第三节 旅游服务 …… 748
第二章 风景名胜区 …… 749
第一节 青岛琅琊台风景名胜区 …… 749
第二节 大珠山风景名胜区 …… 752
第三节 小珠山风景区 …… 754
第四节 灵山岛风景区 …… 755
第五节 双珠公园 …… 757
第三章 旅游度假区 …… 757
第一节 青岛琅琊台省级旅游度假区 …… 757
第二节 青岛灵山湾省级旅游度假区 …… 758
第三节 藏马山国际旅游度假区 …… 759
第四章 乡村特色旅游区 …… 760
第一节 海青茶园 …… 760
第二节 樱皇谷 …… 761
第三节 铁橛山风景区 …… 761
第四节 九上沟生态园 …… 762
第五节 蓝莓采摘园 …… 762
第六节 达尼画家村 …… 762
第五章 历史文化遗址 …… 763

第一节　齐长城遗址 …… 763
第二节　灵山卫古城 …… 763
第三节　夏河城遗址 …… 764
第四节　大珠山隋唐石窟 …… 764

第二十七篇　社会生活

Social Life

第一章　人口 …… 767
第一节　人口状况 …… 767
第二节　人口变动 …… 768
第三节　人口构成 …… 769
第四节　优生优育 …… 775
第二章　居民生活 …… 778
第一节　生活调查 …… 778
第二节　收入 …… 778
第三节　消费 …… 779
第四节　居住条件 …… 781
第三章　民俗风情 …… 782
第一节　岁时习俗 …… 782
第二节　礼仪习俗 …… 784
第三节　生活习俗 …… 785
第四节　崇信与禁忌民俗 …… 785
第五节　红白喜事 …… 786
第四章　方言 …… 789
第一节　方言的成因 …… 789
第二节　发音特征 …… 789
第三节　词汇特征 …… 789
第四节　胶南方言词语举例 …… 790

第二十八篇　人　　物

Personages

第一章　人物传略 …… 799
附录一：人物补遗 …… 801
附录二：望族人物 …… 808
第二章　烈士 …… 817

附　　录

Appendices

附录一：行政区划调整文件选录 …… 821
附录二：琅邪与四时祠考 …… 825
附录三：古城邑简考 …… 834

编后记 Epilogue …… 839

总　　述

胶南位于山东半岛西南部、青岛西海岸，南濒黄海，北邻胶州市，东接青岛经济技术开发区，西及西南与潍坊市、日照市接壤。陆域总面积1846平方千米，海域面积3949平方千米，海岸线长156千米。至2012年，全市辖16个镇（街道），1023个行政村（居委会），26.71万户，84.33万人。因位于胶州以南而得名。

一

胶南属滨海低山丘陵区，地势西北高、东南低。城区三面环山，东南及南濒海。全域拥有沿海港湾13处，岛屿10余座，主要港口有董家口、积米崖、琅琊、杨家洼、贡口和小口子等。大珠山、小珠山和铁橛山三大山系构成东北—西南向隆起带，支脉蔓延全境，有大小山头500余座，最高山峰小珠山海拔724.9米。境内拥有吉利河、陡崖子、铁山、小珠山、孙家屯5座中型水库和狄家河、桑行、花沟、林子等30多座小(1)型水库。境内共有大小河流125条，其中较大河流有风河、吉利河、白马河、横河、潮河、甜水河、胶河、巨洋河、洋河、错水河等，均为季风区雨源型河流。

境域属北温带季风气候区，年平均气温13.1℃，无霜期年均219天，降水量年均759.3毫米，空气质量优良率保持在98%以上。空气湿润，气候温和，春长秋爽，四季分明。

全市耕地面积6.4万公顷，林地面积7.41万公顷，沿海滩涂面积5300余公顷。林木树种134个，林木覆盖率达47.8%。海产鱼虾200余种，主要有带鱼、鲅鱼、乌贼、章鱼、黄鲫、鹰爪虾、对虾、海蜇、牙鲆、真鲷、梭子蟹等；潮间带、潮下带生物203种，可开发利用的有杂色蛤、泥蚶、西施舌、竹蛏、刺参、皱纹盘鲍、贻贝、扇贝、石花菜、紫菜等40余种。矿产资源有铁、石墨、沸石、铅、锰、铜、锆英石等24个矿种。

胶南历史文化悠久。新石器时期属东夷部族，长期对海洋的开发利用积淀形成了东夷部族特有的滨海文化形态。境内发现的大汶口文化、龙山文化和岳石文化遗址，揭示胶南为东夷文明的发祥地之一。西周初期，姜太公即在琅琊台建四时主祠，将尧帝时代分散在四方边陲春夏秋冬的祭祀集中到琅琊台上，使琅琊台成为中国最早的观象台。春秋战国时期，伴随吴越北上争霸和齐兼并方国的历史进程，东夷文化先后出现与吴越文化的南北对流，以及与齐文化、鲁文化的东西交融，产生了四方交融的

海上画屏—灵山岛远眺

琅琊文化。秦汉时期，在“六合同风，九州同贯”的文化背景下，接引大一统汉文化的琅琊成为半岛滨海地区的文化轴心，映射出滨海文化与中央文化汇融并进的历史进程。独特的文化和秀丽的山海风光，吸引了姜太公、齐桓公、齐景公、齐威王、齐宣王、秦始皇、汉武帝等多次巡游，齐威王、齐宣王、越王勾践、秦始皇、汉武帝都在此大兴土木工程。齐威王在琅邪邑建立方士基地，开始入海求仙，其子齐宣王也效仿求仙；秦始皇五巡天下三至琅琊，长住3个月，并遣徐福东渡求仙。琅琊台成为我国最早的求仙圣地，也是战国、秦汉期间全国的方仙文化和长生文化研究中心。明洪武年间灵山卫的设立，使境内武学文化与儒学文化并盛。自唐至清，李白、白居易、李商隐、苏东坡等文人墨客在此留下许多诗词佳作。抗战时期，境内是滨海与胶东两大革命根据地的接合部，积淀了丰厚的红色文化基因。

胶南风光秀美。境内山、海、岛、滩等资源众多，并有历史名胜和古文化遗址30多处，自然景观与人文景观交相辉映。修建于春秋战国时期的齐长城遗迹自西向东贯穿胶南；千古名胜琅琊台以秦始皇遣徐福东渡而闻名中外；大、小珠山以“双珠嵌云”，名列为古胶州八景之首；大珠山奇峰怪石美不胜收，万亩野生杜鹃盛开时花潮如涌，隋唐佛教文化与历代高士活动遗迹掩映其中；与大、小珠山隔海相望的灵山岛、斋堂岛、沐官岛俨如画屏屹立于万顷碧波；沿海10多处金色沙滩揽碧波银浪，与千姿百态的岸礁逶迤相连，如诗如画；灵山湾、藏马山、小珠山等旅游景区相继建成开放，胶南作为中国优秀旅游城市的内涵日益丰富。

二

改革开放以后，富有勤劳、开拓、进取精神的胶南人，顺应时代发展主旋律，以经济建设为中心，积极开拓富民强市之路。特别是“融入大青岛，建设新胶南”发展理念的确立，突破了县域经济框架模式，开创了依托大青岛发展的崭新局面。到“十五”末，全市经济综合实力、县域基本竞争力分别位居全国百强县(市)第34位和25位。“十一五”以来，胶南深入落实山东半岛蓝色经济区发展战略和青岛市“环湾保护，拥湾发展”战略，大力实施“以港兴市”战略，突出发展先进制造业、现代服务业和现代农业，促进了经济社会又好又快发展，县域基本竞争力跃居全国百强县(市)第17位。2012年，全市完成地区生产总值725.7亿元，比1988年的11.31亿元增长63倍；地方一般预算收入51.05亿元，城镇居民人均可支配收入27600元，农民人均纯收入13879元。

农业产业化水平不断提升，现代农业体系基本建立。首先是农业结构调整成效明显。1990年，“海上胶南”发展战略的实施加快了以海洋渔业为主体的海洋经济发展步伐。20世纪90年代中后期，市委、市政府提出“压缩粮食作物面积、扩大经济作物面积”，把果品、蔬菜、茶叶作为种植业发展的支柱产业重点培育，同时积极发展油料作物、烟叶、药材等经济作物。2004年以来，市委、市政府坚持富民优先、创业富民的工作导向，围绕率先突破“三农”，通过设立全民创业扶持基金、加强农业技术推广服务、放活农村商贸流通、扶持发展农民专业合作社和深入实施“一村一品、百村示范”工程等政策措施，促进了现代农业快速发展。至2012年，全市已初步形成食用菌、绿茶、蓝莓、深海养殖等七大特色农业，成为全国最大的蓝莓种植基地、中国北方最大的绿茶基地、江北最大的深海抗风浪网箱养鱼基地、青岛地区最大的食用菌生产加工出口基地、全国农业高效示范区。胶南绿茶、胶南蓝莓、大村香菇、大村黑木耳、泊里西施舌、灵山岛海参等6个农产品通过国家地理标志保护认证。

工业经济迅猛增长，工业主导地位基本确立。胶南一贯把发展工业放在经济工作的重要位置，。从乡镇企业异军突起到培植骨干企业，从扩大企业生产规模到提升企业自主创新能力，全市工业走过了“培育—发展—整合—壮大”的艰苦发展历程。20 世纪 90 年代中后期，实施“择优扶强、择强扶大”政策，加大对重点项目和骨干企业的培植力度，培植形成了机械、橡胶、造纸、化工、食品、建材、汽车和修造船等八大优势产业。进入 21 世纪，全市以工业化为目标，实施“工业兴市”战略，突出大项目和高新技术产业，形成了机械制造、橡胶化工、船舶汽车、食品药物等 4 大产业集群，以家电电子、新材料为核心的高新技术产业实现较快发展。“十一五”期间，以青岛临港经济开发区、胶南经济开发区、王台海西工业区、泊里重工业基地四大产业集聚区为主体，着力发展先进制造业。在不断壮大优势产业的同时，船舶与汽车零部件、风电设备、新能源、新材料、海洋生物等产业迅速成长。2012 年，市委、市政府印发《关于实施工业强市战略推进蓝色制造业跨越发展的意见》，提出大力发展冶金钢铁、石化化工两大潜力产业，重点振兴机械装备制造、食品饮料、橡胶轮胎、家电电子四大传统产业，积极培育高端装备制造、新能源、新材料、生物医药、节能环保、信息技术六大新兴产业，并依托董家口临港产业区、青岛临港经济开发区、胶南经济开发区、保税功能拓展区和国际经济合作区等重点园区和镇级工业园区，打造家电电子、石化化工、冶金钢铁、海洋工程装备、纺织机械、机械装备与手推车、海洋生物、能源新材料、煤矿机械等九大产业集聚区。是年，全市完成工业总产值 1854 亿元，实现销售收入 1751 亿元。其中，规模以上工业企业 776 家，完成工业总产值 1691.47 亿元，实现销售收入 1589.31 亿元，完成利税总额 198.11 亿元。

对外开放加快推进，外向经济凸显活力。1988 年 3 月，国务院进一步扩大经济开放区的范围，胶南被列为沿海经济开放区。自此，胶南市充分发挥区位优势、环境优势、资源优势，积极实施开放带动战略，调整产业布局，加强同世界各国的经济技术交流与合作，大力发展外向型经济，取得了巨大的发展和成就。先后与 170 多个国家和地区建立了经贸合作关系，并与韩国庆山市、亚美尼亚共和国阿保夫扬市等结为友好城市。进入 21 世纪，以开发建设的董家口临港产业区、灵山湾旅游度假区、青岛临港经济开发区、胶南经济开发区、大学科研区、琅琊台旅游度假区、灵山卫组团等作为主要产业平台，加快建设全国蓝色经济发展先行示范区、山东半岛蓝色经济核心区、海洋自主研发和高端产业集聚区，构筑青岛西海岸经济发展重要增长极。特别是董家口亿吨深水大港的建设，使胶南形成全方位、多层次、宽领域的对外开放格局，更加成为山东半岛开放开发的热土。先后被评为“山东省最佳投资城市”“福布斯中国最佳县级市”。1988～2012 年，共引进外资企业 1982 家，合同利用外资 89.7 亿美元，外资到位 44.9 亿美元。同时，突出龙头企业培植和优势产品出口，推进实施市场多元化战略，对外贸易额持续快速增长。1988～2012 年，全市实现外贸进出口总额累计 42 亿美元，其中出口 29.8 亿美元，年均增长 27%。泰发集团、双星轮胎、华天车辆、新东洋计电等 6 家企业年出口额超过 5000 万美元。

青岛海湾集团董家口石化产业基地启动暨海晶化工项目奠基仪式在董家口临港产业区举行

经济综合实力明显增强。1988 年，三次产业比为 44. 1∶38. 7∶17. 2，农业经济所占比重首次低于 50%，而第二产业和第三产业占据整个国民经济的半壁江山。自 1991 年起，第二产业比重超过第一产业，成为国民经济的主力军，虽从 2007 年开始比重下滑，但仍占据第一的位置。同时，第三产业呈现出勃勃生机，进入 21 世纪后一直占国内生产总值的 1/3 左右。而第一产业比重则逐年下降，从 2006 年起滑落到 10% 以下。到 2012 年，三次产业比变为 7. 2∶58. 2∶34. 6。

三

1985 年，胶南城市建设规划作出城区中心东移的调整，为胶南城市建设与发展打下良好的基础。到 1990 年，城区面积已达 11. 88 平方千米，城市发展框架基本形成。胶南撤县设市和胶南经济开发区的设立为城市建设快速发展提供了新的契机，加快了城市建设步伐。1998 年后，随着一期、二期经济适用房等住宅群的大规模开发，珠海东路、北京路、滨海大道、世纪大道等重要道路的建成使用，东部新区开发建设由此拉开序幕。2003 年确立实施“东接、北扩、南展”的城市发展战略，城市建成区快速扩张。2005 年 4 月 29 日，胶南城市总体规划被省政府正式批复实施，拉开了青岛西海岸都市新区发展框架。2007 年，青岛市委、市政府作出实施“环湾保护，拥湾发展”战略的重大决策。随着胶州湾跨海大桥、海底隧道和滨海公路南段工程的相继开工建成，胶南步入与青岛一体发展的“同城时代”。胶南市委、市政府提出建设现代滨海生态旅游城市的目标定位，在更高起点上谋划推进都市新区建设，青岛西海岸新区日见雏形。到 2012 年底，胶南城市规划区面积 384 平方千米，建成区面积 55 平方千米，建成区人口 40. 32 万人，城市化水平达到 60. 5%，建成区园林绿化面积达 2310 公顷，绿化覆盖率 45. 33%，绿地率达 40. 53%，人均公共绿地面积 13. 75 平方米。先后获得国家级生态示范区、国家园林城市、全国绿化模范城市、全国环保模范城市等称号，被授予“山东省适宜人居环境奖”。

优美的城市环境

在城市快速扩张的同时，坚持城乡统筹，一体发展。加快公共财政向农村倾斜，基础设施向农村延伸，公共服务向农村拓展，形成城乡规划一体化、基础设施建设一体化、公共事业一体化、产业发展一体化发展的新格局，镇村面貌日新月异。2004 年，全市小城镇规划全部编制完成，小城镇建设逐步走向规范化。截至 2012 年，境内全部实现村村通柏油路、村村通自来水、村村通有线电视，有 11 个镇建成“全国环境优美镇”。

四

随着改革开放的不断深入，尤其是进入21世纪后，胶南紧扣深化改革、加快发展主题，大力发展各项社会事业，人民生活水平得到显著提升。

文化事业和文化产业繁荣发展。将发展文化事业和文化产业纳入全市经济和社会发展的总体规划和建设"和谐胶南"的总体布局，全市文化基础设施日益完善，群众文化活动、文学艺术创作、文物及文化遗产保护和文化产业蓬勃发展，先后挖掘出胶南茂腔、宝山地秧歌、藏马大鼓、胶南年画、胶南剪纸、藏南钩编工艺、泊里红席等大批地方非物质历史文化遗产，涌现出达尼文化产业园、大珠山文化产业园、藏马山文化产业园等一大批文化产业园区。青岛绿泽画院被命名为"国家文化（美术）产业示范基地"和"国家文化出口重点企业"，达尼画家村成为"中国文化制品七大品牌"之一。先后荣获"全国文化先进市""中国现代民间绘画画乡""中国美术创作基地""中国书法家培训创作基地"等称号。2012年，全市文化产业增加值为36.7亿元，占地区生产总值的5%。

全市教育改革不断深化，"以县为主"的义务教育管理机制全面落实；干部教师统筹管理长效机制不断健全，基础教育新课程改革顺利实行，各级各类教育协调发展，农村学校的服务保障体系不断完善。学校的教学装备、校舍条件、师资力量等各方面达到了前所未有的良好状态。大力实施素质教育，全面提高教育教学质量。城乡教育实现均衡发展，在全省较早实现农村教师工资统筹发放、免除义务教育阶段学杂费、普及高中段教育。把大力发展职业教育作为实施人才战略和科教兴市的重要内容，作为提升城市核心竞争力和经济社会发展新的增长点，作为推动城乡协调发展的重要措施来抓，职业教育对社会民生的促进作用、对经济社会的拉动作用和对县域教育的优化作用不断突显。"工学结合、半工半读"的职业教育办学模式被国家教育部推广。

体育活动丰富多彩，体育设施日臻完善，人民群众身体素质明显增强，竞技体育水平迅速提高，培养和输送了高建敏、张会群、王德文、赵红果、张永杰、陈楠、田启强等一批国家和省级优秀运动员。2000年11月，被国家命名为"全国体育先进市"。

医疗卫生条件不断改善。随着经济和社会不断发展，胶南致力于深化医疗卫生体制改革，完善市镇村一体化卫生管理模式，初步构建了覆盖城乡、惠及全民的新型医疗卫生服务体系，得到国家卫生部的充分肯定。

科技创新成效显著。科技工作以技术创新为主线，以深化科技体制改革为动力，以优化科技发展环境、完善区域创新体系、实施人才战略和加大科技投入为主要措施，大力推动科技进步与创新，为传统产业的改造提升、高科技产业的发展和农业科技进步提供了强有力的技术支撑，科技已成为胶南经济发展和社会进步的主要驱动力。"十五"以来，市委、市政府把高新技术产业作为第一经济增长点来抓，按照"扩大增量、激活存量、提高含量"的思路，围绕优化提升产业结构，积极跟踪国内外先进技术和最新成果，着力引进高技术含量、高投资强度、高附加值的项目，形成了点面结合、重点突破、特色鲜明的产业布局形态。1988～2012年，共有906项科技成果获得国家、省和青岛市级科学技术奖励。共鉴定（评价）科技成果901项，其中达到国际领先水平的14项，国际先进水平136项，国内首创79项，国内领先210项，国内先进283项，省内先进105项。截至2012年底，全市共有国家级高新技术企业34家，累计申请专利4343件，授权专利1843件，17家企业被认定为"中国专利山东明星企业"。先后被授予"国家科技进步示范市""全国科普示范市"称号。

胶南因海而生，凭海而兴。建置以来，历经一次次的蛹化蝶变，创造一个又一个的奇迹，一个个国家级荣誉称号显示出胶南经济社会等各个领域的巨大成就，如今已发展成为一个社会和谐、环境优美、经济发达、文化繁荣、人民幸福的现代化城市。2012 年 12 月，国务院批复同意组建新的黄岛区，以原黄岛区、胶南市的行政区域为新的黄岛区行政区域；2014 年 6 月，青岛西海岸新区经国务院批准设立，覆盖黄岛区全域，成为全国第九个国家级新区。站在新起点，迈入新时代，担当新使命，青岛西海岸新区承担海洋强国和军民融合两大国家战略，以“深度军民融合、全面经略海洋、建设美丽新区”为发展愿景，大力弘扬“先行先试、善作善成”的新区精神，担当谋事、激情干事、务实做事，加快建设实力新区、活力新区、美丽新区、魅力新区、幸福新区，一座军民幸福、干部自豪、令人向往的现代化国际新城正在黄海之滨加速崛起。

大　事　记

青岛绿泽油画国际展览交易中心
奠基仪式

青岛前湾保税港区管理委员会
胶南市人民政府
合作建设青岛保税港区胶南功能区框架协议签约仪式
青岛前湾保税港区管理委员会 胶南市人民政府

青岛市人民政府与联想控股有限公司
战略合作签约仪式
2012年9月16日

1988 年

2月7日　县科委与中科院海洋所共同完成的“灵山岛开发可行性调查及开发方案的研究”课题通过省级技术鉴定。调查表明，灵山岛宜于建设成海珍品生产基地、科技成果应用示范基地和旅游胜地。

3月18日　胶南县被国务院列为沿海经济开放区。这次新划入沿海开放区的市、县全国共有140个。

4月14日　经国家爱国卫生运动委员会无鼠害考核鉴定小组检查考核，胶南县被命名为“无鼠害县”。

4月　经国家计委批准，胶南县被列为国家扇贝养殖基地和瘦肉型猪生产基地。

是月　根据《中华人民共和国居民身份证条例》的规定并经试点取得经验后，在全县范围开展颁发居民身份证工作。到1989年6月集中颁证结束，全县共向575401人发证，占应发证人数的92%。

5月　国家建设部组织的全国小城镇住房改革研讨会在胶南召开。

6月　胶南绿化公司承担的北京第十一届亚运会运动场地的草坪建造工程开工。该公司承建了亚运会全部运动场地80%的草坪。原亚奥理事会主席法赫德率专家组现场考察后，把用中华节缕草建造的赛场草坪称为“向世界展示的第一流绿色草坪”。

是月　市美、张家楼、六汪等乡镇的40多个山区村普遍发生严重的苯蝗虫灾，受灾面积达4066.67公顷。

8月　经青岛市政府批准，胶南师范学校正式纳入国家计划，为中等专业学校。

是月　县教育局改革高中招生办法，实行划片招生，使各学校在平等的基础上竞争。是月16日，《中国教育报》头版头条报道了胶南的做法。

9月1日　农业部颁发“1988年全国农牧渔业丰收奖”，县农牧局“花生地膜覆盖高产技术大面积推广”项目和“大面积玉米综合增产技术开发”项目分别获二等奖和三等奖。

9月6日　中央顾问委员会委员李锐到胶南调研工作。

是日　晚8时，六汪、市美、胶河、铁山、张家楼、寨里6处乡镇遭受特大冰雹和狂风暴雨袭击。

10月10日　民主德国卫生部卫生司副司长谢尔博士和罗兰德博士到胶南县参观考察农村卫生防疫及组织建设情况。

10月19日　胶南被命名为山东省“卫生县城”。

10月23日　日本关西电视台、关西日报社代表团一行5人到县博物馆参观，并在胶南拍摄《徐福村纪行——秦皇一个梦》。

10月31日　胶南镇合成材料厂赵国先研制的新型氰塑板获国家专利；后在天津市举行的第五届全国发明博览会上，该产品又获银质奖。

11月20日　县政府在全国中小学勤工俭学工作会议上，被评为“全国中小学勤工俭学先进集体”，受到国家教委、国家计委、财政部和劳动部的联合表彰。是年全县勤工俭学收入达756万元。

12月30日　县人民法院被最高人民法院记集体一等功。为新中国成立以来全国法院系统获此殊荣的4家法院之一。

是月　在北京召开的首届中国食品博览会白酒类评比中，青岛第一酿酒厂生产的54度琅琊台白酒获金质奖，39度琅琊台白酒获银质奖。

△青岛胶南第三纺织机械厂生产的塑料梭获第37届布鲁塞尔尤里卡世界发明博览会银奖。

是年　经国家教委批准，山东省在胶南县进行大学本科招生计划分配到县的试点工作。全县共分配招生计划名额297名。列入这次试点的，全省共有9个县、区。

1989 年

1月1日　县政府决定开放粮油市场，实行多渠道流通。

1月11~22日　胶南在北京中国美术馆举办“山东胶南民间美术作品展览”。250幅年画、剪纸作品参展，为胶南美术作品首次进京集中展出。是月26日，胶南县被文化部社文局命名为“中国现代民间绘画画乡”。

1月28日　1987年动工建设的胶南与青岛市市话并网工程竣工并试运行。

2月25日　胶南组团参加在青岛举行的山东省第六届对外贸易洽谈会，共签订对外贸易合同7项、成交额170万美元，签订对外经济技术合作项目合同2项、成交额303万美元。

3月　胶南电视转播台试办胶南电视新闻获得成功。每周一期，每期10分钟左右。

是月　市美、张家楼、胶南和六汪4处乡镇发生大面积蝗灾，受灾面积近4000千公顷。

4月8日　全国蔬菜商品交流会在胶南召开。

4月15日　县残疾人联合会成立，并举行第一次代表大会。

是月　琅琊台西港头村沿海出现海市，见海中有山、船、楼房等，持续40分钟。同年，斋堂岛西海有异象，某日夕照之际，忽见海中有一片光明，中有房屋、楼宇，如海底城市一般。

6月9~11日　山东省职业技术教育工作会议在胶南召开。

是月　经国家教委正式批准，胶南县被列为全国农村教育综合改革实验县。

7月1日　县委印发《关于组派农村工作队的意见》，决定组织以县直党政机关、企事业单位干部为主的农村工作队分3批下乡进村，协助乡镇党委、政府集中力量，集中时间，理顺农村基层基础工作。

7月16日　长途电话全自动并网割接开通，所办理的国内长途电话有权用户开始直拨使用。

7月18日　全国新型结构犁铧技术现场推广交流会在胶南举行。

8月12日　10时5分，黄岛油库5号油罐受雷击爆炸起火。10时15分，胶南组织两部消防车、23名消防干警，赶赴黄岛火区救火。随后组织医护人员急赴火区投入伤员急救工作。

8月21日　县政府设立县长公开电话，号码为663451，安排专职工作人员接听群众意见、建议，接受群众对政府工作的监督。

8月29日　县第五职业中学学生金燕，在全国（上海）业余体校田径项目比赛中，以3452分的成绩夺得五项全能第一名。

是月　青岛第三铸造机械厂和青岛纺织机械厂晋升为国家二级企业。

9月10日　胶南首届艺术节开幕，10月10日结束。

9月21日　在农业部主办的1989年度全国优质水果评选会上，胶南的新红星苹果被评为优质水果。

是月　由县粮油加工厂与新加坡百龄麦有限

青岛星华粮油食品有限公司签字仪式（1989年拍摄）

公司合资经营的青岛星华粮油食品有限公司建成并投产，是胶南首家中外合资企业。

10月26日　中国银行胶南支行正式营业。

是月　以青岛胶南第四纺织机械厂为龙头，由王台镇19家乡镇企业联合组成的“青岛星火纺机纺织集团”成立。

12月8日　胶南被省政府命名为“全省城市规划管理先进县城”。

是年　胶南被国家教委确定为全国农村教育综合改革实验县，被省教委确定为山东省实施“燎原计划”实验县，并确定泊里、王台等5处乡镇为山东省实施“燎原计划”示范乡镇。

1990年

1月25日　青岛木器十一厂生产的双珠牌木制书柜被轻工部评为优质产品。

是月　由省粮油科研所和县粮油加工厂联合开发的花生蛋白炼乳研制成功，其营养成分类似牛奶甜炼乳，被列入国家“星火计划”。

2月3日　县实验小学学生韩丽在全国少工委组织的“争做全国好少年好儿童活动”中，荣获“全国好少年”称号。

2月15日　县教育局干部于学信被国家教委授予“全国教育系统内部审计先进工作者”称号。

3月15日　以六汪中心卫生院为依托组建的胶南县精神病医院开诊，为县内第一家精神病防治机构。

3月30日　县民兵应急大队成立。

4月2日　胶南县被中央宣传部、司法部授予“全国普法工作先进集体”称号。

4月24日　县邮电局首次开办无线寻呼业务。

5月30日　除灵山岛外，境内23处乡镇普降大雨，24小时内全县平均降雨40.7毫米。

7月4~5日　中共山东省委副书记、省长赵志浩到胶南调研。

7月10日　凌晨1时许，海青、大场、理务关等乡镇遭龙卷风袭击，风力达9级以上，个别地方达11级，持续时间30多分钟。

7月29日　灵山卫镇迎亚运物资玻璃钢游艇车队启程进京。青岛胶南玻璃钢游艇厂生产玻璃钢游艇为国内首创，独家生产，共有高速工作艇、高速飞艇等6个品种。是年4月，被北京亚运会组委会正式确定为亚运会指定产品，订货11艘。

8月13日　济南军区授予寨里乡庄家疃民兵连“黄海前哨模范民兵连”荣誉称号。

8月22日　1989年9月动工建设的县珠海路小学工程竣工并交付使用。总投资130万元。

9月20日　17时，“亚运之光”主火炬点燃的分火炬由胶州传递到胶南，县委、县政府在县体育场举行了隆重的传递仪式。

10月1日　中国农业银行胶南支行和中国工商银行胶南支行在全县范围内代为青岛胶南化肥厂发行企业债券。按1989年末统计年报全县人口数分配认购，人均15元，分为4年、5年和6年三种期限，实行固定利率，期满由以上两行代理兑付本息。

10月15日　胶南县开始实行干部退（离）休制度。

10月18日　县委、县政府印发《关于搞好县属企业新一轮承包工作的意见》。是月30日，县属企业二轮承包工作全面展开，历时3个月，在实行新一轮承包的154个县属企业中，除粮食系统所属企业外，共签订承包合同草案102个。

是月　海青镇潮河大桥开工兴建，全长400米，宽7.5米。翌年5月1日正式通车。时为胶南县最长的公路桥。

11月　寨里乡庄家疃民兵连被国防部授予“全国民兵预备役工作先进单位”称号；舍己救人的胶南县玻璃厂青年民兵王团元被国防部授予“全国民兵预备役工作先进个人”称号。

12月10日　胶南县被农业部、财政部授予“全国商品瘦肉型猪生产基地先进县”称号，荣获“金杯奖”；县农牧局、县畜牧兽医工作站分别被评为“全国商品瘦肉型猪生产基地建设先进集体”。

12月15日　陡崖子水库至古镇口引水工程

竣工。该工程于1990年3月30日开工，建输水管道14.05千米，总投资550万元。

12月18日　经国务院批准，民政部以民行批〔1990〕117号文批复，撤销胶南县，设立胶南市（县级），以原胶南县的行政区域为胶南市的行政区域，属省辖市，由青岛市代管。

是月　国家科委组成新技术展览团在泰国展出。胶南第四纺织机械厂参展的A186F梳棉机获泰国中华总商会金奖。

是年　胶南荣获“全国粮食生产先进县”称号。

1991年

1月31日　召开胶南市成立大会，宣告胶南市正式成立。2月1日正式以胶南市名义对外办公。

1991年1月31日，胶南市成立大会在县人民会堂召开

4月　胶南市被省委、省政府表彰为全省第一届精神文明建设工作先进市，列全省第二名。之后，连续六届12年，一直保持这一称号。

6月28日　在牛心山兴建的牛心山电视微波站正式投入使用，时为全省规模及功率最大，发射频道最多的县级转播台。

是月　全市城乡居民储蓄存款突破5亿元。按1990年末人口计算，人均储蓄存款597.6元，是1980年的12.5倍。

7月18日　5月中旬以来，安徽、江苏等8省遭受百年罕见的特大洪涝灾害。全市开展救灾捐助活动，共捐献439088元和50美元，小麦75.5万千克。

8月　位于两河入海口西侧的胶南海水浴场基础配套设施全部完工并投入使用。

9月25日　王黄公路正式开通。王黄公路属省道干线，东起黄岛，西至王台镇，与204国道线相接，全长23.8千米，其中在本市境内长17.1千米。总投资1100万元。

是月　胶南籍射击运动员邵爱艳在全国第二届城运会上的手枪40发比赛中，击中387环，打破382环的亚洲纪录。

10月13日　日本徐福会理事长、著名作家饭野孝宥，日本徐福会理事、著名书法家盐小路光孚一行考察琅琊台并题词留念。

11月　泊里镇农药厂生产的晶体石硫合剂，在全国“星火计划”成果博览会上获得金奖。

是月　秦泗海的广播稿《科学治家巧致富》在中国首届新闻奖评选中，获中国新闻奖专题二等奖。

1992年

1月23日　凌晨5时41分，胶南东南方黄海（经度121°50′，纬度35°15′）发生里氏5.6级地震。

2月8日　胶南籍射击运动员张永杰在广州举行的奥运会射击选拔赛飞碟多项比赛中，以625中的优异成绩，取得参加巴塞罗那第25届奥运会的资格。

3月　铁山乡苗家村村民苗在英被林业部和

全国妇联授予"三八绿色奖章"称号。

4月　胶南市纺织机械厂马明顺被中华全国总工会授予"全国生产能手"称号，并获得全国"五一劳动奖章"；被省政府授予"山东省劳动模范"称号。

是月　胶南电视台成立，使用44频道。

6月3日　中共山东省委常委、青岛市委书记俞正声到胶南调研。

6月　山东省人民政府公布琅琊台为省级重点文物保护单位。

7月6日　国家统计局和国务院发展研究中心公布全国农村综合实力百强县(市)名次，胶南列1991年全国农村百强县(市)第74位。

8月29日　受16号强热带风暴影响，胶南遭受狂风暴雨袭击，最大降雨量172毫米，最大风力达10级以上。有9处沿海乡镇损失严重，直接经济损失达1.57亿元。

9月8日　胶南首家汽车出租公司开业，隶属市运输公司，主要开展对外出租、旅游包车、短途客运和单车租赁业务。

是月　旅美华侨崔桂亮向市体委射击运动学校捐赠2万元人民币，用于射击运动的教学与研究。崔桂亮于1989～1993年每年向胶南四中捐赠2000元奖学金；1993年12月捐赠2万元设立胶南四中奖学基金；1993年4月向寨里乡秋七园村捐赠2万元用于村北"恋乡桥"的建设。

10月17日　全国农村教育深化改革研讨会在胶南召开，来自全国20个省、市(地)的代表共50人参加会议。

11月16日　市政府印发《关于加快发展个体经济、私营经济的意见》。

是年　离休干部刘唤农被全国老龄委授予"全国老有所为先进集体创新奖集体带头人"称号。

1993年

1月　市农业局承包河北省武邑县333.33公顷优质苹果园的技术开发，首开胶南农技干部跨出省门、农业技术进入市场的先例。

2月中旬　经国务院经贸办批准，胶南4项产品获国家级新产品。分别为青岛海上环保设备厂生产的浮子式橡胶围油栏系列产品、青岛第三橡胶机械厂生产的平板硫化机、青岛铸铁锅炉厂生产的铸铁热水锅炉和胶南第四纺织机械厂生产的联合开松机。

2月27日　中央电视台摄制的琅琊台风情专题片《那海那人那情》，通过"亚洲一号"卫星向东南亚国家及港澳台地区播放。

4月上旬　在国家科委主办的1993年全国"星火计划"成果展销洽谈会上，胶南市3个参展产品获得"全国星火计划成果展览金奖"。分别是青岛星火纺织集团生产的"JW－802型喷水织机"、胶南市农药厂生产的"三唑磷"和青岛第三橡胶机械厂生产的"DLE－400×600鄂式平板机"。

4月27日　市政府印发《关于加快实施9年义务教育的意见》。

是月　市公安局被公安部授予"全国优秀公安局"称号。

5月13日　市国营环海林场被林业部正式批准为滨海国家森林公园(后改称灵山湾国家森林

1993年8月，胶南市与亚美尼亚共和国阿保夫扬市缔结友好城市

公园)。

6月18日　市委、市政府印发《关于在企业中全面推行劳动、人事、工资、社会保险制度综合配套改革的通知》,全面启动企业劳动、人事、工资、社会保险制度改革。

7月14日　除灵山岛乡外,全市23处乡镇全部开通国际国内直拨程控电话。

8月24日　中共中央候补委员,世界气象组织主席、中国气象局党组书记、局长邹竞蒙到胶南调研工作。

8月30日　胶南市与亚美尼亚共和国阿保夫扬市缔结友好城市签字仪式在市政府举行。

8月31日　青岛浮法玻璃有限公司奠基仪式举行,为当时台湾在大陆投资最大的项目。

9月7日　青岛市政府批准设立青岛琅琊台风景名胜旅游区。区域范围东起海滨,西至东台路西侧150米处(含斋堂岛),北起东港头村沙滩、岩滩交汇处,南至海滨。

10月　途经胶南的胶黄铁路建成通车。途经红石崖镇段共8710米,占地52.27公顷,1991年3月开工建设,1993年9月底竣工。胶黄铁路的建成通车结束了胶南无铁路的历史。

是月　市化肥厂跨入全国500家最大化工企业行列。

11月8日　第三批日本协力基金贷款项目"青岛市经济技术开发区给水工程"奠基仪式在胶南市吉利河水库大坝下举行。

11月24日　胶南琅琊暨徐福研究会成立大会并首届学术研讨会在胶南迎宾馆举行。

11月28日　"胶南商城"正式开业,为城区中容纳业户最多的室内市场。

是年　胶南市财政收入首次突破亿元大关。

1994年

2月25日　市政府印发《关于实行新工时制的通知》。从3月1日起实行新工时制,每日工作8小时,平均每周工作44小时,第一周星期六和星期日为休息日,第二周星期日为休息日,依次循环。自1995年5月1日起,全市机关、企事业单位开始实行每周5天工作制,即每日工作8小时,每周工作40小时。

3月　胶南市荣获"全国园林绿化先进城市"称号。

4月7日　省委常委、中共青岛市委书记、市长俞正声率领市经委、税务局、国有资产局的负责人到胶南调研工作。

4月9日　大珠山杜鹃花游览区举行开放仪式。这是胶南市正式向市场推出的第一个旅游产品。

4月18日　市委、市政府印发《关于深化企业改革建立现代企业制度的总体方案》。

是月下旬　《中国劳动报》对胶南市以劳动制度改革为主线的企业4项制度综合配套改革作了专版报道,在全国引起轰动效应。胶南从1992年开始,在30家市属企业进行劳动、人事、工资、社会保险制度综合配套改革试点工作,收到显著效果。1993年初全面推开,并被列入全省20个区域性综合配套改革试点单位之一。经过半年多时间的努力,全市272家市属企业全部实行全员劳动合同制管理,35万余名职工签订了劳动合同,企业与职工确立了法制劳动关系;人事制度、工资分配、社会保险制度的改革也基本到位。

5月上旬　经青岛海洋大学矿物资源研究所、省地矿局、地矿部等权威部门鉴定,胶南寨里镇庄家疃村一口已饮用近20年的水井是一处优质矿泉水资源。各种矿物元素均达到或超过国家饮用天然矿泉水标准,其中偏硅酸含量高达50.07毫克/公升。该村于1993年投资生产的"万里泉"牌天然矿泉水全部出口日本。

5月中旬　由青岛橡胶制品七厂开发生产的"青兰"牌橡胶围油栏海上环保产品,在参加中技国际招标公司利用世界银行贷款进行的船舶废弃物处理项目的招标中中标,成为胶南市首家在国际招标中竞标成功的企业。

5月25日　青岛海王纸业股份有限公司创立大会召开,通过了公司章程,选举了董事会、监事会，由全民所有制变为股份制企业，成为胶南市首家完成股份制转体改制的市属工业企业。

6月22日　市委、市政府印发《关于稳定土地承包经营责任制，搞活土地使用权的意见》。《意见》要求在原耕地承包期到期之后，再延长30年不变。对林业等开发性生产项目，使用期限可更长一些。承包期内经发包方同意，允许将使用权在不改变土地用途的前提下，依法有偿转让、继承、租赁、反包、抵押、入股。

7月　胶南市被卫生部确认为“全国食品卫生示范市”。

8月6日　全国政协副主席、中央统战部部长、台办主任王兆国到胶南视察。

8月24日　市政府印发《关于进一步鼓励和支持个体、私营经济发展的意见》。

8月30日　琅琊台下东、南、北三面出现海市奇观，在云雾笼罩下的两座蓝色山体和一座白色山体清晰可见，持续两小时之久。

是月　青岛德维集团公司“德维”牌火腿肠入选中央电视台《名牌商品排行榜》。

10月3日　17时30分，隐珠、铁山、宝山、海青等4处乡镇遭受龙卷风和冰雹袭击。

10月4日　市委、市政府印发《关于加快小城镇建设的意见》。

是月下旬　胶南市第一所“希望小学”在理务关乡驻地落成。该小学主要由青岛工商银行捐资32万元和全市社会各界捐资20余万元兴建，建筑面积1375平方米，设有教室36间，教学班12个，可容纳学生500余名。

12月　胶南市推行国家公务员制度工作全面结束。全市推行国家公务员制度工作自1993年12月6日开始，全市参加考核过渡的共有1649人，首批过渡的1417人，没有过渡的232人。

1995年

1月　青岛第三橡胶机械厂（原薛家庄镇办企业）荣获“全国明星企业”称号。

2月17日　以韩国庆尚北道副知事李源植为团长的考察团一行13人到胶南考察访问。

2月21日　以韩国庆山市市长崔在永为团长，由议会议长徐锡峰、商工会会长南永载参加的友好访问团一行38人到胶南进行友好访问。

是月　胶南市被列为全国造林绿化“百佳县”。

5月7日　12时许，设在离市区8千米处的青岛海王纸业股份有限公司袁家庄存草货场发生火灾。

是月下旬　市内程控电话增容万门工程割接成功。至此，市内程控电话总容量达到2万门。

7月12日　“青岛中心希望小学”奠基仪式在藏南镇丁家官庄举行。

7月23日　市政府举行仪式聘请韩国三辅纤维株式会社社长吕相珏等7人为胶南市对外经贸顾问，授予青岛浮法玻璃有限公司总经理林柏淳等19人胶南市荣誉市民称号。

1995年2月17日，韩国庆尚北道考察团到胶南考察访问

7月29日　凌晨4时，在琅琊台南海湾发现一条雄性长须鲸死后被潮水涌上海滩，鲸长12.6米，宽3.5米，重约5吨。

8月10日　中共胶南市工商局党委设立胶南商城个协党支部，为胶南第一个个体业户党支部。

8月21日　海峡两岸中西兽医结合学术交流会在胶南市召开，会期3天。会议由中国畜牧兽医学会中兽医分会、台湾李良玉畜牧兽医学文教基金会、山东省中兽医学会、胶南市共同筹备。出席会议的有台湾代表13人，大陆代表150人。农业部、中国科协、山东省畜牧局、青岛市政府畜牧办公室及其他省(市)有关部门也派员参加会议。

8月24日　日本和歌山县农业协同组合中央会访华团一行8人到胶南访问考察。

是月　胶南城镇住房制度改革在规范和完善住房公积金制度，继续推进租金改革的基础上，根据《胶南市深化城镇住房制度改革实施方案》《胶南市公有住房出售暂行办法》，进入实质性出售公有住房阶段。

9月19日　世界银行贷款项目考察团对市职业中专进行世界银行贷款第二个职业教育发展项目考察后，拨放贷款40万美元。为全市教育系统获得的第一个世界银行贷款项目。

是月　市政府驻韩国办事处设立，归口市政府办公室。

10月下旬　在农业部组织举办的第二届中国农业博览会上，胶南有3项农产品获奖，其中“海青峰”茶和泊里红富士苹果被评为金质奖；由市良种场选送的红乔纳金苹果被评为银质奖。

11月7日　5～13时，因受强冷风影响，全市普遍遭受大风袭击，最大风力8～9级，海上达10～11级。截至11月9日，大风造成的直接经济损失达1138.9万元，并造成3人死亡，2人重伤，16名渔民下落不明。

11月20日　胶南市荣获“全国水土保持监督执法先进单位”称号。

12月23日　由市商业总公司牵头组建的胶南市商业协会在商业大厦举行成立大会，为青岛地区首家县级商业协会。

12月28日　市委、市政府决定，从翌年开始，将《农民负担手册》《两工使用手册》合并为1996年农民负担卡。通过实行“一卡”管理，切实加强农民负担监督管理。

是月　琅琊台旅游度假区被确定为省级旅游度假区。

是年　全市完成农业特产税1000万元，比上年增长41.5%，成为青岛市首个实现农业特产税过千万元的市区。

1996年

1月下旬　香港派昌有限公司与红石崖镇私营企业青岛虹宇服装有限公司合资兴办青岛源昌绣花制帽有限公司。为胶南首家私营企业利用外资项目。

2月12日　韩国驻青岛总领事率领韩国企业界人士一行8人到胶南考察访问。

3月23日　市政府印发《胶南市义务兵家属优待金统筹管理办法》，从1996年起，义务兵家属优待金实行全市一体统筹。

是月　胶南被全国绿化委员会、林业部、人事部联合授予“全国造林绿化先进单位”称号。

△青岛星火集团和青岛泰发集团被批准为“国家级乡镇企业集团”。

4月9日　胶南第一个民营经济园举行奠基仪式。园区中心位于珠海街道烟台东村，总规划面积53.33公顷，其中功能区占地33.33公顷。

6月19日　胶南与韩国庆尚北道庆山市签订《建立友好城市关系协议书》，正式缔结为友好城市。

7月2日　青岛市第一所由外商投资兴建的希望小学在市美乡奠基，日商土井一郎捐资20万元人民币。

9月10日　全国纺机行业厂长(经理)工作研讨会在胶南纺织机械厂召开。

9月16日　国际计生联秘书长马克·拉恩肯、威尔士大学发展研究中心尼尔·布莱斯和世界卫生组织有关人员组成的国际计生联评估团到胶南考察计划生育工作。

10月　胶南被列为“全国节水重点县(市)”。

11月28日　积米崖港二类开放口岸首航式在积米崖举行。日本振华公司货轮首次进港，国际航线正式开通。积米崖港是20世纪70年代修建的渔业、货运两用港口，是山东省三大渔港之一。1992 年被农业部定为一级群众渔港。1996 年 12 月，顺利通过了省政府口岸验收，成为国家二类开放口岸。

12 月　青岛琅琊台酒业集团公司生产的 40 吨“琅琊台”白酒被装船发运美国，该公司成为青岛市首家白酒出口企业。

1997 年

1 月 18 日　高城岘广播电视转播台开播，解决了胶南西北部广播电视节目收视率低的问题。

是月　胶南市被省委、省政府授予“社会治安综合治理先进单位”称号。

3 月　“华青股份”和“海王纸业”在青岛证券交易中心正式挂牌交易，为胶南市第一批上柜权证。

是月　胶南被农业部正式批准为“全国秸秆养羊示范县(市)”。

5 月 1 日　纪念徐福东渡 2207 年暨徐福史迹陈列馆开放仪式在琅琊台风景区举行。

7 月 28 日　第二届国际徐福研讨会在胶南召开。

8 月 18 日　夜，11 号台风、风暴潮袭击胶南，至 20 日上午，全市普降大到暴雨，个别乡镇大暴雨，全市平均降雨量达到 178.8 毫米。

8 月 28 日　市委、市政府印发《胶南市鼓励党政机关、事业单位干部到企业任职的暂行规定》。

9 月 11 日　圣卢西亚外交和国际贸易部长奥德伦一行 7 人，在外交部部长助理杨洁篪的陪同下，到胶南考察访问。

是月　胶南两大化工项目相继投入试生产。分别为青岛黄海海藻工业集团公司承担的国家级年产 1000 吨精褐胶技改项目和胶南市化肥厂万吨苯胺项目。

11 月中旬　青岛华青集团公司对河南漯河铸机厂实行控股经营，以漯河铸造机械厂 1427 万元固定资产为实物资本注册“青岛华青工业集团漯河铸造机械有限责任公司”，并无偿接收该厂 60% 的实有资本。为胶南企业首次跨省控股经营。

12 月　全市全面完成农村土地承包期延长 30 年不变的办理工作。

是月　胶南市白家重点乡镇企业完成改制。

1998 年

1 月 9 日　改制后的青岛恒昌化工集团(原化肥厂)、青岛天元化工集团(原化工厂)、青岛华青建安集团、青岛星火集团、青岛万德集团 5 家股份有限公司分别召开创立大会，宣布公司成立。

1 月中旬　胶河镇中心小学教师杨仕玲创作的以宣传人口与计划生育为主要内容的年画《收获》，在有世界 79 个国家和地区参加的国际宣传画竞赛中获得第一名，被评为“全球特别奖”。

是月　乡镇企业产权制度改革取得重大突破。1997 年初确定的 100 家较大乡镇办企业已经有 6 家大中型企业改制成股份有限公司，有 74 家改制成股份合作企业，有 16 家被整体出售或拍卖，有 4 家实行了长期租赁。其中，实行股份制、股份合作制改造的 80 家企业，共募集股金 1.52 亿元，中层以上干部持股平均达到 51%，其中董事长(总经理)平均持股 9 万元，打破了持股平均化的格局，为企业发展注入了新的活力。实施产权制度改革，共计盘活企业资产 7160 万元。

2 月 28 日　市政府印发《关于在市属工业企业实行经理年薪制的意见》。

3 月 1 日　由市旅游局所属旅游汽车公司与黑龙江佳木斯市江城出租汽车有限公司合作成立的胶南市旅游公交汽车公司揭牌，城区公交车正式投入运营。配置中巴客车 40 辆，开通 3 条公交路线，沿途共设 60 多个站点，基本覆盖城区。城区内无公交车的历史结束。

3月上旬　市商业国有资产经营公司与青岛利群股份有限公司在胶南宾馆举行签字仪式,将国营胶南商业大厦成建制有偿划拨给青岛利群。

3月28日　市海洋生物陈列馆正式对外开放。该馆位于琅琊台南面海岸边,建筑面积850平方米,馆内展出了1995年在琅琊台海滩被潮水涌上岸的长须鲸所制标本和其他100多种海洋生物标本。

是月　由国家海洋局第一海洋研究所引进的美国红鱼人工育苗在胶南市试验成功。

△市纺织机械厂被正式认定为省级企业技术开发中心,享受省级独立科研机构优惠政策。

4月中旬　在北京召开的"中国专利产品博览会"上,由胶南市水利局抗旱服务队研制开发的"自行式卷盘喷灌机"荣获中国"九八专利产品博览会金奖"。该机是根据国务院副总理李岚清的指示和创意研制开发的,1997年已获国家专利,并通过了省级鉴定。

5月1日　市体育馆建成并交付使用。

5月6~7日,中共中央政治局委员、山东省委书记吴官正到胶南调研工作。

5月10日　经省政府批准设立的204国道大珠山收费站开通运营。

是日　青岛华晶新型玻璃有限公司合同签字仪式在胶南市举行。项目总投资1807万美元,是山东省最大的玻璃深加工企业。

是月　胶南被文化部命名为"全国文化先进市"。

6月30日　贡口海坝修复工程竣工。

是月　市人民医院开通远程会诊系统,为卫生部在山东省除济南外设立的第二个二级远程会诊站。

7月上旬　由国家外国专家局、青岛市引进外国智力办公室引荐的日本林学专家山根勋到胶南市进行为期10天的讲学活动。国外技术专家到本市讲学尚属首次。

7月18日　市委、市政府举行西水东调工程竣工通水仪式。陡崖子水库调水至城区工程于1997年12月31日奠基,1998年3月5日正式全线开工建设,6月30日竣工投入试运行。投资5123.1万元,设计供水规模为8万吨,一期工程月供水能力4万吨。1999年3月18日被水利部淮河水利委员会以淮委基建〔1999〕12号文命名表彰,并被评为水利部优良工程。为胶南荣获的第一项部优水利工程。

是月下旬　全国普通高校招生统一考试成绩揭晓。胶南市达本科录取分数线人数首次突破千人大关,达1002人,达线绝对人数第一次列青岛市区首位。胶南二中学生刘付娥、曾文文均以总分900分的满分成绩夺得山东省理科状元。

8月20日　胶南市紧急调运5万条编织袋至湖南省灾区一线支援抗洪救灾。

是月　长江流域和东北嫩江流域发生特大洪涝灾害。全市累计捐款118.6万元(含实物折款33.5万元),捐赠衣被9.5万件。

9月8日　全国帆船锦标赛暨全国青年帆船锦标赛在胶南海水浴场开幕。本届比赛共有来自国内及巴基斯坦的11支代表队参加,参赛队员189人。

10月17日　市第一届全民运动会暨第二届职工运动会在体育场举行。共有40个代表队,1000余名运动员参加比赛。

10月18日　由市财政和灵山岛乡投资82万元购买的交通客运船"灵山号"正式投入使用。"灵山号"通航后,积米崖至灵山岛船行时间仅需45分钟,比原交通船缩短30分钟。

11月上旬　首批1.3万平方米安居住宅投入使用,共安置住房困难户200户,其中一线工人占80%以上。

11月16日　"同三线"高速公路胶南段定测工作结束。"同三线"北起黑龙江省的同江市,南至海南省的三亚市,在胶南境内83.23千米,工程概算投资20亿元。定于12月25日破土动工。

11月中旬　省政府批复《胶南市城市总体规划》。确定胶南城市规划控制区包括北至规划中的黄石铁路(黄岛至石臼所)以北500米,南至小井村,西至祝家庄村,东至黄海岸线,总面积133平方千米。

是月　胶南被科技部授予"全国科技先进市(区)"称号。

△市水产供销公司投资300万元新建的两艘450马力渔船下水作业。渔船配有雷达、卫星导航仪、彩色探渔器等,为目前青岛市马力最大、装备最先进的渔船。

12月19~25日　胶南市举行中国赈灾福利彩票专项募集活动。全市社会各界共捐款900万元。所募集的福利基金全部上缴,由中央统一调配支援灾区重建工作。

是月　以华青轮胎、海王纸业、恒昌化工3个集团公司为依托,规划实施华青工业园、海王工业园、恒昌工业园3大工业园建设。华青工业园从1995年开始规划建设,海王和恒昌工业园从1999年开工建设。

△市人民医院开通"120"医疗急救电话。

△胶南市有线广播电视光缆联网,连接全市所有乡镇及街道。

1999年

1月　市委、市政府在藏南镇进行农民负担合同化管理试点,将农民负担"明白卡"变为合同文书。

3月3日　风河综合治理一期工程正式开工建设,于是年8月30日竣工。全市党政机关、企事业单位和干部、职工、城区居民及社会各界人士共捐资1007.41万元。

3月29日　全市第一期经济适用住房奠基。

5月18日　由德国保赫曼集团投资600万美元的保赫曼(青岛)医用器材有限公司正式开业。主要经营医用卫生、保健材料和敷料的开发、生产、销售及咨询服务。

6月下旬　青岛亨氏-天远食品有限公司在隐珠镇工业园落户。由位居全球食品公司第18位的美国亨氏有限公司与天津远洋运输公司及青岛泰发集团股份有限公司共同投资兴办,总投资1575万美元,其中美国亨氏有限公司控股65%。

1999年5月,保赫曼(青岛)医用器械有限公司落户胶南

7月21日　13时许,在204国道信阳镇驻地以东发生一起特大交通事故,造成7人死亡,7人受伤。

7月23日　青岛琅琊台酒业公司衣康酸项目竣工投产。

7月26日　市船舶修造厂自行设计建造的金枪鱼延绳钓鱼船下水交接仪式举行。该船是我国第一艘集金枪鱼捕捞、保鲜于一体的专用船只,其保鲜工艺及技术达到世界先进水平,填补了国内空白。

8月9~12日　胶南历史上罕见的特大暴雨使胶南市城区及王台等乡镇发生特大水灾,多处乡镇出现严重险情。从8月9日6时至12日6时3天时间,全市平均降雨量177.2毫米,部分地区最高降雨量达379毫米,城区部分区域水深1.5米以上。

是月中旬　市委、市政府采取"全出竞进"的形式,在15家市属企业实行企业管理经营者公开招聘。共有127人报名竞争13家市属企业的厂长(经理),271人报名竞争15家市属企业的49个副厂长(经理)职位。

9月19日　胶南首家三星级酒店国旅大酒店建成营业。

是月　市星华金属制品有限

公司被外经贸部正式批准为“中华人民共和国进出口企业”，成为胶南市第一家获自营出口权的私营企业。

11月25日　青岛市首对玻璃钢船在积米崖港举行下水剪彩仪式。

12月27日　在王台镇田家窑村阁老山附近发掘汉墓1座。汉墓东南西北走向，长4.5米，宽2.2米，深3.35米，墓室为砖石结构，上覆0.2米厚的蛤蜊壳。在出土的100多件文物中，有陶器、玉器、铜器、铁器、玛瑙等。为青岛市历史文物中最有价值的发现之一。

2000年

1月23日　凌晨6时许，在204国道大场镇董家村处发生一起特大交通事故。一辆威海市拉苹果的大货车与从海青镇杜家村始发的小公共汽车发生对行相撞，造成7名乘客当场死亡，8名乘客受伤。

是月　青岛交运集团胶南客运公司投资460万元购进两部沃尔沃豪华大巴车，正式开通了胶南至北京客运班车。

2月1日　市政府印发《关于开发建设第二期经济适用住房的通告》，决定再次开发建设20万平方米经济适用住房。

3月　王台镇和泊里镇分别被确定为全省小城镇建设中心镇。

4月1日　市工人文化宫二期工程开工。总投资1200万元，建筑面积7800平方米。

4月15～19日　由省糖酒副食品商业协会主办、胶南市商业总公司承办的省糖酒副食品交易会在胶南举办。有来自18个省、直辖市的1000余家生产厂家及商贸经营单位出席，交易品种达18000多个，交易额11.7亿元。

4月27日　由市工商分局查获的临沂市蒙达商贸有限公司胶南分公司非法传销一案，被国家工商局列为全国十大典型传销案例之一并通报全国。案中非法传销以入股的名义发展股民470人，收取股金460600元。

5月1日　市经济技术开发区医院启用。

6月中旬　《青岛琅琊台省级旅游度假区总体规划》获省政府批准。

9月1日　对行政事业性收费、政府性基金征收管理体制进行重大改革，对市直128个执收单位的154项收费均实施“部门开票、银行收款、财政统管”的票款分离办法。

是月　胶南市被国家计生委授予“全国县级计划生育‘三为主’先进单位”称号，成为全国百个、山东省5个受表彰的县(市、区)之一。

△寨里镇被农业部命名为“优质苹果生产基地”。

10月，胶南市国家级海湾扇贝良种场项目正式通过农业部立项批复。项目设在琅琊镇，总投资667万元。

11月27日，市政府印发《关于调整乡镇财政体制的通知》，决定从2001年1月起，调整市与乡镇的支出、收入、收支基数及上解和补助等事项。

12月1日　由省体育局主办，胶南市体育运动委员会承办的“全国排球四强邀请赛”在胶南体育馆举行，历时3天。解放军“八一”队、成都军区部队队、山东省队和河南省队4支全国男子排球甲级队参加比赛。

是月　海青镇万亩无公害茶园被山东省北茶产业研究中心定为北茶科研基地。

是年　全市乡镇大部分行政事业单位和市直37个行政事业单位实行集中会计核算，取消单位会计，由财政部门统一会计核算和管理。

△胶南市被确定为全国森林经营示范县(市)。

2001 年

1 月　国家旅游局公布第二批中国优秀旅游城市，胶南市荣获“中国优秀旅游城市”称号。为全省 5 个县级“中国优秀旅游城市”之一。

是月　胶南市荣获“全国体育先进县（市）”称号。

2 月 15 日　乡镇行政区划进行大范围调整。

2 月 19 日　市一站式服务中心开始试运行。

4 月 1 日　市机关事业单位职工医疗保险制度改革顺利启动，全市共有 70305 名机关、企事业单位职工和离退休人员参加新的医疗保险制度改革，参保率达到 95%。

5 月 21 日　205 名重庆忠县三峡库区农村外迁移民分别到达铁山、张家楼、宝山和黄山等乡镇的 10 个村庄安家落户。

6 月　青岛琅琊台集团公司利用发酵法生产衣康酸技术被国务院授予科技进步二等奖。时为胶南市获得的由国务院颁发的最高科技进步奖项。

7 月　撤销胶南师范学校，改建为胶南市博文中学。

9 月 28 日　青岛圣乔治乳业有限公司开工建设。系美国在华独资企业，总投资 2000 万美元，注册资金 1000 万美元，主要从事奶制品加工。

10 月　市艺术团排演的大型古装戏茂腔《徐福东渡》，在第七届山东省文化艺术节上获“剧目三等奖”。

是月　市行政办公中心正式启用，市级党政机关东迁办公。

△被交通部列入“十五”规划的灵山岛、斋堂岛两处陆岛交通码头开工建设，建成后，两处码头的停靠能力均比原来增加 10 倍。

△胶南一中入选中美青年交流计划。全国 23 个省、直辖市、自治区参与申请的 76 所中学有 12 所学校入选。胶南一中是山东省唯一一所入选的学校。

11 月　国家经贸委下达第二批“双高一优”专项计划，胶南市有青岛德维集团年产 2000 吨饲用植酸酶项目等 5 个项目列入该计划；青岛天元化工公司利用废铁泥、废酸年产 1 万吨氧化铁红项目列入国家节能专项。至此，全市当年共有 14 个项目列入国家技术创新、技术改造、机电产品出口及节能专项，累计争取到国家专项贷款 37797 万元。

是月　在 2001 年中国国际农业博览会上，胶南市有 6 个产品被认定为博览会名牌产品。分别为：德维集团的牡蛎罐头、真空包装杂色蛤和烟熏鱿鱼圈，海青茶叶研究所的“海青峰”茶和“海青翡翠”茶，海青海北春茶厂的“海北春”茶。

2001 年 10 月，胶南市行政办公中心启用

2002 年

1 月 21 日　市委、市政府印发《关于加快城市化进程的决定》，将东起灵山卫、西至铁山镇驻地、北至隐珠镇黄山、南至大珠山鱼池 284 平方千米纳入城市规划区。将隐珠、大珠山、铁山、灵山卫、积米崖 5 处镇（港区）纳入城市统一规划管理。

是月　胶南市社会经济综合发展水平跨入全国最发达百强市行列，列全国第 87 位。

2 月 4 日　市 122 公安交通指挥中心正式开通运行。

3 月 6 日　由日本住友商事会社和丸大食品株式会社共同投资的青岛丸鲁大食品有限公司与胶南市正式签约，成为继日本伊藤忠、三菱和美国亨氏之后，世界 500 强企业在胶南市投资的第四家食品加工企业。

4 月 17 日　胶南一中与澳大利亚南澳洲东沙利士伯瑞中学建立校际友好关系。

是月　自 3 月 23 日开始的同三高速公路胶南段路基文物考古发掘工作历时 37 天，获得重要发现。先后清理出战国时期（前 475 ~ 前 221 年）城墙遗址 1 处、龙山文化（前 2010 ~ 前 1580 年）遗址 1 处、汉代家族大墓 2 座、元代 2 次墓葬 1 处，出土文物 160 余件。在河头遗址发掘中，清理出龙山文化时期方形屋址 6 座、灰坑 3 个、灶坑 1 个、墓葬 19 座，战国时期墓葬 20 座，长 8.1 米、宽 1 米的古窑址 1 座，以及大量大汶口文化时期的夹沙红陶鼎和其他陶片。

5 月 14 日　胶南举行首次矿业权拍卖会。56 家竞买者参加 9 处矿业权的竞买，其中外地竞买者 39 家，韩国竞买者 1 家。拍卖成交总额达 1613.5 万元。

6 月 18 日　市老年大学、老干部活动中心综合楼奠基，并于翌年 9 月 27 日正式投入试用。

7 月 2 ~ 23 日　境内发生严重干旱。农作物受灾面积 4.5 万公顷，果树受灾面积 0.7 万公顷，有 46 个村庄人畜吃水困难，直接经济损失 2900 万元。

7 月 15 日　境内极端最高气温达到 41.0℃，为胶南有气象资料以来之最。

7 月 18 ~ 26 日　胶南农民画在悉尼东方艺术中心展出，澳大利亚发行量最大的华语报纸《澳洲新报》对此进行专访，并做了文字和图片报道。10 月，为纪念中澳两国建交 30 周年，胶南农民画再次越洋到悉尼展出。

7 月 25 日　中科院海洋生态系统研究站建设项目落户胶南。

8 月 9 日　海滨大道风河大桥主体工程完工。大桥主体全长 390 米、宽 45 米，为双向 8 车道钢筋混凝土灌注桩 T 型梁板桥，总投资 3000 万元。

9 月 12 日　国家水下考古队开始对琅琊台海域进行水下考古。在近半个月的时间内，先后发掘出大量明代铁器和瓷器。此次水下考古在青岛尚属首次。

是月　王台镇开工建设节水灌溉配套系统。为农田水利建设世行贷款项目，总贷款额 580 万元，建成后可新增节水灌溉面积 865 公顷。

10 月　由香港明富（中国）投资有限公司投资的明富（青岛）食品有限公司在海滨工业园注册。项目总投资 1200 万美元，占地 8 公顷，于 2002 年 11 月开工建设。主要生产蔬菜、面食等食品，出口欧洲。

11 月 16 日　由青岛发往琅琊台的首次航班停靠琅琊港。青岛至琅琊台海上旅游客运航线行驶路线为：青岛至竹岔岛至灵山岛至琅琊台，全程 40 千米，航行时间约 2 小时。

是月　由市史志办主办的“胶南市情资料库”网站，在互联网上正式对外开通发布。为全省第四个县级市情资料库网站。

△4 个引进国外专家智力项目获国家外专局立项，分别是：青岛天元化工股份有限公司的“系列抗癌药中间体的合成”、青岛海王纸业股份有限公司的“用高比例国废生产 A 级牛皮箱板纸”、青岛琅琊台股份有限公司的“衣康酸的生产及应用”、胶南市畜牧服务中心“奶牛胚胎制作、性别鉴定及移植技术研究”。

12 月　胶南市被卫生部、国家计委、农业部等六部委评为全国农村初级卫生保健工作先进市。

△全国县域经济基本竞争力评价中心评出中国县域经济基本竞争力百强县(市),胶南市居第35位。位居全省已进入的20个县(市)中的第5位,居青岛五市首位。

2003 年

1 月　省政府批复同意建立胶南灵山岛省级自然保护区。保护区总面积3283.2公顷,其中核心区面积922.6公顷、缓冲区面积2129.4公顷、实验区面积231.2公顷。

3 月　王台镇被国务院体改办确定为"国家级小城镇综合改革试点镇"。

4 月 4 日　按照《市属工业企业国有股减持、退出实施意见》,红旗电机厂、恒源化工公司和亚森木业公司3家企业进行了国有股退出试点工作,经评估,这三家企业的股值分别为1.1477元/股、1.123元/股和1.055元/股,经公开挂牌交易,1940万国有股全部成交,共变现资金1964.5万元。

4 月 9 日　从2003年起各级医疗机构实行药品集中招标采购。规定二级医院直接参与青岛市组织的招标采购,二级以下医疗机构由市卫生局指定一家二级医院代理。

4 月 21 日　召开全市第一次防非典工作会议。

5～6 月　全市防治"非典"工作进入应急状态。5月8日,全市文化娱乐场所暂停营业。5月9日,市内所有宾馆暂停接待来自"非典"疫区人员。5月12日,全市所有家庭旅馆暂停营业。5月15日,市委、市政府连夜召开紧急会议,研究制定"非典"防控措施。会后,迅速在与周边市接界的所有路口设立检疫卡,对进入胶南的人员进行严格检疫,并在全市范围开展拉网式检查。对15天内到过胶州的人员进行摸底排查。各镇、村,各居民区也普遍设立防"非典"道路检疫卡。6月3日,"非典"影响逐渐消除,全市文化娱乐场所经验收合格的准予恢复营业。6月11日,全市除家庭旅馆以外的宾馆、饭店均已恢复接待外来人员。6月14日,全市交通卫生检疫站停止防"非典"检疫检查工作。全市镇、村和居民小区普遍设立的防"非典"道路检疫卡全部撤销,停止检测工作。7月1日,根据省防"非典"指挥部要求,胶南防治"非典"工作由应急状态转入长效机制。

6 月 20 日　由青岛市体育局投资的青岛市首家皮划艇水上运动学校在市区新华路南端风河岸边开工建设。

是月　全市农村社会养老保险金实行社会化发放。

7 月 21 日　市公安局将110、119、122、海上110接警台四台并一台,保留原有的110、119、122三个特殊电话号码,拨打任何一个号码报警,由报警服务台对各种报警求助统一指挥调度。

是月　市驻韩招商办事处在韩国汉城商业中心区设立并正式对外办公。

8 月　在2002年度全省城市环境综合整治定量考核中,胶南市以85.66的成绩再次获全省县级市第一名。

9 月 13 日　大珠山风景名胜区石门寺二期工程竣工并正式向游客开放。

10 月 10 日　胶南市与四川中科成环保股份有限公司正式签订污水处理厂BOT合同。

是月下旬　青岛德维集团改制工作全面展开。所属热电厂和皮革厂被拍卖和出售。热电厂拍卖所得1560万元全部用于偿还拖欠职工的工资及部分集资款,安置职工131人。皮革厂以评估价354万元被内部职工购得,安置职工90人。600多名选择自谋职业的职工与德维集团办理了相关手续。

是月　粮油市场价格全面上涨。

12 月　自10月启动的新型农村合作医疗试点工作,通过个人缴费、集体扶持和政府资助相结合的筹资方式,全市共有1008个村(居委会)参加,覆盖率达100%;参加农民达624288人,覆盖率达88.3%。

是月　国家科技部公布“十五”国家863计划成果产业化基地最新名单，青岛胶南明月海藻工业有限责任公司入选。同时，该公司“海洋药物园区”通过了省药品监督管理局组织的药品GMP认证现场评审，获得药品原料生产资格。

△天元化工公司年产3000吨新型医药中间体254A产业化示范工程项目，被国家发改委列入2003年国家新医药、生物技术高技术产业化专项项目。项目总投资11349.3万元，其中国家支持专项资金1000万元。

△积米崖渔港被农业部确定为国家中心渔港。

2004年

1月1日　全市城市居民最低生活保障标准由每人每月180元提高到每人每月210元。

1月7日　城区经大珠山至小口子，再经海底至灵山岛的有线电视光缆敷设完毕，灵山岛有线电视开通。

4月　胶南市荣获“全国绿化模范城市”称号。

5月19日　美国对中国出口手推车反倾销案作出初步裁定，将对出口手推车征收反倾销税。泰发集团等出口企业积极应对。10月7日，美国公布反倾销税率，泰发集团税率比初裁税率下降4.87个百分点。

5月28日　由韩国东洋计电工业株式会社投资兴办的青岛新东洋计电有限公司举行投产庆典仪式，项目总投资1000万美元。

5月下旬　全市9项新产品列入国家重点新产品计划。为全市列入国家重点新产品数量最多的一年。

是月　青岛明月海藻公司成立烟台明月海藻公司，使明月海藻公司海藻酸钠的年生产能力达到7000吨，居世界第二位。

7月11日　中共山东省委书记、省人大常委会主任张高丽到胶南市视察工作。

8月上旬　宝山镇瓦屋大庄村发现一处龙山文化遗址。遗址长500余米、宽400余米，仅在地表浅层就发掘出大量新旧石器时代的石斧、石镰、红陶罐、黑陶壶、黑陶鼎以及石刀、石钵等国家级珍贵文物。

8月下旬　全国工商联公布2003年度中国民企500强企业名单，泰发集团、康大外贸集团和振华工业集团3家企业榜上有名。其中泰发集团以27亿元的营业收入排第89位，成为青岛市上榜企业中排名最前的企业。

9月　由国家统计局组织的“2003年中国综合发展百强县(市)”评价结果揭晓。胶南市排名第48位，位居全省第四位、青岛市第一位。

11月　全国县域经济基本竞争力评价中心公布第四届全国县域经济基本竞争力百强县(市)名单，胶南市列第26位，跃居青岛五市首位，列全省第5位。

2005年

2月28日　“海尔胶南工业园”落户签字和奠基仪式举行。工业园以生产电视机、空调、洗衣机、电热水器和微波炉为主，为海尔在全国的第13个工业园。

是月　青岛华天车辆有限公司入选《福布斯》“2005中国潜力100榜”。

3月　珠海街道烟台东村成立青岛烟台东置业股份有限公司，推行村民股东化。村集体5000万元的固定资产全部转到股份公司，设立集体、原始、贡献和户口4个股种，分配到村民手中，按股份分红。

6月10日　由韩国与青岛灵山船业公司合作的青岛现代造船有限公司成立，为中、韩两国第一家在造船业合作的合营企业。

7月　胶南市被评为山东省首批“省级文明城市”。

7月28～31日　由首都企业家俱乐部、青岛市企业家促进会主办，胶南市协办的2005年首都企业家暑期论坛举行。中央外事办公室原主任刘华秋，博鳌亚洲论坛秘书长、原外经贸部副部长龙永图等作专题报告。

8月　珠山街道双凤居委会进行居委会主任直选，为胶南市首次直选居委会主任。

8月24日　“和平使命－2005”中俄联合军事演习的两栖登陆作战演练在琅琊台地域举行。

2005年6月，青岛现代造船有限公司成立

9月13日　举行中国人民抗日战争胜利60周年纪念章颁发仪式，市领导向10位抗战老战士代表颁发纪念章。

9月30日～10月6日　举办“扬帆青岛——中国·琅琊文化活动周”。

10月21日　琅琊镇所承担的国家863计划“深海抗风浪网箱”示范基地通过国家863计划资源环境技术领域办公室组织的验收。

11月28日　中国铝业股份有限公司再生铝合金项目在青岛临港产业加工区奠基。

12月21日　海尔第100万台流媒体电视机在海尔胶南工业园下线。

是月　国家海洋科学研究中心产业化示范基地、国家863计划成果产业化基地、山东省级企业技术中心、青岛海藻加工工程技术研究中心同时在青岛明月海藻集团揭牌。

△青岛明月海藻集团金泰源海洋科技公司被列为国家海洋研究中心产业化示范基地。

△胶南数字档案馆开通，全市馆藏档案逐步实现网络化管理。

2006年

1月23日　建设部公布第八批31个“国家园林城市”名单，胶南市名列其中，成为青岛市唯一获此殊荣的县级市。

2月13日　市财政预算安排2032万元，开始在全市义务教育阶段实施免费教育。全市83000多名义务教育阶段学生直接受益。

3月7日　中意合资项目——青岛阿迪尔车桥制造有限公司、青岛意欧汽车零部件制造有限公司在青岛临港产业加工区开工奠基，并于当月开工建设。项目由意大利ADR集团公司投资兴建，主要生产车桥零部件。项目总投资1260万美元，注册资金630万美元。

3月31日　国家环保总局在胶南市召开国家环境保护模范城市授牌暨总结表彰大会，正式授予胶南市“国家环境保护模范城市”称号。

4月8～23日　为期16天的“2006中国·胶南杜鹃花会”举行。其间，共接待游客32万多人次，实现旅游业总收入1.5亿元。

是月　开始实行残疾军人免费乘坐市内公交车政策。

5月26日　台湾省新党主席郁慕明到胶南访问。

6月　国务院公布第六批全国重点文物保护单位，由西向东横穿胶南市境的齐长城名列其中。

2006 年 3 月，青岛阿迪尔车桥有限公司投产

7 月 13 日　由世界 500 强企业——德国蒂森克虏伯集团投资建设的风力发电设备生产项目动工。项目一期投资 1375 万欧元，主要生产用于风力发电设备的大型精密轴承和回转支承。

是月　琅琊台集团、东佳纺机集团和环球集团被科技部认定为国家火炬计划重点高新技术企业。为胶南市首批被认定的国家火炬计划重点高新技术企业。

8 月 10 日　青岛临港产业加工区被省政府正式批准为省级开发区，命名为山东青岛临港经济开发区。

8 月 15 日　康大集团康大食品公司获得在新加坡证券市场主板上市资格。为胶南市首家在境外上市的企业，也是青岛市首家海外上市的农字号龙头企业。10 月 9 日，康大食品股票在新加坡主板市场正式挂牌交易。

是月　琅琊台集团医药中间体项目被国家发改委列入高新技术产业化项目专项，并获得国家财政拨款 1000 万元专项扶持资金的支持。

9 月 6～9 日　济南军区首次陆、海、空三军“联合－2006 军事演习”在张家楼镇土山一带举行。

9 月 13 日　市广播电视局灵山岛电视工作站正式挂牌成立，灵山岛有线电视网正式纳入全市有线电视网络。

10 月 24～25 日　全国职业教育半工半读试点工作会议在胶南市举行。教育部副部长吴启迪、副省长王军民等领导，各省、自治区、直辖市、新疆生产建设兵团主管职业教育的负责人，共计 300 多人出席会议。

是月　在 2006 年中国国际农产品交易会上，胶南市的“茂余”牌牙鲆鱼荣获“中国名牌农产品”称号，为青岛市唯一入选的海水养殖鱼类品牌。

11 月　科技部下达 2006 年国家科技发展计划项目，胶南市有 16 个项目列入国家各类科技发展计划，居青岛各区市首位。其中，国家重点火炬计划项目 9 个，国家星火计划项目 4 个，国家重点新产品 3 个。

是月　全市农村五保对象全部被纳入农村最低生活保障范围，并发放专项生活补助金。

△建立城市低保家庭入学子女教育生活补助制度，对城市低保家庭中入学子女发放教育生活补助金，小学、初中、高中阶段每人每年分别发放 100 元、200 元、400 元。

12 月 10 日　在第九届远东及南太平洋地区残疾人运动会上，胶南市选派的 3 名参加帆船比赛的运动员，获得了女子自由级帆船金牌和男女

2006 年 10 月，全国职业教育半工半读试点工作会议在胶南召开

2.3 级帆船第四名的优异成绩，实现了我国在远南运动会女子自由级帆船金牌零的突破。

是月　第六届全国县域经济基本竞争力评价结果揭晓，胶南市排名 2005 年度县域经济竞争力百强县第 17 位。

2007 年

1 月　大珠山风景区被青岛市旅游景区（点）质量等级评定委员会评定为国家 AAA 级旅游景区。

是月　市地税局当月入库各项税收收入 10104 万元，同比增长 63.1%，增收 3908 万元，单月收入首次突破亿元。

3 月 19 日　全国农村社区建设工作座谈会在胶南召开。民政部副部长姜力出席会议并讲话。与会代表实地考察了张家楼镇大泥沟头社区、大场镇凤墩社区、隐珠街道北高家庄社区 3 个农村社区建设试验点。

3 月 27 日　由台湾东元集团投资兴建的青岛东元精密机电有限公司在青岛临港经济开发区开工奠基。总投资 7299 万美元，建成后将成为北方最大的制冷元器件生产基地。

4 月 3 日　大珠山北麓发生重大火灾，驻军部队和市民兵应急分队共 300 余人，赶赴火灾现场，军民共同奋战 2 个多小时，大火被扑灭。

5 月　胶南市所辖 11 个镇被国家环境保护总局命名为全国环境优美乡镇。

△由中央电视台、济南军区政治部联合制作的 20 集电视连续剧《和平使命》在胶南拍摄。

6 月　六汪镇节水灌溉增效示范项目获水利部批复立项。该项目区覆盖面积 3600 亩，总投资 348.37 万元。其中，中央财政资金 100 万元，青岛市财政补助 100 万元。项目建成后，年可节水 40 万立方米，扩大灌溉面积 1300 亩。

7 月 4 日　胶南首家农民专业合作社——青岛龙马农产品专业合作社举行揭牌仪式。

7 月 6 日　中共山东省委副书记、代省长姜大明在青岛市委副书记、市长夏耕的陪同下到胶南调研董家口重工业基地规划建设情况。

7 月 26 日　国家质检中心胶南基地暨国家橡胶轮胎质检中心正式签约入驻青岛临港经济开发区。

7 月下旬　在国务院组织召开的“全国市县依法行政工作会议”上，胶南市作为山东省唯一的市县在会上进行了经验交流。

是月　投资 140 万元建设的环境监控中心开始试运行。

△盛客隆超市、利群胶南超市、维客胶南超市、胶南绿洲农资油业公司、青岛盛德源食品公司等 5 家企业的经营信息被商务部纳入首批县级“城乡市场信息服务体系”，标志着胶南市城乡市场信息服务体系县级监测平台初步建立。

2007 年 7 月 4 日，龙马农产品专业合作社成立

8 月 7 日　胶南市被评为全国首批农村社区建设实验市。

是月　国家林业局公布全国第二批林地保护利用规划编制试点单位名单，胶南市被列为全国 4

个试点县(市)之一。

△胶南市被科技部列为“2007年科技富民强县专项行动计划试点市”。其中,“海水养殖综合配套技术示范与产业化”项目被列为科技富民强县专项行动计划,总投资5360万元,其中中央财政拨款204万元。

9月18日　20时至20日15时胶南市遭受台风“韦帕”袭击。全市农作物和经济作物受灾面积达8800余公顷,造成直接经济损失约1.49亿元,其中农业直接经济损失约1.3亿元。

10月　考古专家在琅琊镇辖区海域发现一艘400多年前满载景德镇瓷器和其他生活用品的沉船。

11月　注册资本3.2亿元的青岛中石大控股公司和注册资本500万元的中国石油大学音像电子出版社入驻阳光大厦,标志着中国石油大学青岛科技文化产业基地正式启动。

12月　隐珠文化艺术中心正式投入使用。

2008年

1月3日　全市第一次污染源普查工作正式展开。

1月4日　胶南市首次被命名为“全国双拥模范城”。

是月　积米崖港被确定为国家一类开放口岸。

△胶南市受省政府表彰,荣获“山东省适宜人居环境奖”。

3月　市高级职业技术学校被教育部认定为“国家级重点中等职业学校”。

4月10~11日　琅琊台天文历法论证会在胶南举行。中国科学院院士陈建生、中国天文学会理事长赵刚等10多位来自全国各地的知名天文学院士、专家对琅琊台天文科普园区的建设特色、结构布局、人文历史定位等进行探讨和研究。

4月23日　胶南市博物馆、图书馆、文化馆三馆正式向市民免费开放。

6月　上海大众青岛汽车销售公司落户珠山街道,是胶南第一家高标准汽车4S店。

是月　公安部、住房和城乡建设部在胶南市举行“畅通工程模范管理水平城市”授牌仪式,胶南市被正式授予“畅通工程”模范城市称号。

8月28~31日　中国天文学会2008年学术会在胶南市举行。国家科协书记处书记冯长根出席大会并讲话,中国天文学会理事长赵刚致辞。会上,琅琊台古观象台遗址得到国家天文界公认。

10月25日　中宣部副部长孙志军一行5人,到胶南市调研基层宣传思想和精神文明建设工作。

2008年1月,胶南市双拥工作总结表彰大会召开

10月27~29日　国家疾控中心健康教育所评估组到胶南评估健康村建设情况。2007年初,铁山街道韩家村、张仓村和琅琊镇台西村、毕家村被列为全国健康村试点村。

11月　中共山东省委书记张高丽到胶南视察。

12月24日　举行“2008年政府实事工程新公交车上线运营启动仪式”。新上线70辆新型公交车,总投资2600万元。

2009年

1月8日　2008年度全国信用等级评价结果揭晓，青岛琅琊台集团被评为“全国AAA级（最高级）信用企业”，青岛市有13家企业入选。

2月21日　胶南市首家动漫制作中心——青岛文海动漫制作中心正式挂牌成立。

是月　省科技厅、省知识产权局组织评审委员会对胶南市企业进行评审认定。青岛天一集团红旗纺织机械有限公司、青岛东海药业有限公司、山东金鼎印染机械有限公司、青岛聚大洋海藻工业有限公司、青岛兴国涂料化工有限公司、青岛科海电器有限公司等6家企业被认定为“中国专利山东明星企业”。至此，全市“中国专利山东明星企业”已达17家。

△省质量技术监督局公布2008年山东名牌产品名单，胶南市东方工业品（集团）公司的星宇牌摩托车轮胎、天一集团红旗电机公司的红旗牌三相异步电动机、康大外贸集团公司的康大牌冷冻调理鸡肉制品等3项产品被评为山东名牌产品。

3月　胶南市被全国村务公开协调小组评为“全国村务公开民主管理示范单位”。

是月　青岛琅琊台集团被中国食品工业协会授予“中国食品工业质量效益奖”。

4月　琅琊镇与中科院黄海水产研究所、中国海洋大学等院校合作建立的国家级刺参种质库项目建成并投入使用。

5月31日　青岛市董家口港区开发建设启动仪式举行。

7月13日　全国人大常委会副委员长、民进中央主席严隽琪一行到胶南市调研农村教育综合改革情况。

7月26日　第九届全国县域经济基本竞争力百强县（市）名单揭晓，胶南市再次登榜，与即墨市、胶州市并列第19名。

9月30日　青岛胶南绿茵环保科技有限公司举行奠基仪式。项目总投资1.6亿元，在国内首次采用瑞典先进的处理工艺，年可处理生活垃圾21.6万吨，生产有机肥2.17万吨（干物），发电5500万千瓦时，替代燃煤量2.4万吨。

10月　大珠山景区通过国家“AAAA”级旅游景区评定。

11月6日　青岛红星·美凯龙国际家居广场开业暨岛城首届全球家居世博会开幕。该项目由山东宏城集团与国内家居第一品牌“红星·美凯龙”合作，总投资12亿元，建筑面积30万平方米，包括家居城、酒店式公寓、星级酒店、超市、高层住宅等多种业态。

11月11日　青岛远洋船员学院胶南校区举行奠基仪式。

12月25日　青岛滨海公路南段一期工程正式竣工通车。该工程于2008年3月全线开工建设，路段全长35.3千米，概算投资10.5亿元，按一级公路标准设计，路基宽度24.5米，设计时速80千米。

是月　胶南市被评为“国家科技进步示范市”，为青岛五市中唯一入选城市。

△胶南市手推车产业集群成为全省重点发展的百个产业集群之一。

2009年5月31日，举行董家口港区开发建设启动仪式

2010 年

5 月 30 日　青岛红树林度假酒店奠基仪式在海水浴场举行。

是月　“胶南绿茶”获农业部地理标志保护认定。

7 月 9 日　全国旅游景区质量等级评定委员会评定琅琊台风景区为国家 AAAA 级旅游景区。

8 月 13 ~ 15 日　2010 青岛首届国际矿业博览会暨高层论坛在胶南市东方金石矿业大厦召开。

是月　胶南经济开发区荣获首届“山东最佳投资园区”称号。

△积米崖渔港被农业部授予“全国文明渔港”称号。

9 月 26 日　胶南市第一届全民运动会暨 2010 全国时尚体育健身大赛在市体育中心举行。

10 月 18 日　青岛北船管业公司正式投产运营。项目总投资 5.2 亿元，注册资本 1.9 亿元，由青岛北船重工与其他 12 位股东共同出资兴办，经营范围以大型船舶建造、海洋工程项目建造为主，兼营船舶修理与改装、大型钢结构件制造、玻璃钢艇及艇机艇架设计与制造。

是月　泰发集团的“泰发”商标被国家工商局认定为中国驰名商标。

12 月 25 日　位于董家口港区的华能青岛港务公司举行通用泊位试靠泊庆典仪式，成为港区内第一个靠泊成功的码头。

是月　胶南市纺织机械产业集群被评为省级产业集群。

2011 年

1 月 1 日　青岛市城镇基本医疗保险开始实行全市统筹，胶南市城镇职工和城镇居民享受青岛同城医疗保障待遇，参保人就医报销更加方便快捷。

1 月 19 日　青岛隆海集团与美国 MCM 国际集团合资成立青岛隆辉农业开发公司，成为青岛地区首个引进美国资金的种植业项目。隆辉农业开发公司注册资本 1500 万美元，总投资 1 亿美元，项目位于藏南镇，生产基地面积 2000 公顷。

是月　泊里西施舌经过初审、专家评审和公示，获中华人民共和国农产品地理标志登记证书。公布地理标志产品保护范围为：泊里、琅琊台旅游度假区、琅琊、张家楼、滨海、灵山卫和市经济开发区 7 处镇（区、街道）。

2 月 27 日　市委、市政府举行胶南撤县设市 20 周年庆典活动，并表彰 20 名突出贡献人物和 20 件最有影响的重大事件。

3 月　“胶南绿茶”地理标志证明商标成功注册，为胶南市第一件农产品地理标志证明商标。

4 月　国内首家食品安全雷达预警中心在圣元营养食品公司建成并投入使用，该系统可对包括国家标准规定的 64 项指标的所有有毒有害物

2011 年 11 月，青岛黄海研究所正式入驻胶南

质进行检测、预警，最大程度保证婴幼儿配方奶粉的食品安全。

是月　西水东调二期输水工程正式向城区供水。该工程引用吉利河和白马河水源，通过敷设管道输送到胶南陡崖子泵站，使城区日供水能力提高到17.5万立方米。

6月17日　青岛城乡居民养老保险制度全覆盖首次养老金发放仪式在胶南举行。

6月24日　胶南市首家商品交易所——渤海商品交易所胶南营业部挂牌成立。该交易所采用全球首创的现货连续交易制度，与全国100多家服务机构、1000多家服务网点实现互联，具有现货贸易、商品投资和价格发现三大功能。

7月6日　全国人大常委会原副委员长顾秀莲到胶南市视察。

8月1日　对年满60周岁的农村籍退役士兵，开始按服役年限发放老年生活补助。

8月13日　第一批保障性住房开始正式选房分配。

是月　中共山东省委书记姜异康到胶南调研董家口港区建设情况。

8月20日　全国红军小学建设工程理事会在胶南举行授旗授牌暨感恩捐赠仪式，滨海街道中心小学被正式命名为“胶南革命英烈红军小学”，成为青岛市首所红军小学。全国人大经济委员会主任李肇星向学校转赠了500册国学大师季羡林的著作。全国红军小学建设工程理事会同时向学校捐赠25万元。

10月　位于大场镇的青岛市生态工程化水产养殖示范基地，被农业部评为“国家农业标准化示范基地”和“国家水产健康养殖示范基地”。

11月24日　中国水产科学研究院黄海所项目落户胶南琅琊台度假区，项目总投资3亿元。

12月　胶南市被商务部命名为国家级海藻制品示范基地。

2012年

2月8日　新增首批学生班车正式运行，全市农村小学生乘车上学全覆盖。

3月　青岛琅琊台集团股份有限公司的“琅琊台及图”和青岛明月海藻集团有限公司的“明月及图”2件商标被国家工商总局新认定为中国驰名商标。

是月　“徐福传说”入选第三批国家级非物质文化遗产扩展名录。

4月22日　全国政协原常委、文化部原部长王蒙到胶南参观考察文化产业发展情况。

5月14日　胶南市与波兰新松奇市缔结友好合作关系城市签约仪式在机关办公中心举行。

5月24日　胶南与青岛经济技术开发区公交实现对接，开发区公交4路正式延伸至灵山卫公交枢纽站。

是月　《欧洲橡胶杂志》公布2012年度全球橡胶机械30强排行榜，青岛双星橡机公司排名第11位。

6月26～29日　2012年全国职业院校技能大赛在天津举行，市职教中心代表队在比赛中获得2金2银1铜的成绩，实现了国赛金牌零的突破。

6月29日　建成并开通“67712345”民生在线。替代市长公开电话职能。

7月5日　青岛琅琊台集团国家级企业技术中心举行揭牌仪式，为胶南市第三家获准成立的国家级企业技术中心。

7月10日　为解学山、张杰两位捐献造血干细胞志愿者举行欢送仪式。解学山是全国首例残疾人造血干细胞捐献者；张杰是全国第101例、青岛市第2例跨国造血干细胞捐献者。

7月17日　坐落于灵山卫街道的胶南航标站办公楼正式启用。系天津海事局青岛航标处设在胶南市的航标管理机构，主要管辖胶南周边水域各类助航标志，以及董家口港区建设期间各类助航标志的抛设与维护。

8月22日　我国杂交水稻之父、工程院院士袁隆平到胶南东海药业公司参观访问。

9月16日　胶南市与联想控股佳沃公司举行合作签约仪式，联想控股青岛总部及现代农业项目正式落户胶南。

9月21日　境内出现强降雨天气，伴随8级以上大风，城区降雨量393.7毫米，最大降雨为滨海街道396毫米。

9月30日　经国务院批复，撤销青岛市黄岛区、县级胶南市，设立新的青岛市黄岛区，以原青岛市黄岛区、县级胶南市的行政区域为新的黄岛区行政区域。

2012年12月3日，中共青岛市黄岛区委员会正式挂牌成立

是月　灵山岛海参获得农业部地理标志产品认证。

10月　青岛天一红旗软控公司获国家高新技术企业称号。

11月18日　胶南首家五星级国际品牌酒店——青岛胶南福朋（喜来登）酒店开业。

是月　青岛慧海现代农业有限公司被全国妇联、科技部、农业部认定为首批"全国巾帼现代农业科技示范基地"。

12月3日　新的黄岛区委正式挂牌成立，区人大、政府、政协领导班子暂以筹备组名义开展工作。

附：

1988 年前大事记

周敬王四十四年(前 476 年)

齐国大夫田常割齐琅琊等地为自己的封地。

周贞定王元年(前 468 年)

越王勾践迁都琅琊，并在琅琊山上修筑观台(一说前 473 年)。

周安王二十三年(前 379 年)

楚国败越于琅琊，越南迁。今县域南部属楚。

周显王十八年(前 351 年)

齐国于境内筑长城以防楚。

秦始皇二十六年(前 221 年)

秦灭齐，置琅琊郡，治所在琅琊，即今夏河城；并改齐国琅琊邑为琅琊县，治所也在夏河城。

秦始皇二十八年(前 219 年)

秦始皇登游琅琊台，留居仨月。迁民三万户于台下，修筑琅琊台，立石刻，颂秦德，并于台上建四时主祠。又遣琅琊方士徐福率三千童男女，由徐山入海，求仙药。二十九年、三十七年，秦始皇又两次登游琅琊台。

秦二世元年(前 209 年)

春　秦二世登游琅琊台，并在秦始皇所立刻石上加刻诏书和随行大臣姓名。

汉高后七年(前 181 年)

春　正月改琅琊郡为琅琊国，封刘泽为琅琊王。

汉高后八年(前 180 年)

夏　四月封吕荣为祝兹侯，治所在今柏乡。九月，吕荣以反诛。汉武帝元封元年(前 110 年)夏五月，封胶东王子延年为祝兹侯，不久国废。

汉武帝元封五年(前 106 年)

冬月　汉武帝登琅琊台。太始三年(前 94 年)，武帝复登琅琊台。太始四年，又到琅琊，祠神人于交门宫。

汉宣帝本始四年(前 70 年)

夏四月　琅琊发生地震，城郭毁坏，死 6000 余人。

汉元帝初元二年(前 47 年)

夏六月　饥荒严重，琅琊一带人相食。

汉元帝建昭二年(前 37 年)

冬月　雪深五尺。

王莽天凤元年(14 年)

秋七月　王莽改柜县(汉置，治所在今王台)为祓同县，改琅琊郡为填夷郡。更始元年九月，郡县恢复旧名。东汉建武十三年(37 年)柜县撤，并于琅琊县。

东汉明帝永平十五年(72 年)

汉明帝登琅琊台。

晋武帝太康十年(289 年)

琅琊县裁入东武、诸县。

隋文帝开皇十六年(596 年)

置丰泉县，治所在今夏河城。隋炀帝大业三年(607 年)改丰泉县为琅琊县。唐高祖武德三年(620 年)，裁琅琊县入诸城县。

唐玄宗开元三年(715 年)

蝗灾。蝗吃庄稼，声如风雨。翌年，复蝗灾。

唐宪宗元和十一年(816 年)

夏六月　密州大风雨，海水漫溢，城郭毁坏。

宋神宗熙宁九年(1076 年)

知密州军州事苏东坡登游琅琊台，考察秦刻石，作《书琅琊篆后》跋文，并请友人文勋摹写刻石文字，连同跋文镌刻于石，置于密州超然台上。

南宋高宗绍兴三十一年(1161 年)

秋九月　金将苏保衡率水军由县境泛海袭南宋临安。冬十月，发生宋金大海战。南宋浙西副总管李宝大破金国水师于陈家岛，俘金兵 3000 余人，斩其帅完颜郑家奴等 6 人，焚烧其战船辎重，大火四昼夜不灭。

金世宗大定二十九年（1189 年）

金国于胶西、诸城两县设立六镇，在今胶南境有张仓（今张仓）、梁乡（今古镇营）、信阳（今泊里镇信阳地域）、草桥（今泊里镇）四镇。

金卫绍王至宁一年（1213 年）

蒙古木华黎屠胶、密二州，横尸遍野。

蒙古世祖中统四年（1263 年）

秋七月　蒙古人据县境，禁止盐民煎、贩私盐，将盐民和沿海居民迁居内地。

元英宗至治二年（1322 年）

管勾邓庸修建信阳场盐课司。

元文宗天历二年（1329 年）

春　水灾。夏秋旱、蝗并行，民采草木充饥。

元惠宗至正九年（1349 年）

春　大饥，人相食。

元惠宗至正十七年（1357 年）

红巾军首领刘福通部毛贵克胶州，元佥枢密院事脱欢致死。

明洪武五年（1372 年）

莱州卫胶州千户所于今灵山卫筑土城设防，以备倭。城周三里，高二丈五尺，厚一丈二尺半，设四门，城池深二丈五尺，宽二丈。成祖永乐二年（1404 年）卫指挥佥事郭崇改土城为砖城。明洪武三十一年（1398 年）设灵山卫。

明洪武六年（1373 年）

夏六月　倭寇入侵县境沿海，杀居民，卫所分兵追捕。次年六月，倭寇复侵沿海，靖海侯吴祯率沿海卫兵捕之。

明洪武二十五年（1392 年）

信阳场盐课大使贾维中修建信阳场盐课司署。

明英宗正统元年（1436 年）

建灵山卫武学。正统十年（1445 年）改武学为儒学，设教授，通判任经、指挥使萧俊建灵山卫学宫。

明世宗嘉靖七年（1528 年）

飞蝗蔽日，宿集如冢，蔓延至十六年方止。

明世宗嘉靖三十五年（1556 年）

倭寇入侵灵山卫。

明万历二年（1574 年）

冬十一月　大雨雪。平地雪深三尺，冻死人畜，竹树多枯。

明万历二十二年（1594 年）

二月　海赦，水退 10 里。

明万历二十四年（1596 年）

矿税太监陈增开采七宝山、铁橛山、大崮等矿。所到之处，横索民财。

明万历二十六年（1598 年）

诸城知县颜悦道在琅琊台上建海神庙、礼日亭，并建石碑一座，将秦二世刻石嵌于碑上。

明万历三十年（1602 年）

南龙湾巡检司迁至程家集（即今泊里），乾隆七年（1742 年）裁之。

明万历四十三年（1615 年）

蝗、旱、疫并起、大饥，人相食，出现卖人市。

明崇祯十三年（1640 年）

蝗、旱并起，沙鸡蔽天，大饥，斗粮价银五钱，人相食。

明崇祯十七年（1644 年）

三月　李自成攻陷北京后，灵山卫张大雅、埠后韩继本等举兵响应，杀土豪分财物，攻打胶州城。六月，登州防院抚军曾化龙剿杀张大雅。韩继本集合余众，屯扎小珠山一带，继续战斗。清兵入关后，胶州总兵柯永盛残暴镇压，韩继本率部战死于小珠山。

是年　清王朝建立。废除明代灵山卫世袭官军，裁卫仓大使，设掌印卫守备、驻防把总、夏河所千总、胶州所千总等。康熙十年（1671 年），裁灵山卫经历司、胶州所、夏河所千户，两所田赋并于灵山卫。

清康熙七年（1668 年）

夏六月　地震。声如迅雷，城郭、农舍尽毁

坏，死亡2700余人（诸城县）。地裂，涌黑沙水，与树梢齐。暴风雨交加。庄稼绝产。余震数月不止。

清康熙四十三年（1704年）

大饥，有钱难买食，民多饿死。

清康熙五十八年（1719年）

秋七月　大水，平地深丈余，城郭、农舍毁坏无数。

清雍正十三年（1735年）

裁灵山卫并入胶州，保留卫学，额附于州。裁教授、守备、把总，改逄猛巡检司为灵山巡检司。

清乾隆十三年（1748年）

蝗、疫、涝三灾并起，大饥，斗粮银价一两五钱，民多背井离乡。

清乾隆十六年（1751年）

苏潜修纂《灵山卫志》（手抄本）。

清乾隆三十六年（1771年）

裁古镇巡检司。

清乾隆五十一年（1786年）

胶州知州张玉树建灵山书院，院址灵山卫。光绪三十一年（1905年）停科举，改书院为校。书院与学宫同废。

清嘉庆十七年（1812年）

夏六月　暴雨七日，白马河故道决口。

清嘉庆年间

大珠山下一农民耕地得汉琅琊相印章，印银质龟纽，方形。文为："琅琊相印章"。

清道光二十年（1840年）

夏六月　胶州知州韩亚熊修唐岛口、古镇口炮台，选壮丁协防海口。

清道光二十四年（1844年）

春　泊里乡绅吴俊升建道南义学。

清咸丰七年（1857年）

灵山卫出土"子禾子铜釜"、"左关铆"。此为田氏代齐后，田和下令制作的标准量器，与"陈纯釜"统称"齐国三量"。

清光绪元年（1875年）

胶州知州李翼清建灵山卫义塾。

清光绪十九年（1893年）

秋七月　飞蝗蔽日，秫稻被食一空。

清光绪三十二年（1906年）

萧家庄、王台蒙养学堂建立。不久，改为初等学校。

清光绪三十三年（1907年）

胶州设邮政总局，王台、灵山卫、王戈庄设邮政代办铺商。

胶州巡警局王台分局成立。

清光绪三十四年（1908年）

《中德胶澳租界条约》签定，红石崖、灵山岛、积米崖等地划入胶澳租界。

清宣统三年（1911年）

正月　鼠疫流行。

1913年（民国2年）

裁灵山卫巡检司署，设卫警察分所；裁灵山卫驻防千总，设卫巡警分局。

红石崖商会建红石崖码头。

1914年（民国3年）

3月5日　宝华、龙泉单级教员养成所成立。校址王台，学制一年。

1924年（民国13年）

高峪船舶稽查处成立。同年设立张家楼瞭望哨。

1926年（民国15年）

1月　水上警察署改为海西区警察署。辖薛家岛、阴岛、红石崖、塔埠头等。

是年　在北平加入国民党的丁德先、徐介明、肖美洗等回到家乡，在岳家以办小学为掩护，秘密活动。1928年，他们成立国民党胶县临时党部；后又密迁肖家庄、岳家、卢家疃等地。1929年5月迁至胶南县城，活动公开。

1927年（民国16年）

5月　胶红汽车公司成立，于胶县至红石崖间经营客运。

7月　大刀会(亦名红枪会)首领邓德奎(今胶南镇芏子口人),率众八九千人在王台、宝山一带举兵。其口号是"杀土匪,不劫民家",矛头直指军阀、劣绅。先后两次攻打红石崖盐务局,捉获员司7人,打伤盐警4人,并包围王台守军,处死祝宏德团三营营长杨永举,毙其士兵40余人。后被军阀张宗昌部镇压。

9月　日轮"现德丸"载客400余人,由红石崖驶往青岛,因超载,于小港外沉没,救出120人,余均丧生。

12月　胶县县立第二小学成立。校址王台镇。

1928年(民国17年)

3月　公立灵山岛初级小学成立,招生60名。

11月　军阀张宗昌之混成旅顾震部据王台,在此设立胶县县政府。翌年2月,杨虎城军抵王台,顾部逃窜即墨。

1929年(民国18年)

春　诸城县立第三小学成立。校址泊里镇。

8月　红石崖至莒县开通汽车客货运输。

11月　王台至泊里开通汽车运输。

1930年(民国19年)

5月　胶县至王台镇设长途电话。后王台至王戈庄、辛安、里岔间电话亦陆续开通。

1931年(民国20年)

6月　徐坤田(今泊里镇庙东村人)经中共诸城特支书记安子璋介绍入党。是年7月徐又介绍聂成德、尚福入党,并建立潮河党小组。徐坤田、周信斋任组长。翌年10月,党小组因参加日照农民暴动而遭破坏,徐坤田殉难。

1933年(民国22年)

春　崔仁卿在崔家滩村创办私立育英初级小学。

1934年(民国23年)

郝立堂、李伯泉等伙办"诸安汽车公司",经营安子至泊里间的客运。

1936年(民国25年)

诸城县第五区区公所(驻泊里)始设通诸城电话。

1938年(民国27年)

2月5日　日军入侵王台、苗家、韩家庄等地;6日又侵王戈庄、灵山卫;7日侵至泊里。烧杀掳掠,无恶不作。仅在灵山卫就强奸妇女40多人,枪杀民众2人,并抢劫大批财物。

2月14日　爱国志士崔仁卿、牛孔硕、于云光、张鲁东等60余人,在逄家台后组建抗日游击队,后改编为国民党鲁苏战区游击第二纵队独立第七大队,崔仁卿任大队长,牛孔硕任政治部主任。

2月20日　小股入侵日军在胜水村东被400多武装农民袭击,日军遂窜入东十字路、胜水等村疯狂烧杀,枪杀民众13人,烧毁房屋400余间,劫掠财物无数。

6月3日　9时许,侵青(岛)日军飞机轰炸张家楼集市,炸死炸伤民众20多人,炸毁房屋数间。旋即飞往灵山卫集,投弹8枚,炸死炸伤20余人,毁房66间。翌日,又飞抵张仓狂轰滥炸,炸死炸伤数人,毁房280余间。之后,泊里、高戈庄、六汪、尚庄等地亦惨遭轰炸。

12月上旬　中共诸城五区委建立,机关驻泊里。为县境第一个中共区级组织。

是月　中共诸城县委进驻泊里镇,配合八路军山东人民抗日游击第二支队(后改为八路军山东纵队第二支队)发动群众投入抗战运动。时不少村庄建立起"青救会"、"妇救会"、"儿童团"等抗日群众组织,大张旗鼓地进行抗日宣传,一个群众主动献粮捐款、参军参战的抗日热潮迅即形成。

1939年(民国28年)

1月24日　驻泊里镇"八路军山东纵队第二支队"司令员刘涌主持召开诸胶各抗日部队代表联席会议,成立了"诸胶抗日军联合指挥部",公推刘涌为指挥,国民党胶县县长兼保安七旅二团团长徐明山为副指挥,诸胶一带抗日民族统一战线取得重大胜利。

1941年(民国30年)

冬　中共南海地委至杨家山里地下交通线建立。同时,杨家山里特支于刘家庄、郑家河岩等村建立情报点，搜索灵山卫、高家庄等据点敌情，并设法由青岛购进枪支弹药、医疗器械等密运南海地委。

△国民党鲁苏战区游击第二纵队第六支队队长李永平部占据泊里，抓兵拉夫，构筑工事，泊里一带生灵涂炭。1943年3月10日，李永平发表宣言，投降日本，该部被编为滨海警备军，李永平任伪少将司令。

1942年(民国31年)

2月　中共胶县特区委在东南崖召开扩大会议，学习上级关于"隐蔽精干，长期埋伏，积蓄力量，等待时机"的工作方针。强调隐蔽不是躲着不干，而是严格遵守党的纪律，团结群众，积极、稳妥地开展工作，树立抗战必胜的信念。

9月　中共胶南工委成立，于光任工委书记。

△敌伪政权将薛家岛、塔埠头、红石崖等地划归胶州行政办事处管辖。

1943年(民国32年)

8月10日　胶东军区参谋长贾若瑜率部挺进鲁山沟、市美、六汪等地。在滨海十三团的配合下，连续进行了花沟、插旗崖、理务关、六汪4次战斗，沉重打击了伪李永平部和伪张步云部，控制了诸胶边大片土地。

11月　中共诸胶边工委和诸胶边办事处建立，工委书记贾若瑜，办事处主任郭有邻。胶县特区和胶南工委同时撤销。

1944年(民国33年)

2月　中共诸胶边工委进行调整，陈忠梅任书记，权新年、杨凌波为副书记。

3月　南海第一武工队在胶县南乡建立，王海亭任队长，王杰三任政委。武工队主要活动于胶县南部山区今胶南一带。

4月　中共南海地委在王台一带建立地下交通线。此线为：大连沟屯——尹家滩——柳圈——逄猛孙——田家窑——马连沟——东埠后村——柳花泊——法家园。

5月13日　国民党军姜黎川部攻占杨家山里6个村，杀害村民29人，打伤5人，烧毁房屋352间，抢劫牲畜443头，奸污妇女数人。6月，参加"讨李(永平)战役"的左纵队攻克姜黎川部市美等据点，姜率部逃遁，杨家山里复获解放。

7月23日　山东军区滨海六团、十三团等部队，在北起市美，南至两城(今日照地)的百里战线上，发起"讨李(永平)战役"。8月5日(一说8月4日，一说8月25日)此战役结束。计克大小据点40余处，摧毁碉堡300多个，击溃来自诸(城)、胶(县)、日(照)的多次援兵，歼敌680余(其中日军130名)，毁敌汽车6辆，缴获机枪6挺，长短枪330余支，收复大片土地，30万人民重见天日。

8月下旬　撤销诸胶边办事处，建立诸胶边县和藏马县。

10月　藏马县与诸胶边县合并，建立诸胶县。

1945年(民国34年)

5月　由于叛徒告密，伪滨海警备军司令李贤斋，大肆捕杀中共地下党员和进步群众。自本月12日至6月16日，仅泊里地区就有83名共产党员和进步群众被活埋、枪杀，甚至凌迟处死，制造了骇人听闻的"泊里惨案"。

7月7日　诸胶县参议会成立。张达千任参议长。

8月20～21日　山东滨海部队在司令员梁兴初指挥下，一举击溃盘踞王台的伪"青岛特别市第四联队"相铭忱部。王台镇解放。

8月22日　山东军区独立第三旅在滨海军区武工大队配合下，向盘踞重镇王戈庄的李伯泉部发起攻击，李部连夜逃窜至灵山岛，王戈庄解放。

8月　诸胶县南部析置藏马县，北部仍称诸胶县。藏马县县委书记辛光宇，县长于云光，机关驻丁家大村(后迁泊里)。诸胶县委书记范梅圃，县长杨凌波，县府机关先后驻张仓、韩家庄、广城、王戈庄。

11月24日　山东军区发起"泊里战役"，至12月30日战役胜利结束。毙伤俘伪司令于炳宸以下官兵2600余，攻克伪据点8处，缴获轻重机枪50余挺。滨海区全境解放。

11月　诸胶县与胶县合并，组建新的"胶县"，新胶县县委书记范梅圃、县长杨凌波，县府机关驻今胶州市山相家、河西郭等地。

12月　中共海西工委和海西办事处成立，工委书记陈定一，办事处主任董笏山。翌年2月工委和办事处撤销，其辖区划归胶县。

1946年

4月下旬　藏马县召开万人反奸诉苦公审大会，对参与制造“泊里惨案”的叛徒郑文信，汉奸于举千、曹大有、张仲雨等罪犯进行控拆并就地处决。会后，全县反奸诉苦运动掀起高潮。

9月10日　胶南县建立，辖10个区，隶属胶东区滨北专区。

11月10日　夜，国民党军乘船5只偷袭藏马县琅琊区沿海地带，被守卫民兵击退。

1947年

2月　胶南县武装大队扩编为独立团，杨苏任团长，周志馀兼政委。

3月8日　胶南县支援前线指挥部成立。县长尚立斋任指挥。

12月25日　滨北专署决定，将藏马县之石门区，胶南县之丰台区、沙河区划归新成立的胶河县。

1948年

2月27日　据滨北专区合作社统计，胶南、藏马两县共有各种合作组织751处。

6月　胶南、藏马两县组成一个400余人的支前营，编入滨北子弟兵团，由营长刘干（军队干部），教导员葛晓光率领，随华野二纵队参加济南战役、淮海战役的支前工作。翌年2月凯旋。

11月7日　胶南、藏马两县组织近万人的支前队伍，投入淮海战役。

1949年

2月　根据上级指示，胶南、藏马两县各组建两套县、区领导班子，一套随军南下，一套坚守岗位。

6月2日　灵山岛解放，划归胶南县。同时薛家岛亦复获解放。

7月16日　经滨北地委、专署批准，胶南县划为13个区，即一区（王戈庄）、二区（环海）、三区（张家楼）、四区（铁山）、五区（宝山）、六区（王台）、七区（洋河）、八区（红石崖）、九区（辛安）、十区（薛家岛）、十一区（灵山卫）、十二区（隐珠）、十三区（灵山岛）。

是年　人民币始在县境流通。

1950年

1月4日　中共胶南县第一次代表会议召开。

5月　滨北专区撤销，胶南、藏马两县划归胶州专区。

10月　胶南、藏马两县县立医院成立。

是月　胶南县设立广播收音站，配1名收音员。

11月　胶南、藏马两县开展镇压反革命运动，到1951年10月共逮捕各类反革命分子1120名。

1951年

2月23日　胶南县人民政府发布命令：凡脱离生产，实行供给制的革命工作人员家属，经批准均享受代耕。

2月27日　胶南县召开各界人民代表会议，集中研究深入进行抗美援朝教育，支援国防建设等工作。

9月　自1950年11月开始全县结束土改工作，今已基本完成，颁发了《土地证》，划定了阶级成份。

1952年

1月　胶南、藏马两县开始进行“反对贪污、反对浪费、反对官僚主义”的“三反”运动，于10月结束。

2月　胶南县第一个农业合作社在烟台东村建立。张立栋为社长。

是月　藏马县初级师范学院建立，1956年改名“山东省胶南第二中学”，校址泊里。

10月　山东省胶南中学建立。1956年改名“山东省胶南第一中学”。

是月　胶南县实行“普通民兵制”，18岁至35岁的青、壮年参加民兵。

1953年

1月　胶南、藏马两县分别建立县级财政，开始实行划分收支，分级管理的财政体制。

7月1日　第一次人口普查，胶南、藏马两县共619352人。

是月　开始实行粮食统购统销。严格控制粮

食市场，禁止私商经营粮食，城镇居民口粮由粮食部门适量供应。

1954 年

3 月 18 日　晚，藏马全县暴风成灾，仅 10 个区 57 个乡，即刮毁房子 5384 间，死伤 10 人。

7 月 4 日　胶南、藏马两县分别召开首届人民代表大会。

7 月　部分供给制工作人员改为工资制。

9 月 15 日　实行棉布计划供应，开始使用购布票证。

是月　胶南县汽车站建立。

△建灵山岛南灯桩。1955 ~ 1956 年，续建董家口、杨家洼、斋堂岛、城口子、鸭岛、大珠山 6 处灯桩。

1955 年

3 月 1 日　胶南县开始流通新人民币。4 月停用旧币。

是月　胶南、藏马两县向黑龙江省克东县、德都县移民 288 户、1027 人。

△全国通用粮票和山东省粮票在县境启用。

7 月 30 日　《中华人民共和国兵役法》公布，由志愿兵役制改为义务兵役制。胶南县自本年度始行兵役法。

是月　对城镇非农业人口实行粮食定量供应。

1956 年

3 月　藏马县向黑龙江省罗北农场移民(18 ~ 45 岁青壮年)300 名，建独立集体农庄。

是月　藏马县撤销，所属 6 个区并入胶南县。

△胶南县内部肃反运动开始，分五批进行，至 1959 年 7 月结束。

春　对私营工商业采用公私合营的形式，进行社会主义改造，全县共有 3933 户私商和 4929 名从业者接受了改造。

7 月　胶州专区撤销，胶南县划归昌潍专区。

△中国农业银行胶南县支行成立。

8 月　山东省胶南第三中学创建，校址王台。

1957 年

3 月 25 日　县广播站成立并开始播音。

5 月　县委成立整风领导小组开始整风学习，8 月发动“大鸣大放”，遂开展反右派斗争，翌年 8 月结束。运动中有 278 名干部和中小学教师被错划为“右派分子”，1979 年大部分改正，1985 年 1 月全部改正。

1958 年

2 月　根据中共中央指示精神，县直机关干部开始分批下放农村和工厂劳动锻炼。

4 月　胶南县 6 名民兵代表出席第一次全国民兵代表大会。中央军委授予每位代表“五六”式半自动步枪一支。

1961 年

4 月　贯彻中央提出的“调整、巩固、充实、提高”的八字方针，全县有 26 个厂矿关停下马。精简 1958 年以来参加工作的新职工 11134 名。

是年　胶南工业进行全面调整。调整后，有县营企业 26 处，社营企业 30 处。

1964 年

3 月　全县工交系统开展工业学大庆运动，提倡“独立自主，自力更生”的创业精神和“三老四严”(当老实人、说老实话、办老实事；严格的要求、严密的组织、严肃的态度、严明的纪律)的工作作风。

7 月 1 日　第二次人口普查，全县人口 631596 人。

1965 年

9 月 18 日　山东省胶南县“四清”工作团成立。下设大队、分队、工作组，共 3845 人。10 月初入村，翌年 7 月底结束。全县开展“四清”运动的有 624 个生产大队，160 个县、社机关和企事业单位。运动中有上千名党员和基层干部受到错误处理。

1966 年

6 月 20 日　县委派工作组进驻胶南一中，进行“文化大革命”试点。历时 50 多天。使学校部分领导干部和教师蒙受不白之冤。

8 月中旬　中共中央《关于无产阶级文化大革命的决定》(即“十六条”)发布后，全县各级各类学校纷纷成立“红卫兵”组织，走向街头，横扫“四旧”(旧思想、旧文化、旧风俗、旧习惯)，闹得人心惶惶。

8月31日　胶南一中"红卫兵"冲击县委。此后,县委、县人委负责人相继遭揪斗。

10月1日　胶南县有6名"红卫兵"代表参加昌潍地区红卫兵代表团于北京接受了毛泽东的检阅。后县里又组织两批"红卫兵"共400余人,赴京接受毛泽东检阅。从此,各级各类学校便"停课闹革命",进行大串连。

冬　机关、企事业单位和农村"红卫兵"组织也蜂拥而起,"造反团"、"战斗队"、"司令部"、"指挥部"不以数计,到处山头林立,"踢开党委闹革命",揪斗"走资派"。嗣后,各级党委陷于瘫痪,基层党组织被迫停止活动。

是年　南茶北引,茶树在胶南试种成功。

1967年

2月　胶南驻军和县武装部组成毛泽东思想宣传队进驻县、社机关和学校"支左",对稳定当时局势起了积极的作用,但也产生了一些消极后果。

3月22日　9个"造反派"组织在驻军支持下,联合夺了县委和县人民委员会的党政大权,成立了所谓军干群"三结合"的革命委员会。领导干部除个别被结合外,多数靠边站。

1968年

2月14日　中国人民解放军胶南县公安机关军事管制小组对公、检、法机关实行军管。1973年6月军管组撤销。

10月　全县开展整党建党,恢复了党的组织生活,同时也有部分党员受到了错误处理。

是年　高初中恢复招生,学制由"三三"制改为"二二"制,废除考试制度,采取推荐办法入学。

1969年

3月9日　胶南县"五七"干校成立。

8月　潍坊市544名知识青年到胶南县下乡插队。此为县内首次接收下乡知青。

9月　全县下放医务人员215名,其中169名走"赤脚医生"的道路。

1970年

2月　全县开展"一打三反"(打击反革命活动,反对贪污盗窃、投机倒把、铺张浪费)运动,至1975年底全面结束。

春　黄岛拦海大坝建成,南北两坝全长4500米。

11月9日　吉利河水库工程正式动工,1971年6月竣工,汇水面积为103平方千米,总库容为7400万立方米,是县内最大的水库。

是年　高等学校恢复招生,取消考试制度,采取"自愿报名,群众推荐,领导批准,学校复审"的方法。第一批有9处大学在县内招生45人。

1971年

2月　泊里和琅琊公社组织万名劳力,投工71万个,近半年时间在贡口建成一条长1600米、高6米的拦海大坝。

1972年

2月　全国化肥工作会议在胶南县召开。

10月29日　恢复传统集日,全县保留34个村镇集市。

1973年

是年　县农业局农技站总结的花生"揭盖蹲苗"生产经验,载于《山东省科技成果选编》。

1974年

7月14日　胶南县首批193名知识青年下乡插队。分别安排到王台公社东草夼、韩家寨、岳家、东灰村、西灰村、河南薛、河南邢、前营、石梁刘、石梁杨、田家窑、埠上、逄猛孙等13个大队进行锻炼。

8月12日　19岁的女运动员高建敏在省第十届射击比赛会上以556环的成绩,超过女子标准手枪射击世界纪录,后又4次超过这个纪录。

是年　全国制碘工业工作会议在胶南县召开。

1975年

5月1日　风河治理第一期工程开工,堤坝石砌护坡,总投资408万元。

是月　胶南在全国农业学大寨会议上,被列入全国300个大寨县之一。

1976年

5月26日　全省公社工业会议在胶南召开,会议提出"学昌潍、赶胶南"的口号。

是月　新建塔山、柏乡、薛家庄3处人民公

社，全县共辖27处人民公社。

8月中旬　中国农林科学院在胶南召开全国刺槐、白榆良种科技协作会议。参观了海青公社鸿雁沟等树种优选现场。

10月　经中共山东省委批准，黄岛、辛安、薛家岛3处人民公社划归新成立的昌潍地区黄岛工委。

1977年

6月2日　国务院副总理孙健到胶南县视察轻工机械厂和海洋化工厂。

8月　全省农机供应系统学大庆、学大寨经验交流会在胶南县召开。

1978年

4月8日　一条长14米、重22吨的抹香鲸因伤随潮在县城东南近海搁浅，被当地渔民捕获，鲸皮由中科院海洋研究所制成标本陈列于青岛海产博物馆。

5月　山东省家禽生产座谈会在胶南县召开，胶南"琅琊鸡"被确定为山东省地方良种鸡。

6月3日　全省农村房屋建设现场经验交流会在胶南县召开。会上，胶南县两处公社和两个大队介绍了经验。

是月　县人民法院对"文化大革命"期间判处的各类案件和建国以来的历史申诉案件进行复查，改判120件。

11月1日　胶南县电影院建成。建筑面积3550平方米，设1613个座位。

11月13日　积米崖渔港正式验收交付使用，泊位12个。

1979年

1月1日　胶南县划归青岛市。

2月　胶南县开始对地、富、反、坏分子评审，至8月，全县有1552人"摘帽"，142人被错划、错"戴帽"者得到平反和纠正。

3月　县公安局复查"文化大革命"期间的案件，平反纠正了132起冤假错案。

10月　县工商局对个体工商户进行登记。

12月2日　县委副书记丁培祉在全国第一次农村房屋建设工作会议上介绍了胶南县农房建设经验。会议还参观了胶南县6处公社13个大队的新村建设现场。

1980年

1月1日　渔池至灵山岛海缆通信工程竣工，正式开通。

5月24日　胶南县第八届人民代表大会第一次会议召开。恢复人民代表大会制度。

10月18日　由17个国家35名代表组成的联合国工业发展组织水泥技术区域间讨论会代表团来胶南县水泥厂参观考察。

1981年

4月　国家首次发行国库券。至1987年，胶南集体和个人共购买1325.68万元。

12月7日　全县始行林木确权发证工作，春节前结束。

1982年

5月26日　胶南县史志编纂委员会办公室成立，始修第一部《胶南县志》。

7月1日　第三次人口普查，全县总户数180070户，总人口778558人，其中男性397519人，女性381039人。

12月　青岛市人民政府公布胶南县的琅琊台和郭家河岩、向阳、西寺龙山文化遗址，为第一批市级重点文物保护单位。其中琅琊台被国务院列为第一批国家重点风景名胜区。

1983年

1月　县政府设立税务局。

3月5日　县政府决定，从本年1月起，全县中小学民办教师实行工资制，工资来源除国家补贴外，其余由公社统筹。

6月　供销社进行体制改革，发动群众入股，全面推行经营承包责任制，由全民所有制改为集体所有制，这些改革对促进农村商品经济的发展起了积极作用。

1984年

1月　公安机关给188名地、富、反、坏分子摘帽。至此，全县四类分子全部摘帽。

2月17日　县委、县政府决定，原生产大队改为行政村，建立村民委员会。

3月19日　山东省人民政府批准胶南县在原

24处公社的基础上，建立16个乡、8个镇：分别为：隐珠乡、大珠山乡、张家楼乡、寨里乡、琅琊乡、横河乡、小场乡、海青乡、理务关乡、塔山乡、市美乡、柏乡、宝山乡、铁山乡、薛家庄乡、灵山岛乡；胶南镇、泊里镇、大场镇、大村镇、六汪镇、王台镇、红石崖镇、灵山卫镇。

8月　胶南县进行机构改革。

9月2日　县委、县政府为1962年由公办转民办的教师落实政策，对仍任民办教师的65人收回复职，对已不任民办教师的也都作了妥善安置。

10月26日　中共中央总书记胡耀邦由王兆国等陪同，到胶南县视察。

10月　胶南县在农村进行土地定级发证工作，翌年4月结束。

1985年

7月1日　大珠山乡的前小口子、后小口子、桃林、石板河、湘子门、渔池、曲家园7个村，共1730户6246人转为非农业人口。

是月　胶南县首次城镇房屋普查工作开始。

8月19日　县境遭受九号强台风和暴风雨袭击。

9月10日　举行庆祝第一个教师节大会，向120名优秀教师颁发了园丁奖。

10月5日　县粮油加工厂同新加坡百龄麦有限公司达成协议，合资499万美元在胶南县城建设日产能力250吨等级面粉厂。是县内第一家合资企业。

是年　粮食由统购改为定购。一年一定，按倒三七比例计价（即30%按统购价，70%按超购价）。

1986年

1月25日　琅琊台刻石复制品由中国历史博物馆运回，置于县博物馆珍藏。

7月15日　经省政府批准，琅琊乡、大珠山乡分别改为琅琊镇、大珠山镇。

8月13日　全国企业精神文明建设座谈会在胶南县召开。

是年　胶南县乡镇级财政建立。

1987年

10月5日　胶南县横河乡、柏乡分别更名为藏南乡、胶河乡。

10月　胶南县复征车船使用税，开征房产税。

11月30日　由大珠山镇高峪至灵山岛长12.23千米的10千伏海底电缆敷设工程竣工。

12月19日　全县第一批企业承包经营合同举行签订仪式。

是月　胶南县被列为全国12个沿海防护林体系建设试点县之一。

第一篇

建　置

第一章　建置　区划

第一节　建置沿革

胶南历史建置，周代前不可确考。周代至今3000多年间，建置兴废无常，分合归并不止。

琅琊邑　琅琊台作为地名入古籍较早，《山海经》即有记载。作为行政建置可追溯至西周初年。姜太公封齐后，遵山东半岛东夷旧俗，恢复八神祭祀，在琅琊台上恢复尧帝开始的四时主祭祀，并于琅琊台下建琅琊邑主持祭四时等活动。当时的八神祭祀地分布山东半岛，属于姜太公越国鄙远（即飞地），规模不很大。太公通过主持八神，控制山东半岛。西周初境内大部属州国，后州国迁至安丘，改属莒国。春秋初，莒国由计斤（今胶州）西迁，先后吞并介、纪等国，琅琊全部划归齐国。齐桓公称霸后巡游山东沿海留居琅琊台长达六月。前485年齐吴琅琊海战后，琅琊被吴国吞并。前473年越王勾践灭吴后，琅琊、安陵等沿海归越。为称霸中原，前468年勾践迁都琅琊，并筑观台于琅琊台上。越国立都琅琊90年。越国西进，先后吞并滕国（今滕州市）、鄫国、郯国、邾国等。前334年楚败越于琅琊，琅琊沿海归楚。齐威王时，收回琅琊邑。

安陵邑　安陵即今灵山卫一带，有学者认为安陵为商代小国，晏子祖籍国。西周初先为州国，后为莒国安阳邑。春秋初莒西迁再归齐国，为安陵邑。境内出土的“齐国三量”，均刻“安陵”字样。

琅琊郡　琅琊郡首设于战国后期。战国时，秦国首先在边境地区改县为郡，山东六国也逐步效仿。《山东考古录》认为琅琊郡始设于楚。楚败越于琅琊后，在原越地建琅琊郡。齐长城以南多隶属。田齐败楚收回琅琊郡，沿用。田齐琅琊郡东起琅琊台，西至今山东滕州市，为齐国边境地区，也是割据地带，吴、越、楚国都曾占领过。秦始皇灭齐后沿置琅琊郡，为36郡之一。并迁民3万户15万余人，筑琅琊台，祠四时主，派徐福入海，留居3月。三次巡游琅琊，刻石颂德。汉武帝四巡琅琊，祠四时主，建交门宫，入海求仙。王莽时一度改为填夷郡。西汉沿置，东起今青岛，西至临沂，半岛南部多半为琅琊郡辖区，规模小于秦代。东汉建武十七年（41年），改琅琊郡为琅琊国，移治今临沂。之后，或为郡为国，沿至隋唐，但治所均不在胶南境内。

琅琊县　前685年齐桓公用管仲改革，设县以及五鄙，琅琊属齐国，是否设县无考。秦代始设，断续至唐代裁撤。中间兴废改名几度。王莽时一度改琅琊县为填夷县，不久复旧名。自秦至西汉，皆属琅琊郡。东汉分属琅琊国和东莱郡。晋武帝太康十年（289年）裁琅琊入东武，分属青州东莱郡和徐州东莞郡。南北朝刘宋复琅琊县，属青州平昌郡。北魏改琅琊为梁乡县，移治古镇口，属胶州高密郡。隋文帝开皇十六年（596年）改琅琊为丰泉县，炀帝大业三年（607年）复琅琊县，属青州高密郡。唐代武德年间，裁琅琊县入诸城，属密州高密郡。唐代裁琅琊县后，胶南境内以琅琊命名建置仅为琅琊区、琅琊乡等县以下名称。民国时建立的琅琊道也不在胶南境内。胶南地域分属胶州和诸城两县。之后设立的琅琊县，分别在安丘、广西、南京等处，与今境无关。

琅琊国　中国历史上的琅琊国多达8处。胶南境内仅有1处。西汉吕后七年（前181年）封刘邦族弟刘泽为琅琊王，辖13县，治琅琊城。三年后，因刘泽铲吕拥戴汉文帝有功，迁升燕王。除国归郡。其余7处琅琊国自东汉至唐代，治所均不在境内。

柜县　西汉置，治所在今王台镇，王莽时改为祓同县，将祓侯国并入。东汉裁，归入琅琊县，境内分属琅琊国和青州东莱郡。

祝兹侯国　西汉时两度建祝兹侯国。第一次为吕后八年，封子侄吕荣为祝兹侯。是年四月封，九月反诛。第二次为武帝元鼎元年（前116年）实行推恩令时期，封胶东康王儿子刘延年（《史记》作

刘延)为祝兹侯。五年后因刘延年丢弃印绶出走被废。《水经注》认为祝兹侯治所在今胶河经济区柏乡三村。近年在祝家庄发现侯国故城遗址,有汉代千秋万岁瓦当、城墙遗址及地下排水管道,且附近发现刘姓宗族墓地中大量千秋万岁瓦陪葬,疑似侯国被废后埋入。另据《史记》载,钜合侯、山州侯、安陵侯均与王台、山周、灵山卫有关,其受封人为城阳王之子,待考实。

驻马浦——唐代海运服务机构 唐代裁撤琅琊县,但海运港湾地位却十分突出。在驻马浦(今古镇口)建立高丽馆等服务机构,负责大唐、高丽和日本之间海运服务。公元621年新罗国王首次派使节朝贡唐高祖李渊后,两国通贡通商友好达数百年。公元668年唐朝帮助新罗国王统一朝鲜后,两国政治、经济、贸易十分繁荣。286年间新罗向唐派出使团179次,唐朝向新罗派出使团35次,均由此出入海。唐朝又在大珠山古镇口设立“新罗坊”和“新罗村”,安置新罗船员、商贾和海运船舶修理工匠。通往新罗和日本的官商海船均在此维修和停泊。密州还设立高丽馆,专门负责对新罗、日本的官方管理、服务机构。日本入唐僧人圆仁和尚在唐十年,返国时在古镇口候船留住近三月,回国后开创了日本天台宗派系。新罗诗人崔致远在大珠山留诗数十首。古镇口港湾开启了唐和北宋海上丝绸之路。

北宋除继续扩大日韩贸易外,又在胶南地区设立临海军,管理军民事务。后改设胶西县,治今胶州,境内属之。

南宋与金对峙时期,胶南境内为宋金边境地。金在诸城、胶西设立四处军政重镇,其中胶南沿海设四镇:梁乡、张仓、信阳、草桥。并在张仓设立宋金边贸榷场。南宋的粮米、毛竹、棕油、酒类与金国的皮毛、马匹等均在此交易。

灵山卫 明代为防倭患,设立防倭机构,洪武初即设大小兵寨十几处。洪武三十一年(1398年)设灵山卫,辖左(卫城)、前(夏河寨)、后(胶州城)3处千户所,兵丁5000余人,正三品指挥使5人,屯田1600余顷。雍正十三年(1735年)裁撤。

胶澳商阜海西区 1898年,德国侵占胶澳后,红石崖、辛安、薛家岛和灵山岛划为胶澳商阜海西区。日本占领时期归胶州。1946年划归胶南县。

诸胶边办事处 1943年11月设立抗日民主政府诸胶边办事处,1944年8月撤销诸胶边办事处,分设诸胶边县和藏马县。

诸胶县 1944年10月将诸胶边县和藏马县合并为诸胶县,1945年11月诸胶县并入胶县。

藏马县 1944年8月首设藏马县。1945年8月与诸胶边县合并为诸胶县。1945年恢复藏马县,治所在今泊里镇驻地。1956年撤销,并入胶南县。

胶南县 1946年9月设立胶南县。1947年从胶南、藏马、诸城县各划出一部分成立胶河县,1953年撤销胶河县各归旧属。1956年撤销藏马县,并入胶南县。1976年从胶南划出辛安、薛家岛和黄岛3处公社,成立黄岛办事处,直隶昌潍地区管理,1979年改为青岛市黄岛区。1990年12月胶南撤县设市。

胶南市 1991年1月31日正式成立。后陆续划出部分村庄和红石崖镇归黄岛区。2012年撤销胶南市和青岛市黄岛区,合并成立新黄岛区,辖境为原胶南市和原黄岛区版图。2014年划为青岛市西海岸新区,成为第九个国家级新区。

除以上境内独立设置外,其余历史时期,自唐至1943年期间,今境内西部归诸城,东部归胶州。

第二节　行政区划

胶南县区划 1946年9月建立胶南县,全县辖环海、铁山、王台、洋河、艾山、辛安、薛家岛、隐珠、丰台、沙河10个区。是年10月王台区改建宝山区,撤销艾山区,部分村划归宝山区,其余村庄划归胶县。

1947年12月胶河县成立,将丰台、沙河两区划为胶河县。

1949年7月,胶南县辖13个区:一区(王戈庄)、二区(环海)、三区(张家楼)、四区(铁山)、五区(宝山)、六区(王台)、七区(洋河)、八区(红石崖)、九区(辛安)、十区(薛家岛)、十一区(灵山卫)、十二区(隐珠)、十三区(灵山岛)。

1953年5月胶河县撤销,将丰台(四)、沙河(五)两区划归胶南县,编为第十四区、十五区。

1955年10月增设第十六区(黄岛区)。同年11月十三区改为灵山岛镇。胶南县时辖王戈庄、环海、张家楼、铁山、宝山、王台、洋河、红石崖、辛安、薛家岛、灵山卫、隐珠、灵山岛(镇)、丰台、胶河、黄岛15个区,1个镇。

1956年2月,藏马县调整为琅琊、泊里、龙马、吉利、海青、贡口、桃林7个区,胶南县撤销洋河、隐珠、胶河、黄岛4个区,调整为12个区(镇)。同年3月撤销藏马县,除将桃林区划归诸城县外,其余6个区均划归胶南县。胶南县共辖17个区、1个镇,隶属昌潍专区。

1958年3月撤区划乡,全县划为41个乡,即王戈庄、祝家庄、洼子、广城、水城、海崖、古镇营、张家楼、河头、张仓、河南、尚庄、林子、关爷庙、王台、石灰窑、田家窑、红石崖、徐戈庄、辛安、北庄、薛家岛、灵山卫、灵山岛、六汪、柏乡、市美、夏河城、桃园、山家村、泊里、小场、横河、贡口、大村、张戈庄、茂甲、大庄、大场、显沟、小店子乡。9月成立人民公社,全县41个乡组建为18处人民公社,即红旗(王戈庄)、八一(海崖)、胜利(张家楼)、铁山、宝山、幸福(王台)、东方红(红石崖)、五星(辛安)、红星(薛家岛)、明星(灵山卫)、灵山岛、先锋(六汪)、钢铁(市美)、前进(大村)、曙光(大场)、灯塔(海青)、卫星(泊里)、爱国(琅琊)人民公社。是年10月胶南县划归青岛市。

1961年4月胶南县复归昌潍专区。

1961年2月,由泊里分出藏南,王戈庄分出隐珠两处人民公社。1962年5月,由大村分出张戈庄人民公社,由张家楼、海崖、琅琊分出寨里人民公社,由大场、泊里分出小场人民公社。1963年9月增设黄岛人民公社。胶南县共辖24处人民公社。1972年11月撤销黄岛并入辛安人民公社。

1975年8月恢复黄岛人民公社。

1976年7月,由六汪分出柏乡人民公社,由大场、张戈庄分出塔山人民公社,由王台、宝山分出薛家庄人民公社。同年10月将黄岛、辛安、薛家岛3处人民公社划出,成立黄岛工委,胶南县仍辖24处人民公社。

1979年1月胶南县再度划归青岛市。

1983年6月,区划改革试点,灵山卫公社改设灵山卫乡。翌年3月经省政府批准,撤销其余23处人民公社,分别改设为7个镇、16个乡。灵山卫乡同时改为镇,胶南县时辖8个镇、16个乡,即胶南镇、王台镇、红石崖镇、灵山卫镇、大场镇、泊里镇、大村镇、六汪镇、薛家庄乡、宝山乡、铁山乡、柏乡、横河乡、理务关乡、塔山乡、小场乡、寨里乡、琅琊乡、海青乡、大珠山乡、市美乡、隐珠乡、灵山岛乡、张家楼乡。

1986年8月,大珠山乡、琅琊乡改为镇。

1987年10月,横河乡更名为藏南乡,柏乡更名为胶河乡。全县共辖10个镇、14个乡,即胶南镇、王台镇、红石崖镇、六汪镇、灵山卫镇、大村镇、大珠山镇、大场镇、泊里镇、琅琊镇,胶河乡、宝山乡、薛家庄乡、铁山乡、隐珠乡、市美乡、张家楼乡、灵山岛乡、理务关乡、藏南乡、寨里乡、海青乡、塔山乡、小场乡。

胶南市区划　1990年12月撤销胶南县设立胶南市。

1991年1月撤销海青乡、小场乡,设立海青镇、信阳镇,全市辖12个镇、12个乡。

1993年撤销隐珠乡、寨里乡、张家楼乡、藏南乡、薛家庄乡,设立隐珠镇、寨里镇、张家楼镇、藏南镇,薛家庄乡更名为黄山镇。全市辖17个镇、7个乡。

1994年将灵山卫镇的武家庄村划归黄岛区长江路街道。

1995年1月,撤销宝山、胶河、铁山乡,设立宝山、胶河、铁山镇。全市辖20个镇、4个乡。同年4月,从隐珠镇划出山前、广城、豆金河、向阳岭、石嘴子、烟台前、辛屯、新建、孟家滩、孙家滩、薛家滩、两河12个村设立灵海街道。同年4月,撤销胶南镇设立珠海、珠山2个街道,全市辖3个街道、19个镇、4个乡,即珠山、珠海、灵海街道,灵山卫镇、大场镇、大村镇、六汪镇、胶河镇、泊里镇、信阳镇、王台镇、黄山镇、隐珠镇、张家楼镇、寨里镇、藏南镇、琅琊镇、大珠山镇、海青镇、宝山镇、铁山镇、红石崖镇、理务关乡、市美乡、塔山乡、灵山岛乡。

1996年2月,将灵山卫镇的台子沟、八里庄、荒里、扒山、岔河、戴戈庄、薛辛庄、周家夼、高家台、两埠岸、王家港、花科子12个村划归黄岛区长江路街道,将红石崖镇的张戈庄、龙湾崖、郭家台子、法家园、管家洼、龙凤村、可洛石、龙斗山前8

个村划归黄岛区黄岛街道。

2001年1月撤销灵山岛乡，其行政区域并入灵山卫镇；撤销塔山乡，其行政区域并入大场镇；撤销胶河镇，将其行政区域并入六汪镇；撤销信阳镇，将其行政区域并入泊里镇；撤销黄山镇，将其行政区域并入王台镇；撤销灵海街道，将其管辖范围并入隐珠镇；撤销市美乡，将市美、西砚瓦、东砚瓦、西北砚瓦、西茶沟、东茶沟、前尹家沟、后尹家沟、院前、大河西、小泊、北村、胡家前夼、耿家沟、王家前夼、赵家前夼、小河西、皂户18个村划归大村镇管辖，将花沟、徐家前夼、李家前夼、店子、小庙口、大庙口、柘涧（后沟）、下庵、夏家庄、野潴10个村划归六汪镇管辖；撤销寨里镇，将李家村、北寨、西寨、东寨、丁家寨、秋七园、小北沟、大泮、庄家疃、逄家桃园、毕家沟、山家村（山家前、山家北）、东潘村、逄家台后、东崔家滩、西崔家滩、中崔家滩、下村、西安子、东安子、樊家林、东潘家庄22个村划归张家楼镇管辖，将赵家沟、马栏、七亩地、后沟、六合桥、黄家营6个村划归藏南镇管辖，将董家溜、营子沟、曹家溜、车轮山后、山东头、丁官庄、车轮山前7个村划归琅琊镇管辖。全市辖2个街道、15个镇、1个乡。

2005年5月，设立隐珠、灵山卫、铁山、滨海街道办事处大会召开

2002年6月撤销理务关乡，设立理务关镇，全市辖2个街道、16个镇。

2003年11月将红石崖镇划归青岛市黄岛区，全市辖2个街道、15个镇。

2005年5月撤销隐珠、灵山卫、铁山、大珠山镇，设立隐珠、灵山卫、铁山、滨海街道。全市辖6个街道、11个镇。

2012年6月撤销理务关镇，设立理务关经济区，将其行政区域并入大村镇。

2012年9月，经国务院批复，撤销青岛市黄岛区、县级胶南市，设立新的青岛市黄岛区，以原青岛市黄岛区、县级胶南市的行政区域为新的黄岛区行政区域。

1988～2012年全市撤并乡镇情况一览表

表1－1－1

名称	设立时间	撤销时间	沿革
胶南镇	1958年8月	1995年4月	1958年3月撤区划乡，王戈庄区划为王戈庄、洼子、水城、广城、祝家庄5个乡。是年8月，5个乡合并成立红旗人民公社（后改为王戈庄人民公社），同时划入原属灵山卫区的广城等19个行政村。时辖109个行政村，130个自然村。1961年2月划出黄山屯等59个行政村，建立隐珠人民公社。时辖53个自然村。1966年因修建铁山水库，库区后石沟村部分居民迁来立村，名新村。1974～1978年因村庄规划，周家庄居民迁入梁家庄，埠头居民迁入挪庄，黄墩子、北山村居民迁入沺上村，该4个村注销。时辖51个行政村，50个自然村。1984年3月改设胶南镇。1995年4月撤销胶南镇，以城区人民路中心线为界，南北分开，设立珠山、珠海两个街道。珠山街道时辖20个行政村，22个自然村，14个居民委员会；67000人，面积41平方千米。珠海街道时辖25个行政村，12个居民委员会；54000人，面积54平方千米

续表 1－1－1

名称	设立时间	撤销时间	沿　　革
灵山岛乡	1955 年	2001 年 1 月	灵山岛乡辖境解放前属青岛特别市海西区薛家岛警察所管辖。1946 年改为青岛市薛家岛第十六保。1947 年 3 月第一次解放,9 月又被国民党占领。1949 年第二次解放,设胶南县灵山岛区。1955 年改为灵山岛镇。1958 年 3 月改为灵山岛乡。同年 9 月成立灵山岛人民公社。1984 年 3 月改设灵山岛乡。2001 年 1 月撤销灵山岛乡,将其行政区域并入灵山卫镇。时辖 3 个行政村,12 个自然村;2700 人,面积 7.66 平方千米
市美乡	1958 年 9 月	2001 年 1 月	1958 年 9 月建立市美人民公社,时辖 27 个行政村,27 个自然村。1973 年 8 月划入六汪人民公社花沟村,时辖 28 个行政村,28 个自然村。1984 年 3 月改设市美乡。2001 年 1 月撤销市美乡,将市美等 18 个行政村划归大村镇,将花沟等 10 个行政村划归六汪镇。时辖 28 个行政村,28 个自然村;19000 人,面积 64 平方千米
塔山乡	1976 年 7 月	2001 年 1 月	1976 年 7 月由大场人民公社分出蔡家村等 32 个村及原属张戈庄公社的金头岭、前进 2 个行政村组建塔山人民公社。时辖 34 个行政村,31 个自然村。1984 年 3 月改设塔山乡。2001 年 1 月撤销塔山乡,将其行政区域并入大场镇。时辖 34 个行政村,31 个自然村;18900 人,面积 51 平方千米
寨里镇	1962 年 5 月	2001 年 1 月	1962 年 5 月由琅琊人民公社分出山家村等 31 个行政村,由张家楼人民公社划出东寨、西寨等 7 个行政村,由海崖人民公社划出大泮等 3 个行政村,建立寨里人民公社。时辖 41 个行政村。1963 ~ 1978 年,因村庄规划,新立庄迁入后沟村,刘家岭、东北林迁入西安子村,西营子迁入潘家庄,冷家迁入东安子村,肖家庄迁入董家溜村,以上 6 个村注销。时辖 35 个行政村,35 个自然村。1984 年 3 月改设寨里乡。1993 年 11 月改设寨里镇。2001 年 1 月撤销寨里镇,将李家村等 22 个行政村划归张家楼镇,将赵家沟等 6 个行政村划归藏南镇,将董家溜等 7 个行政村划归琅琊镇。时辖 35 个行政村,35 个自然村;26900 人,面积 67 平方千米
信阳镇	1962 年 5 月	2001 年 1 月	1962 年 5 月由泊里人民公社分出小场等 28 个行政村和大场公社的菜园等 5 个行政村,建立小场人民公社。时辖 33 个行政村,31 个自然村。1984 年 3 月改设小场乡。1991 年 1 月撤销小场乡,改为信阳镇。2001 年 1 月撤销信阳镇,将其行政区域并入泊里镇。时辖 33 个行政村,31 个自然村;20300 人,面积 50 平方千米
黄山镇	1976 年 7 月	2001 年 1 月	1976 年 7 月由王台人民公社划出崔家屯等 35 个行政村,47 个自然村,由宝山人民公社划出小屯、小袁家沟两个行政村,建立薛家庄人民公社。时辖 37 个行政村,49 个自然村。后因村庄规划,东沟等 7 个自然村注销。时辖 37 个行政村,42 个自然村。1984 年 3 月改设薛家庄乡。1987 年注销小陡沟并入莱疃。1993 年 10 月,撤销薛家庄乡,设立黄山镇。2001 年 1 月撤销黄山镇,将其行政区域并入王台镇。时辖 37 个行政村,41 个自然村;21500 人,面积 76 平方千米
理务关镇	1976 年 7 月	2012 月 5 月	1976 年 5 月由大村人民公社划出前王家庄等 30 个行政村,建立张戈庄人民公社。1970 年因建吉利河水库,划入诸城县桃林兰上村。迁出库区后分为胜利、前进、红旗 3 个行政村,又将张戈庄迁出库区,分为向阳、团结、卫东 3 个行政村。陈家庄迁出库区改名新建,洼里迁出库区改名东风,前王家庄部分居民迁出库区建立和平。时辖 33 个行政村,33 个自然村。1984 年 3 月改为理务关乡。2002 年 6 月改设理务关镇。2012 年 6 月撤销理务关镇,设立理务关经济区。时辖 33 个行政村,33 个自然村;19478 人,面积 65 平方千米

2012年末，全市辖珠山、珠海、隐珠、滨海、灵山卫、铁山6个街道，琅琊、泊里、大场、大村、六汪、王台、张家楼、海青、宝山、藏南10个镇，胶南经济开发区、青岛琅琊台省级旅游度假区、青岛临港经济开发区、黄山经济区、胶河经济区、积米崖港区6个功能区。共62个居民委员会，961个村民委员会。

第二章 乡镇 街道 功能区

2012年全市各镇街区总量指标值一览表

表1－2－1

名称	地方财政一般预算收支		规模以上工业产品销售收入（万元）	合同利用外资（万美元）	新签外资企业个数（个）	到账外资（万美元）	外贸出口（万美元）	农民人均纯收入（元）
	一般预算收入（万元）	一般预算支出（万元）						
张家楼	5860	8367	114437	1660	3	560	7741	12961
琅　琊	4749	5851	122951	150	1	402	1083	13813
藏　南	5250	6827	466919	700	1	401	1118	12965
泊　里	21786	14043	509253	5274	3	1583	2382	14523
大　场	4744	6606	412792	1200	2	400	1741	12806
海　青	4026	7714	29047	400	2	428	124	13052
理务关	2199	3874	83448	1300	2	400	234	11985
大　村	3782	5526	177816	320	3	415	773	12474
六　汪	3973	4715	94548	510	2	462	419	12139
宝　山	2693	5106	7251	415	1	418	108	11873
王　台	17657	12920	2337233	4000	2	2008	8892	17093
珠　山	31221	19771	1418203	4000	2	2400	15063	14152
珠　海	17038	7855	754494	9278	3	1500	2028	15108
隐　珠	43890	22353	2307685	1150	3	2205	51320	16893
滨　海	18209	14759	624863	4312	3	2225	12929	14097
铁　山	6341	5992	441392	733	3	1007	13004	13374
灵山卫	44363	15659	624093	4000	1	2200	9848	15863
开发区	134480	55644	2159820	6142	4	6507	103359	14640
度假区	2042	2107	13969	2900	1	1925	36	14040
临港区	21616	11179	1757155	5495	3	3829	34002	13777
黄　山	6688	6894	220761	326	2	427	1897	13316
胶　河	2127	4187	26008	49	1	400	34	11577
积米崖	9511	7836	52765	1000	1	1600	2899	14148

＊财政收入数均为可比口径

第一节　张家楼镇

位于城区西南13千米处，北依铁橛山，东南濒古镇口湾，东与珠海街道、滨海街道毗邻，南与琅琊镇接壤，西、北与藏南镇、大村镇、六汪镇、铁山街道相邻。东西宽9.4千米，南北长15千米，总面积137平方千米。镇政府驻张家楼村。

2012年张家楼镇所辖村庄情况统计表

表1－2－2

名　称	户数（户）	人口数（人）	耕地面积（公顷）	名　称	户数（户）	人口数（人）	耕地面积（公顷）
张家楼	550	1600	113.73	逄家台后	470	1560	90
东马家庄	241	649	50.8	下村	509	1568	131
东李村	121	392	41.2	西安子	250	800	86.67
苑庄	182	571	53.47	东安子	165	498	70.67
秋七园	284	815	84.2	丁戈庄	297	986	116.33
岭前马家庄	408	1404	103.33	大崔家庄	260	800	73.33
成家庄	95	288	24	小崔家庄	228	680	78
良家庄	204	630	76	海龙	190	600	54.13
大泥沟头	130	385	53.33	吕家屯	48	130	24
小泥沟头	160	458	60.47	朱家屯	180	524	82.67
王家洼子	191	570	56.67	闫家官庄	147	487	60
土山屯	256	816	116.47	河头	435	1333	146.67
西石岭	283	810	134.4	西草泊	170	510	47.4
东石岭	54	141	21.07	东草泊	150	438	60.67
张家屯	162	486	39.27	范家草泊	103	289	33
丁家寨	306	936	124	刘家草泊	180	560	58.67
东寨	132	410	48.93	东碾头	249	720	58
北寨	135	456	40	西碾头	242	694	85.33
西寨	111	292	32.27	中草泊	162	480	54
小北沟	316	1024	90	上疃	437	1195	224.6
李家沟	60	191	30.53	大山张	305	807	150.4
山家北	305	996	98.67	黄崖前	92	258	52.93
山家前	251	793	84	松山子	302	886	106.67
毕家沟	124	366	46	纪家店子	178	510	71.47
逄家桃园	286	835	112.73	北安子	86	242	26
东潘家庄	438	1433	131.67	石河头	203	572	76
庄家疃	334	1100	114	大崮	100	282	33.47
东崔家滩	252	901	65	小崮	45	125	22.4
西崔家滩	210	709	56	北马家庄	80	249	24.47
中崔家滩	320	1050	86.67	纪家沟	63	175	24.67
大泮	502	1682	251	马家屋子	38	105	16.8
东潘村	139	455	54.33				

建置　人口　解放前属胶县第七区和诸城县第五区。1945年8月分属诸胶县铁山区、环海区及藏马县琅琊区、泊里区。是年11月，诸胶县并入胶县。1946年9月建立胶南县，区划未改。1947年将藏马县琅琊区所辖原古寨乡12个村划归胶南县环海区。1949年将环海区所辖30个村及铁山区所辖19个村合并建立张家楼区。是年7月改为第三区。1951年将藏马县所辖大山张、野鸡口划入。1955年第三区复称张家楼区。1958年3月撤区划乡，张家楼区划为张家楼、河头两个乡。是年9月两乡合并成立胜利人民公社，后改称张家楼人民公社。1984年，改设张家楼乡。1993年10月，由乡改设镇，辖41个行政村。2001年2月，寨里镇撤销，并入大泮、丁家寨、东潘家庄等22个村庄。

2012年，全镇辖63个行政村，总人口4.43万人。其中，男性22474人，占50.72%；女性21837人，占49.28%。汉族44288人，占99.95%；回族、藏族、傣族等少数民族23人，占0.05%。

自然条件　境内地势北高南低，地形以丘陵山区为主，西北自铁橛山、尹家大山、石楼山向南及东南丘陵带构成“E”字形，内有张家楼、海龙、草泊3个平原，每个平原各有1条季节河穿过。农耕地北部以岭地为主，南部以洼地为主，是主要的粮食产区和果品生产基地。

河流主要有发源于尹家大山、石楼山的店子河、张家楼河、草泊河、海龙河，发源于逄家桃园的下村河。店子河汇入风河向东入海，张家楼河、海龙河、下村河注入古镇口湾。有陡阳、河湾、西寨3座小(1)型水库。

矿产资源主要为花岗岩，集中分布在北部山区一带，并建有大型石材厂，是本地石材重要供给地。拥有海岸线5千米，海产鱼虾260余种，其中分布广、资源量大的有带鱼、鲅鱼、乌贼、章鱼、黄鲫、梭子蟹等50余种。潮间带潮下带生物203种，可开发利用的有杂色蛤、泥蚶、西施舌、竹蛏、刺参、皱纹盘鲍、贻贝等40余种。

特色产业　蓝莓　2006年引进青岛沃林现代农业有限公司，至2012年，共建成蓝莓拱棚880个，暖棚108个，蓝莓种植面积566.67公顷。建成蓝莓育苗中心和综合科研楼1万平方米，培育出北方高丛、南方高丛、兔眼蓝莓等三个品系60余个优质品种，年组培育苗能力达到3000万株，可满足6667公顷土地的育苗需求。拥有国内首条从新西兰引进的全自动化生产线，开发出蓝莓果汁、果糕、果酱等10余类高附加值产品，年深加工能力达4.5万吨。截至2012年底，全镇共有10余家蓝莓生产企业，蓝莓种植面积1000公顷，年产蓝莓鲜果1.1万余吨。

文化产业　2003年7月引进青岛绿泽画院，至2012年，画院占地4.8公顷，建成画室12000平方米，有画家36人、画师400人、画工300多人，主要从事油画、水彩画、丙烯画临摹和创作，作品出口欧美等十几个国家，年出口油画3万幅。绿泽画院先后荣获“中国文化(美术)产业示范基地”“中国文化制品七大品牌”“国家文化出口重点企业”等荣誉称号，画院所在地大泥沟头村被评为“全国文明村”。2011年，规划建设达尼文化产业园，包括大泥沟头、小泥沟头等7个村庄，总面积15.77平方千米。2012年，园区集聚了青岛绿泽画院、泽丰文化生态园、青岛墨泽文化创意有限公司等9家文化旅游企业和山川画廊、大地画廊等10家个体画廊，总资产达2亿多元。泽丰生态园各类景观苗木栽植超过5万株，是集观光旅游、文化创意、园林景观展示于一体的文化生态观光园。

张家楼镇驻地鸟瞰图

张家楼镇优越的自然环境

张家楼镇佳沃蓝莓基地

第二节 琅琊镇

位于胶南市西南沿海，东、南濒黄海，北倚藏南镇和张家楼镇，西邻泊里镇，总面积 82 平方千米。镇政府驻夏河城。

2012 年琅琊镇所辖村（居）情况统计表

表 1－2－3

名称	户数（户）	人口数（人）	耕地面积（公顷）	名称	户数（户）	人口数（人）	耕地面积（公顷）
城东	126	387	24	毕家村	323	1016	54
城前	157	561	35.2	西港头	81	263	25
城西	97	329	20.53	瓮沟	50	175	19
城北	218	689	39.93	前沟	205	626	103.2
营前	326	1031	80.33	翟家屯	87	245	44
营后	325	947	93.87	刘家屯	216	157	26
大南庄	187	543	60.47	逄家屯	75	233	33.33
北山	64	192	34.13	大皂户	190	532	46.67
黄道山	98	295	24	东皂户	116	308	23.47
库山沟	142	498	31.67	北皂户	78	224	21.33
小东岭	80	256	28.07	夏家村	306	992	118
卧龙村	137	480	38.47	吴家村	298	1004	80
西桥子	268	831	61	季家岭	96	303	25.33
刘前	320	996	39	尹家山	87	289	21.4
刘北	192	630	72.73	丁石洼社区*	448	1479	132.33
安子	92	278	21	车轮山后	345	1134	72.2
砚台地	135	390	36.67	山东头	248	864	7.53
甸王家	317	1000	130.73	曹家溜	88	326	22.67

续表 1－2－3

名　称	户数（户）	人口数（人）	耕地面积（公顷）	名　称	户数（户）	人口数（人）	耕地面积（公顷）
营子沟	90	310	26.33	西杨家洼	356	1383	57.6
董家溜	176	485	62	东杨家洼	228	830	63.73
山樊家	145	458	67.33	胡家山	285	1078	48.07
岳宅	207	658	72.2	石家村	329	1016	104
长阡地	125	408	43.33	北桃园	165	554	42.67
五龙沟	142	442	46	中桃园	105	350	41.67
湖崖	143	447	42	前桃园	59	227	12.33
朱家村	145	462	45.07	台东头	162	626	25.33
刘家崖下	422	1400	103	台西头	313	1154	16.67
陈家贡	266	820	60.2	斋堂岛	379	1081	0
蒲湾	223	848	39				

注：标＊的为居民委员会

建置　人口　春秋时期为“齐东境上邑”琅琊邑治所。战国初为越国都。秦代为琅琊郡、县治所。汉代为琅琊县治所。隋代为丰泉县、琅琊县治所。唐、宋、金、元时期属诸城县。明代在此设立兵寨，称夏河寨备御千户所，隶属灵山卫。雍正十三年（1735年），裁撤灵山卫，镇域归诸城。1945年属藏马县琅琊区。1956年，藏马县并入胶南县仍称琅琊区，后改称夏河城区。1958年改称琅琊人民公社。1984年改称琅琊乡。1986年撤乡设镇。2001年，将撤销的寨里镇7个村并入琅琊镇。同时，划出7个村归琅琊台旅游度假区管理。

2012年，全镇辖56个行政村和1个居民委员会，总人口3.5万人。其中，男性18208人，占52.35%；女性16574人，占47.65%；汉族34743人，占99.89%；少数民族39人，占0.11%。

自然条件　境内依山傍海，环境优美，植被保护良好，地势北高南低，北部为山地、丘陵，库山、黄道山、牛蹄山自西向东形成一天然屏障，向南延伸出4条丘陵带，中部为平原，南部为滨海平原和低地，东南海滨有琅琊台，海拔183米。海中有斋堂岛、鸭岛两岛屿。境内有皂户河和夏河两条季节性河流，均发源于北部山地，南流入海。矿产资源主要为花岗岩，零散分布在全境。地表水资源可利用量为293万立方米。琅琊镇是青岛市水产强镇，海洋资源丰富。有50千米海岸线、333.33公顷暗礁、400公顷滩涂和

琅琊镇海城路商业街

6666.67 公顷宜养水域。有 2 座岛屿、6 个内水港湾和 13 处大小渔用码头。有 13 个沿海渔业村，海洋捕捞和海水养殖有一定优势。海洋生物上百种，海产品主要有海参、鲍鱼、对虾、鲅鱼、蟹、贝、藻类等。

第三节　藏南镇

位于城区西南 24 千米处。北依藏马山，东邻张家楼镇，西接大村镇，南靠泊里镇、琅琊镇。是胶南最大的库区移民镇，有库区移民 2292 户 6214 人，占胶南市库区移民人口的 38%。总面积 105 平方千米。镇政府驻小马家疃村。

藏南镇长阡沟社区

2012 年藏南镇所辖村庄情况统计表

表 1－2－4

名　称	户数（户）	人口数（人）	耕地面积（公顷）	名　称	户数（户）	人口数（人）	耕地面积（公顷）
横河川	558	1412	50.00	臧家庄	196	520	60.00
上丁家洼	142	458	22.00	丁家松园	216	623	26.00
大马家疃	268	786	80.00	贺吉沟	58	155	20.00
小马家疃	300	780	40.00	王家官庄	203	586	29.00
潘家庄	167	497	34.00	丁家官庄	90	237	15.00
刘家庄	96	279	32.00	于家官庄	402	1176	108.00
茉旺	400	1310	117.00	西陡崖	252	796	93.00
乜家庄	169	570	50.00	东陡崖	107	354	24.00
瓦屋	268	894	105.00	河崖	213	672	78.00
唐家庄	395	1281	94.00	范家洼	128	392	55.00
小岭子	328	1028	119.00	韩家溜	369	1133	67.00
孙家屯	182	550	23.00	岭西头	233	683	70.00
丁家皂户	426	1328	35.00	岭南头	210	678	31.00
下丁家洼	301	815	15.00	刘卜疃	467	1586	161.00
崖下	300	899	100.00	大柳家庄	204	603	59.00
崖上	224	699	64.00	后沟	213	615	45.00
西南地	209	692	60.00	赵家沟	120	385	30.00
河西屯	55	167	20.00	马栏	118	397	54.00
高戈庄	407	1360	74.00	七亩地	68	192	33.00
曾家官庄	183	520	47.00	黄家营	211	683	80.00
长阡沟	168	428	40.00	六合桥	212	607	67.00
胡家庄	94	315	21.00				

建置　人口　1945年属藏马县泊里区。1947年泊里区析置藏南区。1956年2月，藏南区并入泊里区。是年3月，藏马县并入胶南县，镇域仍属泊里区。1958年属泊里公社，1961年析置藏南公社。1984年藏南公社改称横河乡。1987年更名为藏南乡。1993年改称藏南镇。2001年，将撤销的寨里镇6个村并入藏南镇。

2012年，全镇辖43个行政村，居民10698户，总人口3.1万人。其中，常住人口26426人，流动人口4781人。男性15834人，占50.7%；女性15373人，占49.3%。汉族31137人，占99.78%；少数民族70人，占0.22%。

自然条件　境内属丘陵山区，地势北高南低，北部为山区，中部为丘陵，南部为平原。204国道、同三高速、开城路穿越镇区。藏马山、陡崖子水库孙家屯水库等生态资源丰富。

境内大部为山前平原，北面为藏马山，山长约12千米，宽约3千米，主峰海拔395.2米。有陡崖子和孙家屯两座中型水库，储水量6648万立方米，是胶南的重要水源地。主要河流有横河、唐家庄河、高戈庄河、岭南头河，境内流长13.5千米。

藏南镇文化资源、自然资源丰富。在藏马山建成青岛市首家规模万亩以上的市级森林公园；拥有青岛市级文物保护单位——高戈庄龙山文化遗址；非物质文化遗产——藏马大鼓、钩编、陶艺、剪纸等；新区首个党小组遗址——茉旺党小组遗址以及保存较好的明清时代于氏祠堂。

藏马公园

第四节　泊里镇

位于城区西南33千米处。南临黄海，北接藏南镇，东靠琅琊镇，西邻大场镇，总面积153平方千米。204国道自东北向西南穿越全境，同三高速公路在镇区西部设有进出口。

建置　人口　解放前属诸城县第五区，全区58个自然村。1945年12月，属藏马县泊里区，辖115个村。1947年，从泊里区划出岭南头等8个村，并入新设立的藏南区。1949年7月，泊里改为第三区。1955年复称泊里区。1956年2月藏马县调整区划，藏南区并入泊里区。1958年3月撤区划乡，泊里区分成3个乡，后改为泊里人民公社，共辖141个村。1961年泊里公社分出原横河乡所辖55个村和小塔山村建立藏南人民公社。1962年，分出28个行政村，与大场公社析出的5个行政村组建小场人民公社。1984年，泊里人民公社改为泊里镇，辖68个行政村。1991年1月，小场乡更名为信阳镇，辖33个行政村，2001年2月整建制并入泊里镇，泊里镇政府驻河北村。

2012年，全镇辖101个行政村，居民22032户，总人口7.5万人，其中农业人口68109人。总人口中，男性37280人，占50.03%；女性37222人，占49.97%；汉族74392人，占99.85%；朝鲜族、满族、苗族等少数民族110人，占0.15%。

自然条件　地形以平原为主，少量丘陵地带，

泊里镇驻地

土质优良。海岸线长约40千米，海洋资源丰富，海域养殖面积2100多公顷。境内有旺山（海拔74米），南北横卧在泊里中西部，东南部有子良山（海拔69米）。横河、白马河、东河三条河流穿境而过，地势西高东低。

耕地面积5106.67公顷，林地面积4500公顷，海域面积820公顷，城镇村及工矿用地1420公顷，交通用地533.33公顷，水域面积1093.33公顷。董家口港区位于南部琅琊台湾。南部和东南部沿海分别建有董家口渔港和贡口渔港，盛产鱼虾等各类海产品280余种，其中分布广、资源量大的有鲈鱼、黑头鱼、梭鱼、鹰爪虾、毛虾、梭子蟹、白姑鱼、墨鱼等50余种。潮间带、潮下带生物有210多种。主要海水养殖品种有海参、鲍鱼、日本车虾、梭子蟹、扇贝、贻贝、牡蛎、蛤、紫菜等50余种。

特色选介　泊里红席　（详见文化篇）

泊里烧肉　起源于一百年前的“泊里张家烧肉铺”，经过张家四代人的研制，口味独特，肥而不腻。2010年，“泊里烧肉”入选胶南市非物质文化遗产名录。

西施舌　（详见旅游篇）

外国留学生学习编织泊里红席

2012年泊里镇所辖村庄情况统计表

表1－2－5

名　称	户数（户）	人口数（人）	耕地面积（公顷）	名　称	户数（户）	人口数（人）	耕地面积（公顷）
泊里河东	386	1150	12	魏家村	176	585	41.53
泊里河西	378	1155	45.33	前松元	230	676	74.87
泊里河南	306	861	28.67	后松元	100	323	46
泊里河北	607	1686	25	磊石	120	340	42
孙家庄	165	570	48	米家庄	174	480	59
张家庄	210	699	54.67	东封	392	1301	20.67
高家庄	292	916	67.53	河西村	81	257	22
马家庄	618	1622	204.73	西封	380	1050	65.33
董辛庄	202	618	61.4	周村	298	785	91.33
董家小庄	182	551	63	丁莪家庄	140	495	37.33
尹家村	291	946	79	蟠龙	380	1197	92.73
三合村	230	752	61	李家庄	133	315	30.33
石岭	57	176	16	东小滩	136	440	56.67
崔家庄	154	506	26.67	西小滩	192	672	81.8
邱家庄	400	1204	107	封家官庄	134	419	43
蒋家庄	198	569	27.33	贡口	386	1139	54.67
程家庄	209	578	48.67	尹家圈	605	2030	140.33

续表 1－2－5

名　称	户数（户）	人口数（人）	耕地面积（公顷）	名　称	户数（户）	人口数（人）	耕地面积（公顷）
东红石	260	750	69	东庄	217	781	38.27
西红石	163	406	45.67	西庄	230	846	43.93
前红石	170	481	49.67	南庄	67	265	14.8
山后	238	674	55.87	湾崖	73	253	21.33
吕家庄	63	179	17	庙东	105	337	22.4
营东头	296	812	64	庙后	127	394	27.67
长松庄	137	449	22.93	上庄	60	167	11
管家庄	125	390	18.6	小刘家庄	220	570	44
代家村	130	390	44	小王家庄	64	173	15.53
常河店	382	1074	125.73	小塔山	27	81	13
麦墩	286	912	87.67	信阳一村	365	1102	100
魏家滩	346	1103	80.47	信阳二村	145	438	38
口上	168	592	32.67	信阳三村	170	528	30.4
肖家贡	372	1193	93.33	柳树底	172	618	57.13
黄家庄	240	690	53.27	沙岭子	586	1545	69.87
董大庄	271	834	74.13	徐家官庄	114	375	32.93
营上	120	338	31.67	菜园	426	1383	102.2
小庄	486	1449	100	前草	127	345	34.4
丰台	122	422	41.73	后草	128	386	30
棋子湾	249	743	26.67	营里	262	919	91
撒牛沟	239	684	5.4	旺山	306	1012	94
尧头一村	259	874	5.8	大溜	160	496	42
尧头二村	256	862	8	小溜	103	336	38.67
尧头三村	257	832	6.67	王家岭	101	329	31.47
尧头四村	310	956	17.33	朱家庄	215	749	50
沐关岛	56	210	7.33	海岱庄	90	286	20
朱家河	340	1116	53	甲滩	320	988	90
草桥	500	1526	127	耿家岚	122	413	32.27
封家庄	290	910	79.4	邵家岚	228	784	72
崔家疃子	74	208	14.33	苗家岭	88	292	28
季家村	430	1250	88.33	大岚	120	376	32
小滩	192	655	51.2	岚庙后	53	192	12
石崖	206	656	58.73	后岚	151	486	38
岭前头	214	729	60				

第五节　大场镇

位于城区西南42千米处。东接泊里镇，西邻海青镇，北靠理务关镇、大村镇和潍坊诸城市桃林镇，东南濒临黄海王家滩湾。全镇总面积117平方千米。

建置　人口　解放前属诸城县。解放后属诸胶县和藏马县。辖境各村分属海青、大山、旺山等区。1956年2月大山区并入海青区，旺山区并入吉利区。1956年3月藏马县撤销，并入胶南县。是年11月吉利区并入龙马区。1958年3月撤区划乡，辖境划为大场乡、大庄乡。是年9月，大庄乡、大场乡合并成立曙光人民公社，后改为大场人民公社。1976年大场人民公社析出塔山人民公社。1984年大场人民公社改为大场镇，辖53个村民委员会，53个自然村。2001年2月15日，塔山乡并入大场镇，大场时辖87个行政村，人口5.7万人，以汉族为主，另有朝鲜族、满族、壮族、土家族、彝族等6个少数民族。

2012年，全镇辖87个行政村，总人口5.8万人。

2012年大场镇所辖村庄情况统计表

表1－2－6

名　称	户数（户）	人口数（人）	耕地面积（公顷）	名　称	户数（户）	人口数（人）	耕地面积（公顷）
大场	490	1652	172.91	曾家村	154	554	57.99
坊上	117	384	40.19	高家庄	112	329	34.44
韩家洼	149	495	51.81	马家滩	248	948	99.22
前老阿	242	851	89.07	董家村	286	982	102.78
后老阿	174	536	56.10	邓家滩	115	436	45.63
西老阿	65	184	33.33	卜家庄	125	404	42.29
西丁	90	307	32.13	干河子	126	386	40.40
凤凰庄	192	572	59.87	郝疃	122	474	49.61
苏家庄	132	458	47.94	丁柳沟	330	1070	111.99
雹泉庙	121	415	43.44	宋柳沟	86	306	32.02
凤墩	499	1763	184.53	刘家村	230	778	81.43
前河岔	113	402	42.07	西柳沟	152	495	51.81
后河岔	240	804	84.15	尹柳沟	74	240	25.12
湾东	262	934	97.76	东柳沟	143	404	42.29
陈小庄	226	723	75.67	王家屯	73	221	23.13
李小庄	166	517	54.11	王庄	110	325	34.02
冯家坊	454	1654	173.12	保子埠	220	743	77.77
河崖	300	968	101.32	蔡家村	247	798	83.52
魏家湾	355	1146	119.95	魏家大庄	272	816	85.41
大营	483	1687	176.57	丁家大庄	119	376	39.36
小营	210	743	77.77	张家大庄	213	651	68.14
营南头	265	1012	105.92	马戈庄	246	798	83.52

续表 1-2-6

名　称	户数（户）	人口数（人）	耕地面积（公顷）	名　称	户数（户）	人口数（人）	耕地面积（公顷）
周家村	316	1076	112.62	正南岭	163	475	49.727
前村	232	809	84.68	西南岭	196	667	69.81
东丁	108	350	36.63	西寺	103	307	32.13
青竹园	117	344	36.01	东寺	297	980	102.57
大楼子	235	773	80.91	北寺	102	334	34.96
小楼子	74	242	25.33	南寺	61	186	19.47
南辛庄	94	301	31.51	驼沟	178	562	58.82
殷家庄	189	639	66.89	塔山店子	265	813	85.09
陈家屯	163	554	57.99	幸福	43	132	13.82
石河口	119	368	38.52	淘金河	88	265	27.74
吉利河	291	975	102.05	小辛庄	105	324	33.91
前进	90	289	30.25	黄古墩岭	66	245	25.64
新大庄	100	345	36.11	肖一	151	477	49.93
新官庄	87	285	29.83	肖二	148	457	47.83
刘家大庄	166	531	55.578	肖三	166	582	60.92
金头岭	160	498	52.12	肖四	104	338	35.38
柳行大庄	188	583	61.02	红旗岭	188	607	63.53
东北	169	532	55.68	井戈庄	356	1204	126.02
西北	136	428	44.8	前官庄	94	272	28.47
河西	197	700	73.27	后官庄	142	480	50.24
河东	192	633	66.25	立新	189	641	67.09
吉湄村	93	338	35.38				

自然条件　境内东西高，中间低，东西为丘陵，中间为平原，地势平坦，年平均气温为12℃左右。吉利河、白马河两大河流纵贯全境，在河崖村南汇流后流入王家滩湾，年径流量分别为870万立方米和919.3万立方米。全镇有中小型水库4座，总蓄水量358.3万立方米，有效灌溉面积2146.67公顷。塔山为境内最高点，海拔120米，山上有大银杏树一株，树龄达500余年，因位于高处且树木高大，历来为沿海船舶航行的重要标志。全镇有耕地5520.33公顷，适合种植小麦、玉米、地瓜、花生等。盛产大白菜、水果萝卜、草莓、茶叶等，是胶南主要粮食和蔬菜产区。

环境优美的大场镇驻地

第六节　海青镇

位于城区西南 49 千米处。南接日照市，北靠潍坊诸城市，西邻日照市五莲县，东与大场镇接壤。全镇总面积 102 平方千米，耕地面积 3914.93 公顷。

建置　人口　解放前属诸城县第四区。1945 年划归藏马县，分属海青区和大山区。1956 年 2 月大山区并入胶南县。1958 年 3 月撤区划乡，分属小店子乡和显沟乡。是年 9 月两乡合并成立海青人民公社。1973 年辖 64 个大队，66 个村。1984 年 3 月改为海青乡，辖 64 个村委会，66 个自然村。1991 年 1 月撤乡设镇。1980 年，镇驻地徐家大村更名为海青村。

海青优质茶叶基地

2012 年海青镇所辖村庄情况统计表

表 1－2－7

名　称	户数（户）	人口数（人）	耕地面积（公顷）	名　称	户数（户）	人口数（人）	耕地面积（公顷）
臧家庄	196	657	47.33	狄家河	300	1031	105.33
后河东	243	814	86.67	海　青	465	1581	127.87
黄山前	200	654	71.73	小陈庄	42	121	8.07
东蔡家	160	539	52.33	范家庄	135	454	59
董家洼	423	1305	141.07	青　墩	218	789	74
后河西	277	955	83.33	徐家尧	342	1234	161.4
蔡　东	40	132	15.07	海　屯	83	288	5.67
郭家岔子	123	414	40.87	前显沟	267	917	83.33
小店子	427	1506	106.33	小朱洼	78	263	23.6
水泊子	209	757	77.4	富　元	89	301	24
后　楼	258	836	86.67	小芦疃	194	705	80.07
麻沟河	251	801	64.47	徐家洼	242	812	68
双　河	181	617	138.67	李黄崖	135	495	28.33
前　楼	280	1003	86.67	大朱洼	101	363	32.73
坳　里	254	889	68	刘黄崖	65	211	22
向　荣	34	123	20	大芦疃	390	1317	120
辛店子	281	918	98.67	张黄崖	179	537	84.33
玛瑚沟	77	255	44	梯子沟	136	425	35.33
东潮河	316	1175	131	于家村	174	583	58.67

续表 1－2－7

名　称	户数（户）	人口数（人）	耕地面积（公顷）	名　称	户数（户）	人口数（人）	耕地面积（公顷）
甲旺墩	144	490	68	宋家岭	84	324	17.47
莲花前	112	351	41.67	许家村	146	469	81.13
徐官庄	125	426	55.33	大官庄	229	901	86.47
鸿雁沟	175	591	73.27	大　岭	383	1462	135.87
郭家桥	58	217	15.33	李罗川	166	596	39.93
小石河口	26	79	7.67	唐　村	55	192	23.87
芦官庄	163	612	65.33	赵家庄	63	235	19.33
廒　上	365	1182	106.87	修七元	237	781	58.33
大石庙	183	649	60.73	小官庄	57	228	19
姜家村	139	485	50.2	小　岭	268	942	68.67
小陈村	91	303	29.53	梁罗川	94	327	21.13
大陈村	168	536	34	石　桥	95	375	40.47
后显沟	400	1322	148	杜家村	184	603	60.53

北茶商街

海青竹林园风光

甜水河新貌

海青镇优美的镇区环境

2012年末，全镇辖64个行政村，总人口42617人，其中非农业人口2738人，男性21369人，女性21248人。全镇以汉族人口居多，其中满族12人，苗族1人，蒙古族5人，鄂温克族1人，佤族19人，壮族8人，瑶族2人，柯尔克孜族2人，回族2人，朝鲜族5人。

自然条件　境内大部为丘陵，地势北高南低，最高点大缀骨山顶海拔289.2米，滨海及沿河地势较平坦。有甜水河和潮河两大河流，罗川河、东潮河两支流汇入。甜水河发源于后河西村北大缀骨山南麓，纵贯全镇，由北向南转东流入黄海王家滩湾。1958年，截闸甜水河支流建成狄家河水库。潮河发源于五莲县九泉，流经海青镇，由西北向东南斜穿过境，入日照市，为过境河。

特色选介　海青茶　1966年从安徽引进种植。20世纪70年代，后河西村曾作为全省的代表在全国茶叶会议上介绍"南茶北引"经验。因茶叶种植见效期长，1980年曾出现毁茶种粮现象，茶园面积锐减。1995年后，随着市场农业发展和种植业结构优化，茶叶生产进入历史上发展最快期，面积不断扩大，产量、质量和效益显著提高，海青镇因此成为"南茶北引"最成功的地区之一。2012年，全镇茶园总面积达2000公顷，是全市绿茶主产区。建有国家级无公害茶园基地6处，有机茶园基地5处，茶叶专业村43个，加工企业200多家，研制开发十二大系列30余个品种，申请注册40多个茶叶商标，年产干茶120余万千克，实现产值2.4亿元，仅茶叶一项实现农民人均增收3000余元。

第七节　大村镇

位于城区西南25千米处。东隔藏马山与张家楼镇、藏南镇相邻，南与大场镇相接，西及西北与潍坊诸城市桃林镇、林家村镇接壤，北邻六汪镇。镇政府驻大村村。全镇总面积151平方千米。

2012年大村镇所辖村庄情况统计表

表1－2－8

名　称	户数（户）	人口数（人）	耕地面积（公顷）	名　称	户数（户）	人口数（人）	耕地面积（公顷）
大村中村	252	800	30	徐家官庄	174	554	79.73
大村前村	336	968	40	韩家庄	151	470	52.73
大村河北	205	618	35.67	姜家庄	27	87	8.27
大村后村	102	274	23.6	管家村	129	398	52.47
南家村	87	312	21	重罗山	206	604	57
中村	56	196	17	西陈家	165	526	43.6
双墩	310	998	94.8	小石岭	175	544	63
草场	150	504	44	前茂甲庄	210	604	77
孟家官庄	105	320	42.6	后茂甲庄	260	784	94.4
河东崖	68	203	15.2	丁石桥	155	512	59.87
红草岭	52	156	17.33	新乡	256	781	111
西南庄	453	1295	133.87	李家埠	152	430	71.53
大尧	177	590	43.73	大石岭	305	951	90.33
前尧	206	677	62.73	东白马河	137	403	55
河外	120	358	34.2	西白马河	213	633	82.27

续表 1－2－8

名　称	户数（户）	人口数（人）	耕地面积（公顷）	名　称	户数（户）	人口数（人）	耕地面积（公顷）
塔山坡	75	257	27.6	林子	67	210	44
斜屋	78	252	30.13	桃山	140	420	73.67
小白马河	165	560	71.6	孟家村	94	273	37.2
东龙古	320	918	138.67	蔡家沟	110	306	57.87
前龙古	150	450	60.53	新村	37	105	19.47
西北龙古	335	943	119.53	龙古前	80	230	30
岭南庄	109	322	29	庙子山	21	54	12.67
李家村	120	430	29.2	王家前夼	180	559	68
刘家河崖	65	183	17.67	赵家前夼	58	180	24
李家河崖	69	199	15.6	胡家前夼	138	434	49.53
西北河崖	73	215	26.67	北村	83	260	23
桑行	123	435	29	市美	380	1080	118.53
双庙	207	582	38.47	西茶沟	120	345	39.33
宋家村	170	522	45	东茶沟	52	125	17.4
下藏马一村	160	504	40.93	大河西	192	580	75.8
下藏马二村	208	622	68.8	耿家沟	300	962	136.4
下藏马三村	264	810	75.4	西北砚瓦	101	252	31
上藏马	285	876	76	西砚瓦	300	840	92.53
广家庄	208	597	52.13	东砚瓦	410	1215	146.47
田庄	328	1026	93.33	前尹家沟	117	335	48.47
龙潭	325	1090	75.73	后尹家沟	271	736	85.13
黄岭	91	230	29.33	院前	151	428	40.47
胡家沟	130	331	29.07	小泊	149	460	56
丁家洼	51	126	16.27	小河西	145	408	59
封家小庄	156	538	75.33	皂户	190	506	51
横山后	134	420	44.93	大桥	121	339	60

注：该表格不包括已划入的理务关经济区数据

大村镇驻地全景

大村镇香菇种植基地

建置　人口　1945年属藏马县龙马区，1956年藏马县撤销，镇域划入胶南县。是年11月，调整区划仍属龙马区。1958年3月撤区划乡，龙马区分成大村和张戈庄两个乡。是年，大村、张戈庄两乡合并成立前进人民公社，后改称大村人民公社。1962年5月，析置张戈庄人民公社。1984年3月，大村人民公社改为大村镇。2001年市美乡18个村划归大村镇。2012年理务关镇成建制划归大村镇。2012年，全镇辖115个行政村，居民19781户，总人口6万人。男性30796人，占51.13%；女性29435人，占48.87%。汉族60144人，占99.86%；壮族、佤族、满族、鄂温克族、景颇族等少数民族87人，占0.14%。

自然条件　属低山丘陵地貌，地势由北向南倾斜，北部多低山丘陵，南部呈平原低洼状。境内有藏马山、老桃山、范家山、重罗山、龙占顶、天台山、横山、尹家大山、石楼山、黄岭山、唐家山等，其中以藏马山最负盛名。藏马山人文历史悠久，景点丰富多样，适宜旅游开发。山丘连绵起伏，沟壑纵横蜿蜒，山坡土层厚度平均1米以上，宜林宜果。白马河、吉利河自北向南流经全境，沿河两岸形成河谷平原，土地肥沃，自古就有“大村粮仓”之誉。

特色选介　食用菌。（详见农业篇）

第八节　六汪镇

位于城区西北部。东邻铁山街道，南接大村镇，西靠潍坊诸城市，北依宝山镇。面积122平方千米，辖区东西最大距离11.5千米，南北最大距离12.9千米。镇政府驻六汪村。

建置　人口　1944年，属诸胶边办事处丰台区、鲁山区、沙河区。1945年，属诸胶县（珠山县）丰台区。1949年，属胶河县丰台区，后改称第五区。1953年，胶河县并入胶南县称第十五区，后复称丰台区。1958年3月，撤区改乡，丰台区划为六汪、柏乡、市美3个乡。是年9月，六汪、柏乡合并成立先锋人民公社，后改为六汪人民公社。市美乡改为钢铁人民公社，后改称市美人民公社。1976年，六汪人民公社分出原柏乡乡的31个村、32个生产大队，建立柏乡人民公社。1984年，六汪人民公社改为六汪镇。市美人民公社改为市美乡。2001年2月撤销市美乡，原市美乡的花沟、店子、李家前夼、徐家前夼、野潴、夏家庄、大庙口、小庙口、柘涧、下庵10个村划归六汪镇。

2012年，全镇辖43个行政村，总人口2.98万人，汉族占99.9%。有景颇族、侗族、白族、傣族、傈僳族、锡伯族、壮族、藏族、彝族、阿昌族、达斡尔族、朝鲜族、蒙古族、佤族、满族等15个少数民族，共30人，占0.1%。

自然条件　地势南高北低。南有铁橛山、鹤子窝、丰台顶和望荡山，北有高城岘，均属铁橛山余脉。两条纵向丘陵带把全境分成东、中、西三部分，中部较平，东、西部为丘陵，南部为山地。境内3条季节河系胶河上游支流，分别发源于高城岘、望荡山和鲁山，在镇境西部汇入胶河，向北流入胶河经济区。两条河系白马河上游支流，其中白马河源头流经曹家沟、花沟、李家前夼，向南进入大村镇境内。马家河发源于铁橛山西麓野潴、大庙口、小庙口，经店子村自东北向西南进入大村镇境内汇入白马河。

特色选介　铁橛山风景区（详见旅游篇）。

2012 年六汪镇所辖村庄情况统计表

表 1-2-9

名　称	户数（户）	人口数（人）	耕地面积（公顷）	名　称	户数（户）	人口数（人）	耕地面积（公顷）
六　汪	430	1420	154.2	西抬头	228	738	128
前六汪	242	826	116.53	下河山	204	582	99.33
河北庄	310	870	113.93	王家庄	311	1024	153.4
宋　家	156	534	81	崔戈庄	448	1396	182
丰　台	343	969	171.13	不过涧	201	596	93.33
找字庄	256	821	124.67	砖瓦屯	303	958	147.53
辛王庄	122	310	42.73	曹家沟	208	510	93
徐家前夼	218	707	98.73	杨家屯	103	308	43.87
李家前夼	195	609	134.2	西官庄	112	313	59.93
山　周	500	1336	219.87	法家庄	438	1477	227.27
劝　礼	305	899	142.87	前徐家庄	112	374	58.4
大　沟	476	1178	188.8	后徐家庄	91	285	50.6
小　沟	129	389	92.07	花　沟	486	1497	189.8
石　屋	85	216	53.87	孙家沟	240	740	114.73
石牛卧	97	272	48	店　子	390	1170	147.2
柳杭沟	246	908	150.33	野　潴	350	1051	148.53
杨家庄	51	178	28.13	夏家庄	171	516	89.73
东官庄	72	206	52	下　庵	52	116	23
墨得水一村	209	645	125	小庙口	112	309	40.93
墨得水二村	189	522	115.13	大庙口	134	374	57.4
墨得水三村	151	490	113.07	栢　涧	86	200	28
东抬头	350	991	212.13				

六汪风力发电场

山周水库

优美的山村环境

集聚型社区鸟瞰

第九节　宝山镇

位于城区西北15.3千米处。北邻胶州市，东靠王台镇，南接铁山街道，西与六汪镇交界。东西长15千米，南北长8千米，总面积123平方千米。青兰高速、省道398贯穿境内。

建置　人口　宝山镇因境内有海拔208米的七宝山而得名。辖境解放前属滨北专署的胶县。1946年10月，胶南县设立宝山区。1949年7月称第五区。1956年复称宝山区。1958年3月撤区划乡，宝山区划为林子、尚庄、关爷庙3个乡。是年9月，3个乡合并成立宝山人民公社。1976年7月，将苗家、朱家园（朱家沟）、李家店子、赵家、王家沟、金猪坑、新兴7个村划归铁山人民公社，将小屯、大袁家沟、小袁家沟3个村划归薛家庄人民公社。1984年宝山人民公社改称宝山乡。1995年1月改称宝山镇。镇政府驻尚庄村。

2012年，全镇辖44个行政村，总人口3.02万人。其中，男性15486人，占51.24%；女性14736人，占48.76%；汉族30177人，占99.85%；满族、白族、傈僳族等少数民族45人，占0.15%。

宝山镇驻地鸟瞰

2012年宝山镇所辖村庄情况统计表

表1－2－10

名　称	户数（户）	人口数（人）	耕地面积（公顷）	名　称	户数（户）	人口数（人）	耕地面积（公顷）
尚庄	620	1987	139.13	张八朱	235	700	127.27
瓦屋大庄	372	1044	159.4	金槽沟	143	525	81.33
上柴	350	1170	143.53	金岭	83	225	61.87
下柴	236	692	105.07	陈朱屯	63	192	64.6
王家小庄	236	760	110.07	荒庄	54	171	50.6
冷家小庄	137	459	69	大张八	510	1496	212.13
胡家	167	553	81.2	小张八	152	486	67.2
李家沟	247	660	123	抬头	320	997	146.33
柳家屯	365	1085	212	庙王家	236	740	106
付家屯	160	498	66.27	黄山后	210	627	118.67
埠石	260	797	157.87	薛家沟	156	500	93.33
吕家	430	1345	195.27	白家屯	156	471	79.73333
肖家屯	120	397	63	丛家屯	147	437	66.2
中山前	84	274	74.47	七宝山	130	374	45.2
东山前	104	271	71.33	黑埠沟	180	574	83.53
西山前	184	572	143.67	大陡崖	215	582	92.73
向阳	452	1438	186.67	小陡崖	60	180	38.8

续表 1－2－10

名　称	户数（户）	人口数（人）	耕地面积（公顷）	名　称	户数（户）	人口数（人）	耕地面积（公顷）
前沟	302	967	154.13	大窝洛	243	805	89.33
金沟	146	463	67.13	小窝洛	180	577	78.33
罗戈庄	248	860	128.73	林子	171	525	52.73
滕家	190	551	90.67	董庄	240	650	72.8
雷家庄	138	445	43.2	东宅科	136	429	46.93

自然条件　地势北高南低，地形以丘陵低山为主，七宝山、高城岘延伸出的丘陵分布全境。境内的七宝山脉地下矿藏资源丰富，铁、石墨、铅、金、铜、大理石、石灰石储量较多，素有“七宝”之称。

境内有风河和洋河两大河流，风河干流总长为10060米，支流总长为31200米。洋河主流总长为12500米，支流总长为3000米。有小（1）型水库3座（林子水库，库容387万立方米；高城水库，库容158万立方米；金槽沟水库，库容117万立方米）。小（2）型水库28座。总库容为1192.822万立方米。蓄水总量约为2110万立方米。

第十节　王台镇

位于城区以北18千米处。东邻青岛经济技术开发区红石崖街道，西接宝山镇，北与胶州市接壤。204国道、诸黄省道在镇驻地交汇，环胶州湾高速公路、沈海高速公路、青红高速公路在镇区设有出入口，距青岛前湾港15千米、青岛国际空港55千米。全镇总面积85平方千米。

2012年王台镇所辖村（居）情况统计表

表 1－2－11

名　称	户数（户）	人口数（人）	耕地面积（公顷）	名　称	户数（户）	人口数（人）	耕地面积（公顷）
东村	593	1893	0	河南薛	207	680	56.4
西村	505	1553	18.67	郎中沟	390	732	78.87
前村	406	1236	15.4	东漕汶	375	1380	100
北村	325	1081	9.67	西漕汶东	218	767	56.8
中村	451	1507	36.07	西漕汶西	215	780	65.6
雒家	162	547	29	南柳圈	115	390	26.6
住范	120	345	2.67	北柳圈	220	800	57.33
庄家茔	361	1120	0.67	西柳圈	90	325	21.67
前营	239	751	89.13	大朱阳	242	734	57
河西庄	301	926	132	小朱阳	87	270	17.67
河西董	136	454	65.67	田家窑	850	2669	163.33
殷家洼子	203	667	57.33	逄猛孙	240	770	55.8
河南邢	203	653	30.27	逄猛王	182	592	34.73

续表 1-2-11

名 称	户数（户）	人口数（人）	耕地面积（公顷）	名 称	户数（户）	人口数（人）	耕地面积（公顷）
逄猛张	175	596	43.47	大杨	136	420	26.67
埠上	325	1078	106.67	小杨	66	220	17.07
观里	253	730	51.87	王家岛耳河	308	980	61.47
石梁刘	388	1254	90.4	魏家岛耳河	450	1640	126.13
石梁杨	507	1490	62.67	庄家岛耳河	306	1025	66.8
石梁唐	518	1570	133.27	张家岛耳河	272	948	67.33
井头	338	756	49.2	张小庄	225	828	84
前二沟	295	940	82	宗家屯	107	353	30.13
法家庄	255	758	66.13	铲尖	184	667	47.73
魏家庄	89	311	30.2	张小屯	53	161	15.33
前马连	156	499	51.6	陈郑屯	129	400	32.27
北马连	244	736	97.87	天妃庙	102	333	22
朱郭	262	859	68.47	台东路居委会*	254	619	0
崖逄	224	670	19.53				

注：标＊为居民委员会

建置 人口 1945年8月成立诸胶县，王台隶属洋河区。1946年9月建胶南县，王台辖区仍属洋河区。1949年，洋河区改为王台区，是年7月，王台区改为第六区，同时划出第七区和第八区。1955年，第六区与第七区合并成立王台区。1958年撤区划乡，王台区分为王台、田家窑、石灰窑3个乡，是年9月，3个乡合并成立幸福人民公社，后改称王台人民公社。1976年，王台公社析置薛家庄公社。1984年，王台公社改为王台镇。

王台镇驻地鸟瞰

2012年，全镇辖52个行政村，1个居委会，居民15616户，总人口4.8万人。男性23747人，占49.71%；女性24018人，占50.29%。朝鲜族、满族、蒙古族、回族、壮族等少数民族共75人，占0.16%。

自然条件 地势东西高，中部低洼，属半岭半洼地带。南高北低，丘陵占40%，东部自南向北有一条丘陵带，系小珠山山脉延伸部分，中部和北部为平原。土壤属潮棕土壤，有机物质含量高，pH值在6.0～6.5之间。镇内主要河流有：错水河，发源于小珠山北麓；巨洋河，东源于黄山北麓，西源于七宝山东麓。错水河、巨洋河自南向北纵穿王台、石梁、田家窑、漕汶、岛耳河、五大洼方，在岛耳河片区汇入五河头，流入胶州湾入海口。2007年和2010年，分别被国家环保总局评为“全国环境优美镇”和“国家级生态乡镇”。

特色选介　纺织机械制造　20世纪80年代开始发展纺织机械制造业，产品打入国际市场。2012年，全镇拥有纺织企业370家，年产纺织机械10万台（套）。梳棉机产销量占国内市场份额的3/4。喷水织机产销量占国内市场份额的1/2。2004年1月和2010年11月，中国纺织工业协会两次授予“中国纺织机械名镇”称号。

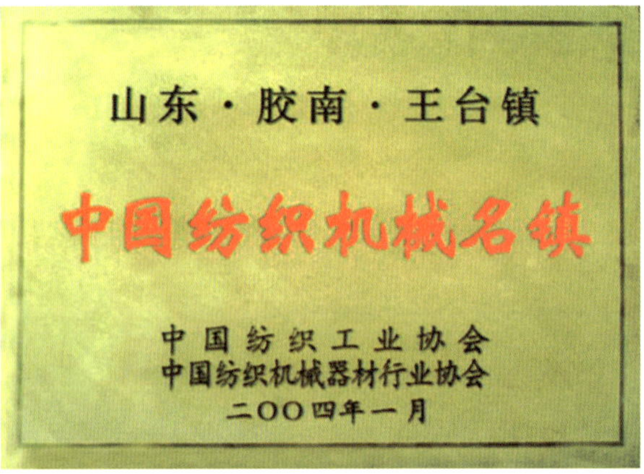

增聚回饼　又称增聚烩饼，具有甘、香、酥的味质和色泽明黄等特点，已经传承160多年，自清朝咸丰年间（1736～1795年）就有“增聚”的糕点厂，因糕点品种多质量好，上海、北京、天津等地有客商专程来此进购。20世纪50年代停业。20世纪80年代又继续传承。

第十一节　珠山街道

位于城区西部。东邻胶南经济开发区，西靠铁山街道，南以人民路为轴线与珠海街道相接，北倚青岛临港经济开发区。同三高速公路胶南市区出入口位于辖区西部，人民路、珠山路、铁山路、泰山路、临港路、琅琊台路等城区主干道纵横交错，四通八达。总面积20.4平方千米。

建置　人口　珠山街道原属胶南镇。1945年8月，诸胶县设王戈庄镇，1948年胶南县政府迁于此处。1949年7月称胶南县一区，1956年11月改称王戈庄区，1958年3月撤区并乡称为王戈庄乡，是年9月改建为红旗人民公社，次年改称王戈庄人民公社，1984年3月改建为胶南镇。1995年6月，根据市政府《关于撤销胶南镇设立珠海、珠山街道办事处的批复》，成立珠山、珠海两个街道办事处。珠山街道所辖范围为人民路中心线以北的区域。是年9月，珠山街道撤销王戈庄一村，设立王戈庄第一居民委员会、王戈庄第二居民委员会。撤销王戈庄二村，设立王戈庄第三居民委员会、王戈庄第四居民委员会。将辖区内党政机关、企事业单位的居民划分为12个居委会。2008年12月，曹戈庄、秦家庄、瓦屋庄、大邓陶、小邓陶、崔家庄、胜利村、双凤山8个村划归临港经济区管理。

2012年，辖12个行政村、4个成建制农转非居委会和14个城市社区居委会，共24969户，7.3万人。

自然条件　地势西高东低，西部为丘陵，属铁橛山东麓，中部平坦，东西跨距约12.5千米。境内流经的主要河流有风河、小辛河，西部水资源丰富。主要农作物有小麦、玉米、地瓜、花生、蔬菜等，主要树木有黑松、刺槐、白杨等，主要干鲜果有板栗、柿子、桃、樱桃、蓝莓、草莓、凯特杏等。主要养殖动物有梅花鹿、水貂、狐狸、貉子、奶牛、羊等。

2010年7月，珠山街道办事处举办第三届社区居民文化节

2012 年珠山街道所辖村(居)情况统计表

表 1－2－12

名　称	户数(户)	人口数(人)	耕地面积(公顷)	名　称	户数(户)	人口数(人)	耕地面积(公顷)
王戈庄一居	436	1060	0	刘家园	425	1391	9
王戈庄二居	245	712	0	马　厂	238	680	0
王戈庄三居	447	1302	0	小台后	506	1980	1
王戈庄四居	601	1202	0	孟家庄	1000	3020	51
郝家石桥	825	2560	0	夔　里	313	1129	14
东新村	723	2363	0	宋家庄	254	827	36
松　园	516	1970	4	袁家庄	328	1140	45
辛　庄	690	2046	10	汕　上	652	2163	59

第十二节　珠海街道

位于城区西南部。东邻胶南经济开发区，西接张家楼镇，南靠滨海街道，北依珠山街道。总面积 44 平方千米。

建置　人口　1995 年 6 月，胶南镇撤销，分设珠山、珠海两个街道，其中，人民路中心线以南区域为珠海街道，辖 29 个行政村。是年 7 月，撤销王戈庄三村、王戈庄四村、东楼村，设立王戈庄五居、王戈庄六居、王戈庄七居、王戈庄八居、东楼一居、东楼二居。设立风河居等 11 个城市居委会。1996 年 4 月，设立桃园街居委会。2001 年 2 月，大哨头、袁家庄、小哨头、大河东、小河东、肖家庄、大台、小台等 8 个行政村划归胶南市海滨工业园管理。

2012 年，辖 17 个行政村、20 个城市居委会。共 22578 户 6.7 万人。

自然条件　城区较为平坦，农村区域的西部为丘陵，东北部为平原。境内有风河、漈水河，田家山、皇都山。

为海洋性季风气候，年降雨量适中，夏季凉爽而潮湿，冬季寒冷而湿润，四季分明，年降水量 750～900 毫米，年平均湿度在 70% 以上，年平均气温 12.1℃。

珠海街道烟台东村百姓大舞台

2008 年 6 月，珠海街道举办社区邻里节

2012 年珠海街道所辖村(居)情况统计表

表 1－2－13

名称	户数(户)	人口数(人)	耕地面积(公顷)	名称	户数(户)	人口数(人)	耕地面积(公顷)
李家石桥社区*	1149	3225	0	王家楼	552	2125	129.33
烟台东	839	2622	0	大荒	188	733	53.13
王家石桥	1031	3151	0	芏子口	300	1077	93
黄土庄	333	1099	0	杏家庄	153	555	53.67
王戈庄五居*	283	782	0	祝家庄	559	2071	97.87
王戈庄六居*	233	604	0	石人泊	171	603	37.73
王戈庄七居*	497	1209	0	小尧	92	335	39.13
王戈庄八居*	387	1099	0	大溧水	389	1297	98
东楼一居*	219	798	0	小溧水	92	345	24.2
东楼二居*	213	733	0	梁家庄	246	822	82.8
逯家庄	357	1265	98	安子沟	144	540	57.87
挪庄	275	969	52	杨家崮	105	351	36
向阳居*	1375	3660	0	风河居*	1163	2904	0
枣园居*	1250	3559	0	东风居*	1493	4022	0
文化一居*	709	1892	0	文化二居*	1456	4207	0
文化三居*	1456	2456	0	观海居*	828	2038	0
珠海中路居*	1694	4729	0	新华居*	966	2468	0
桃园东路居*	923	2539	0	东风一居*	680	1893	0
长安居*	238	238	0				

注:标*的为居民委员会

第十三节　隐珠街道

位于城区东北部。东与灵山卫街道接壤,西靠青岛临港经济开发区,南邻胶南经济开发区,北与青岛经济技术开发区灵珠山街道交界。东西最大横距 8 千米,南北最大纵距 11 千米,总面积 48 平方千米。

建置　人口　1945 年,属诸胶县,称隐珠区。1946 年,胶南县建立,属胶南县,区划未变。1949 年,改为王戈庄区,后改为王戈庄人民公社。1961 年 2 月,王戈庄人民公社划出 72 个村建立隐珠人民公社。1984 年改称隐珠乡。1987 年,辖 62 个行政村,有居民 11281 户 40642 人(非农业人口 772 人)。1993 年改称隐珠镇。1995 年,析出山前、广城、豆金河、两河、辛屯、孟家滩、新建、薛家滩、孙家滩、向阳岭、石嘴子、烟台前 12 个自然村设立灵海街道。2001 年 1 月,撤销灵海街道,所辖 12 个村并入隐珠。2005 年 12 月,撤销隐珠镇,设立隐珠街道。2009 年 1 月,杨家庄等 22 个村划入青岛临港经济开发区。

2012 年,辖 28 个行政村,3 个城市居委会,总人口 3.5 万人。

自然条件　地处丘陵和平原地带,地势北高南低，东北属低山丘陵地带，南、西属平原地带。主要山脉有小珠山、镜台山等。

主要河流有大卢河、山冯河等。林地面积1667公顷，森林覆盖率47.3%。适宜种植的农作物主要有小麦、玉米、地瓜、花生、大豆等。

2012年隐珠街道所辖村庄情况统计表

表1－2－14

名　称	户数（户）	人口数（人）	耕地面积（公顷）	名　称	户数（户）	人口数（人）	耕地面积（公顷）
北高家庄	174	585	17.07	东辛庄	468	1733	0
林家庄	124	382	25.33	大荒庄	622	2062	0
三家庄	54	175	19	东华山	72	219	18
蒋家店子	97	287	27	西华山	96	262	19.07
崮上	376	1200	73.87	店头	395	1099	33.33
西山冯	206	640	41.33	蒋家窑	62	175	11.33
北山村	24	56	14	前洼	145	470	27.53
陡崖子	260	759	50.47	大卢家疃	452	1682	1.27
东山村	167	448	44	西卢家滩	243	912	3
东山冯	173	518	8.8	东冯家滩	371	1345	8.8
卜落林	118	376	37.6	西冯家滩	434	1517	8.27
赵家河	49	153	14.87	董家庄	217	890	2.4
长城	75	233	24.93	大兰东	190	652	42.33
东大洼	27	81	14.73	小兰东	198	690	16

隐珠街道鸟瞰

第十四节　滨海街道

位于城区南部。北接胶南经济开发区,西与张家楼镇相邻。东、南濒临黄海,东与灵山岛隔海相望。海岸线长约30千米,总面积90平方千米。

建置　人口　辖境解放前属胶县。1945年8月属诸胶县环海区。1946年9月建立胶南县,仍属环海区。1947年7月环海区改为第二区。1955年复称环海区。1958年3月撤区划乡,环海区划为海崖、古镇营两个乡。是年9月两乡合并成立八一人民公社,辖46个自然村,43个生产大队。次年改称海崖人民公社。1984年改为大珠山乡。1986年7月改设大珠山镇,全镇有40个行政村。2001年,阡上、小井、顾家崖头划归胶南市海滨工业园管理,全镇有37个行政村。2005年12月,撤镇设立滨海街道。驻地朱家小庄村。

2012年,辖30个行政村,7个居委会。共11574户3.8万人,其中农业人口34748人。男性19077人,占50.32%;女性18836人,占49.68%;汉族37858人,占99.85%;朝鲜族、蒙古族、满族、瑶族等少数民族55人,占0.15%。

自然条件　地势西南高,东北低。三面环海,呈半岛状。海岸线蜿蜒曲折,多良港。大珠山雄踞辖域中部。山地丘陵约占70%。有3条季节性河流:瓦屋河发源于崆峒寨,青草河发源于大珠山北麓,均东流入海;刘家村河发源于张家楼镇石岭北山,南流入古镇口湾。

2012年滨海街道所辖村(居)情况统计表

表1-2-15

名　称	户数(户)	人口数(人)	耕地面积(公顷)	名　称	户数(户)	人口数(人)	耕地面积(公顷)
朱家小庄	723	1701	39	东山张	406	1457	56.67
峡沟	438	1617	42	海崖	620	1982	46.67
瓦屋	590	1899	14.27	西台子沟	110	316	14.4
王家村	553	1974	22.13	营北	110	381	15.27
石甲	220	910	7.33	营海	125	418	24.67
小马家庄	220	717	49.8	碧玉村	43	123	10.8
大花口	65	205	2.13	乔家洼	240	747	39.2
大桥	35	150	7.33	桃林*	95	222	21.33
黄石坎	330	850	6.33	龙门顶	59	192	7.33
胡家小庄	310	1155	25.33	高峪	1489	3730	230.27
山王	262	913	41	南小庄	257	782	12.4
凤凰村	274	908	20.6	宅科	560	1886	29.33
下泊	88	326	19.87	石板河*	370	1091	0
刘家村	99	303	18	湘子门*	103	191	0
杻杭	320	960	117.33	曲家园*	205	571	0
石屋子沟	53	180	5.13	渔池*	243	790	0
大新庄	470	1607	74.67	前小口子*	218	556	0
东古镇营	375	1286	99.33	后小口子*	205	670	0
西古镇营	272	982	51				

注:标*的为居民委员会

矿产资源主要为花岗岩，集中分布在大珠山北部山区一带，并建有大型石材厂，是本地石材重要供给地。

沿海有宅科连心渔港、南小庄平安渔港、胡岛渔港等码头和海崖、乔家洼、龙门顶、东山张、东古镇营等地的自然港湾。海产品有毛虾、黄姑鱼、小黄鱼、白姑鱼、海蜇、鹰爪虾、梭鱼等 40 余种。潮间带潮下带生物 189 种，可开发利用的有蛤、扇贝、贻贝、牡蛎、海参、鲍鱼、鼠尾草等 40 余种。

滨海街道杻杭村新貌(2011 年拍摄)

滨海街道中心小学

第十五节　铁山街道

位于城区西部。北依宝山镇，东接隐珠街道、珠山街道，西邻六汪镇。总面积 101 平方千米。

建置　人口　辖境解放前属胶县第七区张仓镇、辛兴乡、定河乡、定台镇及第六区六汪镇。1945 年，郑家庙、郑家庙南山、河南刘、河北 4 个村属诸胶县丰台区，其他 65 个村属铁山区。1946 年 9 月，属胶南县铁山区和丰台区。1947 年，辖境属铁山区，时辖 84 个村。1949 年改称第四区。1955 年复称铁山区。1958 年 3 月撤区划乡，划为张仓、河南两个乡。是年 9 月，合并成立铁山人民公社。1984 年改为铁山乡。1995 年 1 月改称铁山镇。2005 年 12 月，撤镇设立铁山街道。

2012 年，辖 43 个行政村，共 7161 户 2.34 万人。其中，男性 11928 人，占 51.02%；女性 11455 人，占 48.98%。人口以汉族为主，少数民族有 4 人，其中满族 2 人，布依族 2 人。

2012 年铁山街道所辖村庄情况统计表

表 1－2－16

名　称	户数（户）	人口数（人）	耕地面积（公顷）	名　称	户数（户）	人口数（人）	耕地面积（公顷）
张仓	527	1926	104.67	后辛庄	148	514	45.33
韩家村	408	1469	69.67	刘家大村	53	172	22
刘梅家庄	305	1076	46	前吉林	120	407	44.53
埠岭头	129	433	35.93	后吉林	42	139	18
前石沟	89	272	18	别家	243	840	91.67
新下庄	79	254	10.53	东方红	68	227	24.67
前辛庄	95	331	32.8	小平岭	209	681	24.27

续表 1－2－16

名 称	户数（户）	人口数（人）	耕地面积（公顷）	名 称	户数（户）	人口数（人）	耕地面积（公顷）
大平岭	204	808	9.2	李家店子	156	455	69
丙村	225	882	20	王家沟	97	302	48
东南庄	250	856	14.27	赵家村	108	352	46.67
祠堂	242	860	71.07	金猪坑	76	149	35.67
山刘家庄	95	328	25	苗家	370	1136	117.07
曹城山	60	163	24	朱家园	245	703	88.93
徐家大村	133	436	46	大于家	221	696	67.47
大下庄	170	502	37	宋家店子	123	421	44
西北庄	110	332	35	小于家	106	349	33
黄泥巷	86	246	30	河南	133	418	61.93
墩上	153	480	37.6	新河	171	463	97.67
上沟	124	390	40	郑家庙	269	842	98
东南崖	246	741	75.33	长青	71	205	40
墨城安	52	101	16	后石沟	83	219	32.4
辛兴	220	683	53.73				

自然条件 地处山地丘陵，自西北向东南倾斜。古有“七山二水一分田”之说。东南部为丘陵，中部为平原。境内有铁橛山、月季山、睡牛山、背儿山。铁橛山主峰高595.1米，是胶南的第二高峰。

主要河流为风河，干流发源于宝山镇七宝山，支流发源于铁橛山东北麓和高城岘东南麓，总长约11千米，总流域面积6.45平方千米。

铁山街道九上沟风光

第十六节　灵山卫街道

位于城区东部。东邻青岛经济技术开发区，北倚小珠山，南濒黄海，与灵山岛隔海相望，西与隐珠街道相邻。总面积36平方千米。

建置　人口　辖境解放前属胶县第七区灵阎乡和第五区港头乡。1945年8月解放。初属“海西办事处”统辖，原第五区所辖14个村划归辛安区，第七区所辖43个村划归灵山卫区。1946年胶南县建立后，台子沟、吉家林、玛琥窝、杨家洼、山子西、大邦地、庵上、李家河、柘沟子、桃树园、老君城子、上楼了、赵家庄、鹞鹰窝、小碾、杨七岭、侯家河、崂山子18个村划归薛家岛区。1949年将上述划归辛安区，薛家岛区的各村划回，并将辛安区的东于家河、西于家河、车家岭划归灵山卫区。灵山卫区时辖60个村。1949年7月灵山卫区改称第十一区，下设于家、扒山、积米崖、赵家、朱家、赵家庙、灵山卫7个乡。1955年10月又改称灵山卫区。1956年隐珠区撤销，并入王戈庄区，同时将广城、豆金河、石嘴子等19个村划归灵山卫区。1958年3月撤区划乡，灵山卫区改为灵山卫乡。是年撤乡，建立明星人民公社，后改为灵山卫人民公社。同时将原从隐珠区划入的广城等19个村划归王戈庄人民公社，将东于家河、西于家河划归辛安公社。1976年将东于家河、西于家河、车家岭划归黄岛区。1983年7月1日，灵山卫人民公社改为灵山卫乡。1984年行政区划改革时又改为灵山卫镇，辖44个村民委员会、56个自然村。1988年，灵山卫镇面积68平方千米，海岸线长18.5千米，人口3.3万人，辖44个行政村。1989年，武家庄村划归黄岛区长江路街道。1996年，台子沟、八里庄、荒里、扒山、岔河、戴戈庄、两埠岸、王家港、花科子、薛辛庄、高家台、周家夼12个行政村划归黄岛区长江路街道；大岔口、积米崖两村划归积米崖港区。2005年，撤销灵山卫镇，设立灵山卫街道。

2012年灵山卫街道所辖村庄情况统计表

表1－2－17

名　称	户数（户）	人口数（人）	耕地面积（公顷）	名　称	户数（户）	人口数（人）	耕地面积（公顷）
东街	650	1932	0	蔡家庄	204	595	25.93
西南村	322	1037	4.6	黄石圈	237	744	0
李家河	151	408	8	郑戈庄	381	1254	49.07
南门里	392	1267	0	大楼	78	235	9.33
西街	448	1385	0	赵家庙	283	942	26.2
南街	321	950	0	朱戈庄	286	903	7.33
山子西	159	428	7	北街	433	1287	2.8
北窑	121	380	0	北门外	294	875	2.27
西门外	361	1067	0.33	大湾	126	393	0
北门里	491	1513	1.87	小洼	148	483	0
开山口	228	659	9.6	杨七岭	210	590	0
窝洛子	485	1458	0	东门外	289	844	1.47
白果树	275	886	0	东赵家	212	571	37.87
张家村	172	588	0	毛家山	158	489	2
西南园	483	1481	3.8	塔山*	2068	5454	0

注：标*的为居民委员会

2012年，辖29个行政村和1个居委会，共11341户3.4万人。男性17041人，占50.36%；女性16791人，占49.64%。汉族33679人，占99.55%；朝鲜族、蒙古族、满族等少数民族153人，占0.45%。

自然条件 属温带季风气候。海岸线长12千米，近海港阔水深，为规则半日潮，潮差1.2米。近岸海底为沙质，浅海滩涂盛产蛤、蟹、螺、蚬、蛏等小海鲜，海产各类鱼虾200余种。海水养殖面积1300余公顷，海湾内养殖有扇贝、贻贝、海参、鲍鱼等。年海产品总量24000吨。

修复后的城隍庙

特色选介 城隍庙 建于明朝初期，是灵山卫古城保存比较完整的古建筑之一，位于灵山卫街道西街村。庙前大门外两边，各竖一根旗杆；主殿门前有600余年树龄的白果树两棵，大门东侧有钟楼一座，西侧有鼓楼一座；庙门两侧有一副对联，上联是“势大如天到这里休想施展”，下联是“血海冤仇非此处不能审理”；进入庙内有四米高的城隍爷塑像一座。2012年列入胶南市第四批文物保护单位。

灵山卫街道驻地东部鸟瞰

第十七节 胶南经济开发区

位于城区中部，市政府驻地。南依大珠山，东南濒灵山湾，东接灵山卫街道、西接珠海街道，南与滨海街道毗邻，北与隐珠街道、青岛临港经济开发区相连。204国道、泰薛公路、滨海公路、东西大通道贯通境区。总面积51.3平方千米。

建置 人口 1992年5月，市委、市政府向省政府提交设立外向型工业加工区的请示，是年12月省政府批复设立胶南市外向型工业加工区。1994年3月设立胶南市经济技术开发区（加挂市外向型工业加工区牌子），并成立管理委员会，为胶南市政府派出机构。1995年4月设立灵海街道，与市经济开发区“一个机构，两块牌子”。隐珠镇孟家滩、薛家滩、孙家滩、石嘴子、烟台前、向阳岭、豆金河、广城、两河、山前、辛屯、新建12个村划归灵海街道管理。2001年2月，开发区管委升为副县级规格，撤销灵海街道，所有职能划归开发区管理，市海滨工业园与开发区合并。是年9月

设立胶南市招商局，与开发区管委合署办公。2002 年 2 月，胶南市外向型工业加工区经省政府批准更名为胶南经济开发区。2004 年 12 月，市招商局独立设置，不再与开发区管委合署办公。2005 年 12 月撤销海滨工业园，整建制划归胶南经济开发区管理，所辖大哨头、小哨头、阡上、顾家崖头、大河东、小河东、袁家村、肖家庄、大台、小台、小井 11 个村划入胶南经济开发区。

2012 年，辖 23 个行政村和 11 个社区居委会。共有 13.5 万人，其中城市户口 90363 人，农村户口 44230 人。

2012 年胶南经济开发区所辖村庄情况统计表

表 1－2－18

名　称	户数（户）	人口数（人）	名　称	户数（户）	人口数（人）
孟家滩	1577	5903	大台	535	1848
薛家滩	535	1986	小台	296	938
孙家滩	523	1947	大河东	345	1232
广城	683	2550	小河东	129	520
豆金河	525	1574	大哨头	1139	4499
两河	467	1960	小哨头	585	2231
石嘴子	314	1198	肖家庄	700	2480
辛屯	180	687	顾家崖头	637	2538
新建	68	251	阡上	466	1762
向阳岭	190	641	袁家村	1059	3359
山前	370	1525	小井	306	884
烟台前	179	552			43065

自然条件　背山面海，地势西高东低，东部有朝阳山、辛屯北山两座低山，西部有小峄山、大台南山两座低山，中部为平原洼地，东南临海，全区 60% 为丘陵，土地以棕壤为主。辖区内有风河、相公山河、峄山河、豆金河等 8 条河流经过，河流均为季风区雨源型河流，源于山区，自成流域体系，源短流急，汛期河水暴涨暴落，汛后消退。境内有山前、顾家崖头 2 座塘坝，最大蓄水量 10 万立方米。

拥有海岸线 14.13 千米，沿海渔业村 10 个。洄游性鱼类有带鱼、鲐鱼、鲅鱼、鳓鱼、银鲳、黄鲫、河豚、大黄鱼、小黄鱼等 15 种。虾蟹类主要有对虾、毛虾、鹰爪虾、梭子蟹 4 种。无脊椎动物和腔肠动物主要有乌贼、章鱼、鱿鱼和海蜇等。主要经济鱼虾有鲅鱼、带鱼、乌贼、章鱼、黄鲫、鹰爪虾、海蜇、牙鲆、对虾等。潮间带潮下带生物丰富，可开发利用的有杂色蛤、泥蚶、西施舌、竹蛏、刺参等 40 余种。青草河入海口附近出产的阡里虾为当地特产。

特色选介　阡里虾　生长在灵山湾海水浴场以南的浅海区，阡上村、青草河入海口一带。虾体长度 1 厘米多，通体透明，有着“胶南阡里虾，味美传天下”的美誉。阡里虾与泊里西施舌、灵山岛海参鲍鱼海鲜特产齐名。

2012 年胶南经济开发区城市所辖社区情况统计表

表 1－2－19

名　称	人口数（人）	名　称	人口数（人）
金河社区	6650	两河社区	1108
世纪新村一居	8025	海王路社区	11940
世纪新村二居	15405	灵山湾社区	7100
滨海新村一居	6820	相公山社区	4775
滨海新村二居	8800	峄山社区	13240
滨海新村三居	6500		

海滨工业园

第十八节　青岛琅琊台省级旅游度假区

位于境内西南海滨。东临龙湾，西靠琅琊镇，北依车轮山，南有千古名胜琅琊台，总面积 9.8 平方千米。

建置　人口　1995 年 12 月，青岛琅琊台省级旅游度假区经省政府批准设立。1998 年 3 月成立管理委员会，是年 11 月，经青岛市编委批准为胶南市政府派出的副处级事业单位。1999 年 5 月与琅琊镇合署办公，2001 年 2 月分设，并成立区工委、管委，辖陈家台后、王家台后、东桥子、东港头、周家河、车轮山前、丁官庄 7 个行政村。全区共 1247 户 4199 人。

自然条件　紧靠黄海，呈南北狭长走向，属低山丘陵地，地质面貌 80% 为丘陵地带，其余为滨海滩地。出露的地层主要有元古界胶南群变质岩，中生代燕山晚期侵入岩及第四系堆积物，区内无大的断裂。

境内主要河流周家河，发源于五龙沟水库，流经3个村庄，长2.5千米。海岸线东起丁官庄村，南至王家台后村，全长7.8千米。沿海滩涂145公顷，海产品主要有虾、鲅鱼、刀鱼、螃蟹、鲍鱼、海参、扇贝等。

2012年琅琊台度假区所辖村庄情况统计表

表1-2-20

名　称	户数（户）	人口数（人）	耕地面积（公顷）	名　称	户数（户）	人口数（人）	耕地面积（公顷）
王家台后	304	630	30	周家河	166	477	34.67
陈家台后	292	886	50	车轮山前	119	323	19.33
东桥子	246	696	34	丁官庄	107	290	19.33
东港头	291	897	30.67				

龙湾海水浴场

渔村新貌

第十九节　青岛临港经济开发区

位于城区北部。西起同三高速公路，东至两河，南接胶南经济开发区，北依黄山经济区。总面积56.11平方千米，其中建成区面积22.37平方千米。

建置　人口　2003年4月，青岛市政府批准设立青岛临港产业加工区。2006年8月10日，省政府批准设立为青岛临港经济开发区（以下简称临港开发区）。2008年12月正式组建管委会，辖原隐珠街道22个村和珠山街道8个村，共7517户2.5万人。2012年，全区辖30个行政村，总人口3.7万人。先后荣获"山东省最佳投资园区""山东省新型工业化产业示范基地"等称号。

自然条件　地处沿海，地势平坦，整体地形起伏不大。三面环山，西侧自南向北分别为双凤山、塔山、曹城山、洼子西北山，平均海拔150米。北侧自西向东为围子山、报屋顶，海拔约250米。东侧河岩东北山、镜台山海拔约250米。中南部主要为丘陵及平原，海拔主要在10~50米。主要河流有三条，自西向东分别是小辛河、大卢河、两河。有耕地949.47公顷。

2012 年临港经济开发区所辖村庄情况统计表

表 1－2－21

名　称	户数（户）	人口数（人）	耕地面积（公顷）	名　称	户数（户）	人口数（人）	耕地面积（公顷）
曹戈庄	918	3056	76.07	陈家庄	462	1537	2.4
大邓陶	406	1416	78.2	大庄	486	1750	34.53
小邓陶	410	1388	116.67	尹家大庄	324	1027	5.33
崔家庄	210	723	82.4	郭家河岩	326	1096	54.8
双凤山	74	228	44.87	安口	41	158	9.07
胜利村	55	116	31.47	李家洼子	406	1298	120.8
秦家庄	258	890	8.47	孟家洼子	140	520	66.67
瓦屋庄	335	970	11.2	姜家洼子	103	325	14.87
杨家庄	176	626	1.07	黄山屯	117	328	42.07
象沟头村	234	829	0.33	大报屋	216	686	86.4
兰西村	225	649	6.33	小报屋	57	157	29.27
水城	276	917	27.8	王家河岩	181	652	62.47
西大洼	35	76	14.93	郑家河岩	350	1034	54.33
冯家岭	200	632	10.8	闫家屋子	146	485	24.67
薛家岭	344	1134	44	郭家小庄	144	534	48.33

青岛临港经济开发区鸟瞰

第二十节 黄山经济区

位于城区以北16千米处。东接青岛经济技术开发区灵珠山街道，西邻宝山镇，南接青岛临港经济开发区，北靠王台镇。距青岛前湾港18千米，204国道，“同三”高速，“青莱”高速和398省道贯穿境内。总面积76平方千米，耕地面积1987.6公顷，村庄建设占地面积277.24公顷。

建置 人口 1976年7月，从王台人民公社析出，组建薛家庄人民公社。1984年改称薛家庄乡。1993年更名为黄山镇。2001年1月更名为黄山经济区。驻地薛家庄村。

2012年，辖37个行政村，共7459户2.12万人。男性10598人，占49.98%；女性10606人，占50.02%。

自然条件 境内地势属南部山岭，北部丘陵，中部低洼。南高北低，丘陵占40%，南端宽，北端窄，东部自南向北有一条丘陵带，系小珠山山脉延伸部分，中部和北部为平原。土地属潮棕土壤，有机物质含量高，pH值在6.0～6.5之间。区域内主要河流有错水河和巨洋河。错水河发源于小珠山北麓，自南向北纵穿插旗崖、韩家寨、徐村三大洼方，巨洋河东源于黄山北麓，西源于七宝山东麓，自南向北纵穿石灰窑、殷家台、莱疃、薛家庄、薛家店子、小王家庄、西灰、东灰8大洼方。共有小(1)型水库3座、小(2)型水库18座、塘坝95座。

土特产以岳家桃和徐村芋头著名。

2012年黄山经济区所辖村庄情况统计表

表1－2－22

名称	户数（户）	人口数（人）	耕地面积（公顷）	名称	户数（户）	人口数（人）	耕地面积（公顷）
韩家寨	560	1716	140.8	薛家店子	122	350	23.27
插旗崖	119	377	33.67	东草夼	359	1032	88
韩家台	85	202	7.93	崔家屯	39	124	24.07
东埠后	152	510	59.27	西草夼	239	728	66.07
西埠后	119	334	28.2	小王家庄	127	412	24.53
三角湾	141	370	51.33	西灰	359	1212	46.47
徐村	557	1640	163.47	东灰	126	396	30.13
岳家	237	760	77.13	大袁家沟	63	165	44
周家庄	38	108	9	小袁家沟	80	214	45.13
大荒	125	333	38.07	小屯	101	272	52.33
小荒	69	208	13.13	迟家屯	130	382	49.67
大王庄	128	321	44.27	山赵	302	796	114.27
沙东	290	812	101.2	山柴	159	437	65.67
沙中	185	505	61.87	姜家屯	185	604	48.13
沙西	197	543	65.27	石东	141	396	14.93
莱疃	239	720	83.93	石西	186	563	52
王家屯	176	531	61.6	石北	105	333	35.6
邱家	126	455	34.4	殷家台	136	413	50.2
薛家庄	275	800	38.6				

第二十一节　胶河经济区

位于城区西北28.5千米处。东南与六汪镇相接，西邻潍坊诸城市，北接胶州市，总面积62平方千米。

建置　人口　1976年，由六汪人民公社析出32个村，组建柏乡人民公社。1984年改为柏乡乡。1987年10月更名为胶河乡。1993年撤乡划镇，胶河乡改为胶河镇。2001年，胶河镇改为胶河经济区。经济区管委驻柏乡三村。

2012年，辖32个行政村，共有6984户2.2万人。

胶河经济区驻地新貌

2012年胶河经济区所辖村庄情况统计表

表1－2－23

名　称	户数（户）	人口数（人）	耕地面积（公顷）	名　称	户数（户）	人口数（人）	耕地面积（公顷）
柏乡一村	262	807	110.00	齐家庄	189	587	49.87
柏乡二村	245	728	106.47	后沟	180	593	71.00
柏乡三村	236	766	87.27	埠上兰	340	1140	63.47
东风	200	634	72.33	栾家庄	252	774	129.47
新胜	182	642	60.00	芦口	160	500	151.87
东涝庄	172	607	78.20	前立柱	372	1189	76.73
西涝庄	116	386	77.47	后立柱	430	1222	172.53
赵家村	346	1160	62.40	胶河村	216	640	212.73
西下泊	312	1010	165.73	冷家阿洛	300	879	111.67
东下泊	100	325	143.27	李家阿洛	126	339	161.80
丰美庄	80	245	51.60	立柱大庄	249	718	98.87

续表 1－2－23

名　称	户数（户）	人口数（人）	耕地面积（公顷）	名　称	户数（户）	人口数（人）	耕地面积（公顷）
殷家小庄	147	412	116.40	常家庄	134	408	99.13
屯里集	217	656	78.80	龙庵	102	296	68.33
塔桥	355	1100	137.20	朱家沟	23	79	50.20
刘新村	287	920	162.87	孔家庄	312	1015	14.33
吕家大庄	217	626	123.20	灰沟	125	404	137.67

自然条件　地势南高北低，地形以丘陵为主，占总面积的 80%，沿胶河有少量平原。境内有铁橛山北部、南部部分支脉。属暖温带亚温润气候区，主要表现为气候温和，雨量充沛，日照偏多，四季分明。年平均气温 12℃，年最高平均气温达 18.3℃，最低为 6.4℃，雨量多集中在 6～9 月，年降水量一般为 690.3 毫米，7 月份降水量最多，月平均 205 毫米，汛期占全年降水量的 70% 左右。春季风多雨少易干旱，冬季雪水偏少，夏季多南风，冬季多北风。境内河流主要有胶河，发源于六汪镇孙家沟以南，流经六汪、胶河经济区两乡镇，北流胶州市入胶莱河，全长 100 千米，流域面积 608 平方千米。有 7 座小（2）型水库，31 座塘坝，21 眼大口井。境内土壤为褐土类，土质瘠腴差异较大，有机质平均含量为 53.2%，少氮缺磷。农业灌溉取水采取自流和机提方式。全区有耕地 3276.67 公顷，林地 460 余公顷，果园近 270 公顷。

特色选介　塔桥全羊　20 世纪 80 年代后，随着农业改革和商品经济的发展，塔桥村逐渐兴起宰羊业。到 20 世纪 90 年代后期，村内开始出现以家庭煮羊、烤羊为主的“全羊宴”，逐年发展，远近闻名。2010 年 11 月 21 日，成功注册“塔桥人家”商标。2012 年底，该村围绕特色全羊农家宴，形成集养殖、屠宰、收购、加工于一体、年产值 2000 万元的产业链条。

胶河大白菜　与“胶州大白菜”齐名。已有上千年的种植历史，主要集中种植于柏乡一村、柏乡二村、柏乡三村、赵家村、埠上兰等村庄。2003 年，种植面积达 666.67 公顷。2011 年 9 月，680 个种植户合作成立青岛英海园柏乡大白菜产销专业合作社。2012 年，种植有机大白菜 260 余公顷、大田白菜 400 公顷，并注册“胶玉”商标，形成种植户＋合作社＋食品加工企业三位一体的完整产业链条，带动周边 20 个村庄的 1200 多户菜农创业致富。

全羊农家宴特色村——塔桥村

胶河大白菜种植基地

第二十二节　理务关经济区

位于城区西南 34.5 千米处。西、北与潍坊诸城市相邻，南接大场镇，东邻大村镇。距同三高速出口 11 千米，双理路、塔(山)戴(家庄)路、桃(林)大(村)路纵横贯通镇境。总面积 65 平方千米。

2012 年理务关经济区所辖村庄情况统计表

表 1－2－24

名　称	户数（户）	人口数（人）	耕地面积（公顷）	名　称	户数（户）	人口数（人）	耕地面积（公顷）
前王家庄	316	1036	31	芙蓉村	129	432	53.67
后王家庄	101	330	34.133	小尚庄	101	304	34.27
范家沟	73	228	37.33	大尚庄	205	601	92
屯　地	105	250	37.07	西十字路	256	830	106.67
子　罗	141	417	65.33	河西店	185	615	59.47
潘　庄	160	480	60.33	戴家尧	395	1185	108.33
卫　东	106	310	18.67	花根山	212	727	82
和　平	59	190	16	东十字路	407	1225	127.8
向　阳	61	160	20.6	白马社	180	612	62.67
团　结	115	369	51.8	戴家庄	186	560	58
新　建	54	200	24	陈家村	36	113	11
胜　利	152	463	50.67	曲家皂户	380	1139	106.07
红　旗	132	414	50	黄泥崖	27	101	11
新小庄	224	646	56.67	官家茔	148	485	57
理务关	520	1530	94.6	台家官庄	143	463	56
高家庄子	270	847	81	洼　里	150	485	60
大亮马	252	854	90				

建置　人口　1945 年属藏马县龙马区，1956 年藏马县并入胶南县仍称龙马区，1958 年 3 月撤区划乡，龙马区分成大村、张戈庄两个乡。是年，两乡合并为大村人民公社。1962 年，大村公社析置张戈庄公社，1984 年张戈村人民公社改为理务关乡，2002 年撤乡建镇。2012 年 6 月撤销镇建置，设立理务关经济区。2012 年辖 33 个行政村，居民 5981 户总人口 1.9 万人。其中，男性 9319 人，占 50.1%；女性 9282 人，占 49.9%；汉族 18550 人，占 99.7%；壮族、满族、佤族等少数民族 51 人。

自然条件　总体地势北高南低，北部和东部有子罗山、范家山、庙子山、重罗山诸山相连，海拔 142～166 米不等，西南有吉利河、杨家河、桃林河

林乡水邑理务关一景

三河纵横，流域面积约 5 平方千米，形成冲积平原约 20 平方千米。属温带季风性气候，年均降水量为 900 毫米，年均气温 11.9℃，夏季最高气温 33℃，冬季最低气温 -10℃。全年日照 2355 小时，平均无霜期 215 天。辖区自然环境优越，并且远离工业区，无环境污染，农产品丰富。胶南市最大的水库—吉利河水库位于镇驻地以北 2 千米处，面积 6.7 平方千米，总库容 7400 万立方米，兴利库容 3248 万立方米。

第二十三节　积米崖港区

位于城区东部沿海。东与青岛经济技术开发区相接，南临黄海，北依小珠山。总面积 9.53 平方千米，其中驻地面积 1.87 平方千米，灵山岛面积 7.66 平方千米，港区海岸线长 20 千米，海域面积 500 余平方千米，国家沿海防护林 778.27 公顷。

建置　人口　1995 年 12 月，从灵山卫镇析出积米崖和大岔口村，以积米崖码头为依托组建港区。同时成立积米崖港区工委、管委，为胶南市委、市政府的正科级派出机构，负责积米崖港区的规划建设和管理工作。2001 年，灵山岛乡撤销，辖区划归积米崖港区。港区管委驻积米崖港码头北侧兴港路 11 号。2012 年，港区辖 5 个行政村，14 个自然村，总人口 6626 人。

积米崖港区新貌

2012 年积米崖港区所辖村庄情况统计表

表 1－2－25

名　称	户数(户)	人口数(人)
积米崖村	230	599
大岔口村	106	267
城口子村	307	866
李家村	350	1131
毛家沟村	150	462

自然条件　积米崖港位于胶州湾畔唐岛湾内，是农业部批复立项的建设工程，青岛市第一个国家中心渔港，国家二类开放口岸。2010 年，获评为首批全国 20 个“文明渔港”之一。港口三面低山环抱，南部入口处有唐岛为屏障，属海洋暖湿季风气候，可避十级大风，是天然避风良港。海底为泥沙质，淤积较慢。潮汐属正规半日潮，涨、落潮流速缓慢。

灵山岛地处黄海，水体交换迅速，自净能力强，属国家一类海水水质。环岛有着广阔的海区和滩涂岩礁，生物繁多，海洋资源丰富，是发展海参、鲍鱼等海珍品养殖的理想海区。岛上共有植物 81 科 324 种。自然植被主要有针叶林、阔叶林、灌木丛草丛 4 种类型。其中，针叶林——黑松面积 233.33 公顷、阔叶刺槐林 160 公顷。平柳、火炬等遍布全岛，并建立了石榴、大枣、柿树等干果园，岛上林木覆盖率达 78%。2002 年获批“省级自然保护区”。

特色选介　灵山岛风景区(详见旅游篇)

积米崖港全景

第二篇

自然环境与资源

第一章　自然环境

第一节　地质地貌

地质　境内地质构造属鲁东地质次一级构造单元——胶南隆起。早期太古代以褶皱为主，元古代以后以断裂为主，断裂构造线主要为北东向，出露地表的岩石多为变质岩、岩浆岩、沉积岩和第四系松散岩。变质岩以太古代胶东群为主，其岩性为片麻岩、片岩、变粒岩、斜长角闪岩和大理岩，出露总面积为709平方千米，分布于境内西部和北部。岩浆岩主要为侵入岩，地质年代为太古代、元古代和燕山晚期，岩体多侵入变质岩中，岩性多为花岗岩和闪长岩，面积约为407平方千米，分布于大珠山、小珠山、铁橛山及藏马山区。沉积岩主要为侏罗系和白垩系地层，岩性以砂页岩为主，次为河砾岩，总面积约为65.5平方千米，重点分布在境内西北边缘处及灵山岛。第四系松散岩层多分布在山间、河谷、平原及沿海地带，主要在王台、张家楼、泊里、大场等镇几个平原洼地，总面积约105.8平方千米。

地貌　全境属低山丘陵区，境内山峦起伏，沟壑纵横，小珠山、铁橛山、大珠山、藏马山位于境内中部，呈东北——西南向隆起，构成中部脊梁。地势西、北偏高，东、南临海处偏低，自西北向东南倾斜入海。丘陵遍布全境，海拔均在百米以上。主要河流10条，多发源于中部山区，于东、南、东北入海。

根据地貌形态特征，胶南分裸岩地、岭地、平地、沿海低地4个地貌类型。

裸岩地　面积6553.27公顷，占境内总面积的3.62%，分布在滨海、灵山卫、隐珠、大村、藏南、铁山等镇、街道，是境内隆起地带的顶部，海拔223~724.9米，坡度15~30度。自然植被率小于60%，石隙间生有赤松和杂草。

岭地　面积119341.73公顷，占境内总面积的65.98%，主要分布在山脉裸岩地以下和丘陵上。海拔50~350米，坡度10~20度，自然植被率大于60%。岭地分为三部分：荒坡岭，面积24850.67公顷，海拔55~350米，坡度20度，自然植被率大于60%，为市内主要的薪炭林基地；坡岭梯田，面积68828.4公顷，坡度10~15度，分布于山的中上部和岭系上部，属中低产农田区；坡麓梯田，面积25662.67公顷，海拔50~150米，坡度在10度以下，分布在胶河、六汪、宝山、隐珠、泊里、琅琊、大场等镇、街道，属中产农田区。

平原地　面积45540.07公顷，占境内总面积25.17%，多分布在沿河两岸和山前缓平区域。海拔10~80米，坡度2~3度，是主要高产农田区。分为两部分：山前平原地，面积15306.87公顷，占总面积的8.46%，海拔10~50米，集中分布在泊里、藏南和琅琊等镇；沿河平原地，面积30233.2公顷，海拔13~80米，主要分布于吉利河、白马河、风河、洋河、巨洋河和胶河流域。

沿海低地　面积9447.73公顷，占境内总面积的5.23%。分为两部分：滨海低地，面积7808.73公顷，海拔3~13米，有海防林和少部分水稻田；滨海滩地，面积1639公顷，海拔在3米以下。

第二节　山　　脉

境内小珠山、大珠山和铁橛山支脉绵亘，蔓延全市20余处镇、街道，形成大小山头500余座。其中独立山体有70余座。

大珠山山脉　位于城区南部，西北东南走向，三面临海，突出于灵山、古镇口两湾之间，长约15千米，宽约5千米，面积约65平方千米。山势陡峭，林木葱茏，奇峰异石迭生，文物古迹颇多。

山体庞大而集中，支脉很少。主峰大砦顶海拔486.4米，位于城区滨海街道境内。山南峰面

大珠山山脉(2007年拍摄)

海,高329.7米,状如楼,名望海楼。望海楼东南5千米有帽子峰,海拔223.1米。帽子峰南有小帽子峰,海拔138米。再南为湘子门。帽子峰西北临海处,岸陡水深,有小口子港。再北有古镇口炮台遗址。主峰大砦顶东北有阔落山、金把顶,产重晶石和金矿石。再西北有玉泉山,玉泉山西北有山口,204国道由此穿过,山口北部山势稍缓。临国道屹立者为黄石坎,海拔229.1米,产磨蟠桃,品味极佳。坎东北有崆峒山,亦名崆峒寨。崆峒寨西北有松山,东北山岭逶迤直抵市区西南之峄山。

小珠山山脉 主峰位于境内东北部,前襟灵山湾,后带齐长城。《齐乘》谓之岸海名山。山势东南西北向。主峰大顶海拔724.9米,崛起于灵山卫西北,与次峰釜台筒南北对峙,“双峰嵯峨,高入云际”,为境内群山之冠。大顶南有白石顶,顶上有一天然洞穴,可容200余人。两峰周围有垂背石、直楼、万人井、四角石、瀑布石、抽兜石、穿心石、天门、天桥、纱帽石、仙人迹等。仙人迹前为朝阳寺遗址。

小珠山支脉众多,蔓延至灵山卫、隐珠、王台及黄岛区红石崖、辛安、薛家岛等8处镇、街道。东部有支脉4条:南行者起涝山子至大湾,起老君城子南至花科子,起鹁鸽山经扒山南转至黄山;东行者起鹁鸽山经牛王庙东至于家河。中部有支脉4条:起扎营山大黑箭经华山南至朝阳山;起水城北山南至海;起大崮顶过老君塔山北至龙斗山;起报屋顶经石灰山、喜鹊山、庙子埠北至王台东岭。西部有支脉4条:起黄山经茂隆山、团结岭、大苗山,西接七宝山;起茂隆山回旋西南,分支抵别家岭、大陡崖南岭、尚庄东岭和宅科南岭;起黄山南经香炉石西南,再过曹城山、双凤山至平岭;起曹城山,东过虎背山,南经固山,再过隐珠山,南至石嘴子入海。

小珠山支脉所及,山头簇拥,有海拔百米以上的山近百座。其中山体较为独立的有16座。

黄山 位于隐珠街道驻地西北9.5千米处,东西向,面积约3平方千米,主峰海拔241米。《胶州志》称:“树木荫翳,诸溪旋绕,为州中胜地。”

报屋顶 位于隐珠街道驻地西北8.7千米处。西有黄山,东有石寨,面积1.2平方千米。主峰海拔241.6米。山顶较平,旧有豹窝,俗称豹窝顶。

石寨 位于隐珠街道驻地西北7.8千米处,东北西南向。面积0.8平方千米。顶峰峭石矗立,海拔235米。

虎背山 又称虎皮山。位于隐珠街道驻地西北6千米处,西北东南向,北高南低,状如虎背。面积2.5平方千米,海拔136.4米。

小珠山山脉(2007年拍摄)

陡楼山　又称斗楼山。位于隐珠街道驻地北7.5千米处，属小珠山支体。面积8.7平方千米。主峰海拔369.4米。山上有天然洞穴一处。

扎营山　位于隐珠街道驻地北8.5千米处，为小珠山支体。东北西南向，面积3平方千米。主峰海拔412米。山上有齐长城遗址。相传，战国时楚攻齐至此扎营，故名。

七墩山　位于隐珠街道驻地北4.1千米处，系陡楼山支体。西南东北向。长约1千米，宽约0.7千米。主峰海拔197.5米。山体自东南向西北有7个山头，状如墩，故名七墩山。

镜台山　位于隐珠街道驻地北5千米处，系小珠山余脉。南北向，楔形。长约3千米，宽约2千米。主峰海拔263米。山东麓有法若真墓。山顶平缓如台，登之南眺，海面闪光如镜，故称镜台山。

孤山　位于隐珠街道驻地北4.3千米处，南北向，山体孤立。面积0.6平方千米。主峰海拔124.3米。上有测量标志。

华山　位于隐珠街道驻地东4.2千米处，东南西北向。长约2千米，宽约1.5千米。主峰海拔155.8米。

朝阳山　位于隐珠街道驻地东5.8千米处，东与灵山卫街道交界。海拔149米。南坡倾斜入海。上有测量标志。

赵家山子　位于灵山卫街道驻地西3.6千米处，系小珠山支体。山体圆形。面积0.8平方千米。主峰海拔115米。

茂隆山　位于黄山经济区驻地西南3.1千米处，南北走向。面积约2平方千米。由9个山峰组成，状如帽，俗称九顶帽儿山。主峰海拔146.6米。

石灰山　亦称赵家山，十会山。位于黄山经济区驻地东南4.3千米处。东北西南向。面积约3平方千米。海拔312米。东北2.3千米有喜鹊山。

喜鹊山　位于黄山经济区沙沟水库东北。面积6平方千米。海拔308米。东有插旗崖，南有韩家台，北有398省道。

老君塔山　位于红石崖街道西南隅，为红石崖、王台、辛安之界山，属小珠山支脉。面积约1平方千米。主峰海拔236.3米。山体呈四边形。山上古有老君堂，堂后有塔，故名。

铁橛山山脉　主峰位于境内中部、铁山街道和六汪镇内。本名胶山，古胶州之镇山。《齐记》作黔艾山，《水经注》作柜艾山，《齐乘》作铁橛山。东北西南向。南北长14千米，宽7千米。主峰海拔595.1米。山势矗兀，色黑如铁。北巅滴水崖，山壁悬空如盖，水从石罅中落半腰，滴淅成泉，故名滴水崖。《胶州志》誉为“铁橛悬泉”，列为胶州八景之一。崖顶方广10余亩，昔有秋海棠丛生，崖下有滴水庵。

铁橛山支脉较多，西南与尹家大山、石楼山、藏马山连为一体，东南、东北与大珠山、小珠山相连。支脉蔓延铁山、宝山、胶河、六汪、张家楼、海青、琅琊、藏南、泊里、大村等16处镇、街道。北部有支脉6条：起铁橛山经野潴岭、高城岘、吴家沟西至崔家庄；起高城岘西北经屯里，沿胶河至埠上兰；起高城岘东北至胡家村；起高城岘东南经大于家岭至背儿山、张仓；起高城岘经柳家屯，沿胶州界过庙王西经金草沟和小张八至福山；起高城岘北经肖家屯东北张八崖下，西接七宝山西之黄山。南部有支脉一条：起藏马山西于家官庄西岭经塔山、旺山折向西南经小场西岭至大岚。西部有支脉5条：起铁橛山、貌儿山经野潴岭、丰台顶至鲁山；起鲁山北至塔桥西岭；起曹家北岭北至芦口；

铁橛山山脉(2011年拍摄)

起丰台顶经耿家沟至市美东岭；起鲁山西经诸城市望马墩南回旋至前台山、老桃山入前桃山，再过龙古山南接横山达天台山，再西行至范家山、庙子山、重罗山南抵花根山。东部也有支脉5条：起石楼东经纪家沟与大珠山北条相连；起石楼东经碾头北山南折横寨岭经前沟南山东至库山、黄道山、车轮山；起石楼东经庄家沟南至秋七元；起库山经夏河城东岭、季家岭西南过蒲湾南抵胡家山再东南达琅琊台；起横寨岭西经横河岭至岭西头。

铁橛山范围内，海拔百米以上的山头百余处，山体较为独立的有33座。

尹家大山　位于大村镇东北部，系铁橛山支体。东北西南走向。主峰海拔499米，次峰葡萄顶海拔454米。产铁矿石。

石楼山　位于大村镇东北部与张家楼镇交界处。东北西南向。面积7平方千米。主峰海拔370米。北有笔架山、百尺崖。《诸城县志》云："三石峭崒，虽盛暑登之，风猎猎不可留，故名楼山也。"

藏马山　位于大村镇驻地东北2千米处，东北接石楼山，西南接高顶子。主峰海拔395.2米。长约12千米，宽约3千米。山西侧多高峰，东侧稍缓。群峰之中，有低山似马，隐藏其中，故名藏马山。

藏马山（2012年拍摄）

高顶子　位于大村镇与藏南镇交界处，北接藏马山，属铁橛山主体之最西南山体。面积4平方千米。海拔206.6米。

西福山　位于宝山镇驻地西北8千米，北邻胶州市里岔镇。西北东南向。面积0.7平方千米。主峰海拔142.3米。山顶多孤石，击之有鼓声。其东为东福山，稍低。有薪炭林和果林，产柴胡、桔梗、防风、丹参等中药材。

黄山　位于宝山镇驻地东北4.7千米处，属七宝山支体。主峰海拔146米。东南有樊梨山，西有土山。长约1000米。山上遍布薪炭林及经济林，是宝山镇多种经营生产基地之一。产柴胡、桔梗、防风、远志等多种中药材。明代有道观一处。

七宝山　位于宝山镇驻地东北5.5千米处，东北西南向。长6千米，宽约3.5千米。主峰海拔208米。南侧有平山，海拔176米。铜、铁、锡等金属矿石丰富，尤以石灰石储量为最。明代太监陈增曾开矿于此山。

香炉子石　位于铁山街道驻地东北6.2千米处，主峰海拔141米。山顶有巨石5块，远望如香炉鼎立。民国间石体遭雷击而毁。

背儿山　位于铁山街道中部，铁山水库东，东西向。面积0.5平方千米。海拔186.2米。又称百儿山，旧有老母庙，谬传祷之多子。《增修胶志》称为白猊山。相传仙人柏猊曾居此山。山上有松树，刺槐混交林，有野生柴胡、远志、桔梗、防风、茜草、茵陈等多种中药材。

月季山　位于铁山街道西北部与六汪镇交界处。东北西南向。面积25平方千米。主峰海拔393.6米。山中多生月季，故名。

睡牛山　位于铁山街道西南部，铁橛山主峰东北4.5千米处。主峰海拔261.8米。南北向。面积8.75平方千米。山体如卧睡之牛，故名。产蚕茧、山楂、板栗。山北有泰（安）薛（家岛）公路经过。

峰台顶　位于六汪镇与大村镇交界处，西南东北向。海拔177.7米。顶平阔，松槐郁闭成林。出碲石，有齐长城遗址。

高城岘　位于六汪镇与宝山镇交界处，东北西南向。长2.8千米，宽0.6千米。主峰海拔

207.1米。山势陡峭高耸，为六汪平原之制高点。山上松、槐成林。有电视差转台和测量标志。

老桃山　位于大村镇与潍坊诸城市交界处，东西向。面积5平方千米。主峰海拔277.4米。遍山野桃丛生，故名。又产石灰、木炭等。《诸城县志》作陶山。

龙古顶　位于大村镇驻地西北3.2千米处，西北东南向。面积约5平方千米。主峰海拔249.1米。山顶有洞，名石屋，面积7平方米，内有泉。山中多铁矿石，品位高而储量少。1959年曾建龙古铁矿于此。

唐家山　位于大村镇西北部，西北东南向。面积1平方千米。主峰海拔106米。

天台山　位于大村镇驻地西0.9千米处，山体呈圆锥形。主峰海拔124.6米。明洪武年间（1368—1398年），浙江天台山丁氏由海州迁此定居，名此山为天台山。山前有革命烈士陵园。

庙子山　位于大村镇驻地西3.5千米处。面积约3平方千米。主峰海拔198.7米。产铁矿石。

重罗山　位于大村镇与理务关镇交界处。面积2平方千米。主峰海拔142米。南北向。有南北两峰，北圆南方，高广相俪。

范家山　位于理务关镇驻地东北7.2千米，吉利河水库东侧。东南西北向。长约1千米，宽约0.7千米。主峰海拔161.4米。

子罗山　位于理务关镇驻地东北6.8千米，吉利河水库东侧。西北东南走向。长约2.5千米，宽约2千米。主峰海拔166米。

塔山　位于大场镇塔山店子村东，在镇驻地东北14千米处，是大场镇的最东端，与泊里镇、藏南镇交界。西南东北向。长约6千米，宽3千米。山有三峰，主峰海拔120.4米，状如塔，上有古银杏树1株，亭亭如盖。

子良山　位于泊里镇驻地南5千米处。山体呈圆锥形。面积2平方千米。海拔69.2米，系泊里平原之制高点。山上遍植苹果树，有围山河。昔日遍山生长紫罗兰，《诸城县志》作紫罗兰。

鱼骨庙山　位于子良山南4.5千米处，南北向土岭。长1.8千米，宽0.6千米。海拔33.8米。相传清乾隆年间，董家海口出巨鱼，长10丈，高3丈，后用鱼骨建庙于此山，1955年庙毁。今有测量标志和瞭望所。

牛蹄山　位于琅琊镇驻地东北3千米处，南北向。面积约1.5平方千米。主峰海拔146.4米。山体状如牛蹄。

车轮山　位于琅琊镇驻地东北约5千米处。面积1平方千米。主峰海拔112.6米。形似车轮。

大缀骨山　位于海青镇西部，是胶南与潍坊诸城市界山之一。西北东南向。面积7.5平方千米。主峰海拔281.8米，山上有石笋，名缒鼓石，旧称缒鼓山。

前黄山　位于海青镇北部与潍坊诸城市交界处，南北向。主峰海拔204.9米。山北部属潍坊诸城市，东有日诸公路。

跑马岭　位于海青镇驻地西2千米处，南北向。长约4千米，宽约3千米。主峰海拔65.5米。表层多土，局部有花岗岩裸露。据传，元代百户狄稳住狄家河，此处为狄跑马处。

黄道山　位于琅琊镇驻地东北2.7千米处。山体呈圆锥形，面积0.7平方千米。主峰海拔127.6米。

胡家山　位于琅琊镇南部沿海，系琅琊山支体。西南东北向。长约1.6千米，宽约0.8千米。山顶有三峰，主峰海拔83.4米。上有测量标志。

库山　位于琅琊镇驻地北5千米处。主峰海拔159米。

土山　位于张家楼镇驻地北4.2千米处，北界珠海街道。东北西南向。面积3平方千米。主峰海拔111米。山体表层皆土，植被茂盛。

第三节　河　　流

2012年，境内共有中小型河道39条，总流域面积2059.4平方千米，干流全长442.41千米。其中，10条骨干河流总流域面积1529.31平方千米，干流全长239.94千米。29条小型河道流域面积530.09平方千米，干流全长202.47千米。

10条骨干河流分别为洋河、风河、吉利河、巨洋河、白马河、甜水河、横河、胶河、潮河、错水河，均属山丘区季节性河流。其中流域面积在200~300平方千米以上的有洋河、潮河、胶河、白马河、风河、吉利河。流域面积100~199平方千米的有巨洋河、甜水河、横河。流域面积小于100平方千米的有潮河、错水河。在吉利河、横河、风河、错水河上分别建有吉利河、陡崖子、孙家屯、铁山、小珠山5座中型水库。

2012年全市10条骨干河流情况统计表

表2-1-1

序号	河道名称	发源地	流域面积（平方千米）	干流长度（千米）	干流坡降	汇入河口位置
1	风河	七宝山南麓	315.48	31.8	1.5‰	隐珠街道大港口入海
2	横河	铁橛山南麓尹家大山	158.37	23.97	1.5‰	泊里镇西小滩入海
3	吉利河	诸城市鲁山西南千秋岭	300.1（胶南境114.72）	39.85	1.5‰	大场镇河崖村南入白马河
4	白马河	诸城市鲁山东麓和胶南市铁橛山西北侧	265.3（胶南境243.99）	44.2	1.02‰	大场镇马家滩村东入海
5	潮河	五莲县九仙山	512（胶南境34.1）	47（胶南境8）	1.64‰	海青镇修七元村东南入海
6	甜水河	海青镇大缀骨山南麓	109.89	19.97	2.4‰	海青镇宋家岭东南入海
7	洋河	宝山镇高城岘西北麓	254（胶南境43.6）	45.5（胶南境25）	0.6‰	五河头入海
8	巨洋河	小珠山南麓	128.75（胶南境95.01）	25.35	2.95‰	五河头入胶州湾
9	错水河	小珠山西北麓	86.12	25	2‰	五河头入胶州湾
10	胶河	六汪镇孙家沟南鲁山	608（胶南境124.63）	100（胶南境16）	2‰	胶河经济区埠上兰村入胶州

白马河与吉利河交汇处

2012 年全市小型河流情况统计表

表 2－1－2

序号	河道名称	发源地	流域面积（平方千米）	干流长度（千米）	干流坡降	汇入河口位置
1	丰产河	大场镇韩家洼西	23	10.6	0.7‰	马家滩南汇入甜水河
2	东封河	泊里镇塔山前	11	7	3.6‰	泊里镇孙家庄入横河
3	墨得水河	高城岘北麓	11.5	5.1	5‰	崔家庄北入胶河
4	胜水前河	诸城市三里庄	11	5.3	1.9‰	正南岭入吉利河
5	唐家庄河	库山北麓	13.5	7.4	2.5‰	泊里镇三合村入横河
6	桃林河	诸城市响水崖子	85（胶南境 6.6）	24.2（胶南境 4）	3‰	大村镇代家尧北入吉利河
7	海青西河	狄家河水库	12	4.9	4.7‰	海青镇海青村南入甜水河
8	夏河城河	库山	12.7	5.5	4.1‰	贡口湾入海
9	辛庄河	泊里镇磊石村东北岭	17	6	2‰	泊里镇张家庄入泊里东河
10	徐家尧河	徐家尧村北岭	10.5	4.1	5.37‰	东潮河村南入潮河
11	杨家河	诸城市固山前	35（胶南境 2.36）	7（胶南境 2.1）	2‰	大村镇理务关村东南入吉利河
12	白果树河	小珠山西麓	22.5	9.45	5.5‰	白果树村前入海
13	皂户河	库山	10.2	4.5	4.7‰	龙王溜入海
14	周家夼河	小珠山东麓	12	6	5.4‰	积米崖后河湾入海
15	青草河	大珠山水库	14.96	5.1	2‰	顾家崖头西北入海
16	月牙河	滨海街道夹沟村西包公山麓	11.03	6.3	1‰	滨海街道阡上村西北入海
17	两河	小珠山西南	16	9.4	6‰	灵山湾入海
18	大卢河	隐珠街道黄山	31.5	12.8	4.5‰	隐珠街道大荒村西南入海
19	漯水河	张家楼镇陡阳水库	25	7.46	3.3‰	珠海街道孟家庄前入风河
20	挪庄河	张家楼镇土山屯	12	4.5	2.5‰	珠海街道肖家庄西北入风河
21	小辛河	双凤山	19.1	6.2	1‰	烟台东村入风河
22	别家河	铁山街道朱家园	19.6	5.65	5‰	别家村西入风河
23	山里河	铁山街道墨城安上沟村	13	4.35	1‰	大下庄入铁山水库
24	石沟河	铁山街道山周、高城砚	24	4.7	4‰	铁山街道韩家庄东北入风河
25	张家楼河	张家楼镇朱家屯北	10	5.24	6‰	刘家村前入海龙河
26	苑庄河	张家楼镇洼子北	11	6.37	3‰	古镇口北入刘家村河
27	刘家村河	张家楼镇东石岭	11	5.6	4‰	张家楼镇下泊东入海
28	海龙河	张家楼镇丁戈庄	15	9.4	4‰	古镇口入海
29	下村河	张家楼镇逄家桃园	10	6.7	5‰	曹江口入海

第四节 海 域

境内海域位于黄海西北部，总面积近3949平方千米。其中，近海水域30万公顷，浅海水域2万公顷，滩涂5300余公顷。有自然海湾13处，较大岩礁和岸嘴6处，近岸暗礁19处。潮汐为正规半日型。海水含盐度2月为31‰～32‰，8月为30‰～31.7‰，11月为31.6‰～32.3‰。海水温度，夏季低于气温，冬季高于气温，一般不结冰。

海岸 境内海岸线北起王台镇洋河口，南至海青王家滩口，全长156千米（含海岛岸线），滩岸、沿岸、礁岸交错分布。

滩岸 由于河流冲击，海水顶托，港湾沿岸多为泥沙底质的滩岸。泥质滩岸主要分布于胶州湾西南岸、唐岛湾西岸、杨家洼湾沿岸、陈家贡湾北岸和棋子湾沿岸；沙质滩岸主要分布在灵山湾西北岸、古镇口湾北岸、龙湾西南岸和王家滩湾北岸。整个滩岸长度约占海岸线总长的3/5。自北而南有五河头、积米崖、大湾、大港口、小口子、古镇口、曹江口、琅琊、贡口、董家口、杨家洼、王家滩口等港湾10余处。

岩岸 主要分布于滨海街道海崖至泊里镇董家口沿海一带。此段除古镇口、龙王溜、杨家洼、陈家贡4处港湾滩岸外，多属岩、礁岸。地质属中生代白垩纪岩浆岩、凝灰质砂岩、正常斑岩、花岗斑岩；新生代第三纪砂及沙砾层海积和第四纪沙土碎石沉积；太古代胶东岩群岩浆岩等。岩岸岸嘴主要有：

丁家嘴 位于灵山卫南2.5千米，系陆地伸入海中的东西—西南向岸角。长800米，宽500米。岸下水深3～20米。泥沙底，可泊船。

朝阳山嘴 位于朝阳山南新建村海边，系朝阳山伸向灵山湾的岸角。南北长50米，东西宽250米。下有礁石，水深2～3米。

大珠山嘴 状如鹰嘴，又称鹰嘴子。系大珠山南伸入海的岸角。南北长300米，东西宽500米。上有雾笛站和10米高灯桩。

鼓楼嘴 又称望海楼嘴。位于古镇口湾西侧，呈三角形。长280米，宽250米，高20米。传说清代嘴上有兵防和鼓楼建筑，今鼓楼遗址可辨。

胡家山前嘴 位于琅琊镇最南端，系胡家山入海岸角。南北长300米，东西宽250米，岩石陡立。嘴前水深13～23米，有礁石，不能泊船。

小围嘴 位于撒牛沟东南700米。南北长150米，宽180米。两侧可泊船。明清两代曾在此筑围设防，围址尚存。

董家口嘴 位于琅琊台湾西侧，董家口东侧，南北长300米，后部宽约750米。上有灯塔。嘴西南侧有小型水泥码头1座，可泊小渔船。嘴东南有礁石和浅水点，形势险要。

黄石岚嘴 北距泊里镇信阳4.7千米，西南向，由零散黄色风化岩构成。长600米，宽150米。周围泥滩，产文蛤及西施舌等。

礁石 老龙卧 北距隐珠街道卢家疃5.4千米，系连陆礁石。长1000米，礁下水深2～6米。西部可泊小船。

龙门锅 位于滨海街道龙门顶村东，系连岸礁石。长10米，高4米，南部呈圆形，有豁口通南北，状如阙门，又有巨石如锅，翻扣其上。附近有暗礁。

大坡崖 位于琅琊台东北，系

龙湾西南海岸

石林。涨潮时突出部分露出水面。礁石水深 4 米左右。退潮时岩礁砾石均可露出水面。岸边至低潮线跨度约 0.5 千米，是建设人工礁渔场的良好区域。平潮时崖下水深 4 米，可泊船。该礁因突出部分较高，倾斜度较大，故名大坡崖。

鳌子石　居唐岛湾口，东经 120°09′，北纬 35°54′。东北西南向。基部长 360 米，宽 100 米。形如巨鳌。周围水深 6 米左右。顶部临近水面，上有灯标。

大栏石　居朝阳山嘴南 3.4 千米水中，东北西南向。长 475 米，宽 250 米，顶部水深 43 米。形如石栏。

东栏　居琅琊台东北 3.5 千米水中，东北西南向暗礁群。主礁长约 500 米，宽约 30 米。有部分出露水面。

青石栏　居琅琊镇东海中，东经 120°01′，北纬 35°38′，距大陆最近点 9.18 千米。青色暗礁，长宽各约 45 米，周围水深 4 米。礁石周围产真鲷及鲨鱼等。

老母猪栏　位于董家口黄家塘湾内，东经 119°41′，北纬 35°34′。东北—西南向礁石群，基部长约 500 米，宽 75 米。主礁长约 170 米，落潮时可出露水面。

大孤石　位于董家口黄家塘湾内，东经 119°41′，北纬 35°34′。大落潮时可出露水面。稍呈椭圆形。直径约 20 米，孤立水中，周围水深 10 米左右。北距老母猪栏 17 千米。区间水深 15～20 米，可安全通航。礁顶有石窝，相传昔有航标。石上有少量牛毛菜生。

二孤石　临近大孤石，圆形暗礁。直径约 25 米，周围水深 10 米左右。北距老母猪栏 1.7 千米。区间水深 15～20 米，可通航。石上有少量牛毛菜生长。

小牙岛　在灵山岛北端与牙岛子之间，距牙岛子约 100 米，呈窝头形。直径约 15 米，高度在高潮线以上 5 米左右，面积约 0.2 平方千米。皆岩石。地质属中生代白垩纪火山岩。周围水域有海参和鲍鱼分布，鱼类颇多，适于垂钓。因该礁与牙岛子临近又小于牙岛子故名。

大黑石栏　位于滨海街道高峪村东北 2.5 千米处，系陆上岬角向海中伸延的岩礁带。高潮时分割成石林。长约 1000 米，宽约 100 米，面积约 0.1 平方千米。因礁石多黑色、块大，当地称石林为“栏”，故名大黑石栏。地质属新生代第四纪砂及沙砾层，海积礁周围有砾石，藻类较丰富适合海参、鲍鱼和石花菜等生长。

里岛　位于滨海街道高峪村东 1.7 千米。礁石长约 350 米，宽约 100 米，面积约 0.035 平方千米，呈东南西北走向。距岸 200 米处，低潮时石露，高潮时水深 4 米左右。地质年代属新生代第四纪砂及沙砾层。因涨潮时没于水中，故名里岛。礁周围水域海珍品资源丰富，产海参鲍鱼、石花菜及多种贝类，鱼类资源也较丰富。

外岛子　在大珠山南海中。距小冲里岛子约 250 米，平潮时显露，大潮时淹没。长约 40 米，宽约 19 米，面积约 760 平方米。因在里岛子外面，故称外岛子。航行时需绕道。

大连岛　位于琅琊沐官岛南约 0.4 千米，由高潮线以上面积 300 平方米和 400 平方米的两块明礁组成，统称大连岛。是沐官岛南伸岩礁区之最大的一对明礁。东西两礁间高潮时相距约 40 米。礁体岩石裸露，无水无草。高潮以上的高度仅 2～3 米。此礁区，明、暗礁石错落，礁盘大，埋藏较浅，为航行危险区。附近居民常在此垂钓和赶小海。

小连岛　位于琅琊镇沐官岛以南约 0.7 千米海中，由一座高潮线以上面积 200 平方米的明礁和一座面积约 50 平方米的干出礁组成。是为沐官岛礁区内仅次于大连岛的一对礁石。南北两礁间相距约 10 米。北为明礁，上无土层，礁体明亮；南为干出礁，呈暗黑色，附着生物较多。此岛是胶南也是青岛地区最南端的礁石。

洋礁　位于灵山岛东南近岸线处。总长约 60 米，宽约 40 米，面积约 2400 平方米。其中大块礁岩有三：一是大洋礁，海图标为小岛，海拔 10.9 米，长约 30 米，宽约 40 米，面积约 1000 平方米；二是二洋礁，长约 40 米，宽约 10 米，高潮线以上高约 2 米，为明礁；三是三洋礁，面积约 250 平方米，为干出礁，周围水深 20 米左右，有海参、鲍鱼等生长。地质属中生代白垩纪岩浆岩。因礁石立于

灵山岛(2012 年拍摄)

汪洋大海之中,故名洋礁。

试刀石　位于灵山岛东侧近岸线处,原为山体向海伸入的部分后断裂脱离山体。石高 25.2 米,断裂上口宽约 20 米,下口宽约 2～3 米。地质属中生代白垩纪岩浆岩。石体断裂俨如刀劈。

岛屿　境内沿海有较大岛屿 6 处,其中有居民的 3 处。

灵山岛　位于城区东南黄海中,东经 120°10′,北纬 35°45′48″。距陆地最近点大珠山东里岛 10.5 千米。东北西南向。长 5.1 千米,宽 1.43 千米(最宽处 3 千米),总面积 7.66 平方千米,岸线周长 14.3 千米。岛上 3 个行政村,有居民 807 户,2459 人。地质属中生代白垩纪岩浆岩。地势南高北低,南多陡坡,北多断崖,东西两面多梯田。主峰歪头顶海拔 513.6 米,耸峙南部;次峰望海楼 470.6 米,雄踞西部;北有象鼻子 287.9 米。三峰拱起成脊。另有马腚山、泉顶、老虎嘴、小灵山、棰脖子等山峰环绕。沟壑纵横,峭壁如削。盛产鲅鱼、鲐鱼、海参、鲍鱼等。

牙岛子　位于灵山岛北 250 米海中,距大陆最近点大珠山东大黑石栏 12.2 千米。南北向,长约 200 米,宽约 100 米。海拔 20.3 米。全为岩石。东南两侧有礁石和暗礁环绕,无人居住。附近海域产海参、鲍鱼等。隶属灵山岛。

小冲里岛子　位于大珠山嘴西侧。南北长 150 米,东西宽 50 米,距陆地最近点 40 米。岛上皆裸岩,无人、无草、无淡水水源。基部有牡蛎生长,落潮时可与陆地相连。岛北端,左右两侧各有一个小湾,称为大冲、小冲。旧称“里岛子”,因近小冲(小湾),故称“小冲里岛子”。大、小冲内均可泊渔船,是天然小渔港。每当渔船靠泊卸鱼,这里就成了繁华的“渔市”。在“里岛子”外约 300 米有一暗礁“外岛子”。里外岛子之间海珍品和鱼类资源较丰富,具有较高的开发价值。该岛属滨海街道管辖。

斋堂岛　位于琅琊台东南海中,由南、中、北三岛连接而成。全长 1.6 千米,宽 0.25 千米,面积约 0.4 平方千米,海拔 69 米。有 11.8 米高灯桩 1 座。岸线周长约 5.18 千米。岛上有一个行政村,居民 379 户,人口 1081 人。沿岸多礁石,唯西北处为沙底,可泊船。元代海运粮船皆泊于此。产鲅鱼、鲐鱼、黄姑及海参、鲍鱼、石花菜、真鲷等。岛周围岩礁岸建有养殖场。岛与陆地间有斋堂水道,可通 60 吨拖轮。清乾隆版《诸城县志》载,岛上古有斋堂(“文化大革命”中拆毁),为秦始皇侍从斋戒处,故名斋堂岛。隶属琅琊镇。

鸭岛　又称陈家岛。位于琅琊台西南 7.5 千米海中。岛长约 0.14 千米,宽约 0.07 千米,面积

斋堂岛(2012 年拍摄)

约0.01平方千米，海拔4.6米。状如鸭，故名鸭岛。岛西南水中有巨礁，风大时浪花四溅，行船不宜靠近。岛上地瘠多石，无淡水，生有野草等。有高5米灯标1座。1983年，琅琊镇新建海珍品养殖场1处，盛产海参、鲍鱼和石花菜。岛上无居民。隶属琅琊镇。

沐官岛　位于泊里镇棋子湾口处。南北向，长约1.2千米，宽约0.3千米，海拔12.1米。岛上建有码头，有渡船往来，大潮退时，可从岛的北端徒步出入。岛上有1个行政村，有居民56户，人口210人。岛周围海岸线长约2.8千米，潮间带建有海参养殖池38.67公顷，底播养殖和滩涂养殖面积分别为146.67公顷和160公顷，常年从事海水养殖的人员110人。据旧志记载，此岛为秦始皇侍从官员斋沐之处，故称沐官岛。

海湾　境内海岸线曲折，山岭岸角之间形成较大港湾13处，多为泥沙、岩礁底质，岩岸较少，滩岸居多。自然资源丰富，停泊避风条件好。为胶南海珍品和水产养殖基地。

灵山湾　位于城区东南。湾口在鱼鸣嘴与大珠山嘴之间，宽23.4千米，总面积107平方千米。泥沙底，水深5～12米，沿岸多为平缓沙滩。西北有风河注入，形成河口港，港南盛产阡里虾。东北有唐岛湾，西南有胡岛湾、鱼池湾。东南有灵山岛，是湾口的天然屏障。

灵山湾（2012年拍摄）

胡岛湾　位于大珠山东，灵山湾西南部。呈半圆形，口向东南，宽100米，面积0.5平方千米。岩岸，岩礁底。水深2～4米。可泊木帆船和机帆船。岩礁上有海参、鲍鱼寄生。

鱼池湾　位于胡岛湾西南，大珠山嘴北。口向东南，宽1000米，面积0.6平方千米。沿岸岩石陡立，状如池。水深10米。沙、岩底。有海参、鲍鱼、石花菜寄生。可泊木帆船和机帆船。

龙湾　位于琅琊台东北，大珠山西。湾口在大珠山嘴与斋堂岛之间。口向南，宽12.2千米，面积66平方千米。两侧岩岸，北部滩岸。泥沙底。水深5～14米。有小口子港和古镇口湾。

古镇口湾　又称曹家溜，龙潭口，崔家潞。位于龙湾北部。缩口圆形，面积19平方千米。湾北岸，明清时曾设巡检司，有古镇口炮台。

琅琊台湾　位于琅琊台西，泊里、琅琊镇南。湾口在胡家山前嘴与董家口嘴之间，宽9.9千米，面积26平方千米，水深3～5米；西部岩礁底，距岸300米不宜行船。东北有大嘴凸出。嘴南为鸭岛，上有灯桩。东西有杨家洼湾和陈家贡湾。

杨家洼湾　属琅琊台湾的东北部。湾口在大嘴与牛石嘴之间。宽2.1千米，东北—西南长3.5千米，面积2平方千米。东北部有拦海坝。湾口东南有鸭岛溜，水深4～7米，海溜湍急，是渔船进出湾的主要通道。湾口西侧为岩礁岸，生刺参、石花菜等。北部多滩岸。

陈家贡湾　属琅琊台湾的西北部。湾口在大嘴与小围嘴之间。宽3.3千米，向北延伸5.8千米，面积8平方千米。水深1.5～4.5米，沙底。北部有贡口拦海坝、贡口港。贡口港旧称陈家口或陈家港。

黄家塘湾　位于境域西南部。湾口在董家口嘴与日照市殷家台嘴之间。口向东南，宽14.4千米，面积63平方千米。水深3.2～6.8米。泥底沙岸，有潮河、白马河汇入。湾口东侧有沐官岛，与董家口嘴对峙。湾内有老母猪栏、大孤石、二孤石、棋子湾、王家滩湾。

棋子湾　属黄家塘湾的东北部分。湾口在董家口嘴与黄石岚嘴之间，宽7.5千米，自湾口向北延伸8.5千米，面积27平方千米。粉砂质淤泥底。北部狭长水道两侧有盐田。滩涂产文蛤、西施舌。

王家滩湾　属黄家塘湾西部。湾口在黄石岚嘴与日照市殷家台嘴之间。口向东南，宽10.7千米，面积21平方千米。王家滩口是胶南与日照分界处，市属湾域6平方千米。多为滩岸，满潮水深1～2米。

沟南崖湾　位于灵山岛东侧。呈椭圆形。面积0.15平方千米。两侧岩石陡峭，泥沙碎石底。满潮水深2米。可避西及西南风。生长海参、鲍鱼等。

积米沟湾　位于灵山岛北端。口向西北，宽约0.3千米，面积0.03平方千米。湾两侧岩石陡立，底为碎石、泥沙。满潮水深3米。能避东南风，可泊船。生长海参、鲍鱼等。

潮汐　境内沿海为正规半日潮，每个太阳日(24小时48分)有两次高潮和两次低潮。高潮出现在月亮中天后4小时50分，低潮出现在月亮中天后11小时02分，潮差为1.9～3.5米。大小潮差发生于朔或望(上弦或下弦)日后2～3天。胶州湾内比外海高低潮时迟10分钟，两潮差大10厘米左右。8月份潮位比1月份潮位一般高0.5米。台风过境或东南大风产生增水，寒潮过境或西北大风产生减水，个别日期影响潮位达1米以上。

胶南境内海域潮汐变化表

表2-1-3

农历日期		潮汐时刻			
上半月	下半月	高潮	低潮	高潮	低潮
初一	十六	5:10	11:22	17:34	23:46
初二	十七	5:58	12:10	18:22	24:34
初三	十八	6:46	12:58	19:10	1:22
初四	十九	7:34	13:46	19:58	2:10
初五	二十	8:22	14:34	20:46	2:58
初六	二十一	9:10	15:22	21:34	3:46
初七	二十二	9:58	16:10	22;22	4:34
初八	二十三	10:46	16:58	23:10	5:22
初九	二十四	11:34	17:46	23:58	6:10
初十	二十五	12:22	18:34	24:46	6:58
十一	二十六	13:10	19:22	1:34	7:46
十二	二十七	13;58	21:10	2:22	8:34
十三	二十八	14:46	21:58	3:10	9:22
十四	二十九	15:34	22:46	3:58	10:10
十五	三十	16:22	23:34	4:46	10:58

第五节　土壤　植被

土壤　境内土壤分棕壤、潮土、盐土、褐土4个土类，7个亚类，9个土属，29个土种，52个变种。

棕壤土类　棕壤以大珠山、小珠山、铁橛山和藏马山等山脉为轴心向四周延伸。海拔10米以上。总面积11.2万公顷，占可利用面积的77.37%。棕壤成土母岩多为酸性岩和部分基性岩，成土母质为洪积物和洪积冲积物。土壤黏粒较少，淋溶淀积十分明显。呈微酸性至中性反应，颜色为棕色、褐棕色。表土质地粗松，通透性好，

但耕层肥力低。随地势高低依次分布棕壤性土、典型棕壤和潮棕壤3个亚类。

棕壤性土　主要分布在荒坡岭和岭坡梯田上，面积4万公顷，占可用面积的27.54%。母岩多为酸性花岗岩。海拔一般在60米以上，坡度大，地势陡，水土流失严重。土壤处于幼年发育阶段，土体厚15～30厘米，少量达到60厘米。表层砾石较多，质地粗松，通气性好，但结构不良，地下水极缺。荒坡岭上的土层小于20厘米，生长树木和杂草。岭坡梯田上土层较厚，为果树、地瓜和花生种植区。棕壤性土分为酸性岩类和基性岩类2个土属，分草皮土、青砂土、石渣土、掺面石土、浅灰壤土、灰壤土6个土种。

典型棕壤　发育在岭坡梯田和坡麓梯田上，分布于全市丘陵的中下部及大珠山、小珠山、铁橛山和藏马山山麓。面积5.9万公顷，占可利用面积的40.75%。土层厚度大于100厘米，pH值6.5～7.0，是地瓜、玉米、花生和小麦种植区。典型棕壤只有洪积冲积物1个土属，分死黄泥头、活黄泥头、浅黄土和黄沙土4个土种。

潮棕壤　主要发育在洪积扇的下部，广泛分布于坡麓梯田的下部和沿河平地的交接地带。面积13151.67公顷，占可利用面积的9.08%。成土母质为洪积冲积物。土体发育较明显，土层深厚，质地细，结构好，肥力高，适种各类作物。有洪积冲积物1个土属，分金黄土、黑黄泥头、蒙金土、蒜瓣土4个土种。

潮土土类　发育在河流冲积物母质上，分布于河流下游，滨海排水不畅地带。面积2.46万公顷，占可利用面积的17.02%。分潮土和盐化潮土2个亚类。

潮土　主要分布在河流两岸的沿河平地上，面积20444.93公顷，占可利用面积的14.13%。地势平坦，土层厚达150厘米以上。质地较细致疏松，通气性好，微生物活跃，保肥水性强，抗旱涝，属高产农田区。该亚类分河潮土、滨海潮土2个土属，火镰岗土、夹砂土、河淤土、热潮土、粗砂土、金盆土、砂土和响砂土8个土种。

盐化潮土　仅有滨海盐化潮土1个土属。面积4205.2公顷，占可利用面积的2.89%。主要分布在各大河流下游。母质为河流冲积物。潜水埋深在2米以下。土壤含盐量为0.1%，地表有轻度盐斑。表层多为砂壤。土性阴凉，宜种小麦、玉米和水稻等。分盐碱火岗土、盐碱土、河盐土3个土种。

盐土土类　盐土是由于海潮退落脱离海潮影响而形成的土类。成土母质为海相沉积物。土壤盐分以氯化物为主。地表有连片白色盐结皮。面积710.67公顷，占可利用面积的0.49%。主要分布在王台镇河流入海口附近。该土类只有滨海潮盐土1个亚类，分盐土和油砂盐土2个土种。

褐土土类　胶河以东，屯里集以北，埠上兰以南的南北狭长地带，受石灰岩影响，形成部分褐土和淋溶褐土。以淋溶褐土为主，属淋溶褐土亚类洪积冲积物土属，俗称砂姜土。面积112.87公顷，仅占可利用地面积的0.08%。土壤呈中性至微碱性。

植被　境内共有成片草场1.6万公顷，野生杂草50余种。低山丘陵区主要有白羊草、结缕草、画眉草、黄背草、野古草、百里香、山蓼、狗尾草、黄花菜、青蒿、皂角、地榆、苦参、南牧蒿、萎蕤菜、瓦松、石竹等分布；草原地区主要有芦苇、香蒲、黑三棱、水蓼、刚毛、荸荠、荻、类芦、水芹、鹿草、黄花蒿、牛鞭草、青茅、鹅冠草、三棱草、两栖蓼、灯芯草、知心草、马唐、早熟禾、鸭跖草、千金子等分布；滨海滩涂主要有翅碱蓬、沙里旺、狭叶车前、长叶车前、小叶藜、猪毛荤、二色补血草、珊瑚草、滨海旋花等分布。

第六节　气　　候

气温　气温年际变化　据胶南气象站1988～2012年资料统计，境内年平均气温13.1℃，最高14.2℃，最低12.3℃。

气温年内变化　夏季年平均气温内陆高于沿海，冬季则相反。1月最冷，月平均气温－0.7℃，月平均最高气温4.0℃，月平均最低气温－4.3℃。8月最热，月平均气温25.6℃，月平均最高气温29.1℃，月平均最低气温22.7℃。

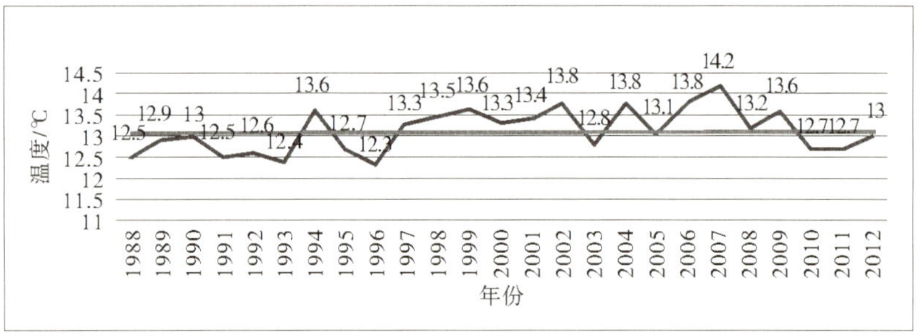

图 2－1－4　1988～2012 年全市年平均气温统计图

气温极值　境内极端最高气温 41.0℃，出现在 2002 年 7 月 15 日。极端最低气温－13.6℃，出现在 1998 年 1 月 19 日。每年最高气温多出现在 6 月、7 月、8 月，最低气温多出现在 12 月、1 月、2 月。

1988～2012 年全市月平均气温统计表

表 2－1－5　　单位：度

月份	气温	月份	气温
1	－0.7	7	25.4
2	1.7	8	25.6
3	6.1	9	21.9
4	12.2	10	15.9
5	17.8	11	8.4
6	21.6	12	1.9

气温日较差　平均气温日较差，春季最大，为 9.3℃；秋季次之，为 9.1℃。历年最大日较差 22.9℃，出现在 1988 年 4 月 30 日。夏冬季日较差较小，分别为 6.7℃和 8.6℃。历年最小日较差 0.8℃，出现在 1992 年 5 月 5 日。

封冻与解冻　一般从 11 月下旬土壤开始冻结，次年 2 月下旬始解冻。历年平均冻土日期为 12 月 8 日，最早是 1989 年 11 月 19 日，最晚是 2000 年未出现冻土。历年平均解冻日期为 2 月 25 日，最早是 1997 年 1 月 29 日，最晚是 2011 年 3 月 20 日。最大冻土深度为 32 厘米，出现在 2011 年 1 月，有 3 天。

无霜期　历年无霜期平均为 219 天，最长时间有 253 天，最少时间有 189 天。上半年霜终日平均出现在 3 月 28 日，最早出现在 2004 年 3 月 7 日，最晚出现在 1996 年 4 月 22 日。下半年霜初日平均出现在 11 月 2 日，最早出现在 10 月 16 日，最晚出现在 2011 年 11 月 20 日。

气压　年内变化较大，冬季受蒙古高压控制的极盛时期，气压最高，平均为 1026.6 百帕。夏季热带和副热带系统活跃，气压最低，平均为 1003.7 百帕。气压年际变化较小，最高为 1017.2 百帕，最低为 1015.4 百帕。

季风　年平均风速 2.4 米/秒，风向多为偏北风、东南风，东北风最少。春夏以南及偏南风为主，秋冬季则以北及偏北风为主。冬季风速大于夏季；4 月最大，为 2.8 米/秒，8 月最小，为 2.0 米/秒。

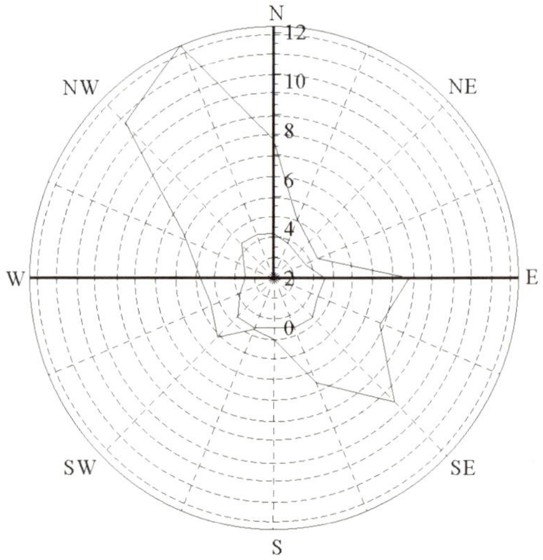

图 2－1－6　1988～2012 年全市风玫瑰图

降水　受海洋和境内的山峰影响，降水量年际变化较大，季节性强，地区差较明显。夏秋季多于春季，西部多于东部；南部多于北部。1988～2012 年平均降水量为 759.3 毫米。

图 2-1-7 1988～2012 年全市年平均降水量分布图

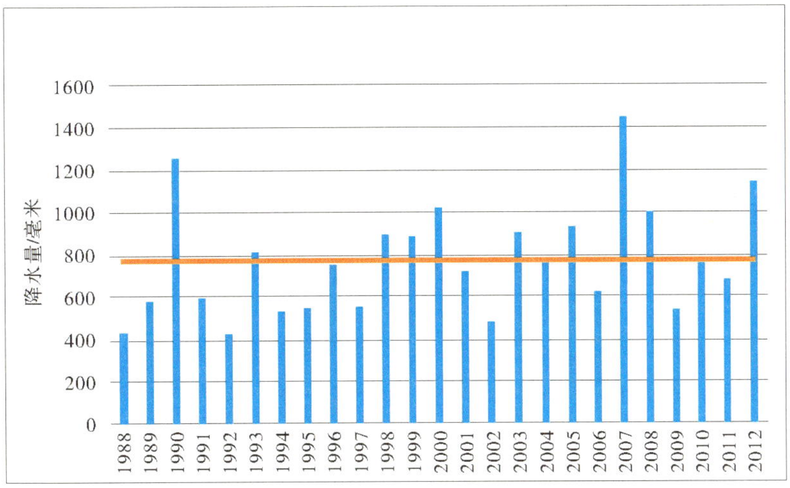

1988～2012 年全市月平均降水量统计表

表 2-1-8　　单位:毫米

月份	降水量	月份	降水量
1	11.7	7	148.6
2	18.6	8	205.3
3	26.1	9	75.0
4	34.0	10	33.6
5	70.3	11	30.5
6	92.6	12	13.0

湿度和蒸发　1 月受冷气团影响,境内天气寒冷干燥,空气中水汽含量很少,平均湿度和最小相对湿度为 63% 和 16%。2 月开始上升,7 月最大,为 85% 和 41%,8 月以后逐渐开始降低。

境内蒸发年际变化较大,1988～2012 年,年平均蒸发量为 1423.3 毫米,最少为 1206.1 毫米,最多为 1676.2 毫米;月平均蒸发量为 118.6 毫米,5 月蒸发量最大,平均为 183.0 毫米,1 月最小,平均为 45.3 毫米。

日照　境内年平均日照时数为 2337.0 小时。最大为 2801.7 小时,出现在 1997 年;最小为 1871.5 小时,出现在 2003 年。南北差异不大。全年中,5 月日照时数最大,平均为 238.7 小时,2 月日照时数最小,平均为 170.1 小时。

第二章　自然资源

第一节　土地资源

2012年底，全市年土地总面积182179.62公顷。其中，耕地73984.66公顷，占土地总面积的40%。园地3438.23公顷，占土地总面积的2%。林地42222.55公顷，占土地总面积的23%。荒草地5018.81公顷，占土地总面积的3%。城镇村及工矿用地21039.48公顷，占土地总面积的12%。交通运输用地6401.1公顷，占土地总面积的4%。水域及水利设施用地16619.1公顷，占土地总面积的9%。其他土地13365.69公顷，占土地总面积的7%。

第二节　水资源

1988～2012年，全市年平均降水量为759.3毫米，水资源总量为4.19亿立方米，其中地表水3.25亿立方米，地下水1.81亿立方米，重复计算量0.87亿立方米。水资源可利用量为2.34亿立方米，其中地表水1.7亿立方米，地下水0.86亿立方米，重复计算量0.22亿立方米。全市人均水资源占有量为517立方米，不足全国人均水平的1/4，属全国水资源匮乏区之一。

第三节　林木资源

境内林木种植资源分布58科123个属225个树种。其中野生林木有45科，87属，141种；珍稀濒危树种8科，8属，9种；栽培树种45科，84属，131种。主要品种有欧美杨、毛白杨、加杨、刺槐、枫杨、柳树、臭椿、榆树、楸树、麻栎、泡桐、梓树、槲栎、皂荚、黄檀、构树、山白蜡、拐枣、青桐、山槐、合欢、黄连木、盐肤木、火炬树、朴树、刺楸、楤木、水杉、绒毛白蜡、黑松、赤松、侧柏、火炬松、刚松、短叶松、刚火松、班克松、落叶松、枸橘、酸枣、柽柳、荆条、芫花、杜鹃、胡颓子、胡枝子、扶芳藤、常春藤、地锦、络石、金银花、枸杞、凌霄、葛藤、苹果、梨、桃、杏、蓝莓、葡萄、山楂、柿树、枣树、樱桃、板栗、桑树、茶、棉槐、杞柳、花椒、无花果、杜仲、油桐、银杏、香椿、水杉、法桐、栾树、苦楝、国槐、五角枫、垂柳、红枫、青阡、银杏、雪松、白皮松、华山松、北海道黄杨、龙柏、淡竹、冬青、黄杨、火棘、紫叶小檗、耐冬、女贞、海棠、木瓜、月季、玉兰、木槿、紫薇、红叶李、梅花、桂花、海桐、紫荆、迎红杜鹃、映山红、锦带花等。

2012年林业资源清查统计，全市活立木蓄积量为381.57万立方米，比2004年增长224.9%。

2004～2012年全市活立木蓄积量统计表

表2－2－1　　单位：立方米

年份	蓄积量
2004	1174368
2005	1584602
2006	1921365
2007	1723700
2008	2623700
2009	2944700
2010	3240700
2011	3515700
2012	3815700

第四节　水产资源

鱼虾　境内生长栖息鱼虾有200余种，其中资源量大且分布广的有58种，包括洄游性鱼类：带鱼、鲐鱼、鲅鱼、鳓鱼、银鲳、真鲷、黑鲷、黄鲫、河豚、大黄鱼、小黄鱼、黄姑鱼、白姑鱼、海鳗、马面鲀等；地方性近海鱼类：玉筋鱼、牙鲆、高眼鲽、舌鳎、花尾胡椒鲷、斜带髭鲷、斑鰶、星鳗、鲻鱼、梭鱼、鲈

鱼、鮸鱼、短鳍红娘鱼、宽纹虎鲨、团扇鳐、孔鳐、扁颌针鱼、多鳞鱚、海马、鳕鱼、燕鳐、鲟鱼、星鲽、木叶鲽、油鲽、双髻鲨、银鱼、油魣、绵鳚、许氏平鲉、六线鱼、海龙等；虾蟹类：中国对虾、毛虾、鹰爪虾、三疣梭子蟹、日本蟳；软体动物乌贼、章鱼、鱿鱼等以及其他动物海参、海胆、海蜇等。有经济价值的主要有29种，其中产量高且利用价值大的有鲅鱼、带鱼、乌贼、鹰爪虾、海蜇、玉筋鱼、章鱼、小黄鱼、毛虾等。

境内淡水水域2432.8公顷，可养水面2280.2公顷。共有淡水生物49种，其中鱼类32种，植物17种。经济价值较高且分布较广的有鲫鱼、鲤鱼、梭鱼、鲻鱼、大银鱼、翘嘴红鲌、泥鳅、黄鳝、黄颡鱼、马口鱼、乌鳢、中华鳖等。以鲫鱼、鲤鱼、翘嘴红鲌分布最广。

潮间带生物　境内有浅海33.3万公顷，滩涂3.3万公顷。1982年潮间带生物资源调查时，采集到潮间带和潮下带生物203种，其中动物175种，植物28种。年生物总量平均87.5克/平方米，其中双壳动物56克/平方米，单壳动物3.24克/平方米，甲壳动物5.25克/平方米，多毛动物1.01克/平方米，其他动物0.78克/平方米，藻类21.2克/平方米。动物种类中有双壳动物45种，单壳动物35种，甲壳动物44种，多毛动物16种，其他动物25种。植物中有绿藻4种，褐藻10种，红藻14种。可开发利用的潮间带生物有40余种，经济价值较高、分布较广的有菲律宾蛤、牡蛎、刺参、皱纹盘鲍等。

第五节　陆地动物

境内有兽类、禽类、两栖类、爬行类及虫类动物等。兽类有刺猬、蝙蝠、赤狐、狼、豺、黄鼬、艾虎、狗獾、豹猫、草兔、鼠等。禽类有猫头鹰、杜鹃、喜鹊、啄木鸟、麻雀、鸽、燕子、海鸥等。两栖类有青蛙、蟾蜍、蛇等。爬行类有壁虎、蜥蜴、石龙子等。虫类有蚕、蜂、蜻蜓、螳螂、蝴蝶、蝉、蚂蚱、蜘蛛、蚂蚁、蟋蟀、豆虫、黏虫、蚊、蝇等。

境内有国家一级保护动物短尾信天翁、中华秋沙鸭、白鹳、黑鹳、白鹤、丹顶鹤、白肩雕、白尾海雕、虎头海雕、金雕10种，有国家二级保护动物豺、大天鹅、斑嘴鹈鹕、白琵鹭、黑脸琵鹭、灰鹤、蓑羽鹤及隼形目、鸮形目鸟类48种。另外，还有养殖的鸵鸟、梅花鹿、马鹿等国家重点保护动物。

第六节　矿产资源

境内矿产资源种类少，储量少，以非金属矿为主，属于矿产资源较贫乏地区。已发现各类矿产地159处（不包括地下水），各类矿产24种（含亚矿种）。其中，金属矿产8种，非金属矿产14种，水气矿产2种。

铁矿　分布于宝山镇七宝山、瓦屋和大村镇龙古等地。品位12.35%～40.12%，资源储量为32.50万吨。品位低，无开采价值。

铅矿　位于七宝山，保有储量为43888.18吨（金属量），伴生银、铜、锌、岩金矿，保有金属资源量分别为36.75吨、2284.97吨、6159.77吨、34.384千克。

沙金　分布于宝山镇白家屯，资源储量94.0千克，沙金平均品位0.497克/立方米，禁止开采。

非金属矿产　*萤石*　分布于宝山镇吕家、七宝山及六汪镇高城岘，保有储量分别为6.2万吨、28.96万吨和5.0万吨，资源储量总和为40.16万吨。

石墨　分布于宝山镇薛家沟，预查资源储量为18万吨。

建筑用花岗岩　分布于灵山卫街道、隐珠街道、珠山街道、珠海街道、大村镇、藏南镇等地，资源丰富，探明储量大，矿石质量好，保有储量为382.76万立方米。

饰面用花岗岩　分布于王台镇、灵山卫街道、隐珠街道、滨海街道、张家楼镇等地，保有储量大，为218.83万立方米，矿石质量好。

建筑用安山岩　分布于灵山卫街道，保有储量为153.45万立方米。

水泥用大理岩　分布于黄山经济区沙沟村和姜家屯村，保有储量为4.70万立方米。

高岭土　分布于海青镇董家洼村北一带，保有储量为71.12万吨。

第三章 自然灾害

境内易遭遇的气象灾害主要有风灾、旱灾、水灾和雹灾等，多发生于7月、8月、9月。暴雨平均每年出现2.6次；2007年出现9次为最多；2012年9月21日，一日最大降水量为393.7毫米。8级以上大风平均每年有2.5天，1997年出现8天为最多。雷暴平均每年出现21.2天。能见度小于1千米的大雾平均每年出现39.4天。平均每年有1.5个台风影响胶南，台风是导致暴雨、大风等灾害的主要原因。不同程度的干旱每年都会发生，主要出现在秋季到次年春季。

第一节 风 灾

1989年6月29日15～22时，全县16处乡镇遭受龙卷风、冰雹袭击。风力一般为7～8级，最大达10级。农作物受灾面积5300多公顷，并有700多间房屋受损。受灾最严重的有宝山、大场、大村、隐珠、泊里、六汪等乡镇。

1992年7月2日，大场、海青、理务关、塔山、大村等5处乡镇200多个村庄遭雷雨、风雹袭击，最大风力10级，持续1～3小时。

1997年8月19日，受11号热带气旋影响，全市平均降雨量178.8毫米，极大风速达10级，海上11级以上。直接经济损失2.37亿元。

2000年9月23日，龙卷风袭击六汪，经过之处最大风力11级，极大风速12级以上，最大冰雹直径30毫米，积雹厚度5厘米。胶河站测得降水量80毫米，六汪站测得降水60毫米，龙卷风、冰雹路径呈西北东南向。损坏房屋51间，直接经济损失240万元。

2005年8月7～8日，遭台风袭击，全市平均降雨量达90毫米。市区最大风力达7级，海上出现12级阵风。受灾人口12万人，紧急转移安置1.42万人，倒塌损坏房屋235间，造成直接经济损失1.5亿元。

2007年7月31日，龙卷风袭击大场，路径为西南—东北向。倒塌房屋24间，其中井戈庄村损失最为严重，直接经济损失104.82万元。

2010年4月26日，大风袭击胶南，平均风力5～6级，阵风达到8级，泊里出现龙卷风。造成直接经济损失约480余万元。是年5月26日，全市遭受雷雨大风袭击，平均风力5级，雷雨时风力8级；风大雨急，1小时降雨量高达20.4毫米，共降水量34.9毫米。大场、泊里、海青、大村等镇受灾较重。全市1800余公顷农作物受灾，造成直接经济损失约650余万元。

2011年7月25日，全市出现24.9毫米的短时强降水，最大风速达每秒29.7米。其中泊里、大场、藏南、琅琊等镇受灾较重。农作物受灾面积766.67公顷，直接经济损失约160余万元。

2012年7月12日，西南部多镇短时大风降雨，大场出现短时最大风力达每秒27.6米，最大降雨61.5毫米。大场、海青、泊里、大村（理务关）、琅琊等镇区受灾较重。农业直接经济损失约1600多万元，家庭财产经济损失约200万元。

第二节 旱 灾

1987年12月至1988年4月，降水总量23.4毫米。90%以上水库水位线都降到死水线以下，96%的塘坝干涸。38666公顷小麦受灾，夏播工作推迟10～15天。

1992年5月中旬至7月中旬，持续干旱长达71天，平均降水量仅13.2毫米，较常年同期平均偏少191.1毫米。干枯水库182个、塘坝847座，2879眼机井、2200眼大口井无水可抽。200个村庄13.5万人吃水困难。28066公顷春夏作物干涸死亡，小麦成灾面积2133公顷，绝收面积8333公顷，造成各项经济损失1.56亿元。

1997年6月1日至8月2日，降水量仅29.3毫米。是年9月10日至11月20日降水量仅为37.5毫米。受旱农作物61733公顷，其中重旱5万公顷，13333公顷套种玉米、花生干枯，3333公顷春播玉米翻耕，13333公顷无法播种。全市130座小型水库干涸，960座塘坝干涸，1000多眼机井干涸。8.9万人吃水困难，严重缺水人数达1.75万人。

2002年7月，干旱造成2万人饮水困难，造成直接经济损失2900万元。

2010年10月3日至12月10日，没有降雨，全市1.6万公顷麦田干旱，农业经济损失约950万元。

第三节　水　　灾

1990年8月16日2～18时，全县遭受特大暴雨袭击，有4处乡镇降雨超过100毫米，2处乡镇降雨超过200毫米。全县受灾农作物近6600公顷，其中受灾严重的隐珠乡降雨267.2毫米，全乡60%的道路被冲毁，有3200多户因家中进水被迫迁出；胶南镇降雨233毫米，县城主街道人民路、铁山路有的地方积水1米左右，一些平房进水达40厘米深。

1999年8月9～12日，境内普降大到暴雨，局部地区大暴雨，平均降雨量177.2毫米。受灾人口55万人，成灾人口43万人。92个村庄12000户群众被水围困，1人失踪，倒塌房屋3500间，损坏房屋15000间，市区103家企业进水。冲毁供水管道500米，城区15条交通干线积水最深达0.8米以上，交通受阻长达9小时。直接经济损失2.16亿元。

2000年8月28日晚至29日，境内普降大暴雨，局部地区特大暴雨，形成胶南有水文记载以来最大的一次降雨过程，局部造成历史罕见水灾；8月31日至9月1日，沿海各乡镇又遭到12号台风引发的风暴潮袭击，给工农业生产和人民群众财产造成严重损失。据统计，从8月28日23时至9月1日6时，全市平均降雨167.5毫米，有26处乡镇、街道超过100毫米，其中9处乡镇超过200毫米。其中，城区240毫米，积水面积达8平方千米，平均积水深60厘米，最深处达150厘米以上，交通受阻长达12小时。全市有2座中型水库、5座小(1)型水库、75座小(2)型水库和879座塘坝溢洪，其中陡崖子水库自1960年建库以来首次溢洪。这次降雨及风暴潮共造成直接经济损失达1.6亿元(其中风暴潮造成水产业损失约4000万元)。

2007年8月10日，境内出现大暴雨，其中灵山卫出现特大暴雨，降雨量达321毫米。全市1.3万余公顷农作物和经济作物受灾，绝产面积1100余公顷。果园内涝近1000公顷，倒伏树木33000余棵。冲坏小型桥梁和桥涵171座，造成1座小水库塌方，9座塘坝出现不同程度塌方。冲坏道路290千米，损坏堤防、河道8000余米。2条河堤决口29处，冲毁耕地150余公顷。倒塌房屋309间，损坏房屋447间，倒塌院墙3700余米。造成直接经济损失约8000万元。

2008年7月23日，全市出现一次强降雨过程，平均降雨量113.8毫米，积米崖港区最大降雨量200.5毫米。全市有520余公顷农田受灾，倒塌房屋10间，损坏房屋104间。造成直接经济损失约140万元。8月17日，全市又普降暴雨，大部分镇出现大暴雨，平均降雨量119.3毫米，宝山镇降雨量最大为174毫米。全市有1.2万余公顷农作物和经济作物受灾，绝产1千余公顷。冲坏公路44条，冲毁桥梁76座。损坏堤防33处，堤防决口13处。倒塌房屋250多间，损坏房屋340多间，1人失踪。造成直接经济损失约3000余万元，其中农业直接经济损失1200余万元。

2009年7月13～14日，全市普降大到暴雨，最大降雨量为灵山岛83毫米，平均降雨量51毫米。王台、张家楼镇受灾较重。农作物受灾284.67公顷，成灾164公顷。25间房屋倒塌，15间房屋损坏。造成直接经济损失150万元，其中农业经济损失约120万元。

2012年9月21日，境内出现强降雨天气，大风8级以上，城区降雨量393.7毫米，滨海街道降雨量396毫米。珠山、珠海、滨海、隐珠、张家楼等镇街受灾较重。城区大范围积水,部分区域积水1米以上。市政设施损坏,街道车辆行驶受阻,部分被淹。城区大面积停电停水,部分企业设备受损。直接经济损失8288万元。

第四节 雹 灾

1999年7月19日,六汪、胶河等西部乡镇突降冰雹,降水量61毫米,最大风力达10级,最大冰雹直径达30毫米。受灾人口1万人,损坏房屋1500间。农作物受灾面积660公顷,成灾293.33公顷,绝收56.67公顷。冬枣受灾466.67公顷,成灾266.67公顷。苹果受灾66.67公顷,成灾53.33公顷,减产20%。树木损失5000棵,直接经济损失380.8万元。

2011年6月8日,理务关镇西南部、大场镇北部突降冰雹,最大冰雹直径达8厘米,持续时间约12分钟。农作物受灾面积826.67公顷,其中玉米270公顷、花生163.33公顷、小麦393.33公顷。经济作物受灾面积70.8公顷,其中黄烟8公顷、茶叶0.13公顷、蔬菜34.67公顷、果树3.3公顷、蔬菜大棚195个24.67公顷。损坏屋顶瓦面4200间,直接经济损失达400余万元。

第三篇

水　　利

第一章　水利工程

胶南历届党委、政府重视水利工作，坚持把兴水利、除水害作为保障和加快经济社会可持续发展的一件大事来抓，认真总结治水经验，逐步将水利工作重点由传统的以整地改土、挖河筑堤、改洼治碱、拦海造田、灌溉配套、建库打井和治理水土流失等为主要内容的农田水利基本建设，逐步转向以防洪减灾、城乡供水、节水灌溉、水土保持、水资源保障五大水利工程体系建设，并始终坚持统筹治水、依法管水、科学用水，水利事业逐步实现由传统水利向现代水利、可持续发展水利的战略性转变。据统计，1988～2012年，全市建成小(1)型水库2座，小(2)型水库52座，塘坝489座，拦河闸(坝)26座，机井、大口井1452眼；全市新增灌溉面积12000公顷，恢复改善灌溉面积13333公顷，发展节水灌溉面积8000公顷，水土流失治理面积901平方千米；先后对吉利河、陡崖子、铁山、小珠山、孙家屯5座中型水库和150座病险小型水库、38座病险塘坝进行了除险加固；对风河、白马河、吉利河、洋河、巨洋河、横河、错水河、胶河、潮河、甜水河等10条骨干河道重点河段进行高标准综合治理；新建海堤11.8千米，加固海堤2.24千米；吉利河、铁山、陡崖子、小珠山4座中型水库均向城市供水，全市农村全部通自来水。

第一节　河道工程

2012年，全市共有流域面积10平方千米以上河流39条，其中流域面积200平方千米以上的河道6条，流域面积50～200平方千米的河流5条。胶南地势较陡，河流太多，河床比降大，冬春季节经常干涸，汛期则山洪暴发，河水漫溢等洪涝灾害时有发生，给沿河人民群众的生命财产安全造成了一定损失。1988年以来，按照“先急后缓、突出实效”的原则，先后对潮河、甜水河、风河、洋河、白马河、吉利河、胶河、巨洋河、横河、错水河等10条较大河流的重点河段及其支流进行不同程度的高标准综合治理，对两河、大芦河、青草河、白果树河、夏河城河、丰产河、龙泉河等13条小型河流进行截弯取直，加宽河床，清淤培堤，对部分河道进行砌石护坡。至2012年，共治理大小河道42条216.7千米，筑堤284.2千米，在防洪、灌溉、水生态修复等方面发挥了重要作用。

风河治理　风河有两个源头，东向发源于七宝山(即张仓东河)，西向发源于铁橛山西北麓(即张仓西河)。干流全长31.8千米，流域面积315.48平方千米。1995年，投资340万元，在珠海街道大哨头村北河段，建成一座长120米、高2米的橡胶坝。1998年3月，投资173万元，在珠山街道孟家庄村东南河段，建成一座长80米、高2米的橡胶坝。1998年10月，投资450万元，在灵

治理后的风河宝山段

海街道大哨头东北建成长 180 米、高 2 米的橡胶坝。同时，投资 150 万元，在铁山镇韩家庄东建成一座长 60 米、高 2 米的橡胶坝。1999 年 3 月至 2000 年 8 月，市财政和机关企事业单位及全市干部职工集资投入 8000 万元，实施风河高标准综合治理工程，治理河道 19 千米。2009～2010 年，投资 1117.44 万元，对风河下游豆金河入河口至滨海大道桥 1.25 千米河道进行高标准综合治理。

洋河治理 洋河为胶南市与胶州市边界河，干流长 45.5 千米，流域面积 303 平方千米。1997 年 4 月，投资 527 万元，对洋河下游环海公路桥至入海口处 4.5 千米河道进行拓宽和筑坝复堤，新建混凝土漫水桥 1 座，达到 20 年一遇的防洪标准。1999 年，因遭受特大洪水而决口，给沿河群众造成重大损失。为根治洋河水患，1999 年 11 月至 2000 年 6 月，投资 852.5 万元，实施洋河西柳圈至环海公路河段防洪治理工程，包括河道清障清淤，筑堤 5.53 千米，建涵洞 4 座，上坝坡道 11 处，交通桥 1 座，主河槽护岸长 930 米，堤防护坡 70 米，草皮护坡 9 万平方米。2010 年，根据青岛市路域河道治理总体安排，投资 371.27 万元，对洋河与 204 国道段交汇处上下游 2 千米处进行高标准综合治理。

横河治理 横河干流长 23.97 千米，流域面积 158.37 平方千米。1991～1992 年，投资 150 万元，对横河下游 3.6 千米河道进行综合治理，将原河道进行拓宽和裁弯取直，修建桥涵 5 座。2002 年，藏南镇政府投资 22 万元，对横河干流韩家溜至岭西头 1 千米河段进行治理，并对其支流至岭南头河 2 千米河道进行裁弯取直，河道加宽加深，培土筑堤；泊里镇政府投资 19.6 万元，对横河泊里村西 560 米河段进行筑堤清淤，建橡胶坝 1 座。2009 年，市政府分两期对横河进行治理，一期工程疏挖拓宽河道 4.9 千米，清理土方 204 万立方米，工程投资 2300 万元；二期工程于 2010 年 7 月开工，2011 年 8 月完工，综合治理河道长 4 千米，工程投资 4100 万元。2010 年，根据青岛市郊区路域河道治理总体安排，投资 1404.75 万元，对横河滨海大道段 970 米进行了高标准综合治理。

小型河道治理 境内独流入海、流域面积在 10 平方千米以上的小型河流共 12 条。在新中国成立前大都没有河堤，每逢山洪暴发，大水漫溢。1988 年以来，沿河乡镇结合冬春农田水利基本建设，有计划、有步骤地进行治理，部分河道进行高标准治理，累计投资 1288 万元，治理河道长度 24.2 千米，建拦河闸等建筑物 18 座。

治理后的峄山河（2012 年拍摄）

第二节 灌溉工程

引河灌溉 海青东潮河引河灌区 1991 年 11 月动工，建有干、支渠 6 条，长 27.5 千米，支渠以上建筑物 250 座，累计完成工程量 90 万立方米。设计灌溉面积 1300 公顷，有效灌溉面积 970 公顷。基本能达到设计灌溉要求。

大场吉湄村引河灌区 位于大场镇吉湄河口东，渠首橡胶坝工程于 1997 年 8 月动工，设计灌溉面积 1000 公顷，有效灌溉面积 800 公顷。设计干、支渠 8 条，长 28 千米，支渠以上建筑物 95 座。由于资金不足，未安装坝带，灌溉面积达不到设计要求。

大场西寺拦河闸灌区 1997 年建成，闸门为

混凝土平板自动翻板型式，共17孔，长102米，旁边建交通桥1座。设计干渠2条长8.6千米，支渠6条总长21.4千米，支渠以上建筑物168座，设计灌溉面积1500公顷，有效灌溉面积800公顷，担负着15个村庄供水任务。

水库灌溉　中型水库灌区　截至2012年全市建有中型水库灌区5处，设计灌溉面积17550公顷，有效灌溉面积8080公顷。

2012年全市中型水库灌区综合情况统计表

表3-1-1

灌区名称	灌溉面积（千公顷）		受益范围		实灌面积（千公顷）	干渠（千米）				支渠（千米）				建筑物（座）		
	设计	有效	乡镇（个）	村庄（个）		设计条数	设计长度	现有条数	现有长度	设计条数	设计长度	现有条数	现有长度	设计	现有	完好
吉利河灌区	6.67	3.09	3	108	0.53	4	39.31	3	23.85	21	61.5	9	27.9	416	416	48
陡崖子灌区	4.4	2.52	3	129	0.14	3	31.23	3	31.23	17	64.53	17	64.53	1312	1312	130
铁山灌区	3.57	1.07	5	54	—	3	30.6	3	30.6	4	12.27	4	12.27	394	394	197
小珠山灌区	1.84	1.05	3	68	—	2	24.05	2	24	8	32.13	10	34.6	580	661	240
孙家屯灌区	1.07	0.35	3	23	0.03	1	14.4	1	14.4	2	2.7	2	2.7	62	62	30
合计	17.55	8.08	17	382	0.7	13	139.59	12	124.08	52	173.13	42	142	2764	2845	645

2012年全市设计灌溉面积万公顷以上的小（1）型水库灌区情况统计表

表3-1-2

水库名称	所在乡镇	建成年份	灌溉面积（公顷）		投资（万元）	
			设计	有效	总投资	国家投资
桑行水库	大村镇	1968	1130	400	25	
狄家河水库	海青镇	1969	1100	510	150	12
韩家庄水库	大村镇	1972	1000	570	24.05	
花沟水库	大村镇	1979	733	210	30	

小型水库灌区　大部分兴建于20世纪60～70年代，多数分布在山丘地带。截至2012年，全市已建成小型水库灌区179处，总设计灌溉面积20750公顷，有效灌溉面积14000公顷。其中，设计灌溉面积达万公顷以上的4处，总设计灌溉面积3963公顷，有效灌溉面积1690公顷。

塘坝灌区　截至2012年底，全市已建成塘坝1079座，总库容2338.5万立方米，有效灌溉面积7273公顷。因塘坝地处山沟丘陵地带，绝大多数没有进行灌溉渠道配套，一般由群众利用喷灌机抽水灌溉。

节水灌溉　1996年，胶南被列入全国300个节水增产重点县之一。1998年，利用世行贷款200万美元，在大场镇、王台镇、吉利河灌区、狄家河灌区、泊里镇等项目区，计划发展节水灌溉面积4666.67公顷，实际完成节水灌溉面积4902.5公顷。1996～2003年，投入资金5730万元配套节水灌溉工程，有效灌溉面积18670公顷。其中，防渗渠道灌溉面积8970公顷，低压管道灌溉面积7280公顷，喷灌面积1950公顷，微灌面积470公顷。截至2012年，全市节水灌溉面积28990公顷，占有效灌溉面积（45650公顷）的63.5%。

第三节　海坝海堤工程

贡口海坝加固工程　贡口海坝坐落于琅琊湾中的陈家贡湾口，全长1713.4米，最大坝高6.5米，坝顶宽6米，1971年6月建成。1997年8月20日，贡口海坝遭受11号强台风和局部对流云团强烈袭击，致使大坝西段出现长25米和80米2处决口。另有50处近21000平方米的堤坡被海浪淘空破坏，整个海坝面临全部被冲垮的危险。1999年6月开始，利用国债资金对海坝进行除险加固，翻拆护坡石1808立方米，夯填土方2088立方米，开挖土方3884立方米，迎水坡钢筋混凝土护坡及背水坡混凝土护砌11039立方米，堤顶混凝土护砌路面1582立方米，干砌方块石护坡6434立方米，新建钢筋混凝土防浪墙503立方米，安装大坝避雷设施。2000年6月竣工，总投资869.73万元。

海堤工程　境内沿海防潮堤大多数属土堤或砂堤，防御台风暴潮能力低。受1985年9号台风和1997年11号台风袭击后，多数海堤被冲垮冲坏。1997年以来，海堤工程建设得到上级业务部门的重视和支持。至2011年，各级累计投资6813.7万元，在灵山湾风河入海口、琅琊台港、黄家塘湾、海滨大道两河和白果树河修建高标准海堤10.9千米。

风河入海口海堤加固工程　位于风河入海口的灵山湾内。1999年3～8月进行一期工程，海堤加固总长度698.51米，其中左岸长391.60米，右岸长306.91米，工程量3.6万立方米，投资241.51万元，其中青岛市级以上投资200万元；2000年10月至2001年4月进行二期工程，主要是延伸加固左岸海堤工程，长度600米，工程量3.6万立方米，投资200.28万元，其中青岛市级以上投资107万元。

琅琊湾防护堤加固工程　位于琅琊台东南。1999年3～10月进行一期工程，长度600米，工程量2.75万立方米，投资339.49万元，其中青岛市级以上投资300万元；2000年5～11月进行二期工程，长度550米，工程量2.8万立方米，投资300万元，其中青岛市级以上投资150万元。

黄家塘湾海堤加固工程　位于白马河入海口的两岸，与甜水河入海口的左岸。2000年11月至2003年12月全部完成，长度5.52千米，由大场镇和泊里镇分别组织施工，其中大场镇完成4.02千米，泊里镇完成1.5千米，完成工程量21.6万立方米，投资3151万元，其中青岛市级以上投资2131万元。

滨海大道海堤工程　位于两河村前和白果树村西南，海堤长1562.85米。2002年8～11月施工，投资287.86万元，完成工程量3万立方米。2005年，受九号台风“麦莎”影响，滨海大道两河段140米海堤和风河入海口80米海堤被海浪冲毁，是年10月投资100.3万元，对滨海大道268.7米海堤进行加固。

白果树河西海堤工程　位于滨海大道白果树河入海口以西。工程概算总投资987.67万元，其中中央预算内投资计划350万元，青岛市河道维护费补助350万元，其余资金由胶南市自筹解决。2010年12月至2011年3月施工，修筑高标准海堤1028米。

第四节　水土保持工程

胶南属低山丘陵区，由于复杂的自然条件和人为破坏，水土流失比较严重。20世纪90年代开始把水土保持工作的重点放在预防管理上。1994年3月，被水利部和省水利厅确定为全国、全省第二批水保监督执法试点县之一。是年4月8日成立胶南市水土保持监督管理站。是年6月9日，市政府印发《胶南市水土保持监督管理试行办法》，征收水土保持设施补偿费和水土流失防治费。全市组建由市、镇、村三级1092人组成的水保监督管护队伍，其中水保监督检查员59人，村级水保管护员1033人，全面负责水土保持监督管理工作。截至2012年底，全市治理水土流失面积1096平方千米，占水土流失面积（1180平方千米）的92.9%。

山张小流域综合治理工程　位于陡崖子水库上游，水土流失面积37.2平方千米。1992年被列

豆金河治理现场(2011 年拍摄)

治理任务。新修梯田 1380 公顷,发展经济林 333 公顷,水保林 133 公顷,疏林补植 433 公顷,兴修水利水保工程 625 处,投资 737 万元。

重罗山—范家山小流域治理工程 位于理务关镇东部,总面积 12 平方千米。1999 年 10 月至 2001 年 10 月,投资 320.6 万元,新建塘坝 10 座,谷坊 19 座,总蓄水能力 26 万立方米,整修梯田 260 公顷,修环山公路 13 千米,新栽干果树 463 公顷。

为重点治理流域,投资 1116 万元,治理水土流失面积 36.7 平方千米,其中建水平梯田 1300 公顷,营造水保林 567 公顷、经济林 840 公顷,建塘坝 34 座,谷坊 122 座。

灵山岛小流域综合治理工程项目 总面积 7.66 平方千米,水土流失面积 4.5 平方千米。1996 年 10 月开始,经过四年连续治理,治理水土流失面积 4.5 平方千米,栽植旅游观光树 67 公顷,疏林补植 300 公顷,发展经济林 20 公顷,修梯田 163 公顷,兴修水利水保工程 58 处,工程投资 684.4 万元。

海青缀骨山小流域治理工程 1999 年底,被列为中央财政预算内专项资金水土保持项目。2000 年底,治理水土流失面积 4.5 平方千米,发展经济林 147 公顷,其中精品茶园 80 公顷,华光板栗 27 公顷,中华寿桃 27 公顷,其他鲜果 13 公顷。建塘坝 4 座,谷坊 8 座,打大口井 1 眼,建扬水站 2 座,新增蓄水 2.8 万立方米,保土拉沙 0.95 万立方米,总投资 295 万元。

铁橛山小流域综合治理工程 位于城区西部铁橛山北麓,20 世纪 90 年代进行治理,累计投资 587.5 万元。治理水土流失面积 15.5 平方千米,建水平梯田 100 公顷,挖鱼鳞坑 7 万个,修建谷坊 150 座,发展经济林 240 公顷,水保林 120 公顷。土壤侵蚀模数由治理前的每年 3925 吨/平方千米减少至 1176 吨/平方千米,林木覆盖率由治理前的 18% 提高到 55%。

藏马山流域水土保持综合治理工程 20 世纪 80 年代进行治理,完成 30.5 平方千米的水土流失治理任务。

韩家庄小流域综合治理工程 位于铁山街道韩家庄西山,总面积 4.5 平方千米。2000 年,市抗旱服务队承包该流域的治理。到 2002 年,培植经济林 67 公顷,果树 20 公顷;修 3 千米环山公路 1 条;修建塘坝、谷坊等水保工程 16 项,总投资 286 万元。

长阡沟小流域综合治理工程 位于藏马山南麓,总面积 12.15 平方千米。20 世纪 80 年代中期开始治理,90 年代开始进行大规模综合治理,建成小(2)型水库 3 座,塘坝 39 座,挖鱼鳞坑 4.5 万个,建谷坊 300 座。修 9.5 千米长环山路 1 条。发展经济林 200 公顷、水保林 133 公顷,建水平梯田 133 公顷,完成投资 357.9 万元。

镜台山小流域综合治理工程 位于隐珠街道辖区内,总面积 10 平方千米,其中水土流失面积 5.5 平方千米。2008 年,投资 309.43 万元,治理水土流失 3 平方千米,新建塘坝 2 座、直径 10 米沉井及泵站 1 座。新修生产路 2000 米,新打机井 1 眼,建 120 立方米的混凝土高位水池 1 座,敷设上水管道 1400 米。整地 9 公顷,种植茶叶 4 公顷,种植特色绿化苗木 5 公顷,种植水保林 10 公顷,干果 3.87 公顷。工程完工后,年增加直接经济效益 21.4 万元,森林覆盖率提高 26.7%,流域内土地利用率达到 92%。

藏马山流域水土保持综合治理工程 位于藏南镇西北部,总面积 27 平方千米,其中水土流失面积 16 平方千米。2009 年至 2011 年,共投资 1014 万元,工程分三期治理,新建塘坝 7 座,加固塘坝 3 座;新建大口井一眼;整修水平梯田 100 公

顷;对流域内11.5平方千米区域实行封禁治理,封禁上游水保林200公顷。

铁山月季山大下庄流域水土保持综合治理项目 位于铁山街道办事处西北铁山水库上游,流域面积58平方千米,水土流失面积46平方千米。2011年,投资527万元,新建塘坝2座、泵站2座;发展节水灌溉面积16.66公顷;新植景观林、果林、涵养水源林23.34公顷,封育治理15平方千米;治理水土流失15平方千米。

大珠山高峪流域水土保持综合治理项目 位于滨海街道办事处东部,大珠山东麓,总面积8平方千米,其中水土流失面积8平方千米。2011年,投资242万元,新建浆砌石塘坝、大口井(平塘)、溢洪桥各1座,清淤塘坝3座;建设水保林23.33公顷、经济林27.2公顷、景观林13.4公顷;封育治理6平方千米,治理水土流失6平方千米。

大珠山杻杭东山流域水土保持综合治理工程 位于滨海街道办事处大珠山北,流域面积8平方千米。2011年,投资80万元,新建溢洪道桥1座,清淤加固塘坝1座;补栽水保林16.66公顷,封禁治理2平方千米,治理水土流失2平方千米。

大村镇东砚瓦水土保持综合治理工程 位于大村镇西北,藏马山西麓,总面积16平方千米,其中水土流失面积15平方千米。2012年,投资401万元,加固塘坝1座,新建提水灌溉系统1套,灌溉林地面积10公顷;新增植物措施种植面积24.66公顷,封育治理12平方千米,治理水土流失12平方千米。

第二章 供水工程

第一节 水源工程

中型水库 境内主要有小珠山、陡崖子、吉利河、铁山、孙家屯5座中型水库,多数为20世纪60年代前后建成。由于当时经济困难、技术落后和施工条件所限,水库工程标准及质量普遍偏低,且经多年运行老化失修严重,效益不能正常发挥,安全隐患较多。1988年开始对5座中型水库实施除险加固后,铁山水库的防洪标准达到两千年一遇,吉利河、陡崖子、小珠山、孙家屯水库的防洪标准达到千年一遇。

小珠山水库 位于黄山经济区插旗崖村南,错水河上游。1959年11月开工建设,1960年6月竣工。水库控制流域面积34平方千米,总库容3111万立方米,兴利库容2044万立方米,死库容76万立方米。1990年开始向青岛经济技术开发区供水,设计日供水能力4万立方米。2001年,经水利部大坝安全管理中心核查,定性为三类病险库。2003年,投资908.77万元,进行大坝防渗灌浆、迎水坡下部钢筋混凝土护砌、上部浆砌石护坡、大坝后坡加土、新建排水沟等,对放水洞进行加固处理,新建启闭机房。经水利部淮河委员会和青岛市发改委批复,2009年2月10日开始除险加固,工程主要是拆除溢洪道砌石溢流堰、新建溢洪道引水渠、2孔溢洪闸和交通桥、新建桥头堡和部分泄槽段、变配电工程、大坝安全监测自动化管理信息系统、水库调度管理及水情自动测报设备及安装工程等,总投资1237.5万元。

陡崖子水库 位于藏南镇东陡崖子村北、横河上游,控制流域面积71平方千米。1959年11月开工建设,1960年8月竣工。总库容5640万立方米,兴利库容3435万立方米,死库容125万立方米,1991年开始向古镇口基地供水,1998年改向城区供水。1988年,投资450.3万元,对大坝实施防渗加固、建溢洪道导流墙、迎水坡护坡维修、建坝后排水沟、坝顶路面硬化、改造防浪墙、大坝照明、大坝遥测、建办公楼、迎水坡护砌、放水洞防漏加固等工程,完成工程量119.5万立方米。2002年11月5日,水利部大坝安全管理中心复核鉴定属三类坝。2008年8月19日,青岛市发展与改革委员会批复陡崖子水库除险加固工程初步设

陡崖子水库

计，总投资1490万元，于2009年2月至2011年4月进行水库主、副坝除险加固，新建放水洞等工程。

铁山水库　位于铁山街道前石沟村北、风河支流张仓河上游。1959年10月开工建设，1960年因国民经济调整而停工，1966年10月复建，1967年5月竣工。水库控制流域面积58平方千米，总库容5183万立方米，兴利库容2642万立方米，死库容97万立方米。1986年开始向城区和青岛经济技术开发区供水，为两地重要水源地。1997年，水利部淮河委员会投资150万元，对水库溢洪道进行削坡。2001年，水利部立项实施铁山水库保安全除险加固工程，于2002年4月至2003年5月进行大坝迎水坡混凝土护坡、大坝防渗灌浆、溢洪道左岸山体削坡、放水洞锚喷加固、更换闸门、新修防汛道路、改建交通桥、大坝背坡培土、改造排水沟、建非常溢洪道、改造防浪墙、大坝遥测、照明、办公设施改建等工程。工程总投资2621万元，其中国家投资1000万元，青岛市财政投入1000万元，胶南市地方自筹621万元。

吉利河水库　位于理务关经济区新小庄与洼里村之间，吉利河上游。1970年11月开工建设，1971年8月竣工。水库控制流域面积103平方千米，总库容7400万立方米，兴利库容3248万立方米，死库容112万立方米。1995年7月开始向青岛经济技术开发区供水，设计日供水能力6万立方米。1996年，投资1227.19万元，实施水库除险加固工程。2004年3月，水利部大坝安全管理中心将其列入三类坝。2008年12月，青岛市发展与改革委员会批复吉利河水库除险加固工程初步设计。2009年10月投资2107万元，实施大坝防渗处理、上游坡护、下游坡和溢洪道维修加固、进水渠清淤、新建溢洪道生产桥、西放水洞拆除重建、新设大坝观测设施等，2011年7月工程竣工，并通过青岛市水利局验收。

孙家屯水库　原名后沟水库。位于藏南镇孙家屯村南，横河支流泊里东河上游。水库控制流域面积13.5平方千米，总库容1018.4万立方米，兴利库容691万立方米，死库容45万立方米。1988年按中型水库管理。1998年，投资471.8万元，对大坝实施加高加宽、迎水坡块石护坡、改造放水洞，建启闭机房、防浪墙、溢洪道桥等工程。2008年4月，除险加固工程列入全国病险水库除

吉利河水库（2012年拍摄）

险加固计划。2009 年 10 月开工建设,投资 1620 万元,实施拆除重建大坝上游块石护坡、维修大坝下游排水设施、坝体搅拌桩防渗、维修加固溢洪道和放水洞、防汛路面硬化、新建大坝观测设施、维修加固现有管理设施等工程。2012 年 8 月 29 日通过青岛市水利局主持的竣工验收。

小(1)型水库 1988 年以来,新建王台镇朱郭水库和珠山街道邓陶水库两座小(1)型水库。

朱郭水库 位于王台镇朱郭村错水河支流,控制流域面积 3.5 平方千米,设计总库容 129 万立方米,兴利库容 100 万立方米。1989 年 10 月开工建设,1990 年 2 月建成,由王台镇政府组织施工并负责管理,设计灌溉面积 66.7 公顷。

邓陶水库 位于珠山街道大邓陶村南,主要功能是城区防洪,控制流域面积 8.94 平方千米,水库总库容 243 万立方米,兴利库容 105 万立方米。2002 年 8 月建成,总投资 1870 万元。

截至 2012 年,全市共有小(1)型水库 33 座,总库容 7987.6 万立方米,其中 5 座水库承担向城区或董家口经济区供水;12 座承担向农村规模化供水。

2012 年全市小(1)型水库基本情况统计表

表 3-2-1

水库名称	水库位置	建成时间	汇水面积（平方千米）	灌溉面积（公顷）	总库容（万立方米）	兴利库容（万立方米）	总投资（万元）
塔山河水库*	珠海街道逯家庄	1970.4	4	333.33	173	112	100
杨家崮水库	珠海街道杨家崮	1979.5	3	333.33	180	130	100
水城水库	隐珠街道水城村	1971.10	3	333.33	134	105	58
山冯水库	隐珠街道东山冯	1971.10	4.5	400	253	100.7	67
石屋沟水库	滨海街道石屋沟	1971.5	2	206.67	114.3	79.8	25
大珠山水库*	滨海街道黄石坎村	1969.10	2.5	253.33	124	96.4	30
台子沟水库*	滨海街道台子沟	1979.10	2.5	266.67	188.1	136.1	50
陡阳水库*	张家楼镇石河头	1969.12	6	633.33	353	285	35
河湾水库	张家楼镇河湾村	1974.3	2.5	186.67	205	162	45
西寨水库*	张家楼镇西寨村	1972.12	3	153.33	182.7	126	50
库山沟水库*	琅琊镇黄道山	1970.6	6	360	249	180	32
五龙沟水库	琅琊镇五龙沟	1978.12	3.25	220	161.7	115.3	26
崖下水库*	藏南镇崖下村	1965.5	11	266.67	118.7	55.2	18
肖家洼水库	大场镇肖家洼	1969.5	4.5	333.33	234.1	148.8	50
狄家河水库	海青镇狄家河	1968.8	9.5	733.33	496	434	450
韩家庄水库*	大村镇韩家庄	1971.7	12.6	733.33	871	581	50
桑行水库*	大村镇河崖村	1967.8	22	666.67	474.4	314.4	36
花沟水库*	六汪镇花沟村	1976.5	8	733.33	497.1	281.2	150
耿家沟水库	大村镇耿家沟村	1971.12	2.3	133.33	103.5	79.2	25
柏乡水库*	胶河经济区灰沟村	1966.6	12	200	232	125	100
法家庄水库	胶河经济区法家庄	1970.3	3	66.67	197.2	115.3	100

续表 3－2－1

水库名称	水库位置	建成时间	汇水面积（平方千米）	灌溉面积（公顷）	总库容（万立方米）	兴利库容（万立方米）	总投资（万元）
杨家屯水库*	六汪镇杨家屯	1971.7	3.5	333.33	174	117.9	120
墨得水水库	六汪镇墨得水村	1971.7	4	333.33	197.9	137.6	120
山周水库	六汪镇山周村	1971.3	3	273.33	153.5	93.4	110
高城水库*	宝山镇埠石村	1971.10	9	200	206.5	138	480
金草沟水库	宝山镇金草沟	1971.3	2	100	111	76	240
林子水库*	宝山镇林子村	1974.10	4	200	383	249	620
沙沟水库	黄山经济区沙沟村	1972.6	2.5	80	139.8	92	50
大横河水库	黄山经济区朱家园	1974.5	3	40	208	129.2	30
石灰窑水库*	黄山经济区石灰窑	1971.7	7	53.33	336	206.5	180
朱戈庄水库*	灵山卫街道朱家庄	1965.5	2.5	133.33	164.1	104.5	80
朱郭水库	王台镇朱郭村	1990.2	3.5	66.67	129	100	130
邓陶水库	珠山街道大邓陶村南	2002.8	8.94		243	105	1870

注：带＊的为向城区或农村规模化供水水库

小(2)型水库　截至2012年底，全市已建成小(2)型水库146座，总库容3024.9万立方米，兴利库容1982.5万立方米，控制灌溉面积6920公顷。

由于小型水库绝大部分建于20世纪50年代和60年代，受当时经济、技术、施工条件所限，工程标准低，经多年运行老化失修严重，不仅不能正常发挥效益，而且存在较多安全隐患。2006年以来，市水利主管部门按照“突出重点、先急后缓”的原则，争取上级投资累计1.07亿元，对150座病险小型水库进行高标准除险加固。主要围绕建设生态型水库，创新采用镂空混凝土块与乱石护坡型、浆砌石护坡与宽浅式溢洪道型、砌石护坡与草皮护坡型三种施工模式，提高除险加固质量。

2012年全市小(2)型水库基本情况统计表

表 3－2－2

水库名称	水库位置	建成时间	汇水面积（平方千米）	灌溉面积（公顷）	设计总库容（万立方米）	兴利库容（万立方米）	总投资（万元）
汕上水库	珠山街道汕上村	1996.12	2	66.67	22	6	80
洼子水库	张家楼镇洼子村	1997.12	0.8	33.33	13	9	8
西碾头水库	张家楼镇西碾头	1996.12	1	33.33	11	8	13
丁戈庄水库	张家楼镇丁戈庄	1996.12	1.2	40	14	11	12
刘家草泊水库	张家楼镇刘家草泊	1996.12	1.1	33.33	13	10	10
东石岭水库	张家楼镇东石岭村	1995.12	1.2	53.33	15	10	10
朱家屯水库	张家楼镇朱家屯	1995.12	1	33.33	16	12	13
桃园水库	张家楼镇桃园村	1995.5	1	33.33	10	7	9

续表 3－2－2

水库名称	水库位置	建成时间	汇水面积（平方千米）	灌溉面积（公顷）	设计总库容（万立方米）	兴利库容（万立方米）	总投资（万元）
长阡沟水库	藏南镇长阡沟	1992.10	0.5	13.33	12.2	10.3	10
海青水库	海青镇海青村	1995.5	0.5	66.67	14	11	5
董家洼水库	海青镇董家洼村	1997.4	0.4	53.33	12	10.5	5
狄家河东沟水库	海青镇狄家河	1998.2	0.32	20	10	8.5	5
徐家官庄水库	大村镇徐家官庄	1997.12	2	26.67	24	13	12
桃山水库	大村镇桃山村	1997.12	1	20	18	9	10
东龙古西水库	大村镇东龙古村	1994.12	1.2	66.67	25.5	11	6
西龙古水库	大村镇西龙古村	1991.8	1.3	86.67	13	7	5
野潴水库	六汪镇野潴村	1997.12	0.55	53.33	16	10	18
东砚瓦水库	大村镇东砚瓦村	1993.3	2	40	40	25	30
后沟水库	大村镇后沟村	1993.3	1	33.33	20	12.2	25
东台头水库	六汪镇东台头村	1996.5	0.7	13.33	11	6	20
河北水库	六汪镇河北村	1996.5	1.5	66.67	75	52	60
柳杭沟水库	六汪镇柳杭沟村	1995.11	1	13.33	11	7	30
石屋沟水库	六汪镇石屋沟村	1995.10	0.5	33.33	12	10	30
下河山水库	六汪镇下河山村	1995.4	1	33.33	12.5	11	20
西官庄水库	六汪镇西官庄	1994.3	1	20	13	11	20
立柱大庄水库	胶河经济区立柱大庄	1992.10	1.3	26.67	14	10	10
丰美庄水库	胶河经济区丰美庄	1989.10	0.7	33.33	13	9	8
西下泊上游水库	胶河经济区西下泊	1989.10	1.3	13.33	15	12	10
黄山后水库	宝山镇黄山后	1993.4	1.2	13.33	15	7	25
胡家水库	宝山镇胡家村	1993.4	1.6	6.67	26	9	32
李家埠水库	大村镇	1998.12	0.8	46.67	19.8	10.8	12
大桥水库	大村镇大桥村南	1998.12	0.7	33.33	16.5	9.5	12
小窝洛水库	宝山镇小窝洛村东	1999.12	1.5	13.33	16	10	15
向阳水库	宝山镇向阳村东	1999.12	1.5	13.33	16	10	13
小向庄水库	理务关镇向庄村东	1999.11	0.7	6.67	10	8	10
瓦屋水库	宝山镇瓦屋村	1996.3	1.2	13.33	40	20	30
金沟水库	宝山镇金沟村	1994.12	1	13.33	18	10	26
付家屯水库	宝山镇付家屯	1994.12	1	13.33	15	11	24
李家店子水库	铁山街道李家店子村	1998.2	0.5	20	10	5	21
朱家园北山水库	铁山街道朱家园村	1998.2	0.3	20	11	6	22
瓮山口水库	铁山街道韩家庄西	1994.3	0.7	33.33	15	7	20

续表 3－2－2

水库名称	水库位置	建成时间	汇水面积（平方千米）	灌溉面积（公顷）	设计总库容（万立方米）	兴利库容（万立方米）	总投资（万元）
前马连（东）水库	王台镇前马连村	1994.12	0.6	20	10	7	7.3
殷家洼水库	王台镇殷家洼村	1994.11	1	20	13	9.1	6.5
薛家庄水库	黄山经济区薛家庄	1991.11	1	13.33	10	7	15
东埠后水库	黄山经济区东埠后村	1995.4	2	33.33	25	18	20
西草夼水库	黄山经济区西草夼村	1993.11	1	13.33	10	7	12
沙西水库	黄山经济区沙西村	1993.11	1	6.67	10	7.4	16
葛家沟水库	黄山经济区葛家沟	1992.11	1	13.33	12	9	11
插旗崖水库	黄山经济区插旗崖村	1996.12	1	6.67	13	10	12
西草夼（北）水库	黄山济区西草夼村	1997.11	1.5	40	18	13.5	14.4
小屯水库	黄山经济区小屯村	1991.12	1	6.67	11	7	16
莱疃水库	黄山经济区莱疃村	1991.11	1	13.33	14	11.4	16

塘坝 截至 2012 年，全市共建成塘坝 1079 座，其中 1987 年前建成 590 座，1988 年至 2012 年建成 489 座，总库容 2338.5 万立方米，控制灌溉面积 7273 公顷。塘坝建设多是由受益村庄集体兴建，国家在料物或资金上给予补助。

机井、大口井 20 世纪 60 年代至 80 年代，出于农业灌溉的需要，全县大量钻挖机井，70 年代开始挖掘大口井。至 2012 年，全市机井、大口井 4862 眼，配套机井、大口井 1732 眼，配套设备容量 17540 千瓦，实际供水量 2350 万立方米。

拦河闸（坝） 20 世纪 80 年代以前，境内仅有大场农场和琅琊龙王溜两座小型拦河闸。20 世纪 90 年代后，缘于拦河闸（坝）具有投资小、见效快、不占地以及水的复蓄利用率高，又能恢复和补充当地地下水等诸多优点，建设速度加快。其中风河从 1995～1999 年，建成 4 座拦河橡胶坝和 3 处浆砌石溢流坝，拦住海潮，防止海水入侵，增加城区供水量，恢复 16.3 平方千米的地下水负值漏斗区的地下水位，改善了城区生态环境。截至 2012 年，全市已建成拦河闸（坝）30 座，其中拦河闸 8 座，拦河坝 22 座（橡胶坝 12 座，浆砌石溢流坝 10 座），总拦蓄水量 275.5 万立方米，控制灌溉面积 5867 公顷，总投资 3490 万元。

2012 年全市拦河坝基本情况统计表

表 3－2－3

拦河坝名称	所在地点	所在河流	拦河坝类别	竣工时间	坝高（米）	坝长（米）	蓄水量（万立方米）	灌溉面积（公顷）	总投资（万元）
风河橡胶一坝	大河东村北	风河	橡胶坝	1999.5	2	180	54	133.33	450
风河橡胶二坝	大哨头村北	风河	橡胶坝	1995.5	2	120	36	133.33	270
风河橡胶三坝	小台后村西南	风河	橡胶坝	1998.6	2	90	18	200	185
风河橡胶四坝	刘梅家庄村东	风河	橡胶坝	1999.6	2	60	10	1200	150
潮河橡胶坝	东潮河村西南	潮河	橡胶坝	1993.5	1	100	10	1200	150

续表 3－2－3

拦河坝名称	所在地点	所在河流	拦河坝类别	竣工时间	坝高（米）	坝长（米）	蓄水量（万立方米）	灌溉面积（公顷）	总投资（万元）
吉湄村橡胶坝	大场吉湄村东	吉利河	橡胶坝	1998.6	1.5	120	10	800	210
海青拦河坝	海青镇驻地	海青西河	浆砌石溢流坝	2001.6	1.2	30	1		30
尚庄拦河坝	尚庄村前	风河	浆砌石溢流坝	1998.6	2	40	2	66.67	45
下河山拦河坝	下河山村西	胶河	浆砌石溢流坝	1995.6	2.5	70	12	33.33	35
泊里橡胶一坝	泊里村西	横河	橡胶坝	1998.4	2	60	7.5	100	150
泊里橡胶二坝	泊里村西	横河	橡胶坝	2003.12	1.5	60	9	100	40
张仓拦河坝	张仓村南	风河	浆砌石溢流坝	2003.6	2.5	35	4	66.67	67
薛家庄拦河坝	薛家庄村前	巨洋河	浆砌石溢流坝	2002.7	1	85	5.5	66.67	50
大芦滩拦河坝	大芦滩村前	大芦河	橡胶坝	1999.6	2	40	2.5	33.33	80
小辛河橡胶坝	烟台东村西	小辛河	橡胶坝	2003.7	2	35	5		150
王台橡胶坝	王台村西	巨洋河	橡胶坝	1997.12	2	90	25	166.67	197
石梁扬拦河坝	石梁杨村西	错水河	浆砌石坝	2001.8	1.2	40	2.5	33.33	15
小辛河橡胶坝	长城路	小辛河	橡胶坝	2003.6	1.5	35	3.5		130
瓦屋拦河坝	瓦屋桥	风河	浆砌石坝	2002.12	2.9	35	1.5	33.33	10
胡家拦河坝	胡家村南	胡家河	浆砌石坝	2002.12	2.8	35	2.5	33.33	15
瓦屋拦河坝	瓦屋村前	风河	浆砌石坝	2002.12	2.2	30	1.5	33.33	15

2012 年全市拦河闸基本情况统计表

表 3－2－4

拦河闸名称	所在河流	主要用途	建成时间	孔数（个）	闸长（米）	闸门型式	设计流量（立方米/秒）	灌溉面积（公顷）	蓄水量（万立方米）	投资（万元）	运行情况
甜水河拦河闸	甜水河	灌溉	1996.6	7	70	水泥平板	630	333.33	7.5	80	良好
青草河拦河闸	青草河	灌溉	1998.3	8	60	水泥平板	165	233.33	6	80	已坏
西寺拦河闸	白马河	供水灌溉	1996.12	24	144	水泥平板	829	666.67	14.5	256	已坏
胶河拦河闸	胶河	灌溉	1995.4	14	30	水泥平板	287	66.67	7	85	已坏
柏果树拦河闸	柏果树河	供水	1999.7	3	60	水泥平板	322		8	200	已改造
龙王溜挡潮闸	皂户河	挡潮	1986	14	30	钢木平板	228			35	良好
大场拦河闸	丰产河	挡潮	1976	22	44	钢木平板	150			35	良好
大荒拦河闸	漂水河	灌溉	1996.10	16	56	水泥平板	208	100	7	260	已坏

第二节 调水工程

铁山水库调水工程 1984年10月开工建设，1986年11月竣工，向青岛经济技术开发区供水。主要工程内容有：水库坝下建容量1000立方米沉淀池1座，建高家台子净水厂1座，日处理能力4万立方米，安装输水管道34.2千米（其中直径1000毫米预应力混凝土管道23.567千米，直径800毫米预应力混凝土管道5.633千米，支管道直径200毫米预应力混凝土管道5千米）。1995年7月，吉利河水库开始向青岛经济技术开发区供水，铁山水库转向胶南城区供水。

小珠山水库调水工程 1988年3月开工建设，1990年10月竣工通水。主要工程内容包括：建大坝下4万吨净水厂1座、安装直径800毫米的输水管道21.5千米，在柳花泊街道花林东山建高位水池1座，容量1000立方米，建漕汶、柳圈2处拦河橡胶坝和2处提水泵站，设计日供水能力4万立方米，向青岛经济技术开发区供水。

陡崖子水库调水工程 1998年3月开工建设，是年6月30日建成并向青岛经济技术开发区供水。投资7482.5万元，主要由长35千米，直径800毫米的钢筋混凝土输水管道构成，日供水能力4万立方米，设计总净水能力8万立方米。

藏南水源地陡崖子水库调水机房

吉利河水库调水工程 1994年2月由青岛经济技术开发区投资开工建设，1995年6月建成通水。主要工程建沉淀池1座，加压泵站1座，安装直径800毫米的输水管道35千米，建平衡池1座，设计日供水能力6万立方米。

孙家屯水库调水工程 2009年3月开工建设，是年11月竣工通水，向泊里镇和青岛董家口港区供水，设计日供水能力0.5万立方米。

第三节 饮水工程

乡镇驻地供水工程 20世纪90年代开始，扩建和改造已供水乡镇的设施，全面推进尚未供水乡镇工程建设。截至2011年，累计投资4019万元，建成乡镇驻地供水工程23处，全部实现镇驻地社会化供水。

农村饮水安全工程 2004年至2006年，累计投资9356.2万元，为481个行政村实施新建、维修自来水工程，解决了48万人吃水困难问题。2006年底，全市实现“村村通自来水”的目标。2007年，投资1235.7万元，对停止运行或报废的51个村的自来水工程进行改扩建，为36个自然村通上自来水。2008～2009年，投资2699万元，对207个村的自来水工程进行维修改造。为加快推进“农村供水城市化、城乡供水一体化”建设步伐，实现“一镇一网、多源一网、多镇一网”的规模化供水模式，进一步提高农村供水质量，确保群众饮水安全，从2011年开始，利用5年的时间，总投资4.9亿元，实施农村规模化供水工程，将628个村44.06万人纳入规模化供水范围，使农村规模化供水覆盖率达到90.8%。

海岛饮水工程 灵山岛饮水工程 灵山岛距陆地约20海里，淡水资源匮乏。自1981年开始，国家先后分期投资40多万元，分别在打渔口子、城口子和陈家村兴建3处总蓄水能力4600立方米的密封式蓄水池，铺设管道4.5千

米，并配套建拦河坝、沉淀池各3处，解决岛上正常年份军民的饮水困难问题。1998年，投资42万元安装美国产AQUA—SEP1525215海水淡化设备1台，淡化能力15立方米/日。1999年10月，投资160万元，在沟南崖建成5000立方米蓄水池1座，并安装淡化能力15立方米/日的CH－SW15型海水淡化机1台。2002年6月，投资130万元，在沙咀子建容量5000立方米的蓄水池1座，铺设直径160毫米输水管道2500米，使灵山岛蓄水池的总蓄水能力达到14600立方米，供水保证率达到95%以上。

斋堂岛饮水工程　斋堂岛位于琅琊台东南海域，岛上有3个自然村，陆地面积0.46平方千米，淡水资源极缺。1982年，从琅琊山前窑沟水库引水上岛，基本解决了岛上的人畜吃水困难，但因引水设施受损，用水不满一年即停。2001年，青岛市政府将斋堂岛引水工程列入政府实事之一。工程总投资606.3万元，在琅琊镇皂户村东南建直径6米、深10米的大口井1眼，泵房1处，装机3组55千瓦；在台西村西建容量400立方米的高位水池1座；铺设管道10000米，其中直径200毫米的主管道9600米，直径125毫米的管道400米，工程设计日供水能力1500立方米。是年10月竣工通水，彻底解决了岛上人畜吃水困难问题。

沐官岛饮水工程　沐官岛总面积0.36平方千米，淡水资源十分贫乏。2004年，青岛市政府将沐官岛吃水工程列入为群众重点办好的17件政府实事之一。工程从2004年5月开工，总投资45.99万元，安装日产淡水15立方米的海水淡化设备1台、海水机电泵1套，新建直径3米的大口井1眼，50立方米蓄水池1座，安装直径50毫米给水管道1250米，是年10月31日竣工通水。

第三章　水利管理

1988年以前，由于国家水法律法规不健全，在管理和保护水工程方面存在无法可依，加之部分群众的法律意识淡薄，水利工程重建轻管，人为破坏较为严重。自1988年颁布施行《中华人民共和国水法》后，国家又相继颁布施行《中华人民共和国水土保持法》、《中华人民共和国防洪法》，国务院及山东省、青岛市也随之颁布施行了相应的配套法规，依法查处水事违法案件调处水事纠纷，并以“世界水日”、“中国水周”为契机，加大水法律法规的宣传力度，全社会的水法制意识明显增强，逐步走向依法治水、依法管水的管理轨道。

第一节　水资源管理

1988年1月，《中华人民共和国水法》颁布施行后，县政府印发《胶南县水资源管理暂行办法》《胶南县水资源费征收使用实施细则》等规范性文件，全县水资源管理基本实现统一规划、统一调度、统一发放取水许可证、统一征收水资源费、统一管理水质“五个统一”。1990年2月，胶南市水利局成立水政科（与水资源管理办公室合署办公），并作为山东省第一批水行政执法试点县进行水行政执法试点。2005年5月，成立水政监察大队，将水资源办公室承担的水资源管理执法职能和水土保持监督管理站承担的水土保持执法收费职能划归水政监察大队管理，实行部门内部一个机构综合执法。2011年，对用水总量、用水效率和水功能区纳污总量实行“三条控制管理”，并编制完成《胶南市水资源综合规划》《胶南市地下水开采区划》《胶南市水功能区纳污能力及限制排污总量核算报告》《胶南市饮用水源地安全保障规划》。建立取水计量远程监控中心，制定水污染应急预案，强化对水功能区水质的监管。1991～2012年，累计查处各类水事违法案件362起，制止水事违法行为137起，调处水事纠纷38起。

2010 年 6 月，市水文局地下水及海水入侵自动监测系统通过专家鉴定

第二节　工程管理

对水利工程主要实行两种管理模式：一是对小型水库、塘坝、拦河闸（坝）、机井大口井、小型灌区及泵站等小型水利工程实行属地化管理，由工程所在地乡镇政府水利站或村委会负责管理；二是对重点水利工程设立专门机构，由水行政主管部门直接管理。吉利河、陡崖子、铁山、小珠山、孙家屯 5 座中型水库和贡口海坝 6 处重点水利工程均设为市水利局差额事业单位，具体负责水库大坝的运行管理和维修养护。

河道管理　新中国成立前，境内河道缺乏管理，防洪能力很低，时常发生漫溢决口或河床改道，沿河村民深受其害。新中国成立后，以整治河道为主，打破行政区划界限，按流域进行统一规划综合治理。尤其从 20 世纪 90 年代中期以后，胶南市筹集资金先后对风河、洋河、巨洋河、错水河、白马河等较大河流进行了综合治理，河道防洪能力有效提高。河道管理工作由市水行政主管部门统一领导，并按照属地化管理的原则，实行镇、村分级属地化管理，有效地保障了河道行洪安全。1998 年 11 月，市政府印发《河道管理暂行办法》，使河道管理更加规范化。

水库管理　一般实行水库与灌区工程合一的管理体制。中型水库由市水行政主管部门统一管理，小型水库归乡镇、村集体管理。中型水库管理均隶属市水利局，小（1）型水库主要由乡（镇）负责管理，小（2）型水库绝大多数都归所在村管理。

农田灌溉设施管理　主要按照谁建设、谁管理的原则进行管理。市、镇投资建设的农田灌溉设施，一般按照属地化管理的原则，由镇水利管理机构进行管理。村集体和个人投资建设的小型农田灌溉设施，由村集体和个人使用管理。5 座中型水库灌区，其干、支渠及干支渠上的建筑物、构筑物由水库管理机构负责运行维护管理。

海堤管理　1988 ~ 2012 年，先后兴建风河入海口海堤加固工程、琅琊湾防护堤加固工程、黄家塘湾海堤加固工程、海滨大道海堤工程、月亮湾海堤加固工程。2007 年 4 月开始，建城区范围内的海堤由市城乡建设局负责维护管理。建城区范围外的海堤，按照属地化管理原则，由当地乡镇政府负责管理。

张家楼镇河湾水库除险加固施工现场（2009 年）

第三节　水费计收

农业灌溉用水收费　计收标

准　1987年6月，省政府印发《山东省水利工程水费计收和管理办法》，其中规定农业灌溉用水每立方米收费标准为：引库自流0.03元，引河自流0.025元。1990年8月，青岛市政府规定农业用水的水费计收标准按省里规定上浮15%。

计收方式　1982年农村实行联产承包责任制后，灌区管理和水费计收相应进行改革，灌区管理单位根据水量和灌溉面积将需水量分配到乡镇，乡镇按预分水量分到村落实到户，并按规定预缴水费。20世纪90年代，境内中型水库先后开始向城市供水，农业灌溉用水显著减少。2012年，只有孙家屯水库担负农业灌溉供水。

城镇供水收费　中小型水库向城镇供水始于1986年，铁山水库首先向胶南城区和青岛经济技术开发区供水。收费标准分别为每立方米0.15元和0.264元。1991年，青岛市物价局核定小珠山水库原水水价为0.5518元。按照青岛市水利局规定：小珠山水库原水水费由黄岛供水管理处与黄岛自来水公司结算，黄岛供水管理处按每立方米0.15元付给小珠山水库管理处，至2012年仍执行此收费标准。

陡崖子水库自1991年开始向海军基地供水，收费标准为：1993年以前，每立方米0.11元，1993年以后按每立方米0.264元收取；1998年9月开始向胶南城区供水后，原水价按0.24元计算，其中付给陡崖子水库每立方米0.16元，其余每立米0.08元支付西水东调工程银行贷款。吉利河水库自1995年7月开始向青岛经济技术开发区供水，其原水水价按照省物价局批复的标准：每立方米0.308元。

乡镇驻地供水的小(1)型水库(朱家庄水库、河洛埠水库、解家水库、大珠山水库)由乡镇政府参照青岛市实施《〈山东省水利工程水费计收和管理办法〉细则》的规定标准研究确定原水水价，报市物价局批准执行。

第四篇

国土管理

第一章　土地调查登记

第一节　土地利用现状调查

自1982年全县土壤普查后，根据全国土地利用现状调查的要求，先后于1990年、2009年两次进行土地利用现状调查。

第一次全国土地利用现状调查　1990年开展系统性土地利用现状调查。因受技术手段限制，只形成了相应的纸质图件及数据资料，未能建设数据库及开展逐年度的土地利用现状变更工作。本次土地资源调查显示，全县土地总面积188914.93公顷，按《全国土地利用现状调查技术规程》要求划分为七个一级类，其面积分别是：耕地80494.1公顷，占总面积的42.61%；园地10863.93公顷，占总面积的5.75%；林地23890.35公顷，占总面积的12.65%；城镇居民点及工矿用地15630.61公顷，占总面积的8.27%；交通用地6554.15公顷，占土地总面积的3.47%；水域20023.07公顷，占土地总面积的10.6%；未利用土地31458.74公顷，占土地总面积的16.65%。

第二次全国土地利用现状调查　2009年1月开展第二次土地调查，逐地块实地调查全市农村各类土地的利用状况。本次土地资源调查显示，全市土地总面积为182179.62公顷。其中，耕地74817.24公顷；园地3509.10公顷；林地42739.75公顷；草地5505.30公顷；城镇村及工矿用地19122.04公顷；交通运输用地6280.60公顷；水域及水利设施用地16834.99公顷；其他土地13370.60公顷。

第二节　土地权属调查

2008年以来，全市先后开展城镇地籍调查、村庄调查、农村所有权土地确权登记、农村集体建设用地及农村宅基地确权登记等工作，形成土地利用现状数据库、城镇调查数据库、村庄调查数据库和农村所有权发证数据库。其中，涉及所有权发证的土地，全部使用GPS对所有权边界进行现场测量，在数据库和发放的所有权证中标注界址点坐标。

2012年，在所有权确权登记发证工作中，全市共签订村界权属界线协议书7779份，村界权属界线争议缘由书51份。

第三节　土地确权登记

1988年，成立以县土地管理局为主要部门组成的城镇土地申报登记工作办公室。1989年8月，县土地管理局对全县城、镇、村建设用地开展初始登记前的调查统计工作。1990年7月28日，县政府召开首批土地证书颁发大会，696个单位第一次获得土地权利证书。此后，依据原国家土地

胶南市农村集体土地确权登记发证工作培训会

管理局《关于确定土地权属问题的若干意见》《关于印发〈确定土地所有权和使用权的若干规定〉的通知》《土地登记办法》以及省、青岛市等相关文件规定，全面开展土地确权登记发证工作。截至2012年，全市基本实现土地登记全覆盖。共发放国有土地使用证24979宗，发证率达99.8%。农村集体土地使用权234181宗，发证率达98.9%。农村集体土地所有权5602宗，按照面积计算发证率达98.8%。

第二章 建设用地管理

第一节 土地征收

1999年开始土地征用工作。为区分土地临时使用和永久征用，第十届全国人民代表大会常务委员会第十一次会议通过《关于修改〈中华人民共和国土地管理法〉的决定》，正式将“土地征用”改为“土地征收”。土地征收补偿标准不断提高，征地程序不断规范完善。2009年，实现土地征收补偿标准同地同价，并建立征地区片综合地价标准和统一征地年产值标准。2009～2012年，全市共划为3个片区，一级标准为5万元/亩，二级标准为4.6万元/亩，三级标准为4万元/亩。2011年，《山东省土地征收管理办法》公布施行，建立征地补偿标准定期调整制度和被征地农民社会保障制度，确保被征地农民原有生活水平不降低。1999～2012年，全市累计征收土地5376.8公顷。

第二节 土地有偿使用

1990年，农村宅基地实行有偿使用制度，按照宅基地面积收取使用费，超出180平方米/户标准的加倍收费，农村宅基地无限扩张势头得到控制。1993年，根据国务院关于减轻农民负担的要求，宅基地有偿使用政策停止施行。

在国有土地管理方面，为了调整国有土地使用者间经济关系的国有土地有偿使用制度逐步得到完善，国务院于1988年9月27日发布的《中华人民共和国城镇土地使用税暂行条例》中“城镇土地使用税”的征收，标志着对国有土地无偿、无期限使用、无土地市场的不合理土地使用制度有所突破。1989年5月12日，国务院发布《关于加强国有土地使用权有偿出让收入管理的通知》规定：土地使用权有偿出让收入的40%上缴中央财政，60%留归地方财政，主要用于城市建设和土地开发，专款专用。

1994年7月，国务院颁布《中华人民共和国城市房地产管理法》，使国有土地使用权的出让和转让制度不但在内容上得到了一定的完善，而且在法律形式及其效力上得到较大程度的提升。1998年8月修订的《土地管理法》规定“国家依法实行国有土地有偿使用制度”，再次以法律形式对国有土地的有偿使用作出了更为广义的规定，主要表现为国有土地有偿使用方式的多样性。土地有偿使用制度的确立，土地资源通过市场配置得到了更为合理的开发和集约利用，从客观上满足了市场经济建设的需要。

胶南市紧密结合国家、省和青岛市政府的要求，逐步建立和完善了国有土地有偿使用制度，主要有以下几种形式：一是土地使用权出让，即政府以土地所有者的身份，将国有土地使用权在一定年限内让与土地使用者使用，由土地使用者按照出让合同的约定向国家支付土地使用权出让金的行为。出让的最高年限按不同的土地用途确定，分40、50、70年；出让的方式有协议、招标、拍卖、挂牌四种。二是收缴土地使用费，对取得国有土地使用权的外商投资者和中国企业收缴土地使用费。通过实行土地有偿使用，使国家土地所有权在经济上得到了体现，土地资源得到了高效和合理配置。

第三节　地价管理

按照省政府《关于实施协议出让国有土地使用权最低限价标准的通知》要求，城镇建设规划区范围的土地级别和基准地价原则上每3年调整更新一次。

胶南城镇土地级别划分及基准地价的评估自1995年确定后，先后于1997年、2001年、2003年、2005年、2007年、2009年和2011年对城镇土地级别及基准地价成果进行7次更新。

2012年全市各类用地基准地价情况统计表

表4－2－1

用地类型 / 土地级别	商业用地		住宅用地		工业用地	
	元/平方米	万元/亩	元/平方米	万元/亩	元/平方米	万元/亩
一级地	1304	86.93	1284	85.60	390	26.00
二级地	999	66.60	1001	66.73	260	17.33
三级地	739	49.27	714	47.60	228	15.20
四级地	631	42.06	578	38.53	198	13.20
五级地	362	24.13	300	20.00	177	11.80

第四节　土地拍卖

2000年4月12日　胶南市在裕源宾馆举行首次国有土地使用权拍卖会议。这次拍卖的地块位于文化东路南侧，商城路东侧，面积6595.8平方米。经过5个竞标单位的激烈竞争，胶南市恒泰房地产公司最终以680万元的价格中标。2002年7月，依据《招标拍卖挂牌出让国有土地使用权规定》，对商业、旅游、娱乐和商品住宅四类经营性用地开始采取招标、拍卖、挂牌方式出让。2003年6月，市政府印发《关于加强土地矿产管理的实施意见》，进一步规范出让程序。2007年，依据省政府办公厅《转发省国土资源厅等部门〈关于实行工业用地招标拍卖挂牌出让的意见〉的通知》，市政府印发实施《胶南市工业用地招标拍卖挂牌出让实施办法》，工业用地开始采取招拍挂方式出让。

2012年，全市共出让土地总面积758.58公顷。

2002～2012年全市招拍挂出让土地情况统计表

表4－2－2　　单位：公顷

年份	“四类”用地面积	工业用地面积	出让总面积
2002	103.56	0	103.56
2003	96.01	0	96.01
2004	13.32	0	13.32
2005	61.67	0	61.67
2006	60.51	0	60.51
2007	49.16	39.56	88.72
2008	79.06	615.17	694.23
2009	187.35	54.54	241.89
2010	150.37	105.46	255.83
2011	193.67	243.72	437.39
2012	195.50	563.08	758.58
合计	1190.17	1621.48	2811.65

第三章　土地开发利用及保护

第一节　土地利用总体规划

胶南市土地利用总体规划(1996～2010年)

1996年全市耕地总量74275.7公顷,规划到2010年,在基期年的基础上增加359.6公顷,达到74635.3公顷。

1996年,建设用地总量17559.9公顷,规划期间新增建设用地面积3084.3公顷,2005年,建设用地面积为22742.8公顷,占全市土地总面积的12.5%。规划到2010年建设用地面积20018.9公顷。其中,居民点及工矿用地15535公顷,到2010年面积为17431.7公顷;交通水利设施面积为2024.9公顷,2010年为2587.2公顷。

胶南市土地利用总体规划(2006～2020年)

规划以2005年为基期年,2010年为近期目标年,2020年为规划目标年。规划2010年、2020年建设用地总量分别控制在24259.0公顷和26963.0公顷。其中城乡建设用地规模18785公顷,城镇工矿用地规模10412公顷,交通水利及其他建设用地规模8178公顷。规划期内,新增建设用地总规模为4569.0公顷,其中新增建设占用农用地规模3780公顷,新增建设占用耕地规模3167公顷。

第二节　土地开发与复垦

1998年,国家结合改善生态环境和灾后重建等工作,进一步加强对土地开发整理工作的管理,出台耕地占补平衡政策,确保耕地总量动态平衡。2000年,胶南全面开展土地开发整理复垦工作。到2010年,全市完成土地开发整理复垦项目361个,新增耕地5104.47公顷,保证了全市耕地占补平衡。2011年以后,由于可开垦耕地后备资源匮乏,未再开展土地开发整理复垦工作。

第三节　基本农田保护

根据国家《中华人民共和国土地管理法》《基本农田保护条例》等法律法规规定,严格执行“五不准”制度,即不准擅自在基本农田内进行非农业建设、造坟、烧窑、取土;不准随便改果、造林;不准挖砂、采矿、开挖鱼塘;不准毁坏水利、水土保持设施;不准向保护区内排放可能造成污染的废水、废渣和废气。通过层层签订基本农田保护责任书,埋设保护宣传牌,设立基本农田保护界桩,向农户发放基本农田保护卡等基础业务工作,推动基本农田保护工作落到实处。

胶南市土地利用总体规划(1996～2010年)中,规划2010年基本农田总面积67048.2公顷,2005年由于红石崖镇划归黄岛区,基本农田保护面积调整为65326公顷。2010年实际面积为65329.2公顷,全面完成基本农田保护任务目标。

胶南市土地利用总体规划(2006～2020年)确定,到2020年,基本农田保护面积64995.0公顷。其中,耕地54673.56公顷,园(果、茶等)地2188.5公顷,林地8132.9公顷。基本农田任务量64498.0公顷,较青岛市下达的基本农田保护面积多规划497.0公顷。

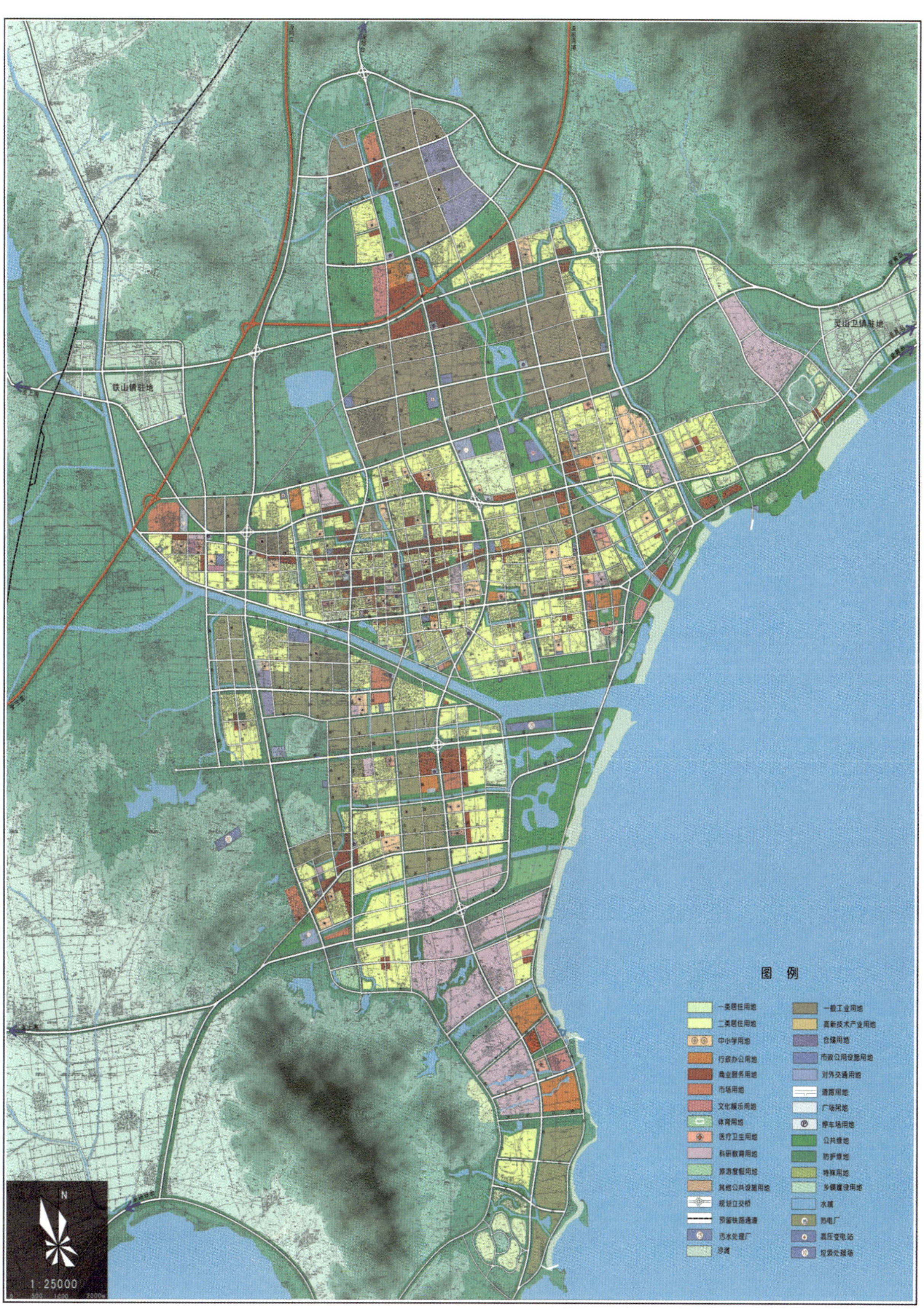

2006～2020 年胶南市用地规划总图

第四章　矿产资源保护与利用

第一节　矿产资源保护

1995 年，编制第一轮矿产资源总体规划，矿产资源管理工作逐步规范。2010 年，编制第二轮《矿产资源总体规划(2008 ~ 2015 年)》，划分各类开采规划区 76 处，其中重点开采区 5 处，限制开采区 2 处，禁止开采区 69 处。

重点开采区　规划 5 处重点开采区，分别为砖瓦页岩开采区，面积 3.0 平方千米；西福山建筑用花岗岩开采区，面积 3.5 平方千米；傅家屯建筑用花岗岩开采区，面积 3.9 平方千米；陈家沟建筑用花岗岩开采区，面积 3.5 平方千米；高垛山建筑用花岗岩开采区，面积 2.2 平方千米。

限制开采区　规划划分限制开采区 2 处，分别为铁橛山花岗岩限采区和藏马山花岗岩限采区，面积分别为 123 平方千米和 28.5 平方千米。

禁止开采区　规划设置禁止开采区共 69 处。其中，沙金矿区 1 处，为胶南白家屯沙金矿，是省划禁止开采区。城市建设规划区 4 处，分别为胶南市城市建设规划保护区、王台镇城镇建设规划保护区、隐珠镇城镇建设规划保护区和泊里镇城镇建设规划保护区。海岸带保护区两处，分别为琅琊镇海岸带保护区和泊里镇海岸带保护区。自然保护区、森林公园 13 处，分别为铁橛山自然保护区(核心)、小珠山森林公园保护区、灵山湾国家森林公园保护区、大珠山自然保护区、琅琊台自然名胜保护区、灵山岛省级生态自然保护区、喜鹊山森林公园、吉利河森林公园、九上沟生态园、古月山庄森林公园、珠山秀谷森林公园、海青茶园保护区、大村镇旅游度假区。水源地保护区 6 处，分别为小珠山水库水源地保护区、藏南陡崖子水库水源地保护区、狄家河水库水源地保护区、王台镇地下水源地饮用水源区、风河地下水源地饮用水源区、白马—吉利河地下水源地饮用水源区。重点文物保护单位 40 个，其中国家级重点文物保护单位 1 个：为齐长城遗址。省级重点文物保护单位 3 个，分别为东皂户商代文化遗址、琅琊台雕刻、向阳龙山文化遗址。青岛市级重点文物保护单位 7 个，分别为郭家河岩龙山文化遗址、西寺龙山文化遗址、高戈庄龙山文化遗址、河头龙山文化遗址、董家大庄周代文化遗址、王台当铺、朝阳寺。其余 29 个为胶南市级重点文物保护单位。旅游景点 3 个，分别为石门寺旅游景点、琅琊台旅游度假区、杜鹃花旅游风景区。

2007 年 7 月 24 日，全市土地与矿产资源综合执法动员大会

第二节　矿产开采

1988 ~ 2007 年，全市开发利用矿种仅有建筑用花岗岩和地下水两种。矿山企业 37 家，从业人数 326 人。2007 年，固体矿产产量 46.33 万立方米，矿业总产值为 595.5 万元，利润 129.7 万元(不包括地下水)。随着产业结构调整和生态环境

保护的进一步加强，胶南不断加强矿山企业的整顿关闭工作，从严控制新设采矿权，至2012年底，全市矿山企业压缩至27家，开采矿种全部为建筑用花岗岩，除满足重大建设项目需求外，不再新设采矿权。

第五章　国土监察

第一节　执法监察机制建设

自1994年开始，胶南市逐步建立和完善了动态巡查防范体系，形成“纵向到底，横向到边”的立体监管体系。建立市、镇、村（居）三级国土资源巡查网络，实现执法监察大队、国土资源所、镇政府、村委会四位一体的联合动态巡查机制。根据行政区划将全市划分为20个执法监察动态巡查责任区和66个责任分区，每个责任区、分区设有一个巡查责任人和一个协防人，负责本辖区内的土地、矿产资源执法监察动态巡查，及时发现并制止违法用地、破坏矿产资源的行为，做到立案及时，查处到位。执法监察大队定期或不定期组织实施重点巡查、专项行动，严格实行动态巡查周报、月报制度，重大案件上报备案等制度。

2007年，市政府组建胶南市土地与矿产综合执法检查大队，从公安、国土资源、水利、海渔、农业、林业、协警等单位抽调工作人员参加综合执法，执法监察大队设4个巡逻执勤中队、协勤中队、督查队、办公室等7个队室，有效打击滥采滥挖、破坏土地矿产资源等违法违规行为。2008年，设立12336举报热线、网络问政、政府信箱等，鼓励群众积极参与监督。自2007年起，市政府先后印发《关于落实土地监管共同责任进一步加强依法管地用地工作的通知》（南政发〔2008〕61号）、《关于建立健全违法占地违章建筑查处工作机制的意见》（南政发〔2007〕84号）《关于加强国土资源综合执法工作的意见》（南政办发〔2011〕26号）等文件，进一步落实土地监管共同责任。2012年4月1日，市政府成立市国土资源综合执法委员会。是年制定了《关于落实土地监管责任加强联合执法的意见》（南国土综执字【2012】1号）。同时，建立综合执法联席会议制度，定期研究解决国土资源违法违规案件处置等问题，实行定期汇报和通报制度，及时通报国土资源违法违规情况以及各共同责任单位履行职责情况，加大对查处违法违规用地行为的协调、督办力度，形成部门联动合力，共同遏制违法违规用地行为的发生。强化国土资源管理工作考核机制，市委、市政府将各镇政府、街道办事处、相关部门落实土地共同监管责任的情况纳入年度工作目标绩效考核。

第二节　土地卫片执法检查

2007年，国土资源部利用卫星遥感技术，首次对胶南市2003年10月至2006年11月土地利用动态变化情况进行监测，共监测图斑949个，涉及

全市土地卫片执法检查工作会议现场（2012年拍摄）

1525 宗地，面积 2743.61 公顷（包括耕地 2029.53 公顷）。对 2005 年 1 月 1 日至 2007 年 6 月 30 日期间发生的违法违规用地进行了查处，结案率达 100%。2009 年，土地卫片执法检查涉及卫片监测图斑 199 个，监测面积 208.78 公顷，增补图斑 10 个，面积 179.15 公顷，涉及地块 221 宗；年度内违法占用耕地面积占新增建设用地占用耕地总面积的比例为 1.67%。2010 年，涉及卫片监测图斑 770 个，监测面积 621.89 公顷，涉及地块 381 宗；违法占用耕地占新增建设用地占用耕地的比例为 2.03%。2011 年，涉及卫片监测图斑 262 个，监测面积 239.46 公顷（耕地 107.67 公顷）；违法占用耕地占新增建设用地占用耕地的比例为 2.02%。2012 年，涉及卫片监测图斑 363 个，监测面积 377.39 公顷（耕地 154.54 公顷）；违法占用耕地占新增建设用地占用耕地的比例为 0.13%。

第五篇

环境保护

全市环境保护工作会议

胶南市国家环境保护模范城市复核整改工作调度会

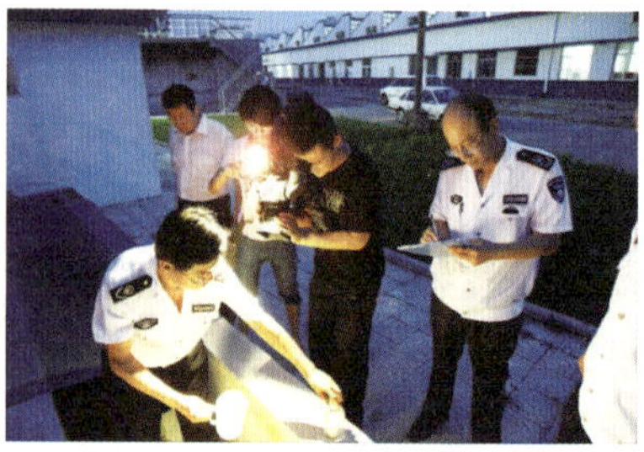

第一章　环境监测

第一节　大气环境监测

1988～1996 年，在向阳路 106 号环保局办公楼设 1 个大气监测点位，监测项目为二氧化硫、氮氧化物、总悬浮颗粒物，每月监测 5 天。1996～1998 年，二氧化硫改为每月监测 12 天。2001 年 10 月，在珠海路 51 号办公楼建立胶南市 1#大气自动监测站，监测项目包括二氧化硫、氮氧化物、总悬浮颗粒物、一氧化氮、二氧化氮、一氧化碳和风速、风向、气温、气压、相对湿度等气象参数。2000 年 5 月开始上报自动监测数据。2003 年 6 月，在隐珠街道办公楼建立 2#大气自动监测站。2009 年，1#大气自动监测站迁至灵山路 59 号环保局办公楼，2#站迁至深圳路移动公司办公楼。2012 年开始对 PM2.5 进行监测。

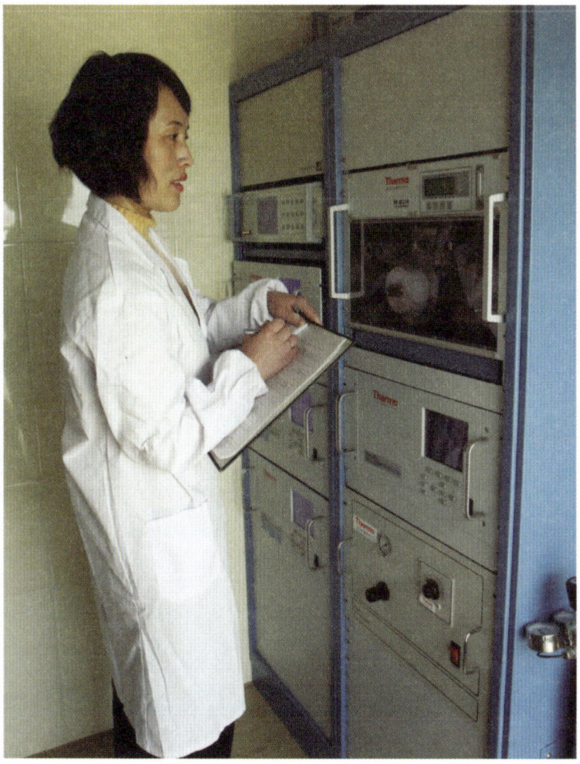

更新后的大气子站（2011 年拍摄）

大气降水监测　1988 年，全县设有大气降水监测点位 2 个，分别位于铁山水库（清洁对照区）和县环保局。1999 年，青岛市环境监测站重新布点，将清洁对照区点位变为陡崖子水库，逢雨雪必测，监测项目为降水量、pH 值、电导率。从监测数据看，2006 年大气降水 pH 年均值为 6.91，2008 年为 7.03，2009 年为 6.17，2010 年为 6.08，2011 年为 6.43，2012 年为 6.79。

大气降尘、硫氧化物监测　1988 年，设置降尘和硫氧化物监测点位 3 个，分别位于县环保局、企业局和铁山水库。1994 年 10 月，监测点位企业局更改为明月海藻公司。每月对降尘、硫酸盐化速率监测一次。从监测数据看，工业区的降尘和硫酸盐化速率值最高。

大气环境质量　从 1988～2012 年的监测数据看，城区空气质量基本保持稳定，均达到《环境空气质量标准》中的二级标准。可吸入颗粒物浓度值在 0.060 毫克/立方米左右，二氧化硫浓度值在 0.022 毫克/立方米左右，二氧化氮浓度值在 0.012 毫克/立方米左右，根据《环境空气质量标准》（GB 3095－1996），全市空气质量优良率均保持在 90% 以上。大气降水状况保持良好，无酸雨出现。

第二节　水环境监测

地表水监测　辖区内吉利河水库、铁山水库、陡崖子水库和小珠山水库皆为饮用水源地。1988 年，4 座水库分别设入口、中心和出口 3 个监测点位，每年 5 月、8 月、10 月各监测一次，监测项目有水温、pH 值、悬浮物、溶解氧、总硬度、化学需氧量、生化需氧量、氨氮、亚硝酸盐氮、硝酸盐氮、挥发酚、总氰化物、总砷、总汞、总镉、六价铬、总铅、总磷和透明度等 19 项。1996 年，小珠山水库划归黄岛区监测站监测。2000年，吉利河水库定为国

环境监测人员在吉利河水库监测水质(2004 年拍摄)

控集中式饮用水源地。各水库监测点位改为入口、出口 2 个点位。每月上旬对各水库的水温、pH 值、总磷、高锰酸盐指数、溶解氧、氟化物、挥发酚、石油类、粪大肠菌群、氨氮、总氮等进行监测。1 月和 7 月对硝酸盐、五日生化需氧量、硫酸盐、氰化物、氯化物、汞、铁、锰、铜、锌、硒、砷、镉、六价铬、铅、硫化物、阴离子表面活性剂等进行选测。吉利河水库每月上旬增测化学需氧量,中下旬测水温、pH 值、溶解氧、高锰酸盐指数、总氮。

境内有横河、甜水河、吉利河、巨洋河和白马河 5 条主要河流,共设有 7 个监测断面,分别为横河的泊里桥断面,甜水河的富园断面、吉利河的河崖西桥断面,巨洋河桥断面以及白马河的大村桥断面、朱家庄桥断面和河崖东桥断面。横河的泊里桥断面于每年 1 月、3 月、5 月、7 月、9 月、11 月各监测一次,其他断面于每年 3 月、5 月、7 月、8 月、10 月、11 月上旬各监测一次。监测项目为气温、水温、流速、流量、pH 值、悬浮物、总硬度、溶解氧、高锰酸盐指数、化学需氧量、五日生化需氧量、氨氮、硝酸盐、挥发酚、氰化物、石油类、六价铬、砷、汞、镉、铅、总磷、总氮、硫酸盐、氟化物、硫化物、铜、锌和阴离子表面活性剂等。横河的泊里桥断面增测全盐量。

1988 ~ 1997 年,风河设有孟家庄桥、烟台东和小河东 3 个监测断面。1998 ~ 1999 年,监测断面为孟家庄桥和入海口 2 个断面。2000 ~ 2002 年,设有孟家庄桥、琅琊台路桥和入海口 3 个监测断面。2002 年后,风河上游至城区段成为风景观光区,监测断面仍为孟家庄桥、水上公园和入海口。水上公园于 1 月、3 月、5 月、7 月、9 月、11 月各监测一次,其他断面 3 月、5 月、7 月、8 月、10 月、11 月上旬各监测一次。监测项目为气温、水温、流速、流量、pH 值、悬浮物、溶解氧、化学需氧量、高锰酸盐指数、五日生化需氧量、氨氮、硝酸盐氮、挥发酚、氰化物、硫化物、石油类、六价铬、铜、砷、汞、镉、铅、总氮、总磷和氟化物等 25 项。入海口断面加测盐度、活性硅酸盐。

地下水监测 地下水分为地下饮用水源地、企业自备井、民用井 3 部分。1988 年,有 8 个监测点位,其中民用井 3 眼,为大哨头、袁家庄和辛庄水井。企业备用井 3 眼,为肉联厂、化肥厂和轻工机械厂水井。地下水饮用水源地分别为位于珠山路以西、风河以北的第一供水站和珠山街道孟家庄以南、风河以北的第二供水站。2010 年,经青岛市环境监测中心站确认,废弃的肉联厂水井和化肥厂水井点位取消。地下水监测频次为 4 月、9 月各一次,监测项目为水温、pH 值、总硬度、硫酸盐、氯化物、高锰酸盐指数、氨氮、挥发酚、总大肠菌群、氟化物、硝酸盐、亚硝酸盐、氰化物、砷、汞、铅、镉、铁、锰和六价铬等 20 项。第一、第二供水站增加阴离子合成洗涤剂、铜、锌和硒监测项目。

近岸海域监测 1988 ~ 1999 年,沿岸布设唐岛湾、风河口和海水浴场 3 个海水监测点位。2000 年,增加灵山岛和贡口 2 个监测点位,均为国控点位。每年 5 月、8 月、10 月各监测 1 次,监测项目为水温、水深、水色、透明度、pH 值、悬浮物、溶解氧、化学需氧量、氨氮、硝酸盐氮、亚硝酸盐氮、石油类、活性磷酸盐、粪大肠菌群、活性硅酸盐、非离子氨、盐度、叶绿素 a、总铬、汞、砷、铅、镉、铜、硒、锌、硫化物、挥发酚和氰化物等 29 项。

水环境质量 从 1988 ~ 2012 年的监测数据看,全市水环境质量基本保持稳定。吉利河水库、

陡崖子水库和铁山水库水质质量均达到《地表水环境质量标准》中的Ⅲ类标准，水环境功能区达标率为100%。吉利河河崖西桥、横河泊里桥、白马河朱家庄桥、甜水河富园、巨洋河桥等监测断面水质符合《地表水环境质量标准》中的Ⅲ类标准，风河入海口断面符合《地表水环境质量标准》中的Ⅴ类标准。近岸海域海水水质均达到相应功能区标准。

第三节　噪声环境监测

境内共有噪声监测点位350个。城区范围内以250米×250米网络格进行布点，共设251个监测点位，每个监测点位测量10分钟的等效声级。在人民路、珠山路、珠海路、铁山路、琅琊台路、泰山路、上海路、北京路8条交通干线设99个道路交通噪声监测点位，每个监测点位测量20分钟的等效声级。2001年以前，有Ⅰ号和Ⅱ号两个噪声达标区。2002年，新建Ⅲ号噪声达标区。Ⅰ号噪声达标区面积为10.07平方千米，Ⅱ号达标区面积为8.20平方千米，Ⅲ号达标区面积为2.60平方千米。道路交通噪声和区域环境噪声每年4～5月间监测一次。

从监测数据看，区域环境噪声平均等效声级均符合《声环境质量标准》（GB 3096—2008）中的2类功能区标准。道路交通噪声平均等效声级均符合《声环境质量标准》（GB 3096－2008）中的4类功能区标准。

第四节　监测设备

1988年，全县的环境监测设备有721型分光光度计、酸度计、ND9与ND10声级计、DK－1200型大气采样器、KB－1200型大气采样泵、TG－3288型分析天平、PHS－2COD－TTCOD测试仪、JP－2型极谱仪、PB－700型计算机、PC/XT型微机等较先进的仪器设备。之后陆续购置了AEL－200电子分析天平、752紫外分光光度计、SYG－1型智能冷原子荧光测汞仪、SYC－Ⅲ型烟尘测试仪、HY－1多功能极谱仪、3011H皮托管平行自动采样仪、8850荧光二氧化硫分析仪、AWA6218B与AWA6270全自动噪声监测仪、DDS－307型电导率仪、OCMA－350非分散红外测油仪、空气自动监测系统、PIC－8型离子色谱仪、WFX－120型原子吸收分光光度计等仪器设备，并对石墨炉原子吸收分光光度计、恶臭气体测试仪等部分仪器设备进行了更新。1995年，环境监测站通过了省计量认证评审。2002年、2007年和2010年3次通过省计量认证复审。

第二章　环境治理

第一节　水环境污染治理

1988年以来，先后投资建设完善了城市污水管网，综合治理风河、小辛河、豆金河、大卢河等城区穿城河。对峄山河、豆金河采取截污、清淤等措施，实施雨污分流，对非法排污口实施封堵。

1996～1997年，建成位于风河入海口北侧、占地76公顷的芦苇湿地进行污水处理，出水水质达到污水综合排放标准中的二级标准。2005年6月，按BOT方式投资近1.5亿元，建成胶南中科成污水处理厂一期工程，日处理能力6万吨。2005年10月，青岛海王纸业股份有限公司投资2400万元，将自有污水处理厂与市政污水处理厂资源整合，改建为日处理能力3万吨的海王污水处理厂，接纳豆金河流域的污水处理。2009年12月，海王污水处理厂提升工程建成运行，出水水质提高到《城镇污水处理厂污染物排放标准》

胶南中科成污水处理厂(2011 年拍摄)

(GB 18918－2002)中的一级标准的 B 标准。2010 年底,胶南中科成污水处理厂二期升级后,出水水质达到《城镇污水处理厂污染物排放标准》(GB 18918－2002)中的一级标准的 B 标准。

2001 年开始,灵山卫、琅琊、理务关等镇村开始配套污水处理设施,农村水环境逐步得到改善。(详见城乡建设与管理篇及本篇第三章)

第二节　大气环境污染治理

工业废气治理　20 世纪 80 年代开始实施小型集中供热工程。先后建成德维公司、恒源公司、易通热电公司等 9 座供热站,全部配备高效水膜或电除尘器,年节标准煤 8 万吨,减少烟尘排放量 1 万吨,二氧化硫 1860 吨,灰渣 3.2 万吨。

1993 年始创"烟尘控制区",对城区 18 家锅炉除尘器使用单位责令重新改造。1999～2000 年,责令关停供热锅炉 58 台,全市工业企业全部燃用含硫率低于 1% 的煤炭。截至 2005 年底,建成烟控区面积 45.2 平方千米,覆盖率达到 100%。2006 年,将建成区和规划区内的 81 台燃煤锅炉列入淘汰整治重点,予以集中整治。20 家企业签订集中供热协议,34 家企业完成锅炉关停和淘汰整改任务。2007 年,对在集中供热范围内的 10 吨以下所有自备燃煤锅炉一律关停淘汰,实施集中供热。对 1 吨以下燃煤锅炉全部改用清洁燃料,共关停 35 吨以上燃煤锅炉 6 台,淘汰小型锅炉 69 台,完成整改 207 台。易通热电、双星热电、海王纸业、明月海藻、恒光热电等企业的脱硫设施先后建成并投入运行。

机动车尾气治理　1999 年开始对机动车排放尾气进行管理,在机动车车辆年审时对尾气情况进行检测,对超标排放尾气的车辆责令安装净化器或节油器。同时,对机动车排放尾气情况进行路检路查,对尾气超标且无尾气排放合格证的车主予以处罚并责令安装净化器。

2008 年 3 月 1 日,《青岛市机动车排气污染防治条例》正式实施。是年 4 月,胶南祥合环保机动车尾气检测公司正式成立,对在胶南登记和在外地登记但在胶南进行安全检测的机动车辆进行排气检测。至 2012 年底,全市建有铁山和飞宇两处环检站,共有检测线 6 条,建成机动车排气污染信息化网络监控系统,实现机动车排气污染自动化监控。

2006 年海王集团关停麦草制浆生产线

2011年起，对无环保标志和冒黑烟的车辆依法予以处罚。环保、工商、工信等部门对全市加油站点进行国Ⅲ标准车用燃油联合执法检查。推广使用清洁能源公交车，30辆天然气公交车先后投入使用。2008～2012年，年均检测机动车尾气3万辆次，先后淘汰黄标车1007辆，完成45家加油站和13辆油罐车的油气污染治理。

第三节　噪声污染治理

全市环境噪声污染属混合型，主要由交通噪声、建筑施工噪声、工厂企业固定源噪声以及社会生活噪声等混合而成。随着城市规模不断扩大，城区人口密度、机动车辆数量也随着增加，社会生活噪声有所上升，交通噪声成为影响城区声环境质量的主要污染源。虽建立并严格执行了建筑施工噪声审批和夜间施工审批制度，但建筑施工噪声仍是扰民的热点。工业企业的噪声环境较好。

环境噪声污染防治措施主要有加强城区路网建设，集中开展为升学考生送安静活动。严厉查处建筑工地、工业企业、酒店、舞厅等娱乐场所的噪声扰民问题。在市区主要路口设立车辆禁鸣、限速、载重车和农用车禁行标志，并加强学校、医院、居民区和行政办公区等噪声敏感区域的噪声控制。1991年开始，全市加大噪声监测监管力度，治理城区内污染扰民的工业噪声源，对建筑施工噪声进行专项整治，加强对各类娱乐场所的噪声污染现场监督管理，对交通干线环境噪声污染实施综合整治，噪声污染得到有效控制。2005年，全市噪声达标区总面积38.97平方千米，覆盖率达86.22%。至2012年，城区区域环境噪声等效声级平均值为52.7分贝。

第四节　固体废物污染治理

工业固体废物　境内工业固体废物主要为粉煤灰、炉渣等。全市加大对工业固体废弃物处置运输的监督管理力度，在日常的监理过程中，针对各企业的特点，制定相对应的监理方式，在监理过程中重点检查固体废物的来源、存放及综合利用和无害化处置情况，从源头上对其进行控制管理，确保其能够按规定进行无害化处置，避免对环境的污染。为实现区域内循，以炉渣和粉煤灰为主要原料的灰渣砖、烧结空心砖和加气混凝土砌块生产线相继建成使用。青岛琅琊台酒业股份有限公司产生的酒糟、青岛有明食品有限公司产生的骨渣等废物被加工成各种动物饲料进行综合利用。1988～2012年，全市工业固体废物年产生量呈上升趋势。2012年底，全市工业固体废物重点产生单位有86家，产生量为19.10万吨，处置利用率为100%。全市固体废物总量为21.33万吨，处置利用率为100%。

青岛绿茵环保科技有限公司（2011年拍摄）

危险废物　1988年起，逐年加强危险废物的现场监督检查，重点企业每月监理一次，在监理过程中，重点对产生危险废物单位的贮存场所、管理制度及转移联单情况进行监理。2012年底，全市危险废物产生单位主要有12家，废物产生量为475.93吨，其中工业危险废物为337.13吨，医疗危险废物为138.80吨，处置量为475.93吨。

生活垃圾　主要有居民生活

垃圾、商业垃圾和清扫垃圾。生活垃圾主要有炊厨废物、废纸制品、废塑料制品、废玻璃陶瓷、废家用器具和废电器、煤灰渣、灰土等。商业垃圾主要有废旧的包装材料、废弃的菜蔬瓜果和主副食品、灰土等。清扫垃圾主要有果皮、枝叶、包装制品及灰土。生活垃圾产生量随季节变化波动较大，高峰期主要在夏季和冬季。2001 年 12 月，胶南市垃圾处理厂投入运行，主要采用填埋的方式处理生活垃圾，日处理能力 440 吨。2009 年 5 月 16 日，市政公用事业总公司开元生物能源分公司一期工程开工建设，是年 7 月 24 日正式运行，日处理污泥 150 吨左右，利用污水处理厂产生的污泥、粉煤灰、秸秆等废物为原料，通过高压挤出生产工艺，将废物混合料加工成为生物质燃料饼，再与少量次煤混合，取代煤炭燃烧发电。2011 年 12 月，胶南绿茵环保科技有限公司建成并通过环保验收，主要实施垃圾分选、厌氧发酵产沼气及净化、沼气发电等，将城市生活垃圾转化为沼气、有机肥及可回收物等产品。

第三章　生态环境保护

第一节　生态环境治理

1988 年以来，先后印发《关于开展城乡绿化打造绿色生态胶南的意见》《胶南市植树增绿大行动实施方案》等文件。开展“植树增绿”等十大工程，实施滨海大道沿线绿化、沿海景观平台等生态功能系统建设，城区绿化不断升级。（详见城乡建设与管理篇）

进入 21 世纪，全市农村生态环境整治得到重视，各级各职能部门积极创造条件，由点带面，先重后轻进行逐步改善。

2002 年 12 月，省政府批准建立胶南灵山岛省级自然保护区，保护区总面积 32.832 平方千米，其中核心区 9.226 平方千米，缓冲区 2.312 平方千米，实验区 21.294 平方千米。

全市受保护地区面积达到 282.8 平方千米，占国土面积的 15.5%。主要有琅琊台省级旅游度假区、大珠山风景区、铁橛山风景名胜区和灵山湾国家森林公园等。

2003 年 10 月，市委、市政府印发《关于建设生态城市的决定》。2004 年 12 月，隐珠街道、铁山街道分别被命名为全国环境优美镇。2006 年 3 月，市政府印发《胶南生态市建设实施方案（2006～2010 年）》。2007 年 1 月，大场、海青、张家楼、宝山、泊里、藏南、大村、琅琊、理务关、六汪、王台镇分别被命名为全国环境优美镇。

21 世纪开始，全市大力发展蓝莓、绿茶、食用菌三大特色农业，推行配方施肥、沃土工程、推广秸秆粉碎还田和过腹还田。2012 年，已认证无公害农产品、绿色食品、有机食品等“三品一标”生产基地 60 个。建设张家楼、藏南两处万亩林场，实施各镇驻地和 500 个村庄绿化提升。全市有林地面积 74133.33 公顷，森林覆盖率达到 47.8%。

2012 年 9 月，经省级生态市核查组现场检查，胶南市通过省级生态市核查。

农村污水处理　2001 年 12 月，位于灵山卫的胶南茂苑净水厂扩建工程建成投入运行，为全市第一个乡镇污水处理厂，主要处理印染废水，设计能力 2000 吨/日。

我国自 2008 年开始实施“以奖促治”政策，对农村环境污染治理项目给予中央资金支持，2010 年提出以“连片整治”的方式，选取示范省（自治区、直辖市），集中资金支持地方对农村区域环境问题实施同步、集中整治。2008～2010 年，胶南先后争取中央、青岛农村环保专项资金 550 万元，在琅琊镇、理务关经济区、琅琊台省级旅游度假区王家台后村等 3 处镇村建成污水处理设施。2011 年，从节能减排专项资金中列支 710 万元“以奖代补”资金，在大场镇、张家楼镇等 6 处镇建成污水

处理设施。2012 年，争取中央农村环境连片整治资金 1640 万元，地方配套资金 2460 万元，在滨海街道六和社区、六汪镇、泊里镇蟠龙村、藏南镇等 6 处镇（社区、村）建设污水处理及相关配套设施。先后建成日处理能力 500 吨的六汪镇污水处理设施、日处理能力 300 吨的张家楼镇污水处理设施、日处理能力 200 吨的藏南镇污水处理厂、日处理能力 1500 吨的大场镇污水处理厂、日处理能力 300 吨的琅琊镇污水处理设施，在泊里镇蟠龙庵村和常河店村分别建设日处理能力 80 吨的生活污水处理站各 1 座，共铺设生活污水管道 4400 米，建设排水渠 820 米，池塘扩大修复 4000 平方米。

农村垃圾处理　1988 年以来，全市环保工作逐步由“城区为主”转为“城乡并重”，农村环保工作力度逐年加大。2011 年开始，全市开展生态文明乡村行动，市财政每年列支 3000 万元奖补资金用于农村垃圾处理设施建设和维护，逐步建立“户集、村收、镇运、市处理”的城乡垃圾一体化处理体系。截至 2012 年，共为各镇（街道）配备垃圾压缩清运车 38 辆，累计完成卫生改厕 20.3 万户、建设户用沼气池 1.1 万个。

第二节　太阳能及农村能源综合利用

20 世纪 80 年代末到 90 年代初，推广闷晒式太阳能热水器。1994 年引进推广真空管太阳能热水器，并逐步普及。到 2012 年底，全市城乡拥有真空管太阳能热水器 81310 台，户均 0.29 台。

20 世纪 80 年代末到 90 年代中期，在农村推广应用水压式砖混结构沼气池。1996 年，在海青镇唐村蔬菜大棚内试点“四位一体”生态模式（即在冬暖大棚内建造猪舍养猪，猪舍下建沼气池，猪粪进入沼气池，产生的沼气用于温室增温、猪舍照明和供人做饭，沼渣、沼液用作有机肥料，大棚内自产的蔬菜下脚料供猪食用，以沼气为纽带，将沼气池、猪禽舍、蔬菜栽培与日光温室有机地组合在一起，形成“大棚蔬菜种植—畜禽养殖—废弃物资源化”的生态农业良性循环系统），并先后在海青镇小官庄、城西精品园和王台高效农业精品园蔬菜大棚中推广应用。2006 年，在海青、琅琊、大场、理务关 4 个镇 10 个村示范推广以“一池三改”（即建一座 6～8 立方米户用沼气池，同时对厕所、猪圈、厨房进行提升改造）为主要内容的强回流式水泥混凝土户用沼气池，建设户用沼气池 1800 个，使人畜粪便和生活污水得到无害化处理，减少了蚊蝇滋生场所，解决了新型农村社区建设过程中“三大堆”顽症，改善了农村环境卫生条件。次年实施“百村万户”农村沼气建设工程，在畜牧业较发达乡镇发展沼气村 48 个，建成户用沼气池 3200 个。2008 年，王台庄稼茔秸秆气化站建成并点火成功，供气 415 户，被评为青岛市秸秆气化示范工程。到 2012 年底，在 17 个镇（街道）106 个村建有户用沼气池 10600 个、生物质炉 200 户，年无害化处理人畜禽粪便 53000 立方米；建设 100 立方米、50 立方米中小型沼气池 31 座，年无害化处理畜牧养殖场畜禽粪便 1900 立方米；建设 1000 立方米大型沼气池 2 处、500 立方米大型沼气池 1 处，年处理畜牧养殖场畜禽粪便 6000 立方米；王台镇庄家茔村的秸秆气化站年消耗秸秆 200 吨。随着联合收割机等大型农业机械田间作业的推广普及，秸秆综合利用率由 1992 年的 75% 提高到 2012 年的 96.5%。

第三节　环保模范市创建

生态示范区创建　2001 年 10 月，市政府制定《胶南市生态示范区建设实施方案》，正式启动生态示范区建设工作。2004 年 5 月，通过省创建“国家生态示范区”工作预验收；6 月，通过国家级生态示范区验收组的验收；12 月，被国家环保总局正式命名为“国家级生态示范区”。

国家环境保护模范城市创建　2001 年 5 月，市委、市政府印发《关于创建国家环境保护模范城市的决定》。2002 年 8 月，递交《关于创建国家环境保护模范城市的请示》。2004 年 1 月，国家环境保护模范城市考核验收组进行考核验收。2005 年 11 月，胶南市被国家环境保护总局授予《国家环境保护模范城市》。

第四章　环境管理

第一节　建设项目管理

1998 年 11 月,《建设项目环境保护管理条例》颁布施行后,胶南市开始对建设项目实施环境影响评价。1999 ~ 2012 年,共审批建设项目 2569 个。对重大建设项目审批实行集体审查、集体决策,严格控制不符合环境保护规划、重污染、工艺落后的建设项目,年均拒批高污染、高能耗项目 7 个左右。

1999 ~ 2012 年全市环保审批建设项目统计表

表 5 - 4 - 1　　单位:个

年份	审批项目数	年份	审批项目数
1999	44	2006	267
2000	33	2007	233
2001	97	2008	169
2002	62	2009	313
2003	79	2010	282
2004	107	2011	349
2005	111	2012	423

2006 年召开全市整治违法排污企业保障群众健康环保专项行动大会

2009 ~ 2012 年,市环保局对环境影响评价报告书、报告表、登记表的审批时限先后进行两次压缩。由法定的 60、30、15 个工作日压缩至 10、5、3 个工作日。2011 年 6 月,市环保局制定《关于简政放权的实施方案》,将 8 项行政许可和非行政许可事项精简到 4 项,"夜间连续施工作业证明"的出具下放至各省级园区和镇、街道,建设项目环境影响评价文件许可、环保设施、污染防治设施竣工验收和试生产环境保护审核中的 59 项下放至各省级园区。2009 年,市环保局制定《关于建设项目竣工环境保护验收暂行办法》,成立建设项目"三同时"集中验收组,实行项目管理、环境监察、监测并联集中验收。1988 ~ 2012 年,共验收建设项目 1727 个。

第二节　依法检查

1997 年 5 月,市环保局设立法制科。1998 年,制定《胶南市环境保护行政处罚程序》等工作规程。自 2001 年 5 月起,统一使用山东省环保局制作的环境行政处罚文书。2005 年 4 月,市政府印发《胶南市城市管理相对集中行政处罚权实施办法》,将 8 项环境保护行政处罚权移交市城市管理行政执法局。

2003 年起,每年组织开展"整治违法排污企业保障群众健康环保专项行动"。2006 年开始,先后关闭拆除青岛二和纤维有限公司、青岛绵花纤维有限公司等高污染企业,关停海王纸业草浆生产线。2007 年 5 月,青岛天元化工有限公司、青岛恒昌化工有限公司等企业实施异地整体搬迁。青岛恒源化工有限公司实现产业提升,综合整治效果明显。是年,对 28 家重点企业完成44台在线监测设备的安装，与省、青岛市环境监控中心联网，实现对重点企业废水废气排放24小时远程视频监控。2009年起，实施企业排污达标承诺和分级分类动态管理机制，重点监控排污企业全部签订《环保诚信承诺书》，对全市排污企业实施分级分类管理。建立环保违法企业约谈制度，针对企业存在的环保问题，约谈企业负责人，提出整改措施、标准和时限，促使环保问题有效解决。2011年3月，对隐珠片区橡胶轮胎环境违法企业实行专项整治，制定《胶南市隐珠片区橡胶轮胎环境违法企业专项整治工作实施方案》，实行集中办公、联合执法，分区域、分步骤进行专项整治。到2011年底，共对大荒村和大卢家疃村2个区域的108家企业下达《环境违法行为改正通知书》，对104家企业进行立案查处，对大荒村51家企业实施拉闸断电。

2010年召开全市节能减排工作会议

第三节 总量减排

“十一五”(2006～2010年)期间，国家开始对化学需氧量(COD)和二氧化硫(SO_2)两项主要污染物实施总量控制。2005年，全市化学需氧量和二氧化硫两项主要污染物的排放总量分别为4907吨和10367吨。市政府先后印发《关于进一步加强节能减排工作的意见》《胶南市节能减排综合性工作实施方案》《胶南市污染物总量削减目标责任书(2006～2010)实施方案》，并与各镇、有关部门和企业签订《污染物总量削减目标责任书》，分年度下达总量减排工作计划和任务。每年列支2000万元用以节能减排“以奖代补”、“以奖促治”。5年间，17家企业投入1.4亿元新上污水处理和脱硫设施。

2010年，全市化学需氧量排放量控制在4008.2吨，二氧化硫排放量控制在9029.9吨。累计削减化学需氧量4904吨，二氧化硫6230吨(含新增量)，分别完成“十一五”减排任务的101.8%、108.7%。2011年10月，召开全市节能减排工作会议，与23处镇(街道、区)、9个市直部门和15家重点企业签订减排目标责任书，印发《胶南市“十二五”节能减排综合性工作方案》和《胶南市节能减排专项资金使用管理办法》，明确“十二五”减排重点工作、工程项目和扶持奖励办法。2011年，对46个减排项目兑现减排奖励资金555万元。2012年，对24个减排项目兑现减排奖励资金610万元。

第四节 宣传教育

1988年开始每年围绕“6·5”世界环境日年度主题，组织开展环保文艺会演、环保徒步行、千人大签名等宣传活动。1998年，在市电视台开办《环保之窗》《环保园地》《环保视线》等栏目。2001年，启动“绿色系列”创建活动，涉及社区、车队、公交、出租、学校、幼儿园、企业、工业园、医院、商店、酒店、船舶在内的9个系列12个类别。2006年改为“环境友好系列”。2012年底，全市共有66家单位荣获青岛市“环境友好单位”称号，其中社区18家，学校(幼儿园)18家，企业(园区)10家，医院10家，商店3家，酒店和车队各2家，公交、村庄和船舶各1家。胶南市实验小学、藏南中心中学、隐珠中心小学被评为省级“绿色学校”，滨海新村第二社区被评为省级“绿色社区”。2007

“6·5”世界环境日千人签名活动现场

年 11 月 25 日，中央电视台《新闻联播》以《青岛胶南：治污新办法资产被盘活》为题，报道胶南在治污减排方面的新经验、新做法。2010 年，在胶南电台开播《环保天地》专题节目，集中宣传环保法律法规和生态知识。是年 10 月，在市委党校举办首次环境保护专题培训班，对镇、街道、市直单位、省控以上重点企业相关负责人进行封闭式培训。2012 年，在全国环境小记者新闻作品大赛中，全市有 43 人获奖，占获奖总数的七分之一。

第六篇

城乡建设与管理

第一章 城市规划

1985 年，胶南城区总面积 4.6 平方千米。自 20 世纪 90 年代开始，胶南市加快城市基础设施建设步伐，至 1995 年城区总面积达到 19.88 平方千米。1998 年，市委、市政府决定城区中心东移，东部城市规划建设拉开帷幕。进入 21 世纪，随着全国城市化进程日益加快，胶南城乡建设进入全面快速发展阶段。2002 年 1 月，市委、市政府印发《关于加快城市化进程的决定》，提出以建设沿海开放、滨海旅游、现代化园林生态城市为目标，城市化与市场化、工业化、国际化整体推进，加快城市化进程。2003 年，通过国际专家论证，确定“东接、北扩、南展”的城市总体发展思路。2005 年，山东省政府正式批复胶南城市总体发展规划。此后，全市城市建设力度逐年加大，城市基础设施日益完善，整体服务功能不断提高，城市建设快速推进。截至 2012 年，胶南市城市规划区面积扩展到 384 平方千米，建成区面积 55 平方千米。

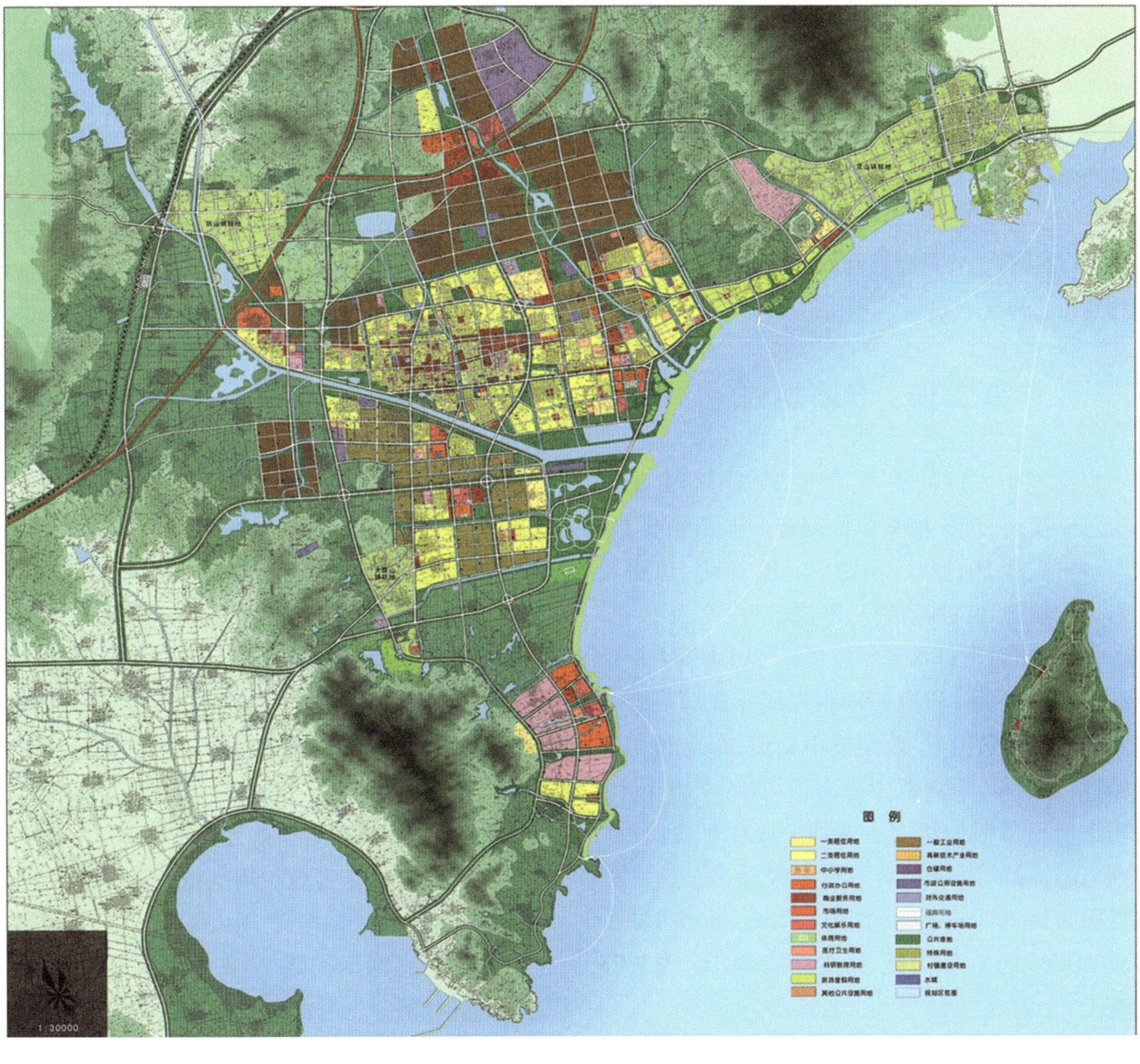

2005 年 4 月，省政府正式批复胶南城市总体发展规划

第一节　城市总体规划

《胶南县县域总体规划》于1979年编制，1981年批复实施，1986年再度编修。1995年，城市总体规划部分由上海同济大学重新进行编制，1998年经省政府批复实施。

2004年，山东省城乡规划设计研究院编制《胶南市城市总体规划(2004～2020)》，2005年4月经省政府批复实施，规划总面积384平方千米，确定产业北扩、生活东延、中心优化、文教南展的城市建设发展规划。

2010年8月，山东省城乡规划设计研究院编制《胶南市城乡统筹规划》，将胶南市总体定位为青岛都市区核心组成部分、临港产业基地、滨海宜居城市。该规划主要落实省市域城镇体系规划及省市有关文件要求，协调土地利用总体规划、社会经济发展规划、村镇体系规划、产业发展规划、新农村建设规划、生态保护规划等，指导城乡统筹发展，统筹辖区内产业、人口、空间、资源、环境、设施等各类要素发展布局，解决发展中的矛盾和问题，并指导各专项规划和乡镇总体规划编制。

第二节　专项规划

根据城市发展的需要，市规划部门结合胶南城市总体规划，对各相关单位制订的城市给排水、电力、电信、供热、燃气、消防、人防、绿化、道路及广告等专项规划，进行指导、审核。

《胶南市城市排水专项规划》　2010年4月由青岛市政工程设计研究院编制完成。规划范围为北到隐珠街道黄山屯，西至铁山街道，东与黄岛区接壤，南至宅科，规划范围总面积约90平方千米。地表水治理目标为饮用水达到一级标准，地面水达到二类标准，海域水质达到Ⅰ级标准。污水处理目标为到2020年处理率超过95%，每年可减少排放CODcr约5.72万吨、减少排放BOD5约1.78万吨。

《胶南市道路网专项规划》　2010年6月经市政府批复实施。规划范围为胶南市城市规划区384平方千米范围内道路系统，兼顾与各乡镇及周边区域的交通联系。

《胶南市供热专项规划》　2010年12月经山东省住房和城乡建设厅批复实施。规划范围为北至临港经济开发区北部边缘，西北至铁山街道西部边缘，西至海西路，西南至滨海街道办事处驻地西南边缘，南至大学园科教区南部边缘，东南至滨海支线，东至滨海大道，东北至灵山卫街道办事处驻地东北边缘，面积137平方千米。

《胶南市公共服务设施专项规划》　2011年6月，委托北京世纪千府国际工程设计有限公司开展规划编制。规划范围为《胶南市城市总体规划》确定的城市规划区384平方千米范围内2020年城市建设用地覆盖区域。规划包括中小学托幼设施、医疗卫生设施、文化设施、体育设施及社区共五个方面的内容。规划期限为2011～2020年，其中近期为2011～2015年，远期为2016～2020年。

《胶南市海岸带专项规划》　2011年8月经胶南市人民政府批复实施。规划范围西起白马河，东至积米崖，包括灵山岛、斋堂岛、鸭岛以及沐官岛，规划区内现状陆域面积158.2平方千米，规划后陆域面积234.6平方千米。海域范围自海岸线至10海里等距线，海域面积1900平方千米。规划以海岸带陆域控制为主，海域部分依照《胶南市海洋功能区划》执行。

《胶南市中心城区天际线专项规划》　2011年12月委托青岛市城市规划设计研究院组织编制。规划范围为城市总体规划确定的城市规划区，总用地面积384.14平方千米。规划通过对中心城区天际线的前景层次、背景层次、重要视线通廊以及建筑轮廓线的控制，确定“双珠嵌云、二心同辉，依山拥湾、山城相融”为胶南市中心城区天际线的整体控制结构。

《胶南市绿道网专项规划》　2012年9月经胶南市人民政府批复实施。规划依托胶南丰富的生态资源与人文资源，构建“山、海、河、城、人文”相互交融的生态绿道网络，力图将胶南市绿道网打造成为具有国际先进水平的标志性工程。

《胶南市城市广告专项规划》　2012年9月经胶南市人民政府批复实施。该规划将户外广告设

置与城市功能结构相结合,形成“一轴、多网”的总体布局结构。一轴:人民路—泰山路户外广告主轴。多网:结合城市级商业中心、区级功能中心形成多个网格覆盖面。

《胶南市城市色彩规划研究》 2012 年 9 月委托曲阜师范大学美术学院组织编制。该研究建议胶南市城市色彩规划主题词为“滨海晨辉”。城市色彩规划结构为“一线两轴六区”。“一线两轴”给出了不同色彩分区之间色彩与空间的逻辑变化关系;“六区”,即灵山曙光、滨海乐章、珠山初阳、东境晨曦、海曲雅韵和珠海之光六大结构,明确规定了每个色彩分区的色彩形象定位以及用色的范围限定。

《胶南市社区布局规划》 2012 年 11 月经胶南市人民政府批复实施。规划拟在全市形成城乡社区 183 个,其中城镇社区 99 个、农村社区 84 个。

第三节　控制性详细规划及城市设计

《胶南市灵山卫片区控制性详细规划及城市设计》 2010 年 8 月委托青岛市城市规划设计研究院组织编制。规划范围西起白果树河,东至青岛经济技术开发区,北起小珠山南麓的杨七岭村,南至黄海海岸线,总面积约 31.05 平方千米。规划功能定位为以居住生活为主,以山海旅游度假、商贸、现代渔业、教育研发为主要产业支撑,以卫城文化为特色的滨海综合新城区。

《胶南市大学园北区控制性详细规划》 2010 年 8 月经市政府批复实施。规划范围北至海滨大道,南至大学五路,西至环山路(大学西路),东到海岸线,总面积约 9.95 平方千米。总体目标为建设具有山海景观特色,集教育、科研、旅游、生态保护于一体的高教园区。规划依托山、海、河、岛等优越的自然条件,确定“一心、两轴、两片、四带”的用地空间结构。一心,即集旅游配套中心、区域商业服务中心、园区行政管理中心为一体的区域综合服务核心。两轴,即灵山湾滨海旅游发展轴和大珠山旅游辐射轴线。两片,即北部教育居住片区和南部科研教育片区。四带,即以海崖河、台子沟河、乔家洼河与龙门顶河为基础的四条生态休闲廊道。

《胶南市大学园西区控制性详细规划及城市设计》 2011 年 5 月经市政府批复实施。规划范围北至滨海大道,南至大珠山,西至大珠山水库西侧,东到环山路,总面积约 5.7893 平方千米。规划功能定位为胶南市产学研结合的重要科技创新核心,大学园“科技、山水、人文”共融的研发基地。规划人口规模为 4 万人,规划建设用地 3.0988 平方千米。空间结构为“一轴、两心、多带、组团发展”。一轴,指沿科技大道(大学一路)的东西向城市发展轴线。两心,指以大珠山水库为中心包含周边生态旅游服务功能的旅游服务中心以及位于规划区东侧环绕内湖公园的科技中心。多带,即以胡家河、山王河、凤凰河等冲沟为空间载体,形成的多条绿化景观带。组团发展,即由多条绿化景观带划分形成片区的组团状建设用地分布。规划结合大珠山风景区以及大学园布局,将各组团赋予不同功能。

《胶南市城南片区控制性详细规划》 2011 年 5 月 12 日经市政府批复实施。规划范围北起风河,南至滨海大道,西起海西路,东至海岸线,规划总用地面积 30.89 平方千米。规划功能定位为胶南市南部滨海科教区的研发生产基地,南部滨海居住新区,南部滨海休闲旅游度假服务中心。规划人口约为 27 万人,规划城市建设用地 29.78 平方千米。规划以“产业优化、功能完善、景观提升”为目标,确定“两轴、两心、五区”的布局结构。两轴,即上海路纵向发展轴和世纪大道横向发展轴。两心,即公建服务中心与旅游休闲活动中心。五区,即三个居住片区、两个工业片区。

《青岛明月海藻蓝色海洋生物科技园片区控制性详细规划》 2011 年委托青岛市建筑设计研究院编制。规划范围为北起风河,南至滨海四路延线,西起挪庄河西 250 米,东至海西路之间的区域,规划总用地面积 1.7505 平方千米。功能目标为立足西海岸、面向半岛、服务全国的蓝色海洋生物产业核心启动区。总体布局结构为“一带一轴三心五区”。“一带”为沿挪庄河打造城市景观绿带。“一轴”为规划区的横向城市发展轴。“三心”为商务中心、商业服务中心、城市休闲中心。“五区”为三个产业生产片区、一个产业孵化片区和一个生态湿地公园区。

《胶南市老城区控制性详细规划及城市设计》 2012年1月经市政府批复实施。规划范围为南至风河、北至长春路、西至西外环、东至上海路，总用地面积17平方千米。规划定位为青岛南部核心价值商圈和产业与生活互生共建示范区、胶南市的商业文化游憩中心、宜居创业的幸福家园；产业发展定位为以青岛都市拓展、临港经济技术开发区的建设为发展契机，大力发展以宜居房地产、商务商贸、休闲康体、文化娱乐游憩、物流业为代表的现代服务业。总体布局结构为“一主两次五轴五片”。“一主”指市级的商业核心区。“两次”指两个区级的商业中心。“五轴”指构建老城区的五大道路骨架（东西向的泰山路、铁山路和人民路；南北向的琅琊台路和珠山路）。“五片”分别是铁山路、上海路、长春路和琅琊台路围合的A片区；铁山路、上海路、琅琊台路和风河围合的B片区；长春路、珠山路、琅琊台路和风河围合的C片区；铁山路、西外环、长春路和珠山路围合的D片区；西外路、珠山路、铁山路和风河围合的E片区。

《胶南市东部新区两河西段控制性详细规划及城市设计》 2012年1月经市政府批复实施。规划范围北至临港路、南至风河、西至上海路、东临两河，东南毗邻灵山湾海岸，用地面积约23.81平方千米。规划定位为胶南市行政文化、综合服务、居住生活、休闲旅游中心。

《胶南市东部新区两河东段控制性详细规划及城市设计》 2012年1月经市政府批复实施。规划范围北到长春路、南到海岸线、西到两河东边界、东到白果树河西边界，总用地面积约16.10平方千米。规划定位为建设以环境优美、安居养老为目标的村改示范区，以生态公园、自然山体为核心的唯美居住片区，以滨海度假、商务会议为主导的特色高端滨海旅游度假区。

第四节　勘察设计

工程勘察 1985年，在胶南县测绘队的基础上成立青岛胶南县勘察测绘院，为独立的国有企业法人单位。至2012年底，全市勘察企业除青岛胶南市勘察测绘院外，还有青岛捷达建筑工程咨询有限公司、青岛纬测地理信息有限公司、胶南市水利勘察设计院和青岛科建工程检测鉴定加固有限公司等。1985～2012年，以上5家勘察设计企业共完成建设工程勘察项目2600项，基坑支护设计项目60项。

工程设计 1977年1月，胶南县革命委员会基本建设局下设设计室，1991年2月更名为胶南市建筑设计院（1998年11月改制为股份合作制企业），资质等级为建筑工程乙级。1995年12月，胶南市规划设计院成立，是省建委核定批准的丙级规划设计单位，1996年7月取得建筑设计丙级资质。

至2012年底，全市共有工程设计单位（审查机构）10家。1977～2012年，全市共完成建筑工程设计2450项，包括胶南县人民政府办公楼、胶南市人民医院门诊综合大楼、中国银行胶南支行、胶南市五中、胶南市电影院、胶南市人民会堂、石桥大厦等一批标志性建筑设计。另有灵山卫、大学园区域道路、河道、桥梁等工程的规划设计以及两河、大卢河景观设计，水城污水主管道、海王污水处理厂厂外管道设计，青岛紫斐蓝莓科研加工基地专家公寓效果图和琅琊镇中心小学综合教学楼设计方案等。

2011年6月25日，胶南市老城区详规及城市设计专家评审会召开

第二章 城市综合开发

第一节 东部开发

20世纪90年代中期启动城区东部开发。以胶南经济开发区的开发建设为主体,辐射带动隐珠、灵山卫等区域的建设发展。1995年,将胶南经济开发区内所有土地纳入城市整体控制规划。2000年后,以行政办公中心东迁为标志,东部开发进程明显加快。至2012年,胶南经济开发区由建区时的7平方千米扩展到51.31平方千米,形成了东与灵山卫街道、西与珠海街道、南与滨海街道、北与隐珠街道和临港经济区对接的格局。先后建成行政办公中心、经贸大厦、电力大厦、金石大厦、那鲁湾酒店、鲤鱼门海鲜城等标志性建筑,开通上海路、北京路、滨海大道等高标准道路,开放市民广场、城市阳台、隐珠文化艺术中心等休闲娱乐活动场所,开发一期经济适用房、二期经济适用房、北高家庄农民公寓楼、隐珠山花园城、海韵丽都、贝多芬公馆、保利海上罗兰一期、馨海国际城等居民小区。东部新区道路、供电、供水、排污、通信、燃气、供热、有线电视、防洪、土地平整等方面,全部实现"九通一平"。

第二节 海滨工业园开发

胶南市海滨工业园位于城区南部,北起风河,南至滨海大道,东至黄海岸线,西至市区西外环路。2000年4月启动开发建设,总规划面积27.9平方千米,分为工业区、生活居住区和公益服务区三大区域。

2001年2月,海滨工业园与胶南经济开发区合并,由胶南经济开发区统一管理。珠海街道管辖的袁家村、大哨头、小哨头、肖家庄、大台、小台、大河东、小河东8个村和滨海街道管辖的阡上、小井、顾家崖头3个村共计11个村划归海滨工业园,并成建制归并胶南经济开发区管辖。2001年9月,海滨工业园从胶南经济开发区析出,实行独立开发建设和管理。至2002年6月,完成基础设施投资4.65亿元,开通道路16条,总长48千米;敷设雨污、供水管线总长11万米;架设10千伏工业园专线1万米;绿化面积达46万平方米;园区建成区进行全面亮化。完成开发面积11平方千米,被纳入青岛市重点园区管理。2005年12月撤销海滨工业园,并入胶南经济开发区。

滨海大道以北大卢河两岸鸟瞰(2010拍摄)

第三节 临港经济区开发

青岛临港经济开发区位于城区北部,西至同三高速公路,东至两河,南接胶南市城区,北至黄山经济区。规划面积30平方千米,其中起步区12.88平方千米。园区内产业布局与青岛发展港口经济和建设重工业配套基地及加工区的需要相对接,充分体现青岛港口、海洋、旅游"三大经济"和石油化工、家电电子、汽车制造、新型材料"四大产业基地"特色,总体规划为一心(疏港高速与204国道立交桥)一轴(204国道)七分区。七大功能区分别为外贸出口加工区、机电加工制造产业区、高新技术产业区、临港物流仓储物流区、生活居住区、旅游度假区和公共服务区。

海滨工业园鸟瞰

2003年4月成立青岛临港产业加工区管理委员会，代表胶南市政府对整个园区进行全面管理。2008年，园区建成道路23条52.2千米，桥涵27座，敷设雨污管线208.4千米，安装道路沿石99480米，安装路灯718盏，完成绿化10万平方米，大卢河防洪排水综合治理760米，敷设自来水管线近4万米，燃气管道6.3万米，热力管线2.4万米，基础设施概算总投资7.5亿元。一期开发建设的12.88平方千米范围内，基础设施配套基本达到七通标准。建园之初，在省城乡规划设计院和市城建局编制规划的基础上，着眼于与西海岸景观的有机融合和产业的对接发展，认真学习借鉴国内外先进园区建设精华，大胆引入新颖的设计理念，并聘请日本著名规划设计专家对园区生态概念进行了规划、提升，保证了园区规划的科学性；邀请上海市政设计院、华北市政设计院等国内一流设计院所的知名专家学者，对园区基础设施的配套和建设进行了充分论证、确认和完善，保证了园区配套的前瞻性；按照“九通”标准，对一期12.88平方千米起步区设计进行了专业对接、施工协调，保证了园区规划建设的统一性。在开发区的建设安排上，坚持“规划先行，分期实施，尽力而为”的原则，采取“开发一片，建成一片，收益一片”的做法。到2012年，已建成长春路、长春北路、北环路、北一路、北二路、北三路和珠山东路、上海路、青岛路、北京路、东四路、两河路为主体的“六横六纵”临港快速路网，完善园区以北路网、管网建设并将水、电、气、通讯、供排水等设施全部送至项目红线，为入园项目的顺利推进和投产提供了便利条件，为园区的建设发展奠定了良好基础。

第四节　拆迁改造

2001年11月，在市房管中心设胶南市房屋拆迁办公室，负责全市房屋拆迁工作。截至2012年底，先后完成胶南夜市、胶南市水产品批发市场建设、市人大办公楼、老年人大学、小辛河综合治理工程等22个重点区域的拆迁工作。其中，胶南夜市项目于2000年底开始筹划，2001年被市委、市政府确定为全市三处重点市场建设工程之一，共计搬迁居民248户，拆迁房屋面积39000平方米。

2001～2009年，先后有10个村居2666户进行了拆迁改造，拆迁面积20万平方米，建设安置房5600套48万平方米。其中，珠海街道烟台东村于2003年进行“连体式居民别墅楼”模式的拆建改造，惠及居民1400余户。

2010年，有6个街道(区)的18个村居7067

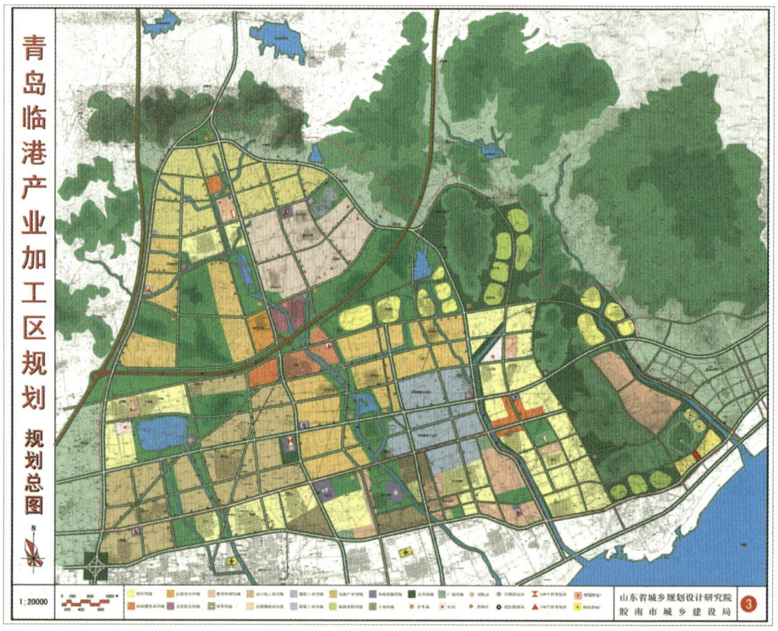

临港产业加工区规划图(2003年)

户实施拆迁改造,改造面积 51 万平方米。其中,灵山卫街道小珠山休闲项目和积米崖港区大岔口村、胶南经济开发区辛屯村等 7 个村居于 2012 年竣工并回迁。胶南经济开发区顾家崖头村、孟家滩村,滨海街道的海崖村、山王村、凤凰村,隐珠街道大卢家疃村及临港经济区象沟头村等 10 个村居安置工程至 2012 年底尚在建设中。

2011 年,珠山街道等 7 个街道(区)实施 10 个村居的拆迁改造,共改造 2835 户,改造面积 25 万平方米。截至 2012 年底,有 3 个村居竣工并回迁,其他 7 个村居的安置工程尚在建设中。是年,珠海街道王戈庄南片区、珠山街道新汽车站片区、滨海街道万德企业片区等 18 个片区完成拆迁面积 60 万平方米。

2012 年,完成珠海街道明月海藻片区、隐珠街道大卢片区、滨海街道三沙路片区等 48 个片区的拆迁,拆迁面积 73 万平方米,占地 147.47 公顷;完成灵山卫街道窝洛子片区、珠山街道环球片区、胶南经济开发区海鲜城片区等 8 个片区的拆迁,拆迁面积 36 万平方米,占地面积 72.73 公顷。

第三章　市政建设

第一节　道　　路

1987 年,县城城区有街道 31 条,建成总长度 42.94 千米,道路总面积 81.80 万平方米,主要有人民路、珠海路、铁山路、珠山路、琅琊台路、文化路等。20 世纪 90 年代以后,城市道路建设步伐加快。先后建成珠海中路、上海路、珠海东路、海王路、北京路、泰山路、温州路、深圳路、宁波路、大连路、海南路、海滨大道、世纪大道、烟台路、环山路、大学二路等 76 条道路,对人民路、珠海路、铁山路、海王路等城区主要道路进行综合整治。

滨海大道(2009 年拍摄)

2006 年,对人民路、大学一路、两河路、秦皇岛路进行扩建,新增道路长度 7.1 千米,道路面积 15.73 万平方米。新建海尔东路、朝阳路、海西东 8 路、灵山卫东 13 路、海西东 17 路、海港路,新增道路长 4.72 千米,道路面积 11.37 万平方米。2007 ~ 2009 年,新建金晖路、大学路等 6 条道路,新增道路长 5.95 千米,道路面积 7.72 万平方米。新建馨海国际周边配套道路 4 条,新增道路长 2.57 千米,道路面积 4.99 万平方米。

改造后的人民路(2011 年拍摄)

2010 ~ 2011 年,新建琅琊台南路、灵海路等 5 条道路,新增道路长 6.06 千米,道路面积 15.6 万平方米。2012 年,新建三沙路、西外环 2 条道路,新增道路长 20.2 千米,道路面积 66.47 万平方米。截至 2012 年底,城区共有道路 145 条,总长 276.67 千米,车行道面积 471.61 万平方米,人行道面积 210.86 万平方米。

2012年全市市政主要道路分布情况统计表

表6－3－1　　单位:米

序号	路　名	起止地点	长度	车行道宽	建造年份
1	海西路(西外环)人行道	风河北坝—泰山路	1350	24	2002
2	西宁路	人民路—泰山路	1100	9	2000
3	永安路	顺河路—泰山路	2000	7	1988
4	珠山路	海滨二路—珠山路与琅琊台路交叉口	4060	12	1954
5	琅琊台路	海滨二路—琅琊台路珠山路交叉口	4630	18	1982
6	黄山路南段	上海路—海王路	750	16	1997
7	黄山路中段	海王路—珠海路	350	14	1998
8	黄山路北段	人民路南30米—泰山路	1600	14	2004
9	灵山路	海王路—泰山路	2400	16	1997
10	上海路人行道	风河北坝—泰山路	3600	24	2000
11	上海中路人行道	泰山路—临港八路	3500	24	2000
12	长城路	琅琊台路—胶河路	1500	14	1997
13	铁山路	上海路—海西路	8400	22	1982
14	人民路	海西路—上海路	5400	16	1981
15	文化路	琅琊台路—牌坊街	1450	8	1968
16	向阳路	琅琊台路—永安路	1750	8	1987
17	珠海路	珠山路—琅琊台路	1200	27	1983
18	珠海中路	琅琊台路—上海路	1800	27	1991
19	珠海东路	上海路—滨海大道	3350	27	1992
20	枣园街	琅琊台路—公园门前	700	7	1995
21	桃园路	琅琊台路—东风路	600	9	1992
22	海王路	琅琊台路—滨海大道	4800	16	1995
23	风河北坝	滨海大道—泰山路	13800	10	1994
24	风河南坝	滨海大道—海西路	9400	10	1994
25	青岛路	海王路—人民路	2700	16	1996
26	青岛中路	泰山路—临港路	1400	16	1996
27	连云港路南段	海王路以南300米—深圳路	900	14	1996
28	连云港路中段	秦皇岛路—人民路	650	14	1996
29	易通路	海王路以南300米—人民路	2600	16	1996
30	宁波路	海王路—珠海路	750	24	2001
31	温州路南段	海王路—珠海路	750	24	2001
32	温州路北段	珠海路—人民路	1200	16	2001
33	海南路	珠海东路—人民路	1090	14	1997

续表 6－3－1

序号	路　名	起止地点	长度	车行道宽	建造年份
34	大连路	滨海三路—连云港路	2600	14	1996
35	深圳路西段	青岛路—北京路	1100	14	1996
36	深圳路东段	北京路—滨海大道	900	27	2001
37	珠山南路人行道	海滨七路—海滨四路	1600	16	2002
38	琅琊台南路人行道	世纪大道—海滨五路	723	24	2002
39	海滨二路	琅琊台南路—珠山南路	1100	16	1999
		珠山南路向西—道路拓宽处	610	10	1995
40	北京路	海王路以南 300 米—临港路	5100	27	1992
41	泉城路	泰山路南 200 米—临港路	1700	8	2003
42	崇文路	泰山路南 400 米—灵海路	1260	14	2003
43	连云港路隐珠段	泰山路—灵海路	430	16	2003
44	易通路隐珠段	泰山路—灵海路	450	15	2003
45	广州路	泰山路—灵海路	890	14	2001
46	灵海路	广州路—青岛中路	2500	17	2003
47	云海路	广州路—北京路	1450	16	2003
48	上海西一路	海滨五路—风河南坝	550	10	2002
49	上海南路	海滨五路—滨海大道	3900	24	2002
50	圣元路	明富大道—世纪大道	2228	14	2002
51	海滨五路	海西路—上海东二路	4600	24	2001
52	海滨六路	珠山南路以西 200 米—上海东二路	2667	14	2001
53	世纪大道	海西路—滨海大道	7200	32	2002
54	明富大道	滨海大道—琅琊台南路	2340	16	2003
55	珠山西二路	海滨四路—海滨五路	457	14	2004
56	峄山东路	世纪大道—海滨七路以南 100 米	553	14	2004
57	峄山西路	世纪大道—海滨七路	435	14	2005
58	长安路	风河北坝—泰山路	1900	14	2005
59	大学西路（环山路）	滨海大道—高峪画苑	5950	12	2005
60	大学二路	小渔路—海边	1080	16	2005
61	烟台路北段	人民路—珠海路	900	14	2005
62	烟台路南段	海王路以南 400 米—海王路	400	16	2005
63	泰山路人行道	人民东路—同三高速入口处	9900	24	2005
64	海滨四路	珠山南路—海西路	1710	14	2005
65	珠山西一路	海滨五路—海滨七路以南 100 米	1210	14	2005
66	海园路	海王路—珠海中路	300	8	2005

续表 6－3－1

序号	路　名	起止地点	长度	车行道宽	建造年份
67	烽台路	华山街—铁山路北 200 米	500	8	2005
68	人民东路人行道	泰山路—上海路	4200	16	2006
69	大学一路	小渔路—海边	1600	16	2006
70	两河路	滨海大道—泰山路	900	24	2006
71	秦皇岛路	海南路－温州路	400	14	2006
72	海西东 18 路	泰山路—灵海路	552	14	2006
73	海尔东路	积米崖 10 号线－滨海大道	633	16	2006
74	海西东 17 路	胶州湾路－滨海大道	1490	20	2006
75	海港路	灵海路－滨海大道	991	16	2006
76	滨海二路	大连路—人民东路	500	16	2007
77	滨海三路	大连路—泰山路	700	14	2007
78	金晖路	泰山路—灵海路	504	14	2009
79	滨海大道人行道	两河路—海王路	2700	32	2009
80	大学路	职教中心北门—大学西路	850	12	2009
81	滨海支线	大学二路—大学三路	700	10	2009
82	馨海国际园东侧路	泰山路—滨海大道	600	16	2009
83	东六路	灵海路—泰山路	1100	12	2009
84	云海路	规划东六路—莱钢地块东边界	500	16	2009
85	琅琊台路	世纪大道—滨海大道	3400	24	2010
86	珠山西二路	海滨二路—海滨五路段	600	11	2010
87	灵 海 路	天津路—广州路	400	16	2010
88	珠山西六路	海滨二路—海滨五路	1120	14	2010
89	临港南一路	西外环—粮库西路	500	10	2011
90	三沙路	滨海大道—鱼池村	9700	24	2012
91	西外环拓宽工程	前湾港路—大珠山驻地	10500	10	2012
92	台东一路	黄山路—台东七路	256	6	1997
93	台东七路	海王路—上海路	545	13	1997
94	台东八路	海王路—上海路	427	10	1997
95	台兴一路	黄山路—台东七路	245	10	1997
96	台兴二路	黄山路—台东八路	403	6	1997
97	台兴三路	台东七路—台东八路	153	6	1997
98	上海路	大庄—大珠山	13540	24	1992
99	泰山路	拔丝厂—西外环	9400	24	1992
100	人民东路	大荒—胶南广城	3910	20	1985
101	琅琊台路	大哨头—小哨头	2240	24	1985

第二节 桥 梁

1988年以前，城区有珠山路王戈庄风河桥（1966年建成，为县城第一座桥梁）、人民路小辛河桥、铁山路小辛河桥和灵海路大卢河桥等较大的桥涵5座。2005年，新建人民路商城处过街天桥、拓宽人民路大卢河桥、翻建人民路两河桥。截至2005年底，城区共有桥梁77座。

2006～2008年，新建大学二路1号桥、孟家滩村豆金河桥等8座，新增桥梁长度104.4米，面积1273平方米。2010～2012年，上海南路新建4座桥梁，西外环拓宽建7座桥涵，新建琅琊台路相公山河、青草河桥，新增桥涵长度104.4米，面积14297平方米。截至2012年底，城区共有桥涵125座，总长度2759米，总面积64674平方米。

滨海大道风河大桥（2007拍摄）

2012年全市城区主要桥梁情况统计表

表6－3－2 单位：米、平方米

序号	桥名	位置	长度	宽度	面积	建设年份
1	豆金河桥	海王路	40	30	1200	1998
2	小辛河桥		38	30	1140	1993
3	小辛河桥	珠海路	37.5	36	1350	1991
4	西冯河桥	人民路	11	28	308	2005
5	大卢河桥		72	28.6	2060	
6	辛庄河桥		9.2	25.2	232	
7	豆金河支流桥		8.4	29.6	249	
8	小辛河桥		47.5	24	1140	1977
9	长安河桥		7.5	30	225	
10	豆金河支流桥	铁山路	4	27.7	111	
11	小辛河桥		41.5	20	830	
12	长安河桥		7.2	34.4	247.7	2001
13	小辛河桥	长城路	24.9	14	348.6	1993
14	小辛河西支流桥		9	20	180	
15	小辛河桥	珠峰街	33	5	165	2003
16	豆金河西支流桥	银桥大街	17	15	255	
17	小辛河桥	珠山路	26	24	624	1994
18	辛河西支流桥		10.5	30	315	
19	风河桥		144	24	3456	1994

续表 6－3－2

序号	桥　　名	位　　置	长度	宽度	面积	建设年份
20	辛河支流桥	东风路	15	10	150	1993
21	辛河支流桥	新华路	20	8	160	1993
22	小辛河桥	琅琊台路	58	21	1218	1984
23	风河桥		136	12	1632	1977
24	豆金河桥	烟台路	26	22. 2	577	2005
25	大卢河桥	大连路	120	26	3120	2002
26	西冯河桥		17	25. 2	428. 4	2005
27	大卢河桥	北京路	48	36	1728	1995
28	西冯河北桥	广州路	20	20	400	2005
29	西冯河南桥		40	20	800	2005
30	西冯河桥	灵海路	11	19. 5	214. 5	1990
31	大卢河桥		64	24	1536	1971
32	西冯河桥	云海路	12	16. 2	194. 4	
33	月牙河桥	圣元路	48	24. 6	1180	
34	峄山河桥	上海东二路	48	23	1104	
35	月牙河桥	上海东一路	48	24. 6	1180. 8	
36	峄山河桥	上海南路	30	39	1170	2003
37	月牙河桥		40	40	1600	
38	青草河桥		70	40. 6	2842	2003
39	峄山河桥	上海西二路	30	25	738	2001
40	峄山河桥	海滨五路	26	40. 4	1050	
41	峄山河桥	海滨六路	13. 6	25. 2	343	
42	月牙河桥	世纪大道	48	53. 6	2572. 8	2003
43	民丰街峄山河桥		24. 6	20	492	2002
44	人民路过街天桥	人民路	44	2. 5	110	2005
45	大学西路 1－9#桥	大学西一路	210	182. 5	4200	2005
46	长安河 1－14#桥	长安河	90. 7	96. 5	621. 7	2005
47	西冯河泰山路南北桥	广州路	60	40	1200	2005
48	大学二路 1#桥	大学二路	74. 4	83	967	2006
49	隐珠桥	泰薛路	76. 4	28	2139. 2	
50	辛庄南桥		30	28. 2	846	
51	辛庄北桥		17. 4	41. 4	720. 36	
52	大荒西桥	琅琊台路	76. 6	28. 8	2206. 08	
53	东辛庄东桥		17	29. 8	506. 6	
54	小哨头东桥		31. 1	15. 1	469. 61	

第三节　排　　水

20世纪90年代以前，城区基本没有排水管网，雨污水通过明沟就近排河。1990～1996年，对小辛河实施了石砌护坡等污染治理工程，并沿小辛河东岸建设北起邓陶水库、南至风河北坝全长13.46千米、直径800毫米的污水主管道，将老城区内南北8条、东西6条支管接入该管道。1998年治理风河，修筑堤坝及清淤16千米。

2001年，清除小辛河西支流淤泥9591.9立方米，铺底筑坝1.1万立方米。2002年实施豆金河治理工程，铺底筑坝1085米。2003～2004年，建设小辛河西岸污水主管道，全长13.1千米，直径1200毫米，老城区内南北3条、东西11条支管接入该主管道；建设豆金河东西两岸污水主管道（西岸北起金海路，南至风河北坝；东岸北起烟台路与豆金河交汇处，南至风河北坝），全长10.78千米，直径1000毫米，城区内南北14条、东西16条支管道接入该主管道。2004年，对峄山河、长安河进行综合整治。2000年4月至2005年12月，海滨工业园内建设雨污水管道139.3千米。

2005～2006年，建设小辛河西西支流、长安河、峄山河、滨海大道东侧、两河东岸污水主管道，全长17.79千米，直径600～1000毫米，收集周边雨污水，雨水就近入河，污水分别接入海王污水处理厂及中科成污水处理厂。建设海尔大道、海港路等5条道路的雨污水管道，全长27.69千米，直径600～1600毫米。

2009年，建设两河路、北京路、大学路等8条道路的雨污水管道，总长34.68千米，直径600～1000毫米。2010年，建设西冯河、琅琊台路、珠山路、馨海国际周边等10条道路的雨污水管道，总长45.38千米，直径600～1000毫米。2011年，进行雨污分流改造，建设泰山路、铁山路、灵山路、豆金河模块等5条道路的雨污水管道，总长32.81千米，直径600～1000毫米。

2012年，建设灵山卫污水主管网10.4千米，收集灵山卫区域污水接入灵山卫污水处理模块。建设上海南路雨污水管道，全长29.1千米。同年，市市政公用事业管理处对管护范围内的排水管网进行普查测绘，建立地理信息系统，对管护范围内管道系统进行管理和查询。完成《胶南市城市排水规划修编》和《胶南市城市管线实施方案》，为管线系统有序建设提供了科学、可靠的依据。

截至2012年，全市雨污水管道总长度1044.76千米，其中雨水管线426.31千米，污水管道379.86千米，雨污混流管道238.59千米。

2012年全市主要排水管网基本情况统计表

表6－3－3　　（单位：千米）

序号	管网名称	起　点	止　点	雨污合流管道	雨水管道	污水管道	建造年份
1	永安路管网	南起顺河路	北至泰山路	1847.34	0.00	405.08	
2	烽台路管网	南起华山街	北至铁山路北170米	572.44	0.00	105.24	
3	东风路管网	南起风河北坝	北至珠峰街	3124.66	489.88	204.34	
4	珠山路管网	南起风河北坝	北至珠山路与琅琊台路交叉口	416.91	2241.37	5628.32	
5	新华路管网	南起风河北坝	北至长城路以北90米	2919.92	0.00	59.01	
6	浮翠街管网	南起人民路	北至铁山路	830.37	0.00	0.00	
7	牌坊街管网	南起珠海路	北至人民路	0.00	354.81	336.49	
8	益民巷管网	南起珠海路	北至人民路	178.88	0.00	0.00	
9	琅琊台路管网	南起风河北坝	北至琅琊台路珠山路交叉口	6303.90	603.48	299.15	

续表 6－3－3

序号	管网名称	起　　点	止　　点	雨污合流管道	雨水管道	污水管道	建造年份
10	珠峰路管网	东起琅琊台路	西至珠山路西 170 米	948.00	647.10	0.00	
11	金贵路管网	东起琅琊台路	西至新华路	1027.27	0.00	0.00	
12	中原街管网	东起珠山路	西至中医院	0.00	166.23	166.25	
13	华山街管网	东起中医院	西至永安路	633.42	0.00	93.51	
14	文化路管网	东起琅琊台路	西至牌坊街	1884.66	652.64	121.05	
15	向阳路管网	东起琅琊台路	西至永安路	1895.19	0.00	0.00	
16	枣园路管网	东起琅琊台路	西至公园东墙外	876.06	0.00	0.00	
17	桃园路管网	东起琅琊台路	西至东风路	1232.62	0.00	0.00	
18	滨河路管网	东起琅琊台路	西至新华路	553.62	0.00	0.00	
19	顺河路管网	东起珠山路	西至永安路	553.62	0.00	0.00	
20	海王路管网	东起滨海大道	西至东风路	11356.8	816.70	0.00	
21	珠海路管网	东起滨海大道	西至珠山路	15275	1268.30	0.00	
22	人民路管网	东起泰山路	西至海西路	3420.55	11768.48	13607.10	
23	长城路管网	东起上海路	西至珠山路以西 750 米	4802.71	57.02	0.00	
24	金海路管网	上海路	黄山路	388.25	0.00	3432.48	
25	长春路管网	东起西河路	西至西外环	5644.81	11700.03	11562.19	
26	观海路管网	南起珠海中路	北至人民路	47.93	123.57	817.19	
27	银桥大街管网	东起灵山路	西至石桥路	652.64	325.90	65.24	
28	海南路管网	南起珠海东路	北至人民路	2338.68	93.56	0.00	
29	深圳路管网	东起滨海大道	西至青岛路	3327.63	763.67	1164.83	
30	大连路管网	东起滨海三路东 50 米	西至连云港路	2531.48	2381.47	280.59	
31	秦皇岛路管网	东起温州路	西至青岛路	2601.01	630.86	44.35	
32	石桥路管网	南起海王路	北至铁山路	1302.58	282.40	2290.50	
33	海园路管网	南起海王路	北至珠海路	0.00	0.00	508.92	
34	黄山路管网	南起上海路	北至泰山路	531.29	3741.97	4315.10	
35	青岛路管网	南起海王路	北至长春路	4079.55	1027.44	1038.69	
36	连云港路管网	南起汕头路	北至灵海路	2186.08	0.00	93.33	
37	易通路管网	南起海王路以南 400 米	北至人民路	4185.63	0.00	0.00	
38	宁波路管网	南起海王路	北至珠海东路	1342.00	0.00	0.00	
39	温州路管网	南起海王路	北至人民路	2531.48	976.40	1016.21	
40	滨海二路管网	南起大连路	北至人民路	537.37	1018.01	938.92	
41	滨海三路管网	南起大连路	北至泰山路	526.49	1171.20	1308.15	
42	滨海四路管网			0.00	769.82	846.08	

续表 6－3－3

序号	管网名称	起　　点	止　　点	雨污合流管道	雨水管道	污水管道	建造年份
43	滨海五路管网	南起海滨大道	北至泰山路	0.00	1719.61	998.62	
44	广州路管网	(隐珠)南起泰山路	北至灵海路	0.00	1788.18	495.99	
45	滨河二路管网	南起海滨大道	北至人民路	0.00	1012.46	932.92	
46	滨河三路管网	南起海滨大道	北至人民路	0.00	1173.65	813.17	
47	天津路管网	(隐珠)南起人民路	北至长春路	3308.84	0.00	0.00	
48	泉城路管网	南起泰山路南200米	北至长春路	1164.09	0.00	0.00	
49	灵海路管网	东起广州路	西至青岛路	1316.46	807.99	0.00	
50	云海路管网	东起天津路	西至北京路	1578.61	0.00	615.66	
51	崇文路管网	南起泰山路南400米	北至灵海路	2660.96	0.00	0.00	
52	东海路管网	东起泉城路	西至北京路	631.43	0.00	0.00	
53	南海路管网	东起泉城路	西至北京路	591.88	0.00	0.00	
54	渤海路管网	泉城路	北京路	631.43	0.00	0.00	
55	上海路管网	南起风河北坝	北至长春路	3640.02	7300.50	2700.67	
56	海西路管网	南起风河北坝	北至泰山路以北160米	2516.47	0.00	2824.16	
57	台东路管网	南起上海路	北至海王路	1604.94	0.00	100.40	
58	台东八路管网	南起上海路	北至海王路	0.00	0.00	333.42	
59	台兴四路管网	东至黄山路	西至石桥路	184.46	0.00	0.00	
60	风河北坝管网	东起豆金河西岸	西至海西中路	2132.07	0.00	21094.81	
61	小辛河管网	南起风河北坝	北至长春路	6537.54	0.00	6251.24	
62	豆金河管网	南起风河北路	北至金海路	4612.52	0.00	4557.43	
63	老城区暗渠管网	琅琊台路	人民路	2220.01	0.00	0.00	
64	海滨二路管网	西起西外环	东至琅琊台路	1423.70	471.30	1879.10	
65	风河南岸管网	西起琅琊台路	东至污水处理厂	985.00	0.00	3105.40	
66	海滨四路管网	西起西外环	东至珠山路	0.00	4079.80	1996.40	
67	海滨五路管网	西起西外环	东至上海东二路		8368.30	5568.80	
68	海滨六路管网	西起珠山路	东至上海东二路	1923.30	3132.70		
69	世纪大道管网	西起西外环	东至海滨大道		12896.10	5932.40	
70	海滨七路管网	西起西外环	东至圣元路		5876.60	5026.90	
71	海滨八路管网	西起琅琊台路	东至海滨大道		4720.60	1780.80	
72	海滨九路管网	西起珠山西二路	东至圣元路		1900.60	506.30	
73	海滨十路管网	西起琅琊台路	东至海滨大道		3861.10	1478.70	
74	海滨十二路管网	西起琅琊台路	东至圣元路		3508.70	2675.40	
75	明富大道管网	西起琅琊台路	东至海滨大道		4672.40	2169.20	

续表 6－3－3

序号	管网名称	起　点	止　点	雨污合流管道	雨水管道	污水管道	建造年份
76	海滨大道管网	南起西外环	北至世纪大道		5817.40	354.10	
77	圣元路管网	南起明富大道	北至世纪大道		3960.60	4719.30	
78	上海东二路管网	南起世纪大道	北至海滨五路		1547.50	723.80	
79	上海东一路管网	南起明富大道	北至世纪大道		4718.30	2342.70	
80	上海南路管网	南起海滨大道	北至海滨五路		7327.90	4417.20	
81	上海西一路管网	南起海滨五路	北至风河		1438.60	616.50	
82	上海西二路管网	南起海滨十路	北至海滨五路		6280.10	2543.10	
83	204 国道管网	南起西外环	北至海滨五路	2555.30	3114.50		
84	琅琊台路管网	南起海滨大道	北至海滨五路		7734.30	7064.70	
85	珠山南路管网	南起 204 国道	北至风河	3725.10	4289.20	3151.60	
86	袁家村南北街管网	南起峄山河	北至海滨二路		532.70	497.70	
87	珠山西一路管网	南起海滨七路	北至海滨五路		2644.20	1885.50	
88	峄山东路管网	南起海滨七路	北至世纪大道		1346.40	1286.40	
89	峄山西路管网	南起海滨七路	北至世纪大道		1411.90	1468.60	
90	西外环管网	南起海滨大道	北至风河		12582.10	1448.70	
91	小辛河西支流管网	南起与小辛河交界处	北至长春路		102.22	798.13	2005
92	长安河东侧管网	南起风河北坝	北至泰山路			1821.58	2005
93	峄山河管网	西起西外环	东至三河交汇处			6541.10	2006
94	滨海大道东侧主管网	东起两河路	西至海王路	3156.87	1109.51	3701.40	2006
95	两河东岸管网	南起海滨大道	北至泰山路北	4714.78	0.00	1690.33	2006
96	烟台路管网	南起珠海路	海王路	1054.88	2125.84	870.35	2006
97	海西东 18 路管网	泰山路	灵海路	552	552.00	1104.00	2006
98	海尔东路管网	积米崖 10 号线	滨海大道	633	633.00	633.00	2006
99	海西东 17 路管网	胶州湾路	滨海大道	1490	1490.00	1490.00	2006
100	海港路管网	灵海路	滨海大道	991	991.00	1982.00	2006
101	两河路管网	南起泰山路	北至长春路	0.00	4331.90	2442.62	2009
102	北京路管网	南起海王路以南 400 米	北至长春路	2204.60	4258.64	3552.96	2009
103	大学路管网	东起大学城门口	西至大学西路		857.70	888.90	2009
104	大学一路管网	东起海边	西至大学西路		4169.20	1285.30	2009
105	大学西路管网	南起六和社区	北至海滨大道		1554.80		2009
106	滨海二路管网	大连路	人民东路	500	1000.00	1000.00	2009

续表 6-3-3

序号	管网名称	起　　点	止　　点	雨污合流管道	雨水管道	污水管道	建造年份
107	滨海三路管网	大连路	泰山路	700	1400.00	1400.00	2009
108	金晖路管网	泰山路	灵海路	504	1008.00	1008.00	2009
109	珠山路管网	海滨二路	峄山河		1070.00	1030.00	2010
110	金晖路管网	南起泰山路	北至灵海路	1217.26	0.00	0.00	2010
111	琅琊台路管网	世纪大道—滨海大道		3400	6800.00	6800.00	2010
112	珠山西二路管网	南起海滨五路	北至海滨四路		823.80	870.60	2010
113	珠山西六路管网	南起海滨五路	北至海滨二路		2103.40	1010.30	2010
114	西冯河管网	北起长春路	大卢河东岸		1509.00	6496.00	2010
115	馨海国际园东侧路管网	泰山路	滨海大道	600	1200.00	600.00	2010
116	云海路管网	规划东六路	莱钢地块东边界	500	1000.00	1000.00	2010
117	临港南一路管网	西外环	粮库西路	500	1000.00		2011
118	豆金河模块管网	北起上海路	南至风河北坝			3800.00	2011
119	灵山路管网	南起海王路	北至泰山路	5772.09	4240.57	96.32	2011
120	铁山路管网	东起上海路	西至海西中路	5447.88	8071.38	4847.28	2011
121	泰山路管网	东起与人民路交界处	西至同三高速入口	0.00	22456.96	12249.09	2011
122	灵山卫主管网	东起积米崖港区	西至朝阳山			10400.00	2012
123	上海南路管网	北起滨海大道	南至鱼池村		19400.00	9700.00	2012

第四节　污水处理

20世纪90年代以前，全市生活污水采用直接排放方式。1996年3月，市政府投资3000万元建设胶南市污水处理站，位于市区连云港路南端、风河入海口北侧，占地面积76万平方米，采用人工芦苇湿地处理工艺，设计日处理污水6万吨，经处理后的污水可达到国家二级排放标准，1997年10月建成并投入运行。

2004年5月，在世纪大道以北、风河以南规划土地20公顷，新建中科成污水处厂，一期工程于2005年6月投入运营，日处理污水6万吨。是年10月，海王纸业污水处理厂与市污水处理站整合为青岛海清环保科技有限公司，2007年2月正式运行，日处理污水3万吨。2006年，市区产生污水2398.8万吨，集中处理2250.1万吨，污水集中处理率为93.8%。

2009年，市职教中心污水处理站建成启用，日处理污水4500吨，处理后的污水达到国标一级B标准。是年，海王污水处理厂投资1480万元进行升级改造，采用混凝土+沉淀+活性砂过滤工艺，2010年1月正式运行，出水水质执行国标一级B排放标准。2009年12月，中科成污水处理厂对一期工程进行升级，同时启动二期扩建工程，2010年10月通过验收，新增污水处理能力4万吨/日，出水水质执行国标一级B标准。

2011年1月，灵山卫污水处理厂一期工程由银河水务股份有限公司中标承建，正式运行后日处理污水3万吨，出水水质执行国标一级B标准。2012年2月，中科成污水处理厂三期扩建工程开工建设，扩建规模5万吨/日，并对一、二、三期工程加盖除臭。设计出水水质达到国标一级B标准。除臭工程收集一、二、三期预处理单元与污泥处理单元臭气，采用生物滤池处理工艺，设计处理后厂界浓度达到国标大气污染物二级排放标准。是年10月，市自来水公司污水处理厂开工建设，位于海口路以南、豆金河以东、风河以北，设计日处理能力1万吨，正式运行后出水指标满足《城市污水再生利用景观环境用水水质》的标准。

截至2012年底，全市日污水处理能力达到13.45万吨。年内市区共计产生污水4846万吨，污水处理厂集中处理4671万吨，污水集中处理率为96.4%。

第五节 照　明

1988年以前，胶南城区仅在人民路等主要道路安装路灯321盏，且多为单臂灯，灯杆与供电线杆合用。1990年以后，安装路灯范围不断扩大，路灯质量不断提高。2000年以来，先后对上海路、泰山路、北京路、温州路、宁波路、深圳路、海王路、琅琊台路、易通路和滨海大道等76条道路安装了路灯。2003年7月，供电公司将路灯管理移交至市城建局，成立路灯管理办公室，专门负责路灯养护与管理工作。2005年9月，安装63台海德勤节电器，年可节省财政资金约100万元。2009年3月，安装80台城市照明监控终端，根据光照度控制城市路灯启闭。2010年进行路灯节能改造，更换LED路灯6766盏、节能灯524盏。是年，先后在同三高速铁山出口、疏港高速大庄出口、珠海中路与上海路交叉口等31处主要道路节点实施景观亮化。截至2012年底，全市城区共架设路灯杆10343根，安装灯头17627盏，城区亮灯率达到98%以上，外观完好率达到100%。

第四章　公用事业

第一节　城区供水

1987年，县自来水公司拥有3个水厂，为城区5万多人口年供水884.8万立方米。1990～1998年期间，新增供水能力6.5万立方米，保证了城区供水。其中，1990年3月至1993年7月，在铁山乡丙村西投资建设第四水厂，新增日供水能力1万立方米；1994年4月改扩建第一水厂，使其日净水能力达到1.5万立方米；1997年启动“西水东调”工程（从陡崖子水库引水至城区），陆续建设了陡崖子泵站、第五水厂（位于张家楼石河头村西）、峄山高位水池等，累计铺设供水管道35000米，投资5100万元，于1998年7月竣工后，新增日供水能力4万立方米。2002～2004年，实施海滨工业园和临港产业加工区以及城区东部新区的供水配套工程。2007年7月，“西水东调”二期净水厂建设竣工。2012年，城区日供水能力达到18万立方米，全年供水2936万立方米。

2008年5月20日，胶南市城市供水九五规划专家论证会召开

1987～2012 年全市(县)城区供水情况统计表

表 6－4－1　　(单位:万立方米)

年份	供水量	其中	
		工业用量	生活用量
1987	838.8	452.2	386.6
1988	866.1	505	361.1
1989	979.12	635.03	344.09
1990	941.3	560.7	375.80
1991	993.4	563.8	390.85
1992	1218.1	679.9	440
1993	1168.5	616.6	397.4
1994	1271.3	688	375
1995	1206.7	625	333
1996	1356.1	717.1	340.8
1997	1694.5	878.5	349.2
1998	1750	988	368
1999	1994.7	1015.4	330
2000	1962	1060	344
2001	2289	1306	374
2002	2519	1944	356
2003	2495	1648	374
2004	2654	1577	417
2005	2763	1606	376
2006	2765	1376	432
2007	2894	1281	447
2008	2755	961	388
2009	2851	1184	720
2010	3142	1354	861
2011	3074	1379	829
2012	2936	1168	892

第二节　供　　电

电网建设　1987 年,全县城乡电网有王台、胶南 2 座 110 千伏变电站,灵山卫、王台、泊里、大场、六汪、大村、琅琊 7 座 35 千伏变电站,35 千伏以上输电线路 1924 千米,10 千伏配电线路 1369 千米,配电变压器 1624 台 12.7 千伏安。

500 千伏琅琊变电站(2008 年摄影)

1988 年以后,随着经济社会的发展,胶南电网建设进入高速发展期。其中,220 千伏大庄变电站和 500 千伏琅琊变电站分别于 2003 年 7 月和 2006 年 6 月建成投运,进一步优化了电网结构。

截至 2012 年底,全市配置 110 千伏变电站 6 座,35 千伏变电站 16 座;配置 110 千伏送电线路 167.1 千米,35 千伏送电线路 379.9 千米,10 千伏配电线路 1959.91 千米,0.4 千伏配电线路 2231.3 千米;配置 110 千伏变压器 12 台 515000 千伏安,35 千伏变压器 31 台 391500 千伏安,10 千伏变压器 5572 台 1865212 千伏安,已经形成高中低压相匹配、结构合理、安全可靠的现代化供电网络。

1988~2012 年全市(县)送、配、变电设施情况统计表

表 6-4-2

年份	送电线路(千米)		配电线路(千米)		变压器(台/千伏安)		
	110 千伏	35 千伏	10 千伏	0.4 千伏	110 千伏	35 千伏	10 千伏
1988	23	168.5	1289.3	930.5	2/40000	7/19300	1702/131463
1989	23	176.9	1423.3	963.9	2/40000	9/31300	1734/147720
1990	22.4	184.2	1449.7	974.8	2/40000	11/34900	1767/150860
1991	22.4	184.2	1459	983	2/51500	12/36900	1801/160914
1992	54.5	184.2	1480.1	1003	3/71500	12/36900	1870/172604
1993	54.5	190.6	1501.2	1016	3/71500	12/44700	1956/184869
1994	74	162	1507	1022	3/83000	13/47900	1996/190139
1995	74	162	1513	1029	3/83000	15/64000	2070/211104
1996	74	185	1522	1873	3/83000	15/68000	2147/230109
1997	74.1	192.2	1551.2	1896	3/83000	16/84000	2211/243965
1998	74.3	220.6	1559.8	1919	6/166000	17/94000	2287/261960
1999	74.5	235.5	1592.1	1940	6/166000	17/99000	2370/279855
2000	74.5	235.5	1612.1	1990	6/166000	17/102200	2500/320855
2001	75.1	249.1	1880.5	2072	6/166000	22/180000	2746/327070
2002	81.4	253.2	1892.3	2078	6/166000	23/135200	3042/444943
2003	109.2	288.7	1795.9	2078	8/247500	23/141200	3426/508130

续表 6－4－2

年份	送电线路(千米)		配电线路(千米)		变压器(台/千伏安)		
	110 千伏	35 千伏	10 千伏	0.4 千伏	110 千伏	35 千伏	10 千伏
2004	103.0	236.0	1942.0	2138	8/247500	24/186000	3885/607660
2005	103.4	235.2	1992.9	2035	10/311000	24/191000	4020/737290
2006	109.0	268.6	2008.9	2102	10/311000	26/227000	4048/850770
2007	109.5	271.7	1814.7	2213	10/311000	28/267000	3736/673511
2008	109.3	308.5	1822.56	2214.1	10/310500	28/264000	3615/1098618
2009	127.3	323.1	1837.29	2215.6	10/322000	28/271500	4049/1271788
2010	132.9	324.6	1846.31	2220.3	12/422000	28/301500	4517/1514698
2011	154.0	330.5	1855.39	2228.6	14/548000	28/316500	5033/1676222
2012	167.1	379.9	1959.91	2231.3	12/515000	31/391500	5572/1865212

用电　1988 年,全县总用电量 19456.7 万千瓦时。20 世纪 90 年代以后,随着经济和电网供电能力的快速发展,用电量急剧增长。2012 年,全市总用电量 197046.4 万千瓦时,是 1988 年的 10.1 倍。其中,非工业、普通工业用电量 147685.5 万千瓦时,是 1988 年的 11.5 倍;居民生活用电量 40823.4 万千瓦时,是 1988 年的 15.2 倍;农业生产用电量 8357.3 万千瓦时,是 1988 年的 6.4 倍。

1988～2007 年全市(县)用电量分类情况统计表

表 6－4－3　　单位:万千瓦时

年份	总供电量	城市用电				农村用电					
		电量	非、普工业	居民生活用电	其他用电	电量	农业生产	非、普工业	村以下工业	居民生活用电	其他用电
1988	19456.7	11256	9920.2	316.1	1019.7	8200.7	1309.5	2912.6	1111.7	2366.1	500.8
1989	21330.6	12532.5	11324.3	343.8	864.4	8798.1	1325.6	3004.7	1282.8	2540.9	644.1
1990	23423.1	13830.9	12527.5	431	872.4	9592.2	1372.6	3257.6	1215.7	3221.2	525.1
1991	26058.1	14635.7	12908.4	621	1106.3	11422.4	1461.9	3795.7	1486.2	4051.7	626.9
1992	29608	15962.3	14133.6	592.2	1236.5	13645.7	1510.3	4699.2	1972.5	4552.2	911.5
1993	34138	18968.2	17105.8	736.6	1125.8	15169.8	1466.5	5295	2470.6	4820.1	1117.6
1994	34709	18287	16119	1023	1145	16422	1475	5687	2750	5460	1050
1995	38493	20717	18060	1213	1444	17776	1648	6297	2702	6070	1059
1996	43587	24080	21057	1514	1509	19507	1941	6825	2606	6852	1283
1997	48997.2	28622.3	24842.8	1697	2082.5	20374.9	1935	6472	2648.7	7866	1453.2
1998	51539.6	31683.2	27582.2	1789.4	2311.6	19856.4	1860.3	5955.6	2671.9	8305.3	1063.3
1999	56994.1	34527.4	30168.7	1804.2	2554.5	22466.7	2034.7	7295.2	3870.9	7962.8	1303.1

续表 6－4－3

年份	总供电量	城市用电				农村用电					
		电量	非、普工业	居民生活用电	其他用电	电量	农业生产	非、普工业	村以下工业	居民生活用电	其他用电
2000	66557.6	40656.7	35935.6	2042	2679.1	25900.9	2249.5	8173.8	5051.3	8816.8	1609.5
2001	74155.2	44258.7	39311.4	2041.1	2906.2	29896.5	2413.1	9424	6448.6	9697.6	1913.2
2002	87953.3	51767.5	46187.8	2117.9	3461.8	36185.8	3139.1	20928	—	9245.4	2873.3
2003	98088.1	56093.3	49756.5	2249.0	4087.8	41994.8	3786.8	24371.9	—	9857.6	3978.5
2004	103777.5	54356.9	44175.4	5199.4	4982.1	49420.6	6411.4	22868.4	—	15645.7	4495.1
2005	127589.5	49364.8	41675.5	7689.3	—	78224.7	2944.7	60458.6	—	14821.4	—
2006	133407.3	61441.8	52445.8	8996.0	—	71965.5	3096.5	51580.6	—	17288.4	—
2007	136839.1	56312.1	47186.2	9125.9	—	80527.0	3933.7	58064.5	—	18528.8	—

注：表中“—”为取消的统计指标。“其他用电”指，党政军、事业单位、学校等用电

2008—2012 年全市用电量分类情况统计表

表 6－4－4　　单位：万千瓦时

年份	总售电量	非工业、普通工业	农业生产	居民生活用电	其他用电
2008	128725.0	98565.0	4056.0	25721.0	383.0
2009	139958.8	107571.8	4275.0	27978.2	133.8
2010	168549.9	131119.9	4756.7	32387.2	286.1
2011	179831.3	138629.8	6019.4	34874.8	307.3
2012	197046.4	147685.5	8357.3	40823.4	180.2

注：2008 年，国家调整电量分类统计模式，其统计口径发生变化，故分路段列表

城乡电价　2002 年以前，由于农村低压电网基本处于 20 世纪 70 年代的用电水平，技术装备水平低、设备陈旧简陋，供电线路半径长、线径细，许多农村线损率超过 20%，加之滥收费、偷漏电等问题，农村结交电价一般为 0.66 元/千瓦时。2002 年 4 月 1 日起，全市实现城乡居民生活用电同价，同价水平为 0.52 元/千瓦时。2003 年 12 月 1 日起，执行农灌电价 0.75 元/千瓦时，非普工业 0.92 元/千瓦时，非居民照明 0.96 元/千瓦时，照明电价不变。此后分别于 2006 年 7 月 1 日和 2009 年 11 月 20 日先后两次对分类电价进行调整。2012 年，根据国家发改委、山东省物价局有关文件要求，自 2012 年 7 月 1 日起，对居民生活用电试行阶梯电价。

2008 年 3 月，为大珠山风景区敷设电缆现场

第三节 燃 气

境内液化气供应始于1980年。1984年,县液化气站建成并投入运营,实行凭证供应。1988年,城区有液化气供应站5处,年供气2600吨。1990年以后,液化气供应逐步市场化,全市液化气供应企业逐年增多。2000年10月,青岛胶南华燊燃气有限公司成立,注册资金1120万元,储气能力90万立方米,经营区域为西城区两河路以西、上海路以东、人民路以南、风河路以北区域,铺设燃气管道45千米,签订合同7400户,供气用户860户。2003年10月,青岛新奥胶南燃气有限公司成立,注册资金300万美元,经营区域为隐珠街道、临港产业区,城区两河路以西、海西路以东、海西东路以南、滨海大道以北区域。2005年底,该公司投资9266万元建设门站1座,铺设管道147千米,签订合同7800户,供气用户530户,燃气气化率达到98.1%。2009年11月,青岛西海岸实华天然气有限公司落户胶南,开发建设管道燃气,经营区域为董家口港区、西城区风河以南、海西路以西、滨海大道以南区域。

青岛新奥燃气有限公司(2007年拍摄)

2012年,全市有燃气企业39家,其中液化气经营企业34家,液化气供应点2家,管道燃气企业3家;城市天然气门站1处,天然气汽车加气站2处。全市共铺设燃气管网501.3千米,其中高压管道91.9千米,中低压干管190.55千米,庭院支管218.85千米。发展管道合同用户64096户,其中居民用户63999户,工商用户97户。天然气最高日供应量达12.4万立方米。液化石油气用户57060户,年供气量约1.5万吨。城市燃气气化率达100%,城市管道燃气气化率达52%。

第四节 供 热

1980年12月,县化肥厂热电车间建成35T/H集中供热锅炉一台,利用背压蒸汽对城区十几家企业及采暖用户进行集中供热。1987年9月,县热电厂(胶南市易通热电有限公司前身)建成投产,对城区北部蒸汽供热。1989年,第二热电厂(青岛恒光热电有限责任公司前身)建成投产,对灵山卫镇部分区域蒸汽供热。其间,县化工厂、县肉类联合加工厂(青岛德维集团有限公司前身)、造纸厂(青岛海王纸业集团前身)等企业也先后建成集中供热系统对周边区域供热。1996年5月,胶南市供热办公室成立,负责对城区实施集中供热行业管理。1996~1999年,相继在珠海小区、滨河小区和文化路小区分别建设区域热水锅炉房和热电联产锅炉,通过水暖方式对居民及公用建筑实施集中供热。2003年,青岛德维热电厂和青岛海王纸业集团热电厂陆续建成并对外供热。2008~2010年,对老城区的100万平方米、1万多户居民楼进行分户供热改造,由上供下回老供热系统改造成分户供热系统。从2008年开始,各供热企业陆续实施高温循环水供热改造,代替汽水换热供热方式。2011年,对老城区无供热设施配套的居民建筑进行供热设施配套,实现集中供热全覆盖。

易通博源热电厂(2004年拍摄)

2012年,全市有胶南市易通热电有限责任公司(拥有广源、馨源、博源3个热电厂)、青岛海西热电有限责任公司、青岛明月海藻集团明月热电厂和青岛恒光热电有限责任公司4家热电联产企业通过供热经营许可审查。4家企业共有蒸汽锅炉17台,供热能力1095T/h,年总供热量730万吉焦,供热主管线892.95千米,集中供热面积从2000年的88.8万平方米,增加到2012年的1238.08万平方米,集中供热率达到72%。其中,易通热电公司承担城区80%的供热面积。

第五章　镇村建设

1996～1997年,进行全市第一轮小城镇总体规划正式编制。1998年,实施泊里、藏南等22处乡镇的规划方案。同时印发《关于加快重点小城镇建设的意见》,从资金及政策方面提供保证,并逐步确立隐珠、王台、泊里的重点镇地位。2001年,全市小城镇建成区面积达到45.35平方千米。

2003年开始重新修订和完善小城镇建设规划,并普遍编制详细规划和专业规划,确立小城镇发展的近期、远期目标和总体发展思路。2005年,胶南市小城镇规划全部编制完成并批复实施。2008年开始加大对试点村庄规划的编制力度,财政拨款30万元,重点对隐珠街道大荒村、泊里镇河北村、琅琊镇台西头村、大珠山镇瓦屋村和王台镇庄家茔村等进行村庄规划编制,其中大荒村、台西头村、庄家茔村的规划已经胶南市政府批准实施。

2003～2012年,全市小城镇建设平均每年投入资金9亿多元,重点用于道路、供排水、教育、卫生等基础设施建设及商住房开发和绿化、美化、亮化等。

第一节　基础设施建设

2000年前,全市乡镇基础设施投资较少,建设滞后。2001年开始投入大量人力、物力、财力,加大对乡镇基础设施建设的力度,乡镇基础设施建设逐步完善。

2001年,全市各小城镇基础设施投资1.02亿元,建成31座供水厂(日供水1.91万立方米),敷设供水管道251.2千米,用水普及率100%。铺设道路315千米,安装路灯2845盏,绿化覆盖面积930公顷,人均公共绿地3.32平方米。2002年,基础设施投资2.08亿元,新增道路面积59.15平方米,新安装路灯2461盏。2003年,基础设施建设投资1.81亿元,新开通道路43.07千米,新安装路灯1331盏,新增绿地面积23.72公顷,新增给排水管道86.61千米。全市小城镇新增建成区面积4.32平方千米,新增人口2万人。2004年,基础设施投资1.32亿元,新增道路面积54.83万平方米,道路硬化率70%。2005年,基础设施建设投资0.61亿元,小城镇新增建成区面积41公顷,新增人口0.31万人。

2006年,在隐珠街道北高家庄村、珠山街道宋家庄村、张家楼镇大泥沟头村、琅琊镇台西头村、藏南镇长阡沟村试点,建成模块化农村污水处理设施。在泊里镇、王台镇、张家楼镇、琅琊镇、宝山镇、大村镇、藏南镇、黄山经济区、铁山街道进行农村垃圾集中收集试点,每镇配备2台摆臂式垃圾运输车,建设135座小型垃圾转运站。2007年,全市小城镇新开通道路长度4.3千米,新增道路面积19.7万平方米。

2008年,基础设施投资7102.8万元,新开通道路5千米,新增道路面积4.5万平方米;新增公共绿地2.8公顷,累计建成区绿地覆盖面积388.4公顷。2009年,基础设施投入5900万元,新增城镇建成区面积9.6公顷,新铺设给排水管道1.37万米,安装路灯70盏,新增公共绿地2.62公顷。2010年,基础设施投入1.27亿元,新增城镇建成

区面积68公顷，铺设给排水管道2.12万米，新安装路灯962盏，新增公共绿地6.52公顷，全市城市化水平达到58.17%。

2011年，基础设施投入3.91亿元，新增城镇建成区面积4.95公顷，新铺设给排水管道1.07万米，新安装路灯640盏，新开通道路面积11.41万平方米，新增公共绿地40.25公顷。2006～2011年，全市投入5800多万元实施农村电网升级改造，建成10个电气化镇、297个电气化村。2012年，基础设施投入1.21亿元，新铺设给排水管道4320米，新安装路灯669盏，新硬化道路面积11.41万平方米，新增公共绿地20公顷。是年，在泊里、海青、六汪3个镇开通管道燃气，城镇燃气普及率达95%；在城区和泊里镇之间启动城乡公交一体化试点。

第二节　中心镇、重点镇建设

泊里镇　2000年，被青岛市人民政府确定为"青岛市重点镇"；被省政府评为"省中心镇"。2001～2007年，总投资约2000万元，对镇驻地海泊一路、藏马路等重要道路进行修复、拓宽、硬化、亮化、绿化。铺设污水、供水管道1万多米。新架设10千伏线路6千米，改造16千米。在泊里东河、西河两岸及二中校院内外实施园林式高标准绿化工程，绿化面积达2.5万平方米。建成3处公共服务中心以及南波湾市场、中泽购物超市等。

青岛市重点镇——泊里镇新貌

2008～2012年投资3.68亿元，主要完成48个村庄47万多平方米街道的硬化工程、镇驻地供排水管网改造工程、新建海泊一路大桥工程、二中西路等重点路段的配套改造工程和镇村环境综合整治工程。

王台镇　1985～2000年，王台镇建设进程比较缓慢，主要工程有修建台南路商业街、台中路、台北路、集贸市场、台北路东段和台景路，以及部分路段的路面硬化、亮化、绿化。2000年，被青岛市人民政府确定为"青岛市重点镇"，被山东省政府评为"省中心镇"。

2001～2003年，将镇东部工业园和青岛（王台）高效农业示范园纳入城镇发展总体框架。镇驻地建成区面积达到6.3平方千米，人口3.2万人。先后投资363万元，安装供排水管道13428米，路灯60盏。实施错水河镇区段综合整治工程，使之成为一条集蓄水、观光、休闲、灌溉等功能于一体的风景河。2003年，经国务院体改办小城镇发展中心批准，被列为全国小城镇综合改革试点镇。2004年被建设部评为"全国重点镇"。

王台镇新貌

2004～2009年，投资2000多万元对镇区进行综合整治。治理河道4500米。建成天龙花园、大地花园等10个规模较大的住宅小区，总建筑面积48万平方米。利群超市和盛客隆超市先后建成并投入使用，建筑面积1.42万平方米。王台镇中心小学迁建，建筑面积1.2万平方米。胶南市第三人民医院门诊楼原地拆迁改造，投资750多万元新建两栋综合楼，总建筑面积7500平方米。2010～2012年，投资6800万元，对204国道等4条道路实施综合整治工程，硬化及修补道路16.8万多

隐珠街道新貌(2012年拍摄)

楼,其他村民住进8栋公寓楼。自来水入户率、有线电视入户率均达100%,电话入户率达98%。

自2011年开始,张家楼镇大泥沟头村先后实施旧村“穿衣戴帽”工程和乡村文明行动,粉刷房屋墙壁4万余平方米,硬化村内大街小巷30余条,石砌排水沟12000余米,户户通水泥路。同时,建设“达尼农民画廊”、山泉公园、文化广场,进行苑庄河、山泉河综合整治,村容村貌明显改观。

危房改造 2009年开始对农村弱势群体的危房进行改造。采取户主自建和镇政府统一施工两种方式,视情进行修缮加固、拆除重建、空闲房安置、配建安置等。2009年,财政补助资金428.9万元(其中青岛财政补助202.4万元,胶南市财政补助191万元,镇财政补助35.5万元),改造农村危房506户。2010年,财政补助资金529.2万元(其中青岛财政补助271.2万元,胶南市财政补助258万元),改造农村危房678户,惠及1600余人。2011年,财政补助资金911.8万元(其中青岛财政补助291.8万元,胶南市财政补助620万元),改造农村危房775户。2012年,财政补助资金1094.4万元(其中青岛财政补助729.6万元,胶南市财政补助364.8万元),改造农村危房912户。

平方米;绿化道路33余万平方米;铺设及清理各类管道15250米;建设各种文化健身休闲广场,总占地面积约20000平方米。

隐珠街道 1995~2005年,先后投入城镇建设资金2亿多元,实施道路硬化、电网改造、供排水、电话镇等一批重点基础设施建设工程。开发建设了经济适用房、商贸市场等服务配套设施。建成集文化、休闲、娱乐等功能于一体的镇文化广场,占地4.67公顷,投资1500万元,成为展示隐珠“两个文明”建设成果的标志性工程。2004年,隐珠镇镇域面积约98平方千米,建成区面积达6.7平方千米,人口近4.8万人,用水普及率达到100%,城镇化率达到69.15%。城区绿化覆盖率达到41%,人均绿地面积13平方米。全镇有线电视入户率、自来水普及率均达到100%,电话入户率达到60%以上。1999年,被建设部评为“全国小城镇示范镇”。2000年,被青岛市人民政府确定为“青岛市重点镇”。2004年,被建设部评为“全国重点镇”。

第三节 村庄改造

整体村改 1999年2月,隐珠镇北高家庄村文明村庄规划建设工程启动。总投资3000余万元,历时两年改造完成,71户村民住进别墅

北高家庄村新貌(2007年拍摄)

第六章 房地产业

第一节 房地产开发

1987年11月,胶南县城建综合开发公司(青岛慧海实业集团有限公司前身)成立,为县城乡建设委员会直属自收自支事业单位,至20世纪90年代末,先后开发建设了滨河小区、珠海小区、新华小区、辛河商业街、创业大厦、立业大厦等工程。

2000年前后,随着商品房建设步伐的加快,多家房地产公司先后成立,但只能开发建设档次偏低的单栋住宅或规模较小的住宅区以及部分拆迁安置房和经济适用房,房价基本在每平方米600~700元。2002年涌现出较多的新开发住宅项目,房价为每平方米1000~1400元,部分规划好、配套相对完善的小区单价接近2000元。2003年商品房价格涨到每平方米2400元,平均涨幅近1000元。2004年商品房交易量64.6万平方米,每平方米均价2554元;二手房每平方米均价2100元,交易量17.58万平方米。

保利·海上罗兰房地产项目

2005年,商品房投资额11.14亿元,施工面积186.3万平方米,其中住宅165.9万平方米。新开工面积65.4万平方米,其中住宅56.1万平方米。竣工面积49万平方米,其中住宅44.2万平方米。实际销售面积56.6万平方米,其中住宅52.9万平方米。住宅每平方米均价2768元,商业用房每平方米均价3232元。

2008年,全市房地产开发企业达到80家,其中二级资质等级4家,三级资质等级15家,四级资质等级22家,暂定资质等级39家,房地产从业人员3350余人。是年,全市商品房投资26.04亿元,新开工面积173.1万平方米,其中住宅138.16万平方米,商业用房21.42万平方米,竣工面积94.8万平方米;实际销售面积47.2万平方米,其中住宅面积35.4万平方米,每平方米均价3600元。

青岛光大集团办公楼

2012年,全市共有注册房地产企业108家,其中二级11家,三级13家,四级17家,暂定资质59家,村镇资质8家。年内完成房地产投资52.63亿元,新开工商品房面积207.4万平方米,其中住宅面积136.2万平方米;竣工面积117.5万平方米,实际销售面积85.5万平方米。

2005～2012 年全市商品房开发建设情况统计表

表 6－6－1　　单位：万元、万平方米、元

年份	总投资额	施工面积	新开工面积	竣工面积	住房单价
2005	111356.9	186.3	65.4	49.0	2768
2006	185187.5	251.9	120.5	68.8	2839
2007	160523.0	223.4	81.3	49.9	3276
2008	260400.0	363.8	173.1	94.8	3601
2009	248987.3	365.9	120.1	75.5	4134
2010	390875.1	377.2	126.6	70.2	4951
2011	510123.3	371.9	128.7	95.8	5815
2012	526343.5	456.4	207.4	117.5	6900

2012 年全市主要房地产企业及项目情况统计表

表 6－6－2

企业名称	创建(进入胶南)时间	资质	主要开发项目
青岛隆海集团有限公司	1998.6	二级	珠海苑、现代嘉园、金地花园、隆海海之韵
青岛光大集团有限公司	1998.7	二级	光大商务中心、海韵丽都一期、光大银都
青岛康大房地产开发有限公司	1998.4	二级	世纪新村、滨海新村(二期房)、奥海园小区、海港花园
青岛天一集团樱珠山房地产开发有限公司	2000.11	二级	天一畔城一期、天一畔城二期、樱珠苑、红旗小区
青岛金海滨置业有限公司	2002.4	二级	海滨花园、世纪家园、金河丽城
青岛亿联置业有限公司	2004.12	二级	黄海小区
青岛万德房地产开发有限公司	2001.2	三级	万德花园、德海苑北区、德海苑南区
青岛泰发置业有限公司	2002.4	三级	泰发花园(3 号、4 号、5 号楼)
青岛黄岛发展(集团)有限公司	2004.9	三级	山水新城一期、山水新城二期、怡佳天然
青岛吉安置业有限公司	2005.12	三级	隐珠街道四期农民经济适用房、珠山街道台后安居工程
青岛灵山湾开发建设有限公司	2008.10	三级	山水新城三期、大卢家疃经济适用房
胶南市大地房地产有限公司	1997.7	四级	隐珠、灵山卫等供销社综合楼、二期经济适用房 11 号、14 号、15 号楼等
青岛天宇房地产开发有限公司	2002.11	四级	天宇花园 5～16 号楼

第二节　保障房建设

1993 年以前，胶南实行住房实物分配。1993 年 3 月，印发《胶南市城镇住房住房制度改革实施方案》，实行以分步提租发补贴、租房缴纳抵押金、缴存住房公积金和出售公有住房为内容的住房制度。当年落实分步提租发补贴、租房缴纳抵押金和缴存住房公积金政策。1996 年，在珠海三区建设安居工程。1999 年 2 月，印发《胶南市进一步深化城镇住房制度改革实施方案》，停止住房实物分配，推行住房分配货币化；印发《胶南市经济适用住房开发建设管理暂行办法》，解决无住房户、住房困难户和低收入户的住房问题。1999 年 3 月，

2012年胶南市保障性安居工程建设项目集中开工仪式

第一期经济适用房开工，总投资2.1亿元，共建设住房2461套25万平方米，于2000年3月交付使用，每平方米平均售价650元。2000年2月，二期经济适用房项目（滨海新村）开工，2001年竣工，共开发约32万平方米，每平方米平均售价800元。2007年1月，胶南市开始实行廉租住房补贴发放制度，40户符合廉租住房保障条件的低保家庭领到补贴。2008年，租赁住房补贴标准由2007年的每月每平方米使用面积补贴6元提高到10元；保障面积标准由家庭人均住房建筑面积10平方米提高到15平方米。

2010年，在山水新城住宅小区配建经济适用房300套，限价商品房504套，廉租住房108套。2011年1月开始进行保障性住房的申请、审核等工作，经村（居）、镇（街道）、市三级公示后，通过公开摇号方式，选出保障性住房入围名单及选房顺序号，顺利完成入围申请人和候补入围申请人的看房、选房及合同签订工作。2011年，在隐珠街道大卢家疃村片区改造时，配建240套经济适用房。2012年4月，山水新城三期开发时配建廉租住房100套、经济适用住房110套。

第三节　产权产籍和市场信息管理

1993年以前，房产产权产籍由市建委房管处和各乡镇政府或村组织管理。1993年成立市房产管理中心及房产交易监理所，负责全市产权产籍管理工作，主要采用人工管理模式。2007年与青岛市国土资源与房产管理局联网，引用青岛市房地产测绘、签约、登记、备案软件系统，启用二代身份证识别器、数码相机、扫描仪等硬件设备，提升了现代管理档次。至2012年底，库存房产档案17万余卷，抵押档案11万余卷。2007年，房管系统并入青岛市房地产信息化系统网络后，市民可通过青岛网上房地产网站了解相关信息。2012年共有118家房地产企业，280多个商品房楼盘供居民选购。

第四节　公积金管理

1993年3月，胶南市住房资金管理中心成立。1993年4月开始缴存职工住房公积金。2003年5月，市住房资金管理中心划归青岛市住房公积金管理中心管理，更名为青岛市住房公积金管理中心胶南管理处。1993年4月至2003年12月，市住房资金管理中心委托境内建设银行、工商银行和农业银行办理缴存业务。2004年以后自行运营。

归集业务　1993年4月至2003年12月，全市共有604个单位41607人缴存职工住房公积金。2004年1月至2012年12月，全市累计缴存单位984个，累计缴存职工5.63万人，累计归集总额19.2亿元，住房公积金年末余额由2004年的1.88亿元增长到2012年的13.94亿元。

支取业务　1993年4月至2003年12月，共支取职工住房公积金0.8亿元。2004年1月至2012年12月，职工累计提取公积金13.65亿元。

贷款业务　2000年1月开始职工个人住房贷款业务。2000年1月至2003年5月，共办理职工个人贷款509户，发放职工个人住房贷款0.6亿元。2003年6月至2012年12月，累计发放职工个人住房公积金贷款9581户13.36亿元。累计贷款余额 8.58 亿元，贷款户数 7337 户，贷款逾期率一直控制在 0.49‰以内。

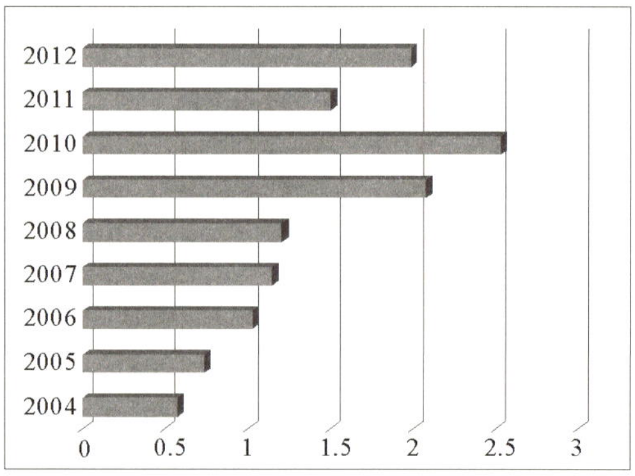

图 6－6－1　2004～2012 年全市公积金贷款发放额（亿元）统计图

随着贷款规模的不断增长，增值收益由 2004 年的 315 万元增加到 2012 年的 2029.2 万元。2004 年 1 月至 2012 年 12 月，累计实现增值收益 1.67 亿元。

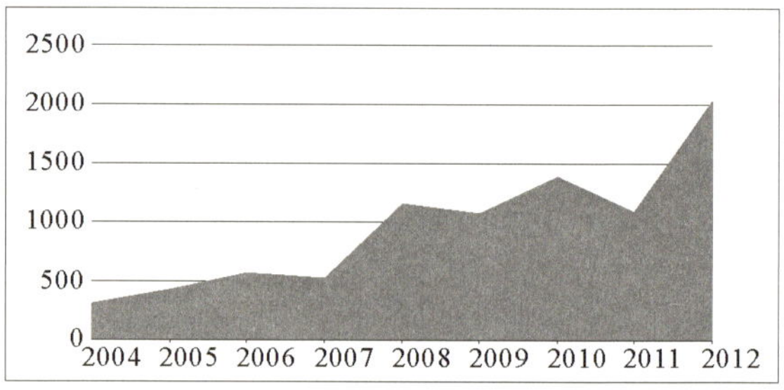

图 6－6－2　2004～2012 年全市公积金增值收益（万元）统计图

第七章　建 筑 业

第一节　行业管理

1988 年，全县共有 24 家建筑企业，多数为乡镇集体企业。2000 年以后，建筑企业开始进行结构性调整，进入房地产等行业。2005 年，全市建筑企业中有总承包企业 41 家、专业承包企业 10 家、劳务企业 8 家。2012 年，全市建筑企业有施工总承包企业 45 家，其中一级企业 4 家，二级企业 15 家，三级企业 26 家；专业承包企业 41 家，其中二级企业 8 家，三级企业 33 家；劳务企业 29 家，其中一级企业 23 家，二级企业 6 家。

2012 年全市一、二级建筑总承包企业情况统计表

表 6－7－1

企业名称	级别	评级时间
青岛亿联集团股份有限公司	一级	2002.6.28
胶南市建筑工程公司	一级	2010.10.14
青岛飞宇建设集团有限公司	一级	2010.10.14
青岛星火建筑工程有限公司	一级	2011.1.31
青岛光大集团工程有限公司	二级	2002.6.18
青岛东方恒升集团有限公司	二级	2002.6.18
青岛泰华集团有限公司	二级	2002.6.18
青岛北城建设工程有限公司	二级	2005.9.14
青岛康大诚鑫建筑安装工程有限公司	二级	2006.11.8
青岛东方悦达建设工程有限公司（原胶南万德建筑有限公司）	二级	2006.11.8

续表 6-7-1

企业名称	级别	评级时间
青岛金原建筑工程有限公司	二级	2008.8.31
青岛天一建设集团有限公司	二级	2008.8.31
青岛亿佰建工集团有限公司	二级	2008.11.28
青岛万怡东方建设集团有限公司(原山东兴华建设集团胶南工程有限公司)	二级	2009.10.20
青岛聚源建设集团有限公司	二级	2010.7.16
青岛琅琊建筑有限公司	二级	2010.12.13
青岛荣宏建筑安装工程有限公司	二级	2010.12.13
青岛红塔建筑工程有限公司	二级	2011.11.20
青岛恒基土木工程有限公司	二级	2012.1.11

质量管理 1985年8月,成立胶南县建筑工程质量监督站(以下简称质监站),隶属县建委,开始建筑工程质量监督工作。1996年,质监站对200多项单位工程进行回访和复查,质量监督覆盖面达到95%以上。1997年3月,质监站内部成立市工程质量检测站,负责对建设工程所用材质达标情况的检查测验。2008年,质监站改为股份制企业,更名为青岛诚达工程检测有限公司。2000年,按照青岛市建委的要求,胶南全面禁止使用预制楼板,所有在建工程采用现浇板。2004年在工程主体施工中全部使用商品混凝土。2012年,全市工程质量检测单位增至5家。

安全管理 1993年以前的建筑业安全管理主要由市建筑总公司施工管理科负责。1993年,市建委设立建筑业管理科,全面管理建筑业企业的建筑施工安全工作。1997年5月撤销建筑业管理科,成立市建筑业管理处。2006年1月,市建筑施工安全监督站成立。行业主管部门和建筑企业内部各项安全管理制度逐步健全和完善。2007年,创建山东省建筑施工安全文明工地5个、青岛市标准化管理示范工地27个。建成区施工现场标准化管理达标率100%,镇村及园区工程标准化管理达标率达80%以上,全年未发生建筑安全死亡事故。2010年,全市在建工程131项,建筑面积468万平方米。创建山东省安全生产文明工地5项,其中单体工程13个。创建青岛市标准化示范工地53项,其中单体工程148个。"示范工地"创建通过率100%,镇村及园区工程标准化管理达标率达到80%以上。

2012年,创建青岛市标准化示范工地62项,其中单体工程350个。示范工地创建通过率100%,建成区施工现场标准化管理达标率100%,镇村工程施工现场标准化管理达标率80%。3个工程项目51个单体工程顺利通过"山东省安全文明工地"验收,1个工程项目8个单体工程通过"山东省建筑施工安全文明小区"的验收。全年未发生安全责任事故。

施工队伍管理 1988年,胶南县有建筑从业人员1.53万人。1993年12月,成立胶南市建筑业培训服务中心,负责建筑业岗位技术培训工作。至2012年底,共培训施工员、质检员等14种岗位管理人员7777人,瓦工、抹灰工、钢筋工等12个工种22108人,全市具有二级建造师以上资格人数达到768人。

招投标管理 1988年以前,胶南的建设工程项目主要以计划经济模式确定承建单位。从20世纪90年代中期开始,在建筑市场逐步推行招投标制度。2000年,成立市建设工程交易中心,将房屋建筑、市政、园林绿化、水利、交通等项目全部纳入有形建筑市场,由市城建局建筑业管理处招标投标科实施工程监管,对工程报建、资质审查、招投标、委托监理、开工许可等环节实行一站式管理,一条龙服务。2007年7月,市公共资源交易中心成立,建设工程招投标进入公共资源交易中心交易，由市行政审批中心、城建局、监察局共同监督。

第二节　建筑企业

建筑施工企业　市属企业　1958年，胶南县建筑公司成立。至20世纪70年代末，全县所有基本建设工程都由县建筑公司完成。1991年改称胶南市建筑工程公司，为市属集体股份合作制建筑企业，具备建筑业一级企业资质。1991年成立市修建公司，为市城乡建设委直属集体企业，2005年9月更名为青岛聚源建设工程公司，2007年11月改制为有限责任公司，具备建筑业二级企业资质。

乡镇企业　1973年开始，全县各公社陆续成立社办建筑企业。到1988年共有乡镇集体建筑企业23家。20世纪80年代末90年代初，在胶南市建筑公司带动下，以胶南镇建筑公司、张家楼建筑公司、红石崖镇建筑公司、王台镇建筑公司、薛家庄乡建筑公司等为代表的乡镇集体建筑企业一度占有青岛市区建筑市场50%的市场份额。1995年以后，各乡镇建筑企业开始实行企业改制。至2012年底，只有张家楼建筑公司、信阳建筑公司、海青建筑公司等少数企业保留乡镇集体企业性质。

民营企业　1995年开始，各乡镇建筑企业实行股份制、股份合作制、租赁、出售等多种形式的改革，大多改制成为股份制民营企业。1998年以后，建筑市场越来越大，新成立的股份制民营建筑企业也越来越多。至2012年底，全市共有民营建筑企业90家，其中总承包企业38家，专业承包企业22家，劳务分包企业30家。2012年完成建安产值51亿元。

监理企业　1993年以前，胶南尚未施行监理制，施工现场质量安全监督管理由企业自检及市(县)建委抽检。1994年6月成立市建设监理公司，隶属市城乡建设委员会。2005年12月改成股份制，更名为青岛建通工程管理有限公司。截至2012年末，全市共有4家监理企业，从业人员达到400人。累计监理房建、市政等各类项目2190个，监理面积3014万平方米。

混凝土、砂浆搅拌企业　20世纪之前，建筑用混凝土、砂浆都由人工借助于小而简单的搅拌机来合成，进入21世纪，陆续出现预拌混凝土专业公司。截至2012年末，全市共有预拌混凝土企业14家，其中二级资质企业3家，三级资质企业11家；有预拌砂浆企业4家。

第三节　主要建筑工程

胶南市邮电通信大厦　1991年5月开工，1992年12月竣工。由胶南市邮电局建设，山东省邮电设计院设计，胶南市一建公司总承包施工。位于珠海路南、石桥路东，占地13300平方米，规划建筑面积7300平方米，主楼为框架结构。

大世界商场　1991年12月开工，1992年11月竣工。由青岛建筑设计院设计，胶南市宏华建筑安装工程公司施工。位于人民路以南，东风路以西。总投资550万元，建筑面积5000平方米，主营业楼6层。

大众商场　1992年11月开工建设，1993年7月竣工。位于人民路以南、琅琊台路以东。3层框架结构，建筑面积16000平方

青岛金原建筑工程有限公司

米，总投资800万元。

胶南商业大厦　1992年3月开工，1993年9月竣工。由青岛商业设计院设计，胶南市建筑工程公司施工。位于人民路以南，琅琊台路以西。框架结构，总建筑面积10227平方米，其中主营业楼7层9277平方米，仓库、食堂附属设施1000平方米。总投资1370万元。

胶南市体育中心　1998年6月开工，是年12月竣工。由胶南市兴城建筑安装工程公司总承包施工。位于珠海中路以南、琅琊台路以东。总建筑面积9282平方米，总投资479万元。其中，体育用房及综合楼为框架结构，建筑面积约5000平方米。体育看台建筑面积4282平方米，南北长140米。

胶南市广播电视教育中心　1999年7月开工，2000年9月竣工。由青岛高科园规划建筑设计院设计，中国建筑一局（集团）有限公司施工。位于北京路以东，深圳路以北。总投资2000万元，建筑面积11700平方米。A区10层，框架剪力墙结构。B区2层，框架结构。C区1层，砖混结构。D区2层，框架、砖混结构。

市行政办公中心　2000年2月开工，2001年竣工，由青岛建设集团001工程公司施工。位于珠海路以北，深圳路以南，宁波路以东，温州路以西，占地91300平方米。其中，办公楼占地36000平方米，广场绿化占地5.53公顷，总投资9000万元。建筑面积23715平方米，其中地下室3340平方米，地下1层，地上12层。建筑总高度为51米，为独立柱基基础、框架剪力墙结构。

市国税局办公楼　2000年4月开工，2001年7月竣工。由中国石油天然气华东勘察设计研究院设计，中建八局第一建设有限公司施工。位于珠海路以南、深圳路以北、温州路以东，占地面积18471.5平方米，总投资3800万元。建筑结构主体12层，总建筑面积12000平方米。

胶南市人民医院综合门诊楼　2001年9月开工，2002年8月竣工。总装备部工程设计研究院设计，中建八局第一建设有限公司施工。东邻琅琊台路、南邻人民路。总投资2300万元，占地面积3500平方米。建筑总高度52.2米，主楼12层、地下1层、裙楼2层，框架剪力墙结构。

胶南市第一中学新校区　2002年开工建设，2006年全部交付使用。位于广州路中段，建筑面积85134平方米，校舍总投资12747.2万元。由胶南市建筑设计院设计，青岛东方恒升集团有限公司施工。

阳光大厦　2005年开工，2007年11月竣工。市国资公司投资，中建八局第四建设有限公司施工。位于北京路以东，大连路以南。建筑高度99米，共26层，地下1层，框架剪力墙结构，总建筑面积4.84万平方米，总投资1.8亿元。

经贸大厦　2005年12月开工，2011年9月竣工。建学建筑与工程设计院设计，中建八局第一建设有限公司施工。位于温州路以东、珠海路以南。建筑高度139米，共33层，其中地下3层。框架剪力墙结构，总建筑面积8.4万平方米。2009年11月，整体出售给青岛东方金石置业投资有限公司，更名为胶南市东方金石大厦。

经贸大厦（东方金石大厦）

电力大厦　2006年3月开工，2008年9月竣工。建学建筑与工程设计院设计，中建八局第一建设有限公司施工。位于宁波路以西，深圳路以南，东临新行政办公中心。占地18300平方米，总建筑面积33739平方米，工程总造价1.5亿元。采用钢筋混凝土筏板基础，框架剪力墙结构，地下1层，地上25层，建筑高度99.9米。

鲁中家居购物广场（红星美凯龙全球家居生活馆） 2008年3月开工，2010年2月竣工。青岛鲁中投资有限公司投资建造，江苏建兴建工集团有限公司施工。位于人民路380号，占地面积3.2公顷，建筑面积11.2万平方米，营业面积10.2万平方米。

那鲁湾格林兰大酒店 2008年开工建设，2012年4月竣工，由青岛腾远设计事务所有限公司设计，莱西市建筑总公司施工。位于滨海大道1288号，地上38层，地下2层，框架结构，总建筑面积19.87万平方米，喜来登集团经营管理。

胶南职业教育中心 位于大学科教园区，规划占地面积43.47万平方米，建筑面积22.21万平方米，总投资5亿多元。2008年6月，一期工程开工建设。2010年初，单体工程全部完工并交付使用。建筑总面积达9.3万平方米，包括主教学楼、4栋实训楼、2栋学生宿舍楼和学生食堂。2010年12月二期工程开工建设，2011年4月全部工程竣工并交付使用。主要包括1号、2号教学楼，现代服务实训楼，一食堂，5号宿舍楼等建筑单体及相关配套设施。

胶南市委党校新校 2009年8月开工建设，2011年9月竣工。位于大学路以南、环山路以东，占地4公顷，建筑面积21892平方米，总投资约6700万元。

城市规划展馆 位于城市阳台，2011年5月开工，是年11月竣工，由市国有资产经营管理有限公司投资，山东金鹏钢结构幕墙有限公司施工。占地面积1.4公顷，建筑面积3500平方米，总投资6000万元。整体建筑2层，高13.8米。

第八章 城市管理

第一节 市容整治

1995年之前，市容整治以治理店外经营，规范自行车、摩托车随意停放为主。之后，管理范围不断扩大，执法日益规范。1997年，对主要街道和路段开展市容秩序、户外广告、占道经营的整治活动。1999年，集中对中、小学校园周边进行集中整治，对校园周边乱摆摊设点的小商小贩进行彻底清理，并与学校建立定期联系走访制度。

2000年，实行“定人、定岗、定责”的路段管理岗位责任制。2003年，将城区街道划分为严禁、严控、控制三类，推行区域级差管理。

2005年5～12月，为创建省级文明城市，开展以整

拆除高炮广告牌

治占道经营、户外广告、合理规范摊点为主要内容的市容环境综合整治。2007 年,市政府印发《关于建立健全违法占地违章建筑查处工作机制的意见》。2010 年开始试行市场化运作,将城区主要道路的违法小广告清理工作承包给专业保洁公司。

2011 年,在北京路、海王路等 6 条道路进行建筑立面整修和门头牌匾整治,共粉刷建筑外立面 9.23 万平方米,立面清洗 11.23 万平方米,立面污损修复 1156 平方米,网点整治 2.3 万平方米;清理回收珠海路、人民路、海王路、铁山路等路段电话亭体 500 个。2011 年,编制完成城市道路摊点设置导则,解决城区临时占路市场和集贸市场占道经营问题。2012 年,实施“素质提升工程”“文明形象提升工程”“求实形象提升工程”“为民形象提升工程”和“爱心形象提升工程”五大工程,优化城市环境秩序。

第二节　环境卫生

1991 年 9 月前,城区环境卫生保洁工作由市(县)爱国卫生委员会负责,采取属地化管理模式。1991 年 9 月开始由市城建局环境卫生管理处承担城区环境卫生的管理和保洁工作。1998 年 8 月,城区环境卫生由属地管理改为统一管理,由简单的道路清扫转变为环境卫生综合管理。

道路保洁　1991 年,市环境卫生管理处配有保洁工 14 人,只对珠山路、人民路等几条街巷进行保洁,保洁工具是小推车、大扫帚和铁簸箕等。1995 年,购置大型扫地车用于路面清扫。1998 年 8 月,市环境卫生服务站对城区主要道路实行统一清扫。2004 年,城区保洁面积 271 万平方米。2009 年,城区保洁道路达到 95 条,总面积达 595 万平方米。保洁范围东至两河路,南至大学一路(滨海街道除外),西至海西路,北至大庄。截至 2012 年,配置道路洒水车 6 辆,扫路车 5 辆。实行“作业定片、管理定格、保洁定点”的网格化管理模式,对道路进行机械化清扫和洒水降尘,实行“机械清扫为主、人工保洁为辅、洒水冲洗为补充”,主干道机械化清扫率 100%,次干道机械化清扫率 76%。

全市城乡环境综合整治工作会议召开(2010 年拍摄)

垃圾收运　1992 年,胶南环卫部门配备第一辆垃圾运输车。1994 年开始用吸粪车机械吸粪。1998 年,在孟家滩东侧建成第一座密闭式中转站。2005 年,出台城乡环卫一体化实施方案,建立乡镇垃圾中转站和村级垃圾收集系统。2006 年,借创建国家卫生城市之机,各单位、村居、网点及小区逐步完成露天垃圾池(箱)改造,将露天堆放全部更换为密闭式垃圾桶。2012 年,城区日产生活垃圾 340 余吨,使用 20 辆垃圾压缩车进行密闭化清运。

垃圾处理　20 世纪 90 年代以前,城区生活垃圾一直送往乡村作为农肥。1991 年 4 月,在孟家滩建立垃圾堆放场 1 处,对城区垃圾进行覆土填埋。2003 年 5 月,青岛路垃圾转运站建成并投入使用,日清运垃圾 80 吨。

2008 年底,引进青岛胶南绿茵环保科技有限公司建成城市生活垃圾厌氧发酵沼气发电项目,位于海滨工业园中科城污水处理厂东侧,占地 5.33 公顷,设计规模为 600 吨/日,投资约 1.6 亿

环卫自动清扫车

元，经营期限30年，实现了城市生活垃圾处理无害化、资源化和减量化的目标。是年，该项目获取国家发改委批准的中央预算内资金3000万元专项资金扶持。

2009年6月，大新庄城市生活垃圾无害化填埋场建成，占地面积1.46公顷，工程总投资260万元，处理工艺为卫生填埋，日处理340吨，总填埋量为25万吨。2010年3月，被省建设厅评定为二级无害化垃圾处理场。

公厕建设与管理 2004年以前只有会堂、卫校等17座（地槽式水冲厕所或旱厕）公厕。2004年5月，将公厕管理作业推向市场，城区40座公厕全部进行水冲式改造。2005年新建公厕45座，增设移动厕所两座。所有公厕严格落实维护保养、清扫保洁及消杀措施，做到定人、定岗、定责，全天候专人保洁，夜间值班，巡回冲刷，并按时开、关灯，蚊蝇滋生季节按时喷洒药物，粪便清掏和无害化处理率达到了95%以上。2012年，城区公厕73座，全部免费对市民开放。

第三节　园林绿化

1980年，全县建成区面积仅约5平方千米，没有公园和街头绿地，城区绿化仅限于人民路、珠山路、东风路、新华路、铁山路、向阳路等道路绿化。除人民路的水杉、向阳路的黑松外，其他路段绿化树种基本为法国梧桐。

1989～1991年，实施珠海路（西段）综合配套绿化工程，采取立体绿化模式，建设隔离带、绿化带。1991年，建成占地1公顷的桃园路游园绿地。1994年，建成占地1.53公顷的风河西支流两侧游园绿地。1995年，建成占地1.13公顷的北三角游园绿地和占地5.33公顷的工人文化宫广场游园绿地。1996年，对风河城区段两岸进行综合配套绿化，两岸各建成宽50米的绿化带，分段大面积栽植黑松、金丝柳、樱花、国槐等观赏树种。1998～2004年，分三期实施上海路绿化，北起疏港高速公路，南至风河桥头，全长8368米，两侧绿地各55米，总绿化面积95.37万平方米。

从20世纪90年代末开始，对老庭院和新建单位实施高标准的庭院绿化。其中，2010年完成庭院绿化18.26万平方米。截至2012年，有86个单位被评为“青岛市花园式单位”，12个住宅小区被评为“青岛市花园式小区”，14个单位被评为“山东省花园式单位”，2个住宅小区被评为“山东省花园式小区”。

双珠公园全景

2000 年以后,以创建“国家园林城市”和“国家卫生城市”为目标,园林绿化工作步入快车道。2004 年实施双珠公园绿化改造,栽植乔木 4811 株,灌木 19200 株,花卉 66237 株,播种草坪 53318 平方米;实施泰山路绿化,绿化面积 41.18 万平方米;实施市行政办公中心生态广场绿化,绿化面积 10.7 万平方米。2006 年,实施市民休闲健身场地建设工程,在海滨大道绿地、文化宫绿地、东风绿地等 7 处区域绿地、主要道口大面积栽植楸树、法国梧桐、构树等遮阴乔木。2008 年,实施市行政办公中心区域的绿化提升工程,改造绿地面积 4.7 万平方米。2009 年,实施大卢河、两河路、海南路、温州路、烟台路、北京路等多处绿化工程和风河双珠公园段 30 米绿化带绿化改造工程,新建改造绿地 12.3 万平方米,完成道路绿化 2583 平方米。2010 年,实施滨海大道绿化工程和疏港高速大庄出入口区域、滨海新村、泰山路、北京路改造提升工程及珠海路、宁波路、人民路等 7 条道路景观绿化综合整治工程,共新建改造绿地近 100 万平方米。

2011 年,在滨海大道、上海路(风河至疏港高速大庄出入口)、泰山路、海西路、前湾港路和北京路等城市出入口和道路节点实施增绿提升工程,并沿滨海大道、上海路建设集步行道、自行车健身道、滑板娱乐道为一体的“城市绿道”36 千米;在珠山路交长城路和黄山路交上海路东北角、西北角等人员居住相对密集处建设 10 处休闲健身场地,新建绿地 59 万平方米,改建绿地 187.2 万平方米,栽植各类乔灌木 18 万余株,栽种时令草花 249 万株。2012 年,新建绿地 74.15 万平方米,改建绿地 9.159 万平方米,重点实施城区重要节点绿化工程、西外环隔离带绿化工程、滨海大道三叶草及珠海路绿篱改造工程、三沙路绿化工程、海水浴场景观绿化工程,在滨海大道(两河路至辛积路)南侧绿化带内建成城市绿道 10 千米。

1998 年,胶南市被评为首批“山东省园林城市”;2006 年 1 月,被建设部授予“国家园林城市”称号,成为青岛市首个获此殊荣的县级市;2009 年,荣获“山东人居环境奖”。截至 2012 年末,全市城市建成区园林绿化面积达 2310 公顷,绿化覆盖率 45.33%,绿地率达 40.53%,人均公共绿地面积 13.75 平方米。

第四节　物业管理

1993 年前,住宅小区基本由建房单位或住房产权单位自行管理和维修。居民楼院的环境卫生,部分由环卫工人清扫,住宅楼单元和楼梯通道由住户打扫。住户的水、电费大都由职工所在单位收齐后,按月或季度统一交给自来水和供电公司。

1993 年开始实施一系列城镇住房制度改革政策。企事业单位不再负责职工住房的投资、分配和管理,且将单位原有房产及已经房改的住房委托物业管理公司经营管理。1994 年,市房地产开发总公司下设房地产物业管理公司,公司实行自负盈亏,独立核算,为全民所有制企业。滨河小区、新华小区、辛河商业街、珠海小区等区域,逐步实施物业综合性专业化管理,并推行有偿服务。1995 年,各居民小区成立物业管理站。1998 年,市政府印发《胶南市住宅小区物业管理试行办法》和实施细则。此后,物业企业陆续注册成立。

2003 年 4 月,市城乡建设局印发《胶南市物业管理考核奖惩办法》,促使物业管理企业提升服务质量。2005 年开始逐步建立和完善招投标制度。在招标试点的基础上,对一些老旧小区先进行片区整合,再招标选聘物业服务公司进行管理。先

隆海·海之韵景观(2010 年拍摄)

后对滨河小区，珠海一、二、三区等小区进行物业招投标。对新建物业小区全面实行招投标，书面确认前期物业服务合同和业主公约，使购房人在买房的同时买到公开透明的物业管理，并登记备案。

2006年，先后印发《贯彻落实青岛市物业管理条例的实施意见》《胶南市物业管理定量考核实施意见》和《胶南市"十佳"小区评分细则和标准》等一系列文件。2008年，在实施《胶南市物业管理考核奖惩办法》的基础上，按照"细化考核、分类指导"的监督管理原则，进一步建立健全物业管理综合考核体系。

至2012年，全市登记注册物业管理企业62家（本地注册49家，外地进入13家），其中一级资质的6家（皆非本地注册），二级资质的7家（其中5家为本地注册），三级资质的49家，管理总面积超过30万平方米的5家。物业管理从业人员近5000人，实行物业管理的住宅小区（楼宇）、商场、学校、写字楼等建筑面积达856万平方米。

服务收费　1994～2005年，全市所有住宅项目的收费标准均为建筑面积每月0.1元/平方米。2006年4月，市政府印发《胶南市住宅小区公共性服务收费管理办法》。10月，对全市物业服务收费标准进行调整，建立起"菜单式"物业服务收费体系。同时，修订和完善《胶南市物业管理定量考核实施意见》，按照"分等定级，质价相符"的原则，对照各个物业小区从《胶南市住宅公共性服务备选内容和标准》中选定的服务内容，定量考核物业小区。在经过物业成本监审后，是年11月，市物价主管部门对全市136个物业住宅小区的公共性服务收费进行批复，实现了全市住宅小区物业服务收费调整平稳过渡。截至2012年，全市70%的物业小区物业服务收费在每月0.3元/平方米以下。

2006～2012年全市住宅小区公共性服务费指导收费标准

表6－8－1　　单位：元

服务得分	收费等级	基准收费标准		
		居民住宅	商业网点	餐饮娱乐网点
95分以上	一级	1.00	1.10	1.20
90～95分	二级	0.70	0.80	0.90
80～90分	三级	0.50	0.60	0.70
70～80分	四级	0.40	0.50	0.60
60～70分	五级	0.30	0.40	0.50
55～60分	六级	0.20	0.30	0.40
50～55分	七级	0.15	0.25	0.35
30～50分	八级	0.10	0.20	0.30

第七篇

交通　邮电

南市邮政局三类城

第一章　陆路交通

第一节　公路建设

新中国成立初期，胶南县通车公路里程仅有28.4千米。至1970年达425.8千米，全县24个公社除灵山岛外均有公路通过。此后，主要进行加宽、裁弯取直、桥涵配套、路面铺筑沥青等。1987年全县建成公路23条434.2千米。其中，国道1条，82.9千米；省道4条，100.9千米；县道9条，161.6千米；乡镇道9条，88.8千米。1990年交通局接管县乡公路建设。1993年开始陆续修建张李路、黄大路等。2003年开始实施“村村通”柏油(水泥)路修筑工程。至2012年，全市有国道1条，省道6条；有农村公路1648千米，其中县道219千米，乡道407千米，村道1010千米，专用道路12千米；有桥梁445座，共12.7千米；全市961个行政村全部实现柏油(水泥)路“村村通”。

村村通公路

2003—2012年全市“村村通”柏油(水泥)公路建设情况统计表

表7-1-1　　单位：千米、万元

年份	县道	乡道	村道	合计	投资额
2003	54.5	36.1	18.5	109.1	4464.44
2004	37	41.9	49.5	128.4	4875
2005	0	47	90.4	137.4	5680.2
2006	9.9	19.1	134.3	163.3	7260
2007	5.5	29.5	184.5	219.5	11930
2008	7.2	0	102.8	110	4915
2009	0	9.4	94.7	104.1	5048
2010	9.4	4.7	107.2	121.3	6762.3
2011	13.6	2.6	58.1	74.3	8006.5
2012	14.5	8	13.6	36.1	4523

国道　截至2012年，贯穿胶南的国道只有烟(台)上(海)路1条，北起烟台，南至上海，亦称204国道(G204)。过胶南境段北起胶州洋河崖，南至日照交界处海青镇宋家岭村，沿途经过王台镇、黄山经济区(薛家庄)、青岛临港经济区、胶南经济开发区、珠海街道、滨海街道、张家楼镇、藏南镇、泊里镇、大场镇、海青镇，全长82.515千米。

1959～1979年，先后对该路段进行改建，路面全部沥青化，达到四级公路标准；1988年，王台至小井段路基拓宽至16.2米。20世纪90年代中

上海路(2010 年拍摄)

期,达到二级公路标准。1994 年小井至日照界 47.3 千米改线拓宽至 14 米。1995 年大庄至小哨头段 10.6 千米改线。1998～1999 年,石灰窑至姜家洼子段 4.7 千米(黄山隘口段)拓宽改造至 16 米,部分路段改线。2000 年达到一二级公路标准。2001 年王台至胶州段拓宽至 16 米,铺筑沥青路面,城区广城至风河桥段铺筑水泥路面。2004 年姜家洼子至日照界(城区段除外)拓宽至 24 米,穿泊里镇街里段改线至其北侧。2009 年,城区广城至风河桥段改建为沥青路面。2012 年底,大庄至大珠山段 13.54 千米移交市政部门管理。

省道 2012 年,境内有 6 条省道干线经过。

薛(家岛)馆(陶)路　东起青岛经济技术开发区薛家岛,西至河北省馆陶。过胶南境段经过灵山卫街道、胶南经济开发区、隐珠街道、珠山街道、铁山街道、六汪镇、胶河经济区,至孔家庄西侧入诸城,全长 50.1 千米。

胶南东段原为王安路(王戈庄至泰安)。新中国成立后,进行路基桥涵配套工程建设,并由王戈庄向泰安方向延伸至诸城交界。1974 年改名为泰薛路(泰安至薛家岛)。1998 年更名为薛馆路。1993 年黄岛交界至孟家庄段 20.2 千米铺筑沥青路面。1996 年翁口至两河段改线。1994～1998 年,瓮口至诸城交界段路面宽度由 7 米分期分段拓宽改造至 14 米,泥结碎石路面改为沥青路面。2012 年底,拔丝厂(大荒村东)至西外环路段 9.4 千米移交市政部门管理。

平(度)日(照)路　起于青岛平度市,达于日照市。沿途自北向南穿海青镇,为二级公路,跨境全长 13.457 千米,路面宽 14 米,其中辛店子村南至小朱家洼村北为上下道行驶。1987 年定名为平日路。1998～1999 年,路面由 7 米拓宽至 14 米,铺筑沥青路面。

黄(岛)张(家屯)路　黄岛至胶州张家屯,过胶南境段东起王台镇崖逢,穿越王台镇,西至胶州挪庄,全长 6.978 千米。1986 年改线,命名为黄王路,沙土路面,路基宽度 18 米,路面宽 16 米。1991 年铺筑沥青路面。2001 年延伸至胶州张家屯,更名为黄张路,2003 年黄岛至王台段路面拓宽至 20 米。

张(家楼)李(家坡)路　起于张家楼,达于日照李家坡,原为省道郝李路。过胶南境段经过张家楼、琅琊台省级旅游度假区、琅琊镇、泊里镇、大场镇、海青镇,全长 49.8 千米。1989 年完成郝李路 24 千米路基改造工程。1998 年泊里镇朱家河至五莲交界段铺筑沥青路面,同年更名为泊李路。

张李路施工现场(1998 年拍摄)

2012 年全市国省道路段统计表

表 7－1－2

路线名称	起点名称	止点名称	里程（千米）	等级名称	车道分类	面层分类	路基宽度（米）	路面宽度（米）	修建年份	改建年份
烟台—上海	胶州洋河崖	胶南市王台镇	6.745	二级	双车道	沥青混凝土路面	18	16	1950	2010
烟台—上海	胶南市王台镇	胶南市石灰窑	10.78	二级	双车道	沥青混凝土路面	16	14	1950	2010
烟台—上海	胶南市石灰窑	胶南市姜家洼子	4.875	二级	双车道	沥青混凝土路面	18	16	1950	2010
烟台—上海	胶南市姜家洼子	胶南市大庄	3.21	一级	六车道	沥青混凝土路面	30	24	1950	2004
烟台—上海	胶南市大庄	胶南市广城转盘	3.669	一级	四车道	沥青混凝土路面	30	24	1950	1992
烟台—上海	胶南市广城转盘	胶南市风河桥	3.721	一级	四车道	沥青混凝土路面	32	24	1956	2009
烟台—上海	胶南市风河桥	胶南市大珠山	4.634	一级	六车道	沥青混凝土路面	28	24	1958	2004
烟台—上海	胶南市大珠山	胶南市西外环	1.511	一级	四车道	沥青混凝土路面	28	24	1958	2004
烟台—上海	胶南市西外环	胶南市海岱庄	38.18	一级	四车道	沥青混凝土路面	28	24	1958	2004
烟台—上海	胶南市海岱庄	胶南市日照界	5.19	一级	六车道	沥青混凝土路面	28	24	1958	2004
平度—日照	诸城市胶南市界	胶南辛店子村	7.759	二级	双车道	沥青混凝土路面	16	14	1966	2010
平度—日照	胶南辛店子村	胶南李黄崖村	3.673	二级	双车道	沥青混凝土路面	16	14	1966	2010
平度—日照	胶南李黄崖村	日照青岛交界	2.025	二级	双车道	沥青混凝土路面	16	14	1966	2010
青岛滨海公路	胶南界	胶南市积米崖村北	0.618	一级	六车道	沥青混凝土路面	45	34	2003	
青岛滨海公路	胶南市积米崖村北	胶南市区入口	9.524	一级	六车道	沥青混凝土路面	45	34	2001	
青岛滨海公路	胶南市城区入口	胶南市石嘴子村	1.949	一级	八车道	沥青混凝土路面	45	34	2001	
青岛滨海公路	胶南市石嘴子村	胶南市城区出口	6.562	一级	六车道	沥青混凝土路面	45	34	2001	
青岛滨海公路	胶南市城区出口	胶南市胡家小庄村出口	4.993	一级	六车道	沥青混凝土路面	45	30	2003	
青岛滨海公路	胶南市胡家小庄村村出口	204 国道	35.492	一级	四车道	沥青混凝土路面	24.5	22	2009	
黄岛—渔池	黄岛独垛子西	胶南大兰东	8.545	三级	双车道	沥青混凝土路面	8	7	1985	
黄岛—渔池	胶南大兰东	胶南东山冯	1.643	一级	四车道	沥青混凝土路面	30	24	1985	
黄岛—渔池	胶南东山冯	胶南大荒北	0.916	三级	双车道	沥青混凝土路面	8	7	1985	
黄岛—渔池	胶南大荒北	胶南薛馆路	0.683	二级	双车道	沥青混凝土路面	18	16	1985	
黄岛—渔池	胶南薛馆路	胶南广城	3.914	二级	双车道	沥青混凝土路面	18	16	1985	
黄岛—渔池	胶南广城	胶南大哨头	3.613	二级	双车道	沥青混凝土路面	14	12	1985	
黄岛—渔池	胶南大哨头	胶南小哨头	0.92	二级	双车道	沥青混凝土路面	14	12	1985	
黄岛—渔池	胶南小哨头	胶南小哨头南	0.729	一级	六车道	沥青混凝土路面	30	24	2000	
黄岛—渔池	胶南小哨头南	胶南 204 国道	0.592	一级	六车道	沥青混凝土路面	30	24	2007	2011
黄岛—渔池	胶南 204 国道	胶南滨海公路	2.853	一级	六车道	沥青混凝土路面	30	24	2007	2011
黄岛—渔池	胶南滨海公路	胶南高峪村	5.973	二级	双车道	沥青混凝土路面	20	12	2005	
黄岛—张家屯	黄岛崖逄	胶南王台石梁杨	4.077	一级	六车道	沥青混凝土路面	30	24	1986	2003
黄岛—张家屯	胶南王台石梁杨	胶南王台中村	1.796	一级	四车道	沥青混凝土路面	30	20	1986	2003
黄岛—张家屯	胶南王台中村	胶州挪庄村	1.105	二级	双车道	沥青混凝土路面	16.2	12	1986	2009
薛家岛—馆陶	黄岛胶南界	胶南市灵山卫	1.8	一级	六车道	沥青混凝土路面	45	34	1958	2005
薛家岛—馆陶	胶南市灵山卫	胶南市大荒	8.795	二级	双车道	沥青混凝土路面	16.2	14	1958	2005

续表 7－1－2

路线名称	起点名称	止点名称	里程（千米）	等级名称	车道分类	面层分类	路基宽度（米）	路面宽度（米）	修建年份	改建年份
薛家岛—馆陶	胶南市大荒	胶南市西外环	9.4	一级	四车道	沥青混凝土路面	30	24	1965	2006
薛家岛—馆陶	胶南市西外环	胶南市瓮口东	5.6	一级	六车道	沥青混凝土路面	30	24	1965	2006
薛家岛—馆陶	胶南市瓮口东	胶南市瓮口	0.6	一级	四车道	沥青混凝土路面	24	20	1965	2007
薛家岛—馆陶	胶南市瓮口	胶南市六汪	12.3	二级	双车道	沥青混凝土路面	16.2	14	1968	2007
薛家岛—馆陶	胶南市六汪	胶南六汪崔家庄	2.57	二级	双车道	沥青混凝土路面	16.2	14	2002	2007
薛家岛—馆陶	胶南六汪崔家庄	诸城胶南界	9.042	二级	双车道	沥青混凝土路面	16.2	14	1968	2010
张家楼—李家坡	胶南张家楼	胶南市周家河村	11.267	三级	双车道	沥青混凝土路面	8	7	1980	2010
张家楼—李家坡	胶南市周家河村	胶南卧龙	4.299	三级	双车道	沥青混凝土路面	8	7	1980	2012
张家楼—李家坡	胶南卧龙	胶南市琅琊	2.064	二级	双车道	沥青混凝土路面	16	13.4	1980	2012
张家楼—李家坡	胶南市琅琊	胶南泊里	7.087	三级	双车道	沥青混凝土路面	8	7	1980	2012
张家楼—李家坡	胶南泊里	胶南市朱家河	3.112	二级	四车道	沥青混凝土路面	20	18	1980	2013
张家楼—李家坡	胶南市朱家河	胶南市大场街入口	10.2	二级	双车道	沥青混凝土路面	16.2	12	1989	2013
张家楼—李家坡	胶南市大场街入口	胶南市大场街出口	2.204	二级	四车道	沥青混凝土路面	26.4	16.4	1989	2013
张家楼—李家坡	胶南市大场街出口	日照青岛交界	9.567	二级	双车道	沥青混凝土路面	16.2	12	1989	2010
黄岛—大场	黄岛大夼	胶南市宝山	15.59	一级	四车道	沥青混凝土路面	24	20	1993	2012
黄岛—大场	胶南市宝山	胶南市宝山街北	1.45	三级	双车道	沥青混凝土路面	14	12	1993	2010
黄岛—大场	胶南市宝山街北	胶南市六汪	16.26	三级	双车道	沥青混凝土路面	9	7	1993	2010
黄岛—大场	胶南市六汪	胶南六汪	1.011	二级	双车道	沥青混凝土路面	16.2	14	2002	
黄岛—大场	胶南六汪	胶南市大村	17.122	三级	双车道	沥青混凝土路面	8	7	1993	2010
黄岛—大场	胶南市大村	胶南市大场街里	24.357	三级	双车道	沥青混凝土路面	8	7	1993	2010
黄岛—大场	胶南市大场街里	胶南市大场小楼子村	2.99	三级	双车道	沥青混凝土路面	11	9	1993	2004
黄岛—大场	胶南市大场小楼子村	胶南市营南头	3.22	三级	双车道	沥青混凝土路面	14	10	1993	2010

2005 年，西接原县乡公路车泊路、张琅路等路段至 204 国道，张家楼镇西侧，更名为张李路。

黄（岛）渔（池）路　起于黄岛，达于高峪村西侧。该路自北向南穿越胶南境内，经过隐珠街道、临港经济开发区、胶南经济开发区、珠海街道、滨海街道，全长 30.381 千米。2005 年原县乡路大渔路、柳大路及大瓮路的部分路段组合升级为省道，更名为黄渔路，至滨海街道鱼池。2011 年将小哨头至 204 国道南侧段拓宽至 24 米，新建 1.192 千米改线顺接至滨海公路路口，止点位于高峪村西侧。2012 年底，薛馆路口至 204 国道路口段 6.15 千米移交市政部门管理。

黄（岛）大（场）路　起于黄岛，达于大场镇营南头村。过胶南境经过黄山经济区、宝山镇、六汪镇、大村镇、大场镇，在大场营南头村南侧与 204 国道相接，全长 80.989 千米。2005 年，由韩瓦路、铁栾路、于泊路、大桃路、理营路等部分路段组合升级为省道，更名为黄大路。同年，黄岛界至宝山段进行路基工程拓宽，路面由 7 米拓宽至 24 米。2012 年铺筑沥青路面宽度 20 米。

青岛滨海公路　青岛滨海公路东起即墨市丰城，西至胶南市泊里镇崖下村，全长 288.1 千米。胶南段东起胶南市与青岛经济技术开发区交界，西至泊里镇崖下村后 204 国道 312k＋300 处，途经灵山卫街道、胶南经济开发区、滨海街道、张家楼镇、琅琊台省级旅游度假区、琅琊镇和泊里镇，

滨海大道沥青路面工程开工典礼仪式

全长59.138千米。亦称滨海大道。

2000年,胶南市开始滨海公路灵山卫至大珠山收费站段的路基土石方及桥涵等修筑工程,累计投资2253万元。2001年,主要实施了6座大中桥建设工程,累计投资8618万元。2002～2004年9月完成沥青路面铺筑。2007年升级为省道,为一级公路,双向六车道。2008～2009年完成大珠山收费站至泊里崖下村全部工程,全长39.514千米,路基宽24.5米,为双向四车道。2011年8月,滨海公路胶南段划归青岛滨海公路管理处管理。至此,与滨海公路北段、胶州湾湾口海底隧道连为一体,成为畅通“大青岛”的又一条主线。

国省道桥梁 境内共有普通国省道桥梁211座,全长11689.16米。其中特大桥1座,长1811.5米;大桥16座,长3303.7米;中桥67座,长4307.34米;小桥127座,长2266.62米。多为钢筋混凝土板桥和石拱桥,国省道路已无漫水桥。

陈家贡湾特大桥 始建于2007年,2009年建成通车,位于青岛滨海公路,跨越琅琊镇陈家贡海湾。长1811.5米,宽24.5米,跨径组合60×30米,是胶南境内最长的桥梁。上部结构采用预应力混凝土装配式连续T梁,下部桥墩采用薄壁墩。0号台为柱式台、桩基础;60号台为重力台,扩大基础。

董城河大桥 位于204国道,胶州董城村北侧,跨越巨洋河,1991年建。长128米,宽20米,最大跨度10米。上部结构为钢筋混凝土空心板,下部结构为U型桥台、多柱式桥墩,双向四车道。

白马河大桥 位于204国道,原信阳镇驻地西侧,跨越白马河。长425米,宽27.8米,最大跨度20米。右幅上部结构为21×20米装配式预应力混凝土板,左幅上部结构为21×20米钢筋混凝土T梁,下部结构为柱式墩,埋置式桥台,双向四车道。此处原有1958年修建的306米漫水工程。1974年修建17孔15米石拱桥。1993年改线在其下游新建21孔20米T梁桥。2004年在其右侧拓宽建21孔20米预应力板桥。

吉利河桥 位于省道张李路,大场镇驻地东侧,跨越吉利河,1985年建。长274.2米,宽11.4米,最大跨度16.3米。上部结构为14×16.3米石拱,下部结构为砌石重力式桥墩、U型桥台,双向二车道。

高家庄南桥 位于省道黄大路,原理务关镇高家庄子村南侧,跨越高家庄河,1973年建。长132米,宽7.5米,最大跨度8米。上部结构为13×8米石拱,下部结构为砌石重力式U型桥台、重力式墩,双向二车道。

白马河桥 位于省道张李路,大场镇驻地东

陈家贡湾特大桥

侧，跨越白马河，1989 年建。长 225 米，宽 14.4 米，最大跨度 13 米。上部结构为 17×13 米钢筋混凝土 T 型梁，下部结构为柱式桥墩、埋置式桥台，双向二车道。

风河桥　位于 204 国道，胶南市城区，跨越风河，2003 年建。桥长 186 米，宽 28 米，最大跨度 13 米。上部结构为 14×13 米装配式预应力混凝土简支板，下部结构为柱式墩台，双向四车道。

滨海公路(2015 年拍摄)

甜水河大桥　位于 204 国道，海青镇宋家岭东侧，跨越甜水河。1966 年建有漫水桥，1993 年改线在其上游新建简支板桥，2004 年右幅拓宽为甜水河桥。长 172.5 米，宽 25 米，最大跨度 13 米，右幅上部结构为 13×13 米装配式预应力混凝土板，下部结构为埋置式桥台、柱式墩，左幅上部结构为 13×13 米钢筋混凝土板，下部结构为柱式墩，埋置式桥台，双向四车道。

跃进河桥　位于 204 国道，与黄大路相交路口西侧，跨越跃进河。1966 年建有漫水桥，1993 年改线在其上游新建简支板桥，2004 年右幅拓宽为跃进河桥。长 120.5 米，宽 25 米，最大跨度 13 米。右幅上部结构为 9×13 米装配式预应力混凝土板，下部结构为埋置式桥台、柱式墩。左幅上部结构为 9×13 米钢筋混凝土板，下部结构为柱式墩，埋置式桥台，双向四车道。

王台西河桥　位于省道黄张路，王台镇驻地西，跨越王台西河，1989 年建。长 118 米，宽 16 米，上部结构为 6×17 米石拱，下部结构为重力式桥墩、砌石重力式 U 型桥台，双向二车道。此处原建有 11×8 米石拱桥，1994 年新建 6×17 米石拱。2001 年划为省道黄张路。

2012 年全市干线公路大桥情况统计表

表 7－1－3　　单位：米

桥梁名称	中心桩号	路线名称	全长	跨径总长	桥跨组合	桥梁全宽	跨径分类	上部结构	下部结构	建成年份
王台西河桥	25.26	黄岛—张家屯	118	105	6*17	16	大桥	板拱	重力式墩台	1989
高家庄南桥	81.504	黄岛—大场	132	119.6	13*8	7.5	大桥	板拱	重力式墩台	1973
吉利河桥	37.898	张家楼—李家坡	274.2	259.4	14*16.3	11.4	大桥	板拱	重力式墩台	1985
白马河桥	36.244	张家楼—李家坡	225	221	17*13	14.4	大桥	T 梁	桩(柱)式墩台	1989
董城河大桥	246.808	烟台—上海	128	114	10*10+1*10.2+1*3.8	20	大桥	空心板梁	桩(柱)式墩台	1991
风河桥	274.55	烟台—上海	186	182	14*13	28	大桥	空心板梁	桩(柱)式墩台	2003
白马河大桥	319.031	烟台—上海	425	420	21*20.0	27.8	大桥	空心板梁	桩(柱)式墩台	2004
跃进河桥	322.489	烟台—上海	120.5	117	9*13.0	25	大桥	空心板梁	桩(柱)式墩台	2004
甜水河大桥	322.86	烟台—上海	172.5	169	13*13	25	大桥	空心板梁	桩(柱)式墩台	2004
石嘴子桥	115.771	青岛滨海公路	156	140	7*20	45.5	大桥	空心板梁	桩(柱)式墩台	2004
风河大桥	118.492	青岛滨海公路	396	390	13*30	46.4	大桥	T 梁	桩(柱)式墩台	2004
陈家贡湾特大桥	153.995	青岛滨海公路	1811.5	1800	60*30	24.5	特大桥	T 梁	薄壁墩台	2009
横河大桥	162.337	青岛滨海公路	365	360	18*20	24.5	大桥	空心板梁	桩(柱)式墩台	2009
海龙河大桥	134.632	青岛滨海公路	265	260	13*20	24.5	大桥	空心板梁	桩(柱)式墩台	2009
下河村大桥	138.122	青岛滨海公路	125	120	6*20	24.5	大桥	空心板梁	桩(柱)式墩台	2009
曹家溜大桥	139.533	青岛滨海公路	110.5	100	5*20	24.5	大桥	空心板梁	桩(柱)式墩台	2009
皂户河大桥	145.626	青岛滨海公路	105	100	5*20	24.5	大桥	空心板梁	桩(柱)式墩台	2009

第二节　公路养护管理

20 世纪 90 年代初，公路局从交通局分离，成立市公路段，属青岛市公路段管理，专门负责国道与省道的建设养护及县乡道养护。2004 年 9 月，胶南市公路管理段更名为胶南市公路管理局。2010 年 8 月，胶南市公路管理局更名为青岛市公路管理局胶南分局。是年，县乡公路由市交通局建设，市公路局负责养护。同年 3 月，市公路局将其管养的全部 55 条县乡道正式移交至交通局管理，共计 540.8 千米。

国省道养护　路面保洁　包含路面清扫、路基边坡高草修剪、路肩垃圾清运等，原由各基层公路站负责。2012 年 4 月开始由专业公司承担。

油路修补　对路面坑槽、拥包、网裂、纵横向裂缝等路面病害的处置，原由各基层公路站负责。2008 年成立油路修补队专门负责油路修补。2008 ~2012 年，共处置路面基层 21038 平方米，处置修补面层 319581 平方米，灌缝 277536 延长米，处置翻浆 4737 立方米，抹油 218956 平方米。

204 国道泊里段沥青路面中修工程施工现场

行道树管理　每年 4 ~5 月进行行道树补植、抹芽等工作，6 ~9 月进行病虫害防治，冬季进行修剪。2012 年底，全市普通干线公路绿化里程达 308.784 千米，公路部门管养乔木 28000 多株，主要树种有法桐、国槐、毛白杨、白蜡、合欢等。灌木 66000 多株，主要树种有蜀桧、黄杨、龙柏、红叶小檗、小叶女贞等。

桥梁检查与维修　桥梁检查主要包含日常巡查、经常性检查、定期检查等。2004 年，国家颁布《公路桥涵养护规范》，胶南市开始组织专业检测公司进行桥梁检查。2007 ~2012 年共进行 3 次桥梁定期检查。桥梁维修主要包含桥梁小修、桥梁维修加固、危桥改造等。2005 年以后，危桥改造主要由青岛市公路局以公开招标方式实施。桥梁小修一般每年汛期之前进行，2006 ~2010 年，累计投入 47 万元进行桥梁小修。2006 ~2012 年，共改建、加固、维修病险桥涵 39 座，投入 4433 万元。

水毁处治　1992 ~2012 年，累计投入 6736 万元，对境内强降雨引起的边沟、河道冲刷修建挡墙、泄水槽、桥涵铺底、排水沟等设施进行修护。

交通量调查　胶南公路站于 1982 年开始交通量调查，设王台、红石崖、城关、张家楼 4 个间歇式交通量观测点。每月 5 日、20 日人工进行交通量调查，每年 11 月 5 日进行一次性比重调查。2003 年，红石崖观测点移交黄岛公路局。

国省道路政管理　2005 年以前，由胶南公路段路政科承担路政管理工作。2005 年后，公路段与基层公路站共同承担路政巡查任务。同时成立 2 个巡查中队，分工巡查境内管养公路，处理路政案件、撒漏污染和事故索赔等工作。2010 年成立路政大队，开展治理超限超载工作。2012 年 5 月，巡查中队划归路政大队管理。路政大队共有 4 个治理超限超载执法中队，2 个路政巡查中队。

规费征收　1978 年以前，胶南公路站按照“以路养路、专款专用”的原则，对于上路汽车、拖拉机、三轮车、摩托车、畜力车都按不同标准征收养路费。1979 年开始征收运输管理费。1985 年 5 月 1 日开征车辆购置附加费。1986 年 6 月 1 日开征公路客运站队建设基金。1988 年开始征收货运

建设基金。同时,汽车养路费由公路管理局(站)征收,拖拉机、三轮车、摩托车等车型的地方养路费由交通局征收。1993年7月开征经济欠发达地区还贷基金。1997年1月1日开征路港建设基金。2001年1月1日,车辆购置附加费改为车辆购置税,由地方交通部门代征后转交国税局。2004年12月,车辆购置附加税征收业务移交市国税局。2008年国家税费改革,交通规费全部取消。

青岛大珠山收费站位于滨海街道境内,204国道大珠山西侧,1998年5月10日正式收费。收费区设置双向六车道,担负着60.205千米的通行费征收任务。2012年底配有干部职工66人,设置4个收费中队、财务室、监控室和市公安局治安办公室等机构。2003年征收通行费3100余万元,创历史最高。之后随着沈海高速、滨海公路等路网建成通车,收费额逐年减少,截至2012年底,累计收取通行费2.8亿元。

2001~2008年全市各项规费征收情况统计表

表7-1-4　　单位:万元

年份	货运基金	路港费	客运基金	车购税	管理费	养路费
2001	81.12	122.03	347.44	1251.62	190.40	594.40
2002	647.08	115	392.97	1821.91	191.9	635.4
2003	638.45	109.87	321.88	2446	196.2	587.91
2004	715.24	112.36	393.07	2735.13	184.65	595.83
2005	905.66	161.37	402.93	—	201.54	963.78
2006	1053.33	174.69	392.49	—	231.41	1077.23
2007	1132.45	175.63	449.71	—	254.83	1039.23
2008	1524.81	158.88	482.98	—	309.44	929.41

第三节　运输管理

1979年,货物运输主要实行"三统一",即统一调度、统一结算、统一货源。由县交通局及公社运输管理站对辖区内所有货源进行统一调配。1982年成立胶南县交通运输管理所,负责营运车辆的行政审批、证照办理、规费征收和市场管理。1984年对客货运输车辆核发营运证。1988年对客运车辆进行运输审验。1989年核发社会客运车辆营运证、经营许可证、路单、客运线路牌,将营业性车辆年度审验纳入行业管理范畴。1992年营运证更换为道路运输证,并对国有客运车辆开始核定线路。1993年将营业性车辆上线检测和定期维护纳入行业管理,停止审批个体客运。1995年停止个体客运车辆更新。是年7月成立胶南市客运管理站,编制5人,隶属运管所,主要负责规费征收、票据管理、站内管理、查处投诉等工作。1996年核发全部客运班车线路、班次、站点等,实现一车一线。1997年对客运从业人员核发上岗证。1998年在汽车站设立驻站管理办公室,加强客运管理。2000年成立胶南市城区客运货运管理办公室,将公交、出租纳入行业管理范畴。2004年7月1日,县内客运许可权限下放到县级道路运输管理部门,市交通运输管理处负责市内客运班线的审批许可。

第四节　公路客运

道路客运　1979~1985年,胶南客运主要由青岛公路客运公司胶州汽车六队承担。1984年有19辆客车运行市美、宝山、红石崖、夏河城、潘家庄、张戈庄、丁家大村、积米崖、海青、建材厂、西山冯、高戈庄等县内客运线路,日发送旅客5020人次。青岛、胶县、五莲、诸城、新浦、赣榆等长途客运实行计划调度运行。1985年9月,青岛公路客

运公司在胶南设立汽车八队，与胶南汽车站站队合一，共有客车 32 辆，职工 221 人，营运线路 25 条，营运里程 1969 千米，日进出胶南站客车 111 个班次，其中始发班次 66 个，日发送旅客 7870 人次。1987 年胶南站（队）共有营运客车 44 辆，日进出站客车 126 班次，其中始发 75 班次，过路 51 班次。营运站点县内 234 处、县外 256 处，营运里程 1669 千米。

1985～2012 年全市（县）客运班车情况统计表

表 7－1－5　　　　单位：辆、个

年份	合计		跨省		跨地		市（县）内	
	车辆	座位	车辆	座位	车辆	座位	车辆	座位
1985	32	930	0	0	4	123	28	807
1986	39	1209	0	0	4	123	35	1086
1987	49	1458	0	0	4	123	45	1335
1988	55	1578	0	0	4	123	51	1455
1989	60	1668	0	0	4	123	56	1545
1990	64	1748	0	0	5	154	59	1594
1991	81	2087	0	0	6	165	75	1922
1992	105	2537	0	0	8	198	97	2339
1993	129	2977	0	0	12	318	117	2659
1994	153	3407	0	0	13	347	140	3060
1995	190	4554	0	0	17	463	173	4091
1996	212	5576	0	0	21	579	191	4997
1997	246	5861	0	0	23	639	223	5222
1998	280	6420	0	0	26	726	254	5694
1999	284	6327	2	58	28	786	254	5483
2000	363	7770	5	181	31	873	327	6716
2001	374	7848	5	181	34	836	335	6831
2002	377	7985	3	123	36	888	338	6974
2003	381	8061	3	123	36	908	342	7030
2004	399	8687	7	258	36	1005	356	7424
2005	399	8786	9	335	37	1024	353	7427
2006	349	8255	8	312	115	2933	226	5010
2007	343	8208	8	312	117	3006	218	4890
2008	328	7959	8	312	119	3073	201	4574
2009	301	8025	8	312	92	2804	201	4909
2010	284	7769	7	266	88	2749	189	4754
2011	256	6816	6	242	88	2787	162	3787
2012	253	7299	5	224	89	2954	159	4121

1990年,个体班车客运车辆19辆,主要运行黄岛、小口子、桃园等线路。1992年,国有客运车辆49辆,营运线路29条,营运里程13290千米,日发班次169个,日发送旅客6165人次。1992年8月,胶南汽车运输总公司注册成立胶南市汽车出租公司(后改为客运出租分公司),购置客车8辆。1993年个体客运停止审批,实行融资挂靠经营,客运企业开始由单车承包向融资租赁经营过渡。是年底,胶南市旅游汽车公司成立。1995年,胶南汽车运输总公司新建胶南客运站,位于珠山路75号。1999年,青岛交运集团公司第八分公司"情满旅途"开始在境内运营。

新落成的汽车总站全貌

2000年,交运八公司开通胶南至北京集约化班线。2005年,胶南市旅游汽车公司注销。2012年末,全市有交运集团公司青岛胶南分公司和八方交通集团有限公司2家骨干客运企业,共有客运班车253辆、7299个座位。其中,高级客车124辆、3848个座位,中级客车128辆、3419个座位。运行客运线路79条,其中跨省客运班线3条、跨地市班线26条、跨县班线12条、县内客运班线38条。跨省班线通达北京、天津、哈尔滨、大庆、舟山、郑州等大中城市;跨地市班线基本覆盖省内各地级市;县内客运基本实现村村通客车。

旅游客运 20世纪80年代中期,旅游客运开始出现,市民主要通过线路班车和团体包车来满足小规模的短途旅游需求,但全县还没有专门的旅游客车。1996旅游客运开始逐步发展。1999年底,在创建国家优秀旅游城市过程中,将7辆客车调至琅琊台风景区,日发20多班次。2001年9月,交运集团胶南客运公司购置大客车1辆,从事非定线省际旅游客运。2006年,胶南汽车运输总公司购置3辆高一级大客车,从事非定线省际旅游客运。2012年之前,先后有13辆高一级大客车从事旅游客运。截至2012年底,共有4辆省际旅游车辆。同时,客运班车也可发展旅游包车业务。

车站 2012年底,胶南市有胶南汽车站、王台汽车站、泊里汽车站和海青汽车站4个国有汽车站,全部由交运集团公司青岛胶南分公司管理经营。

胶南汽车站 1954年11月成立王戈庄汽车站。1964年升为二等站,境内增设泊里、王台2处三等汽车站,隶属王戈庄汽车站管理。1968年增设海青汽车站三等站。1979年胶南县由昌潍划归青岛,王戈庄汽车站归青岛公路客运公司领导。1984年更名为胶南汽车站。1985年,青岛公路客运公司在胶南设立汽车八队,实行站队合一,一个机构两个牌子。1996年胶南汽车站扩建改造,并将国有汽车站对外开放。2012年投资500万元再次扩建,扩建后占地面积8687.31平方米,建筑面积1250平方米,停车场面积6000平方米,候车室面积450平方米,日发送能力8000人次。

2003年确定修建新汽车总站,位于上海路与薛馆路交界西北方,占地13.33公顷,投资4.58亿元(工程建设投资约3.3亿元),规划建筑面积4.6万平方米,其中主站房9973平方米,配套酒店及附属设施28068平方米。2004年列入《青岛市公路客运主枢纽修编计划》。2005年省政府批复用地计划。2010年完成车站设计工作。2011年底开工建设。2012年主体建设已基本完工。

泊里汽车站 1964年建设,占地面积8039平方米,建筑面积987平方米,进站客车162辆,日发客运班次21个,日发送能力910人。2012年投资100万元进行场地硬化和站房建设,同时承担胶南至泊里城乡公交站场。

王台汽车站　1964年建设,占地面积9226平方米,建筑面积860平方米,进站客车116辆,日发客运班次10个,日发送能力368人。2009年投资812万元进行站场改造,改造后占地面积5668.1平方米,建筑面积738.06平方米,停车场面积4500平方米,候车室面积379平方米,日发送能力3500人次。

海青汽车站　1968年建设,占地面积4425平方米,建筑面积168平方米,进站客车96辆,日发客运班次48个,日发送能力315人次。2010年投资160万元进行改造,改造后建筑面积610平方米,停车场3000平方米,候车室面积400平方米,日发送能力5000人次。

胶南客运站　胶南汽车站一直封闭自用,个体客运车辆只能在汽车站周边街道停放。1993年,市交通运输管理所通过规范站外停车秩序,将所有社会车辆安排在嵌云街(汽车站西对面)两侧停放并排班发车。1995年,市汽车运输总公司在院内成立胶南客运站。所有社会车辆进驻客运站停放并排班发车。1997～2000年,胶南客运站先后进行过两次较大规模的改造,站场面积不断扩大,配套设施不断完善。2000年被评定为二级客运站,占地面积9990平方米,建筑面积1000平方米,进站客车220辆,日发客运班次720个,日发送能力6000人次。

人民路公交枢纽站　位于人民路3号,占地约18300平方米。2009年12月开始建设,2010年8月建成投入使用。规划停车位135个,主要解决青岛交运温馨巴士公司办公、维护保养及部分线路始发停放的需求。

灵山卫公交枢纽站　位于城区滨海大道以北、泰山路以南、朝阳山东路以东、青岛经济技术开发区灵港路以西区域,占地面积26667平方米。2011年10月24日开工建设,2012年1月21日正式启用。设计公交停车泊位140个,社会车辆停车泊位64个。主要承担与青岛主城区隧道公交、开发区公交对接换乘功能。

2012年1月21日,灵山卫公交枢纽站启用暨胶南对接青岛公交线路开通

第五节　公路货运

20世纪80年代中期,个体货运兼营业户增多,非交通专业运输单位纷纷进入货运市场。一些大型的商、粮、工、贸企业形成庞大的企业兼营运输车队,主要以自货自运为主。专业运输企业主要从事农业、工业的物资运输,担负全县的主要运输任务。1988年拥有各种机动车15469辆,其中汽车2042辆。20世纪90年代末,公路运输发展迅速,企业自货自运的模式逐渐被社会运输所取代。2003年,胶南市汽车运输总公司成立两个货运站。各种运输企业开始实行承包、租赁经营。2005年先后引进百余家物流企业,满足了公路货运需求。

普通货运　拖拉机　1988年,全县拥有拖拉机11876辆,其中个体户11346辆,联户54辆。完成货运量137.9万吨,周转量3455万吨千米。1991年,全市拥有拖拉机4119辆,主要分布在农村。随着社会运输市场对运力工具需求的不断提高,拖拉机也随之渐渐淡出,2002年减少到554辆,2012年拖拉机货运已退出历史舞台。

农用运输车　1992年,胶南市出现第一辆农用四轮车。1994年发展至880辆,全部由农村个体户所有。1996年市政府出台相关优惠政策,农用车增加到1538辆。2001年达3413辆。2004年,许多农用车报废或转到外地挂变型拖拉机牌照,数量急剧减少。2005年为2202辆。2012年

农用运输车已退出历史舞台。

变型拖拉机　2002年出现变型拖拉机。2003年达1354辆。2005年增加到3213辆。2005年末,变型拖拉机管理由农机局转至交警部门。2006年统一更换牌照,车型更换为农用四轮运输车和低速普通货车。2012年变型拖拉机已退出历史舞台。

营业性货运　胶南汽车货运始于20世纪50年代末,县建筑公司购置解放牌4吨汽车1辆,主要用于本单位生产服务,是新中国成立后境内出现的第一辆运输汽车。1970年,运输汽车拥有量不超过10辆。随着工、农业生产的发展,厂矿企业因生产需求相继发展汽车。1979年社会运输汽车已达340辆。进入20世纪80年代,运输政策放宽,社会运输汽车迅速增长。1988年共有汽车2042辆,其中社会运输汽车1936辆,个体专业户106辆。

1995～2000年,主要以企事业单位营运车辆发展为主。2000年拥有营运性货车3298辆,其中企事业单位兼营2184辆,吨位5093.48吨。完成货运量1495万吨,货运周转量58000万吨千米。2001年取消对车辆增长的限制。2004年拥有货运汽车6123辆,其中企事业单位兼营2231辆。2011年3月,《山东省道路运输条例》颁布实施,货运业户由小、散、弱逐步转变为集约化、专业化、规模化运输模式。2012年全市货运车辆达9774辆。

1988～2012年全市(县)货运量情况统计表

表7-1-6　　单位:万吨、万吨/千米

年份	货运量	货运周转量	年份	货运量	货运周转量
1988	169	4668	2001	1600	68000
1989	155	8383	2002	1971	84178
1990	244	9674	2003	2227	94942
1991	253	11849	2004	2469	104079
1992	309	11099	2005	2659	112007
1993	382	18189	2006	2951	125438
1994	465	23032	2007	3250	138406
1995	568	25846	2008	3720	153631
1996	696	29560	2009	4040	170530
1997	784	33636	2010	4565.2	190994
1998	939	40867	2011	5159	213913
1999	1253	54066	2012	5731	234738
2000	1459	58000			

集装箱运输　1996年,胶南市汽车运输总公司成为全市第一家从事集装箱运输企业,有集装箱运输车8辆。随后成立胶南市泰发运输有限公司、胶南市全日通物流有限公司和胶南市崂运集装箱运输有限公司,新增集装箱运输车28辆。2005年共有4家公路集装箱运输业户,集装箱运输车100辆,1614吨位。2012年先后引进青岛首运国际物流有限公司,青岛兆运物流有限公司和青岛兴鑫运输有限公司等20余家集装箱运输企业,集装箱运输车辆达700余辆。

现代物流　2006年出现"快速货运""货物配送"等新型货运经营模式,落户胶南的大型企业纷纷建立自己的货运站场及货运配载等网络建设,建立区域物流网络,如海尔工业园等。

危险货物运输　1996 年，胶南市汽车运输总公司取得危险货物运输经营资格。2001 年，危险货物运输车辆开始实行公司化、集约化管理，要求经营企业必须达到五级企业资质。先后成立胶南市汽车运输总公司、青岛泰利运输有限公司和青岛恒昌运输有限公司 3 家危险货物运输企业，共有专用车 79 辆。2005 年，胶南市崂运集装箱运输有限公司申请并取得危险货物运输车辆资质，配置危险货物运输车辆 10 辆。2006 年，胶南市汽车运输总公司注销危险货物运输经营范围。2007 年 3 月，青岛文江橡胶助剂运输有限公司成立。是年 12 月，崂山集装箱运输公司改为荣特集装箱运输有限公司。2009 年 6 月恒昌运输公司改为青岛昊立特运输有限公司。2012 年，全市共有危险货物运输企业 4 家，拥有危险货物运输车 67 辆，主要从事汽柴油、硝酸、液碱、液化气、乙炔气体、油漆涂料、糠醇、糠醛等运输。

第六节　城区交通

城区公交　1998 年，胶南市旅游公交汽车公司成立并开始公交运营。是年 3 月 1 日，开通 1 路、2 路、东 3 路和西 3 路 4 条公交线路。1999 年开通 5 路、6 路公交线路。2000 年 8 月由市交通局负责公交行业管理。是年，胶南市汽车运输总公司公交分公司开通 7 路、8 路两条公交线路。2003 年，6 路、7 路两条公交线路停止运营。2005 年成立胶南市发展公交客运工作领导小组，规划 9 路、10 路、11 路、12 路 4 条公交线路，实行公开服务性招标。是年 10 月，青岛交运温馨巴士有限公司在胶南注册成立，运行 9 路、10 路、11 路、12 路 4 条公交线路。

2006 年 1 月，对 1 路、东 3 路、8 路公交线路优化调整，重新确定线路号为 1 路、7 路、8 路，并进行公开服务性招标，青岛交运集团第一汽车运输公司竞得线路经营权，并与当年开通运营。2007 年，青岛交运温馨巴士公司由泰山路停车场搬迁到人民路停车场，开通 101 路、202 路、206 路 3 条公交线路。2008 年对所属 83 辆公交车全部安装视频监控。2009 年两河路停车场建设完成，新开通 207 路公交线路。2010 年，人民路停车场改造为公交枢纽站正式启用，开通 102 路、103 路公交线路。

2012 年，灵山卫公交枢纽站建成，开通 301 路、302 路、303 路、305 路、306 路和 203 路 6 条公交线路。截至 2012 年底，全市共有青岛交运温馨巴士有限公司、青岛八方交通集团公交有限公司、交运集团公司青岛胶南分公司巴士运营中心 3 家公交客运企业，拥有公交车 248 辆，公交线路 24 条（普通公交线路 19 条，大站式公交 5 条），运营线路总长度 440.1 千米，日发送乘客约 8.6 万人次。

城乡公交　2012 年，市财政投资 1000 万元，开始城乡公交一体化试点工作。新购公交车 30 辆、回购退出客运班车 10 辆；开通城区至泊里、王台 2 条区镇公交线路，泊里至尹家圈、尧头和王台至岛耳河、河西庄 4 条镇村公交线路。

票务票价　1998～2012 年，公交车实行一元一票制。2005 年底开始推行公交 IC 卡。2006 年 2 月底开始实行优惠乘车。其中普通卡 0.8 元/次，学生卡和老年优惠卡 0.5 元/次，老年免费卡、爱心卡、军残卡、拥军卡免费乘车。2011 年 10 月 20 日，公交 IC 卡更换为琴岛通卡。

出租车　1990 年，全市共有个体出租客运户 4 家。1992 年，胶南市汽车运输总公司注册成立

温馨巴士城市公交

1998～2012 年全市公交车辆变化情况统计表

表 7－1－7　　单位：辆、条、千米

年份	合计	年末营运车辆			公交线路	线路总长度
		小型公交车	中小型公交车	大型公交车		
1998	45	45	0	0	4	45.3
1999	45	45	0	0	6	120.6
2000	77	45	32	0	5	146.1
2001	77	45	32	0	5	146.1
2002	77	45	32	0	5	146.1
2003	77	45	32	0	5	146.1
2004	77	45	32	0	5	146.1
2005	80	0	32	48	6	168
2006	100	0	0	100	12	292.5
2007	119	0	0	119	15	348
2008	147	0	0	147	15	348
2009	178	0	0	178	16	367.5
2010	178	0	0	178	18	413.5
2011	218	0	0	218	18	413.5
2012	248	0	0	248	24	440.1

1998～2012 年全市公交线路情况统计表

表 7－1－8　　单位：千米、元

线号	起止点	开线时间	长度	票制	全程票价	备　注
1	隐珠北大门—黄海小区	1998.3.1	14.7	一票制	1	1999 年 7 月 1 日延伸至薛家岭
2	海水浴场—马场	1998.3.1	14.6	一票制	1	2000 年延伸至丙村
东 3	曹戈庄—大珠山	1998.3.1	8	一票制	1	2006 年 2 月调整为 7 路
西 3	大珠山—曹戈庄	1998.3.1	8	一票制	1	
5	铁山—灵山路邮政局	1999.7.1	12	一票制	1	2000 年向东延伸至山前
6	商城—北冯家	1999.7.1	8	一票制	1	2003 年停线
7	商城—大台	2000.10.18	9	一票制	1	2003 年停线
8	滨海小学—汽车站	2000.10.18	11	一票制	1	2006 年 2 月线路调整
9	保赫曼—博胜苑	2005.12.28	12	一票制	1	
10	奥海园—陈家庄	2005.12.28	14	一票制	1	
11	北高家庄—维客购物中心	2005.12.28	13	一票制	1	

续表 7-1-8

线号	起止点	开线时间	长度（千米）	票制	全程票价（元）	备 注
12	中太大酒店—汽车南站	2005.12.28	14	一票制	1	
15	双环公交线路	2011.8.1	19	一票制	1	
101	人民路公交枢纽站—港湾学校	2007.10.1	24.5	一票制	1	
102	辛庄—宅科	2010.4.1	20	一票制	1	
103	辛庄—东山张	2010.4.1	26	一票制	1	
105	人民路公交枢纽站—职教中心	2011.8.1	16.8	一票制	1	
202	我家建材商场—大岔口	2007.5.1	14	一票制	1	2011年7月1日调整我家建材站至王家港;2012年1月21日调整运行北高家庄—大岔口
206	人民路公交枢纽站—梁家庄	2007.10.1	17	一票制	1	
203	北高家庄—保税港区管委	2012.1.21	18	一票制	1	2012年1月21日灵山卫枢纽至王家港
207	人民路枢纽站—长江路长途站	2009.12.23	19.5	一票制	1	2011年7月1日调整运行维客至大岔口;2012年1月21日调整运行人民路枢纽站至灵山卫枢纽站
301	滨海办事处站—灵山卫公交枢纽站	2012.1.21	22	一票制	2	2012年4月29日增设胡家小庄站，并更名为石门寺站
302	西外环—灵山卫公交枢纽站	2012.1.21	23.5	一票制	2	
303	山水新城—灵山卫公交枢纽站	2012.1.21	30.5	一票制	2	2012年4月29日303路增设新华路站、灵山路站、东方华庭站;2012年12月5日滨海大道的山前南站停靠点调整至新设立的鲤鱼门站
305	胶南汽车站—灵山卫公交枢纽站	2012.1.21	25	一票制	2	
306	韩家村—灵山卫公交枢纽站	2012.1.21	15.5	一票制	2	

胶南汽车出租公司，购置并运行奥迪车1辆、标致车1辆、三峰面包车2辆。1996年初，市政府首次实行客运出租车经营权公开议标，并对原审批的出租汽车实行过度，投入出租车经营权指标60个。是年4月，胶南市长城汽车出租有限公司成立。至1996年底，全市共有出租汽车62辆。其

中,长城汽车出租有限公司41辆,胶南汽车出租公司21辆。1998年2月进行第二次出租车经营权议标,投入指标100个。是年12月,胶南汽车出租公司更名为胶南市汽车运输总公司客运出租分公司,胶南华通出租汽车有限公司成立。2000年12月全市出租车基本完成更新换代。2001年9月对出租企业进行整合,原有的3家出租汽车企业全部转籍胶南市华通出租汽车有限公司。2011年,在青岛市率先推行公司化公车公营出租车运营模式。是年10月,青岛海西益青出租汽车有限公司成立。12月16日,第一批50辆公车公营出租车投入市场。2012年8月19日,第二批50辆公车公营出租车投入市场。至2012年底,全市共有2家出租企业,262辆车。其中,胶南市华通汽车出租公司212辆,青岛海西益青出租汽车有限公司50辆。

1986～2011年部分年份全市(县)出租汽车客运价格表

表7－1－9

年份	超豪华	豪华	标准型	普通型	微型
1986	0.80元/车千米	0.70元/车千米	0.60元/车千米	0.50元/车千米	
1989		1.20元/车千米	1.00元/车千米	0.80元/车千米	0.70元/车千米
1991		1.60元/车千米 起租费3.6元	1.40元/车千米 起租费3.4元	1.10元/车千米 起租费2.6元	0.90元/车千米 起租费1.9元
1999			1.10元/车千米		
2001		1.70元/车千米 起租费10元 基价千米4千米	1.20元/车千米 起租费7元 基价千米4千米	1.20元/车千米 起租费7元 基价千米4千米	
2005		1.70元/车千米 起租费10元 基价千米3千米	1.20元/车千米 起租费7元 基价千米3千米		
2011		1.90元/车千米 起租费12元 基价千米3千米	1.40元/车千米 起租费9元 基价千米3千米		

1990～2012年部分年份全市出租车数量及车型状况一览表

表7－1－10 单位:辆

年份	数量	主要车型
1990	4	女神面包、拉达轿车、武汉吉普
1993	8	奥迪、标致、拉达、三峰面包、女神面包、武汉吉普
1996	62	华利面包、桑塔纳、捷达
1998	162	桑塔纳、捷达、夏利、华利面包
2001	162	桑塔纳、捷达、夏利
2005	162	桑塔纳、捷达
2011	212	桑塔纳、捷达、现代名驭
2012	262	桑塔纳、捷达、现代名驭

第二章　海上交通

第一节　港口码头

董家口港　位于市区西南沿海，泊里镇驻地东南部。董家口港区近海自然水深平均-15米，距岸1000米水深可达-20米，是不可多得的天然优良深水港，港区规划面积70平方公里、临港产业区规划面积65平方公里，码头岸线长约35.7公里，设计泊位数112个，建成后总吞吐能力将达到3.7亿吨。

2009年3月1日，国家交通运输部与山东省人民政府联合批复了《青岛港董家口港区总体规划》，对董家口港区做了明确定位：董家口港区为国家枢纽港青岛港的重要组成部分，是青岛港优化港口布局和实现可持续发展的重要依托。以大宗散货、液体化工品及杂货运输为主，逐步发展成为服务腹地物资运输和临港产业开发的大型综合性港区。是年5月董家口港区开发建设正式奠基。2010年7月，《青岛港董家口港区控制性详细规划》获青岛市政府批复。

至2012年，港区建成泊位11个，运营泊位7个，实现吞吐量3005万吨。商务中心、通关中心、指挥调度中心相继投入使用；东、西防波堤已完工；30万吨级主航道四个标段施工进入收尾阶段；中心路滨海大道以南段建成通车；堆场、物流园区建设加速推进；水、电、气等配套设施建设全面展开；白马河供水工程开工建设；中法水务董家口污水处理项目奠基；沐官岛水库项目可研性报告和专项规划编制工作已完成；港区和产业区公共化工管廊建设已启动；麦墩110千伏变电站和产业区35千伏供电线路工程完成施工；华能热电联产项目先期建设的2台75吨锅炉开工建设；集成路和集成大桥开工建设；横河东路绿化工程、中心路北段路基及小桥涵工程已完工；疏港铁路和疏港高速公路正加快推进前期工作。

积米崖港　位于市区东部沿海唐岛湾内，北纬35°55′00″，东经120°09′06″。该港集渔港、客货运输港于一体，自然优势和基础条件较好。1996年被山东省批准为二类开放口岸，被农业部确定为一级渔港。2000年，农业部投资2000余万元，扩建码头110米，疏浚港池航道，更新吊装设施。扩建后码头总长1403米，其中渔港码头长923米，客货码头长480米，宽60米，水深-5米，泊位7个，最大通过能力5000吨位级，吞吐能力100万吨位。2003年12月经农业部批准为国家中心渔港。开辟国际航线2条、国内航线52条，年进出港船舶达2.5万艘次，最高峰达3万艘次。2008年完成货物吞吐量40万吨，旅客运量10.5万人次。2012年完成货物吞吐量80万吨，旅客运量15万人次。

董家口港40万吨矿石码头

琅琊港　位于琅琊镇台西村，北纬35°38′00″，东经119°54′42″。码头长270米，宽20米，水深

-5 米，属琅琊镇渔港兼交通客运，没有货物运输。

大湾港 位于唐岛湾西侧大湾村，码头长 120 米、宽 20 米、水深 -5 米。1981 年经山东省民间运输管理处批准为商港，并设海上民间运输管理站，每年有 2.5 万吨黄沙运往青岛、连云港等地。20 世纪 80 年代港航事业繁荣，90 年代中期因经营不善，又遇 1997 年 9 号台风，码头被摧毁，从此停产。1999 年底，由个人买断经营。2000 年经营者成立青岛大湾港务有限公司，并投资 3000 余万元，整修码头，疏浚港池，建造货场、仓库、储油罐及成品油中转库存和硝酸中转库存，使该码头恢复生产。

灵山岛码头 位于灵山岛西北端，西濒黄海，距陆地最近点 10.8 千米，是灵山岛上唯一的港口。2001 年，交通运输部投资扩建，扩建后码头长 100 米，宽 20 米，水深 -5 米，新建登陆坡 1 个，停泊能力 500 吨级，泊位 2 个。2007 年投资 1983 万元，又扩建长 42 米、宽 20 米。码头总长 142 米，宽 20 米，水深 -5 米，泊位 4 个，2 个登陆坡，停泊能力 1000 吨级。

斋堂岛码头 2001 年交通运输部出资建设，位于斋堂岛西中端，长 130 米，宽 8 米，水深 -4 米，建设登陆坡 1 个，泊位 2 个，停泊能力 500 吨级。主要承担陆岛交通客运业务，客运吞吐量达 12 万人次/年。码头由琅琊镇政府管理，青岛斋堂岛交通服务有限公司使用。

第二节 海上客运

20 世纪以前，境内尚无规范的海上客运，进入 21 世纪，重要海上线路开始出现正规客运。截至 2012 年，全市共有海上客运（旅游）公司 3 家，客运（旅游）船舶 5 艘，客位 406 座。

青岛积米崖交通旅游有限公司 经营积米崖至灵山岛交通客运（旅游）航线，下属 2 艘客船。2003 年 3 月 62 座“积米崖 6”旅游客船投入运营。2010 年 12 月 98 座“昊景”高速客航投入运营。

青岛水灵山水陆交通有限公司 经营灵山岛至积米崖航线，下属 2 艘客船。2010 年 1 月 97 座普通客船“灵山 1”投入运营。2012 年底 99 座普通客船“灵山 2”投入运营。

青岛斋堂岛交通服务有限公司 经营琅琊港至斋堂岛航线交通客运，下属 1 艘客船。2007 年 5 月 50 座“琅琊”客船投入运营。

第三节 海上货运

1980 年，全县水运物资 76.7 万吨。1983 年后，运输转陆路，水运渐减。1988 年航运管理所成立，负责水路运输管理。1993 年青岛联成海运总公司成立，投资 1400 万元购置“奋进号”货船，载重 3800 吨。20 世纪 90 年代中期，“奋进号”停止运营，青岛联成海运总公司注销。2012 年，全市共有海上货运企业 2 家，货运船舶 4 艘，总载重吨位 1.4 万吨。

青岛兆顺船运有限公司 从事积米崖至灵山岛航线的货物运输，货船 2 艘。“兆顺 1”，属干货船，净载重吨位 39 吨，2007 年 1 月投入运营。“兆顺 3”，属干货船，净载重吨位 54 吨，2012 年 5 月投入运营。

青岛新丝路船务有限公司 从事国内沿海及长江中下游普通货物运输。拥有“新丝路 1”“新丝路 2”两艘散杂货船，净载重吨位 4000 吨。2010 年两艘货船光租给巴拿马。

海上集装箱运输

第三章　邮　　政

1988年，胶南县邮电局设邮电支局、所27处。1998年9月，邮、电分营，成立胶南市邮政局（以下简称市局）。

2008年5月，邮政储蓄业务与其他邮政业务分离，成立中国邮政储蓄银行青岛胶南市支行。原储汇分局自动撤销。2008年12月，邮政速递业务划归青岛市局直接管理运营，成立青岛速递物流公司胶南营业部。

第一节　邮政业务

函件　1988年，邮政开办的函件业务有信函（含义务兵免费信函）、明信片、挂号信、特种挂号信、邮简、印刷品、盲人读物等。是年5月，胶南县局增办邮政快件和有声信函业务。1990年7月，国内函件业务资费提高：平信每重20克本埠由4分提至0.10元，外埠由8分提至0.20元；印刷品每重100克本埠由1分5厘提至4分，外埠由3分提至8分；挂号费由0.12元提至0.30元。1996年12月1日起，资费第二次调整：国内平信每重20克由本埠0.10元、外埠0.20元调整为不分本埠外埠一律收费0.50元；挂号费由每件0.30元提至1.00元，2004年又调至3.00元。2012年，办理出口函件业务量749.12万件。

包件　1988年邮政包件业务种类主要包括：普通包裹、商品包裹、快递小包、保价包裹。普通包裹最大限重25千克，快递小包最大限重2千克。保价包裹保值必须在30元以上方能按保价包裹办理，保价金额每件最多以5000元为限，资费在普通包裹资费的基础上加收保价费（保价金额的1%）。普通包裹资费按包裹重量和国内外寄、达局之间距离不等计算。商品包裹资费在普通包裹资费的基础上加收50%，后调整为150%。2012年办理出口包件业务量达3.81万件。

汇兑　1988年办理的汇兑业务种类有：普通汇票、高额汇票、定额汇票、小额汇票、电汇。每笔汇款最高限额5万元，超过5万元可分笔办理。汇费按汇款金额1%收取，每笔最高汇费为50元，最低汇费为2元。电汇汇费每笔收取电报费2元、附言费每字0.13元，“加急”汇款每笔加收5元手续费。2004年7月，根据国家邮政总局的统一部署，全市邮政营业网点均实现了电子汇兑业务并全国联网。国际汇款每笔最高限额为1000美元，超过1000美元时需分笔办理，超过2000美元时需提供外汇管理部门出具的外汇出境证明，汇费为汇款金额的3%，最低汇费为5美元。2012年办理出口汇票9.24万张。

邮政储蓄　是邮政部门为方便城乡居民参加储蓄，聚集社会闲散资金，支援国家建设而开办的一项法定金融业务。胶南县邮政储蓄业务于1986年10月26日开办。1987年开始在王台、灵山卫、泊里、红石崖试点开办。1992年全部开办，邮储服务网点达到25处。业务种类有定期储蓄、活期储蓄、整存整取三种。邮储收入由人民银行按2.2‰付给手续费。1990年1月，由人民银行付息改为邮电局自办付息。1998年邮政独立运营后，邮储业务成为邮政的支柱业务，收入占全部邮政业务收入的半数以上，邮储余额也快速增长。截至2007年，邮储余额达到15.5亿元。2008年5月，成立邮政储蓄银行，各邮政服务网点继续代理金融业务。2012年邮储余额达到22.4亿元，代理保险业务完成1.3亿元。

报刊发行　1988年，全县邮电服务网点均有发行职能。是年全国报刊普遍提价，部分报刊社自办发行。自1989年《青岛日报》自办发行后，全县邮发的报刊期发份数下降幅度较大，由1988年的5.56万份下降至3.42万份。1996年1月恢复《青岛日报》代办发行。1998年邮电分营后，扩大投递服务网络，报刊期发份数又恢复了逐年增长。2012年完成7.15万份。

特快专递（速递） 1992年开办邮政特快专递业务，因受传递时限规定的约束，初期各个邮电服务网点仅受理国内特快函件业务。1993年，市局成立速递班（后更名为速递公司），实行专业化管理，负责专收、专递、专封、专发、专运等，业务种类也扩大到国际、国内包裹和礼仪业务（鲜花、蛋糕等礼品）。2007年完成18.3万件。2008年12月特快专递业务划归青岛市局管理运营，胶南邮政服务网点为其代办，2012年完成6.42万件。

市邮政局开展高考录取通知书亲投到户专项活动

集邮 集邮业务 1983年8月始办集邮业务，经营范围包括各种邮票（普通邮票、纪念邮票、特种邮票），各种邮品（首日封、邮资封、邮折、明信片、图卡、纪念册等）。1988年全县集邮爱好者仅100余人，年营业收入仅4000余元。到2012年，集邮预订户达1000余户，年营业收入达到375.64万元。1989年10月10日，胶南县召开第一次邮协会员代表大会，选举成立“胶南县集邮协会”。

集邮展览 1989年10月举办“胶南县第一届集邮展览”。1995年10月举办“胶南市第二届集邮展览”。1997年5月举办“胶南市首届青少年集邮展览”。1999年5月，为庆祝中华人民共和国成立50周年，迎接澳门回归祖国，市集邮协会与市邮政局联合举办“胶南市第三届集邮展览”。

纪念封、片 县邮电局于1989年10月10日发行QL—J. N. F—1胶南县集邮协会第一次代表大会纪念封一枚，印量1000枚。1991年2月1日发行J—J. N. F—2胶南市成立纪念封一枚，印量1000枚。1992年10月31日发行J—J. N. F—3胶南市邮电大厦落成暨程控电话开通纪念封一枚，印量3000枚。1993年7月16日发行J—J. N. F—4胶南市本地数字电话通信网建成纪念封一枚，印量3000枚。1995年10月8日发行J—J. N. F—5胶南市第二届集邮展览纪念封一枚，印量2000枚。1997年5月10日发行J—J. N. F—6胶南市首届青少年集邮展览纪念封一枚，印量2500枚。1997年12月26日发行CHBCJF（3～24）52万里长城百关．桃林关纪念封一枚，印量15000枚。市邮政局于1999年5月15日发行J—J. N. F—6（重号）胶南市第三届集邮展览纪念封一枚，印量1000枚。2009年4月5日发行QDJF—005中国琅琊旅游节暨胶南杜鹃花会纪念封一枚，印量1000枚。2000年10月1日发行琅琊台·群雕、琅琊台·徐福殿、琅琊台·望越楼、琅琊台·文化陈列馆风景封和风景邮资明信片各4枚，其中风景明信片是使用60分牡丹普通邮资明信片制作。

中邮物流 2000年，国家邮政总局推出中国邮政物流配送业务，包括物流配送分销和货运快递。2002年1月，市邮政局开始配送分销大桶水、牛奶。2003年起逐步增加。同时，在全市建成三农服务站242个、乡镇直营店20个、大型物流仓储中心8个，使配送分销业务量逐年增长。2012年物流配送分销各种货物1000余吨，年收入达298.21万元。

第二节　邮政设施

邮政用车　1988年邮政生产用车共有4辆。1991年8月，邮电部下拨北京吉普车1辆。至2008年，陆续增配生产用车10辆。

邮政机具　自行车　1988年配有投递自行车50辆。1992年，改用民办投递员投递。2011年4月，除城区投递配置15辆澳柯玛电动车和8辆燃油助力摩托车外，其他59条农村投递段道均使用自行车投递。

电子秤　1990年开始配置电子称。1995年10月，陆续更新配置BCS－30－GB型及ACS－40－XB型电子称30台。

微机　1992年购置286型计算机2台用于报刊发行业务。2008年12月更新和配置联想启天M360型微机80台，用于邮储和其他邮政业务。

支局经营场所　邮电分营时，邮政局有8处经营场所，即人民路支局、文化路支局、横河支局、柏乡支局、王台支局、积米崖支局、灵山岛支局、小口子支局。邮政局成立后，自建18处，即朱家小庄支局、张家楼支局、潘家庄支局、夏河城支局、信阳支局、大场支局、大村支局、大沟支局、张仓支局、泊里支局、六汪支局、海青支局、理务关支局、市美支局、尚庄支局、薛家庄支局、灵山卫支局、大卢家滩支局。购买2处，即城南支局、铁山路支局。租赁3处，即横河支局、深圳路支局、六和支局。与网通公司对调使用1处，即珠海路支局。

第三节　邮　　路

省内邮路　1988年，胶南县外邮路为胶州至日照邮路，由胶州局派押，胶南进、出口邮件全部由胶州局转发。同时设有1条胶南至黄岛委办汽车邮路，胶南发往黄岛的邮件由胶南至黄岛的交通客车代运，由黄岛局派员按时到客运汽车站接收，1990年6月，改为由胶南局派车发运。1991年12月，青岛至黄岛邮路延伸至胶南，由青岛市局派押，长度为50千米（8千米为水路轮渡）。同月，胶州至日照邮路撤销，改开胶州至胶南直达汽车邮路，仍由胶州局派押，长度为50千米。1996年3月，撤销胶州至胶南直达邮路，同时将青岛至胶南邮路延伸至日照，仍由青岛市局派押。至此，胶南受理的出口邮件可当天发运青岛赶发有效航（火车）班，进口的邮件由胶州局转发改为由青岛市局直发。

境内邮路　1988年，境内邮路共有4条（其中委办2条，自办2条）。

委办邮路　（一）积米崖至灵山岛线（水路客船），长度为28千米。（二）市局至红石崖线，长度为40千米，该委办汽车邮路于1990年5月撤销，将红石崖支局的邮件运输并入市美至柏乡线承担。

自办邮路　（一）市局至市美线，即朱家小庄、小口子、张家楼、潘家庄、夏河城、泊里、横河、大沟、信阳、大场、海青、理务关、大村、市美14处支局，长度为190千米。（二）市局至柏乡线，即大卢家疃、灵山卫、积米崖（含灵山岛邮件）、王台、薛家庄、尚庄、六汪、柏乡、张仓9处支局，长度为137千米。1996年3月，因胶州至胶南直达邮路的撤销和青岛局邮车进局时间的变动，为确保市内邮件的传递速度，将市内2条自办汽车邮路调整为3条：（一）市局至市美线，即信阳、大场、海青、理务关、大村、市美6处支局，长度为148千米。（二）市局至横河线，即朱家小庄、小口子（后迁址更名为六和）、张家楼、潘家庄、夏河城、泊里、大沟、横河8处支局，长度为124.3千米。（三）市局至张仓线，即大卢家疃、灵山卫、积米崖（含带灵山岛邮件）、王台、薛家庄、尚庄、柏乡、六汪、张仓9处支局，长度为148.7千米。3条自办汽车邮路总长度为421千米。

1997年5月，为方便城区范围内的居民对进口包裹的提取，在城区内专设汽车邮路1条，包括珠海路、文化路、铁山路、人民路、城南、深圳路6处支局，长度为15千米。2011年10月撤销该邮路，城区6处支局的包裹转运任务划归3条农村自办汽车邮路承担。

投递路线　农村投递　1988年农村投递段道共有45条，担负着全市24处乡镇1033个行政村的报刊邮件投递任务。其中1005个行政村为当

日班,28 个行政村为二日班,均使用自行车投递。1992 年,胶南镇 52 个行政村不再列入农村乡镇投递统计范围,3 条农村投递段道划归市局文化路投递班管理,并入城区投递。同年,除灵山岛、胶南镇等部分乡镇外,均增设乡镇驻地本街投递段道共 21 条(均日投 2 个频次)。20 世纪 90 年代后,因市区面积不断向东、北方向扩大,大卢家滩支局所投递部分行政村的报刊邮件并入城区投递,该支局撤销 2 条农村投递段道。1997 年灵山卫镇 12 个行政村划归青岛经济技术开发区管辖,支局 3 条农村投递段道撤销 1 条。2000 年因乡镇报刊业务量的增多又恢复至 3 条。2004 年,红石崖镇划归青岛经济技术开发区管辖,两条农村投递段道随之划出。2012 年,全市农村投递段道达到 59 条,总长度为 4396. 4 千米。

1988～2012 年全市(县)邮政业务量统计表

表 7－3－1

年份	包件(万件)	函件(万件)	报刊(万元)	汇兑(万笔)	特快(万件)	邮储(万元)
1988	8. 94	346. 55	123. 80	6. 45	0. 00	95. 52
1989	9. 37	396. 78	145. 66	5. 61	0. 00	112. 70
1990	7. 70	399. 35	140. 21	4. 91	0. 00	170. 56
1991	6. 20	368. 62	159. 72	4. 88	0. 00	203. 80
1992	4. 95	228. 83	200. 60	5. 67	0. 03	355. 37
1993	4. 24	245. 65	241. 13	6. 19	0. 10	445. 74
1994	5. 87	300. 35	252. 28	6. 86	1. 27	1017. 90
1995	7. 19	309. 79	284. 17	7. 22	1. 46	1654. 29
1996	8. 70	341. 84	268. 26	7. 51	1. 83	2185. 96
1997	6. 30	188. 56	33. 64	6. 40	1. 42	2726. 38
1998	6. 33	189. 60	39. 96	6. 44	1. 43	2742. 74
1999	5. 38	226. 12	419. 78	6. 86	2. 93	38175. 78
2000	4. 71	284. 68	420. 29	6. 83	2. 86	46483. 83
2001	5. 79	435. 09	422. 62	7. 55	5. 01	56580. 20
2002	9. 65	297. 79	425. 16	10. 07	6. 40	62691. 67
2003	5. 72	303. 94	427. 71	8. 57	6. 15	73858. 51
2004	3. 99	230. 25	430. 28	6. 72	6. 27	81183. 85
2005	6. 56	175. 64	432. 86	6. 59	6. 19	104659. 08
2006	4. 65	110. 27	435. 46	8. 79	9. 28	135277. 30
2007	6. 70	87. 97	685. 19	11. 30	11. 05	151077. 58
2008	3. 50	460. 92	1048. 51	13. 30	13. 30	160792. 90
2009	3. 30	527. 30	1582. 20	13. 20	14. 50	143681. 14
2010	3. 52	686. 61	1573. 83	10. 31	5. 69	162088. 67
2011	3. 46	613. 78	1615. 34	9. 22	6. 06	185445. 82
2012	3. 81	749. 12	1519. 37	9. 24	6. 42	224768. 73
合计	146. 53	8505. 40	13328. 03	196. 69	109. 65	1638476. 02

城区投递　1988年城区投递段道共有5条，担负着城区近10万人的报刊邮件投递任务。1992年增至8条。1997年，因邮政办公及生产用房搬迁东移和市区面积的扩大，对部分城区投递段道进行调整，原市局文化路投递班管辖的8条投递段道增至12条。同时，在市局成立投递班1处并设立7条投递段道，负责城区琅琊台路以东用户的报刊邮件投递。2006年，报刊业务量大幅增长，市局投递班增设投递段道4条。是年，增设市局至市委、市政府汽车投递段道1条，长度为8千米，专门负责市委、市人大、市政府、市政协等机关单位的报刊投递。2009年，增设市局至港湾学院汽车投递段道1条，长度为15千米，专门负责港湾学院的报刊投递。2012年底，城区投递段道达到23条，总长度为1778.6千米。

第四章　通　　信

第一节　联　　通

经营机构　1988年，县邮电局是境内邮政业务和电信业务的唯一受理单位，同时也是行业管理机构。1991年设25处邮电支局，主营邮政、电信业务，兼有邮电管理职能，隶属青岛市邮电局。

1998年9月，按照国务院邮、电分营的要求，成立胶南市电信局，经营所有电信业务，兼有电信监管职能，归属青岛市电信局。1999年7月，市电信局将移动业务剥离，成立新的移动公司。

2001年6月，按照国务院“政企分开”的要求，胶南市电信局更名为山东省电信公司胶南市分公司，简称胶南市电信公司，管理职能取消，隶属青岛市电信分公司。2002年5月，根据国务院《电信体制改革方案》，中国电信进行南北拆分，胶南市电信公司更名为山东省通信公司胶南市分公司，简称胶南市通信公司，归属青岛市通信公司。2004年11月，中国网通在海外上市，公司随即更名为中国网通（集团）有限公司胶南市分公司，简称胶南网通公司，隶属中国网通青岛分公司。2008年12月，胶南网通与胶南联通合并重组为中国联合网络通信有限公司胶南市分公司，简称胶南联通公司，隶属青岛联通公司。2012年底，设有分支机构电话局26处，服务网点81个。固定资产达9.3亿元，拥有移动用户20.5万户，固话用户11.9万户，宽带用户10.8万户。

设施建设　*固话网络*　1988年自动电话交换机总容量保持2000门。1992年10月31日，S1240长市合一程控电话交换机正式割接开通，原纵横制交换机停用。长途全自动电路由原来的45条增加到150条，市话自动电话交换机总容量达到5124门，实现市话程控化。1993年交换系列容量达到1.2万门。1995年5月22日22时，S1240万门电话程控交换机成功开通，新增1.3万门。至此，电话程控交换机总容量达到2.3万门，电话

胶南邮电大厦

号码由6位升至7位。2000年新增交换机8.7万门,电话交换机总容量达到22万门。2005年5月21日,青岛和济南两地电话号码同时升为8位,胶南随之升为8位。2008年新建和扩容交换点58个,共1.37万门。电话交换机总容量达到29.87万门。2012年新增S1240型程控电话交换机1.01万门;经网络优化、缩容和并局,电话交换机总容量实际为27.26万门。

1988年通信杆路共计45杆千米,通信管道已建成6.2千米,合37孔千米,电缆线路19千米。2000年投资2.5亿元建设电话市,农村配线为每户1线,市区配线为每户1.5线。2008年新增管道16管千米,总长达到337管千米。2010年新设光缆481千米,总长达4836千米,光缆到村率达到93%,光缆到楼率达到67%。2012年,通信管道总长达332管程千米,电缆线路光进铜退减少1320千米,实际总长度6080千米;新增光缆346千米,总长度达3567千米。

无线寻呼网络 1989年开始建设无线寻呼网络。1990年安装无线寻呼发射机1台。1994年完成无线寻呼发射台的新建工程。1995年C4网并入C3网,开通数字移动电话和无线寻呼第五频点。

无线市话网络 2002年,为应对固定电话用户逐年减少的趋势,开始大规模建设无线市话基站。是年建无线市话基站505个。2003年新建无线市话基站213个,其中36个随红石崖镇划入青岛市黄岛区,无线市话基站总量达到682个。2004年建成无线市话模块局74个,新建基站540个,达到1222个,无线市话总容量达12万门。2005年新建无线市话模块局8个,达到82个,新建无线市话基站74个,基站总量达到1296个,无线市话总容量达到14万门。2008年无线市话基站达1470个,无线市话网络基本实现市区、乡镇驻地全覆盖。2009年2月3日,所有1900~1920兆赫兹频段无线接入系统(小灵通频段亦在此范围之内)。2011年底前完成清频退网工作,以确保不对1880~1900兆赫兹频段的TD-SCDMA系统产生有害干扰。此后,小灵通基站逐年减少。2012年底,剩余924个小灵通基站,维持现存用户通信需求。

宽带网络 1998年,开始建设胶南联通宽带网络。2000年在市区和24处乡镇开通接入网点137个,增开ISDN端口321个,宽带端口达到800个。2004年基本建成覆盖全市的IP宽带城域网和ADSL宽带接入网,出口带宽达2.5G字节。IP接入能力达2000端口,ADSL总量达20000端口,宽带端口总量达2.2万个。2009年完成宽带提速工程,对60个小区和21个村庄进行宽带升级改造,新装OLT设备18台、ONU设备1006台,新增端口11784个,宽带端口达8.06万个。2011年,新建7个20兆以上接入能力的宽带小区,灵山卫、大珠山两支局在青岛地区率先建成宽带信息镇。是年新增宽带端口1.5万个,互联网端口达11.83万个。2012年新增宽带端口4.5万个,互联网端口达16.33万个。

移动网络 1993年完成市区移动通信基站扩容工程,新建塔山基站1处。1994年,配合青岛市局完成塔山大哥大基站建设和市区基站扩容工程。1995年C4网并入C3网,开通数字移动电话。1998年完成GSM六期配套工程,新建通信铁塔4处,完成移动基站设备安装14处。开通模拟基站2处,新建改造模拟直放站5处。1999年7月移动剥离,2G移动网络资产全部划归胶南移动公司。2008年开始新的移动网络建设,当年建成GSM移动基站35处,是年12月,联通和网通两公司合并,原联通转入86处,共有121处。2009年达171处。2010年达238处,室内分布系统31处。2012年,新增2G移动基站32处,达到325处。

2009年,胶南联通开始WCDMA移动网络建设,当年建成3G移动基站53处,室内分布系统20个。2010年,新建WCDMA移动基站121处,建成174处。新建室内分布系统37处。2012年,3G移动基站建成343处。

业务发展 *固定电话* 1988年,全县固话用户1263户,1991年装机3517户,2000年发展到10.8万户,2006年固话发展达到巅峰,共有23.3万户。此后,随着移动电话的普及和通信手段的多样化,固定电话用户逐年下降。

1988～2012 年全市(县)联通固定电话户数统计表

表 7－4－1　　单位:户

年份	固定电话	年份	固定电话
1988	1263	2001	146452
1989	1894	2002	179588
1990	2857	2003	202900
1991	3517	2004	210000
1992	4263	2005	229000
1993	6909	2006	233179
1994	13649	2007	211397
1995	22181	2008	192680
1996	29246	2009	175054
1997	37447	2010	165901
1998	52470	2011	151284
1999	70767	2012	119000
2000	108442		

电报　是最早的一种电信业务。1954 年 9 月,胶南邮电局对外开办电报业务。1988 年电报业务发展达到高峰,是年去报 20.1 万份,来报 17.8 万份。此后,随着固定电话和移动电话业务的不断发展,电报业务受到极大的冲击,业务量逐年下降。2000 年,业务量几乎为零,2011 年 7 月正式退出市场。

传真　1989 年 6 月,开始办理用户传真业务。2000 年后,随着宽带业务的普及,传真通信进入网络传真时期,实现无纸化管理。

无线寻呼　1990 年 4 月,开始办理无线寻呼业务,是年发展无线寻呼用户 30 户。1997 年达到高峰,用户 1.7 万户。1998 年 10 月因改制需要,剥离无线寻呼业务。随着移动电话的发展,2002 年退出市场。

无线市话　2003 年,在市区及部分镇区开办无线市话(俗称小灵通)业务,是年发展小灵通用户 6909 户。2005 年达到高峰,用户达 7.8 万千余户。此后,随着移动电话业务的发展,大多小灵通用户升级至 2G 或 3G 业务,小灵通用户逐年下降。2012 年底剩余 1.2 万余户。

宽带　1999 年,开始发展联通宽带业务,是年宽带用户 420 户。2009 年,达 6 万余户。10 年时间增长了 143 倍。此后,网络不断优化、宽带提速,业务稳步发展。2012 年底,宽带用户达 10.8 万户。

2003～2012 年全市联通无线市话户数统计表

表 7－4－2　　单位:户

年份	小灵通
2003	6909
2004	50000
2005	78000
2006	56673
2007	45702
2008	44058
2009	29594
2010	18963
2011	11863
2012	12000

移动电话　2008 年 12 月,胶南网通与联通合并后,开始经营移动电话业务,共有 2G 移动电话用户 3.8 万余户。2009 年 1 月,工信部 3G 牌照发放,促进 3G 移动业务快速发展,胶南联通移动电话用户达 9.24 万余户。2011 年移动电话用户迅猛发展,达 18.1 万余户。2012 年底,3G 用户 5.37 万余户,移动电话 20.5 万户。

1999～2012年全市联通宽带户数统计表

表7－4－3　　单位：户

年份	宽带实装	年份	宽带实装
1999	420	2006	24387
2000	1620	2007	35750
2001	4630	2008	50000
2002	7720	2009	60000
2003	10800	2010	73861
2004	14820	2011	90000
2005	18270	2012	108000

1993～2012年全市联通移动电话户数统计表

表7－4－4　　单位：户

年份	移动电话	年份	移动电话
1993	202	1999	移动分营
1994	346	2008	38000
1995	779	2009	61820
1996	1597	2010	92417
1997	5520	2011	181000
1998	13520	2012	205000

第二节　移　　动

经营机构　1999年7月，青岛市电信局将移动业务剥离，组建山东省移动通信公司胶南市分公司，专事经营移动通信业务。2006年，公司更名为中国移动通信集团山东有限公司胶南分公司，简称胶南移动公司，隶属中国移动青岛分公司。2012年底，有分支机构经营部15处，服务网点20个，社会代理网点2000多家。固定资产9.3亿元，拥有移动用户50余万户。

设施建设　移动网络　1992年开始建设移动网络，仅在城区开通模拟信号制式的移动电话（俗称“大哥大”）。1999年7月胶南市移动分营后，原邮电系统建设的2G移动网络资产全部划归移动。2012年底，2G移动站达到417处，拉远站点3处，网络实现全市城乡全覆盖。2005年，网络人口

胶南市移动通信大楼

覆盖率达到99.9%，地理覆盖率达到99.2%，重要公共场所和旅游景点、高速公路、国道省道全线以及铁路沿线、近海区域实现100%覆盖。2009年开始建设TD移动网络。2012年3G移动基站建成247处，拉远站点25处。城区、乡镇驻地及80%以上村庄、园区、港口、车站、交通干线全覆盖。2012年底，城区、乡镇驻地移动网络无缝化覆盖。

WLAN网络　2011年，开始建设WLAN网络，建成WLAN热点100余处。2012年，在社区、乡镇驻地、村庄、职工宿舍、商场、酒店、学校等600多个单位开通WLAN网络。

1993～2012年全市移动户数统计表

表7－4－5　　单位：户

年份	移动	年份	移动
1993	202	2003	202019
1994	346	2004	251903
1995	779	2005	252382
1996	1597	2006	291017
1997	5520	2007	292364
1998	13520	2008	300000
1999	70550	2009	306150
2000	107543	2010	315821
2001	146452	2011	451689
2002	179354	2012	514152

业务发展　1993年，开始发展移动业务，当年发展移动用户（俗称“大哥大”）202部。1999年7月，移动电话业务开始独立经营。到2012年底，移动用户51万余户。

第三节　电　信

经营机构　2000年，中国电信集团公司正式挂牌。2002年5月，新的中国电信集团公司重新正式挂牌成立。2003年8月，中国电信集团公司胶南市电信分公司正式成立。主要经营固定电话、移动通信、卫星通信、互联网接入及应用等综合信息服务。

设施建设　交换设备　2004年10月31日，市电信分公司新建SM－2设备入网使用，实现市话程控化。2005年达到2000门，2011年发展到1.2万门，2012年交换系列容量达到1.4万门。

通信线路　2003～2011年，通信管道总长度发展到128管程千米，电缆长度为600皮长千米，光缆总长度达到1872千米。2011年，电缆线路逐渐为光纤所取代，且城区线路改为管道敷设。

宽带网络　2004年开始建设宽带网络。2005年基本建成覆盖全市的IP宽带城域网和ADSL宽带接入网，出口带宽达到2.5G，IP接入能力达到1000端口，ADSL总量达到1万端口，宽带端口总量达到1.1万个。2011年完成宽带提速工程，新装OLT设备10台，新增端口8256个，宽带端口总量达到1.93万个。2012年，新增宽带端口4万个，互出口带宽达到20吉字节，宽带端口达5.81万个。

3G网络　2009年，胶南电信开始CDMA移动网络建设，由原联通公司划转至电信119处移动网基站。2009～2010年，新建移动网基站12处。2010～2011年，新建5处。2011～2012年，新建10处。截至2012年，建成使用CDMA移动网基站146处。

2004～2012年全市电信固话户数统计表

表7－4－6　　单位：户

年份	固话
2004	1002
2005	2560
2006	4670
2007	6520
2008	7340
2009	8532
2010	9641
2011	11000
2012	10948

业务发展　固定电话　2004 年，开始固定电话业务，主要集中在城区，号段为 8661、8905、5558、5578。2008 年开始，随着移动电话的普及和通信手段的多样化，固定电话业务逐年下降。2012 年，用户量 1 万余户。

宽带　2004 年，胶南电信开始发展宽带业务，以城区及部分重点乡镇为主，宽带业务逐步增长。2011 年，开始进行部分小区宽带 FTTH 光纤接入网。2012 年，宽带用户总量达到 2.1 万余户。

2004～2012 年全市电信宽带户数统计表

表 7－4－7　　单位：户

年份	宽 带
2004	1100
2005	2100
2006	3289
2007	5376
2008	8342
2009	11368
2010	16357
2011	19688
2012	21523

移动电话　2008 年 10 月，中国电信收购中国联通 CDMA 网后，胶南电信开始发展移动业务。是年 12 月，在原中国联通 133、153 号段的基础上，中国电信新号段 189 正式启用。2011 年 180 号段正式放号，2012 年 181 号段开始启用。至 2012 年，移动用户 4.2 万余户。

2008～2012 年全市电信移动户数统计表

表 7－4－8　　单位：户

年份	移动
2008	8005
2009	13457
2010	22457
2011	32017
2012	42023

第四节　无线电管理

随着无线电通信逐步演变成为通信主要方式，无线电管理机构逐步从虚设到实设、从代管到专管，体制由军队管理转变到国家集中统一管理。

无线电台（站）设置　2002 年，管理机构拥有无线电管理专用车 1 辆，微机 1 台，REALISTIL 多频段接收机 1 台，920ISA 手持式超短波测向机 1 部，RF－3200 场强分析仪 1 部，麦哲伦全球卫星定位仪（CPS）1 部及数字频率计等无线电管理监测设备。到 2011 年，全市有广播电视频道 1 个，广播电台频段 1 个，中继台 2 台，对讲机 288 台。到 2012 年，有中继台 9 台，对讲机 471 台（其中工地 119 台），渔船电台 450 台。

监督检查　2004 年，集中对违章设置的大功率无绳电话进行检查、清理，拆除大功率无绳电话 22 部，查处私设对讲机 2 部。

2005 年，根据《国务院无线电管理收费暂行规定》和青岛市无线电管理委员会办公室的统一部署，加大对无线电管理费的征收，力争确保足额收缴入户。是年收缴无线电管理费 6 万元。同时做好监听检测工作，坚持经常性的开机监听，掌握本地区空中电波情况，发现问题及时上报处理，并开展无线电台站核查和清查大功率无绳电话，规范会议移动通信干扰器使用管理工作，拆除大功率无绳电话 12 部。

2011 年，收缴无线电频率占用费 3.5 万元，同比增长 45%；下达责令改正通知书 13 份，处理干扰投诉案件 4 起，其中受理青岛市无委办交办的干扰投诉案件 1 起。

2012 年，开展无线电台（站）核查工作，对全市未经批准私自设置使用无线电台的单位，下达责令改正通知书 44 份，收缴无线电管理费 10.1 万元，同比增长 186%。严厉打击非法设台和乱占频率行为。

第八篇

经济发展与改革

风电开发及风机装备制造项目框架协议签约仪式

中国石化山东液化天然气(LNG)工程
开工奠基
2010年9月10日 山东

第一章　经济总量和产业构成

第一节　经济总量

1988 年，胶南经济发展还相对较弱，地区生产总值不足 12 亿元，财政收入不过 6000 万元。20 世纪 90 年代开始进入快速发展期，经济总量基本实现五年翻一番的目标。至 2012 年，地区总产值达到 725.7 亿元；财政收入实现 51 亿元，固定资产投资、城乡居民人均纯收入等经济指标均有大幅度提高。

1988～2012 年全市（县）主要经济指标完成情况统计表

表 8－1－1

年份	地区生产总值（亿元）	财政收入（亿元）	固定资产投资（亿元）	城镇居民人均可支配收入（元）	农民人均纯收入（元）
1988	11.31	0.588	0.860	1182	748
1989	12.66	0.713	0.411	1159	795
1990	15.99	0.797	0.586	1345	894
1991	20.84	0.876	0.977	1499	967
1992	25.57	0.95	1.56	1777	948
1993	33.22	1.37	3.19	2503	1182
1994	40.37	0.836	5.14	3220	1162
1995	50.72	1.02	6.68	3807	2138
1996	57.86	1.24	4.6	4129	2502
1997	63.26	1.51	4.6	4880	2538
1998	73.55	2.01	6.34	5102	3152
1999	84.58	2.7	10.01	5596	3385
2000	98.9	3.62	26.02	6330	3591
2001	125.1	5.02	34.22	7458	3853
2002	151.22	5.76	48.53	8565	4155
2003	186.66	7.31	104.76	9469	4480
2004	226.5	9.46	143.69	9988	5013
2005	278.84	12.5	197.2	11165	5734
2006	322.13	15.77	163.85	12870	6470
2007	353.91	20.56	187.94	15255	7373
2008	422.45	23.5	241.79	17416	8382
2009	467.56	26.16	290.05	19092	9119
2010	549.46	30.1	357.9	21421	10400
2011	648.51	36.36	413	24529	12280
2012	725.71	51.05	507	27600	13879

第二节　产业构成

“七五”(1986～1990年)期末，三次产业比例为40∶32.5∶27.5。1990年，全县完成地区生产总值15.99亿元，财政收入0.8亿元，分别是1985年的2.7倍和2.2倍。5年累计完成固定资产投资2.76亿元。1990年全县出口商品收购额超过2亿元，平均每年增长31.4%；出口商品发展到14大类159个品种，出口供货企业达58家，其中年出口额过千万元的5家，过500万元的8家。真空包装蛤、手推车、海藻制品出口量均居全国之首；肉食、对虾、蔬菜、干芋、花生等出口量均跨入全省先进行列。先后同45个国家和地区建立了经贸关系，共建立外商投资企业7家，投资总额2545万美元，1990年已投产的4家三资企业，实现产值5919万元，销售收入4981万元，外汇收入384万元。1990年，全县城镇居民人均可支配收入1345元，农民人均纯收入894元。

“八五”(1991～1995年)期末，三次产业比例调整到36.1∶36.7∶27.2。1995年，全市完成地区生产总值50.72亿元，财政收入1.02亿元。5年累计完成固定资产投资17.6亿元，是“七五”时期的6.4倍。“八五”期间全市批准利用外资项目206个，实际利用外资1.4亿元。1995年外贸出口商品交货值19.2亿元，年平均递增43%，出口创汇1.5亿美元。是年，全市城镇居民人均可支配收入3807元，农民人均纯收入2138元，分别是“七五”末的2.8倍和2.4倍。

“九五”(1996～2000年)期末，三次产业比例调整到24.1∶44.8∶31.1。2000年，全市完成地区生产总值98.9亿元，财政收入3.6亿元，分别是1995年的1.9倍和3.5倍。5年累计完成固定资产投资51.6亿元，是“八五”时期的2.9倍。“九五”期间累计批准利用外资项目379个，合同利用外资8.5亿元，实际利用外资4.3亿美元，分别是“九五”以前总量的1.7倍、2.4倍和2.8倍；实际利用内资28亿元。出口创汇达到3.4亿美元。2000年，全市城镇居民人均可支配收入6330元，农民人均纯收入3591元，均为“八五”末的1.7倍。

“十五”(2001～2005年)期间，胶南实施“东接、北扩、南展”发展战略，创造了“胶南模式”和“胶南速度”。“十五”末，全市经济综合实力、县域经济基本竞争力分别跃居全国百强县(市)第34位和25位。三次产业比例调整到10.7∶59.2∶30.1。2005年，完成地区生产总值278.8亿元，地方财政收入12.5亿元，分别是2000年的2.8倍和3.5倍。5年累计完成固定资产投资528.4亿元，是“九五”时期的10倍。“十五”期间，累计利用外资18.4亿美元，利用内资249亿元，分别是“九五”时期的4.3倍和6.8倍；兴办外资过千万美元大项目95个、内资过5000万元大项目152个，较“九五”时期均实现翻番增长。2005年，完成进出口总额13.75亿美元，出口9.7亿美元，年均增长26.6%和26.8%。是年，全市城镇居民人均可支配收入11165元，农民人均纯收入5734元，分别是“九五”末的1.8倍和1.6倍。

“十一五”(2006～2010年)期间，胶南实施“以港兴市”战略，加快推进董家口港区、大学科研区等重点区域开发和重大项目建设，克服了国

2011年3月10日，全市经济工作目标考核兑现大会召开

际金融危机带来的不利影响，经济综合实力大幅跃升。县域经济基本竞争力跃居全国经济百强县(市)17位，比2005年提升8个位次。三次产业比调整为7.9∶59∶33.1。2010年，完成地区生产总值549.5亿元，地方财政一般预算收入30.1亿元，分别是2005年的2倍和2.4倍。5年累计完成固定资产投资1241.5亿元，是"十五"期间的2.3倍；累计到账外资9.5亿美元，利用内资405亿元；对外贸易持续增长，完成进出口总额114亿美元，其中出口82.7亿美元，分别是"十五"时期的2.5倍和2.6倍。2010年，全市城镇居民人均可支配收入21421元，农民人均纯收入10400元，分别是"十五"末的1.9倍和1.8倍。

"十二五"以来，突出"转型发展、跨越发展"主题，按照"一城两区、一轴两带"发展框架，加快建设青岛现代化国际新城区，经济社会保持了健康、快速发展的良好态势。至2012年末，三次产业比调整为7.2∶58.2∶34.6。2012年，完成地区生产总值725.7亿元，年均增长13.5%；实现地方公共财政预算收入51.05亿元，年均增长27.1%；完成规模以上固定资产投资507亿元，年均增长23.2%；到账外资4.2亿美元，年均增长35.8%；外贸进出口总额37.1亿美元，年均增长15.7%。全市城镇居民人均可支配收入27600元，农民人均纯收入13879元，分别比"十一五"末提高31.4%和33.5%。

第三节　重点项目

青岛市级重点项目　2005～2012年，全市共有120个项目列入青岛市级重点项目，总投资1145亿元。其中，青岛港湾职业技术学院、德枫丹(青岛)机械、青岛东元精密机电、青岛太平洋世纪酒店、青岛超凌顺机械制造、红星美凯龙家具城、家乐城购物广场、那鲁湾大酒店、北船重工船舶配套、海晶化工搬迁、青岛港40万吨码头、青钢搬迁、国电理务关风电场、山东LNG一期工程等一批大项目先后落户。

2005～2012年部分青岛市级重点项目情况统计表

表8－1－2　　单位：亿元

年份	项目名称	总投资	投资主体	项目状态
2005	胶南市易通热电综合利用电厂粉煤灰生产新型墙体材料(续建)	0.4	胶南市易通热电有限责任公司	竣工投产
2006	青岛港湾职业技术学院项目	1.2	青岛港湾职业技术学院	竣工投产
2007	德枫丹(青岛)机械项目	1.4	德国蒂森克虏伯集团	竣工投产
2008	青岛东元精密机电项目	5.5	青岛东元精密机电有限公司	竣工投产
2009	家乐城购物广场	1.3	李家石桥村委、青岛利群集团	竣工投产
2009	红星美凯龙家具城一期项目	4	淄博鲁中房地产公司和南京凤南实业公司	竣工投产
2009	青岛超凌顺机械制造项目	1.3	柳州市超顺汽车部件有限责任公司	竣工投产
2009	青岛太平洋世纪酒店项目	12	青岛太平洋世纪置业有限公司	竣工
2010	北船重工船舶配套项目	5.2	青岛北船重工有限责任公司	竣工投产
2010	青岛矿权矿产品交易中心项目	6	天津戴比尔斯矿业股权投资基金股份公司	竣工投产
2010	绿茵环保科技项目	1.6	绿茵投资有限公司	竣工投产
2010	那鲁湾大酒店项目	11	青岛那鲁湾置业有限公司	竣工投产

续表 8-1-2 单位:亿元

年份	项目名称	总投资	投资主体	项目状态
2010	红星美凯龙家具城二期项目	8	宏程投资公司等	竣工投产
2011	华能 5+3.5 万吨级通用码头	16.2	华能国际	竣工投产
2011	大唐胶南六汪风电场工程(一期)	5.1	大唐山东新能源有限公司	竣工投产
2011	青岛港 40 万吨码头项目	47	青岛港集团	竣工投产
2011	青岛客运西站(胶南汽车总站)	2	胶南市政府	竣工投产
2011	青岛明月海藻集团海藻酸盐产业提升老厂区搬迁改造及配套项目	1.6	青岛明月海藻集团有限公司	竣工投产
2011	国华风力发电项目	5	神华国华能源投资有限公司	竣工投产
2011	青岛远洋船员学院	8	中国远洋运输集团(总公司)	竣工
2011	海晶化工搬迁项目	27.8	青岛海晶化工集团有限公司	竣工投产
2012	隆岳旅游项目	36	青岛隆岳置业有限公司	部分竣工投产
2012	胶南金融广场项目	20	青岛国越基础工程有限公司	竣工投产
2012	山东 LNG 一期工程	106	中石化集团	竣工投产
2012	国电理务关风电场项目	5	国电电力发展股份有限公司	竣工投产
2012	青钢搬迁项目	160	青岛钢铁集团股份有限公司	竣工投产
2012	一体化污水处理设备生产项目	10	临沂进民水务有限公司	竣工投产
2012	大众报业文化创意产业园	10	青岛半岛都市置业有限公司	竣工
2012	董家口中心商务区综合体项目	6.6	青岛董家口开发建设有限公司	竣工

胶南市级重点项目 2005~2012 年,共筛选 408 个胶南市级重点项目,总投资 939 亿元。包括胶南市职业教育中心、亨氏公司扩建、威礤乳胶制品、小珠山旅游及综合开发、宏程购物广场、中国水产科学研究院黄海水产研究所、城市阳台景观工程、青岛光大银都商业等。

2012 年胶南市重点项目集中开工仪式

第二章　经济结构调整

20世纪80年代末，随着全县经济的快速发展，产业结构得到快速调整。1978年，三次产业比是68:21:11；1988年三者距离缩小为44.1:38.7:17.2；1998年达到32:39:29，实现基本平衡；2012年调整为7.2:58.2:34.6，第二产业占据主导地位，第三产业大幅超过了第一产业，产业结构进一步优化。

第一节　第一产业结构调整

“七五”(1986~1990年)期间，农业生产稳步增长。1989年8月，县委、县政府印发《关于在全县农村推行“两田制”的试行意见》，“两田制”的推行，促进了适度规模经营的发展，增加了公共积累，壮大了集体经济，进一步完善了双层经营体制。1990年，县委、县政府提出“海上胶南”发展战略，实施海洋农牧化工程，加快了由“以捕为主”向“以养为主”的战略转变。是年12月，制定《关于大力发展水产生产的意见》，把水产业发展作为考核领导干部和主管水产工作干部政绩的重要内容，促进渔业产业迅速发展。同时，县委、县政府印发《关于加强果品生产的意见》，完善果园联产承包责任制，稳定果园面积。到1990年，全县农业总产值达到9.84亿元，年均增长20.4%。粮食总产量达43.3万吨，年均增长3.9%。油料总产量8.47万吨，年均增长2.4%。果品总产量5.38万吨，年均增长8.4%。肉类总产量2.87万吨，年均增长4%。水产品总量3.94万吨，年均增长12.2%，其中养殖对虾产量跨入全国千吨县行列。

“八五”(1991~1995年)期间，粮食、油料作物产出保持稳定增长，果品、肉类、水产品保持较高增速。1991年是实施十年规划和“八五”计划的第一年，也是胶南撤县设市的第一年，农业经济保持了较高的增长速度。是年，全市农业总产值达到11.1亿元，同比增长18.6%。粮食总产量48.4万吨，同比增长11.8%；果品总产5.02万吨，与上年持平；肉蛋奶总产量4.98万吨，水产品总量6.25万吨，同比分别增长9.6%和58.8%。1991~1993年是水产业发展最快的3年，至1993年底，全市完成水产品产量8.41万吨；完成渔业总产值2.85亿元，同比增长23.7%。到1994年，全市生猪年饲养量66万头，出栏37.5万头；家兔年底存栏97.8万只；果品面积达8400公顷，果品年产量8.43万吨；水产品年产量16.9万吨；蔬菜种植面积4200公顷，年产各种蔬菜26万吨。到1995年，全市粮食总产量达到50.7万吨，油料产量9.75万吨，果品总产量10.38万吨，肉类总产量6.07万吨，水产品总量18.98万吨。

“九五”(1996~2000年)期间，全市农业结构调整迈出新的步伐，果品、蔬菜等经济作物仍保持较高增速，水产、畜牧业规模不断扩大。1997年2月，市委、市政府印发《关于推进农业产业化的实

2010年6月12日，胶南市对外开放暨产业振兴工作会议召开

施意见》，6月制定《胶南市农业现代化建设规划》，7月印发《关于加快发展高效农业的意见》，加快推进全市农业产业结构的调整优化和高效农业发展。是年，受百年不遇的特大干旱、风暴潮和持续高温等严重自然灾害影响，全年粮食、油料分别减产34%、40%。1998年9月，市委、市政府印发《关于进一步加快农业内部结构调整的意见》，是年，全市粮食总产量50.73万吨，花生总产10.7万吨，创历史最高纪录。水产品总产量24.6万吨，同比增长21.2%。发展养殖小区270个，养殖大户突破2万户。到1999年底，水产、畜牧、林果、瓜菜四大主导产业占农业总产值的85%。2000年，市委、市政府印发《关于进一步加快农业产业结构战略性调整的意见》，加快农业结构调整步伐。是年，全市粮食总产量达到42.8万吨，比"八五"末下降15.6%，油料产量10.3万吨，年均增长10.9%。果品总产量19.7万吨，年均增长13.7%。肉类总产量9.8万吨，年均增长10.1%。水产品总量30.9万吨，年均增长10.2%。其中，高效经济作物种植面积达到4.47万公顷，水产、林果、畜牧、蔬菜占农业总产值的比重达到85%以上，王台高效农业示范园、城西农业精品园、海青绿洲精品茶园、琅琊封闭式养虾基地等均取得良好效果。

"十五"（2001～2005年）期间，粮食种植规模减少，产量较"九五"期间下滑30.6%；油料产量较"九五"期间增长5.6%；果品种植大规模增长，产量较"九五"期间增长50.98%。至2005年，全市粮食总产量达到31.95万吨，油料产量9.16万吨，果品总产量23.13万吨，蔬菜总产量83.3万吨，肉类总产量11.56万吨，水产品总量31.37万吨。全市建成省级无公害基地20处计3260公顷，高效经济农作物发展到4.66万公顷，占耕地面积的60%以上。水产、畜牧、蔬菜、林果四大主要产业占农业总产值的比重达到90%。水产业中，渔业总收入32.3亿元，养殖捕捞比由20世纪90年代的38:62发展到66:34，养殖产值占渔业总产值的比重由35%提高到67%。

"十一五"（2006～2010年）期间，全市粮食、油料作物种植及产量基本保持稳定，粮食总产量较"十五"期间下降2.2%，油料产量下降8.6%，果品种植及产量出现较大缩减，较"十五"期间果品总产量下降23.1%。2010年，市委、市政府印发《关于鼓励发展现代特色农业的意见》。是年，全市粮食总产量达到32.68万吨，油料总产量8.6万吨，果品总产量15.3万吨，蔬菜总产量49.3万吨，肉类总产量6.74万吨，水产品总量30.03万吨。

"十二五"以来，经过连续的产业结构调整，逐渐形成了蓝莓、绿茶、食用菌三大特色农业。至2012年，蓝莓种植面积4453公顷；食用菌种植面积4600公顷；茶园面积1507公顷。胶南成为全国最大的蓝莓种植基地、北方最大的绿茶基地、青岛地区最大的食用菌生产加工基地。畜牧业、林业、水产等产业发展逐步加快。

1986～2010年胶南市（县）第一产业结构调整情况统计表

表8－2－1　　单位：万吨

时期	粮食总产量		油料总产量		果品总产量		肉类总产量		水产品总量	
	期末数值	年均增长（%）	期末数值	年均增长（%）	期末数值	年均增长（%）	期末数值	年均增长（%）	期末数值	年均增长（%）
"七五"期间	43.3	3.9	8.47	2.4	5.38	8.4	2.87	4	3.94	12.2
"八五"期间	50.7	3.2	9.75	2.9	10.38	13.9	6.07	16.2	18.98	36.98
"九五"期间	42.8	－15.6	10.3	10.9	19.7	13.7	9.8	10.1	30.9	10.2
"十五"期间	31.95	－30.6	9.16	5.6	23.13	50.98	11.56	3.36	31.37	3.02
"十一五"期间	32.68	－2.2	8.6	－8.6	15.3	－23.1	6.74	－10.2	30.03	－0.87

第二节　第二产业结构调整

“七五”(1986~1990年)期间,工业经济较快增长。到1990年底,全县乡镇以上工业企业达到273家,实现工业总产值25.08亿元,年均增长38.8%。工业结构中,私营经济比重日益提高。县属工业完成总产值5.42亿元,年均增长17.9%;乡镇工业完成总产值15.14亿元,年均增长56.4%。全县初步形成机械、纺织、食品、化工、建材五大产业为主的工业体系,其中纺织机械、皮革机械、铸造机械、海藻化工等行业在全国占居重要地位,有71种工业产品被评为国家、部、省和青岛市优质产品,优质产品产值占工业总产值的10.7%。

“八五”(1991~1995年)期间,工业经济持续较快发展。1991年,全市工业生产紧紧围绕质量、品种、效益3个环节,努力调整产品结构,加快技术改造步伐。全市完成新口径工业总产值30.21亿元,同比增长15.1%,实现利税1.93亿元,同比增长30.1%。完成轻工业产值9.49亿元,同比增长11.9%;重工业受纺织机械市场下滑影响,完成产值8亿元,同比增长8.5%。到1992年,全市国营、集体企业发展到263家,其中国营企业43家,主要分布于电力、化工、机械、食品、饮料、造纸、橡胶制品、皮革及其制品、修造船和建材10大行业,完成工业总产值6.68亿元,销售收入7.08亿元,实现利润1523万元,上缴利税608万元,分别占全县工业总量的30.6%、45.2%、24.8%和56.7%,国有资产总值达5.78亿元。到1995年,全市乡镇以上企业个数达到408家,比“七五”末增加135家,完成工业总产值74.5亿元,年均增长24.3%。其中,市属企业完成工业产值20.45亿元,年均增长21.5%,乡镇属企业完成工业产值19.3亿元,年均增长22.7%。基本形成了机械、食品饮料、建材、化工四大优势行业和橡胶、造纸、修造船三大新兴行业。

“九五”期间(1996~2000年),工业结构得以调整。到2000年末,实现工业总产值181亿元,年均增长19.4%,其中市属企业43家,完成工业产值55.3亿元,乡镇属企业68家,完成工业产值125.7亿元,分别占工业总产值的30.6%和69.4%。国有企业和集体企业数量明显减少,分别从“八五”末的78家和271家减少到5家和6家。相继建成并投产了造纸扩产、轮胎、手推车等改扩建项目,扶持了德维、泰发等一批骨干企业,橡胶、造纸、修造船产业初具规模。

“十五”(2001~2005年)期间,工业持续增长。2001年全市工业企业2200家,其中规模以上企业112家。全市工业企业完成工业增加值62.9亿元,实现销售收入201.5万元,利税10.07亿元。全市八大优势行业共有工业企业605家,其中规模以上企业90家。2003年开始,全市个体私营经济规模逐步壮大,民营经济得到快速发展。2004年4月,市委、市政府印发《关于加快工业发展的意见》,对工业结构进行战略性调整,大力推进工业规模化、集约化发展,机械装备制造、食品与药物、家电电子、橡胶化工、船舶汽车等产业积聚效应初步显现。2005年,全市主导产业完成工业产值333.5亿元,占全市工业总产值的58%,规模以上企业197家。胶南成为全国最大的手推车出口基地、无梭织机生产基地和微生态产业化基地。到2005年末,全市实现工业总产值566.8亿元,年均增长25.6%,其中市属企业31家,完成工业产值197.1亿元,乡镇属企业433家,完成工业产值369.7亿元,分别占工业总产值的34.8%和65.2%。基本形成机械制造、橡胶化工、船舶汽车、食品药物等四大产业集群,以家电电子和新材料为核心的高技术产业发展较快。

“十一五”(2006~2010年)期间,工业产业结构趋向合理。到2010年末,全市实现工业总产值1346.3亿元,其中市属企业29家,完成工业产值192.3亿元,乡镇属企业81家,完成工业产值1154亿元,分别占工业总产值的14.3%和85.7%。民营企业进一步发展,从“十五”末的100家发展到458家,增长4倍多。初步形成以机械制造、橡胶化工、食品饮料、船舶和汽车零部件四大优势产业集群。海洋药物与生物制药、电子与家电、钢铁冶金及加工等新兴产业得到较快发展。

“十二五”开始,工业发展保持稳定,产业结构

进一步优化。2012 年,市委、市政府印发《关于实施工业强市战略推进蓝色制造业跨越发展的意见》,确立全市蓝色制造业体系总体思路。依托海洋资源优势,构建特色鲜明的蓝色产业体系。一是鼓励发展高端装备制造、生物医药、新能源、新材料、节能环保等战略性新兴产业,全面打造石化化工、冶金钢铁、海洋工程装备、海洋生物、能源新材料等 9 个产业集聚区,重点培育产值过百亿元的龙头企业、过 500 亿元的产业园区、过千亿元的优势产业集群。胶南经济开发区获批省级海洋特色产业园;董家口海工装备基地、琅琊台微生物循环经济产业园等一批特色产业园区加快推进。是年,全市完成规模以上蓝色制造业产值 945 亿元,占规模以上工业总产值的 55%。二是充分利用董家口港的组合优势和后发优势,打造第四代国际新港城。重点发展港口物流、海洋高新科技、石化、冶金、装备制造五大产业。中石化 LNG、海晶化工、青钢搬迁等投资过百亿元的重大项目全面开工,推进国家级重化工业基地和临港循环经济示范区建设。三是全面实施大学科研区 30 万平方米科技孵化器、临港经济区 10 万平方米高端制造业孵化器和 100 万平方米软件孵化器建设计划,促进现代服务业与蓝色制造业融合发展。四是以中国北方水产品交易中心与冷链物流基地建设为龙头,加快远洋渔业基地和万亩海洋牧场建设,提升现代海洋渔业发展水平。

2012 年,全市完成工业总产值 1854 亿元,实现销售收入 1751.2 亿元,分别增长 20.8% 和 19.3%;规模以上工业企业 776 家,完成产值 1691 亿元,增长 22%,其中机械制造、橡胶轮胎、食品医药、家电电子四大产业集群产值占规模以上工业产值的 75.2%;完成海洋经济增加值 94.4 亿元,同比增长 38.2%,占 GDP 比重由 2011 年的 10.97% 上升为 13.01%,增加 2.04 个百分点。

1986~2010 年胶南市(县)第二产业结构调整情况统计表

表 8-2-2　　单位:个、亿元

时期	期末乡镇以上工业企业个数					期末工业总产值			
	合计	国有	集体	其他	其中三资	合计	市直	乡镇	村及以下
“七五”期间	273	43	227	3	3	25.08	7.73	6.96	10.39
“八五”期间	408	78	271	59	53	74.53	20.45	19.32	34.76
“九五”期间	111	5	6	100	27	181	55.3	125.7	—
“十五”期间	464	2	4	458	126	566.79	197.11	369.68	—
“十一五”期间	870	3	5	862	186	1346.25	192.23	1154.02	—

第三节　第三产业结构调整

1983~1985 年,县委、县政府实施以改革农村供销社体制、改革商业批发零售体制、改革农产品统购统销制度为主要内容的商品流通体制改革,为全县商品经济发展奠定了基础。

“七五”(1986~1990 年)期间,双珠公园、大众商场、五交化商场、海西商场、农贸市场等相继建成,医疗、卫生、文化、娱乐、体育等基础设施建设步伐加快,使城乡居民生产、工作、生活、娱乐环境得到较大改善,第三产业得到较快发展,商品流通不断扩大。1990 年,全市农副产品收购总值达 2.4 亿元,平均每年增长 12.8%;社会商品零售总额达 4.91 亿元,平均每年增长 13.6;集市贸易成交额达 1.02 亿元,平均每年增长 22.3%;完成工商税收 7352 万元,平均每年增长 20%。

“八五”(1991~1995 年)期间,第三产业取得较快发展。1994 年 3 月,市委、市政府作出《关于大力发展多种经营的决定》,全市以信息服务业、社会服务业、旅游业、房地产业等为主的第三产业迅猛发展。1995 年,全市第三产业在国民经济中

的比重达到24.7%，完成第三产业增加值13.82亿元，年均增长25.8%，第三产业占地区生产总值的比重调整为27.2%。个体户和私营企业数由“七五”末的9408户、51家增加到21454户、614家，年均增长17.9%和64.5%，城乡商品交易市场发展到81处。全市客运周转量、货运周转量由“七五”末688万人千米、11849万吨千米增长到10017万人千米、25846万吨千米，年均增长70.9%和16.9%。

“九五”（1996～2000年）期间，第三产业延续较快发展势头。1997年7月，市委、市政府出台《关于“九五”期间加快发展第三产业的意见》，第三产业发展步伐加快。是年底，全市第三产业比重达到29.1%，1998年底第三产业比重达到31.7%。2000年完成第三产业增加值30.8亿元，年均增长17.4%。客运周转量、货运周转量由“八五”末10017万人千米、25846万吨千米增长到18928万人千米、63888万吨千米，年均增长13.6%和19.8%。

“十五”（2001～2005年）期间，传统商贸流通业得到巩固提升，旅游、物流、金融、信息咨询等现代服务业迅速发展。2005年，全市完成第三产业增加值78亿元，同比增长19.6%；社会消费品零售总额61亿元，同比增长16.4%。客运周转量、货运周转量由“九五”末的18928万人千米、63888万吨千米增长到50300万人千米、113007万吨千米，年均增长21.6%和12.1%。利群胶南购物中心、盛客隆购物广场等总投资7.6亿元的17个商品市场开发项目加快建设，总开工面积达到37.4万平方米。“万村千乡”工程全面启动，建成农家店、便利店233家。全年接待游客280万人次，实现旅游业总收入16.9亿元，同比增长36%。

“十一五”（2006～2010年）期间，第三产业发展加快。旅游度假、总部经济、港口物流等现代服务业蓬勃发展。悦榕庄、喜来登、香格里拉等一批知名服务业品牌入驻。灵山湾旅游度假区、小珠山休闲度假区、藏马山国际生态旅游度假区等旅游大项目加快推进。推进落实中盐、六和等一批重大物流项目，客运周转量、货运周转量由“十五”末的50300万人千米、113007万吨千米增长到81901万人千米、190994万吨千米，年均增长10.2%和11.1%。2010年，全市完成第三产业增加值181.66亿元，同比增长19.2%，第三产业比重占地区生产总值的33.1%。

“十二五”以来，第三产业发展步伐进一步加速。2012年10月，市委、市政府印发《关于推进服务业跨越发展的意见》，总部经济、科技研发、商贸物流、星级酒店、商务金融等服务业态集聚发展。2012年，全市完成第三产业增加值250.8亿元，同比增长15.1%，第三产业占地区生产总值的比重调整为34.6%；社会消费品零售总额193.3亿元，同比增长15.2%。6个青岛市高端服务业“千万平米工程”完成投资103.3亿元，建成437.2万平方米。启动了东部城区中央商务区、董家口产业区中央商务区规划建设，两家五星级酒店建成并投入运营。旅游业发展迅速，全年接待游客720万人次，实现收入50.6亿元，分别增长20%和20.2%。

1986～2010年胶南市（县）第三产业结构调整情况统计表

表8－2－3

时期	期末客运周转量（万人千米）	期末货运周转量（万吨千米）	期末邮电业务总量（万元）	期末个体户数（户）	期末私营户数（户）
“七五”期间	688	11849	718	9408	51
“八五”期间	10017	25846	4908	21454	614
“九五”期间	18928	63888	11246	10117	2495
“十五”期间	50300	113007	13747	16249	4061
“十一五”期间	81901	190994	34600	26905	6973

第三章　对外经贸

第一节　软环境建设

1988年，县委、县政府印发《关于发展外向型经济鼓励出口创汇的规定》，全面推进外贸体制改革，鼓励出口创汇，设立出口创汇特别奖、出口供货额增值奖、出口新产品开发奖等奖项。出台扶持贴息贷款、开展技术服务、物资扶持等支持出口创汇扶持政策。1991年，制定对外经济技术合作“八五”计划和十年规划，印发《一九九一年鼓励发展外向型经济的意见》，按利用外资的形式、项目数量、投资总额及出口创汇额给予奖励。

1992年，市政府印发《关于1992年鼓励发展外向型经济的意见》和《关于设立乡镇开发区的实施意见》，8个乡镇先后设立开发区。1997年，市委、市政府印发《关于进一步鼓励发展外向型经济的意见》，设立外向型企业发展奖、出口创汇奖、外向型经济荣誉奖。是年新批办外资项目中利用外资额超500万美元的大项目3个，其中2个项目超2000万美元。是年，印发《关于“九五”期间加快发展对外经贸的意见》，确立“九五”期间平均每年出口创汇3亿美元，年均增长21%；外贸出口交货值“九五”末达到55亿元，平均每年递增23.4%的发展目标。

2001年1月，市委市政府印发《关于进一步扩大对外开放的决定》，将2002年确定为“招商引资年”。对外经济贸易合作局在一站式服务中心设立审批窗口，对外资项目审批及进出口业务开展一站式服务。2005年4月，市政府印发《关于对全市大项目实行联席会议协调推进制度的意见》和《关于对有关招商部门招商引资工作进行考核奖励的意见》，对八大专业招商部门在考核范围、内容、方法、标准及结果等做出明确规定。编制印发《闲置土地情况》《闲置厂房情况》《外商投资产业指导目录》《中国重点企业名录》和《对外招商项目库》等招商手册，全力推进招商引资工作。

2008年，市委、市政府先后印发《关于进一步加快服务业发展的意见》《关于进一步加快制造业发展的意见》《关于增创新优势推动全市对外开放又快又好发展的意见》等文件，出台鼓励引荐外商投资项目奖励办法。2009年，建立外企定期走访和外企联络员制度，设立外企服务热线电话，当年受理涉及海关、检验检疫等多个方面的求助事宜40余项。

2010年，先后出台《2010年招商引资考核办法》《关于进一步完善招商引资工作协调推进机制的实施意见》《胶南鼓励引荐外商投资项目奖励办法》《胶南引进制造业项目评估办法》等一系列文件，成立市招商引资协调推进工作领导小组，对招商引资工作进行统筹协调、组织调度和指导服务。2011年，调整充实市招商引资协调推进工作领导小组，并制定招商引资考核办法，加大对园区、专

2012年5月3日，全市深化软环境建设工作会议召开

业招商部门和东部镇、街道办事处招商引资的考核力度。

第二节 招商园区建设

从20世纪80年代到90年代初，胶南工业企业主要分散于老城区及各乡镇驻地，缺少成型的集聚园区，制约着经济的快速发展。进入90年代，先后规划建设了华青、海王、恒昌3家企业工业园，组建开发胶南经济开发区和海滨工业园以及7处重点乡镇工业园，以“两线”（204国道和薛馆路省道沿线）、“一带”（沿海地带）为前沿，以城带乡，东西结合，多层次辐射；一二三产业并举的外向带动新格局逐步形成，为企业发展提供良好平台。2003年，市委、市政府抓住青岛市经济重心西移的重大机遇，提出“东接、南展、北扩”战略构想。“东接”，通过疏港连接线与青岛市及青岛前湾港对接；“南展”，在市区南部规划设立大学科教区；“北扩”，依托青岛“四大产业基地”，在城区北部规划建设临港产业加工区，推进产业集聚发展。使全市形成一个东有港口带动、北有产业支撑、南有智力支持的青岛西海岸都市新区格局。总面积56.11平方千米的青岛临港经济开发区和规划占地面积26.5平方千米的大学科研区先后启动建设，与胶南经济开发区一起成为全市招商引资、企业集聚发展的重要承载平台。随后开发建设的董家口港区和琅琊台旅游度假区、灵山湾旅游度假区等园区成为服务业集聚发展的良好平台，吸引了众多国际知名品牌企业入驻。

胶南经济开发区 位于城区以东沿海地带，灵山湾北岸。1992年5月，市委、市政府向省政府提出设立外向型工业加工区的请示，在城区东部划出8平方千米设立省级外向型工业加工区。是年12月，省政府对外经济工作协调小组《关于印发〈山东省发展外向型经济“划区重点”总体规划方案〉的通知》予以公布，胶南外向型工业加工区被正式确认为省级经济开发区，辖区面积51.31平方千米。1994年基本完成“五通一平”，道路、供电、供水、排水、通信等基础设施基本满足项目入驻需要。截至2001年4月，完成基础设施投入4.76亿元，建成“六纵七横”总面积40万平方米的道路网络；110千伏变电站1座；日供水6万立方米的输水管道11千米；排污管道20多千米，通信、燃气、供热、有线电视等基本完善，达到“九通一平”。2002年2月经省政府批准，胶南市外向型工业加工区更名为胶南经济开发区。

按照边开发建设、边招商引资的方针，青岛三铸机、青岛客车厂等一批市属企业先期入驻，东亚轮胎、朝日食品等相继落户。至1998年末，入驻外资企业45家，外资注入总额达22602.6万美元；内资企业80家，注册资金总额5000万元。至2005年，入驻各类工业企业544家，其中外商投资企业131家，投资1000万美元以上的外资企业36家，超过8000万元的内资企业26家。规模以上工业企业29家，从业人员3.6万人，其中外资企业从业人员1.65万人。至2012年，共入驻各类工业企业1800多家，其中规模以上工业企业122家，工业总产值259亿元；入驻各类服务业企业694家，年营业收入超过50亿元，喜来登、香格里拉、美国速8连锁酒店等知名服务企业先后落户境内。

海滨工业园 位于城区东南部，北至风河，南至滨海公路，东至黄海岸线，西至市区西外环路，总面积27.9平方千米，其中起步区8平方千米。以工业园区为主，分为工业区、生活居住区和公益服务区。辖11个行政村26万人。

胶南经济开发区管委办公楼

2000年3月，市委、市政府印发《关于开发建设海滨工业园的实施意见》，决定利用已形成的区位优势、基础优势和环境优势，在城区以南开发建设海滨工业园。2001年9月设立工业园工委和管委，行使园区建设、管理、协调、服务职能。至2002年，完成基础设施投入5.1亿元。至2005年底，完成基础设施投入6亿元，开通道路25条56千米；建造桥梁23座；安装路灯1051盏，亮化干线道路6条；园区绿化面积达到70万平方米。批准入园项目302个，其中223家开工建设，总投资64.5亿元，到位资金30亿元。2005年12月，撤销海滨工业园，整建制划归胶南经济开发区管理。

2003年5月，福得味食品项目签约

青岛临港经济开发区　位于城区北部，西至同三高速公路，东至两河，南接胶南市城区，北至黄山经济区。总体规划为一心（疏港高速与204国道立交桥）、一轴（204国道）、七分区（外贸出口加工区、机电加工制造产业区、高新技术产业区、临港物流仓储物流区、生活居住区、旅游度假区、公共服务区）。

2003年1月，市委、市政府作出开发建设临港产业加工区的决定。是年4月，青岛市政府批准设立青岛临港产业加工区。2006年8月，省政府批复为省级开发区，更名为山东青岛临港经济开发区。规划建设面积30平方千米，其中出口加工区18平方千米，临港物流区2平方千米，大项目配套区8平方千米，中心服务区2平方千米，首期开发12.88平方千米。园区产业发展重点和功能布局，主要着眼于突出临港产业优势，依据青岛西海岸经济发展规划和产业布局要求，承接石油化工、家电电子、汽车造船等产业的辐射，全力打造青岛工业大项目的配套服务区、外向型出口加工区、新兴产业的“孵化”区和现有工业企业的“二次创业”区。在产业定位上，重点引进电子科技、新材料、生物制药等高新技术产业。在开发方式上，采用BT方式，主要引进国家级大企业投资创业主体进行组团开发。至2008年，园区基础设施总投资完成7.5亿元。入园项目133家，计划总投资141.7亿元，其中内资企业85家，计划总投资90.9亿元；外资企业48家，计划总投资7.26亿美元，过千万美元的大项目33家，世界500强企业投资项目2家。至2012年，入驻工业企业500余家，其中规模以上企业103家，实现总产值187亿元，利税18亿多元。重点项目包括总投资15亿元的海尔胶南工业园项目，总投资1.5亿美元的青岛东元精密机电有限公司项目，年生产能力30万吨、总投资12亿元的中国铝业集团再生铝项目，

青岛临港经济开发区鸟瞰（2009年拍摄）

世界500强德国帝森克虏伯德枫丹机械制造项目，科技部立项、经国家发改委列为微生态产业化基地的青岛东海药业有限公司项目等。初步形成家电电子、有色金属、汽车及零部件、装备制造、生物医药等产业集群，成为胶南最大的先进制造业基地和重要经济集聚区。

大学科研区　位于城区南部。北至滨海公路、万亩国家森林公园，南至滨海街道渔池村，西靠大珠山山脉，东邻黄海灵山湾，与灵山岛隔海相望。总规划面积26.5平方千米，海岸线16千米，其中可开发利用面积23.12平方千米。立足规划为具有山海景观特色的高档国际科研教育园区，分为大学科教园区、滨海核心区、科教园生活区和特色旅游区，可容纳不同规模的大学6～8所。总体布局按照“一带、三线、五区”进行设计。“一带”即海滨游览带；“三线”指环山旅游线、中心景观线、海滨游览线；“五区”指以教学区、科研区、中心服务区以及以石门寺民俗风情区、滨海游览区为主的两大配套区。

2003年，根据省委、省政府《关于大力发展高等教育的意见》和青岛市委、市政府主要领导“关于在胶南设立青岛大学园区”批示精神，市委、市政府制定《关于规划建设青岛国际大学园的实施意见》。2004年2月青岛市政府予以批复。2005年11月，青岛国际大学园更名为胶南市大学科研区。至2012年，先后引进青岛港湾职业技术学院、哈尔滨工程大学青岛产学研基地、青岛远洋船员学院等10余家院校和科研院所，总投资57亿元，总建筑面积165万平方米。

2008年5月20日，举行哈工程大学产学研基地奠基仪式

董家口经济区　位于市区西南部沿海，先期规划面积284平方千米，辖泊里镇、琅琊镇、琅琊台旅游度假区全域，远期规划面积616平方千米，自然海岸线长90千米，近海海域面积2000平方千米。

2003年，根据青岛市城市发展格局，胶南市启动琅琊组团总体规划编制工作。2005年4月，市委、市政府决定开发建设董家口港口和重工业基地，成立沐官岛水库、青钢和鲁能项目筹建指挥部，并结合实际对琅琊组团总体规划进行了调整，于2006年通过青岛市政府批复。2006年，董家口港区作为青岛港集群的“三大新港区”之一，被列入青岛市“十一五”发展规划纲要。2007年，随着青岛市“环湾保护、拥湾发展”战略的深入实施，董家口深水港和临港产业区已成为青岛“拥湾发展”的一个重要组团。2008年，青岛市委将董家口港区、滨海公路南段工程正式列入年度工作重点。胶南市委、市政府成立了青岛董家口开发建设有限公司，重点抓好基础设施运作，鲁能5万吨级通用码头、白马—吉利河综合治理工程、输变电工程等基础配套设施相继开工建设。2008年6月，交通运输部和省政府就港口规划进行审查，要求打造亿吨级以上大港。是年9月，青岛市委成立董家口规划建设协调领导小组，董家口深水港规划建设正式纳入青岛市级运作平台。2009年3月，《青岛董家口港区总体规划》获山东省和交通运输部联合批复。青岛市委、市政府随时成立董家口港区开发建设指挥部及其办公室，代表市政府主导开发董家口港区。并于5月正式奠基。2012年3月，青岛市委、市政府决定成立青岛董家口经济区。是年4月，市政府与青岛港集团签订授权委托协议，划出港区72平方千米委托青岛港集团主导开发和建设运营。同年11月，《青岛董家口经济区循环经济发展规划》获国家发改委批复。

至2012年底，累计完成基础设施建设投资22亿元。海晶化工、山东LNG项目、青岛港码头等一批大项目相继落户，先后入驻项目20个，投资额700多亿元。

董家口港总体规划效果图

第三节　招商引资

引进外资　1985年10月5日，胶南县粮油加工厂同新加坡百龄麦有限公司达成协议，合资499万美元在胶南县城建设日产能力250吨等级面粉厂。是全县第一家中外合资企业。1986～1990年，全县批办6家外资企业，到位外资1884.2万美元，来料加工项目3个，加工费收入441万美元，补偿贸易项目2个，设备价款达18.7万美元。1990～1995年，全市批办外资企业221家，实际利用外资1.46亿美元，投产、试生产的外资企业达70家。引进项目主要为纺织机械、玻璃、印染和食品四类产业，投资来源以日本、韩国等亚洲国家和地区为主，投资形式主要为独资。其中，1992年引进第一家世界500强企业——日本三菱商事株式会社。1993年，韩资项目6个。1994年，批办外资企业23个，实际利用外资4110万美元，引进世界500强企业日本伊藤忠商事株式会社。1995年，批办外资企业数、投资总额、合同利用外资和实际利用外资分别是上年的3.6、3.5、4和2倍。

1996～2000年，引进项目379个，合同外资8.58亿美元，实际到位外资4.31亿美元。引进第一家世界500强美国亨氏有限公司，引进联邦德国企业2家。2001～2005年，批办外资项目1013个，合同外资额46.42亿美元，实际到位外资19.62亿美元，批办数、合同外资额和到位外资额分别是过去15年的1.67、3.76和3.29倍。2002～2005年间，实现外资到账1.95亿美元。

2006～2010年，引进项目255个，投资额22.53亿美元，合同利用外资16.36亿美元，到位外资11.98亿美元，到账9.35亿美元。过千万美元的大项目达124个，年均到账1.87亿元。2006年，引进青岛地区第一家德国世界500强企业——蒂森克虏伯集团、第一家意大利企业——青岛阿迪尔车桥制造有限公司、第一家印度企业——拉森特博洛公司、第一家瑞典企业——海克斯康聚合体有限公司。2010年，英属开曼群岛国际煤机集团并购青岛天迅电气有限公司为胶南带来7342万美元的外资到账。

2010年6月17日，新加坡三泰（青岛）膜工业项目奠基

2011 年，到账外资首次突破 3 亿美元，达到 3.09 亿美元，同比增长 35.4%，完成目标进度 129%。过千万美元的大项目 39 个，占总额的 63%。2012 年，到账外资达到 4.2 亿美元，引进荷兰孚宝石化仓储、董家口中法水务、美国 ITW 天泰焊材、联想佳沃农业投资 4 个世界 500 强投资项目。

1988～2012 年，共批办外商投资企业 1966 家。2012 年参加联合年检的外商投资企业 364 家。其中，韩国 92 家、日本 50 家、美国 18 家、英国 18 家、新加坡 12 家，占参检企业总数的 78.3%。参检外商投资企业三次产业企业个数和营业收入比重依次是：7.1∶72.8∶20.1 和 0.4∶81.6∶18。2012 年，364 家企业纳税总额 10.5 亿元、从业人数 3.5 万人、出口额 12.5 亿美元，分别占全市总数的 19.6%、18% 和 53%。

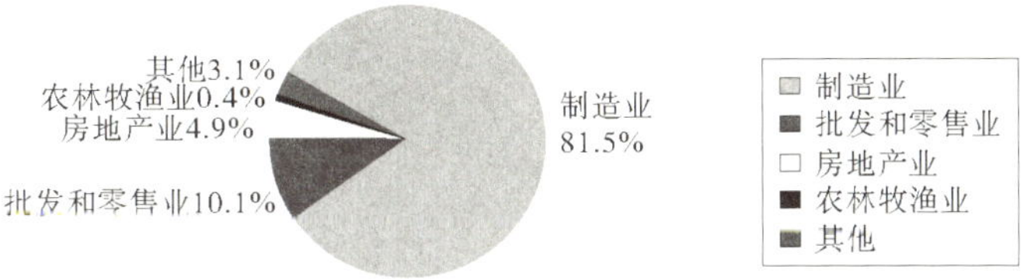

图 8－3－1　2012 年全市外商投资企业营业收入按行业分布情况图表

引进内资　2005 年，全市投资 50 万元以上内资项目（含续建）720 个，利用内资 72 亿元。其中，新引进项目 561 个，利用内资 47.6 亿元。新引进的海尔工业园、中铝再生铝合金项目、中石化山东 LNG 项目、鲁能 LNG 电站等项目为国内 500 强企业。全市投资 8000 万元以上项目 73 个，利用内资 22 亿元。其中，投资过亿元大项目 30 个，计划总投资 132.4 亿元，利用内资 18.8 亿元。第一、二、三产业利用内资的比重为 9.1∶71.2∶19.7。其中，第二产业利用内资 51.3 亿元，居各产业之首。第三产业利用内资 14.2 亿元，以批发销售类社会服务企业居多。第一产业以海水养殖业为主，利用内资 6.6 亿元。

2006 年，全市投资 50 万元以上内资项目（含续建）622 个，利用内资 87.4 亿元，同比增长 21.4%。其中，新引进项目 388 个，利用内资 41.6 亿元。全市投资 5000 万元以上的项目 165 个，计划总投资 318.7 亿元，利用内资 49.6 亿元。其中，投资过亿元的项目 13 个，计划总投资 68.6 亿元。利用内资产业中，农业类项目 53 个，主要以海水养殖为主，利用内资 4.8 亿元，占利用内资总额的 5.5%。工业类项目 432 个，主要以机械制造、电子、橡胶、针织服装、食品加工及建筑工程等行业的项目为主，利用内资 63.8 亿元，占利用内资总额的 72.9%。第三产业项目 137 个，主要以批发零售业、仓储物流业、房地产业为主，利用内资 18.8 亿元，占利用内资总额的 21.5%。

2007 年，全市投资 50 万元以上内资项目 548 个，计划总投资 253.96 亿元，利用内资 100.3 亿元，同比增长 14.7%。其中，新引进内资项目 296 个，计划总投资 87.1 亿元，利用内资 47.9 亿元，同比增长 15.1%。新项目中，开工建设项目 174 个，投产项目 200 个，投资过亿元项目 10 个。

全市招商引资工作调度会议

2008 年,全市投资 50 万元以上的内资项目 415 个,计划总投资 264.4 亿元,利用内资 65.2 亿元。其中,新引进内资项目 172 个,计划总投资 108.1 亿元。新项目中,投资过亿元项目 12 个,其中签约项目 8 个,在建项目 2 个,投产项目 2 个。2009 年,全市投资 50 万元以上内资项目 429 个,计划总投资 434.5 亿元,利用内资 72.5 亿元,同比增长 11.2%。2010 年,全市投资 50 万元以上内资项目 438 个,计划总投资 590.9 亿元,利用内资 80 亿元,同比增长 10.3%。2011 年,全市投资 50 万元以上内资项目 427 个,计划总投资 1064 亿元,利用内资 81.2 亿元,同比增长 1.5%。

1988～2012 年全市(县)利用外资情况统计表

表 8－3－1 单位:个、万美元

年份	外商投资企业个数	总投资	合同外资	外资到位	外资到账	过千万美元项目个数
1988	2	852	745.5	511	0	—
1989	1	236.4	236.4	8.2	0	0
1990	2	1090	864	555	—	0
1991	4	746	581	283	—	0
1992	51	8335	5090	490	—	0
1993	61	13948	8073	1597	—	0
1994	23	5056	4193	4110	—	0
1995	82	17763	17065	8097	—	0
1996	44	10852	10157	7162	—	0
1997	32	8619	7057	3130		0
1998	66	—	17177	8600	—	0
1999	106	—	21091	10080	—	0
2000	131	—	30354	14139	—	0
2001	139	—	38737	16663	—	0
2002	158	—	67000	28160	1667	0
2003	185	—	109000	49693	2888	0
2004	235	142079	142403	59480	5694	0
2005	296	144254	107082	42162	9212	0
2006	83	77773	40902	42005	15705	35
2007	53	19879	24536	21015	21015	11
2008	25	18161	25906	16780	16779	5
2009	40	44967	31500	17151	17151	18
2010	54	64516	40742	22842	22842	16
2011	62	166241	77275	30927	30927	39
2012	46	119050	68900	42055	42055	20

注:1. 因不同时期统计口径不同,个别项目在个别时期会无相应数据

2. 国家外汇管理局从 2002 年开始统计外资到账数据

2005年2月，青岛海尔（胶南）工业园奠基

2012年，全市投资50万元以上内资项目482个，计划总投资904.8亿元，利用内资105亿元，同比增长29.3%。新签约项目111个，新开工项目148个，新投产项目110个。投资5000万元以上项目中，签约项目41个，计划总投资708.8亿元，其中矿用高分子涂层管业项目、新能源汽车产业园项目、新能源与环保技术研究院项目等33个项目当年新签约；待建项目50个，计划总投资190.6亿元，其中瑞泰重工海洋工程产业项目，现代冷链物流项目、中青旅汽车文化主题酒店等40个项目当年新注册。在建项目99个，计划总投资599.1亿元，其中英轩机械产业园、西海岸生物质热电项目、世茂国际中心等75个项目当年新开工。海霸能源、海容电器、国华风力发电等80个项目当年实现投产运营，总投资128.1亿元。

第四节　对外贸易

外贸进出口　1988年，全县有出口商品生产企业50家，出口产品收购总值完成1.62亿元，同比增长46.4%。出口产品有乳胶手套、手写纸、颗粒饲料、钉丝、钻石等13大类近91个品种，销往40多个国家和地区，新增供货额600多万元。明胶、麻袋、丁酸乙酯、皱纹纸、电焊网、琼胶、手推车等七种工业品同比增长7%以上。畜牧、水产、林果三大生产基地出口收购值达7600多万元，占外贸收购总值的52%。乡镇企业出口产品发展到29个品种，出口供货额4900万元，占外贸收购总值的30.2%。截至1990年，出口商品收购总值2.01亿元，比1980年增长13.4倍。

1991年，三资企业出口创汇990万美元，同比增长195%。1992年，三资企业出口创汇1807万美元，同比增长78.5%。1993年，外贸出口商品收购值增至15.93亿元，工矿产品和农副制品供货值分别占出口收购值的51%和49%。市进出口总公司、肉联厂、隐珠车辆厂、黄海海藻工业公司4家企业实现出口创汇206万美元，出口货值500万以上的品种60种，过千万的35种。1994年，全市外贸出口商品收购值达20.3亿元，同比增长27.8%，出口商品14大类、178个品种。手推车、褐藻酸钠、地毯、皮衣服装等产品在国际市场中显示较强竞争力。企业出口创汇1446万美元，三资企业完成出口创汇4575万美元，同比增长25%，创汇超过200万美元的有振亚、康大、南星服装等8家企业，是年，南星服装有限公司创汇1353万美元。

1996年，加工贸易开始启动，是年签订并履行加工贸易合同290件，进、出口总额和工缴费分别达2978万美元、5287万美元和155万美元。2000年，全市进出口总额突破5亿美元，达5.65亿美元，其中三资企业出口大幅增加，达2.05亿美元，同比增长44%。2004年进出口总额突破10亿美元，2007年突破20亿美元，2011年为34.2亿美元，其中出口25.4亿美元。

2012年，外贸进出口企业发展到880家，其中出口额超过1000万美元以上的企业48家，出口额超过1亿美元以上的企业3家，分别是青岛双星轮胎有限公司、青岛新东洋计电有限公司和青岛华天车辆有限公司。880家外贸进出口企业完成进出口总额37.1亿美元，其中出口27.2亿美元，主要产品有运输工具、轮胎、电器、电子类产品、机械设备、服装、水海产品、纺织品、计算机与通信技术、金属制品、汽车零件、箱包、蔬菜、家具及其零件、塑料制品、鞋类、钢材等 16 类，其中机电产品为出口主要支柱。出口产品达 180 个国家和地区。进口额达 9.89 亿美元，主要进口产品有天然橡胶、电器及电子产品、冻鱼、氧化铝、塑料原料、机械设备、纺织品、棉花、集成电路、合成橡胶、塑料制品、钢材、运输工具、仪器仪表、成品油等 15 类产品。

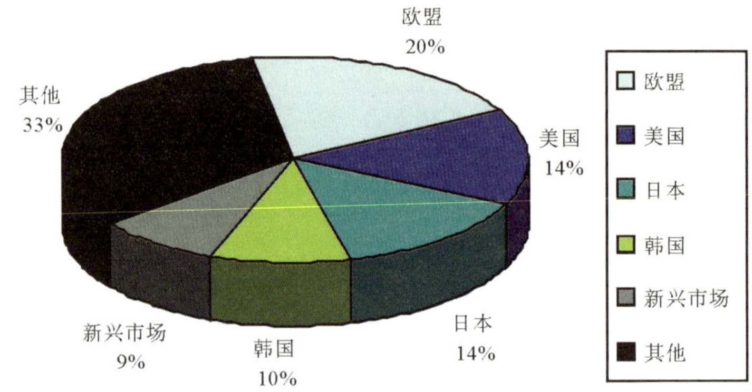

图 8－3－2　2012 年全市外贸出口主要市场国别/地区分布图

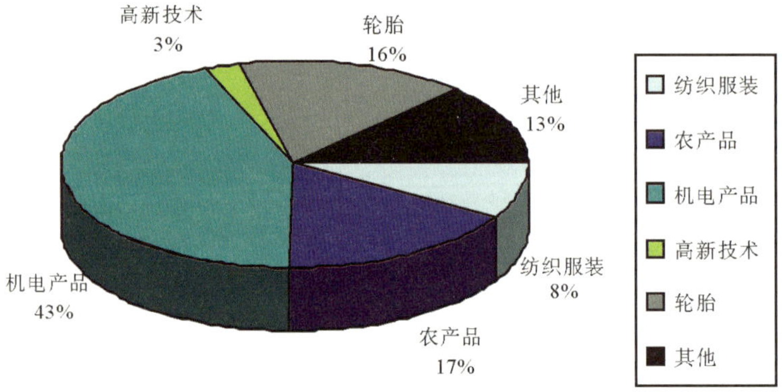

图 8－3－3　2012 年全市外贸出口大类商品分布图

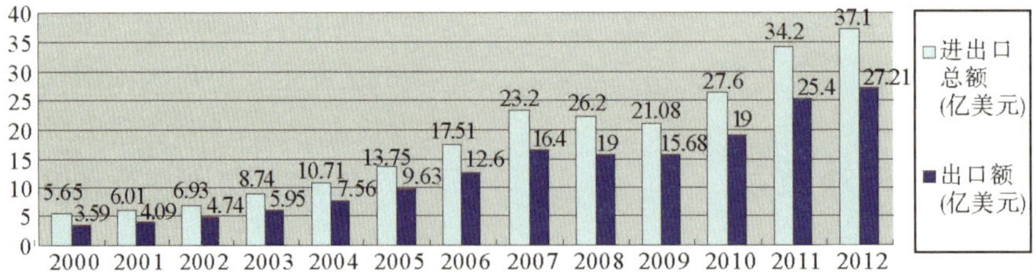

图 8－3－4　2000～2012 年全市外贸进出口情况示意图

外派劳务　20 世纪 90 年代初，县政府开始有计划地组织劳务对外输出，以解决剩余劳动力就业和赚取外汇，主要以通过外承包建筑工程或住宅建设向苏联及东欧输出劳动力。随着青岛与日韩经贸关系的日益紧密，外派劳务开始以面向日、韩为主，主要从事纺织服装、机械电子、水产加工等行业。1992 年，外派劳务人数逐年增加。1997 年派出 460 多人。

2000 年后，随着企业数量不断增加，开始从劳务输出地变为劳务输入地，派出人员开始减少，出国务工目的也从最初的寻求就业变为追求高收入或学习研修，行业出现多样化，技术含量越来越高，外派劳务企业也开始面向胶南以外招收务工人员。2010 年底，根据商务部及青岛市要求，胶南开始建立外派劳务平台—市外派劳务服务中心，职能为接受报名，向有资质的外派企业和户籍在本辖区内的劳务人员免费提供服务。2012 年，青岛市泰成对外经济技术合作有限公司、青岛东方国际劳务合作有限公司、青岛祥源国际经济技术合作有限公司等 3 家企业具有外派劳务资质。

第四章　经济体制改革

第一节　农村经济体制改革

土地及林权经营体制改革　20 世纪 80 年代，对全县土地实行承包经营体制改革。1989 年 8 月 21 日，县委、县政府印发《关于在全县农村推行“两田制”的试行意见》。1990 年 4 月印发《关于加强农村承包土地管理的试行意见》。1991 年 5 月成立农村集体经济承包合同仲裁委员会，农村土地承包合同管理更趋规范。1994 年 6 月，市委、市政府印发《关于稳定土地承包经营责任制搞活土地使用权的意见》，要求在原耕地承包期到期之后，再延长 30 年不变；同时规定，承包期内经发包方同意，允许将使用权在不改变土地用途的前提下，依法有偿转让、继承、租赁、发包、抵押、入股。至 1997 年 11 月底，全市 941 个村进行了延长土地承包 30 年不变工作，将土地使用证、土地承包合同全部发放到户，完成了土地使用制度的第二轮改革。

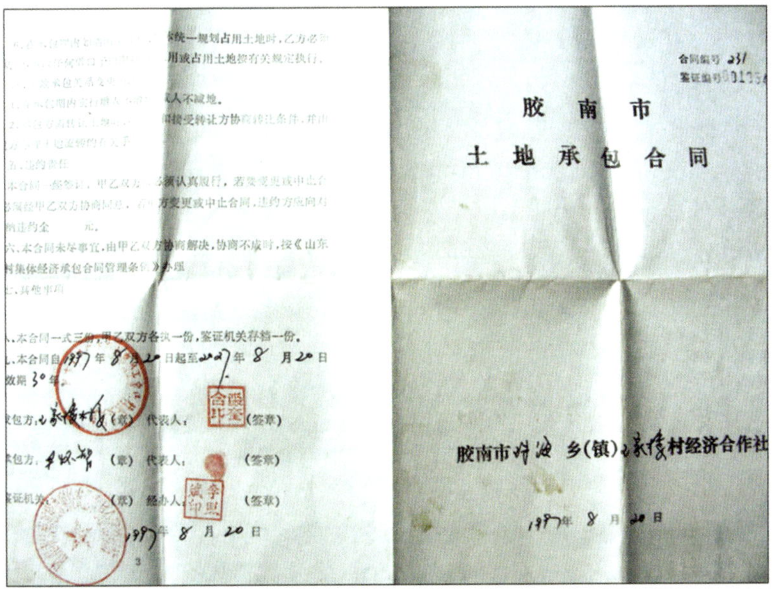

胶南市土地承包合同

2007 年，成立市农村土地突出问题专项治理工作领导小组并设立办公室，加大对农村土地存在问题的整改力度，确保农村土地承包政策落到实处。2009 年，制定实施《关于建设农村土地承包经营权流转服务体系的实施方案》和《胶南市引导推进农村土地承包经营权流转暂行办法》。2 月 12 日，胶南市首家农村土地流转服务中心在王台镇挂牌成立。

2010 年开展政策性农业保险试点工作，并探索推行以林权、土地承包权、农民住房等权利的抵押贷款，全力搞好农村金融合作试点；在全省率先开展集体林权管理制度改革。至 2011 年底，全市共流转土地 3866.67 公顷，土地规模经营水平进一步提升。

农村税费改革　1990 年 12 月，中共中央、国务院发布《关于坚决制止乱收费、乱罚款和各种摊派的决定》，县委、县政府于 12 月 22 日发出通知，要求各级党政部门，在认真做好宣传、充分认识制止“三乱”重要性的基础上，扎扎实实搞好全面清理整顿“三乱”工作。县和各乡镇及相关部门均成立领导小组及办事机构，分自清自查、重点检查、审查处理、建章立制四个阶段开展整顿清理工作。1992 年全市预算，农民人均直接

负担39.9元，占上年人均纯收入的4.3%，比1991年人均减少15.3元；全市劳均负担“两工”（劳动积累工和义务工）27.5个，比1991年减少8.6个。

1992年2月，市政府印发《关于加强农村劳动积累工和义务工规范化管理的意见》，明确了劳动积累工、义务工的概念、负担对象、标准和投向，凡户口在农村、年满18至55岁的男性劳力，年满18岁至45岁的女性劳力，每人每年负担5~10个义务工和10~20个劳动积累工。

1993年4月，市政府印发《胶南市1993年经济体制改革要点》。在“深化农村改革，全面发展农村经济”中强调：切实减轻农民负担，维护农民利益。坚决制止乱摊派、乱集资、乱收费、乱罚款，禁止一切评比达标活动。继续健全和完善农村财务管理的“双代制”（代管资金、代记帐）和义务工、基建工管理制度，并按时定点向农民公开，接受群众监督。同时，市委办公室、市政府办公室印发《关于农民负担若干问题的处理意见》，将农民负担分批提出具体处理意见，修改或停止执行超出“三提五统”范围的10个收费项目：包括灭鼠专项经费、宅基地使用费、有线广播费等。是年5月，市委、市政府印发《关于切实减轻农民负担问题的规定》，要求各级党政组织和市直有关部门严格执行国家的政策规定，切实把农民的负担控制在上年人均纯收入的5%以内，不得扩大“三提五统”（村级三项提留和乡镇五项统筹）的内容和范围；坚决刹住乱摊派、乱集资、乱收费、乱罚款和乱评比、乱达标之风；严格按照国务院《农民承担费用和劳务管理条例》搞好“两工”的使用与管理；村集体提留和乡镇统筹费及农民劳动积累工、义务工的提取和使用，要严格审批程序；积极推进农业综合开发，兴办发展乡村企业和第三产业，进一步壮大集体经济实力。1996年开始，将正在使用的《农民负担手册》《两工使用手册》合并为《农民负担卡》。实行一户一卡登记使用制度。

1997年，全市农民负担提留统筹总额7876.22万元，农民人均负担107.8元，占上年农民人均纯收入的4.3%，“两工”预算总量941.96万个，劳均26个，均未突破中央13号文件和国务院《条例》规定的限额。

1998年10月27日，市政府印发《关于进一步完善乡统筹费管理体制的通知》，要求各乡镇、街道办事处将按规定向农民提取的乡统筹费，改由原来的乡镇财政所管理为乡镇经管站管理，实行财政专户储存；乡镇统筹费的提取要纳入乡镇财政年度预算；乡镇统筹费的使用要严格实行决算制度。

1999年1月开始，结合贯彻落实中央关于农民负担“一定三年不变”的政策，在藏南镇进行农民负担合同化管理试点工作，将农民负担“明白卡”变为合同文书。按照市乡两级批复的预算，把每户应承担的费用和劳务数额，分别填写到“农民承担费用和劳务合同”中，一式两份，村、户各执一份，并由乡镇经管机构进行合同鉴证。

2002年4月，正式启动全市农村税费改革。按照实事求是、逐级清算、分类退补的原则，扎实开展镇、村、户清算退补工作。2002年，青岛、胶南两级转移支付资金共计2673万元全部拨付到位，实行专款专用。2003年，全市圆满完成农村税费改革任务，取消原来计提统筹提留办法，实行统一的新的农业税征收管理制度，全面停止征收公益金，取消除烟叶外的农业特产税，农民人均减负76元。2004年，全市农业税减征3个百分点，减轻农民负担3010万元，人均负担30.8元，较2003年人均减负44.2元，减负率为59%；“两工”决算总数128万个，劳均3.8个（“两工”预算总数218万个，劳均7个），控制在上级规定劳均10个的限额以内。

2005年，全面取消农业税和“两工”，实现农民负担“零税赋”；同时实行每亩按16元标准的种粮直补政策。2011年，全市农村开展村级公益事业建设一事一议筹资筹劳，严格按程序申报财政奖补资金，推动了全市村级公益事业建设。当年，全市开展一事一议公益事业建设项目501个，总投资额1.7亿元。筹资筹劳8275.18万元，市财政奖补资金8724.82万元。

2012年，全市23处镇（街道）全部申报了一事一议筹资筹劳及财政奖补项目，共计562个村，涉及125209户，401965人，项目预算总投资2.165亿元，筹资筹劳预算总额6151万元，申请财政奖补资金总额1.28亿元。

村级财务管理体制改革　1992年，各乡镇实行农村财务“双代管（代管资金、代记帐）”，成立“农村财务办公室”，统一管理各村的账簿和货币资金。1998年5月，根据中共中央办公厅、国务院办公厅《关于在农村普遍实行村务公开和民主管理制度的通知》，组织全市各村成立民主理财小组，并通过村民大会或张榜公布的形式，每年统一进行两次村务、财务公开活动。

2001年下半年，各乡镇、街道成立“农村财务代管中心”，由代管中心代管各村现金、银行存款等货币资金，各村不再单设会计，只配备一名记账员。农村财务全面实行“审接制”，即由原来各村每月定期到乡镇“农村财务办公室”报账，改为“农村财务代管中心”每月定期进村现场审查接账，从而提高了农村财务的透明度，加强了全过程的民主监督。实行“审接制”后，原村级的资产所有权不变、使用权不变、会计核算内容不变。

2008年4月，市纪委、农业、财政和审计等部门联合印发《胶南市农村财务管理制度》《胶南市农村集体资产管理办法》和《关于进一步加强农村财务管理的规定》，加强对村级非生产性开支的控制。各村（居）招待费实行“零基数”管理，确实因商务活动或工作特殊需要必须招待的，须先报镇（街道）审批，未经审批私自安排用餐的不予入账，费用由当事人自行承担，并追究有关人员责任；因公外出交通费凭车票报销，原则上不得租车；电话费实行包干制，按照村（居）户数多少设定限额，超标的一律不准报销。超过一定额度的村级工程项目必须公开招投标。对办公用品开支及农村用工等方面的管理都做了规定，防止集体资产流失。同时严格按照《山东省农村集体经济审计条例》的规定，搞好农村财务审计监督工作。

2012年3～10月，根据青岛市纪委、农委、财政局《关于印发<青岛市农村集体经济组织清产核资工作方案>的通知》要求，在全市开展以“清产核实、明晰产权、建立台账、健全制度”为主要内容的农村集体“三资”清产核资工作，突出解决了个别村资金资产不入账，体外循环，甚至私设“小金库”问题；少数村存在的白条抵库问题；部分村存在的“三资”（指农村集体资金、农村集体资产和农村集体资源）家底不清问题；“三资”登记台账不完整、不全面和村集体经济合同管理不规范等问题。促使农村“三资”规范化管理。通过清查核实，截止2012年6月底，全市资产总额417245.77万元，负债总额118261.83万元，资本21438.7万元，公积公益金270493.04万元，未分配收益7064.09万元。资源性资产12.47万公顷，其中耕地5.86万公顷，林地1.107万公顷，园地5320公顷，四荒地2.407万公顷，水面2607公顷，宅基地1.46万公顷，其他8340公顷。清查各类承包合同5418.6万份。

第二节　工业企业产权制度改革

1991～1995年为全市工业经济体制改革启动期。1994年在市属企业展开了以产权制度改革为核心的新一轮改革，市委、市政府成立胶南市深化企业改革领导小组，相继制定了《关于深化企业改革建立现代企业制度的总体方案》《关于在企业中实行股份制改造的试行意见》《胶南出售国有小型企业产权暂行办法》《胶南市工交系统股份制试点工作的意见》等文件，确立了以产权制度改革为重点，以“强的做强、一般的放活、弱的搞活”为指导思想，改革试点工作在青岛德维集团公司、青岛胶

青岛胶南造纸厂改制成立青岛海王纸业股份有限公司

南造纸厂两家国有企业和青岛第三铸造机械厂、青岛环球机械股份有限公司两家集体企业及24处乡镇各确定的一家重点乡镇企业中进行，是年11月基本完成，青岛胶南造纸厂率先完成股份制改造，成立青岛海王纸业股份有限公司，成为胶南第一家股份制企业。

1995～2000年，在国有、集体和乡镇企业分别试点、取得经验的基础上，在市属、乡镇和村办企业中全面展开产权制度改革工作。1995年，相继将37家市属工业企业中的8家改制为股份有限公司，14家改为有限责任公司，其余15家改为股份合作制形式。全市列入改制范围的企业1863家，是年10月完成改制1437家，占应改制企业的77%。至1996年6月，1806家企业进行了改制，改制面达97%。在已改制企业中，实行股份制、股份合作制改造的260家，实行租赁经营的1190家，实行引资嫁接改造、承包和其他形式改制的356家。其间，不能进行股份制改造的中小集体企业转为私营企业，共425家中小集团企业改为私营企业。1996年下半年，市委、市政府开始对全市股份制企业进行全面规范。7月1日，市政府转发青岛市政府《关于贯彻〈国务院关于原有限责任公司和股份有限公司依照中华人民共和国公司法进行规范的通知〉的通知》，于10月底全面完成了对列入范围的8家股份有限公司、18家有限责任公司的规范理顺。是年11月，市政府印发《关于股份制、股份合作制企业骨干层持大股的试行意见》，明确规定企业中层以上干部要持大股，同时提倡企业其他职工持大股。为此推出一系列优惠政策，包括一定比例的配送股、优惠价购买公有股、担保贷款人入股等。至此，全市以股份制改造为主要形式的新一轮企业改革基本结束。

2004年4月，市委、市政府印发《关于加快工业发展的意见》，对工业结构进行战略性调整，大力推进工业规模化、集约化发展，机械装备制造、食品与药物、家电电子、橡胶化工、船舶汽车等产业积聚效应初步显现。2011年9月1日，市政府印发《关于支持和促进企业上市工作的意见》，建立企业上市激励机制。开通绿色通道，为拟上市企业在改制、辅导、申报、审核等工作中提供合规合法、快捷便利的政务服务，营造良好的外部环境。抓住培育上市资源等基础环节不放松，编发《企业上市手册》，多次组织召开企业上市培训会和上市研讨会。召集上海枫丹国际、汇德会计师事务所、琴岛律师事务所等中介机构深入企业进行调研和专业辅导，指导拟上市企业通过股权重组、股份制改造、引进战略投资等措施，培育发展股权结构合理、公司治理规范的股份制企业，尽快达到上市要求。截至2011年底，康大食品、双星轮胎、圣元营养3家企业上市，全市共有13家企业由有限责任公司改制为股份有限公司，培植拟上市企业24家。

通过产权制度大幅度改革，股份制经济开始形成，个体私营经济发展壮大，全市工业经济类型趋向多元化，形成国有经济、集体经济、股份制经济、个体私营经济、外商及港澳台商投资经济等多种类型框架。21世纪开始，私营经济、股份制经济、外商及港澳台商投资经济实现较快发展，国有、集体经济占全市工业比重持续降低。2012年，国有、集体经济产值、利税仅占全市工业的1.07%和0.63%。私营经济、股份制经济、外商及港澳台商投资经济产值、利税分别占全市工业的89%和97.97%，成为全市工业经济的主体。

国有工业企业　1988年，全县有国有工业企业41家，占全县乡镇办以上企业总数的15.47%；完成工业总产值（现价，下同）4.69亿元，占乡镇办以上工业总量的39.26%。20世纪90年代初，国有工业实现较快发展。1996年，国有企业发展到119家，完成工业总产值11.47亿元，包括国有企业、市属集体企业在内的市属工业规模效益跃居青岛地区县级市首位。1997年，国有企业改革力度加大，部分国有企业改制为私营企业或股份制、股份合作制企业，国有企业减至47家，全年完成工业总产值12.8亿元，占全市工业的23.7%。其后，国有企业数量持续减少，占全市工业经济的比重持续下降。2000年，国有企业减至5家，完成工业总产值4亿元，占全市工业的3.76%。2012

年，全市规模以上国有企业3家，完成工业总产值15.65亿元、利税0.88亿元，分别占全市工业的0.93%和0.44%。

集体工业企业　1988年，全县有乡镇办以上集体企业224家，占全县乡镇办以上企业总数的84.53%（其中县属集体企业24家，乡镇办集体企业200家），完成工业总产值7.26亿元，占乡镇办以上工业总量的60.74%。1996年，乡镇办以上集体企业发展到294家，完成工业总产值21.61亿元，占全市工业的49.5%。1997年，乡镇集体企业深化产权制度改革，大部分企业改制为私营企业和股份制、股份合作制企业，乡镇办以上集体企业减至159家，完成工业总产值24.63亿元，占全市工业的45.62%。1998年，工业统计口径改变，由统计乡及乡以上独立核算企业改变为年销售收入500万元以上规模企业，因此，全市列入统计范围集体企业数量进一步减至17家，完成工业总产值4.59亿元，占全市工业的7.48%。2000年，集体企业数量减至6家，完成工业总产值2.52亿元，占全市工业的2.37%。2012年，全市规模以上集体企业2家，完成工业总产值2.46亿元、利税0.37亿元，分别占全市工业的0.15%和0.19%。

股份制及私营工业　股份制企业始由国有、集体企业改制而来。1994年，全市实行企业产权制度改革试点，在青岛德维集团公司、青岛胶南造纸厂两家国有企业，青岛第三铸造机械厂、市轻工机械厂两家市属集体企业和24处乡镇各确定的一家乡镇办企业中进行试点。是年，青岛胶南造纸厂完成股份制改造，成立青岛海王纸业股份有限公司，为胶南市第一家股份制企业。至2000年，全市工业企业中，股份制企业（包括有限责任公司、股份有限公司）达到30家，占规模以上工业企业总数的27.03%，完成工业总产值56.46亿元，占全市工业的53.04%。2000年后，加大国内招商力度，股份制经济规模扩大。2005年，全市股份制工业企业发展到67家，完成工业总产值209.4亿元。2012年，全市股份制工业企业92家，其中有限责任公司81家、股份有限公司11家。完成工业总产值344.77亿元、利税28.27亿元，分别占全市工业的20.38%和14.27%。

20世纪90年代前，全县私营经济规模数量较小。90年代中后期，加大镇、村集体企业改革步伐，支持和鼓励个人一次性买断，转为私营企业。1998年，工业统计口径改变，年销售收入500万元以上私营企业纳入工业统计范围。是年，规模以上私营企业16家，完成工业总产值3.12亿元，占全市规模以上工业的5.09%。进入21世纪，私营经济快速发展，私营企业规模和数量不断壮大。2005年，规模以上私营企业发展到244家，占规模以上工业企业总数的52.59%，完成工业总产值96.73亿元，占全市工业的23.2%。2012年，全市规模以上私营企业503家，占规模以上工业企业总数的64.82%，完成工业总产值874.52亿元、利税133.06亿元，分别占全市工业的51.7%和67.16%。

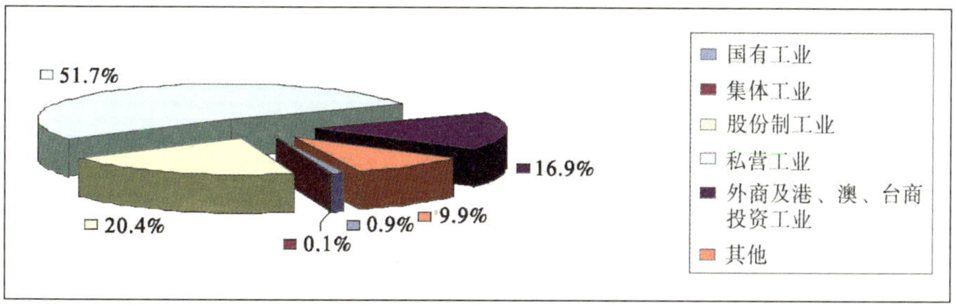

图8－4－1　2012年全市规模以上工业企业产值构成示意图

外商及港、澳、台商投资工业企业　1986年，胶南县粮油加工厂与新加坡百龄麦有限公合资成立青岛星华粮油食品有限公司,1989年投产运行,为胶南第一家国有资产与外商合资的企业。至1996年,规模以上外商及港澳台商投资企业发展到89家。1998年,受亚洲金融危机及工业统计口径改变影响,规模以上外商及港澳台商投资企业减至27家,是年完成工业总产值13.49亿元,占全市工业的22%。2005年,规模以上外商及港澳台商投资企业发展到126家,完成工业总产值83.38亿元,占全市工业的20%。2012年,全市规模以上外商及港澳台商投资企业156家,占规模以上工业企业总数的20.1%。其中,外商投资企业134家,港澳台商投资企业22家。全年完成工业总产值286.1亿元、利税32.75亿元,分别占全市工业的16.91%和16.53%。

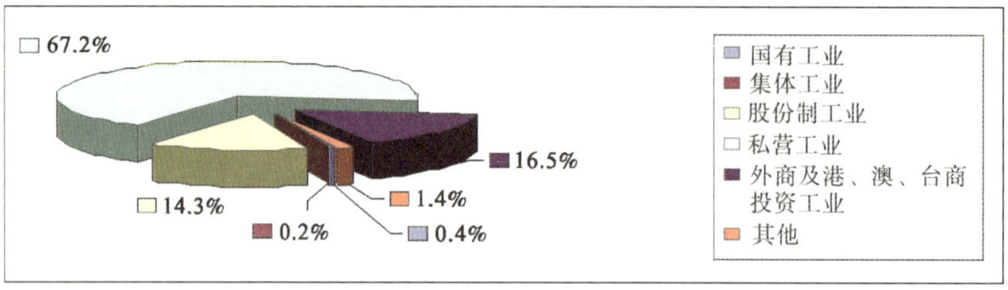

图8-4-2　2012年全市规模以上工业企业利税构成示意图

第三节　商贸流通体制改革

商贸流通领域经济体制改革首先以购销体制和价格体制改革为突破口,于20世纪80年代初进行了一系列改革,逐步放开商品市场。农副产品由计划收购、调拨、统销,改为合同收购、协商收购、选购优购、生产企业自销等多种购销方式。计划收购和包销的比例逐步缩小,绝大多数商品逐渐改为以市场调节为主。原作为一、二类商品管理的农副产品,除棉花、药材等少数商品外全面放开。工业品的购销体制也由过去二、三级批发企业统购包销,改为以工业自销为主,批发、零售、联营联销等相结合的多元化、多层次的购销体制;对大批量的名优工业品则逐步发展为总经销、总代理、连锁配送。价格改革由单一的计划价格改为国家定价、指导价、市场调节价等多种形式,并逐步发展为由市场调节供求决定价格。农副产品除粮食由国家保储备、军供和城市居民的基本生活外,菜肉蛋奶鱼等主要副食品价格从20世纪80年代初逐步全面放开。1990年,进一步展开深化流通体制改革、整顿市场秩序、强化市场管理、促进市场繁荣等工作。全县约6万多农民参与商品流通领域。1992年,零售业从业人员3000多人,实现商品零售总额3.5亿元。

1993年9月成立市财贸委员会(以下简称财委)。按照有关深化企业改革的总体部署和企业改制总体目标,组织财贸各部门、各企业结合各自的实际情况,本着"宜包则包、宜租则租、宜卖则

1993年9月,胶南商业大厦竣工

卖、宜转则转”的原则，以转换企业经营机制、启动企业经营活力为重点，进行不同形式的企业和机制改革。

1998 年 8 月，市政府印发《胶南商业、物资、供销系统主管部门改革方案》。商业、物资、供销 3 系统主管部门由全额事业单位改为企业性质的主管部门；精减 50% 的工作人员；改革人事分配制度，工资由执行职级工资制改为一律按企业工资标准套改发放。

商业系统改革　1988 年 3 月，县商业局向社会发布公告，对所属百货公司、纺织品公司、百货大楼、酿造厂、蔬菜公司、商业综合商场 6 个企业实行公开招标、投标的方式选聘厂长、经理，拉开了胶南市国有商业企业改革的序幕。同年 4 月，以上 6 家企业及积米崖港商场、饮食服务公司共 8 家企业开始实行“企业承包经营责任制”。第一轮承包为期三年（1988 ~ 1990 年），第二轮承包为期二年（1991 ~ 1992 年），第三轮承包为期三年（1993 ~ 1995 年）。

1989 年，商业系统普遍开展了“动态优化组合”，即企业根据生产和经营工作需要，在核定的编制定员内，通过不断地考试考核，职工竞争工作岗位，以实现班组和职工的双向相互选择，体现人员合理流动，优胜劣汰，拉开收入档次，不断提高职工素质和劳动生产率，进一步增强了企业活力。1989 ~ 1990 年，按企业效益工资增长情况平均每人增长两级以上工资，奖金收入也明显提高。在五交化公司、百货大楼两家企业试点的基础上，商业系统从 1992 年开始全面推行“四放开”（即经营、价格、用工、内部分配放开）。1993 年 7 月，商业系统重点进行劳动、人事、工资和社会保险“四项制度配套改革”，实行“全员合同劳动制”。建立国家、企业、个人三者共同负担的职工退休养老保险制度。同时，采取“包、租、转、卖”等形式，对小型、亏损和地处边远的小企业、门点等，逐步推行国有民营。

1994 年以后，商业系统进行企业结构重组和股份制改造。先后将百货总公司和纺织品公司两家包袱沉重、扭亏无望的特困企业实施了破产，对飞龙服装公司、商业建筑公司、国货商业公司、百货大楼等 7 家无发展前途的亏损企业予以撤并，新成立百货批发总公司、华德商贸总公司等 5 家新企业，同时对交电家电总公司、第一百货商场等 6 家二级法人企业从有关企业中析出，组建为独立法人企业。1994 年 6 月，市糖酒副食品总公司进行股份合作制试点。1997 年 10 月开始，先后对符合条件的饮食服务公司、交电家电总公司、第一百货商场、青岛海滨皮鞋厂、五金交电化工总公司、华德商贸总公司、飞龙服装制造公司、百货批发总公司、灵海皮鞋厂等 9 家企业以及商业幼儿园、保健站等事业单位实施股份合作制改造。至 2012 年底，饮食服务公司、第一百货商场、百货批发公司等 7 家企业逐步改制为规范的有限责任公司。

粮食系统改革　1988 年开始加快粮食企业改革步伐，经历了承包、租赁、股份合作制、主附营分离及企业间按经济区域进行的撤并改革。

1994 年，对粮油运输公司进行股份合作制改造，成立胶南市粮油运输公司。1998 年进行粮油加工厂、粮油工业公司的股份合作制改造，2000 年进行生物研究所的股份合作制改造。

1998 年，按照国务院的统一部署和要求，对基层 24 个粮所和直属库按照“四分开”（政企分开、储备与经营分开、中央与地方责任分开、新老粮食财务挂账分开）的改革原则，将其一分为二，实现了主附营业务的彻底分离，分离后的粮所从事粮油购销业务，新成立的 25 个粮油综合经营部从事粮食附营业务。

物资系统改革　1996 年，物资系统将燃料公司等 7 家企业由国有企业改制为股份合作制企业，将国有企业物资冷藏厂租赁给个人经营。

供销系统改革　1988 年 4 月，县联社对全系统 37 处基层社和公司实施承包经营责任制。1992 年 5 月，推行用工、分配、经营机制三项改革。用工上打破原有岗位限制，竞争上岗，优化组合；分配上打破原有工资框框，按工作业绩确

定收入;经营上实行以包、租为主的多种责任制形式,包、租店组自主经营、自负盈亏。1996年开始实施资产经营责任制,对企业经营者变考核利润为主为考核综合效益为主,实行年薪制,防止经营者的短期行为。到2001年,先后对市联社招待所、果品食杂总公司、土产杂品总公司、农业生产资料总公司、大地房地产有限公司等单位进行产权制度改革,组建新的股份合作制企业。2006年开始建立农村新型经营服务体系。至2012年,全系统新建、改建和发展购物超市、直营店、加盟店598多家,初步搭建起了以日用消费品和农资为主的农村现代流通服务网络基本框架。

外贸体制改革 1988年4月,县委、县政府印发《关于一九八八年发展外向型经济鼓励出口创汇的规定》,全面推进外贸体制改革,大力发展外向型经济,鼓励出口创汇,当年全县完成外贸出口收购值1.62亿元,占对青岛市承包计划的153.7%,比上年增长46.4%,创历史最好水平。1989年1月,胶南县对外贸易综合公司改为青岛市胶南进出口公司,开始承包经营,主要从事出口商品的收购加工业务。1993年,胶南市进出口总公司、胶南市肉联厂、隐珠车辆厂、青岛黄海海藻工业公司四家企业被批准为自营进出口企业,胶南开始由收购性外贸向自营出口转变。1996年,国家开始加快外贸企业经营机制转换,积极推进现代企业制度,鼓励外贸企业进行股份制试点,鼓励专业外贸公司实行进出口代理制,鼓励工贸结合,发展实业化、集团化、国际化经营,促进外贸规模化的发展,其间胶南涌现出康大、泰发、环球等外贸、贸工商结合的龙头企业。至此,外贸体制和经营机制走向国际市场化。

第四节 民营经济发展

20世纪80年代开始,个体私营经济发展加快。1981年,全县核发个体工商业营业执照1703户。1985年核发8563户,从业人员10773人,年营业额4595.24万元,其中商品零售额3036.67万元,占全县商品零售总额的11.8%。

1988年开始出现私营企业,是年注册登记28家。1991年核准登记个体工商业10217户,从业人员14790人。私营企业增加到77家。1994年,市政府印发《关于进一步鼓励和支持个体私营经济发展的意见》,确立了先发展、后规范的工作思路,加大政策扶持力度,收到良好效果。是年,全市私营企业发展到438家,从业人员5425人,注册资本6903万元,资金过百万元的达到8家。“八五”期间(1991～1995)个体私营业特别是私营企业发展迅速。1995年发展户数比“七五”末即1990年增长1.33倍,人数增长2倍,资金增长8.6倍。其中,个体工商户增长1.28倍,私营企业增长11倍。

1996年,针对国有和集体企业下岗职工再就业的形势和需要,对特困职工采取“一简”“两免”“三优先”的优惠政策,鼓励自主创业。1997年注册资本过百万元、从业人员过百人的“双百”私营企业达到36户;招商引进异地私营企业74户;外向型私营企业发展到6家,出口产品范围扩大到石料、皮件、食品、工艺品等。1998年,根据青岛市政府《关于进一步鼓励和引导个体私营经济加快发展的通知》要求,工商部门先后支持122家“小、微、亏”企业转为私营企业;扶持200户个体户扩张为私营企业;招商引进私营大户38户。是年,个体工商户达到22329户,私营企业1070家,上缴税金3650万元。1999年有3家私营企业申办自营进出口权,4家企业通过ISO 9002国际质量认证,注册资本过百万元的私营企业达到159家。2000年有8家企业申办自营进出口权,12家获得民营科技企业称号,私营科技型企业达到3家,外向型企业达到36家,自营进出口企业达到13家,通过国际质量标准体系认证的企业达到7家。

进入21世纪,全市民营经济不仅发展数量再次提速,个体质量也大有提高。科技型和外贸型特点凸现。2002年,17家私营企业通过ISO

9000质量认证，27家私营企业获得自营进出口权。2004年发展民营科技企业11家，民营高新技术企业18家。已有65家私营企业通过ISO 9000质量认证，150家企业获得自营进出口权，民营企业完成出口交货值83.81亿元。2006年，有23个项目列入国家各类科技发展计划，发展青岛市级以上技术开发和工程技术研究中心18家，9种产品创青岛市以上名牌产品。2007年，全市民营经济创造的增加值中，第一产业11.5亿元，第二产业140.87亿元，第三产业69.7亿元，一、二、三产业比达到5.2∶63.4∶31.4。2008年，全市民营经济增加值254.3亿元，占全市GDP的57.8%。

至2012年，全市核准登记个体工商户38423户。私营企业11124家。其中，规模以上私营企业503家，完成工业总产值874.5亿元，实现利税133亿元，分别占全市工业的51.7%和67.16%。民营经济已经成为全市经济发展的主要力量。

1988～2012年全市(县)民营经济注册情况统计表

表8－4－1

年份	民营经济数量(户)		注册资本(亿元)	注册资金500万元～1000万元(户)	注册资金1000万元以上(户)
	个体工商户	私营企业			
1988	10131	28	0.1996	—	—
1989	8288	48	0.193	2	4
1990	9408	51	0.2225	0	3
1991	10217	77	0.278	0	0
1992	11681	84	0.7445	0	3
1993	12782	229	0.5672	2	4
1994	16897	438	1.3202	1	2
1995	21454	614	2.1368	3	3
1996	21700	697	2.4233	1	6
1997	22150	813	3.4384	3	4
1998	22329	1070	5.0039	7	14
1999	22613	1664	7.7293	7	9
2000	12962	2312	12.1112	16	30
2001	13223	2556	20.7452	30	27

续表 8－4－1

年份	民营经济数量(户)		注册资本(亿元)	注册资金500万元～1000万元(户)	注册资金1000万元以上(户)
	个体工商户	私营企业			
2002	13688	2867	31.9836	16	48
2003	14278	3315	46.082	27	59
2004	14860	3696	54.5693	22	29
2005	15649	4138	67.5791	22	46
2006	16664	4677	87.2572	20	59
2007	18460	5242	102.5611	36	43
2008	20992	5805	118.9292	29	45
2009	24969	6562	143.479	39	61
2010	28784	7774	176.0245	73	90
2011	33399	9337	228.4424	97	121
2012	38423	11124	289.1381	109	196

第九篇

工　　业

第一章　概　　况

第一节　发展历程

1988年，全县工业主要有机械、船舶、汽车、食品、纺织、造纸、化工、橡胶制品、塑料制品、建材等行业。乡镇办以上工业企业265家，其中县属企业65家，乡镇办企业200家。有职工39974人，固定资产原值42006万元。是年，完成工业总产值16.69亿元（现价，下同），其中乡镇办以上工业完成工业总产值11.09亿元。

1989～1990年，市场销售疲软，企业经济效益下滑，乡镇和村停产半停产企业增加。县委县政府组织企业围绕质量、品种和效益三个环节，调整产品结构，强化企业管理，推进技术改造，在保持重工业稳步增长的同时，促进轻工业发展。到"七五"（1986～1990年）末，全县工业装备水平、产品水平和生产能力均得到较大提高，初步形成以机械、轻纺、食品、化工、建材五大支柱产业为主的工业体系，其中纺织机械、皮革机械、铸造机械、海藻化工等行业在全国占有重要地位。

20世纪90年代开始，加大工业投入，相继开发生产硝酸及其后续产品、喷水织机、倍捻机、肉鸡制品等一批新产品，并逐渐形成生产规模，成为胶南工业新的经济增长点。1994年，开展以产权制度改革为核心的新一轮工业企业改革，同时加大对重点企业的培植力度。1995年，全市乡镇办以上工业企业发展到408家，其中工业企业集团11家。德维集团等4家企业跨入国家大型企业行列，胶南纺机厂等13家企业跨入国家中型企业行列，万德集团跨入全国乡镇企业出口创汇"十强"企业行列，泰发集团、星火集团跨入全国1000家最大规模乡镇企业行列。

1996～2000年，实施"择优扶强、择强扶大"政策，加大对重点项目和骨干企业的培植力度，工业经济快速扩张，优强工业格局初步形成。培植机械、橡胶、造纸、化工、食品、建材、汽车和修造船八大优势产业，开发研制出轮胎、牛皮箱板纸、硝酸钠、亚硝酸钠、衣糠酸等55种名优新产品。高标准规划建设华青、海王、恒昌3大工业园区。2000年，启动海滨工业园建设，入驻项目128个，成为加快全市工业化进程的"助推器"。是年，全市规模以上企业111家，完成工业总产值106.45亿元，实现销售收入102.91亿元。其中，企业销售收入过10亿元的2家，过亿元的30家；利税过亿元的1家，过千万元的15家。市属工业规模、效益跃居青岛所辖各市之首。

进入20世纪，突出大项目、高新技术和产业集群"三大亮点"，实施"工业兴市"战略。2001年，华青工业集团、泰发集团、星火集团、海王纸业集团公司4家企业跨入青岛市县域十强企业行列。2003年，开发建设临港产业加工区，全力打造青岛工业大项目的配套服务区、外向型出口加工区、新兴产业孵化区和已有工业企业的二次创业区。2004年，全市34家工业骨干企业产值、销售收入、利税分别占全市工业的62.3%、68.5%和74.7%；泰发集团、双星轮胎公司销售收入过30亿元。2005年，全市规模以上工业企业464家，销售收入过亿元企业51家，利税过千万元企业63家，高新技术企业46家；形成机械制造、橡胶化工、船舶汽车、食品药物等4大产业集群，以家电电子、新材料为核心的高新技术产业实现较快发展。

2006～2010年，以青岛临港经济开发区、胶南经济开发区、王台海西工业区、泊里重工业基地为主体，着力发展先进制造业。机械装备制造、食品药物、家电电子、橡胶轮胎等优势产业不断壮大，船舶与汽车零部件、风电设备、新能源、新材料、海洋生物等产业迅速成长。2008年，针对国际金融危机对工业经济的严重冲击，市政府成立工业经济运行指挥部，加强对工业发展的组织协调，从政

策、资金、服务等方面加大对企业帮扶力度,促进工业经济平稳健康运行。2009 年,启动董家口临港产业区建设,重点发展石化、冶金及钢铁深加工和装备制造三大临港产业。2010 年,全市规模以上工业企业达到 870 家,工业总产值、销售收入双双迈上千亿元台阶,高新技术产业产值占规模以上工业产值的比重达到 37.3%。

2011 ~2012 年,实施"工业强市"战略,推进蓝色制造业发展。在发展冶金钢铁、石化化工两大潜力产业,振兴机械装备制造、食品饮料、橡胶轮胎、家电电子四大传统产业的同时,积极培育高端装备制造、新能源、新材料、生物医药、节能环保、信息技术六大新兴产业,着力打造家电电子、石化化工、冶金钢铁、海洋工程装备、纺织机械、机械装备与手推车、海洋生物、能源新材料、煤矿机械等九大产业集聚区。2012 年,全市完成工业总产值 1854 亿元,实现销售收入 1751 亿元。其中,规模以上工业企业 776 家,完成工业总产值 1691.47 亿元,实现销售收入 1589.31 亿元,完成利税 198.11 亿元。

1988 ~2012 年全市(县)规模以上工业企业情况统计表

表 9-1-1　　单位:个

年份	企业个数合计	按隶属关系分		按经济类型分			
		市属	乡镇属	国有	集体	其他	
							三资
1988	265	65	200	41	224	—	—
1989	266	67	199	41	223	2	2
1990	273	72	201	43	227	3	3
1991	274	72	202	43	228	3	3
1992	266	70	196	43	220	3	3
1993	288	83	205	53	224	11	9
1994	264	95	169	47	179	38	23
1995	408	200	208	78	271	59	53
1996	503	249	254	119	294	90	89
1997	273	118	155	47	159	67	62
1998	127	61	66	25	17	85	27
1999	127	61	66	24	15	88	30
2000	111	43	68	5	6	100	27
2001	112	40	72	3	4	105	27
2002	159	39	120	3	7	149	51
2003	202	39	163	3	6	193	60
2004	342	32	310	2	6	334	100
2005	464	31	433	2	4	458	126
2006	699	29	670	2	5	692	161
2007	754	32	722	2	5	747	176
2008	860	27	833	3	4	853	187
2009	872	27	845	3	4	865	190
2010	870	29	841	3	5	862	186
2011	742	—	742	3	3	736	152
2012	776	—	776	3	2	771	156

注:1. 1998 年以前统计口径为乡及乡以上独立核算企业

2. 从 2011 年起,规模以上工业企业统计起点标准由年主营业务收入 500 万元,调整为年主营业务收入 2000 万元

1988～2012 年全市(县)工业总产值统计表

(按当年价格计算)

表 9－1－2 单位:万元

年份	工业总产值	其中		
		市直	乡镇	村及村以下
1988	166867	71394	48200	47273
1989	229712	79810	66222	83680
1990	250772	77309	69553	103910
1991	274726	83595	71957	119174
1992	344056	106893	88350	148813
1993	499039	145667	131685	221687
1994	691087	177586	189838	323663
1995	745332	204525	193170	347627
1996	816050	221033	215582	379435
1997	988069	294351	245547	448171
1998	1332273	343309	988964	—
1999	1497757	421429	1076508	—
2000	1810000	553000	1257000	—
2001	2206851	719647	1486934	—
2002	2608491	939295	1669196	—
2003	3257977	1016142	2241835	—
2004	4156645	1383133	2773512	—
2005	5667891	1971091	3696800	—
2006	6285228	1584228	4701000	—
2007	7624513	2743399	4881114	—
2008	9304459	1692026	7612433	—
2009	11191692	1063310	10128382	—
2010	13462536	1922329	11540207	—
2011	15454732	—	15454732	—
2012	18540000	—	18540000	—

1988～2012年全市(县)规模以上工业企业主要经济指标统计表

表9－1－3　　单位:万元

年份	工业总产值(现价)	工业增加值	产品销售收入	固定资产原值	固定资产净值	定额流动资金平均余额	利税总额
1988	110946	26751	111542	42006	32567	23009	13337
1989	137492	29521	107116	53450	41198	30630	11153
1990	139402	25839	104160	65850	50108	44966	6511
1991	145972	30056	123704	73878	54568	55211	9170
1992	180382	42957	156588	85842	63792	62224	13660
1993	242084	96459	239592	114902	85532	132309	18246
1994	347424	111547	278279	134953	98886	149571	20486
1995	377979	79603	354216	219799	174264	185181	9851
1996	436615	116517	367090	280841	209565	228525	14655
1997	535235	140464	460774	309693	233828	252060	20779
1998	613296	174162	576777	344529	264902	260264	24141
1999	793957	218499	749712	414322	311596	293317	41258
2000	1064537	312985	1029080	440123	315061	322342	66449
2001	1398381	431053	1287517	512873	363474	392722	79308
2002	1874191	576365	1672178	603559	428358	527393	91560
2003	2439877	760806	2208836	708884	487934	668361	86083
2004	3336617	1035862	2771996	830780	592675	804145	108322
2005	4768991	1409262	4254724	814378	581416	869134	485329
2006	5324228	1601500	5152624	860280	611076	972163	377830
2007	6594513	1875000	5700000	932224	685626	1161647	562497
2008	8194459	2151700	7182247	1397886	983027	1697389	609299
2009	10003692	2632000	8668319	1732664	1312981	1348864	764779
2010	12162536	3010900	9842056	1961466	1425700	1734799	960906
2011	13974732	3703900	11850970	2886331	2206206	1918591	1736153
2012	16914691	3877000	15893115	2716179	2349980	2194168	1981081

注:1998年以前统计口径为乡及乡以上独立核算企业

截至2012年全市获青岛市级以上名牌产品名录

表9－1－4

序号	产品名称	类别	生产企业	认定年份
1	双星牌全钢载重子午胎	中国名牌	青岛双星轮胎工业有限公司	2004
2	琅琊台牌白酒	山东名牌	青岛琅琊台集团股份有限公司	1998
3	明月牌海藻酸钠	山东名牌	青岛明月海藻集团有限公司	2004
4	东佳牌梳棉机	山东名牌	青岛东佳纺机(集团)有限公司	2004
5	东佳牌特种纤维梳理机	山东名牌	青岛东佳纺机(集团)有限公司	2005
6	双星牌清理铸造机械	山东名牌	青岛双星铸造机械有限公司	2005
7	明月牌甘露醇	山东名牌	青岛明月海藻集团有限公司	2006
8	万德牌胎圈用回火钢丝	山东名牌	青岛万德集团股份有限公司	2006
9	科海牌衣康酸	山东名牌	青岛琅琊台集团股份有限公司	2006
10	嘉府牌兔肉制品	山东名牌	青岛康大外贸集团有限公司	2006
11	东佳牌梳毛机	山东名牌	青岛东佳纺机(集团)有限公司	2006
12	泰发牌手推车	山东名牌	青岛泰发集团股份有限公司	2006
13	康大牌冷冻调理鸡肉制品	山东名牌	青岛康大外贸集团有限公司	2008
14	红旗牌三相异步电动机	山东名牌	青岛天一集团有限公司	2008
15	星宇牌摩托车轮胎	山东名牌	青岛东方工业品集团有限公司	2008
16	海威牌塑料异型材	山东名牌	青岛海威集团有限公司	2009
17	双星牌炼胶机	山东名牌	青岛双星橡塑有限公司	2009
18	双星牌工程机械轮胎	山东名牌	青岛双星轮胎工业有限公司	2010
19	双星牌数控冲床	山东名牌	青岛双星数控锻压机械有限公司	2010
20	双星牌子午线轮胎硫化机	山东名牌	青岛双星橡塑机械有限公司	2011
21	双星牌V法造型机械	山东名牌	青岛双星铸造机械有限公司	2011
22	赛特环球牌粗纱机	山东名牌	青岛环球集团股份有限公司	2011
23	CHYNDN牌高压开关柜	山东名牌	远东电器集团有限公司	2011
24	双星牌子磨削清理机械	山东名牌	青岛双星铸造机械有限公司	2012
25	双星牌平板硫化机	山东名牌	青岛双星橡塑机械有限公司	2012
26	双星牌激光切割机	山东名牌	青岛双星数控锻压机械有限公司	2012
27	明月牌有机肥料	山东名牌	青岛明月海藻集团有限公司	2012
28	琅琊台牌白酒	青岛名牌	青岛琅琊台酒业股份有限公司	1994
29	德维牌肉制品	青岛名牌	青岛德维集团有限公司	2000
30	海王牌打字纸、防菌袋纸	青岛名牌	青岛海王纸业股份有限公司	2000
31	飞超牌工业亚硝酸钠	青岛名牌	青岛恒源化工有限公司	2000
32	引春牌JW908型喷水织机	青岛名牌	青岛引春机械有限公司	2001
33	双星牌载重汽车轮胎	青岛名牌	青岛双星轮胎工业有限公司	2002
34	明月牌海藻酸钠	青岛名牌	青岛明月海藻集团有限公司	2003

续表 9－1－4

序号	产品名称	类别	生产企业	认定年份
35	东佳牌梳棉机	青岛名牌	青岛东佳纺机(集团)有限公司	2003
36	康大牌丸子系列产品	青岛名牌	青岛康大外贸集团有限公司	2004
37	科海牌衣康酸	青岛名牌	青岛琅琊台集团股份有限公司	2004
38	泰发牌手推车	青岛名牌	青岛泰发集团股份有限公司	2004
39	康大牌海珍品系列产品	青岛名牌	青岛康大外贸集团有限公司	2005
40	泰发牌中型载重汽车轮胎	青岛名牌	青岛泰发集团股份有限公司	2005
41	明月牌甘露醇	青岛名牌	青岛明月海藻集团有限公司	2005
42	环球牌 FA 系列粗纱机	青岛名牌	青岛环球集团股份有限公司	2005
43	东佳牌特种纤维梳理机	青岛名牌	青岛东佳纺机(集团)有限公司	2005
44	明月牌碘	青岛名牌	青岛明月海藻集团有限公司	2006
45	东佳牌梳毛机	青岛名牌	青岛东佳纺机(集团)有限公司	2006
46	双星牌子午线轮胎硫化机	青岛名牌	青岛双星橡塑机械有限公司	2006
47	亚细亚牌苹果醋	青岛名牌	青岛琅琊台集团股份有限公司	2007
48	SCITECH 牌辣椒红色素	青岛名牌	青岛赛特香料有限公司	2007
49	滨鹰牌水性印刷开槽机	青岛名牌	青岛藏南纸制品机械厂	2007
50	万德牌圈用回火钢丝系列产品	青岛名牌	青岛万德集团股份有限公司	2007
51	泰发牌巨型工程机械轮胎	青岛名牌	青岛泰发集团股份有限公司	2007
52	嘉府牌鲜冻兔肉	青岛名牌	青岛康大外贸集团有限公司	2008
53	青兰牌橡胶水坝	青岛名牌	青岛华海环保工业有限公司	2008
54	Sunsong 牌液压制动软管及总成	青岛名牌	青岛三祥科技有限公司	2008
55	CHYNDN 牌高压开关柜	青岛名牌	远东电器集团有限公司	2009
56	双星牌成型机	青岛名牌	青岛双星橡塑机械有限公司	2009
57	康大牌咖喱系列产品	青岛名牌	青岛康大食品有限公司	2009
58	双星牌 V 法造型设备	青岛名牌	青岛双星铸造机械有限公司	2010
59	茂林牌橡胶密封件	青岛名牌	青岛茂林橡胶制品有限公司	2010
60	双星牌平板硫化机	青岛名牌	青岛双星橡塑机械有限公司	2011
61	CHYNDN 牌 GCS 低压开关柜	青岛名牌	远东电器集团有限公司	2011
62	DESITEE 牌汽车举升机	青岛名牌	青岛德盛利汽车检测设备有限公司	2011
63	HICORP 牌铝合金燃油箱	青岛名牌	青岛普天汽配有限公司	2011
64	小瑯高牌白酒	青岛名牌	青岛琅琊台集团股份有限公司	2012
65	康大牌板栗制品	青岛名牌	青岛康大食品有限公司	2012
66	双星牌系列除尘器	青岛名牌	青岛双星环保设备有限公司	2012
67	CMT 牌毛条复洗机	青岛名牌	赛特环球机械(青岛)有限公司	2012
68	德盛利牌立体停车设备	青岛名牌	青岛德盛利汽车检测设备有限公司	2012
69	聚大洋牌褐藻酸钠	青岛名牌	青岛聚大洋海藻工业有限公司	2012
70	东佳牌羊绒分梳联合机	青岛名牌	青岛东佳纺机(集团)有限公司	2012

第二节　工业科技

技术改造　20世纪80年代后期开始，胶南积极实施工业技术改造，吸收利用国内外先进技术，调整产业产品结构。

“七五”（1986~1990年）期间，全市（县）投资4.79亿元，对机电、轻纺、化工、建材、食品等行业中的县属和乡镇工业企业进行技术改造，重点实施化肥厂扩建和化工厂改建等重点技改项目。

“八五”（1991~1995年）期间，全市投入11.08亿元，开发生产硝酸及其后续产品、喷水织机、倍捻机、高档梳毛机、肉鸡制品等新产品，并形成生产规模，成为全市新的拳头产品。

“九五”（1996~2000年）期间，全市投入43.9亿元，完成重点技术改造项目78个。载重轮胎、苯胺、汽车电机、硝酸钠、亚硝酸钠、衣康酸、压花玻璃、非织造布成套设备、高档牛皮箱板纸等重点产品，成为全市工业新的经济增长点。

“十五”（2001~2005年）期间，全市投资40.1亿元，实施全钢载重子午胎、重磅喷水织机、干品硝酸钠及亚硝酸钠、碱回收、高档制鞋成套设备、全自动纸袋糊口成套设备、高档宽幅毛纺梳理设备、智能变压器等75个重点技改项目。

“十一五”（2006~2010年）期间，全市投资24.76亿元，实施38个工业重点技改项目。

2011~2012年，全市投资28.95亿元，实施38个工业重点技术改造项目。

产品研制　1990年，青岛第三铸造机械厂研制的“Q3210履带式抛丸清理机电脑控制系统”国内领先。1992年，黄海海藻工业公司完成的“卡拉胶”和“藻酸盐粉状印模材料用于牙膜胶的研究”项目，其生产工艺属国内首创，分别填补了省内空白和国内空白。人工晶体产业有了较快发展，晶体材料品种发展到8个。1993年，原胶南纺织机械厂完成的国际级重点新产品试制鉴定计划和星火计划项目“FNT－18型兔毛成纱机”，达到国际80年代末的技术水平。1994年，由原青岛第三铸造机械厂承担的“铸造机械计算机辅助设计系统”通过专家鉴定，填补了计算机辅助设计在机械铸造领域应用的国内空白；在原青岛第一酿酒厂组织鉴定的“琅琊台酒系列计算机勾兑调味系统”达到国内先进水平；原胶南纺织机械厂承担的“FN201B1－200型四联梳毛机”通过专家鉴定，达到国际先进水平。1999年，开发新产品28种，其中8种达到国际先进水平，7种达到国内先进水平。2002年，研发高新技术产品6项。2003年，开发青岛市重点新产品12个，青岛市高新技术产品14个，国家级重点新产品7项。2004年，开发高新技术产品75项，含国家级重点新产品9项；青岛市重点新产品17个。2005年，开发高新技术产品93种；青岛市重点新产品17个。青岛久远空调有限公司和青岛华海环保工业有限公司开发的HSR系列海水热泵机组项目和新型海洋溢油处理装置——斜带沉浮式收油机项目达到国内和国际先进水平。2006年，开发高新技术产品28种。2007年，开发高新技术产品35种。天一集团与西安工程大学联合成立了新型纺机研发中心，自主研制的系列高档喷气织机处于国内领先水平。2008年，认定国家重点新产品6个。在海洋能源和海洋环保方面，华海环保公司与中国石油大学联合研发的溢油应急卸载设备达到国际先进水平。2009年，认定国家重点新产品1个。2010年，认定国家重点新产品4个。2011年，认定国家重点新产品4个。

青岛明月海藻集团生物科技中心

1988～2012年全市(县)工业企业主要技术改造项目情况统计表

表9-1-5　　单位:万元

实施年份	项目名称	总投资	实施单位
1988	摩托车、农用车轮胎项目	700	青岛隐珠车辆厂
1989	烧碱金属阳极电解系统改造	500	胶南县化工厂
1990	年产3万吨浓硝酸项目	3000	胶南县化肥厂
1992	粮食酒扩建项目	3000	青岛第一酿酒厂
1992	肉食鸡、饲料生产加工销售一条龙项目	2300	胶南市肉联厂
1994～1995	引进西班牙技术合作生产梳毛机项目	2800	青岛胶南纺织机械厂
1994	手推车扩产项目	2207	青岛泰发集团公司
1994	1000吨褐藻胶生产线项目	1762	青岛黄海海藻工业集团公司
1994～1995	高档皮革加工扩建项目	5849	青岛德维集团公司
1994～1995	万吨船坞及配设施建设项目	3000	胶南灵山船厂
1995	肉鸡养殖、加工项目	5000	胶南康大外贸集团公司
1995	年产30万套农用胎项目	3500	青岛华青铸造机械股份有限公司
1995～1998	年产100万套载重轮胎和100万套农用轻卡轮胎项目	23000	青岛华青轮胎工业有限公司
1996	合成氨扩产改造项目	2300	胶南市化肥厂
1997	年产1万吨苯胺和1.5万吨硝基苯项目	3000	胶南市化肥厂
1998	调理食品加工出口项目	3000	胶南康大外贸集团公司
1998～1999	年产1000吨精制衣康酸项目	2200	青岛琅琊台酒业(集团)股份有限公司
1998～1999	年产100万套载重轮胎和300万条内胎项目	30000	青岛华青轮胎工业有限公司
1999	年产1万吨回火胎圈钢丝项目	2500	青岛万德集团股份有限公司
1999	年产7000吨硝酸钠、1.4万吨亚硝酸钠扩产项目	1800	青岛恒昌化工股份有限公司
1999～2000	年产10万吨高档牛皮箱板纸项目	18759	青岛海王纸业股份有限公司
1999～2000	中高档大客车技改项目	5921	青岛太平洋客车有限公司
2000	年产4000吨高档苹果酒技改项目	2471	青岛琅琊台酒业(集团)股份有限公司
2000～2001	年产50套钢材预处理线成套设备项目	5600	青岛华青工业集团股份有限公司
2000～2001	混凝土砌块生产线项目	3946	胶南市水泥制品厂
2000～2001	年产3000吨衣康酸项目	4615	青岛琅琊台酒业(集团)股份有限公司
2001	年产30万套全钢载重子午胎项目	25000	青岛华青工业集团股份有限公司
2001	年产10万吨稀硝酸生产装置改造项目	3700	青岛恒昌化工股份有限公司
2001	4万吨烧碱技改项目	2900	青岛天元化工股份有限公司
2001～2002	橡胶防老剂项目	3300	青岛恒源化工有限公司
2002	年产3万吨干品两钠项目	7320	青岛恒源化工有限公司
2002	续建30万套全钢载重子午胎项目	15000	青岛华青工业集团股份有限公司
2002～2003	年产5000台重磅喷水织机项目	8000	青岛星火纺机纺织集团股份有限公司

续表 9－1－5

实施年份	项目名称	总投资	实 施 单 位
2002～2003	造纸节水改造项目(碱回收)	5000	青岛海王纸业股份有限公司
2002～2003	全自动纸袋糊口成套设备项目	4800	青岛华池包装机械有限公司
2002～2003	高档制鞋成套设备项目	4800	青岛环球集团股份有限公司
2002～2003	年产 100 套非织造布成套设备项目	4800	青岛胶南东佳纺机(集团)有限公司
2003～2004	年产 100 万套全钢载重子午胎项目	60000	青岛双星轮胎总公司
2004	高档宽幅毛纺梳理设备项目	5200	青岛胶南东佳纺机(集团)有限公司
2004～2005	智能电力变压器及年产 1 万台智能开关柜项目	14000	青岛远东电器集团有限公司
2004～2005	机械化成套造型线设备开发项目	10000	青岛双星机械总公司
2004～2005	综合利用电厂粉煤灰生产新型墙体材料项目	6700	胶南市易通热电有限责任公司
2004～2005	出口电机技改项目	4500	青岛天一集团有限公司
2004～2005	年产 10000 吨衣康酸项目	7226	青岛琅琊台集团股份有限公司
2005	特种纸搬迁改造项目	5800	青岛海王纸业公司
2005	一期 5000 吨合成醇项目	4200	青岛明月海藻集团有限公司
2005	年产 150 万套半钢轿车子午胎项目	15000	青岛双星轮胎总公司
2005～2006	制浆原料调整改造项目	4500	青岛海王纸业股份有限公司
2006	船台及码头改建项目	5550	青岛现代造船有限公司
2006～2007	高档清梳联成套设备项目	12000	青岛东佳纺机(集团)有限公司
2006～2007	合成氨装置综合节能改造项目	10897	青岛恒源化工有限公司
2006～2007	二期 5000 吨合成醇项目	4000	青岛明月海藻集团有限公司
2005～2006	年产 30000 吨葡萄糖酸钠项目	5120	青岛琅琊台集团股份有限公司
2007	高档食品添加剂项目	4000	青岛明月海藻集团公司
2007	新增 50 万套全钢载重子午胎扩产改造项目	17300	青岛双星轮胎总公司
2007～2008	年产 1000 吨 D－核糖项目	8369	青岛琅琊台集团股份有限公司
2007～2009	食品产业园项目	25000	青岛康大外贸集团有限公司
2008	新增 130 万套全钢载重子午胎技改项目	29629	青岛双星轮胎总公司
2008	巨型工程机械轮胎二期项目	4000	青岛泰发集团股份有限公司
2010	婴儿食品扩建项目	14000	亨氏(青岛)食品有限公司
2011	藻酸盐搬迁提升项目	12000	青岛明月海藻集团有限公司
2011	年产 2 万吨精制衣康酸技术改造项目	11000	青岛琅琊台集团股份有限公司
2011	年产 5000 吨葡萄糖酸钙项目	5120	青岛科海生物有限公司
2011	海藻深精加工提质降耗技术改造项目	6000	青岛聚大洋海藻工业有限公司
2011	高档喷气织机研发及产业化项目	5000	青岛环球集团股份有限公司
2011	物流园区建设项目	16500	青岛泰发集团股份有限公司
2011	生物车间扩建项目	4900	青岛东海药业有限公司
2011	年加工 3000 吨高档蓝莓醋项目	3400	青岛琅琊台集团股份有限公司
2011	工矿机电设备制造项目	12000	青岛天信电气有限公司
2011	大型涡轮发电机壳体生产线项目	5800	青岛金鼎机械有限公司
2011～2012	年产 100 万台高效节能商用冷柜项目	11000	青岛海容商用冷链股份有限公司
2012	万吨固体山梨醇项目	12000	青岛明月海藻集团有限公司
2012	年产 15.5 万吨绿色海藻生物肥生产线项目	11000	青岛明月蓝海生物科技有限公司

第二章　机械工业

1988 年，全县机械工业有纺织机械、铸造机械、橡胶机械、包装机械、电气机械、金属制品等门类，拥有乡镇办以上企业 67 家(不含汽车、船舶等交通运输设备制造)，职工 1.48 万人。是年完成工业总产值 5.18 亿元，占全县工业总产值的 46.71%。

20 世纪 90 年代，铸造机械、手推车及橡胶机械、包装机械等行业发展较快，胶南成为全国重要的纺织机械、铸造机械、手推车生产基地。2000 年，全市规模以上机械加工制造企业 27 家，职工 2.02 万人，完成工业总产值 49.97 亿元。进入 21 世纪后，在传统机械行业保持发展的同时，电气机械、工程机械、风电设备制造等机械门类逐步形成。2012 年，规模以上机械工业企业 283 家，职工 3.54 万人，完成工业总产值 610.87 亿元，实现销售收入 568.69 亿元，分别占全市规模以上工业的 36.11% 和 35.78%。

第一节　纺织机械

胶南纺织机械生产始于 20 世纪 70 年代末。1979 年，县轻工专用设备制造厂首先转产纺织机械。到 1984 年，有 4 家企业成为国家定点厂。1988 年，全县纺织机械整机及零配件生产企业 21 家，其中县属企业 3 家，乡镇办企业 18 家。产品以棉、毛等梳理机械为主，产品 20 余种。年生产各类纺织机械 5464 台，其中梳棉机 5066 台，梳毛机 398 台，分别占全国同类产品总量的 50% 和 60% 以上。是年，县轻工机械厂(后改制更名为青岛环球集团股份有限公司)借鉴日本丰田 FL—16 技术，开发出中国第一台 FA422 高速悬锭粗纱机。1990 年，青岛星火纺机纺织集团与引春香港(国际)机械有限公司合资成立青岛引春机械有限公司，生产喷水织机。1993 年研制开发 JA703 型喷气织机，成为国内最早、规模最大的无梭织机生产企业，带动了一批纺机配件加工企业和个体业户的发展。

进入 20 世纪 90 年代，国家对纺织行业先后实行限产压锭和限产砸锭，胶南纺机行业陷入低谷，市第一纺织机械厂、第二纺织机械厂和第三纺织机械厂等纺机企业先后关停并转。2000 年，全市规模以上纺织机械生产企业 5 家，完成工业总产值 12.34 亿元，实现销售收入 12.64 亿元。国内外纺织市场形势好转，纺机行业逐步走出低谷。是年，青岛环球机械股份有限公司开发出中国第一台应用于棉纺企业的电脑粗纱机。2002 年，星火集团实施年产 5000 台重磅喷水织机项目；东佳集团实施年产 100 套非织造布成套设备项目。

青岛星火集团公司

东佳集团纺织机械成品车间(2003 年拍摄)

2004 年 1 月，王台镇被中国纺织工业协会、中国纺织机械器材工业协会授予“中国纺织机械名镇”。是年 11 月，天一集团设立红旗纺织机械有限公司，涉足纺机领域。2006 年，东佳集团开发高档清梳联成套设备项目。是年 4 月，青岛环球集团股份有限公司与意大利 CMT 公司合资建立赛特环球机械（青岛）有限公司，开发 CMT998 全伺服智能数字粗纱机等毛条处理设备。

2010 年，胶南纺织机械产业集群被省中小企业办公室列为省级产业集群。是年 12 月，胶南第一家全市性工业行业协会——胶南市纺织机械行业协会成立。

2012 年，全市规模以上纺织机械及纺织机械配件生产企业 61 家，职工 1.02 万人，完成工业总产值 210.84 亿元，实现销售收入 196.92 亿元。主要生产企业有青岛东佳纺机（集团）有限公司、青岛环球集团股份有限公司和青岛星火纺机纺织集团股份有限公司等。

第二节　铸造机械

胶南铸造机械成批生产始于 1976 年。是年，胶南化工阀门厂投产 Q3110 抛丸清理滚筒，列机械工业部计划。1983 年，青岛第三铸造机械厂（原胶南化工阀门厂）被机械工业部列入铸造机械定点生产厂，1988 年主要产品有混砂机、清理机、清理滚筒等，完成工业总产值 1036 万元，1989 年成为全国铸机行业唯一晋升为“国家二级企业”的企业，研制开发的 QXY3000 钢板预处理线和 Q383C 抛丸清理机填补国家空白，被列为国家级新产品，1994 年实施股份制改造，更名为青岛华青铸造机械股份有限公司。20 世纪 90 年代中后期，胶南信达机械有限公司、胶南市宏达铸造机械厂亦先后生产铸造机械。2001 年，青岛华青铸造机械股份有限公司所属的华青工业集团股份有限公司被青岛双星股份有限公司吸收合并后，原青岛华青铸造机械股份有限公司部分职工独立创业，全市铸造机械生产企业数量增加。2003 年 5 月，青岛德盛利机械制造有限公司（2011 年 3 月变更为青岛德盛利集团有限公司）成立，生产钢材预处理生产线、清理设备、砂处理设备、环保除尘设备等系列铸造机械产品。2007 年，青岛双星铸造机械有限公司成功研制生产 V 法造型生产线，结束我国高效自动化 V 法造型生产线依靠进口的局面。

2012 年，全市规模以上铸造机械生产企业 19 家，职工 1910 人。完成工业产值 53.98 亿元，实现销售收入 43.6 亿元。主要生产企业为青岛双星铸造机械有限公司（原青岛华青铸造机械股份有限公司）、青岛德盛利集团有限公司。

第三节　手推车

1980 年，隐珠车辆厂研发生产出第一批 ST—22 型出口手推车。至 1987 年，产品陆续增加到 5 个品种 26 个规格，畅销 40 多个国家和地区。1988 年，全县生产手推车 32.8 万辆，完成工业总产值 2000 万元，出口创汇 538 万美元。自 20 世纪 90 年代后期开始，青岛振华集团有限公司、胶南市星华金属制品有限公司、青岛华天车辆有限公司先后涉足手推车生产。进入 21 世纪，一批村办、个体私营企业上马手推车系列产品。生产企业分布

青岛华天车辆有限公司

“泰发”手推车产品展厅

在隐珠、临港经济开发区、张家楼、铁山等多个镇街，成为全国最大的手推车生产和出口基地。2005 年，胶南手推车产业集群列入山东省重点发展的 100 个过百亿元产业集群。

2012 年，全市规模以上手推车生产企业 69 家，职工 9504 人。完成工业总产值 188.83 亿元，实现销售收入 182.65 亿元。主要生产企业为青岛泰发集团股份有限公司和青岛华天车辆有限公司。

第四节　橡胶机械

1988 年，胶南有青岛第三橡胶机械厂（青岛亚东橡机有限公司前身）、县轻工机械厂（青岛环球集团股份有限公司前身）两家企业生产平板硫化机、炼胶机等橡胶机械，年内完成工业总产值 2950 万元。之后，县第一纺织机械厂设橡胶机械加工车间，相继研制生产平板硫化机、破胶机、开炼机、挤出机等 4 个品种 8 个规格的橡胶机械产品。1994 年，该厂以橡胶机械加工车间为基础，成立青岛黄海橡塑机械公司。

1998 年，青岛华青工业集团股份有限公司收购青岛黄海橡塑机械公司，租赁青岛胶南利达机械制造公司，设立华青橡塑机械公司（青岛双星橡塑机械有限公司前身），涉足橡胶机械生产。先后生产轮胎成型机、轮胎定型硫化机、输送带硫化机、炼胶机、挤出机、压延机等橡胶机械产品，年生产能力 2000 余台。青岛巨航硫化机厂（青岛巨航机械有限公司前身）、青岛华隆橡胶机械厂（青岛盛华隆橡胶机械有限公司前身）亦相继生产橡胶机械。

2006 年 10 月，青岛环球集团股份有限公司与印度 L&T 公司合资，设立拉森特博洛（青岛）橡胶机械有限公司，研发生产以双模硫化机为主的橡胶机械，年生产 300 台。

2012 年，全市规模以上橡胶机械生产企业 8 家，职工 934 人。完成工业总产值 13.81 亿元，实现销售收入 13.27 亿元。主要生产企业有青岛双星橡塑机械有限公司、青岛亚东橡机有限公司、青岛巨航机械有限公司、青岛盛华隆橡胶机械有限公司和拉森特博洛（青岛）橡胶机械有限公司。

环球集团公司办公楼

第五节　包装机械

境内包装机械生产始于 20 世纪 70 年代。

1988 年，主要生产企业有青岛藏南纸制品机械厂（1996 年改制成为山东滨鹰包装机械（集团）有限公司）和胶南县高戈庄钉箱机厂（胶南县高戈庄纸箱设备厂前身，1998 年更名为青岛岛鹰纸箱机械总厂），主要产品有钉箱机、切纸机、胶水机、瓦楞机、分纸机、压口机等 15 个品种。是年，两家企业完成工业产值 750 万元，实现利税 30 万元。

1992 年，藏南纸制品机械厂开发出 ZSG2－I 型单面瓦楞纸板机组、MY－680A 型自动模切压痕机和 MQ－1500 型平台模切机，其中 MQ－1500 型平台模切机填补国内空白。1999 年，研制生产蜂窝纸板生产线、贴面机、制袋机和三层、五层瓦楞纸板生产线。是年，青岛鹰纸箱机械总厂研制出瓦楞纸板生产线。2000 年后，两家企业分别研制生产高速自动印刷开槽机、薄刀片分压机和高速水墨印刷开槽机、液压全开切纸机、覆面机、上光机、薄刀分纸机等高中档产品。

1995 年，胶南针织机械厂（青岛华池包装机械有限公司前身）开始生产包装机械，2000 年生产的油加热单面瓦楞纸板生产线获国家专利，三层、五层瓦楞纸板生产线被认定为国家级新产品。

2000 年，山东滨鹰包装机械（集团）有限公司与北京思创达机电制造厂，在海滨工业园合资成立青岛思创达包装设备有限公司，专业生产各类包装设备用瓦楞辊。是年 8 月，青岛开拓数控设备有限公司设立，生产高速瓦楞纸板生产线。

藏南纸制品机械厂瓦楞纸生产车间（1996 年拍摄）

2001 年，青岛华池包装机械有限公司成功研制 HK702B 型全自动纸袋糊口机，并具有自主知识产权，技术水平处于国内领先，被列入国家重点技术创新项目计划。2003 年，在青岛临港产业加工区新厂区组织生产，并成立青岛创新机械制造有限公司，生产全自动塑编糊口生产线、全自动热风焊接塑编制袋生产线等包装备机械和喷气、喷水织机等纺织机械，其中热风焊接塑编制袋生产线填补国内空白，被评为国家级重点新产品。

2012 年，全市规模以上包装机械生产企业 5 家，职工 948 人。完成工业总产值 35.74 亿元，实现销售收入 34.5 亿元。

第六节　电气机械及器材

1988 年，全县电气机械及器材生产企业 4 家，完成工业总产值 905 万元。其中，青岛红旗电机厂（青岛天一集团红旗电机有限公司前身）生产各种为纺织机械配套的交流电机 2.5 万台，完成工业总产值 750 万元。

1991 年，青岛红旗电机厂跳出单一为纺机行业配套的小圈子，研发生产 Y 系列电动机，后产品发展到 Y2 系列、YD 系列、YXJ 减速机系列、YGP 变频调速系列、NEMA 钢板壳系列、IEC 铝型板材系列、高效旁磁快速制动系列、串激系列、永磁直流系列等 11 个系列 900 多个品种，年产中小型电动机和电动工具近 7 万台。1995 年，青岛远东电器总公司（远东电器集团有限公司前身）从经销各类电器开关、电线电缆等电气产品转向生产配电箱、照明箱、控制箱和电线电缆。2000 年 6 月，胶南市黄海电讯器材厂更名为青岛娇阳灯具有限公司，专业生产各种太阳能路灯、太阳能庭院灯等。后又增加太阳能电池板生产，年产量 1 万余块。

2001 年 9 月和 2008 年 4 月，胶南市分别引进青岛天迅电气有限公司和青岛天信电气有限公

青岛天信电气有限公司

司，生产煤矿机械用高、中、低压电气设备。产品包括矿用隔爆兼本质安全型变频器、组合开关、多回路真空电磁起动器，矿用隔爆型 LED 灯和煤机电控系统等电气产品。2012 年，以青岛天信电气有限公司为主体，设立煤机产业园，先后引进实施天信变频电机、天信传动设备、天瑞特电器、沃丰格瑞矿用高分子涂层管业等项目，涵盖煤机生产的电控系统和控制装置、矿用变频电机、传动设备、矿用高分子涂层钢管等环节。

2012 年，全市规模以上电气机械及器材生产企业 16 家，其中电机生产企业 3 家，输配电及控制设备生产企业 9 家，电线电缆生产企业 2 家，照明器具生产企业 2 家。有职工 3306 人。完成工业产值 36.79 亿元，实现销售收入 35.21 亿元。

第七节　工程机械

2002 年，胶南飞超减速机股份有限公司投资 250 万元，建起重机械生产线，形成年产 5～20 吨单、双梁桥式起重机 150 部生产能力。是年 5 月，青岛双大机械有限公司成立，在生产铸造机械的同时，生产门式、桥式起重机及电动葫芦。2006 年，日本胜代熔断株式会社在青岛临港经济开发区投资设立青岛胜代机械有限公司，生产移动式破碎机、隧道挖掘机、斗轮挖掘机等工程机械零部件。2007 年，泊里镇引进青岛金港重型起重设备有限公司，生产重型起重设备。2011 年 11 月，潍坊昌乐英轩控股集团有限公司在青岛临港经济开发区投资设立青岛英轩重工有限公司，规划建设年产 1 万台装载机、1 万台挖掘机等工程机械项目。

2012 年，规模以上工程机械生产企业 2 家，在建企业 1 家。有职工 766 人。完成工业产值 7.71 亿元，实现销售收入 5.6 亿元。其中，青岛胜代机械有限公司生产各种工程机械零部件 2000 余吨，完成工业产值 4.4 亿元，实现销售收入 4.07 亿元。

第八节　其他机械

制鞋机械　1988 年，县轻工机械厂（青岛环球集团股份有限公司前身）生产绷楦机、胶粘压合机、拉帮机、下料机等制鞋机械，2001 年，与世界著名制鞋机械企业意大利切利姆公司合资成立切利姆鞋机（青岛）有限公司，制鞋机械产品实现成套化、系列化和专业化生产。研制开发的胶鞋冷粘生产线、ECQ－3L 胶鞋绷前帮机、ECY－X1 硫化鞋成型传输线、XJ6E1/J 型前帮修整机、XJ6E1/YQ 型墙式压合机、XJ7E2/J 侧缝机、XBBQ 绷前帮机

2006 年 12 月，日本胜代熔断株式会社签约

2006 年 7 月，德风丹（青岛）机械有限公司竣工投产仪式

等产品被列为国家级重点新产品。2010 年，青岛环球集团股份有限公司实行产品产业结构调整，注销合资公司，停止鞋机生产。

玻璃机械　1993 年，市轻工机械厂（青岛环球集团股份有限公司前身）同台玻集团合作，生产玻璃压延线，并相继为台湾台玻和大陆台玻配套生产制镜线。2003 年，与比利时 CNUD 公司合作，生产浮法线退火窑壳体。玻璃机械研发和生产能力快速提升，玻璃线和制镜线技术处于国内领先地位。2006 年，与美国玻璃辊道巨头 NEWHUDSON 公司合作生产退火窑辊道。2012 年，玻璃机械年产量达到 2000 台（套）。产品包括切、磨、钻、洗等冷加工玻璃机械和钢化、热弯、热溶、退火等热加工机械两大系列 50 多个品种。

风电设备　2006 年 7 月，世界 500 强企业德国蒂森克虏伯集团投资 9775 万欧元在青岛临港经济开发区设立德枫丹（青岛）机械有限公司，主要生产用于风力发电设备的大型精密轴承。2009 年，青岛中科明新能源设备有限公司落户胶南经济开发区，为大唐电力集团配套生产风力发电设备。2012 年，前述两家企业完成工业产值 3.85 亿元，实现销售收入 2.19 亿元。此外，尚有规模较小的青岛风王风力发电有限公司、青岛恒风风力发电机有限公司、青岛泽宇风力发电有限公司等企业生产风力发电机。

石油机械　1998 年 6 月，青岛同春石油仪器有限公司开始生产钻井液分析仪器，产品应用于油田钻井及油田、地质、矿产等专业院校教学和实验。2002 年 1 月，胶南经济开发区引进青岛石大华通科技有限公司，生产油气钻井用 PDC 金刚石钻头、三角聚晶钻头、双心钻头、定向井及取芯钻头等。2012 年，前述两家企业完成工业产值 3.31 亿元，实现销售收入 2.88 亿元。

机床　1977 年，全县 30 余家企业生产 40 余种规格的机床。1978 年 5 月，国家制止计划外生产机床，机床生产跌入低谷。2000 年后，机床生产再度发展。青岛东和科技有限公司、青岛亚盛数控锻压设备有限公司、青岛双星数控锻压机械有限公司等企业先后生产数控转塔冲床、厚板数控冲孔机、数控送料机、汽车纵梁平板冲孔数控生产线、太阳能多工位转塔冲床、数控剪板机等产品，可基本满足汽车、箱柜、太阳能热水器、金属家具等领域市场需要。2012 年，全市机床生产企业 20 余家，其中规模以上企业 5 家，完成工业产值 7.69 亿元，实现销售收入 7.08 亿元。

减速机　1988 年，胶南减速机厂（胶南飞超减速机股份有限公司前身）、胶南通用减速机厂和县农修厂生产减速机 8500 台。1995 年后，珠山街道、珠海街道有村办及个体私营企业少量生产。2012 年，有胶南飞超减速机股份有限公司、青岛胶南通用减速机厂、青岛传动机械有限公司 3 家专业减速机生产企业。另有 4 家企业兼业生产。是年，全市生产减速机 4.46 万台，其中 3 家专业生产企业产减速机 3.08 万台。完成工业产值 5.06 亿元，实现销售收入 4.84 亿元。

风机　1985 年，小场乡筹建风机厂，专业生产锅炉风机、梳棉机风机。1994 年改制后更名为青岛信昌风机有限公司。产品有高中低压离心式风机、烧结风机、锅炉鼓引风机、高温风机、工业炉风机、罩式炉风机、排尘风机、铸机风机、纺织风机、化铁炉风机、轴流通风机等。2000 年后，依托青岛信昌风机有限公司，全市有多家个体私营企业生产风机。

第九节　通用零部件

2012 年，全市有规模以上通用机械零部件生产企业 21 家，职工 2090 人，完成工业总产值 39.95 亿元，实现销售收入 37.03 亿元。产品主要有金属铸件、阀门、轴承、紧固件、密封件、弹簧、链条等。

铸件　20 世纪 80 年代，县第一纺织机械厂等规模较大的机械厂建有铸造车间或铸造分厂。到 20 世纪 90 年代，相继有专业铸造厂投产。1999 年，青岛同春精铸有限公司成立，采用硅溶胶制壳工艺，生产不锈钢、碳钢等材质的精密铸件，设计生产能力 1000 吨/年。2003 年，青岛海诺铸业有限公司入住青岛临港产业加工区，生产各类高档次精密铸件及其深加工产品，年产量 3000 余吨，90% 以上产品出口到美国、日本、韩国等国家和地区。2006 年，青岛机械工业总公司在青岛临港经济开发区投资设立青岛飞燕临港精密钢球制造有限公司，生产轴承钢、不锈钢、有色金属、陶瓷、铜球等材质的钢球，年产量 17 亿粒。2012 年，全市规模以上金属铸件生产企业 11 家，完成工业产值 18.88 亿元，实现销售收入 17.82 亿元。

阀门　1988 年，泊里镇建有阀门厂生产水阀门，年产量 30 余万只。2005 年 6 月，铁山镇引进山东阿伐流体控制有限公司，生产用于煤化工、硅化工、石油化工等行业的金属硬密封球阀、锻钢球阀、C 型耐磨球阀、特材球阀、控制阀，主导产品 C 型耐磨球阀填补国内市场空白。2006 年 5 月，青岛凯创工业发展有限公司设子公司青岛凯创阀门有限公司，生产闸阀、球阀、止回阀、蝶阀等工业用阀门，用于输气、输油、石油化工、电力和给排水等行业。2012 年，规模以上阀门生产企业 2 家，完成工业产值 5.55 亿元。

紧固件、弹簧　1998 年，青岛金华星金属制品有限公司成立，主要生产弹簧，为青岛区域内弹簧生产规格最齐全的生产厂家之一。2000 年开始，先后有青岛亿亚通标准件有限公司、青岛海瑞五金有限公司、青岛亿兴标准件有限公司生产各种类型的螺栓、螺钉、螺母。2012 年，4 家企业完成工业产值 8.34 亿元。

传动件　1996 年 7 月，青岛永泰链条有限公司在灵山卫设生产基地，生产“永泰”牌自行车、电动车链条和各类精密滚子链、尼龙滚轮输送链。2002 年 2 月，韩国 LUBO 株式会社在大珠山镇投资设立青岛鲁宝精密工业有限公司，生产精密轴承及模具标准件。2009 年 6 月，德国亨利安传动公司与天水星火机床公司在青岛临港经济开发区合资兴办青岛亨利安传动机械项目。项目总投资 6.5 亿元，注册资本 6000 万元，主要生产精密齿轮、精密齿条、齿轮箱、机床、回转支承等。2012 年，3 家企业完成工业产值 4.98 亿元。

金属密封件　20 世纪 90 年代，灵山卫、隐珠等地兴办多家轮胎气门嘴生产企业。2003 年 3 月，韩国第一（E&S）株式会社投资 1000 万美元设立青岛第逸密封制品有限公司，生产金属缠绕垫片、压缩非石棉板材、压缩盘根、金属密封罐体等特殊密封制品。2012 年，有职工 78 人，完成工业产值 2.21 亿元。

2009 年 6 月，青岛亨利安传动机械有限公司成立

第三章　橡胶　造纸

第一节　橡　　胶

1988年,全县乡镇办以上橡胶制品生产企业5家,职工1001人,完成工业总产值4009万元,占全县工业总产值的3.61%。产品包括手推车轮胎、乳胶手套等。1990年后,青岛橡胶制品七厂开始研制生产橡胶围油栏等橡胶环保产品。1995年,青岛华青铸造机械股份有限公司成立青岛华青轮胎工业有限公司,涉足橡胶轮胎行业。2000年,全市规模以上橡胶制品生产企业6家。进入21世纪,全市橡胶制品行业特别是轮胎生产实现快速发展,成为全市主要工业产业之一。2012年,全市规模以上橡胶制品企业86家,职工7386人,完成工业总产值138.06亿元,实现销售收入136.21亿元,分别占全市工业的8.16%和8.57%。

轮胎　1988年,青岛隐珠车辆厂(青岛泰发集团股份有限公司前身)建有两个橡胶车间,在为其手推车产品配套的同时,生产外销摩托车、农用车轮胎。青岛振华橡胶厂(青岛振华工业集团有限公司前身)年产10万辆手推车轮胎,为隐珠车辆厂配套。1992~1993年,振华橡胶厂建成年产30万条摩托车外胎生产线和年产200万条内胎生产线。1993年,青岛隐珠车辆厂投资300万元,建成第三个轮胎生产车间。是年,胶南市聚氨酯橡胶厂与塞浦斯高科技贸易有限公司合作成立青岛亚星橡胶制品有限公司,年产农用轮胎10万套(1997年停产)。

1995年,青岛华青轮胎工业有限公司建设年产30万套农用轮胎项目,并在胶南经济技术开发区建设华青工业园,形成年产200万套载重斜交胎、100万套轻卡胎和300万条内胎生产规模。是年,韩国东亚工业株式会社在胶南经济技术开发区投资2.5亿元,设立青岛东亚轮胎有限公司,专业生产各种规格的高级丁基内胎和高强垫带,年产量达到1500万条。青岛东方工业品制造有限公司(青岛东方工业品集团有限公司前身)、青岛振华橡胶厂亦分别建设农用轮胎、摩托车轮胎和载重汽车斜交胎、轻卡车胎项目。

泰发集团公司办公大楼

进入21世纪,一批个体私营企业相继投产手推车轮胎、摩托车、轻卡车胎项目。2000年8月,华青工业集团实施30万套全钢载重子午胎项目。2001年底,青岛双星股份有限公司吸收合并华青工业集团公司后,利用上市公司资本运营优势,扩大子午胎生产规模,形成年产500万套全钢子午胎、150万套半钢轿车子午胎生产规模。

2006~2008年,泰发集团先后实施两期巨型工程轮胎项目,工程胎年产量达到1万条。双星轮胎公司、东方工业品集团亦先后生

双星集团子午胎生产车间

产工程机械用轮胎。2012 年，全市规模以上轮胎生产企业达到 80 家。

橡胶环保设备 1990 年，青岛橡胶制品七厂开始研制橡胶围油栏。1994 年开发生产浮子式、充气式等围油栏。是年，企业改制更名为青岛华海环保工业有限公司。1996 年开发生产橡胶水坝。1999 年，在原黑色橡胶水坝基础上，研制生产彩色橡胶水坝。2002 年 5 月，青岛新京华环保技术有限公司成立，生产围油栏、吸油毡、收油机等溢油应急设备和清污材料。2008 年，青岛华海环保工业有限公司开发吸油毡产品并批量投产。是年 6 月，两家企业为青岛奥帆赛提供围油栏 21660 米，用于奥帆赛水域浒苔拦截。2012 年，青岛华海环保工业有限公司有职工 370 人，完成工业总产值 1.3 亿元，实现销售收入 1.52 亿元。

橡胶带、管、板 2001 年 12 月，胶南经济技术开发区引进青岛广能橡塑化工有限公司，生产橡胶地板、防滑橡胶垫、橡胶颗粒地砖等产品。2006 年 11 月，以青岛巨航机械有限公司为主，设立青岛巨航胶带有限公司，开发生产普通型钢丝绳输送带、阻燃型钢丝绳输送带、矿用整芯输送带、分层织物芯输送带、特殊用途耐热耐寒耐酸碱输送带、滚筒包胶、各种胶带硫化接头设备、橡胶耐磨衬板等产品。各类输送带产能 20 万米，跻身全国胶带行业前十名。2008 年 7 月，青岛青橡橡胶有限公司移至大场镇，生产高压油管。2012 年，3 家企业共有职工 253 人，完成产值 4.34 亿元，实现销售收入 4.53 亿元。

其他橡胶制品 20 世纪 80 年代中后期，灵山卫社会福利厂、青岛利达乳胶厂、李家石桥乳胶制品厂、铁山乳胶厂等乡村办企业加工生产乳胶手套。1988 年，山东省胶南市橡胶制品厂成立，2002 年改为青岛茂林橡胶制品有限公司，主要生产汽车、摩托车发动机油封、减震器油封、气门油封、防尘密封、组合垫圈及 O 型垫圈等橡胶密封件。2012 年，生产各类橡胶密封件 0.91 亿件，完成工业总产值 3.41 亿元。2000 年，青岛双蝶集团在市海滨工业园设双蝶集团海青乳胶制品有限公司，生产"双蝶"牌乳胶手套及输血胶管、听诊管和彩色胶管等乳胶制品。2009 年，吉斯拉维密封技术（青岛）有限公司建成投产，主要生产各类板式换热器密封垫片，2012 年完成工业总产值 1826 万元，实现销售收入 1509 万元。

2007 年 8 月 30 日，国家轮胎暨橡胶制品质量监督检验中心在胶南设立

第二节　造纸及纸制品

1988 年，乡镇办以上造纸及纸制品生产企业 8 家，职工 1109 人。完成工业总产值 3352 万元。1995 年，建立海王工业园，造纸规模扩大。2000 年后，纸包装制品企业发展较快。2012 年，全市规模以上造纸及纸制品生产企业 23 家，其中造纸企业 4 家，纸制品生产企业 19 家，职工 3232 人。完成工业总产值 60.49 亿元，实现销售收入 54.9 亿元，分别占全市工业的 3.58% 和 3.45%。

造纸　1988 年，有县造纸厂（青岛海王纸业股份有限公司前身）、大村镇社会福利纸制品厂（胶南市海龙福利板纸有限公司前身）两家造纸企业，职工 880 人。另有村办企业 1 家。是年，生产机制纸及箱板纸 9991 吨，完成工业总产值 2497 万元，利税 240 万元。

青岛海王纸业股份有限公司自 1995 年起，累计投入 6 亿余元实施东迁，由琅琊台路以西迁往海王路建设海王工业园。通过实施制浆搬迁造纸扩产项目、年产 10 万吨牛皮箱板纸项目和年产 2 万吨 3600 纸机项目，机制纸生产线发展到 14 条，综合生产能力达到 18 万吨，形成文化用纸、工农业技术用纸、生活用纸和包装用纸四大系列 80 多个花色品种的产品体系。主导产品高仿真工艺纸和纱管封面纸被认定为国家级新产品，打字纸被评为山东省名牌产品，防菌袋纸被评为青岛市名牌产品。

1997 年，胶南市海龙福利板纸有限公司在胶南经济开发区投资 3000 万元，多缸多网板纸机流水上线，年生产 B 级牛皮箱板纸 2 万吨。2001 年，被青岛海王纸业股份有限公司并购。

1998 年 7 月，胶南市华瑞纸板厂成立，生产蜂窝纸板及包装制品，年生产蜂窝纸板 1 万吨。2000 年 9 月，青岛胶南瑞源纸业有限公司成立，建瓦楞板纸生产线 3 条，年生产能力 3 万吨。

胶南海龙福利板纸有限公司（1999 年拍摄）

2012 年，全市有造纸企业 4 家，职工 1776 人，生产机制纸及箱板纸 20.55 万吨，完成工业产值 19.61 亿元，实现销售收入 16.88 亿元。其中，青岛海王纸业股份有限公司生产各类机制纸 16.2 万吨，完成工业产值 14.98 亿元，实现销售收入 12.63 亿元。

纸制品　1988 年，胶南有纸箱生产企业 6 家。进入 21 世纪，随着食品、家电电子等行业的发展，纸包装制品生产企业增加。2012 年，全市规模以上纸制品生产企业 19 家，职工 1456 人。完成工业产值 40.88 亿元，实现销售收入 38.02 亿元。

青岛海王纸业股份有限公司

第四章　食品工业

1988年，全县乡镇办以上食品工业企业43家，其中县属企业12家、乡镇办企业31家，职工3920人。完成工业总产值2.21亿元，占全县工业的19.93%。主要生产企业有县肉类联合加工厂、青岛第一酿酒厂、县粮油加工厂、县外贸冷藏厂、县酿造厂、青岛黄海食品厂。产品主要有肉制品、白酒、粮油制品、加工水产品和糕点等。

20世纪90年代，蔬菜、肉鸡和肉兔加工等行业有了较大发展。2000年，全市规模以上食品饮料生产企业16家，完成工业总产值11.77亿元，占全市工业的11.1%。进入21世纪，圣元营养食品有限公司等食品加工制造企业先后入驻投产，食品工业进入快速发展期。

2012年，全市规模以上食品加工制造企业65家，职工1.29万人。完成工业总产值166.56亿元，实现销售收入133.35亿元，分别占全市工业的9.85%和8.39%。产品包括粮油制品、肉制品、加工水产品、果蔬制品、乳制品、营养及保健食品和饮料等。

第一节　粮油加工及制品生产

1988年，全县有粮油加工企业10家，年加工粮食3万余吨，生产食用植物油1万余吨。有糕点等粮食制品企业7家。个体、村办粮油加工点遍布各乡镇。主要企业有县粮油加工厂、青岛黄海食品厂。其中，县粮油加工厂年产食用植物油4755吨、面粉1.67万吨，完成工业总产值2314万元；青岛黄海食品厂年产饼干、桃酥、蛋糕等各类糕点2948吨，完成工业总产值510万元。

1986年10月，胶南县粮油加工厂与新加坡百龄麦有限公司合资创建青岛星华粮油食品有限公司（以下简称星华公司），为胶南县首家中外合资企业。1989年9月投产，生产符合国家标准的特一粉、特二粉等各种面粉及粮油食品，结束了胶南只生产标准粉的历史。1992年澳大利亚澳州粮油集团入股星华公司，2005年英联食品入股星华公司，2008年日本住友商事会社入股星华公司。2009年中方股东变更为胶南市粮食储备库，投资总额1299万美元、注册资本700万美元，资产总额达2亿元，有职工125人，合营期限50年。主要生产、销售各种面粉、麸粉及其制成品、粮油食品、食品添加剂、饲料等，日加工小麦420吨。采用瑞士布勒公司（Buhler）生产的成套制粉设备，生产过程全部采用高自动化的PLC控制。制粉工艺采用世界上先进的多分级、精研磨的制粉流程，应用最新式的四辊式MDDK磨粉机和MPAG多功能筛粉机，配备国际谷物化学协会（ICC）指定的整套精良化验仪器，随

青岛星华粮油食品有限公司全景

时对原料、半成品、产成品进行严格检验。2007 以来，每年加工小麦 10 万余吨，年销售收入超过 2 亿元，利税均在 1300 万元以上。2012 年被中国粮食行业协会授予“放心粮油示范加工企业”称号。

2001 ~ 2003 年，明富(青岛)食品有限公司、青岛丸鲁大食品有限公司、青岛盛客隆食品有限公司、青岛百龄麦食品有限公司、青岛真贤食品有限公司等粮食制品生产企业先后投产运行，产品包括健康面食、冷冻调理面食、保鲜湿面、面包粉、糕点等。

2009 年，青岛德元豆制品有限公司建冷链生产线 4 条，以黑龙江优质高蛋白非转基因大豆为主要原料，生产豆制品、豆芽系列产品，日加工大豆 15 吨，为青岛地区规模最大、品种最全的豆制品生产企业之一。

2012 年，全市规模以上粮油加工及制品生产企业 7 家，职工 1026 人，完成工业产值 11.81 亿元，实现销售收入 10.64 亿元。

第二节　畜禽加工及制品生产

1987 年，县肉类联合加工厂(青岛德维集团有限公司前身)在生猪屠宰和猪分割肉出口加工基础上，投资 2000 余万元，从德国、瑞士、丹麦、西班牙等国家引进具有国际先进水平的肉制品加工设备，建成肉类制品生产分厂。1992 年，产品逐步发展到高温、低温、烟熏、西餐 4 大系列近 100 个品种，年生产能力 1 万吨。是年，投资新上肉食鸡加工项目，年屠宰加工肉食鸡 1000 万只；并建制革厂，年加工猪皮革 80 万张，所产头层、二层反绒服装革供不应求，为全国 3 家绒面革生产厂家之一。2002 年，企业加工各种农副产品(含水产品)4 万多吨。“德维”牌肉制品先后被认定为青岛名牌、山东名牌，“德维”商标被认定为山东省著名商标。2004 年，因持续亏损，企业主业部分被出售。青岛青联德维股份有限公司组建青岛青联德维食品有限公司。因无资金投入，到 2007 年停止生产。

1994 年 12 月，有明日本株式会社、伊藤忠商事株式会社、伊藤忠(中国)集团有限公司投资 874 万美元，设立青岛有明食品有限公司，以猪骨、鸡骨、牛骨、海鲜、蔬菜等为原材料，生产畜产品、水产品及蔬菜加工品天然调味料，年产量 5000 余吨。

1995 年，中日合资企业青岛普德食品有限公司、日本独资企业青岛雅优益食品有限公司先后成立，分别生产冷冻猪肉系列、牛肉系列、鸡肉系列、调理蔬菜类产品和畜禽肉制品、蔬菜卷。是年 7 月，胶南康大外贸集团公司投资 5000 万元，建成集种鸡饲养、孵化育雏、社会养殖、宰杀加工于一体的肉鸡生产项目。后经几次扩产，年屠宰能力达到 1500 万只。1996 年 4 月租赁市水产局冷藏厂，建成年屠宰 100 万只肉兔项目。2004 年达到 1000 万只屠宰能力。2008 年，分别在吉林省长春市、河北省石家庄市建年屠宰 1000 万只肉兔养殖生产加工基地。2012 年加工生产肉鸡产品 16 万吨、肉兔产品 4 万吨、调理食品 3 万吨，产品畅销欧盟及美国、日本、俄罗斯等 20 多个国家和地区。研制开发的“嘉府”兔肉制品被认定为“山东名牌”。

2012 年，全市规模以上畜禽加工及制品生产企业 3 家，职工 2671 人。完成工业产值 35.39 亿元，实现销售收入 34.53 亿元。

第三节　果疏加工

1988 年，县酿造厂(后改称青岛酿造厂)生产酱油、食醋和各种咸菜，其中咸菜产量 200 余吨。1992 年，青岛德维集团兼并酿造厂，并开发蔬菜加工出口产品。是年，市冷藏联合加工厂与日本三菱商事株式会社合资兴办青岛华菱食品有限公司，加工出口冷冻、保鲜蔬菜。

20 世纪 90 年代中期，引进青岛鸭井食品有限公司等 4 家外商独资、合资企业，生产蔬菜调理产品。1997 年 12 月，中日合资企业青岛朝日食品有限公司成立，生产薯类制品、花生制品、柿干果脯。1998 年，胶南康大外贸集团公司建成菜卷、肉汤等调理食品加工出口项目，2001 年建成年加工出口 1500 吨充氮板栗深加工项目。2002 年后，全市一批果疏加工私营、外资企业相继投产运行。2003 年 11 月，美国森馨香精国际有限公司投资设立森

康大食品加工车间

馨脱水食品(青岛)有限公司,生产脱水蔬菜、脱水大蒜。2005 年后,以蓝莓种植、蓝莓加工为主的青岛沃林蓝莓果业有限公司、沃林农业(青岛)有限公司相继成立。2006 年,青岛康大外贸集团有限公司新上菜疏肉调理食品、脱氧板栗、圆圈葱等项目。2010 年,青岛华美保鲜蔬菜出口加工厂年出口日本保鲜蔬菜 1300 吨。

2012 年,全市规模以上果疏加工企业 14 家,职工 1736 人。完成工业产值 28.08 亿元,实现销售收入 23.97 亿元。

第四节　乳制品

1988年,有县乳品厂和宝山乳品厂两家企业生产乳制品,年产量 539 吨。

1999 年,美国亨氏食品集团与天津远洋集团合资成立青岛亨氏天远食品有限公司【亨氏(青岛)食品有限公司前身】,生产瓶装婴儿奶粉和番茄酱、蛋黄酱等西式调味酱。

2000 年,市乳品厂更名为青岛金大洋乳业有限公司,生产全脂奶粉、脱脂奶粉。2002 年,青岛林源乳业有限公司在宝山镇成立,生产液体乳制品。是年 12 月,圣元国际集团在市海滨工业园成立青岛圣乔治乳业有限公司(圣元营养食品有限公司前身),投资 1.3 亿美元设立生产基地,主要生产中高档婴幼儿配方奶粉,年生产能力 6 万吨。2004 年,青岛索康营养科技有限公司成立,年生产配方奶粉 5 万吨。2008 年 8 月,三聚氰胺奶粉事件发生后,圣元、索康两家企业生产经营大幅下滑。此后,圣元营养食品有限公司通过加强奶源建设和新产品开发逐步恢复生产,而青岛索康营养科技有限公司则停止生产。2008 年,青岛圣乔治乳业有限公司引进处于世界领先水平的法国盖亨干混系统,由原有的湿法生产转化为世界领先的干法奶粉生产。是年,企业实现销售收入 27.17 亿元,税收 3.08 亿元,为全市上缴税收最多企业。2009 年,开发生产汇力多泥糊状系列产品等婴儿营养食品。2011 年,获国家质检总局首批颁发的婴幼儿配方乳粉生产许可证。产品有六大系列 136 个品种。

2012 年,全市规模以上乳制品生产企业 3 家,完成工业产值 29.34 亿元,实现销售收入 25.83 亿元。

圣元营养食品有限公司全貌

第五节　保健食品

2003 年,马来西亚 CNI 国际集团在市海滨工业园投资 1 亿元,设立长青(中国)日用品有限公司,生产蜂产品及保健食品。2006 年 11 月,圣元营养国际集团投资 5 亿元,设立美泰科技(青岛)有限公司,研发生产软骨素、胶原蛋白等产品。2007 年,上海海健堂集团在胶南经济开发区投资 1.2 亿元,引进日本工艺和生产技术,设立青岛海健堂生物科技有限公司,建立鳕鱼胶原蛋白生产基地,年生产能力 800 吨。2012 年,3 家企业有职工 578 人,完成工业产值 6.81 亿元,实现销售收入 6.6 亿元。

第六节　白酒、葡萄酒和果酒

白酒　1977 年,胶南县酒厂(青岛琅琊台集团

股份有限公司前身）开始生产粮食酒。1980 年扩建粮食酒车间，年产高档粮食酒 500 吨。1992 年，投资 3000 多万元，再次扩建粮食酒生产规模，年增原酒生产能力 2000 吨，饮料酒年生产能力达到 20000 吨。1987 年，所产 59 度琅琊台酒，被评为山东十佳白酒之一；30 度低度酒填补省内空白；70 度原酒开创国内高度酒先河。“琅琊台”白酒先后被认定为青岛名牌和山东名牌。“琅琊台”商标于 1992 年被评为青岛市著名商标，1997 年被评为“山东省著名商标”，2011 年 11 月被国家工商总局认定为中国驰名商标。2012 年，企业生产各类白酒 2 万吨。

琅琊台集团成立 50 周年庆典大会（2008 年拍摄）

葡萄酒　1993～1995 年，青岛第一酿酒厂（原胶南县酒厂）分别与澳大利亚澳洲东方公司、法国威廉·彼得酿酒集团合资成立青岛华澳葡萄酿酒有限公司和青岛亚细亚酿酒有限公司，生产经营高档葡萄酒。1999 年，青岛玛丽酒业有限公司成立，生产经营葡萄酒。2005 年，青岛琅琊台集团股份有限公司与法国知名葡萄酒生产企业普莱蒙特公司合资成立青岛加斯克尼葡萄酒业有限公司，主营法国原装进口加斯克尼葡萄酒。2012 年，青岛琅琊台集团股份有限公司、青岛玛丽酒业有限公司葡萄酒生产能力分别达到 5000 吨、1200 吨。

果酒　1988 年，铁山果干厂、海青面粉厂果酒车间分别开始生产少量蜜桃酒、山楂酒、橘子汁和苹果酒。1999 年，青岛琅琊台酒业（集团）股份有限公司投资 1500 万元建设年产 1000 吨高档苹果酒项目，2001 年扩产，年产量达到 5000 吨。青岛玛丽酒业有限公司同时生产草莓、苹果、樱桃等系列果酒，年产量 2000 余吨。

第五章　化学工业

1988 年，全县化工企业 13 家，其中县属企业 5 家，乡镇办企业 8 家，拥有固定资产 4447 万元，职工 2909 人。完成工业总产值 7119 万元，占全县工业的 6.42%。主要企业有青岛黄海海藻工业公司、胶南县化肥厂（青岛恒源化工有限公司前身）和胶南县化工厂（青岛天元化工股份有限公司前身）。

20 世纪 90 年代后，县化肥厂、化工厂加大技术改造，化肥、化学原料等产业规模扩大。1998 年，青岛琅琊台酒业（集团）股份有限公司研制生产衣康酸，涉足生物化工产业。2000 年，有规模以上化工企业 10 家，职工 4508 人，完成工业总产值 5.71 亿元。2000 年后，青岛聚大洋海藻工业有限公司等一批海藻加工企业相继建成投产，合成材料、涂料、化学助剂等化学门类实现较快发展。2007 年 4 月，关停青岛恒源化工有限公司、青岛天元化工有限公司原有生产设施。2011 年，启动化工区二次改造提升，关停治理部分小化工企业。

2012 年，全市规模以上化工企业 29 家（不含橡胶），职工 5293 人。完成工业总产值 72.16 亿元，实现销售收入 64.46 亿元，分别占全市工业的 4.27% 和 4.06%。

第一节　海洋化工

境内海洋化工生产始于1969年。是年6月，胶南县海洋化工厂投产运行。1983年，与中国水产供销总公司合资联营，更名为青岛黄海海藻工业公司。1988年，该公司年产碘20吨、甘露醇453吨、海藻酸钠864吨，完成工业总产值2251万元，实现销售收入2604万元，利润39.9万元。1989～1994年，先后实施年产300吨海藻酸钠扩建、年产500吨海藻酸钠扩建和年产1000吨褐藻胶技改项目。2000年后，相继增设食品级、医药级产品生产线。2004年组建为青岛明月海藻集团有限公司。2005年始，新建以葡萄糖为原料的年产万吨糖醇生产线，产品以海藻酸盐为基础，逐步延伸到功能糖醇、海洋生物、生物医用材料、海洋化妆品和海洋功能性食品。2012年，青岛明月海藻集团有限公司规划建设千亩蓝色海洋生物科技园。是年，企业完成工业产值20.39亿元，实现销售收入22.42亿元，利税1.4亿元，出口额6000万美元。产品有海藻酸钠、藻酸丙二醇酯、海藻酸、甘露醇、山梨醇、碘、海藻生物肥、海藻酸纤维、海洋美容护肤品等。

青岛明月海藻集团公司

1999～2004年，青岛市际源海藻有限公司、青岛聚大洋海藻工业有限公司、青岛福华海藻有限公司、青岛南山海藻有限公司、青岛瑞星海藻工业有限公司、青岛力洋藻业有限公司等海藻加工企业相继建成投产。其中，青岛聚大洋海藻工业有限公司于2002年4月开始工业胶生产，2009年在胶南海滨工业园建聚大洋蓝色经济园，新上海藻深精加工生产线，实现红藻、褐藻、绿藻、蓝藻4种藻类同时加工。2012年，规划建设海藻养殖项目，首批海带试验种植获得成功，同时，海藻饲料、海藻肥料、海藻食品三个车间投入运行。产品有海带、裙带、龙须菜等海藻养殖和褐藻胶、卡拉胶、琼胶、藻酸丙二醇酯、碘、甘露醇、海藻饲料、海藻肥料、海藻食品等海藻系列产品。完成工业产值6.02亿元，实现销售收入5.47亿元。2011年，胶南海藻制品基地被认定为国家外贸转型升级专业型示范基地。

2012年，全市规模以上海洋化工企业6家，产碘205吨、海藻酸钠3.34万吨、海藻酸1000吨、卡拉胶1500吨、甘露醇7000吨、山梨醇8000吨、藻酸丙二淳酯1000吨。完成工业产值37.94亿元，实现销售收入32.23亿元。

青岛明月海藻集团产品

第二节　化学原料

1988 年，胶南有县化工厂（青岛天元化工股份有限公司前身）、县溶剂厂（1992 年 6 月因经营不善被青岛黄海海藻工业公司兼并）两家企业生产化学原料。是年，县化工厂产盐酸 6772 吨、烧碱 6381 吨、漂液 82153 吨，县溶剂厂产醋酸丁酯、醋酸乙酯、异戊醇等化学溶剂 440 吨。

1989 年，县化工厂进行烧碱金属阳极电解系统改造，形成年产万吨烧碱能力。20 世纪 90 年代，先后投产液氯、CLT 酸、苯甲酸、BCDP、4 - 氯苯胺、间羟基苯甲酸、二聚氰胺、对甲苯胺、氯代异氰尿酸等产品，并对烧碱系统和 CLT 酸产品进行扩产改造。2000 年，规划设立天元化工科技园。以园区为依托，陆续实施烧碱扩建、CLT 酸搬迁扩建、BCDP 扩建、苯甲酸扩产等项目，并投产四氯苯胺、三聚氰胺、间羟基苯甲酸、对甲苯胺等新产品。2006 年，因污染原因停止 CLT 酸生产，新上 10000 吨/年二氯异氰尿酸钠、5000 吨/年三氯异氰尿酸项目。是年，生产烧碱 4 万吨、盐酸 1 万吨、液氯 3.5 万吨、CLT 酸 3000 吨、四氯苯胺 800 吨、苯甲酸 500 吨、对甲苯胺 2000 吨、间羟基苯甲酸 400 吨，完成工业产值 6.08 亿元，利润 479 万元，税金 1420 万元。2007 年 4 月，化工区产业提升，企业停止生产。

县化肥厂（青岛恒源化工有限公司前身）于 20 世纪 90 年代涉足化学原料生产。1990 年，建成年产 3 万吨浓硝酸项目。1991 年，形成年产 1.5 万吨硝酸钠、亚硝酸钠的生产能力。1992 年，实施年产 3000 吨液体二氧化碳项目。1994 年，亚硝酸钠出口韩国，产品首次打入国际市场。1997 年，建年产 1 万吨苯胺和 1.5 万吨硝基苯项目。1998 年 10 月，规划建设恒昌（恒源）工业园。1999 年起，在工业园内先后完成 3 万吨干品硝酸钠和亚硝酸钠扩产项目、10 万吨硝酸和 1000 吨橡胶助剂等项目。2007 年 9 月，开始建设年产 10 万吨甲醇项目，随之因甲醇市场低迷缓建。2008 年 9 月，公司重组，对硝酸、硝酸钠、亚硝酸钠、间苯二胺等项目进行技术改造。2011 年下半年，因持续亏损暂停生产。

2000 年，香港瑞达国际集团在胶南经济开发区设立青岛金牛化学有限公司，生产脂肪酸、硬脂酸、油酸、橡胶、塑料添加剂、化学中间体等。2003 年，青岛致通化学有限公司成立，生产三氯异氰尿酸、二氯异氰尿酸钠、氰尿酸，年产量分别达到 5000 吨、10000 吨和 7000 吨。

2012 年，全市有规模以上化学原料生产企业 5 家，完成工业总产值 7 亿元，实现销售收入 6.54 亿元。

青岛恒源化工有限公司（1999 年拍摄）

第三节　化学肥料

1988 年，县化肥厂拥有两套年产 3000 吨合成氨生产设备，形成双系统生产，合成氨生产能力达到 2 万吨。是年，生产碳酸氢铵 7.94 万吨。1994 ~1996 年，先后 2 次对合成氨进行扩产改造，年产量 5 万吨。2001 年，整体收购胶州市化肥厂，设立青岛恒祥化肥有限公司，合成氨、碳酸氢铵年生产能力分别达到 10 万吨、24 万吨。2007 年 4 月，化工区产业提升，企业停止生产。

第四节　有机肥料及微生物肥料

1995 年，中国科学院海洋研究所承担国家“九五”攻关课题，开展海藻抗逆植物生长剂（海藻肥）的研究。其后，与青岛明月海藻工业有限公司联合开发，并于 2000 年 9 月通过国家科委鉴定，2001 年投入生产。

2007年,青岛琅琊台集团股份有限公司利用菌丝体、母液、生物代谢泥等生产废物,建生物肥料项目。2008年,与哈尔滨工业大学合作设立青岛瑞民资源综合利用公司,年产有机无机复混肥料、含腐殖酸水溶性肥料2万吨。产品有瑞民牌有机无机复混肥、叶面肥、冲施肥3大系列10余个品种。

2011年8月,青岛明月海藻集团有限公司设立青岛明月蓝海生物科技有限公司,专业从事海藻肥研发生产。产品包括海藻农用微生物菌剂、海藻旺根、海藻叶面肥、海藻冲施肥、海藻有机肥和有机无机复混肥等,年产量1万吨。此外,青岛瑞星海藻工业有限公司、青岛南山海藻有限公司、青岛聚大洋海藻工业有限公司等海藻加工企业亦有海藻肥生产。

第五节 生物化工

1998年,青岛琅琊台酒业(集团)股份有限公司投资2200万元,建设年产1000吨精制衣康酸产品项目,1999年6月,竣工试车成功,产品达到日本及西欧发达国家质量标准。2000年,发酵法生产衣康酸技术荣获国家科技进步二等奖。2000～2005年,先后两次对衣康酸产品扩产改造,年生产能力达到1万吨。2003年,以衣康酸项目为基础,设立子公司青岛科海生物有限公司。后相继研制生产衣康酸酐、衣康酸二甲酯等系列产品,年产量各500吨。衣康酸、衣康酸二甲酯先后被认定为国家级重点新产品。2005年,建设年产3万吨葡萄糖酸钠项目。2007年,实施葡萄糖酸钠项目扩产,葡萄糖酸钠年产量达到5万吨,并新上2000吨D-核糖项目。2011年,实施年产2万吨衣康酸扩产改造,并开始实施年产5000吨葡萄糖酸钙项目。2012年,青岛科海生物有限公司有职工113人,完成工业产值2.02亿元,实现销售收入1.79亿元。

青岛琅琊台集团公司衣康酸生产车间

第六节 合成材料

2005年,青岛昊成实业有限公司开始生产聚乙烯醇缩丁醛系列合成树脂。该产品填补国内空白,先后被认定为青岛市高新技术产品和国家级重点新产品。2012年,企业有职工313人,产聚乙烯醇缩丁醛系列合成树脂4000吨,完成工业总产值1.48亿元。

2006年1月,瑞典海克斯波聚合材料有限公司【2008年12月更名为海克斯波聚合材料(青岛)有限公司】在青岛临港经济开发区设立海克斯康聚合材料(青岛)有限公司,投资1500万美元,建两条橡胶混炼生产线,产品有高档汽车海绵密封条、胶管、橡胶软管等。2007年3月投产。2012年,生产混炼胶8000吨,完成工业产值1.29亿元。

第七节 涂料、颜料

1985年,县化工厂建成年产1000吨华蓝(铁蓝)颜料生产装置,年产量10余吨。20世纪90年代后期停产。

2000年3月,青岛仟合粉末化工有限公司成立,生产热固性、热塑性粉末涂料,年产量分别达到2500吨、1000吨。2002年,香港独资企业美隆油漆(青岛)有限公司落户市海滨工业园,生产船舶汽车

用油漆、工业油漆和水性防腐涂料。是年，青岛纳卡森锌业科技有限公司生产氧化锌，年产量1500余吨。

2005年3月，日本大桥工业株式会社在青岛临港产业加工区投资设立鸥哈希化学（青岛）工业有限公司，生产机能性涂料、塑料、金属用涂料和涂料用稀释剂，年产800吨。2006年8月，青岛华狮化工有限公司落户胶南经济开发区，年产烯酸类工业涂料及配套稀释剂、固化剂200吨，是青岛海信、海尔、四川长虹等知名家电的工业涂料配套厂商和五菱汽车油漆供应商。

2012年，全市规模以上涂料、颜料生产企业6家，完成工业产值7.4亿元，实现销售收入6.69亿元。

第八节　助剂、试剂

1999年11月，青岛加华化工有限公司在胶南经济技术开发区成立，生产硫氨酯、巯基乙酸异辛酯等选矿剂，年产量分别达到3000吨和4000吨。2000年，青岛方雷降阻材料有限公司生产降阻剂，年产100吨。2001年，青岛恒昌化工有限公司投资3300万元，实施橡胶助剂技改项目，2002年4月竣工投产，年产橡胶防老剂（4020/4010NA）1000吨。2003年9月，青岛滨海化工科技有限公司成立，生产炼油助剂，年产量30余吨。2004年9月，青岛奥克凯姆化学助剂有限公司入驻市海滨工业园，年产CBS、TBBS、TMTD、TETD等橡胶促进剂9000吨。2005年，青岛金世远轻工制品有限公司生产聚氨脂黏合剂，年产量2000吨。

2012年，全市规模以上化学助剂、试剂生产企业6家，完成工业产值10.49亿元，实现销售收入10.42亿元。

第九节　香　　料

1988年，青岛香料厂生产香蕉水、乙酸乙酯、乙酸乙戊酯等产品。1993年3月，因生产经营困难，被青岛黄海海藻工业公司兼并。1998年，被胶南赛特公司整体买断，成立青岛赛特香料有限公司。该公司在生产乙酸乙酯、乳酸乙酯、乙酸异戊酯、丁酸异戊酯、丁酸乙酯等酯类香料生产的同时，增加食用天然色素生产。2012年，有职工103人，完成工业产值3.32亿元，实现销售收入3.09亿元。

第六章　建材工业

1988年，全县乡镇办以上建材工业企业35家，其中县属企业4家，乡镇办企业31家，完成工业总产值4230万元，占全县工业的3.81%。产品主要有平板玻璃、水泥、砖瓦、石灰、水泥预制件等。

20世纪90年代，先后组建青岛振亚玻璃制品有限公司、青岛压花玻璃有限公司、青岛浮法玻璃有限公司等合资企业。2000年，全市规模以上建材工业企业6家，完成工业总产值3.44亿元。

2012年，全市规模以上建材生产企业28家，完成工业总产值44.98亿元，实现销售收入41.55亿元，分别占全市工业的2.66%和2.61%。产品主要有玻璃制品、水泥及水泥制品、砖及建筑砌块、隔热材料、建筑用石和石棉耐火材料等。

第一节　玻璃及玻璃制品

1988年，县玻璃厂生产平板玻璃25万重量箱168万平方米。其后，受国家宏观经济政策影响，平板玻璃滞销。1989年11月，该厂以日用玻璃生产车间与韩国东亚制药株式会社合资，成立青岛振亚玻璃制品有限公司，1990年5月投产运行后，

年产20～150毫升医药、饮料和保健品包装用棕色小玻璃瓶2亿只。

1992年6月，县水泥厂兼并县玻璃厂，是年10月与台湾玻璃工业集团公司（简称台玻集团）控投的台湾玻璃中国控股有限公司联合出资400万美元成立青岛压花玻璃有限公司，年产压花玻璃3.6万吨。至2002年，压花玻璃生产线发展到6条，年产压花玻璃15万吨。

1993年10月，台湾玻璃中国控股有限公司与市建筑材料厂联合出资4000万美元成立青岛浮法玻璃有限公司，并引进英国皮尔金顿浮法玻璃工艺，生产高档浮法玻璃、钢化玻璃、夹胶玻璃、太阳能光伏玻璃、防水银镜等产品。1995年10月投产后，年产量13万吨，为青岛地区最大台资企业和浮法玻璃生产企业。

1998年6月，山东红建建安集团公司与山西光华玻璃有限公司、香港华青有限公司、青岛亨达玻璃有限公司联合出资1.5亿元成立青岛华晶新型玻璃有限公司，建平钢化、弯钢化、平夹层、弯夹层、预处理、丝网印刷、中空玻璃生产线7条，年加工玻璃150万平方米。2000年后，王台、黄山等地兴办多家玻璃制品生产企业，产品有蒙砂玻璃、中空玻璃、建筑幕墙、挂镜、玻璃家具、镜片等。

2004年1月，红石崖镇划归黄岛区，青岛浮法玻璃有限公司、青岛压花玻璃有限公司、青岛振亚玻璃制品有限公司、青岛华晶新型玻璃有限公司等企业随之划转。

2012年，全市规模以上玻璃加工、玻璃制品企业7家，完成工业总产值11.92亿万元，实现销售收入11.14亿元。

第二节　水泥、石灰

水泥　1988年，胶南有县水泥厂、宝山水泥厂两家水泥生产企业，年生产水泥10.8万吨，完成工业产值1178万元。

1991年，县水泥厂在原有两支机立窑生产线基础上，扩产新上1条8.8万吨水泥生产线，生产能力达25万吨。品种有325号、425号、525号水泥。1994年，以水泥厂为核心成立青岛环海集团公司，并吸收、成立近10家小企业，因盲目扩大规模，导致生产经营困难。1995年，企业处于半停产状态，翌年5月进入破产清算。1996年10月，成立胶南市华丰水泥厂。2000年3月，青岛洲升水泥公司对华丰水泥厂实施并购，成立青岛力王水泥有限公司，翌年5月因经营不善，解除并购协议，华丰水泥厂被青岛压花玻璃有限公司收购，停止水泥生产。

宝山水泥厂于1976年开始水泥生产，年产水泥1000吨。其后年产量增加到4万吨。1999年，列入国家关停"五小"企业目录，2000年停产。

2004年，中国联合水泥集团有限公司在青岛临港经济区设立青州中联水泥有限公司青岛分公司（2009年11月更名为青岛中联水泥有限公司），投资1.5亿元，分2期建设年产200万吨水泥粉磨站，于2011年全部竣工投产。主要生产"中联"牌PC32.5、PC32.5R、PO42.5、PO42.5R等高号新型干法水泥。2012年，完成工业产值2.1亿元，实现销售收入1.96亿元。

石灰　1988年，全县有镇办石灰生产企业3家，另有村办、农民合伙办小石灰窑100余处。是年，产石灰17.62万吨。由于受资源、原材料品质限制，矿点分散，难以形成较高的开采规模，石灰生产发展受限。2000年前后，随着水泥等建筑材料的发展，石灰生产日渐减少，仅黄山等地有零星生产。

第三节　水泥制品

1988年，全县有各类水泥预制件生产企业14家，生产楼板、房梁、檩条、电线杆、机井管等水泥制品20余万平方米，完成工业总产值810万元。1991年，县砖瓦厂（1993年更名为胶南市水泥制品厂）建有年生产能力10千米混凝土输、排水管生产线。其后经多次扩产，钢筋混凝土排水管年生产能力达到50万米。进入21世纪，建筑业快速发展，青岛圣泽砼业有限公司、青岛盛大混凝土工程有限责任公司等生产企业相继建立。

2012年，全市规模以上水泥制品企业9家，完成工业总产值11.9亿元，实现销售收入11.28亿元。产品有混凝土、混凝土预制件、水泥管、水泥彩瓦等。

第四节　砖瓦、建筑砌块

1988 年,乡镇办以上黏土砖瓦生产企业 14 家,其中县属企业 2 家,乡镇办企业 12 家,全年完成工业产值 997 万元,利税 86.5 万元,生产黏土砖 9177 万块、瓦 1793 万片。主要生产企业有县建筑材料厂和县砖瓦厂。县建筑材料厂为当时青岛地区主要砖瓦生产厂家。1990 年,生产经营陷入困境。1993 年 10 月,以大部分土地、厂房和建筑物与台湾玻璃中国控股有限公司合资成立青岛浮法玻璃有限公司,其他财产被市水泥厂兼并,结束了近一个世纪的砖瓦生产历史。县砖瓦厂拥有粉煤灰烧结砖、黏土红瓦生产线各 1 条,1990 年生产粉煤灰烧结砖、红瓦 2500 万块。

2000 年前后,受资源和国家限制生产使用黏土砖瓦规定影响,从事黏土砖瓦生产企业大幅减产或停产,逐步被蒸压粉煤灰砖、加气混凝土砌块等新型墙体材料所代替。

2000 年,市水泥制品厂建年产 10 万立方米粉煤灰加气混凝土砌块生产线,填补青岛地区空白。2006 年,研制生产蒸压粉煤灰砖。经几次扩产,粉煤灰加气混凝土砌块、蒸压粉煤灰砖年产能力分别达到 90 万立方米、4 亿块,成为青岛新型墙体材料主要生产厂家之一。

2004 年,青岛易通热电公司投资 6700 万元,实施综合利用电厂粉煤灰生产新型墙体材料,先后建成 4 条年产 2 亿块粉煤灰砖生产线。

2012 年,全市规模以上蒸压粉煤灰砖、粉煤灰加气混凝土砌块生产企业 7 家,完成工业产值 12.64 亿元,实现销售收入 11.55 亿元。

第七章　船舶　汽车

第一节　船　　舶

船舶制造　1988 年,胶南有修造船企业 7 家,其中县属 2 家,乡镇办 5 家,年内建造 1000 吨级民用钢制船舶 1 艘(1313 综合吨)、机动渔船 4 艘(满载排水量 625 吨),修理各类船只 80 余条,完成工业总产值 1723 万元。主要企业有县灵山船厂(青岛灵山船业股份有限公司前身)和县渔轮修造厂,均以修造小型船舶、驳船和拖船为主。是年,灵山船厂拥有 50 米长舾装码头、500 吨级船台各 1 座;渔轮修造厂拥有坞道 5 条,最高吨位 2000 吨,造船吨位 600 吨。大珠山、琅琊、泊里、红石崖、灵山岛等 5 家乡镇船厂生产规模小,技术装备水平低,以维修各类渔船为主。

1995 年后,灵山船厂相继新建和扩建船坞、船台、舾装码头、钢结构造船车间及配套设施,实现由“修船为主、造船为辅”到“造船为主、修船为辅”的结构调整。到 2004 年,建有万吨级干船坞 1 座、万吨级船台 1 座、3000 吨级船台 3 座、万吨级舾装码头 200 米,具有建造万吨级以下和修理 2 万吨以下船舶能力。先后制造 6000 吨多用途船、1100 箱集装箱船。

1998 年 4 月,市渔轮修造厂实行股份制改造改称市船舶修造厂,是年 8 月与台湾玄马企业有限公司合资成立青岛玄马玻璃钢船舶制造有限公

青岛现代造船有限公司造船基地

司，1999年10月投产。先后取得农业部建造25米以下渔船认可证和山东省交通厅建造35米以下交通艇认可证，年生产35米以下玻璃钢渔船、休闲钓渔船、金枪鱼延绳钓船、渔政船、海监船、救生艇、豪华游艇等玻璃钢船舶100艘。所建造的32.1米玻璃钢金枪鱼延绳钓船工艺，被中国渔业船舶检验局列为设计范例。中国渔业船舶检验局发布的玻璃钢造船舶规范解释采用了该公司工艺。2004年，胶南市被省政府批准设立为山东省船舶工业基地。

2005年1月，青岛瑞泰房地产开发有限公司设立青岛贡口湾船业有限公司，总投资8亿元，对泊里贡口造船厂进行二期改造。一期投资3.5亿元，建设舾装码头400米和10万吨船坞1座，2012年底投入运行；二期投资4.5亿元，建设660米舾装码头和15万吨船坞1座。

2005年5月，青岛灵山船业股份有限公司与韩国现代商事株式会社合资，成立青岛现代造船有限公司，对灵山船业原有造船设施进行改扩建。到2012年，企业拥有1.5万吨级船坞1座，船台6000吨2座、1万吨1座、2.5万吨1座，万吨级舾装码头700米。最大可修造2.5万吨级船舶，年可造船10～15条，年造船能力10万吨。其间先后为希腊船东生产5600吨化学品船、5500吨成品油船，为俄罗斯船东生产5000吨散货船舶。

2006年3月，位于灵山卫的青岛北海洲游艇有限公司成立，生产12米以下玻璃钢游艇、充气艇、皮划艇、钓鱼艇、工作艇等，年产150艘。2010年，位于泰薛路中段的青岛山根龙游艇制造有限公司成立，专业制造游钓艇。

2011年，澳大利亚澳普兰游艇产业集团有限公司、华富国际控股有限公司和青岛明天投资集团有限公司在胶南经济开发区投资设立青岛明天澳普兰游艇产业发展有限公司，投产后可生产42～86英尺豪华型、公务型、观光型游艇。

2012年，全市规模以上船舶制造企业5家，完成工业总产值5.29亿元，实现销售收入4.51亿元。

2010年青岛北船管业有限公司投产

船舶零部件 2005年，青岛振海船舶设备有限公司、青岛黑马船舶工程技术有限公司、青岛嘉林船业有限公司、青岛日升船舶配件有限公司和青岛润杰船舶工程技术有限公司等企业陆续设立并投入运行。产品有船舶管件、舾装件、船用电气配套设备等。2007年6月，青岛北海船舶重工有限公司投资5.2亿元在胶南设立青岛北船管业有限公司，2010年10月投产运行，主要生产甲板舾装件、管加工、管单元、机械单元模块等大型船舶配件。

2012年，全市规模以上船舶零部件配套企业8家，完成工业总产值11.51亿元，实现销售收入9.84亿元。其中，青岛北船管业有限公司完成工业产值1.55亿元，实现销售收入1.36亿元。

第二节　汽　　车

汽车制造 1988年，胶南有青岛客车厂、青岛轻型汽车厂两家企业从事汽车改装生产，其中青岛客车厂是全国客车行业第一批获取生产许可证的企业之一。是年，两家企业生产改装载重自卸车146辆、客车24辆。1992年，生产改装汽车467辆，其中青岛客车厂281辆，青岛轻型汽车厂186辆。

1993年后，汽车改装生产陷入低谷。青岛轻型汽车厂停止改装轻型载重汽车，转为从事汽车修理，2000年将汽车目录转给山东省梁山县。青岛客车厂改装汽车产量亦逐年减少，1997年与中国重型汽车集团签订兼并协议，由重汽集团接收青岛客车厂 23 个汽车生产目录、客车生产工艺装备、部分人员、生产设施、厂房等，成立青岛太平洋客车有限公司。1999 年 5 月，青岛客车厂停止生产。

1995 年，市第一纺织机械厂转产农用汽车，于 1996 年 8 月设立青岛富海农用汽车制造总厂，陆续开发生产 FH2308、FH2308W 和 FH1605 系列 5 个型号的农用车，并试制生产消防车。1998 年 12 月，青岛富海农用汽车制造总厂与德国 IVM 集团合资，成立青岛爱地车辆制造有限公司。翌年，生产爱地牌农用汽车 422 辆。

2001 年 2 月，青岛爱地车辆制造有限公司引进中汽联大客车有限公司、青岛太平洋客车有限公司、浙江温岭渔机公司、杭州发达齿轮箱有限公司 4 家股东，承接退出合资的青岛富海农用汽车制造总厂股权，生产范围扩大至豪华大、中型客车及专用汽车产品。是年，生产农用运输车 30 辆，轻型卡车 20 辆，豪华大客车 15 辆。其后，因资金、汽车目录等原因，生产情况不佳。2001 年 8 月，青岛太平洋客车有限公司与澳大利亚 ABM 公司进行合资，变更为中外合资企业。因双方在澳方出资中技术作价、投入资金等方面存有争议，仅在 2001 年生产一辆样车。其间少量生产原有型号客车，至 2003 年底累计生产约百辆。2004 年后，客车生产停止，仅为重汽集团专用汽车公司生产自卸车结构件。

汽车零部件　20 世纪 80 年代，大村、灵山岛等地建有汽车配件厂。1992 年，市晶体元件厂与台湾昌申企业有限公司合资，先后开发生产汽车空调电子扇和汽车暖风机。1997 年，青岛海之冠汽车配件制造有限公司投产发动机飞轮总成和发动机飞轮齿圈，其中发动机飞轮总成 40% 出口欧美，出口品种及数量居国内同行业之首。

2003 年，胶南设立青岛临港经济开发区汽车零部件产业园和青岛（王台）汽车零部件产业区。2005 年 9 月，上汽通用五菱控股企业——广西柳州五菱汽车联合发展有限公司青岛分公司入驻青岛临港经济开发区，规模年产值 10 亿元。此后，相应配套企业青岛三祥科技有限公司、青岛五顺汽车模具部件有限公司、青岛阿迪尔车桥制造有限公司等多家汽车零部件生产企业先后随其入驻。

2012 年，全市规模以上汽车零部件生产企业 29 家，职工 6347 人。完成工业总产值 42.11 亿元，实现销售收入 38.74 亿元，分别占全市工业的 2.49% 和 2.44%。主要产品有刹车片及制动系统、制动软管及总成、动力转向软管及总成、空调软管、发动机飞轮总成、发动机飞轮齿圈、车桥、安全气囊、减震器、报警器、油冷器、铝合金油箱、消音器、水箱、橡胶密封件、线束、保险杠、座椅、装饰件、冲压焊接件、注塑件等。

青岛五顺汽车模具部件有限公司

第八章　家电电子

20世纪80年代初期，县无线电厂曾生产ZGC－201型浮动磁鼓等少量电子产品。20世纪90年代，引进青岛南涯电子有限公司、青岛延京电子有限公司两家韩资企业。2004年，全市有家电、电子生产企业5家，完成工业产值3.13亿元。2005年5月，海尔（胶南）工业园第一批产品下线。

2012年，全市规模以上家电、电子生产企业18家，职工4512人。完成工业总产值68.65亿元，实现销售收入65.40亿元，分别占全市工业的4.06%和4.11%。

第一节　家　电

2002年8月，青岛茂源集团投资设立青岛茂源新能源有限公司，建太阳能热水器生产线两条，年产太阳能热水器15万套。

2005年2月，海尔集团在青岛临港产业加工区建设海尔（胶南）工业园。是年5月，第一批产品下线。年设计生产空调100万台、彩电200万台、洗衣机100万台、热水器/微波炉300万台，精密零部件460万套（件）。是年6月，美国Turboair公司在胶南经济开发区设立青岛特博尔科技发展有限公司，生产酒店、商场用保鲜柜（箱），年生产能力5万台。

2006年8月，青岛海容电器有限公司（2012年6月更名为青岛海容商用冷链股份有限公司）落户青岛临港经济开发区，生产海容牌卧式商用冷柜、立式商用展示柜和家用冷柜。

青岛东元精密机电有限公司

2007年3月，台湾东元集团投资7299万美元，在青岛临港经济开发区设立青岛东元精密机电有限公司，年设计生产压缩机等关键制冷元器件380万套。是年12月，与韩国世纪株式会社合资，组建青岛世纪东元高新机电有限公司，研发生产中大型中央空调设备。2009年6月投产后，年产螺杆式压缩机8000台、离心式压缩机/冷水机500台。

2012年，全市规模以上家电生产企业7家，职工2439人。完成工业产值50.42亿元，实现销售收入47.96亿元。其中，海尔（胶南）工业园有职工1334人，生产各类家电产品260余万台，完成工业产值36.67亿元，实现销售收入34.17亿元。

第二节　电　子

1992年1月，韩国南涯电子株式会社投资900万美元在灵山卫镇设立青岛南涯电子有限公司，生产电源、按键、拨动、轻触、感应等开关，年产量8亿只。1995年，引进韩国独资企业青岛延京电子有限公司，生产视听类电子元器件，产品有耳机、耳塞、温控器、饮水机等，年产量200余万个（台）。

2000 年 1 月，青岛泰发集团股份有限公司与美国晶泰公司、香港顺添公司合资，成立青岛锦泰微电子有限公司，生产通信器材、IC 卡服务系统、家电电子设备、仪器仪表、航空航海设备用 LCD、LCM 产品。

2003 年 4 月，韩国东洋 E&P 株式会社投资 1000 万美元，在海滨工业园设立青岛新东洋计电有限公司，生产手机充电器、显示器电源板，年产量 2000 余万块(个)。

2012 年，全市规模以上电子生产企业 11 家，职工 2073 人。完成工业总产值 18.23 亿元，实现销售收入 17.44 亿元。

第九章　医药工业

20 世纪 80 年代，县塑料制品厂、青岛泽青实业有限公司分别生产医用材料，青岛黄海海藻工业公司生产碘、甘露醇两种化学药品原料药。2003 年，青岛东海药业有限公司等制药企业先后投产运行。

2012 年，全市规模以上医药生产企业 7 家。职工 1673 人。完成工业产值 7.88 亿元，实现销售收入 7.31 亿元，分别占全市工业的 0.47% 和 0.46%。主要产品有化学药品原料药、中药、生物药品、兽药、卫生材料及医药用品等。

第一节　化学药品原料药

1988 年，黄海海藻工业公司(青岛明月海藻集团有限公司前身)生产碘、甘露醇两种化学药品原料药 1000 吨。2003 年 3 月，青岛明月海藻集团有限公司在海滨工业园建药品生产基地，配置 3 条医药级产品生产线，年产甘露醇、海藻酸、碘 3 种化学药品原料药 3400 吨。是年 12 月，通过国家药品生产 GMP 认证，成为国内第一家在海藻行业通过药品生产 GMP(生产质量管理规范)认证企业。其后通过不断扩产，2012 年甘露醇、海藻酸、碘等化学药品原料药产量达到 6000 余吨。

第二节　中　　药

2003 年，青岛炜伦生物技术开发有限公司、青岛金太阳制药有限公司先后落户青岛临港产业加工区。青岛炜伦生物技术开发有限公司生产保健茶、阿胶及阿胶饮品、益多乳酸菌等保健、营养食品，后对黄芪、生地、艾条等 600 余种中药材进行净制、切制、炒制、炙制、蒸制、煅制等炮制加工，年生产 3500 吨。青岛金太阳制药有限公司生产医药原料、片剂、胶囊、颗粒剂、口服液、针剂等。2012 年，前述两家企业有职工 130 人。完成工业产值 2500 万元，实现销售收入 2364 万元。

第三节　生物药品

2003 年 8 月，青岛东海药业有限公司落户青岛临港产业加工区。其产品酪酸梭菌制剂宝乐安、阿泰宁、常立宁和凝结芽孢杆菌制剂爽舒宝等微生态药品，打破日本国际垄断，被认定为国家重点新产品。2005年，通过国家食品药品监督管理

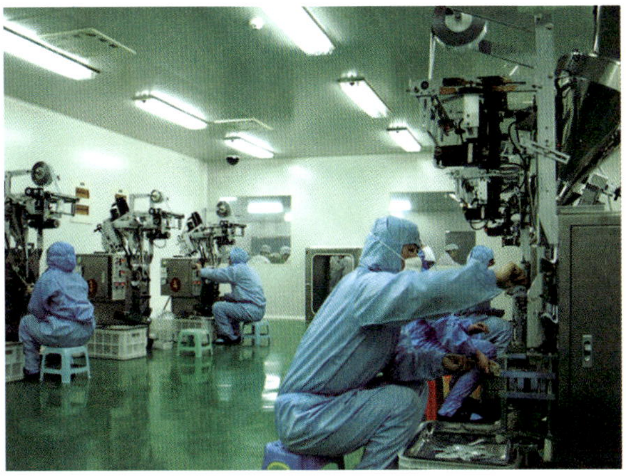

东海药业生产车间

局 GMP 认证。先后在国内外申请微生态新药发明专利 30 余项，获专利授权 12 项，其中美国专利授权 2 项。2012 年，有职工 171 人，生产药品 600 万盒，完成工业产值 5823 万元，实现销售收入 6345 万元。

第四节　兽　　药

1991 年，青岛兽药厂建立，生产治疗病毒性疾病用兽药。2001 年 5 月，改制更名为青岛明星制药有限公司，配置粉剂、散剂、预混剂、固体消毒剂、液体消毒剂 5 条生产线，年产兽药 1000 余吨。2005 年 12 月，青岛华盛制药股份有限公司落户滨海街道，先后建水针剂、粉针剂、粉散剂、中药制剂 4 条流水生产线，并通过农业部 GMP 验收，取得兽药 GMP 证书及兽药生产许可证。2012 年，华盛制药完成工业产值 1.8 亿元，实现销售收入 1.66 亿元。

第五节　卫生材料及医药用品

1980 年，县塑料制品厂研制医药用塑料纱布，经国家医药总局鉴定后投入批量生产。

1989 年底，胶南镇集体企业青岛第十五棉纺织厂与山东省医药保健品进出口公司、美国阿尔蒂·麦德国际公司合资设立的青岛泽青实业有限公司投产运行，生产的手术垫、腹部垫、纱布卷、绷带等医用敷料全部外销。1998 年 7 月，青岛泽青实业有限公司被德国保赫曼集团收购，成立保赫曼（青岛）医用器材有限公司【2008 年 4 月变更为凯欧弼（青岛）医用器材有限公司】。1999 年 5 月重新投产后，生产漂白纱布、纱布片、绷带等医用敷料。

1995 年，青岛晶体元件厂与西安兴茂实业公司合作，引进乌克兰医用手术刀生产技术，研制蓝宝石医用手术刀，填补国内空白，1997 年停产。

2000 年，落户灵山卫镇的青岛创升生物科技有限公司在生产甜菊糖甙等植物提取产品的同时，曾生产肤立清皮肤消毒湿（粉）巾，专门用于口腔溃疡和皮肤湿疹患者。2001 年后，青岛东邦医用器具有限公司、青岛华德医用器材有限公司等企业成立，生产针灸针、拔罐器和卫生敷料等。2012 年，青岛明月海藻集团股份有限公司成立青岛明月生物医用材料有限公司，开发生产基于海洋生物高分子的纤维、薄膜、海绵、水凝胶、无纺布和医用敷料等功能性材料。

2012 年，全市规模以上卫生材料及医药用品生产企业 3 家，完成工业产值 5.25 亿元，实现销售收入 4.78 亿元。其中，凯欧弼（青岛）医用器材有限公司完成工业产值 3.09 亿元，实现销售收入 2.76 亿元。

第十章　电力工业

第一节　火力发电

1980 年 12 月，县化肥厂建成 35 吨 / 时集中供热锅炉一台，实行热电联产。此后，胶南县热电厂、胶南第二热电厂、青岛德维热电厂等热电企业相继建成投产。截至 2012 年底，全市共有胶南市易通热电有限责任公司、青岛市恒光热电有限公司、青岛明月热电有限公司、青岛海西热电有限公司、青岛双星轮胎工业有限公司热电厂 5 家火力发电企业，总装机容量 109.2 兆瓦，年发电量 4.012 亿千瓦时。

胶南市易通热电有限责任公司　原称胶南县热电厂，1984 年建立。2000 年更名为胶南市易通热电有限责任公司。2008 年获颁山东省经贸委“热电联产机组认定”证书；2009 年获得山东省电力监管委员会“电力经营许可”证书；2011 年通过“热电联产机组认定”复审。2012 年，公司下设馨

源热电厂、博源热电厂和广源热电厂3个热电企业，总装机容量51兆瓦。全年发电12604.89万千瓦时，其中自用电量2516.91万千瓦时，上网电量10087.98万千瓦时。

青岛市恒光热电有限公司　1988年，灵山卫镇投资建设胶南第二热电厂。2004年4月更名为青岛市恒光热电有限公司。2012年底，有锅炉5台（其中1台130吨/小时高效节能锅炉待安装）、热电联产机组4套，总装机容量33兆瓦。2012年发电9000万千瓦时，其中上网电量7600万千瓦时。

青岛明月热电有限公司　1994年6月，青岛明月海藻集团有限公司将自有锅炉改造为1500千瓦背压发电机组，因背热机组难以达到压力要求，将原计划1500千瓦背压发电机组改为6000千瓦抽凝式热电机组，1996年12月投产运行。初期每年发电2100万千瓦时。2003年11月，青岛明月海藻集团有限公司整体收购青岛德维热电厂，设立青岛明月热电有限公司。2008年，投资约2200万元新上75吨/时循环流化床锅炉1台，2010年12月竣工投产。2012年，装有35吨/时链条锅炉2台、75吨/时循环流化床锅炉1台，6兆瓦抽凝式汽轮发电机组1台，具备年发电5000万千瓦时生产能力。是年，总装机容量6兆瓦，年发电量4500万千瓦时。

青岛海西热电有限公司　1997年10月，青岛海王纸业集团股份有限公司投资3500万元建设热电联产项目，安装两台35吨/时中温中压正转链条锅炉、1台6000千瓦抽背式汽轮发电机组，2000年两台锅炉全部投产运行。2003年，投资5200万元新增2台75吨/时中温中压循环流化床锅炉、1台12000千瓦抽气式汽轮发电机组，至2006年两台锅炉全部投产运行。2004年，该热电联产项目通过山东省经贸委第一批“热电联产企业认证”，各项指标均达国家热电联产企业相关要求。2006年4月，海王集团以此热电联产项目为基础，成立青岛海西热电有限公司。2012年，总装机容量18兆瓦，年发电1亿千瓦时。

青岛双星轮胎工业有限公司热电厂　1999年11月开始筹建，配置抽凝式、抽气背压式6000千瓦时发电机各1组，2001年9月机组并网发电，年发电能力1亿千瓦时。2002年6月和2009年10月，先后安装投产130吨/时、150吨/时循环硫化床锅炉各1台，安装的4#15000千瓦/时汽轮发电机组于2008年12月并网发电，改造的2#纯背压机组于2009年12月并网发电。2012年，总装机容量2.7兆瓦，年发电4075.41万千瓦时，其中上网电量2704.89万千瓦时。

第二节　风力发电

2009年，胶南始有风力发电企业落户。截至2012年底，有大唐胶南风力发电有限公司、国电电力胶南风力发电有限公司和国华（胶南）风力发电有限公司3家风电开发企业，总装机容量198兆瓦，上网电量3150.2万千瓦时。

胶南市政府与大唐山东发电有限公司签订合作协议

风电场

大唐胶南风力发电有限公司 2010年4月由大唐山东新能源有限公司投资设立。注册资本1.3亿元。2011年3月开工建设胶南六汪风电场。项目总投资10亿元,分两期各安装33台单机容量1500千瓦风力发电机组,总装机容量99兆瓦。2012年7月投产发电。年发电量1.895亿千瓦时。

国电电力胶南风力发电有限公司 2009年9月由国电电力山东新能源开发有限公司投资设立。2011年5月,开工建设胶南理务关子罗风电场。项目总投资4.95亿元,安装33台单机容量1500千瓦风力发电机组,总装机容量49.5兆瓦。2012年10月投产发电。

国华(胶南)风力发电有限公司 2011年由神华国华能源投资有限公司投资成立。注册资本1.23亿元。2011年8月中旬在宝山镇开工建设风电场。项目总投资5亿元,安装33台单机容量1500千瓦风力发电机组,总装机容量49.5兆瓦。2012年4月投产发电。

第十篇

农　业

中国国际蓝莓大会 高峰对话

青岛海青首届绿茶加工技术大比武
海青
茶

第一章　高效农业

第一节　农业产业化

1985年，结合全县土壤、气候、光照等农业生产条件，大力发展苹果产业，并示范推广。按照6667公顷苹果产业规划划分4个苹果产业区：一是张家楼、寨里2000公顷产业区；二是泊里、藏南2000公顷产业区；三是海青、理务关666.67公顷产业区；四是宝山、薛家庄2000公顷产业区。

1994年，全省推广潍坊农业产业化经验，并要求按照产业化组织农业生产，胶南市农业产业化进程进入全面实施阶段。1998年开始组织专门人员开展农业区域经济战略研究工作，将“果品、蔬菜、水产养殖、畜牧养殖”确定为4大农业产业支柱，本着“因地制宜、发挥优势”的原则，对有地方特色和资源优势的农产品种植进行合理布局。1999年，以农业产业化为主攻方向，以农民增收为目标，紧紧围绕水产、畜牧、林果、蔬菜4大主导产业，不断加大农业结构调整力度，高效创汇农业发展取得历史性突破，新的农业生产格局基本形成。立足当地产业特色，抓龙头、拓市场、带基地。每个乡镇至少建成一个“万”字号生产基地，部分乡镇发展3～5个。2003年，全市新发展优质果园733公顷，新增蔬菜2133公顷，新发展茶园333公顷，果、菜、茶已成为全市种植业三大支柱产业。特别是茶业生产效益突出，全市茶园面积达3293公顷，茶业产量达497吨，茶业总产值达到7450万元。2006年，围绕花生、果、菜、茶四大优势特色产业，利用国家、青岛市提供的农业扶持资金1230万元，提升了全市农业六大园区、八大基地建设水平。全市登记注册各类涉农协会、合作社272个，吸纳会员35243名。市财政投资105万元对10个发展规范、产业特色明显、带动作用强的经济合作组织进行重点扶持。

2007年，青岛明月海藻集团公司被推荐为山东省第四批重点农业产业化龙头企业。是年，全市5家企业被确定为青岛市农业产业化龙头企业，获得各级财政扶持资金540万元，其中无偿资金135万元，年加工本地农产品3500万吨。2008年，青岛益和兴食品有限公司、青岛康大食品有限公司和青岛碧雪春茶叶合作社获得国家农业产业化经营项目立项，获得各级财政资金1620万元。是年，规模以上农产品加工企业达66家，带动基地面积23466.67公顷。农民专业合作社286家，吸纳会员4.3万人。2009年，万吨蓝莓深加工等6个产业化项目获国家农业综合开发立项，争取青岛市以上财政资金607万元。是年，注册农民专业合作社398家，吸纳会员4.2万人，辐射带动农户6.4万户。2010年，农业产业化种植面积达到13300多公顷，种植项目涵盖蓝莓、绿茶、食用菌、蔬菜等，促进了农业增效、农民增收。2012年，市财政对全市20家规模较大、运作规范、带动能力强的合作社进行重点扶持，白马河多福康蔬菜专业合作社被评为山东省第一批农民

藏南蓝莓基地

专业合作社省级示范社。全市具有一定规模的农业产业化组织达1145个，其中龙头企业56家，农民专业合作组织1072个，专业市场17处。

第二节　农业标准化

海青无公害生态茶叶种植示范基地

2001年1月，市委市政府提出推进农业标准化工作，以农业结构战略性调整为主线，以农业园区、示范基地建设为载体推进农业标准化生产。根据国家和行业标准，先后制定和修订27项符合胶南实际的无公害农产品生产技术规程。农技推广队伍的工作重心由技术指导转移到普及农业标准化知识和加强农业质量安全管理上来。2002年开始打造种植业农产品品牌，开展"无公害农产品、绿色食品、有机食品及地理标志保护农产品"认证工作。从2002年开始，国家对剧毒和高残留农药禁用和限用，逐步减少土壤化肥、农药残留。到2005年，初步建立起较为完善的农业标准体系、农产品质量监督检测体系和农产品质量推广体系。2007年，围绕农产品质量安全，严把源头关，开展基地环境抽检工作，加大对违禁违规用药、用肥等情况的监管。2008年，对全市17个镇(街道)53333.3公顷耕地近20个农作物的主要种植模式，开展肥料、农药、农膜和秸秆污染普查。至2010年，建立健全了农产品质量安全示范区建设管理工作的领导体系和各项监管体系，出口农产品达到目标市场要求，苹果、茶等农产品建立质量追溯系统和农药追溯系统。化肥、农药、植物生长调节剂等农业投入品使用量逐年下降。2010～2012年全市农药使用量分别为653620千克、639797千克、601617千克；化肥使用强度(折纯)分别为372.3千克/公顷、370.2千克/公顷、356.5千克/公顷。

2011年，宝山镇上柴村苹果基地、慧海无公害蓝莓生产基地等12处无公害农产品生产基地安装QR二维码身份识别系统。2012年，在青岛隆辉农业开发有限公司、青岛杰诚食品有限公司、青岛康大现代农业科技发展有限公司和胶南市牛栖山茶场4个涉农企业建立了生产基地质量安全追溯体系。

到2012年，通过实施农业标准化，全市认证"三品一标"36个，其中无公害产品23个，绿色食品2个，有机食品7个，地理标志农产品4个。

全市农产品地理标志认证名录

表10－1－1　　单位：吨、公顷

认证年份	获证企业	基地名称	产品名称	年产量	面积
2010	胶南市茶叶协会	胶南市茶叶基地	胶南绿茶	1200	2000
2011	胶南市大村农业服务中心	胶南市大村镇黑木耳生产基地	大村香菇	15000	266.67
2011	胶南市大村农业服务中心	胶南市大村镇黑木耳生产基地	大村黑木耳	500	266.67
2012	胶南市蓝莓协会	胶南市蓝莓基地	胶南蓝莓	5000	1577

第三节　农业示范园区

沃林蓝莓种苗繁育基地（2011 年拍摄）

20 世纪 90 年代末开始，胶南创建具有产业特点和区域特色的现代农业示范园区，引领传统农业改造升级。

1999 年在王台镇建设王台高效农业示范园，规划总面积 666 公顷。到 2002 年末，累计投资 9120 万元，建成 6300 平方米的育苗中心、800 平方米的组织培养中心、2000 平方米的芽苗菜生产车间、13.3 万平方米的花卉大棚和 1730 个冬暖式温室大棚，成为青岛市规模最大、技术先进、设施配套齐全的综合性农业园区。是年，在海青镇建立海青绿洲精品茶园，规划面积 200 公顷。一是在镇北部山区综合开发 167 公顷，建成青岛市小流域综合治理示范区；二是在镇南部集中连片开发 33 公顷的高标准示范园，实施标准化管理，微喷灌溉，以种植“鸠坑”为主，国家级良种覆盖率达 90% 以上，亩产干茶超过百斤，亩收入 5000 元。2002 年，海青绿洲精品茶园被认定为无公害农产品市场生产示范基地。2001 年，规划建设总面积 200 公顷的城西农业精品园，园内集高效农业、观光旅游、休闲于一体，规划为杂果园区、珍稀动物养殖区、优质农作物繁育示范区和休闲区，是国家第八期农业综合开发项目区。

2006 年，在大村镇建立汉之林食用菌示范园，“汉之林”牌香菇、黑木耳通过国家绿色食品认证。2009 年，青岛汉森菌业有限公司被山东省食用菌协会评为山东省食用菌行业十大龙头企业。逐步成为青岛乃至山东省最大的香菇培育基地。

2004～2006 年，根据青岛市建设百万亩粮食示范区总体部署，对大场、泊里、海青、理务关、大村、藏南、琅琊 7 个镇的粮食产业进行总体规划建设，涉及 186 个行政村，10 万多农民。粮食单产平均提高 25% 以上。

王台高效农业示范园（2006 年拍摄）

2006 年 10 月，青岛沃林蓝莓果业有限公司在张家楼镇建设沃林蓝莓园，占地近 180 公顷，建有 10000 平方米的组培育苗中心，3360 平方米的高标准连栋育苗玻璃温室，16.67 公顷育苗基地，年繁育优质蓝莓种苗 3000 万株，是全国生产能力最大的蓝莓种苗繁育基地。果品加工储藏区占地 3.33 公顷，为国家农业综合开发扶持项目。先后获得山东省经济林标准化示范园、山东省科普示范基地、国家科普示范基地、国家级蓝莓标准化生产示范园荣誉称号。

2007～2009年，根据青岛市建设百万亩优质蔬菜示范区总体部署，重点对青岛市确定的王台镇万亩优质蔬菜示范区的设施蔬菜、大田蔬菜农田水利、道路和林网设施进行建设提升，财政扶持资金895万元。2011年，财政支持资金2500万元，总投资5592.05万元进一步培育特色农业示范区项目。分别是：沃林千亩蓝莓精品示范园；隆辉千亩蓝莓精品示范园；宝山镇有机蓝莓示范园；海青绿洲茶叶精品示范园；大村徐安食用菌示范园。

第四节 特色农业

2000年开始，大力扶持果品、蔬菜、茶叶、烟草、桑蚕、水产养殖、畜牧养殖等8大特色产业，编制瓜果菜茶产业布局和规划：一是以海青北部丘陵山区为中心的茶叶产区，二是以王台为中心的蔬菜产区，三是以张家楼、铁山、宝山为中心的果品产区，四是以黄山、六汪为中心的瓜类产区。胶南特色产业初具规模，茶叶规模达到2000公顷，蔬菜种植面积达到1.33万公顷，果品种植面积达到1.33万公顷，瓜类种植面积达到0.2万公顷，粮油播种面积稳定在6.7万公顷左右。

2010年，市政府印发《关于鼓励发展现代特色农业的意见》，大力发展蓝莓、茶叶、食用菌三大特色农业产业，每年设立专项扶持资金3000万元，用于苗木补贴、保温大棚补贴、贷款贴息和荣誉奖励等。规划了以张家楼、藏南和宝山、六汪2个核心区为中心的蓝莓产业区，以海青为中心的茶叶产业区，以大村为中心的食用菌产业区。到2012年底，全市蓝莓、茶叶、食用菌规模分别达到

胶南市蓝莓种植分布图

4453.33 公顷、4600 公顷和 2.26 亿棒，分别实现年产值 3 亿元、2.3 亿元和 10.2 亿元。

佳沃蓝莓深加工基地

蓝莓 2000 年，日本独资企业青岛杰诚食品有限公司在宝山镇投资开发有机蓝莓栽培项目，2001 年种植面积 40 公顷。2006 年 8 月，张家楼镇依托万亩果品生产传统优势，引进沃林农业（青岛）有限公司，蓝莓产业从此进入高速发展期。2010 年，市委、市政府制定《胶南市十万亩蓝莓产业发展规划》，并出台鼓励发展政策。全市从品种引进、种苗繁育、基地种植到果品深加工及销售的蓝莓产业链开始形成。先后从美国、智利等蓝莓发达国家引进优良新品种 100 多种，年育苗能力 3000 万株。推广露天 + 设施栽培（大拱棚式冬暖棚）蓝莓生产模式同时合理品种搭配，使蓝莓鲜果采摘供应时间由 1 个月拉长到 4 个月（4 月中旬至 8 月上旬）。以青岛沃林蓝莓果业有限公司为主的蓝莓龙头企业逐步加大深加工的投入，已经生产出蓝莓果干、果脯、果脆、果酱、果汁、蜂蜜、蓝莓酒等系列产品，产品销往全国各大城市。截至 2012 年，全市蓝莓面积 4453.3 公顷，其中可采摘面积 2000 公顷，年产鲜果 3000 吨，年产值 3 亿元，带动农民年增收 3.4 亿元。2011 年被农业部立项为"国家蓝莓标准化示范县"，2012 年"胶南蓝莓"被农业部评为地理标志保护农产品。

茶叶 境内"南茶北引"开始于 1966 年。茶产业历经引进、试种曲折发展阶段，至 20 世纪 80 年代末开始扩种，主要集中在海青、大村、张家楼、六汪、铁山、理务关等地。截至 2012 年，茶产业已经进入现代茶叶发展新阶段，成为胶南三大优势特色产业之一。从生产、加工、文化、品牌等多方面入手，胶南市全力推行无公害茶叶生产，努力打造"胶南绿茶"品牌。2012 年，全市茶园总面积达 4600 公顷，其中投产茶园 2666.6 公顷，总产量 1500 吨，总产值达 2.3 亿元。茶叶种植户约 1.24 万户，茶叶产业化龙头企业 17 家（自有茶叶基地 6.67 公顷以上）。先后成立胶南市茶叶研究所、胶南市茶叶协会、青岛碧雪春茶业合作社等茶叶行业组织 16 家。

茶园建设 最初从安徽引进茶种，试种于铁山公社张仓村和海崖公社高峪村，面积仅 0.4 公顷。成功之后逐步推广扩大，20 世纪 70 年代末，面积 347.2 公顷，占经济作物播种面积的 2%。80 年代末至 90 年代初波动幅度较大，面积由 1981 年的 513.3 公顷减少到 1988 年的 186.7 公顷，1991 年仅存 46.7 公顷，1994 年又发展到 416 公顷。1995 年，市政府《关于搞好经济林建设的实施意见》把茶园建设列入议事议程，果、菜、桑、茶一起抓，并在农业局增设胶南市茶叶技术指导站。是年由胶南市海青茶叶研究所选送的"海青锋"茶荣获第二届中国国际农业博览会金奖。1999 年，海青镇着手规划建设海青绿洲茶叶精品园，树立茶叶生产样板。2003 年，有海青、大场、张家楼、大珠山、琅琊、藏南、泊里、大村、理务关、铁山、宝山、黄山、灵山卫、珠山、珠海、六汪、王台等 17 处镇（街道）建有茶园，面积 3333.3 公顷。2005 年开始实施名茶战略，开展争名创优活动。"青岛莲心""悬泉春早""悬泉香茗""陆旺香兰""海北春"等 5 种绿茶荣获第五届中茶杯全国名茶评比特等奖，"焙竹翠绿"等 21 种绿茶荣获一等奖，"海青翡翠"等 10 种绿茶荣获优质奖。是年，胶南市《关于加快农业经济发展若干政策的意见》鼓励全市宜茶地块发展茶叶生产。倡导"革新绿茶工艺、提升绿茶品质”。2010 年 8 月提出创新茶树栽培管理模式，实施茶园设施化改造工程，由传统种茶模式向以保温大棚为主的现代茶叶植茶新模式转变，2012 年茶园设施化改造面积 2000 公顷。

种植技术　20 世纪 90 年代开始广泛应用先进实用技术。1998 年推行标准化茶园建设。2000 年全面推广无公害茶叶生产技术。组织实施优质茶高产栽培技术，茶园平衡施肥技术，幼龄茶园速成高产综合栽培技术等。2007 年筹建胶南市茶叶研究所，实施绿茶加工工艺的研究与开发、茶树越冬防护技术研究与开发、茶树病虫害防治研究与推广、青岛市 3333.33 公顷无公害茶叶生产技术推广应用，青岛绿茶加工新技术的研究与开发等课题。2009 年确立胶南茶树主导栽培品种和栽培模式技术。至 2012 年，复合生态化栽培模式技术推广面积 2000 公顷，设施棚生态栽培模式技术推广面积 667 公顷，主导品种推广面积 3400 公顷。2010 年 12 月 30 日，胶南绿茶农产品地理标志青岛市地方标准 DB3702/T160－2010 发布。2011 年 4 月 9 日“胶南绿茶”农产品地理标志得以认证。是年制定胶南绿茶农产品地理标志质量控制技术规程，设计胶南绿茶 LOGO 和防伪标识。2012 年，胶南绿茶公用品牌防伪标识推广和授权全市重点茶企（加工大户）45 家。

茶叶加工　20 世纪 90 年代以前，茶叶加工多用传统滚筒炒制，产品多为大宗炒青。之后陆续引进名优茶加工机械，推广系列名优茶加工技术，产品向系列名优化方向发展。2012 年，茶叶加工企业（大户）253家。其中，年销售额过200万元

胶南市茶叶种植分布图

海青优质绿茶基地

的茶企两家,100 万～200 万元的茶企 5 家,50 万～100 万元的茶企 50 家。全市茶企注册商标 53 个;通过 ISO 9001/ISO 14001/OHSAS 18001 三位一体国际管理体系认证的企业 1 家;通过 ISO 2000 质量管理体系认证的企业 3 家;通过 QS 认证的企业 11 家。

境内主导茶类为绿茶,红茶、乌龙茶及其他茶类也在稳步发展,其中以红茶发展较快。绿茶产品按外形分为扁形茶、卷曲形茶、针形茶和自然舒展形茶 4 大类。其中,扁形茶、卷曲形茶为主导茶产品品种,分别约占总产量的 31% 和 64%,其他形状产品约占 5%。茶产品分为春茶、夏茶和秋茶。其中春茶产量约占全年产量的 47%;夏茶约占 30%;秋茶约占 23%。茶产品按照包装方式和产品档次进行分类,分为名优礼品茶和大宗茶产品。

茶业主销青岛及周边地区和济南、北京、大连等大中城市,省内销售量约占 90% 以上,部分产品销往日本、韩国等国家和中国台湾地区。茶叶销售方式主要是直销、经销、代销和委托关系销售,并开始进人大型超市,青岛利群集团青岛市区超市等开始有售。2012 年,茶业销售收入达 6200 余万元。

2009“国资杯”胶南绿茶评比大赛现场

2012 年全市主要名茶情况一览表

表 10－1－2

名称	品质特色	工艺特点	基本情况
海北春	外形卷曲、尚紧、略有毫;汤色嫩绿明亮;滋味嫩鲜,呈栗香型;叶底黄绿显芽	鲜叶标准为一芽一叶或一芽二叶。经摊放、杀青、揉捻、初烘、整形、摊凉、足烘等工序制作而成	绿茶类,由胶南市海青海北春茶厂创制。获第四届中茶杯全国名优茶评比一等奖,第六届中茶杯全国名优茶评比特等奖
龙茗	外形光滑绿润,兰香持久高长;汤色明亮,滋味醇厚;叶底匀嫩明亮,冲泡时芽尖向水面悬空竖立	原料选肥壮嫩芽,经摊放,杀青,回潮,干燥,提香等工序精细制作而成	绿茶类,由胶南市茶叶研究所和青岛龙泰茗茶业合作社研制。在 2012 年青岛市第七届茶叶评比中荣获金奖

续表 10－1－2

名称	品质特色	工艺特点	基本情况
海青锋	外形全芽扁平，翠绿油润；汤色黄绿明亮，清香、浓醇；叶底黄绿明亮	鲜叶经采摘、杀青做形、初烘定型、初干整形、足干固形五道工序制作而成。	绿茶类，由胶南市海青茶叶研究所研制。荣获第二届中国农业博览会金奖，被中国国际农业博览会认定为名牌产品
悬泉春早	外形如兰，完整，嫩绿鲜活；汤色明亮，清香高锐，饮之甘醇鲜爽	采摘谷雨前后一芽一叶或一芽二叶初展鲜叶，经摊凉、杀青、做形、烘干、提香等工序制作而成	绿茶类，由胶南市悬泉茶厂精制。获第七届“中茶杯”金奖，第九届国际名茶金奖
钰雪春	外形紧索完整显苗，汤色嫩绿滢亮，香气清爽持久。	选用鲜嫩优质茶叶为原料，经摊放贮青、整形、提香等工序精细制作而成。	绿茶类，由胶南市海青雪峰茶厂研制。连获第五届、第六届“中茶杯”一等奖。
海青翡翠	兰花型、翠绿油润；汤色嫩绿明亮，清香、嫩爽；叶底绿亮显芽	四月底五月初，采摘一芽一叶或一芽二叶初展鲜叶。制作工序分为摊放、杀青、揉捻、初烘、整形、摊凉、足烘等	属绿茶类，由胶南市海青茶叶研究所创制。获青岛市优质绿茶评比特等奖、中茶杯全国名优茶评比一等奖，被认定为中国国际农业博览会名牌产品
泰峰藏兰	外形卷曲紧细，油润翠绿；汤色明亮清澈，香气清高；叶底嫩绿鲜活	原料采摘一芽一叶初展标准原料。基本工序为摊青、杀青、揉捻、造形、初烘、复烘、挑拣等	属绿茶类，由青岛市海峰茶厂研制开发。荣获第六届中茶杯全国名优茶评比一等奖
雨前玉露	外形优美；滋味醇香绵长、甘甜鲜爽、清香高长	采摘谷雨前夕一芽一叶初展原料，工序为摊青、杀青、造形、初烘、足烘	属绿茶类，由青岛浓香山茶有限公司创制。荣获青岛市第七届名优茶评比金奖
碧水悬针	茶芽秀拔，匀嫩鲜活，似针立于杯中；汤色黄绿明亮，毫香显露，鲜醇浓郁	初春头茬单芽为原料，高温杀青后经过理条、压实、制毫、提香，达到芽头显毫，形似银针	属绿茶类，由胶南市海青河西茶厂研制生产。荣获第八届“中茶杯”全国名优茶评比优质茶称号
炳运龙井	色绿形美，芽叶完整；汤色绿亮，清香豆鲜	鲜芽摊放，高温杀青，中温理条，烘干提香	属绿茶类，由青岛炳运茶厂生产。荣获“中茶杯”全国名优茶评比一等奖
桂平玉螺	外形卷曲紧凑，多毫，呈螺状，汤色明亮嫩绿，滋味茶酽醇厚	采一茶一叶初展，经摊凉杀青揉念，烘炒结合	由胶南泽农茶厂生产，荣获第七届“中茶杯”全国名优茶评比“优质茶”。
润丰羽剑	外形扁平挺直，光滑油润，形如宝剑，色如绿色羽毛；芽叶完整，鲜爽滑润，清香甘醇	采用鸠坑种茶树早春一芽一叶初展鲜嫩原料，在工艺上摆脱传统滚筒杀青和炒锅杀青，采取在多功能机上一次完成杀青、理条、整形、干燥的工艺	属绿茶类，由青岛海青润丰茶业公司独创。获第九届国际茶文化研讨会暨第三届崂山国际茶文化节名优评比优质奖、青岛市第四届名优茶评比特等奖

食用菌 境内食用菌生产始于20世纪80年代，主要以平菇栽培为主。1985年平菇袋栽立体栽培技术获得成功，在胶南镇、王台镇、张家楼镇、泊里镇等地得到推广。1988年引进平菇脱袋覆土立体高效栽培技术。1990年引进鲍鱼菇生产技术。1993年引进简易冬暖棚栽培技术，开始食用菌周年生产。1996年，六汪镇引进秋冬季袋料香菇栽培成功，栽培规模达50万棒，带动周边村民发展袋料食用菌生产的积极性，食用菌产业发展规模、水平、品质均有明显提升，逐步成为部分农民增收致富

林下食用菌种植

的重要途径。1998 年引进双孢菇栽培技术。在食用菌发展过程中,全市按照“规模化、产业化、品牌化”的发展思路,充分发挥林地资源丰富优势,推广“林地 + 露天 + 设施”等多种生产模式,以吉利河、白马河、胶河流域为中心,以大村镇为龙头,辐射带动周边乡镇发展食用菌生产,初步形成仿野生香菇、黑木耳、平菇和珍稀食用菌等四大生产基地。

进入 21 世纪,继续坚持实施典型示范、龙头带动战略,在培育“一镇一业”“一村一品”,构建起区有示范基地、镇(街道)有示范村、村有示范户的食用菌发展新格局的同时,先后培育引进青岛汉森菌业有限公司、青岛徐安有限公司、青岛绿色家园生物科技有限公司等食用菌产销加工龙头企业,发展食用菌工厂化规模生产。推广机械化菌棒制作技术、自然平衡法立体发菌技术、小孔单片出耳技术、立体高效栽培技术,引进优良新品种。其中,小孔单片出耳技术可以大幅提高出耳质量和生产效率,降低生产成本,使黑木耳成熟期提前月余,价格较常规栽培翻番,通过提前上市抢先市场,提高了经济效益。2002 年,大村镇引进林菌间作越夏香菇栽培技术,当年发展 60 万棒,仿野生越夏香菇栽培大面积推广。2004 年,胶河经济区引进黑木耳袋料栽培技术,成为全市主栽培品种之一。2005 年,青岛康大现代农业科技发展有限公司引进北虫草试验成功。2007 年,理务关镇成立青岛市食用菌科技专家大院,集科研、生产、加工、销售及农民培训于一体,为全镇食用菌发展提供全方位的技术指导和服务。2008 年,现代化日产 1 万菌棒的生产线在青岛汉森菌业有限公司正式投产。2009 年,青岛汉森菌业有限公司“汉之林”牌香菇木耳被评为国家级绿色食品商标、青岛市名优农产品。2011 年香菇菌棒出口到韩国。是年,大村镇香菇黑木耳通过国家地理标志产品认证。次年,青岛绿色家园生物科技有限公司实现日产杏鲍菇 15 吨。2012 年全市食用菌生产 2.26 亿棒,产量 6.9 万吨,产值 10.2 亿元,带动 3200 农户增收 5.2 亿元。规模化食用菌企业、合作社 11 家(自有规模 50 万棒以上),总规模 3466 万棒,占全市总规模的 21%。

第二章 种植业

1983 年实行联产承包责任制以后,随着农业科技的不断进步,胶南县种植业发展较快。特别是 20 世纪 80 年代末至 90 年代中期,全县小麦面积最大时 42841 公顷,单产达 5569 千克/公顷;玉米面积年际间变化较大,但单产提高较快,最高单产达 7846 千克/公顷;花生作为主要油料作物和经济作物,面积稳定,单产提高较快,最高达 4750 千克/公顷。2001 年以后,大豆、地瓜、谷子、高粱等面积逐渐减少。1998

年实施农业结构调整以后,重点培育了适合本地发展的果品、蔬菜、茶叶等高效作物,建设了一批高效农业产业带和产业区,如海青、大场的茶叶产业带,王台、黄山、大场、胶河蔬菜产业区,张家楼、铁山、宝山、大村的果品产业区,果品、瓜菜、茶叶等高效作物面积不断扩大。2012 年,全市果品面积 15227 公顷,瓜菜面积 21333 公顷,茶叶面积 4600 公顷。作物良种品质和种植技术均有较大提高,推广秸秆还田、配方施肥、良种工程、模式化栽培、保护地栽培、设施栽培、果品套袋、果园覆草等新技术。

第一节　农作物种植

小麦　境内主要粮食作物之一。20 世纪 80 年代以后,面积和单产均有增加,1991 年面积最大,为 42841 公顷,1998 年之后面积迅速下降,2001 年降至 24051 公顷,2003 年降至历史最低,为 12000 公倾。以后维持在 20000 公顷左右并逐年递增,2012 年底为 27340 公顷。小麦单产从 1988 年的 3570 千克/公顷,增加到 1997 年的 5211 千克/公顷。1997 年以后,随着粮油高产创建项目的实施,小麦总产和单产持续保持在较高水平。2012 年,全市小麦单产 5314.5 千克/公顷,总产达 14.6 万吨。

玉米　以夏玉米为主,是秋季主要粮食作物,春玉米面积较少。20 世纪 80 年代开始,推广多种间作套种模式,玉米面积不断扩大。玉米单产年际间变化较大,1992 和 1997 年产量较低,平均 3759 千克/公顷,1995 和 2000 年产量较高,平均 7846 千克/公顷。2010 年前后稳定在 7000 千克/公顷以上。玉米产量受气候因素影响单产徘徊不前,总产小幅增加。2012 年种植面积 21350 公顷,总产 14.8 万吨。春播玉米受粗缩病影响面积大幅减少,夏播面积占 85% 以上。

地瓜　主要以春地瓜为主,种植面积逐年减少,由 1988 年的 16493 公顷减少到 2012 年的 1288 公顷。地瓜单产稳步增加,2004 年 9393 千克/公顷达到最高。总产因受面积减少的影响逐年降低,2011 年最低,为 9819 吨,2012 年为 11695 吨。

大豆　有黑豆黄豆两种。黄豆粒大而圆,除直接食用、榨油外,还可制作多种副食品。1988 年种植面积 5993 公顷,之后逐步扩大,1998 年种植面积最大,为 12252 公顷。2001 年以后面积从未超过 1 万公顷,2005 年 5088 公顷成为最低点。大豆单产逐渐增加,1994 年、1995 年、1999 年、2000 年分别突破 3000 千克/公顷,1994 ~ 2000 年保持在较高水平。2006 年单产最低,为 2370 千克/公顷。2012 年全市大豆面积 6700 公顷,单产 2430 千克/公顷。

花生　20 世纪 80 年代,花生面积比较稳定,1992 年以后略有减少,1988 ~ 2003 年均在 2 万公顷以上,2004 年开始减少,徘徊于 1.9 万公顷左右。单产增加较大,从 1998 ~ 2007 年间,单产均超过 4750 千克/公顷,比 80 代末期增产 42% 以上,但从 2008 年开始又有下降趋势,2010 年较低,为 4479 千克/公顷。2012 年,全市种植面积 20172 公顷,单产 4770 吨/公顷,总产 96220 吨。

2008 年 8 月,胶南市被评为国家优质高效高产农业示范区

1988～2012 年全市(县)主要农作物面积、单产、总产情况统计表

表 10－2－1　　单位:公顷;千克/公顷;吨

项目/年份	小麦			玉米			地瓜			大豆			花生		
	面积	单产	总产	面积	单产	总产	面积	单产	总产	面积	单产	总产	面积	单产	总产
1988	38907	3570	139064	17427	6855	119393	16493	5985	98691	5993	2250	13468	23007	3375	77532
1989	38496	3780	145718	17924	6270	112274	16595	6150	102015	6425	2145	13814	22358	3315	74157
1990	40017	4440	177742	19742	6945	137017	15444	5925	91465	6395	2310	14739	22308	3765	84048
1991	42841	5025	215014	21575	7515	162064	13312	5835	77736	6831	2310	15783	22328	4065	90717
1992	42768	4449	190291	19935	3758	74917	13027	5209	67864	7915	1996	15801	21137	2465	52106
1993	40798	5470	223180	21048	7678	161610	11479	6590	75650	8403	2697	22664	20716	4286	88796
1994	40796	4915	200512	20235	7239	146481	11919	7987	95197	10428	3253	33922	21372	4222	90233
1995	41898	4975	208443	21558	7831	168821	11594	7831	90793	9970	3350	33400	21750	4482	97484
1996	41998	5030	211250	23170	7250	167983	11637	7805	90827	11561	2878	332273	21147	4307	91080
1997	40878	5211	213015	16227	3760	61014	9574	4470	42796	11929	1351	16119	20065	2726	54700
1998	39155	5569	218026	21605	8453	182627	8302	8115	67371	12252	2940	36021	21624	4952	107082
1999	36000	5352	192672	24015	8802	211380	7607	8371	63677	10532	3217	33881	21299	5094	108497
2000	26572	5243	139317	24779	7861	194790	7005	8527	59732	10297	3148	32415	21486	4791	102934
2001	24051	5176	124495	22738	6909	157097	5892	8689	51196	8770	2817	24701	21896	4783	104724
2002	23192	5188	120322	22043	6772	149275	5747	9077	52166	8688	2530	21981	21446	4780	102512
2003	12000	5264	63168	23905	7102	169773	3042	9281	28233	9395	2562	24070	21696	4598	99758
2004	16276	5625	91553	20200	7227	145985	2660	9393	24985	5377	2655	14276	18372	4985	91585
2005	25392	5400	137110	20568	6953	143009	2986	8970	26784	5088	2430	12364	18011	5085	91586
2006	24552	5595	137369	19030	6611	125807	2488	8880	22093	7795	2370	18474	20308	4815	97783
2007	24403	5280	128850	18177	6822	123594	1518	8940	13571	8018	2400	19243	19048	4770	90859
2008	25254	5700	143948	18874	6795	128249	1012	8850	8956	8391	2385	20013	18966	4620	87623
2009	27533	5745	158177	19698	7125	140345	1399	8955	12529	7879	2415	19028	18267	4695	85765
2010	27622	5385	148746	20562	7245	148972	1229	8955	11011	7374	2430	17918	19228	4479	86118
2011	28151	4596	129380	21296	7116	151545	1082	9075	9819	7254	2438	17684	19390	4730	91703
2012	27340	5314.5	146000	21350	7212	148000	1288	9075	11695	6700	2430	16281	20172	4770	96220

瓜菜　1988～1997 年,瓜菜作物种植面积保持在 4200～4500 公顷之间。从 1998 年开始发展迅速,当年达 8097 公顷,1999 年发展到 10928 公顷,2012 年达 9213 公顷,瓜菜业已成为全市农业发展的支柱产业。尤其是设施蔬菜发展较为迅速,2012 年末冬暖式大棚蔬菜面积 1314 公顷,总产量 16.96 万吨;大中拱棚蔬菜面积 2878 公顷,总产量 15.85 万吨;小拱棚蔬菜面积 970 公顷,总产量 5.68 万吨。瓜菜作物主要有西瓜、土豆、白菜、芋头、番茄、黄瓜、甘蓝、萝卜、芹菜、大葱、韭菜、辣椒、西葫芦、茄子、胡萝卜、洋葱、芸豆、大蒜、菠菜等。以西瓜、土豆、白菜、芋头、番茄、黄瓜、甘蓝、萝卜、芹菜等为主。

第二节　种植业结构

随着粮食作物产量不断提高,20 世纪 90 年代中期粮食供应基本平衡,粮食价格下滑,种粮效益下降。为提高农民收入,市委、市政府提出“压缩粮食作物面积,扩大经济作物面积”,将果品、蔬菜、茶叶作为种植业发展的支柱产业重点培育,1998 年开始,粮食作物面积逐年减少,受自然因素

影响，年际发展不平衡，种植规模呈下降趋势。油料作物、烟叶、药材等经济作物面积较稳定。2010年，重点扶持蓝莓、茶叶、食用菌等现代特色产业（详见本篇第一章第四节）。全市果品、瓜菜、茶叶等农作物面积开始大幅度上升。2012年，全市果品面积15227公顷，瓜菜面积9213公顷，茶叶面积4600公顷，且有继续增长趋势。

1988～2012年全市(县)农作物播种面积情况统计表

表10－2－2　　单位:公顷

年份	农作物播种面积	粮食作物			油料作物	烟叶	药材	瓜菜			其他农作物总面积
		总面积	夏收作物	秋收作物				总面积	蔬菜	瓜类	
1988	111234	81713	38906	42807	23007	1227	27	4667	4200	467	593
1989	110026	81286	37853	43433	22360	1300	27	4320	3967	353	733
1990	112607	83793	40020	43773	23307	1160	13	3634	3527	107	700
1991	114328	86513	42840	43673	22327	1147	27	3447	3367	80	867
1992	113565	85000	42268	42732	21137	2746	70	3690	3607	83	922
1993	112970	83450	40798	42652	20716	1728	239	5542	5290	252	1295
1994	112305	84631	40796	43835	21372	1066	70	4230	3973	257	936
1995	114089	86112	41898	44214	21750	768	35	4615	4365	250	809
1996	116551	89281	41998	47283	21147	936	13	4684	4355	329	490
1997	106302	79268	40873	38395	20065	1815	15	4786	4573	213	353
1998	113697	82007	39155	42852	21624	1606	65	8097	7147	950	298
1999	113470	78617	36000	42617	21299	1380	58	10928	9950	978	1188
2000	107052	68948	26572	42376	21486	1962	69	13497	12433	1064	1090
2001	100685	61651	24051	37600	21896	1854	28	14164	12723	1441	1092
2002	100700	59670	23192	36478	21446	1674	0	17298	16013	1285	612
2003	94990	48342	12000	36342	21696	1676	0	22895	21637	1258	381
2004	86432	44513	16276	28237	18372	1177	0	22200	21102	1098	170
2005	92875	54107	25392	28715	18011	1656	0	18571	17852	719	530
2006	90652	54013	24552	29461	20308	1159	4	14623	13818	805	545
2007	85220	52125	24403	27722	19048	458	1	13586	12974	612	2
2008	84955	53588	25254	28334	18966	450	2	11949	11378	571	0
2009	86503	56558	27533	29025	18267	478	3	11196	10651	545	1
2010	87427	56821	27622	29199	19228	391	2	10983	10494	489	2
2011	88082	57820	28151	29669	19390	363	18	10165	9703	462	326
2012	88821	58566	28884	29682	20172	490	20	9213	8747	466	360

第三节　栽培技术

小麦　1988 年前后，水浇地主要实行“大畦”或“二・四”畦种植，推广条带种植、大小沟麦、立体种植技术。1988 年秋播开始进行独杆麦栽培试验，推广小麦精播半精播技术。1989 年秋播，推广实施“3・2・1”工程，即压缩春玉米、春花生、夏地瓜面积，改夏直播花生、夏直播玉米为麦田套种，通过扩大小麦种植面积，提高复种指数。套种模式主要有两种：一种是 3.6～4.2 尺为一带，播种 3～4 行小麦，套种 2 行玉米；另一种是以 2.4～2.7 尺为一带，播种 2 行小麦，套种 2 行露地花生或 2 行覆膜花生。是年，小麦有麦面积 49213.3 公顷，其中条带种植面积达 19133.3 公顷。1995 年前后，小麦开发，如旱地小麦、精播高产、各种套种模式、晚茬麦、吨粮田等开发，实行小麦统一供种。1998 年进行全生育期地膜覆盖栽培试验，推广种子包衣、立克锈拌种技术。到 2000 年，秋播推广小麦标准化栽培技术，扩大优质专用小麦面积，制订优质专用小麦标准化栽培技术规程胶南市地方标准，扩大优质专用小麦栽培面积。2003～2007 年，进一步优化了种植模式，统一选用了“八・二”、“六・二”两种种植模式。2005 年，开始推广旱地小麦开发和测土配方施肥、旱地小麦节水栽培技术、小麦氮肥延后和测土配方施肥技术，粮食直补、良种补贴、农业保险等支农惠农政策全面落实到位，小麦单产、总产逐步提升。到 2012 年，重点推广小麦“四高一改”培育高肥力土壤，推广高产广适良种，提高播种质量，创建高效群体，改革种植方式，推广高产栽培技术，继续实施粮油高产创建项目，收效显著。

小麦新品种示范基地

玉米　1988 年前后，重点推广玉米麦田套种技术，种植紧凑型玉米品种，推广“三定”施肥方法。“三定”即以地定产、以产定肥、以品种定密度，按叶龄指数追肥。1990 年开始大幅度压缩春玉米和夏直播玉米面积，套种玉米模式主要为“四・二”条带和“六・二”小畦。“六・二”小畦即畦面 3 尺，种 6 行小麦，畦埂 1.8 尺，套种 2 行玉米。1991 年改平展型玉米品种为紧凑型品种，改夏玉米直播为麦田套种，改稀植为密植，改以节气管理标准为指标化管理。1998 年开始推广吨粮田玉米栽培技术，做到良种良法配套，充分发挥优良品种的最大增产潜力。

2003～2007 年玉米生产以提高产量和质量为目标，春玉米适播期安排在 4 月 20 日左右，套种玉米在麦收前 10～15 天播种，采用条播方法，播种量 2.5～3.0 千克/亩。高产地块采用轻施苗肥、重施穗肥和补施粒肥的施肥原则，苗肥用量约占追氮总量的 30%，穗肥占 50%，粒肥占 20%；中产地块采用施足苗肥、重追穗肥的施肥原则，苗肥占 40%，穗肥占 60%；低产地块采用重追苗肥、轻追穗肥的施肥原则，苗肥占 60%，穗肥占 40%。2005 年开始推广“玉米适时晚收”，收获最佳标准是籽粒乳线消失，黑层出现。2008 年玉米采用条播和穴播方法。播种量 2.5～3 千克/亩，有利于提高密度；行距与播深。等行距为 50～65 厘米；大小行时，大行距为 80～90 厘米，小行距为 30～40 厘米；播种深度为 3～5 厘米。大穗型品种留苗密度每亩 3000～3200 株，中穗型品种每亩 3500～3800 株，小穗型品种每亩 4500 株左右。2009 年开始实施粮

油(玉米)高产创建项目,适播期调整到春玉米4月20日~5月1日,套种玉米在麦收前10~15天播种;夏玉米抢茬直播,于6月30日前播种完毕,播期的集中提高了播种质量和玉米生长整齐度。全部采用条播方法,高产创建示范方密度达到5500~6000株。2010年以后继续实施玉米高产创建项目,将提高玉米单产的推广纳入了农业结构调整的重要范畴,层层签订目标责任书、并严格制定了相应的奖惩措施,确保任务完成。2012年玉米种植面积21350公顷,单产7212千克/公顷,总产14.8万吨。

花生 1988年前后,花生地膜覆盖技术得到大面积推广。20世纪90年代开始推广麦田套种花生技术和多元微肥、增产菌拌种技术,花生种植面积和产量逐步增长。1990年位列全国花生生产十大县市第七位。1995~1996年,麦套花生面积逐渐减少。2001年推广标准化栽培技术,制订花生标准化栽培技术规程胶南市地方标准。2003年在宝山镇进行1333.33公顷无公害花生生产基地建设,全面实施花生标准化栽培技术规程,随后在全市广泛推广实施。2012年实施花生良种繁育基地建设项目和粮油高产创建项目,花生种植面积20172公顷,单产和总产分别达4770千克/公顷和96220吨。

地瓜 1988年前后,春地瓜栽植期至"立夏"前,夏瓜在"夏至"前。1989年在宝山乡进行地瓜覆膜试验,开始推广地膜覆盖技术,1989~1990年,在宝山乡进行地瓜大沟麦套种试验示范,1993~1995年推广脱毒地瓜栽培技术,1998年引进脱毒地瓜新品种。春地瓜面积逐渐减少,以夏播栽培为主。2000年以后地瓜面积逐年减少,主要栽植烤薯型和净加工型品种。2012年种植面积1288公顷,单产和总产分别达9075千克/公顷和11695吨。

大豆 1994年开始推广大豆摘芯断根技术。1998年推广机械大豆摘芯断根技术,但应用面积不大。大豆栽培主要是粗放式管理,品种主要是荷豆12等常规型品种。2012年大豆种植面积6700公顷,单产和总产分别为2430千克/公顷和16281吨。

瓜菜 1993年开始试验、示范和推广麦套西瓜高产栽培技术,麦套西瓜采取粮经间作,西瓜在5月1~8日播小麦间作行,初秋高温春西瓜已销完季节上市,一般亩产西瓜3100~3750千克。1995~1996年,在海青镇进行大棚西瓜早熟高产栽培技术实验研究,在早春利用大拱棚进行西瓜生产,使西瓜上市提前至5月1日,亩产西瓜4000~5200千克。1998年,胶南市蔬菜站进行反季节越夏香菇栽培技术研究,同年发展香菇棚100个。1999年全市共发展香菇棚700个,菇棒210万段。主要生产技术内容:选用适宜我市生产的优良夏菇品种931,以木屑、麦麸、石膏、白糠为原料进行科学配方制种发菌,采用木屑培养基装袋制菇棒,在林地拱棚内控温保温,进行生产,使香菇在夏秋季节上市,每棒产菇1.5斤。1999年,在王台、大场、六汪、胶河等重点瓜菜乡镇推广冬暖棚夏闲综合利用蔬菜高效栽培技术,夏菜平均亩产3120千克,当年夏菜总产2.59万吨,亩效益达到4680元,增加社会效益884万元。2001年在大场、胶河、王台集中实施四季白菜生产技术,共推广5333公顷,四季生产的白菜平均亩产5100千克。2001年,在王台、大场、胶河、海青、泊里推广名稀特优蔬菜栽培技术,推广面积8000公顷,选用以色列番茄品种R-144、1444、FA-516、189、麦卡比彩椒(以色列)、紫贵人(法国)白公主(瑞士)、AA-1134(以色列)进行工厂化育苗,科学配方施肥,根据品种特性,分类科学管理,结合标准化生产,综合防治病虫害。番茄亩产11000公斤,菜椒亩产3000公斤。2002年,在王台、大场、胶河、泊里、海青等实施蔬菜大面积标准化生产技术研究与开发,推广面积453.33公顷。2003年,在黄山、王台、六汪、张家楼、海青、六汪集中实施无公害芋头标准化生产技术开发,发展4226.7公顷,选用优质、高产品种,种薯脱毒,采用起垄覆膜和合理密植等栽培措施,合理施肥,科学用药,平均亩产3054千克。

第四节 种　子

小麦 1988年开始,小麦大致经历7次更新换代。1988 年前后，小麦品种以济南 13、鲁麦 1 号为主。1990 ~ 1991 年以鲁麦 7 号为主，1992 ~ 1998 年以鲁麦 21 号为主，1999 ~ 2000 年以烟 95021 为主，2000 ~ 2004 年以济麦 19、鲁麦 21 为主，2005 ~ 2008 年以济麦 20 为主，2009 ~ 2011 年以青丰 1 号为主要栽培品种，2009 ~ 2012 年种植面积占小麦播种面积的 50% 以上，累计推广面积达 4000 公顷以上。鲁麦 21 号适应性强，丰产性、稳定性较好，面粉白度好，深受群众欢迎，累计推广应用面积 37333.33 公顷，推广时间最长，贡献最大。

玉米　1988 年开始，玉米品种经历 7 次更新换代。1988 ~ 1990 年，主要以丹玉 13 面积最大，年推广应用面积 9333.33 公顷左右；1991 ~ 1994 年以沈单 7 号面积最大，年推广应用面积在 9333.33 公顷左右；1995 ~ 1997 年，以掖单 13 面积最大；1998 ~ 2000 年，鲁单 50 面积较大，但不占绝对优势，此时品种较多，各品种占面积比例较分散；2000 ~ 2004 年，以农大 108 为当家品种，推广面积较大；2005 ~ 2006 年，以东单 60 为主要栽培品种；2007 ~ 2012 年以金海 5 号为主要栽培品种，种植面积约占全市玉米种植面积的 50% 以上，累计推广面积 6 万公顷以上。

花生　花生品种经历 5 次更新换代。1988 ~ 1995 年，以花 37 为主；1996 ~ 1997 年，以 79266 面积最大，其次为鲁花 11 号；1998 ~ 2002 年，以花育 16 面积最大；2003 ~ 2006 年，以丰花 1 号为主栽品种；2007 ~ 2012 年，以花育 25 为主栽品种。

地瓜　1988 年以前，地瓜品种主要有青农 11、青农 2 号、烟薯 11、丰收白等品种。20 世纪 90 年代初，以制造淀粉加工粉条为主，选用了烟薯 11、徐薯 18，以加工熟干、食用为主的选用青农 2 号、烟薯 12 号，以生产饲料为主选用青农 11 号、丰收白。1991 年，烟薯 11 号面积达到 6300 多公顷，成为种植面积最大的品种。1993 年引进脱毒地瓜品种，主要有“250”，泰薯 2 号、“005”、“096”等品种。1994 ~ 1995 年以青农 2 号为主，面积最大。1996 ~ 2001 年以徐薯 18 号为主要品种，面积最大。其他品种为丰收白、鲁薯 7 号、鲁薯 8 号、烟薯 3 号、青农 2 号、青农 11 号等。2000 年引进日本玉丰、日本红东、日本山川紫等特色地瓜品种。2006 年引进济薯 22 号，2008 年引进烟薯 25 号。加工粉条用主要以徐薯 18 为主，烤食用以济薯 22、烟薯 25 为主。

大豆　1988 年以前，主要品种为鲁豆 4 号、鲁豆 1 号、东解 1 号等。1994 年主要品种为鲁豆 4 号，示范推广了 8625 - 63、烟黄 2 号、千斤豆等品种。1998 年主要品种有鲁豆 4 号、鲁豆 11 号、8625 - 63、鲁豆 12 号等，1998 年试验示范推广翠扇大豆、鲁豆 14 号、Z127、豆荚黄等。2002 ~ 2007 年仍以鲁豆 11 号、鲁豆 4 号为主要品种。2007 ~ 2012 年，主要栽培品种仍以鲁豆 11 为主。

土豆　一直以“克新 4 号”“克新 11 号”等东北“克新”系列为主。1996 年引进脱毒土豆“荷兰七号”“鲁引 1 号”，1999 年引进“美国大西洋”“东农 303”。之后脱毒土豆成为主栽品种。2004 ~ 2009 年，市场销售以花 25 为主栽品种，订单生产以大西洋为主，其次是荷兰 7 号。2009 年引进荷兰 15 号。2010 ~ 2012 年订单生产以大西洋为主栽品种，市场销售以荷兰 15 为主，其次是荷兰 7

玉米新品种展示现场会（2006 年拍摄）

号和花25。

第五节 肥　　料

胶南属于低山岭区，岭地占70%，在有机肥料资源分布上，差异明显。主要有9大类59种：9大类为粪尿、堆沤肥、秸秆、饼肥、海藻肥、绿肥、杂肥、农用三废和腐殖酸类。20世纪90年代前，境内农业肥料主要以粪尿、堆沤肥和土杂肥为主。

20世纪90年代中期，由于化肥在粮食生产中发挥着显著增产作用，农民对化肥形成了强烈的依赖，开始大面积推广施用化肥，有机肥使用数量逐渐减少，氮肥、磷肥和钾肥、氮磷、氮钾和磷钾的二元复合肥以及氮磷钾三元复合肥等化学肥料的使用量稳步上升。

1998年实施农业结构调整以后，化肥工业迅速发展，有机肥料主导地位逐步削弱，有机养分和无机养分贡献基本相当，有机养分利用方式已经发生变化。进入21世纪，随着农民科学种田意识的增强，有机肥料逐渐走红。2001年，全市耕地面积65022公顷，化肥使用量138692吨；2006年耕地面积缩减至51291公顷，化肥使用量达180253吨。2008年使用化肥43876吨，耕地平均施用化肥量851千克/公顷，薄面平均施用化肥516.46千克/公顷，远超国际标准的225千克/公顷；2009年，全市耕地面积52110公顷，化肥使用总量为139083吨，其中氮肥60662吨，磷肥14949吨，钾肥14949吨，复合肥41239吨，氮、磷、钾投入比例为1∶0.38∶0.23。粮田化肥实物使用量平均为975千克/公顷，氮、磷、钾投入比例为2.0∶1.0∶1.6。2011年，全市耕地面积52467公顷，化肥使用总量降至123868吨。2012年耕地面积52269公顷，化肥施用总量降至117042吨。

2006～2012年，承接农业部测土配方施肥项目，通过采取“测土到田、配方到厂、供肥到点、指导到户”和“免费测土、发卡到户、按卡购肥、指导使用”等一条龙的测土配方施肥技术服务模式，构建了主要种植作物（小麦、玉米、花生、苹果、蔬菜、茶叶、蓝莓）平衡施肥技术体系，改变农业传统施肥习惯，引导农民科学施肥。至2012年，共取土样10187个用于地力评价，6万公顷耕地享受到“营养配餐”。

第六节 农作物保护

病虫害　病害中小麦全蚀病发病逐年减轻，20世纪90年代末至2012年未发病。白粉病有明显减轻的趋势；纹枯病持续发病。植物病毒病有加重发生趋势。虫害中，小型化的虫子危害较重，且防治起来比较困难，如灰飞虱、烟飞虱、温室白粉虱、潜叶蝇以及其他螨类。

小麦锈病　主要分条锈病、叶锈病、秆锈病三种，其中以叶锈病为主。1990年、1991年、1994年和1998年发生较重，为中等程度，局部偏重，面积为1万公顷左右，沿海乡镇易发病。1993年、1996年、2003年、2007年和2010年中等偏轻发生。小麦条锈病在1991年大发生，发生面积1.1万公顷，其他年份未发病。

小麦纹枯病　造成小麦产量损失10%左右，严重者达30%～40%。境内自1994年开始发病，因为土传性病害，受土壤中病菌的累积作用，逐年加重。1996年开始推广立克秀拌种和种子包衣技术后，发病逐年减轻。分别在1997年、1998年、2001年、2003年、2004年和2005年中等发生程度，其他年份偏轻发生。

小麦白粉病　1990年和1991年中等偏重发生，面积分别为0.86万公顷和1.74万公顷，每亩减产30～80千克。1993和1994年中等发生，1992年和1996年偏轻发生，其他年份小发生或未发病。

花生叶斑病　系花生主要病害之一。1990年、1991年、1998年和1999年全市花生叶斑病大发生，面积为1.67万公顷左右，其他年份中等偏重发生或中等发生。

花生白绢病　2005年有零星发生，2006年开始有加重趋势，2007年、2008年偏轻发生，其他年份小发生。

花生疮痂病　2007年开始发病，2008年小发生，面积1333.33公顷，重发生面积3333.33公顷；2009年中等偏轻发生，发生面积3333.33公顷，重

发生田666.67公顷;2010年和2011年偏轻发生,发生面积6666.67公顷;2012年未发病。

玉米粗缩病　2000年、2003年、2007年和2011年发病较重。玉米7叶以前为感病敏感期,春玉米早播,夏玉米晚播可适当错过灰飞虱传毒期。

小麦蚜虫　为麦田常发虫害。穗期危害造成小麦灌浆不足,籽粒干瘪,千粒重下降,引起减产。1993年、1996年、2000年大发生,其他年份中等发生。

小麦红蜘蛛　麦蜘蛛春秋两季危害麦苗,被害麦叶出现黄白小点,植株矮小,发育不良,重者干枯死亡。1991年和1992年大发生,1993年、1994年、1996年中等发生,局部偏重,其他年份偏轻发生。

玉米螟　一般发生三代,以二代玉米螟发生为主。1990年二代玉米螟大发生,面积11333.33公顷;1991年偏重发生,其他年份中等偏轻或中等发生。

玉米蓟马　在玉米苗期危害较重。除危害玉米外,还危害小麦、高粱、水稻、谷子等作物。2000年发现为害,中等偏轻发生,发生面积4000公顷。

蛴螬　系主要地下害虫之一,对花生、地瓜、玉米、大豆等危害甚大。1988年至1995年连续发生,发生面积1.8万公顷以上。

棉铃虫　是一种杂食性、暴发性害虫,一般发生四代。1988年三代棉铃虫大发生,面积8533.33公顷,1994年中等偏重发生,2005年和2012年中等发生,其他年份偏轻或小发生。

粘虫　一般发生三代。1987年三代粘虫大发生,面积5533.33公顷,是历史上罕见的大发生年。1998年中等偏重发生,面积1万公顷,2003年小发生,2004年偏轻发生,其他年份未发生,发生与否取决于外来虫源。

斑潜蝇　境内危害比较重的有美洲斑潜蝇和南美斑潜蝇两种,前者于1995年传入,后者于1997年7月传入。均以危害瓜菜类为主,系境内危害蔬菜的主要害虫。

甜菜夜蛾　于1997年开始发生,1997年和2000年发生较重,发生受环境影响较大。

螨类　农作物及果菜生产上有多种螨类造成危害,且发生面积大,危害作物种类多,一年中多次危害。

白粉虱　20世纪80年代推广保护地栽培以后新传入的一种害虫,体小、色白,繁殖力强,世代重叠发生,以危害瓜果菜类为主,需连续多次防治尚能控制。

病虫害防治　境内农作物病虫害每年都有不同程度的发生。20世纪70年代开始采用黑光灯诱虫,2004年开始采用智能型虫情测报灯,2007年建立了以虫情测报灯、孢子捕捉仪为依托的病虫测报预警系统,辅以大田普查和定点调查相结合的办法,对常发性及突发性病虫害进行及时了解掌握,防治时效性很强,在病虫害发生需防治之前会利用金宏网、明白纸、广播电视等形式及时发布病虫情报,指导农民适时防治,年均发布病虫情报12期以上,准确率达90%以上。

第三章　畜牧业

20世纪80年代开始,全县畜牧业进入快速发展期。1991年,全市大牲畜存栏4.4万头,生猪存栏30.5万头,羊存栏9.7万只,家禽存栏260万只。2001年,全市大牲畜存栏达到12.6万头,生猪存栏达到41.2万头,羊存栏达到28.7万只,家禽存栏达到711万只。2012年初步建成奶牛、肉牛、肉羊、优质猪、肉兔、肉鸡、蛋鸡和特种动物等八大畜禽养殖基地,形成畜禽养殖区域化、主导产业特色化、特色产业规模化的发展格局。1988年起,胶南先后被确定为山东省畜牧业重点县(市),全国商品瘦肉型猪基地建设先进(县)市、全国奶山羊基地(县)市、全国秸秆养羊示范(县)市、全国无规定动物疫病区项目建设县

(市)等。2007～2011年连续五年被农业部确定为生猪良种补贴项目县。

第一节 畜禽养殖

家畜 生猪 1988年,国家拨给"议转平"饲料粮差价款扶持生猪生产,县委、县政府制定落实了出栏生猪与土地挂钩、交售生猪奖励、鼓励发展瘦肉猪、鼓励规模饲养等政策,涌现出大批规模化养猪场(户)。1989年被国家列为"全国商品瘦肉猪基地县",1991年被农业部、财政部评为全国商品瘦肉型猪基地建设"金杯奖",生猪饲养量达到66.03万头,比1988年提高17.6%。到1999年,生猪饲养量发展到94.23万头,肉类产量达到3.91万吨。2002年,农业部发布《无公害食品生猪管理准则》,全市严格推行生猪标准化养殖,生猪饲养量达到107.38万头。2006年下半年,由于饲料价格大幅上涨,国内部分省份发生疫病,生猪生产出现小幅滑坡,当年生猪存栏40.86万头。2007～2012年,连年被农业部列为"全国生猪调出大县",共计奖励资金2865万元,促进了生猪生产恢复性发展,鲲鹏生猪养殖基地、牧康源生猪养殖中心及天宇种猪场等较大规模猪场相继建成。2012年,全市共出栏生猪85.75万头,存栏能繁母猪5.73万头,生猪饲养量132.72万头。

肉牛 境内养牛数量多,分布广,大部分成散养状态。1988年肉牛饲养量为2.88万头,1990年上升到4.38万头。1991年引进21头鲁西种公牛,在黄牛较多的乡镇建立改良站点开展黄牛改良,肉牛养殖数量逐年增加。1996年全市肉牛饲养量15.86万头,产肉量8780吨。2004年存栏量达到16.40万头。2007～2011年,因缺少规模养殖场或龙头企业带动,肉牛饲养量逐步下降,2012年饲养量为2.81万头。

肉羊 1988年,全县肉羊饲养量11.05万只,产肉量429吨。1989年产肉量888吨。从1990年开始,肉羊饲养量逐年上升,到2002年饲养量上升到58.88万只。2005年,引进百只波尔山羊种公羊,使全市肉羊生产得到迅猛发展。2006年全市出栏33.53万只,2007年以后肉羊饲养数量逐年下降。2012年,全市肉羊饲养量为10.81万只。

奶牛 1988年,王台奶粉厂和宝山奶粉厂相继成立,带动了当地奶牛和奶山羊的饲养。1995年和1999年分别达到651头和839头,2000年496头。2001年,市政府印发《关于加快奶业生产的意见》,鼓励饲养奶牛。2002年实施《万头黄牛奶改综合配套技术推广》项目,全市奶牛存栏5039头。2006年开始,胶南市被农业部列为奶牛良种改良补贴项目县(市),为奶牛养殖户免费发放奶牛良种冻精,但因缺少规模养殖场及奶业龙头企业的带动,2012年仅有奶牛900头。

肉兔 1987年,省畜产进出口公司在胶南建成日加工能力1万只以上的肉兔屠宰加工线,带动农民肉兔养殖。1989年进行兔瘟防疫技术承包试点,1990年推广后,兔瘟防疫密度大幅度提高,养兔数量迅速增长,当年肉兔饲养量达132万只,比1989年增长125%。1992年肉兔饲养203.8万

肉羊养殖场(2008年拍摄)

肉鸡养殖场（2008 年拍摄）

只，出栏 142.1 万只，创汇约 300 万美元。1993～2002 年，肉兔饲养量基本保持在 200 万只以上。2005 年，欧盟对肉兔出口开关，肉兔养殖与加工出口量迅猛上涨，2007 年全市养殖肉兔 400 余万只，出口兔肉 3200 吨。2012 年肉兔出栏量 534.8 万只。

家禽 蛋鸡 境内蛋鸡的规模化饲养始于 1983 年。1988 年，县畜牧兽医工作站筹建县良种鸡场，承担全县的良种蛋鸡推广工作。1990年，1000 只以上的蛋鸡养殖户约有 30 家，集中在大场、泊里、王台、红石崖 4 个乡镇。1993 年后蛋鸡产业开始兴起，种鸡场、养殖专业村相继出现，1998 年达到养殖高峰，年末蛋鸡存栏量近 300 万只。之后由于养殖成本增加及疫病发生造成效益偏低，养殖数量逐渐减少。2003 年“非典”疫情、2006 年禽流感爆发都对蛋鸡生产造成影响。2010 年蛋鸡存栏 214.40 万只。2012 年蛋鸡存栏 229.28 万只。

肉鸡 境内肉鸡的规模化饲养始于 1988 年。是年，张家楼兽医站率先建成肉鸡饲养场，当年出栏 1.72 万只。20 世纪 90 年代发展迅速，逐渐形成以青岛康大集团公司、德维集团公司为龙头，广大养殖户为基地，各级畜牧部门和“肉鸡协会”为服务中介的肉鸡产业。1995 年，市、乡镇分别成立肉鸡生产领导组织加强对肉鸡生产的指导。2000 年，出栏肉鸡约 2000 万只，产肉量 4 万吨。2005 年，肉鸡出栏 2233.77 万只，达到高峰。2007 年，肉鸡出栏量不足 800 万只。2012 年，肉鸡出栏 1188.58 万只。

1988～2012 年全市（县）肉蛋奶产量及主要畜禽饲养情况统计表

表 10－3－1

年份	肉蛋奶总产量（吨）			肉牛（头）		奶牛（头）	羊（只）		生猪（头）		家禽（只）	
	肉类	蛋类	奶	存栏	出栏	存栏	存栏	出栏	存栏	出栏	存栏	出栏
1988	23287	10867	11008	26306	2460	396	74317	36142	277461	284000	1755300	—
1989	26400	10914	12263	33631	—	—	85003	—	281759	315600	2208779	—
1990	28687	16775	13153	39316	4460	352	90836	3486	284173	326579	2430996	—
1991	31345	18499	14911	44380	9347	301	97781	56235	305499	354759	2607445	—
1992	32246	18933	18442	56784	12668	552	109331	61093	302057	355000	3101030	—
1993	36126	28304	22126	63296	21940	259	118825	70653	307325	378337	3203826	—
1994	44211	25250	22945	82132	24630	546	138186	98616	352962	375000	4290879	—
1995	60652	30560	31925	100097	32028	651	158184	152035	352263	507831	6345934	—
1996	61338	32848	30379	100100	58535	304	164400	227381	355000	513000	—	—

续表 10－3－1

年份	肉蛋奶总产量(吨)			肉牛(头)		奶牛(头)	羊(只)		生猪(头)		家禽(只)	
	肉类	蛋类	奶	存栏	出栏	存栏	存栏	出栏	存栏	出栏	存栏	出栏
1997	79733	40342	37522	122443	35869	394	205000	170265	372000	551055	—	—
1998	78024	47596	50596	133400	41735	596	161889	265149	422835	497100	—	—
1999	84921	50592	51608	142776	58202	839	164307	313571	420298	521955	—	—
2000	98096	50018	52432	132537	58620	496	284414	314709	421268	610067	—	—
2001	98510	51399	60777	144281	75269	1470	286837	292812	412155	606814	7110000	—
2002	98676	53595	66892	147087	78611	5039	290904	297924	419482	654355	—	—
2003	99781	49500	79870	149500	—	—	280000	—	420000	620000	8000000	—
2004	107987	52355	86922	164000	—	—	300000	—	430000	708330	8500000	—
2005	115563	49594	88848	—	—	—	310200	319300	438600	765030	6707600	24481800
2006	115544	50670	93818	—	—	—	300238	335265	408637	806035	6067620	20081800
2007	59100	25721	36672	106090	42600	—	208934	180650	384892	606302	3650786	8699597
2008	64355	21647	13069	29079	8796	—	67511	68683	385500	649500	3640712	8806518
2009	65529	20619	13401	28046	9743	—	63893	65012	385216	714406	3512916	8661597
2010	67369	21527	14473	25210	9607	1322	58443	64700	425200	803400	3578160	8575550
2011	82186	20660	15086	23110	9850	1044	55680	61298	388750	851600	4031280	10178880
2012	84563	23013	15637	20064	8020	900	52086	56032	469700	857500	4502268	11959799

第二节　特种动物养殖

特种动物养殖始于 20 世纪 80 年代初期。2012 年已有水貂、狐狸、貉、梅花鹿、鸽子、山鸡等名、特、稀、优品种 28 个,年饲养各类特种动物 100 万头(只)以上。

貂、狐、貉　1988 年,全县饲养水貂 45.3 万只,饲养量居全国县市之首。之后毛皮市场销路不畅,价格急剧下滑,水貂饲养量大幅下降,1993 年仅有 5053 只,为历史最低水平。1994 年毛皮市场价格开始相对稳定,水貂饲养量开始反弹,每年以 30% 的速度增长,2000 年饲养 12.60 万只,此后一直维持在 15 万只左右。狐狸、貉等特种动物养殖从 1992 年开始迅速发展,1999 年狐狸饲养发展到 7.34 万只。2012 年有近 3000 农户从事特种经济动物养殖,年饲养水貂、狐狸、貉近百万只。

梅花鹿　青岛亿联集团股份有限公司于 1998 年投资成立青岛亿联鹿业有限公司,在珠山街道袁家庄村建成省内最大的梅花鹿养殖和繁育基地,当年养殖梅花鹿 500 余只。2010 年在大村镇双墩村建立存栏规模 2000 只的养殖基地。2012 年,全市存养梅花鹿约 3000 只。

青岛亿联鹿业有限公司梅花鹿养殖场

第三节 品种改良

境内有组织的家畜品种改良始于20世纪80年代初，开始陆续建立一批改良站、配种站。1997年成立胶南市家畜改良站。21世纪初期开始相继成立畜禽良种生产企业。至2012年，全市共有畜禽良种生产企业12家，其中种鸡场4家，种猪场4家，良种兔场4家，牛羊改良站39个。

生猪 1981年开始从山东省农科院畜牧兽医研究所引进长白、大约克、杜洛克等国外优良瘦肉型公猪，对本地生猪开展二元、三元杂交改良。1993年开始大面积推广大约克公猪杂交本地母猪。2007年建成青岛市第一个种公猪站——青岛美邦人工授精站，建立完善30个配种站点。2007年被农业部列为生猪良种补贴项目县，连续5年实施生猪良种补贴项目，年使用生猪精液18万头份左右，改良生猪72万头。

青岛美邦畜禽良种推广中心种公猪场 始建于2005年，坐落于青岛临港经济区李家洼子村，占地2公顷。场内建有三区式养殖模式的种猪选育场3座，单元式养殖模式的种猪选育场1座，配套建有113头的猪人工授精站、污水处理等设施。多年承担生猪良种补贴项目，可提供长白、大约克、PIC、托佩克种猪繁育、种猪精液供应服务。自2008年开始成为胶南市、黄岛区的精液供应单位，年可供应精液400万头份以上。

青岛胶南福海良种猪场 原为胶南市农科所良种猪场，始建于2006年，坐落于六汪镇野潴村，占地2.33公顷。2009年组建青岛西海岸良种生猪专业合作社，实行“猪场+合作社+农户”模式发展生产，种猪远销烟台、潍坊、五连、日照、济宁等地区。截至2012年底，该猪场存养核心群母猪260头，公猪50头，存栏种猪1200头，年供种能力为3500头。

胶南天宇良种猪场 始建于2006年，坐落于宝山镇白家屯村，占地3.33公顷。2011年组建青岛宝山养猪专业合作社，实行“猪场+合作社+农户”模式发展生产，种猪远销烟台、潍坊、五连、日照、济宁等地区。2012年底，该猪场存养核心群母猪600余头，公猪80头，存栏种猪4000头，年供种能力为10000头。

奶牛、黄牛 1991年恢复和新建10处家畜配种站，引进鲁西黄牛21头，1992年改良黄牛1万头，占黄牛配种数的40%。1992年由北京、大连

2009年5月7日，全市肉兔产业发展现场会召开

琅琊鸡养殖基地

等地引种黑白花奶牛 192 头，推广奶牛细管冻精配种改良技术，冷配奶牛 400 余头。1997 年推广夏洛莱、利木赞、安格斯、西门塔尔、蒙贝利亚、皮尔蒙特等品种细管冻精，年改良黄牛 2 万头，占配种数的 90% 以上；利用荷斯坦奶牛细管冻精改良奶牛，年改良 600 头以上，占配种数的 95% 以上。

奶山羊　1980 年开始奶山羊品种改良后，平均只羊年产奶提高到 200 千克左右。1981 年建立胶南改良站，1985 年建立王台改良站，扩大改良面。1990 年改良羊达 4.5 万只，改良面在 75% 以上，1992 年改良面达 85% 以上。1995 年引进 3 只法国夏洛来种羊和 21 只小尾寒羊与当地母羊杂交，杂交羔当年体重比当地羊提高 12 千克以上。1999～2012 年底，先后引进波尔山羊、杜泊羊和无角葡赛特等优良品种对本地山羊、杂交奶山羊进行杂交改良。

肉兔　21 世纪开始发展肉兔生产。2005 年，青岛康大兔业发展有限公司引进伊普吕配套系、新西兰兔、加利福尼亚兔和伊拉配套系良种种兔，4 次引进 3706 只。2010 年与法国欧洲兔业公司(EUROLAP)合作培育出能够替代进口配套系的杂交配套系良种——康大肉兔 1 号、2 号、3 号配套系，并于 2011 年 10 月正式通过国家畜禽遗传资源委员会终审评定，获得肉兔新品种配套系证书，填补了国内肉兔育种空白。2012 年底，康大肉兔配套系曾祖代种兔存栏 2200 只。

琅琊鸡　原产于境内南部沿海的琅琊、寨里、泊里、信阳一带。因这一带历史上属琅琊郡，故称“琅琊鸡”。20 世纪 40 至 80 年代发展最好，种群纯正，数量众多。1978 年，被列为山东地方家禽良种。20 世纪 80 年代后期，由于外来鸡种大量引进和杂交，种群数量大幅减少，存养数量不足 1 万只，且品质逐渐退化。2004 年，青岛东威畜禽养殖场成立，并联合农户组建琅琊鸡养殖协会，注册“琅琊鸡”商标。以协会为依托，带动当地农户进行琅琊鸡的保护、繁育和产品开发。2005 年启动琅琊鸡保种工程，在青岛海兰种畜禽有限公司设立琅琊鸡保护场。2006 年 10 月，琅琊鸡保种场被青岛市畜牧局确定为琅琊鸡原种场。2009 年，琅琊鸡被省畜牧兽医局列入《山东省畜禽遗传资源保护名录》。2012 年，琅琊鸡纯种基因已提纯到 95% 以上，建立保种基础群 3000 套，每年向社会提供琅琊鸡鸡苗 30 万只以上。

第四节　重大动物疫病预防与控制

1988 年，根据农业部安排，组织开展畜禽疫病普查。20 世纪 90 年代中期消灭了牛肺疫，猪瘟、猪丹毒的免疫密度达 90% 以上，其中规模饲养场免疫密度达 100%，程序化、科学化免疫技术覆盖面达 90% 以上，有效控制了猪瘟、猪丹毒、鸡新城疫和兔瘟等动物疫病。

1998 年开始实施无规定动物疫病区项目建设，2000 年各项建设指标均达到规定标准。2002 年被农业部确定为无疫区示范区项目建设县市。2003 年建成 1 处市级动物卫生监控中心和 9 处基层动物防疫监督站，动物防疫水平进一步提高。2005 年公开考选 500 名村级动物防疫员，组建基层动物防疫队伍，建立市、镇、村三级动物疫病防控体系。2010 年，市畜牧兽医主管部门自主研发了“动物饲养与程序化免疫监督管理系统”，实现动物饲养与防疫网络化管理，全面推行程序化免

疫，确保畜禽随时处于免疫保护状态，不发生区域性重大动物疫情。

2002 年 7 月，对猪、牛、羊全面推行动物免疫标识制度，建立免疫档案，佩戴全国统一编码、颜色、大小和形状的耳标，动物凭免疫耳标和检疫合格证明买卖和运输。应免动物免疫率、消毒面和免疫标识挂标率达到了“三个 100%”。2008 ~ 2010 年投资 128.7 万元配备动物标识智能识读器、IC 卡以及检疫证打印机，防疫人员通过识读器及时将动物免疫、检疫、疫病监测等信息传输至中央数据库，实现对动物疫病源的有效追踪。

2004 年，成立胶南市高致病性禽流感防治指挥部，组织指挥防控疫情。2007 年 4 月成立胶南市防控重大动物疫病指挥部，每年定期组织开展春、秋两季重大动物疫病集中强制免疫和消毒灭原工作，重大动物疫病防控工作实现常态化运转。2010 年增加夏季重大动物疫病集中防控工作，集中强制免疫由传统的一年两季调整为一年三季，提高了防疫密度和免疫效果。

第四章　农业机械

第一节　农机种类

1987 年，全县拥有农业机械总动力 261223 千瓦。2012 年，全市农机总动力 765590 千瓦，农业机械原值 79335 万元，净值 63400 万元。形成集耕作、播种、灌溉、收获、加工、运输为一体的农业机械化体系。

耕作机械　1988 ~ 1991 年，政府以优惠政策和资金补贴鼓励发展农业机械。2004 年国家购机补贴政策实施以后，农业机械加快发展。2012 年，全市耕作机械发展到 47660 台，其中大中型拖拉机 3460 台，手扶拖拉机 42500 台。机引犁 38600 台，机引耙 12000 台。拖拉机与农机具的配套比为 1:3台（包括拖车）。当年完成机耕作业面积 7.73 万公顷以上，机耕率达到 99%。

播种机具　1988 年拥有播种机 575 台，当时平洼地和平原地为机械化与半机械化播种，丘岭、山地靠人和畜力牵引播种，机械化播种程度较低。1991 年拥有播种机 1017 台，主要有：2BX－9 型播种机，以 6 行、9 行播种为主，播深为 2 ~ 12 厘米，与泰山－12 型拖拉机配套作业，每小时播种 0.27 ~ 0.47 公顷；2BX－6 型半悬挂播种机，播幅为 100 厘米，播深为 2 ~ 12 厘米，每小时播种 0.4 ~ 0.5 公顷，与泰山－12 型拖拉机配套作业。2012 年播种机械已达 8238 台，机播小麦 2.37 万公顷，占播种面积的 90% 以上。

收获机具　1987 年拥有小麦割晒机 158 台，主要机型为 4GL－140 型麦稻割晒机，宽幅 1.4

保护性耕作现场会

米，侧向铺放，每小时收割0.4～0.47公顷。1991年由灵山卫农机站引进首台小麦联合收割机。1998年因受鼓励政策影响购进小麦联合收割机71台（王台、灵山卫、宝山较多）。2012年已达471台。机收小麦2.61万公顷，机收率达到了99%。

排灌机械 1987年拥有排灌机械800台/3706千瓦。1991年始引进离心式水泵，自吸离心泵、双吸离心泵、潜水电泵、喷灌机等各种排灌机械。2012年排灌机械已达5800台，总动力达到47200千瓦。

农副产品加工机械 20世纪80年代，加工企业先后研制出面粉加工、饲料加工、榨油成套设备和农副产品加工单机等投入民间使用。1987年拥有磨面机1651台，碾米机349台，饲料粉碎机3546台。2012年拥有粮食处理机械7300台，初加工机械6910台（套），实现了粮、油、饲料加工机械化。

第二节 农机科研与推广

1979年，成立胶南市农业机械研究所（原农机化技术推广站），开展对农业机械的研究推广工作。1988～2012年取得科技推广项目成果14项，其中获国家级三等奖1项，省级三等奖3项，青岛市级奖6项，胶南市级奖4项。

农机科研项目及成果 1993年12月，犁铧在砂土中磨烂磨损特性及提高寿命的研究，获机械工业部科技推广三等奖。2006年，农机所研制的2BFS－2K型花生覆膜播种机与手扶拖拉机配套使用及2BFS－2型花生覆膜播种机与小四轮拖拉机配套使用，一次完成播种、施肥、起垄、打药、覆膜、膜上压土，具有结构紧凑，性能可靠，操作方便，使用灵活等特点，于2008年通过省农业机械鉴定站鉴定，2010年被编入全省农机推广目录。2008年与中国农机院、青岛农业大学联合研制“自走式全喂入花生联合收获机”，已经大量推广。2009年研制的1LX－525型铧式犁，参考德国技术能横施竖施，属国内首创，2010年通过山东农业机械鉴定站鉴定，并列入中国农业机械化杂志推广产品，现全国各地均有销售。

农机推广及成果 20世纪80年代末，重点推广小麦半精量播种机、地膜覆盖机、和墒器、旱田沟播机、化肥深施耧、小麦割晒机等半机械化农机具。1991年开始推广小麦、玉米精少量播种机，小麦联合收割机，花生联合播种机和花生挖掘机（犁）及机械化秸秆综合利用技术、花生机械化增产技术和玉米机械化套种技术，当年推广化肥深施耧400多台，花生播种机200余台，小麦沟播机200余台，推广旋耕机50台。1993年重点推广“三播两深”新技术（小麦沟播、精少量播种、玉米机械套种和深耕、深施肥）。1998年新增小麦联合收割机17台。1999年推广玉米联合收获机械5台，玉米播种机械332台，花生联合播种机140台。2005～2012年，争取青岛市级财政资金5831万元，每台补贴30%推广玉米收获机391台。2007年推广保护性耕作技术实验，至2012年推广免耕播种机423台，深松机235台。

第三节 农机监理

1983年11月，成立胶南县农业机械安全监理站。1994年实现挂牌、办证、年检、年审微机化管理。2005年实现农机监理业务网络化管理。2011年更新、配备农机监理专用车4辆。2012年装配拖拉机驾驶员电子桩考仪1套、拖拉机流动检测设备1套。

农业机械管理 1988年，全县挂牌拖拉机5634台，其中大中型562台，小型5072台，持证驾驶员7421名，年检拖拉机5353台，审验驾驶员7124名。1997年，根据公安部、农业部通知精神核（换）发全国统一道路行驶牌证9950付。2005年4月，将3678台拖拉机变形运输机和3719名驾驶员移交至公安部门管理；是年5月，根据道路交通安全法规定核发全国统一的农业机械行驶牌证和驾驶证，对农业机械及其驾驶操作人员统一管理。全市挂牌拖拉机21036台，其中拖拉机变形运输机3678台，大中型拖拉机830台，小型拖拉机16528台。2012年，全市挂牌拖拉机、联合收割机23301台，其中大中型2378台，小型20923台；有证驾驶员7047名。市农机监理部门负责全市农业机械的安全监管工作，年检车辆12889台。

1988～2012 年全市(县)农业机械管理情况统计表

表 10－4－1　　　　单位:台、人

年份	合计	挂牌数量		驾驶员人数	年检数	年审数
		大型拖拉机	小型拖拉机			
1988	5634	562	5072	7421	5353	7124
1989	6249	481	5768	7925	5874	7687
1990	5677	402	5275	7661	5677	7661
1991	6695	398	6297	8603	6273	8173
1992	7515	353	7162	8652	6914	8046
1993	9035	340	8695	8971	8041	8074
1994	9689	353	9336	9453	8236	8224
1995	10289	345	9944	8005	8436	6644
1996	9617	312	9305	8327	8174	7078
1997	9950	348	9602	8788	8855	7821
1998	7606	573	7033	7452	5780	5663
1999	6083	880	5203	6972	4805	5577
2000	9120	1321	7799	7041	7296	5703
2001	10818	1905	8913	7611	8763	6241
2002	13866	2516	11350	8681	11093	7205
2003	15734	3305	12629	8992	8032	8501
2004	17280	4424	13856	9545	8489	9002
2005	21036	4508	16528	10119	11324	9743
2006	18530	830	17700	6400	9954	6025
2007	19043	1022	18021	6623	10542	6032
2008	19794	1256	18538	6725	10272	6210
2009	20530	1574	18956	6802	11855	6352
2010	21155	1806	19349	6914	11946	6405
2011	21907	2025	19882	6998	12054	6517
2012	23301	2378	20923	7047	12889	6625

农机安全监管　市农机监管部门常年负责全市农业机械的安全监管工作。严防和减少拖拉机、联合收割机等农业机械事故隐患,对无牌行驶、无证驾驶、不参加年度检验、违法载客、酒后驾驶等农机违法违章行为进行严厉查处。1992 年查处无牌拖拉机 3740 台,无证驾驶人员 860 人。2002 年开展第一个以“安全责任重于泰山”为主题的“安全生产月”活动,排查农机安全隐患 35 处。2003 年开展农机安全示范镇、村、户的创建工作,4 个示范镇、45 个示范村、450 个示范户推动了农机安全生产工作。2008 年开展“农机安全生产百日督查专项行动”,检查拖拉机 2500 余台次,查处违章行为 930 起。2010 年,根据青岛市部署,开展农机安全生产网格化监管,建立“横到边,纵到底”的农机安全生产监管网络。2012 年查处无牌上路拖拉机 1340 台,无证驾驶人员 343 人。

农机维修和销售　20 世纪 80 年代初期,农机商品主要由县农业机械总公司和所属乡镇分公司经营,商品价格由省农机局统一管理。之后逐步转为个体经营。1991 年开始对农机维修点进行登记整顿。1994 年对 36 个农机维修点、58 个农机配件供应点核发合格证。1997 年农机维修点 145 个,农机配件供应点 93 个,农机市场逐步规范。2000 年后,随着城市化进程的加快和大型农业机械的推广应用,一些小微型农机经营点因不适应市场需求而停业或转行。2002 年有农机维修点 26 个,农机配件供应点 17 个。2007 年开始对农机维修点进行重新审查和评定,重新核发农业机械维修技术合格证。2012 年有五星级农机销售企业 1 家,四星级农机销售企业 8 家;二级农机综合维修点 10 个,三级农机综合维修点 10 个。

第四节　农机培训

1975 年 4 月成立县农业机械化学校,承担全县拖拉机驾驶员操作手、农机管理人员的培训工作。1990 年 2 月纳入成人教育管理渠道,教学业务接受县教育局的指导、管理和监督。1999 年,全省实施农机“绿色证书工程”培训,培训中增加农机农田作业内容。是年 5 月,因农业机械化学校由原来差额拨款事业单位转为企业,为弥补经费不足,先后与宝山职业六中、市职业中专联合办学,开设农用车辆驾驶与维修专业,培养学员 5 批 270 人。2002 年实行驾驶证、绿色证书、职业资格证“一训三证”的培训模式,1045 人参加培训。2005 年在农村劳动力转移培训中免费培训拖拉机驾驶员 805 人。是年,青劳社函〔2005〕10 号文件同意农机职业技能培训纳入政府培训补贴职业(工种)范围。2008 年,根据鲁财综〔2005〕83 号通知精神,农机培训费自 2009 年 1 月 1 日起停收,省农机办《关于制定农机驾驶社会化培训收费标准的请示》经省物价局批复,自 2010 年 4 月 10 日起执行。农机学校于 2011 年 3 月新注册成立了青岛胶南农业机械技术培训学校,开始社会化服务。

第五节　农机作业

1988 年,农机作业仍是传统的机播、机收和机耕。当年机耕 4.47 万公顷,机播 3.13 万公顷,机收 700 公顷。1999 年机耕 5.13 万公顷,机播 4 万公顷,机收 0.73 万公顷。1993 年三夏开始,利用小麦耕种、收获的时间差和地域差,组织小麦联合收割机跨区作业。1998 年引进两台上海三型背负式联合收割机,赴河南、安徽等地跨区收割小麦。2003 年组织 15 台收割机跨区作业。2004 年,国家实施购机补贴政策,农业机械保有量迅速增加,由单纯小麦收割发展到小麦机收、玉米机播“一条龙”,并延伸到“三秋”玉米机收和小麦机播“一条龙”。2006 年开始由农机合作社组织跨区作业。但随着国家补贴的落实,各地小麦机械趋于饱和,2009 年开始跨区机收下滑。2012 年境内机耕 7.73 万公顷,机播 5.07 万公顷,机收 4.33 万公顷。

第十一篇

林果与桑蚕业

第一章　林　　业

胶南历来重视造林绿化工作，先后启动城乡植树增绿、湿地保护、采石坑修复、道路提升、万亩林场建设等生态造林工程。1994 年 3 月，胶南市被全国绿化委员会评为全国造林绿化“百佳县（市）”。1996 年 3 月，被全国绿化委员会、林业部、人事部联合授予“全国造林绿化先进单位”称号。2004 年 3 月，被全国绿化委员会评为首批“全国绿化模范城市”。2006 年 3 月，市政府被评为全国绿化先进集体。2012 年，全市林地面积 7.42 万公顷。其中，用材林 2.69 万公顷，防护林 3.07 万公顷，经济林 1.66 万公顷。森林覆盖率达 47.8%。

第一节　林业生产

林地　1987 年，全县林业用地面积 3.97 万公顷，其中林地 3.83 万公顷。是年，被列入全国 12 个沿海综合防护林体系规划设计试点县。1991 年进行县级林业发展规划，全市林业用地面积 3.97 万公顷，其中林地 3.76 万公顷，占林业用地总面的 94.71%，林木活立木蓄积 64 万立方米，林木覆盖率 29.06%。2000 年进行第二次县级林业发展规划，林业用地面积 4.13 万公顷，其中有林地 3.45 万公顷，占林业用地总面积的 83.54%，活立木蓄积 82.5 万立方米，林木覆盖率 25.2%。是年开始将林业重点转移到荒山造林、退耕还林、沿海基干林带、绿色通道工程、镇村绿化和经济林生产特色农业上来。2012 年，全市林业用地 7.59 万公顷，其中林地面积 7.42 万公顷，占林业用地总面积的 97.62%。

林业场圃　作为林业生产的主要载体，20 世纪 50 年代开始陆续发展林木苗圃。2012 年，全市国营林业场圃有胶南市环海林场、胶南市林业科学研究所、王戈庄苗圃、泊里苗圃 4 处，均为 20 世纪 50 年代至 80 年代建设。进入 21 世纪，采取政府主导，龙头企业产业化经营、大户承包、镇村联办等形式，按照“谁种林谁受益、林权多元化”的思路，多层次、多渠道筹资筹劳，规划建设了藏南镇、张家楼镇两个万亩林场。

胶南市环海林场　建于 1959 年 11 月，位于滨海大道以东、风河以南，总面积 344.53 公顷，其中黑松 175.07 公顷，刺槐 46.93 公顷，苹果 12 公顷，欧美杨等 13.33 公顷。1988 年后苹果树老化，改种苗木。20 世纪 90 年代初，林场在事业单位分类改革中被定为经费自收自支事业单位。随即改革管理模式，以土地置换和租赁承包等方式，在理务关和泊里镇分别建立一处蓝莓生产基地，面积共 20.67 公顷，建设蓝莓繁育大弓棚 52 个，面积 3600 平方米。2012 年完成各类育苗 6.67 公顷，出圃各类苗木 100 万株。当年职工总数 52 人，经营总收入 200 余万元。

胶南市林业科学研究所　1975 年由峄山园艺场改建，面积 7.33 公顷，主要进行林木有性杂交

藏马山万亩林场

育种、林木良种引进繁育、单体育种、生物防治林果害虫等科学实验，兼营果品和绿化苗木。20世纪90年代初，事业单位分类改革被定为经费差额补助事业单位。2010年保留机构名称，将7名职工和生产资料合并到胶南市环海林场。

王戈庄苗圃　1980年由胶南县战山河指挥部农场改建而成，位于珠山街道孟家庄村南。圃地16.13公顷，其中育苗地11.33公顷，主要繁育杨树、刺槐、榆树、泡桐、绒毛白蜡等用材林苗木。20世纪90年代初事业单位分类改革被定为经费自收自支事业单位，2001年改为企业化管理事业单位。2010年保留机构名称，将5名职工和生产资料合并到胶南市环海林场。

泊里苗圃　1956年由原藏马县农场改建而成，位于泊里镇魏家村后。有圃地7.67公顷，其中育苗地6.07公顷，年生产用材、观赏苗木10多万株。20世纪90年代初事业单位分类改革被定为经费自收自支事业单位，2001年改为企业化管理事业单位。后改制为股份制苗木生产企业。

藏南镇万亩林场　始建于2012年，林场范围东起崖下水库干渠，西接大村镇界，南邻环镇路，北至藏马山峰顶，涉及12个村，总面积937.33公顷（其中原有林地86.67公顷、疏林补植247.33公顷，成片造林面积603.33公顷），造林总投资1.3亿元。栽植蓝莓、绿茶、紫薇、紫叶李、樱花、黄栌、美人梅等各类乔冠木800多万株，形成乔灌草、多树种的配置格局。

张家楼镇万亩林场　始建于2012年，林场范围北起204国道，南至下村，围绕登台路两侧，以丁家寨村蓝莓采摘园为中心。总面积933.33公顷（原有林地面积86.67公顷，新造林606.67公顷，疏林补植面积240公顷）。造林总投资1.53亿元。栽植蓝莓、紫薇、紫叶李、红枫、樱花等各类乔冠木1100多万株。

育苗　1988年以前，林业育苗以国有苗圃为主，所育种苗以杨树、防护林树种和果树苗为主。1992年，为落实省委、省政府《关于学习广东，奋战十年，绿化山东的决定》，大搞荒山、荒地造林绿化，苗木需求徒增，胶南市涌现出一大批规模大、质量高、效益好的育苗企业和大户，其中3.33公顷以上育苗企业和大户有80多家。2001年8月开始实施林木种子生产、经营许可制度，依法规范林木种子市场。2012年有“两证”苗圃201处。其中，公营苗圃4处，企业苗圃34处，个人苗圃163处。育苗面积1040公顷，年出苗1500万株。

造林绿化　沿海防护林体系建设　20世纪80年代，胶南海岸线曲折漫长，北起洋河入海口处的五河头，南至白马河入海口处的王家滩，全长131.1千米，其中适宜绿化长度115.4千米。1991年7月完成胶南市沿海防护林体系建设规划设计方案，并不间断实施。2000年初进行沿海防护林带新植加宽补植工程。2004年6月，依据国家重点公益林的界定标准和《山东省重点公益林区划界定实施细则》，申报并通过国家级沿海防护林基干林带面积1.22万公顷。2012年共有国家级沿海防护林基干林带面积1.24万公顷。

退耕还林和绿色通道林带工程　2002年，市委、市政府印发《关于进一步加快林业建设的决定》，提出五年全市退耕还林和“四荒”开发目标：对全市通道林带、25度以上坡耕地和边缘山、自然保护区、旅游区、道路沿线两侧可视山头荒芜的宜林地和林相较差的地片，全部退耕还林，高标准绿化。市、镇、村三级层层签订干部任期绿化目标责任书，加大造林绿化在农业考核中的比重，贡献突出的“绿化模范”与市级劳模享受同等待遇。2007年完成境内通道林带建设任务，林带总面积12266.67公顷。据统计，市财政累计发放补助奖励资金1.15亿元，调动社会投入林业建设资金达4.5亿元。

2008年开始，对高速公路两侧绿化规划设计方案和施工进行招标。在济青南线高速公路宝山、黄山和王台段完成24.8千米长、每侧30米宽的林带建设工程。栽植柿树、水杉、杨树、雪松、樱花、紫薇、竹子、迎红杜鹃等各类苗木10.8万株，绿化面积140公顷。2010年完成滨海公路南段35.3千米、每侧30米林带建设，栽植水杉、紫叶李、雪松、樱花、紫薇、栾树、黑松等各类苗木26.8万株。2011年进行断档补植和提升工程，对204国道、泰薛路、王黄路、辛积路两侧实施10米宽围挡式屏障绿化；对同三线高速两侧各实施5米宽屏障绿化。到 2012 年，绿色通道建设总长度达 1086 千米，林带绿化 5880 公顷。

荒山造林绿化工程　1989 年制定《胶南 1990～1992 年林业发展规划》。各乡镇据此制定三年林业发展规划。1991 年，根据省委、省政府学习广东的决定，出台《关于奋战五年，全面绿化胶南的决定》，市政府与各乡镇政府签订“八五”绿化责任状。以山区造林为突破口，对环“铁橛山、藏马山综合开发”的 7 处乡镇 42 个村派驻 160 多人的工作队，在铁橛山、藏马山 150 平方千米范围内，集中会战一个月，开通高标准环山路 103 千米，沿路两侧上下各 200 米开发整地 1000 公顷。组织上万人的山区造林队伍，连续三年开展大规模抗旱造林突击月活动。到 1993 年底，完成山区造林 1266.67 公顷，提前一年完成荒山荒滩绿化任务，被省委、省政府评为“提前达到省‘八五’造林绿化标准先进单位”。

农田林网绿化

“九五”(1996～2000 年)期间，全市 10 大河流沿岸发展用材林基地 1333.33 公顷。在铁山、六汪、大村、理务关、张家楼、珠海等镇、街道，发展板栗、冬枣、日本甜柿、韩国梨、猕猴桃等经济林 6000 多公顷。封山育林 6666.67 公顷，列入封山育林的乡镇、街道 17 处，新建护林房 150 间，界碑、标志牌、界桩 169 个，瞭望台 1 处。2002 年，市政府印发《关于进一步加快林业建设的决定》，将集体所有的荒山通过租赁、拍卖、招标、转让等方式，吸引社会力量和资金参与荒山造林绿化。三年内对验收合格的绿化工程每亩奖励 300 元。2004 年开始飞播造林数年，收到预期的绿化效果。至 2012 年，全市适于人工植树的宜林荒山全部绿化，总面积 1.23 万公顷。

荒山绿化

农田林网建设工程　20 世纪 70 年代，胶南在进行农田基本建设的同时展开了农田林网建设。1987 年已建成林网 9800 公顷，林网树木 84.63 万株，林带总长 932 千米，覆盖面积 647.53 公顷，占林网面积的 6.28%。1988 年开始着手新一轮林网建设规划。1990～1991 年，塔山乡万亩林网林业重点建设顺利完成，涉及井戈庄、保子埠、魏家大庄等十几个村，林带总长 40 千米，路渠两侧栽植一行或者二行树，整修营养带 40 千米，栽植 I—69 杨 3 万株，使万亩农田成方，路渠成网、树木成行。1999 年，建设林网 666.67 公顷，全部选用胸径 3 厘米以上的优质高产高效银杏苗木和木槿等花木，并辅以栽植常绿、花灌木和乔木，为高标准农田林网建设树立了样板。2005 年，青岛优质高效粮食示范区在胶南实施，面积 8000 公顷，涉及大场、海青等 7 处镇；在塔山洼、显沟洼、东十字洼、苿旺洼、茂甲

镇村道路绿化

洼、刘北洼、红石洼优质高效粮食示范区内，新建林网846.67公顷，完善林网237.33公顷，改建林网160公顷，林带长度25.89万米，栽植树木22.07万株。截至2012年，全市已建成林网9580公顷。

镇村绿化工程　20世纪60年代至70年代，镇、村绿化多为村旁、宅旁、路旁、水旁隙地植树，也叫四旁绿化，由一家一户自发、零星栽植。20世纪80年代，集体经济较好的村庄开始建设花园式单位，雪松、蜀桧、水杉、国槐、法桐等观赏树种进入农村街道和庭院，个别村庄还建有绿篱、花坛等。20世纪90年代初，镇、村绿化开始列入青岛市林业局和胶南市委、市政府对乡镇的考核。到20世纪90年代末，30%的村庄建起4行围村林，并按照乔、灌、花、草相搭配要求，建成花园式村庄。2006年，完成45个社会主义新农村试点村街道绿化美化，栽植各类绿化苗木16万株，财政投资225万元。2010年，在全市主要交通干线可视范围及10大特色线路沿线，182个村完成村庄绿化和实施绿村百花工程，统一采购苗木38万株，财政投入862.69万元。2011年，市委印发《关于大力开展城乡绿化打造绿色生态胶南的意见》，结合城乡环境综合整治，在全市开展路域和镇村绿化活动，重点对通道可视范围和观光特色农业区域的500个村庄实施高标准绿化和改造提升。市财政设立城乡绿化专项资金，通过以奖代补等措施，加大对城乡绿化的投入力度，投入资金达3400万元。到2012年，全面完成500个村庄绿化任务，占全市村庄总数的52%以上。

全民义务植树活动　1979年3月8日，组织全县人民植树造林迎接第一个植树节，并开展“春季造林突击周”活动。自此以后，全市每年植树节，从市直部门到乡镇，都组织参与规模盛大的义务植树活动。为了切实加强对植树绿化工作的领导，“八五”（1991～1995年）期间开始实行各级领导干部绿化责任制。每年初与市直部门和乡镇党委、政府主要负责人签订《绿化责任状》，明确目标责任和奖惩标准，列入年度考核，建立长效领导责任机制。至2012年底，青年、妇女等群众团体和胶南驻军，以建设“青年林”“三八林”“友谊林”等形式，积极投身全民义务植树活动。据统计，全市义务植树尽责率每年都在90%以上，连续多年被青岛市绿化委员会授予“全民义务植树先进单位”称号。

义务植树活动

林业产业　林木运销加工产业　20世纪80年代末，林业发展的重点转向用材林、经济林基地建设和林业企业建设，在吉利河、白马河等主要河流两岸建起69杨生产基地2000公顷。随着林业生产的发展和林木蓄积量的增加，西部林业重点乡镇生产、生活环境得以改善，林业生产成为部分镇村集体增收的支柱产业。2005年前后，涌现出一批典型镇、村和林业大户。理务关、大场、大村等12个乡镇成为全市林业生产典型镇，其中有4个乡镇用材林面积达到2700万公顷以上；理务关镇代家尧村、大村镇田庄村、泊里镇菜园村等28个村成为全市林业生产专业村。木材加工运输业也应运而生，全市拥有较大规模的木材加工企业20余家，木材加工户年收入5万元以上的有89户，木材贩运户年收入5万元以上的304户。参与林产品运输的车辆达到280余辆，年运输量达21000立方米，吸纳劳动力3500多人。以木门为主打产品的青岛亚森木业有限公司，凭质量和信誉打开了国际市场，产品畅销英国、美国等国家，年可生产模压门板3600万张、木质门1万扇，销售收入3000万元。2012年，全市木材加工运输业总产值9148万元。

林下经济产业　2004年以来，依托丰富的林地资源优势，积极探索林下经济发展模式，大力推广林禽结合、林菌结合、林菜结合等多种营林方式，把林业发展向林间养殖、种植业延伸，重点推广林间养鸡、种蘑等林禽、林菌养殖模式。2012年，全市林下经济发展规模已达3333.33公顷，年产值达3.5亿元。青岛汉森菌业有限公司林下种植基地被省林业厅授予2012年度“全省林下经济示范基地”称号。

第二节　林业科技

良种引进　20世纪80年代末期开始引进果树品种，主要有日本甜柿、沾化冬枣、薛城冬枣、金丝子枣、梨枣、葡萄、韩国梨、秦美猕猴桃、日本红富士系列品种、沂蒙短枝板栗、金瓶柿、油桃、日本川中岛桃、美国凯特杏、意大利一号杏等。2000年从匈牙利引进大樱桃品种11个，从省果树研究所引进乌克兰大樱桃品种4个。2012年，引进用于园林绿化树种主要有青阡、云杉、北美红枫、红枫、紫叶矮樱、黄金槐、红花刺槐、北海道黄杨、紫花玉兰、马褂木、金丝柳、美人梅、七叶树、金叶女贞、迎红杜鹃、锦带花、杂交构树、垂榆、紫竹、金镶玉竹、红瑞木、樱花品种。引进的经济林树种主要有薄皮核桃、蓝莓、茶叶无性系品种。其中，沃林蓝莓公司引进世界各国产业化种植的蓝莓优良品种60余个，并建立品种资源圃。

技术培训　1991年、2000年和2007年，先后进行3次县级林业规划，培训资源清查人员近300人；2000年，举办三倍体毛白杨育苗培训班，参加培训人员100人；2001年，举办《中华人民共和国种子法》《林木种子生产、经营许可证管理办法》培训班，培训30余人；2004年，邀请省林科院专家举办《杨树速生丰产林栽培技术》培训班，林业技术人员、用材林造林大户参加培训100余人。建立林业科技示范点两处。2010年运用“胶南农民教育网”，重点推广容器育苗，全光喷雾扦插育苗，利用ABT生根粉处理插穗育苗，利用高分子吸水剂旱薄地造提高成活率技术，利用生物菌生

实施飞播造林

产阿姆斯生物、板栗高枝换头提高产量、果树套袋等苗木繁育栽培技术和速生丰产林抚育管理、中低产林改造、经济林管理等技术。

第三节　林业管护

林政管理　20世纪80年代，林木资源管护主要沿用建国后设立的村设护林员制度。1984年，县林业局设立林政股（1989年改称林政科），开始严格实行林木总量限额采伐审批管理制度，保证采伐迹地及时更新，每年的采伐量均低于木材的生长量，林地面积只增不减，确保了森林资源的有序利用和可持续增加。1994年6月，市委、市政府在《关于稳定土地承包责任制，搞活土地使用权的意见》中，要求在原耕地承包期到期之后，再延长30年不变。对林业等开发性生产项目，使用期限可以更长一些。承包期内经发包方同意，允许将使用权在不改变土地用途的前提下，依法有偿转让、继承、反包、抵押、入股。进一步调动了群众植树造林的积极性，全市迅速掀起植树造林热潮。铁山镇张仓村被授予"全国造林绿化千佳村"称号。2000年12月，市委、市政府印发的《关于进一步加快林业建设的决定》中提出目标：2001～2005年完成新造林1万公顷，封山育林1.16万公顷，林业育苗1666.67公顷，并把"继续深化产权制度改革"作为进一步加快林业建设的主要措施之一，要求在搞好林木确权和稳定林业政策的基础上，积极稳妥地推进林业经营体制改革，鼓励退耕还林，稳定集体用材林。鼓励投资者买断"四荒"绿化经营权，30～50年不变，并允许继承和有偿转让造林成果与林地使用权。

2001年，根据青岛市政府《关于深化林业产权制度改革的意见》，制定《林权登记办法》《"四荒"拍卖实施意见》《林地使用管理办法》等，大量宜林荒山（滩）和现有林木资源的所有权、使用权得到进一步明确，调动了社会各界投资发展林业的积极性。截至2012年底，全市家庭经营承包面积3.29万公顷，占全市有林地总面积的47.7%；大户承包面积1.94万公顷，占全市有林地总面积的28.1%；集体管护面积1.63万公顷，占全市有林地总面积的23.6%；国有林地面积396.1公顷，占全市有林地总面积的0.6%。

2008年6月，中共中央、国务院发布《关于全面推进集体林权制度改革的意见》（中发〔2008〕10号）。是年底，胶南市被确定为山东省集体林权制度改革试点县（市）。2009年6月，市政府成立集体林权制度改革工作领导小组，进行以明晰产权，放活经营权、落实处置权、保障收益权为主要内容的集体林权制度改革。2010年6月，胶南市集体林权制度改革工作通过国家林改典型县核实工作组的检查验收。截至2012年底，全市集体林地共勘界确权发证5200宗，面积2.12万公顷。

病虫害防治　20世纪90年代以来，境内林木病虫害主要为松毛虫、杨树食叶害虫、美国白蛾、松枝枯病、杨树紫根核腐烂病等。

松毛虫　1985年5月，2000公顷松林内松毛虫普遍爆发，平均虫口密度11头，最高虫口密度256头，如不及时防治，松林叶片将被全部吃光，松枝枯病等病害也同时发生危害，从而导致松林大面积死亡。县政府自1985年开始连续三年把防治松毛虫工作纳入议事议程。各乡镇成立森防专业队伍，与承包户签订防治松毛虫责任书，每亩收

病虫害防治

取10～30元防治费用于松毛虫的防治。青岛市林业局每年拨专款3万元用于收购松毛虫虫蛹，三年共收购虫蛹1万多斤。1987年得到有效控制，1990年松毛虫虫口密度降到3头以下，达到了有虫不成灾的防治目标。

2002年5月，松毛虫在隐珠镇、琅琊镇、藏南镇、灵山卫镇、珠山街道、张家楼镇同时爆发，平均虫口密度23头，最高587头，发生面积2533.33公顷，对全市2万多公顷松林构成极大威胁。通过组织专家论证认为主要原因是连年使用剧毒农药所致。为此，2003～2008年，市财政每年拨专款120万元用于收购松毛虫幼虫，六年收购松毛虫400吨。据调查，实施人工捉虫5年后平均虫口密度已降到3头以下，同比下降了30%。而林内的寄生蜂类、螳螂及鸟类明显增多，每亩寄生蜂类达72头，螳螂17只，灰喜鹊等几十种鸟又成群结队出现，筑巢在林内的高大树冠上繁殖后代，每年有100多种鸟类途经胶南。

杨树食叶害虫　20世纪70年代开始发展杨树速生丰产林，80年代初引进204杨、69杨等，2002～2004年，杨树种植达到高峰期，三年时间杨树种植面积猛增到26600多公顷，品种主要是以107杨为主。107杨生长快但抗病虫能力与69杨相比较弱。由于树种单一，导致杨树食叶害虫逐年呈爆发趋势，1996～1999年为第一个爆发期，2002～2006年为第二个爆发期。据调查，境内杨树食叶害虫共有15种，主要有杨扇舟蛾、杨小舟蛾、杨毒蛾、柳毒蛾、舞毒蛾、美国白蛾等6种。6年生杨树平均虫口密度为135头，最高虫口密度达3860头。杨树食叶害虫达到暴食期，一夜之间就能将整株树叶全部吃光，从而导致树木生长缓慢甚至死亡。市委市政府自1996年开始，每年设置专款用于杨树食叶害虫的防治，2002年开始，每年平均拨款200万元，用于购买防治器械和农药。2005年购买了全国最为先进的喷射距离在50米以上的喷药车两台，解决了林带分布在高处无法防治的难题。杨树食叶害虫得到了有效控制。截至2012年，共拨专款5000多万元用于杨树食叶害虫防治。

美国白蛾　是一种国际性检疫对象，能吃300多种植物，境内所有的农作物、阔叶林木和草本都在取食之列。一般是先取食地上的阔叶树，然后取食农作物，林木和农作物取食完后再取食地面上的杂草，并在无食物的情况下，进行转移取食，一夜之间就能转移3～5公里。由于美国白蛾具有繁殖能力强、蔓延速度快、食性杂、世代重叠、严重扰民的特点，因此，引起各级政府的高度关注。胶南市于2003年首次在6处镇(街道)87棵法桐上发现，2009年，23处镇(街道)40多个树种、6种农作物上普遍发生，发生面积达8000公顷。据调查，最高虫口密度达到4500多头，一夜之间即将树叶全部吃光，化蛹时会飞到百姓家中，严重扰乱人们的正常工作和生活，并给承包户造成严重经济损失。自发现开始起，青岛市林业局即派专家在胶南现场指导3个多月。胶南市政府自2003年起，及时启动应急预案，每年平均拨款300多万元，用于购买美国白蛾专项器械和大量生物农药。实行综合防治技术，有效地遏制了美国白蛾的成灾和蔓延，尤其是2010年，全市组织群众，对发生美国白蛾的区域，进行拉网式人工捕捉美国白蛾的蛹，共收购3万多斤，全部送周氏啮小蜂繁殖基地，用于周氏啮小蜂的繁殖，用周氏啮小蜂来寄生

实施飞机喷药防治美国白蛾

美国白蛾的蛹，以达到消灭美国白蛾的目的，既保护了环境，又消灭了美国白蛾。此种做法被中央二台宣传报道过，同时为胶南农民增加收入300多万元。由于防治美国白蛾的特殊性，自2011年开始用飞机进行施药防治，主要在宝山镇、王台镇、黄山经济区、青岛临港经济开发区、铁山街道、隐珠镇6处镇（街道）飞防面积670公顷；2012年飞防3300公顷，防治率在85%以上。

森林防火演练

松枝枯病 境内共有松树2.33万公顷，主要分布在藏马山、大珠山、小珠山、铁镢山四大山系及130多千米的海岸线上。自2008年开始，在隐珠街道镜台山、张家楼镇、珠海街道、临港经济区和石门寺、杜鹃花区、琅琊台风景区等区域660多公顷的松林内，发生了松枝枯病，部分枝条已呈枯死状，且有迅速蔓延状。由于松枝枯病是真菌靠风和雨水传播，松树一旦得病，蔓延速度很快。市政府于2008年开始，每年拨专款60～80万元，用于松枝枯病的防治。主要采取清除患病区域内病树上的枯枝、树下落叶以切断传播源和在树上、树下喷甲基托布津、腐必清、福美砷等杀菌剂的防治办法，连续5年累计投资300万元，防治面积3300公顷，防治率达到90%以上，病区有效地控制在600公顷范围内。

杨树紫根核腐烂病 境内杨树2.67万公顷，连年发生杨树食叶害虫，2008年大村镇千万亩杨树出现逐株死亡现象，经山东农业大学教授现场鉴定，确定为杨树紫根核腐烂病。通过在树冠投影范围内用腐必清、福美砷各兑100千克水灌墩，杀死土中的病菌，从而使树体恢复健康。经过2008～2009年连续两年的防治，杨树紫根核腐烂病得到有效抑制。

森林防火 1988年10月，成立胶南县护林防火指挥部，指挥部办公室设在林业局。1995年8月，市林业局设立林业公安科，承担护林防火指挥部办公室职能并负责查处涉林案件。2004年，成立300人的森林资源管护专业队伍和20人的森林消防中队，并在全省首家成立森林资源管护督察队和林业综合行政执法大队，开展林业综合行政执法试点工作。同时，加强森林防火基础设施建设，建立林火微波监控系统和森林扑火指挥通信系统。至2012年，全市共有监控中心1处，护林房46处，森林防火队伍14支320人。

古树名木保护 经普查，境内发现古树名木185株，均被列入《胶南古树名木》，其中古树178株，名木7株。主要有银杏、朴树、耐冬、栾树、楸树、玉兰等。2009年，对全市古树名木全部编号挂牌，建立专档，妥加保护。

圆柏，树龄655年

国槐，树龄 355 年

朴树，树龄 355 年

柘树，别名柘桑，树龄 185 年

2012 年全市一级古树名木名录表

表 11－1－1

调查号	中文名	别名	树龄	树高（米）	胸围（厘米）	冠幅（米）	具体生长位置	权属	管护单位（人）	保护级别	生长势
5002	圆柏	柏树	655	12	220	6＊4.5	宝山镇金沟村大街	集体	村委会	一级	一般
5003	银杏	白果	505	20	612	25＊18	宝山镇瓦屋村办公室	集体	村委会	级	旺盛
5009	银杏	白果	505	25	534	25＊15	宝山镇金岭村果园	集体	村委会	一级	旺盛
5011	银杏	白果	505	21	364	13＊8	宝山镇金岭村果园	集体	村委会	一级	旺盛
5012	银杏	白果	505	15	273	12＊11	宝山镇向阳村村内	集体	村委会	一级	旺盛
5013	银杏	白果	605	15	521	22＊16	宝山镇小张八村南	集体	村委会	一级	旺盛
5014	国槐	家槐	605	10	287	11＊9	宝山镇大张八村南	集体	村委会	一级	一般
5016	银杏	白果	505	20	659	30＊26	宝山镇百家屯村内	集体	村委会	一级	较差
5022	银杏	白果	505	14	260	16.9＊12.9	灵山卫街道东街	集体	村委会	一级	旺盛
5023	银杏	白果	505	13	364	17＊15	灵山卫街道东街	集体	村委会	一级	旺盛
5030	银杏	白果	605	12	393	20＊15	隐珠街道崮上村东太平庵	集体	村委会	一级	一般
5033	银杏	白果	605	30	471	14＊10	隐珠街道陡崖子村东	集体	村委会	一级	一般
5035	银杏	白果	605	18	393	20＊20	临港经济区郑家河岩村内	集体	村委会	一级	一般
5036	银杏	白果	605	14	330	9＊7	临港经济区郑家河岩村西	集体	村委会	一级	一般

续表 11－1－1

调查号	中文名	别名	树龄	树高（米）	胸围（厘米）	冠幅（米）	具体生长位置	权属	管护单位(人)	保护级别	生长势
5051	国槐	家槐	605	15	393	14＊12.5	六汪镇山周村内	个人	周召信	一级	濒危
5052	国槐	家槐	605	7	345	4.7＊4	六汪镇山周村内	个人	黄桂有	一级	旺盛
5053	国槐	家槐	605	8	132	6＊6	六汪镇山周村内	个人	周召先	一级	较差
5061	国槐	家槐	505	9	283	11＊10	六汪镇不过涧村大街	集体	村委会	一级	较差
5067	银杏	白果	605	18	393	18＊14	灵山卫街道西街	集体	村委会	一级	一般
5068	银杏	白果	600	18	275	18＊17	灵山卫街道西街	集体	村委会	一级	旺盛
5082	酸枣	山枣	505	12	137	5.6＊3.5	珠山街道宋家庄门市部院内	集体	村委会	一级	较差
5100	银杏	白果	505	25	396	20.8＊17.6	王台镇石梁杨村	集体	村委会	一级	较差
5101	银杏	白果	605	19	399	15＊13	六汪镇下庵村东山上	集体	村委会	一级	较差
5102	银杏	白果	505	18	352	15＊13	六汪镇花沟村	集体	村委会	一级	较差
5103	银杏	白果	505	18	413	20＊18	大村镇田庄村西	集体	集体	一级	旺盛
5104	银杏	白果	505	18	488	17＊9	大村镇双庙村北	集体	集体	一级	旺盛
5107	银杏	白果	605	10	342	15＊11	大村镇丁石桥村前地里	集体	村委会	一级	较差
5111	银杏	白果	505	21	480	18＊16	张家楼镇北寨村东南	集体	村委会	一级	一般
5116	银杏	白果	505	14	223	13＊14	琅琊镇刘北村中部	集体	村委会	一级	一般
5117	银杏	白果	505	13	317	14＊14	琅琊镇刘北村中部	集体	村委会	一级	一般
5118	银杏	白果	505	8	126	3＊3	琅琊镇刘北村东南北大街	集体	村委会	一级	濒危
5119	银杏	白果	605	19	471	19＊18	大场镇井戈庄村后树林	集体	村委会	一级	较差
5126	银杏	白果	805	16	506	13＊11	滨海街道凤凰村村南果园	集体	集体	一级	旺盛
5127	朴树	霸王	800	24	165	12＊11	灵山岛城口子村	集体	集体	一级	旺盛
5128	朴树	霸王	800	21	156	12＊9	灵山岛城口子村	集体	集体	一级	旺盛
5143	国槐	家槐	500	13	160	10＊10	王台镇南柳圈村	集体	集体	一级	旺盛
5144	国槐	家槐	500	15	144	13＊13	王台大朱阳村	集体	集体	一级	旺盛
5145	国槐	家槐	500	12	113	8＊8	王台镇中村	集体	集体	一级	旺盛
5148	紫薇	百日红	520	4	49	5＊5	琅琊镇安子村徐福公园	集体	集体	一级	旺盛
5189	国槐	家槐	500	6.5	350	4.8＊4.8	张家楼镇东马家庄村	集体	集体	一级	旺盛
5190	国槐	家槐	500	6.5	300	5.5＊5.5	张家楼镇东马家庄村	集体	集体	一级	旺盛
5205	黄杨	小叶黄杨	500	113	85.7	6＊6	灵山岛毛家沟村	集体	集体	一级	旺盛

第二章　果　业

20世纪80年代末，果树栽培从单一的本地化趋向良种化，先后引进日本红富士、美国新红星、乔纳金、五龙红、玫瑰红、锦丽等优良果树品种。1988年果树面积发展到0.84万公顷，果品总产量4.23万吨。1994年开始对果树产业结构进行调整，推广矮化脱毒优良新品种，果树发展规模、经济效益大有提升，1995年果园面积9100公顷，果品产量10.26万吨。到2012年，果树总面积1.52万公顷，果品总产26.93万吨，果品产量和经济效益均创历史最好水平。

第一节　果品种类

境内种植主要果树树种有：苹果、沙果、海棠、蓝莓、梨、桃、葡萄、樱桃、杏、枣、李、柿、软枣、板栗、银杏、石榴、草莓、猕猴桃、山楂、无花果等。

苹果　1982年开始陆续引进日本红富士，包括长富1、长富2、秋富1等十几个单系，还有红津轻、北斗等、美国的新红星、阿兹威等元帅系列短枝型品种及乔纳金、王林、秋红、史密斯等品种，2012年苹果品种和品系已达70多个。

梨　1996年开始梨园面积发展较快，先后引进了国内外优良品种丰水、幸水、水晶、20世纪、新世纪、雪花梨、黄金梨等品种，2012年梨品种达26个。

桃　20世纪90年代中期相继引进了青州冬雪蜜桃、青州蜜桃、中华寿桃、川中岛、超红圣桃、黄金秀、迎霜红、金秋红蜜等新品种，2012年桃类品种达26个。

板栗　主要品种有金丰、石丰、华丰、华光等。

山楂　主要品种有金星、大绵球等。

葡萄　主要品种有巨峰、红提、黑提、京亚、京秀、乍娜、蛇龙珠、星火无核、昆诺无核、沙福无核、87-1、紫珍珠、晚红等17个品种。

樱桃　主要品种有映山红樱桃、黄樱桃、辣樱桃、佐藤锦、红灯、大紫、美早、黄蜜、萨米托、黑珍珠、布鲁克斯、福星等品种。

枣　主要品种有梨枣、金丝小枣、冬枣、圆玲枣等。

杏　主要品种有麦黄杏、水杏、海红臻、崂山红杏、关爷脸、甜巴旦、红荷包、红太阳、张公圆、凯特杏等品种。

草莓　20世纪90年代开始草莓栽培，主要品种有丰香、女峰、全明星、宝交早生、静香、新世纪、甜宝等品种。

猕猴桃　主要有秦美、秦翠、周至201、海沃德等品种。

其它果品　李子、石榴、柿等基本为零星栽植，李子主要品种有西洋李、黑宝石、李王、蜜思李、甜圣玫瑰；石榴有秦山大石榴、牡丹石榴；柿主要品种有金平、牛心，甜柿主要有富有、次郎等。

第二节　果树分布及栽培技术

树种分布　长期以来，苹果一直是境内种植面积最大的树种，主要分布在宝山、张家楼、泊里和海青等镇；种植面积排第二位的是桃树，主要分布在王台镇和滨海街道；梨树以日韩梨系统为主，主要生产区域以藏南镇和滨海街道为主；樱桃是境内很有地方特色的传统水果，以张家楼镇和铁山街道为主，主要是传统栽培的小樱桃；蓝莓主要分布在宝山、张家楼、藏南、六汪等镇，其他镇（街道）也都有种植。

栽培技术　20世纪80年代，在大力引进推广优良品种的同时，全面推广实施苹果矮化密植栽培技术，使品种良种化和苹果密植栽培技术均达到了国内领先水平。进入90年代，全市果品生产以科技为先导，以市场为导向，以提高果品质量为

果树栽培培训现场

目标，以增加经济效益为目的，实施名牌战略、提高果树生产科技含量。1990年，市林业局技术指导站组织研究的山楂丰产栽培技术和板栗高产样板园建设均达到国内先进水平，并分获山东省林业科技进步三等奖和青岛市林业科技进步二等奖。1994年开始，在应用疏花疏果、人工授粉的基础上，大力推广苹果套袋摘叶转果、铺盖反光膜、壁蜂授粉等新技术。进入21世纪后，突出推广了果园生草和覆草覆盖土壤管理技术、以应用频振式杀虫灯和糖醋诱杀为主的绿色控害技术、以生物有机肥为主的果园施肥技术和以花期放蜂和果实套袋为主的花果管理技术等。

第三节　果品基地建设

胶南历年都在借助自然优势不断加强果品基地建设。1985年被农牧渔业部确定为“全国苹果苗木繁育基地县”，1989年被农业部确定为“名特优产品—红富士苹果基地”，1991年被确定为青岛市苹果无病毒苗木繁育基地。1998年被青岛市确定为“万千百”示范工程基地，在张家楼、泊里进行果品基地建设。1999年，泊里镇优质高档果品建设项目被确定为青岛市“十大高效农业示范基地”。2000年，张家楼镇大泮村被确定为“青岛市优质果品及苗木生产基地”。2009年，胶南市获得财政部支持现代农业发展项目，在宝山镇建立苹果成方连片示范园73.33公顷，在张家楼镇建设蓝莓示范园70.67公顷。2012年，高标准实施青岛市“百万亩果茶项目”，在宝山镇吕家村建设标准蓝莓园，在海青镇大陈村建设标准葡萄园，带动了全市果业转型升级。

第四节　优质果品

20世纪80年代开始实行良种良砧、矮化密植栽培配套新技术，加快科技转化，提高果品质量。在历届优质果品参评中，共有200多份样品获部、省和青岛市名优果品称号，其中“红富士”“新红星”“乔纳金”“新世界”“名月”5个品种获部、省、青岛市金奖和特优果品称号。1989年，“新红星”“红富士”获部优果品称号；1990年，“新红星”获省特优果品称号。2000年，在青岛市第十二届优质果品展评会上，有17个样品被评为青岛市优质果品，其中10个为特优，3个果园被评为青岛市名特优果品示范园。在2001～2012年青岛市第十三届至十五届名优果品展评会上，胶南市选送的多个样品获得优质果品和特优果品称号。

2012年，全市年产苹果21.6万吨、梨1.7万吨、桃2.8万吨、葡萄0.15万吨、草莓0.18万吨、樱桃0.2万吨、蓝莓0.3万吨，其他果品0.6万吨。

宝山镇苹果精品示范园

第三章　桑蚕业

境内蚕桑业历史悠久。独特的气候环境和地理优势非常适宜养蚕。养蚕种类有柞蚕和桑蚕两种。20世纪80年代以前，以在野外放养柞蚕和进行柞茧初加工为主。至20世纪80年代末期，柞蚕生产逐渐被在室内放养桑蚕所代替且得以迅速发展。至2001年，全市桑园面积760公顷，当年产桑蚕茧29.76万千克。其后受经营体制、资源竞争、国家东桑西移政策、环境污染以及农村劳动力减少等诸多因素影响，桑蚕生产呈逐年下降趋势。

第一节　柞　　蚕

柞蚕饲养　境内饲养的柞蚕品种主要有山东省蚕业研究所培育的柞蚕C66、781，山东省方山柞蚕原种场培育的“金黄”，五莲县蚕种场培育的“莲白”，以“金黄”“莲白”为主。所需蚕种主要由铁山蚕种场春季饲养原种，制出普通种，再供应普通柞蚕饲养户秋季饲养，辅以从文登、荣成、方山、五莲等地购进补充。柞茧主要分布在铁橛山、藏马山山脉周围，藏南、张家楼、海青、铁山等镇（街道）是柞蚕饲养的主要地区。

柞茧加工　柞蚕茧由丝绸公司负责生产指导和收购，委托本地柞茧缫丝厂加工，然后出口和销售。20世纪80年代中后期，柞蚕生产兴盛时，有张家楼镇店子柞蚕缫丝厂、铁山镇西北庄柞蚕缫丝厂、市美乡耿家沟柞蚕缫丝厂、六汪镇丰台柞蚕缫丝厂、海青镇董家洼柞蚕缫丝厂、藏南镇横河川柞蚕缫丝厂等6家加工厂。张家楼镇店子柞蚕缫丝厂、铁山镇西北庄柞蚕缫丝厂维持生产到1992年停产。1988～1991年境内柞茧产量分别为4511.5千克、11446.1千克、6266.7千克和822.75千克。

第二节　桑　　蚕

植桑　20世纪60年代初开始植桑养蚕，桑蚕生产开始稳步发展，1988年优质桑园达146公顷。1989年，实行奖售化肥、贷款贴息等扶持政策，鼓励发展桑蚕生产。建设桑蚕生产基地县，重点在张家楼、寨里、宝山、泊里、塔山、市美、柏乡、铁山等10处乡镇发展桑蚕生产。1991年优质桑园面积达342公顷。之后，由于全国桑蚕生产发展过快，国际蚕茧市场形势低迷，导致蚕茧价格下降，一度出现毁桑现象，桑蚕生产出现低潮。1997年优质桑园仅剩206公顷。1998年开始重新规划桑蚕生产区域，采取与蚕农签订最低保护价收购合同，降低桑园承包费，补贴桑苗款，奖励桑树专用肥等一系列鼓励政策，桑蚕生产形势开始好转。到2001年，桑园面积突破750公顷，达省重点县标准。2010年，美国白蛾等食叶性害虫爆发成灾，受虫害和药害双重影响，桑园面积连续几年大幅度减少。2012

大场镇马戈庄万亩优质高产桑园

桑蚕饲养

年有效桑园已不足54.67公顷。桑树品种以叶质优良的“湖桑32号”为主。

桑蚕饲养 蚕有春蚕、夏蚕、中秋蚕和晚秋蚕之分，根据节气每年饲养4次。1988年始将传统的“蜈蚣蔟”逐渐改为“纸板方格蔟上蔟”，降低了下脚茧的数量，提高了茧质。1989年推广省工省时省力的蚕菜两用塑料大棚养蚕，养蚕规模迅速扩大，同时桑叶立体育和小蚕共育、塑料布简易蚕台育、塑料薄膜炕床育、桑园截枝留芽、温湿调控器等新技术得到推广应用。2003年始只养春蚕、夏蚕、秋蚕三季。

蚕品种主要饲养“苏16×苏17”。20世纪80年代中后期逐渐推广具有茧形匀整，抗病力强，茧丝长，解舒率高等优点的“青松×皓月”。20世纪90年代中期，引进“春蕾×镇珠”和“鲁7×9202”，使张种产茧量由30余千克迅速提高至50余千克，总产茧量由30吨提高到300余吨。2010年，受潍坊诸城市“飞防”美国白蛾的影响，晚秋蚕大量中毒，受污染桑园110.93公顷，受灾蚕种1507张，涉及7个镇80个村庄313户蚕农，张产仅6.8千克，蚕茧总计减产50吨，造成蚕茧直接经济损失242.34万元。此后出现桑毁桑现象，蚕茧产量连年下降。

蚕茧收购、加工与销售 2000年以前，蚕茧价格由国家经贸委定价，2000年改由山东省经贸委定价。所产蚕茧，由各地执山东省经贸委核发的“桑蚕茧经营许可证”收购。根据质优价高的原则，每户随机抽取样茧，实行密码验级划价，公平收购。

收购的蚕茧根据质量分类放置和烘干处理。分为头烘和二烘，两次间隔3～5天，称为还性。还性的程度直接影响干茧的老嫩均匀程度和解舒，进而影响茧质和烘折。烘好的干茧由省丝绸总公司统一调拨到缫丝厂。2006年以后，蚕茧的生产、收购与销售由青岛胶南丝绸有限公司自行管理。干茧销往日照海通丝厂、临朐丝厂等，有时还销往江浙等地区。

1988～2012年全市（县）桑园面积及桑茧收购量情况统计表

表11－3－1

年份	面积（公顷）	收购量（千克）	年份	面积（公顷）	收购量（千克）
1988	145.53	29777.6	2001	759.92	297619.75
1989	196.93	39441.6	2002	617.35	309195.1
1990	251.27	47107.5	2003	478.67	297994.7
1991	341.93	71349.4	2004	428.67	299470.4
1992	365.6	83364.5	2005	344	240327.1
1993	378.8	95756.5	2006	229.95	262068
1994	429.53	102351.15	2007	231.13	252577
1995	437.46	129992.09	2008	187.47	158039.9
1996	323.2	109532.8	2009	131	91079.5
1997	205.67	89309.9	2010	109.4	59949.8
1998	274.8	108026.3	2011	68	41235.48
1999	351.13	167563.7	2012	54.67	29121
2000	445.93	205065.9			

第十二篇

海洋与渔业

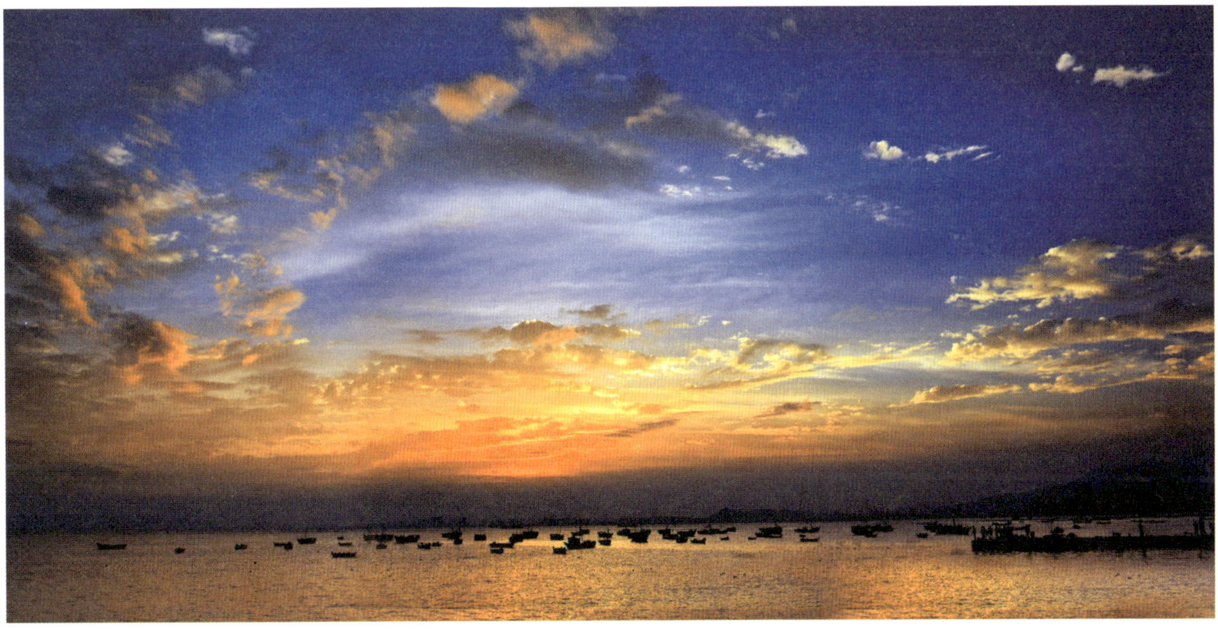

第一章　海洋捕捞及管理

第一节　渔　　港

境内海岸线曲折，港湾众多，具有建设渔港的自然条件，较大的渔港有：积米崖渔港、琅琊渔港、连心渔港、杨家洼渔港、灵山岛渔港、大湾渔港、斋堂岛渔港、董家口渔港、平安渔港、胡家山渔港、蒲湾渔港、陈家贡渔港、贡口渔港等 13 处，临时船舶停靠点有 19 处，分别是五河头、丁家嘴、李家村、沟南崖、石嘴子、山前、白果树、新屯、大江口、平场子、顾家崖头、胡岛、古镇营、庄家疃、东滩、山东头、王家台后、山张、石家村。

积米崖渔港　位于灵山湾北部、唐岛湾西侧，北纬 35°55′00″，东经 120°09′06″。港湾水域面积 120 万平方米，可停泊渔船 1000 余艘，港内水深低潮平均 1～2 米，避风条件好。渔港于 1971 年 2 月开始劈山填海兴建，1978 年 11 月完工，总投资 377 万元，其中国家投资 161 万元，省、县投资 217 万元，开山采石 73 万立方米，开辟渔港场地 20 万平方米，建浆砌块石码头 270 米，15 个泊位，西边靠船的直立突堤式码头 260 米，宽 60 米，前沿水深内侧 3.6 米，外侧 5 米，建有长 30 米的钢混结构突堤式加冰码头；西侧、北侧为岸壁直立码头，长 500 米；东侧为岸壁直立式船装码头，长 300 米；建有容量 1000 吨油库，油码头 1 座，长 70 米，水深 5.2 米。2004 年 12 月被批准为国家中心渔港，2005 年 6 月至 2006 年 9 月，农业部和地方共投资 4800 万元进行码头及货场建设，形成码头岸壁 1496 米、货场 1 万多平方米的中型规模渔港。2011 年投资 3000 万元建设渔港办公楼和管理房，并进行港内亮化和港周围绿化。港口配套设施齐全，年卸鱼量 10 万吨以上，是国家一类渔港和三类开放口岸。

积米崖渔港(2007 年拍摄)

琅琊渔港　位于北纬 35°38′13″，东经 119°54′49″琅琊湾内，1998 年由国家和地方共同投资 1000 万元在小型群众渔港的基础上扩建而成，2000 年 9 月完成。码头长 670 米，港区水域面积 76 万平方米，可停靠 30 吨以上大型渔船 50 艘，30 吨以下渔船 100 艘，设计年吞吐量 1.5 万吨。港区内建有船舶修造、水产品加工、供油、供水、供冰设施，是境内仅次于积米崖渔港的第二重点渔港。

连心渔港　原名宅科渔港，位于北纬 35°44′18″，东经 120°0′30″。2005 年地方投资 300 万元，依托自然港湾建设小型群众渔港，2007 年完成。2010 年地方投资 2000 万元对码头进行扩建，2011 年完工。扩建后码头长 260 米，港区水域面积 4 万平方米，可停靠 30 吨以上渔船 50 艘，30 吨以下渔船 70 艘，设计年吞吐量 1 万吨。

大湾渔港　位于灵山湾西部，北纬 35°54′42″，东经 120°08′21″。1978 年由地方投资 70 万元建设，1980 年完成。2000 年 3 月，投资 710 万元对渔港进行扩建，2001 年 9 月完工，建成码头长 567 米。港区水域面积 17 万平方米，可停靠 50 吨以上船舶 2 艘，50 吨以下船舶 80 艘，是渔业、货运两用码头。

董家口渔港　位于北纬35°35′08″，东经119°45′19″，贡口湾内，是境内历史较长的群众性渔港之一。于1988年由地方投资40万元进行一期工程建设，1989年完工。二期工程通过招商引资80万元，于2001年2月建设，2002年4月完工。扩建后的码头长207米，宽10米，港区水域面积18万平方米，可停靠20吨以下渔船70条。

杨家洼渔港　位于北纬35°37′35″，东经119°51′18″，琅琊湾内，避风条件良好。于1988年4月由地方投资10万元开工建设，1989年7月完成一期工程。二期工程于1995年7月吸引内资180万元开工建设，2000年8月完成。码头长380米，港区水域面积76万平方米，可停靠30吨以下渔船300艘。

灵山岛渔港　位于北纬35°46′22″，东经120°09′48″，灵山岛北侧。一期工程于1965年由地方投资40万元开工建设，1966年10月完工。二期工程于2001年投资500万元开工建设，2002年10月完成。扩建后的码头长120米，港区水域面积32万平方米，可停靠30吨以下渔船150艘。

斋堂岛渔港　位于琅琊湾斋堂岛村西侧，一期工程由斋堂岛村投资20万元于1986年建成，二期工程由交通部投资450万元于2002年5月建成。码头长140米，避风条件较好，可停靠50吨以下渔船20艘。

另有平安渔港、胡家山渔港、蒲湾渔港、陈家贡渔港、贡口渔港均为群众性渔港，规模小，停船数量少，没有水、电、油、冰等渔需物资配套设施，仅作为较大渔港的辅助设施供当地小型渔船停靠。

第二节　渔船及渔具

非机动渔船　20世纪80年代初进行渔船作价下放，以个体、联合体经营为主的渔业体制改革，木帆船数量呈回升趋势，到1990年有木帆渔船827条，载重量1000吨，多为近海捕捞。20世纪90年代以后，由于近海渔业资源下降，木帆船已不适用海洋捕捞生产而逐年减少，1995年木帆船减少到142条，载重量224吨；2000年380条，载重量564吨，其中养殖船332条，载重量516吨，从事海洋捕捞的木帆船仅48条；2001年有木帆船296条，载重量480吨，其中海洋捕捞渔船52条，养殖船244条。木帆船作业方式多从事采贝业、插网、捞石花菜、墨鱼笼、钓钩、蛄蝼网等。2012年共有非机动渔船296条。

大马力远海先锋捕捞队出海仪式

机动渔船　1955年10月由省水产厅从黄海造船厂拨给29.4千瓦机动渔船4条，胶南开始使用机动渔船。20世纪80年代后，由于严格禁渔区、禁渔期的管理，加之资源衰退和经营机制等原因，大马力渔船经营困难，数量逐年减少。1990年大马力渔船减少到12艘，小马力渔船增加到1492条，为全市海洋捕捞生产发展的高峰期。1992年，为调整海洋捕捞结构，保护水产资源，采取财政补贴、银行专项贷款等项扶持政策，鼓励发展大马力渔船，1995年发展大马力渔船4艘，2010年新发展330.75千瓦以上渔船12对，2012年共有机动渔船3395艘，54424千瓦，45072总吨。

渔具　境内早期渔具以沿岸近海小型网具、定置网具居多。20世纪80年代以后，随着机动渔

船的发展，外海渔场的开辟和近海资源的衰退，小型渔具因不适应海洋捕捞生产发展的需要而逐步被淘汰，2012年仅剩钓钩、挂网、抄网及采蛤耙子，反之大型渔具随之逐年增加，以底拖网、坛网、流网居多。

拖网　分单拖网、双拖网2种。单拖网始于20世纪50年代，80年代后44.1千瓦以上渔船已淘汰单拖网。2012年琅琊沿海部分18.38千瓦渔船仍沿用单拖网。双拖网又称双船底拖网，73.5千瓦左右的渔船大多使用拖网作业。

流刺网　20世纪60年代初开始使用尼龙胶线制作流刺网，多用于机动渔船，流刺网分为鲅鱼流网、鲳鱼流网、对虾流网等。

坛网　属近海定置渔具，近海生产多用此网，因属密网，对资源破坏较大，限制发展。但因其生产成本低，用者未减。

杂渔具　沿海杂渔具有蛄蝼网、墨鱼网、蛤耙等，蛄蝼网分布较广，主捕章鱼，以绳串海螺壳而成。蛤耙由网架、网袋、耙、耙柄构成，主捕杂色蛤。潜水作业由潜水衣、压气机、送气管及信号绳组成，主捕海参、鲍鱼、石花菜等，20世纪80年代后轻便潜水有所增加。

第三节　捕捞生产

1988年，全县拥有海洋捕捞渔船2097条，其中大马力渔船21艘，当年捕捞产量22853吨。20世纪90年代后，严格执行禁渔和休渔制度，严格控制近海捕捞强度，提出“控小上大，控近上远”的渔船发展方针。1998年淘汰小马力渔船500多条，发展大马力渔船达188艘，年捕捞产量107890吨。1998年以后，进一步控制捕捞强度，严格执行捕捞产量和渔船数量的“零”增长，渔船维持在2500条左右。捕捞产量从2000年的108167吨逐步下降到2012年的65658吨。

积米崖渔港捕捞生产现场

主要年份全市(县)海洋捕捞情况统计表

表12－1－1　　单位：吨

年份	总产量	带鱼	鲅鱼	黄花鱼	对虾	乌鱼	梭子蟹	荚爪虾
1988	22853	27	785	515	165	1635	449	1572
1990	23800	127	1180	247	12	1217	116	2154
1995	60169	675	1537	50	2	589	663	4152
1998	107890	1232	7223	1099	14	521	952	5060
1999	107890	1460	6170	1520	93	1047	2966	7135
2000	108167	2818	5349	1259	60	902	1340	4316
2001	102983	2349	8795	1177	57	672	2123	6106
2002	95091	2562	8789	1253	59	850	1847	6560

续表 12－1－1

年份	总产量	带鱼	鲅鱼	黄花鱼	对虾	乌鱼	梭子蟹	英爪虾
2003	91134	3594	8567	1225	24	1057	1140	6134
2004	99451	3185	7742	1688	15	516	443	7145
2005	98699	2460	5836	1517	18	406	418	6265
2006	92119	2076	2667	1216	13	675	249	5236
2007	92089	2250	5894	1369	14	911	472	5375
2008	60007	1619	3268	934	15	582	351	3969
2009	60003	5785	5043	3415	9	810	255	3686
2010	63235	3551	4647	2054	9	1161	284	3839
2011	66155	2663	4684	2797	68	1293	145	3537
2012	65658	2360	3763	3082	108	1011	477	3175

第四节　渔政管理

监督检查　监督检查是渔政部门日常管理工作的主要职能。1989 年，成立胶南县渔政监督管理站。每年渔政部门都按照“海陆结合，全面展开，抓住重点，集中打击”的原则，围绕禁渔期生产、无专项证生产、“三无”船生产、使用禁渔具生产和私增马力生产，突出禁渔区、期生产的重点，进行监督检查。在监督检查期间，渔政部门成立指挥部，下设陆地和海上两个检查组，陆地组负责渔船集中地、渔港码头、冷库等检查；海上组利用渔政船出海，在东起唐岛湾，西至黄家塘湾进行拉网式检查。仅 2012 年，市渔政部门出海检查 120 天，出海 900 船次，航程 3500 海里，检查渔船 4000 多条，查处违规渔船 200 余条，处罚资源赔偿费 20 多万元。

休渔　20 世纪 90 年代后，底拖网渔船大多数能严格执行禁渔区规定，自觉保护近海水产资源，违规现象基本得以控制。1993 年开始实行休渔制度，每年的 7 月 1 日至 9 月 15 日为休渔期，其间所有渔船不得出海生产，“船进港、人上岸、网入库、证集中”，渔政管理部门统一组织进行休渔大检查。1988～2012 年，共查处禁渔区域内底拖网生产渔船 200 条(次)。

渔业许可证和专项证　20 世纪 90 年代后，省渔政部门对渔业许可证进行严格控制，对各市(县)渔船马力实行指标控制，指标只减不增。胶南拥有渔业许可证始终在 1800 份左右，总功率达 3.5 万千瓦。2012 年 1100 份左右，总功率 3 万千瓦。

全市渔业安全生产暨伏季休渔工作会议召开

1985 年开始，对在对虾增殖海域内进行拖网生产的渔船发放增殖对虾准捕证，渔船须持证生产。增殖对虾准捕证由市渔政部门受理，报省渔政管理部门审批签发。1992 年申领增殖对虾准捕证渔船 265 条 2352 千瓦；1995 年 440 条 3087 千瓦；2001 年 380 条 2499 千瓦；2012 年 314 条 4777.5 千瓦。

1992 年,国家水产总局规定,春季捕捞生产兼捕中国对虾的渔船,需领取亲虾兼捕证,持证生产。亲虾兼捕证由市渔政部门受理,报省渔政管理部门批准签发。1992 年领取捕捞亲虾兼捕证渔船 347 条,1995 年 963 条,2012 年 66 条。

1991 年,黄渤海渔政渔港监督管理局规定从事海蜇捕捞生产渔船必须办理海蜇专捕证,持证生产。1993 年境内有 27 条渔船持证到莱州湾进行捕捞海蜇生产,1994 年 15 条渔船办证,1996 年后因海蜇资源减少等原因,已无渔船申领海蜇专捕证。2012 年 14 条渔船办证。

渔业安全 1958 年,山东省水产局调拨"鲁水 16 号"船改做"胶南渔政 1 号",配备船用电台。是年县水产局设陆台,配备型号 XFC—150 型 150 瓦、50 瓦发讯机各 1 部和 56 型大、小 139 收讯机各 1 部,船陆通信配套。1988 年陆台配备型号为 FT—80C400 瓦短波单边电台,同年大马力渔船更换单边电台 5 部。1990 年配备 TC—700TY 型短波单边电台 1 部,为渔政管理专用。到 2001 年,全市有渔业单边带电台 11 部,其中船台 9 部,陆台 2 部,组成了海陆通信网络,基本适应海洋捕捞生产的需要。2012 年设立大功率渔业电台,天线架于积米崖港区西山。

20 世纪 80 年代后期无线电对讲机成为海洋捕捞生产中船与船之间的主要通信工具,发展速度较快,2012 年使用数量达 500 部。

1954 年首次建渔业航标 6 处,分布在胶南县的湘子门、竹岔岛、前小口,原藏马县的董家口、杨家洼、斋堂岛。1955 年在积米崖建灯塔 1 处。20 世纪 80 年代后,竹岔岛航标交由黄岛区管理,湘子门、前小口 2 处航标撤销。2001 年全市共有渔业航标灯 4 处。

境内渔业保险始于 1951 年,为渔船渔民购买渔业保险,1953 年停办。1956 年恢复渔船保险,20 世纪 70 年代初再次停办。20 世纪 80 年代初,保险公司对出海渔船、渔民及海水养殖中的对虾、扇贝进行保险。1989 年因海水养殖理赔困难等原因再次停办。1994 年 7 月,中国渔船船东互保协会成立为其代理机构,承办辖区渔船及经营人的互保业务。2012 年参保渔民 5085 人,渔船 104 艘,保费总收入 947.6 万元,保额 12.9 亿元。

主要年份全市渔民保险情况统计表

表 12-1-2

年份	保险数量(份)	保险金额(万元)	理赔数量(起)	理赔金额(元)
1996	236	2.36	2	1400
1997	144	1.44	2	6000
1998	88	0.877	1	1000
1999	70	0.9294	3	7500
2000	138	1.407	1	2000
2001	109	1.289	2	25520
2002	183	4.725	8	7300
2005	133	583.3	0	0
2006	56	328.5	0	0
2007	1066	2808	0	0
2008	1930	9638.8	12	108430
2009	3282	19644	23	501813
2010	2986	53748	41	1482493
2011	3184	76184	25	287979
2012	5085	123640	28	1006393

主要年份全市渔船保险情况统计表

表 12－1－3

年份	保险数量(份)	保险金额(万元)	理赔数量(起)	理赔金额(元)
1997	2	0.36		
1999	4	2.24	2	6854
2000	11	8.696	3	10139
2001	4	3.52	7	110739
2002	13	8.35	5	52000
2005	95	874.6	12	34253
2006	119	1081.5	10	41815
2007	189	1902.3	23	147693
2008	167	2456.2	12	138015
2009	133	2289	15	87741
2010	161	4013.5	21	341465
2011	148	5781	9	101554
2012	104	5425	9	286915

第二章　海水养殖及苗种培育

境内海水养殖业自 20 世纪 50 年代的海带养殖开始，先后形成以海带养殖为标志的第一次、以对虾养殖为标志的第二次、以扇贝养殖为标志的第三次、以海水鱼养殖为标志的第四次和以刺参养殖为标志的第五次海水养殖生产。2001 年，海水养殖面积 0.93 万公顷，养殖产量 20.64 万吨，分别比 1988 年增长 3.3 倍和 17.5 倍。2002 年，海水养殖面积 0.99 万公顷，产量 22.55 万吨。2012 年，海水养殖面积 0.85 万公顷，海水养殖产量 23.70 万吨。

主要年份全市(县)海水养殖情况统计表(一)

表 12－2－1　　(按养殖模式统计)　　单位:吨、公顷、万元

年份	产量	面积	产值	浅海			港湾			滩涂		
				面积	产量	产值	面积	产量	产值	面积	产量	产值
1988	11144	3098.47	3220	1923.67	8387		1384.8	1747	3037	600	1010	183
1990	14955	2083.47	4779	251.33	12593	2161	1165.47	1191	2173	666.67	1171	445
1992	48916	3007.47	13392	812.8	40893	7455	1103.6	1715	3650	1091.07	6308	2287
1995	127354	5849	58226	1865	100368	24854	1160	352	1586	2824	26634	31786
1998	133217	5964	65708	1603	73587	30677	1260	2223	6550	3101	57407	28481
2000	192752	7489	132592	1985	109198	52271	1937	6726	28784	3567	76828	51537
2001	206400	9294	151878	2260	108943	40927	3588	11744	55854	3446	85713	55097
2002	225509	9885	165321	2284	85760	34705	3001	32453	61861	4600	107296	68755

注:自 2003 年开始,不统计产值

2003～2012年全市海水养殖情况统计表(二)

表12－2－2　　(按养殖模式统计)　　单位:吨、公顷

年份	产量	面积	海上		滩涂		陆基	
			产量	面积	产量	面积	产量	面积
2003	234812	10229	107081	2500	118281	5149	9450	2580
2004	195062	10351	95061	4201	90492	3194	9509	2956
2005	205759	11473	105040	2499	87220	5516	13499	3458
2006	216511	11039.1	108815	2423	75825	3418.1	31871	5198
2007	217602	10170.5	109699	2525.5	76454	5278	31449	2367
2008	217040	9531.5	108500	2410.1	76958	5359.8	31582	1761.6
2009	227124	9686.3	118301	2674.8	75929	4701.2	32894	2310.3
2010	229214	9707.3	121380	3231.8	75237	4691.6	32597	1783.9
2011	231585	8474	126096	3644.8	84646	3145.6	20843	1683.6
2012	236980	8474	126929	3644.8	85691	3132.6	24360	1696.6

1988～2012年全市(县)海水养殖情况统计表(三)

表12－2－3　　(按养殖品种统计)　　单位:吨、公顷

年份	产量	面积	鱼类		甲壳类		贝类		藻类		其他	
			产量	面积	产量	面积	产量	面积	产量	面积	产量	面积
1988	11144	2177	—	—	1747	1385	9366	784	31	8	0	0
1989	13007	2069	—	—	1608	1187	11354	877	45	5	0	0
1990	14955	2083	—	—	1191	1165	13754	916	10	2	0	0
1991	34470	2481	—	—	1676	1191	32773	1284	21	6	0	0
1992	48916	3008	—	—	1715	1104	47156	1891	45	13	0	0
1993	86500	4851	—	—	990	1310	85455	3527	55	14	0	0
1994	115603	5689	—	—	540	1284	114948	4389	115	16	0	0
1995	127354	5849	476	79	352	1161	125707	4518	815	91	4	0
1996	119892.2	5262	633	159	429	1096	117894	3739	933	94	3.2	174
1997	112875.3	5541	678	169	288	957	111752	3880	148	20	9.3	515
1998	132042	7139	229	1404	699	986	130892	4725	201	11	21	13
1999	174525	6911	2292	332	1959	1096	168943	5235	1260	74	71	174
2000	192752	7489	4858	312	3172	1419	184028	5538	560	67	134	153
2001	206400	9294	8297	390	3261	1948	194106	6248	550	241	186	467
2002	225509	9885	16609	472	5028	2284	202961	6318	609	262	302	549
2003	234812	10229	17658	541	5207	2033	207700	6680	1389	183	2858	792
2004	195062	10351	13596	2524	4888	2004	172208	4727	1389	183	2981	913

续表 12－2－3

年份	产量	面积	鱼类		甲壳类		贝类		藻类		其他	
			产量	面积	产量	面积	产量	面积	产量	面积	产量	面积
2005	205759	11473	17188	694	6972	2327	177405	7416	1310	161	2884	875
2006	216511	11039.1	23776	753	12852	3312	175718	5912	1195	120	2970	942.1
2007	217602	10170.5	26394	804.1	7746	1999	178521	5962.4	1195	120	3746	1285
2008	217040	9531.5	27462	603.8	7929	1797.6	176166	5684.4	1195	120	4288	1325.7
2009	227124	9686.3	35684	676.5	10475	1737.9	175232	5819	1195	126	4538	1326.9
2010	229214	9707.3	37464	676.5	13246	1737.9	173698	5945.3	500	20	4306	1327.6
2011	231585	8474	34966	706	9631	1183.6	178773	5246	3090	51	5125	1287.4
2012	236980	8474	37133	706	9401	1183.6	180728	5223	2800	51	6918	1310.4

第一节　藻类养殖

境内海带养殖盛期为20世纪70年代。90年代后，因劳动强度大、产量和价格低、经济效益差等原因，海带养殖严重下滑。1990年养殖海带0.67公顷，到1991年全市海带养殖停止。2008年，青岛西海岸海洋渔业开发有限公司在灵山湾乔家洼海域试养海带33.33公顷，亩产鲜海带1.7吨。2009～2012年，保持养殖面积40公顷，鲜海带年产量约1000吨。同时还试养了少量的羊栖菜。因加工原料短缺，青岛明月海藻集团有限公司和青岛聚大洋海藻工业有限公司在灵山湾海域养殖海带、鼠尾藻等藻类。

紫菜　在境内沿海潮下、岩礁带均有分布，但资源量不大。人工养殖始于1972年县海水养殖试验场，当年养殖紫菜1.33公顷获成功，之后有所发展。20世纪80年代受扇贝养殖的冲击，紫菜养殖停止。90年代，随着养殖和加工技术的提高，市场销售看好，紫菜养殖开始恢复。主养条斑紫菜，大多集中在黄家塘湾，贡口湾、胶州湾也有少量养殖。1995年养殖紫菜43公顷，产量364吨，收入169万元，平均每公顷产量8465千克；2000年养殖面积67公顷，产量560吨，收入560万元；2001年面积达241公顷，产量550吨，收入2698元；2008年面积120公顷，产量1195吨，产值685万元。2009年因董家口港口新建项目占用海域、养殖效益不佳等原因，紫菜养殖停止。

聚大洋集团海带养殖基地

石花菜　境内沿海潮下带岩礁均有分布，是山东省石花菜主产区之一，分布面积约在267公顷左右。人工养殖始于1981年，县海水养殖场当年试养42绳，产14.5千克，取得经验。1985年，泊里、琅琊等乡镇所属海水养殖场进行小面积人工养殖，而后面积逐渐扩大，1988年养殖面积6.67公顷，产量16吨，1992年养殖面积7.33公顷，产量20吨。之后因市场、价格和产量等原因，1995年停止石花菜养殖，石花菜产量主要靠自然采捕。

第二节　贝类养殖

贝类养殖分为浅海和滩涂养殖两种方式。1982 年，县水产局在潮间带生物资源调查过程中，共采集到各种生物 203 种，其中动物 175 种，植物 28 种。潮间带生物主要有菲律宾蛤、泥蚶、竹蛏、文蛤、四角蛤蜊、牡蛎；低值贝类有光滑河兰蛤、突支肌蛤、鸭咀蛤、托氏鲳螺，泥螺、中国绿螂等；饵料生物有沙蚕，另外还有珍贵的贝类西施舌。潮下带主要生物有：海参、鲍鱼、石花菜、海胆、菲律宾蛤等。

1988 年，全市滩贝增殖面积 600 公顷，产量 0. 10 万吨；2000 年面积 0. 36 万公顷，产量 7. 68 万吨；2001 年面积 0. 34 万公顷，产量 8. 57 万吨，总收入 55097 万元。适宜增殖的滩涂贝类较多，形成商品规模的约十几种，其中尤以菲律宾蛤、泥蚶、牡蛎等为最。

扇贝　养殖始于 1981 年，县海水养殖场在 1. 6 平方米水体培育出扇贝苗 12 万粒，在红石崖海带场试养成功。1988 年养殖面积达 108 公顷，产量 4799 吨；1990 年发展到 160. 93 公顷，产量 7676 吨，成为浅海筏式养殖的主导品种。1995 年海湾扇贝发展到 1431. 67 公顷，产量 76065 吨。随着养殖面积的扩大，由于养殖密度过大，饵料不足及种质退化等原因，海湾扇贝养殖出现了个体小、死亡率高等问题。为此于 1992 年进行品种更新，引进了加拿大扇贝，情况曾有所好转，但仍未从根本上解决问题。1994 年采取“稳定海湾扇贝，发展栉孔扇贝，内疏外扩”的扇贝发展方针，栉孔扇贝有所发展。1996 年压缩海湾扇贝养殖规模，增加栉孔扇贝养殖规模，当年栉孔养殖面积占扇贝养殖面积的 68%，成为主导品种。1998 年灵山湾栉孔扇贝半人工采苗获得成功，共采苗 2000 万粒。1995 ~ 2000 年开始全市扇贝养殖面积稳定在 1333. 33 公顷左右。2001 年扇贝养殖面积 1564 公顷，产量 78906 吨。之后稳定在 1130 公顷左右。2012 年养殖面积 1127. 4 公顷，产量 43552 吨。

贻贝　1972 年，县海水养殖场在青岛水产研究所的帮助下，进行贻贝人工育苗试验，当年养殖面积 2 公顷，出苗 50 万粒。之后养殖面积逐年扩大，1988 年养殖 76. 33 公顷，产量 3557 吨；20 世纪 90 年代推广“长苗绳、大浮力、轮包轮收”新技术，亩产由 20 世纪 80 年代的 3 吨左右增加到 5 ~ 7 吨。1992 年，灵山卫镇海水场最高亩产达 8 吨。2000 年养殖面积 332 公顷，产量 22362 吨；2001 年 434. 87 公顷，产量 29425 吨，成为浅海主养品种。2012 年养殖面积 722 公顷，产量 33496 吨。

主要年份全市扇贝养殖情况统计表

表 12 －2 －4　　　　单位：公顷、吨、万元

年份	面积	产量	收入	年份	面积	产量	收入
1988	108	4799	1389	2002	1236	55217	14344
1989	123. 53	5548	941	2005	1145	41911	11100
1990	160. 93	7676	2036	2006	1096	49753	11104
1992	661. 47	31228	7109	2007	1129	50177	11051
1995	1431. 67	76065	22247	2008	1149. 4	47704	12341
1998	1198	50206	20550	2009	1184. 4	46659	12678
1999	1325	74699	33522	2010	1184. 4	45446	12699. 8
2000	1566	83445	36892	2011	1127. 4	44135	18040
2001	1564	78906	32845	2012	1127. 4	43552	18605

主要年份全市(县)贻贝养殖情况统计表

表 12－2－5　　　　单位:公顷、吨、万元

年份	面积	产量	收入	年份	面积	产量	收入
1988	76.33	3557	136	2005	694	41444	3714
1989	87.07	4700	156	2006	690	36568	3520
1990	88.08	4887	121	2007	691	35446	3654
1992	138.67	9620	3064	2008	745	37293	3591
1995	269	23008	1656	2009	690	35393	3549
1998	332	22362	2168	2010	687	35662	3584
2000	259	20835	2176	2011	722	30079	3781
2001	434.87	29425	3270	2012	722	33496	3492
2002	484	34263	3573				

菲律宾蛤　俗称杂色蛤,是境内滩涂贝类的主要品种。人工增殖始于1972年的红石崖镇张戈庄村,增殖杂色蛤250千克。1989年由红石崖镇水产办公室承担的青岛市科委“胶州湾潮下带万亩滩涂增养殖技术”项目,在胶州湾潮下带706.67公顷滩涂增殖,以菲律宾蛤为主,经专家现场检验,投入产出比达1:4.2。2012年,全市菲律宾蛤养殖面积1871公顷,产量84023吨,产值36949万元。

泥蚶　红石崖、张家楼、泊里沿海滩涂均有分布。1972年开始对泥蚶进行人工增养殖,在泊里首次投放泥蚶苗250千克,但因受苗种所限,增殖规模小于菲律宾蛤。20世纪90年代面积在66.67公顷左右,1995年面积139公顷,产量845吨。2001年全市泥蚶增养殖面积179公顷,产量2375吨。后因水质污染及养殖效益不佳导致养殖面积和产量不断缩减。2010年人工养殖泥蚶终止。

蛏　产量较大的有大竹蛏、小竹蛏、缢蛏3种,主要分布在胶州湾、黄家塘湾泥沙底质潮间带滩涂。蛏类人工增养殖起步较晚,1992年在灵山卫小面积试验获成功而推广。蛏类大面积增养殖始于20世纪90年代,多集中在胶州湾和黄家塘湾。泊里和原小场虾池也曾进行养殖,因其重茬养殖,效果不佳而停止。

牡蛎　主要品种有太平洋牡蛎和褶牡蛎两种,以褶牡蛎为最多,人工增养殖苗种多来源于自然采捕。牡蛎滩涂增养殖始于20世纪90年代初,而后规模不断扩大,2001年养殖面积503公顷,产量19439吨。牡蛎人工育苗技术成熟,以太平洋牡蛎育苗为主,主要用于浅海筏式养殖。但因受海区状况限制,曾多次试养,终因脱落问题未能解决,故发展不快,筏式养殖主要以太平洋单体牡蛎为主。2012年,全市牡蛎养殖面积576.4公顷,产量14311吨。

西施舌　在黄家塘湾、龙湾、灵山湾等沿海海域的滩涂,盛产一种珍贵的贝类,俗称“沙蛤”,即“西施舌”。西施舌斧足肥厚,颜色乳白,上尖下阔,光滑圆润,酷似人舌。肉质细腻,味道鲜美,与海参、鲍鱼齐名。主要分布在黄家塘湾潮间带低潮区和潮下带(0～5米)内。

主要年份全市(县)滩涂贝类增养殖情况表(一)

表 12－2－6　　单位:公顷、吨

年份	面积	产量	菲律宾蛤		泥蚶		蛏		牡蛎	
			面积	产量	面积	产量	面积	产量	面积	产量
1988	600	1010	466.67	979	133.33	31				
1989	666.67	1106	626.67	1085	40	21				
1990	666.79	1191	573.33	1091	93.33	80			0.33	20
1992	1091.07	6308	896.67	5538	99.33	350			95.07	420
1995	2824	26634	2403	23586	139	845	174	754	108	1449
1998	2957	55234	2376	43995	93	1310	258	1894	230	8035
1999	3234	67781	2435	52914	117	1539	462	2786	220	10542
2000	3445	78850	2408	57883	146	2017	408	5120	483	13830
2001	3605	85113	2526	60448	179	2375	397	2851	503	19439
2002	4098	112717	2539	75682	238	6560	765	13403	556	17072

注:2003 年后,统计品种不一致,故另设表(二)

主要年份滩涂贝类增养殖情况表(二)

表 12－2－7　　单位:吨、公顷

年份	牡蛎		蛤		蚶		蛏	
	面积	产量	面积	产量	面积	产量	面积	产量
2003	680	19920	82743	2686	5660	198	12794	709
2004	368	8330	53973	1261	6560	218	18894	554
2005	504	13241	60969	2922	6611	493	12447	1225
2006	411	10195	62926	1912	4620	513	10812	899
2007	400.3	11470	64540	2024	4620	513	11143	745
2008	400.4	10338	63665	1985	4620	273	11425	659
2009	579.4	11827	73105	1891	2665	273	4235	659
2010	591.4	12295	75545	2164	—	—	3649	779
2011	579.4	13018	84023	1871	—	—	6025	413
2012	576.4	14311	1912	520	—	—	7183	396

深海网箱养殖基地

第三节 海水鱼养殖

20世纪80年代初，境内开始海水养鱼，较大规模海水鱼养殖开始于90年代初的网箱养鱼。1992年，大珠山镇进行网箱养鱼成功后，在灵山卫、琅琊、泊里等乡镇迅速推广。养殖品种主要有黑鲷、鲈鱼、黑鲪、六线鱼、石斑鱼，河鲀鱼、三文鱼、美国红鱼、绿鳍马面鲀及鲆鲽鱼。2012年，全市养殖海水鱼产量34966吨，产值12.4亿元。

海水网箱养鱼 多集中在古镇口湾、琅琊湾和灵山卫湾。主要利用木质小网箱养殖。2002年，利用高密度聚乙烯材质圆形40×8米的深水抗风浪网箱养殖鲈鱼、黑鲪等本地产鱼种。2007年网箱养殖达到鼎盛期，发展木质小网箱数量超过20000个，深水网箱1616个。2006年，深水网箱养殖的“茂余”牌牙鲆获“中国名牌农产品”称号。后因城市规划调整、港口建设及大项目海域占用等原因，深水网箱数量急剧衰减，2012年，深水网箱数量已不足100个。

海水池塘养鱼 利用虾池和岩礁池进行虾鱼、虾参混养，主要养殖品种为牙鲆等。2000年后海水池塘养鱼迅猛发展，2001年养鱼面积390公顷，产量8297吨，收入26681万元。后逐渐改为养殖海参，2012年面积不足80公顷。

工厂化养鱼 境内工厂化养鱼主养品种为大菱鲆。1999年底由中国水科院黄海水产研究所科技攻关，在胶南市繁育大菱鲆成功。2001年由位于古镇口湾的胶南新兴水产养殖育苗有限公司首次养殖。养殖模式是在厂房内的养殖池中设立进排水系统，利用地下海水和自然海水，控制水温，投喂配合饲料。是年，全市工厂化养鱼面积5万平方米。2006年发展到46.8万平方米，主要品种以大菱鲆为代表的鲆鲽鱼类。2001年全封闭式循环水系统养殖实验成功。2007年，该养殖系统养殖用水量为流水模式的1.6%，节能30%；每立方米水体产量58.3千克，单位产量是流水养殖模式的3.6倍；成活率达到99%；养殖周期8个月，比常规模式缩短5个月。但因前期投资较大，2012年仅发展11套。2006年11月，上海市报道了大菱鲆商品鱼药物残

工厂化养殖基地

留超标问题,造成消费市场全面停止销售,养殖企业产品积压,损失惨重。大菱鲆养殖陷入低谷。2009年,大菱鲆市场价格恢复到40~60元/千克,养殖面积5万平方米。2012年超过75万平方米。

第四节　海珍品养殖

海参　胶南沿岸基岩质地质潮下带生长的海参为刺参,属海参之上乘。据1985年资源调查,境内自然资源分布以灵山岛、斋堂岛居多。海参人工育苗始于1975年的县海水养殖场,当年产出海参苗5万头。20世纪80年代后期养殖面积不断扩大,产量成倍增长。2006年开始养殖步入“快车道”,被誉为“海水养殖的第五次浪潮”。

底播增殖　选择适宜增殖的海域,投放海参苗,依靠自然饵料生长,以增加资源分布量。海参增殖区域集中在灵山岛、斋堂岛近海岩礁带,增殖面积6.67公顷左右。后逐渐扩大到古镇口湾等部分海域开展底播养殖。

岩礁池人工养殖　1995年开始采取“高密度放苗,人工投饵,自然换水”的方法在潮间带岩礁建池人工养殖。2001年,岩礁池海参养殖面积467公顷,产量186吨(干品),产值14983万元。2008年后,因城市规划调整、港口建设及涉海大项目的不断上马,部分岩礁池被占用,养殖规模不断缩减。

吊笼养殖　2006年在古镇口湾进行吊笼养殖实验。2007年海参吊笼模式规模养殖66.67公顷,后因高温期吊笼上易附着野生牡蛎、杂藻及其他海生生物,阻碍水体交换,影响海参生长,加之劳动强度较大,2008年后养殖规模逐步缩小,该养殖模式停止。

虾池改造养殖海参　2005年,青岛瑞滋海珍品发展有限公司在琅琊镇对152公顷老旧虾池进行高标准改造后养殖海参成功后,迅速在琅琊、泊里等沿海得以推广。2012年虾池改造面积666.67公顷。

工厂化养殖　2007年,开发深水井工厂化养殖海参及海参保育苗取得成功并被迅速推广,成为境内海参养殖的主要模式之一。

鲍鱼　沿海基岩地质潮下带所生长的鲍鱼为皱纹盘鲍。1982年,县水产研究所在室内小水体鲍鱼育苗试验成功。1989年,县海水养殖场首次进行建池垒石养殖鲍鱼,以后逐年发展。鲍鱼养殖主要有以下几种形式:垒石蒙网养鲍,即在沿海潮下带岩礁区垒石蒙网,放苗投饵,此种方法多在流水较大的海域;沉箱养鲍,即使用3~5厘米钢材焊接成长1米、宽0.5米、高0.5米左右的长方形铁笼,用网衣罩住,中间投入石块,放入浅海水域,笼内投放鲍鱼苗进行养殖,是鲍鱼主要养殖形式之一;坑道养鲍,即利用废坑道或通过人造坑道,在坑道内由高到低石砌养殖池,利用坑道的恒温条件,机械提水,人工投饵养殖,此种方法养殖鲍鱼生长时间长,养殖周期短,产出率高;岩礁建池养鲍,在沿海岩礁带建池,水深1米以上,池中投放石块,利用自然潮水,人工投饵养殖。此方法管理简便,养殖费用低,多与海参混养,是比较流行的养殖方法。

1995~2012年全市主要海珍品养殖情况统计表

表12-2-8　　单位:吨、公顷

年份	海参		鲍鱼		梭子蟹	
	产量	面积	产量	面积	产量	面积
1995	2	—	0	—	0	—
1996	3.2	11.6	25.6	385	—	—
1997	9.3	34.3	69	—	12	5
1998	21	13	179	78	90	—
1999	71	174	363	200	955	277
2000	134	153	527	188	1906	456
2001	186	467	662	644	1464	873

续表 12－2－8

年份	海参		鲍鱼		梭子蟹	
	产量	面积	产量	面积	产量	面积
2002	302	549	764	500	2486	950
2003	2858	792	772	431	2225	821
2004	2981	913	845	455	2300	879
2005	2884	875	782	433	3250	1003
2006	2970	942	844	391	3250	694
2007	3746	1285	1125	460	3040	806
2008	4288	1326	1121	472	3281	715
2009	4538	1327	1348	533	5549	736
2010	4306	1327	1101	539	5149	736
2011	5125	1287	1493	533	3528	1094
2012	6918	1310	1912	520	3195	1094

对虾　1968年，小场公社崖下村建虾池2公顷开始对虾养殖，亩产19千克，总产570千克。1988年对虾养殖达到高峰，成为海水养殖中的主导品种之一，是年养殖面积1384.8公顷，亩产84千克，总产1747吨，收入3037万元。进入20世纪90年代，为适应对虾出口的需要，采取了虾池改造、虾苗暂养，加大投入、投喂鲜活饵料等项措施，对虾养殖面积稳定在1133公顷左右。1990年养殖面积1165.47公顷，亩产103千克，总产1191吨。1992养殖面积1103.6公顷，总产1715吨。1993年大面积爆发对虾病毒性病害，致使对虾养殖急剧下滑。1995年养殖面积1126.67公顷，亩产只有21千克。1995年以后，为恢复和发展对虾养殖生产，采取虾鱼混养、虾蟹混养，车虾二茬养殖及封闭式养殖等措施，经过几年的探索，对虾养殖生产逐步得到恢复和发展。1998年，由琅琊镇水产办公室承担的“封闭式内循环对虾养殖项目”，通过专家现场验收，平均亩产359千克，亩收入3万元。2000年后，引进了日本车虾、南美白对虾、蓝对虾、斑节对虾等品种。推广封闭式内循环养殖技术、对虾健康养殖技术和工厂化养殖技术。养殖模式由单养改为混养，由一茬改为二茬，并进行虾蟹、虾参、虾鱼混养，2001年混养面积1008.2公顷，占养殖面积的94%，混养中对虾产量1177吨，占总产量的66%，已成为对虾养殖中的主要模式。2012年，各类虾的养殖面积1183.6公顷，总产6206吨。

主要年份全市(县)对虾养殖生产情况统计表(一)

表 12－2－9　　单位：公顷、吨、万元

年份	面积		产量		收入		纯收入		成本
	合计	其中：混养	合计	其中：混养	合计	其中：混养	合计	其中：混养	
1988	1384.8	0	1747	0	3037	0	—	0	—
1989	1187.27	61.07	1608	91	2729	151	316	43	2413
1990	1165.47	209.07	1191	262	2176	338	9.6	8	2185
1992	1103.6	368	1715	1055	3650	1364	1417	386	2233

续表 12－2－9

年份	面积		产量		收入		纯收入		成本
	合计	其中:混养	合计	其中:混养	合计	其中:混养	合计	其中:混养	
1995	1126.67	424.33	352	210	1586	1002	329	192	1257
1998	986	642	609	448	3891	—	1810	2060	2081
1999	819	780	1004	584	7648	3294	5206	3294	2442
2000	1020	837	1266	754	9172	4173	5347	4173	3824
2001	1075	1008.2	1797	1177	11262	3137	6473	3137	4789
2002	1334	311.07	2542	837	12853	—	7615	1513	5238

2003～2012 年全市对虾养殖生产情况统计表(二)

表 12－2－10　　单位:吨、公顷

年份	合　计		南美白对虾		中国对虾		日本对虾	
	产量	面积	产量	面积	产量	面积	产量	面积
2003	2982	1222	236	39	516	244	2230	939
2004	2588	1125	312	84	107	112	2169	929
2005	3722	1324	135	77	72	103	3515	1144
2006	9602	2618	2188	448	400	240	7014	1930
2007	4706	1193	1206	140	313	179	3187	874
2008	4648	1082.2	1084	139	272	148.4	3292	794.8
2009	4926	1071.6	1140	66	312	175.4	3474	830.2
2010	8097	1071.6	450	19	102	115.4	7545	937.2
2011	6103	1183.6	125	70	73	109.4	5905	1004.2
2012	6206	1183.6	125	70	76	109.4	6005	1004.2

第五节　人工增殖及苗种培育

人工增殖始于 20 世纪 80 年代,增殖品种有海参、对虾、墨鱼、牙鲆、梭子蟹、海蜇及人工鱼礁等。自 2005 年《中国水生生物资源保护行动纲要》颁布以来,积极争取上级扶持资金,认真落实渔业资源增殖放流工作。

主要增殖品种　对虾增殖　2005～2012 年,争取上级部门放流资金共放流日本对虾超过 3.5 亿单位。放流区域主要在古镇口湾、黄家塘湾。

墨鱼增殖　1992～1993 年,由省水产局捕捞站拨款 20 万元,进行两种增殖试验。一是用海捕成熟墨鱼亲体,在池塘内养殖产卵,投放附苗器,采卵后移入近海增殖;二是在海区内投放附苗器附苗增殖。两年共投附苗器 9000 多个,但因受资源所限,附苗量较少,效果不甚明显,故增殖停止。

其他品种增殖　2005～2012 年共放流牙鲆鱼 288 万尾,放流区域主要集中在古镇口湾和灵山湾的龙门顶码头附近海域,共放流梭子蟹 1600 万只,主要集中在黄家塘湾和灵山湾的龙门顶码头附近海域,增殖效果明显。

人工鱼礁　1981 年,由黄海水产研究所投资,在胡家山前海和灵山岛西南海区建立两个试验区,共投放 1.5×1.5×1.5 米人工鱼礁 402 块,投放面积 5.33 公顷。2008 年,由青岛斋堂岛海洋生态养殖有限公司在琅琊镇台西头村附近海域进行人工鱼礁投资建设,规划面积 420 公顷,分三期进行。其中,一期 140 公顷(2010～2012 年)已投资 6571 万元,投放各种鱼礁 28.5 万空方,包括 100 千克以上石块 4.8 万立方米,钢筋混凝土框架 10.7 万空方,钢筋混凝土管道 13 万空方。

苗种培育　虾苗培育　1992 年,市水产研究所人工繁育日本对虾成功后,在各沿海镇街开展

开展增殖放流活动

虾苗培育。

鱼苗培育　2001 年大菱鲆育苗在胶南取得成功。2002 年后，大珠山镇、大场镇等沿海乡镇开展以大菱鲆为代表的鲆鲽鱼的育苗生产。2009 年，青岛通用水产有限公司在大菱鲆苗种繁育过程中利用全封闭循环水系统进行试验，取得成功。之后育苗品种又增加了半滑舌鳎、牙鲆等品种。2010 年，该公司开始繁育斜带石斑鱼，当年成功繁育鱼苗 50 万尾。

海参育苗　1982 年，县海带育苗场成功繁育海参苗 5 万头，在此后的 20 余年里，生产规模不断扩大，到 2012 年，刺参人工育苗已进入工厂化和量产化阶段，育苗技术及工艺已经成熟。是年，共有海参育苗企业 80 余家。

其他品种育苗　1988 年，鲍鱼苗在县水产研究所人工育苗成功。1989 年，魁蚶苗在县水产研究所人工繁育成功。

至 2012 年底，全市发展省级良种场 6 家，带动了全市苗种的改良培育工作。

2012 年全市海生物主要良种场情况统计表

表 12－2－11

名　　称	级别	获批年份	名　　称	级别	获批年份
青岛漠斑牙鲆良种场	省级	2006	青岛刺参良种场（青岛西海岸海洋渔业科技开发有限公司）	省级	2012
青岛褐牙鲆良种场	省级	2007	青岛刺参良种场（青岛浩然生态海洋水产科技有限公司）	省级	2012
青岛瑞滋刺参良种场	省级	2011	青岛通用大菱鲆良种场	省级	2012

第三章　淡水养殖及苗种培育

淡水养殖生产始于 20 世纪 50 年代后期，胶南县鱼种场建立并引进鱼种，养殖水面以水库、池塘为主。养殖品种以青鱼、鲢鱼、鳙鱼为主。20 世纪 90 年代后期陆续引进甲鱼、中华绒螯蟹、团头鲂、中南鱼、鲤鱼、罗非鱼、大银鱼、鲟鱼等品种。养殖模式由粗养变为以池塘精养、水库轮养增殖和网箱养殖等多种模式。2000 年开始，淡水养殖主要集中在吉利河水库、铁山水库、陡崖子水库等中小型水库和部分淡水池塘，主要养殖产品以鲤鱼、鲫鱼、鲶鱼和银鱼 4 大家鱼为主。1988 年，全市淡水养殖面积 1526 公顷，产量 675 吨。2012 年，全市淡水养殖面积 2280 公顷，产量 7982 吨，其中 4 大家鱼产量 5580 吨。

主要年份全市(县)淡水养殖情况统计表

表 12－3－1　　单位:公顷、吨

年份	面积	产量	池塘		水库		河沟	
			面积	产量	面积	产量	面积	产量
1988	1526	669	336	287	1138	356	52	26
1990	764	515	229	200	513	298	22	17
1995	1823	2240	297	1043	1499	1108	27	89
1999	2162	5649	543	2551	1560	2708	59	390
2000	2187	8001	523	3918	1607	3618	57	465
2001	3019	8821	594	4244	2421	4564	4	13
2002	3361	8846	625	3964	2665	4817	71	65
2003	3205	9534	544	3883	2661	5651	—	—
2004	3205	9290	593	4120	2142	5145	11	25
2005	2734	9207	589	3867	2134	5315	11	25
2006	2209	8707	485	3127	1724	5580	0	0
2007	2502	8790	451	2615	2051	6175	0	0
2008	2380	8042	368	2106	2012	5936	0	0
2009	2230	8002	375	2095	1855	5907	0	0
2010	2229	7900	372	2147	1857	5753	0	0
2011	2267	8060	373	2418	1894	5642	0	0
2012	2280	7982	347	2227	1933	5755	0	0

第一节　设施及技术

20 世纪 80 年代后,随着淡水养殖面积的不断扩大和新品种的不断引进更新,淡水养殖新技术得到推广应用,淡水渔业进入新的发展时期,全县淡水水面,特别是池塘和小型水库的开发利用迅速发展,除灵山岛外,各乡镇都积极进行淡水养殖。1988 年,全县淡水养殖面积 1526 公顷,产量 675 吨,产值 175 万元。养殖品种主要以草鱼、鲢鱼为主。到 2000 年,全市淡水养殖面积 2187 公顷,产量 8001 吨,产值 5930 万元。养殖品种也由草鱼、鲢鱼为主发展到罗氏沼虾、中华绒螯蟹、鲫鱼、鲤鱼、大银鱼、甲鱼等十几个品种。

池塘养殖　是境内淡水养殖的主要养殖形式之一。分布在全市除积米崖港区以外的各乡镇、街道。2001 年,全市池塘养殖面积 594 公顷,占全市淡水养殖面积的 19.7%,产量 4244 吨,占全市淡水养殖产量的 48%,平均亩产达 476 千克。单产水平处于青岛市淡水养殖的中上水平。大场镇和海青镇的养殖面积和单产都处于较高水平,2001 年养殖面积分别达 121 公顷和 41 公顷,产量达 1533 吨和 304 吨,亩产 845 千克和 494 千克。

淡水池塘分为自然和人工开挖池塘两种形式,大多以蓄水抗旱为主,养鱼为副。多为集体所有,承包经营,养殖品种以草鱼、花白鲢、鲤鱼为主。20 世纪 80 年代后期,中南鱼引进成功并推广。进入 20 世纪 90 年代,开始养殖河蟹和罗氏沼虾等新品种。在养殖技术上,多数池塘进行高密度养殖,少数条件较差的池塘粗放型养殖。进入 21 世纪,大力推广应用新技术,对池塘进行改造,改春放为秋放,改投放苗种为投放鱼种,池塘养殖产量和效益都有很大提高，虽然出现过天气干旱，水源减少等自然条件不好的年份，但由于养殖技术和管理水平以及新品种的引进，池塘养鱼产量逐年提高，成为全市淡水养殖中的主要方式。

水库养鱼 始于20年代50年代后期，建设中的陡崖子水库第一次投放中南鱼种进行养殖，之后水库养鱼逐年推开。到20世纪80年代，境内所有建成的中、小水库全部进行养鱼。在管理体制上，中型水库属水利部门管理，小型水库属所在乡镇管理，在管理体制不变的前提下，结合水库养鱼的特点，中型水库由水利部门统一领导，水库管理所进行集体经营，小型水库则执行集体所有，承包经营。在养殖品种上，主要以草鱼、花白鲢为主，实行轮捕轮放。20世纪90年代进行银鱼移植增殖并获成功，银鱼已成为中型水库主要经济鱼类。在技术上大多采取粗放式管理，即利用自然饵料，投放大规格鱼种，故单产水平较低。孙家屯水库采取化肥肥水养鱼，亩产达63千克，为全市水库养鱼最高水平。2001年，全市水库养鱼面积2421公顷，占全市淡水养殖面积的80%，产量4564吨，占全市淡水产量的51.7%。2012年，全市水库养鱼面积1933公顷，产量5755吨。

主要年份全市(县)淡水养殖品种产量统计表

表12－3－2 单位:吨

年份	鲢鳙鱼	草鱼	鲤鱼	鲫鱼	大银鱼	河蟹	沼虾	鲟鱼	青鱼	鲶鱼	乌鳢	罗非鱼	龟
1988	675	0	0	0	0	0	0	0	0	0	0	0	0
1990	548	37	17	0	0	0	0	0	0	0	0	0	0
1995	1437	0	321	171	0	0	0	0	0	0	0	0	0
1999	30	850	25	454	20	91	21	0	0	0	0	0	0
2000	3962	1594	1515	557	68	69	18	0	0	0	0	0	0
2001	4548	1973	1506	424	127	92	30	0	0	0	0	0	0
2002	4367	2096	1623	445	73	95	24	0	0	0	0	0	0
2003	4540	1850	2304	368	43	95	62	7	137	77	9	1	5
2004	4018	1960	1725	465	59	90	64	5	120	83	0	1	0
2005	4734	1856	1705	673	65	69	36	5	51	0	9	1	0
2006	4576	1849	1618	547	31	26	0	3	50	0	9	1	0
2007	4868	1498	1660	606	73	26	0	3	50	8	0	1	0
2008	4468	1441	1803	184	45	0	0	54	38	8	0	1	0
2009	4445	1303	1680	295	23	0	0	54	193	8	0	1	0
2010	4335	1300	1810	189	11	0	0	51	193	8	0	1	0
2011	4153	1164	1794	672	9	0	0	0	261	7	1	0	0
2012	4591	1247	1763	279	8	0	0	0	89	5	0	0	0

第二节 鱼种培育

1959年淡水养殖兴起之初，县鱼种场采捕自然鲤鱼、鲫鱼亲体，进行半人工孵化鱼苗获成功，为境内最早进行的淡水鱼苗人工培育。是年，自武汉购进鲢鱼、鳙鱼50万尾，投放5个池塘进行成鱼养殖获成功；自微山湖购进亲鲤7000尾进行人工培育。1965年，县鱼种场中南鱼人工繁育成功，当年培育鱼苗100万尾。1975年自山东海洋学院淡水养殖场引进团头鲂，1976年由无锡引进江西兴国红鲤，1982年自山东省淡水研究所引进非鲫鱼种，同时引进罗非鱼1600尾进行越冬、海水训化养殖试验获成功。自20世纪90年代以来，淡水养殖新品种引进步伐不断加快，先后引进团头鲂、武昌鱼、河蟹、淡水白鲳、革胡子鲶、大银鱼、鲟鱼、罗氏沼虾、小银鱼、大口胭脂鱼等新品种,并进行人工培育鱼苗,淡水鱼苗供应充足,推动了淡水养殖业的发展。2001 年,全市淡水鱼苗产量 1916 万尾,淡水鱼种产量 160 吨,投放淡水鱼苗(种)3141 万尾。2012 年,全市淡水鱼苗产量 6200 万尾,淡水鱼种产量 23 吨,投放淡水鱼苗(种)26 万尾。

主要年份全市(县)淡水鱼苗(种)情况统计表

表 12－3－4

年份	鱼苗(万尾)	鱼种(吨)	投放(万尾)	年份	鱼苗(万尾)	鱼种(吨)	投放(吨)
1988	2817	4990	0	2005	23248	403	467
1990	900	447	168	2006	4820	19	19
1995	500	80	400	2007	6520	19	17
1999	742	45	860	2008	4210	19	14
2000	0	1040	1081	2009	5810	26	18
2001	1916	160	3141	2010	6005	49	50
2002	397	7	1695	2011	6000	21	23
2003	38325	370	366	2012	6200	23	26
2004	20260	376	383				

注:自 2005 年开始,淡水鱼苗(种)投放单位由万尾改为吨。

第四章　水产品加工

第一节　鱼类加工

胶南鱼类加工始于 20 世纪 70 年代,以鲜冷加工出品为主,企业经营形式主要有来料加工出口、冷藏初加工销售和采购原材料加工出口出售等方式。国有、集体、个体企业均有生产。进入 21 世纪后,民营加工出口企业快速发展。较大加工出口企业主要有青岛益和兴食品有限公司、青岛东港食品有限公司、青岛久龙食品有限公司、青岛大禹渔业发展有限公司等。产品主要有鱼类、冻煮蛤肉、冻煮扇贝、鱿鱼产品、各种海捕虾及虾仁、蟹、海参、鲍鱼等。除在国内销售外,产品主要销往欧盟、日本、韩国、美国、加拿大、泰国等国家。青岛东港食品有限公司先后通过了

青岛东港食品有限公司海产品加工车间

欧盟、俄罗斯、美国、日本、韩国等国家的官方注册认证，采购美国、俄罗斯、加拿大等国原材料，年加工水产品 12000 吨，销往欧盟、日本、美加市场。2012 年，全市共有水产品加工企业 28 家（7 家规模以上海藻加工企业除外），加工能力 59406 吨/年，其中规模以上加工企业 8 家。拥有水产冷库 23 座，冻结能力 2262 吨/日，冷藏能力 20290 吨/次，制冰能力 447 吨/日；水产品加工总量 43546 吨。

第二节　海参鲍鱼加工

原料以海参鲍鱼为主。青岛大禹渔业发展有限公司、青岛瑞滋海珍品发展有限公司、青岛灵山岛海珍品有限公司、青岛老龙湾生物科技有限公司、胶南市红房子海参行及青岛磐海工贸有限公司等海参加工企业发展较快，先后研究开发了淡干海参、即食海参、冻干海参、鲍参酒和一系列的海参保健品等产品。海参品牌主要培育了“灵山岛”、“琅琊台”、“瑞滋”、“磐海”、“红房子”、“贡口湾”、“老龙湾”等。

第三节　海藻加工

截至 2012 年，全市规模以上海藻加工企业共有 7 家，分别为明月海藻、聚大洋、瑞星海藻等，主要产品为海藻酸钠、甘露醇、卡拉胶、藻酸丙二醇酯、碘等，以明月海藻规模最大，产品类别最多。从海藻产品加工生产能力和技术水平方面看，明月海藻、聚大洋海藻分别位居全国同行业的第一和第二位，胶南市海藻综合加工能力居世界第一位。是年，全市海藻胶产量占全国总产量的 70% 以上。（详见第九篇第五章第一节）

第十三篇

商业　贸易

2010中国（青岛）首届国际矿业博览会
2010 China (Qingdao) 1st International Mining Expo
开幕式
支持单位：中国矿业联合会
主办单位：青岛胶南市人民政府
承办单位：青岛国际矿权矿产交易市场
祝2010青岛矿博会圆满成功
预祝2010青岛矿博会圆满成功

第一章　商业流通

商贸流通业自新中国成立至20世纪80年代，在国民经济发展和社会生活中发挥着不可或缺的重大作用。随着经济体制由计划性向市场化的转变，原有商贸企业市场主体的角色受到严重冲击。至20世纪90年代末，市场经营主体全民化，商品经营领域全放开，直至出现21世纪的新型流通组织形式。

第一节　商品购销

1988年，全县商业系统完成社会商品购入8617万元，零售总额6906.2万元，其中，百货商品购入968.6万元，销售1085.2万元；五金、交电、化工产品购入1587.3万元，销售1568.3万元；副食品购入5649.4万元，销售3802万元；纺织品购入411.7万元，销售450.7万元。1991年实行“四放开”（经营、价格、内部分配和用工放开）后，指令性按计划分配商品逐年大幅度减少，日用品的经营和价格基本放开、批发零售企业的经营方式和经营范围基本打破，商品供货价、销售价也逐步随市场供求关系的变化而变化，不再固守计划经济体制下的固定价格，而是随行就市，灵活作价。到1992年，各项商品购入和销售都出现大幅下滑，全年完成社会商品购入2435.8万元，零售总额3225万元，其中，百货商品购入800.3万元，销售766.7万元；五金、交电、化工产品购入758.3万元，销售1063.1万元；副食品购入715.6万元，销售1097.3万元；纺织品购入161.6万元，销售297.9万元。到1993年，国有商业经营范围内的商品全部退出计划性分配，商业企业商品经营和价格完全走向市场化。

20世纪80年代胶南百货大楼外景

第二节　转型改制

1988年，县商业局下属百货公司、五交化公司、副食品公司、饮食服务公司和纺织品公司等13家企业和商业托儿所等3家事业单位，共有干部职工2865人。1993年10月，市商业局从政府序列部门退出，整建制转为商业经营管理机构，称为胶南市商业总公司，为正科级事业单位，工作职能由行政管理型转为管理服务型。1996年5月加挂“胶南市商业国有资产经营公司”牌子，增加了国有资产经营管理的职能。1998年8月，根据市政府《胶南市商业、物资、供销系统主管部门改革方案》，商业总公司整建制转为企业性公司。随之，所属各经营性公司完成了股份制改造。其中，糖酒副食品公司、饮食服务公司等经营较好的企业实现了稳步快速发展。

第二章　粮油贸易

第一节　粮油购销

2006 年 9 月 27 日，全省粮食产业化经营与发展理论研讨会在胶南市召开

1988 年，按照国家粮食合同定购政策要求，切实抓好“三挂钩”政策（即每 50 千克稻谷供给平价氮肥 5 千克、平价柴油 1 千克，并由粮食部门按定购粮食总价的 20% 发放预购定金。同时，国家还调高了粮食定购价即每 50 千克早谷 17.09 元、晚谷 17.60 元、杂优晚谷 18.13 元，议购粮价格未变）的落实。收购时做到收粮、结算、发票三同步，与石油、供销等部门配合搞好奖售物资兑现。是年 4 月 1 日起，省政府规定合同定购任务一定 3 年不变。合同定购价格由每千克 0.452 元调为 0.482 元。1989 年，定购价由每千克 0.482 元调为 0.516 元。是年，中央对地方实行粮油购销、调拨包干办法，因粮油包干销售指标一直偏紧，实行分灶吃饭压缩饮食业指标，并实行油条凭票、熟食品发券供应的办法解决城镇人口“早餐难”问题。1990 年合同定购时不再发放预购定金。是年，市场粮油价格下跌，销售市场疲软。

1991 年全部取消议转平任务，增加定购任务，自 5 月 1 日起，粮食合同定购改为国家定购，改与农民签订合同为由当地政府向村、户发放国家定购任务通知。1991～1992 年，取消议转平大米指令性计划。1992 年 4 月 1 日起实行购销同价，统销价接近市场价。是年8月1日，取消定量人口供应，食油销售价格放开，退出国家定购，放开经营。1993 年起，油脂、油料定购任务取消。1995～1996 年，对适销对路的粮油品种，如大豆、瓜干、高粱、玉米等实行积极收购，稳定销售的方式；对价格下跌、市场疲软的花生米，确定以销定购的方法，适应市场发展形势。1997 年，2648.6 万千克的全年粮食定购任务夏粮一季完成。是年遭受严重旱灾，青岛市政府减免了当年的油料定购任务。

1998 年，贯彻落实国务院“敞开收购”“顺价销售”“封闭运行”三项政策。6 月 6 日，国务院颁布《粮食收购条例》，对玉米、小麦、稻谷实行保护价政策。1999～2000 年，粮食定购价格由原来的以质论价改为等级差价，定购价格划分更为细致。

2001 年 5 月 1 日，全省通用的“农转非”供粮审批凭证、农村粮食关系转移证明同时废止。城镇人口有关优惠政策和定点、定量供应取消。

1988～2001 年全市(县)粮油定购情况统计表

表 13－2－1 单位:吨

年度	粮食		油脂、油料		议转平	
	定购任务	完成情况	定购任务	完成情况	定购任务	完成情况
1988	26750	27400	9500	9500	5300	4230
1989	26750	26780	8500	8500	5600	5600
1990	26750	27660	9500	10500	5900	6020
1991	32810	32810	5920	5920	全部取消议转平任务	
1992	29250	29250	5600	5600	—	—
1993	1993 年放开议价,取消定购任务。					
1994	27750	27750	3800	3800	—	—
1995	22750	27530	4170	3760	—	—
1996	26486	26486	3778	3778	—	—
1997	26486	26486	—	—	—	—
1998	26486	26486	—	—	—	—
1999	26486	26486	—	—	—	—
2000	26486	26486	—	—	—	—
2001	26486	26486	—	—	—	—

注:2001 年 5 月 1 日取消粮食定购任务,放开粮食收购、粮食市场和粮食价格

2002～2003 年开展大购大销业务。2002 年 6 月起,取消粮食定购任务,放开粮食收购、粮食市场和粮食价格。2005 年,国家首次实行托市收购政策。2007 年,累计购销东北等优质大米 2100 多吨,销售杂粮箱、精品米面盒 2000 多箱。累计收购小麦 1.3 万多吨,玉米 5000 多吨。2008 年,鉴于市场粮食价格高于国家出台的小麦托市收购价格,粮食部门自筹资金,主动入市收购,拓宽销售渠道,快购快销、薄利广销,购进小麦 16000 多吨,玉米 3400 吨。完成购销量 19.9 万吨。

2009 年,贯彻落实国家最低收购价政策,粮食购销企业累计收购最低收购价小麦 12.484 万吨。建立地储粮梯次轮换制度,从 2009 年起每年轮换 8250 吨,每 4 年全部轮换一遍。与周边区市康大六和饲料集团、江苏连云港罗盖特公司等内外资企业进行业务联系和合作,扩大购销成果,当年完成购销总量 30 万吨。2010 年,国有粮食企业实现粮油购销量 18 万吨。在城区和重点乡镇开始设立碧绿丰粮油超市,当年供应成品粮油 3000 余吨。2011 年,国有粮食企业实现粮油购销量 47.32 万吨,碧绿丰粮油超市连锁店增加到 18 家,当年供应成品粮油 6332 吨。

2012 年,国有粮食企业粮油购销量 57.24 万吨,占计划的 318%。规范和发展碧绿丰粮油超市和军供超市连锁店 20 处,供应成品粮油 7383 吨。

2002～2012年全市粮油购销量情况统计表

表13－2－2　　单位:万吨

年份	粮油购销量	年份	粮油购销量
2002	29.6	2008	19.9
2003	27.6	2009	30
2004	2.2	2010	18
2005	23.9	2011	47.32
2006	15	2012	57.24
2007	18.5		

第二节　军粮供应

胶南军粮供应站始建于1965年6月,其前身是胶南市古镇口军粮供应站,隶属胶南市粮食局,为独立法人单位。下设积米崖、灵山岛和城区3个军粮供应分站,是集军粮供应、应急储备、多种经营于一体的综合性军供站。军供粮油由青岛市粮食局统一招标采购,接收粮油时做到"一批一检一报告",所供粮油全部达到国家规定质量标准。1988～1999年,军粮供应仍凭军用粮票和军供计划分类供应,主要品种有面粉、大米、花生油等。2002年,粮食购销市场化后,军粮供应由青岛市粮食局统一管理,军供大米统一招标,军供站统一配送,年终由国家军粮办统一结算。军供站除担负军粮供应任务外,还常年为灵山岛居民供应口粮,且担负着200吨地方成品粮应急储备任务。

第三节　粮油储备与调拨

储备　1988年,"三低"(低氧、低药量、低温)储粮12346吨,扒沟通风各种粮食3150吨,有机械通风机22台,通风仓28处,库容7995吨。空调机由上年的8台发展到18台,空调储粮4099吨。29个粮食单位均实现"四无"(无害虫、无变质、无鼠雀、无事故)粮仓,达到粮油食品安全储存。1990年,准备粮油入库仓房97处,仓容3.8万吨,化验器材55台。有空调仓24处,储粮10300吨;机械通风仓44处,通风储粮23449吨;应用微机储粮4处,储粮1000吨。1991年,根据省粮食局规范化仓库的要求,投资298.6万元维修、改造仓库。改建通风仓44处,容量12060吨;新建仓库6处,容量5800吨,新建新式露天垛底800多平方米。全年机械通风粮食6333吨,低氧无药储粮48807吨,低药剂储粮46804吨,高低温储粮303969吨,其中空调低温储粮6739吨,帮助农户储粮102500吨。

1995年,"126"战备库正式启用。1996年,强化对国家储备粮油的管理,在各级各类粮油安全保管大检查中,库存的12669吨粮油"一符四无"(一符是账和物相符,四无是无害虫、无变质、无鼠雀、无事故)粮仓率达100%。1997年,粮食系统粮油库存总量达9.24万吨,是历史上存粮最多的时期之一。1998年,库存粮油9.8万吨。实行保粮人员"一三七"查仓、单位月查、市粮食局每季度一次大普查的三级监督检查责任制。2003年底,市政府将市粮食局直属库的土地予以拍卖,拍卖款用于建设胶南市粮食储备库。储备库占地4公顷,建筑面积10946平方米,总投资2200万元,2005年6月竣工使用。是年,市财政拨款108万元建立胶南市粮食检测中心。

2007年,建成以储运管理系统为主的信息中心。2008年,对地方粮食储备规模重新进行测算,核增1万吨地方储备粮和200吨储备花生油。市地储粮规模达到3.3万吨。是年,成立粮食检测中心。2009年12月,胶南市粮食储备库被国家粮食局认定为中央储备粮代储企业;2011年,增加仓容1.2万吨,基本实现地储粮集中储存。2012年启动胶河分库建设工程。市粮食储备库有高大平

房仓 7 栋，库容 3.62 万吨。至 2012 年底，全市存储食用油 500 吨，地储粮 4 万吨。

调拨　1988 年，青岛市实行粮食购销调拨三年(1988～1990 年)包干计划。收购工作继续实行合同定购。粮油定购指标以山东省粮食局核定的为准，一定三年。是年，调出粮油 7822 吨，占计划的 108.3%；调入粮油 9500 吨，占计划的 100.5%。同时出口玉米 4991 吨。1989 年，青岛分配胶南粮食销售包干计划 225 吨，食油销售包干计划 11.5 吨。粮油销售年度净调出计划粮食 89.5 吨，生油 25.5 吨，粮油净调出计划完成 23.7%。1990 年调出粮食 1759 吨，油料 1236 吨，油脂 3413 吨；县外调入粮食 729 吨，副产品 2327 吨。1991 年调出粮食 3095 吨，其中出口玉米 13879 吨，油脂 1289 吨，油料 350 吨；调入粮食 1997 吨，副产品 1200 吨。

第三章　物资供应

第一节　经营体制

1985 年，胶南县物资局改称胶南县物资总公司。1993 年改为全额管理事业单位。1998 年 10 月改为企业性质的管理单位。总公司下属 20 家企事业单位。尚未改制的木材公司、物资服务公司、华盛物资中心、化轻公司、建材公司、金属材料公司已于 2011 年列入市政府解困范围；第一燃料公司、金属回收公司、青岛赛尔化工经营部均停产歇业。燃料公司、祥通物资有限公司、联兴机电公司、鲁东机电公司、顺发物资有限公司、珠海家电交电商场、物华纺织有限公司等 7 家已改为股份合作制企业。物资冷藏厂对外出租经营。物资招待所、物资幼儿园、物资卫生所 3 家由事业改企业的单位于 1995 年歇业。

第二节　物资购销

1988 年以来，国家对煤炭、钢材、木材等主要物资仍实行“计划经济为主，市场调节为辅”的经营办法，在经营模式上实行指令性计划和指导性计划并行的方式。指令性计划由上级或县级计划管理部门编制，逐级下达和分配，价格上实行严格的国家定价；指导性计划由物资系统组织外出采购，对物资需求单位进行供应，价格上实行市场调节。1988 年物资销售总额 552 万元。1991 年，指令性计划全部取消，价格实行随行就市。至 1993 年，借助于物资企业原有进销渠道的连续性和县与县物资经营单位间商品调剂量加大等优势，物资系统分别实现销售额 4.25 亿元、4.68 亿元和 5.76 亿元，创历史最好水平。

1994 年后，物资市场逐步开放，多种经济成分的加入对物资系统形成较大冲击，经营进入低谷，1996 年，全系统仅实现销售额 7182 万元，不到最高年份的 12.5%。1997 年，个体私营及其他经济成分的物资经营企业和摊点发展迅速，市场占有份额不断提升。物资系统各企业经营额大幅度下降，经营不善，债务沉重，企业纷纷停产歇业，职工下岗自谋职业。

木材采供　由物资系统木材公司承担。1988～1994 年，由于国家实行“计划经济为主，市场经济为辅”的政策，物资系统处于繁荣鼎盛时期。1995 年，木材市场全面开放，对木材公司经营形成很大冲击。是年，实现木材销售收入 253 万元。1996 年和 1997 年仅实现销售收入 57 万元。1997 年 4 月木材公司停产歇业，列入财贸系统解困企业。

金属材料采供　以钢材、生铁等为主要经营品种。1991 年，取消指令性计划，价格实行随行就市。1991～1993 年，由于旧的供应渠道仍然畅通，金属材料公司三年销售总额分别为 6315 万元、3712 万元和 4814 万元。1994 年，实现销售总额 5450 万元。1995 年以后，金属材料市场全面放

开，多种经济成分进入钢材、生铁经销领域，加之需用单位自行外采等原因，经营渠道受到强烈冲击，市场份额大幅度下降。1995～1997年，仅实现销售收入2996万元，公司亏损严重，并于1997年底停产歇业，现已列入财贸系统解困企业。

机电设备供应 除少量"三类机电产品"执行国家指令性计划外，大多数品种实行市场调节。根据企业需求，通过参加全国机电产品订货会或到生产企业、上级公司采购。1994年以来，由于受国家宏观调控和市场全面放开的影响，机电产品市场全面放开，该公司市场占有额迅速减少，经营严重下滑。1994年实现销售收入2059万元。1995～1997年，仅实现销售收入2285万元。1997年7月机电设备公司倒闭。

化工、建材采供 原由物资化工轻工公司和物资建材供应公司两个公司（以下简称两公司）承担。1991年，国家取消指令性计划，价格实行市场调节，化轻建材材料市场全面放开，化轻、建材公司销售额逐年下滑。1994年，因国家宏观调控和市场形势的变化等原因，两公司经营亏损严重。两公司合并成立民爆中心，只经营民营爆炸物品，其他化工建材原料不再经营。爆炸物品属国家严格控制物品，1994～2005年，因爆破市场形势不好，经营惨淡，亏损严重。2005年成立物资总公司化工橡胶经营部并出租经营，只经营雷管、导火索等民用爆炸物品。2009年7月，省国防科工办取消该公司民营爆炸物品经营资格。两公司已列入财贸系统解困企业。

煤炭采供 1988～1990年，主要按指令性计划担负全县非农业人口生活用煤、单位伙房、驻军、县化肥厂等单位的煤炭供应，执行国家统一的进、销价格。指导性计划主要靠参加全国煤炭会订货、煤炭基地采购和上级公司调拨解决。根据当地企业需求分配，由燃料公司供应，价格由县物价部门确定，物资局监督执行。随着市场化改革步伐的加快，指令性计划供应比例逐年下降。1991年取消指令性计划，煤炭供应全部实行市场调节。1991～1993年，燃料公司煤炭销售总额分别为3122万元、4491万元和5372万元。1994年以后，煤炭市场全面放开，取消价格双轨制，个体、私营及其他经济成分企业大量参与，燃料公司独家经营的局面被打破，煤炭市场竞争激烈，是年销售煤炭1769万元。1995～1998年，只销售3975万元，燃料公司亏损严重。1998年不再经营煤炭，改制为股份合作制企业。

1988～1994年全市（县）物资系统主要物资销售额统计表

表13－3－1 单位：万元

年份	合计	木材	金属	机电设备	化工建材	煤炭
1988	11503	1165	2697	3144	2143	2354
1989	10352	1033	2018	1460	2263	3578
1990	13641	939	2832	2859	3297	3714
1991	28840	4240	6315	10387	4776	3122
1992	16597	1426	3712	3611	3357	4491
1993	19901	1556	4814	5123	3036	5372
1994	12577	831	5450	2059	2468	1769

第四章　供销合作商业

1988 年 1 月,胶南县供销合作社联合社正式取得经济法人资格,实行自负盈亏、自主经营,由行政管理型变为经营服务型。至 2012 年底,供销系统新建、改建并发展购物超市、直营店、加盟店 598 家,建筑面积 24254 万平方米,初步搭建起以日用消费品和农资为主的市、镇、村一体的农村现代流通服务网络基本框架。辖基层供销社 19 家,直属单位 8 家。资产总值 39573 万元,所有者权益 9110 万元。实现商品营销额 66976 万元,利税 509 万元。19 家基层供销社共有在册干部职工 707 人。拥有资产总值 13729 万元,其中固定资产 4056 万元,流动资金 8785 万元。所有者权益 2929 万元。

第一节　农资采供

根据国务院决定,从 1989 年 1 月 1 日起,化肥、农药、农用塑料薄膜由供销合作社所属农业生产资料公司及基层供销合作社专营,其他部门、单位和个人一律不准经营。农资专营后,实行平价、综合价、议价 3 种价格。1993 年农资经营放开,形成了以供销社为主渠道,其他集体、个体为辅渠道的经营格局。1995 年,根据国务院清理整顿农资市场的要求,确定了"一主两辅"的农资经营渠道,即供销社系统为农资经营的主渠道,化肥生产厂家和乡镇政府农业"三站"为农资经营辅渠道,其他单位和个人不允许经营农资。1998 年 11 月,国务院《关于深化化肥流通体制改革的通知》放开化肥经营市场。集体、个体多家经营农资的格局重新形成。

1988～2012 年全市(县)供销系统主要农业生产资料供应量统计表

表 13－4－1

年 份	供应总额(万元)	化肥(自然吨)	农药(吨)	农地膜(吨)	农药械(架)
1988	4497	75876	561	521	11263
1989	6704	97749	654	666	11736
1990	7641	102262	684	418	10800
1991	8268	101406	751	679	15700
1992	7320	75845	615	810	11300
1993	8229	66297	1265	649	6800
1994	8994	60178	690	673	3700
1995	13646	74586	713	869	3400
1996	17446	88716	1290	772	2900
1997	18451	94302	891	853	5700
1998	22023	134621	882	1041	4300
1999	23005	142942	1044	760	2100
2000	22347	178942	1053	1163	1300

续表 13－4－1

年份	供应总额(万元)	化肥(自然吨)	农药(吨)	农地膜(吨)	农药械(架)
2001	19887	150806	1454	1243	9100
2002	20277	139734	1105	932	8200
2003	22371	142426	1316	1265	1800
2004	21768	124025	1366	1111	6900
2005	20145	96117	1126	1098	1900
2006	20381	93845	1064	980	2200
2007	20591	101851	882	1104	4500
2008	22126	86990	790	676	20500
2009	23018	82145	759	836	6900
2010	24375	85275	796	1466	1900
2011	24825	96829	754	1516	1100
2012	26834	85205	660	1606	1800

第二节　日用品采供

20世纪90年代以前，农村日用消费品供应主要由供销合作社承担。商品品种从食盐、火柴及日用生活必需品逐步扩大到日用百货、副食调料、五金交电、文化用品、针纺织品、家用电器等，并对农村经商户开展批发业务。1986年10月成立工业品购销公司，对所属基层供销社批发日用消费品。随着市场体制的变革，个体商户成为农村消费品市场的主导力量。市供销社从1992年开始对基层供销社百货门市部实行“租壳买瓤、利润大包”的模式，与个体商户展开竞争。1993年1月，胶南市大世界商乐城正式对外营业，建筑面积6900平方米，为当时市区最大的综合性零售商场。2001年3月实行承包经营。2005年6月停止营业，经营设施对外出租。2006年开始，依托基层供销社设施，与青岛中泽、盛客隆、利群、家家悦合作，新建改建日用品超市、加盟店、便利店。

1988～2012年全市(县)供销系统日用消费品销售额统计表

表 13－4－2　　单位：万元

年份	销售额	年份	销售额(万元)
1988	9023	2001	14736
1989	8346	2002	15981
1990	7413	2003	15347
1991	7124	2004	16514
1992	6951	2005	18065
1993	10270	2006	19299
1994	10708	2007	19479
1995	10351	2008	19489

续表 13－4－2

年 份	销售额	年 份	销售额(万元)
1996	10141	2009	19764
1997	9838	2010	23292
1998	12143	2011	25291
1999	12436	2012	28601
2000	11544		

第三节 农副产品购销

1985 年,农副产品购销已全部放开经营。境内农副产品主要有苹果、蔬菜、花生等,主要由胶南县果品公司和各基层供销社经销。1986 年,胶南县供销社依靠国家扶持资金,建设 2000 吨的恒温库和 200 吨的低温库,从事果品、蔬菜储存和罐头加工。1992 年后,多数基层供销社对农副产品采购站实行"利润大包",提高竞争力。但因竞争激烈效果甚微。

2002 年 3 月,组建理务关马铃薯专业合作社。发展社员 59 户,发展马铃薯基地 14 公顷,当年收购推销马铃薯 400 吨。2006 年发展农民专业合作社 38 家。2007 年,先后组建青岛荟泽农产品有限公司和青岛鲁生花生有限公司。2009 年 9 月,在青岛成立农产品配送中心,先后与青岛佳世客、家乐福、利群、家家悦等超市进行农超对接。2011 年开始,先后在泊里、六汪、大场等供销社新建、改建恒温库,全系统恒温库容量达到 8000 吨。

1988～2012 年全市(县)供销系统农副产品购进额情况统计表

表 13－4－3

单元:万元

年 份	购进额	年 份	购进额
1988	35960	2001	11121
1989	30893	2002	19283
1990	26525	2003	23077
1991	39656	2004	18213
1992	16951	2005	14708
1993	32910	2006	15258
1994	23361	2007	16675
1995	16034	2008	20024
1996	22539	2009	31447
1997	15595	2010	44916
1998	11070	2011	37226
1999	14456	2012	43859
2000	10685		

第五章　烟草经营

第一节　专卖管理

1988年及以后主要开展烟草市场检查和打假工作。1997年，联合工商、公安、交通等部门查处违章违法案件162起，立案8起，查获各种假冒卷烟33265.9条。2003年出台《胶南市烟草专卖社区化管理工作实施意见》等5件管理文件。2004年开始换发烟草专卖零售许可证。2009年开始在胶南市茌原热电公司销毁假冒卷烟。是年，联合公安部门查获一起无证运输假冒卷烟案件，涉案金额50.16万元，系境内破获的第一起国标网络案件。

主要年份全市(县)烟草业违法案件情况统计表

表13－5－1　　单位：:起、箱、万元

年份	查办总数	立案	万元以上案件	查扣总量	假烟	走私烟	渠道外	罚没款
1988	—	—	—	—	—	0	—	—
1997	162	8	—	133.1	—	0	—	—
1999	571	54	0	144	18.6	0	125.4	5.81
2003	1456	136	0	211.4	33.7	0.24	177.46	22.87
2005	672	671	2	179.58	129.99	2.72	46.87	10.2
2007	750	750	4	206.08	128.73	0	77.35	7.16
2009	670	670	9	706.89	525.98	0.79	180.12	5.48
2010	1408	1408	46	624.5	239.69	0.07	384.74	3.91
2012	477	477	20	371.2	185.83	0	185.37	6.92

第二节　卷烟经营

1994～1996年，胶南分公司建立网点档案，实行监销制，宣传、促销新产品，先后设特约零售点10个。1997年，网点销售量占总销量的83.4%，送货率达到80%。2000年，投资67万元购置灵山卫、大场、王台批发部；装修六汪、宝山、灵山卫、张家楼批发部并配置冰箱、空调等。2006年开始提升网络建设，开展“按客户订单组织货源”试点，发放《卷烟零售户服务手册》。2012年开展卷烟零售户致富工程，对1466户重点帮扶，累计帮扶资金162.04万元，发展融资服务客户315人。

深入市场调研指导卷烟经营工作

主要年份全市(县)卷烟销售情况统计表

表 13－5－2

年份	销量（箱）	同比	结构（元/箱）	同比	销售额（万元）	同比
1988	12534	—	1755	—	2200	—
1992	16752	—	2268	—	3800	—
1996	17973	—	3617	—	6500	—
2000	19012	—	5042	—	9586	—
2001	21144	11.2%	5453	8.2%	11530	20.3%
2002	22972	8.6%	5795	6.3%	13312	15.5%
2003	25531	11.1%	6880	18.7%	17565	31.9%
2004	25927	1.6%	7960	15.7%	20638	17.5%
2005	24861	－4.1%	9390	18.0%	23344	13.1%
2006	28322	13.9%	10070	7.2%	28520	22.2%
2007	31023	9.5%	11621	15.4%	36053	26.4%
2008	33461	7.9%	13092	12.7%	43806	21.5%
2009	34144	2.0%	14969	14.3%	51110	16.7%
2010	36042	5.6%	16663	11.3%	60058	17.5%
2011	36684	1.8%	20327	22.0%	74569	24.2%
2012	38289	4.4%	22182	9.1%	84933	13.9%

第三节　烟叶管理

1988～2012 年，严控生产规模，稳步发展植烟面积，抓好烟叶收购工作。1992 年，细化烤烟等级，提高烟农收益，烤烟等级由 15 级调为 40 级。1998 年开始推行大棚托盘育苗。2000 年实行密码收购。2005 年开始支持现代烟草农业建设，至 2012 年，为烟农建设烟叶生产基础设施 1062 项，投入资金 3092.73 万元。其中，2005 年进行烟田水利设施 83 项，投入 835.31 万元；2006～2012 年，为烟农建设密集烤房 769 座，补贴资金 1969.14 万元；2008～2012 年建设机耕路 14 条，投入 104.9 万元；2009～2012 年，购置农机 166 台(套)，投入 27.38 万元。2010～2012 年，投入 156 万元兴建育苗大棚 30 座。

黄烟种植基地

1988～2012 年全市(县)植烟面积及烟叶收购情况统计表

表 13－5－3　　　　单位:公顷、担

年份	植烟面积	烟叶收购量	年份	植烟面积	烟叶收购量
1988	1095.73	4976	2001	1200	28656.38
1989	1168.2	54700	2002	733.33	28706.5
1990	753.33	33200	2003	880.4	29505.15
1991	987.6	47800	2004	779.2	16693.64
1992	2286.53	62800	2005	666.07	10780.12
1993	795.93	32400	2006	336.97	15120.25
1994	306.67	16320	2007	409.54	16478.4
1995	440	13540	2008	495.767	15621.44
1996	800	43900	2009	525.07	24819.07
1997	1900	—	2010	379.83	10519.32
1998	1666.67	—	2011	505.87	13772.3
1999	1282.87	—	2012	640.51	25412.1
2000	1533.33	—			

第六章　盐　　业

第一节　盐业生产

境内产盐区主要分布在市区东北和西南沿海,设有龙泉、黄海、尹家山 3 处盐场,年产原盐 35000 吨。

龙泉盐场　位于红石崖镇境内,北临东营盐场,与青岛市区隔海相望,拥有盐田 518 公顷,清朝以前已经开始产盐,年产原盐 24000 吨,原盐纯度 97.89%,优级品率为 100%,居青岛盐业首位。2000 年 9 月划归胶南市工业经济委员会管理。2001 年由集体所有制改为股份制企业。2003 年,因区划调整,龙泉盐场被整体划归青岛市经济技术开发区。

黄海盐场　原名小场盐场,位于泊里镇境内,是以产盐为主,养虾为辅的集体企业。黄海盐场的历史可以追溯到清朝道光年间,拥有盐田 319 公顷,年产原盐 4000 吨,原盐纯度 96.62%,年产对虾 200 吨。1988 年养殖的无头对虾获轻工业部出口产品铜奖。2000 年 9 月划归胶南市工业经济委员会管理。2005 年被胶南市政府整体收回,用于建设青岛钢铁厂。

尹家山盐场　位于琅琊镇境内,拥有盐田 183 公顷,年产原盐 7000 吨。2000 年 9 月划归胶南市工业经济委员会管理。2002 年因经营困难被龙泉盐场整体兼并,称为龙泉盐场尹家山分场。

1988～1999年全市(县)主要盐场原盐产量统计表

表13－6－1　　　　单位:吨

年份 名称	1988	1989	1990	1991	1992	1993	1994	1995	1996	1997	1998	1999
龙泉盐场	22200	22500	23000	22600	22800	23500	23200	24000	22300	22600	22500	23000
黄海盐场	2800	2600	3000	3100	3200	2800	3000	3600	3000	3200	3500	3300
尹家山盐场	5500	5700	5600	6000	5800	6100	5900	6200	5500	5800	5700	6000
合计	30500	30800	31600	31700	31800	32400	32100	33800	30800	31600	31700	32300

第二节　食盐购销

1992年,建立市、镇、村三级食盐销售网络,开始依法管理食盐销售市场。1995年11月,青岛市开始实行“盐碱联合”,将尹家山、黄海、龙泉3个主要盐场划归青岛市化工总公司,由青岛海湾集团管理。生产的原盐全部由海湾内部调拨碱厂生产两碱。胶南各盐场生产的原盐,实行盐场与化工厂供需双方直接购销。胶南市盐业专营公司全面负责胶南市辖区内的直接入口食盐、食品加工用盐(含酿造用盐)、畜牧养殖用盐、工业等用盐的调拨购销,胶南市市民食用盐大部分由泰安岱岳制盐有限公司生产、中盐青岛公司分装供应。

2004年开始推广全民食用合格碘盐,提高食盐供应精细化水平,实现食盐经营网络化。1988～2012年,销售盐产品452816.8吨。1997～2012年,小包装食盐年均销售2200吨;大包精制盐年均销售4018吨;小工业盐年均销售3800吨。

1997～2012年全市食盐购销情况统计表

表13－6－2　　　　单位:吨

年份	购入数	销售数	年份	购入数	销售数
1997	5420	7583	2005	7800	8228
1998	6622	7698	2006	7835	8263
1999	7700	7764	2007	7800	8329
2000	5750	7862	2008	6953	8391
2001	7755	7791	2009	7920	8863
2002	7650	7802	2010	5670	8838
2003	5760	7848	2011	7451	11160
2004	7865	8016	2012	7579	12206

第三节　市场管理

1989年11月25日，国务院批准盐价适当提高。是年12月16日开始执行青岛市盐务局调整的盐产品价格。1990年，青岛建新盐化厂生产的雪花牌高级餐桌盐出厂价1100元/吨，每盒0.55元，产地批发价格1200元/吨，每盒0.61元，产地销售价格1360元/吨，每盒0.68元。1994年，国家规定食盐出厂价、产区批发价、销区批发价由国家计委统一安排。食盐零售价定价原则和办法由国家计委制定，省级物价部门具体安排下达。工业盐价格实行指导性价格。1996年，胶南市执行青岛市物价局盐产品调查价格，“雪花”防伪包装的加碘精制盐出厂价1061.10元/吨，产区批发价1156元/吨，销区批发价1417元/吨，零售价格为500克袋装0.85元，1000克袋装1.7元。小工业盐出厂价640.26元/吨，批发价（市场销售价）792.56元/吨。2010年11月，为丰富食盐市场，满足不同消费需求，中盐青岛公司推出多品种营养盐新品种。青岛市物价局发布《关于绿色食品级多品种系列盐试行价格的通知》，公布了多品种盐价格（1.60～2.70元之间）。

2010年全市多品种食盐结算价格统计表

表13－6－3　　单位：元

类　别	包装量区别	按吨结算价格			单位零售价（元）	
		出厂价	批发价	零售价	大箱大盒	袋装
低钠盐	500克/袋 10千克/箱	2600	4850	5800	116	2.90
	500克/袋 5千克/箱	2700	5000	6000	30	2.90
钙营养盐	500克/袋 10千克/箱	2600	4850	5800	116	2.90
	500克/袋 5千克/箱	2700	5000	6000	30	2.90
锌营养盐	500克/袋 10千克/箱	2300	4000	4800	96	2.40
	500克/袋 5千克/箱	2400	4200	5000	25	2.40
硒营养盐	500克/袋 10千克/箱	2300	4000	4800	96	2.40
	500克/袋 5千克/箱	2400	4200	5000	25	2.40
铁营养盐	500克/袋 10千克/箱	2500	4600	5500	110	2.80
	500克/袋 5千克/箱	2600	4700	5600	28	2.80
核黄素营养盐	500克/袋 10千克/箱	2500	4700	5600	112	2.80

1993年开始盐政执法工作。1997年成立胶南市盐政稽查队，主要职能是宣传贯彻盐业法规政策，规范和监督检查盐业市场，依法查处涉盐违法犯罪。2006年，与市公安局经侦大队联合成立胶南市打击涉盐违法犯罪联合办公室，确保人民群众食盐安全。至2012年，共查处各类涉盐违法犯罪案件368起，8人因涉盐犯罪被市人民法院依法追究刑事责任。

1997～2012 年全市盐业违法案件情况统计表

表 13－6－4　　单位：吨、万元

年份	案件起数	罚没私盐	罚款	年份	案件起数	罚没私盐	罚款
1997	56	163	4.6	2005	179	93.1	2.9
1998	93	140	3.8	2006	165	96	3.5
1999	126	134	4	2007	201	153	2.7
2000	187	116	4.8	2008	257	350	10
2001	193	104	5	2009	163	12	2
2002	283	179	10.7	2010	177	14.8	1.7
2003	66	101	6	2011	97	66.64	4.5
2004	31	90	3.6	2012	115	13.2	0.79

第七章　医药购销

1988～2002 年，市卫生局医药政科负责药政管理工作。《中华人民共和国药品管理法》于 2001 年 12 月 1 日起施行，2002 年 1 月成立市药品监督管理局，药品及医疗器械生产、市场流通等管理职能由市卫生局转至市药品监督管理局。市卫生局协助药监部门对公立医疗卫生机构药品采购及使用进行监管。自 2006 年开始，乡镇卫生院由镇（街）管理逐步上划到市卫生局管理。2007 年实行乡镇卫生院药品集中招标采购，由市卫生局进行管理；纳入一体化管理的村卫生室药品采购由市卫生局委托各镇（街）卫生院（医院）管理，实施药品代购分发制度。

第一节　中药材购销

1988～2001 年，医疗卫生机构自主采购中药材。2001 年 2 月，市卫生局制定《中药剂采购制度》，全市医疗机构中药材采购逐步规范。2010 年 3 月开始实行国家基本药物制度，中药材未纳入集中招标采购范围，仍由各医疗机构自行采购，市卫生局仅对中药房建设进行管理，中药饮片使用和新型农村合作医疗报销由市卫生局及合作医疗管理中心监管。

第二节　药品购销

1988～2006 年，医疗卫生机构自主招标采购药品。2007 年，市卫生局通过一体化管理控制药品质量，对全市新型农村合作医疗用药实行采购、配送、价格“三统一”，药品价格下降 30% 以上，每年让利于民 2740 万元。2010 年 3 月、11 月，分别在 16 家镇（街）所属卫生院、522 个实行市镇村一体化管理的村卫生室实施国家基本药物制度，全部配备和使用基本药物，并按购进价格实行零差率销售，同时设立基本药物零差率专项补助资金，逐步建立多渠道政府补偿机制。2011 年 5 月，山东省药品集中采购平台建立，全市 16 处镇街卫生院全部实行省网基本药物集中采购和集中回款。是年，二级以上公立医疗机构实行省网药品采购，并将基本药物和常用药品使用品种数和销售情况纳入管理。2012 年，建立基层医疗机构“基本药物购销监管平台”，在镇街卫生院和村卫生室实行电子处方，对基本药物采购、使用、价格等实行电子化适时监管，同时对药品配送企业的基本药物配

送情况进行监管，提高了药品购销监管效率；同年，试点村卫生室处方网络化审核点评制度，从药瓶品种和价格的监管延伸到合理安全用药管理，保障群众用药安全合理。

第三节　医疗器械和卫生材料购销

1988～2005年，医疗卫生机构自主招标采购所用医疗器械卫生材料，2000年4月1日起施行《医疗器械监督管理条例》以来，医疗器械使用管理更加规范化。2002年1月，市药品监督管理局成立，药品及医疗器械生产、市场流通、使用等环节的监管职能由市卫生局划转市药品监督管理局，市卫生局仅对公立医疗卫生机构的药品、医疗器械采购及使用进行管理。2006年3月，市卫生局制定《医疗器械设备和卫生材料采购制度》，对公立医疗机构医疗器械设备和卫生材料采购行为纳入规范化管理。2012年12月，通过政府招标方式为珠海和隐珠社区卫生服务中心招标采购所需的医疗器械和医疗设备。

第八章　市场建设

第一节　综合商场

1992年，胶南市商业大厦开业经营，为综合性商品经营大规模商场。进入21世纪，利群、维客等商业商场陆续落户境内，连锁超市在乡镇陆续出现。截至2012年，全市已有10多家大规模商场入驻，经营面积29.6万平方米，年营业额24.84亿元。

利群胶南商厦　原名胶南市商业大厦，位于人民路南、琅琊台路西，1992年9月建成并开业，主体建筑7层，局部8层，总高32.5米，1～5层为营业室，6～7层为办公室和仓库，建筑面积11027平方米，其中营业面积5040平方米，仓库面积1600平方米。开业时拥有固定资产2000万元，流动资金1000万元，经营品种4万余种，是胶南市设施最先进、装潢最豪华、营业面积最大、经营品种最多的综合性、多功能的集团型商业场所，原隶属市商业总公司。1998年3月，整建制有偿划拨青岛利群(集团)股份有限公司。

利群胶南超市　位于琅琊台路138号，于2002年6月27日开业，营业面积11000平方米，注册资金1320万元。与利群胶南商厦同属于利群集团胶南商厦有限公司。2012年销售额2.18亿元，上缴税金1010万元。

利群胶南家乐城购物广场　2008年由珠海街道李家石桥投资兴建，位于人民路447号，营业面积约3万平方米，2009年11月利群集团投入使用，注册资金500万元。是一座集购物、休闲、娱乐于一体的大型综合性购物广场。2012年实现销售额5.39亿元，上缴利税478万元。

利群集团胶南购物中心　是利群集团第28座万米商厦。2008年9月6日正式营业，营业面积3万余平方米，注册资金1000万元，集购物、休闲、娱乐等功能于一体。经营商品涵盖食品、百货、服装、家电、皮具、鞋帽等6万多个品种，提供就业岗位1500多个。2012年销售额2.45亿元，上缴税金296.72万元，入驻商户333家。

维客超市胶南店　兴建于2003年，由隐珠街道孟家滩社区投资兴建，建筑面积4万余平方米，2004年9月投入使用。是维客集团旗下的一家以购物、餐饮、休闲、娱乐为一体的大型商业综合体。注册资金1000万元。2012年实现商品成交额8.26亿元，上缴利税1164万元，拥有合作供应商120余家，员工600余人。

山东潍坊百货集团股份有限公司佳乐家青岛胶南店　是佳乐家青岛地区第5家分店。2010年12月31日开业，位于琅琊台路东、铁山路北。营业面积15000平方米。主营“菜篮子”食品和居民日用品，包括生鲜食品、粮油食品、洗涤化妆、日用

百货、服装鞋帽五大类“特、全、新、优”商品，品种丰富，品质优良。2012 年实现商品成交额 2.03 亿元，上缴利税 345.78 万元。

青岛盛客隆购物广场有限公司　隶属胶南市糖酒副食品总公司，2006 年 7 月 12 日注册成立，注册资本 2000 万元，城区及各乡镇街道有 25 家直营分店，总营业面积 6 万余平方米。2012 年实现销售额 2.75 亿元，上缴利税 356 万元。

利群家乐城

利群购物中心

维客超市

盛客隆购物广场

红星美凯龙胶南商场　为上海红星美凯龙连锁商场之一，位于海南路以西，人民路以南，2009 年 11 月 6 日开业，是胶南最大的高档家居购物商场，营业面积 6 万余平方米，入驻商户 260 多家。2010 年 10 月获得青岛市“诚信企业”荣誉称号。2012 年实现销售收入 1.58 亿元。

青岛隆泰国际家居建材博览中心　成立于 2010 年 10 月 1 日，位于灵山路 77 号，建筑面积 45000 平方米，专业经营建材、家具、电器等中高档家居产品。截至2012年底，经营业户150余家，

红星美凯龙家居广场

隆泰国际家居建材博览中心

新阳光广场(2006年拍摄)

胶南商城(2006年拍摄)

就业人数300余人,商场销售额2.26亿元,实现利税468万元。

新阳光广场 位于人民路以南,琅琊台路以东,建筑面积24000平方米,入驻业户330户,2003年9月开业。主要从事服装、鞋帽销售以及超市经营。2012年客流量达800万人次,交易额1.1亿元,上缴利税76万元。

胶南商城 1989年开始筹建(时称大众商场),1993年二期工程投入营业。以经营日用品、服装、农副产品和蔬菜为主。2005年由市政府投资1200万元进行消防设施综合改造。营业面积16000平方米。其中楼内营业房512间;楼外营业房39间,经营业户527家,从业人员1000多人,一楼经营家电、小百货、食品、童装等;二楼经营服装、鞋帽、床上用品等;三楼经营布匹、缝纫等,是青岛市过亿元的重点商品市场之一。2012年,市场日均人流量1万人次,高峰人流量达3万人次,年交易额近6亿元。

华联商场 位于人民路北,琅琊台路以东,由珠海街道李家石桥村投资建设。占地面积7300平方米,建筑面积1万平方米,入驻业户608家,主要从事服装、鞋帽等日用品销售。2012年客流量达120万人次,销售额2.28亿元,上缴利税130万元。

第二节 专业市场

装饰城材料市场 位于人民路以北,双星工业园西侧,广城村前,建筑面积30000平方米,由隐珠镇广城村投资建设。一期工程建筑面积6500平方米,投资300万元,于2004年10月18日投入使用。主要经营各种木板材、地板、贴面板、胶合板、墙地砖、油漆涂料、卫生洁具、水暖器材、各类灯具及小五金器材等。二期工程建筑面积11000平方米,投资600万元,于2007年1月投入使用。经营范围除一般家庭建筑装潢材料外,还涉及钢材、木材等。2012年交易额为2亿元。

珠山茶城 于2003年4月竣工开业,位于珠山路以西,文化路29号,建筑面积3200平方米,投资额600万元。以茶叶批发交易为主,兼营茶叶机械、茶叶包装、茶具、茶文化交流等,同时配套经营物流、餐饮、娱乐等现代服务业。年成交额约500万元。

汽车交易市场 20世纪90年代初,胶南市城区逐步形成有固定场所的汽车销售店,但设施比较简陋,多数为二级、三级经销商。1993年开始,在城区海西路以西至“沈海”高速公路的泰山路两侧规划建设综合汽车贸易中心,汽车4S店相继出现。至2012年,已有4S店26家,其中标志性汽车4S店9家。入驻全区19个汽车品牌。

青岛飞宇国际汽车城 位于峄山路南、飞宇路东,一期工程于2006年启动建设,占地面积120亩,规划为品牌轿车展区、货车展区、工程机械展区、面包车展区、二手车展区、综合办公区、试乘试驾区等七大功能区和1000平方米的一站式服务大厅(挂牌、过户、评估、保险、担保、查验等),建筑面积4.6万平方米,已有70多家汽车经销商入驻。周边有泰华、隆兴、凯驰、亚飞等汽车销售。

上海通用雪佛兰汽车4S店

青岛飞宇国际汽车城举办汽车文化节活动(2007年拍摄)

2012年全市主要汽车4S店基本情况一览表

表13-8-1　　万元、公顷

序号	公司名称	成立日期	注册资本	占地面积	经营范围
1	青岛顺驰汽车销售有限公司	1993.7	1000	1.67	上海大众品牌汽车销售与维修
2	胶南市汇众汽车销售有限公司	1998.10	130	0.53	长安品牌汽车销售、租赁、装潢
3	青岛信利达汽车销售服务有限公司	2008.10	100	0.73	长安品牌汽车二级维护与销售
4	青岛金惠达汽车销售服务有限公司	2009.9	500	2	雪佛兰汽车销售与维修
5	青岛明梓东昱汽车销售服务有限公司	2009.9	1135	1.67	比亚迪汽车销售与维修
6	青岛欣东辰汽车销售服务有限公司	2010.6	300	0.6	吉利品牌汽车销售与维修
7	青岛颐冉通汽车销售服务有限公司	2010.12	715	1	别克品牌汽车销售与维修
8	青岛石大汽车销售服务有限公司	2011.5	1000	2.4	北京汽车销售与维修
9	青岛凌云汽车销售服务有限公司	2011.5	500	0.67	众泰品牌汽车销售与维修
10	青岛华瑞汽车销售服务有限公司	2011.9	505	1.67	长城汽车品牌销售与维修
11	青岛信利源汽车销售服务有限公司	2012.9	100	1.16	长安品牌汽车销售与维修

2012年青岛飞宇国际汽车城区域汽车销售公司基本情况一览表

表13-8-2　　单位:万元

序号	公司名称	成立日期	注册资本	经营范围
1	青岛亚飞汽车有限责任公司	2000.6	1000	丰田、启辰汽车销售与维修
2	青岛瑞源汽车销售有限公司	2001.5	500	一汽品牌汽车销售与售后服务等
3	青岛东煜林汽车销售服务有限公司	2004.8	500	陆风品牌汽车销售与汽车修理
4	青岛瑞郡汽车销售服务有限公司	2005.11	500	天津一汽汽车销售与维修
5	青岛三九汽车销售服务有限公司	2008.5	50	野马品牌汽车销售与维修服务

续表 13－8－2

序号	公司名称	成立日期	注册资本	经营范围
6	青岛六和汽车销售有限公司胶南分公司	2009.6	—	江铃汽车销售与维修
7	青岛祥宇汽车销售服务有限公司	2009.6	50	东方小康、东方日产等品牌销售
8	青岛惠泰汽车销售服务有限公司	2009.9	500	奇瑞汽车销售与维修
9	青岛金亚汽车服务有限公司	2010.3	200	中华品牌、金杯品牌汽车销售与修理
10	青岛昊宇汽车销售有限公司	2010.7	200	江淮品牌汽车销售与维修
11	青岛成悦达汽车销售服务有限公司	2010.11	500	长安福特品牌汽车销售与维修
12	青岛康富捷汽车销售服务有限公司	2010.11	600	长安铃木汽车销售与维修
13	青岛翱宇汽车销售服务有限公司	2011.5	50	一汽佳宝汽车销售与维修
14	青岛郡宇汽车销售服务有限公司	2011.5	50	福田汽车销售与维修
15	青岛昊东宇汽车销售有限公司	2011.8	200	众泰品牌汽车销售
16	青岛晟宇汽车销售有限公司	2012.3	600	上汽通用五菱、宝骏品牌汽车销售与维修

青岛西海岸汽车城　位于上海路与黄山路交汇处，由珠海办事处烟台东村与市市场建设服务中心共同开发运营。于2010年开工建设，2012年开始运营。项目总规划占地10公顷，建设面积10万平方米，投资5亿元，被列为市政府重点工程项目。规划为集中高端汽车4s店集群、高端进口汽车集散中心、高端品牌汽车城市展厅、中高端二手汽车交易广场、汽车用品配件、改装快修快换中心、品牌轮胎油品超市、机动车检测驾驶培训、一站式车管保险金融服务大厅、汽车文化传播体验、餐饮办公商务服务十大功能于一体的汽车综合商贸体。

青岛西海岸汽车城

另外，珠山南路与世纪大道交汇区域已有青岛东煜林汽车销售有限公司、青岛六和汽车销售有限公司胶南分公司、青岛金亚汽车服务有限公司、青岛亚飞汽车有限责任公司4家汽车销售公司开业经营；人民路两侧、北京路西侧均分布汽车销售公司。

第三节　集贸市场

20世纪80年代，尚未形成专业且成规模的农贸市场。1991年，新建一批农副产品和工业品专业批发市场；搬迁设在公路、河滩上的市场；扩建场地狭窄、拥挤不堪的市场；改造现有市场。1992年，第一处蔬菜专业批发市场——胶南市大哨头蔬菜批发市场正式开业。1994年，王戈庄大集迁至城南大哨头村西。从20世纪80年代开始，城区及各大集镇逐步拆除小而散的商业网点，扩建、兴建大型交易市场，从事民用商品零售和批发业务。

农贸市场　2001～2004年，市场建设步伐加快，马路市场陆续消

失，一批上规模、上水平的农贸市场相继出现。3年间，全市新建、改建农贸市场5处。2001年，投资120万元建成占地面积1900平方米的灵山路农贸市场，交易摊位130个，年成交额860万元。2002年9月建成新华路市场，占地面积920平方米，交易摊位200个，年成交额650万元。2003年3月建成东风路市场，占地面积4400平方米，摊位200个，日上市人数3000人次，年成交额2000万元。2007年，投资270万元将黄山路马路市场搬迁到九方时代广场一楼，建筑面积3200平方米，营业面积2800平方米，经营摊位200多个，日上市人流量4000多人次，年成交额3000万元。2011年，投资150余万元建成易通路市场，占地面积4100平方米，交易摊位150个，年成交额880万元。商城农贸市场始建于1987年，营业面积14000平方米，属政府“菜篮子”工程，是胶南市最大的批发兼零售的农副产品交易市场，承担着城区80%的农副产品供应量，2009年进行改扩建，占地30多亩，建筑面积20000平方米，摊位350个，2012年日均人流量2万人次，高峰人流量达4万人次，年交易额近8亿元。至2012年，全市共有农贸市场32处。

集贸市场　集市通常设有粮食市、牲畜市、肉市、鱼市、海产品市、蔬菜市、木料市、竹席条货市、布匹市、服装市等，为生产、生活用品比较全面的市场，自由议价进行交易。1988年，全县有各类集市24处。当年对王台、海青、大场、泊里、张家楼、理务关、薛家庄等7处集贸市场搬迁。2012年，全市共有集市66处，每个镇街都有一处以上。逢集日期为5天一次。至2012年底，全市集贸市场总数为98处。

王戈庄大集　原位于王戈庄村牌坊街，20世纪70年代迁至东楼村以南风河以北低洼地带，20世纪80年代迁至王戈庄三、四村风河以北低洼地带，20世纪90年代移至大哨头村西，占地面积18公顷，由市场管理所与大哨头村委统一管理。每逢农历三、八为大集，一、六为小集，每年农历四月初八日是山集。王戈庄大集已发展成为日用百货、五金建材、花鸟书画、水果蔬菜批发为一体的综合性农贸大集。年交易量180多万吨，年交易额约30亿元，日上市批发交易人数达5000多人，大集上市2万多人。

泊里大集　位于泊里镇镇驻地中心街，每逢农历四、九是大集日，每年农历十月二十四日是山集。清中期设集，称泊里集、泊儿集。因此，“泊里大集”几乎与泊里镇同时起源，距今已有300年的历史，是胶南尚存最古老、规模最大的集市之一。大集摊位1200个，吸引了本地和日照、诸城、胶州等周边县市商贩，上市人数约7000人，集日成交额110万元左右。

20世纪80年代王戈庄大集

搬迁改造后的王戈庄大集(2010年拍摄)

2012 年全市集贸市场情况统计表

表 13－8－3

逢集日 所辖镇街　名称	一、六	二、七	三、八	四、九	五、十
张家楼镇	张家楼大集	河头大集		店子大集	东潘家庄大集
琅琊镇	丁石洼大集	长阡地集	琅琊大集		台西大集
藏南镇		横河川大集			高戈庄大集
泊里镇	信阳大集、董大庄集	海岱庄集、马家庄集	黄家庄集	泊里大集	尹家圈集、蟠龙集
大场镇			大营集、塔山集		大场集
海青镇	显沟大集	董家洼集	海青大集	小店子集	
大村镇	大村河北大集	理务关大集	市美大集		
六汪镇	山周大集、花沟大集	法家庄大集、墨得水大集	大沟大集	店子大集	六汪大集
宝山镇	黄山后集、罗戈庄集		向阳集、大窝洛集	柳家屯集	宝山大集、尚庄集
王台镇	石梁唐大集、王台西村大集	田家窑大集	漕汶大集	王台大集	岛耳河村大集
珠山街道	刘家园大集	松园大集			孟家庄农贸市场
珠海街道	溧水村前河农贸市场		王戈庄大集 大哨头大集		祝家庄村南集贸市场
隐珠街道					大卢家疃大集
滨海街道	宅科大集	朱家小庄大集	六和大集	大新庄大集 高峪大集	石甲大集
铁山街道	山里大集	张仓大集、大于家大集	别家大集	李家店子大集、河南大集	
灵山卫街道	灵山卫农贸市场		郑戈庄农贸市场		
青岛琅琊台省级旅游度假区				东港头集	
青岛临港经济开发区	李家洼子大集	水城大集	陈家庄大集		
黄山经济区		薛家庄大集			
胶河经济区				柏乡大集	

注：逢集日期为农历

第十四篇

财　税

M 红星美凯龙全球家居生活

第一章 财　　政

第一节 财政体制

市级财政管理 1988～1993年，中央与地方一直实行财政包干制度，即地方的年度预算收支指标经中央核定后，由地方包干负责完成，超支不补，结余留用，地方自求平衡。财政收入划分，除中央直属企业、事业单位的收入划归中央财政外，其余收入均为地方财政收入；财政支出划分，除中央直属企业、事业单位的支出划归中央财政外，其余的财政支出均作为地方财政支出。按照上述收支划分范围，计算确定上解或补助数额，分别实行定额上解或定额递增上解的办法和定额补助的办法，并实行5年不变。在执行中，地方财政收入增加或财政支出结余，全部留归地方使用。1994年12月，根据青岛市政府《关于实行分税制财政管理体制的决定》，胶南从当年1月1日起实行分税制财政管理体制。并根据事权与财权相结合的原则，财政收入划分为中央财政收入、青岛市级财政收入、县（区）级财政收入。增值税为中央和地方共享，中央分享75%、地方分享25%。2002年5月，青岛市政府下发《关于财政管理体制改革的意见》，对全市财政体制进行调整，打破已有企业隶属关系划分收入级次的办法，对区（市）辖区内地方财政收入实行"当地征收、划分税种、分税分成"的原则。胶南各项预算收入除了按体制规定划为中央和省级的收入外，其余各项地方预算收入按属地化原则进行划分。除金融保险业营业税、个人储蓄存款利息所得税、全市18家重点企业（单位）各项收入为青岛市级收入外，其余各项收入均为胶南收入。是年，地方营业税实行青岛市与胶南市按2∶8分成。按比例分享后的收入与基年收入差额部分，年终通过体制结算实行定额补助。2012年6月，青岛市政府下发《关于完善区市财政管理体制的通知》，在维持原有财政体制框架的基础上进行完善统筹，收入下放，财力下移。

2012年，对青岛市级下放的收入，胶南以2011年本市级分享收入为基数，定额上解；对上划市级的车船税收入，以2011年本市级分享收入为基数，给予定额补助。同时，对上解省财力和对口支援资金负担政策也作出调整。2002年青岛市委市政府确定的上解省财力任务，由各区（市）恢复上解。对省委、省政府确定新增上解的2亿元，按照2011年青岛市与各区（市）一般预算收入占全市收入的比重分别分担。

2012年10月，市财政国库管理制度改革动员大会召开

镇级财政管理 1988～1993年，按照"划分税种、核定收支、分级包干"总原则，市、镇两级实行财政包干的财政管理体制。1994年，胶南进行乡镇分税制体制改革，在1992年分税财政体制的基础上，对乡镇分税制进行重新修订，以1993年各乡镇实际收入与乡镇收入划分情况，确定1993年市从各乡镇上划数，并以此确定市对各乡镇的税收返还基数。从1994年起，税收返还数额在1993年的基础上逐年递增，递增率按各乡

镇“两税”平均增长的1∶0.3系数计算，“两税”短收相应扣减各乡镇税收返还数额。2000年，市政府再次调整乡镇财政体制，确定乡镇财政收入计划计算收入基数。其中，街道营业税按70%计算，乡镇耕地占用税按50%、土地出让金按60%计算，城建税作为收入统计不计算财力。收入基数大于支出基数为递增上解乡镇，按其差额部分的60%确定递增上解基数。2001年起，每年按12%的比例递增上解，支出基数大于收入基数的为定额补助乡镇，按其差额部分的75%确定定额补助基数，并实行每年定额补助。2008年8月，市政府印发《关于调整市镇财政体制的通知》，对市镇财政体制进行重新划分，进一步调动各镇财政增收的积极性，促进市镇之间的纵向平衡与镇级之间的横向平衡。2011年1月，市政府印发《关于调整市镇财政体制的通知》，对市镇财政体制进行重新调整。全面推行属地管理原则，重新划分市、镇两级收入和支出。将所有企业按地域重新划定管理权限，由各镇、街道和园区全面负责辖区内企业的管理、服务和协调工作，税收全部归项目所在地。

第二节　财政收入

1988年，全县实现地方财政收入5880万元。1993年实现1.37亿元，财政收入首次突破亿元大关。1998年，按新口径计算达到19585万元，是1988年的3.3倍，年均增长23.31%。2005年，财政收入首次破10亿元大关，达到120835万元。2007年，达到205560万元，突破20亿元大关。2008年为234956万元，是1998年的12倍，年均增长109.97%。2010年财政收入300966万元，突破30亿元大关。

2012年，财政收入510535万元，突破50亿元大关，较2011年增长146968万元，增长40.42%，是1998年的2.17倍，年均增长29.32%。1988～2012年，全市实现财政收入2575698万元。

1988～1997年全市(县)财政收入明细表

表14－1－1　　单位：万元

项目／年份	本年收入合计	工商税收类	农牧业和耕地占用税类	国营企业所得税类	国营企业调节税类	国营企业上缴利润类	国营企业计划亏算补贴类	国家能源交通重点建设基金收入类	专项收入类	基本建设贷款归还收入类	其他收入类	国营企业承包收入退库类	社会保险基金收入类
1988	5880	5286	411	355	70	－155	－241	—	170	—	－16	—	—
1989	7127	6520	410	352	49	－82	－342	—	206	—	14	—	—
1990	7974	7352	493	313	130	－90	－405	—	160	—	23	—	—
1991	10152	7933	460	297	47	11	－405	—	411	—	4	—	1394
1992	9500	8600	581	284	32	61	－424	—	352	—	14	—	—
1993	13715	12726	720	425	8	－137	－415	—	368	—	20	—	—
1994	8358	6187	1574	171	—	8	－240	—	607	—	51	—	—
1995	10198	7591	1671	213	—	—	－100	—	816	—	7	—	—
1996	12398	8124	2209	940	—	—	0	—	917	—	208	—	—
1997	13763	9895	2189	1162	—	—	－45	—	367	—	195	—	—

1998—2012年全市财政收入明细表

表14－1－2 单位：万元

年份	一般预算收入合计	增值税和消费税	营业税	企业所得税	个人所得税	资源税	城市维护建设税	房产税	印花税	城镇土地使用税	土地增值税	耕地占用税	契税	烟叶税	车船使用税	专项收入	行政事业性收费	罚没收入	国有资本经营收入	国有资源有偿使用收入	其他收入	固定资产投资方向调节税	屠宰税、农业税、农业特产税
1998	19585	3639	3519	2782	770	41	1282	566	74	681	3	235	149	—	95	1175	—	909	－45	552	1	734	2300
1999	26479	5286	4497	4314	1272	46	1434	1089	202	844	16	114	234	—	125	1470	—	400	—	956	—	1776	2404
2000	34483	7578	7731	5794	2191	65	2066	1308	370	1177	79	374	271	—	214	1655	—	539	—	42	18	579	2432
2001	47997	8822	12355	11473	2569	136	2363	1423	435	1360	88	921	666	—	185	1753	—	1088	—	22	—	198	2134
2002	49675	10588	13310	4161	1451	940	3144	1955	571	1677	309	482	1696	—	284	2292	—	1770	—	30	—	694	4321
2003	66816	11356	16822	4266	1286	857	5675	2394	598	2880	1350	3484	3496		338	3411	1560	1397	1053	52	43	—	4429
2004	79577	1493	15948	6638	1363	366	4950	3493	731	6547	1755	14037	11096	—	296	2683	1232	723	2000	57	117	10	5042
2005	120835	12835	18693	8132	2028	961	4969	3191	858	7587	1967	28032	24773	125	303	2982	1272	2073	—	36	18	—	—
2006	154035	18491	23684	10982	2607	415	5685	3507	1319	8265	2853	29920	27066	160	343	3477	1928	2666	164	476	—	—	—
2007	205560	25838	29925	13368	3868	275	7352	3888	1370	13783	4544	23037	57573	188	527	4445	8604	3869	2000	106	—	—	—
2008	234956	29801	28009	14792	3894	344	6551	3167	1932	17955	10067	24383	53908	226	1022	5987	5275	3010	16247	8304	—	—	—
2009	261567	22179	39296	7978	4087	3774	7103	4687	1934	21504	8541	28028	33092	354	1380	3984	5448	2985	16463	48750	—	—	—
2010	300966	21861	53258	21511	10555	623	8619	6048	3013	20209	11305	14645	56960	146	1752	7405	13228	5102	33110	11616	—	—	—
2011	363567	26160	65545	24880	7183	329	13268	7610	3325	23931	21306	9933	50578	260	2168	6980	33068	7448	2000	57595	—	—	—
2012	510535	33105	106526	28142	12660	495	16338	8562	3946	24083	27267	9070	28937	586	—	9540	45374	8336	—	147568	—	—	—

第三节　财政支出

1988年，全县财政支出4588万元，1998年，全市财政支出26750万元，是1988年的5.8倍，年均增长48.3%。2007年，财政支出236617万元，是1998年的8.8倍，年均增长78%。到2012年，财政支出574237万元，是2007年的2.4倍，年均增长28.5%。

1988～2012年，全市财政支出3111729万元，其中：一般公共服务支出528554万元，教育支出750591万元，科学技术支出58166万元，文化教育与传媒支出45244万元，社会保障支出183490万元，医疗卫生支出101290万元，城乡社会事务支出441131万元，农林水事业支出286754万元（2003年统计口径不包含支援农村生产支出、农业综合开发支出）。

1988～2012年全市（县）财政支出明细表

表14－1－3　　　　单位：万元

项目／年份	一般预算支出合计	一般公共服务支出	教育	科学技术	文化体育与传媒	社会保障和就业	医疗卫生	城乡社会事务	农林水	交通运输	其他类别支出
1988	4588	513	891	10	131	282	327	260	173	5	1996
1989	5302	676	1004	13	160	290	395	307	245	29	2183
1990	6094	862	1209	12	178	333	464	302	302	41	2391
1991	7112	937	1396	15	257	367	517	343	315	38	2927
1992	6990	1165	1612	17	225	444	592	396	430	39	2070
1993	9304	1439	2099	18	339	417	717	696	445	47	3087
1994	11121	2019	3401	144	423	481	814	721	534	41	2543
1995	13232	2381	3810	152	414	591	899	1010	614	31	3330
1996	16206	2576	5035	93	532	563	935	1298	758	28	4388
1997	20073	3090	6471	481	570	662	936	1507	793	32	5531
1998	26750	3717	8295	307	644	1011	1124	1287	986	41	9338
1999	35024	4721	10707	537	754	1727	924	1423	1119	—	13112
2000	45509	6606	14295	1061	912	1591	1351	2702	1279	—	15712
2001	56682	8594	18272	698	1014	1236	1212	3398	1696	—	20562
2002	70117	10527	21927	1683	1664	4145	1358	3740	1743	—	23330
2003	89603	12251	24518	2516	2493	2852	1913	3712	6315	500	32533
2004	122408	12935	29490	2996	2952	6410	2507	7816	8368	—	48934
2005	146785	19954	36959	4353	4027	7344	3033	29188	9492	0	32435
2006	193574	39053	43080	4979	1125	9399	3552	33430	20408	3300	35248
2007	236617	42197	54398	4971	2846	17062	8988	43290	19660	220	42985
2008	259120	45041	64085	6054	1386	13947	6437	36204	22698	351	62917
2009	327887	58719	68969	9797	1909	20440	7573	38291	39276	1461	81452
2010	364660	61364	84261	5226	2220	17409	13744	81964	35252	1873	61347
2011	462734	85746	106465	9058	8029	26952	23090	67627	54080	3464	78223
2012	574237	101471	137942	2975	10040	47535	17888	80219	59773	6041	110353

第四节 重点领域财务及资金管理

粮食财务管理 1988～1990年，粮食行政管理体制是高度集中的计划管理体制，粮食财务实行统收统支和财务包干的管理制度。1987年开始，粮食财务挂账，从20世纪90年代初期开始大幅度增长，国有粮食企业经过三次全国性的粮食财务挂账清理。1994年，首次由财政部等部门联合对国有粮食企业在1992年3月31日前的全部粮食财务挂账（区分政策性挂账、企业自补挂账及其他财务挂账）进行清理；1998年，由国家审计署牵头，组织有关部门，第二次对国有粮食企业从1992年4月1日至1998年5月31日的新增粮食财务挂账和不合理占用资金进行全面清理；第三次是2004年以来，根据《国务院关于进一步深化粮食流通体制改革的意见》，由省政府组织对辖区内国有粮食购销企业从1998年6月1日到实行粮食购销市场化改革前的财务挂账进行清理认定。

1993年以来，国务院及有关部门制定一系列的改革措施，解决粮食财务挂账。对1992年3月31日以前的粮食财务挂账，按照中发〔1993〕11号和国发〔1994〕32号、62号文件精神处理。1995年，财政部等部门联合下发《粮食政策性财务挂账停息处理办法》，对粮食财务挂账的停息和消化做出明确规定。对1992年4月1日至1998年5月31日的粮食财务挂账，根据《国务院关于进一步深化粮食流通体制改革的决定》进行处理。1998年5月，国务院办公厅转发财政部等部门《关于清理消化国有粮食企业新增财务挂账和其他不合理占用贷款办法的通知》，对财务挂账有关事项进行明确规定。对1998年6月1日到粮食购销市场化改革前的粮食财务挂账，根据《国务院关于进一步深化粮食流通体制改革的意见》规定和财政部等5部门联合印发的《国有粮食购销企业粮食财务挂账处理意见》，按照“分清责任、分类处理”的原则解决。政策性粮食财务挂账一律上划至县（市、区）粮食局集中管理。集中管理粮食财务挂账的县级粮食行政管理部门在当地农业发展银行开立政策性的粮食财务挂账专户。

1992～2004年，清理财务挂账7718万元。2011年，由中央和省级财政共同消化4910万元。截至2012年，尚有未消化挂账2808万元。

行政事业单位财务管理 1995年，市财政局内设行财科，主要负责行政事业单位财务管理。对行政事业单位的财务管理，主要采取以行政事业单位预算编制与执行为主要内容的财务管理监督制度。针对行政事业单位，将应纳入财政预算的各项财政收支、纳入财政专户管理的各项收费（基金）、事业单位纳入财务管理等项目，遵循“依法行政、量入为出、量财办事”的原则，按照“统一编制、统一管理、统一标准”的预算编制方式，统筹安排预算内、预算外和其他收支的财政预算支出。对行政事业单位预算执行，建立公正、透明、科学、严谨的预算执行体系，严格财务支出。年初预算经市人民代表大会通过后严格执行。行政事业单位经费按预算支出，除突发事件造成的必不可少开支外，任何单位和部门不得随意追加。1999年，市财政局编发《行政事业单位财政规章制度实用手册》，规范行政事业单位在职及离退休人员工资、福利费、公务费等支出。

1994～2001年5月，全市行政事业单位的人员经费、工资主要由财政拨付至单位，由单位发放到个人。2001年5月1日，市财政局、人事局、编委办公室联合印发《胶南市市直行政事业单位财政统一发放工资实施办法》，对全市行政事业单位工作人员工资作出具体规定，实行“编制部门核准编制，人事部门核定人员和工资标准、财政核拨经费、银行代发到人且及时足额到位”的管理原则。从2002年开始，对市级机关事业单位在职职工和离退休、退职人员发放住宅冬季取暖补贴，定额补助，在供热期间，由所在单位一次性发放。2010年，市财政局制定《胶南市机关和事业单位差旅费管理办法》，进一步明确机关和事业单位出差人员差旅费、城市间交通费、住宿费、伙食补助费和公杂费等开支标准及范围。

社会保障事业财务管理 社会保险基金 20世纪80年代开始逐步建立和实行社会保险制度，至2011年，全市城乡居民社会基本养老保险全覆盖（详见第二十一篇第二章第五节）。

社会保险基金由财政部门专项进行收支管理。2012 年,全市收缴社会保险基金 10.39 亿元,支出 11.42 亿元。

社会救助资金 1997 年,建立城市和农村居民最低生活保障制度,对城市和农村人均收入低于最低生活保障线的家庭进行救助。建立实施低保家庭分类救助制度、城乡一体医疗救助制度、物价上涨、城乡最低生活保障、居民生活补贴发放和保障标准提高联动机制,以及低保家庭冬季取暖补助、节日补助、子女教育生活补助等专项救助制度,加快建设社会救助体系。2005 年,建立百岁老人长寿补贴金制度,补贴标准每人每月 150 元,2012 年提高到 200 元(含各级财政补贴)。

助残资金 2004 年,实施农村贫困残疾人安居工程,投入 1717.94 万元,用于贫困残疾人危房修建,有 4660 户贫困残疾人住进新家。自 2009 年,对符合条件的残疾人养老、医疗两项保险均给予 50% 的补贴,城镇残疾人个体参保补贴,由 2009 年的 3.53 万元增长到 2012 年的 13.5 万元。截至 2012 年底,建成残疾人安养机构 9 家,安养重度低保残疾 523 人,安养补贴每人每月 800 元。

救孤资金 2005 年,建立贫困残疾学生救助制度。截至 2012 年,投入救助资金 72.71 万元,3034 名贫困残疾学生受益。

优抚资金 2008 年,建立优抚对象医疗救助制度,1~6 级残疾军人住院治疗,实行医疗费用单独记账和"一站式"即时结算,参加城镇职工医疗保险,给予普通门诊医疗补助,在享受城镇职工医疗保险个人账户的基础上,再按照上年度城镇职工平均工资的 6% 增发门诊补助。

1993~2012 年全市五险收入和支出情况统计表

表 14-1-4 单位:万元

年份 \ 项目	养老保险		医疗保险		失业保险		工伤保险		生育保险	
	收入	支出	收入	支出	收入	支出	收入	支出	收入	支出
1993	50.61				104.03	38.77				
1994	254.42	120			135.59	73.91				
1995	1654.82	215.31			191.52	102.99	4.37	0.47		
1996	1036.75	459.08			165.63	95.81	72.12	35.75	29.77	20.01
1997	1564.55	616.69			156.63	123.21	72.11	88.32	101.83	111.41
1998	1060.73	693.72			146.06	187.50	79.77	95.62	104.25	150.65
1999	1702.85	1381.58			353.72	321.06	84.54	117.75	106.61	117.74
2000	6262.15	7190.74			388.88	467.78	119.52	120.33	117.99	125.79
2001	7108.6	8685.49	4238.08	3058.81	442.95	532.28	289.21	292.40	217.43	232.32
2002	11588.15	10809.11	6637.29	5519.01	488.96	481.12	214.68	223.10	199.16	138.45
2003	12640.37	11121.58	7708.89	6863.86	676.49	687.29	307.58	361.73	220.01	162.56
2004	13518.98	13221	9965.58	9720.94	912.92	1053.35	377.7	484.89	222.54	188.38
2005	16146.38	15014.22	12207.93	10211.16	2035.95	1001.60	808.58	424.91	282.66	198.77
2006	25274.88	18223.26	15351.9	12010.76	2472.21	874.72	892.99	497.59	414.24	303.70
2007	23059.66	22195.82	19393.89	15911.92	3054.71	1172.11	1539.67	899.60	614.36	372.68
2008	24737.34	22090.84	24193.1	20094.01	4340.47	1166.60	1432.16	1150.85	889.74	474.16
2009	29560.72	23590.02	27522.9	23774.32	3978.76	1750.80	1686.28	1524.74	966.35	813.00
2010	25698.53	24242.82	34745.46	27796.98	3012.36	3268.29	1912.61	1758.83	1473.61	1048.41
2011	121520.4	47660.79	44945.87	28152.49	6267.05	1220.42	2045.29	2591.92	2321.35	1485.01
2012	41966.29	56529.59	52259.68	47304.31	3519.99	4109.22	3078.62	3718.06	3080.11	2587.68

基本建设资金管理　2001 年开始对基本建设财政性资金进行管理。2005 年，印发《胶南市财政性投资项目资金管理暂行办法》，对财政性投资项目管理、审批、预算编制、资金支付等做了详细的规定。2006 年，印发《胶南市财政性投资项目资金管理暂行办法实施细则》，对财政性投资项目资金的管理工作进行细化。2012 年，启用“基本建设项目资金管理系统”，实现数据集中管理、信息共享，项目资金由手工管理变为信息化管理。

2009 年，开始对财政性投资项目实行预算控制价编制（审核），并建立“预算控制价单位备选库”。预算控制价编审单位的确定由市财政局牵头，会同市行政许可与公共资源交易服务中心、项目主管部门抽签选取，市监察局全程监督。

2011 年，对财政性投资项目预算控制价，由实行同编同审办法，改为对一般项目（图纸设计、工程量计算、定额套用相对明确简单的项目）实行只委托中介机构进行预算控制价编制、对特殊项目（技术复杂、市场价格争议性较大的项目）编制的预算控制价，再委托中介机构进行审核的办法。

预算外资金管理　1985 年至 1995 年 3 月，为加强预算外资金管理起步阶段。此时实行“专户储存、计划管理、财政审批、银行监督”的管理办法，执行预算外资金收支计划编制制度，预算外资金管理基本走上正轨。

1995～1999 年为改革阶段。1999 年，印发《胶南市预算外资金管理暂行办法》，明确预算外资金管理坚持“全额管理、统收统支、量入为出、综合平衡”和“统一确定收费项目、统一票据管理、统一纳入财政管理”的原则，并实行预决算制度。

2000 年 1 月，市财政局印发《胶南市行政事业性收费、政府基金“票款分离实施办法”》，规定“票款分离”，采取“部门开票、银行收款、财政统管”的管理体制。是年 8 月，转发《山东省行政事业性收费和政府性基金票据管理办法》，启用新版收费票据，销毁原旧版票据，并明确使用票据单位，建立健全票据领用、保管、稽核制度，预算外资金管理等制度。2008 年，正式启用非税收入管理系统，并规定各执收单位根据市财政局统一编码上缴各代理银行。

2012 年，各单位实行零余额账户，取消原有账户。行政、事业单位往来资金一律缴入国库集中支付专户。是年 11 月，正式启用新农合专用票据。

第五节　政府采购管理

1999 年，按照国家财政部《政府采购管理暂行办法》，开始政府采购改革工作，并制定《胶南市政府采购管理暂行办法》。采购工作职能由市财政局行财科承担，政府采购范围规模较小，仅局限于办公用车和几类办公设备，采购总额只有几百万元。2000 年，设立政府采购中心，承接行财科采购管理职能。

2003 年 1 月 1 日，《政府采购法》施行。2004 年 4 月，市财政局设立政府采购管理监督办公室，负责政府采购监督管理工作，具体采购行为由社会中介机构组织实施。“管采分离、机构分设、政事分开、相互制约”的工作机制基本形成，政府采购的范围，由单纯的货物类采购扩展至小额工程类和服务类采购。采购资金从最初的预算内资金，扩展到包括预算内外、自筹资金在内的各种财政性资金。

2006～2012 年全市政府采购情况统计表

表 14－1－5　　单位：万元

年份	项目预算金额	实际采购金额	节支金额	节支率
2006	16581.6	13597.2	2984.4	18.0%
2007	23069	19268.8	3800.2	16.5%
2008	5311	4608	703	13.2 %
2009	7124.2	6313.4	810.8	11.4%
2010	9722	8612	1110	11.4
2011	25629.2	21141.8	4487.4	17.5%
2012	35150	29275	5875	16.7%

2007 年 8 月，市委市政府组建公共资源交易服务大厅，建立“统一交易场所、统一监督管理、统一发布信息、统一设立专家库”的公共资源集中交易市场，将建设工程招投标、土地招拍挂、政府集

中采购等政府投资项目，纳入市场平台进行交易，实施招评标活动全程监控，实现政府采购项目“阳光采购”。

第六节　会计事务管理

1990年5月，市财政局会计事务管理科成立。负责会计从业资格管理、会计人员继续教育培训、会计专业技术资格报名工作、会计代理记账审批以及各种会计法规的宣传。是年，实施《会计证管理办法(试行)》，实行会计证考取和换发制度。中专以上会计专业的人员可以换取会计证，对不具备直接申请会计证的人员，经考试合格后发给会计证，分为会计证和预备会计证。1998年，实行会计从业资格考试制度，取消预备会计证，逢单数年度进行年检。2002年，对持证人员实行微机管理，换发新版会计证。截至2012年底，全市持有会计证人员10272名。

1988年9月，青岛胶南会计师事务所设立，有注册会计师3人，从业人员6人，主要业务为验资和审计。1995年1月，更名为山东胶南会计师事务所，业务范围增加资产评估和基本建设预决算审计，注册会计师增加到7人，次年新增注册资产评估师6人，从业人员增加至18人。先后对胶南30多家国有企业进行资产评估，对胶南所有国有企业和外资企业进行审计，为国有企业改制和招商引资提供了基本依据。1999年12月，会计师事务所脱钩改制，更名为青岛景道有限责任会计师事务所，为有限责任公司，注册资金50万元，注册会计师增加至12人，从业人员达到22人。

第七节　农业综合开发

胶南农业综合开发始于1990年夏，是在落实青岛市“双一”工程(即开发100万亩中低产田，3年增产1亿斤粮食)的基础上，将其列入国家级农业综合开发工程。其目标、任务是利用农业发展基金，有计划、有步骤地开发农业土地资源，扩大耕地面积，改善农业生产条件，提高单位面积产量，增加农产品总量，增强农业发展后劲的综合性、系统性开发工程。

1991年4月，结合铁橛山、藏马山“两山”开发，通过农业综合开发的资金优势，将农业综合开发、“两山”开发、农业区划3项职能合并，成立“胶南市山区开发办公室”。1992年11月，将市山区开发办公室合并到市农业经济委员会，加挂农业综合开发办公室牌子。

1990～1992年，开发改造中低产田10000公顷，涉及5处乡镇190个村，投入资金1256万元，其中青岛市以上资金270万元。1992～1994年，开发改造中低产田10200公顷，涉及6处乡镇195个村，投入资金1301万元，其中青岛市以上资金300万元。

1994年3月，农业综合开发职能划归市财政，与财政投资公司合并成立“胶南市农业开发投资公司”。重点加强项目区内山、水、田、林、路综合治理。1997年12月，农业综合开发职能划入胶南市农业办公室。1994～1998年，开发改造中低产田4666.67公顷，投入资金970多万元，其中青岛市以上资金380万元。

2001年10月，农业综合开发职能划入市农业局。截至2000年，开发投入资金2771万元，其中青岛以上资金1007万元。2001～2010年，土地治理项目投入资金16415万元，其中青岛以上9324万元；产业化项目资金23237万元，其中青岛以上4693万元。

2011年3月，农业综合开发工作职能及人员整建制划归市财政局。青岛市开始取消县级财政承担的配套资金任务，地方财政配套资金全部由青岛市财政负担。土地治理项目以中低产田改造为主。是年，农业综合开发土地治理面积1666.67公顷，共涉及4处乡镇26个村，青岛市以上财政投入资金2883万元，产业化项目青岛市以上财政资金投入1072万元。

2012年，开始进行高标准农田试点，产业化经营项目的扶持对象确定为农业龙头企业和农民专业合作社，胶南为青岛市唯一试点地区，开发面积866.67公顷，投入财政资金1642万元。是年，农业综合开发土地治理面积4060公顷，涉及6处乡镇56个村。青岛市以上财政资金投入6861万元，产

业化项目青岛市以上财政资金投入1359万元。

扶贫开发　1988年，全县人均收入不足200元的贫困村有172个，其中沿海35个，山区103个，西部34个；全县人均收入不足200元的贫困户有32472户，其中沿海11021户。有部分自救能力的24951户，无力解决自身生活困难的13930户。1988～1993年，先后派出扶贫工作组230个，扶贫困难村150个，投放扶贫款1160万元。打机井262眼，修路131千米。脱贫143个村，26000户。

1994～2003年，投放扶贫款3206万元，其中争取上级扶持1320万元，自筹1886万元。新打机井450眼，改造治理涝洼地410.6公顷，新修生产道路5.3千米，实现脱贫3.3万户。

2004年，争取市级以上农业综合开发资金734万元，扶贫资金125万元，完成土地治理项目2073公顷，节水示范933公顷。建成中低产田改造项目7个，节水示范项目3个，农业新品种推广项目1个，农机具引进推广项目1个，多种经营项目1个。是年，为4个困难镇投入扶贫开发资金429万元，开发建设一批农业扶贫项目，为贫困镇、村脱贫致富培育了新的增长点。

2005年，组织专家论证申报泊里镇和理务关镇两个中低产田改造项目，争取市级以上农业综合开发资金889万元，扶贫开发资金120万元。

2006～2012年全市扶贫情况统计表

表14－1－6　　单位：万元、个

年份	扶贫资金	完成扶贫项目	新建设施
2006	100	5	排水沟1800多米，生产道路1300多米，机井3眼。维修塘坝1处
2007	100	5	养殖管理房5间，肉兔舍15间。道路硬化1700多米，维修排水沟1560多米
2008	100	5	安装太阳能路灯100盏
2009	115	11	蓝莓包装车间280平方米，地下输水管道1280米。维修排水沟11160米
2010	100	7	排水沟3062米。新修生产路3600米，硬化道路6380平方米。大口井1座，桥涵1座，自来水改造1处
2011	100	6	输电线路500米。新修排水沟1600多米，硬化道路1500米。安装路灯6盏，大口井1座，自来水改造1处
2012	400	17	新修生产道路11650米。新建冬暖棚、食用菌大棚30个、维修排水沟4600米，加固塘坝2座，新建机井5眼

惠农资金投入　主要包括：粮食直补、良种补贴、农机购置补贴、大中型水库移民后期扶持直补资金、能繁母猪等农业保险、成品油价格改革（渔业）财政补贴等。2006年起，各级政府加大惠农资金投入力度。截至2012年底，全市收到中央、省、市各类惠农资金67480万元。

2006～2012年全市惠农资金投入情况统计表

表 14－1－7　　单元：万元

年份	农业			水利	畜牧						渔业
	良种补贴	粮食直补	农机购置补贴	大中型水库移民后期扶持直补资金	能繁母猪等农业保险	生猪发酵床补贴	生猪良种补贴	母牛饲养补贴	优质后备母牛补贴	奶牛良种补贴	成品油价格改革（渔业）财政补贴
2006	656	3213	170	656							754
2007		3362	480	1311	280					24	1369
2008		3449	489	1311	1029		90				3042
2009	693	3449	810	1311	258		30	26	26	30	2357
2010	922	3545	850	1311	13	85	180				3648
2011	907	4325	1050	1311	6	21	180				5529
2012	819	4142	1380	1311	32		180				5058

第八节　国有资产管理

1989年，县财政局增加国有资产管理职能。1993年5月成立胶南市国有资产管理局，1995年制定《关于市属国（公）有资产委托运营的试行意见》，基本确立国资局、资产经营机构、企业三个层次的国有资产管理、监督、运营体系，构建全市国有资产管理的基本框架。1998年底，取消多个资产经营公司，成立胶南市国（公）有资产管理委员会，市国资局为日常办事机构，探讨建立市国资委和企业两个层次的国有资产管理体制。2001年9月撤销国资局，将其职能并入市财政局。2007年5月，市财政局所属市国有资产管理中心更名为市国有资产管理办公室（以下简称市国资办），负责全市国有资产监管和运营工作。2010年，市国资办制定《企业国有资产统计信息工作考核办法》和《胶南市国有担保公司监督管理办法》，对企业国有资产分布和营运情况实行动态管理。制定《关于贯彻落实〈胶南市企业重大事项报告管理暂行办法〉有关问题的通知》，建立企业重大事项事前沟通机制。制定《胶南市市直行政事业单位国有资产处置管理暂行办法》和《胶南市市直行政事业单位国有资产有偿使用收入和处置收入管理暂行办法》，形成配置科学、使用合理、处置规范、监督公正的资产管理新模式。

2012年，根据“金财工程”建设统一规划，研究开发“胶南市行政事业资产管理信息系统”，优化行政事业单位国有资产动态化管理，初步构建起横向涵盖“财政部门—主管部门—行政事业单位”，纵向涵盖“财政部门—乡镇（街道）”的资产监管系统，使国有资产管理更趋科学化、精细化。

清产核资　按照国家统一部署，从1993年开始对市属国有企业进行清产核资。17家国有工业企业被青岛市国资局纳入国有企业清产核资试点范围。1995年，对90家非工业国有企业开展清产核资工作。1997～1998年，对全市61家城镇集体企业进行清产核资，全面摸清了全市国有和集体企业资产总量及结构。到1998年末，全市国有资产总量达11.6亿元，其中行政事业单位和企业各为5.8亿元，企业占有国有资本金的50%。

通过清产核资，解决了企业产权不清、账外设账、管理混乱、资产闲置浪费、主要资产账面价值与实际价值背离较大等问题，处理了历史包袱，摸清了公有经济“家底”，为深化企业改革，建立现代企业制度，逐步建立与市场经济相适应的国有资产管理体制奠定了基础。

企业国有资产监管　*产权登记和财务决算*　1993年开始对企业实施产权登记。1995年开始对国有企业进行财务决算。截至2012年，全市15

家国有及国有控股、参股企业资产总额达 111.6 亿元，负债总额 89.7 亿元，所有者权益总额 21.9 亿元。

国企改革　1994 年，企业股份制改造工作在全市逐步推行。企业改制的基本形式是先出售后改制，即从企业净资产中剥离土地使用权、职工宿舍等非经营性资产后，剩下部分全部或部分出售给本企业内部职工，然后组建由职工持股或以职工持股参股的股份有限公司、有限责任公司和股份合作制企业。截至 1998 年底，全市组建股份有限公司 8 家，有限责任公司 2 家，实现股份合作制改造 107 家。1995～1997 年，国企改造工作全面推开。1998～2002 年，国企改革进入收尾阶段。截至 2003 年，全市 359 家国有中小企业，有 322 家完成改制任务，占 89.7%。其中，股份有限公司 7 家，占 2.17%；有限责任公司 21 家，占 6.52%；股份合作制企业 262 家，占 81.37%；私营、兼并、破产、合资合作等其他形式企业 32 家，占 9.94%。改制后国有控股、参股企业共计 24 家，国有股本 16567.7 万元，占股本总额的 32.78%。2005～2007 年，在对全市国有参股企业进行全面评估的基础上，选择环球集团、印刷厂、糖酒公司和饮食服务公司 4 家竞争领域的企业实施国有股退出，通过青岛产权交易所公开竞价转让国有、集体股权 328.2717 万股，实现产权收入 536.522 万元。

2010 年，通过采取资产拍卖、债务抵销等方式清收青岛德维集团、青岛海滨皮鞋厂两家企业债务总额 265.4 万元。是年，全市累计清收债权 4653.2 万元，债权回收率达 72.7%。

行政事业资产管理　*资产信息统计和产权登记*　1995 年开始进行行政事业单位国有资产产权登记和资产信息统计工作。2012 年，全市行政事业单位资产管理信息系统平台正式上线运行，实现资产动态管理。是年底，全市 338 家独立核算的行政事业单位资产总额为 40.2 亿元，负债总额为 19.5 亿元，国有资产总量为 20.7 亿元。

资产清查和核实　1995～2012 年，全市对 324 家行政事业单位进行资产清查，其中市直单位 167 家，镇级 157 家。截至 2006 年底，所有单位账面资产总额为 24.65 亿元，负债总额 9.73 亿元，国有资产总量 14.92 亿元。核实后资产总额为 25.53 亿元，负债总额 9.71 亿元，净资产为 15.82 亿元。截止 2012 年底，全市 338 家独立核算的行政事业单位资产总额达 40.2 亿元，负债总额 19.5 亿元，国有资产总量 20.7 亿元。固定资产原值 24.3 亿元。

国有资产经营管理有限公司　2002 年 9 月，市政府以货币资金出资，成立胶南城市资产经营有限公司，注册资本 2000 万元，但未实质性运行。2004 年 9 月，在城市资产经营有限公司的基础上，成立胶南市国有资产经营管理有限公司（以下简称国资公司），注册资本 2.1 亿元，总资产 6.85 亿元。主要职能是：受市政府委托，统一接收市属国有资产，依法对接收的市属国有资产直接行使经营权、管理权和处置权，并承担财政性投资重大项目的建设管理任务，确保国有资产保值增值。

国资公司成立时，在财政出资和划转部分市级国有企业股权的同时，市政府将党政机关、人民团体、事业单位占有和使用的国有房屋、土地、铺面等国有资产经过清产核资后，移交给国资公司，实行统一运营和监管，形成国有资产直接经营、国有企业股权管理以及党政事业单位国有资产监管“三合一”的运行模式。2008～2012 年，市政府印发《关于加强企业国有资产监督管理工作的意见》《胶南市国有资产运营机构监督管理暂行办法》《胶南市国有及国有控股企业负责人经营业绩考核暂行办法》等相关配套文件，理顺国资监管机构与国资运营机构之间的关系，国资公司承担起资产运营管理平台、融资平台、投资平台功能。

资产运营管理平台　通过国资公司接收、出让、出租、资产置换、参股控股、委托贷款等资本营运手段和方式，经营好授权范围内的国有资产，发挥资产的最大效益，实现国有资产的保值增值。

融资平台　作为国家开发银行授信贷款和商业银行贷款的承贷主体，以公司国有资产经营收益、开发项目的资产收益、土地开发收益以及胶南财政投入的城市建设资金作为偿债资金主要来源，偿还贷款，管理和使用好国家银行的贷款资金；开展项目融资，以有收益的经营性项目招商引资，融通社会资金，实现投资主体多元化，拓宽筹

措实施城市建设项目建设所需资金的渠道；为胶南市特色产业企业提供担保进行融资。

投资平台　根据市政府的安排，投资城市基础设施、文化旅游设施建设及相关配套设施开发和经济建设重点项目，实现投资、建设、经营一体化服务。

2011 年 7 月 1 日，经国家银监部门批准，国资公司首批退出政府融资平台，转为规范的市场经营主体。

通过盘活发世特、青联德维、药监局等国有不良资产和经贸大厦、两河 39.87 公顷地块以及阳光大厦资产经营，实现各类资产经营收入近 60 亿元，收益近 5 亿元。面对项目开发建设任务重及国家严峻金融调控、紧缩银根等形势，创新融资机制和方式方法，累计融资 70 亿元。

2012 年，公司自筹资金 5000 万元，融资 26 亿元，成立投资担保公司，以最低服务收费标准为中小企业提供贷款担保业务，为全市近 100 家中小企业提供贷款担保资金 3 亿元。以统贷统还方式，争取国家开发银行“农民创业贷款”1 亿元。

至此，国资公司注册资本 26 亿元、总资产 80 亿元、净资产 30 亿元。累计上缴税金 36060 万元。

青岛董家口开发建设有限公司　2008 年 7 月成立，为国有独资公司。主要承担政府融资和董家口临港产业区开发及基础设施配套任务，注册资本 1 亿元，2008 年 12 月变更为 7 亿元。

2009 年 2 月，注册成立全资子公司——青岛董家口矿业有限公司，主要经营建筑用花岗石露天开采、五金交电、化工产品（不含危险品）等建筑材料。2009 年 8 月，注册成立全资子公司——青岛董家口置业有限公司，主要承担董家口港区房地产开发和搬迁村庄安置房建设。

截至 2012 年，公司注册资本 7 亿元、总资产 23.7 亿元、净资产 6.97 亿元，累计上缴税金 2.76 亿元。

第二章　国　　税

新中国成立初期，胶南农业税的征收执行政府“依率计征、依法减免”和“稳定负担、增产不增税”的政策，以征收实物为主，由粮食收购部门代收。1961 年开始征收工商统一税，包括商品流转额和非商品流转额两部分。1978 年开始实行工商税制。1983～1985 年，国营企业实行第一、第二步利改税。1994 年，实施税制改革，规范税收分配关系，税收收入大幅增长。是年，成立胶南市国家税务局。1996 年，市国税局全面进行农村征收机构改革，撤并原税务所，成立 5 个农村征收分局，实现由二级管理到一级征收局的过渡。

2001 年，市国税局全面推行征管、机构和人事制度三项改革，按照征收、管理、稽查相对分离的要求进行内设机构的调整，并转为以行政管理为主、兼有直接征收管理的双重职能单位。2010 年，三项改革进一步深化，在全市国税系统构建以纳税服务、税源管理、税务稽查三个专业体系为主体的专业化税收征管体系。

2012 年，在城区、珠山税务分局内部试行“集中实施户籍管理、分类监控评估税源”的分局税源管理模式，撤销原有分局股级机构，成立户籍管理股与纳税评估股。

截至 2012 年，全市国税系统负责征管的税种主要有：增值税、消费税、车辆购置税、企业所得税、涉外企业所得税、个人所得税。

第一节 税种、税率及征收

增值税 1983年开征。增值税基本税率为17%，特殊产品为13%（如初级农业产品、煤炭等），出口货物增值税适应零税率。1984年9月，只对生产、委托加工和进口增值税应税产品的单位和个人征收。征收范围限于12种工业产品。1987年，调整征税范围及税率，设24个税目、11档税率，以14%为基本税率，按“扣税法”计税。1988年，再次扩大增值税征收范围，增设6个税目和1个税率档次。1989年，增设“工业性作业”税目。纳税人为在中国境内销售货物或者提供加工、修理修配劳务以及进口货物的单位和个人。1994年，对商品的生产、批发、零售和进口全面开征增值税，实行不计税价计税，设17%、13%、6%三档税率。

1998年7月1日，凡年应税销售额在180万元以下的小规模商业企业，无论财务核算是否健全，一律不得认定为增值税一般纳税人，均应按照小规模纳税人的规定征收增值税，同时决定将商业企业小规模纳税人的增值税征收率由6%调减为4%。2001年5月1日，对从事废旧物资经营的增值税一般纳税人，收购的废旧物资不能取得增值税专用发票的，根据税务机关批准使用的收购凭证上注明的收购金额，依10%扣除率计算进项税额予以抵扣。2002年1月1日，市国税局对购进免税农业产品准予抵扣的进项税额，按照买价（包括税务机关批准使用的收购凭证，或取得的普通发票上注明的价款及代收代缴的农业特产税）和13%的扣除率计算。2009年1月1日，购进的机器设备等有形动产允许抵扣进项税额，抵扣范围扩大。

消费税 1994年1月1日开征。是对一些特定消费品和消费行为征收的一种税。设置11个税目，其中3个税目又设置13个子目，有25个征税项目。实行比例税率有21个，实行定额税率有4个。涉及的商品主要有白酒、葡萄酒、汽车轮胎、贵重首饰及珠宝玉石。

营业税 1984年9月开征。纳税人为境内提供应税劳务、转让无形资产和不动产的单位和个人。设交通运输业、建筑业、金融保险业、邮电通信业、文化体育业、娱乐业、服务业、转让无形资产和销售不动产9个税目。交通运输、建筑安装、邮电通信、文化体育行业执行3%的税率，娱乐业则根据所从事的娱乐业的性质执行5%～20%的税率，其他行业执行5%的税率。除农村信用社外，其他金融保险业执行的营业税税率是：1994～1997年为5%，1997～2000年为8%，2001年为7%，2002年为6%，2003年以后为5%；农村信用社执行的营业税税率：1994～1997年为5%，1997年至2001年9月30日为6%，2001年10月1日至2012年为5%。纳税人提供应税劳务，按照营业额的3%的税率计算应纳税额。

企业所得税 1984年开征。以纳税人取得的生产、经营所得和其他所得为征税对象。1985年，小型企业、饮食服务业按八级超额累进税率征收，税率为10%～55%。1993年12月13日，设33%的基本税率和27%、18%两档低税率。年应纳税所得额在3万元以下（含3万元）的企业，暂减按18%的税率征收；年应纳所得额在3万元以上10万元以下（含10万元）的企业，全额减按27%的税率征税。

外商投资企业和外国企业所得税 1991年7月1日开征。对外商投资企业和外国企业在中国设立的机构、场所，所取得的经营所得和其他所得应缴纳所得税，税率为30%，地方所得税税率为3%，总体税负是33%。对外国企业在境内未设立机构、场所而有来源于中国境内的所得，或者虽然设立机构、场所，但其所得与其机构、场所没有实际联系的，税率为20%。

2008年1月1日，企业实行统一所得税税制，不再单设外商投资企业和外国企业所得税。新企业所得税执行统一企业所得税税率为25%，非居民企业在中国境内未设立机构、场所或虽设立机构场所，但取得的所得与该机构场所没有实际联系的，适应所得税税率为20%。

1994～2012年，及时对纳税人申请的各类退税进行审核，符合条件的及时给予退税处理。2003年7月1日，根据增值税起征点调整的政策规定，对达不到增值税起征点的个体业户暂免征收增值税。2011年，起征点提高，减免税力度增大，销售货物和应税劳务的，起征点为月销售额2万元。

个人所得税 1994年1月开征，主要征税机关为地方税务局，国家税务局征收的个人所得税主要为储蓄存款利息所得个人所得税，1999年11月开征。凡个人直接从各商业银行、城市信用合作社、农村信用合作社办理储蓄业务的机构以及邮政企业依法办理储蓄业务的机构取得的储蓄存款利息所得，应按照有关规定计算缴纳储蓄存款利息所得个人所得税，由国家税务局负责征收管理；个人取得的其他利息所得应按“利息、股息、红利所得”应税项目计算缴纳个人所得税，由地方税务局负责征收管理。自2008年10月9日起，对储蓄存款利息所得暂免征收个人所得税。个人储蓄存款在1999年10月31日前孳生的利息所得，不征收个人所得税；储蓄存款在1999年11月1日至2007年8月14日孳生的利息所得，按照20%的比例税率征收个人所得税；储蓄存款在2007年8月15日至2008年10月8日孳生的利息所得，按照5%的比例税率征收个人所得税；储蓄存款在2008年10月9日后（含10月9日）孳生的利息所得，暂免征收个人所得税。

车辆购置税 由车辆购置附加费改为税制而来。2001年1月1日始，以纳税人购置的各类车辆的不含税价格为依据，按照10%的税率征收，由交通部门代征。车辆购置税为中央固定收入，2005年1月1日由交通部门移交国税局征管。

1994～2012年全市国税各项税收指标完成情况统计表

表14－2－1

单位：万元

项目＼年份	1994	1995	1996	1997	1998	1999	2000	2001	2002	2003	2004	2005	2006	2007	2008	2009	2010	2011	2012
税收收入合计	12133	13015	14175	16144	17903	25193	37332	43867	51802	57113	57520	66923	95055	127972	146907	109562	128156	155518	184482
增值税	10240	11214	12269	13628	15120	21590	30670	35970	42924	46086	47865	51341	74143	103352	119203	89018	87812	104928	132418
消费税	1517	1508	1700	1780	1923	2376	4442	4534	5814	6441	4597	5405	2888	1585	1340	1331	1927	2385	2860
企业所得税	43	65	128	214	329	660	1030	1714	1632	3556	3973	5766	12255	16488	20315	11584	27039	34228	33246
个人所得税						4	596	1148	1162	1003	1085	1224	1667	1974	1385	588	142	64	15
车辆购置税												3187	4102	4573	4664	7041	11236	13913	15943
营业税	333	228	78	522	531	563	594	501	270	27									

第二节 税务管理

征收管理 税制沿革 1978年，实行工商税制，征收税种有工商税、工商所得税、农税等，其中农税由财政代管。1983年改革国有企业利润上缴制度，改缴国营企业所得税和调节税。是年，开征增值税、牲畜交易税。

1984年，开征产品税、建筑税、营业税、国营企业所得税和国家能源交通重点建设基金。发布盐税、资源税、国营企业所得税和个人调节税征收办法，对农业税实行由实物改为折征现金办法。是年，改革工商税制，对国营企业应该上缴国家的财政收入分别按11个税种征收，税后利润留给企业。

1985年，将工商税划分为产品税、增值税，开征城市建设维护费、奖金税。1986年，开征城乡个体工商户所得税、个人收入调节税、房产税和教育费附加。1987年乡镇财政体制建立后，农业税收纳入县财政体制，成为地方财政收入的重要来源。1988年，开征城镇土地使用税，复征印花税。1991年，开征固定资产投资方向调节税、外商投资企业和外国投资企业所得税，停征建筑税。

1994年，实施税制改革，取消产品税，改征增值税，将集体企业所得税、私营企业所得税、国营企业所得税合并为企业所得税；将个人收入调节税、个体工商业户所得税并入个人所得税；将盐税并入资源税；取消特别消费税和燃油特别税，新设消费税；取消外资企业工商统一税；将农、林、牧、水产行业的产品税改为农业税和屠宰税；新设土地增值税；取消集市交易税、牲畜交易税、国营企业奖金税、国营企业工资调节税、集体企业奖金税、行政事业单位奖金税和国家能源交通建设基金、国家预算基金。设增值税、消费税、营业税、企业所得税、外商投资企业和外国企业所得税、个人所得税、资源税、城镇土地使用税、城市维护建设税、耕地占用税、固定资产投资方向调节税、土地增值税、房产税、城市房地产税、遗产税、车船使用税、车船使用牌照税、印花税、契税、证券交易税、屠宰税、筵席税、农业税、牧业税。1994年8月，税务系统机构分设，市国税局负责征收增值税、消费税、金融保险行业营业税等税种。

1999年11月，开征储蓄存款利息个人所得税。2000年，暂停征收固定资产投资方向调节税；农村税费改革取消屠宰税。2001年，车辆购置附加费改为车辆购置税。

2002年1月1日，征收新办企业所得税；对生产企业的出口货物由原来的先征后退改为免抵退税。

税务登记　1992年9月，《中华人民共和国税收征收管理法》颁布施行。1993年，国务院发布《税收征收管理法实施细则》，市国税局对企业以及企业在外地设立的分支机构和从事生产、经营的场所，个体工商户和从事生产、经营的事业单位进行税务登记，并颁发税务登记证。1993年10月至1994年3月，对所有应办理税务登记的纳税人，统一换发税务登记证件或补办税务登记手续。

1994年，国税、地税机构分设后，地税局对漏管纳税户进行清理。1996年3月，市国税局对负责征收管理的纳税人实施统一代码，分别登记、分别管理。是年5月1日，调整征管范围，取消"条块结合"的税收征管形式，实行属地管理，一律按行政区域实行税收征管。1996年6~9月，再次对所有纳税人换发税务登记证。1997年7月，建立定期交换登记库、变更登记库、注销登记库制度和工作联系制度。1998年5月13日，对在1998年5月10日至6月30日期间税务登记的纳税人进行验证，对增值税一般纳税人实行年审。是年，按照国家税务总局《税务登记管理办法》的规定，与工商、民政等有关部门配合，强化税源监控。1999年，在税务登记专业化管理中，将登记同变更、注销、税款清缴，清查税收漏管、漏征户结合起来，实现内管外查系统管理。是年7月1日，国家税务总局发布《关于在全国范围内换发税务登记证件的通知》。10月31日，全市统一换发税务登记证件。2003年4月计算机联网，实现数据共享。2005年5月，国、地税实行联合办理税务登记。

发票管理　1988年，单位和个体户在支付给个人，属于综合收入应税项目款项时，必须填开套印"发票监制章"的现金支付款凭证，不得不开或以其他凭证代替。1989年，对外商投资企业统一实行专用发票。同时，使用"青岛市筵席发票"，规定承办筵席单位，承办一次筵席金额无论是否达到纳税起征点，均应使用专用筵席发票。1990年，推行发票使用审查销号办法。1995年1月25日，市国税局在最高人民法院、最高人民检察院、公安部、国家税务总局联合召开的全国打击伪造、倒卖、盗窃发票专项斗争表彰会议

市国税干部深入企业调研

上，被授予发票管理“全国先进单位”称号。是年9月20日至11月10日，对个体工商业户发票使用情况进行专项检查。

1996年7月1日，停止使用旧版普通发票，改为使用按规定套印的“青岛市国家税务局或青岛市地方税务局发票监制章”的新版普通发票。1997年1月1日，更换使用具有全国统一防伪措施的新版普通发票。1999年，开展为期3个月的发票专项清理检查活动。是年10月，在商品流通领域启用税控收款机专用发票，专用发票名称为“青岛市商业销售发票”。是年11月，在商业零售领域实行全面开具发票制度，并实行发票抽奖活动。2001年8月，出口企业停用旧版涂炭专用税票，正式启用新版的“出口货物专用缴书和完税分割单”。2005年8月1日，启用新版“山东省青岛市废旧物资收购统一发票”。2009年9月，在部分行业推行网络发票。2012年，开始印制发售定额版普通发票。同时，启用货物运输业增值税专用发票。

税源建设 20世纪70年代后，根据规定降低增值税一般纳税人标准，调高增值税起征点，支持中小企业发展和扶持个体私营经济发展。1996年，在各征收分局设立办税服务厅。1997年，在一般纳税人中全面推行电子申报。2000年，畅通纳税服务“绿色通道”。2001年，对有条件的企业推行出口退免税远程电子申报。同时，推行多元化申报，即上门申报、电话申报、银行网点申报、客户端网上申报。并实行阳光办税，实行定税公告制度，提高定额核定的透明度，公开停歇业户名单和停歇业时间，公开税务行政收费项目、标准和政策依据，公开投诉和举报电话，接受社会各界的监督。2002年，制定对加油站税收管理办法，堵塞成品油市场税收管理漏洞。

2003年，加强企业所得税核定征收管理办法。是年6~7月，开展纳税服务体系建设，并提高个体工商户增值税起征点，销售货物为5000元，销售应税劳务为3000元，按次纳税的，分别提高到200~2000元。

2005年5~6月，对纳税人分类管理，实现税收征管科学化、精细化。2007年10月，在橡胶轮胎制造业推行“过程控制程式化分析法”，加强行业税收专项治理。是年11月，对小规模纳税人，增值税申报和核定企业所得税纳税人的企业所得税申报，推行网页方式纳税申报。

2008年，开展对橡胶轮胎、房地产、汽车销售等行业专项评估检查，重点对增值税低税负企业的二次筛选和分级管理，全面加强出口退税管理，以出口退税预警分析为突破口，建立征、管、退税部门的业务衔接和工作联系制度，加强对出口退税企业的日常监控和评估管理。

2009年4月，对部分涉税服务业推行“同城通办”。是年7月，强化“加强对外地驻胶南施工企业和开发企业的所得税征管”“发挥财源建设信息平台作用，加强对大项目的税收动态监控管理”等10个方面的管理。

2010年3月，完善专业化税收征管体系，推行专业化、信息化管理，提高税收征管的质量和效率，优化纳税服务。是年10月，实施普通发票兼并票种统一式样，推进信息管税。

减免退税 增值税 1994年，根据《增值税暂行条例》的规定，对农业生产者销售的自产农业产品，避孕药品和用具，古旧图书，直接用于科学研究、科学试验和教学的进口仪器、设备以及外国政府、国际组织无偿援助的进口物资和设备，来料加工、来件装配和补偿贸易所需进口的设备，由残疾人组织直接进口供残疾人专用的物品以及销售自己使用过的物品，均实行免税。

1995年1月1日，实施财政部、国家税务总局《关于对部分资源综合利用产品免征增值税的通知》的规定。2001年1月1日，对部分资源综合利用和其他产品实行增值税“即征即退”和按增值税应纳税额减半征收的政策。

1995年1月1日，实施财政部、国家税务总局《关于对残疾人员个人提供加工和修理修配劳务免征增值税》的规定。1997年，市国税局实行财政部、国家税务总局《关于销售给科研教学单位的进口书刊资料免征增值税》的规定。

1998年1月1日，实施财政部、国家税务总局《关于饲料产品免征增值税》的规定。2000年6月1日，将饲料产品分为征收增值税和免征增值税两类。是年8月1日，将单一大宗饲料、混合饲料、配合饲料、复合预混料及浓缩饲料确定为免税饲料产品。

1998年1月1日，对农膜产品、部分化肥产品、部分农药产品免征增值税。2001年1月1日，部分化肥产品和农药产品有所变化。同时，对农村电管站向用户收取的农村电网维护费和承担粮食收储任务的国有粮食购销企业销售的粮食免征增值税。

1999年11月1日，对血站供应给医疗机构的临床用血免征增值税。2001年1月1日，对批发和零售的部分农用物资免征增值税。

1994年，对符合条件的福利企业缴纳的增值税，由税务机关采取先征税后返还的办法。对福利企业生产销售属征收消费税的产品，不得减免消费税、增值税。2003年以前，对监狱、劳教企业实行增值税先征后返。2005年以前，对部分出版物实行增值税先征后退税。2000年6月24日至2010年12月，增值税一般纳税人销售其自行开发生产的软件产品，按17%的法定税率征收增值税后，对其增值税实际税负超过3%的部分实行即征即退政策。

2004年7月1日，按照《青岛市国家税务局增值税减免税管理规定》，改变减免税审批、生效方式，将文件审批改为申请备案。是年，按照《青岛市增值税一般纳税人认定管理暂行办法》，降低工业企业一般纳税人认定标准。同时按照国家税务总局《关于加强新办商贸企业增值税征收管理有关问题的紧急通知》，对新办商贸企业一般纳税人实行分类管理。是年12月1日，按照国家税务总局《关于加强新办商贸企业增值税征收管理有关问题的补充通知》，对新办商贸企业的增值税征收管理在《紧急通知》的基础上做出了新的规定。

2005年3月，市国税局印发《关于进一步加强农产品收购发票、废旧物资收购发票及废旧物资销售发票管理的补充通知》，是年11月，印发《关于加强废旧物资增值税管理有关问题的通知》，对废旧物资抵扣发票、收购和使用环节制订了一系列管理措施。

消费税　1994年1月1日，对香皂减按5%征收消费税；2001年1月1日停止征收香皂消费税。

2000年，对生产销售达到低污染排放限值（简称“欧洲Ⅱ号标准”）的小轿车、越野车和小客车减征30%的消费税。2004年1月1日停止执行。

2001年1月1日，对“汽车轮胎”税目中的子午线轮胎免征消费税，对翻新轮胎停止征收消费税。

2002年1月1日，对未镶嵌的成品钻石和钻石饰品的消费税税率由10%减至5%。2005年9月1日，市国税局执行国家税务总局《汽油、柴油消费税管理办法（试行）》。

企业所得税　1993年12月，对年应纳税所得额在3万元以下（含3万元）的企业，暂减按18%的税率征收；年应纳所得额在10万元以下（含10万元）至3万元的企业，全额减按27%的税率征税。

外商投资企业和外国企业所得税　对生产性外商投资企业，按照《税法》第八条规定，减免企业所得税期限内，免征地方所得税；对产品出口企业和先进技术企业，免征地方所得税。在国家高新技术产业开发区兴办的外商投资企业，经营期在10年以上（含10年）的，免征地方所得税。对外商投资于产品出口企业和先进技术企业的，经确认后，在税收上再给予减税或免税优惠。

对新税法公布前设立的外商投资企业，在按新税法规定税率缴纳所得税时，其税收负担高于新税法施行前的，在批准经营期限内，仍按其原适用税率缴纳所得税；未约定经营期的，在税法施行之日起5年内，按照其原适用的税率缴纳所得税。在此期间，发生年度的税收负担高于新税法规定的，则自该纳税年度起改按新税法规定的税率缴纳所得税。新税法公布前，按原来税法规定享有免征、减征企业所得税优惠的外商投资企业，继续享受至免征、减征期满为止。

税务稽查　1987年7月，县税务局根据国家税务局《关于全国税收征管改革的意见》进行试点与改革。1989年成立稽查队。1994年国、地税机构分设后，市国税局延续稽查队的管理模式。1995年9月，撤销稽查队组建稽查分局。2001年4月改建稽查局。

1985年1~6月，重点对个体户及部分企业进行纳税检查。7～12月，根据国务院有关规定和青岛市政府《关于开展税收财务物价大检查的通知》，首次开展税收财务大检查，直至1997年停止以前，每年第四季度开展一次。1987年初，开展发票专项检查。

1994年10月，对缴纳增值税、消费税的税源大户以及个体工商业户和薄弱环节；假冒民政、福利、校办、军工企业骗取国家税收优惠政策的企业进行专项检查。1996年，先后开展增值税、出口退税和税收财务大检查等6项税收检查，稽查案件立案率、案件处罚率、查补税款入库率、当期案件查结率均达100%。1998年10月中旬～11月底，对辖区59家加油站进行集中专项稽查。1999年4月起，税务稽查收入实行专户管理。2001年10月，《青岛市国家税务局移交稽查案件暂行管理办法》印发，加强移交稽查案件的管理与查处力度。2002年5月，启用《税务稽查使用手册》，确保税务稽查执法程序合法，使用文书正确。2003年12月，撤销"税务稽查收入"账户。2004年2月，《青岛市国税稽查局重大税收违法案件督办制度》印发。是年4月，胶南市国税局在稽查环节推行互审制度。2005年2月，进一步规范稽查案件和违法违章案件数据清理流程，提高CTAIS税收征管系统的运行效率。2006年3月，换发稽查部门稽查专用税务检查证。2007年3月，《综合数据管理系统》稽查信息提示模块启用。是年10月，启用"税收分析、纳税评估、税务稽查、综合管理"一体化联动软件。12月，启用增值税征管数据处理辅助工具。2008年5月，印发实施《胶南市国家税务局、胶南市地方税务局稽查工作协作实施意见》。

2012年3月1日起，使用新版税务稽查内部管理文书和税务稽查执法文书。

1994～2012年市国税稽查查补情况统计表

表14－2－2 单位：户、万元

年份	检查户数	有问题户数	查补金额				入库金额
			税款	罚 款	滞纳金	合计	
1994	109	109	38	14	7	59	59
1995	163	163	244	90	49	383	383
1996	196	196	509	184	92	785	785
1997	421	298	886	87	32	1005	1005
1998	479	335	993	227	14	1234	1234
1999	317	317	717	142	177	1036	1036
2000	171	171	385	6	92	483	483
2001	93	93	544	253	136	933	933
2002	158	158	882	202	130	1214	1214
2003	133	133	548	275	129	952	952
2004	169	169	647	104	200	951	951
2005	210	210	799	119	147	1065	1065
2006	229	229	1163	177	188	1528	1528
2007	264	264	984	160	116	1260	1260
2008	254	254	915	229	95	1239	1239
2009	225	225	1363	296	121	1780	1780
2010	188	188	915	90	68	1073	1073
2011	161	161	733	163	140	1036	1036
2012	158	158	1795	164	173	2132	2132

第三章　地　　税

1994年8月,国税、地税机构分设,胶南地方税务局成立。1998年9月,更名为青岛市胶南地方税务局。1998年10月,垂直到山东省地方税务局管理。2002年10月,复称胶南地方税务局。

第一节　税种、税率及征收

税种、税率　营业税　1984年9月开征。纳税人为境内提供应税劳务、转让无形资产和不动产的单位和个人。营业税设交通运输业、建筑业、邮电通信业、文化体育业、金融保险业、娱乐业、服务业、转让无形资产和销售不动产9个税目。税率为交通运输业、建筑业、邮电通信业、文化体育业税率为3%;金融保险业、服务业、转让无形资产、销售不动产税率为5%;娱乐业税率为5%~20%。青岛市娱乐业除高尔夫适用10%税率外,其他一律适用5%。

企业所得税　1984年开征。企业所得税税率为25%。非居民企业在中国境内未设立机构、场所的,或者虽设立机构、场所,但取得的所得与其所设机构、场所没有实际联系的,其来源于中国境内的所得,适用20%的税率。小型微利企业,按20%的税率征收企业所得税。2012年1月1日,对年应纳税所得额低于6万元(含6万元)的小型微利企业,其所得减按50%计入应纳税所得额,按20%的税率缴纳企业所得税。

个人所得税　1994年1月开征。纳税人为在境内有住所,或者虽无住所但在境内居住满一年,以及无住所又不居住或居住不满一年但有从境内取得所得的个人。包括中国公民、个体工商户、外籍个人等。征收范围包括:工资、薪金所得,个体工商户的生产、经营所得,企事业单位的承包经营、承租经营所得,劳务报酬所得,稿酬所得,特许权使用费所得,财产租赁所得,财产转让所得,利息、股息、红利所得,偶然所得,经国务院财政部门确定征税的其他所得。税率分别为:工资、薪金所得,适用3%~45%的超额累进税率;个体工商户的生产、经营所得、企事业单位的承包经营、承租经营所得,适用5%~35%的超额累进税率。其余应税项目适用20%比例税率。2001年1月1日,对个人出租住房取得的所得减按10%的税率征收个人所得税。2011年9月1日,内地个人所得税免征额调至3500元。

车船税　1987年1月开征,采用从量定额计征办法。

地税车船税征收内容与标准

表14-3-1　　单元:元

征收内容	征收标准
乘用车按发动机汽缸容量分档每辆年税额	24~4500
商用车每辆年税额	600~720
其他车辆按整备质量每吨年征额	36~72
摩托车每辆年征税额	60
机动船舶按净吨位每吨年税额	3~6
游艇按艇身长度每米年税额	60~2000

城市维护建设税　1983年1月开征。凡缴纳增值税、营业税的单位和个人,按应纳税额附征城市维护建设税。纳税人所在地为市区的,税率为7%;纳税人所在地为县、城镇的,税率为5%;纳税人所在地不在市区、县、城镇的,税率为1%。青岛地区统一税率为7%。

印花税　1988年10月开征。对境内书立、领受应税凭证、合同、账册的单位和个人征收印花税,有13个税目,税率分比例税率和定额税率两种。购销合同,按购销金额万分之三贴花;加工承

市地税局纳税服务中心(2007年拍摄)

揽合同,按加工或承揽收入万分之五贴花;建设工程勘察设计合同,按收取费用万分之五贴花;建筑安装工程承包合同,按承包金额万分之三贴花;财产租赁合同,按租赁金额千分之一贴花,税额不足1元按1元贴花;货物运输合同,按运输收取的费用万分之五贴花;仓储保管合同,按仓储收取的保管费用千分之一贴花;借款合同,按借款金额万分之零点五贴花;财产保险合同,按收取的保险费收入千分之一贴花;技术合同,按所记载金额万分之三贴花;产权转移书据,按所记载金额万分之五贴花;营业账簿,按实收资本和资本公积的合计金额万分之五贴花,其他账簿按件贴花5元;权利、许可证照,按件贴花5元。

资源税　1984年10月开征。对境内从事原油、天然气、煤炭、金属和非金属矿产品开采的单位和个人,依产品销售收入按4级超额累进税率征收资源税。其中,原油、天然气,税率为销售额的5%;焦煤税额为8~20元/吨,其他煤炭0.3~5元/吨,洗煤、选煤和其他煤炭制品不征税;其他非金属矿原矿,税额为0.5~20元/吨、立方米、千克、克拉;黑色金属矿原矿,税额为2~30元/吨;有色金属矿原矿,税额为0.4~60元/吨或立方米挖出量;固体盐税率为10~60元/吨,液体盐(卤水)税额为2~10元/吨。1999年8月1日,对在省境内开采天然矿泉水、建筑用砂、其他黏土、其他建筑石料的单位和个人,分别按3元/吨、1元/立方米、1元/立方米、1元/立方米征收资源税。

烟叶税　2006年4月开征。纳税人为境内收购烟叶的单位。实行比例税率,税率为20%。应纳税额按照纳税人收购烟叶的收购金额和规定的税率计算。

房产税　1987年1月开征。依照房产余值计算缴纳的,税率为1.2%;依照房产租金收入计算缴纳的,税率为12%。2001年1月1日,对个人居住用房出租且仍用于居住的,减按4%的税率征收房产税。2008年3月1日,对个人出租住房,不区分用途,减按4%的税率征收房产税;对企事业单位、社会团体以及其他组织,按市场价格向个人出租且用于居住的住房,减按4%的税率征收房产税。

城镇土地使用税　1988年11月开征。在城市、县城、镇建制驻地、工矿区范围内,生产经营的单位和个人按实际使用土地面积从量定额征税,按大、中、小城市及县城、镇4个档次。大城市1.5~30元;中等城市1.2~24元;小城市0.9~18元;县城、建制镇、工矿区0.6~12元。从2007年起,山东省对各地城镇土地使用税税额标准进行调整,调整后的税额标准为:市区土地2~24元/平方米,县(市)土地2~6元/平方米,建制镇和工矿区土地2.4~3.2元/平方米。青岛市标准为:一级地6元/平方米,建制镇土地2.4元/平方米,工矿区土地2.4元/平方米。

土地增值税　1994年1月开征。纳税人为转让国有土地使用权及地上建筑物和其他附着物产权、并取得收入的单位和个人。课税对象为有偿转让国有土地使用权及地上建筑物和其他附着物产权所取得的增值额。实行30%~60%的四级超率累进税率。对开发建设并销售经济适用住房、廉租住房等保障性住房,不预征土地增值税;对开发建设并销售政府限价商品住房,土地增值税预征率为1%;对开发建设并销售普通住房,土地增值税预征率由现行的1%调至2%;对开发建设并销售非普通住房(含别墅)和非住房(包括商业用房、写字楼等),土地增值税预征率由现行的2%调

至3%。

耕地占用税　1987年4月开征。纳税人为占用耕地建房或者从事其他非农业建设的单位和个人。征税范围包括种植农作物耕地、鱼塘、园地、菜地和其他农业用地。采取地区差别税率。人均耕地不超过0.07公顷的地区(以县级行政区域为单位,下同),每平方米为10～50元;人均耕地超过0.07公顷但不超过0.13公顷的地区,每平方米为8～40元;人均耕地超过0.13公顷但不超过0.2公顷的地区,每平方米为6～30元;人均耕地超过0.2公顷的地区,每平方米为5～25元。自2008年1月1日起,胶南耕地占用税适用税额每平方米30元。

契税　1990年开征。纳税人为在境内取得土地、房屋权属的企业和个人。契税税率为3%～5%。2010年1月1日,家庭唯一住房,且面积≤90平方米,按1%征收;家庭唯一住房,且90平方米<面积≤144平方米的,按1.5%征收。房屋交换按差额征收3%,房屋赠予按全额征收3%。

教育费附加　1986年7月开征。纳税人为缴纳增值税、消费税、营业税的单位和个人。征收比率为增值税、营业税和消费税之和的3%。

代征基金　2005年1月1日至2010年11月30日,纳税人为缴纳增值税、消费税、营业税的单位和个人,征收比例为增值税、营业税和消费税之和的1%。2010年12月1日起调整为:地方教育费附加,纳税人为缴纳增值税、消费税、营业税的单位和个人,征收比例为增值税、营业税和消费税之和的2%;地方水利建设基金,纳税人为缴纳增值税、消费税、营业税的单位和个人,征收比例为增值税、消费税、营业税之和的1%;残疾人就业保障金,征收对象为安排残疾人达不到规定比例的机关、团体、企业、事业单位和城乡集体经济组织。应纳残疾人就业保障金=(用人单位上年末实际在职职工人数×应安排比例－用人单位上年末在职残疾职工人数)×上年度本地职工年平均工资。

征收　国、地税机构分设后,地税局各项收入实现持续稳定增长。2012年,入库各项收入31.1亿元,同比增长32.4%,是1994年的78倍,完成地方财政一般预算收入26亿元,同比增长28.2%,占全市财政收入的51.02%。截至2012年底,各项地税收入146.4亿元。

1994～2012年全市地税收入情况统计表

表14－3－2　　单位:万元

年份	各项收入	增收	增减率	年份	各项收入	增收	增减率
1994	3985			2004	56860	6794	13.57%
1995	5398	1413	35.46%	2005	67335	10475	18.42%
1996	7231	1833	33.96%	2006	78671	11336	16.84%
1997	8947	1716	23.73%	2007	102296	23625	30.03%
1998	12282	3335	37.28%	2008	109229	6933	6.78%
1999	16971	4689	38.18%	2009	123886	14657	13.42%
2000	22855	5884	34.67%	2010	179356	55470	44.78%
2001	33404	10549	46.16%	2011	235304	55948	31.19%
2002	38497	5093	15.25%	2012	311425	76121	32.35%
2003	50066	11569	30.05%				

第二节　税务管理

征收管理　1994年胶南市地税局成立后，按照《税收征管法》规定，认真执行规范的税务登记制度。1994～1997年，在23处乡镇（街道）设分局，税务登记实行属地化管理。1997年，实行合署办公，合并成立8个分局，分别负责所辖乡镇的税务登记和征收管理。2003年，新征管体制建立，全面推进税收属地化管理，征管、稽查分离。2005年，国、地税实行联合办理税务登记。首次根据纳税人对纳税申报、税款缴纳、税务稽查等情况，进行纳税信用等级评定。截至2012年，登记纳税人24893家，其中个体私营企业17245家。

1994～2012年全市地税税务登记情况统计表

表14－3－3　　单位：家

年份	登记总数	个体私营企业数	年份	登记总数	个体私营企业数
1994	2042	1127	2004	10916	8230
1995	2517	1639	2005	13168	9729
1996	3163	1976	2006	15742	11889
1997	3881	2558	2007	17958	13497
1998	4459	3172	2008	21578	14920
1999	4964	3821	2009	22878	15950
2000	5599	4356	2010	24733	16908
2001	6127	4667	2011	26868	17975
2002	7016	5318	2012	24893	17245
2003	8472	6384			

1994～2002年，发票管理实行手工发票和定额发票相结合。2003年9月，启用发票管理软件，取消手工代开发票和货物运输业手写发票。2007年2月，新版建筑业和房地产业发票启用，对前期发票应用情况和税款缴纳情况组织清理。是年4月，制定《胶南市地方税务局发票摇奖实施办法》，对全市服务业、旅馆业、装卸搬运业、文化体育业、定额专用五类发票实施2次摇奖。

1997年，配备计算机，实现办公自动化。1998年初步实现办公无纸化。2000年，类征管软件相继上线运行。2005年启动短信息平台，进行纳税申报提醒、双委托户催报催缴、“网送税法”涉税通知等。2006年，启用房地产税收管理软件，将所有房地产开发项目信息导入税控软件，初步实现对每个楼盘、每户房产的全方位、立体化监控。

2007年，开展“信息化建设应用年”活动，做好应用全省“大集中”软件核心征管系统的准备工作。2010年，研发税源专业化管理模式应用软件，打造预警分析、风险提示、纳税评估、税务稽查的“四位一体”征管机制。2011年，全面推行使用电子地图、会计培训软件和稽查工作平台。

2012年，在青岛五市率先上线运行“存量房评估系统”，运用新的估价技术计算征收税款，单套房产征税款大幅提升。同时，把握“信息管税”主线，加快“智慧地税”建设。将“地楼房一体化管理系统”、“风险管理系统”和“办税服务厅公共管理系统”等纳入平台，构建能满足分析、监控、管理、决策、指挥等要求的智慧管理指挥平台。

税源建设　1996年，设立多功能办税服务厅，实行统一办税集中征收。2001年，推行远程电子申报。2004年，市、乡镇、村三级建立由政府领导任组长的综合治税领导小组，全面推进社会综合

市地税局引导大企业建立税务风险内控体系

治税。同时制定《胶南市地税局纳税评估管理办法》，使纳税评估和税收管理工作迈出新的一步。2005 年，推行建筑企业成本利润率警戒线管理办法，启动个人纳税信用工程，推行全员明细申报，加强个人信息综合对比分析。是年 8 月，市地税局纳税服务中心成立。2006 年，建立重大项目税收评估制度，对市、镇政府确定的重大项目产生的地方税收进行预期评估，对地方招商引资税收效益提出可行性报告。2008 年，推行"一桌全能"服务模式，纳税人业务一岗受理，一岗完成等制度。2009 年，推行"一窗全能"服务模式，实现全部业务各个窗口即收即办。实行专业化税源管理模式。2010 年，在青岛五市率先建立县级财源建设信息交流平台，构建社会综合治税工作新机制。税收能力估算模型课题在前期试点企业分析、测算和实地落实的基础上，制定建筑业、房地产业、制造业税收能力估算模板。2011 年，将原财政契税窗口与地税窗口合并，实现耕、契两税的顺利划转和直征。同时推行"一窗式受理、一站式服务、一次性办结"以及"免填单"服务。2012 年，推行办税服务厅规范化建设，增设导税员，推出每月"主题服务日"活动。

减税退税　营业税　2003 年 5 月 1 日，对从事个体经营的军队转业干部，经主管税务机关批准，自领取税务登记证之日起，3 年内免征营业税和个人所得税。

2004 年 1 月 1 日，对改革试点地区农村信用社取得的金融保险业应税收入，按 3% 的税率征收营业税；对证券投资基金（封闭式证券投资基金，开放式证券投资基金）管理人运用基金买卖股票、债券的差价收入，免征营业税和企业所得税。2005 年 6 月 1 日，对公路经营企业收取的高速公路车辆通行费收入，统一减按 3% 的税率征收营业税。

2007 年 7 月 1 日，对安置残疾人单位，实行由税务机关按单位实际安置残疾人的人数，限额即征即退增值税或减征营业税的办法。最高不超过每人每年 3.5 万元。2008 年 1 月 1 日至 2010 年 12 月 31 日，对航空公司经批准收取的燃油附加费免征营业税。

2009 年 1 月 1 日至 12 月 31 日，个人将购买超过 2 年（含 2 年）的普通住房对外销售的，免征营业税。

企业所得税　2008 年，对国家需要重点扶持的高新技术企业，减按 15% 的税率征收企业所得税；对国家规划布局内的重点软件生产企业，如当年未享受免税优惠的，减按 10% 的税率征收企业所得税。

2009 年 1 月 1 日至 2013 年 12 月 31 日，对经认定的技术先进型服务企业，减按 15% 的税率征收企业所得税。

2010 年 1 月 1 日至 2011 年 12 月 31 日，对年应纳税所得额低于 3 万元（含 3 万元）的小型微利企业，其所得减按 50% 计入应纳税所得额，按 20% 的税率缴纳企业所得税。

2011 年 1 月 1 日至 2020 年 12 月 31 日，对设在西部地区的鼓励类产业企业减按 15% 的税率征收企业所得税。

2012 年 1 月 1 日至 2015 年 12 月 31 日，对年应纳税所得额低于 6 万元（含 6 万元）的小型微利企业，其所得减按 50% 计入应纳税所得额，按 20% 的税率缴纳企业所得税。

土地增值税　1994 年 1 月 1 日以前，签订房地产开发合同或已分项，并已按规定投入资金进

行开发，其首次转让房地产的，在2000年底前免征土地增值税。1999年8月1日起，对居民个人转让其拥有的普通住宅，暂免征土地增值税。

2008年，企事业单位、社会团体以及其他组织转让旧房作为廉租住房、经济适用住房房源且增值额未超过扣除项目金额20%的，免征土地增值税。是年11月1日，对个人销售住房暂免征收土地增值税。

契税　2000年11月29日，对各类公有制单位，为解决职工住房而采取集资建房方式建成的普通住房，或由单位购买的普通商品住房，经当地县以上人民政府房改部门批准、按照国家房改政策出售给本单位职工的，如属职工首次购买住房，均可免征契税。

2008年11月1日，对个人首次购买90平方米以下普通住房的，契税税率统一下调到1%。2011年9月1日，婚姻关系存续期间，房屋、土地权属原归夫妻一方所有，变更为夫妻双方共有的，免征契税。

退税　根据纳税人提请退税性质实施分类管理。按照误缴退税、政策性减免退税、汇缴退税等不同原因进行分类，对误缴退税实施即时办理，对政策性减免退税重点审核减免税备案、审批情况及相关证据资料，对企业所得税汇缴退税实施账务核查。截至2012年，减免税款13630万元。

2001～2012年地税减免税情况统计表

表14－3－4　　单位：万元

年份	营业税	企业所得税	房产税	土地使用税	年份	营业税	企业所得税	房产税	土地使用税
2001		663	67	67	2007		356	61	241
2002		1001	62	72	2008		300	67	245
2003		443	61	81	2009		464	69	265
2004		652	63	73	2010		976	75	278
2005	24	4411	64	84	2011		849	70	253
2006		482	68	88	2012		135	102	298

稽查　税务稽查包括日常稽查、专项稽查和专案稽查。1994年9月设立地税稽查队。1999年2月改设稽查一局、二局两个稽查分局。2000年2月改设稽查局，承担纳税户的税务稽查工作。2004年，推行税务稽查预警制度，完成房地产、建筑、服务、运输、商业、工业等6个行业共8个税种的自查提纲，突出发票管理、登记管理等征管事项的自查、自纠要求。

2006年，制订房地产、建筑、橡胶工业、饮食业四个行业的检查警戒线，推行行业警戒线检查办法。2007年，改革完善稽查选案办法，推行稽查复检制度，强化稽查执法权监督制约，加强重点行业专项治理。2010年，取消稽查自查的做法，稽查部门不再进行稽查预警和组织自查入库，明确规定稽查案源必须从各单位风险评价后的纳税人中选取。2011年，根据国家税务总局、省局、青岛市稽查局的统一部署，与国税局联合开展打击发票违法犯罪、区域税收专项整治、重点税源企业检查、分级分类稽查、非居民企业检查、高收入者个人所得税检查等税收专项检查活动。截至2012年底，查补税款32401万元。

第十五篇

金　融

Bank 中国光大银行
CHINA EVERBRIGHT BANK
中国光大银行

ICBC 中国工商银行

第一章 银行业

1986~2003年，中国人民银行胶南市(县)支行负责对辖区内银行业金融机构(含邮政储蓄业务)进行监督管理。2003年12月底，全市共有各类银行业金融机构6家。另有办理邮政储蓄业务的非银行机构，各保险公司，证券公司等。2004年1月1日，青岛银监局胶南监管办事处与人民银行胶南市支行分设，对银行业金融机构独立行使监管职能。辖区内共有银行业金融机构营业网点140个，从业人员1249名，资产总额79.56亿元、负债总额78.91亿元，各项存款余额69.06亿元，其中单位存款13.46亿元，储蓄存款48.16亿元；贷款余额55.68亿元。

2004年后，辖区银行业金融机构种类、业务品种逐步健全完善。为保证辖区各金融机构资金调度安全，减少营运成本，2004年4月，成立青岛市金融押运有限责任公司胶南营业部，负责辖区银行业金融机构现金业务押运。2006~2012年，根据辖区经济发展需要，相继设立交通银行股份有限公司青岛胶南支行、华夏银行股份有限公司青岛胶南支行等10家金融机构，全市银行机构达到16家。其中，政策性银行1家：中国农业发展银行胶南市支行；国有商业银行5家：中国银行胶南支行、中国工商银行胶南支行、中国农业银行胶南支行、中国建设银行胶南支行、中国交通银行胶南支行；股份制商业银行5家：中国光大银行胶南支行、华夏银行胶南支行、中国民生银行胶南支行、兴业银行胶南支行、浦发银行胶南支行；邮政储蓄银行1家：中国邮政储蓄银行胶南支行；地方性城市银行3家：青岛银行胶南支行、威海市商业银行胶南支行、青岛农商银行胶南支行；新型农村金融机构1家：青岛胶南海汇村镇银行。

2012年，全市银行机构网点117处，设置自助银行55个，ATM机158台，农民自助服务终端250台，POS机2563台。是年，全市银行业金融机构各项存款余额366.68亿元，比上年新增58.25亿元，同比增长18.89%。其中，储蓄存款211.09亿元，比上年新增37.01亿元，同比增长21.26%。全市银行业金融机构各项贷款余额268.84亿元，比上年新增60.54亿元，同比增长29.07%。

2008年2月30日，青岛胶南海汇村镇银行开业

第一节 金融机构与业务

人民银行胶南市支行 1986年8月,中国人民银行胶南县支行与工商银行分设办公,专门行使中央银行职能。人民银行作为县级基层央行组织,主要职责是依法贯彻执行货币政策,发行和管理人民币,监督管理金融业,经理国库,维护支付、清算、系统的正常运行;负责部分经济开发贷款、农副产品收购贷款等政策性贷款业务和专业银行短期资金融通。1991年,中国人民银行胶南县支行改称为中国人民银行胶南市支行(以下简称人行胶南市支行)。1993年7月,国家外汇管理局胶南市支局正式成立,局长由人行胶南市支行行长兼任,实施"一个机构、两快牌子"垂直管理。1994年,进一步明确县级人民银行的职能:贯彻执行货币政策,金融监管,调查统计分析,横向头寸调剂,经理国库、现金调拨,外汇管理和联行清算。2003年,国家成立中国银行业监督管理委员会,承担人民银行原有的金融监管职能。是年12月31日,中国银行业监督管理委员会青岛监管局驻胶南监管办事处正式成立,承担原人行胶南市支行金融监督管理职能。人行胶南市支行专门行使贯彻落实货币政策、维护金融稳定、提供区域性金融服务三大职能。

2003~2012年全市银行业金融机构主要经营指标统计表

表15-1-1　　单位:万元、个、人

指标 \ 年份 余额	2003	2004	2005	2006	2007	2008	2009	2010	2011	2012
资产总额	795618	863489	922226	1203660	1352945	1499351	2206981	2905003	3443250	4054598
负债总额	789105	846038	903994	1178596	1274379	1428950	2045339	2769934	3265717	3850046
各项存款	690634	775634	872386	1072228	1231602	1495903	2028113	2525000	3084293	3666802
单位存款	134585	145238	139199	191011	259526	269081	490706	735212	1285621	1460853
储蓄存款	481613	548041	645653	756808	847175	1048484	1228221	1504381	1740783	2110922
各项贷款	556819	632698	620973	715117	869427	930507	1427086	1766928	2082987	2688431
不良贷款	78554	72984	73956	68860	66942	35170	50980	50750	44484	37938
外币存款	20753	2516	3428	5233	5483	4040	5586	6149	10795	7470
外币贷款	12111	2005	1742	1239	819	1354	4880	3606	6732	9186
利润	12087	17843	17828	19870	33391	40264	43137	41608	51452	67440
职工总数	1249	1269	1172	1158	1165	1093	1184	1425	1523	1694
机构总数	140	113	105	104	102	102	103	105	110	117
支行	6	6	6	7	8	9	10	11	13	16
二级支行	0	0	0	0	0	14	14	18	19	54
分理处	29	23	23	22	21	21	21	18	19	29
信用社	18	17	21	21	21	21	21	21	21	0
信用分社	28	24	15	15	15	15	15	15	15	0
储蓄所	59	43	33	32	37	22	22	22	23	19

中国工商银行胶南支行经营服务网点

工商银行胶南支行 1984年1月1日成立，与人民银行胶南县支行合署办公。1986年8月分设，办公地址为胶南县文化路43号。下设人民路第一、第二、第三储蓄所、铁山路储蓄所、铁山西路储蓄所、新华路储蓄所、琅琊台路储蓄所、珠山路储蓄所、向阳路储蓄所、河南路储蓄所和红石崖、小口子分理处共12个营业机构。1988年实现对公业务电子化处理。1995年9月辖内12个网点实现电脑办理业务。1996年成立国际业务部。1999年5月，所有网点实现国内部分城市联网，2001年对公业务率先实现全国联网。2002年5月辖内网点实现全国联网。2011年12月，工商银行胶南支行办公地址由文化路43号迁至珠海中路13号。2012年底，工行从业人员132人，辖内设有文化路分理处、珠海中路分理处、青岛路分理处、北京路支行、王台支行、支行营业部6个营业网点，涉外自助银行(厅)17个，自助机具66台，形成了物理网点与电子银行相辅相成、有机结合的综合服务网络。截至2012年底，全行各项存款余额35.47亿元，贷款余额50.3亿元。

1988～2012年工商银行胶南支行存贷款业务统计表

表15－1－2　　单位：万元

年份	各项存款	各项贷款	年份	各项存款	各项贷款
1988	7019	11309	2001	63651	102710
1989	7390	12197	2002	150102	138865
1990	9263	15186	2003	182688	133641
1991	11159	16865	2004	151498	131759
1992	13424	19273	2005	146452	124802
1993	15767	23556	2006	281683	281456
1994	27805	36667	2007	142553	189319
1995	34911	42118	2008	180390	211372
1996	40161	46921	2009	272569	341613
1997	45380	51895	2010	285416	358542
1998	56026	56123	2011	295319	409312
1999	84637	73142	2012	354663	502987
2000	95603	84524			

建设银行胶南支行营业大楼(2011 年拍摄)

建设银行股份有限公司胶南支行 1979 年 12 月,相关业务从县财政部门析出,由新成立的中国人民建设银行胶南县支行承担。1996 年 3 月,中国人民建设银行胶南市支行更名为中国建设银行胶南市支行。2004 年 5 月,经青岛市银监局批准,胶南支行所辖的新华路第二储蓄所、新华路分理处、人民路第一、第二、第三储蓄所、东风路储蓄所、商城街储蓄所撤销。是年 9 月,中国建设银行胶南市支行更名为中国建设银行股份有限公司胶南支行。2012 年 11 月,王台支行开业,营业网点增至 7 个。2012 年底,各项存款余额 33.15 亿元,贷款余额 29.48 亿元。

1991 ~ 2012 年建设银行胶南支行存贷款业务统计表

表 15 - 1 - 3 单位:万元

年份	各项存款	贷款	年份	各项存款	贷款
1991	5862	3939	2002	64416	45924
1992	8862	5190	2003	83666	68455
1993	13522	8427	2004	76098	80804
1994	17353	9792	2005	129372	92797
1995	22173	14886	2006	103927	101339
1996	32577	17202	2007	121304	99995
1997	30807	16485	2008	129372	92797
1998	34321	15926	2009	188065	149570
1999	38128	15740	2010	243137	186011
2000	43009	24926	2011	274509	243356
2001	50445	34200	2012	331513	294774

中国农业银行胶南市支行 1980 年 4 月,人民银行、农业银行两行分设,中国农业银行胶南县支行与胶南县农村信用合作社联合社一套领导班子,辖 25 个营业网点。1997 年 3 月,农行与信用社分离。是年 5 月,农行 23 个办事处更名为分理处。2009 年,支行更名为中国农业银行股份有限公司胶南市支行。2012 年,支行员工 270 人,辖 17 个营业网点。2012 年底,共有自助设备 76 台,POS 机具 270 台,发展个人电子银行客户 30 多万户,企业电子银行客户 3600 多户。全行各项存款余额 84.76 亿元,贷款余额 54.02 亿元。

农业银行胶南支行营业大楼(2007 年拍摄)

1988～2012年农业银行胶南市(县)支行存贷款业务统计表

表15－1－4　　　　单位:万元

年份	各项存款	各项贷款	年份	各项存款	各项贷款
1988	15621	18599	2001	119098	120653
1989	18953	21578	2002	142656	140377
1990	21760	25343	2003	183756	160775
1991	26045	29409	2004	213749	192826
1992	33417	29383	2005	230793	157915
1993	38129	33680	2006	306119	187918
1994	49882	40331	2007	360010	217523
1995	57887	50305	2008	423819	216802
1996	71048	58731	2009	533426	344058
1997	76882	64450	2010	651399	423381
1998	79732	86271	2011	729924	459786
1999	91141	96459	2012	847550	540233
2000	104184	107851			

中国银行股份有限公司胶南支行　前身为中国银行胶南支行,1988年9月23日设立,并于次年10月26日正式对外营业,下设人民路储蓄所、益民储蓄所、琅琊台路储蓄所3个营业网点,隶属中国银行黄海分行管辖。1992年7月,中国银行黄海分行更名为中国银行青岛市分行,胶南支行随之更名为中国银行胶南市支行。2005年,中国银行胶南市支行更名为中国银行股份有限公司胶南支行,简称中国银行胶南支行。是年11月,辖人民路分理处、珠山路分理处、开发区分理处和珠海东路分理处。2012年,辖人民路支行、珠海中路支行、珠海东路支行、北京路支行,全行本外币各项存款余额37.62亿元,本外币各项贷款余额27.15亿元,当年实现考核净利润5583万元。

中国银行胶南支行营业大楼(2009年拍摄)

1989～2012年中国银行股份有限公司胶南支行本、外币存贷业务统计表

表15－1－5

年份	人民币存款（万元）	外币存款（万美元）	人民币贷款（万元）	外币贷款（万美元）	净利润（万元）
1989	242	2	1300		
1990	1472	19	3400		
1991	3260	46	5350		
1992	5187	87	7005		
1993	8528	138	8512		
1994	11827	201	10358		
1995	17517	327	12158		
1996	23433	253	15620		
1997	27563	471	17077		
1998	30858	426	20805	251	215
1999	36013	469	24450	200	440
2000	39478	709	26633	211	784
2001	46130	936	30980	393	1588
2002	57087	1099	39450	533	1681
2003	77285	1319	52202	813	2296
2004	85691	1460	51358	644	2467
2005	97382	1886	54807	778	2685
2006	126445	2359	65357	571	2403
2007	141063	1834	81555	334	3010
2008	173090	2044	81525	377	3092
2009	261450	2694	141766	3711	4025
2010	317267	2274	159596	773	4466
2011	322565	3351	182383	1367	4836
2012	357859	2930	256928	2323	5583

中国农业发展银行胶南市支行（以下简称农发行胶南市支行） 成立于1996年12月12日，是胶南市唯一一家国有政策性银行，内设会计结算部、客户部和办公室。成立营业初期，信贷业务支持范围为农村扶贫、农业综合开发、粮棉油收购、储备、调销业务和粮棉企业附营业务贷款。1996～1997年，接收胶南农业银行、人民银行、工商银行划转的专项贷款；1998年，将农村扶贫、农业综合开发、粮棉企业附营业务等贷款业务划转至农行胶南市支行，农发行主要加强粮棉油收购贷款封闭管理。2001年7月，青岛经济技术开发区粮食收储中心粮油贷款业务划归胶南支行。2012年底，全行

中国农业发展银行胶南支行（2012年拍摄）

各项存款余额2.65亿元，贷款余额13.78亿元。

1996～2012年中国农业发展银行胶南市支行存贷款业务统计表

表15－1－6 单位：万元

年份	存款余额	贷款余额	年份	存款余额	贷款余额
1996	1126	20373	2005	1276	20763
1997	3449	28666	2006	3119	23625
1998	326	19485	2007	2979	40371
1999	171	20921	2008	2309	43034
2000	316	14003	2009	6660	63396
2001	887	21384	2010	28190	114708
2002	612	22223	2011	23829	135487
2003	917	18846	2012	26450	137777
2004	1004	17521			

交通银行胶南支行 成立于2009年12月，当年实现存款1亿元，贷款5000万元。积极扶持小微企业和个体从业者创业资金需求。截至2012年底，各项存款余额32.2亿元，各项贷款余额11.3亿元。

交通银行胶南支行营业大厅

2009～2012 年交通银行胶南支行存贷款业务统计表

表 15－1－7　　单位:亿元

年份	存款余额	贷款余额
2009	1	5000
2010	5.6	3
2011	22.2	5.9
2012	32.2	11.3

青岛农商银行胶南支行　1953 年建立全县第一处信用合作社——石桥信用合作社。次年 4 月,胶南县人民银行加强对信用社的组建和领导工作。1958 年,各大队(村)所设的农村信用社归人民公社管理。次年底改由人民银行胶南县支行管理。1970 年前后,各公社将所辖各大队信用社合并成为一处信用社。1980 年建立胶南县信用合作社联合社,与农业银行一套领导班子。1994 年 3 月与农业银行分设,但仍由农业银行胶南市支行代管。胶南市农村信用合作社联合社在 24 处乡镇均设信用社。1997 年 3 月,胶南市农村信用社合作社联合社独自进行管理。与农业银行分设后,2000 年 12 月首次实现盈利。2004 年,实现增资扩股 3952 万元。2005 年 10 月,实行县(市)一级法人管理。2006 年 3 月,对历年亏损 4902 万元、不良资产 9204 万元进行中央银行票据置换,化解了不良资产。2011 年,在全市 150 个村庄布设农民自助服务终端。2012 年 6 月,在原青岛市农村信用社的基础上,以新设合并方式正式发起设立青岛农商银行。胶南支行是 15 家一级管辖行之一,下设 1 个营业部、21 个二级支行、16 个分理处,从业人员 490 人。截至 2012 年底,共布设网点 38 个、ATM 机 52 台,在 17 个镇、街道做到了网点、ATM 机"双覆盖";在 300 个村庄布设农民自助服务终端 300 台、助农取款 POS 机 363 台、普通 POS 机 1053 台,全市 751 个行政村实现"村村通",14 万户 58 万农村居民不出村即可办理基本金融业务;各项存款余额达到 71.18 亿元;各项贷款余额达到 46 亿元;实现国际业务结算量 1.6 亿美元;全年共缴纳各项税收 5973 万元。2012 年度综合考核成绩居全市 15 家银行业金融机构之首。

1994～2012 年青岛农商银行胶南支行存贷款业务统计表

表 15－1－8

年份	存款余额(亿元)	贷款余额(亿元)	营业收入(亿元)	国际业务结算量(万美元)
1994	4.90	3.98	0.50	0
1995	3.72	4.43	0.61	0
1996	6.68	5.19	0.71	0
1997	6.25	5.17	0.73	0
1998	7.94	6.02	0.46	0
1999	8.96	7.02	0.67	0
2000	11.03	9.05	0.72	0
2001	12.84	9.88	0.87	0
2002	14.63	11.14	0.84	0
2003	17.73	14.17	1.21	0
2004	20.17	16.11	1.29	0
2005	22.42	17.61	1.52	0
2006	25.23	18.25	1.79	0

续表 15－1－8

年份	存款余额(亿元)	贷款余额(亿元)	营业收入(亿元)	国际业务结算量(万美元)
2007	26.75	21.24	2.14	22
2008	33.28	24.26	2.72	906
2009	39.00	28.40	2.73	2667
2010	49.27	33.47	2.52	6556
2011	62.61	39.72	4.08	12944
2012	71.18	45.98	4.74	16156

2008 年 5 月，中国邮政储蓄银行青岛胶南支行揭牌

中国邮政储蓄银行股份有限公司青岛胶南市支行　1986 年 10 月 26 日开办。1987 年开始在王台、灵山卫、泊里、红石崖试点开办。1992 年在各乡镇驻地全部开办，邮储服务网点达到 25 处。邮储收入由人民银行按 2.2‰付给手续费。1990 年 1 月，由人民银行付息改为邮电局自办付息。1998 年邮政独立运营后，邮储业务成为邮政的支柱业务，收入占全部邮政业务收入的半数以上，邮储余额快速增长，截至 2007 年，邮储余额达到 15.5 亿元。2008 年 5 月 27 日，中国邮政储蓄银行有限责任公司青岛胶南市支行正式挂牌成立。2012 年 4 月，更名为中国邮政储蓄银行股份有限公司胶南市支行。主要经办储蓄存款、公司存款、好借好好还小额贷款业务，28 处邮政支局代理储蓄存款业务。邮储银行胶南支行成立后，立足服务三农、服务社区、服务中小企业的定位，将自身发展与支持地方经济发展紧密结合，服务质量不断提升、业务种类不断增加，逐步形成以公司贷款、小企业贷款、个人综合消费贷款、个人商务贷款、小额贷款等为主渠道的资产业务；以本、外币存款为主体的负债业务；以汇兑、代理业务等多种形式的中间业务。2012 年底，全行员工 81 人，辖自营网点 2 个、二类及代理网点 28 个；各项存款余额 28.16 亿元，各项贷款余额 2.2 亿元。其中自营网点各项存款余额 5.6 亿元，各项贷款余额 2.2 亿元。

2008～2012 年邮政储蓄银行胶南支行主要存贷款业务统计表

表 15－1－9　　单位：万元

年份	个人存款余额(自营网点)	个人存款余额(代理网点)	公司存款余额	贷款余额	自营收入
2008	19256.00	141999.66	655.98	1625.00	352.00
2009	21962.00	144374.25	6875.00	7082.00	782.00
2010	26977.00	162693.34	11634.00	11367.00	1125.00
2011	30660.00	186048.03	25966.00	16113.00	1608.00
2012	35667.00	226096.78	19885.00	21978.00	1812.00

第二节　货币发行、金银管理及国库管理

货币发行　1955年3月1日，国务院责成中国人民银行发行新人民币，即第二套人民币。并规定以新币1元兑换旧币1万元，收回旧人民币。第二套人民币面额，主币有1元、2元、3元、5元4种，辅币有1分、2分、5分、1角、2角、5角6种。1957年12月1日，中国人民银行又发行10元面额的主币和1分、2分、5分3种面额的金属硬币，同人民币纸币混合流通。

1962年4月20日，中国人民银行发行第三套人民币，面额有主币1元、2元、5元、10元4种，辅币有1分、2分、5分、1角、2角、5角6种，金额合计为“十八元八角八分”。第三套人民币是我国自行设计印刷的“第一套”货币。自2000年7月1日起停止在市场流通。

1987年4月27日，中国人民银行开始发行第四套人民币。至1997年4月1日，共发行9种面额，14种票券。其中1角券1种，2角券1种，5角券1种，1元券3种(1980年、1990年、1996年)，2元券2种(1980年、1990年)，5元券1种，10元券1种，50元券2种(1980年、1990年)，100元券2种(1980年、1990年)。

1999年10月1日起，人民银行陆续发行第五套人民币。第五套人民币有100元、50元、20元、10元、5元、1元、5角和1角8种面额。

货币流通与现金管理　20世纪70年代，城乡商品经济发展逐步加快，为适应经济形势需要，促进生产和流通，县人民银行及时调整现金管理模式，放宽结算起点，放宽单位库存金额。对集体企业和个体户不实行现金管理；农村社队向国家单位交售农副产品的价款，由交售单位自愿选择转帐或支取现金；国家单位向社员收购或向集市购买允许上市的农副产品，可以付给现金；社队向外采购物资，可使用现金；单位现金库存限额偏紧和单位距银行较远的，经银行同意可按实际需要提高限额；部分有经营收入的企业，经银行同意可以坐支现金收购产品。行政机关异地采购，经人民银行批准可以携带现金1000元以上。由于以上导致现金投放量增大。1985年，根据人民银行总行规定控制了信贷规模和现金支付。1988年，由于商品紧缺，投资过热，现金管理一度放宽，造成市面通货膨胀。是年9月，国家出台《现金管理暂行条例》和《现金管理暂行条例实施细则》，但仍未从根本上改变现金快速投放的局面。1989年，为贯彻执行“治理经济环境，整顿经济秩序”方针，银行进一步加强现金管理，规定一个单位只能在一家银行开立现金结算户，支取现金，并对企事业单位进行现金使用情况监督检查。

进入20世纪90年代，国民经济开始由计划向市场转型，各种经济体快速发展，现金收支结构也相应发生了变化。居民储蓄存款现金收支占全社会现金收支总量的比例逐年上升。1996年，储蓄存款占整个存款比例达83.8%，分别比1990年和1987年提高了9.1和32.4个百分点。储蓄现金收支流量和收支差额成为影响货币发行和现金管理的关键因素。由于《现金管理暂行条例》没有将储蓄存款列入现金管理的范畴，导致现金投放保持了较高水平。1990年、1991年现金投放量分别达396089万元和473002万元，净投放分别为20842万元和25218万元。1992年，国家加强对经济的宏观调控，压缩房地产泡沫，控制固定资产投资。根据省行加快现金回笼的通知，组织大范围的现金管理检查和控制措施。1993～1996年，人民银行相继实施定期存款保值储蓄等方法加强现金回笼，控制通货膨胀，稳定市场物价，一定程度上抑制了现金净投放的增长。

1997年，全国金融工作会议召开后，国家确定实施适度从紧的货币政策，控制和调整贷款结构。人民银行总行出台《关于加强现金管理工作有关问题的通知》《关于严禁将公款转为储蓄存款的通知》，建立大额现金支付登记备案制度，开始大范围推广信用卡、银行汇票、支票、本票等结算工具，积极疏通结算渠道，提高结算速度。

2003年1月3日，中国人民银行发布《金融机构反洗钱规定》《人民币大额和可疑支付交易报告管理办法》《金融机构大额和可疑外汇资金交易报告管理办法》，大额现金管理成为反洗钱的重要内

容。2004 年，人民银行胶南市支行正式撤销人民币发行库，货币调拨、押运由商业银行和押运公司承担。

金银管理　因境内不产黄金，故对金银管理的主要内容是办理金银收兑业务及金银销售企业行为。1998 年停止办理金银收兑业务，其间共收兑黄金 1134 克、白银 4078 克、银元 493 个。1988～2000 年期间，黄金收购价格共变动 12 次，白银和银元收购价格变动各 3 次；黄金配售价格变动 14 次，白银配售价格变动 2 次。1997 年后，白银价格随国际白银交易价格变化而变化。1992 年，胶南市第一家黄金经营企业胶南金店开业经营。2003 年，国家放开金银市场，金银加工销售企业逐渐增多。

经理国库　1986 年 3 月 7 日，中国人民银行、财政部颁发《中华人民共和国国家金库条例实施细则》（试行）。中华人民共和国国家金库（又称“国库”），是专门办理国家财政资金保管、出纳的机构，是年 8 月，县人民银行设立“金库”及会计国库科，办理国库业务。之后，在各专业银行营业网点设立国库经收处，负责办理税金收缴和国库券销售业务。至 1993 年底，国家停止发行实物类国库券，1994 年开始发行凭证式国债。2001 年，人民银行胶南市支行组织辖区银行机构加入青岛市地方财税库银横向联网系统，实现税收征缴电子化，极大缩短税款缴库时间。2007 年，人民银行胶南市支行开展国库直接支付业务，将库区移民补贴纳入国库直接支付范围，当年国库直接拨付库区移民补贴 920 万元。至 2012 年底，库区移民补贴、燃油补贴、家电下乡、汽车下乡等补贴资金均实行直接支付，共拨付资金 1.3 亿元。

第三节　货币信贷

1985 年以来，国家货币信贷政策是“统一计划，划分资金，实有实贷，相互融通”。1986 年，人民银行胶南县支行组织各银行机构认真贯彻国务院经济“软着陆”的要求，加强和改善宏观调控，坚持“区别对待，择优扶持”的信贷政策，避免“一刀切”。严格控制固定资产贷款，适当增加流动资金贷款。1987 年初，按照“控制总量，压缩一般，保证重点”的要求，投入“双增双节”运动，组织专业银行努力筹措资金，调整贷款结构，督促企业清仓利库，挖掘资金潜力。1989 年，实行“控制总量，调整结构，保证重点，压缩一般，适时调节”的货币信贷政策，并把重点放在调整信贷结构上。各银行在资金紧张的情况下，对重要商品和物资采取贷款与结算相结合，资金跟着物资走，此贷彼收的办法，启动和调节了经济运行中的死滞环节和重点急需，当年贷款余额 54738 万元，比年初增加 5345 万元，增长 10.82%。

1990 年，对工业、农业、固定资产、项目和乡镇企业贷款等 7 项主要贷款指标实行监测，依照国家产业政策和信贷原则引导资金流向，支持县属骨干企业生产和商品储备。1993 年起，引导全市银行业机构不断优化信贷结构，增加信贷投入，保证国家重点建设和工农业生产以及农副产品收购等合理资金需要。1998 年起，根据人民银行总行《关于做好当前农村信贷工作的指导意见》，组织市农村信用社改进农户贷款管理办法，推行农户联保和“一次核定，随用随贷，余额控制，周转使用”的贷款方式。当年末全市各项贷款余额 268355 万元，较 1990 年的 68817 万元增加 199538 万元，增长 290%。

2010 年 6 月 22 日，国家开发银行青岛市分行与胶南市人民政府规划合作协议签字仪式

2001 年,大力督促商业银行加大对县域经济和中小企业的支持力度,不断增加信贷投放,促进地方经济增长。是年,各项贷款余额达到 402027 万元,新增 59453 万元,增长 17.35%。2002 年,按照贯彻实施稳健的货币政策有关要求,将各项金融指标分解到各金融机构,加大信贷投入,并向农业、基础产业、中小企业及私营企业倾斜。当年末,各项贷款余额 446057 万元,比年初增加 44030 万元。

2004 年,信贷投放开始向中小企业、优势企业和重点项目倾斜,当年新增信贷投入 64793 万元。2007 年,金融机构联合胶南市科协创新推出"金智惠民"农民创业贷款模式。作为"金智惠民"试点,胶南率先建立了"蔬菜精品园示范基地"、海水养殖、特种动物养殖基地等 5 处"金智惠民"创业贷款示范基地。采取科技部门辅导,政府贴息给农信社,农信社为农户优惠贷款模式。发放"金智惠民"创业贷款 12503 万元,支持 3747 户农民和 264 名下岗失业人员创业。2009 年,在全国首推"在建远洋渔船抵押贷款"信贷模式。推行海域使用权抵押贷款和林权抵押贷款业务。2010 年末,共发放林权抵押贷款 1.2 亿元。2012 年,全市银行业各项贷款余额 2688431 万元。

1988~2012 年全市(县)银行业各项贷款余额统计表

表 15-1-10 单位:万元

年份	贷款余额	流动资金贷款	中长期贷款	其他贷款
1988	49393	44538	3435	1420
1989	54738	49964	3474	1300
1990	68817	63390	3774	1653
1991	82117	75286	4936	1895
1992	101055	88352	7373	5330
1993	121256	106015	8355	6886
1994	149880	122425	23867	3588
1995	175776	143009	22620	10147
1996	206181	169888	27373	8920
1997	230720	191917	30449	8354
1998	268355	232690	34997	668
1999	310193	268076	40921	1196
2000	342574	283837	58737	0
2001	402027	292417	108536	1074
2002	446057	271794	170806	3457
2003	556819	332813	207395	16611
2004	632698	331380	271640	29678
2005	620973	331506	277726	11741
2006	715117	362814	330767	21536
2007	869427	402343	447068	20016
2008	930507	398518	520628	11361
2009	1427086	503668	865478	57940
2010	1766928	528228	1183794	54906
2011	2082987	675510	1363485	43992
2012	2688431	938559	1686186	63686

第四节　存　　储

企业存款　主要由流动资金和专用资金两部分组成。1987～1991年，国民经济发展速度加快，金融业竞争局面开始形成，企业存款增长很快。至1991年末，全市企业存款10070万元，4年内增加4105万元，年均增长20%。1991年后，全市乡镇企业发展迅速，招商引资步伐加快，企业数量和规模迅速膨胀。到2012年底，企业存款1460853万元，比1991年增长14406.98%，21年间，年均增幅达686%。

财政性存款　1986～1993年，国民经济在发展过程中起伏较大，为抑制通货膨胀，财政补贴支出量较大，导致财政性存款大幅下滑。到1993年底，全市财政性存款43万元，比1987年下降931万元。1994年后，国民经济进入良性发展轨道，财政性存款得到长足发展。到2011年底，全市财政性存款53356万元，比1993年底增加53313万元，年均增幅155%。2012年底，全市财政性存款82904万元。

农业存款　1988～1989年发生全国性抢购商品风潮，农村经济组织储备大量农用生产物资，导致农业存款大幅下降，1989年全县农业存款余额仅为2851万元，比1988年减少1246万元。之后，随着乡镇企业的发展，部分乡镇企业存款不再在农业存款中反映，加上农村其他经济组织职能的逐步弱化，农业存款增长较为缓慢。到1999年底，全市农业存款余额10498万元，比1988年增长2.56倍。1999年后，国家进一步加大对“三农”的扶持力度，全市特色农业得到较快发展，为之服务的农业流通、仓储、深加工等行业迅速发展，带动了农业存款的快速增长。到2007年底，全市农业存款45352万元，8年时间增长3.32倍。

储蓄存款　1988年，面对通货膨胀带来的物价上涨，人民银行胶南市支行组织开办人民币长期保值储蓄存款，存款业务快速增长，到1991年底，全市储蓄存款余额55829万元，比1988年底增加28803万元，年均增速达35.53%，有效抑制了通货膨胀。1991年12月，国家停办保值储蓄业务。1992～1993年又出现了通货膨胀局面，储蓄存款增幅明显下降，两年平均增幅25.2%。1993年7月，国家再次恢复保值储蓄存款至1996年4月，储蓄存款增长相应加快。到1996年底，全市储蓄存款199187万元，三年时间增加了106207万元，年均增幅38.08%。1998年，取消对贷款的规模控制，改为存贷比管理模式。涉农金融机构利用经营网点遍及全市各乡村、贴近农村农户的优势，发扬“走村串户、背包上门”的优良传统，通过“迎春储蓄月活动”等多种形式，扩大储蓄业务。截至2012年底，全市储蓄存款2110922万元。

1988～2012年全市(县)银行业各项存款余额统计表

表15－1－11　　单位:万元

年份	存款余额	企业存款	财政性存款	储蓄存款	农业存款
1988	41628	5965	974	27026	4097
1989	46297	5956	302	34166	2851
1990	60563	7956	545	45414	2362
1991	74720	10070	442	55829	2879
1992	90188	12809	152	68627	4013
1993	118813	19463	43	92980	3663
1994	157192	24888	502	126496	2764
1995	203914	31948	548	162946	3274
1996	255073	47175	878	199187	4573

续表 15－1－11

年份	存款余额	企业存款	财政性存款	储蓄存款	农业存款
1997	273262	45736	817	219104	3043
1998	321415	61812	1983	244878	6408
1999	352806	59595	1072	270097	10498
2000	404030	68296	2159	302670	13641
2001	466647	83241	—	346741	—
2002	548781	104532	—	386765	—
2003	690634	128882	2421	481613	31606
2004	775634	135985	7002	548041	31960
2005	872386	122493	851	645653	29804
2006	1072228	160227	2372	756808	48787
2007	1231602	226528	2723	847175	45352
2008	1495903	269081	—	1048484	—
2009	2028113	490706	—	1228221	—
2010	2525000	735212	—	1504381	—
2011	3084295	1285621	53356	1740783	—
2012	3666802	1460853	82904	2110922	—

注：表中存款余额不含邮政储蓄存款

第五节　利　　率

1987年，国务院提出“压缩经济空气”，广泛开展增产节约、增收节支运动。人民银行明确提出“紧中有活”的货币政策，提高了中央银行贷款利率，从第四季度起，将年度性贷款和短期贷款的利率由3.4‰和5.4‰提高到6‰。1988年第四季度，面对经济过热和明显的通货膨胀，党中央和国务院提出“治理经济环境，整顿经济秩序”的方针，一系列旨在紧缩银根的政策措施相继出台，其中包括继续提高央行贷款利率，年度性贷款利率和短期贷款利率，由6‰分别提高为6.9‰和6.3‰，以控制信贷资金的过度需求。1995年，面对居高不下的通货膨胀，人民银行实行紧缩的货币政策，将央行贷款利率在原基础上提高0.5个百分点。从1996年5月1日至1999年6月10日，中央银行连续7次下调利率。存款平均利率累计下调5.73个百分点，贷款平均利率累计下调6.47个百分点，贷款利率降幅大于存款利率0.74个百分点。短期存、贷款利率降低幅度大于中长期，稳定了银行系统长期资金来源，减轻短期贷款比重较大企业的利息支出。

1998～1999年，人民银行连续三次扩大金融机构贷款利率浮动区间，即人民银行制定贷款基准利率和贷款利率浮动上下限，金融机构根据借款人的风险、效益等状况，在贷款利率浮动区间内自主确定贷款利率。2002年2月21日，人民银行调整存贷款利率。从2004年1月起，人民银行扩大金融机构贷款利率浮动区间。商业银行贷款利率的浮动区间上限扩大到贷款基准利率的1.7倍，农村信用社贷款利率的浮动区间上限扩大到贷款基准利率的2倍，金融机构贷款利率的浮动区间下限保持为贷款基准利率的0.9倍不变。政策性银行贷款及国务院另有规定的贷款利率不上浮。2004年10月29日，中国人民银行调整存贷款利率，同时放开金融机构贷款利率上限（城乡信用社除外）和存款利率下限，标志着我国利率市场

化顺利实现了“贷款利率管下限、存款利率管上限”的阶段性目标。

第六节 外汇管理

1991～2012年，国家外汇管理取消了出口收汇核销制度，放宽企业结售汇标准，实现经常项下人民币可兑换目标，外汇业务由逐笔审核、事前审批变事后主体监管等，外汇管理政策逐渐宽松。1991年，国家实施出口收汇核销制度。1993年7月，国家外汇管理局胶南市支局（以下简称“外汇管理支局”）全市，外汇管理工作走上正轨。各银行根据全市招商引资和外经外贸发展状况，纷纷开办外汇业务。1996年，国家外汇管理体制进行改革，推行国际收支统计申报制度，外管总局下发《关于结汇、售汇及付汇管理若干具体问题的实施规则》，进一步明确结汇、收汇和付汇的范围和需提交的相关材料。根据这些规定，外汇管理支局在市政府同意下，制定《胶南市外商投资企业银行结售汇工作实施方案》，及时部署外汇账户申报区分各个阶段的工作任务。按照“先银行申报、后企业申报”的程序和“先申报，后核对，再确定限额”的原则，对全市涉外企业进行核定。

1997年，东南亚金融危机爆发，国家加强外汇监管。国家七部委联合下文决定对外商投资企业实行联合年检。同时，国家外汇管理局山东省分局要求外商投资企业换发外商投资企业外汇登记证。胶南外汇管理支局将这两项工作与日常管理相结合，进一步加强外汇管理与服务，维护正常的外汇秩序。

1998年以来，国家先后下放许多审批权限。人民银行联合工、农、中、建四家外汇指定银行进一步加强外汇管理，联合海关、公安等部门严厉打击骗汇逃汇、非法买卖外汇行为和外汇黑市交易活动。

2000年，在全市优选出10家业务量较大的外商投资企业建立起外商投资企业联席会制度，定期听取企业对外汇管理与服务的意见和建议。2001年，建立《重点涉外企业监测分析系统》，对其资本金到位情况、进出口收付汇核销、国际收支申报等方面按月监测分析。2002年初，国家出台《出口退税账户托管贷款管理办法》，各外汇指定银行开始办理出口退税托管贷款，到年底共发放3166万元，缓解了出口企业退税资金到位不及时的困难。

2001年底，中国加入世界贸易组织，外汇工作实现五个方面的转变：从强制结汇逐步转向意愿结汇；从单纯管外汇流入转到对资金流入到流出的全过程管理；从以事前审批为主，转向主要依靠事后监督；从面向企业和个人的直接管理，转向主要监管金融机构的间接管理；从主要针对国有经济的差别管理，转向对国有民营、中资外资一视同仁的公平准入管理。

2003年以来，国家外汇管理政策从宽进严出向均衡管理过渡，从重公轻私、外资优于中资向统一政策过渡，从直接管理向间接管理过渡，从事前管理向事后管理过渡，以适应经济体制改革和经济发展需要，促进国际收支平衡。2005年2月，企业进出口核销手续进一步简化：取消进口付汇备案类别，扩大出口收汇差额核销范围；扩大境内居民个人经常项目因私购汇限额；规范境内企业及居民通过境外融资及返程投资行为，企业境外投资进一步放宽；扩大经常项目外汇账户管理限额，将企业可保留经常项目现汇的比例由30%或50%调整为50%或80%。胶南外汇管理支局建立重点企业联系点制度，确定40家重点联系企业，不定期搜集企业对外汇管理工作的意见和建议，改进管理服务工作。2005年7月21日起，我国实现从人民币只盯美元单一货币的汇率机制到盯住一篮子货币的汇率机制的转变，并且扩大人民币汇率的浮动区间，允许人民币兑美元汇率日波幅为上下浮动0.3%；将人民币与非美元货币汇率的浮动区间扩大到3%。

胶南市作为沿海开放城市之一，货物贸易及直接投资业务自2002年开始快速发展，进出口额由63682万美元发展到2012年的408422万美元，年均增长54.1%，直接投资由5235万美元增长到2012年的37435万美元。

2002～2012 年全市相关外汇数据

表 15－1－12 单位：万美元

年份	出口额	进口额	外商实际到位资金
2002	51228	12454	5235
2003	61921	17141	6860
2004	75921	22441	8480
2005	90569	26911	9206
2006	130005	30212	15728
2007	164376	34310	21015
2008	189832	51013	16931
2009	180244	51150	16709
2010	230786	67632	22900
2011	269603	94931	31075
2012	279906	128516	37435

第二章　保险业

境内保险业始于新中国成立之初。随着经济发展和社会生活的需要，保险业逐步得以发展。截止2012 年，全市共有保险支公司（含营业部）26 家，其中产险公司 15 家、寿险公司 11 家，由青岛市保监局直管。2012 年，全市保费收入 8.43 亿元。从 2007 年开展政策性农业保险，由中国人民财产保险股份有限公司胶南支公司承保，主要有能繁母猪、育肥猪、小麦、玉米、林木、花生等险种。2007～2012 年，政策性农业保险累计赔付 1592.4 万元。

2009～2012 年全市保费收入情况统计表

表 15－2－1 单位：万元

年　份	2009 年	2010 年	2011 年	2012 年
产险收入	13982	18317	24402	27630
寿险收入	35831	47902	42880	56652
合　　计	49813	66219	67282	84282

中国人民保险公司胶南支公司营业大楼(2011 年拍摄)

第一节　人民保险

中国人民财产保险股份有限公司胶南支公司（简称人保财险胶南支公司）　前身为中国人民保险公司胶南县支公司,成立于1949 年10 月20 日,1959 年撤销,1980 年 10 月恢复建制。1996 年,产、寿险分家经营,产险公司名称为中保财产保险有限公司胶南市支公司,主要经营财产险类业务。1999 年更名为中国人民财产保险公司胶南市支公司。2003 年实行股份制改革,更名为中国人民财产保险股份有限公司胶南支公司。2012 年,从业人员近 160 人,其中合同员工 60 人,营销人员近 100 人。内设 12 个部室,5 个营销服务部。开办机动车辆保险、企事业单位财产保险、家庭财产保险、货物运输保险、各种责任保险、人身意外险、健康险和农业保险等 100 多个险种。

1999 ~2001 年,在连续三年的特大暴雨中,公司赔付 3000 余万元,40 天处理赔案 600 余起,赔款 1000 余万元。2007 年,开展政策性农业保险,先后提供能繁母猪、育肥猪、奶牛、小麦、林木、玉米、花生等政策性农业保险服务,2007 ~2012 年共支付农业保险赔款 1592. 4 万元。

人保财险胶南支公司 2007 ~2012 年保费及赔付情况统计表

表 15 -2 -2　　　　单位:万元

2007 年		2008 年		2009 年		2010 年		2011 年		2012 年	
保费数	赔款数	保费数	赔款数	保费数	赔款数	保费数	赔款数	保费数	赔款数	保费数	赔款数
5340	2430	5937	3442	7136	3988	7877	4073	9523	4407	9052	5389

中国人寿保险股份有限公司胶南支公司(简称中国人寿胶南支公司)　前身为中国人民保险公司胶南县支公司,1996 年,产、寿险分家经营,寿险公司名称为中保人寿保险有限公司胶南市支公司,下设 4 个业务拓展分部,24 个代理处,代理人员 423 人。主要经营人寿保险、健康保险、意外伤害保险等各类人身保险业务,各类人身保险服务、咨询和代理业务。1999 年,更名为中国人寿保险公司胶南市支公司。2003 年,实行股份制改革,更名为中国人寿保险股份有限公司胶南支公司。

中国人寿保险公司胶南支公司营业大楼(2012 年拍摄)

1996年保费收入998万元，到2012年达到9200万元。2002～2012年，承保全市学生保险2129496人次，承保金额9967.25万元，累计学生险赔付1452.3万元，平均赔付率33.63%。

中国人寿胶南支公司2007～2012年保费及赔付情况统计表

表15－2－3　　单位：万元

2007年		2008年		2009年		2010年		2011年		2012年	
保费数	赔款数	保费数	赔款数	保费数	赔款数	保费数	赔款数	保费数	赔款数	保费数	赔款数
4934	581	9468	549	8266	506	12076	532	11612	731	9200	961

第二节　平安保险

中国平安财产保险股份有限公司胶南支公司　2003年6月，中国平安财产保险股份有限公司青岛分公司胶南营销服务部成立。2007年更名为中国平安财产保险股份有限公司胶南支公司。下设6大业务渠道，3大服务条线，主营财产保险，主要险种有车险、财产险、责任险、意健险，2007年7月推出电话营销专业车险。从业人员从成立时的3人，发展到2012年的30人。

平安财险胶南支公司2007～2012年保费及赔付情况统计表

表15－2－4　　单位：万元

2007年		2008年		2009年		2010年		2011年		2012年	
保费数	赔款数	保费数	赔款数	保费数	赔款数	保费数	赔款数	保费数	赔款数	保费数	赔款数
986	557	1093	827	817	927	1724	657	2459	965	3363	1529

中国平安人寿保险股份有限公司胶南支公司　2001年1月成立中国平安人寿保险股份公司胶南营销服务部，隶属平安人寿青岛分公司。2011年4月更名为中国平安人寿保险股份有限公司胶南支公司。营销人员近500人，内设3个部室，设有王台、大村2个营销服务部。承保各类人身险、健康险、意外伤害险等保险业务，办理各种法定人身保险业务，代理国内外保险机构检验、理赔相关事宜，产品数量达60多种。

平安人寿胶南支公司2007～2012年保费及赔付情况统计表

表15－2－5　　单位：万元

2007年		2008年		2009年		2010年		2011年		2012年	
首期保费	续期保费	首期保费	续期保费	首期保费	续期保费	首期保费	续期保费	首期保费	续期保费	首期保费	续期保费
451	2160	1360	2510	1132	3828	1414	4870	2972	5858	1456	7834

第三节　太平洋保险

中国太平洋财产保险股份有限公司胶南支公司　1995年3月成立中国太平洋保险股份有限公司胶南支公司。2000年，分为产险和寿险2家公司。产险公司更名为中国太平洋财产保险股份有限公司胶南支公司。内设6个部室，主营机动车辆保险、企事业单位财产保险、家庭财产保险、货物运输保险、船舶险、各种责任保险、信用保险、人身意外保险、健康险等近百个险种。

太保财产胶南支公司 2007～2012 年保费及赔付情况统计表

表 15－2－6　　　　单位：万元

2007 年		2008 年		2009 年		2010 年		2011 年		2012 年	
保费数	赔款数	保费数	赔款数	保费数	赔款数	保费数	赔款数	保费数	赔款数	保费数	赔款数
2013	1095	2685	1552	3276	2032	3887	2567	4013	3215	4582	3798

中国太平洋人寿保险股份有限公司胶南支公司　1995 年 3 月成立中国太平洋保险胶南支公司。2000 年，产、寿险分业经营，寿险公司名称为中国太平洋人寿保险股份有限公司胶南支公司，主要经营寿险类业务。员工队伍由 1995 年的 13 人发展至 2012 年的 652 人，公司内设 6 个部室，设有 12 个外勤业务部。截至 2012 年末，公司标保业务规模达到 6000 万元每年平台，成交客户近 7 万人。先后开办了养老、教育、医疗、健康、意外、企业团体等近百个险种。

太保寿险胶南支公司 2007～2012 年保费及赔付情况统计表

表 15－2－7　　　　单位：万元

2007 年		2008 年		2009 年		2010 年		2011 年		2012 年	
保费数	赔款数	保费数	赔款数	保费数	赔款数	保费数	赔款数	保费数	赔款数	保费数	赔款数
2683	243	3251	356	2592	329	3812	162	4196	195	5381	247

第三章　证券　典当

第一节　证　　券

境内证券业务始于 1995 年，是年齐鲁证券入驻胶南。截至 2012 年，全市已有齐鲁证券胶南营业部和中信万通证券胶南营业部。证券交易总量 95.46 亿元，营业收入 1400.8 万元，净利润 499.8 万元。2012 年共完成限售股、大小非减持交易量 5.49 亿元，为地方贡献税收 6800 万元。

2012 年 9 月 7 日，中信万通证券项目签约仪式现场

齐鲁证券胶南营业部　1995 年 11 月，山东证券公司青岛胶南营业

部正式营业,2001 年 8 月,更名为天同证券有限责任公司胶南珠山路证券营业部。在经历山东证券公司重组、天同证券公司破产重组之后,营业部于 2007 年 3 月变更为齐鲁证券有限公司胶南珠山路证券营业部。2007 年 10 月,更名为齐鲁证券有限公司胶南珠海中路证券营业部。

中信万通证券胶南营业部　2011 年 12 月,中信万通证券有限责任公司胶南石桥路证券营业部正式开业,为轻型营业部(C 型)。2012 年共开户 921 户。是年 6 月取得融资融券资格。2012 年 8 月经营第一单私募产品,全年共销售各类产品 4000 万元。

第二节　典　　当

全市典当业开始于2003 年。截至2012 年,全市共有典当企业 3 家,开展业务 729 笔,典当总额 21233 万元,营业收入 666 万元,实现利润 413 万元,年末典当余额 2746 万元。典当行业务主要集中在房地产抵押,机动车质押以及财产权利质押三方面。典当行主要收入来自于综合费用,综合费用率房地产抵押业务一般控制在 2% ~2.5%,动产质押在 3% ~3.5%,财产权利质押一般在 2%左右,低于国家规定的 2.7%、4.2%、2.4%标准。

青岛泽润典当行胶南分行　是《中华人民共和国典当管理法》颁布施行后青岛地区批设的首家典当行。2003 年 11 月 13 日正式营业。主要业务是房地产抵押典当,基础业务是黄、铂金制品及首饰典当,同时开办了针对中、小及个体私营企业和居民个人流动资金融资的原材料、产成品、库存商品、机器设备、家电、手机、机动车辆和股票、银行承兑汇票等有价证券及其他物品的质押典当业务。

青岛宝瑞典当有限责任公司　成立于 2009 年 1 月,注册资金 1750 万元。在秉承传统民品典当业务的同时,以房地产抵押典当业务、有价证券、财产权利及机动车等动产质押典当业务为主营方向,为客户提供简便快捷的融资服务。

青岛盛客隆典当有限公司　2012 年经国家商务部批准成立,注册资金 3000 万元,主要经营范围:动产质押典当、财产权利质押典当、房地产(外省、自治区、直辖市的房地产或者未取得商品房预售许可证的在建工程除外)典当;限额内绝当物品变卖、鉴定评估及咨询服务、商务部依法批准的其他典当业务。公司配备了高级精密的检测仪器、安全监控设备和高科技防盗自动联网报警装置;采用全国统一的典当信息管理和监管系统。

第十六篇

经济管理与监督

第一章　计划管理

第一节　管理体制

20 世纪 70 年代以来，胶南大致经历了计划经济为主、市场调控为辅（1978～1984 年），有计划的商品经济（1985～1991 年），社会主义市场经济体制初步确立（1992～2001 年）和市场经济体制改革完善（2002 年以后）四个经济社会发展阶段，其计划管理体制也随之进行了相应的改革和完善。起初是采用指令性计划对经济活动进行宏观调控，全面下达国民经济各项指标并进行监督执行。进入 20 世纪 80 年代，由指令性计划逐步转向以指令性与指导性计划并重的体制，对关系国计民生的重要产品的生产和分配，下达指令性计划；对经济和社会发展影响比较重要的领域，下达指导性计划；对不影响全局的其他经济社会活动，不下达计划，由企事业单位按照市场需要自主生产经营。1985 年，按照有计划商品经济的要求和国家计委《关于改进计划体制的若干暂行规定》，进一步扩大指导性计划和市场调节范围，压缩指令性计划，将工业总产值、农业总产值、农产品种植、多种经营收入等指标由指令性计划改为指导性计划。指令性计划指标只保留国家和上级计划部门下达的指标。2002 年以后，大幅度减少指导性计划数量，进一步建立和完善适应社会主义市场经济体制要求的宏观调控目标体系，仅下达年度综合性指导计划指标。强化宏观调控管理。20 世纪 80 年代起，将经济计划、社会计划和科技计划结合起来，逐步增加质量指标、效益指标、科教指标和与人民生活相关的指标。尤其是在中长期计划的指标体系中，增加研发投入、节能减排、人口、环境与城乡建设等可持续发展方面的计划指标，指标体系日趋完善。转变计划工作职能。传统计划经济体制时期，计划工作职能主要是编制工业、农业、商业、交通运输、基本建设、物资等方面的生产、分配计划，定指标、批项目。1996 年开始，计划工作基本实现由分钱、分物、列项目，向侧重于研究战略、制定规划和政策措施、加强宏观调控和综合协调转变；由管理指令性计划为主向组织协调指导性、政策性计划转变；由抓局部具体领域的平衡，向抓大规划、拟大政策、抓大项目、建大市场、搞大平衡转变；由偏重于对生产和建设、对实物形态的管理转向对生产、流通、分配、消费等全部经济活动和价值形态的管理转变；由以管理为主向管理、监督、服务并举转变。

第二节　计划编制

“八五”（1991～1995 年）计划　1988 年着手进行 1989～2000 年国民经济和社会发展设想的研究编制工作。1990 年县委八届三次会议确定“八五”计划的指导思想和主要计划指标后，县政府在形成“八五”计划纲要的基础上，根据党的十三届七中全会精神和青岛市委、市政府的要求，重新编制《胶南市国民经济和社会发展十年规划和“八五”计划纲要》，于 1991 年 2 月提交市委八届四次会议审议后进一步修改，1991 年 3 月市第十一届人民代表大会第二次会议审议通过。《纲要》回顾了党的十一届三中全会以来胶南市经济社会发展取得的巨大成就，提出今后十年的基本任务，主要是抓住大农业、大工业、大经贸和第三产业四大战略重点，促进经济超常规跳跃式发展，经济发展提前实现翻番目标，人民生活提前达到小康水平。

1991～2000年“十年规划”和“八五”计划主要发展目标

表16－1－1

指标名称	1995年	2000年	年均增长/(%)
国民生产总值(亿元)	20.3	30	8
国民收入(亿元)	18.4	27	8
社会总产值(亿元)	67.3	119	12
工农业总产值(亿元)	41.3	69.86	11
工业总产值(亿元)	36.13	63.7	12
农业总产值(亿元)	5.176	6.16	3.5
粮食总产量(万吨)	46.7	50.3	1.5
出口商品收购总值(亿元)	5	12.5	20
财政收入(亿元)	1.28	2.061	10
社会商品零售总额(亿元)	7.9	12.7	10
人口自然增长率	0.9%	0.9%	—
全市总人口(万人)	89.25	93.8	—

“九五”(1996～2000年)计划 1996年3月，市第十二届人民代表大会第四次会议审议通过《胶南市国民经济和社会发展第九个五年计划及二〇一〇年远景目标纲要》。《纲要》回顾了“八五”期间全市经济社会发展取得的主要成就，提出到20世纪末，初步建立起社会主义市场经济体制和现代化的产业结构体系，力争使经济和社会发展的整体素质跃居全国先进水平，综合经济实力处在全省前列，国内生产总值、地方财政收入、城镇居民人均生活费收入、农民人均纯收入均在“八五”末的基础上再翻一番。

“九五”期间和“2010年远景目标纲要”主要发展目标

表16－1－2

指标名称	2000年	年均增长/(%)	2000～2010年	年均增长/(%)
国内生产总值(亿元)	110	15	—	12
人均国内生产总值(元)	12800	14.9	—	—
三次产业比	20:50:30	—		
第三产业增加值(亿元)	33	19.4	比重40%	—
财政收入(亿元)	2.15	16.1	—	—
累计全社会固定资产投资(亿元)	65	—	—	—
累计实际利用外资(亿美元)	2.8	—	—	—
外贸进出口商品交货值(亿元)	55	23.4	—	—
城镇化水平	40%	—	50%	—
出口创汇(亿美元)	4.8	26	—	20
科技进步对经济增长贡献率	50%	—	65%	—
城镇居民人均生活费收入(元)	8000	16	—	—
农村人均纯收入(元)	4200	14.5	—	—
人口自然增长率	6‰	—	—	—
全市总人口(万人)	90	—	—	—

"十五"(2001～2005 年)计划　"十五"期间,是胶南市实施跨世纪发展战略构想的第一个五年。2001 年 2 月,市第十三届人民代表大会第四次会议审议通过《胶南市国民经济和社会发展第十个五年计划》。《计划》回顾了过去五年经济社会发展的主要成就,并确定未来五年发展的主要指导思想、基本思路,提出未来五年发展以农业产业化、全市工业化、农村城市化为目标,突出工业主导地位,积极实施工业兴市战略、经济国际化战略、创新推动战略、科教兴市战略和可持续发展战略,加快推进两个根本性转变步伐,实现国民经济持续快速健康发展和社会全面进步。

"十五"期间主要发展目标

表 16－1－3

指标名称	"十五"目标	年均增长/(%)
国民生产总值(亿元)	260	19
地方财政收入(亿元)	9	20
全社会固定资产投资(亿元)	150	—
三次产业比	13:55:32	—
实际利用外资(亿美元)	6	—
实际利用内资(亿元)	50	—
城镇居民人均可支配收入(元)	9700	9
农民人均纯收入(元)	5000	7
城市化水平	45%	—
人口自然增长率	5‰	—

"十一五"(2006～2010 年)规划　"十一五"时期,是胶南市加速崛起的战略机遇期和黄金发展期,也是经济社会加速发展的战略转型期。2006 年 1 月,市第十四届人民代表大会第四次会议审议批准《胶南市国民经济和社会发展第十一个五年规划纲要》。《纲要》回顾了"十五"时期经济社会发展主要成就,提出"十一五"时期发展的主要思路和目标,主要为抢抓青岛龙头战略实施、半岛城市群和半岛制造业基地建设以及青岛经济重心西移的战略机遇,融入大青岛,建设新胶南,加快建设青岛西海岸都市新区、经济新区、科教新区、和谐新区,到 2010 年经济综合实力力争进入全省前 3 名、全国前 20 名。

"十一五"期间主要发展目标

表 16－1－4

指标名称	"十一五"目标	年均增长/(%)
国民生产总值(亿元)	690	20
第三产业占比	30%	—
地方财政收入(亿元)	36	25
社会消费品零售总额(亿元)	125	15
外贸进出口总额(亿美元)	—	15
研究与开发(R&D)经费支出占 GDP 的比重	3%	—

续表 16－1－4

指标名称	“十一五”目标	年均增长/(%)
城镇居民人均可支配收入(元)	17500	10
农民人均纯收入(元)	9300	10
万元 GDP 能耗(吨标煤)	0.6	—
万元 GDP 水耗(立方米)	52	—
城市化水平	55%	—
林木覆盖率	43%	—
人口自然增长率	6‰	—
城镇登记失业率	3%	—

“十二五”(2011～2015 年)规划　“十二五”时期,是胶南市推动经济和社会全面转入科学发展轨道的关键时期,也是胶南市经济社会发展的“黄金机遇期”。2011 年 1 月,市第十五届人民代表大会第四次会议审议批准《胶南市国民经济和社会发展第十二个五年规划纲要》。《纲要》回顾了“十一五”期间经济社会发展取得的重大成就,确定“十二五”时期发展的基本思路,主要为加快推进产业转型、城市转型、社会转型“三个转型”,坚持转方式、调结构、增实力、保民生“四条主线”,创新体制机制,全方位推进对外开放,加快建设青岛现代化国际新城区。

“十二五”期间主要发展目标

表 16－1－5

指标名称	“十二五”目标	年均增长/(%)
地区生产总值(亿元)	—	12
三次产业比	4:59:37	—
服务业增加值(亿元)	—	20
地方财政一般预算收入(亿元)	—	15
规模以上固定资产投资(亿元)	—	16
社会消费品零售总额(亿元)	—	16
外贸进出口总额年均增长	—	14%
到账外资(亿美元)	—	10
全社会 R&D 投入占 GDP 比重	2%	—
高新技术产业产值占规模以上工业总产值比重	45%	—
城镇居民人均可支配收入(元)	—	12
农民人均纯收入(元)	—	12
城市化率	75%	—
城区集中供热率	80%	—
城镇登记失业率	1.5%	—

为全面完成《规划纲要(计划)》确定的各项目标任务,每年年初市政府都研究制定年度国民经济和社会发展计划,全面总结上年度国民经济和社会发展计划执行情况,提出本年度国民经济和社会发展的指导思想、目标任务和落实措施。

第二章　统计管理

第一节　国民经济核算

国内生产总值(GDP)核算始于1985年,是年制定《国民生产总值计算方案》,建立国民生产总值统计报表制度,并以国民收入和其他有关历史资料为基础,初步匡算出胶南县1978～1984年各年度的国民生产总值,分列第一产业、第二产业和第三产业增加值数据。1989年,按照国家制度要求开始按支出法计算国内生产总值。

1992年,根据《中国国民经济核算体系(试行方案)》的要求,以国内生产总值为主,国民收入降到附属的地位。1993年,根据国家规定正式取消国民收入统计报表制度,同时建立国内生产总值支出法年报制度,形成包含16张表的国内生产总值计算表制度,该计算表分别按照国内生产总值的3种计算方法,对国民经济各行业增加值的计算依据和资料来源进行分组。

1993年10月,根据新的会计制度和基层企业统计一套表要求,实施《国内生产总值指标解释及测算方案》,取消原方案中国民收入核算方法,并主要修改了劳动者报酬、生产税、社会消费等指标的定义;改进了工农业不变价总产出、政府消费、存货增加的计算方法。

2003年,增加国内生产总值年报试算表共4张,新旧两种行业分类的国内生产总值报表并存。2005年,国内生产总值核算制度正式采用新国民经济行业分类。

2005年9月,根据第一次经济普查资料,开始实施《中国经济普查年度国内生产总值核算方法》,改进了间接计算的金融中介服务处理方法、规模以上工业和建筑业增加值核算方法、部分服务业和个体经营家增加值等核算方法;细化了产业部门分类,共分94个行业;拓宽了核算范围。

2006年4月,实施《中国非经济普查年度国内生产总值核算方法》。

2009年,根据第二次经济普查资料,实施《中国第二次经济普查年度国内生产总值核算方法》,改进了工业、建筑业、金融业、个体经营家、军队、武警活动等现价增加值的核算方法、部分行业不变价增加值的核算方法及间接计算的银行中介服务的处理方法,明确了按产业部门分类的增加值及跨地区增加值的核算方法,并规范了地区GDP核算方法。这是当前国内生产总值核算最详细、最全面、与国际标准最接近的方法。

第二节　统计调查

农业统计　1981年,农业统计有《农村政社组织情况》《耕地面积》等6种报表。1985年后,将农林牧渔业统计改为农村统计,主要增加价值和社会经济效益方面的指标体系。同年,执行国家统计局和涉农部门共同制发的《农村统计一套表》制度,作为农业全面统计的基本报表制度。1992年,新增加农村统计综合年报5种,包括《现价农村社会总产值》、林业产值、牧业、副业、渔业产值等。2002年,增加常用耕地和临时性耕地指标。至2005年,全面农业统计报表相对稳定。

农产量抽样调查　1982年开展农产量抽样调查。在全县抽选15个农产量调查点(村),建立胶南县地方粮食产量调查网络。1983年,全套网点正式应用,并实行四年一轮换。1994年,对农产量

调查点与农村住家调查点进行合并抽选，建立“两点合一”的调查网络。2000 年，按照农村多目标抽样调查的要求，在全市抽选 15 个农产量调查点（村），建立新的农产量调查网络，实行四年一轮换。2012 年，胶南市被国家确定为粮食生产大县（全省共 102 个），国家共抽取 11 个镇 22 个村庄作为调查点，主要粮食作物面积、单产、总产都要调查，种植面积调查 6 次（春、夏、秋冬播和全年 3 次意向种植调查），夏、秋粮预产 2 次，夏、秋粮实产 2 次。

畜牧业抽样调查　1996 年开始进行社会畜牧生产统计。报表种类分季报（含半年报）和年报两种，主要统计畜禽期末存栏、期内出栏、肉蛋奶、皮张、毛等畜产品累计产量。1997 年对畜牧业统计方法制度进行改革，1997 年公报和 1998 年定期报表实行双轨制统计。2000 年，对非农家生产单位和规模养殖家实行全面统计，对散养家实行抽样调查，三方面的数字相加得出全社会的畜牧数据。2007 年，胶南市被确定为生猪调出大县。从 2008 年起按照国家统计局抽选的 30 个小区进行统计监测，监测调查的数据作为生猪调出大县专项补贴的法定数据。2011 年，国家统计局重新抽选了 20 个小区进行生猪统计监测，一直运行至 2012 年底。

工业统计　1988 年，全县工业统计采用条块结合的方法采集数据，统计部门负责综合统计和全县独立核算工业企业的统计工作；全县各主管部门及有管理职能的企业分别负责下属企业的统计工作。

1998 年，工业统计方法制度发生变革。工业统计由以前的条块结合改为统计局为主、部门统计为辅，全市工业企业统计分两大部分，根据企业年销售收入划分，年收入在 500 万元及以上和全部国有工业企业采取全面调查；其他工业企业和全部工业个体户采用抽样调查的办法。

2002 年，依据第二次基本单位普查资料，抽取 37 家企业、17 个村进行常年跟踪调查。

2004 年，规模以上工业企业改上报纸介质报表为网上直报。

2012 年开始一套表联网直报，各规模以上工业企业根据统一的规范报表，在统一的数据采集处理软件平台上向国家统计局直接报送基础统计数据，然后由国家、省、市统计局在线共同去处理、加工统计数据，从源头上、报送环节上保证了数据的质量。

投资和建筑业统计　固定资产投资统计　1980 年建立固定资产投资统计。1985 年实行全国统一汇总标准表，增加国家重点建设项目直接报告制度和全部建成投产大中型项目报告制度。1990 年，综合年报改为“基本建设大中型项目一览表”等 3 种。1992 年，建立农村集体 5 万元以上固定资产投资项目统计。1997 年固定资产投资统计起点调整，由计划总投资 5 万元以上调整为 50 万元及以上。2010 年后，固定资产投资统计起点调整，由计划投资 50 万元以上，调整为 500 万元以上。2012 年 6 月启动亿元以上新开工投资项目统计监测系统，及时统计发布亿元以上新开工投资项目基本情况和形象进度的相关统计数据和多媒体（包括照片和视频录像）信息。

建筑业统计　1983 年开始执行建筑业统计报表制度。1985 年，综合统计年报共有《主要经济效益完成情况》《建筑业生产完成情况一览表》等 17 种。1993 年，纳入“一套表”统计制度，年报表有《建筑业企业基本情况表》《建筑业企业生产情况》等 9 种。1994 年，废除“一套表”制度，改为主要反映建筑业企业本身的生产经营情况。1998 年，综合年报增加《建筑业企业建筑材料消耗情况表》。2002 年，综合年报增加《劳务分包建筑企业生产经营情况》报表。2004 年，建筑业统计纳入全国第一次经济普查，以普查代年报。2011 年，建筑业报表实行国家一套表联网直报。

房地产开发统计　1993 年开始建立房地产开发统计制度。固定资产投资统计报表制度中增加《商品房建设投资统计表》月报。1999 年，增加《房地产开发经营情况表》，主要反映房地产企业的资产、负债、损益情况。2003 年，报表通过网上直报。2004 年，房地产开发统计随同全国第一次经济普查进行。2005 年，报表中增加商品房销售 8 个指标，为国家加强房地产宏观调控提供依据。2011 年，房地产企业报表实行国家一套表联网直报。

贸易、服务业统计　贸易业统计　1979年，恢复饮食业和服务业机构网点统计报表，至1986年餐饮业统计一直只有《饮食业、服务业机构、人员》统计年报。1987年，增加《商业、饮食业、居民服务业经营情况年报》和《工业、建筑业、饮食业农副产品收购年报》等4张报表。1990年，实行小型批发零售贸易企业抽样调查，实行开发园区统计制度。1991年，建立以商业企业为核算单位的《商品总购进》和《商品总销售》统计指标体系。1993年，首次将对外贸易业、物资、供销业纳入贸易统计范围。1996年，在《消费品零售额统计》中增加居民购买住房指标。1997年，在《消费品零售额统计》中增加生产资料销售额指标。1999年，重新制定《批发零售贸易、餐饮业网点、人员情况年报》。2000年，在《消费品零售额》统计中增加股份制经济、外商投资及港澳台投资经济分组。2004年，改为"属地统计"。2011年年报开始，贸易业以直接并轨的方式在各专业中首先实现"一套表"单轨运行。

服务业统计　起步于1992年实施新国民经济核算体系的需要。1993年，全国进行首次第三产业普查，着手建立周期性服务业普查制度。2004年建立5年一次的周期性全国经济普查制度，普查对象涵盖服务业的全部法人单位、产业活动单位和个体经营户。服务业统计主要有交通运输仓储业、信息与计算机软件业、居民服务业、教育、卫生等9个服务业门类。2012年底，服务业正式实施企业"一套表"。

第三节　普查工作

第三产业普查　1993年全国第一次第三产业普查。普查的范围是市内所有的第三产业（包括各种经济类型的）企业、事业、行政单位和社会团体。普查年度为1991年和1992年。1994年12月底全部完成。普查汇总资料显示，到1992年底，全市共有第三产业单位5760个，比1991年增加256个。其中企业单位2335个，比1991年增加194个；行政事业单位3425个，比1991年增加62个。这些单位分布在国民经济的12个门类、38个大类、102个小类中。1992年第三产业个体户23684个，其中运输业4184个，商业8776个，饮食业532个，服务业699个，修理业1094个，其他1834个，农民家庭兼营6565个。第三产业个体户中，有证9532个，其中城镇1307个，农村5864个，1993年歇业3261个；无证13252个。1992年全市第三产业固定资产原值已达70525万元，比1991年末增长16.5%；第三产业从业人员达76750人，比1991年末增长8.4%；第三产业增加值4.01亿元，比1991年增长6.1%；第三产业总产出8.02亿元，比1991年增长11.2%；增加值率50.05%，比1991年减少3.1个百分点。

工业普查　1995年，全国第三次工业普查，普查对象是境内所有独立核算工业企业和附营工业单位，普查的时点指标是1995年12月31日，普查内容包括工业企业生产经营的基本条件、财务状况、经营行为、技术进步等17个方面的400个指标以及与之相应的7个目录、1个技术标准。胶南市普查工作从1995年10月开始，1997年底完成普查数据汇总。普查结果显示：1995年末，全市有工业企业和生产单位575家，从业人员69432人，固定资产235757万元，流动资产229439万元，实收资本111507万元，1995年销售收入482975万元，完成工业总产值523521万元，工业增加值19.9亿元，占全市国内生产总值的36.2%。

农业普查　1997年全国第一次农业普查，普查的对象是全国范围内（不含港、澳、台）各种类型的农业生产经营单位、农村住家、乡镇企业、行政村和乡镇。时点标准是1997年1月1日，时期资料是1996年1月1日至12月31日。需要在1个月的时间内，完成对全部38个调查项目、687个指标的入家登记。普查的主要内容包括：农业生产经营单位的数量、规模和结构；农村劳动力的数量、素质、行业分布和流动状况；农业用地的数量、质量、构成、利用率和流转情况；农业生产性固定资产的数量、结构、性能和权属；农村村落的社会环境，乡镇企业和乡建制镇的基本情况。

2006年，全国第二次农业普查。普查的标准为2006年12月31日，时期资料为2006年度。普查对象为境内的农村住家、城镇农业生产经营

家、农业生产经营单位、村民委员会和乡镇人民政府。普查主要内容包括:农业生产条件、农业生产经营活动、农业土地利用、农村劳动力及就业、农村基础设施、农村社会服务、农村居民生活,以及乡镇、村民委员会和社区环境等方面的情况。

经济普查 2004 年,开展全国第一次经济普查,普查资料时点是 2004 年 12 月 31 日,普查对象为全市从事第二产业、第三产业的全部法人单位、产业活动单位和个体经营户。普查主要内容包括单位基本属性、就业人员、财务状况、生产经营情况、生产能力、原材料和能源消耗、科技活动情况等。

普查汇总结果如下表:

第一次经济普查全市法人单位和产业活动单位情况统计表

表 16－2－1

法人单位(个)	从业人员(万人)	产业活动单位(个)
5574	28.6	1268

第一次经济普查全市法人单位情况统计表(按照机构类型分法人单位)

表 16－2－2

单位:个

企业法人	事业法人	机关法人	社团法人	居委会	村委会	民办非企业及其他
4058	249	75	24	39	977	152

第一次经济普查全市总量指标数统计表

表 16－2－3

规模以上工业	单位数(个)	工业总产值(亿元)	工业增加值(亿元)	主营业务收入(亿元)
	400	342.2	103.6	270.4
规模以下工业	单位数(个)	工业总产值(亿元)	产品销售收入(亿元)	
	2295	546.4	514.5	
建筑业	单位数(个)	建筑业总产值(亿元)		
	167	45.2		
限额以上批发和零售业	单位数(个)	批发额(亿元)	零售额(亿元)	
	24	17.9	3.3	
限额以下批发和零售业	单位数(个)	批发额(亿元)	零售额(亿元)	
	581	9.4	12.2	
限额以上住宿和餐饮业	单位数(个)	营业额(万元)		
	11	5807		
限额以下住宿和餐饮业	单位数(个)	营业额(万元)		
	48	4802		
房地产业	单位数(个)	商品房销售收入(亿元)		
	76	18.6		

表 16－2－3

物业管理业	单位数(个)	营业收入(万元)		
	31	4753		
房地产中介企业	单位数(个)	营业收入(万元)		
	10	80		
服务业企业	单位数(个)	营业收入(亿元)		
	385	17.4		
行政事业单位	单位数(个)	本年收入(亿元)	本年支出(亿元)	
	1369	26.5	25.3	

2008 年,全国开展第二次经济普查。普查的标准时点为 2008 年 12 月 31 日,时期资料为 2008 年度。普查对象为全市从事第二产业和第三产业的全部法人单位、产业活动单位和个体经营户。普查主要内容包括单位基本属性、从业人员、财务状况、生产经营情况、生产能力、能源消耗、科技活动情况等。

第二次经济普查单位清查初步汇总结果:2008 年 11 月 19 日,全市清查出法人单位 8639 个(含 100 家农业企业),比一普增长 55.83%,比 2007 年底名录库增长 23.0%;个体工商户 52915 家,比一普增长 40.40%。其中“三上”企业 1023 个,占企业法人的 13%,比一普增长 97.5%。

第二次经济普查全市法人单位清查快速汇总表

表 16－2－4　　　　单位:个

	法人单位合计	一普法人单位合计	与一普比较(±%)	2007 年底名录库	与 2007 年底名录库比较(±%)
甲	1	2	3	4	5
总计	8639	5544	55.83%	7024	23.0%
农林牧渔业	100			232	－56.9%
工业	3983	2766	44.00%	3376	18.0%
建筑业	410	161	154.66%	246	66.7%
交通运输、仓储、邮政业及电信业	138	82	68.29%	111	24.3%
批发和零售业	1143	605	88.93%	764	49.6%
住宿和餐饮业	91	59	54.24%	76	19.7%
金融业	6			14	－57.1%
房地产业	226	127	77.95%	172	31.4%
其他服务业(不含电信业)	2542	1744	45.76%	2033	25.0%

第二次经济普查全市个体经营户清查快速汇总表

表 16－2－5

	个体经营户（家）	一普个体经营户（家）	与一普比较（±%）
合计	52915	37688	40.40%
工业	10147	7057	43.79%
建筑业	2618	190	1277.89%
交通运输仓储邮政业	6642	4407	50.71%
批发业和零售业	24546	19804	23.94%
住宿业和餐饮业	3024	2195	37.77%
房地产业	54	20	170.00%
其他服务业	5884	4015	46.55%

第四节　统计服务

统计服务是统计信息、咨询、监督三大功能的集中体现。1988～2012年，搜集、整理、出版了1988～1990年《胶南县国民经济和社会发展统计公报》，1991～2012年《胶南市国民经济和社会发展统计公报》。1988～2012年每年编撰《胶南统计年鉴》。先后出版了《山东省胶南市第三次人口普查手工汇总资料汇编》《山东省胶南市第四次人口普查手工汇总资料汇编》《山东省胶南市第五次人口普查手工汇总资料汇编》《山东省胶南市第六次人口普查手工汇总资料汇编》等统计资料。

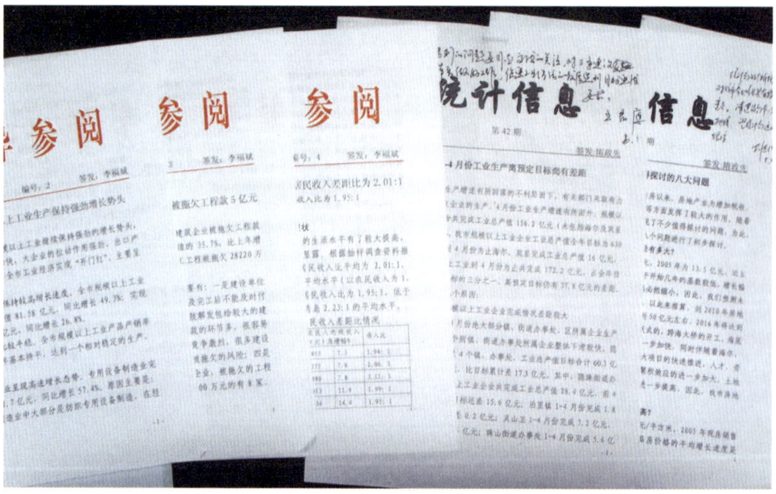

市统计局参与市政府咨询决策服务

第三章　工商行政管理

第一节　市场监管

20世纪70年代末，境内集市贸易逐渐恢复，市场管理逐步加强。1979～1988年，共查处不法经营6680起，查处欺行霸市1160起。1990年，工商部门开始推行集贸市场“三定”（定点、定位、定人）管理方法。是年底，全县有集贸市场67处。

1992年5月，组建由公安部门派人参加的市场治安管理办公室，进一步加强市场管理。1993～1999年，严厉打击欺行霸市、强买强卖、无照经营及扒窃偷盗等严重扰乱市场交易秩序的行为，共查处不法经营者1.5万余例。2000年查处倒卖假化肥70吨，加工销售病死鸡10余吨，加工冒牌馒头121吨，加工冒牌饲料100余吨，印制侵权商标标识42万套，端掉制假窝点9个。2003年5

月，检查各类市场主体1.9万家次，查处借防治“非典”名义从事违法经营活动的各类案件11起，总案值13万元，取缔制售假劣防治“非典”药品、口罩等窝点两个。

2004年4月上旬，安徽阜阳“毒奶粉”事件发生后，对食品市场进行集中整治。检查食品1888批次，查处各类经营食品违法案件52起，取缔黑窝点3处，查处各类假冒商品32374件、过期奶制品1284袋。是年检查医院6家、使用进口设备的企业7家、经营进口商品的商店13家，取缔经营进口旧空调器的个体业户1家。

2005年9月，进行基层机构“小局大所”改革后，加大市场监管力度，检查市场食品1300批次，取缔非法食品加工点6个，农资制假窝点4个。2006年，联合公安部门开展打击传销活动，摧毁“海之惠美白套装”传销网络，取缔传销窝点81处，驱散、遣送传销人员6000多人次。2007年制定实施《流通领域食品安全信用等级分类监管办法》。2008年5月，对全市13处天天交易市场进行信用分类监管，对113处商品交易市场实行A、B、C、D信用认定。同时开展成品油市场专项整治。2009年，引导616家农资经营者签订《农资商品责任书》。创建食品安全示范街4条。对全市3767家食品经营主体基本建立数据库，管理人员签订《食品安全责任书》3880份，《食品安全承诺书》3767份。2010年，工商部门与702家农资经营者签订《农资商品责任书》。检查农资经营单位1300余处，抽检各种化肥203个批次，查处化肥案件17起，不合格化肥6.4吨。2011年查处假冒伪劣案件73起，没收假冒伪劣商品2.8万件。

2012年，抽检食品285批次，食品快速抽检470批次，查处不合格食品案件164起，查扣各类不合格食品4200余千克。在食品流通领域扎实开展“一票通”推广工作。建立农资商品销售追溯体系。抽检化肥等农资230余批次，立案查处不合格农资案件16起，查获冒牌土豆种3万余公斤，规范农资经营业户198家。

第二节　商标管理

1988年，全县有效商标使用总数109件。是年，受理申请注册商标61件。

1989年，加强对商标印刷的监管，检查印刷企业13家，没收非法印刷商标标识17万张，检查10家生产企业的商标标识31种。1990年受理商标注册申请84件，查处违法商标案件43起，没收销毁假冒违法商标标识41万张，印制模具15块。1991年核转注册商标54件。是年注册商标210件。1992～1997年，查处商标案件22件，核转商标307件，1997年商标总数达到644件。1998年，“琅琊台”白酒、“泰发”手推车、“德维”火腿、“栈桥”轮胎等商标分别争创为山东省和青岛市著名商标。2004年，“万德”“星宇”“明月”3件商标被认定为青岛市著名商标。

2005年，注册张家楼镇“大潘”苹果、大村镇“龙马”山鸡蛋等农副产品商标72个。2006年12月27日，青岛琅琊台集团股份有限公司使用的“琅琊台”文字加图形商标成为胶南第一件中国驰名商标。2008年有效注册商标577件，其中中国驰名商标2件、山东省著名商标14件，青岛市著名商标21件。2010年，泰发集团的“泰发”商标

市工商执法人员在检查农资市场

被认定为中国驰名商标。青岛星华粮油食品有限公司的“维乐”商标等6件商标被认定为省著名商标。“胶南绿茶”地理标志证明商标获国家商标局受理，为胶南首件地理标志。2011年，新增省著名商标5件、马德里商标4件及“泊里西施舌”和“胶南琅琊鸡”地理标志商标两件。

2012年，开展“一企一标”活动，调整充实商标品牌培育创建梯队。是年注册商标205件。“科海”商标被认定为中国驰名商标，5件商标被认定为省著名商标，7件省著名商标得以续展；5件商标被认定为青岛市著名商标；新申请马德里国际注册商标7件。是年底，商标总量达到2071件，其中中国驰名商标5件，山东省著名商标27件，青岛市著名商标22件。

截至2012年全市获注青岛市以上驰著名商标名录

表16－3－1

序号	级别	注册人	商标名称	商品/服务名称
1	驰名商标	青岛琅琊台集团股份有限公司	琅琊台及图	白酒
2		青岛明月海藻集团有限公司	明月	海藻酸钠
3		青岛泰发集团股份有限公司	泰发及图	手推车；车轮
4		青岛科海生物有限公司	科海及图	酸
5		青岛东佳纺机（集团）有限公司	东佳及图	纺织机械
6	山东省著名商标	青岛明月海藻集团有限公司	明月	海藻酸钠
7		青岛盛华隆橡胶机械有限公司	华隆	炼胶机；硫化机；滤胶机
8		青岛赛特香料有限公司	SCITECH	食用色素；食品色素
9		青岛环球集团股份有限公司	国途	皮鞋；胶鞋
10		青岛康大食品有限公司	康洋及图	鱼制食品；水生贝壳类动物
11		青岛天一集团红旗电机有限公司	红旗及图	发动机用点火式磁电机；自行车电机；发电机
12		青岛昊成实业有限公司	昊成及图	合成树脂塑料
13		青岛东方工业品（集团）有限公司	星宇及图	橡胶轮胎
14		青岛华天车辆有限公司	金隼	手推车；购物用手推车
15		青岛琅琊台集团股份有限公司	琅琊台及图	酒
16		青岛星华粮油食品有限公司	维乐、拼音及图	面粉
17		青岛华海环保工业有限公司	青兰	充气式橡胶围油栏；浮子式橡胶围油栏
18		青岛海王纸业股份有限公司	海王	工业用纸；生活用纸；打字纸
19		青岛泰发集团股份有限公司	泰发及图	手推车
20		青岛康大食品有限公司	嘉府及图	兔肉
21		青岛海之冠汽车配件制造有限公司	海之冠及图	陆地车辆发动机；陆地车辆用联动机件
22		青岛科海生物有限公司	科海及图	酸
23		青岛茂驰橡胶制品有限公司	MORECHI及图	车辆轮胎
24		青岛亿联集团股份有限公司	ELINK	建筑；道路铺设
25		青岛海威集团有限公司	SHW	非金属建筑材料
26		青岛聚大洋海藻工业有限公司	聚大洋；GATHER GREAT OCEAN	印染用海藻酸钠
27		青岛天地荟食品有限公司	图形	宠物食品；动物食品
28		青岛飞燕临港精密钢球制造有限公司	飞燕	钢球
29		青岛东佳纺机（集团）有限公司	东佳	纺织机械
30		青岛星火纺机纺织集团股份有限公司	SPARK	织机（机器）；梳棉机
31		青岛亚东橡机有限公司	亚东	炼胶机；切胶机
32		青岛同春石油仪器有限公司	同春及图	地质勘察分析仪器；测量器械和仪器

续表 16－3－1

序号	级别	注册人	商标名称	商品/服务名称
33	青岛市著名商标	青岛琅琊台集团股份有限公司	琅琊台及图	酒
34		青岛明月海藻集团有限公司	明月	海藻酸钠
35		青岛环球集团股份有限公司	国途	胶鞋
36		青岛星华粮油食品有限公司	维乐、拼音及图	面粉
37		青岛飞燕临港精密钢球制造有限公司	飞燕	钢球
38		青岛盛华隆橡胶机械有限公司	华隆 HUALONG	硫化器、滤胶机、炼胶机
39		青岛海王纸业股份有限公司	海王	工业用纸、生活用纸、打字纸
40		青岛东方工业品(集团)有限公司	星宇	橡胶轮胎
41		青岛赛特香料有限公司	SCITECH	食用色素;食品色素
42		青岛泰发集团股份有限公司	泰发及图	手推车;轮胎;车轮胎
43		青岛海之冠汽车配件制造有限公司	海之冠及图	陆地车辆发动机;陆地车辆动力装置
44		青岛科海生物有限公司	科海及图	衣康酸
45		青岛藏南纸制品机械有限公司	滨鹰	纸制品机械
46		青岛振华轮胎有限公司	栈桥及图形	车辆轮胎
47		远东电器集团有限公司	CHYNDN	变压器;高低压开关板
48		青岛亿联集团股份有限公司	ELINK	建筑
49		青岛海威集团有限公司	HW 及图	非金属门窗
50		青岛宏昌风机有限公司	信昌	鼓风机
51		青岛亚东橡机有限公司	亚东	炼胶机;切胶机
52		青岛东佳纺机(集团)有限公司	东佳	纺织机械
53		青岛星火纺机纺织集团股份有限公司	SPARK	织机(机器);梳棉机
54		青岛同春石油仪器有限公司	同春及图	地质勘察分析仪器;测量器械和仪器

第三节　企业登记管理

1989 年,对 3197 家企业进行换发营业执照。1990 年,全面实施企业法人登记管理程序化、规范化,并开始实施企业年度检验,对 1034 家企业法人进行验照。

1991 年,按照规范化管理的要求整理企业档案 2450 份。1992 年,核准登记的工商企业已达 4000 家,是年登记 533 家。1993 年新增外资企业 54 家。1994 年,“三资”企业达 133 家,其中中外合资企业 114 家,中外合作企业 9 家,外资独资企业 10 家。1996 年,清理“三无”(即无生产组织、无经营场所、无生产设备)企业 182 家,清理假场所、假名称、假资金和假经营方式的“四假”企业 140 家。同时,开展党政机关与所办经济实体脱钩工作,办理 29 家经济实体与党政机关脱钩手续。对民政部门登记的 43 家福利企业进行清理整顿。1997 年,加快以安置下岗职工为主的“光彩事业一条街”的建设运营步伐。1998 年开始实行企业微机化登记,逐步实现登记、管理、收费、发照“一条龙”工作机制。

1999～2006 年,企业登记管理实行“服务窗口前移”,在登记窗口发放“明白纸”。2006 年 2 月,市工商局被国家工商总局正式授予外商投资企业核准登记权。2007 年,对 444 家未申报年检的企业依法吊销《企业法人营业执照》;对 22 家出资不到位或零出资的“三资”企业下达限期改正通知书;立案

查处“两虚一逃”(即公司虚报注册资本和股东虚假出资,股东抽逃出资。)违法案件31起。2010年,对各类主体进入市场推行“放宽经营范围限制”“放宽名称核准登记条件”“放宽对企业出资规定”等政策。2011年全市新增各类市场主体7171家。

2012年,先后为64个注册资本1000万元以上的大项目在筹建规划、注册登记等方面提供直通车服务,指导帮助辖区第一家出资过亿元的私募股权投资合伙企业完成登记注册工作。

第四节　经济合同管理

1988年6月,县工商局成立清理经济合同领导小组,是年监管各类经济合同40万份,督促履行合同1824份,调解纠纷合同38起,确认无效合同9起。1990年推行《经济合同示范文本》。1991年开始“重合同、守信用”企业争创工作,100家企业被命名为青岛市级“重合同、守信用”企业,2家企业被命名为山东省级“重合同、守信用”企业。1992年设立“胶南市运输合同纠纷仲裁庭”。1993年鉴证合同超过1万份,鉴证金额过亿元。

1996年,工商部门开始办理企业动产抵押,为企业办理财产抵押登记39件。1999年,检查各类经济合同1.3万份,集中查处合同违法、合同欺诈案件9起。

2007年开始企业信用管理试点工作。工商部门指导青岛琅琊台集团公司、东佳纺机集团公司、青岛亿联集团公司等骨干企业建立信用评价、守信跟踪系统等企业内部信用体系建设。2008年,在3家国家级、25家省级“守合同,重信用”企业中开展企业信用建设工作,推行《企业信用管理工作试点标准》,引导企业按照企业信用管理标准,加强信用制度建设。2010年,支持企业拓展融资渠道,与银行等金融机构在企业注册登记信息、股权质押融资等领域开展密切合作,拓展登记领域,鼓励个体私营企业通过股权质押、商标专用权质押、动产抵押登记融资。2011年,为49家企业办理股权出质数额5亿多元,帮助企业融资6亿多元。指导青岛启坤橡胶制品有限公司使用商标专用权评估出资630万元,成为青岛辖五市首件商标专用权出资案例。查处虚假出资案1起、商业贿赂案件3起。

2012年,发挥合同帮农、经纪活农等职能,实施“经纪能人”成长工程。78家企业办理股权出质数额7.13亿元,帮助企业融资10亿多元;帮助企业办理动产抵押登记91件、融资额超过2.7亿元、抵押物价值近3.8亿元。

第五节　个私登记管理

1978年开始对个体经营户进行登记,是年达到10144家,从业人员14432人。1989～1990年,个体经济处于徘徊、曲折发展期。1989年减少至8288家。其后,在国家法律、政策允许前提下,放宽登记条件,鼓励个体经济发展。1990年11月底增加到9408家,从业人员12655人。

1991～2007年,个私经济发展迅速。2007年实有个体工商户18460家。

1988～2012年全市(县)个体工商业情况统计表

表16－3－2

单位:户

年份	合计	农林牧渔业	采掘业	制造业	建筑业	交通运输、仓储业	商业	餐饮业	服务业	修理业	旅馆业	娱乐服务	其他行业
1988	10131	-	-	822	27	1725	6024	164	537	828	-	-	4
1989	8288	-	-	648	5	1183	4950	148	445	794	-	-	115
1990	9408	-	-	797	8	1171	5500	157	493	835	-	-	447
1991	10217	-	-	922	15	853	5956	216	579	889	-	-	787

续表 16－3－2

年份	合计	农林牧渔业	采掘业	制造业	建筑业	交通运输、仓储业	商业	餐饮业	服务业	修理业	旅馆业	娱乐服务	其他行业
1992	11681	–	–	1016	13	1450	6603	257	655	892	–	–	795
1993	12782	–	–	1150	19	1492	7295	354	714	953	–	–	805
1994	12900	3		1157	19	1492	7389	355	717	959		2	807
1995	21454	1636	121	2686	36	2274	11726	759	1055	1144	5	5	7
1996	21700	2605	113	2848	35	1663	11578	820	985	1030	6	9	8
1997	22150	1633	165	3569	33	2411	11401	848	1177	885	7	15	6
1998	22329	1635	165	3578	33	2411	11536	854	1185	897	8	16	11
1999	22613	1636	165	3589	33	2411	11748	865	1195	921	10	19	21
2000	12962	273	11	1444	29	129	5905	1755	980	319	29	20	2068
2001	13223	275	11	1467	31	129	6092	1763	989	343	30	21	2072
2002	13688	277	11	1510	31	134	6415	1776	1015	382	39	22	2076
2003	14278	283	11	1553	35	136	6836	1798	1044	420	48	29	2085
2004	14860	284	11	1602	36	140	7268	1822	1066	443	61	31	2096
2005	15649	290	11	1662	40	143	7806	1862	1126	485	76	38	2110
2006	16664	300	11	1753	44	146	8494	1920	1207	535	81	43	2130
2007	18460	318	11	1865	48	154	9755	2039	1328	619	111	44	2168
2008	20992	384	13	2065	54	184	11416	2143	1547	763	146	53	2224
2009	24969	582	15	2322	83	209	14115	2306	1856	920	202	67	2292
2010	28784	685	15	2619	103	248	16676	2415	2205	1104	295	79	2340
2011	33399	958	16	2948	121	268	19879	2524	2596	1257	355	88	2389
2012	38423	1398	16	3344	132	334	23001	2701	3070	1454	396	100	2477

2008 年，规范市场经营主体，开展个体工商户验照工作。检查网吧 118 家，责令限期改正 2 家，取缔无照经营 2 家；检查食品经营主体 4398 家，责令办证 69 家，取缔 10 家。关闭采石加工石子业户 25 家，小砖窑 10 家。2009 年，工商局以清理无照领导小组的名义向卫生、公安等部门移交无证照餐饮、宾馆业户 160 家。2011 年，根据市政府印发的《规范治理无照经营意见》，排查各类经营业户 1.5 万家，取缔无照经营业户 334 家，引导办理营业执照 544 家，向有关部门移交无证照业户 766 家。

2012 年，新登记注册个体工商户 5330 家、企业 1811 家，农民专业合作社 114 家。

第六节　广告管理

1988 年，重点对县城户外广告进行清理和日常监督，清除乱贴广告 120 处，拆除广告牌 4 块。同时在县城和乡镇驻地设立广告栏、板 200 处。1992 年设置琅琊台路城区段广告群，总长 500 米，面积 1050 平方米，重点宣传 70 家企业的定型产品。1997 年发展广告经营单位 8 家，设置户外广

告栏39处，缴销非法印刷品广告68643份、条幅广告39条、木牌广告296条，撤销两家广告经营单位的经营资格，并对广告开始进行有效监测。是年，监测各类广告15种共1956条。2001年，开展“反误导、打虚假”净化广告市场专项治理行动，查处违法广告30起。2003～2005年，开展以查处虚假广告为重点的清理整顿工作，共查处违法广告25起，罚款8万元。2006年6月，创建人民路“户外广告规范化一条街”，组织5家广告公司参加全国广告节。查处各类虚假违法广告5起，罚没款2.17万元。2007年查处广告违法案件12起，罚没款4.45万元。

2009年，对胶南电视台、电台监测各类广告6306条次，立案查处各类广告违法案件6起，对主要电视媒体下达责令整改通知书4次，对其负责人约谈3次。2010～2011年，主要对电视、广播、新闻媒体的广告进行监测，共监测药品医疗类广告4780条次、保健食品广告1041条次、美容化妆品广告1413条次、房地产类广告602条次，其他类别广告4470条次，保健食品类广告171条。并对蚁参药酒、金菌灵胶囊、双瓜糖安胶囊等涉嫌违法违规广告依法给予行政处罚。

2012年，以强化广告监测和登记管理为手段，将胶南影视和新闻频道的区间广告监测扩展为全日监测；将医疗、药品、保健食品、美容、化妆品等各类广告作为监测重点，共监测药品类广告2771条次，医疗服务类广告314条次，保健食品类广告65条次，普通食品类广告136条次，化妆品类广告776条次，其他类广告270条次。同时，检查大型户外广告牌55块，规范查处4块；店面广告牌71块，规范查处7块；路旗广告107条，规范查处13条；车体广告42条，规范查处11条，并对医疗、药品、保健食品、化妆品、美容服务等危害人身健康安全的虚假违法广告进行整治，立案查处案件22起，罚没款16万元。

第七节　企业监督检查

1987年开始查处投机倒把行为。1988年查处胶南金属材料公司钢材一案，为胶南重大官倒案件之一。

1989年，打击投机倒把行为逐步转向烟、酒、饮料、日用工业品和化肥、农药、种子等商品。是年查处假冒伪劣商品和投机倒把案件624起，查获冒牌电视机60台、假化肥81.5吨、假银元606枚以及假手表、录音带等物品一宗。1991年，重点查处倒卖重要生产资料、紧俏耐用消费品和制销假冒伪劣商品的投机倒把行为。与有关部门协查案件7起，移交司法机关1起。1992年试点基层工商所查获大案。王台工商所查处千元以上大案5起。1993年查获万元以上经济违法大案43起。1994年在珠山路举办为期一个月的大型“假冒伪劣商品展览”，展出各类假冒伪劣商品千余种。1995年，实行“打假中坚持全面查处与端窝打点相结合、职能所办案与基层所办案相结合、独立查处与有关部门联手行动相结合”的市场监管机制，查处各类经济违法案件120起。1996年查处各类经济违法违章案件147起。1997年，围绕建设菜篮子工程，在市场肉摊全面推行“明示牌”制度，购置肉类测水仪12台，查处注水肉235千克。1998年，加强粮食市场监管，对涉粮经营的40余家国有、集体企业和130家个体私营业户的经营资格进行重新认定。1999年，省、青岛市工商局对胶南粮食市场进行多次检查并给予良好评价。

2000年，立案查处各种案件393起，追缴罚款3.9万元。2002年推广市场巡查制，完善“经济户口”管理制度，推行集贸市场规范化管理，查办案件2379起。2003年查处1387起扰乱市场秩序的经济违法案件。抗击“非典”期间，检查各类市场主体1.9万家次，查处借防治“非典”名义从事违法经营活动的各类案件11起，总案值13万元，取缔制售假劣防治“非典”药品、口罩等黑窝点两个。

2004年2月，在防控高致病性禽流感（简称“禽流感”）期间，取缔非法禽类经营业户46家，查扣无检验检疫证明的禽制品210千克，86处活禽交易商全部暂停经营。是年，落实青岛市严厉打击传销和变相传销专项行动方案，先后取缔非法传销窝点43处，驱散传销人员2600余人。2005

年取缔传销窝点167处，遣散传销人员3700余人次。查获假冒2B铅笔8000余支。2006年查处无照食品经营业户894家，取缔制售假冒伪劣食品窝点6个，查处食品违法违规案件67起。

2007年，开展“无传销社区（村）”创建活动。创建“无传销社区（村）”861个，清理非法传销授课点35处，教育驱散1700余人，遣返218人。查获的假冒“康师傅”饮用矿物质水案件成为山东省最大的“傍名牌”案件，被国家工商总局列为典型案例。2008年10月，在上海永久股份有限公司协助下，查获境内彭某销售假冒“永久”牌自行车案，没收假冒“永久”牌自行车58辆。2010年，联合青岛啤酒股份有限公司、青岛琅琊台集团等知名厂家开展联合打假活动，查办商标侵权案件9起。联合烟草部门查获各种假冒香烟10000余条。2011年，查处虚假出资案1起，商业贿赂案3起。

2012年，加大对“大、要、新、特”案件的查办力度，开展冒用“守重”称号违法行为专项整治，查处冒用“守重”称号案件11起，有力打击利用过期荣誉称号或冒用荣誉称号进行虚假宣传的行为。查获一起假冒青岛啤酒大案，并移交公安机关。查处4家销售假冒茅台、五粮液商店，查获假冒酒117瓶，案值16.2万元。

2009年市工商局“3·15”消费者权益保护日，工作人员指导群众科学消费

第八节　消费者权益保护

1987年，中国消费者协会加入国际消费者协会，标志着中国开始按照国际做法保护消费者权益。是年8月，胶南县消费者协会成立，主要对商品和服务进行社会消费监督，保护消费者利益，指导群众消费。1988年，接待来访327人次，受理投诉843件，处结率97.7%，为消费者挽回直接损失13万元。

1991年，全市23处乡镇（除灵山岛外）分别成立消协分会并配置专职秘书。借“3·15”活动之机，在市直商业和供销系统中开展“胶南市消费者满意商店”评选活动，胶南市五交化商场等10家企业被评为消费者满意商店。1992年在860个村设立消费指导站，1993年普及全市1033个村庄，并在市区重要区域设立消费监督站149个。1994年，《中华人民共和国消费者权益保护法》开始施行，消协在市电台开辟“消费之友”专题节目。1998年设立消费者投诉站31个。2000年，消费者投诉由之前每年近千件上升到2000件以上，是年处理2017件。

2001年，始行“12315维权千万家”工作机制，对消费者投诉快速处理、快速分流、快速处结。是年处结2736件。

2007年，在全市965个行政村和51个居委会设立10个消协分会和1016处投诉站或联络站。是年受理投诉962件。2009年，胶南市消费者协会更名为胶南市消费者权益保护委员会。各镇、街设立消保委分会。

2012年，联网96009315举报系统，与各级市长公开电话、政府信箱等渠道一并接收并处理消费者投诉事件。

1991～2012年，根据上级确定的不同主题和内容，每年组织开展“3·15”消费者维权活动。

第四章　质量技术监督

第一节　质量管理

质量兴市与名牌战略　1988年，县标准计量管理局依据《工业产品质量责任条例》《产品质量监督试行办法》等开展工作。1993年9月1日国家颁布实施《中华人民共和国产品质量法》。1994年2月，根据《山东省产品质量监督管理条例》，对辖区内的产品质量进行监督管理。1995年，市技术监督局、工商行政管理局、卫生局三部门联合发文《关于认真贯彻实施〈青岛市产品质量监督管理规定〉的意见》，深入开展产品质量监督管理工作。

1997年，国家确定每年9月为质量月。是年开展“五查一访”（查质量意识、查质量水平、查质量体系、查现场管理、查质量损失，访用家）调查活动以及打假治劣等活动。至2012年连续16年开展质量月活动。1998年，根据省政府部署开展质量兴市工作。2003年通过省质量兴市领导小组办公室组织的考核验收。2012年，为贯彻国务院《质量发展纲要》印发《胶南市十二五质量强市发展规划》。

2000年8月，省政府“三定”方案将实施名牌战略职能划归质监系统。2002年7月，省质监局印发《山东名牌产品评价管理办法》，胶南随即成立市名牌战略推进委员会，启动各级名牌的培育和申报工作。2004年，青岛双星橡胶轮胎有限公司的“全钢子午线轮胎”获得中国名牌产品称号，为胶南市第一个中国名牌。至2012年，全市已有17家企业的23个产品获得山东省以上名牌产品称号。

质量体系认证　1996年，组织开展工业企业的ISO 9001质量管理体系认证工作，2000年，开始ISO 14000环境管理体系认证和OHSAS 18000职业健康管理体系认证工作。至2012年，全市共获得ISO 9001质量管理体系认证证书199张，ISO 14000环境管理体系认证证书157张，OHSAS 18000职业健康管理体系认证证书75张。

2003年，山东省建立生产许可证年度监督审查制度，市质监部门根据职能分工开展生产许可证的监督管理和年审工作，重点查处生产、销售无生产许可证产品的违法行为；对获得生产许可证的产品实施质量监督；实施生产许可证年度监督审查。至2012年底，全市有效期内工业产品许可证企业28家。

自2003年5月1日开始，根据国家质检总局《强制性产品认证管理规定》，凡未获得强制性产品认证证书和加贴中国强制性认证标志CCC（简称3C标志）目录范围内的产品，不得出厂销售和出口。3C认证的审查和年度监督由中国质量认证中心（CQC）负责。至2012年底，全市有效3C认证证书266张。

食品质量安全监管　1988～1993年，食品与其他工业产品一起接受质量监督管理。1993年9月1日开始实施《产品质量法》，各级技术监督部门有权对食品质量进行监督检查。对食品不符合产品标准（包括观感要求、理化要求、卫生要求、净含量及标签要求）的，予以查处。1998年，市质监局重点开展食品及食品相关产品生产加工环节质量安全监督管理工作，对生产加工环节的食品、食品相关产品质量进行安全监管和风险监测，并按规定权限组织调查进行处理相关质量安全事故。

2002年，国家开始对食品生产环节实施生产许可证管理，首先对“大米、小麦粉、食用植物油、酱油、食醋”五类食品实施生产许可证管理。至2006年底，所有食品分为28大类全部纳入生产许可证管理范围。2002～2004年摸清食品生产企业底数，实施分类监管。2005～2006年，国家新增17类产品许可，全市76家各类食品生产企业持有有效食品生产许可证82张。2007年，对食品生产企业及作坊进行调查摸底建档，实施分类巡查监

2012 年 4 月 27 日，胶南市食品安全工作会议暨"十万学生食品安全行动"启动仪式

管。组织 8 家重点食品生产企业安装电子视频监管系统、136 家企业和 27 家小作坊签订了食品安全承诺书。是年，全市持有有效食品生产许可证企业达 136 家 148 张。2008 年三鹿奶粉"三聚氰胺"事件发生后，市质监局对辖区内的三家乳制品生产企业实施驻厂监管。是年开展全国食品安全示范县的创建工作，圆满通过考核验收，取得国家级食品安全示范县称号。是年，共有 127 家各类食品生产企业持有有效食品生产许可证 139 张。2009 年，将打击以非食品原料生产加工食品、滥用食品添加剂等人民群众反映强烈、社会危害严重的食品制假、售假违法行为为重点，多次开展专项打假行动。对葡萄酒、干制海产品、豆制品、肉制品、奶制品及食品添加剂生产和使用企业进行专项检查。同时，对食品生产加工小作坊进行拉网式检查和产品监督抽查。根据国家质检总局的部署，抽检乳制品 450 余批次。是年。有 136 家各类食品生产企业持有有效食品生产许可证 146 张。2011 年完成"食品安全大行动"工作目标：获证食品生产企业监督检查覆盖率达到 100%；获证食品生产企业产品监督抽查覆盖率达到 100%。

2012 年，重点开展食品企业履行食品质量安全主体责任活动，境内食品及食品相关企业全部提交履责报告和质量承诺书。是年，全市 113 家各类食品生产企业持有有效食品生产许可证 126 张。

产品质量监督检验　1988 年 9 月成立胶南县产品质量监督检验站（1991 年更名为监督检验所）。主要承担产（商）品质量监督检验、质量仲裁检验、认证产品检验和委托检验等。2011 ~ 2012 年，依托市产品质量监督检验所成立山东省纺织机械产品质量监督检验中心。拥有 1 个省级质量监督检验中心，6 个实验室，已开展食品、化工、轻工、机械电器、建筑材料、橡胶等六大类 200 多种产品的检验，年检验能力 2000 多批次，拥有原子吸收、气相色谱、离子色谱仪等先进仪器设备 208 台（套），固定资产 320 余万元，其中检测设备原值 200 余万元，实验室面积 1000 余平方米，拥有国家标准、行业标准、企业标准 1000 余份。

胶南市产品质量监督检验先后于 1991 年、1996 年、2001 年、2007 年、2010 年通过山东省质量技术监督局的审查验收，152 种产品、56 个技术参数通过计量认证。形成食品饮料、轻工纺织、服装鞋帽、化工肥料、建筑材料、机械、橡胶等 10 多个门类 200 多种产品的综合检验能力。2012 年通过了食品、纸及纸制品的扩项审查验收；通过了纺织机械产品的省级计量认证和省级纺机监督检验中心的验收。

第二节　依法监督

1995 ~ 1996 年，开展农业生产资料产品质量监督检查及打假行动，取缔制售假冒伪劣农资窝点两处。根据上级要求开展电炒锅、电热水器、电饭锅、电吹风机、电烤箱等 10 种小家电产品的市场监督检查及"打假"行动。1997 ~ 1999 年，开展以"打假保春耕"为主题内容的春季农资打假护农行动，对生产批发零售农资商品的生产经营场所实行拉网式检查，查处并没收销毁假劣化肥、农药、农地膜、农机配件等货值达 60 余万元。集中打击制售假冒伪劣日用品、黑心棉被褥、黑心棉大衣、黑心棉床垫等违法行为，端掉黑窝点 3 个。

2000年，根据省质监局“重点市场、重点区域、重点产品”的打假思路，端掉制售假冒伪劣化肥、调味品、劣质建筑用钢筋及“地条钢”窝点5个。2001年1月开始，相继开展“打假保名优”、“质量、计量信得过单位”评选、“清柜台”、创建“购物放心一条街”等质量诚信活动，组建“打假保名优”协作网，查处假洋酒、假五粮液、假红星二锅头、假琅琊台白酒近万瓶，端掉制售假劣白酒窝点3处，移交司法机关1起。2002年，严厉打击农资无证生产、有效含量不足、掺杂掺假、以次充好和短斤缺两等违法行为。2003年4月开始进行建材产品专项整治行动，取缔“地条钢”加工窝点1个。是年5月，开展防“非典”用品专项执法检查行动，对防“非典”用品如口罩、消毒液、防护服等商品进行拉网式检查，确保防“非典”用品的质量和安全。2004年1月，查处无证生产销售小麦粉、大米、食用植物油、酱油、食醋等5类食品的行为，取缔无证生产食醋、酱油企业两家。是年，开展打击取缔“地条钢”专项行动，取缔“地条钢”生产窝点3家。2005年2月，开展“苏丹红”涉嫌食品及原料集中清查行动和“十类”食品集中无证查处行动，对无证生产销售肉制品、乳制品、饮料、调味品、方便面、饼干、罐头、冷冻饮品、速冻面米食品和膨化食品等10类食品的违法行为依法查处；是年10月针对“禽流感”进行禽肉制品及防护产品的生产企业、冷库全面抽查，严查严防禽流感疫情；11月开展“十纵十横”交通干线沿线加油站计量执法检查，重点查处擅自改动、拆装加油机，破坏加油机铅封、偷换加油机电脑芯片、主板，伪造数据实施计量作弊，以及使用经改装具有计量作弊功能的加油机进行计量作弊的违法行为。2006年开展特种设备安全大检查，严厉打击非法安装、使用特种设备的违法行为。2007年开展“十三类”食品集中无证查处行动，打击食品黑作坊、黑窝点，打击使用非食用原料生产加工食品，端掉黑作坊3家。是年9～12月，按照国家质检总局部署，开展产品质量和食品安全专项整治。2008年1月开展食品用塑料包装容器工具等制品无证查处行动；9月开展“三聚氰胺”问题奶粉产品专项整治，将对乳制品生产企业的彻查，延伸到对以乳品为原辅料的生产加工企业和小作坊的全面拉网式清查。2009年，查处未获得食品用纸包装、容器等制品生产许可证的生产销售行为。2010年11月至2011年3月，开展打击侵犯知识产权和制售假冒伪劣商品专项行动，依法查处以假充真、冒用地理标志名称和专用标志的行为，依法查处伪造或冒用厂名、厂址、认证标志等质量标志行为。2011年5月开始汽车配件、橡胶轮胎、建材产品专项执法行动。2012年，开展为期一年的质监利剑行动，着力整治食品、农资、建材、汽配、化妆品等质量问题，揭露和打击质量违法潜规则，保持打击假冒伪劣行为高压态势。

至2012年底，共查办各类违法案件3418起，查获假冒伪劣产品货值724万元，端掉制售假冒伪劣黑窝点43个，移送公安机关5起。

将查获的假冒伪劣商品进行焚烧(2006年拍摄)

第三节　标准化管理

工业标准化　1989年4月1日，《中华人民共和国标准化法》颁布施行，胶南县开始受理企业产品标准备案，当年受理备案企业产品标准15项，至1992年底全市制定备案企业标准60项。至2012年底，全市企业共主持或参与制修订国家标准12

项，行业标准16项，地方标准12项，累计备案企业标准1900余项。

1991年2月，山东省标准计量局印发《关于建立企业生产执行标准登记制度的通知》，胶南市随即开始产品标准登记工作。1997年被确定为全国“消灭无标准生产试点县”。1998年顺利通过“消灭无标准生产试点县”的验收，全市市属工业企业的产品标准覆盖率由试点前的70%提高到96%以上，乡镇企业和个体企业的产品标准覆盖率由试点前的35%提高到90%以上。2001年11月，通过了国家消灭无标准生产工作复查验收，并被授予“全国消灭无标准生产工作先进市”称号。至2012年底，全市工业企业产品标准累计登记6000余个，覆盖率达98%以上。为方便企业查询，市质监部门配备了微机查询系统，系统馆藏标准已达3万余份。

1990年2月，根据省标准计量局通知，制定《推进全市采用国际标准和国外先进标准的实施意见》，全面开展采用国际标准和国外先进标准工作。至2012年底，有110家企业办理采用国际标准证书138项。

2006年，胶南市启动标准化良好行为企业创建项目。2007年，青岛琅琊台集团公司、青岛双星轮胎有限公司被确认为青岛市首批AAAA级国家标准化良好行为企业。至2012年底，共有两家企业获得国家AAAA级标准化良好行为证书，7家企业获得国家AAA级证书，两家企业获得AA级证书。

农业标准化　胶南市农业标准化工作始于1999年。是年，市质监部门会同市农业部门开展胶南茶叶生产标准化工作，根据境内茶叶品质特点，先后制定《胶南茶优质高产栽培管理技术规程》《胶南茶采制技术规程》《胶南茶》地方标准；2003年，制定发布小麦、花生和无公害芹菜、香菇技术规程等15项农业地方标准，初步构成全市农业标准体系的框架。制定《胶南市深水抗风浪网箱养鱼类健康养殖技术规程》《无公害水产品大菱鲆鱼养殖技术规程》等5项水产品地方标准。

2002年启动农业标准化示范区创建工作。是年1月启动《大型抗风浪网箱养殖》省级农业标准化示范项目的创建工作。2007年11月，青岛康大食品有限公司《国家出口鸡肉标准化综合试验区》通过国家标准委专家组综合评定验收。2008年，海青河西茶厂的《胶南绿茶标准化试验区》被国家标准委列入“第六批国家级农业标准化示范区”建设项目，于2010年8月通过国家标准委组织的专家组综合评定验收。

组织机构代码、商品条码管理　1993年10月启动组织机构代码登记和证书颁发工作，当年为行政机关、企事业单位、村民委员会等办理组织机构代码证书1300余套。2003年组织开展《山东省组织机构代码管理办法》的贯彻实施和登记年检工作。至2012年底，全市实现组织机构代码数据网络化、动态化管理。累计14048个组织机构应用全国统一代码。

1996年7月，根据上级精神开始启动商品条码工作。至2012年底，全市共发展中国商品条码系统成员240家，近2600种产品使用商品条码；根据国家质检总局《商品条码印刷资格认定工作实施办法》进行评审，共有8家印刷企业获得条码印刷资格认可。

第四节　计量监督管理

计量监督检查　1990年，按照国家计量局《工业企业计量定升级办法（试行）》的规定开展企业计量定升级工作，共有4家企业被评为计量二级，10家企业被评为计量三级。随着政府职能的转变，企业计量定升级工作于1992年停止。1991年4月，根据《山东省强制检定的工作计量器具检定管理办法》要求，建立强制检定计量器具登记备案制度，当年对50多家企业的在用强检计量器具进行备案登记年检。至2012年底，共对1000余家企业的在用强检计量器具进行备案登记年检。

1996年起对医疗卫生单位在用计量器具依法实施监督管理，对全市30家重点医疗单位的在用计量器具的使用检定情况进行监督检查，并进行纠正和处罚。

2001年开始在重点流通服务业开展“计量质量信得过单位”活动，对定量包装商品净含量及标注方式，用于贸易结算的计量器具是否符合要求等进行监督检查。

2002年以来，根据国家质监总局《加油站计量监督管理办法》，每年组织一次全市加油站计量专项整治活动，建立健全监管档案，对全市82家加油站实行动态化监管。2002年，国家质检总局颁布《集贸市场计量监督管理办法》，市质监局每年多次组织对集贸市场在用计量器具开展专项监督检查。使集贸市场在用计量器具的配备率和检定率逐年提高。

2003年，国家质检总局颁布《眼镜配制计量监督管理办法》，市质监局开始对配装眼镜店进行专项监督检查，督促建立健全配制用计量器具台账，并对在用的180台计量器具纳入周期强制检定，规范眼镜配制的计量行为。

2004年，按照国家质检总局的要求，开展企业计量检测体系工作，共有10家企业获得计量保证确认，20家企业获得计量合格确认。

2007年，根据《定量包装商品计量监督管理办法》，开展定量包装商品计量监督检查，共监督检查定量包装商品2000余批次，进一步规范市场经济秩序。

2008～2009年，组织开展民生计量“三进”活动，（即进农村、进超市、进社区免费开展检测和咨询服务。）共为群众免费检测血压计、眼镜、电子秤、电度表等300余台（件），发放宣传材料2000多份；现场接受群众咨询300多人次。

2010～2012年，根据国家质检总局《能源计量监督管理办法》，开展重点用能企业能源计量监督工作，促进节能减排。指导企业建立能源计量管理机构，制定能源计量管理制度，建立和完善能源计量检测体系和有效计量监控、能源评价体系，能源计量器具的配备率达到100%。

计量检定　1988年以前，计量检定主要是对木杆秤、台秤、长度、天平等器具的检定。1988年开始逐步建立测微量具、指示量具、质量、压力、转速等6类10项社会共用计量标准。1990年，完成市制、杂制计量单位向国家法定计量单位过渡。1991年开始限制使用木杆秤，推广电子计价秤、双面显示度盘秤。1995年底，在贸易结算环节全面淘汰木杆秤。1997年，建立二等活塞式压力计检定装置、检定游标量具标准器组、检定测微量具标准器组、检定指示量具标准器组、交直流电流电压表检定装置、心电图机检定装置、超声功率计检定装置、燃油加油机检定装置、汽车车速里程表检定装置、天平、砝码检定装置、水平仪检定装置、单相电能表检定装置、平板平尺检定装置等16项社会公用计量标准。

1999年，根据国家质检总局《开展商品房销售面积计量监督管理办法》要求，开展商品房销售面积检测工作。2001年，根据省质监局《关于明确电能表首次强制检定工作中的有关事项的通知》要求，开展对住宅建设中首次安装使用的电能表进行检定，每年检定4000余块。2004年通过省质监局的授权考核，取得法定计量检定机构计量授权证书，并通过授权考核项目21项。2005年底通过省质监局对法定计量检定机构的监督评审考核。2009～2012年，建立膜式燃气表检定、耐压测试仪检定，电子天平检定、耐压测试仪检定、温湿环境

市质监执法人员在超市检查食品定量包装情况（2007年拍摄）

校准、数字单元组合仪表(二次)检定等6项社会公用计量标准;电子检衡车由60吨扩标到100吨,年检定能力由3800台(件)增加到1.2万台(件)。顺利通过省质监局对定量包装实验室的认证考核并取得资质认证证书。共检测定量包装商品净含量近千批次,合格率达93%。至2012年底,全市建立社会公用计量标准30项,取得计量认证实验室1个,年检定计量器具近4万台(件)。

第五节　特种设备安全监察

1988年,胶南县劳动局内设安全监察科(加挂胶南县安全生产委员会办公室牌子)负责全县锅炉压力容器等安全监察工作。

1987~1989年,根据国家、省、青岛市劳动部门的统一部署,组织开展在用压力容器治理整顿工作,对在用的1000台压力容器进行全面注册和检验登记。通过三年治理整顿,全县压力容器的整体安全水平大有提高,压力容器事故率稳步下降。

1989年4月,根据《锅炉房安全管理规则》,开展锅炉房综合治理工作。要求蒸发量≥1吨/时和蒸发量<1吨/时的锅炉房合格率分别达到60%和10%以上。

1992年6月,根据省劳动厅《关于开展气瓶充装站、检验站整顿治理工作的通知》,开展气瓶两站整顿治理工作。确认具备运输条件的气瓶充装站32个,气瓶检验站1个。

1995年3月,市锅炉检验所取得国家劳动部颁发的锅炉压力容器检验资格,主要负责额定蒸汽压力小于或等于2.45兆帕斯卡的在用蒸汽锅炉和额定供热量大于0.06兆瓦的承压热水锅炉、小型蒸汽及常压热水锅炉、有机热载体锅炉的检验及安装质量监督检验和一、二类在用压力容器的定期检验。

2000年10月,特种设备安全监察及检验职能由市劳动局划转至市质量技术监督局。2001年3月至2002年10月,按照省质监局的统一部署,开展在用特种设备普查整治,基本查清特种设备底数,查找并消除大量事故隐患,实施分类登记,建立统一完整的设备普查登记数据库、事故隐患分类整治数据库。2002年10月,胶南代表山东省和青岛市通过了国家质检总局特种设备普查整治工作验收。2005~2007年,随着经济的快速发展,在用各类特种设备的种类和数量急剧增加,为严防和杜绝各类安全隐患事故发生,组织开展特种设备调查登记和建档工作,对315家锅炉使用单位、246家压力容器使用单位、412家机电类特种设备使用单位的428台锅炉、1047台压力容器、187台电梯、728台起重机械、143辆场(厂)内机动车辆、5台大型游乐设施共2538台进行登记建档,并对调查中发现的问题下发安全监察意见书165份,查封设备85台,停用设备214台,拆除报废设备18台,消除各类事故隐患200余处。

2008年,开展奥帆赛特种设备安全保障暨特种设备专项整治工作,重点整治热电联产锅炉设备,查出未登记使用锅炉5台,责令限期进行整改,及时消除安全隐患;与42家液化石油气充装站和10家工业气体充装单位签订责任状,确保奥帆赛期间特种设备平安运行。

2009年,组织实施企业安全主体责任落实专

监察人员对特种设备定期检验

项行动，督促企业履行特种设备安全第一责任人责任。做到机构、人员、制度“三落实”，设备使用和人员操作“两有证”，依法检验、管理和使用。2010年重点开展液氨压力容器专项整治，验收合格23家，拆除3家，停用7家。注册登记特种设备184台。2011年，北京地铁四号线在用的奥的斯513MPE型号扶梯电梯事故发生后，胶南质监部门立即开展电梯专项整治，对全市58部各类品牌自动扶梯和自动人行道及商场、医院、住宅小区等人员密集场所的电梯进行全面检查，确保电梯安全运行。

2012年，集中开展特种设备“打非治违”专项行动，加强特种设备质量安全风险排查整治力度。以特种设备制造单位、电梯安装单位、气瓶充装单位、危化品生产企业、热电锅炉使用单位和冶金企业使用的特种设备，以及公共聚集场所的特种设备等为重点，认真开展特种设备“打非治违”专项行动和风险排查整治。出动监察人员196人次，检查单位84家，下达《特种设备安全监察指令书》46份，查处隐患46处，且全部完成整改。

第五章　物价管理

第一节　价格管理

20世纪80年代开始，计划价格逐步退出，多种价格调节形式和多种商品经营渠道已经出现。1988年，放开13种名烟、13种名酒价格，放开肉、蛋、菜、糖4种副食品零售价格，实行市场调节。提高部分农副产品收购价格和部分工业用原材料、燃料价格。

1989年，对彩色电视机实行专营管理，征收特别消费税。对与群众生活关系密切的商品实行最高限价制度。对已放开价格的电冰箱、洗衣机、电视机、自行车等商品实行企业订调价申报制度。1992年，商品价格基本放开，先后放开肉类、海产品、服饰、服装、家用电器、文化用品、建筑材料等商品价格，放开18类轻工商品、7类化工商品、9类重工商品价格，初步建立起以市场形成价格为主的价格机制。1993年放开煤炭、水泥价格，调整电力、自来水、石油、供热等价格。1994年将统配化肥的国家定价、省定价和计划外化肥的最高限价统一改为国家指导价。

1997年，国务院颁布《中华人民共和国价格法》，标志着物价管理步入法治化轨道。是年开始，实行企业自主定价为主、政府指导价为辅的价格管理形式。价格管理的重点由管理具体商品的价格向宏观调控管理转变，逐步形成“国家定价、国家指导价、市场调节价”并存，以市场形成价格为主体的价格管理体系。1998年，化肥销售实行政府指导价。2002年，放开汽车运输价格、个体诊所、私立医院医疗服务价格和民办宾馆、饭店、幼儿园、家政服务价格。至2012年底，除水、电、热、气、食盐、成品油、部分药品由国家定价外，其余商品价格已全部放开，实行市场调节。

价格听证工作按照国家有关规定有序开展。2004年开始，胶南市先后对出租车运价、居民生活用水价格、居民供热价格的制定进行听证。2005年5月举行居民供水价格调整听证会，将居民供水价格由1.408元/立方米调整为2.30元/立方米。居民供水价格自该年度8月份抄表日执行新的价格。2008年9月举行居民供热价格调整听证会，将居民供热价格由26.00元/平方米调整为30.00元/平方米。居民供热价格自该年度采暖季执行新的价格。2011年1月举行客运出租车运价调整听证会，将客运出租车运价进行调整。标准型（原普通型、标准型现统称标准型）客运出租汽车基价公里3公里不变，起租费由7元调整为9元；豪华型客运出租汽车基价公里3公里不变，起租费由10元调整为12元。调价同时取消现行每客运车次加收的1元燃油附加费。标准型客运出租汽车由1.20元/车公里调整为1.40元/车公里；

豪华型客运出租汽车由1.70元/车公里调整为1.90元/车公里。该调整标准自2011年3月9日0时起执行。

第二节　收费管理

1987年以前,收费管理主要依附在价格管理范畴内。从20世纪80年代中期以后,国家加强收费制度建设,从最初的自收自支、坐收坐支,逐步改为收支“两条线”管理,并纳入预算管理。收费模式由物价部门和财政部门共同管理收费项目和收费标准,改为收费项目由财政部门会同物价部门审批,收费标准由物价部门会同财政部门审批。1987年以后,放开一般经营性收费,对行政事业性收费实行收费许可证管理和年度审验制度。1993年停止和修改执行涉及农民负担的集资、基金、收费项目文件12件。2000年,对行政事业性收费进行清理,取消和暂停171项,降低16项收费标准。2003年,取消行政事业性收费项目58项,合并收费项目35项。2005年,取消行政事业性收费项目35项。2011年,对行政事业性收费和机关事业单位所属服务机构经营性收费项目和标准进行清理。其中,行政事业性收费年减少收费161万元;经营性收费年减少收费394万元。

统一收费标准方面,1993年制定机动车停放看管费标准。2006年制定住宅物业服务费标准。2007年制定集中供热、城市供水入网费标准,制定了管道燃气入网费和室内安装工程费标准。2008年对集中供热入网费标准进行调整。2012年制定老年公寓收费标准、市民健身馆收费标准。

第三节　监督检查

1988～1997年,先后检查行政、事业、国营、集体单位和个体工商户近5000家,查处各类违价案件307起,查处违价金额208.88万元,对违价单位罚款10.95万元,退还消费者12.15万元。

1998年,先后对医疗卫生、教育、劳动、供电、交通、公路、物业管理、边防、水务、水产等行业的收费情况进行专项检查。1999年,围绕群众关心的热点问题开展农作物种子、粮食、居委会收费、药品价格、医疗收费、电信价格等7项检查。2000年,重点开展人民路明码标价“公平一条街”和利群商厦明码标价“示范店”建设活动,整顿珠山路各大商店的不规范标价,使国有集体流通企业的明码标价率始终保持在95%以上。

2001年,胶南市与青岛市联网的“12358”价格投诉自动接报系统开通。2002年,先后开展涉农收费、粮食价格、农村电价、土地住房建设收费、中小学收费、药品价格和医疗服务收费、工商和集贸市场收费、卫生监督和防疫收费、机动车辆收费、物业管理收费、旅游价格、公路客运票价等专项检查。2003年,围绕“清费、治乱、减负、维权”,开展教育收费专项治理及教育收费公示、农业生产性费用和农民建房收费、医疗收费及药品价格、“十一”黄金周旅游价格等专项监督检查工作。发挥“12358”价格举报电话的作用,共查处价格举报案件25起,对群众的举报,基本上做到“件件有着落,事事有回音”。全年共检查879个单位,处理价格违法案件9起,收缴罚没款16156元,其中没收款9756元,罚款6400元。

2005年,开展“明码实价守诚信,以人为本树形象”活动,对餐饮、娱乐、旅游、商业、行政事业性收费等与人民群众生活密切相关的行业及涉农价格收费公示情况进行检查,检查单位185个,并大力推行价格和收费公示工作,健全市、镇、村三级价格监督网络。2007年,开展“价格服务进万家”活动,于10月1日启用三色商品标价签。2008年,在胶南党建网开辟了新农村信息平台栏目,将物价政策、法律法规、涉农价格收费公示等纳入网络,增强价费公示宣传效果。2011年,开展全市医药卫生服务价格专项检查,检查医疗卫生机构20个,查处违价金额202.89万元。2012年,开展托幼园所收费、医疗机构车辆停放收费、涉农价格和收费、停车场收费、殡葬服务业收费、工商行政管理部门年检收费等10项专项检查,并对年内多次出现的成品油调价情况进行跟踪调查。

第四节　价格服务

价格事务管理　1999年成立胶南市价格认证中心。主要负责全市司法机关、行政执法机关涉案物品的价格鉴定；负责本行政区域内，刑事、民事、经济、行政以及仲裁案件涉及的各种扣押、追缴、没收及纠纷财物（包括土地、房地产、资源性资产、理赔物、抵押物、应税物、无主物、事故车定损、工程造价及其他各种标的）价值进行价格鉴定、认证、评估。1999～2012年参与公安机关案件6500余起，涉案物品认定额1.2亿余元；交通事故定损案件1万余件，价值认定总额1亿余元。2008～2012年，确认古镇口国防工程、董家口建设工程建设涉及地面附着物价值认定50余起，认定总额2亿6千万余元。2009～2012年办理价格鉴证援助200多件，减免价格鉴证费3万余元。

价格信息服务　1992年，物价部门开始进行价格监测，监测范围主要为粮、油、肉、蛋、菜、水产品等农副产品价格及生产资料价格，监测数据由物价部门内部使用。2001年开始每5天监测一次，每月利用《胶南市讯》、电台、物价局网站对价格变化汇总发布一次，同时上报青岛市物价局和胶南市委、市政府。2003年开始农副产品价格每个工作日监测一次，信息发布方式不变。

第六章　审计管理

第一节　国家审计

财政审计　1984～1987年，对财政资金的审计由审计部门联合财政、税务等部门进行财务检查的方式进行。1987～1995年，将财税审计确定为“预算执行审计”，年度财税审计逐渐成为审计工作的重点。1995～2003年，以打假治乱为重点，查处财经领域重大违法违规问题和经济犯罪案件，先后查处了德维集团、自来水公司、六汪财政所、第二高级中学等一批贪污、挪用公款窝案，累计移交纪检监察、司法机关14人次，追究刑事责任8人。

2003～2010年，结合预算执行审计开展“独立型”和“结合型”绩效审计项目21个。2011年1月，市审计局成立财政与社保审计科。在预算执行审计中引入计算机辅助审计技术。截至2012年末，累计查出违规资金14.21亿元，收缴财政收入4213万元，提出审计整改建议50多条，促使被审计单位健全规章制度等文件12件。

经济责任审计　1999年3月成立胶南市经济责任审计办公室，主要负责全市党政机关、事业单位领导干部及市属国有企业、国有控股企业法定代表人任期经济责任审计工作。2000年成立以市长为组长的市经济责任审计工作领导小组，2001年开始运行以组织、纪检、监察、人事、审计五部门（2012年增加财政局、国有资产管理办公室2个成员单位）为成员单位的联席会议制度，形成“组织部门委托、审计机关承办、纪检机关督办、部门各负其责”工作机制。

实施审计对象分类管理，建立市管干部审计对象数据库。对一般行政事业单位领导干部，实施任中抽审，三年一审；对无下属单位、经济业务量比较简单的单位实行离任审计；对重要部门的党政主要领导干部及国有企业领导人员，实施重点监督，每年一审。同时根据干部管理权限，从市管干部到农村干部，按照干部级别实行分层管理。对副科级以上单位“一把手”由审计机关直接实施审计；对股级单位、企业所属法人单位的“一把手”由内审机构实施审计；对乡镇站所、行政村“一把手”由乡镇审计站实施审计。全市经济责任审计监督无缝隙覆盖。

2007年开始探索村干部经济责任审计，形成“镇级全面审计与审计机关受托抽审相结合、市镇两级联合运用审计结果”的村干部监督新模式。

2008年印发实施《胶南市村(居)干部经济责任审计暂行办法》,截至2012年底,共组织实施村干部经济责任审计32个,指导镇街开展村干部经济责任审计302个,查处违规资金2.09亿元,查处私设"小金库"3个,移送纪检机关处理事项两件。

2010年创新实施镇街党政"一把手"经济责任"同步审计"、国有企业董事长和总经理经济责任"同步审计",党政同责、同责同审,把经济决策权、执行权和管理权涉及人员全部纳入审计监督,合理划分经济责任。至2012年末,共对26个镇街的党政"一把手"和1个国有企业的董事长总经理经济责任进行同步审计。该做法在审计署经济责任审计座谈会上作了经验交流。

2011年,实施镇(街)党(工)委书记、镇长(主任)、财政所所长经济责任的"三职联审"。2012年9月,印发实施《关于开展镇(街)党(工)委书记、镇长(主任)、财政所长"三职联审"的指导意见》,并实行《财政所长履行职责的审计报告》制度。至2012年末,共对10个镇(街)实施"三职联审"。国家审计署网站于2011年6月15日以《山东胶南市探索"四个拓展"全面推行镇街干部经济责任"三职联审"》为题进行转发,《大众日报》于2011年7月20日以《胶南探索实施"三职联审"》做了宣传。

2008年开始对业务量小、审计间隔时间较短的离任领导干部实施离任交接,出台实施《胶南市领导干部离任经济责任事项交接办法》。

2011年,探索实施单位内部管理领导干部经济责任审计,出台实施《胶南市单位内部管理领导干部经济责任审计暂行办法》。通过多年的探索,创新"四个联合"机制。与纪检监察、组织人事部门协调联动,实现经济责任审计"联合选项、联合进点、联合调度、联合回访"的"四联合"运行机制,联合对经济责任审计进行全程监督指导和协调配合,提高了经济责任审计的威慑力和影响力。

截至2012年末,市管领导干部进行经济责任审计全覆盖,先后审计486人次,查处违规违纪金额12.48亿元,查处"小金库"12个,涉及金额1062万元,向纪检、检察机关移交经济案件线索6起,其中10人被追究刑事责任,6人被给予党纪处分,3人被撤职。

政府投资审计　1984年开始进行政府投资审计工作。2003年,由市审计局基建科审计人员担任审计组长,聘用青岛子平工程咨询有限公司完成了市人民医院综合楼、市广电大厦等两个政府重大建设项目审计,涉及工程投资总额达2亿多元,核减工程结算值4000多万元。是年10月,市政府印发《关于印发胶南市政府投资项目审计监督管理办法的通知》,规定政府投资项目的审计监督范围、监督内容、组织方式、经费保障等事宜。2004年3月设立胶南市政府投资审计中心,负责对全市政府投资项目概(预)算执行情况和决算(结算)的审计监督。2005年起,政府投资审计中心前移关口,开始对政府重点工程和民生工程实施全过程跟踪审计。2006年对污水处理厂工程(一期)实施效益审计。2009年3月印发《胶南市审计局政府投资项目跟踪审计操作规程》,在国家审计署组织的跟踪审计研讨会上,市审计局作为全国唯一的县级审计机关作了经验介绍。2010年5月,市政府印发《胶南市政府投资项目审计监督管理办法》,进一步明确了政府投资审计的职能,并将镇级结算值30万元以上的政府投资项目纳入审计监督范围,基本实现了政府投资项目的全覆盖审计。2011年5月,通过公开招标选取10家社会信誉高、实力强、审计服务质量好的中介机构参与政府投资审计项目。

市政府召开30个单位主要领导干部经济责任审计集中联合进点会议

至2012年末,共审计政府投资

项目415个，审计投资总额73.72亿元，审减工程造价10.72亿元；对村居改造项目、BT和BOT融资项目、汽车总站等20多个重点项目实施跟踪审计，遏制了工程决算高估冒算、投资效益差、基建领域秩序混乱等问题。

2007年11月8日，胶南市内部审计协会成立

审计信息化建设 2005年开始推进信息化审计。截至2012年末，已将市财政资金及55个市直机关、23个镇（街）和教育、城建系统等多个综合部门的财务、业务数据纳入联网审计范围，基本实现联网审计无缝隙覆盖，数据年度自2004年以来，总数据量4900多万条，建立预警模型47个，审计经验模型330个。通过联网审计平台实施177个审计项目，审计资金量70余亿元，占总预算的97%。

第二节 内部审计

20世纪80年代，基于健全审计监督体系，全县各主管部门和企事业单位开始建立内部审计机构。1988年，全县约60余家机关或企事业单位设有内审机构，配备审计人员近百人。2007年11月8日，胶南市内部审计协会成立，共有单位会员73个，个人会员236名。内审协会成立以来，坚持“管理、服务、宣传、交流”的服务理念，遵照《胶南市人民政府关于内部审计工作的规定》，指导各会员单位健全内审机构，完善内审制度，推动内审工作规范发展。2009年，采取“以审带训”方式，指导乡镇开展村干部经济责任审计，对8个经济强村的书记和主任经济责任进行审计，为2010年村“两委”换届及全面铺开村干部经济责任审计奠定了基础。通过对30个企业事业单位进行调研督导，指导28个单位修订内部规章制度95条，督促提高内审质量。

内审协会注重提升内审人员的素质和能力，先后与市委组织部、市委党校联合举办两期内审干部培训班，22处镇街和市直有关部门的内审人员98人参加了培训，并到南京审计学院参加了高层次培训，内审水平不断提升。

第七章 安全生产监督管理

第一节 宣传培训

1989年，培训企业特种作业人员7期832人；对持证上岗满二年的497名作业人员进行了复审。1996年，考核复审特种作业人员832人，全市特种作业人员持证上岗率达到95%以上。1998年，对200多名安全生产管理干部进行任职资格考试，培训复审特种作业人员1258人，安全干部考核率达到80%，特种工持证上岗率达到95%，新职工三级教育率达到90%以上。2007年，举办全市首届村（居）委会安全生产工作小组工作人员岗前培训班。2010年在全市中小学、幼儿园组织开展“安全伴我在校园，我把安全带回家”为主题

的系列宣传教育活动。2011年开始每年在市委党校举办两期安全生产培训班，每期50人，将安全生产政策理论和法律知识培训列入市委党校领导干部理论教育培训课程。同时将全员安全教育培训与网格化安全监管系统相结合，对三项岗位人员持证上岗情况摸底并建立动态台账，及时组织培训，持证上岗及复审率均达100%。至2012年，共培训三岗人员20865人次。

第二节　依法监督

1988年，对全县33个重点单位的安全生产进行大检查，对查出的135项事故隐患进行了整改。是年，全县发生各类事故7起，重伤3人、死亡6人。1989年检查企业136家，查出事故隐患945项，立即整改的900项，列入整改计划并采取临时防范性措施的45项。1993年，在16处乡镇36家企业中查处150多项隐患，其中8项重大隐患；对危房进行安全技术评估，共查处危房2处51间；对49个单位159个避雷设施进行检测，合格率72%。1996年共查出事故隐患300余项，下达限期整改指令书12份。对查出的4项重大事故隐患逐一落实了整改措施。1998年，推行安全生产目标管理，强化安全生产目标责任制，市政府与54个部门、乡镇签订安全生产目标责任书。层层分解，严格考核。有针对性地对建筑、化工、机械、造纸行业及镇村、外资企业等102家重点行业和企业进行安全生产监督检查，查处各类事故隐患473项，其中重大隐患15项，下达整改指令38份。1999年，市政府与27处乡镇和26个部门签定安全生产责任书53份，并与13个沿海乡镇签订了渔业安全生产责任书，与26个乡镇签订烟花爆竹安全生产责任书。先后组织6次全市范围的安全生产大检查，检查各类企业653户，查处事故隐患500余项，对89个重大危险源进行了排查监控。对12起企业生产事故的21名责任人依法进行了处理。

2000年，市政府与55个乡镇和市直部门签订安全生产责任书。进行3次大规模安全检查，325家企业中查处事故隐患780余项，其中重大事故隐患7项。对锅炉压力容器、起重机械、电梯、避雷等设施进行检测检验。2003年检查企业1230家次，责令生产经营单位停业整顿78家，关闭50家。2004年开展危险化学品从业单位的安全专项检查，检查生产经营单位257家，查出事故隐患810项。2005年，重点开展非煤矿山企业安全生产大检查，检查企业21家，查处事故隐患46项。2006年，查出易发事故行业事故隐患80项，下达整改指令19项。2007年共检查各类企业300余家，下达责令改正指令书144份，下达强制措施6份，暂扣涉案物资2起、价值1万余元，当场行政处罚16起、罚款11700元，一般程序行政罚款5起、罚款63000元。2008年，下达《现场检查记录》342份，《责令改正指令书》89份，下达《强制措施》9份，行政处罚17起计77000元。2009年，突出政府监管责任的落实，开展执法大检查26次，检查企业619家，排查整治各类隐患3666项，下达整改指令122份，取缔查封9家非法企业，责令5家企业停产停业整顿，对6家企业依法实施行政处罚。自2009年开始，与23个镇(街)签订委托执法协议。2010年启用“青岛市安全生产执法监察信息系统”，对检查内容及时录入。2011年，全面推进市镇两级安全生产执法监察工作规范化，全年共检查企业1664家，下达责令改正指令书220份，查处非法违法行为(隐患)2592条，吊销两家烟花爆竹经营许可证，行政处罚7起，罚款5.9万元。是年，工矿商贸企业职业卫生监管职能由市卫生局转移到市安监局。配备防爆型数字测

市政府召开全市安全生产工作会议(2011年拍摄)

尘仪、气体检测仪、声级计等职业卫生监督检查装备。开展粉尘、高毒等严重职业病危害因素专项整治行动,完成工作场所职业病危害项目申报备案企业1406家。

2012年,建立全员执法监察体系,开展全员执法检查1346家次,发现事故隐患169项,下达责令限期整改指令书152份,实施行政处罚19起,罚款28.4万元。

第三节 社会监督

群众举报制度 2001年,试行安全生产监督员和群众举报制度,强化安全生产的社会监督职能。公布安全生产举报电话:86163724,接受群众举报。2012年,依托青岛市"12350"安全生产有奖举报热线平台,完善安全生产举报机制,对受理的举报案件,实行"专人专案",全市共查处群众举报123起,查处率100%。

安全社区创建 2006年开始安全社区创建工作。至2012年,共创建1个省安全社区,7个青岛市安全示范社区,36个青岛市安全社区,91个胶南市安全社区。

第四节 专项整治

1988年,县安监和防疫部门加强尘肺病的治理工作,对全县72个单位的尘毒进行检测,测点达标率为58%,比上年提高17%。对全县159台在用锅炉进行认真检查。对全县的压力容器进行普查登记、建档发证。1989年,安监和防疫部门对全县39个单位的尘毒情况进行检测,331个检测点达标率66%。80个毒点达标39个,对不达标单位限期整改。1990年,检测150个单位的410多个避雷设施,查出危房12.4万平方米,对其中的5处5800平方米较危险厂房采取加固和改建措施。1992年,进行重大隐患的安全技术评估工作,查处重大事故隐患23处,查出危房9处248间,均限期进行整改。1993年,对尘、毒、噪声进行治理,市属企业合格率分别达到60.5%、41.7%和68%,乡镇企业分别达到71.4%、62.4%和61%。全年完成锅炉、压力容器内外部检验400台,对新增、迁移、更新锅炉和压力容器90台进行安装质量监督检查验收,并及时办理了使用登记手续。1995年,开展专业性安全检查,查出危房10处,检验起重机160台,电梯90台,锅炉180台,处理18台锅炉安全隐患,检验压力容器150台。进行尘毒、噪声危害跟踪监测控制,测尘点390个,合格350个,合格率90%。1996年,检验电梯27台、轿式起重机48台、液化石油气站2处、锅炉247台、压力容器140台、"三同时"工程4处,检查避雷设施110处、建筑工地20处,并对13个单位的消防和化学危险物品存放、15个企业女职工和未成年工劳动保护进行了检查。共查出问题和隐患470余项,随后所有事故隐患都得到了整改。1998年对8处建设工程项目进行安全技术评估,检验电梯、锅炉等各类特种设备657台。1999年,共审批新上电梯、起重机械12台次,检测电梯48台、起重机152台、厂机52台,检查避雷设施156处,检验锅炉205台、压力容器110台,校验安全阀350只,无损检测14处,对全市34处液化气站进行了安全检查,对发现的设备事故隐患限期进行整改。2000年检测电梯28台、起重机80台、厂机30台、锅炉190台、压力容器161台,检验液化气站39处,避雷设施180处,培训复审特种作业人员328人。

2001年开始,除常规执法检查外,每年结合季节特点、事故发生情况等开展专项执法检查。是年,对全市165处非煤矿山进行专项安全检查。2002年开展危险化学品、矿山和采石场、道路和水上交通等10个方面的安全生产专项整治。2003年开展道路和水上交通及水上生产、公众聚集场所、民用爆破器材和烟花爆竹、危险化学品、非煤矿山、特种设备(含锅炉、压力容器、压力管道和起重机械)、建筑安装、生产生活用电、食品卫生、森林防火10项安全生产专项整治。全年共整治396家企业,查处事故隐患1351项,下达《安全监察限期整改通知书》274份。2004年,汲取莒南酒精储罐爆炸事故教训,对易发生群死群伤事故的危化品、大型锅炉、大型商场、劳动密集型企业等4个重点行业进行为期3天的安全生产大检查,检查生产经营单位40家,重大危险源34个,查处事故

隐患 121 项，下达责令限期整改指令书 31 份。2006 年，对已发放安全责令限期生产许可证的 71 家非煤矿山进行专项检查，下达责令限期整改指令书 13 份。2007 年，治安拘留非法制作烟花爆竹违法嫌疑人 79 人，取缔 67 家无证经营者，查处 38 家违规经营业户，收缴烟花爆竹 160 余万响。2008 年开展“隐患治理年”活动，确定青岛市级、胶南市级、部门镇级事故隐患 167 项，查获非法生产、经营、储存、运输烟花爆竹案件 26 起，治安拘留 33 人，收缴烟花爆竹 65 余万响。2010 年，开展烟花爆竹百日安全专项整治活动，共查获非法生产、经营、储存、运输烟花爆案件 26 起，其中：刑事案件 1 起，刑事拘留 1 人；治安案件 25 起，治安拘留 30 人。收缴烟花爆竹 133 万余响，原材料用纸 372 千克。

2012 年，继续对危化品、非煤矿山和烟花爆竹领域实行分级分类监管，与各镇（街）执法中队签订委托执法协议。全年共检查企业 923 家次，下达责令限期整改指令书 365 份，查处隐患 423 条，隐患整改率 100%。

第八章　食品药品监督

2002 年以前，卫生监督执法工作由市卫生部门承担。2002 年 1 月胶南市药品监督管理局成立，2004 年 12 月更名为胶南市食品药品监督管理局。承担综合监督、组织协调查处食品药品安全重大事故职能。2011 年 9 月，市卫生局餐饮服务许可、餐钦食品监管和保健食品、化妆品卫生监督职能划归市食品药品监管局管理。2012 年 3 月，食品安全综合协调职能移交至胶南市食品安全委员会。

第一节　食品卫生监督

1988 年，全县共有食品生产、经营单位 5518 家，从业人员 9848 人。是年 7 月召开全县食品卫生工作会议，要求饭店、招待所落实分餐制，分餐落实率达 80%。全年共处罚食品卫生违法业户 135 家。发放“公共场所卫生许可证”45 个，举办公共场所从业人员培训班 3 期，培训人员 400 余人。对 237 处存在尘、毒、害因素的企业建立职业卫生档案。全年进行职业卫生查体 12000 人，查出职业禁忌证 21 例。1990 年 5 月，省卫生厅命名胶南为“食品卫生达标县”，年内组织专项执法检查 7840 单位次。对两例电焊工尘肺患者和 1 例慢性苯中毒患者进行规范治疗和随访观察。至 1991 年，连续 6 年未发生集体性食物中毒事件。1992 年，全市新增食品加工经营业户 679 户，按照省食品卫生达标市考核标准要求，统一印制配发了“卫生制度”、《食品卫生法》及卫生知识挂图，监督指导部分宾馆、饭店、招待所等餐饮单位进行基础设施改造，基本实现了“灶房磁瓦化、烟污双排化、消毒蒸汽化、布局合理化”的要求。全市无职业中毒事件发生，对 31 名不符合工作岗位条件要求的职业禁忌症人员进行岗位调离。1993 年，加强有毒有害作业点监测，监测 268 家企业的尘、毒、噪作业点 595 个。

1994 年，卫生部授予胶南“全国食品卫生示范市”称号，成为青岛市首家国家级食品卫生示范市。对全市 29 家单位的 41 台 X 光机进行漏射线监测 454 个点次，合格率 99.1%。

1995 年，《中华人民共和国食品卫生法》（以下简称《食品卫生法》）正式颁布施行。受市卫生局委托，市卫生防疫站继续履行食品卫生执法职责。1998 年 3 月，市卫生防疫站被卫生部评审为“县级一等站”。是年核发卫生许可证 3896 个，监测检验 14 类食品 1089 份，平均合格率 95%。劳动卫生以监测治理生产性有害因素为重点，对 82 家企业的 1130 个有害因素作业点进行监测，合格率为 81.4%。2000 年 4 月，胶南市泰兴皮件有限公司食堂发生亚硝酸盐集体性食物中毒事故，中毒 166 人，无死亡人员。

2009 年 3 月 26 日，召开全市食品药品安全工作暨创建国家级食品安全示范市表彰会议

2003 年防“非典”工作期间，出动检查车辆 300 余车次、1200 余人次，监督检查 2100 个公共场所单位，下达整改通知书、意见书 1600 多份，发放宣传材料 20 余万份。是年下半年开始推行卫生监督量化分级管理试点工作，对 4 家餐饮企业发放“食品卫生放心单位”证书。集中查处了王台无证酿酒和销售病死鸡两起大案。监督检查各类医疗机构 166 家，行政处罚 27 家，取缔非法行医 15 家，吊销“医疗机构执业许可证”2 家。2004 年，开展预防河鲀鱼等有毒有害动植物食物中毒、餐饮业预防食物中毒专项检查、全市食品安全专项整治、预防禽流感疫情专项检查。阜阳劣质奶粉事件后开展了全市销售行业专项检查。查处 9 处黑豆腐加工窝点，收缴违法豆制品 1500 余千克。实施各类行政处罚 107 起，罚款金额 307796 元。2006 年，在各镇（街）设立卫生监督与疾病控制工作站。开展“打击口腔非法行医”专项检查，共检查医疗机构 87 家，下达责令整改意见书 27 家，立案查处 6 家。2007 年，继续推行食品卫生监督量化分级管理制度，评出食品卫生 A 级信誉度单位 6 家，B 级信誉度单位 88 家，C 级信誉度单位 564 家，量化分级管理率达到 95% 以上。查处违法案件 111 起，其中食品卫生案件 76 起，公共场所卫生案件 1 起，医疗机构案件 32 起，职业卫生案件 2 起。2008 年，重点开展为期 5 个月的“2008 青岛（残）奥帆赛卫生监督保障”蓝盾行动和全市公共场所卫生量化分级管理工作。

2009 年，积极参与支援汶川震后建设，派出两名卫生监督员对口支援北川羌族自治县，其中 1 人被北川羌族自治县委授予“优秀援川干部”荣誉称号。组织参与第十一次全运会青岛赛区卫生保障工作，对 10 家食品生产经营单位、9 家医疗机构、3 家企业的违法行为实施行政处罚。2010 年，开展打击非法行医专项行动，监督检查各级各类医疗机构 2196 家次，限期整改 45 家，查处举报 25 家，依法取缔无证行医 12 家，立案处罚 9 家，罚款 11000 元，没收药品、器械案值 3000 余元。申报职业危害项目的企业 263 家，全年共监督检查危害企业单位 263 家，对 12 家企业提出整改意见。

2011 年，对各类餐饮单位、职业危害企业等开展专项整治 21 次，检查 14570 户次。检查各类医疗机构 1920 户次，查处投诉举报 27 起，依法取缔无证行医业户 22 家，立案处罚 20 户次，罚款 3.6 万元，没收药品、器械案值 8000 余元。是年 3 月和 11 月，市卫生防疫站分别将工矿、商贸作业场所职业卫生执法职责划转至市安监局，将食品卫生执法职能划转至市食品药品监管局。

2011 年 9 月至 2012 年 12 月，共受理 1027 家单位的餐饮服务许可申请，发放餐饮服务许可证 780 家，备案登记学生“小饭桌”83 家。其间，先后组织开展学校食堂、“小饭桌”、农村和基层餐饮服务单位、餐厨废弃油脂、肉类产品安全、食品添加剂使用等各类专项整治 23 次，保障了“两节两会”、杜鹃花会、中高考试等餐饮活动安全。共检查餐饮服务单位 6700 余家次，立案查处餐饮违法案件 176 起，罚款 30.6 万元，餐饮单位监督覆盖率达 100%。签订餐饮服务食品安全承诺书 1400 余份。受理投诉举报 167 起，群众对处理结果满意度达 100%。

2012 年 3 ~ 10 月，开展餐饮环节无证经营清理整顿。采取“疏堵结合、分类监管、综合治理”的方式，对 836 家无证经营业户下发限期整改通知书，其中 652 家通过申报审核获得“餐饮服务许可

证”，查处无证业户 107 家，全市餐饮业户持证率由年初的 51.2% 提高到 92.7%。是年，对餐饮服务食品安全自行检测 688 批次，其中，水产品 8 批次、食品相关产品 50 批次、食用油 10 批次、节日食品（粽子、元宵、月饼）10 批次、饮料类 10 批次、食品容器 600 批次，检测合格率为 95.2%。配合省食药监部门完成国家餐饮服务食品安全评价性抽验 76 个批次。是年 5 月，全面启动餐饮服务食品安全监督量化分级管理，将量化等级分为动态等级和年度等级监督评价管理。1028 家餐饮单位被纳入量化分级评定，其中，学校食堂、大中型餐馆、集体配送餐单位、企事业食堂已全部完成动态评级，公示率达 100%。同时为 1347 家餐饮单位建立纸质档案和电子监管诚信档案。印发《餐饮服务单位负责人约谈制度》，对存在严重违法违规行为、未及时消除食品安全隐患的餐饮服务单位，视情节分层次约谈单位负责人。是年 8 月，依法对全体餐饮服务单位管理人员和从业人员进行岗前培训。先后培训 68 期 5000 余人。是年检查各类医疗机构 876 家 1752 户次，依法取缔无证行医 30 家，立案处罚 13 家，罚款 49000 元，没收药品 23 箱、医疗器械 36 件。

截至 2012 年底，全市共有餐饮业户 1486 家，其中持餐饮服务许可证的 1378 家（特大型餐馆 2 家，大型餐馆 51 家，中型餐馆 299 家，小型餐馆 615 家，快餐店 74 家，小吃店 20 家，饮品店 7 家，学校食堂 161 家，工地食堂 12 家，企事业单位 131 家，集体用餐配送单位 6 家）；无证 108 家。全市餐饮服务环节从业人员 9000 余人，持健康证明及食品安全知识培训合格证明者 8729 人。

第二节　药品质量管理

1988 年，全县共有 10 家药品经营单位达到药品经营企业条件，由县卫生局核发“药品经营许可证”。1990 年，查处一起沉香、乌梢蛇、肉桂、焦山楂等假劣药品案，没收假劣药品 141 千克，没收非法所得 9100 元，罚款 3130 元。1994 年，查处六汪镇一例无证经营天麻丸案，价值 12 万元。1998 年，对全市基层药品经营单位药品质量进行全面检查，检查医院 40 个，村卫生室 1022 个，个体医 66 个，企业卫生室 21 个。2002 年聘用 87 名兼职药品监督员，配备 2 辆药品监督专用车，增加药品检验技术人员 7 人。2004 年，分别在药品（器械）生产、经营、使用单位中建立诚信奖惩机制。开始每年对药品从业人员进行培训。印发《胶南市药品不良反应（ADR）监测工作实施方案》，市药品监督管理局成立监测站、各大医院成立监测组、各乡镇卫生院成立监测点，建立药械不良反应监测三级网络。是年，为部分企业安装 GSP 认证软件系统，逐步推动 GSP 认证工作。2005 年，印发《关于加强药品监管供应销售网络建设的实施意见》，确定 4 家规模较大的药品零售连锁企业设置便民药柜，建立 3 个镇级药品配送供应中心。聘请市、镇、村药品监督联络员 1138 名。实施“阳光稽查”，增强专项检查的计划性。累计检查涉药单位 856 家，查处违法违规单位和个人 46 个，查处群众举报案件 22 起，查处落实率 100%。2006 年印发《胶南市药品不良反应管理制度》《胶南市药品不良反应考核办法》，加强监测工作。制定《全市药品安全突发事件应急预案》，建立药品应急处理预案及应急处理（处置）制度，制定《操作手册》，开展药品应急处置演练。2009 年，实施“网格化”监管模式，逐级逐人签订监管责任书，实施监管责任制和责任追究制。是年建立 15 个标杆示范店，并组织 400 多家药品零售企业召开 15 场兴奋剂治理现场会进行观摩指导。与 5 家规模经营企业建立定期约谈制度，监管人员与网格内的单体经营药店建立联系人制度。

2010 年开始药品使用质量规范化管理工作，对 689 家医疗机构的现场进行检查验收。制定《关于开展清理家庭小药箱建立回收过期失效药品长效机制的意见》，在药品经营企业设立过期失效药品回收登记簿和“回收箱”，完善企业过期失效药品集中销毁和家庭过期失效药品回收长效机制，强化广大群众安全用药的意识。2012 年已在 457 家药店内设立了过期失效药品回收登记簿和回收专用箱，并对价值 80 余万元的过期失效药品进行集中销毁。2011 年开始对 457 家药品经营店建立电子档案和纸质档案，建立基本药物品种监

管档案。实施分级动态管理，实行差别化监管。

2012 年，把城乡结合部和农村药品市场作为重点抽验区域，抽验 105 批次，合格率达 99.7%。对铬超标药用胶囊进行专项整治，生产企业召回 72622 盒（板），暂停销售使用铬超标胶囊剂药品 35480 粒。是年底，共有药品经营商 457 家，其中药品批发企业两家，药品零售连锁企业两家。

第三节　药品研制生产管理

1988 年，对全县 25 个普通制剂室和 6 个灭菌制剂室进行整顿；为所有从事药品生产、经营的企业和配制剂室核发“三证”。1991 年，市财政出资 120 万元购置先进质控设备，开展药品研制生产企业的评价性管理。1995 年完成 15 个药品研制生产单位的 23 个评价性抽验品种，共 178 批，其中不合格 5 批。1998 年，全市所有药品研制生产单位和普通制剂室、灭菌制剂室全部通过省、市验收。2002 年，举办全市药品研制生产企业质检技术人员学习班，培训人员 600 余人次。

2005 年，青岛东海制药有限公司通过 GMP 认证。2006 年重点加强东海药业、明月海藻等大型医药生产企业的诚信监管，促进诚信经营，树立诚信典范，增强其行业竞争和国际竞争能力。是年，制定实施《胶南市药品安全信用体系建设试点方案》，全面推行药品生产经营资质审查制度、进药销售登记制度、索证索票制度、信息定期报告和公布制度、不良行为记录制度、抽查检验披露制度、责任追究制度等，建立健全药品生产企业信用档案，积极探索设立药品安全信用征集和评价披露体系，组织开展信用评价，提高生产企业的责任意识和质量诚信意识。

2007 年，确定“生产抓质量、流通重规范、使用保安全”的药品安全工作方针，围绕生产、流通、使用三大环节开展对药品、医疗器械市场的专项整治。2009 年，坚持和完善驻厂监督员制度，通过驻厂监督、跟踪检查，抓好药品生产安全源头治理。坚持和完善药品企业联系人制度，加强对企业的业务指导和服务，保障各项政策措施有效落实。2011 年，根据《医疗机构制剂监督管理办法》和《药品生产质量管理规范》要求，对两家医疗机构制剂室、三家药品生产企业进行有效监管。

2012 年，市食品药品监管局先后与青岛明月海藻集团、青岛东海药业有限公司、青岛胶南医药有限公司和青岛春天连锁有限公司等企业建立联席会议制度，加强对企业的信息支持和智力服务。是年，开展药品生产领域集中整治行动，严查药品生产企业未按处方和工艺规程、擅自接受药品委托加工、原料把关不严等行为。

第四节　医疗器械质量管理

1988 年，监督检查医疗器械经营企业 3 家、医疗器械使用单位 60 多家次，立案并且结案 2 起，罚没款 2 万元。1992 年，对已取得医疗机构执业许可证的 26 家定制式义齿使用单位进行专项检查。1996 年，建立医疗器械管理制度和台账。1999 年，组织开展隐形眼镜及护理液无证经营行为的专项打击和曝光，立案 2 起，罚款 6000 元。2002 年，在乡镇卫生院以上医疗机构开展有关药品医疗器械不良反应事件监测工作。2004 年开始建立医疗器械生产、经营企业监管诚信档案。对镇以上医疗机构购进医疗设备进行登记备案和检查。2011 年，重点检查生产企业的医疗器械生产质量管理规范情况。

2012 年，围绕“高风险医疗器械回头看”活动对经营环节进行专项整治。是年，共有医疗器械生产企业 3 家，医疗器械经营企业 47 家。

第十七篇

政　　党

全省推广为民服务代理制现场会

胶南经济开发区楼宇党支部揭牌仪式

中国共产党胶南市第九次代表大会

第一章　中国共产党胶南市委员会

第一节　工作机构

2008 年 5 月 20 日，中共胶南市委第十二届八次全体（扩大）会议召开

1984 年 1～7 月，全县机构改革。改革后，县委设办公室、组织部、宣传部、统战部、企业政治工作部、农村工作部、政法委员会，并设置县纪律检查委员会、机关党委等部门。县委辖党委 44 个、党总支 19 个、党支部 1665 个，有党员 39130 名。

1991 年 1 月，中共胶南县委员会改称中共胶南市委员会，县委各工作部门改为市委工作部门。市委辖党委 51 个、党总支 64 个、党支部 2013 个，有党员 45250 名。

1993 年 7～12 月，全市机构改革。改革后，市委设置工作部门 5 个。市委辖党委 58 个、党总支 80 个、党支部 2175 个，有党员 47603 名。

2001 年 9～12 月，全市机构改革。改革后，市委设置工作部门 7 个，即市纪律检查委员会机关、市委办公室、市委组织部、市委宣传部、市委统一战线工作部、市委政法委员会、市委市直属机关工作委员会，另有部门管理机构 2 个（市委老干部局，市委、市政府信访局）、派出机构 1 个。市委辖党委 76 个、党总支 84 个、党支部 2053 个，有党员 54146 名。

2012 年 12 月，根据当年 9 月国务院的批复，撤销青岛市黄岛区、县级胶南市，设立新的青岛市黄岛区。截至 2012 年 11 月，全市共有党委 91 个、党总支 83 个、党支部 2627 个，有党员 61119 名。

1990 年 4 月 1 日，中共胶南县第八次代表大会开幕

第二节　党员代表大会

中共胶南县第七次代表大会　1987 年 5 月 22～24 日召开。出席大会的正式代表 399 名，候补代表 38 名。大会审议通过张旭升代表六届县委作的《坚持四项基本原则，坚持改革开放搞活，为把全县社会主义现代化建设继续推向前进而奋斗》的工作报告和县纪律检查委员会的工作报告。大会选举产生了新一届中共胶南县委员会，选出县委委员 31 名，候补委员 6 名，同时选举产生了县纪律检查委员会。七届一次全委会选出县委常委 9 名，书记1 人，副书记 3 人。

中共胶南县第八次代表大会 1990年4月1～5日召开。出席会议的正式代表449名，列席人员33名。会议审议通过战德俊代表七届县委作的《加强党的领导，坚持群众路线，为进一步稳定局势，发展经济，振兴胶南而努力奋斗》的工作报告和县纪律检查委员会的工作报告。会议选举产生了中共胶南县第八届委员会和县纪律检查委员会。中共胶南县第八届委员会由32人组成，委员27名，候补委员5名。八届一次全委会选出县委常委9名，书记1人，副书记3人。

中共胶南市第十一次代表大会会场

中共胶南市第九次代表大会 1995年3月1～4日召开。出席会议的正式代表449名，列席人员38名。会议审议通过王寿志代表八届市委作的《解放思想，开拓前进，为把胶南建设成为沿海开放的经济强市而奋斗》的工作报告和市纪律检查委员会的工作报告。会议选举产生了中共胶南市第九届委员会和市纪律检查委员会。中共胶南市第九届委员会由36人组成，委员31名，候补委员5名。九届一次全委会选出市委常委11名，书记1人，副书记3人。

中共胶南市第十次代表大会 1998年1月6～8日召开。出席会议的正式代表459名，列席人员54名。会议审议通过于风华代表九届市委作的《高举伟大旗帜，锐意开拓进取，为建设繁荣富裕文明的现代化沿海开放的经济强市而奋斗》的工作报告和市纪律检查委员会的工作报告。会议选举产生了中共胶南市第十届委员会和市纪律检查委员会。中共胶南市第十届委员会由37人组成，委员31名，候补委员6名。十届一次全委会选出市委常委11名，书记1人，副书记3人。

中共胶南市第十一次代表大会 2003年1月10～12日召开。出席会议的正式代表451名，列席人员57名。会议审议通过张大勇代表十届市委作的《与时俱进，执政为民，为全面建设更高水平的小康社会而奋斗》的工作报告和市纪律检查委员会的工作报告。会议选举产生了中共胶南市第十一届委员会和市纪律检查委员会。中共胶南市第十一届委员会由37人组成，委员31名，候补委员6名。十一届一次全委会选出市委常委11名，书记1人，副书记4人。

2011年12月26日，中国共产党胶南市第十三次代表大会开幕

中共胶南市第十二次代表大会 2007年1月1～4日召开。出席会议的正式代表367名，列席人员70名。会议审议通过张大勇代表十一届市委作的《以科学发展观统领全局，为建设青岛西海岸都市新区经济新区科教新区和谐新区而努力奋斗》的工作报告和市纪律检查委员会的工作报告。会议选举产生了中共胶南市第十二届委员会和市纪律检查

委员会。中共胶南市第十二届委员会由46人组成，委员39名，候补委员7名。十二届一次全委会选出市委常委11名，书记1人，副书记2人。

中共胶南市第十三次代表大会　2011年12月26～28日召开。出席会议的正式代表367名，列席人员54名。会议审议通过万建忠代表十二届市委作的《坚持科学发展，加快转型跨越，为建设青岛现代化国际新城区而奋斗》的工作报告和市纪律检查委员会的工作报告，选举产生了中共胶南市第十三届委员会和市纪律检查委员会。中共胶南市第十三届委员会由46人组成，委员39名，候补委员7名。十三届一次全委会选出市委常委11名，书记1人，副书记2人。

1988～2012年胶南历届市(县)委领导成员任职情况一览表

表17－1－1

届　别	职 务	姓 名	籍 贯	任职时间
第七届(1987.5～1990.4)	书记	张旭升	山东昌乐	1987.5～1988.12
		战德俊	山东胶州	1988.12～1990.4
	副书记	战德俊	山东胶州	1987.5～1988.12
		王寿志	山东平度	1987.5～1990.4
		李增勇	山东胶南	1989.2～1990.4
		王明顺	山东潍坊	1987.5～1990.4
	常委	张旭升	山东昌乐	1988.12离职
		战德俊	山东胶州	1987.5～1990.4
		王寿志	山东平度	1987.5～1990.4
		李增勇	山东胶南	1989.2～1990.4
		王明顺	山东潍坊	1987.5～1990.4
		孙植正	山东青岛	1987.5～1990.4
		王增实	山东胶南	1987.5～1990.4
		杨建林	山东胶南	1987.5～1990.4
		李祥启	山东胶州	1987.5～1990.4
		郤清孝	山东胶南	1987.5～1990.4
		刘锡政	山东高密	1989.10～1990.4

续表 17－1－1

届别	职务	姓名	籍贯	任职时间
第八届（1990.4～1995.3）	书记	战德俊	山东胶州	1990.4～1992.7
		王寿志	山东平度	1992.7～1995.3
	副书记	王寿志	山东平度	1990.4～1992.7
		李增勇	山东胶南	1990.4～1994.5
		于风华	山东胶州	1994.8～1995.3
		王增实	山东胶南	1990.4～1992.10
		王怀岳	山东胶南	1992.6～1994.8
		刘锡政	山东高密	1993.1～1995.2
		单继林	山东胶南	1994.8～1995.3
		李祥启	山东胶州	1994.8～1995.3
	常委	战德俊	山东胶州	1990.4～1992.7
		王寿志	山东平度	1990.4～1995.3
		李增勇	山东胶南	1990.4～1994.5
		于风华	山东胶州	1994.8～1995.3
		王立志	山东胶南	1994.8～1995.3
		王增实	山东胶南	1990.4～1992.10
		万邦合	山东胶南	1990.4～1992.10
		刘锡政	山东高密	1990.4～1995.2
		杨建林	山东胶南	1990.4～1993.1
		李祥启	山东胶州	1990.4～1995.3
		赵泽斌	山东胶南	1990.4～1995.3
		王怀岳	山东胶南	1992.6～1994.8
		单继林	山东胶南	1992.10～1995.3
		姜志凤（女）	山东蓬莱	1993.1～1995.3
		袁学法	山东诸城	1993.1～1995.3
		潘盛国	山东即墨	1993.1～1995.3
		王学海	山东胶南	1994.8～1995.3

续表 17－1－1

届 别	职 务	姓 名	籍 贯	任职时间
第九届（1995.3～1997.12）	书记	王寿志	山东平度	1995.3～1997.2
		于风华	山东胶州	1997.2～1997.12
	副书记	于风华	山东胶州	1995.3～1997.2
		王立志	山东胶南	1997.12 任职
		单继林	山东胶南	1995.3～1997.12
		李祥启	山东胶州	1995.3～1997.12
		张元禄	山东青岛	1997.12 任职
		袁学法	山东诸城	1997.12 任职
	常委	王寿志	山东平度	1995.3～1997.2
		于风华	山东胶州	1995.3～1997.12
		王立志	山东胶南	1995.3～1997.12
		单继林	山东胶南	1995.3～1997.12
		李祥启	山东胶州	1995.3～1997.12
		张元禄	山东青岛	1997.12 任职
		袁学法	山东诸城	1995.3～1997.12
		姜志凤（女）	山东蓬莱	1995.3～1997.12
		赵泽斌	山东胶南	1995.3～1996.4
		潘盛国	山东即墨	1995.3～1997.12
		王学海	山东胶南	1995.3～1997.12
		丁守运	山东胶南	1995.3～1997.12
		辛启鑫	山东青岛	1995.4～1997.12
		钟安利	山东青州	1996.5～1997.12
		吉兴亮	山东临朐	1997.12 任职

续表 17 –1 –1

届别	职务	姓名	籍贯	任职时间
第十届（1998.1～2003.1）	书记	于风华	山东胶州	1998.1～1999.11
		刘　泳	四川遂宁	1999.11～2002.12
		张大勇	山东安丘	2002.12～2003.1
	副书记	王立志	山东胶南	1998.1～1999.11
		于　睿	山东即墨	1999.11～2002.12
		郑卫星	山东莱西	2000.1～2003.1
		张元禄	山东青岛	1998.1～1998.7
		袁学法	山东诸城	1998.1～2000.2
		孙本玉	山东胶南	1998.7～2001.2
		逄胜波	山东胶南	2001.6～2003.1
		吉兴亮	山东临朐	2001.9～2003.1
		吕明江	山东胶南	2001.9～2002.12
		李曙光	山东惠民	2002.12～2003.1
	常委	于风华	山东胶州	1998.1～1999.11
		刘　泳	四川遂宁	1998.1～2002.12
		张大勇	山东安丘	2002.12～2003.1
		王立志	山东胶南	1998.1～1999.11
		于　睿	山东即墨	1999.11～2002.12
		郑卫星	山东莱西	2000.1～2003.1
		张元禄	山东青岛	1998.1～1998.7
		袁学法	山东诸城	1998.1～2000.2
		孙本玉	山东胶南	1998.1～2001.2
		逄胜波	山东胶南	2001.2～2003.1
		吉兴亮	山东临朐	1998.1～2003.1
		吕明江	山东胶南	1998.1～2002.12
		李曙光	山东惠民	2002.12～2003.1
		车仁慧	山东即墨	2002.12～2003.1
		宋建文	山东胶州	2000.1～2003.1
		钟安利	山东青州	1998.1～1998.7
		逄增波	山东胶南	1998.1～2000.1
		马承义	山东胶南	1998.1～2000.1
		韩守信	山东即墨	1998.5～2001.11
		傅清卿	山东平度	2000.1～2003.1
		韩连德	山东青岛	2002.12～2003.1
		高田义	山东胶州	2001.10～2003.1
		李文军	山东莱州	1998.10～2002.8
		曹延亮	山东青岛	2000.1～2002.12
		孔繁霈	山东曹县	2002.8～2003.1

续表 17－1－1

届 别	职 务	姓 名	籍 贯	任职时间
第十一届（2003.1～2007.1）	书记	张大勇	山东安丘	2003.1～2007.1
	副书记	郑卫星	山东莱西	2003.1～2005.1
		王君庭	山东安丘	2005.1～2007.1
		逄胜波	山东胶南	2003.1～2004.7
		吉兴亮	山东临朐	2003.1～2007.1
		傅清卿	山东平度	2003.1～2004.12
		李曙光	山东惠民	2003.1～2006.12
		韩连德	山东青岛	2004.12～2006.12
	常委	张大勇	山东安丘	2003.1～2007.1
		郑卫星	山东莱西	2003.1～2005.1
		王君庭	山东安丘	2005.1～2007.1
		逄胜波	山东胶南	2003.1～2004.7
		吉兴亮	山东临朐	2003.1～2007.1
		傅清卿	山东平度	2003.1～2004.12
		李曙光	山东惠民	2003.1～2006.12
		车仁慧	山东即墨	2003.1～2004.12
		韩连德	山东青岛	2003.1～2006.12
		高田义	山东胶州	2003.1～2007.1
		孔繁霈	山东曹县	2003.1～2005.2
		佟海燕（女）	河北唐山	2003.1～2007.1
		刘福斌	山东青岛	2003.1～2007.1
		于东明	山东青岛	2006.12～2007.1
		封洪海	山东胶南	2004.12～2007.1
		李德沛	山东即墨	2005.5～2007.1
		张　忠	山东胶南	2005.12～2006.12
		杨东亮	山东招远	2006.12～2007.1
		陈大维	山东青岛	2006.12～2007.1

续表 17－1－1

届 别	职 务	姓 名	籍 贯	任职时间
第十二届（2007.1～2011.12）	书记	张大勇	山东安丘	2007.1～2010.4
		万建忠	江苏启东	2010.4～2011.12
	副书记	王君庭	山东安丘	2007.1～2007.6
		姜军建	山东即墨	2007.6～2011.11
		路玉军	山东泰安	2011.11～2011.12
		吉兴亮	山东临朐	2007.1～2008.2
		于　洋	山东莱西	2007.4～2010.12
		高田义	山东胶州	2008.5～2011.12
		佟海燕（女）	河北唐山	2011.12 任职
	常委	张大勇	山东安丘	2007.1～2010.4
		万建忠	江苏启东	2010.4～2011.12
		王君庭	山东安丘	2007.1～2007.6
		姜军建	山东即墨	2007.6～2011.11
		路玉军	山东泰安	2011.11～2011.12
		吉兴亮	山东临朐	2007.1～2008.2
		于　洋	山东莱西	2007.4～2010.12
		高田义	山东胶州	2007.1～2011.12
		佟海燕（女）	河北唐山	2007.1～2011.12
		刘福斌	山东青岛	2007.1～2011.11
		于东明	山东青岛	2007.1～2011.11
		封洪海	山东胶南	2007.1～2011.11
		李德沛	山东即墨	2007.1～2007.3
		杨东亮	山东招远	2007.1～2011.12
		陈大维	山东青岛	2007.1～2009.7
		李汉洲	山东胶州	2007.3～2010.12
		李红兵	山东蓬莱	2008.5～2011.12
		张忠	山东胶南	2011.11～2011.12
		周国栋	山东茌平	2010.12～2011.11
		刘守君	山东即墨	2009.7～2011.12
		庄乾玉	山东莒县	2010.12～2011.12
		丁继恕	山东胶州	2011.11～2011.12

续表 17－1－1

届别	职务	姓名	籍贯	任职时间
第十三届（2011.12～2012.11）	书记	万建忠	江苏启东	2011.12～2012.11
	副书记	路玉军	山东泰安	2011.12～2012.11
		佟海燕（女）	河北唐山	2011.12～2012.11
	常委	万建忠	江苏启东	2011.12～2012.11
		路玉军	山东泰安	2011.12～2012.11
		佟海燕（女）	河北唐山	2011.12～2012.11
		杨东亮	山东招远	2011.12～2012.11
		李红兵	山东蓬莱	2011.12～2012.11
		张　忠	山东胶南	2011.12～2012.11
		刘守君	山东即墨	2011.12～2012.11
		庄乾玉	山东莒县	2011.12～2012.11
		张建国	河北香河	2011.12～2012.11
		丁继恕	山东胶州	2011.12～2012.11
		张新竹	山东青岛	2011.12～2012.11

第三节　重大决策

1988 年 3 月 8 日，胶南县被国务院列为沿海经济开放区。随后，县委、县政府制定深化经济体制改革的综合方案，对国营、集体、乡镇企业以及粮食生产、基地建设等分别制定鼓励政策。7 月上旬完成国营、集体企业承包经营。

1989 年 3 月 10 日，县委、县政府印发《胶南县 1989 年全面深化改革的要求》，就如何深化企业改革、深化外贸体制改革、深化农村改革、深化流通体制改革、深化各项配套改革（包括住房制度改革、科技体制改革、卫生体制改革、教育体制改革）等要点做了具体说明，要求各乡镇、各部门、各单位做到改革与经济建设密切结合、全面深化改革与治理整顿密切结合、微观搞活与宏观调控密切结合、经济体制改革与政治体制改革密切结合。

1990 年 3 月 2 日，县委印发《关于进一步治理整顿和深化改革的实施意见》，要求在努力改善产业结构和产品结构，不断提高经济效益、企业素质和科技水平的基础上，保持适度的经济增长率；加强农业基础地位，农业总产值力争每年增长 3.5%，2 年内增长粮食 3 万吨；严格控制固定资产投资规模，全县固定资产投资基本保持上年水平；保持当年财政收支平衡，力争财政收入增长率不低于 10%；严格控制物价，力争全县零售物价上涨幅度逐年有所降低；努力增加出口，全县出口商品收购总值的增长速度要高于工农业总产值的增长速度，平均每年增长 15% 以上；继续使人民生活得到改善，全县职工人均工资收入和农民人均纯收入平均每年增长 6%。是年 12 月 3 日，县委、县政府印发《关于大力发展水产生产的意见》，提出：水产生产要坚持以养为主，养殖、捕捞、加工并举，鱼、虾、贝、藻、海珍品生产全面发展，贸工渔一体化经营。到 1992 年，全县水产品总量力争突破 6 万吨，海水养殖面积达到 2666.67 公顷，养殖产量达到 3 万吨以上，水产总收入突破 2 亿元。

1991 年 5 月，市委、市政府印发《关于奋战 5 年全面绿化胶南的决定》，提出 5 年内平均每年完成造林 560 公顷以上，四旁植树 126 万株；到 1995 年末，林木覆盖率达到 35%。

1992 年 2 月 12 日，市委、市政府确定今后发展水产生产的基本思路和建设“海上胶南”的发展战略。即以发展渔业生产，壮大集体经济，走共同

富裕道路为出发点，深化改革，完善政策，坚持以养为主，养殖、捕捞、加工并举，鱼、虾、贝、藻、海珍品生产全面发展，贸工渔一体化经营，使水产生产规模、水平、产量、效益年年都有新的突破。每年水产养殖面积增加666.67公顷，水产品总产量增加1万吨，到“八五”期末，浅海滩涂养殖面积和产量分别比“七五”期末增长2.2倍和1.5倍；渔业产值达到5.5亿元，比“七五”期末增长1.4倍，达到“七五”期末养殖业产值水平；到20世纪末，浅海滩涂养殖面积1万公顷，水产品总产量15万吨。

1993年6月9日，市委、市政府印发《关于加快胶南教育改革和发展的决定》。决定自1993年开始全市基本实现九年制义务教育。到1995年占50%左右的初中毕业生接受高中阶段教育，到2000年基本普及高中阶段教育。1995年各类中等职业学校在校生数突破8000人，占高中阶段在校生总数的60%。进一步办好成人文化技术学校和农业广播学校。争取到“八五”期末，使企业新增职工和农村新增劳动力都能受到必需的职业技术教育和实用技术培训，使全市人均受教育年限达8年以上，非文盲率达到95%以上，初中以上文化程度人口比率达到50%以上。

1994年3月19日，市委、市政府印发《关于大力发展多种经营的决定》。要求以搞活农村经济、增加农民收入为目的，最大限度地发挥和挖掘全市劳动力和自然资源优势和潜力，实行多种形式、多种成分、多条门路一齐上，在区域化布局、专业化生产、一体化经营、社会化服务上下功夫，走一乡一业或多业、一村一品或多品的路子。

1996年1月中旬，市委、市政府确定“九五”期间乡镇企业重点抓好6大行业、8大工业集团、10大骨干产品的发展。一是突出抓好机械制造、轻工纺织、服装皮件、橡塑制品、食品饮料、建筑安装6大行业，到“九五”期末，6大行业销售收入占全市乡镇企业销售收入比重达到67.6%；二是重点抓好泰发、星火、万德、青滨、亚东、羊绒、纸制品机械、红超等8大工业集团，到“九五”期末，8个集团工业销售收入达到47亿元；三是努力抓好纺机、手推车、化纤布、服装皮件、木工机械、橡塑机械、包装机械、橡塑制品、食品饮料、造纸及纸制品10大骨干产品。

1996年3月3日，市委、市政府召开全市三级干部会议。会议提出，到本世纪末全市国内生产总值在1995年的基础上再翻一番，基本建成沿海开放经济强市，城镇居民人均纯收入达到8000元，农民人均纯收入达到4200元，到2010年基本实现现代化。

1997年7月11日，市委、市政府印发《关于“九五”期间加快发展第三产业的意见》。提出到“九五”期末，全市第三产业增加值达到33亿元，年均增长19.4%，一、二、三产业比例由1995年的33.3∶42∶24.7调整为20∶50∶30。

1997年8月6日，市委、市政府印发《关于“九五”期间加快发展市属工业的意见》。确定“九五”期间市属工业发展的目标，确保工业总产值、销售收入、利税在1995年的基础上年均递增35%以上，工业产销率达到97%以上。力争2000年工业总产值达到80亿元，销售收入达到78亿元，利税达到6.1亿元。

1998年12月中旬，市委、市政府以华青轮胎、海王纸业、恒昌化工3个集团公司为依托，规划实施华青、海王、恒昌3大工业园建设，扩大企业规模，带动全市工业发展。为保证工业园规划建设顺利实施，在工业园的用地、资金、人才等方面实施扶持政策，对工业园建设实行重点帮促，保证项目如期施工建设和完工投产。

2000年11月3日，市委、市政府印发《关于促进个体私营经济快速健康发展的意见》。提出到“十五”末，力争使全市个体私营经济年均增长30%以上，个体私营经济注册资本达到30亿元，年上缴税金达到3亿元。允许个体私营业户在遵循国家法律法规及产业政策的前提下从事与公有制企业相一致的行业或产业；允许参与国计民生行业及国家基础产业、重点行业的股份；允许控股、参股或独立开办医疗卫生、教育、文化、体育等产业。对年销售额达到5000万元以上，且比上年增长50%以上；或年出口额100万美元以上，且比上年增长30%以上；或年度实际利用外资30万美元以上的私营企业，授予“先进私营企业”荣誉称

号。所在乡镇、街道应给予一定的物质奖励。

2001 年 5 月 30 日，市委、市政府印发《关于创建国家环境保护模范城市的决定》（以下简称《决定》）。《决定》从 2001 年起全面开展创建国家环境保护模范城市活动，达到国家环境保护模范城市标准。2003 年创建国家环境保护模范城市。具体落实六项保证措施：一是明确目标，落实责任，确保创建活动顺利开展；二是加强城乡环境综合治理，不断改善环境质量；三是提高工业污染源防治水平，积极推进清洁生产；四是加强生态保护和建设，实现生态良性循环；五是坚持依法保护环境，进一步提高环境监管水平；六是加强环境宣传教育，提高社会公众的环境保护意识。

2002 年 1 月 21 日，市委、市政府印发《关于进一步扩大对外开放的决定》。提出到 2005 年，全市出口总额占 GDP 的比重达到 35% 以上，外资企业提供的税金占总税收的 30% 以上，实际利用外资占全社会固定资产投资总额的 40% 以上；当年完成合同利用外资 12 亿美元，年均递增 33.6%；实际利用外资 6 亿美元，年均递增 37.7%；累计引进世界 500 强企业 10 家以上。“十五”期间，确保每年引进内资 30 亿元以上，引进 5000 万元以上的大项目 10 个以上；全市当年出口总额达到 12 亿美元，年均递增 31.20%，其中外商投资企业出口占全市外贸出口的比重达到 70% 以上。

2003 年 4 月，中共青岛市第九次代表大会作出将经济重心西移的战略部署。胶南市委、市政府准确把握这一重大历史机遇，提出“东接、北扩、南展”的城市发展战略和建设青岛西海岸都市新区的目标。“东接”即与港口经济按三条线对接：通过疏港连接线，进行产业对接；通过海滨大道，实现与青岛对接；通过海上旅游航线，实现灵山岛、琅琊台和薛家岛旅游对接。“北扩”即依托青岛“四大产业基地”，在城区北部建设临港产业加工区，推进企业集聚发展，带动“同三”高速公路五个出口的园区建设，打造西海岸临港经济平台，建设大青岛产业新区。“南展”即在市区南部规划设立大学科教区。通过实施“东接、北扩、南展”发展战略，使全市形成东有港口带动、北有产业支撑、南有智力支持、西有旅游度假的青岛西海岸都市新区格局。

2003 年 10 月 25 日，市委、市政府印发《关于建设生态城市的决定》（以下简称《决定》），《决定》提出从 2003 ~ 2017 年在全市开展建设生态城市工作。要以生态环境建设为核心，着力构筑生态环境、自然资源保障、污染防治、生态经济、生态文化五大体系；突破县域经济发展框架模式，抓住生态基础设施、城市空间生态重组、社会生态改造、循环经济四大主线和景观生态整合、体制系统转型、生态资本建设三个关键环节，把胶南建成一个富有特色和生态经济竞争力的青岛海西新区。

2004 年 9 月 9 日，市委、市政府印发《关于进一步加快教育改革与发展的若干意见》。提出要坚持教育优先发展，努力实现教育的现代化；统筹城乡教育，推动教育向更高水平均衡发展；深化教育教学改革，促进各类教育协调发展；落实“以县为主”教育管理体制，完善经费投入和保障机制；深化教育人事改革，建立适应教育发展的选人用人机制；加强组织领导，形成有利于教育事业持续、健康、协调、快速发展的政策支持和组织保障机制。

2005 年 10 月 20 日，市委、市政府印发《关于加快推进科技强市建设的决定》。要求充分认识加快建设科技强市的重要性和必要性，大力改善科技发展条件，把高新技术产业作为第一经济增长点来抓，努力把胶南建设成为科技综合竞争优势明显，经济社会全面、协调、可持续发展的科技强市。

2007 年 8 月 31 日，市委、市政府制定《关于加快推进公共资源集中交易、网上许可及电子监察系统建设的意见》。围绕打造阳光政府、诚信政府、法治政府、服务政府、责任政府、高效政府，按照规范动作、有序推进、注重实效的基本要求，重点搞好“一中心、两大厅、三系统”（“一中心”即行政许可和公共资源交易管理服务中心；“两大厅”即行政许可服务大厅、公共资源交易大厅；“三系统”即网上许可系统、网上交易系统、电子监察系统）的建立和完善工作。

2008 年 4 月 1 日，市委、市政府制定《关于进一步解决好城市中低收入家庭住房困难的意见》。

解决措施为：加快推进廉租住房建设；加快建设经济适用住房；建设普通（限价）商品房；稳步推进老城区成片改造和“城中村”改造；推进职工公寓建设；严格控制新建住房结构比例。同时坚持“政府主导、社会参与、统筹规划、分级落实、逐步深化、完善机制”的原则，以解决城市中低收入家庭住房困难为重点，逐步完善住房保障政策体系，加快推进保障性住房建设，尽力满足城市中低收入家庭的基本居住需求。

2008 年 4 月 13 日，市委、市政府印发《关于进一步加快服务业发展的意见》。意见提出，要把优先发展服务业作为全市经济社会发展的重要战略，服务业增速要高于地区生产总值增速，服务业增加值占生产总值的比重要每年提高 1 个百分点以上，年末全市服务业增加值占 GDP 的比重达到 33% 以上。到 2012 年，服务业固定资产投资增速要高于全市固定资产投资增速，所占比重达到 40% 以上；服务业地方税收占全市地方税收的比重达到 60%；从业人员占全社会从业人员比重达到 30% 以上。

2009 年 6 月 24 日，市委、市政府印发《关于加快建设“蓝色经济示范区”的意见》。要求深入落实“山东半岛蓝色经济区”发展战略和“环湾保护、拥湾发展”战略，培育海洋优势产业，大力发展海洋经济，加快推进以港兴市进程，率先把胶南建设成为全国蓝色经济发展的先行示范区、山东半岛蓝色经济的核心区、海洋自主研发和高端产业集聚区。主要措施为：加快推进董家口港区开发建设；大力发展现代高效渔业；加速发展滨海旅游业；加快发展海洋生物化工产业；加强海洋科技、人才支撑保障体系建设。

2010 年 7～12 月，市委、市政府组织全市广大党员干部深入开展解放思想大讨论，着力解决影响全市改革发展的思想观念、体制机制、精神状态、工作作风等方面存在的突出问题，探索促进科学发展的新思路、新途径、新举措。

2011 年 3 月 10 日，市委、市政府印发《关于开展解放思想勇争一流主题实践活动的意见》，在全市深入开展“解放思想、勇争一流”主题实践活动。重点围绕做好寻标、对标、达标、夺标，掀起比学赶超、大干快上、创先争优的新热潮，以新一轮的思想大解放推动经济发展。

2012 年 3 月 21 日，市委、市政府印发《关于实施工业强市战略推进蓝色制造业跨越发展的意见》。提出构建蓝色制造产业体系、培植壮大产业集群、实施工业总产值倍增计划的奋斗目标，力争当年完成工业总产值 2000 亿元，到 2016 年达到 4500 亿元，年均增长 26% 以上。构筑起以战略性新兴产业为引领、先进制造业为支撑的蓝色制造业发展格局。

2012 年 7 月 26 日，市委、市政府印发《关于加快推进新型农村社区建设的实施意见》，确立全市新型农村社区建设“一二三四五六七”的总体工作思路。即统筹城乡发展“一条主线”；实施新型农村社区、现代产业园区“两区共建”；推进农村人口向城镇和社区集中、产业向园区集中、土地向规模经营集中“三个集中”；实现组织融合、社区服务融合、居住融合、经济融合“四个融合”；打造城中村改造型、小城镇集聚型、功能区整合型、产业带动型、中心村融合型等新型农村社区建设“五种模式”；抓好社区规划、社区建设、土地利用、安居房建设、资产管理、产业发展等“六项重点工作”；落实组织领导、组织建设、经费投入、资源整合、财政支持、社会参与、督查考核等“七项保障措施”，为建设宜居幸福的新城区打牢基础。

2012 年 10 月 1 日，市委、市政府印发《关于推进服务业跨越发展的意见》，要求加快推进六大服务业集聚区（即以滨海度假、节庆会展为支撑的滨海旅游度假区；以高技术服务、软件与信息技术服

青岛市新型农村社区组织建设推进会在胶南召开

青岛市村级组织“四权”决策机制研讨会在胶南市召开

务、教育培训为支撑的大学科研区；以港口物流、航运服务为支撑的现代物流产业区；以动漫、油画文化创意为支撑的文化创意产业区；以休闲采摘、美食农家为支撑的西部乡村休闲区；以商务服务、现代金融为支撑的中央商务区）建设，重点培植旅游、现代物流、金融、文化、商务服务、高技术服务和会展等七大支柱产业，将其打造成全市服务业发展的重要载体。到 2016 年，全市服务业增加值达到 820 亿元，年均增长 30.4%。

第四节　组织工作

基层党组织建设　农村基层党组织建设　1989 年，全县有 114 个村处于后进状态，县委把整顿、转化后进村作为村级建设的突破点，经过一年的治理整顿，78 个后进村有明显好转。1990 年 11 月，县委、县政府印发《关于加强村级组织建设工作的意见》和《关于创建省农村党的建设工作先进县的实施意见》，要求全县农村党组织积极进取，争先创优。1991 年 3 月，市委、市政府制定《1991 至 1992 年村级组织配套建设规划》，进一步加强以党支部为核心的村级组织建设。1993 年，制定实施《农村干部规范化管理暂行条例》，对 195 个条件成熟的村实行党支部书记、村主任 1 人兼，其他村干部交叉兼职的新领导体制。1995 年 11 月，市委提出抓好“四个建设”的要求，举办骨干培训班 114 期，培训骨干 1512 人，组织 1082 名机关党员干部包村，全市农村党支部班子建设特别是后进班子的转化工作取得明显成效。

1998 年 3 月，市委在理务关乡进行以农村干部“三化”管理为主要内容的改革试点，重点探索支部书记职业化、村主任属地化、村文书动态化管理的新路子。2003 年，市委印发《关于深入开展基层组织建设“三级联创”活动的意见》，重点培植 100 个带头村和帮扶转化 100 个后进村。2004 年建立以村党组织实施决策组织权、村民会议或村民代表会议实施决策表决权、村民委员会实施决策执行权、村民监督委员会实施决策监督权为主要内容的村级组织“四权”决策机制。2005 年 4 月，中组部、民政部等参加青岛研讨会的领导对胶南的做法给予充分肯定。《人民日报》、《新华社内参》、中组部《组工研讨》等报刊介绍了这一做法。

2009 年，建立镇党委书记抓党建工作专项述职制度和村党组织书记“双述双评一考核”制度，推进党建工作责任制的落实。同时，顺应“一镇一业、一村一品”的发展步伐，积极创新产业型、功能型、联合型党组织设置模式，全市建立藏南镇蓝莓基地党总支、滨海特种养殖协会党支部等农村新型党组织 32 个。整合管区或几个相邻村设置农村中心社区，并建立中心社区党组织。2011 年，将各镇（街道）所辖村庄整合，合理规划为 184 个新型农村社区。以农村社区为依托，成立 145 个社区党委，将社区范围内的 961 个村党组织以及 136 个产业型、81 个功能型党组织划归社区党委管理，构建起以社区党委为核心的社区党组织体系。

2012 年，全市新型农村社区全部成立服务团队，设立社区服务中心，在社区党委领导下为社区群众开展多元化、精细化、个性化服务 2.9 万多次，化解各类矛盾纠纷 1600 多起。

选派农村工作队、挂职干部、“第一书记”工作　1989 年 7 月，县委制定《关于组派农村工作队的意见》，每年一批，组织以县直党政机关、企事业单位干部为主要力量的农村工作队，下乡进村，协助乡镇党委、政府理顺农村基层基础工作。至 1992 年，全市共派出工作队员 714 名，进驻 160 个村，解决通电、通广播、通自来水、建桥梁、建学校、建家园等实际问题900多项，帮助所驻村恢复、扩大和新上工副业项目100多个，年产值达2000多万元，年实现利税260万元。1995年开始，市委、市政府连续三年组织开展市直部门包村工作，到1998年2月，全市79个市直部门围绕抓班子、选路子、建制度，对79个贫困后进村进行整顿，其中31个升为一类班子，48个升为二类班子。在此基础上，实行市级领导联系乡镇、市直部门包村、有关单位对口帮扶、工作队驻村、领导干部蹲点"五位一体"的工作方式，并于1998～2000年连续三年，派出3批工作队，促进了村庄经济发展和党在农村各项制度的贯彻落实。

2004年，选派200名机关干部到30个后进村驻村帮扶。2005年，抽调100名机关干部到农村挂职帮扶；选派150名机关干部到农村一线担任新农村建设指导员。2006年开始，连续3年共考录303名"大学生村官"，充实农村人才队伍。2008～2011年，分3批选派531名机关干部到农村开展挂职帮扶工作。2012年，选派129名"第一书记"开展驻村帮扶工作，4年间共完成帮扶项目1022项，协调落实帮扶资金8099万元，为群众办实事7770件。

其他领域党建工作 1990年11月，针对企业承包经营后出现的新情况、新问题，制定《关于加强企业党的建设的意见》，对企业党组织的地位与作用、职责和任务作了明确规定。1992年9月，加强对外商投资企业中党、团、工会工作的理顺和领导。1994年，成立外商投资企业党工团工作委员会办公室。至1995年底，全市已开工的66家外商投资企业全部建立健全党工团组织。此后，印发《关于加强私营企业党建工作的意见》，对具备建立党组织条件的个体私营企业及时建立党组织。

2010年，建立市委非公有制经济组织工委和市委社会组织工委，依托楼宇物业管理公司，先后组建阳光大厦等3个楼宇党组织，将楼宇内中小企业、个体商户中的党员全部纳入管理。2012年7月，制定《胶南市非公有制企业党建标准化管理体系》。深入开展"建组织、扩覆盖"活动，探索建立了一批"兼合式"党支部、总部经济党支部、楼宇党支部等新型党组织。截至2012年底，全市1805家非公有制企业共单独建立党支部441个，联合建立党支部42个，选派党建工作指导员和联络员1043名，非公有制企业党组织应建全建和党的工作全覆盖。

党员队伍建设 1988年底，全县各级党组织开展"民主评议党员"工作，妥善处置不合格党员64名。1990年10月底，全县51个党委建起业余党校43处，建立党员活动室的党支部1462个。1995年1月，针对流动党员逐步增多的新情况，逐步建立起符合流动党员工作特点的新的管理教育体制，激励流动党员在不同的岗位上发挥党员的先锋模范作用。2000年5月，在大村镇和市工经委党委进行发展党员民主测评和社会公示试点，并在全市推广实施。2005年开始落实确定入党积极分子"两推"（即党员推荐、群众推荐）、集中培训、公示、票决等各项制度，促使发展党员工作制度化、规范化。2007年初，通过摸底调查，建立流动党员管理台账，加强对流动党员的教育管理。2009年，实施"两推两评三公示两票决"发展党员模式，加大在优秀青年农民、外出务工人员、致富能手中发展党员的力度，重点关注解决村庄3年以上未发展党员问题。

2011年2月，胶南市选派第三批机关干部到基层挂职帮扶

2012年，印发《关于进一步加强

和改进发展党员工作的意见》，对入党动机的考察、发展对象的确定和考察、异地入党人员的审查等关键环节进行重点监控，从源头上保证党员队伍的纯洁性。

1988～2012 年全市(县)党员、基层党组织情况统计表

表 17－1－2 单位:个、人

年份	党员总数	性别		文化程度					基层党组织数		
		男	女	研究生	大专以上	中专	高中	初中及以下	基层党委	党总支	党支部
1988	43982	39415	4567		936	1901	4765	36380	46	51	1943
1989	44553	39949	4604		1081	2314	4980	36178	46	62	1994
1990	45250	40600	4650		1309	2563	5158	36220	51	64	2013
1991	45893	41212	4681		1510	2807	5368	36208	56	74	2070
1992	46609	41800	4809		1761	2986	5767	36095	56	79	2131
1993	47603	42598	5005		2024	3374	6109	36096	58	80	2175
1994	48569	43490	5079		2262	3630	6523	36154	64	90	2255
1995	49716	44524	5192		2575	3997	6965	36179	71	98	2280
1996	50309	44801	5508		2965	4298	7323	35723	73	79	2237
1997	50753	45235	5518		3422	4578	7401	35352	71	81	2208
1998	51890	46400	5490	7	4127	4717	7619	35420	72	92	2016
1999	52862	47092	5770	12	4680	5079	8077	35014	81	98	2034
2000	53766	47720	6046	22	5212	5470	8525	34537	67	92	2012
2001	54146	47998	6148	30	6121	5889	8548	33558	76	84	2053
2002	54679	48445	6234	36	7011	6041	8575	33016	81	83	2088
2003	53853	47666	6187	43	7827	6285	8897	30901	73	79	2028
2004	54500	48137	6363	77	8763	6382	8873	30405	84	75	2050
2005	55065	48442	6623	128	9606	6307	9022	30002	78	74	2115
2006	56078	48792	7286	153	10726	6825	9110	29264	75	78	2115
2007	56019	48071	7948	223	12736	5443	7675	29942	78	80	2462
2008	57222	48806	8416	268	13637	5644	7877	29796	83	80	2463
2009	58309	49473	8836	310	14494	5868	8190	29447	84	91	2522
2010	59129	49883	9246	367	15204	6049	8389	29120	83	86	2522
2011	59981	50350	9631	445	15935	6198	8597	28806	89	82	2610
2012	61119	50941	10178	526	16850	6480	8800	28463	91	83	2627

教育实践活动 2000 年 3 月～2001 年 6 月，在县(处)级以上党员领导干部中进行以“讲学习、讲政治、讲正气”为主要内容的党性党风教育，对干部群众反映比较集中的问题，制定 10 条具体整改措施。2001 年 1 月，市委印发《关于在全市开展“三个代表”重要思想学习教育活动的实施意见》，

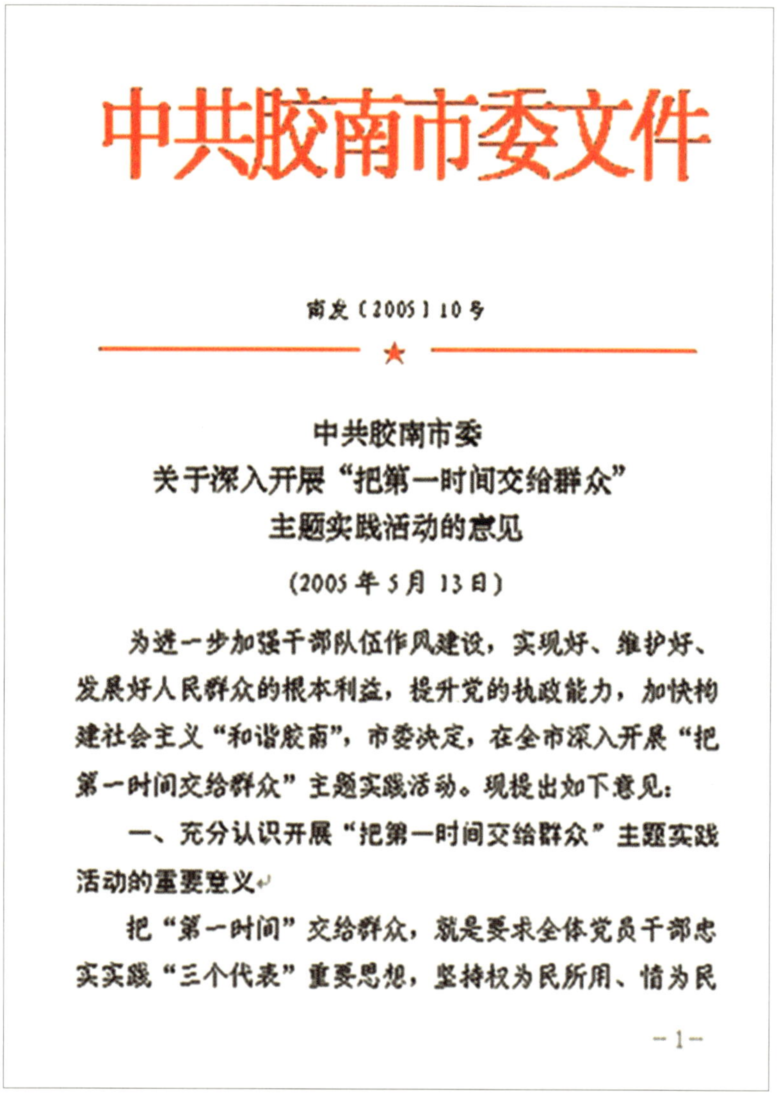

中共胶南市委文件

南发〔2005〕10号

★

中共胶南市委
关于深入开展"把第一时间交给群众"
主题实践活动的意见

（2005年5月13日）

为进一步加强干部队伍作风建设，实现好、维护好、发展好人民群众的根本利益，提升党的执政能力，加快构建社会主义"和谐胶南"，市委决定，在全市深入开展"把第一时间交给群众"主题实践活动。现提出如下意见：

一、充分认识开展"把第一时间交给群众"主题实践活动的重要意义

把"第一时间"交给群众，就是要求全体党员干部忠实实践"三个代表"重要思想，坚持权为民所用、情为民

－1－

2005年，市委决定在全市开展"把第一时间交给群众"主题实践活动

市直部门、乡镇及村级班子先后开展活动。2005年1月～2006年6月，分三批开展保持共产党员先进性教育活动，活动中总结的把"第一时间"交给群众的做法，《人民日报》、新华社、中央电视台等新闻媒体予以报道。

2009年3月～2010年3月，全市2670个基层党组织5.7万名党员紧紧围绕"科学发展、富民强市"主题，分两批次开展深入学习实践科学发展观活动。2011年，组织开展创先争优公开承诺活动，通过设置"共产党员先锋岗"，促使改进工作作风，提升服务质量。

现代远程教育　2002年，胶南远程教育管理与电化教育中心成立，为党员教育和党建宣传工作平台。2003年，在胶南电视台开办《党旗飘飘》专题栏目。2005年，建成988个远程教育终端接收站点。2006年开始实施农村实用人才高等学历教育计划，从农村选拔优秀中青年党员和入党积极分子，通过现代远程教育网络，培养有知识、懂技术的大中专学历人才。2007年，制作电教专题片30余部，在全国副省级城市党员电化教育工作年会上荣获"精品奖"。2008年，以胶南党建网为平台，构筑远程教育网、有线电视网和互联网"三网合一"的远程教育网络模式。2012年，所制作电视专题片《在基层》《薛老师的星期天》获得青岛市第十届党员教育电视片观摩评比一等奖。

干部选拔管理　1988年4月，县委印发《关于改革工会干部管理制度的试行意见》，按照管人与治事统一的原则和干部分类管理的要求，全县的工会干部原则上由工会组织依

2010年9月9日，青岛五市党建电视频道观摩暨远程教育入户经验交流会在胶南召开

照工会章程和条例进行管理，工会干部的“进”“出”由县委组织部宏观控制。工会领导干部实行选举制。是年9月，参照工会干部管理制度，各级团组织领导干部实行民主选举制。1989年3月，各乡镇人大工作联络办公室主任更名为乡镇人民代表大会主席团办公室副主任（副乡镇长级）。

1997年开展选拔党外优秀干部工作，确定10名党外优秀人员担任领导职务。是年8月，出台规定鼓励党政机关事业单位干部到企业任职。1997～1998年，面向社会公开选拔200名具有正规院校大专及以上学历、35岁以下的跨世纪年轻干部。

1999年9月，市委组织部印发《关于试行市管领导干部任前公示制的意见》，对公开选拔并被确定为市管领导干部考察对象的人选进行公示。是月，市委组织部、市人事局联合印发《关于机关事业单位推行竞争上岗的暂行规定》。全市党政群机关，人大、政协、法院、检察院机关及事业单位的科级副职和股级职位均通过竞争上岗确定人选。

2001年7月，市委印发《关于实行干部差额考察制度的意见》，被中组部确定为干部差额考察工作试点单位。2002年，面向全国公开选拔9名外经贸市管领导干部；在全市范围内公开选拔100名外经贸型中青年后备干部。2004年9月，市委印发《关于实行干部最高任职年龄制度的暂行办法》，正常最高任职年龄界定为正科级实职男年满52周岁，女年满50周岁；正科级干部和副科级实职男年满51周岁，女年满50周岁；其他市管干部年满50周岁；股级干部（包括机构改革中保留待遇人员及副股级干部）年满48周岁。

2008年，市委制定《胶南市国有及国有控股企业经营管理人员管理办法》，明确了国有及国有控股企业（含绝对控股企业和相对控股企业）的企业治理结构及董事会、监事会、经理班子成员和党组织、纪检组织、工会组织负责人任职资格条件及选拔任用程序、考核评价等。

2011年1月，组织、人事部门印发《胶南市股级干部管理办法》等规定，进一步明确股级干部的提拔与管理以所在单位和主管部门为主，组织人事部门负责指导监督并审核把关。

2012年，实施“三重印证”干部初始提名办法，充分尊重民主推荐结果，注重干部一贯表现，不简单以票取人。凡是拟提拔重用的人选，须在近年来历次班子考察或优秀干部民主推荐中名列前茅，与所在单位市级分管领导的意见，以及单位主要负责同志意见三方面印证一致，才能作为初始提名人选进行民主推荐；最近两年的优秀干部推荐结果、党组织署名推荐结果和民主推荐结果三者印证一致，才能确定为考察对象。

截至2012年底，全市共有在职在编人员18123人，其中行政编制人员2211人，事业编制人员15688人，工勤编制224人；副厅级干部1人，正县级干部4人，副县级干部51人，正科级干部420人，副科级干部804人，正股级干部2607人，副股级干部1360人，其他干部13092人。另有国有及国有控股企业副职以上人员15人。

领导班子建设　1988年，遵循生产力标准与德才兼备四化标准相统一的原则，全县调整充实81个领导班子，调整提拔138名领导干部，并选派30名中青年干部到乡镇挂职。1995年，市委组织部印发《定量考核、民主评议领导干部的试点方案》，在法院、王台镇进行试点后，对全市乡镇和市直部门领导班子及其成员进行普遍考察和民主评议，从“德、能、勤、绩”四个方面，比较全面、科学的了解和掌握各领导班子的状况。1999年初，乡镇领导班子换届，共调整交流市管领导干部253名。换届后的乡镇党政领导班子成员平均年龄36.4岁，比调整前降低4.3岁；大专以上文化程度的247名，占76.5%，比调整前提高了6%。

2001年，乡镇机构改革，全市443名乡镇党政领导班子成员中，有230名通过竞争重新上岗，213名退出乡镇领导班子队伍；市直单位机构改革中，330名市管干部通过竞争上岗，225名提前退休或离岗。2002年，市委印发《关于实行干部差额考察制度的意见》，实行差额考察制度选拔市管领导干部。2003年，实行市委全委会票决任用新提拔乡镇党政正职。2008年9月开始，围绕深化干部人事制度改革，规范干部初始提名，按照“两公开四差额”（即公开空缺职位及职位要求，公开选任方法及选任程序，实行差额推荐、差额考察、差

2010 年 6 月 11 日，全市党政领导干部学习四项监督制度培训班

额酝酿、差额表决）办法选拔党政正职，分三次选拔 15 名镇（街道）党（工）委书记、19 名镇长（街道办事处主任）和两名市直部门正职人选。

2011 年 12 月，全市 11 处镇先后召开党代会、人代会，选举产生新一届镇党委、人大和政府领导班子。新一届镇领导班子成员，平均年龄 39.5 岁，大专以上学历，专业领域涉及经济、法律、教育、农林水等，实现了年轻化、知识化和专业化。

干部监督 干部选拔任用工作监督 1999 年 9 月开始实行领导干部任前公示制。2001 年 5 月，市委印发《关于在干部选拔任用工作中实行用人失察、失误责任追究的规定》，防止出现选人用人上的不正之风。2003 年 2 月，市委组织部联合市纪委（监察局）、市检察院、市审计局、市人事局、市信访局等部门成立干部监督管理联席会议，并建立和完善干部监督工作协调机制。

2009 年 8 月，胶南市被省委组织部确定为“科学规范和有效监督市委书记用人行为”试点单位，市委组织部紧紧围绕“科学规范和有效监督”两个重点，抓住动议、提名、民主推荐等关键环节，研究制定规范干部选拔任用工作制度。

干部日常监督管理 1996 年 12 月，市委印发《关于对市管领导干部实行诫勉的暂行办法》，对犯有各种违纪违法行为的市直副科级以上干部和乡镇党政正职，实施诫勉谈话。1997 年 9 月，规定副科级以上领导干部定期向党组织报告生活重大事项。1999 年 6 月，市委采取公开监督、内部监督、组织监督和社会监督相结合的方式，重点加强对党政“一把手”在政治纪律、重大决策、干部人事和财务收支等四个方面的监督。是年 12 月，市委印发《关于市管领导干部引咎辞职的规定（试行）》，明确提出存有 11 种不规行为的市管领导干部，尚不够免职、撤职的，应引咎辞去担任的现职。2006 年 2 月，市委印发《胶南市党政领导干部述职述廉制度》，同时制定《廉政谈话制度》。

2008 年 3 月，组织和公安部门对市管以上领导干部（含非领导职务，不包括退休干部）持有的因私护照和往来港澳台通行证进行集中清理和收缴；开展特殊身份人员出国（境）登记备案工作，加强市管领导干部因私出国（境）的管理。2010 年 3 月开通 12380 信访举报网站，4 月开展“从严管理干部，治理庸懒行为”专项活动，对干部队伍中能力平庸、碌碌无为、行为懒惰、得过且过、自由散漫、不守纪律等不作为、慢作为、乱作为问题进行

2006 年 3 月，胶南市召开镇（街道）党（工）委书记履行基层党建工作责任专项述职暨创先争优工作点评会议

专项整治。同时,市委印发《关于建立领导干部谈心谈话制度的试行意见》,按照干部管理权限分级谈心谈话。

2011 年 3 月,印发《胶南市组织信访工作考核办法(试行)》,对因工作不力、措施不当导致群众举报发生的单位,由组织部部长约谈主要负责人。对年度考核列后 3 位的单位由组织部门进行重点管理。是年 7 月,在全市开展组织部长接受干部约谈工作。2012 年 5 月,在全市开展组织部长与党员干部人才“双向约谈”工作。

干部经济责任审计　1998 年 6 月,市委、市政府印发《关于对领导干部实行审计加强监督管理的意见》;2008 年 8 月,印发《胶南市领导干部经济责任履行问题责任追究办法(试行)》和《胶南市经济责任审计结果运用暂行办法》,充分提高经济责任审计结果运用和审计监督效能。2012 年 10 月,印发《关于开展镇(街)党(工)委书记、镇长(主任)、财政所长“三职联审”的指导意见》,探索实施镇(街道)党政主要负责人及财政所长“三职联审”。

干部培训　1989 年 6 月,县委常委会议研究制定学习贯彻中国共产党十三届四中全会精神的具体意见。1990 年 5 月,县委印发《关于在全县开展“学党章、正党风”教育活动的通知》,进一步提升党员思想政治素质,提高党组织的战斗力。是年 5 ~ 8 月,根据中央、省、市的要求,组织乡镇、企事业单位的 3200 余名领导干部、政工干部分期分批进县委党校进行马克思主义哲学理论集中培训。1991 年 4 月,根据省纪委和青岛市委的要求,在全市党员中开展党规党纪教育活动。

1996 年 3 月,按照“抓班子、带队伍、建机制、创特色”的工作思路和“五个好”的目标要求,在市委党校分期分批有针对性地对农村基层干部进行培训。1997 ~ 1999 年,在全市党政机关、事业单位干部和企业领导干部中开展学习法律知识活动。1998 年,选派 42 名领导干部参加北京大学、中国人民大学、青岛大学等高校开设的行政管理、经济管理、法律、英语等专业研究生课程班。2000 年,选派 100 名市管领导干部和业务骨干进南开大学参加政治经济学和世界贸易专业硕士研究生班。次年举办行政管理和工商管理硕士课程进修班,培训干部 100 名。2005 年 9 月 ~ 2007 年 8 月,先后举办两期赴北京、韩国中青年干部培训班,培训学员 60 名。2005 年 ~ 2008 年,连续举办四期硕士研究生班,110 余名优秀中青年干部参加脱产学习。2008 年 11 月,20 名学员赴澳大利亚参加中青年干部培训班。

人才(知识分子)工作　1988 年 1 月,经过推荐、考察、初评、审批等步骤,评选出首批 20 名县级专业技术拔尖人才。是年底,全县共有各类专业技术人才 15374 名,其中高级职称 102 名,中级职称 1651 名,初级职称 13615 名。1990 年 ~ 20012 年,先后分五批评选出 200 余名县(市)级专业技术拔尖人才。其中,5 人享受国务院特殊津贴;14 人入选青岛市专业技术拔尖人才;16 人连续 3 届被评为胶南市专业技术拔尖人才,终身享受拔尖人才待遇。2002 年 7 月,从全国范围内选聘 25 位专家,组建市政府专家顾问团,为全市经济社会发展建言献策。2003 ~ 2007 年,连续五年从全国各大院校选调应届大学毕业生 570 名,其中博士 7 名,硕士 105 名,本科生 458 名。

2007 年 3 月,胶南市第二期赴韩培训班开班仪式

2004 年 6 月,设立胶南市“贡献

2012 年 6 月，胶南市“院士专家工作站”授牌仪式

突出人才奖”，评选出各类专家 22 名，发放奖金 44 万元。

是年 12 月，首次实行雇员制，面向全国公开选聘 30 名优秀专业招商人才。2009 年，组织全市乡村优秀科技人才开展“赛绝活、比成果”技能竞赛活动，148 名优秀选手参加了卫生、文艺、编织、制造等 8 个专业竞技项目竞赛，评选出 60 名优秀技能人才。2012 年 9 月，市委设立 1000 万元优秀人才发展基金，专项用于人才引进、培养和奖励。2012 年，立足产业基础和港口优势，引进各类专业紧缺型人才 530 多名，其中柔性引进 5 位中国工程院院士，在琅琊台集团等 5 家企业分别建立“院士专家工作站”。截至2012年底，全市共有各类人才 100612 名，其中博士、正高职称 64 名，硕士、副高职称 3548 名，大学本科学历 21500 名，大学专科学历 40500 名，高技能和农村实用等其他人才 35000 名。

第五节　编制管理

1984 年 8 月，对县委、县政府行政机关设置进行调整，调整后县委设置工作部门 7 个（另有部门领导机构 3 个），县政府设置工作部门 30 个（另有部门领导机构 5 个），群团部门 4 个，核定机关行政编制总额 762 名（含待分配 21 名）。

1993 年 9 月，进行市级机构改革。改革后，市委设置工作部门 5 个，市政府设置工作部门 28 个（市监察局与市纪委合署），市政府派出机构 1 个，按照党章和宪法及有关规定设置的机构 5 个，设置市人大、市政协机关各 1 个，设置群团机关 3 个，保留市科协、工商联两个人民团体，保留胶南经济开发区办公室，设置市直科级事业单位 15 个。市直党政群机关行政编制总额 750 名（不含政法部门和武装部），按党委、政府、其他行政机关 15∶75∶10（其中人大 3.5%、政协 2.2%、群团 4.3%）的比例分配。

1984 年全县党政群机关编制情况表

表 17－1－3

名　称	编制	备　注	名　称	编制	备　注
县委工作部门			县交通局	14	
县委办公室	48		县财政局	18	
县委组织部	33		县税务局	20	
县委宣传部	17		县商业局	24	
县委统战部	5		县工商行政管理局	19	
县委农村工作部	14		县粮食局	25	
县委企业政治工作部	8		县教育局	15	
县委政法委员会	6		县卫生局	20	含爱卫会 3 名

续表 17－1－3

名　称	编制	备　注	名　称	编制	备　注
县纪委	26		县文化局	7	
机关党委	4		县审计局	18	
老干部局	12		县统计局	12	
县政府工作部门			县物价局	7	
县政府办公室	50		县环境保护局	7	
县计划委员会	13		群团工作机构		
县经济委员会	25		团县委	9	
县城乡建设委员会	20		县妇联	7	
县计划生育委员会	12		县工会	8	
县体育运动委员会	6		县科协	7	
县科学技术委员会	10		县人大机关	27	
县人事局	15	县编委办事机构设在县人事局	县政协机关	18	
县劳动局	16		部门领导的工作机构		
县民政局	18		县档案科	3	由县委办公室领导
县公安局	－		县党史办公室		由县委办公室领导
县司法局	－		县侨务办公室	3	由县委统战部领导
县农牧局	13		县志办公室		由县政府办公室领导
县林业局	12		县职工教育办公室	4	由县经济委员会领导
县水利局	18		县地名办公室	2	由县城乡建设委员会领导
县水产局	15		县农业区划办公室	4	由县农牧局领导
县乡镇企业局	15		县沼气办公室	2	由县农牧局领导

1993 年全市机构改革后党政群机构设置情况表

表 17－1－4

机构名称	机构名称
市委工作部门	市技术监督局
市委办公室	市监察局
市委组织部	按照党章和宪法及有关规定设置的机构
市委宣传部	市纪律检查委员会
市委统战部	市直机关党委
市委政法委员会	市人民法院
市政府工作部门	市人民检察院

续表 17－1－4

机构名称	机构名称
市政府办公室	市人民武装部
市计划统计委员会	群团工作机构
市工业经济委员会	团市委
市对外经济贸易委员会	市妇联
市农业经济委员会	市工会
市财贸委员会	市科协
市城乡建设委员会	市工商联
市科学技术委员会	市人大机关
市教育委员会	市政协机关
市文化体育委员会	市政府派出机构
市计划生育委员会	胶南经济开发区管委办公室
市公安局	科级事业单位
市国家安全局	市委党校
市司法局	市委老干部工作中心
市民政局	市广播电视中心
市人事局	市档案馆
市劳动局	市旅游公司
市财政局	市房地产管理中心
市税务局	市经济发展研究中心
市审计局	市农业服务总站
市交通局	市农机服务管理总站
市水利局	市林业服务总站
市水产局	市畜牧服务管理总站
市卫生局	市商业总公司
市工商物价行政管理局	市粮油总公司
市土地矿产管理局	市物资总公司
市环境保护局	市供销合作联合社

注:1. 市机构编制委员会办公室与市人事局合署;2. 市监察局与市纪委合署,一套机构、两块牌子,不作机构数额

2001 年 9 月，进行市级党政机构改革。改革后，市委设置工作部门 7 个，部门管理机构 2 个，派出机构 1 个；市政府设置工作部门 26 个，部门管理机构 1 个，议事协调机构的办事机构 1 个；市委、市政府直属事业单位 10 个。市委、市政府工作机构共核定行政编制 540 名。全市核定行政编制 1299 名（含离退休干部工作编制 13 名，不含政法编制），全额事业编制 11009 名，差额事业编制 3789 名，自收自支事业编制 564 名。

2001 年机构改革后市委、市政府机构编制情况表

表 17－1－5　　单位：名

机构名称	人员编制	机构名称	人员编制
市委工作部门		农业局	21
纪委机关	24	林业局	12
市委办公室	30	水利局	13
组织部	25	海洋与渔业局	12
宣传部	15	粮食局	13
统一战线工作部	8	对外贸易经济合作局	13
政法委员会	14	文化局	11
市直机关工委	6	卫生局	18
市委部门管理机构		计划生育委员会	16
老干部局	6	审计局	21
信访局	10	统计局	11
市委派出机构		财贸办公室	8
市委工业工作委员会	－	市政府部门管理机构	
市政府工作部门		市政府法制办公室	3
政府办公室（内设市财贸办公室）	48	市政府议事协调机构的办事机构	
发展计划局	20	经济体制改革委员会办公室	3
经济发展局	33	市委、市政府直属事业单位	
教育体育局	19	党校	43
科学技术局	12	档案馆	15
民政局	23	旅游局	12
财政局	21	广播电视局	19
人事局	19	农业机械服务中心	15
劳动和社会保障局	15	畜牧服务中心	12
城乡建设局	21	中国国际贸易促进委员会胶南市支会	9
国土资源局	13	残疾人联合会执行理事会	9
环境保护局	12	市级机关服务中心	15
交通局	13	行政审批服务中心	8

注：1. 市委工业工作委员会与市经济发展局合署；2. 机构编制委员会办公室与市人事局合署；3. 财贸办公室设在市政府办公室。4. 公安局、司法局属于政法编制类别，故此表中未列

2004年3月，进行人大、政协机关和群团机构改革，共设置人大工作机构6个、政协工作机构6个、群团机关5个，核定编制69名。

2004年机构改革后人大、政协机关和群团机构编制情况表

表17－1－6 单位：名

机构名称	人员编制	机构名称	人员编制
人大常委会机关	24	经济与人口资源环境工作办公室	
办公室		社会法制与港澳台侨工作办公室	
人事代表工作室		教科文卫与文史工作办公室	
法制工作室		群团机关	29
财经城建工作室		总工会	8
科教文卫工作室		团市委	7
农村经济工作室		妇女联合会	7
政协机关	16	科学技术协会	5
办公室		工商业联合会	2
提案与委员活动工作办公室			

2004年12月，市政府机构进行调整，设置工作部门26个。核定行政编制1251名（不含政法编制），全额事业编制11345名，差额事业编制3899名，自收自支事业编制538名。

2004年机构调整后政府部门机构编制情况表

表17－1－7 单位：名

机构名称	人员编制	机构名称	人员编制
政府办公室（内设市财贸办公室）	46	农业局	15
发展和改革局	20	林业局	12
教育体育局	19	水利局	13
科学技术局	12	海洋与渔业局	12
民政局	20	安全生产监督管理局	9
财政局	26	粮食局	13
人事局	22	对外贸易经济合作局	13
劳动和社会保障局	13	文化局	11
城乡建设局（与规划局合署）	19	卫生局	14
规划局（与城乡建设局合署）	10	人口和计划生育局	16
城市管理行政执法局	13	审计局	21
国土资源局	13	统计局	11
环境保护局	12	财贸办公室	8
交通局	13	法制办公室（政府办公室部门管理机构）	3

2010年9月，进行政府机构改革。改革后，设置工作部门24个（司法局、文化广电新闻出版局分别与市委政法委、宣传部合署，不计入政府部门个数。）。全市核定行政编制1334名（不含政法编制），全额事业编制11710名，差额事业编制3381名，自收自支事业编制494名。

2010年机构改革后政府部门机构编制情况表

表17－1－8 单位：名

机构名称	人员编制	机构名称	人员编制
政府办公室	43	农业局	15
发展和改革局	37	林业局	12
工业和信息化局	12	水利局	13
教育体育局	19	海洋与渔业局	12
科学技术局	12	安全生产监督管理局	11
民政局	19	商务局	21
司法局	–	卫生局	14
财政局	24	人口和计划生育局	16
人力资源和社会保障局	35	审计局	21
城乡建设局	37	统计局	11
国土资源局	13	食品药品监督管理局	15
环境保护局	12	文化广电新闻出版局	11
交通运输局	13	青岛临港经济开发区管理委员会	16

注：1. 发展和改革局加挂物价局牌子；2. 司法局与市委政法委合署；3. 城乡建设局加挂城市管理行政执法局牌子；4. 文化广电新闻出版局与市委宣传部合署；5. 青岛临港经济开发区管理委员会为市政府派出机构

截至2012年11月底，市委设置工作部门7个，部门管理机构2个，议事协调机构的办事机构1个。市政府设置工作部门24个，群团机关7个，市委、市政府直属事业单位16个。全市核定行政编制1336名（不含政法专项编制），全额事业编制11952名，差额事业编制3371名，自收自支事业编制393名。

2012 年撤市划区前胶南市党政群机构编制情况表

表 17 -1 -9

单位:名

机构名称	人员编制	机构名称	人员编制
党委机关		文化广电新闻出版局	11
纪委机关	28	青岛临港经济开发区管理委员会	16
市委办公室	29	人大常委会机关	23
组织部	25	政协机关	15
宣传部	15	群团机关	
统一战线工作部	12	总工会	8
政法委员会	17	团市委	7
市直机关工委	6	妇女联合会机关	7
老干部局	6	科学技术协会机关	5
信访局	10	工商业联合会机关	6
市委农村工作领导小组办公室	6	中国国际贸易促进会胶南市支会	21
政府机关		文学艺术界联合会	3
政府办公室	43	政法机关	
发展和改革局	37	法院	138
工业和信息化局	12	检察院	90
教育体育局	19	公安局	480
科学技术局	12	司法局	69
民政局	19	市委市政府直属事业单位	
财政局	23	党校	43
人力资源和社会保障局	43	档案馆	15
城乡建设局	37	广播电视台	64
国土资源局	13	农业机械管理局	15
环境保护局	12	畜牧兽医局	16
交通运输局	13	旅游局	12
农业局	15	招商局	27
林业局	12	机关事务管理局	15
水利局	13	行政许可与公共资源交易服务中心	34
海洋与渔业局	12	地震局	9
安全生产监督管理局	11	职业教育中心	1315
商务局	21	体育发展中心	12
卫生局	14	董家口开发建设办公室	15
人口和计划生育局	16	文化市场行政执法局	18
审计局	21	服务业发展局	15
统计局	11	残疾人联合会	9
食品药品监督管理局	15		

注:1. 老干部局为组织部部门管理机构;2. 信访局为市委办公室、市政府办公室部门管理机构;3. 市委农村工作领导小组办公室为议事协调机构的办事机构;4. 青岛临港经济开发区管理委员会为市政府派出机构

第六节　地方党史编研

党史编研工作由市委党史研究室负责，主要是对全市党史资料的搜集、整理、编辑和研究。1982～2012年间，先后征集文字资料1250余万字，图画2000余幅，同时编辑出版28部党史书籍，共775余万字。主要书籍有：《中共胶南地方史》一、二、三卷，其中二、三卷系在全国率先出版发行，并荣获山东省党史优秀成果一等奖；《中国共产党胶南市组织史资料》一、二、三卷，主要收录1927～2007年间胶南市（县）、镇（乡、街道）两级党组织机构沿革和领导人名录，并收录政权、统战、地方军事、群众团体等系统的组织机构沿革和领导人名录；《中共胶南地方史大事记》一、二、三、四卷，主要记载1927～2010年间胶南地方党组织及其领导下的政权、武装、群众团体的重大决策、重大活动和重要事件以及全市（县）各界取得的重大成绩及经验教训；《胶南改革开放三十年》《胶南发展60年史画》《大山深处领路人》《胶南党史资料》（1～5）和《珠山劲松》等党史图书。

第七节　宣传工作

政治宣传教育　1988～2012年，除认真组织学习贯彻落实党的有关会议精神外，根据形势需要，开展多种专题政治宣传教育活动。1989年11月，县委部署各级干部学习马克思主义哲学。1990年5月，马克思主义哲学理论骨干集训。1992年12月26日，市委印发《关于全面贯彻落实党的十四大精神的决议》。1997年，组织学习邓小平理论，贯彻落实中国共产党十五大精神，展开解放思想大讨论。

1999年10月，印发《关于今冬明春在全市深入开展社会主义思想教育的意见》。2000年9月，印发《关于加强和改进思想政治工作的实施意见》。2002年12月上旬，在城乡开展党的十六大精神集中教育活动。2003年6月，开展深化“解放思想谋发展、与时俱进建小康”主题教育活动。

2005年1月20日，市委召开保持共产党员先进性教育活动动员大会。2007年10月26日，宣传部印发《关于认真学习宣传贯彻党的十七大精神的通知》及《全市基层党委理论学习中心组学习党的十七大精神的意见》。2010年3月，开展领导干部“每月一讲”活动。是年下半年，开展解放思想大讨论，收集各方面的意见、建议437条。

2012年，印发《认真学习贯彻党的十八大精神的通知》，举办市委理论中心组（扩大）读书会，深入学习党的十八大精神。

社会宣传　1989年4月，在全县企业开展企业精神教育。1990年11月，在全县农村开展社会主义思想教育活动。1991年5月至6月底，在全市开展社会主义思想教育活动。1993～1996年，市委于每年冬春时节在全市开展为期三个月的“社教”活动。

1994年12月，市委印发《全面贯彻〈爱国主义教育实施纲要〉的意见》，进一步推动群众性爱国主义教育深入持久的开展。1996年10月，全市党政群机关广泛开展“抓学习、讲正气、树形象”活动。是月，开展纪念红军长征胜利60周年活动。1997年8月，举行一系列庆祝香港回归祖国活动。1998年，组织开展十一届三中全会20周年纪念活动。

2001年12月，全市农村集中开展党的十五届

全市领导干部“每月一讲”报告会

2009年1月19日，市文明委举办2008“感动胶南”十佳人物、“文明胶南”十件好事颁奖典礼

六中全会精神教育活动。2002年12月上旬，市委在城乡开展党的十六大精神集中教育活动。2005年1月20日，全市先进性教育活动分三批进行，每批半年左右时间。是年10月，分期分批组织举办学习十六届五中全会精神培训班，各镇、街道，市直各单位组建宣讲团。2007年，开展“爱我胶南，建设家乡”系列教育活动、公民道德建设系列学习教育活动、“全民读书读报”活动、“双学三创”活动、“以讲促学、以学促干”活动、“抢抓机遇创优势、求真务实促发展”等主题教育活动，组建新农村建设、发展现代农业等宣讲团和“小老板”创业事迹、民营企业家先进事迹、市新农村建设带头村（人）先进事迹等报告团。是年11月，市委组建宣讲团，赴全市社会主义新农村建设示范村集中宣讲党的十七大精神。

2008年，为纪念我国改革开放30周年，相继举办知识竞赛、大合唱比赛等活动。2009年，开展“以讲促学到基层”党的十七届四中全会精神宣讲活动，宣讲团成员分包98个村（社区）进行集中宣讲。2010年6月24日，胶南党建频道正式开播，建立手机“学习短信”、“学习角”网页、公共阅报栏、宣传橱窗、百姓讲坛、经济沙龙等公众学习平台。投资近1000万元，在全市农村恢复小广播喇叭16万户。2011年，开展纪念中国共产党建党90周年“颂歌献给党”合唱比赛、专场文艺演出等系列活动。开展庆祝胶南撤县设市20周年系列评选活动，与海政歌舞团联合举办军地联合演出。

2012年，开展党的十八大精神进机关、进农村、进社区、进企业、进校园“五进”宣讲教育活动；成立基层文联，开展“社会公德、家庭美德、职业道德、个人品德”四德工程建设。

新闻宣传 1990年，重点组织进行撤县改市宣传报道筹备工作，编印撤县改市宣传提纲、宣传口号5000份。

1991年，在《青岛日报》等报刊上发表《城乡遍开文明花》《实改、实效、实用》《胶南注重提高农民素质》《胶南减轻农民负担》等新闻稿件。

1992年，《经济日报》、中央人民广播电台、《中国企业报》、《大众日报》、《青岛日报》等20多家新闻媒体刊播《胶南轻工机械厂讲究以才生财之道》稿件。

1993年，新华社播发的通稿《胶南大力发展水产股份制企业》《胶南对“三资”企业办管并重》等稿件被《山东内参》编发。1996年，新华社播发通稿《胶南农民负担减轻》，介绍“胶南市以健全监督管理机制为突破口，切实减轻农民负担”的经验。

1998年7月10日，《青岛日报》头版头条刊发《鞠躬尽瘁，一生为民——追忆胶南市琅琊镇党委书记陈济敏》的通讯。中宣部将陈济敏事迹列为“七一”期间的宣传典型。中央电视台、《人民日报》、新华社、《大众日报》、山东电视台等全国30多家媒体在“七一”前后分别刊播报道陈济敏事迹。市委组织陈济敏事迹报道团，在全省轮回举行报告会，宣传陈济敏事迹。

2001年，胶南成立一站式服务中心，被青岛市及部分国家级新闻报刊报道。“七一”前夕，《人民日报》、新华社在显要位置，《农民日报》《中国市场经济报》分别以整版篇幅介绍隐珠镇北高家庄村党总支书记赵天来身体力行“三个代表”重要思想的先进事迹。2003年，《大众日报》刊发《舍八亿收益保一片湿地——胶南建设生态效益为先》，报道胶南市经济发展、城市建设着眼长远，严把环保关、生态关。2004年，《中国教育报》一版刊发《青岛胶南城乡教师拿一样的工资》，报道胶南市

统筹城乡发展、率先实行城乡教师“同工同酬”的经验。2005年6月22日,《人民日报》刊发《胶南发布空气质量日报》。

2006年,组织通讯员参加《大众日报》《农村大众》等党报举办的业务培训班,并于6月举办第一期骨干通讯员培训班,建立起以宣传部新闻中心为主导,各镇(区)、街道、市直各单位通讯员为支撑的立体新闻宣传网络。

2008年,中央电视台新闻联播播出《胶南:文化产业顺势上扬》,报道胶南充分发挥区位优势和文化资源优势,不断优化投资环境,积极落实产业政策,龙马画院、达尼画家村等一大批文化产业项目迅速成长,美术产业走向市场的经验。2011年,围绕落实青岛市“大干200天,市容环境综合整治十大行动”,围绕中心工作在《青岛日报》策划集中宣传,连续3天在《青岛日报》一版重要位置进行专版宣传。

2012年,在青岛市级以上媒体发表稿件2200多篇,其中《青岛日报》一版头题12篇,《大众日报》一版头题2篇,《农村大众》一版头题4篇,中央级媒体重点稿件50余篇,新华社《动态清样》1篇,《山东参考》2篇,《大众日报》内部特刊1篇。1988~2012年,在中央、省、市级新闻单位的报刊、广播、电视刊播稿件年均2000篇以上。

对外宣传 2010年以前,对外宣传工作多为结合招商引资、对外经贸、旅游节庆等活动开展形象宣传。2010年开始进行对外平台建设,通过对外平台宣传胶南。

1991年,在《青岛日报》《联合周报》等省市级报刊发表3个专版,集中宣传胶南市的资源优势和商品经济优势,全面宣传“两个文明”建设的丰硕成果,系统介绍胶南工、农、商、学、科技、文化、卫生等方面的工作成就。

1992年,在《经济日报》《联合周报》《中国工商》《青岛日报》等,开辟专栏、专版,介绍胶南改革开放和经济建设。

1993年,在香港《大公报》开办胶南专版开展对外宣传。是年,台资项目浮法玻璃落户胶南,人民日报社、新华社等中央、省、市级30多家新闻单位的记者作采访报道。

1994~2009年,重点借助节庆、经贸活动,开展对外宣传推介。

2010年,与青岛市外宣杂志《帆船之都》合作,连续三期集中宣传胶南滨海旅游、乡村旅游。是年7月,与《旅伴》《东方航空》《青岛画报》、《帆船之都》《商周刊》等杂志合作,宣传推介胶南。2011年,与《帆船之都》《青岛画报》《商周刊》《东方航空》《旅客报》等媒体合作,开展城市形象宣传。

2012年,与《东方航空》《旅伴》《和谐之旅》《青岛画报》《帆船之都》等航空类、动车类和生活类杂志合作,在青岛电视台、青岛人民广播电台和山东电视台进行城市推介,打造“城市名片”。同时围绕104个大项目集中开工、青岛·胶南蓝莓节、“醉美灵山湾、活力新胶南”大型文艺演出、中国青岛灵山湾拉网节以及首届中国汽车群英会等重大节庆和活动,宣传胶南创新开放、幸福宜居的城市新形象。

第八节 档案工作

档案资料收集整理 1988年底,县档案馆馆藏档案91个全宗,共计21129卷。其中,建国前档案85卷,建国后档案21044卷,主要为文书档案,另有照片325张,资料4995册。1989年,将文书档案、科技档案、专门档案和资料4项内容列入档案馆收集的主要范围,收集途径主要为接收机关企事业单位档案进馆。2003年开始推行新的立卷办法,67个单位安装“易初档案管理软件”。2011年开始使用“金宏在线归档系统”,实现从单机版到网络化的升级。

档案资料保护利用 1988年,档案馆内设备主要有除湿机两台,温湿度记录仪1台,毛发湿度计3台,吸尘器3台,灭火器10个,档案橱170套。此后,随着档案数量的不断增加,档案专项经费也随之增长,相关设备不断更新。2001年4月,改造档案馆一楼库房,统一安排密集架,库房容量扩大3倍。2005年,配备服务器、NAS存储服务器、交换机等硬件设备。2007年以来,先后在库房配备了气体灭火系统、温湿度自动控制系统、安全监控

系统等设备，确保了档案安全。2011 年，对原有数字档案管理系统进行升级改造，添置了服务器、磁盘阵列、磁带机和专用数据管理软件，通过改造升级，实现了双机实时热备份，并通过磁盘阵列、磁带机等设备进行定期备份。

档案数字化 2003 年开始实行目录录入和纸质档案扫描数字化馆藏。2005 年，目录数据量达 48 万余条，扫描档案数量达 20 余万页。2012 年，大规模数字化工作展开，计划用两年时间对馆藏全部档案进行数字化，当年扫描纸质档案 200 余万页。

第九节　统战工作

民主党派和新的社会阶层人士 1987 年 11 月，中国民主同盟胶南支部成立，2011 年 9 月改为总支。截至 2012 年底，有盟员 26 名。

2005 年 6 月成立中国农工民主党青岛市委胶南小组。截至 2012 年底，有党员 14 名。

2011 年 12 月 28 日，中国民主建国会青岛市委机关总支二支部（胶南支部）成立。截至 2012 年底，有会员 7 名。

自 1998 年以来，各民主党派深入农村举办农业科技讲座 10 数场，培训农村干部群众 1500 余人，提供咨询 2000 余人次；为农民义诊 28 次 2500 余人，发放宣传材料 4000 余份。

2007 年，新的社会阶层人士开始纳入统战工作对象。2008 年 8 月，建立新的社会阶层人士统战工作联席会议，建立 2630 名新的社会阶层人士信息库和 80 名新阶层知识分子人才库。2009 年起，每年开展新阶层人士“服务社会周”活动。

参政议政 1994 年 8 月起开展特约人员工作。截至 2012 年底，有 40 多名民主党派成员和无党派人士分别被监察、环保、检察、审计、工商、教育、卫生、旅游等部门聘为特约人员。1995 年，在统一战线各界人士中开展“我为科学发展献计策”活动，收到意见建议 800 余条，部分被市委、市政府采纳实施。2011 年 5 月，建立“胶南统一战线”网站。2012 年 12 月，民主党派和无党派人士中，有胶南市第十五届人大代表 102 名，占 36.1%，其中农工党员 1 名；青岛市人大代表 10 名，其中农工党员 1 名；省人大代表 1 名，为九三学社成员。民主党派和无党派人士在胶南市第九届政协委员中有 135 名，占 59.7%，其中民盟盟员 4 名，农工党员 3 名，九三学社社员 1 名；青岛市政协委员 5 名。

民族宗教 20 世纪 70 年代，胶南有回族、壮族、满族、朝鲜族、藏族 5 个少数民族，共 18 人。1993 年有 10 个少数民族，近 300 人。2012 年底，有 42 个少数民族，6694 人。其中，常住人口 3508 人，流动人口 3186 人。

2005 年有少数民族干部 54 人，2012 年底有 43 人。2012 年，胶南市十五届人大有少数民族代表 2 人，九届政协有少数民族委员 3 人。

2005 年 3 月，青岛市少数民族经济发展促进会胶南支会成立。2010 年 4 月，胶南市少数民族联合会成立，会员 36 人。2001 年 10 月，开展“民族团结进步宣传月”活动，创建青岛市民族团结进步和谐社区 1 处、教育基地 2 处。2012 年底有少数民族企业 6 家。

1997 年 7 月，第一个基督教活动场所珠海路基督教活动点在珠海街道烟台东村登记。2007 年，镜台山基督教堂建成。2008 年 4 月依法登记为基督教活动场所。2008 年 3 月，大珠山石门寺登记为佛教活动场所。截至 2012 年底，全市有信教群众近万人，其中信仰基督教 8000 余人、信仰天主教 32 人、信仰伊斯兰教 200 人、信仰佛教 1100 余人；宗教活动场所 9 处，其中佛教 1 处、基督教 8 处；省级和谐宗教活动场所 4 处，宗教代表人士 30 余人，宗教界政协委员 2 人，教职人员 15 人。

党外干部和党外知识分子 1984 年 7 月起，历届县（市）人大常委会配备党外副主任 1 名。1991～2002 年，市委组织部、统战部联合制定《关于做好党外干部培养选拔工作的意见》。1991 年 9 月起，历届市政府配备党外副市长 1 名。1982 年 1 月，从胶南县第一届政协会议起，历届政协配备一定比例的党外副主席。1992 年 8 月起，陆续在市政府序列部门和市直单位中安排副科级以上党外干部，第一批党外干部 3 人。截至 2012 年 12

月，全市副科级以上党外干部31名。其中，副县级党外干部5名，市管党外领导干部26名（市直部门和单位19名，镇政府领导班子成员7名）。

1998年7月，筛选出102名党外后备干部。2011年，市环保局、市工商联、市侨联3个单位由党外干部担任正职。2012年12月，调整建立197人的党外后备干部队伍。

1993年，建立2903名党外知识分子档案，并对其中30名代表实行对口联系。2004年，建立党外知识分子联络员制度，在文教卫生系统聘请党外知识分子联络员42名。2008年11月，市知识分子联谊会成立，会员130名。2010年8月起，先后在全市23处镇（街道、园区）、4家市直单位和1所民办高校建立知联会，全市知联组织达到29个，会员1000多名，其中有青岛市无党派人士代表24名。自2011年3月起，在党外知识分子中开展“建言献策、建功立业”活动。

第十节　党校教育

党员干部培训　1988年上半年，县委党校在六汪镇举办村级干部在岗培训班，历时15天，有66人参加培训。

1992～2002年，举办科级干部读书班、中青年干部培训班等各类班次206期，培训轮训各级各类干部32834人次。

2003～2006年，开展党员干部大规模培训轮训，举办主体班次137期，培训学员16249人次。

2007～2010年，举办市管干部培训班、中层骨干培训班等主体班次150期，培训干部23194人次。

2011～2012年，举办中青年干部培训班、新任市管干部培训班、政法干部培训班等主体班次126期，培训各级各类干部19763人次。承接举办外来培训班次3期，培训各类干部300余人次。

学历教育　1988年，举办党政干部中专班3届，其中专修班1届、经管专业专修班2届，学员209名，统考合格率100%。自1990年开始举办党校函授教育学历班次，招收中央党校函大班两届3个班，学员144人。其中，党政专业1个班，经济管理专业2个班。

1992～2011年，举办党校函授教育，开办中央党校函授大专班，省委党校函授大专班、本科班，农干大专班等学历班次52个，向社会输送中函本、专科毕业生258人，省函本、专科毕业生4769人。

2007～2012年，先后与山东科技大学、中国海洋大学联合举办在职人员工程硕士、法律硕士研究生班，培养47名工程硕士和30名法律硕士。

第十一节　对台事务

宣传调研　1986年9月，县委在统战部设立对台宣传工作办公室，负责开展对台宣传工作。1990年，拍摄《在鲜花簇拥的大地上》《昌盛工业写锦绣》等宣传片，向台胞宣传改革开放成果。1992年，向来访台胞赠送宣传册910册。1987～1997年，开展调研活动10余次，组织对台党课48次。2000年，在《华生报》《中国旅游》等刊物上刊发宣传文章3篇。2005年，在《中国台商》5月号刊上作胶南专题10个专页。在台湾《工商时报》刊登题为《以港兴市，青岛胶南区，投资新热点》的宣传报道。2005～2012年，举办台湾图片展10余次，先后在中央人民广播电台、海峡之声电台、《人民日报》（海外版）、香港《大公报》、《海峡时空》上刊发宣传胶南的文字稿件和图片100余篇（幅）。

2010年，《不断提升活力基层台办才能有为有位》的文章，被国台办主编的《县级对台工作研讨集》收录。

涉台服务　据1991年4月调查统计，胶南籍第一代台胞2675人，境内长期居住台胞达11490人。全市台属16119人，分布在709个行政村和市直35个单位。据2001～2004年进行的第2次定居台胞普查，1987年以来有23名台胞到胶南市定居。1988～1997年，为台属寻找在台亲人120人次。2001年，组织台属为困难台属家庭捐款5000余元；2008年，为汶川地震捐款1万余元；2009年，为岛内台风受灾台胞捐款29150元。

截至2012年底，累计举办各类台属座谈会、联谊会19次；向台胞捐款捐物14次，总价值7万余元。

交流交往 20世纪80年代，受各种因素影响，两岸交流交往大多局限于探亲层面。1987～2000年，到胶南探亲走访的台胞达1526人次。2001年1月“小三通”后，到胶南考察投资的台胞、台商不断增多，仅2003年就接待48批216人次。台湾工商协进会理事长黄茂雄、台湾新党主席郁慕明、国民党副主席江丙坤等知名人士先后到访。2008年，两岸实现“大三通”，交流交往更加频繁。2008～2012年，接待台湾财团及客商达100批800余人次，促成市级领导带队赴台考察团组39批228人次，办理企业因私赴台85批189人次。

1987～1993年，全市引进台企12家，投资总额2956万美元，合同外资1409万美元。此后，东元机电、东方高尔夫体育俱乐部、纬创集团等台企先后落户胶南。截至2012年底，全市累计批办台资企业120多家，涉及制造、服务、农业等多个行业。

第十二节 信访工作

信访制度建设 1989年，建立接访、阅信、办案、登记、归档、目标管理制度。1996年，市信访局先后制定《实行逐级上访程序》《办理人民来信工作程序》等制度，理顺逐级上访工作程序，推行信访协议书、答复意见书制度。2000年，推行信访联系人和信访首问责任人制度。2003年6月，市委办公室、市政府办公室印发《胶南市信访公开承诺实施细则》。2004年9月，市委办公室、市政府办公室印发《关于建立处理信访突出问题及群体性事件联席会议制度的通知》《关于开展集中处理信访突出问题及群体性事件第一阶段工作的实施意见》，明确联席会议的工作职责、工作原则、组成人员和工作机构。2006年6月，市司法局、信访局联合探索实施律师参与接待涉法信访制度。

2011年6月，市委印发《关于加强和改进新时期群众工作的意见》，成立市委群众工作领导小组。乡镇（街道）设立群众工作机构。是年7月，确定每月10日为“群众工作日”，实行干部下访日、市民教育日、老师家访日、大夫巡诊日、警民连心日、民主公开日“六日合一”的工作方式。该经验做法被《大众日报》《青岛日报》等多家媒体刊发宣传，并得到中央信访工作督导组和国家信访局、中科院党建调研组的肯定。

信访接待和办理 *领导干部接访* 1988年5月，胶南县明确提出建立健全领导干部接待群众来访制度。1997年8月，市委办公室、市政府办公室联合印发《关于进一步重视和加强党政主要领导处理信访问题的通知》，要求各级党政主要领导每人每月至少亲自处理1件信访问题。1998年7月6日，《大众日报》发表省委书记吴官正《致市县区委书记、市县区长的一封信》，要求推广胶南市领导干部公开接访的做法。2005年5月，市委印发《关于深入开展“把第一时间交给群众”主题实践活动的意见》，要求各镇、街道和市直部门每个工作日轮流安排1名党政领导班子成员公开接待群众来访。2008年10月，中央联席会议办公室《情况专报》刊发《把第一时间交给群众——山东省胶南市委书记张大勇对县委书记“大接访”活动的感受》。2011年11月，市委书记万建忠关于接访活动的几点体会，被中央联席办简报刊发推广。

畅通信访渠道 1988年5月，县委、县政府提出领导干部要认真阅批群众来信，加强与群众对话。1989年，设立县长公开电话。2002年3月，信访局印发《关于建立办信工作“绿色通道”的实施意见》，将重点信件纳入绿色通道，实行“三见面”（即与领导见面，与承办单位见面，与写信人见面）。2004年，开通民意信箱 minyijn@163.com，方便群众通过网络表达诉求，提出建议。2006年3月，市委办公室、市政府办公室印发《胶南政务网群众来信“直通车”实施办法》，群众可通过政务网设置的“交流平台”，向所选择的部门写信，并随时查询信件办理情况。2012年，根据山东省委省政府文件要求，实施见信见人、督查指导、信息调研和责任追究“四位一体”的立体式办信工作机制。

矛盾排解 1988年5月，县委、县政府提出强化信访信息搜集提报工作。2001年9月，市信访

胶南市领导公开接待来访群众

局增加信访隐患矛盾纠纷排查调处职能。2009 年 9 月,建立矛盾纠纷排查化解网格化管理体系,实行市、镇、村三级矛盾纠纷排查化解网格化管理。2011 年,结合青岛市开展的"矛盾纠纷大排查大化解"活动,按照"属地管理、分级负责,谁主管、谁负责"原则,将各类信访不稳定隐患全部纳入视线,做到早发现、早化解。2012 年,围绕容易诱发越级上访、集体上访和非正常上访的重点隐患,做好梳理调度、跟踪督查,排查信访隐患 2000 余起,妥善化解率达 90%。

1988～2012 年,受理来信来访 52712 件(起),其中受理来信 28768 件,来访 23544 起。

第十三节　市直机关党建

组织建设　1988 年,县直机关党建工作开始实行三级目标管理,对党(工)委、支部(总支)和党员个人实行年度目标责任制。1988 年以来,每年组织各基层党组织开展民主评议党员活动,党员参评率均达到 98% 以上,对评议出的基本合格和不合格党员,均按有关规定进行处理。并每年举办 1～2 期入党积极分子或发展对象培训班,先后培训 3000 多人次,其中 1200 多人加入党组织。每年组织评选优秀共产党员、优秀党务工作者和先进基层党组织,并进行表彰。

市直机关建设　2005 年,成立机关建设工作领导小组。2006～2009 年,全市有 70 个机关科室被评为青岛市先进科室;对 200 个优秀科室和 200 名优秀科长进行通报表彰;对市直各单位和镇、街道的 246 项优秀工作成果进行表彰。2007 年联合青岛光大集团、市广播电视局和市气象局联合举办光大杯"学礼仪、讲文明、迎奥运、喜迎十七大"电视知识竞赛,有 40 个代表队参加比赛。2009 年组织 1000 余名机关干部参加庆祝"新中国成立 60 周年"升国旗仪式,并举办诗歌朗诵和中华美文诵读比赛。2011 年,与团市委联合举办庆祝中国共产党成立 90 周年"感恩的心"演讲比赛。

党风廉政建设　1988 年,开展"创廉洁机关和做廉洁干部"活动。1989～2010 年,先后开展"争创机关服务品牌""强化机关效能、服务新农村建设""树过硬作风,创一流业绩,做优秀党员"等活动。2011 年,开展"一线两增强三服务"活动,有 20 多个重点单位设立公开监督电话,有条件的基层党组织设立党务政务公开栏,接受社会监督。

1988 年以来,协助市(县)纪委查处党员违纪案件 22 起,处分违纪党员 29 名。

党员教育　自 1989 年开始,逐步推进和完善党员"电化"教育,组织各项专题学习教育活动。市直机关各基层党组织年均组织党课 100 余场次,受教育党员 4000 人次。

第十四节　老干部工作

1984 年 9 月成立县委组织部老干部管理科。1985 年 9 月设立中共胶南县委老干部局,专门负责老干部的管理与服务,落实老干部政治和生活等方面的政策。1988 年,全县有离退休干部党支部 25 个。2009 年增至 67 个。2011～2012 年,30 个离退休干部党支部通过青岛市"五好"离退休干部党支部验收。截至 2012 年,健在离休干部有 403 人。其中,男性 357 人,女性 46 人,平均年龄 85 岁。

老干部政治待遇　1988 年以来,每年召开两次向老干部通报情况会议,每逢重阳、春节等节庆

2003年9月，市老年大学新综合楼落成启用

日，市(县)领导成员入户走访慰问老干部代表。每两年一次走访异地安置老干部，每年开展老干部观摩和座谈活动。每年为离退休干部征订《老干部之家》杂志。2002年起，为全市离休干部免费赠阅《老年教育》杂志。2004年起，每年两次组织享受厅局级待遇和曾担任胶南市副县级以上实职的离退休干部赴省外参观考察。2009年，老干部局组织编印《胶南市离休老干部纪念册》，收录全市483名离休干部的个人信息、照片、个人简历和他们一生中最难忘的一件事。

老干部生活待遇 1988年，离休干部离休费由所在单位按时足额发放。机关事业单位离休干部享受公费医疗待遇，企业离休干部由其所在企业据实报销。1994年，市人民医院和中医院为老干部设立42张长期病床和126张短期病床。其后市人民医院建立保健楼，为老干部优先提供病床。

1997年，建立离休干部信息库，实现离休干部信息化管理。1999年12月，离休干部离休费实行全市统筹和社会化发放。2001年，为离休干部统一办理“胶南市离休干部优待卡”，离休干部可免费乘坐公交车、参观游览文化场所和风景点，就医免收门诊挂号费，离休干部医疗费实现全市统筹。2002年建立离休干部离休费、医药费保障机制和财政支持机制，离休干部“两费”问题得到彻底解决。

2005年，对享受优诊待遇的离休干部实行巡诊，组织医院专家、护理人员和老干部局工作人员定期到老干部家中为老干部查体。2009年，将抗战时期参加革命的离休干部医疗待遇提高到优诊待遇。是年，建立老干部家政服务站，通过“88181365”热线全天候服务，解决老干部实际生活困难。

2012年，建立“胶南市离休干部120急救医疗服务绿色通道”，将离休干部家庭住址、家庭电话录入120电子平台，搭建离休干部快速救助通道。

文体活动 1986年，胶南县老年人学校建立。1989年5月，老干部活动中心正式启用。设会议室、阅览室、游艺室、健身房、多功能厅、舞厅，总建筑面积2090平方米。借此平台每年组织老干部开展各类文艺活动和体育活动。1995年4月，胶南市老年人学校更名为胶南市老年大学。2004年起，每年由市委组织部、市委宣传部、市委老干部局等部门共同举办“胶南市中老年文化艺术节”。

2002年7月，位于珠海路北双珠公园北侧的“胶南市老干部活动中心和胶南市老年大学”综合楼动工兴建，2003年9月竣工并投入使用。建筑面积5380平方米。设有健身房、台球室、乒乓球室、麻将室、棋牌室等活动室和微机室、电子琴室、古筝室、综合教室等8个专用教室。建有全封闭门球场2个，象棋场1个。户外活动器材6台(套)，露天舞场1个。2012年，老年大学聘任教

老少两代人“学党史　颂党恩　跟党走”座谈会

师29名，开设书画艺术、声乐器乐、舞蹈健身、保健按摩、微机摄影等26个专业45个教学班，在校学员2000余名。

关心下一代工作　1986年7月，县老干部关心下一代工作协会成立。2000年改称市关心下一代工作委员会。截至2012年，全市23处镇、街道，1058个村、居（社区），122家百人以上的企业，46所中小学校分别建立关工委组织。

2006年1月，《胶南市国民经济和社会发展第十一个五年规划》将关心下一代工作纳入全市社会发展规划。关工委组织坚持以科学育人为主题，以社会主义核心价值体系教育为主线，以“感恩教育、中华经典诗文诵读和才艺培养”三项活动及青少年普法教育活动为重点，先后做革命传统、理想信念、法制、科普等各类宣传教育报告2317场，受教育青少年近120万人次；帮教失足青少年1368人次；争取社会各界资金285万余元，助学助困助残5224人；先后组织开展了纪念抗日战争胜利60周年、长征胜利70周年和庆祝建党90周年等30多项活动；编印《永远的丰碑》《珠山歼匪》、《胶南地方党组织发展史》《胶南新童谣》等11种2万余册宣传教育书籍，免费发放给青少年阅读。市关工委先后获评“全国关心下一代工作先进集体”等荣誉称号。

第二章　纪检监察

第一节　案件查处

1988年，县纪委共立案查处党员违纪、违法案件24起，处分党员干部23人。县监察局查处违纪案件8起，其中2人被行政开除。1989年，县纪委共立案查处党员违纪、违法案件52起，处分党员干部35人。县监察局查处违纪案件9起，处分9人。1990～1997年，共立案查处党内违纪、违法案件427起，处分党员干部380人。1998～2002年，共立案查处党员干部违纪、违法案件683起，其中经济案件423起；处分党员干部507人，其中副科级以上干部20人；追缴违纪、违法款物价值1293万元，挽回经济损失2826万元。2003～2012年，共立案查处党员干部违纪、违法案件1088起，处分党员干部979人，其中副科级以上干部36人，为国家和集体挽回经济损失3700余万元。

1988～2012年全市（县）受党纪处分人员统计表

表17－2－1　　　　单位：人

年度	人数	开除党籍	留党察看	撤销党内职务	严重警告	警告	备注
1988	23	5	7	1	5	5	
1989	35	16	10	1	6	2	
1990	64	11	26	1	17	9	
1991	64	20	31	0	4	9	
1992	33	8	9	2	9	5	
1993	23	8	7	0	4	4	
1994	32	9	14	2	6	1	免于党纪处分2人
1995	46	16	12	2	11	5	免于党纪处分2人
1996	47	15	11	0	12	9	

表 17－2－1

年度	人数	开除党籍	留党察看	撤销党内职务	严重警告	警告	备注
1997	71	24	13	1	20	13	免于党纪处分 3 人，取消预备党员资格 6 人
1998	122	38	15	3	33	33	免于党纪处分 15 人
1999	78	20	7	1	32	18	免于党纪处分 10 人
2000	97	30	11	2	25	29	免于党纪处分 19 人
2001	101	37	11	4	23	26	免于党纪处分 15 人
2002	109	32	7	3	26	41	免于党纪处分 17 人
2003	103	26	9	5	19	44	免于党纪处分 16 人
2004	83	25	8	3	22	25	免于党纪处分 20 人
2005	73	18	7	0	17	31	免于党纪处分 28 人
2006	74	15	2	1	20	36	免于党纪处分 31 人
2007	104	8	4	0	27	65	
2008	106	27	3	2	16	58	免于党纪处分 2 人
2009	120	30	2	0	22	66	
2010	104	35	15	0	6	48	
2011	107	34	11	1	17	44	
2012	105	29	10	0	11	55	

第二节　党性党风党纪教育

1988～1989 年，全县举办党员培训班 340 多期，播放党纪教育录像片 2300 余场。1990 年，在“学党章、正党风”教育活动中，县纪委与组织部、宣传部共同组织学党章、《准则》基本知识开卷考试，参试党员达 4 万人。

1991 年上半年，与省纪委教育室、青岛市纪委联合摄制反映胶南市人民法院廉洁勤政先进事迹的纪实专题片《廉政风范》，6 月 29 日在胶南市举行首映式。1995～1996 年，在全市先后开展“学习孔繁森廉洁勤政事迹，对照先进找差距”、“学条规、守纪律、作表率”活动。1997 年，在市电视台、广播电台开辟“党风党纪教育”专题栏目。1998 年，开展以“讲学习、讲政治、讲正气”为主要内容的党性党风党纪教育，并开展学习陈济敏先进事迹和崇高精神的活动。

2000 年 5 月，在市电视台开设“廉政经纬”专题节目。2001 年，组织开展“国税杯”反腐倡廉演讲比赛和全市正股级以上干部 2300 多人参加的“学党章、学讲话、学条规”知识竞赛。2002 年，在全市组织开展向优秀党员干部汪洋湖学习的活动。组织全市党员干部进行“党风廉政建设和反腐败工作百题答卷”活动，同时组织 7000 余名农村干部进行“十六大精神和党纪知识”学习考试。

2003～2006 年，联合组织部、宣传部在全市党员干部中先后开展“艰苦奋斗、廉洁从政”“为民、务实、清廉”“廉洁奉公、执政为民”“勤政廉政、科学发展”等主题教育活动。2006 年，开展“做党的忠诚卫士、当群众的贴心人”主题实践活动。组织编写出版《情系群众—胶南市群众工作案例选编（一）》和《党员干部廉政手册》。组织演出话剧《天堂往左深渊往右》。是年，牵头组织推进廉政文化“六进”（ 即进机关、进企业、进农村、进社区、进家庭、进校园）活动。

2007～2012 年，联合组织部、宣传部在全市党员干部中先后开展“加强作风建设、促进社会和

谐”“做勤廉表率、促科学发展”“加强党性修养、弘扬优良作风”“增强制度意识，争做勤廉表率”主题教育活动。

第三节　纠风与专项治理

1989 年，建立和施行“两公开一监督”（即公开办事制度、公开办事结果、接受群众监督）制度。开展“争创廉洁机关、争做廉洁干部”的“双争”活动。对全县各级党政机关、企事业单位干部、职工在城区村庄营建私房情况进行调查清理，对 2 名有严重违纪行为的干部立案查处。1990 年，全县受理干部利用职权违法、违纪建私房等行业不正之风的举报和信访 51 件次，处理 3 名在建房过程中以权谋私的干部。对侵占公款供子女到大专院校上学的 11 名干部，分别作出退回学费的处理。1991 年，确定 16 个纠风重点单位，查处违反规定安装住宅电话的党员干部 10 人。

1992 年，市监察局对机关团体摊派占用企业人、财、物问题进行专项治理。清理出借用企业人员 83 人，退还企业 33 人，50 人办理调、留手续。清理出摊派借用企业资金 139.5 万元，并督促有关单位按政策规定达成还款协议。

1993 年，清理涉及农民负担文件 183 份，裁减村干部 1971 人。拆除违法、违纪建房 614 间，经济处罚 298 户，整顿 984 个村财务管理混乱的问题，纠正不合理开支 110 余万元。对司法、工商、税务、卫生等 13 个特殊行业，摆查出行业不正之风问题 39 个，制定整改措施 46 条。

1994 年，对少数农村干部“三不”（即风气不正、办事不公、经济不清）问题进行整治。排查重点村 52 个，纠正农村干部办事不公的问题 80 个。调整村“两委”班子 43 个，调换不称职干部 54 人，查处贪占、挪用公款党员干部 37 人，追回公款 14.5 万余元。对全市减轻农民负担工作开展监督检查，取消农民负担项目 43 个，减轻农民负担 453 万元，清理纠正不合理开支以及挤占、挪用统筹资金 135.75 万元。清理党政机关向企业摊派款物价值 89.8 万余元，取消乱收费项目 231 项。

1995 年，清理超标小汽车 17 辆，清理通过旅游渠道出国（境）人员 40 人，清理领导干部住房超标 17 人。清理退回中、小学多收费 7 万余元，清理向企业摊派款项及物资折款 19 万元。1996 年，纠正处理预算外资金使用、管理方面发生的违规违纪金额 1581.6 万元。对少数单位违反规定公车迎亲嫁娶问题进行通报批评，吊扣 16 名司机的驾驶执照。是年，治理少数村干部问题，排查治理重点村 52 个，调整村干部 127 人，免职 36 人，给予党纪处分 8 人。

1997 年，建立健全领导干部廉政询问制度，对 13 名领导干部违反廉政规定接受公款宴请问题，作出罚款处理并全市通报。是年，集中开展清理通信工具专项活动，清理超标配备移动电话 369 部。1998 年 9 月 1 日，将机关和乡镇、市直部门所辖单位、村（居）符合规定安装和配备的 892 部公费住宅电话和 456 部公费移动电话，全部作价过户给个人。是年，对全市党政机关、事业单位小汽车逐一造册登记，制定领导干部乘车规定以及公车私用审批登记和交费规定。

1999 年，取消公费配备无线寻呼机，对原公款配备的1149部无线

2012 年 2 月 16 日，市纪委十三届二次全会暨全市反腐倡廉建设工作会议召开

2008年7月29日，全市机关作风建设大会召开

寻呼机一律作价卖给个人，收回作价款5.66万元。2000年，为1000余名副科级在职和退休干部办理住宅电话费审批手续。清理行政事业性收费，取消和暂停171项收费项目，降低16项收费标准，规范23项收费行为。2001年，对违反规定报销电话费的5名责任人进行党纪处理。查处加重农民负担案件7起；开展中、小学春季收费情况检查，退还50余万元不合理收费；规范结婚迎亲车辆管理，对违反规定用公车迎亲的6名责任人进行查处。

2002年，对党政机关、事业单位用公款为干部职工投商业保险问题进行清理，共退保30.04万元。对党政机关工作人员借用公款问题进行清理，查处16个单位50人，限期还清借用公款31.8万元。严肃查处2起公款内部吃喝、7起公款报销通话费用的违纪违规行为。在落实“收支两条线”规定和“罚缴分离”制度中，清理违规设立和应予取消的银行账户68个，查处私设小金库15个，涉案金额80余万元。取消涉及企业收费项目171项，降低16个项目收费标准，为企业减轻负担4100余万元。2003年，全面推行校务公开和教育收费公示制度；禁止用公款为个人购买商业保险；纠正医药购销不正之风，实施药品集中采购，查处销售和使用假冒伪劣药品等案件176起。

2005年，清理党政机关、事业单位干部职工虚报冒领工资、补贴问题及党政机关事业单位建购住房问题。对党政机关领导干部配偶子女从业情况进行登记。2003～2006年，对全市党政机关事业单位购买的超标小汽车进行专项治理，按规定处理超标小汽车11辆。2007～2011年，组织开展滥发奖金补贴专项清理、公务用车专项整治等6项活动，向29个部门、单位下发整改建议通知书，对63名当事人给予通报批评、取消评先树优资格、待岗、辞退等处罚。2008年，全市压缩公务接待、公车购置和使用、出国考察三项支出845万元。

2009年，在全市开展“机关效能提升年”活动，市直各部门、镇（街道）进一步梳理优化工作流程30项，完善工作制度260条，查处9名工作人员。成立扩大内需促进经济增长政策落实监督检查领导小组，对落户胶南市的35个新增中央投资项目先后进行37次专项检查。是年，在市电视台开设“群众关注”栏目，开通胶南市纠风网。2010年9月，对全市社会团体“小金库”进行专项治理。2011年，开展公务用车专项治理活动，对清查出的82辆存在超编制配备、违反规定换借等问题的车辆进行纠正处理。2012年，开通民生在线电话服务平台，“行风在线——胶南纠风网”变更为“青岛纠风网——胶南市”。

第四节　行政监察

1988年7月，建立监察、监督工作联席会议制度。1990年，查处大村和隐珠水利站克扣贪污水利工程款；六汪供销社倒卖计划内化肥，塔山供销社经营劣质柴油，县农机研究所销售劣质农药等案件。

1991年，先后对公费过节、公款吃喝、烟酒糖茶交易会会风、水利专项资金使用、统一着装等问题进行清理整顿。对未经国务院批准而擅自着装的14个单位1142人进行清理，收缴服装标志2152个（副），折价款10.30万元。

1992年，对24处乡镇1991年计划外生育费的征收管理情况进行检查。对挪用计划外生育费10.79万元的问题提出整改措施。

1995 年,对行政事业性收费、罚没款征收管理使用情况进行检查,对存有违规违纪问题的 58 个单位进行纠正处理。查处违纪款 835 万元,提出建议 76 条,帮助建立完善制度 121 项。

1996 年,清理 15 个单位无计划、超计划建房及部分副科级以上领导干部超规定范围预交购房款问题。9 月,对机关干部及其亲属开办酒店、歌舞厅情况进行调查摸底。

1997 年,会同市财政局等单位对预算外资金进行清理。查出违纪单位 56 个,违纪金额 626 万元。对全市中、小学收费情况进行检查,清退不合理收费 9.64 万元。

1998 ~ 1999 年,对领导干部执行房改政策情况进行多次检查,对 8 个单位违规建房和 2 名领导干部超标住房问题进行查处并进行通报。

2001 年,对执行"收支两条线"规定情况进行集中检查,清理出 18 个"小金库",追缴违纪款 78 万余元。会同市城乡建设局对投资额 50 万元以上的 268 个在建工程项目进行检查,查处 96 个存在问题的工程项目,罚款 9.60 万元,对问题严重的 25 个工程作出停工整改。2002 年,继续查处私设"小金库"15 个,涉案金额 80 余万元;清理违规设立的银行账户 68 个。

2003 ~ 2006 年,清偿拖欠工程款 15726 万元,清偿拖欠农民工工资 1200 余万元。是年,查处企业违法排污行为 65 起,关停 6 家非法电镀企业;查处 170 起影响经济发展软环境案件,处理 63 名工作人员。

2004 ~ 2005 年,对经营性土地使用权招标拍卖挂牌出让、政府采购、建设工程招标投标、镇村工程建设项目招标投标等实施监督。

2008 年,制定《胶南市落实〈山东省关于建立健全惩治和预防腐败体系 2008 ~ 2012 年实施办法〉责任分解意见》,将 103 项重点责任分解落实到 49 个部门。

2009 年,建成综合电子监察系统,对行政审批、公共资源交易行为进行全程电子监察。截至 2012 年,电子监察系统累计发放行政审批时限预警 680 项次,现场纠正招投标中的不当行为 89 次。

2010 年,对 2008 年以来立项、竣工和在建规模以上项目进行全面检查,检查 500 万元以上投资项目 44 个,查出问题 69 个,督促有关部门限期整改,复查合格率 100%。

2011 年,对损害经济发展软环境行为施行有奖举报;同时进一步规范镇级政府投资项目。是年 8 ~ 10 月,在全市开展《中国共产党领导干部廉洁从政若干准则》贯彻执行情况检查。

2012 年,重点围绕开展"项目建设突破年"活动,对 46 个重点项目进行督查,对 32 名项目负责人进行约谈,对 4 起批而不建项目在电视台曝光。同时对招标投标开展检查,提出建议 3 项,纠正违法、违规问题 3 起。是年,建立重要网络舆情跟踪督办制度,办理市委主要领导批示网络舆情 47 件,解决群众反映问题 110 件。2007 ~ 2012 年,共处理 144 名违反工作纪律以及有"庸、懒、散、慢、拖、瞒"等行为的工作人员。

2011 ~ 2012 年,4 个派出纪工委(监察室)对 49 个驻在部门的重大事项决策、重要人事安排、重大项目建设和大额资金使用等情况开展监督检查 570 次。

第五节　领导干部廉洁自律

1994 年 10 月,实施领导干部生活事项申报制度和礼品登记制度。1996 年,施行对领导干部廉政询问制度。7 月,开展领导干部廉洁自律专项举报月活动。是年,全市各级党政机关领导干部登记礼品 464 件次,上交礼品价值 6.9 万余元,454 名领导干部申报生活重大事项 475 件次,36 名市级领导干部全部进行个人收入申报。市属各企业领导干部上交财务礼金、折扣、中介费 1.2 万多元,29 人住房超面积按规定缴纳购房款,42 人登记礼品 91 件,386 人申报生活重大事项。

1997 ~ 1998 年,全市各级领导干部礼品登记 367 人次,金额 73658 元,上交礼品 376 人次,价值 57826 元,申报生活重大事项 110 人次共 136 件。37 名市级领导干部全部按时进行了收入申报。

1999 年,市纪委为全市 1200 名市管领导干部建立廉政档案,将领导干部党风廉政建设方面重要事项纳入档案管理。

2000 年，加强对领导干部“八小时以外”活动监督。建立市纪委、市委组织部同乡镇和市直单位党政主要负责人廉政谈话制度。对全市 1000 多名副科级以上干部住宅电话费实行定额，对 6 名党员干部违反通信工具管理规定问题进行查处。是年，有 62 人次登记礼品 206 件次，价值 3.1 万余元；有 45 名市管干部按规定向市纪委申报个人重大事项。

2012 年 11 月 2 日，新提拔重用市管干部廉政谈话会议召开

2001 年，清理领导干部收受现金、有价证券和支付凭证，有 1023 人次进行申报，申报金额 43660 元，全部交公处理，4 名违反规定收受代币购物券的党员干部受到党纪处分。是年，接受礼品登记 53 件次，价值 24238 元，1200 名市管干部均按规定进行收入申报，个人重大事项报告 42 项次。是年，免费向党政机关、事业单位、企业和农村党员发放《党员干部自律手册》。

2003 年，对领导干部报告个人重大事项制度落实情况进行督查，有 289 名副科级以上领导干部申报个人重大事项 343 项。对 18 名有信访反映的领导干部进行廉政询问。

2004 ~ 2006 年，市委常委会和全市副科级以上单位党政主要负责人采用不同形式向市民公开做出廉政承诺。市委、市纪委同镇、街道、市直部门和骨干企业党政主要负责人廉政谈话 128 人次，市纪委对信访反映的 25 名领导干部实施廉政询问。2007 ~ 2011 年，38 名县处级领导干部、960 名市管干部申报个人有关事项。

2010 年，加强岗位廉政风险防控，梳理廉政风险节点 3695 个。全市各单位完善规章制度 4600 个，制订防控措施 1 万余条。廉政风险防控前期预防、中期监控和后期处置“三道防线”初步建立。

2012 年，建立市纪委、市委组织部与新任职市管领导干部廉政谈话制度。

第十八篇

群众团体

胶南市纪念五四运动91周年暨建团88周年大会

胶南市成立"反家庭暴力服务站"暨"妇联人民调解工作室"启动仪式
融入大青岛
建设新胶南

山东省科普村村通宣传栏
广告位招商
电话：85161695
普及科技知识
倡导科学方法

胶南市党外人士教育基地揭牌仪式

第一章　工　　会

第一节　工会组织建设

新中国成立至20世纪80年代，胶南县工会组织不断发展不断壮大。1988年，全县工会组织近300个，会员2.5万人。随着经济发展和社会管理的需要，工会组织覆盖面进一步扩大。1997年，全市已有480个工会组织，会员总数5.4万人。2004年成立建筑业工会分会19家、餐饮服务业联合会3家。2007年组织纺机制造、餐饮、橡胶等小企业集中的区域成立联合工会或行业工会。2008年以行政主管部门、合作社、协会为依托，成立行业工会38个，发展会员37800余人。2012年底，全市基层工会组织2371个，涵盖单位达8843个，会员总数为230016人。

第二节　会员代表大会和职工代表大会

根据《中华人民共和国工会法》章程，会员代表大会每年召开一次，代表实行常任制，每届任期5年。1992年、1997年分别召开胶南市工会第七次和第八次职工代表大会，并分别选举产生第七届和第八届委员会、常委会、经费审查委员会。2002年8月召开胶南市工会第九次代表大会，选举产生工会九届委员会、常委会和经费审查委员会。2009年4月召开胶南市工会第十次代表大会，选举产生工会十届委员会常委会和经费审查委员会。

第三节　主要工作

劳动竞赛活动　20世纪80年代，各级工会组织发动广大职工以“做四有职工，当改革主力，为四化立功”为主题，开展各种形式的劳动竞赛和技术协作、技术革新、合理化建议等活动。1990年，完成技术革新项目563项，其中年效益在10万元以上的有48项。

进入21世纪，广泛开展以“工人先锋号”创建为主要内容的劳动竞赛活动。2005年首届职工技术比武大赛，36个单位330多名选手进入决赛，产生的7名大赛状元、20名技术标兵和33名技术能手，被纳入人事局技工人才档案管理。

2008年起，广泛开展“我为企业献一计、帮助企业渡难关”合理化建议和技术革新等竞赛活动。2009年，1756个单位15.8万名职工参加竞赛，收到合理化建议11369项，产生经济效益5120万元。是年，为应对国际金融危机，广泛开展“同舟共济保增长、建功立业促发展”竞赛活动，在董家口港口建设工地开展“五比五创”（比安全，创无事故

2010年6月2日，胶南市第四届职工技能大赛（决赛）启动仪式

作业区;比质量,创精品工程;比进度,创高效建设楷模;比文明,创和谐施工环境;比创新,创一流工作业绩)劳动竞赛,被青岛市总工会列为十大重点竞赛项目,并荣获优秀组织奖。2011年,征集"金点子""好建议""新发明"达1000余项,创造经济效益3720万元。

互助互济工作 1993年下半年成立胶南市职工互助互济储金会,当年筹集资金近30万元,用于帮助特困职工渡过临时困难。1997年,成立不以营利为目的、杜绝假冒伪劣、为职工谋福利的职工消费合作社,年内发展基层职工消费合作社15家,红石崖镇山东红超水产集团公司成立了胶南市首家乡镇企业职工消费合作社。是年,职工互助互济储金本金总额达74.4万元,为"送温暖"活动提供资金(含市财政、上级工会拨款和社会捐助)31.2万元,救助特困职工家庭1908户;全市已有78个基层工会相继成立"小储金会",为解决特困职工生活困难奠定了物质基础。

2000年,开始组织开展非营利性的职工互助保险工作,为生大病、意外伤害职工提供保险赔付服务,替代互助互济储金会职能。2012年底,全市21644人次参加互助保险,保费收入139.4万元,1258人次接受赔付,受益82.6万元。

职工队伍建设 根据不同时期需求,深入开展提升职工思想素质的宣教活动。1993年,按照全国总工会关于大力兴办工会经济事业的要求,投资472万元,建起工人文化宫,打造职工就业、教育、娱乐的活动场所。1994年被全国总工会授予"全国先进工人文化宫"称号。自2005年开始与市劳动和社会保障局联合开展"金蓝领工程",每年培训各类工种两万余人次并举办一次技术比武大赛。2010年,全国总工会授予胶南市总工会工人文化宫"全国职工教育培训优秀示范点"称号。

2006年起开展"学习型"企业创建活动和"职工书屋"评选活动,举办"流动书屋进企业(社区),文化知识赠职工"活动,青岛明月海藻集团公司职工书屋于2011年被评为"全国职工书屋示范点"。

职工维权和帮扶 1995年开始,组织企业推行集体协商、签订集体合同工作。次年在11个外商投资企业和改制企业进行试点,引导43个企业签订了集体合同。截至2008年6月,签订集体合同531份,其中女职工专项集体合同370份。2002年开始探索推广"安全信息卡"制度,企业在厂房、车间、岗位等醒目位置,标识出本行业、本岗位危险品性质、危害程度、防护措施及发生意外的补救措施等,为全国首创。2004年9月,在全国工会劳动保护先进经验典型会议上作了经验介绍。

2004年成立困难职工帮扶中心,为下岗失业和困难职工提供政策咨询、职业介绍、生活帮扶等服务。2008年建立并完善低保边缘户救助制度。2012年"送温暖"活动中,直接慰问救助困难职工1400多户,发放慰问救助金110多万元。

2006年4月,与市司法局联合成立"职工法律维权中心"和职工法律服务志愿者总队,当年提供咨询服务1800多人次。2007年4月与市法院建立劳动争议委托调解关系。截至2012年底,共接受法院委托调解劳动争议案件90余起,成功调解80多起,为职工追偿劳动报酬、保险福利、经济补偿金达1200万元。

2006年4月起开展创建劳动关系和谐企业活动。截至2012年,创建省级"劳动关系和谐企业"4家,青岛市级115家,胶南市级587家。

20世纪90年代以来,通过职工业校和工人文化宫开展学历教育与短期培训,广泛开展职工文化教育和劳动技能培训。1993~1997年,共培训职工7100余人,1300多名下岗职工得到了妥善安置。2007年,选树下岗职工创业带头人12名,创业示范基地3处,山东省工友创业先进个人1名。2011年,在下岗失业职工、农民工中开展以"激励职工自主创业"为主要内容的"助你创业"行动。到2012年底,共有195名创业成功的下岗失业职工被评为青岛市创业带头人,为其发放创业扶持金58万元,吸纳1000多人就业。

职工参与企业管理 组织落实民主管理厂务公开和改制企业职工董事、职工监事制度,以及非公有制企业的民主管理、民主监督工作。2010年在王台镇建立行业职代会。2011年,全市23个镇、街道均建立了区域性职代会,涵盖企业2217

家，职工11.7万人。截至2012年底，全市所有国有企业和事业单位及75%以上的非公有制企业实行厂务公开民主管理制度，183家企业实行职代会制度。2010年5月，青岛环球集团股份有限公司被全国总工会评为“全国模范职工之家”。

劳动模范推荐评选　1988年，县委、县政府印发《关于县职工劳动模范评选、管理的暂行规定》，规定对今后评出的县级劳模，在工资、休假、住房等方面给予优惠待遇，当年为11名职工劳模及其20名家属办理农转非手续。2003年5月成立胶南市劳动模范协会（以下简称劳模协会）。2010年在创建学习型城市的活动中，市劳模协会发出创建“学习型劳模”倡议书。1988～2012年，共有880人次被授予胶南市（县）劳动模范等荣誉称号。

1988～2012年全市（县）省部级以上劳动模范名单

表18－1－1

序号	姓名	工作单位	荣誉称号	授予单位	授予时间
1	赵天来	隐珠街道北高家庄村	劳动模范	国务院	2005
2	张爱秀	王台镇政府	劳动模范	省政府	1988
3	张德顺	胶南县总工会	劳动模范	省政府	1989
4	刘进年	胶南县化工厂	劳动模范	省政府	1989
5	孙方亮	胶南县保险支公司	劳动模范	省政府	1989
6	张文美	胶南县妇幼保健所	劳动模范	省政府	1989
7	刘桂平	青岛华天车辆有限公司	农业劳模	省政府	1990
8	崔云秋	胶南市畜牧局	农业劳模	省政府	1990
9	赵德彬	胶南市公安局	农业劳模	省政府	1991
10	马明顺	胶南纺织机械厂	劳模	省政府	1992
11	李成功	胶南市建筑工程公司	劳模	省政府	1995
12	杨同德	青岛华青铸造机械股份有限公司	劳模	省政府	1995
13	殷树志	珠海街道李家石桥村	劳模	省政府	1995
14	王凤沛	胶南市统计局	统计系统先进工作者	国家统计局、人事部	1996
15	庄胜仁	王台镇庄家茔村	劳模	省政府	1998
16	王金忠	胶南市公安局	劳模	省政府	1998
17	董强荣	胶南市公安局刑警大队	二级英模	公安部	2003追认
			劳模	省政府	
18	刘永和	胶南市公安局大珠山派出所	二级英模	公安部	2003追认
			劳模	省政府	

续表 18－1－1

序号	姓名	工作单位	荣誉称号	授予单位	授予时间
19	赵天来	隐珠街道北高家庄村	劳模	省政府	2003
20	张世义	青岛泰发集团	劳模	省政府	2003
21	郭需武	胶南市商业总公司	劳模	省政府	2003
22	陈崇亮	胶南市财贸局	供销系统劳模	全国供销合作总社	2007
23	张丽瑛	胶南市实验小学	劳模	省政府	2008
24	李悦明	青岛琅琊台酒业集团公司	劳模	省政府	2008
25	滕连东	珠海街道李家石桥村	劳模	省政府	2008
26	张财金	张家楼镇大泥沟头村	劳模	省政府	2008
27	李同勤	青岛双星东风轮胎有限公司	劳模	湖北省政府	2009
28	李德沛	胶南市武装部	爱国拥军、拥政爱民模范	全国双拥工作领导小组、人力资源和社会保障部等	2012

第二章　共产主义青年团

第一节　组织建设

1988 年，全县共有基层团委 80 个，团总支 75 个，团支部 2063 个。1993 年，因乡镇撤并，基层团委减至 68 个，其中乡镇团委 20 个，企业团委 14 个，学校团委 19 个，直属机关团委 15 个；有团总支 60 个，团支部 1412 个。1999 年开始创建“五四红旗团委”活动。2008 年加强私营企业、外商投资企业和社会团体、民办非企业单位、社会中介组织等新型经济社会组织（简称“两新”组织）的团建工作，314 家“两新”组织建团。2012 年底，共青团胶南市委员会共有基层团委 109 个，团总支 28 个，团支部 1590 个，团员 41435 人，团青比例 55.2%。

2010 年 11 月 5 日，共青团胶南市第十八次代表大会隆重召开

1988～2012 年底，共青团胶南市（县）委先后召开 7 次团员代表大会，选举产生十二届至十八届委员会。

第二节　主要工作

青少年思想道德教育　1991 年开展“高举五四火炬弘扬雷锋精神八五奉献青春”主题系列活动。1998 年举行“学习陈济敏，牢记宗旨，奉献青春”演讲比赛。2002 年举办“青少年道德新格言警句”创作大赛。2007年开展“民族精神代代传”社会主义集中教育活动。2011年开展“永远跟党走”纪念建党90周年党团史知识竞赛，确定“博学笃志感恩奉献追求卓越敢想敢干”十六字胶南青年精神。

服务经济社会发展　1989年开展“优秀青年星火带头人”和青工“五小”科技活动。1994年开展“青年全优岗”和第五届乡镇企业青工技术比武活动。2001年开展创建“青年安全生产示范岗”活动。

2012年3月2日，举行全市“学雷锋，做好人，争当志愿服务先锋”活动启动仪式

截至2012年底，培养出全国农村青年创业致富带头人4名，省级杰出青年农民4人、优秀农村创业青年3人，省级及青岛市级各类农村青年创业致富典型30个。

青年社会文明新风创建　1994年在窗口行业开展“青年文明号”活动。2006年以“建设和谐家庭，倡树文明新风”为主题举办首届“山海情韵”集体婚礼，营造健康、文明、和谐的婚俗理念。2012年，创建胶南市级以上“青年文明号”103个。

志愿者行动　1999年“3·5”学雷锋纪念日期间开展“青驻胶南”青年志愿者集中行动。2004年成立胶南市志愿者协会，2005年注册志愿者13000名。2006年组织开展“志愿胶南·和谐家园”主题志愿服务活动，定期到老党员之家开展服务。2011年成功打造“青春胶南·志愿先锋”志愿品牌。2012年，志愿者发展到3.67万人，每年参加各项活动的志愿者超过4万人次。

优化青少年成长环境　1992年实施“希望工程”。截至2012年底，接受爱心捐助500万元，资助1400名贫困儿童，援建希望小学14所、爱心电脑室5个、爱心图书室5个、爱心语音室1个、希望网校1所，资助贫困学生达5000余名。2001年组织各镇、街道设立青少年维权法律服务站。2005年启动胶南市“为了明天—预防青少年违法犯罪工作基金”，联合公、检、法实施“为了明天—预防青少年违法犯罪工程”。2011年举办胶南市首期YBC（中国青年创业国际计划）创业导师知识讲座。2012年开展“金融知识大讲堂”活动，服务青年就业创业。是年，成立全国青少年近视预防教育胶南辅导站，组织开展“文明上网·健康成长”主题教育活动。

少年先锋队工作　一贯注重少年先锋队的建设工作，按照“全团带队”的工作思路，广泛开展多种活动。2001年成立“胶南市雏鹰实践教育基地”，连续多年举办“民族精神代代传”革命传统教育活动。截至2012年，全市有75个少先队大队，少先队员58545人。

青少年社团工作　1991～2012年发展青联委员178名。2004年成立胶南市青少年活动中心。2008年成立胶南市爱心飞扬志愿者服务队。此后，驴友俱乐部、车友会、乒乓协会、篮球联盟等青年社团组织相继成立。2008年，群舞《冲——2008》作为《CCTV梦想从这里起航》第三届全国青少年优秀文艺节目展演晚会的主题舞蹈，走进中央电视台。2010年，群舞《红星照我去战斗》参加“梦想中国”全国艺术人才教育成果展全国总决赛，荣获特等奖。2011年，群舞《走在山水间》荣获“梦想中国”全国艺术人才教育成果展全国总决赛特等奖。2012年5月，群舞《凳凳龙》荣获第九届“星星火炬”全国艺术青少年艺术英才推选活动青岛赛区舞蹈类金奖。

第三章　妇女联合会

第一节　组织建设

1989年，县妇女联合会辖基层妇代会1197个，其中农村妇代会1030个，乡镇企业妇代会63个，县直女工委员会104个。1990年10月，35个科级单位妇委会(含12个党委直属妇委会)完成组建工作。1998年，成立胶南市妇女儿童教育活动中心。2009年，38个城市社区全部建立妇代会。2012年，共有镇、街道妇联23个，市直单位妇委会63个，村居、社区妇代会1029个。

1985～2012年，胶南市(县)妇女联合会先后召开了5次代表大会，选举产生了5届执行委员会。

第二节　主要工作

巾帼建功　1989年起，在农村妇女中开展双学双比竞赛活动，3人获评全国双学双比女能手，青岛慧海现代农业有限公司被评为全国巾帼现代农业科技示范基地。1991年起，在城镇妇女中开展"巾帼建功"活动，1人获评全国城乡妇女岗位建功先进个人，青岛盛客隆购物广场获全国巾帼文明岗荣誉称号。2007年，成立爱心大姐服务社胶南分社，开展家政技能培训。2009年注册成立巾帼创业促进会，设立巾帼创业小额无息贷款基金，循环发放贷款150万元。开展妇女创业培训，帮助923名妇女成功创业，带动万名妇女就业。

精神文明创建　1988年，积极响应县委号召，组织开展"五讲四美三热爱"活动，大力倡导婚事新办、邻里团结、尊老爱幼的社会主义新风尚。1988～1999年连续开展"五好文明家庭"(爱国守法，热心公益好；学习进取，爱岗敬业好；男女平等，尊老爱幼好；移风易俗，少生优育好；勤俭持家，保护环境好)创建活动，每年评选"五好文明家庭"2000户。1990年，开展"四自"(自尊、自信、自立、自强)"四有"(有理想、有道德、有文化、有纪律)等教育活动，全县共修建"三八"街1000条。1997～1998年，开展"美在农家"活动，推进家庭美德建设，培养"四有""四自"新女性。1999年，开展"家庭伦理道德大讨论""优秀军人妻子"评选、"迎回归，跨世纪"家庭诗文朗诵比赛等活动，召开"家庭揭批法轮功"座谈会、"与功臣牵手的人"表彰会。2001～2002年开展"女性素质年"活动。2002年开展"十佳兵妈妈""优秀母亲"评选活动，举办"颂歌献给党"歌咏比赛。2005年组织实施"四德"(家庭美德、职业道德、社会公德、个人品德)教育，举办"提高农村妇女素质共建共享和谐社会"专题讲座10场，表彰优秀母亲、好婆婆、好媳妇等和谐文明先进典型300多名，1人获得"齐鲁好儿童"称号，1人获得"齐鲁好家长"称号。2006年市委、市政府通报表彰3000名"新农村建设巾帼功德奖"获得者和"十佳巾帼功德奖"获得者。是年

2010年3月8日，胶南市纪念三八国际劳动妇女节100周年暨百年妇运百名巾帼颁奖典礼

胶南市巾帼创业小额无息贷款暨春蕾助学基金发放仪式

2 月,创办胶南市《新女性简报》,至 2008 年发刊 20 余期。论文《从根本上改变就业性别歧视》在全国妇女高层论坛研讨会上进行交流,并收录于《妇女高层论坛论文集》。2007 年,市妇联获得省“双合格”家庭教育宣传实践系列活动优秀基层组织奖。2009 年开展“十大优秀母亲”“好军嫂、兵妈妈”评选活动,“礼赞父亲感恩父爱”原创短信大赛,庆祝新中国成立 60 周年巾帼文明队展演活动。2010 ~ 2012 年,连续三年举办以“文化促和谐 · 家和万事兴”为主题的家庭文化节,该活动入选《山东省公民道德教育优秀案例》。

权益保障　1992 年开始,每年开展《中华人民共和国妇女权益保障法》学习宣传活动。1996 ~ 2001 年,制定并实施《胶南市企业女职工生育保险统筹基金管理办法》;完善措施使妇女信访管理工作逐步规范化、法制化、科学化。1999 ~ 2007 年,开通妇女维权和家庭教育热线,建立妇联干部担任陪审员制度。2006 年,市妇儿活动中心被评为全国千所流动人口子女、农村留守儿童示范家长学校。2009 年,将实施农村妇女“两癌”筛查列入为妇女办实事之一。2010 年 ,建立 31 处“反家庭暴力服务站”。2012 年,与市司法局联合成立由 27 名律师组成的“妇女维权法律服务团”,为妇女提供法律咨询及援助,为贫困、弱势妇女提供免费诉讼代理、伤情鉴定等服务。

儿童工作　2001 年起实施“春蕾计划”,资助范围为小学和初中女童。2007 年资助范围扩大到高中,2010 年资助范围扩大到大学。截至 2012 年底,发放资助款 207 万元,资助 5600 余人次。2012 年,设立春蕾慈善基金,定向资助全市贫困女童。

2012 年,继续推进家庭教育工作。评出 88 所父母学堂,450 余名社区“父母学堂”带头人分别参加了全国、省、市家庭教育系列培训;同时,发展 1000 余名志愿者成为“父母学堂”的主要力量。

“两纲”实施　1996 年 2 月成立妇女儿童工作委员会,1996 年 11 月颁布实施《胶南市妇女发展纲要(1996 ~ 2000 年)》和《胶南市儿童少年事业发展“九五”规划(1996 ~ 2000 年)》。1998 年 9 月成立胶南市妇女儿童教育活动中心,内设妇女干部培训学校和智慧岛幼儿园。2000 年 9 月,全市配备副科级以上女领导干部 104 名,占市管干部的 8.2%。此后,市政府先后印发胶南市妇女发展“十五”至“十二五”规划纲要和胶南市儿童发展“十五”至“十二五”规划纲要,并认真予以落实。

2010 年 4 月,胶南市成立“反家庭暴力服务站”暨“妇联人民调解工作室”启动仪式

第四章　科学技术协会

胶南县科学技术协会于1984年8月独立建制。截至2012年，先后召开了4次科协代表大会。2012年，全市设有镇、街道科协23个，1016个行政村、社区建立科协组织并配有科普员。全市登记科普志愿者（科协会员）1.02万人。

第一节　主要活动

科普宣传　1985～2012年，编印《胶南科普》52期，58万册。1992年开始，每年开展“科普之春”活动。2004年4月建立科协网站。是年开始每年举办“全国科普日”活动。2005～2008年，实施“科普村村通”和“科普社区通”工作，各镇、街道、村、社区普遍设立了科普活动站、科普宣传栏和科普员。2007年开始，每年扶持“金智惠民”创业户5000多家。

科技培训　1993～2004年，开展农函大招生、培训、考试工作，累计招收学员并结业11188名。1998年，市委、市政府强化农村科技带头人培训工作，全市每年有1000多名农村科技带头人参加实用技能培训。1992～2003年，评选表彰5批共280名乡村优秀科技人才；1999～2005年，举办4届青年科技奖评选活动，共有96名青年科技工作者获奖。截至2012年，全市有农村科技致富户1.24万个，农村科普带头人1160名。

科学素质建设　2006年2月，国务院印发《全民科学素质行动计划纲要（2006～2010～2020年）》。市科协负责协调《科学素质纲要》实施工作，29个科学素质工作成员单位围绕未成年人、农民、城镇职工、领导干部和公务员等重点群体，开展科技教育培训、科普资源开发共享和科普基础设施建设，提升公民科学素质。2010年，启动实施胶南市全民科学素质提升工程，举办全民科学素质知识竞赛活动。2012年2月，市委、市政府召开全市全民科学素质工作会议，印发《胶南市全民科学素质行动计划纲要实施方案（2011～2015年）》。2007～2012年，市科协编发《胶南市全民科学素质工作简报》80期。全市《科学素质纲要》实施工作得到山东省全民科学素质工作督查组、全国科普示范市验收组充分肯定。

科普示范　1999年11月，启动科普示范市创建工作。2004年12月，获得“全国科普示范市”称号。2011年5月，获得“全国科普示范市（2011～2015年）”称号。实施“科普惠农兴村计划”，建立农村科普示范基地36处。2004年，王台高效农业示范园被中国科协命名为“全国农村科普示范基地”。2009年，市职业中专被评为全国科普教育基地。6个涉农协会先后被中国科协、财政部表彰为全国科普惠农兴村先进单位。

2007年科普之春活动现场

第二节　学会工作

市科协机构设置以来，陆续发展健全了林学会、中医学会、药学会、水产学会、护理学会、农学会、金融学会、医学会、青少年科技辅导员协会、蔬菜专业技术协会、畜牧兽医学会、预防医学会、土木建筑工程学会、防伪技术协会14个直属学会，各学会分别开展学术交流、组织课题研讨、参与决策论证、举办科普活动、为所属会员服务等。

1989～2005年，先后举办8届自然科学优秀学术论文评选活动，评出优秀论文458篇。1998年，市科协与市农业局联合举办农业产业化学术研讨会。2002年，与市人事局联合举办了胶南市城市化学术研讨会。1988年，县农学会完成“万亩小麦增产技术开发”“岭坡地膜覆盖花生模式化栽培技术研究”等4个课题研讨；县林学会就《修复名胜古迹琅琊台风景区林区规划》向县政府提交改建规划建议。1993年，市水产学会组织会员进行“日本大虾越冬育苗”研究并获得成功，60立方米水体中育出虾苗224万尾，填补了青岛地区空白，在全省处于领先水平。1996年6月，市土木建筑工程学会承办市政府关于解决市区供水矛盾和集中供热问题的论证任务，提出了可行性方案。1999年，市农学会围绕王台蔬菜精品园规划建设、果品套袋技术组织举办学术研讨活动和决策论证活动，并提出了可行性建议。

第三节　企业科协工作

1989年5月，青岛胶南纺织机械厂（青岛东佳纺机集团有限公司前身）组建企业科技协会，之后陆续发展多家企业科技协会。2012年，全市共有青岛明月海藻集团有限公司、青岛琅琊台酒业集团有限公司、青岛海王纸业集团有限公司、青岛东佳纺机集团有限公司、青岛环球机械股份有限公司、青岛恒昌化工股份有限公司、青岛天元化工股份有限公司、青岛振华集团有限公司、青岛泰发集团有限公司9个企业科协，其工作主要有组织参加科技交易会、开展技术攻关、加强职工科技教育、推动企业科技创新等。

1991年开始，组织企业科协开展“讲理想、比贡献”活动。1992年开始，组织实施“金桥工程”。1995年，举办科技攻关项目竞赛活动，有8个企业科协37项科技项目参加。2012年，青岛天信电气有限公司、青岛明月海藻集团有限公司、青岛琅琊台集团股份有限公司、青岛通用水产养殖有限公司、青岛浩然生态海洋水产科技有限公司5家企业建立了院士工作站。

第五章　归国华侨联合会

20世纪80年代，胶南县侨务办公室负责全县侨务工作。1993年撤销侨务办公室，在市政府办公室设立侨务科负责全市侨务工作。2002年11月，市委统战部加挂胶南市归国华侨联合会牌子。2005年5月，市归国华侨联合会独立建制，2006年12月整建制划归统战部。截至2012年底，全市有归侨、侨眷120余户，侨企50余家。

第一节　侨眷服务

为侨解困　2005～2012年，开展全域侨情普查两次，专项普查12次。在此基础上，定期开展“访贫问苦送温暖，促和谐保平安”活动，走访归侨侨眷、侨资企业，及时帮助侨眷解决生产生活中遇到的实际困难130余件次，发放慰问物资价值3.9万元。期间，接待来信来访42起，均满意结案。2010年实施“侨心工程”，争取中国侨联“侨心工程”资金25万元，用于大场镇中心小学教学楼扩建工程。

参政议政　2005～2012年，8名归侨侨眷被推选为胶南市政协委员，3名被推选为青岛市侨联青委会委员，3 名被推选为青岛市人大代表或政协委员。

第二节　海外联谊

2006 年 4 月，秘鲁中华通惠总局主席肖孝权一行 16 人先后参观青岛临港产业加工区、明月海藻公司、达尼画院等，重点考察了胶南的经济发展情况。2010 年 8 月，与奥地利中华团结会建立友好交流关系。2011 年 7 月，邀请美国华裔会长联盟主席、全美山东总商会会长、美国联合集团股份有限公司董事长吕成锐，世界华人企业家协会副主席、香港布雷斯集团总裁张世贤到胶南参观考察。

第六章　残疾人联合会

1989 年 5 月成立胶南县残疾人联合会。2001 年 9 月，全市 18 处乡镇、街道成立残联组织。根据《中国残疾人联合会章程》，开展残疾人管理与服务工作。

第一节　登记管理

1990 年 7 月，据调查摸底，全市有白内障残疾人 420 名，儿麻后遗症 206 人，7 岁以下聋哑儿童 142 名。是年，治疗白内障残疾 40 例，治愈率 100%。1992 年 3 月，为全市视力、听力语言、智力、肢体和精神五种残疾人办理“残疾人证” 8500 件。2006 年，据第二次全国残疾人人口普查，全市各类残疾人达 4.6 万人，占全市总人口的 5.6%。

2012 年，全市持证残疾人 27616 名。其中，视力残疾 3401 名，听力残疾 4322 名，言语残疾 215 名，肢体残疾 14080 名，智力残疾 2362 名，精神残疾 2957 名，多重残疾 279 名。

第二节　康复工作

1989 年，以小儿麻痹后遗症矫治、白内障复明、聋儿语言训练为内容的三项康复工作领导小组成立，具体组织、协调、实施残疾人康复工作。1991 年，确立胶南市人民医院为白内障定点手术医院，收治 173 名患者。是年 7 月，聋儿语训班成立并招生。

1993 年成立残疾人用具供应服务站。1994 年，分别成立市、乡镇残疾人康复工作领导小组和残疾人康复服务指导站，开展残疾人康复工作。1995 年，举办残疾儿童家长培训班，培训家长 30 名。同时成立低视力康复点 1 处，为 5 名患者配发低视力助视器。是年成立市级康复站 2 处，社区康复站 3 处，企事业单位康复站 1 处。1996 年，开展 0～7 岁“五类”（肢体、听力、脑瘫、智力残疾和自闭症）残疾儿童康复需求调查，并落实康复项目。1997 年成立市康复工作办公室，开展精神病防治和碘缺乏病防治工作，组织开展康复需求普查和康复质量检查等工作。

2000 年，开展农村普及型假肢装配工作。2002 年，“视觉第一、中国行动”医疗队为全市 72 名白内障患者免费实施复明手术。2007 年，成功争创白内障无障碍示范市。2005～2007 年，建立两所聋儿语训机构。

2008 年，举办第一期盲行指导员培训班，实施社区肢体康复训练。2009 年，制定《胶南市残疾人社区康复工作规划》，建立社区康复工作领导小组和精神病防治康复工作协调小组，发挥社区康复网络辐射作用。2012 年，市残疾儿童康复中心成立。

截至 2012 年底，向残疾人发放轮椅、拐杖、助听器等各类辅助器具万余件，为 2000 余名白内障患者实施复明手术，复明率 100%；为 61 名聋儿配置助听器；为 19 名重度聋儿实施人工耳蜗植入手术；为 15 名肢残儿童实施矫治手术。举办各类残疾儿童家长教育培训班58次，培训残疾儿童家长

360名，13名残疾儿童通过康复进入正常小学读书。1700余名精神病患者服药住院享受补贴。

第三节 教育与职业培训

1993年，建立胶南特殊教育工作联席会议制度，开展0～15岁特殊儿童基本状况调查和适龄(6～15周岁)残疾儿童入学情况调查。是年，在人民路小学设立特教部，实行残疾儿童随班就读。以人民路小学特教班为主体，市聋哑学校为骨干，全市形成学前教育、义务教育、高级中等教育(职业培训)与高等教育相互衔接的残疾少年儿童义务教育体系。适龄视力、听力、智力残疾儿童少年义务教育入学率均达95%以上。

2003年，义务教育阶段所有适龄入学的残疾少年儿童全部实施免费教育。2004年7月，对考入大中专院校的贫困残疾学生给予1000～2000元学费补助。2005年，对残疾人参加职业技能培训由市残联给予全额报销；同时兴办残疾人扶贫基地，对农村残疾人特色高效的种、养殖项目进行基地示范和推广，年培训残疾人在300人以上。2007年，承担中国残联和李嘉诚基金会组织的“长江高科技助残就业培训项目”，计划培训76人，实际培训104人，就业率在75%以上。2011年，对残疾学生或贫困残疾人家庭的学生实行奖励加救助的扶持措施，救助贫困残疾学生42人、贫困残疾家庭子女759人，发放救助金70.5万元。奖励残疾大学生6人，发放奖励金2.2万元。

第四节 就业、扶贫

1986年，开展残疾人救济和组织残疾人生产自救，发展福利企业7个，安置残疾人21人。1994～1997年，市政府印发《关于对残疾人实施优惠政策的暂行规定》《胶南市保障残疾人合法权益规定》，对自谋职业、从事个体经营的残疾人减免工商管理费和税收；减免农村残疾人“三提五统”(三提指三项村级提留款，五统指五项乡镇统筹款)及义务工和劳动积累工。同时，采取小额信贷分类扶贫措施，扶持残疾人从事种、养、加工经营业。先后为残疾人提供小额贷款40万元，扶持经营项目4个。

2000年5月，市政府印发《胶南市分散按比例安置残疾人就业规定》，采取集中与分散相结合的办法，推动残疾人就业工作。每年五月对企业残疾人用工情况进行年检，对未达比例的单位收缴残疾人就业保障金。2004年8月，根据省政府办公厅《关于由地税部门代收残疾人就业保障金有关问题的通知》，残疾人就业保障金由地税部门代收。2005年，收缴760万元，残疾人企业就业达1350人。是年，制定《关于城镇残疾人个体户参加基本养老保险和基本医疗保险补贴办法》，对符合条件的残疾人给予保险金额50%的报销补贴。

2009年1月，残疾人工作协调委员会印发《胶南市关于促进残疾人就业办法》，制定配套扶持政策鼓励残疾人多形式就业。是年，收缴残疾人就业保障金800万元，福利企业集中安置残疾人就业450名，社会企业分散按比例安置残疾人1650名，政策性优惠支持残疾人个体从业230户，补贴城镇户口残疾人个体经营户参加养老、医疗保险84名，残疾人扶贫基地用工126名，扶持32名残

市残联发动社会各界为农村贫困残疾人安居工程募捐(2008年拍摄)

疾人从事个体种、养殖和加工维修项目。

2011 年，市政府印发《胶南市重度残疾人居民养老保险补贴办法》，对重度残疾人每年每人补贴居民养老保险 500 元，连续补贴 15 年。当年有 8063 名重度残疾人享受这一政策。截至 2012 年底，共有残疾人扶贫基地 8 家，有 156 名残疾人在基地就业。

第五节　文体活动

1993 年和 1994 年，分别组团参加青岛市第三届、第四届残疾人文艺汇演，并获得青岛市第四届残疾人文艺汇演集体三等奖。1999 年，举办胶南首届残疾人运动会。2000 年，开展全国名家书画作品助残义卖活动，善款全部用来帮助贫困残疾人。

2004 年 12 月，残疾运动员王涛、戚明学、丁志云被选拔到中国残疾人奥运帆船队。2006 年，丁志云获得残疾人远南运动会帆船赛冠军。2008 年，王涛、戚明学代表中国参加残疾人奥运帆船赛。

2010 年，在青岛市残联举办的“同在阳光下”征文活动中，胶南共有 12 人获奖。2011 年，在青岛市第十二届残疾人文艺汇演中，选送的《奢香传奇》获舞蹈类三等奖，《猎人海力布》获喜剧类三等奖。

2012 年，第 22 个全国助残日期间，依托青岛绿泽画院创建残疾人文化建设示范基地。是年，肢残运动员付帅帅荣获青岛市第十三届残疾人运动会 400 米径赛第一名。

第六节　维权工作

1992 年，市政府印发《对残疾人实行特别扶助的规定》，农村残疾人按残疾轻重全免或半减免各种社会负担。残疾人从事个体经营税收全免，工商行政管理费、摊点费、防疫费减半。盲人读物邮寄、残疾人游览公园、残疾儿童接受义务教育等全部免费。1996 年，市政府印发《胶南市残疾人特别扶助办法》，对残疾人的扶助规定进一步细化。

2009 ~ 2012 年，为 20410 名残疾人换发、办理第二代“残疾人证”。2011 年，成立“胶南市残疾人法律救助工作站”。

2012 年 9 月，落实《青岛市残疾人优惠办理有线电视管理办法》，视力、听力、言语残疾人办理装机可享受免收有线数字电视初装费，减半收取基本收视维护费的优惠待遇。同时，落实《青岛市残疾人免费乘坐市内公共汽车管理办法》，残疾人办理琴岛通残疾人专用卡乘车免费。是年，243 名残疾人享受减免优惠待遇，1581 名残疾人办理琴岛通残疾人专用卡。

第七章　红十字会

2004 年 12 月，红十字会工作由市卫生局析出，调整为挂靠市卫生局的正科级事业单位。至 2012 年，先后建立 67 个基层红十字会组织，发展会员 9000 余人，招募志愿者 3000 余人。

第一节　备灾救灾与募捐救助

2002 年，青岛烟草有限公司胶南分公司捐款 83 万元，对全市因暴雨受灾群众进行救助。2004 年筹资 10.8 万元，通过新型农村合作医疗救助患大病的农民。2005 年，中国红十字基金会援助 20 万元，在宝山镇建立天狮博爱学校。2006 ~ 2007 年，对农村特困家庭的独生子女母亲、库区移民村患子宫肌瘤的育龄妇女免费筛查，并对 5 名适合手术者实施手术治疗。2007 年，市人民医院被中国红十字基金会批准为“温暖中国行动”定点医院。2011 年，青岛市红十字会援助 20 万元，实施“博爱井”救灾援建项目，在黄山经济区、大村镇和大场镇各援建 1 口大口井，在海青镇 3 个村援建 10眼机井。2012年，青岛市红十字微尘基金援助

5 万元，在理务关镇建立博爱学校。至 2012 年，市红十字会共接收社会捐助款物价值 530 多万元，争取上级红十字会援助 45 万元。

第二节　红十字应急救护培训

2005 年举行机关工作人员初级救护培训班。2006 年特邀青岛培训专家对公安干警进行专题培训，并纳入公安大练兵培训课程。2007 年对地震应急志愿者进行救护知识培训。2008 年开展“救护培训进校园”活动；并在交运集团举行客运乘务人员救护培训启动仪式。2009 年在胶南开发区举行“红十字公益课堂”进社区启动仪式，并在驾校训练基地举行群众性救护演练活动。至 2012 年底，累计举办初级救护知识培训活动 60 期，培训 3 万余人次。

第三节　红十字志愿服务

2008 年 6 月，青岛红十字山海情救援队成立，为胶南市第一支民间公益救援组织。2009 年组建胶南市首支大学生无偿献血志愿者服务队。2008 年汶川地震发生后，红十字山海情救援队自发组织 3 名队员前往灾区救援；2010 年 4 月，玉树地震发生后，选拔 7 名志愿者奔赴玉树灾区救援。截至 2012 年底，全市有市人民医院、中医医院、开发区医院、卫生进修学校 4 处红十字志愿者服务基地，志愿者 2000 余名。

2011 年 10 月，青岛红十字中韩博爱医疗团到王台镇逄猛王村免费为农民诊疗。至 2012 年，青岛红十字中韩博爱医疗队到胶南市农村开展“关爱农民健康爱心义诊”活动 9 次，累计参加志愿者 400 多人次，义诊 3000 多人次，免费发放药品价值 10 万多元。

第四节　关爱生命三项捐献

无偿献血　1996 年 10 月成立胶南市中心血库，隶属胶南市人民医院检验科，全市医疗机构临床用血全部由中心血库供应。2001 年 10 月，中心血库从市人民医院分离，称为胶南市基层血站，编制 11 人，承担全市医疗机构临床用血的采集、检验、分离、储存、发放、运输及无偿献血的宣传招募和无偿献血费返还工作。2003 年 1 月起，献血模式由计划献血转变为街头自愿无偿献血；献血量由 200 毫升逐步提高到 400 毫升；献血群体由城市逐步扩大到农村。2004 年 2 月实行青岛市血液集中检测。2007 年 12 月，胶南市基层血站上划青岛市中心血站。2005 年、2007 年、2009 年分别在青岛黄海学院、青岛港湾学院举行大型的“志愿参加无偿献血、捐献造血干细胞”签名活动，近万名师生参加，组建了胶南市首支大学生无偿献血志愿者服务队，成为胶南市无偿献血队伍的主力军。2012 年，无偿献血 5398 人次，献血量达 192.5 万毫升，自愿无偿献血完全满足了临床用血需求。

捐献造血干细胞　2003 年开始造血干细胞捐献工作。2005 年，徐鸿春成为胶南市首例非血缘关系造血干细胞捐献者。2007 年 5 月开展“扩容中华骨髓库、造福两岸同胞，服务华人患者”宣传发动工作，两天采集志愿捐献造血干细胞血样 320

2005 年 12 月胶南市首例造血干细胞捐献者徐鸿春归来仪式

份，被《大众日报》等多家媒体报道。2010 年 12 月 7 日，中央电视台对市人民医院医生赵庆亮志愿捐献造血干细胞的事迹进行了专题报道。2012 年，全国首例残疾人捐献者解学山、跨国捐献者张杰成功捐献造血干细胞。

捐献遗体　2007 年 2 月，灵山卫街道刘少新老人突发意外去世，老伴刘玉华按照其生前遗愿捐献了其眼角膜，成为胶南首例遗体（器官）捐献者、青岛市第 3 例眼角膜捐献者。其后，李建波、郭香、李元龙、董培凯也分别捐献遗体。至 2012 年底，全市有 50 多人办理遗体（器官）捐献登记手续，其中 5 人捐献遗体。

第八章　工商业联合会

胶南县工商联成立于 1952 年 11 月。1966 年停止活动。1990 年 5 月恢复工作。1991 年 1 月改称胶南市工商业联合会（胶南市总商会）。2010 年 4 月，成立胶南市委非公有制经济组织工作委员会，与工商联合署办公。

第一节　会员代表大会和商会

1990～2012 年，胶南市工商业联合会先后召开 5 次会员代表大会，选举产生 5 届执行委员会。

2002 年 3 月，18 处镇、街道分别成立商会。2011 年 3 月，全市第一家村级商会——灵山卫街道北街村商会挂牌成立。2005～2012 年，先后组建酒店服务业商会、服装行业商会、宠物食品商会、酒水流通业商会、汽车商会、家具建材装饰商会、文化传媒商会等 7 家行业商会，发展会员 304 个。

第二节　主要工作

思想政治工作　通过开展争做“优秀社会主义事业建设者”、“致富思源，富而思进”、光彩事业、理想信念教育等活动，广泛宣传党的基本路线、方针、政策，着力提高非公有制经济人士的思想政治素质。1990～2012 年，非公有制经济代表人士中，有 1 人荣获全国劳动模范荣誉称号，18 人分别被授予青岛市级和胶南市级劳动模范称号，2 人荣获“省优秀社会主义事业建设者”称号，21 人荣获“青岛市优秀社会主义事业建设者”称号，6 个企业党组织被列为青岛市党建工作示范点，6 人获得山东省工商联先进个人，36 人荣获“青岛市非公有制经济组织党建先进个人”称号。

社会公益活动　1998～2012 年，共有 967 位非公有制经济人士捐资 225 万元，帮助 1969 名贫困生完成学业。鼓励会员企业为慈善总会捐款 1260 余万元。签约企业慈善冠名基金 38 个，协议总额 4.9 亿元。2008 年汶川地震，基层商会和会员企业所捐物资折合 800 多万元。

2008～2012 年，620 家民营企业到农村投资项目 152 个，建设各类产业基地 83 个，总投资 17.1 亿元，带动农民就业 5630 人，增收 13760 多万元。援建敬老院、幼儿园 13 处。

参政议政　1990～2012 年，146 名非公有制经济代表人士被推选为人大代表，85 名被推选为政协委员。2010 年 12 月 20 日，《胶南市工商联为民营经济保驾护航走向深蓝》被《大众日报》专版刊发。2012 年 11 月 6 日，《胶南开展非公经济“督查调研月”活动》被《中华工商时报》刊登。

服务民企　2002 年 8 月创办《胶南商会》会刊，2004 年 10 月开通“胶南商会网”。2005～2012 年，推荐有融资需求民企 110 多家，成功实现项目融资 9.6 亿元。2009 年 5 月成立胶南市民营企业法律维权服务中心，至 2012 年为企业挽回直接经济损失 8000 多万元。

第十九篇

政权　政协

胶南城乡建设局
处置重特大建筑工程质量安全事故应急预案演练

胶南市市民服务中心
启用仪式

第一章　胶南市人民代表大会

1980 年 5 月 27 日，胶南县第八届人民代表大会第一次会议选举产生常务委员会，简称县人大常委会。1991 年改称胶南市人大常委会。至 2012 年 2 月，历经八次换届。

第一节　工作机构

胶南县人大常委会设立之初，下设办公室负责处理日常事务。1984 年 7 月换届之后，相继设立代表联络科、调查研究科。1986 年 11 月设立法制科。1988 年 5 月，撤销调查研究科，增设财贸经济科、教科文卫科。1989 年 3 月，将代表联络科、法制科、财经科、教科文卫科分别更名为县人大常委会代表工作委员会、法制工作委员会、财经工作委员会、教科文卫工作委员会。1990 年 6 月，根据青岛市编制委员会的要求，撤销财经工作委员会，设立财经城建工作委员会和农村经济工作委员会。2004 年，各工作委员会更名为工作室。2012 年内设机构为：办公室、人事代表工作室、法制工作室、财经工作室、城建环资工作室、科教文卫工作室、农村经济工作室。

第二节　人民代表大会

胶南县第十届人民代表大会　第一次会议 1987 年 5 月 4 ~ 8 日召开，出席会议代表 360 名。会议审查批准胶南县 1987 年国民经济和社会发展计划、1986 年财政决算和 1987 年财政预算。会议选举产生胶南县第十届人大常委会主任、副主任、委员，县人民政府县长、副县长，县人民法院院长，县人民检察院检察长。

第二次会议　1987 年 11 月 25 ~ 26 日召开，出席会议代表 360 名，选举参加青岛市十届人民代表大会代表 44 名。

第三次会议　1988 年 4 月 12 ~ 16 日召开，出席会议代表 335 名。会议听取和审议胶南县 1988 年国民经济和社会发展计划草案报告、胶南县 1987 年财政决算和 1988 年财政预算草案的报告，并分别作出决议。

第四次会议　1989 年 3 月 23 ~ 26 日召开，出席会议代表 335 名。会议听取和审议胶南县 1989 年国民经济和社会发展计划草案报告、胶南县 1988 年财政决算和 1989 年财政预算草案的报告，并分别作出决议。

2010 年 5 月 28 日，纪念胶南市人大常委会设立 30 周年座谈会议召开

胶南县(市)第十一届人民代表大会　第一次会议　1990 年 4 月 24 ~ 28 日召开，出席会议代表 326 名。会议审查批准胶南县 1990 年国民经济和社会发展计划、1989 年财政决算和 1990 年财政预算；审议通过《胶南县人民政府依法治县规划》。会议选举产生胶南县第十一届人大常委会主任、副主任、委员，县人民政府县

长、副县长，县人民法院院长，县人民检察院检察长。

第二次会议　1991年3月26～29日召开，出席会议代表310名。会议听取审议胶南市国民经济和社会发展十年规划、“八五”计划纲要，1990年国民经济和社会发展计划执行情况、1991年胶南市国民经济和社会发展计划的报告，胶南市1990年财政决算和1991年财政预算报告，并分别作出决议。

第三次会议　1992年3月25～28日召开，出席会议代表305名。会议听取和审议胶南市1991年国民经济和社会发展计划执行情况与1992年计划报告、1991年财政决算和1992年财政预算报告，并分别作出决议。会议选举赵高岭为市人民法院院长。

胶南市第十二届人民代表大会　第一次会议　1993年2月10～15日召开，出席会议代表325名。会议听取和审议胶南市1992年国民经济和社会发展计划执行情况与1993年计划报告、胶南市1992年财政决算和1993年财政预算报告，并分别作出决议；会议选举产生胶南市十二届人大常委会主任、副主任和委员，市人民政府市长、副市长，市人民法院院长和市人民检察院检察长。

第二次会议　1994年3月9～11日召开，出席会议代表325名。会议听取和审议胶南市1993年国民经济和社会发展计划执行情况与1994年计划报告、1993年财政决算和1994年财政预算报告，并分别作出决议。会议审议通过《胶南市人民代表大会议事规则》。

第三次会议　1995年2月19～22日召开，出席会议代表325名。会议听取和审议胶南市1994年国民经济和社会发展计划执行情况与1995年计划报告、胶南市1994年财政决算和1995年财政预算报告，并分别作出决议；会议选举于风华为市人民政府市长。

第四次会议　1996年3月8～11日召开，出席会议代表330名。会议听取和审议胶南市国民经济与社会发展“九五”计划和2010年远景目标纲要的报告，审查批准胶南市国民经济与社会发展“九五”计划和2010年远景目标纲要。听取和审议胶南市1995年国民经济和社会发展计划执行情况与1996年计划报告，审查批准1996年国民经济和社会发展计划。听取和审议胶南市1995年财政预算执行情况和1996年财政预算报告，批准胶南市1995年财政预算执行情况的报告和1996年财政预算报告。听取和审议市人大常委会、市人民法院、市人民检察院的工作报告，并分别作出决议；会议选举王同德为市十二届人大常委会副主任。

第五次会议　1997年2月24～27日召开，出席会议代表327名。会议听取和审议胶南市1996年国民经济和社会发展计划执行情况与1997年计划报告、1996年财政决算和1997年财政预算报告，并分别作出决议。

胶南市第十三届人民代表大会　第一次会议　1998年1月16～20日召开，出席会议代表280名。会议听取和审议胶南市1997年国民经济和社会发展计划执行情况与1998年计划（草案）的报告、1997年财政预算执行情况和1998年财政预算（草案）的报告，并分别作出决议。会议选举产生市十三届人大常委会组成人员，市政府市长、副市长，市人民法院院长，市人民检察院检察长及出席青岛市第十二届人民代表大会代表。

第二次会议　1999年3月5～7日召开，出席会议代表285名。会议听取和审议胶南市1998年国民经济和社会发展计划执行情况与1999年计划（草案）的报告、1998年财政预算执行情况和1999年财政预算（草案）的报告，并分别作出决议。

第三次会议　2000年2月21～24日召开，出席会议代表285名。会议听取和审议胶南市1999年国民经济和社会发展计划执行情况与2000年计划（草案）的报告、1999年财政预算执行情况和2000年财政预算（草案）的报告，并分别作出决议。

第四次会议　2001年2月9～12日召开，出席会议代表286名。会议听取并审议市政府关于胶南市国民经济和社会发展第十个五年计划草案的报告、2000年国民经济和社会发展计划执行情况与2001年计划（草案）的报告、2000年财政预算

执行情况和2001年财政预算(草案)的报告,并分别作出决议。会议选举钟安利、许兆民、赵增文为市人大常委会副主任,杨效林为市政府副市长,栾成章为市检察院检察长。

第五次会议　2002年3月2～5日召开,出席会议代表284名。会议听取和审议胶南市2001年国民经济和社会发展计划执行情况与2002年计划(草案)的报告、2001年财政预算执行情况和2002年财政预算(草案)的报告,并分别作出决议。

胶南市第十四届人民代表大会　第一次会议　2003年1月15～19日召开,出席会议代表280名。会议听取和审议胶南市2002年国民经济和社会发展计划执行情况与2003年计划(草案)的报告、2002年财政预算执行情况和2003年财政预算(草案)的报告,并分别作出决议。选举产生市第十四届人大常委会组成人员,市人民政府市长、副市长,市人民法院院长,市人民检察院检察长及出席青岛市第十三届人民代表大会的代表。

第二次会议　2004年2月7～10日召开,出席会议代表269名。会议听取和审议胶南市2003年国民经济和社会发展计划执行情况与2004年计划(草案)的报告、2003年财政预算执行情况和2004年财政预算(草案)的报告,并分别作出决议。会议补选了胶南市第十四届人民代表大会常务委员会委员。

第三次会议　2005年1月22～25日举行,出席会议代表274名,缺席6名。会议听取和审议胶南市2004年国民经济和社会发展计划执行情况与2005年计划(草案)的报告、2004年财政预算执行情况和2005年财政预算(草案)的报告,并分别作出决议。会议补选了市十四届人大常委会委员,选举王君庭为市政府市长。

第四次会议　2006年1月13～16日举行,出席会议代表274名,缺席6名。会议听取并审议胶南市国民经济和社会发展第十一个五年规划纲要草案、2005年国民经济和社会发展计划执行情况与2006年计划(草案)的报告、2005年财政预算执行情况和2006年财政预算(草案)的报告,并分别作出决议。会议选举宋建文为市第十四届人大常委会主任。

第五次会议　2007年1月7～9日举行,出席会议代表278名,缺席2名。会议听取并审议胶南市2006年国民经济和社会发展计划执行情况与2007年计划(草案)的报告、2006年财政预算执行情况和2007年财政预算(草案)的报告,并分别作出决议。会议选举赵洪发、朱慧光、李储鹏为市第十四届人大常委会副主任,选举姜振祝为市人民法院院长。会议补选了胶南市第十四届人民代表大会常务委员会委员。

胶南市第十五届人民代表大会　第一次会议　2007年12月3～6日召开,出席会议代表282名。会议听取和审议胶南市2007年国民经济和社会发展计划执行情况与2008年计划(草案)的报告、2007年财政预算执行情况和2008年财政预算(草案)的报告,并分别作出决议。选举产生市第十五届人大常委会组成人员,市人民政府市长、副市长,市人民法院院长,市人民检察院检察长以及出席青岛市第十四届人民代表大会的代表。

第二次会议　2009年1月14～16日召开,出席会议代表284名。会议听取和审议胶南市2008年国民经济和社会发展计划执行情况与2009年计划(草案)的报告、2008年财政预算执行情况和

2007年1月7日,胶南市第十四届人民代表大会第五次会议开幕

2012 年 2 月 2 日，胶南市第十六届人民代表大会第一次会议开幕

2009 年财政预算（草案）的报告，并分别作出决议。

第三次会议　2010 年 1 月 18～20 日召开，出席会议代表 283 名。会议听取和审议胶南市 2009 年国民经济和社会发展计划执行情况与 2010 年计划（草案）的报告、2009 年财政预算执行情况和 2010 年财政预算（草案）的报告，并分别作出决议。会议选举张志刚为市第十五届人大常委会副主任。

第四次会议　2011 年 1 月 18～21 日召开，出席会议代表 281 名。会议听取和审议胶南市国民经济和社会发展第十二个五年规划纲要（草案）、2010 年国民经济和社会发展计划执行情况与 2011 年计划（草案）的报告、2010 年财政预算执行情况和 2011 年财政预算（草案）的报告，并分别作出决议。

胶南市第十六届人民代表大会

第一次会议　2012 年 2 月 2～5 日召开，出席会议代表 284 名。会议听取和审议胶南市 2011 年国民经济和社会发展计划执行情况与 2012 年计划（草案）的报告、2011 年财政预算执行情况和 2012 年财政预算（草案）的报告，并分别作出决议。选举产生市第十六届人民代表大会常务委员会主任、副主任、委员，市人民政府市长、副市长，市人民法院院长，市人民检察院检察长，出席青岛市第十五届人民代表大会的代表。

1987～2012 年胶南历届市（县）人大领导成员任职情况一览表

表 19－1－1

届次	主任	籍贯	任职时间	副主任	籍贯	任职时间
第十届（1987.5～1990.4）	李怀仁	山东安丘	1987.5～1990.4	李连先 黄培进 王承志 赵希焕	山东即墨 山东胶南 山东即墨 山东青岛	1987.5～1990.4 1987.5～1990.4 1987.5～1990.4 1987.5～1990.4
第十一届（1990.4～1993.2）	王明顺	山东潍坊	1990.4～1993.2	李连先 赵希焕 王承志 丁统基 王温席	山东即墨 山东青岛 山东即墨 山东即墨 山东寿光	1990.4～1993.2 1990.4～1993.2 1990.4～1993.2 1990.4～1993.2 1990.4～1993.2
第十二届（1993.2～1997.12）	王明顺	山东潍坊	1993.2～1997.12	李连先 杨建林 程吉文 徐加龙 周辉连 王同德	山东即墨 山东胶南 山东胶南 山东日照 山东胶南 山东寿光	1993.2～1997.12 1993.2～1997.12 1993.2～1997.12 1993.2～1997.12 1993.2～1997.12 1996.3～1997.12

续表 19－1－1

届次	主任	籍贯	任职时间	副主任	籍贯	任职时间
第十三届 （1998.1～2003.1）	李祥启	山东胶州	1998.1～2003.1	姜志凤（女） 刘瑞华 杨建林 金瑞芳（女） 王同德 王金忠 钟安利 许兆民 赵增文	山东蓬莱 山东胶南 山东胶南 山东胶南 山东寿光 山东胶南 山东青州 山东潍坊 山东青岛	1998.1～2003.1 1998.1～2003.1 1998.1～2001.1 1998.1～2003.1 1998.1～2003.1 1998.1～2003.1 2001.2～2003.1 2001.2～2003.1 2001.2～2003.1
第十四届 （2003.1～2007.12）	张大勇 宋建文	山东安丘 山东胶州	2003.1～2006.1 2006.1～2007.12	刘瑞华 马承义 钟安利 金瑞芳（女） 张黄平 薛学勇 赵洪发 朱慧光 李储鹏	山东胶南 山东胶南 山东青州 山东胶南 山东胶南 山东青岛 山东胶南 山东胶州 山东胶南	2003.1～2007.1 2003.1～2007.12 2003.1～2007.1 2003.1～2007.12 2003.1～2007.12 2003.1～2007.12 2007.1～2007.12 2007.1～2007.12 2007.1～2007.12
第十五届 （2007.12～2012.2）	宋建文	山东胶州	2007.12～2012.2	张黄平 薛学勇 赵洪发 朱慧光 李储鹏 张志刚 于惠娟（女）	山东胶南 山东青岛 山东胶南 山东胶州 山东胶南 山东淄博 山东乳山	2007.12～2011.1 2007.12～2010.5 2007.12～2012.2 2007.12～2012.2 2007.12～2012.2 2010.1～2012.2 2007.12～2012.2
第十六届 （2012.2～2012.11）	万建忠	江苏启东	2012.2～2012.11	高田义 赵洪发 张志刚 于惠娟（女） 崔德福	山东胶州 山东胶南 山东淄博 山东乳山 山东胶南	2012.2～2012.11 2012.2～2012.11 2012.2～2012.11 2012.2～2012.11 2012.2～2012.11

第三节　主要工作

选举　1987 年以来，历届市（县）人大常委会严格按照法律程序，成立选举工作委员会，层层建立工作机构，划分选区，进行选民登记，不断加强和改进人大代表选举工作。1987～2012 年，共选举产生县（市）级人大代表 2147 名。指导乡镇人大选举产生本级人大代表 9040 名。

法律监督　历届人大及其常委会通过听取审议"一府两院"工作报告、开展执法检查、视察等方式，不断加强和改进监督工作，积极推动"一府两院"依法行政、公正司法，大力推进全市政治经济生活的制度化和法制化。专题听取审议普法规划实施情况报告并作出依法治市决议。1988 年，县人大常委会就 132 项法律、法规的贯彻实施情况组织开展执法大检查。之后，每年都选择重要法律法规进行执法检查。

1988～2012年胶南市(县)历届人大法律监督重点工作情况一览表

表19－1－2

届别	工作内容
第十届	1988年6月,先后到胶南、王台、灵山卫、红石崖等镇23个村的镇村办企业和县化肥厂等18家县属企业单位,实地查看《中华人民共和国环境保护法》贯彻实施情况。是年8～10月,督促县直67个副科级以上单位开展执法检查,涉及132部法律、法规的贯彻实施情况,其中对32部法律、法规的实施情况作重点检查
第十一届	1990年3～12月,对全县贯彻实施依法治县决议情况进行调研督查。是年10月,重点对部分乡镇村贯彻《中华人民共和国种子管理条例》情况进行督查。1992年5月、9月和11月,分别审议市政府关于贯彻实施《中华人民共和国归侨侨眷权益保护法》、《中华人民共和国食品卫生法》和《中华人民共和国水土保持法》搞好农田水利基本建设情况的报告
第十二届	1993年7月,听取审议市政府关于贯彻实施《中华人民共和国传染病防治法》情况的汇报。1993年8月,常委会组成人员视察《中华人民共和国残疾人保障法》贯彻实施情况。1994年5～8月,组织青岛市、胶南市人大代表视察《中华人民共和国环境保护法》、《中华人民共和国食品卫生法》贯彻实施情况。是年11月,听取审议市政府关于贯彻实施《中华人民共和国农业法》、全面加强农业情况的报告。1996年6月,全面检查市政府33个序列部门和市法院、市检察院实行部门执法责任制和贯彻实施438部法律法规情况。1997年1月和4月,分别听取审议市政府关于《中华人民共和国环境保护法》和《中华人民共和国审计法》贯彻实施情况的汇报。是年5月,视察《青岛市基本农田保护管理办法》贯彻执行情况,听取市土矿局关于基本农田保护管理情况的汇报,实地查看海青、泊里、胶河、大珠山4镇情况。是年7月,视察城区《中华人民共和国食品卫生法》贯彻执行情况
第十三届	1998年8～9月,集中检查市法院、检察院、公安局贯彻实施《中华人民共和国刑法》、《中华人民共和国刑事诉讼法》情况。是年9月,听取审议市政府关于《中华人民共和国科技进步法》贯彻实施情况报告。1999年下半年,组织开展《中华人民共和国法官法》和《中华人民共和国检察官法》贯彻实施情况执法检查活动。2000年9月,听取审议市政府关于贯彻实施环境保护法律法规,加强环境保护工作情况的报告。是年9～11月,对全市29个部门、单位实施《中华人民共和国行政处罚法》情况进行检查。2002年10月,视察《中华人民共和国产品质量法》贯彻实施情况
第十四届	2004年5月,视察《中华人民共和国防洪法》贯彻实施情况。2005年5月,听取和审议市政府贯彻实施《中华人民共和国动物防疫法》情况的报告。是年6月,对《中华人民共和国环境保护法》贯彻实施情况进行执法检查。2007年3月,听取审议市政府关于《中华人民共和国公共文化体育设施条例》贯彻实施情况的报告。7月和8月,分别视察《中华人民共和国环境保护法》和《中华人民共和国治安管理处罚法》贯彻实施情况
第十五届	2008年4月至2011年9月,分别调研检查和视察《中华人民共和国劳动合同法》《中华人民共和国义务教育法》《中华人民共和国安全生产法》《中华人民共和国产品质量法》《中华人民共和国公路法》《中华人民共和国食品安全法》和《中华人民共和国海域使用管理法》等贯彻实施情况
第十六届	2012年5～10月,听取并审议市政府关于贯彻实施《中华人民共和国非物质文化遗产法》《中华人民共和国老年人权益保障法》等情况的报告

工作监督 历届人大常委会注重围绕经济社会工作重心和群众关心的热点问题加强工作监督。通过听取审议计划财政预算执行情况报告,强化预算外资金管理及财政投资建设的重大项目监督,保障了公共财政和国民经济的健康运行。围绕社会事业发展、社会创新管理、“三农”问题解决等事关改革发展稳定的重大问题,综合运用听取审议、调研视察等方式,提出科学可行的意见建议。逐步加大评议“一府两院”工作力度,先后将评议人员范围扩大至全市各级人大代表,将被评

胶南市人大常委会组织代表视察社会治安综合治理工作

议部门范围扩大到垂直管理单位，并将评议结果报市委或上级主管部门，推动“一府两院”改进工作。

1988～2012年胶南市（县）历届人大工作监督重点内容一览表

表19－1－3

届　别	工作内容
第十届	1988年10月，先后到13处乡镇调查农田水利基本建设情况并形成报告，县委转发调查报告。11月，视察小珠山、吉利河水库灌渠水利设施维修情况。1989年4月，视察农业生产资料供应情况
第十一届	1990年8月，到17处乡镇调查农村医疗卫生状况。1990年8～9月，专题调查组到部分工厂、学校和面粉生产销售单位以及粮食主管部门走访和调查“吃黑面”问题，并提出改进工作的建议。是年12月，先后到16处乡镇、56个村庄视察灭犬防病工作。1991年5月，审议市政府关于市属企业新一轮承包、改革和加强中小学德育工作及贯彻实施《森林法》情况的报告。7月，先后到8处乡镇视察计划生育工作情况。1992年5月，作出关于促进和保障深化改革、扩大改革开放的决议。9月，审议市政府关于发展个体经济和私营企业情况的报告；市法院关于开展经济审判为经济建设保驾护航情况的报告。是年12月，作出关于《胶南市住房制度改革实施方案》的决议
第十二届	1993年5月，审议市政府关于贯彻实施《全民所有制工业企业转换经营机制条例》、促进工业生产上新台阶情况的汇报。9月，审议市政府关于全市社会治安工作情况的报告，作出《关于深入开展反腐败斗争，大力加强廉政建设的决议》。是年11月，审议市政府关于贯彻实施涉外经济法规促进外向型经济发展的情况汇报、市检察院关于开展打击经济犯罪斗争情况的汇报。1994年5月，组织市政府和法院、检察院负责同志探讨新形势下加强法制建设的新途径、新方法。6月，组织代表视察农民负担管理法规贯彻实施情况。9月，审议市政府关于发展多种经营情况的报告。1995年，常委会首次作出授予部分外商荣誉市民的决定。9月，深入乡镇、村开展调查研究，提出落实“增粮、扩经、增效、富民”农业思路。1996年6月，视察全市防汛抗灾工作。1997年4月，调研教科文卫方面市政府实事情况。8月，视察城市建设管理工作情况
第十三届	1998年5月，审议批准“九五”期间依法治市规划。7～8月，视察农业产业化和个体私营经济发展情况。1999年3月，审议市政府关于乡镇企业利用外资情况、市属工业结构调整和深化企业改革情况、实施外向带动战略、加快外经贸发展情况的报告。3～9月，审议市政府关于卫生改革和教育改革情况的报告。2000年7～10月，视察海滨大道、沿海防护林带、海滨工业园建设情况和城市基础设施建设情况。2001年1月，批准授予部分外商“胶南市荣誉市民”和“胶南市对外经济贸易顾问”称号。7月，作出关于批准《胶南市城市管理办法》的决定。10月，视察城市建设与管理情况。是年11月，审议市政府关于发展重点工业企业，加快工业化进程的报告。2002年4月，视察全市植树造林及生态建设与沿海防护林建设情况。7月，视察“严打”整治工作。2002年8月，先后视察环境保护和重点工业企业发展工作等情况

续表 19-1-3

届别	工作内容
第十四届	2003 年 4 月，视察林业建设情况。5 月，听取市政府关于"非典"防治工作情况的汇报，实地察看"非典"防治场所情况。7 月，视察地税征管工作。2004 年 7 月，审查《胶南市城市总体规划》(修编)，并作出批准决议。8 月，听取市政府关于安全生产工作情况的汇报并进行实地视察。11 月，对国有土地使用权拍卖(挂牌)资金收缴情况进行视察并听取市政府汇报。是年 12 月，先后视察村村通柏油路、自来水和教育文化卫生、城市基础设施建设等政府实事工程建设情况。2005 年 3～6 月，调研依靠科技增加农民收入问题。4～5 月，就全市镇村债权、债务及资产管理情况进行调查。8 月，专题调研全市新型农村合作医疗工作。11 月上旬，审议国有资产经营管理情况的报告。是年 12 月，审查批准生态市建设规划等事项。2006 年 2 月，按照青岛市人大常委会的统一部署，专题调研环境资源承载力对全市未来经济社会发展的影响并上报调研报告。9 月，听取审议"四五"普法、依法治市及"五五"普法规划情况的报告并作出决议；常委会审查批准有关财政性大项目建设的贷款事项，并就大项目建设情况进行视察。2007 年 4 月，视察全市旅游业发展情况。6～7 月，分别就农村劳动力培训转移、农村流通网络体系建设、社会治安综合治理、城镇居民医疗保险等工作进行调研
第十五届	2008 年，先后视察城市基础设施建设、上半年经济运行情况、全市海岸带资源管理与保护、全市普法依法治理工作、农村文化建设和镇、村综治组织建设及全市大项目和重点工程建设情况。2009 年 4 月，视察城市规划建设及社会治安动态监控系统管理运行情况。5 月，视察"五河头"流域开发建设情况。9 月，分别就隐珠片区改造提升、全市存量土地利用、镇村综治组织建设、灵山卫片区改造提升、旅游业发展、道路规划建设及管理、医疗卫生、城中村改造等工作，集中开展调研活动。10 月，视察城市规划及片区改造提升工作。11 月，视察全市公路规划建设及管理工作情况。是年 12 月，视察全市重大项目及 2009 年政府实事工程进展情况。2010 年 3 月，调研市检察院反渎职侵权工作并听取工作情况报告。是月，视察全市先进制造业自主创新情况。4 月，视察城市主要污染物总量减排工作并听取市政府工作情况汇报；听取审议关于全市人口和计划生育工作情况的报告。5 月，听取市政府关于进一步加强沿海区域及岛屿规划、建设、开发、保护工作议案的办理方案并视察工作开展情况。7 月，调研全市城乡居民饮用水质量安全情况。8 月，调研全市现代农业发展情况。9 月，调研全市集体林权制度改革情况并听取审议市政府工作情况报告。2011 年 3 月，审议市政府关于全市农村饮水安全工作情况的报告。4 月，视察全市沿海区域及岛屿规划、建设、开发、保护工作情况。6 月，视察全市城乡环境综合整治、专题调研全市城区学前及义务教育阶段学校规划布局工作。9 月，审议市检察院关于反贪污贿赂工作情况的报告；视察全市养老机构建设情况
第十六届	2012 年 5 月，视察城区河道综合整治工作。8 月，视察全市村居改造、片区改造工作情况。9 月，审议市政府关于城乡弱势群体救助体系建设的报告。是年 10 月，审议市政府关于城区社区卫生服务机构建设情况的报告

干部任免 1980 年开始，市(县)人大常委会依据宪法和法律，在本级人民代表大会闭会期间，任免地方国家机关工作人员。1990 年，十一届人大常委会总结往届人事任免工作经验，根据宪法和地方组织法有关规定，制定了《胶南县人大常委会人事任免试行办法》。对"一府两院"提报任命的干部，常委会先召开党组、主任会议，按照德才兼备标准，认真审核，再提交常委会会议审议，投票表决。1994 年，创新改进任命方式，对法院、检察院提请任命的审判员、检察员，任命前进行法律知识考试，并把考试成绩作为任命依据之一。1998 年，任免国家机关工作人员时，审议前由拟任干部做述职报告，审议时按照干部"四化"标准认真把关，通过任命后颁发任命书。1988～2012 年，共任免干部 1581 名。

议案督办 1988 年 4 月～2012 年 2 月，人大代表共提出议案 445 件，建议、批评意见 1139 件。市(县)人大常委会均依照法定程序，认真予以督办落实。

第二章 胶南市人民政府

第一节 市(县)政府机构

1988年,胶南县政府下设办公室、经济委员会、计划委员会、科学技术委员会、城乡建设委员会、农业经济委员会、对外经济贸易委员会、经济体制改革委员会、计划生育委员会、体育运动委员会、侨务办公室、教育局、监察局、民政局、人事局、劳动局、财政局、税务局、工商局、交通局、物价局、统计局、审计局、农牧局、水利局、林业局、水产局、商业局、粮食局、环保局、乡镇企业局、卫生局、文化局、档案局、土管局、接待办公室、职工教育办公室。

1987~2012年胶南历届市(县)政府领导成员任职情况一览表

表19-2-1

届别	职务	姓名	籍贯	任职时间
第十届 (1987.5~1990.4)	县长	战德俊	山东胶州	1987.5~1989.1
		王寿志	山东平度	1989.1~3代理, 1989.3~1990.4任职
	副县长	王寿志	山东平度	1989.1~3
		孙植正	山东青岛	1987.5~1990.4
		万邦合	山东胶南	1987.5~1990.4
		刘瑞华	山东胶南	1987.5~1990.4
		姜志风(女)	山东蓬莱	1987.5~1990.4
		单继林	山东胶南	1987.5~1990.4
	县长助理	李增勇	山东胶南	1988.8~1989.2
第十一届 (1990.4~1993.2)	市(县)长	王寿志	山东平度	1990.4~1992.7
		李增勇	山东胶南	1992.7代理
	副市(县)长	李增勇	山东胶南	1992.7~1993.2
		万邦合	山东胶南	1990.4~1992.10
		刘瑞华	山东胶南	1990.4~1993.2
		姜志风(女)	山东蓬莱	1990.4~1993.1
		单继林	山东胶南	1990.4~1993.2
		袁学法	山东诸城	1990.4~1993.2
		金瑞芳(女)	山东胶南	1991.9~1993.2
	市(县)长 助理	王立志	山东胶南	1992.9~1993.2
		王怀岳	山东胶南	1991.9~1992.6
		孙本玉	山东胶南	1992.4~1993.2
		苗深义	山东胶南	1992.9~1993.2
		付念仁	山东胶南	1992.12~1993.2

续表 19－2－1

届别	职务	姓名	籍贯	任职时间
第十二届（1993.2～1997.12）	市长	李增勇	山东胶南	1993.2～1994.5
		于风华	山东胶州	1994.8～1995.2 代理，1995.2～1997.12 任职
	副市长	于风华	山东胶州	1994.8～1995.2
		单继林	山东胶南	1993.2～1994.11
		袁学法	山东诸城	1993.2～1997.12
		金瑞芳（女）	山东胶南	1993.2～1997.12
		王立志	山东胶南	1993.2～1997.12
		苗深义	山东胶南	1993.2～1995.9
		孙本玉	山东胶南	1994.8～1997.12
		付念仁	山东胶南	1995.9～1997.12
		赵泽斌	山东胶南	1996.3～1997.12
	市长助理	刘泳	四川遂宁	1997.7～1997.12
		孙本玉	山东胶南	1993.2～1994.8
		付念仁	山东胶南	1993.2～1995.9
		吕明江	山东胶南	1995.5～1997.12
第十三届（1998.1～2003.1）	市长	王立志	山东胶南	1998.1～1999.11
		于　睿	山东即墨	1999.11～2000.2 代理，2000.2～2002.12 任职
		郑卫星	山东莱西	2002.12～2003.1 代理，2003.1 任职
	副市长	刘　泳	四川遂宁	1998.1～1999.11
		于　睿	山东即墨	1999.11～2000.2
		郑卫星	山东莱西	2002.12～2003.1
		赵泽斌	山东胶南	1998.1～1999.11
		钟安利	山东青州	1998.7～2001.2
		吕明江	山东胶南	2000.1～2001.9
		韩守信	山东即墨	1998.1～2001.10
		潘盛国	山东即墨	1998.1～2001.5
		刘淑岚（女）	山东胶南	1998.1～2003.1
		马承义	山东胶南	2000.1～2003.1
		左明国	山东莱西	1998.1～2003.1
		于东明	山东青岛	2002.12～2003.1
		杨效林	山东胶南	2001.2～2003.1
		姜巧珍（女）	山东平度	2002.12～2003.1
		韩连德	山东青岛	2002.12～2003.1
		付清卿	山东平度	2001.9～2003.1
		封洪海	山东胶南	2001.10～2003.1
	市长助理	吕明江	山东青岛	1998.1～1998.3
		杨效林	山东胶南	1998.3～2001.3
		刘风光	山东胶南	1999.4～2003.1
		刘福斌	山东青岛	2000.10～2003.1
		潘思晓	山东即墨	2000.10～2003.1

续表 19－2－1

届别	职务	姓名	籍贯	任职时间
第十四届（2003.1～2007.12）	市长	郑卫星	山东莱西	2003.1～2005.1
		王君庭	山东安丘	2005.1 代理，2005.1～2007.6 任职
		姜军建	山东即墨	2007.6 代理
	副市长	王君庭	山东安丘	2005.1
		姜军建	山东即墨	2007.6～2007.12
		韩连德	山东青岛	2003.1～2006.12
		左明国	山东莱西	2003.1～2006.12
		杨效林	山东胶南	2003.1～2006.3
		于东明	山东青岛	2003.1～2006.12
		高田义	山东胶州	2006.12～2007.12
		封洪海	山东胶南	2003.1～2004.12
		杨东亮	山东招远	2006.12～2007.12
		李红兵	山东蓬莱	2007.10～2007.12
		姜巧珍（女）	山东平度	2003.1～2007.12
		张建国	河北香河	2003.5～2007.12
		马增茂	山东龙口	2004.12～2007.6
		张新竹	山东青岛	2006.12～2007.12
		于　洋	山东莱西	2006.12～2007.12
	市长助理	刘风光	山东胶南	2003.1～2006.4
第十五届（2007.12～2012.2）	市长	姜军建	山东即墨	2007.12～2011.11
		路玉军	山东泰安	2011.12～2012.2 代理
	副市长	路玉军	山东泰安	2011.12～2012.2
		于　洋	山东莱西	2007.12～2010.12
		高田义	山东胶州	2007.12～2008.5
		封洪海	山东胶南	2008.5～2011.11
		杨东亮	山东招远	2007.12～2008.5
		李红兵	山东蓬莱	2007.12～2012.2
		姜巧珍（女）	山东平度	2007.12～2011.12
		张建国	河北香河	2007.12～2012.2
		张新竹	山东青岛	2007.12～2012.2
		毕维准	山东胶南	2008.5～2011.12
		唐旭艳（女）	山东平度	2011.12～2012.2
		张永国	安徽寿县	2010.12～2011.12
	市长助理	张永国	安徽寿县	2008.11～2010.12

续表 19 －2 －1

届 别	职 务	姓 名	籍贯	任职时间
第十六届 （2012.2～2012.11）	市长	路玉军	山东泰安	2012.2～2012.11
	副市长	李红兵	山东蓬莱	2012.2～2012.11
		张新竹	山东青岛	2012.2～2012.11
		高　嵘	山东邹平	2012.2～2012.11
		赵兴绩	山东莱西	2012.2～2012.11
		刘　玮	山东胶南	2012.2～2012.11
		唐旭艳（女）	山东平度	2012.2～2012.11

经过 1993 年、2001 年、2004 年和 2010 年 4 次机构改革，至 2012 年 11 月，市政府下设办公室、发展和改革局（挂市物价局牌子）、工业和信息化局、教育体育局、科学技术局、公安局、监察局（与纪委机关合署）、民政局、司法局（与政法委合署）、财政局、人力资源和社会保障局、城乡建设局（挂城管局牌子）、国土资源局、交通运输局、农业局、林业局、水利局、海洋与渔业局、商务局、文化广电新闻出版局（与宣传部合署）、卫生局、人口和计划生育局、审计局、环境保护局、市统计局、安全生产监督管理局、食品药品监督管理局。

第二节　政务会议

1988～2012 年，历届市（县）政府根据《中华人民共和国宪法》《地方各级人民代表大会和地方各级人民政府组织法》及上级有关规定，制定并印发实施《胶南市（县）人民政府工作规则》，建立政府全体会议、常务会议、专题会议和市长办公会议、市长例会、市长碰头会等会议制度。2012 年修订完善政府工作规则，取消市长办公会议和市长例会制度，政府决策事项以政府常务会议为主，并辅之以专题会议和市长碰头会议两种议事性会议。

政府全体会议　由市长、副市长和市政府序列部门负责人组成。列席范围：市政府各直属工作部门和单位主要负责人。扩大会议可请乡镇镇长、街道办事处主任、各经济区管委会主任，市委有关部门，市人大常委会、市政协办公室或有关专门委员会负责人，各民主党派和市工商联、市总工会、团市委、市妇联、市科协和中央、省、青岛驻胶南各单位负责人列席会议。会议内容：决定和部署市政府的重要会议；讨论市政府工作中的重大事项；通报重要工作情况；研究决定其他需由市政府全体会议决定的事项。会议每年至少举行一次，由市长或市长委托常务副市长召集并主持。必要时可召开扩大会议。

政府常务会议　由市长、副市长组成，市政府有关部门的负责同志列席会议。市政府有关部门、市直有关单位负责人在研究相关议题时列席会议。会议内容：讨论决定市政府工作中的重大事项；讨论通过提请市人大及其常委会审议的议案和重大问题；讨论审议市政府制定的政策规定；

2011 年 1 月 13 日，胶南市第十五届人民政府第七次全体（扩大）会议召开

研究决定市政府工作部门和乡镇政府、街道办事处、市直单位请示市政府的重要事项；研究决定其他需由市政府常务会议决定的事项。会议一般每月举行一次，由市长或市长委托常务副市长召集并主持，特殊情况可随时召开。

市长办公会议　由市长、副市长组成出席，市政府有关部门、单位负责人在研究相关议题时列席会议。会议内容：分析研究一个时期全市经济和社会发展形势或某一方面全市性的重要工作事项；安排一个阶段的政府工作；处理市政府部门和乡镇政府、街道办事处以及市直单位报请市政府解决的重要问题；研究决定市政府日常工作中需集体决定的问题；传达全国、全省和青岛市有关会议精神；通报交流市政府重要工作情况。会议由市长或市长委托常务副市长召集并主持。会议根据需要不定期召开。

第三节　调研　督查

调研　历届政府领导都高度重视调查研究工作，除市级领导定期与不定期地到基层单位和一线现场调研外，市政府办公室调研科室专门从事调查研究工作。调研工作紧紧围绕市（县）委、市（县）政府决策部署，对全市（县）经济和社会发展中的重点、难点和热点问题组织专题调研，并提出带有预见性和可操作性的意见；围绕市（县）政府的中心工作，对经济建设、社会发展等全局性工作的重要问题进行调查研究，供市（县）政府决策参考；做好前瞻性、预见性调查研究，及时反映情况，提出对策和建议。在做好调查研究的基础上，组织起草《政府工作报告》和政府综合性汇报材料等综合文稿。同时，组织、协调有关部门开展调查研究，指导政府系统办公室的调研工作。

政务督查　1995年，市政府办公室成立督查科。2001年9月，督查科升格为市政府督查室，专门负责全市政府系统的政务督查工作。主要是对上级党委、政府和市政府的重大决策、重要工作部署贯彻落实情况的督查；对市政府领导批示、交办事项落实情况的督查；对上级党委、政府办公部门交办事项办理情况的督查；对市政府全体会议、常务会议、专题会议和市长办公会议决定事项办理情况的督查；对市政府领导授权的其他督查事项的督查；牵头组织青岛、胶南两级人大建议、政协提案办理工作；牵头组织政府实事项目筛选、督办。负责市政府全体会议、常务会议、专题会议和市长办公会议的会务组织、会议研究议题的会前审查，会议记录、会议纪要的印发和督查落实。

1988～2012年底，市政府督查机构紧紧围绕市委、市政府中心工作，逐步修订完善《政务督查工作制度》，建立健全了工作交办制、限时反馈制、工作催办制、及时通报制、联合督查制等督查工作机制，通过《市长交办事项通知单》《政务督查通知单》《政务督查专报》《政务督查通报》《政务督查快报》和上级督办事项台账、领导批示台账、政府会议确定事项台账等载体，联合相关部门单位，对事关全市经济社会发展的重点工作进行全面深入的督查督办，坚持实行紧急事项电话督查、重点事项现场督查、共性问题调研督查、个性问题专项督查，并向市政府及时汇报进展情况及办理结果。

第四节　政府实事

自1994年开始，市政府根据上级工作部署和市人大的决定，本着保基本、广覆盖的原则，在年

2011年7月12日，全市经济运行分析调度会议召开

初确定当年工作目标和重点工程的基础上，围绕群众关心的重大问题，进一步扩大公共财政向民生领域倾斜的力度，从事关群众切身利益的事项中筛选确定政府实事项目，向社会公开承诺，并抓好项目的考核和落实推进，确保发展成果惠及全市百姓。

1994～2012 年政府实事一览表

表 19－2－2

年份	数量(件)	实　事　项　目
1994	12	(1)新建住宅6万平方米；(2)青岛经济技术开发区至胶南110千伏回路建设工程；(3)风河地下水库一期工程；(4)新建消防执勤楼一座；(5)新建职业中专实验楼和胶南二中学生餐厅；(6)市区4条道路开通、续建、沥青罩面工程；(7)市区供水工程；(8)扩容5000门市话程控交换机工程；(9)204国道南线铺筑沥青路面工程；(10)珠山路风河大桥建设工程；(11)在六汪镇高城岘新建电视差转台一座，解决铁山、宝山、六汪、胶河、市美、黄山6处乡镇收视率低的问题；(12)积米崖至37107部队驻地拥军路(暂定名)建设工程
1995	14	(1)新建一所初级中学；(2)珠海路小学扩建工程；(3)204国道市区段铺筑沥青路面工程；(4)大场镇至六汪镇市乡道路铺筑沥青路面工程；(5)泰薛路西线路基拓宽改道工程；(6)市区5条道路配套、改造、开通硬化工程；(7)东台路铺筑沥青路面工程；(8)市区供水建设工程；(9)市区园林绿化工程；(10)珠海教师住宅小区新建两栋教师宿舍楼；(11)新建五中学生宿舍楼一栋；(12)新建万亩专业蔬菜生产基地；(13)城南农副产品批发市场扩建工程；(14)库区移民村生活用水改造工程
1996	11	(1)为胶南一中、二中分别新建一座教学实验楼和学生宿舍楼，总建筑面积5300平方米，总投资292万元；(2)在珠海住宅小区新建教师宿舍5050平方米(70户)总投资298元；(3)为市职业中专新建2000平方米的学生餐厅，总投资140万元；(4)在市体育中心内新建容纳观众2000人的灯光篮球场(看台面积900平方米，比赛场地1000平方米)；(5)实施黄大路六汪至黄山段铺筑沥青路面工程；(6)实施泰薛路市区改道段铺筑沥青路面工程；(7)实施污水处理厂一期工程；(8)新建204国道市区段两侧绿化带建设一期工程、街心公园二期工程；(9)实施大珠山镇、塔山乡驻地社会化供水工程，解决全市36个缺水村的吃水问题；(10)在六汪镇高城岘新建广播电视差转台一座，解决铁山、宝山、市美、六汪、胶河、黄山、王台、红石崖八处乡镇本市广播电视节目收视率低的问题；(11)解决灵山岛军民交通和生产生活用水问题
1997	11	(1)改善胶南一中、二中、五中办学条件；(2)搬迁酿造厂、扩建职业中专；(3)新建妇女儿童教育中心；(4)新建100套教师公寓；(5)市体育馆改扩建二期工程；(6)实施有线广播电视光缆联网；(7)市人民医院中心血库和病房楼改扩建；(8)污水处理厂建设二期工程；(9)城乡道路建设工程；(10)鲸鱼馆建设工程；(11)部分镇社会化供水和部分村庄人畜用水工程
1998	10	(1)陡崖子水库向市区调水工程；(2)风河第二橡胶坝蓄水工程；(3)部分镇社会化供水和部分村庄人畜用水工程；(4)省道铺筑沥青路面和路基改造工程；(5)珠海路东段、西外环路等道路建设工程；(6)滨海小区二期供热工程；(7)200套安居住宅建设工程；(8)职业中专实训楼、四中实验楼、东风小学实验楼工程；(9)市卫生进修学校搬迁工程；(10)琅琊台风景名胜区景点建设工程

续表 19－2－2

年份	数量(件)	实　事　项　目
1999	12	(1)“同三”高速公路一期工程、204 国道黄山隘口段拓宽改造工程、省道平日路胶南段铺筑沥青路面工程和市乡道路铺筑沥青路面、新建路基和路基拓宽工程;(2)风河综合治理一期工程、风河第三橡胶坝工程;(3)宝山、黄山、六汪 3 处乡镇驻地社会化供水工程和 30 个缺水村吃水工程;(4)上海路绿化工程;(5)开发区医院工程;(6)开发区实验中学工程;(7)广播电视教育大楼工程;(8)珠海住宅小区集中供热(二期)和滨河住宅小区集中供热(续建)工程;(9)科学家别墅工程;(10)市污水处理厂三期工程;(11)经济适用房工程;(12)琅琊台文化陈列馆工程
2000	11	(1)海滨大道(泰薛路改道)工程;(2)国道 204 线王台至洋河改线、拓宽工程和市乡道铺筑沥青路面工程;(3)经济适用房二期工程;(4)风河综合治理二期工程;(5)洋河综合治理工程;(6)3 处乡镇驻地供水工程和 23 个缺水村吃水工程;(7)开发区初中建设工程;(8)北京路转盘四角地绿化工程和沿海防护林带(城区段)建设工程;(9)城区西干沟治污工程;(10)海上 110 建设工程;(11)琅琊台景点建设
2001	10	(1)老城区积水综合治理;(2)小辛河进行综合治理;(3)人民中路和珠山路路灯升级改造;(4)斋堂岛和部分村供水工程;(5)灵山湾国家森林公园绿化工程;(6)琅琊台和大珠山风景区旅游开发配套建设工程;(7)开发区初中、第二实验小学一期、聋哑学校教育基础设施建设工程;(8)市人民医院门诊大楼建设工程;(9)电话市建设工程;(10)老年人公寓建设工程
2002	12	(1)灵山岛军民用水二期建设工程;(2)城区 7 条道路排水管网改扩建工程;(3)小辛河西支流和豆金河河道治理工程;(4)城区部分道路硬化罩面和排水管道铺设工程;(5)东城区宁波路等 6 条道路绿化工程;(6)老年人大学建设工程;(7)一中分校等 8 处中小学校和幼儿园改扩建工程;(8)社区服务中心建设工程;(9)110 报警服务系统改造工程;(10)吉利河、小珠山、铁山水库库区移民村和历史缺水村供水工程;(11)琅琊台游客服务中心配套工程;(12)市疾病控制中心改造及配套工程
2003	10	(1)东城区供水工程;(2)小辛河、西干沟下游综合治理工程;(3)城市道路综合整治和建设工程;(4)一中二期等 7 处中小学改扩建工程;(5)大珠山石门寺景区旅游配套开发建设工程;(6)第二消防站建设工程;(7)丘陵山区 20 个缺水村供水工程;(8)市中医院外科病房楼建设工程;(9)粮食储备中心库建设工程;(10)市残疾人综合服务中心建设工程
2004	10	(1)农村合作医疗和公共卫生体系建设工程;(2)乡镇教师和乡镇机关离退休人员工资统一发放工程;(3)通村公路铺油工程;(4)山区丘陵 100 个村人畜饮水工程;(5)部分中小学教育设施改扩建工程;(6)体育场综合整治工程;(7)重点区段绿化和双珠公园扩建完善生态城市工程;(8)城区 22 条城市道路综合整治工程;(9)河道治理工程;(10)污水处理厂新建工程
2005	10	(1)农村“村村通”自来水工程;(2)通村公路铺油工程;(3)有线电视“村村通”工程;(4)120 急救绿色通道建设工程;(5)规划核心区村(居)民住房安康工程;(6)教育设施改善和农村小学“双热”工程;(7)背街小巷综合整治工程;(8)平安胶南建设及居民小区物业管理提升工程;(9)城区市场环境综合整治;(10)市文化艺术中心建设工程

续表 19－2－2

年份	数量(件)	实　事　项　目
2006	8	(1)农村社保体系完善工程;(2)农村医疗长效机制完善工程;(3)农民创业扶持工程;(4)"村村通"自来水工程;(5)"村村通"柏油路工程;(6)农村幼儿园新建改建和义务教育免收杂费工程;(7)市民"菜篮子"绿色直通车建设工程;(8)城市基础设施改善提升工程
2007	10	(1)设立农民和再就业人员创业扶持基金;(2)村庄主街道硬化工程;(3)"村村通"柏油路工程;(4)农村自来水修复工程;(5)中小学校信息化建设工程;(6)镇卫生院新建扩建工程;(7)镇中心敬老院新建扩建工程;(8)城区公共设施完善提升工程;(9)城区社会治安监控系统建设工程;(10)豆金河、峄山河、相公山清河淤工程
2008	10	(1)城区环境综合整治工程;(2)经济适用房建设工程;(3)食品安全综合体系建设工程;(4)全免费义务教育工程;(5)城镇居民基本医疗保险无缝隙覆盖工程;(6)新型农村合作医疗提升工程;(7)镇卫生院改扩建工程;(8)农村自来水安全运行保障工程;(9)镇村污水和垃圾集中处理工程;(10)城市公交优化提升工程
2009	9	(1)农村学校教学仪器增配工程;(2)城乡居民临时困难救助工程;(3)34 处背街小巷综合整治工程;(4)城市公交完善提升工程;(5)农村自来水安全运行保障工程;(6)2009 年库区移民项目;(7)送文化下乡工程;(8)上海路(城区段)改造工程;(9)商城农贸市场改扩建工程
2010	10	(1)市民服务中心与公共信息平台建设工程;(2)群众性健身活动场所建设工程;(3)被征地农民和成建制转非村居民养老保险全覆盖工程;(4)农村危房改造工程;(5)灵山岛海水淡化及应急电源供电设施建设工程;(6)城市社区文化设施、农村科教文体活动场所建设工程;(7)基本公共卫生服务均等化建设工程;(8)新型农村合作医疗提标工程;(9)城区居民供水管道改造工程;(10)中小学教学仪器配套工程
2011	10	(1)"放心肉"服务体系建设工程;(2)保障性住房建设工程;(3)新型农村社会养老保险实施工程;(4)中小学办学条件改善工程;(5)人民医院综合病房楼建设工程;(6)全民健身工程;(7)风河等 5 条城区河道综合整治和中水处理厂建设工程;(8)财贸系统企业解困工程;(9)弱势群体救助水平提升工程;(10)城乡科教文体设施建设和"天罗地网"全覆盖工程
2012	12	(1)敬老工程和老年公寓三期续建工程;(2)学前教育公共服务体系建设工程;(3)学生就学条件改善工程;(4)保障性住房建设工程;(5)部分镇村农村规模化供水工程;(6)社区便民就医工程;(7)便民出行工程;(8)文化惠民工程;(9)全民健身场所建设工程;(10)"放心肉"服务体系完善工程;(11)九年一贯制义务教育学校建设工程;(12)财贸系统企业解困工程

第五节　应急管理

市(县)政府办公室一贯负责市(县)政府政务值班工作,及时向市政府领导报告重要情况,并协助处理需由市(县)政府直接处理的突发事件和重大事故。

1997 年 12 月,市政府制定《胶南市防空袭预案》,为胶南市较早且较完备的突发公共事件应急预案。

2001 年 9 月,全市各镇街、部门开始加强日常及重大节假日期间的应急值守工作。

2007 年 12 月,成立胶南市突发公共事件应急委员会并设办公室。2008 年,市突发公共事件应急委员会更名为市突发事件应急领导小组,办公室更名为市政府应急管理办公室,为全市应急管理机构,也是市突发事件应急委员会的办事机构。2010 年,制定《胶南市应急管理工作制度》,分别就应急预案编制管理、风险隐患排查监测、突发事件信息报告、信息通报与发布、应急物资储备等作出明确规定。

应急预案体系建设　预案编制　2005 年 9 月，市政府制定《胶南市突发公共事件总体应急预案》。2008 年，修订完善 39 个专项应急预案、17 个镇（街道）分预案、25 个部门预案。

2009 年 2 月，市政府应急办印发《胶南市突发事件总体应急预案操作手册》。2010 年，结合贯彻实施《中华人民共和国突发事件应对法》，在总结以往预防与处置突发事件经验的基础上，修订完善 1 个总体预案、39 个专项应急预案、23 个镇（街道）分预案、25 个部门预案、60 个机关办公楼安全保卫应急预案，所有预案均配套编制了操作手册。

2011 年，编制完成《胶南市“十二五”时期突发事件应急体系建设规划》。是年 5 月，制定《胶南市甲型 H1N1 流感防控与应急处置预案（试行）》及操作手册。

2012 年，制定并印发《胶南市突发事件总体应急预案》。至此，胶南市应急预案体系包括 1 个总体应急预案，60 余个市级专项应急预案，200 余个镇（街道）级应急预案，1000 余个村（居）级应急预案，近 300 个学校、企业等基层应急预案。

预案演练　2008 年以来，每年印发《关于加强全市应急预案演练工作的通知》和《应急预案演练计划》。截至 2012 年，先后组织反恐、危化品泄漏处置、地质灾害处置、楼房倒塌处置、火灾事故处置、重大交通事故处置、公路抢险、抗震救灾、供水供热管道抢修、海上搜救、传染病防治、消防逃生、森林防火等各类应急演练 300 余次。

应急管理体系建设　2007 年底设立市级应急管理机构。2008 年先后成立市森防办、市防汛办等 14 个专项应急指挥机构。

2009 年底，按照分级分类管理原则，各行业主管部门分别成立了相应的应急管理工作机构。组建反恐、交通安全、防汛抗旱、安全生产、城市公共设施安全、公共卫生和自然灾害减灾等 14 个专项指挥部。

截至 2012 年，全市形成“三级”（市应急指挥中心、专项指挥部、现场指挥部）应急指挥体系和“四级”（市、部门、镇街、村居）应急组织体系，建立起以公安、武警、预备役和驻军部队为骨干突击力量，以防汛抢险、医疗救护等专业队伍为基本力量，以企事业单位、村居专（兼）职队伍和志愿者为辅助力量的应急救援队伍。

应急机制建设　信息报告　2008 年以来，市政府应急管理办公室逐年修订完善《胶南市政府值班室工作制度》，对全国各级两会和清明节、五一、端午、国庆、元旦、春节等重大节庆期间应急值守工作进行重点部署，对特别重大的活动同样作出应急值守和信息报告安排。

2008 年 12 月，在全市建立 419 个信息直报点，发展 445 名信息直报员，将信息采集点延伸至基层单位。

2009 年 11 月，制定《胶南市突发事件信息接报及处置工作规程（试行）》，在各镇（街道）、市直部门、学校、企业、卫生医疗机构建立突发事件信息直报点 396 处。

预警发布　截至 2012 年，围绕自然灾害、事故灾难、公共卫生、社会安全 4 大类突发事件，加强监测监控，完善预警机制，建立胶南市应急管理工作网站及信息发布系统。

应急保障能力建设　应急队伍建设　2009 年 7 月，市政府办公室印发《关于组建胶南市应急救援队伍

危化品泄露事故和火灾事故应急救援演练现场（2010 年拍摄）

的通知》，依托公安消防、大型企业、专业技术人员，推行"一队多能"建设模式，组建镇(街道)、村居、企业、学校等基层应急救援队伍，并由市级专业队伍进行培训。

截至2012年，建立综合应急救援队伍1支，各类应急管理专家队伍16支，拥有专家171人，拥有各类专(兼)职应急救援队伍1300余支，人员2万余人，专业志愿者队伍1支，注册应急志愿者108人。

应急物资储备 2009年2月，市政府应急管理办公室开展应急物资储备情况登记备案工作。是年5月，市政府办公室印发《胶南市应急物资储备管理制度》，由市突发事件领导小组统一领导全市应急物资储备工作。2011年12月，市政府办公室完善应急救援物资储备管理办法，建立应急物资信息互通、调拨、资金保障等制度和应急物资动态数据库。全市共储备工程机械、运输车船、救护用品、救生器材、消防器械、防汛防台物资等装备19类122宗。

重大突发事件处置 2002年1月14日，中央电视台焦点访谈栏目以《追踪死猪肉》为题，报道不法业户从诸城市猪肉市场采购死猪肉，在胶南铁山镇集贸市场销售。市政府立即召开全市生猪定点屠宰管理工作紧急会议，专题解决生猪屠宰的认识问题、定点问题和队伍问题，并对违法经营业户、市场检疫人员、有关单位负责人追究相应责任。

2007年4月26日8时40分许，青岛恒源化工有限公司苯胺厂在对混酸罐区进行管线施工作业时，发生爆炸事故，造成当场死亡1人，重伤抢救无效死亡2人，直接经济损失150万元。市委、市政府及有关部门主要领导迅速赶赴现场，指导企业及有关方面积极展开施救和善后处置工作。市安监局会同监察、公安、劳动、质监、工会、检察等部门，聘请有关技术专家，组成事故调查组进行现场调查。

2008年，国家质检总局公布22家乳制品企业检出三聚氰胺，其中胶南市的青岛圣元营养食品有限公司有8个批次的乳制品检出三聚氰胺。市政府依法要求该公司将不合格产品全部予以召回封存。2010年2月，青岛圣元营养食品有限公司在政府部门的监督下，对召回封存的16210.18吨奶粉全部销毁。

第六节 行政审批与公共资源交易

2001年9月，市行政审批服务中心成立，设行政审批服务大厅，当年入驻部门11个。2005年1月更名为市行政许可服务中心。2007年11月更名为市行政许可与公共资源交易服务中心，增设市公共资源交易大厅。是年，入驻部门达32个，工作人员150人。2010年11月，设立市民服务大厅，入驻部门达到50个，工作人员248人。2011年6月，加挂"胶南市投资代办中心"牌子，新增对全市重点项目和市委、市政府交办项目推进的代办、督办职能。

市行政审批服务中心成立后，逐步推行"五公开"(即公开服务内容、公开办事程序、公开申报材料、公开承诺时限、公开收费标准)和"五件"办理制(即根据事项办理程序不同分为即办件、承诺件、联办件、退回件和补办件)、AB角工作制、首问负责制等工作运行制度，制定完善《工作人员守则》《工作人员服务规范》《文明

市行政许可服务大厅

服务用语》等工作管理制度。

2005 年 1 月,市政府印发《关于进一步加强和改进市行政审批服务中心运行管理机制的意见》,推行市级设立便民服务中心、镇级设立便民服务大厅、村级设立便民服务站,市、镇、村三级联动的便民服务直通车制度。

2006 年 2 月,在中心设立收发件窗口,对承诺件、上报件进行统一登记。是年,推行建设工程施工图设计文件联合审查制度和区域开发项目统一环评制度,简化审批手续。

2009 年 3 月,市委、市政府印发《关于进一步改革与完善行政许可和公共资源交易服务工作的若干意见》,实行各部门行政许可服务进一步集中统一,解决审批"体外循环"的问题;改革公共资源交易模式,实行统一进场、管办分离、规则主导、依法监督的运行制度;将网上审批系统逐步向各镇(街道)延伸,到 2010 年实现网上审批系统与全市所有镇(街道)连接。

2010 年 11 月,将劳动、民政、卫生、公证等与群众生活密切相关的便民服务项目集中到市民服务大厅办理。至此,行政许可服务大厅、公共资源交易大厅、市民服务大厅年办理便民行政许可服务事项 57.25 万件,年进行公共资源交易 280 宗,交易额 40 亿元。

2011 年 6 月起,对胶南市级及以上重点项目和市委、市政府交办的项目审批手续实行全程免费代办。建立代办项目协调推进联络制度和 24 小时延时服务制度等,开展"代办走出去,服务送上门"活动。是年,为 54 个项目的 374 个审批事项提供了代办服务,平均办理时限压缩 60%。

2012 年 5 月,市委、市政府印发《关于进一步促进行政流程提速增效优化发展软环境的实施意见》,推行行政审批与行政监管相对分离、相互制约的"批管分离"新体制。加强对行政审批中介服务机构的管理,将青岛胶南建通建筑工程施工图审查中心、胶南市气象防雷中心、青岛经纬勘测技术有限公司和胶南市国土资源测绘所 4 家垄断性中介机构,全部纳入大厅统一管理。并通过公开招标,建立了涉及环评、工程咨询、土地测绘、土地评估、土地招拍挂、资产评估、造价咨询和工程勘察等 8 大类 93 家非垄断性中介机构服务备选库,由市行政许可与公共资源交易服务中心对中介机构库进行日常管理和日常考核。2012 年,办理便民行政许可服务事项 93.67 万件,进行公共资源交易 410 宗,交易额 53.35 亿元。

第七节　政府法制

20 世纪 80 年代之前,全县政府法制工作由县政府办公室法规科负责。1990 年 5 月,胶南县政府法制办公室成立,归口县政府办公室领导。1991 年 2 月,市政府法制办公室更名为市政府法制局。1993 年 9 月,撤销市政府法制局,成立市政府办公室法制科。1994 年 2 月改设市政府法制办公室。

规范性文件制定审核　凡政府机关出台的规范性文件,均由政府法制部门审查把关。

1998 年 5 ~ 12 月,根据上级精神,开展规范性文件和行政执法机构"双清理"。对胶南置县以来,政府及部门发布施行的规范性文件,依据国家现行法律法规逐件进行合法性规范,并有 117 件市(县)政府规范性文件被废止;所有行政执法机构均符合法律法规设置要求。

2003 年,制定《胶南市行政机关规范性文件制定与备案审查办法》,确立规范性文件备案审查制度。截至 2012 年 12 月,审核市政府及其部门规范性文件等 863 件。

政府合同审查及重大法律事务　2005 年 1 月,加挂"胶南市政府法律顾问室"牌子。是年 10 月印发《胶南市人民政府法律顾问工作规则》,为政府及各部门做好重大决策提供法律咨询论证。

2007 年 8 月,印发《政府合同监督管理暂行办法》,标的额超过 100 万元或需财政拨款且标的额超过 100 万元的政府合同及其他约定权利义务的文书均由法制办审查把关。2006 年 6 月 ~ 2012 年 12 月,共审查各类政府合同 470 余件,其中以市政府名义正式签约 170 余件。

行政执法监督　1998 年 5 ~ 11 月,根据省政府部署,组织全市行政在编执法岗位工作人员进行执法资格考试。经过资格审查、组织培训和考试,第一批 748 人取得"山东省行政执法证",占应持证人员的68%。2003年，印发《胶南市行政执法证件管理实施办法》。2004年，完成全市1500多名行政执法人员的登记、培训、考试、审验等工作。2010年5月，将具备执法资格的单位和人员名单通过法制网站进行公示，主动接受社会监督。

2008年1月21日，举办全市领导干部行政执法培训班

2000～2011年，经过5次清理，保留行政审批事项203项，其中行政许可事项131项，缩减幅度为35%；非行政许可审批事项72项，缩减幅度为66.5%。2006年，开展清理和规范行政事业性收费工作，确认138项行政事业性收费为合法收费，并对收费项目和标准通过各种方式对外公开。

2003年11月，制定《胶南市重大行政处罚备案审查规定》，规范全市行政处罚的报备工作。2006年开始推行行政执法责任制，开展城市管理相对集中处罚权试点工作，并延伸到王台、泊里、张家楼3个重点镇。是年10月，制定《山东省胶南市行政执法主体职责依据汇编》，确定全市现有执法主体158个，所执行的法律法规和规章依据1340件，具体行政执法职权2444项。2010年6月，开展行政处罚权规范透明运行工作，对处罚幅度进行裁量细化，梳理行政处罚职权4341项，划分为19952个处罚阶次。

行政复议、应诉 1991年2月，市政府法制局设置行政复议与应诉科，承担市政府行政复议与应诉日常工作及全市的指导工作。1997年6月，在市政府办公室加挂行政复议办公室牌子。2004年，开始实施行政负责人出庭应诉制度。2003～2012年，共收到行政复议申请433件，受理419件，其中维持177件，申请人撤回申请终止审理的103件，确认违法4件，作撤销决定的29件，因其他法定原因终止审理的106件。2005～2012年，办理行政诉讼案件160件，其中判决驳回65件，维持71件，原告撤诉20件，被撤销4件。

第八节 对口支援

根据国务院、省和青岛市政府部署，1998年开始，胶南市先后对口支援山东菏泽曹县和鄄城县、贵州省铜仁地区、湖北省宜昌市夷陵区、西藏日喀则市。2003～2012年，累计拨付对口支援资金1770万元。其中，对口支援专项资金1180万元，用于支援菏泽曹县770万元，支援贵州200万元，支援湖北省宜昌市夷陵区100万元，支援西藏日喀则市110万元。对湖北省宜昌市夷陵区、西藏日喀则市的对口支援工作采取上缴对口支援专项资金方式，由青岛市全面负责实施。

对口支援曹县 2000年11月，市政府副市长钟安利带领4个镇、街道的党政主要负责人及有关部门负责同志，赴菏泽曹县进行考察和项目支援。其中，油桃栽培等项目取得良好效果。2005年，在曹县（青岛）工业园引进胶南市三丰利建安公司投资的山东丰隆纺织有限公司项目，并先后拨付500万元资金支持项目建设。该项目总投资1.2亿元，占地55668平方米，生产规模6万纱锭。截至2011年12月，丰隆纺织有限公司实现销售收入1.3亿元，税收478万元，带动就业500多人。

2006年7月5日，组织有关企业参加“青岛之夏·曹县周”活动，为帮扶交流搭建起新的合作平台。

对口支援鄄城县 2004～2005年，拨付援建资金40万元用于鄄城县胶南富春希望小学项目建设，2006年9月，希望小学建成后投入使用。拨付援建资金50万元用于鄄城县公路建设。市教体局与鄄城教体局签订技能型人才培养协议后，市职业中专积极与鄄城孙膑故里双语学校、第三职业高中、鄄城师范进行合作，招收并培训学生

220 人，帮助提升劳动就业技能。市劳保局与鄄城劳保局签订劳务协议，协调双星轮胎、泰发集团、西艳工艺品厂、百乐芬、富源木业等公司从鄄城接收劳动力 1500 余人，实现了企业发展需要和援助就业“双赢”目标。

对口支援贵州　2007 年以前，上缴对口支援专项资金后由青岛市全面负责实施对贵州的开发扶贫工作。

2007 ~ 2011 年，根据青岛市在贵州实施“开发式扶贫村”建设工作的要求，结合贵州省铜仁地区印江县经济社会发展和自然资源情况，经实地考察和综合论证，先后选择印江县朗溪镇河西村、杉树乡联营村、朗溪镇张家村、朗溪镇塘池村和大尧村、缠溪镇水塘村和枫香坪村等 9 个“开发式扶贫村”，因村制宜确定帮扶内容，全面完成帮扶项目的建设和验收工作。通过开展经济作物种植、道路硬化、人畜饮水工程等项目支持，使当地 1500 多户村民的生产生活条件得到改善。截至 2012 年，共种植绿茶、核桃等经济作物 110 多公顷，硬化道路 18 千米。

第九节　史志工作

地方志编纂　*《胶南县志》编修*　1960 年，根据上级部署，开始组织编写《胶南县志》，由于正值三年自然灾害等原因，未能完成。1982 年 5 月，县委、县政府决定编修《胶南县志》，成立由 57 人组成的胶南县史志编纂委员会，并设立办公室，启动《胶南县志》编修工作。1983 ~ 1986 年上半年，为搜集资料整理建卡阶段，共搜集 2500 余万字。1986 年下半年至 1988 年 9 月，为承编单位撰写资料长编和初稿阶段。1988 年 5 月底，多数分志已草成初稿，6 月，为突出改革开放这一时代特点，县委、县政府和县志编委会决定志书下限由 1985 年延至 1987 年，于 9 月底资料基本补齐。此间，县志办公室又编写建县后《大事记》（讨论稿），制定《胶南县志行文规定》，并从七部旧志中选辑有关胶南的历史资料，编纂一部 20 余万字的《旧志资料汇编》，为县志的编纂奠定了基础。1988 年 10 月 ~ 1989 年 9 月，为总纂合成阶段。几经试写评议和研讨，于 1989 年 5 月脱出初稿，8 月完成送审稿，志稿评审会后经过四个月的深加工和精加工，于 1990 年 2 月底形成送审稿（100 万字），4 月底报青岛市史志编委会审定。1991 年 6 月，由新华出版社出版。1993 年，史志编纂委员会及办公室撤销。

《胶南市志》编修　2001 年 5 月，根据青岛市政府关于续修志工作部署，胶南市重新成立史志办公室，启动续修《胶南市志》工作。是年 8 月，市委办公室、市政府办公室印发《关于续修地方志有关问题的通知》，对全市续修地方志工作进行规划部署，确定《胶南市志》上限为 1988 年，下限到 2002 年。随后全市续修志工作全面展开。2005 年，由于区划原因，市史志办公室决定志书下限延至划区年份，《胶南市志》编修工作暂缓。2012 年 5 月，市政府重启《胶南市志》编修工作，确定下限延至 2012 年。是月，召开全市续修市志工作会议，对重新启动《胶南市志》续修工作动员部署，随之续修《胶南市志》工作再次全面展开。

地情资料收集及地情网站建设　*《胶南年鉴》编辑出版*　2003 年，胶南市启动年鉴编纂工作，当年编纂出版首卷《胶南年鉴》，之后每年出版一卷，至 2012 年已连续出版 10 卷。《胶南年鉴》先后在全国、省、青岛市各级年鉴评选中获奖，并连续获得全省年鉴框架设计、条目编写、印刷装帧、综合奖项等特等奖、一等奖，被“中国年鉴资源全文数据库”收录，荣获“核心年鉴”称号。

史料整理　为做好胶南历史文化资料的收集、

2012 年 5 月 28 日，举办全市续修志业务培训班

挖掘、整理工作，市史志办编纂出版一批地方志书。2002 年，编辑出版《胶南简志》和《灵山卫志校注》；2005 年，编辑出版《胶南人物志》和《胶南大事记》；2006 年，编辑出版《胶南镇村概览》；2011 年，编辑出版《丁耀亢生平纪略》《丁前溪丁惟恕小令合集校注》，并再次编辑出版《灵山卫志校注》。

地情网站建设　为促进史志工作大众化，胶南市于 2003 年在青岛各区市中率先建成地情文献网站——“胶南市情网”，之后每年进行维护和更新，补充完善地情资料。2006 年，胶南市建成青岛市第一个县级方志馆，馆藏全国各地志书 2000 多种 3000 余册。2011 年，市方志馆被省政府授予“齐鲁新方志馆”优秀方志馆奖称号。

第三章　政协胶南市委员会

第一节　工作机构

1982 年 1 月，中国人民政治协商会议胶南县委员会成立，主要通过全体会议、常委会议，听取县人民政府工作报告、县财政预算报告等，对全县重大方针政策的实施及实施过程中的重大事项进行协商。通过提案对全县重要工作提出意见建议，发挥民主监督作用。1991 年，政协胶南县委员会更名为政协胶南市委员会，届次顺延。政协一届期间为 2 年，二至四届每届 3 年，五至七届每届 5 年，八届 4 年，九届 1 年。至 2012 年底，市（县）政协共召开全体会议 32 次。

1982 年 1 月，县政协机关设办公室、委员联络科、经济科技联络科、文史资料办公室 4 个办事机构；1990 年 5 月合并调整为政协办公室、政协专门委员会办公室、政协文史办公室 3 个机构；2004 ~ 2012 年，市政协机关设办公室、提案与委员活动工作办公室、经济与人口资源环境工作办公室、社会法制与港澳台侨工作办公室、教科文卫体与文史工作办公室 5 个正科级工作机构。1988 年起，县政协在各乡镇（街道）设立委员联络（活动）组，每个组设正、副组长各 1 名，负责开展本组活动。

第二节　全体会议

第三届政协会议　1987 年 5 月 3 ~ 8 日召开，195 名委员出席会议。会议听取并审议常委会工作报告、提案工作情况的报告；列席了县十届人大一次会议；通过了政协胶南县第二届委员会常务委员会工作报告的决议和大会政治决议。会议选举产生县政协第三届主席、副主席、秘书长和常务委员。

1988 年 4 月和 1989 年 3 月分别召开了县政协第三届二、三次会议。

第四届政协会议　1990 年 4 月 23 ~ 27 日召开，215 名委员出席会议。会议听取并审议了常委会工作报告、提案工作情况的报告；列席了县十一届人大一次会议；审议并通过了大会政治决议。会议选举产生县政协第四届主席、副主席、秘书长和常务委员。

1991 年 3 月和 1992 年 3 月分别召开了市政协第四届二、三次会议。

第五届政协会议　1993 年 2 月 9 ~ 14 日召开，220 名委员出席会议。会议听取并审议常委会工作报告、提案工作情况的报告；列席市十二届人大一次会议；通过关于常务委员会工作报告的决议和大会政治决议。会议选举产生市政协第五届主席、副主席、秘书长和常务委员。

1994 年 3 月、1995 年 2 月、1996 年 3 月和 1997 年 2 月分别召开了市政协第五届二、三、四、五次会议。

第六届政协会议　1998 年 1 月 15 ~ 19 日召开，226 名委员出席会议。会议听取并审议了常委会工作报告、提案工作情况的报告；列席了市十三

1990 年 4 月 23 日，县政协第四届一次会议召开

届人大一次会议；通过了大会政治决议。会议选举产生市政协第六届主席、副主席、秘书长和常务委员。

1999 年 3 月、2000 年 2 月、2001 年 2 月和 2002 年 3 月分别召开了市政协第六届二、三、四、五次会议。

第七届政协会议　2003 年 1 月 15～18 日召开，226 名委员出席会议。会议听取并审议了常委会工作报告、提案工作情况的报告；列席了市十四届人大一次会议；审议并通过了大会政治决议。会议选举产生市政协第七届主席、副主席、秘书长和常务委员。

2004 年 2 月、2005 年 1 月、2006 年 1 月和 2007 年 1 月分别召开市政协第七届二、三、四、五次会议。

第八届政协会议　2007 年 12 月 2～5 日召开，241 名委员出席会议。会议听取并审议了常委会工作报告、提案工作情况的报告；列席了市十五届人大一次会议；会议选举产生市政协第八届主席、副主席、秘书长和常务委员。

2009 年 1 月、2010 年 1 月和 2011 年 1 月分别召开了市政协第八届二、三、四次会议。

第九届政协会议　2012 年 2 月 1～4 日召开，258 名委员出席会议。会议听取并审议了常委会工作报告、提案工作情况的报告；列席了市十六届人大一次会议；会议选举产生市政协第九届主席、副主席、秘书长和常务委员。

2012 年 2 月 1 日，市政协第九届一次会议开幕

1987～2012 年胶南历届市（县）政协领导成员任职情况一览表

表 19－3－1

届次	主席	籍贯	任职时间	副主席	籍贯	任职时间
第三届 （1987.5～1990.4）	潘相文	山东胶南	1987.5～1990.4	杨桂秀 孟宪财 赵光亮 陈奉莱 王淑娴（女）	山东招远 山东胶南 山东胶南 浙江杭州 山东胶南	1987.5～1990.4 1987.5～1990.4 1987.5～1990.4 1987.5～1990.4 1987.5～1990.4

续表 19－3－1

届次	主席	籍贯	任职时间	副主席	籍贯	任职时间
第四届 （1990.4～1993.2）	孙植正	山东青岛	1990.4～1993.2	赵光亮 陈奉莱 王淑娴（女） 张连珠 邰清孝	山东胶南 浙江杭州 山东胶南 山东胶州 山东胶南	1990.4～1993.2 1990.4～1993.2 1990.4～1993.2 1990.4～1993.2 1991.3～1993.2
第五届 （1993.2～1997.12）	孙植正 刘锡政	山东青岛 山东高密	1993.2～1996.3 1996.3～1997.12	刘锡政 邰清孝 陈奉莱 王淑娴（女） 薛　炜（女） 王　群 王立凤 赵　炜	山东高密 山东胶南 浙江杭州 山东胶南 山东青岛 山东胶南 山东胶南 山东胶南	1995.2～1996.3 1993.2～1997.12 1993.2～1997.12 1993.2～1997.12 1993.2～1997.12 1996.3～1997.12 1996.3～1997.12 1996.3～1997.12
第六届 （1998.1～2003.1）	刘锡政	山东高密	1998.1～2003.1	李连先 王淑娴（女） 薛　炜（女） 王　群 王立凤 赵　炜 吴和平	山东即墨 山东胶南 山东青岛 山东胶南 山东胶南 山东胶南 山东五莲	1998.1～2001.2 1998.1～2003.1 1998.1～2003.1 1998.1～2003.1 1998.1～2003.1 1998.1～2003.1 2001.1～2003.1
第七届 （2003.1～2007.12）	宋建文 石德才	山东胶州 山东平度	2003.1～2006.1 2006.1～2007.12	吴和平 薛　炜（女） 赵　炜 刘淑岚（女） 苑星莲（女） 于德成 丁振武 王金栋	山东五莲 山东青岛 山东胶南 山东胶南 山东胶南 山东胶南 山东胶南 山东诸城	2003.1～2007.12 2003.1～2007.12 2003.1～2007.12 2003.1～2007.12 2003.1～2007.12 2003.1～2007.1 2006.1～2007.1 2007.1～2007.12
第八届 （2007.12～2012.2）	石德才	山东平度	2007.12～2012.2	吴和平 赵　炜 刘淑岚（女） 苑星莲（女） 王金栋 刘凤光	山东五莲 山东胶南 山东胶南 山东胶南 山东诸城 山东胶南	2007.12～2011.6 2007.12～2012.2 2007.12～2012.2 2007.12～2012.2 2007.12～2012.2 2011.1～2012.2
第九届 （2012.2～2012.11）	石德才	山东平度	2012.2～2012.11	李敬云 赵　炜 刘淑岚（女） 李德沛 陈柯富 许传辉	山东胶南 山东胶南 山东胶南 山东即墨 山东胶南 山东胶南	2012.2～2012.11 2012.2～2012.11 2012.2～2012.11 2012.2～2012.11 2012.2～2012.11 2012.2～2012.11

第三节　主要工作

提案办理　县政协一届会议期间（1982年1月～1984年7月）收到委员提案73件，其中《加强县城交通安全管理的提案》进入县委县政府决策程序。县政协二届会议期间（1984年7月～1987年5月）收到委员提案135件，对重要提案，邀请有关单位负责人联合办理。县政协三届会议期间（1987年5月～1990年4月）收到委员提案202

件。为推进提案办理工作制度化和规范化，制定了《政协胶南县委员会提案工作细则》，并与县政府联合召开提案工作会议。市政协四届会议期间（1990 年 4 月 ~1993 年 2 月）收到委员提案 252 件。市政协五届会议期间（1993 年 2 月 ~1998 年 1 月）收到委员提案 363 件。市政协六届会议期间（1998 年 1 月 ~2003 年 1 月）收到委员提案 308 件。市政协七届会议期间（2003 年 1 月 ~2007 年 12 月）立案的 570 件提案，办复率和委员满意率达到 100%。先后对评选出的 118 件优秀提案和 17 个提案承办先进单位进行表彰。市政协八届会议期间（2007 年 12 月 ~2012 年 2 月）立案的 470 件提案，办复率和委员满意率达到 100%。先后对评选出的 101 件优秀提案和 41 个提案承办先进单位进行表彰。

视察调查　1988 年春，县政协组织部分委员围绕恢复发展地毯生产开展调研，摸清了地毯生产中存在的问题，并向县委、县政府提交了专题报告。1991 年春，围绕全市食草家畜养殖开展专题调研，先后察看 5 个乡镇并走访有关部门，形成的调研报告引起市政府及有关部门的重视。1994 年，对全市“菜篮子”建设情况进行专题调研后，向市政府提出《关于抓好我市“菜篮子”的建议案》。2003 年 4 月，市政协牵头组织开展弱势群体情况调查，形成《关于全市贫困群众的调查报告》，向市委提出成立胶南市慈善总会的建议，是年 12 月，胶南市慈善总会成立。2008 年 6 月，对城市重点污染源整治情况和环境执法体系建设情况进行视察。2011 年 5 月，对城区中小学教育资源配置情况进行视察。1988 ~2012 年，市政协共进行调研视察活动 180 次，形成调查视察报告 165 件。

文史资料整理　1982 年，县政协成立文史资料研究会，设置专职工作人员，广泛征集胶南重大历史事件和重要历史人物史料。1987 年 11 月，县政协从征集的文史资料中选择 17 篇，作为《胶南文史资料》第一辑出版。1990 年起，选聘 36 名文史工作联络员，印发《胶南文史资料征集提纲》，初步构建了文史资料征集网络，拓宽文史资料征集范围。1991 年，对乡镇文史联络员和市直单位的部分文史工作骨干进行培训，向文史联络员颁发了聘书，完善了包括文史工作干部、乡镇文史联络员、市直文史工作骨干、曾在胶南工作过的外地人等社会各界人士在内的专、兼职结合的文史工作网络。1990 年 2 月、1991 年 6 月和 1994 年 12 月，分别出版了文史资料第二辑、第三辑、第四辑。期间，与多省、市县（市、区）政协进行交流，并向南开大学、南京大学等院校提供了部分研究资料。1999 年 9 月，《胶南文史资料》第五辑出版。2003 年，市政协设立教科文卫体与文史工作办公室，继续充实文史工作队伍，丰富文史征编内容，拓宽文史征编领域。2005 年 7 月，《胶南文史资料》第七辑获山东省优秀文史资料一等奖。2010 年，按照上级政协要求，按时完成《山东区域文化通览 · 青岛市卷》胶南部分的编纂工作，编辑成稿 10 余万字，市政协被评为编纂工作先进单位。到 2012 年底，市政协共征集文史资料 1100 余万字，编辑出版《胶南文史资料》15 辑，约 150 万字，印刷 4 万余册。与其他县市政协及社会各界交流 2 万余册。

委员工作　1984 年 7 月，县政协二届一次会议后，将 120 名委员调整划编为工商财贸、医疗卫生等 12 个工作组，分别推选群众威信较高，业务能力较强的委员担任组长，积极组织各自界别委员开展活动。先后 3 次召开为“两个文明”建设服

2008 年 5 月 13 日，市政协组织驻胶南青岛市政协委员视察民营经济发展情况

务经验交流会，有56位委员在会上介绍经验和先进事迹。县政协三届会议期间(1987年5月～1990年4月)建立了学习、提案和文史3个委员会，组建起工商、农业、祖国统一、医药卫生等10个工作组，在24处乡镇设立了委员联络组。1990年工作机构调整，设立学习宣传、提案、经济科技、文史资料和祖国统一联谊5个委员会。

七届期间(2003年1月～2007年12月)，61名委员受聘担任教体、工商、药监等14个部门的特邀监督员、监察员和廉政询问员。市政协组织开展"五个一"活动(参加一次调查视察活动，递交一份政协提案，提出一条有价值的意见建议，关注一户贫困家庭，办一件有意义的实事)。

八届期间(2007年12月～2012年2月)，制定《关于市政协委员参加活动履行职责的有关规定》；研究制定评选优秀政协委员、先进委员活动组、优秀提案和提案承办先进单位的实施意见，完善工作激励机制。共评选出优秀政协委员181人次，先进委员活动组28个次，优秀提案101件，提案承办先进单位41个次。先后推荐140多名委员担任市直有关单位和部门的社会监督员、行风评议员、廉政询问员。

九届期间(2012年2月～2012年12月)，加强委员队伍建设，探索创新委员推选、考核、表彰等激励机制，搭建完善委员活动平台，改进提升委员服务水平。

社情民意工作　2001年，向全市政协委员、有关职能部门以及外商投资企业发放调查问卷300余份，收集对外开放软环境方面的意见建议。2004年7月，组织全体政协委员和住胶南的青岛市政协委员对28个执纪执法部门进行民主评议。2005年8月，组织部分政协委员和群众代表对全市部分市直部门、单位工作情况进行民主评议。是年12月开通胶南市政协网站，拓宽了社情民意收集渠道。2006年，创新民主评议内容，组织87名政协委员，邀请73个村支部书记，对发改局等21个部门、单位参与支持新农村建设情况进行民主评议，提出意见建议270余条。

2007年，对市政府规范性文件的实施情况，党委政府的重大方针政策、重要工作部署的贯彻执行情况和群众普遍关心的社会热点、难点问题，通过视察、调研、座谈，广泛了解社情民意，提出了有针对性的意见建议。进一步规范特邀社会监督员工作，帮助有关部门改进工作。

2008年，通过调研和参加"市民月"活动，收集社情民意信息70多条，及时反馈给有关部门。其中，关于加强食品安全管理、构筑食品安全防线的建议，被市委、市政府列为2008年重点办好的实事之一，投资800多万元健全食品安全体系，提高食品安全保障水平。

2009～2012年，通过视察调研、会议收集、提案转化等形式，向市委市政府及有关部门提交社情民意信息200余条。其中，群众性健身活动场所建设、公交站场建设等一批民生问题得到有效解决。

海外联谊工作　1985年，县政协通过调查了解，初步摸清3000户侨、台眷属的基本情况，在此基础上，加强与侨台属的联系，会同有关方面协同落实侨台属政策，帮助解决迁居、建房、婚姻、办企业等方面的实际问题。1988年上半年，组织乡镇联络组举办统一战线工作广播讲座7期，广泛宣传党和国家关于祖国统一工作的方针、政策以及做好回乡台胞接待工作的重要意义。同时，协同有关部门加强与侨台属的联系，深入宣传党的有关政策和侨台属为统一祖国、振兴中华服务的先进事迹。2003年，市政协设立社会法制与港澳台侨工作办公室，进一步加强港澳台侨工作。是年10月接待了赞比亚国民议会和土地委员会主席瑞奎斯特·蒙坦加率领的农业考察团。在日常工作中，通过召开"三胞"座谈会、开展"三胞"情况调查、扶持台属创办企业等活动，进一步加强与港澳台同胞、海外侨胞的联系，并在联系中积极宣传"和平统一、一国两制"方针和《中华人民共和国反分裂国家法》。至2012年底，召开以祖国统一联谊为内容的座谈会、联谊会、情况通报会等累计110余次，发出慰问信900余封；与有关部门接待到胶南考察洽谈的台湾和海外组团350余个，计1600余人次，促成一批合资、合作项目。

第二十篇

政法　武装

胶南市迎接省双拥模范城(县)检查汇报会

胶南四中法制教育报告会

第一章　社会治安综合治理

20世纪80年代以来，市委政法委负责全市社会治安综合治理工作。1991年12月，成立市社会治安综合治理委员会及其办公室，1993年9月在市委政法委加挂牌子，2001年9月，与市委政法委合署。2012年8月，市社会治安综合治理委员会更名为胶南市社会管理综合治理委员会，成员单位69个。

第一节　基层基础工作

1988年，在各乡镇建立由党委分管副书记任组长，由公安、法庭、司法、民政、信访等负责人组成的5～13人政法领导小组，并建立例会制度。各村建立由党支部书记任组长的领导小组。村村建立治保会、调委会，建有968支农村治安巡逻队，有队员4290名。1989年，在各乡镇管区（片）配备政法区（片）长，全县70%的村建起综合治理办公室。1990年，县城专业治安巡逻人员达到168人，乡镇成立应急分队，22处乡镇建立司法所，涉外单位建立国家安全小组。

1991年，市委、市政府印发《关于加强社会治安综合治理的意见》，与24处乡镇、53个市直部门单位签订《社会治安综合治理目标责任状》。是年12月，成立市社会治安综合治理委员会及其办公室，各乡镇配备专抓政法工作的党委副书记，乡镇和市直部门、单位普遍建立健全社会治安综合治理领导机构和办事机构。1992年，市委、市政府与乡镇、市直部门签订社会治安综合治理目标管理责任状，加强群防群治网络建设。1993年，全市1033个行政村调整健全治保会、调委会，专兼职群防群治队伍达到13300余人。

1994年，市委、市政府转发市综治委等5部门《关于实行社会治安综合治理领导责任制的实施办法》，并与24处乡镇党委书记签订社会治安综合治理责任书，同时开展创建“文明村庄”、“文明市民”和“十星级文明家庭”创建活动。是年，成立市见义勇为奖励基金，筹集基金578658元（其中财政拨款10万元）。1995年，市委、市政府与各乡镇、街道和市直50个部门单位主要负责人签订社会治安综合治理责任书。是年，在基层派出所设立暂住人口管理办公室，在企事业单位和重点村建立暂住人口档案。

1996年，市委、市政府印发《胶南市社会治安综合治理“九五”规划》《关于实施社会治安综合治理“1352”创建工程的意见》和《胶南市治安联防收费办法》。健全治保、调解、巡逻、普法、帮教“五位一体”的村综治办，95%以上的治保、调解主任进入“村两委”班子。实施“1352”创建工程（即每年建设10个规范化乡镇，300个治安良好村居，50个“三防”规范化企业，20个安全居民小区），推进基层基础工作规范化。

1997年，市委、市政府召开配套联动会议，成立110社会联动协调领导小组。建立110指挥中

市公安局指导基层开展治安防控工作（2009年拍摄）

心和110直属中队。1998年,市委印发《关于在全市开展依法治村、民主管理集中活动的实施意见》实行一票否决权制。1999年,加强单位内部“三防”措施落实,32家金融部门和有关企业财务室安装与110联网的报警设备。

2001年,各镇、街道建立10人以上的驻地治安联防大队,村建立4人以上的农村巡逻队,并做到“组织、人员、制度、待遇”四落实。是年6月,正式组建由180名队员组成的城区治安联防大队。同时完善学校、家庭、社会三位一体的青少年教育管理机制,选聘优秀政法干警担任210所中小学校法制副校长,为学生上法制课468次。2002年,推行治安防范承包制,全市60%以上的村落实承包人,签订承包合同。更新公安110报警系统,开通122交通指挥中心,并在主要居民小区推广安装电子红外线防盗抢系统。

2003年,市综治办、城建局、公安局联合印发《关于加强城市新建住宅小区安全防范设施建设的意见》,明确新建住宅小区防范设施建设标准。改革村治保主任管理机制,由派出所对村治保主任实施“三权一监督”(即任免建议权、管理使用权、工资发放权、治保主任对社区民警巡勤警务工作实施监督)管理。同时设立巡勤警务点和流动警务车,并发挥110、119、122“三台合一”优势,加大巡逻时空密度。是年8月,开展“民兵预备役人员夏季巡逻月”活动,该活动被中央综治委《长安》杂志以《群防群治之花盛开胶南》为题,进行了报道。2004年,在农村推行“巡勤警务”模式,在城区进行交警、巡警、派出所“三警合一”的警备管理改革。2005年,在17处镇(街)设立便民服务综合大厅,分设矛盾调处中心、巡勤警务中心和行政许可中心,并建立领导值班和公开接访制度。农村实行村综治办主任聘任制,并培训上岗。2006年,22个镇、街道实行政法科员、综治办工作人员专职专用。在城区和重点镇设立50个治安岗亭,由公安民警带领联防队员24小时值守备勤。在965个村统一建立由村党支部书记任组长的社会治安综合治理工作领导小组。

2007年,投资3316余万元,配置340套动态视频监控系统,设2966个探头,建立以应用视频、传输技术和监控平台为基础的社会治安动态监控系统。同时,购置16辆电动巡逻车,用于治安巡逻,拓展巡逻区域。全市各镇、街分别成立综治委及其办公室,综治委主任由党(工)委书记担任,综治办主任由分管政法稳定工作副书记兼任,并设立综治办专职副主任和1~2名专职工作人员。全市965个村建立“治保、调解、巡逻、帮教、普法、消防”六位一体的规范化村综治办。

2008年5月开始,市财政连续10年,每年投资725万元,建设以电子监控网络建设为主的“天罗工程”。同时启动以五支队伍“网格化”巡逻防范为主的“地网工程”。2009年4月,在大村镇试点推行综治协理员制度,根据每个村(居)户数,由镇党委、政府统一聘任1~2名综治协理员,在镇、村两级综治组织指导下承担村内治保、调解、巡逻、普法、帮教、消防等综治工作任务。是年,中央、省综治办,人民网、《大众日报》《青岛日报》等多家媒体刊发该经验做法。

2010年,市委、市政府办公室印发《关于推进镇级社会治安综合治理工作中心建设的意见》在泊里镇召开现场推进会,要求全市各镇、街道建立统一标识、一站式服务、软硬件齐全的综治工作中心,由综治办、公安派出所、信访办、司法所、矛盾调解中心等部门集中办公,并吸收法庭、民政、劳保、安监、工商等其他综治委成员单位参与。治安联防队由1000人增加到1200人。是年,建立综治干部培训经常化机制,集中培训综治干部23期4600人。

2012年,向社会公开考选82名基层社会管理协理员,派驻各镇、街道综治办。并成立市社会管理协理总队,下设综治协理、治安联防、法院协理、检察院协理、司法局协理5个大队。是年,巩固延伸“天罗地网”全覆盖工程,着手筹建“天罗工程”二期项目,将建设重点向城区盲点、城郊区、沿海一线等处延伸,增设并联网视频监控探头1200余个。

第二节 “平安胶南”创建

2003年,在琅琊等5处镇开展“创零案单位

(村居)”、在世纪新村等3个住宅小区开展“创建星级安全文明小区”活动试点。试点后，刑事发案率同比下降35.8%；3个小区试点中，两个小区实现零发案。同时开展“交通安全三创建”(即交通安全村居、交通安全示范学校、交通安全企业)活动，“交通安全村”“交通安全示范学校”建设普及率达到98%。

设立流动治安巡逻岗(2011年拍摄)

2004年，省委和青岛市委相继提出创办“平安山东”“平安青岛”重大布署，胶南制定《关于开展建设“平安胶南”争创“全国最安全城市”活动的意见》，在全市广泛开展“创建”活动，不断完善措施，强化落实“保一方平安”的政治责任，着力构筑平安建设长效机制。确保社会持续稳定。2004—2005年连续被评为“平安山东建设工作先进市”。2006年被评为“平安山东建设模范市”。在创建活动中，2004年与各镇、街道和75个市直部门、单位签订“争创全国最安全城市，加强综合治理”责任书。是年，印发《关于广泛开展群众性创安活动的实施意见》，开展“平安镇、街道”“平安村(居、社区)”“平安单位”创建活动。当年平安镇、街道达标率为85%，“平安村(居、社区)”“平安单位”达标率为80%。2005年，市委、市政府将平安胶南建设和居民小区物业管理提升工程列为10件实事之一。投资500多万元，对珠海一、二、三区等10个较大居民小区实行全封闭管理和安装电子监控设备。

2006年，市委办公室、市政府办公室转发《中共胶南市委政法委、胶南市社会治安综合治理委员会〈关于深入开展平安胶南建设的意见〉的通知》，市委、市政府印发《〈关于深入开展平安胶南建设的意见〉的目标任务分解》，对深化平安创建活动进行具体部署。通过市劳动力市场公开招录1000人组建市治安联防大队，市财政每年拨付1440万元作为治安联防大队经费，并注册成立市平安劳动服务公司，负责全市治安联防队伍的工资和福利待遇发放管理。市治安联防大队实行全市统一组织管理模式，由市公安局治安大队大队长、市综治办主任分别兼任大队长和政治教导员，下设分别由100人组成的直属应急中队、交通协管中队、户籍协管中队和由700人组成的镇(街道)治安巡逻中队。2007年，组建1200余人的治安志愿者队伍，发挥治安联防“巡逻员、信息员、宣传员、战斗员”的作用。

2008年，市委、市政府印发《关于加强社会治安群防群治工作的意见》，提出加强治安联防队伍、企事业单位治安保安队伍、社区治安保安队伍、村级治安巡逻队伍、治安志愿者队伍、治安信息员队伍6支群防群治队伍建设。是年，对见义勇为先进典型事迹和先进个人进行表彰和宣传。对82名见义勇为先进个人进行通报表彰，分别给予数额不等的物质奖励，并授予“胶南市社会治安见义勇为先进个人”称号。2009年，通过试点在全市1025个村居推行综治协理员制度，进一步夯实基层综治工作基础。市治安联防队伍建立“军事化管理、考核激励、末位淘汰、岗位轮换”四大机制，辅警作用得到充分发挥。是年评出星级平安住宅小区24个。

2010年，根据区域性治安特点，在城区外围和城郊建立20个智能化公共安全卡口和堵截点，并以20个卡点为支撑，将全市划分为三个不同的治安防控层次，形成“三圈二十点”的治安防控新格局。大场等14处镇(街)建成镇级视频监控系统，376个村建立不同规模的视频监控等科技防范平台。继续开展“星级平安住宅小区”评定活动。

2011年,胶南被省委政法委、省综治委确定为23个省级社会管理创新综合治理试点市之一。是年,市委印发《关于深入推进社会管理创新的实施意见》,将加强和创新社会管理工作列入《胶南市国民经济和社会发展第十二个五年规划纲要》。积极推进镇、村视频监控体系建设,市财政拨款600万元,通过以奖代补的形式,推动镇、村技防落实到位。是年评出39个星级住宅小区。

2012年8月15日,召开胶南社会管理综合治理委员会第一次全委(扩大)会议,成员单位增加到69个。是年,确立并完成"司法行政便民服务中心""新型农村示范社区""镇(街道)见义勇为工作站"3个重点项目。在《胶南市讯》开辟"义勇先锋"专栏,介绍见义勇为先进事迹。

第二章　公　　安

1988年,胶南县公安局内设机构15个,派出机构26个,民警及工作人员377人。1990年,被公安部评为"全国优秀公安局"。2012年,内设机构15个,派出机构23个,民警及工作人员731人。

第一节　打击刑事犯罪

刑事案件侦查　1988年1月,围绕春节安全,开展"打击流窜犯罪"为重点的专项活动。破获市美乡徐家前夼村赖某某杀害8名村民的特大杀人案。是年4~5月,开展"打击抢劫犯罪、打击流氓滋扰活动"。是年9~10月,开展"反盗窃"专项活动。全年破获各类刑事案件127起,惩治各类违法犯罪嫌疑人221人。

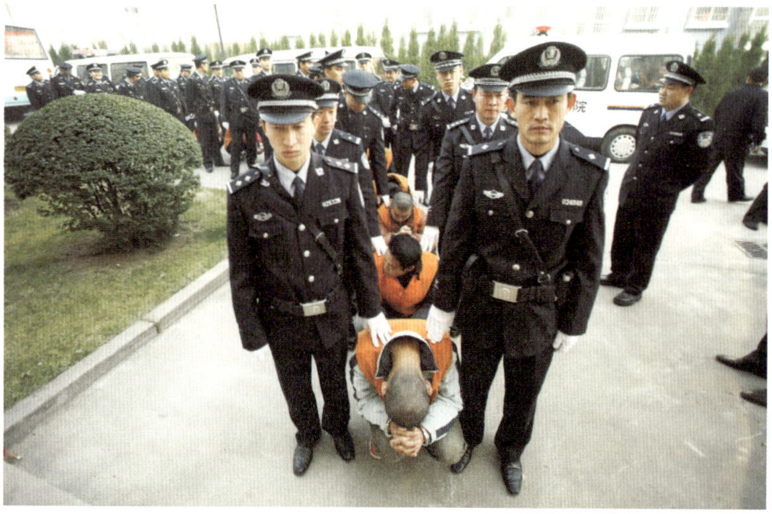

依法惩治黑社会性质组织犯罪团伙,犯罪嫌疑人纷纷落网

1991年,相继开展"反扒窃""破现案、攻积案、挖团伙、打流窜""反内盗""打击流氓滋扰""反盗窃、反抢劫"等专项活动和破案会战,破获各类刑事案件628起,惩治刑事犯罪嫌疑人219人。

1997年,进行刑侦体制改革,健全侦审合一,推行破案目标责任制。是年7月,破获河南籍申某某、王某某、冯某某等10余人特大流窜诈骗团伙。全年破获各类刑事案件1108起,惩治刑事犯罪嫌疑人537人。2002年,以"打黑除恶"为龙头,开展"春季攻势""百日破案会战""追逃""打击两抢专项活动""冬季行动"等专项活动。是年6月,破获"4·28"龙凤山庄杀人案,犯罪嫌疑人姜某某被抓获。全年破获各类刑事案件2010起,惩治刑事犯罪嫌疑人1102人。

2006年,完善刑事案件三级主侦制,深入开展创建"无黑恶犯罪县市区"活动,开展"打黑除恶""打霸治痞""打击盗抢汽车犯罪百日会战""夏季严打""冬季严打"等专项活动。破获各类刑事案件2532起,惩治刑事犯罪嫌疑人1163人。

2009年,建立专项打击、办案协作、打防结合等机制,形成以刑侦

部门为主体、派出所为基础、其他警种发挥作用的大刑侦格局。是年5月，破获胶南市某小学二年级学生崔某某绑架案，抓获犯罪嫌疑人郑某某、李某某，并安全解救被绑架儿童。全年破获各类刑事案件2930起，惩治刑事犯罪嫌疑人3407人。2010年，抽调近百名干警组成侦办以王某、唐某某为首的两个黑社会性质犯罪集团案专案组，抓获组织成员100余名，破获案件200余起，为胶南建市以来涉案人员最多、涉及范围最广、社会影响最大的涉黑案件。2011年，根据公安部“清网行动”部署，全方位追捕网上在逃人员，抓获网上在逃人员309人。

2012年，将办案重点对准严重影响群众安全感的严重暴力犯罪和多发性侵财犯罪，部署开展严打整治“春季攻势”“打防盗窃犯罪”等13次专项行动。是年，破获各类刑事案件3160起，抓获各类违法犯罪嫌疑人2806名。

典型案例 案例一 1995年3月5日下午5时许，福建省福安市集贸工业品采购供应站职工钱某，携带70万元现金汇票到胶南做生意，被3名歹徒绑架至李家石桥村一村民出租房内，将现金汇票劫走，到银行提取现金70万元逃逸。市公安局接报后，立即组织干警赶赴案发现场开展侦破工作。3月19日，参战干警在江苏省连云港市将主犯王某抓获，追缴赃款67万元。此后，同案犯杨某、王某相继落网。到案后，3名案犯对犯罪事实供认不讳。青岛市中级人民法院依法判处主犯王某死刑，立即执行。

案例二 2005年7月，破获胶南市首起持枪故意杀人重大恶性案件。是年6月4日上午9时40分，公安局110指挥中心接群众报案称：理务关镇西十字路村发生持枪杀人案。案发现场位于理务关镇西十字路村胶南市华盛优质苗种开发中心大门口处，中心现场多处血迹，地上发现猎枪弹壳1枚，14名群众被枪弹击伤。其中，村民封某某被枪击死亡。接警后，公安局迅速成立专案组开展侦破，参战干警辗转胶州、德州、济南、广东省东莞市等地，行程近万里。7月12日，该案10名涉案人员全部落网。

案例三 2006年10月16日晚11时许，市公安局接一妇女报警称，当晚骑摩托车行至一生产路时，被一骑摩托车的男子持锐器划伤脸部。经查：2006年6～10月，先后有21名骑摩托车或自行车的妇女，在城区和城郊结合部，被一骑摩托车的男青年持锐器划伤。为此，公安局迅速成立专案组开展侦破工作。2007年3月16日晚9时许，干警在城区西外环路将犯罪嫌疑人曾某某（男，29岁，胶南市人）抓获。经审讯，曾某某供认，因婚姻受挫而产生报复妇女的念头，持裁纸刀等锐器尾随妇女连续实施伤害。

案例四 2008年2月29日7时许，胶南经济开发区医院妇产科病房1名刚出生的男婴，被人假扮医护人员偷走。市公安局接报后，连夜成立20余名干警组成的专案组，经全力开展侦破工作，于3月2日晚7时许，在沂南县将犯罪嫌疑人王某某（女，22岁，胶南市人）抓获，并将婴儿成功解救。

案例五 2009年10月15日10时03分，市公安局接胶南利群德泰购物广场员工报警，在购物广场地下一层超市，1名女员工被歹徒持刀劫持。接报后，市公安局立即启动《应急突发事件处置预案》，成立由局长任总指挥的现场处置指挥部，当日13时30分，犯罪嫌疑人郭某（男，22岁，山东省菏泽市人）被制服，人质得以安全解救。

第二节 打击经济犯罪

经济案件侦查 1979年7月，根据《刑法》、《刑事诉讼法》规定，公安机关管辖的经济犯罪案件由刑侦部门负责。1988～1991年，破获经济犯罪案件95起，查获经济犯罪嫌疑人170人，为国家和集体挽回经济损失33万余元。1992～1997年，破获经济犯罪案件205起，查获犯罪嫌疑人240人，为国家和集体挽回经济损失100余万元。1998年，在市公安局保卫科加挂经侦大队牌子，开始侦办经济犯罪案件。2002年8月，成立经济犯罪侦查大队（副科级），担负89种经济犯罪案件的侦查和内部单位的安全保卫工作。是年，破获案件18起，涉案金额410余万元，查处犯罪嫌疑人21人，挽回经济损失429万元。

2004 年，以侦办偷税骗税、金融诈骗等经济犯罪为重点，开展打击经济犯罪破案会战，破获案件 58 起，抓获犯罪嫌疑人 23 人，挽回经济损失 1055.7 万元。2006 年，以为大企业提供“直通车”服务为重点，全面落实《胶南市公安局优化经济发展软环境 30 项措施》，立案 35 起，破案 34 起，惩治犯罪嫌疑人 63 人，挽回经济损失 246.6 万元。2007 年，开展整顿和规范市场经济秩序活动，破案 20 起，抓获犯罪嫌疑人 102 名，挽回经济损失 330 万元。

市公安局与边防大队联合巡逻，保障渔港秩序（2011 年拍摄）

2008 年，开展打击制售假发票、打击涉众型经济犯罪等专项活动，破获黄海学院孙某、鞠某等人妨害作证案，为受害单位和个人避免经济损失 1700 余万元。2009 年，开展打击假币犯罪“09 行动”，收缴假币 12 万余元。

2012 年，组织刑警、治安、派出所等多警种，开展打击经济犯罪“破案会战”专项行动，立案 344 起，破案 242 起，涉案金额 15436.9 万元，抓获 394 人，移送起诉 375 人。

打击非法传销 2005 年起，针对传销违法犯罪活动逐渐增多的趋势，开展打击和防范传销违法犯罪活动。2005～2011 年，查处传销窝点 489 处，打击处理传销骨干分子 469 人，教育遣返 15590 人。

第三节　治安管理

治安防控 1991 年起，加强治安防控网络建设，推行“社区巡防制、户访制”制度，是年组建 11 个联勤片，200 余人开展社区巡逻，破获案件 31 起，抓获犯罪嫌疑人 56 人。2001 年，开展“入户走访”“街头巡防”活动，走访群众 10 余万户，搜集各类线索 300 余条，破获案件 120 余起。2002 年，推广实施社区警务，建立 12 个社区警务室，受理群众举报线索 400 余条，破获各类案件 170 余起。2004 年，在城区公安机关珠海路、铁山路、北京路、隐珠等派出所实行巡警、交警、派出所“三警合一”警务改革，提升治安防控能力。

2008 年，在城区主要路口、重点路段和重要公共场所安装监控探头 262 个，建立覆盖城区的“天罗”工程。并以“五网”[即社会面巡逻网、村（居）社区巡控网、公共复杂场所巡查网、内部单位巡护网、社会人员心防网]覆盖为内容的有利条件，构筑起立体化、全覆盖的治安防范“天罗地网”工程。

2010 年，推进“天罗地网”工程向农村延伸，全市一半以上农村派出所完成二级监控平台建设，构建“三圈二十点”（即将全市划分为内控圈、中控圈和外控圈；城区周边 4 个公共安全智能卡口和外围的 16 个卡点）治安防控格局，年内全市可防性警情发案率同比下降 10.8%。2011 年，组建 1000 余人的治安巡逻队伍，并配发 250 辆专门用于治安巡逻的警用自行车，配备 3 辆移动治安检查车，在珠海路、铁山路等 10 处派出所“咽喉部位”设立 10 处循环堵截查控点，使全市可防性警情发案率同比下降 12.7%。

2012 年，依托“天罗地网”工程，调动现代警务实战装备，分层次、有重点的推向社会警情热点区域，最大限度地提升见警率、见车率和管事率，是年全市可防性警情同比下降 28.3%。

涉枪涉爆管理 1988 年，推行放炮员技术考核制度。是年，为 367 名通过考核人员发放“放炮员证”，实行放炮专业化、技术化管理。1996 年，采取线索核查、集中清查等方式，查缴各类非法枪支 6360 支，惩治制贩枪支嫌疑人 41 名。1999 年，对

公、私所有猎枪、小口径步枪、发射金属弹丸的气枪全面普查、登记和检验，登记、校验各类枪支122支，其中猎枪79支，小口径步枪2支，气枪41支。2003年，为全市11家涉爆单位安装“民爆物品信息管理系统”，建立完善爆破工程安全管理体制。2009年，对全市涉爆单位和化学品使用单位实行网格化管理，纳入网络监管新模式，查处涉危涉爆案件62起，抓获违法犯罪嫌疑人76名，收缴各类枪支32支，子弹143发，雷管7枚。

2012年，组织开展“治爆缉枪、春季攻势、整治藏民兜售管制器具”等一系列专项行动，查获涉枪涉爆案件37起，惩治违法犯罪嫌疑人52名，收缴非法烟花爆竹100余万响，各类涉枪涉爆物品40余宗。

打击“黄赌毒”犯罪 1988年，结合开展打击“黄赌毒”专项活动，开展3次治安集中清查活动，查处“黄赌毒”案件46起，抓获犯罪嫌疑人102名。1992年，查处“黄赌毒”案件53起，惩治犯罪嫌疑人124人。1995年，开展为期60天“扫黄打非”专项行动，捣毁“黄赌毒”窝点22处，抓获犯罪嫌疑人133人。2002年，开展治安混乱区域专项整治，查处“黄赌毒”案件189起，抓获犯罪嫌疑人405人。2007年，开展“扫黄打非、黄赌毒整治、娱乐场所治理”等专项行动，查处“黄赌毒”案件148起，抓获犯罪嫌疑人313人。2012年，根据公安部、省厅和青岛市局的部署要求，坚持密集防范与精确打击相结合、滚动排查与源头治理相结合、公安为主与群防群控相结合的原则，开展“无声风暴、扫黄打非、利剑行动”等系列专项行动，查处“黄赌毒”案件255起，抓获违法犯罪嫌疑人488人。

行业场所管理 1988～1999年，全市旅馆业入住旅客信息均由所在旅馆登记造册并每日定时送辖区派出所。1999年，推进安装信息管理系统，对入住旅客实行信息化、规范化管理。2005年，制定《经营公共娱乐服务场所告知书》和场所基础台账表，对公共娱乐服务场所基础情况重新进行登记。2009年，公共娱乐服务场所全部安装治安管理系统，并将二手数码交易业、机动车交易业、快递等新兴行业纳入治安管理，推行A、B、C、D四级管理新模式，实现特种行业场所信息化、规范化、制度化管理。是年，通过行业场所管控破获各类案件140余起，抓获犯罪嫌疑人98人。2012年，坚持日常管理与重点管理相结合，对公共娱乐场所、特种行业和新兴行业强化基础信息采集，建立健全行业场所信息会商研判机制。是年，检查公共娱乐场所1600余家次，特种行业800余家次，二手数码交易业等新兴行业300家次，破获各类案件160余起，抓获犯罪嫌疑人114人。

第四节 道路交通管理

1987年5月，县交通局交通监理站划归公安局管理，成立县公安局交通管理科。1991年10月，成立公安局交通警察大队(副科级)，负责全市道路交通安全管理工作。

车辆及驾驶人管理 1988年，全县共有各类机动车298辆，机动车驾驶人3902人，所有机动车均为单位所有，没有私家车。随着经济社会发展，机动车及驾驶人数量呈现逐年增长趋势。1996年，机动车年增长率达到133.8%，驾驶人年增长率达48.6%，2003～2012年，机动车增长104.8%，驾驶人增长106.2%。

20世纪80年代至90年代，对机动车和驾驶员实行年度集中检审制度。1995年5月15日，正

市交警大队组织交通安全知识宣传活动(2007年拍摄)

式开始换发“九二式”机动车号牌，与年审工作同步进行，先年审后换牌。是年，换发号牌5754副，其中自管车辆号牌3226副，市管车辆号牌2528副。2007年7月，市公安局在海滨五路飞宇二手车市场，建立机动车登记服务站，办理机动车登记和转籍等业务。2009年，车驾管业务窗口推行“一窗式”服务，规范车管业务办理流程。2006～2012年，市公安局车管所连续7年被省公安厅评为“全省一等县级车辆管理所”。

非机动车管理 1979年，县公安局成立非机动车管理所，对自行车等非机动车进行管理。1988年，全县自行车登记在册达20余万辆。1995年，非机动车管理由派出所代管变为直接管理，在做好日常挂牌、非机动车肇事处理基础上，重点抓路检路查，查获大批失窃、错骑自行车。是年8月，召开失窃自行车返还大会，发还自行车154辆。1997年，非机动车登记数达30余万辆。1998年，非机动车管理所划归公安局交通警察大队车管所。2003年，按照国务院《关于取消第一批行政审批项目的决定》，取消自行车挂牌登记业务。

1988～2012年全市(县)机动车和驾驶人保有量情况统计表

表20－2－1　　单位:辆、人

年份	机动车数量	驾驶人数量	年份	机动车数量	驾驶人数量
1988	298	3902	2001	92519	74951
1989	395	4605	2002	108066	88132
1990	627	5133	2003	126709	104687
1991	985	5735	2004	141526	118054
1992	1632	6327	2005	147674	124597
1993	2720	6946	2006	149495	135460
1994	3920	8349	2007	159696	147481
1995	5754	11632	2008	167351	158233
1996	12314	17290	2009	187001	174401
1997	20893	24727	2010	210445	186515
1998	30253	29995	2011	240161	195157
1999	53883	45098	2012	259530	215833
2000	80632	59259			

交通秩序管理 1988年，以贯彻落实《道路交通安全管理条例》为主线，交警部门强化路面巡逻管控，严查交通违章行为。2001年，市行政办公中心东移、城区面积扩大，筹措资金200余万元，在城区7处主要路口安装闭路电视监控系统和“电子警察”，实现122指挥中心与路面执勤警力互补互动。2004年5月1日，《中华人民共和国道路交通安全法》(以下简称《道路交通安全法》)施行，交警部门以道路交通安全法的贯彻实施为契机，针对不同时期影响道路交通秩序的突出问题，开展“出租车、公交车等客运车辆交通违法集中整治”“城区交通秩序专项治理”“摩托车交通违法集中整治”等一系列专项整治活动。2007年，开展“融合法理情，和谐人车路”活动，对16种轻微交通违法行为实施“告诫式”执法。2008～2012年，投入专项资金2160万元开展“畅通工程”和创建“平安畅通县区”活动。2008～2009年，先后荣获“国家实施‘畅通工程’模范管理水平城市”和“平安畅通县区”两项国家级荣誉称号。

交通设施管理 1992年，市区有灯岗4个，其中曲臂岗亭2个，护栏1270米，交通标线57千米，反光交通标志50块。1995年，在珠山路南北出

口、珠山路转盘等7个主要交通路口增设19面反光指路标志牌。2002年2月2日，122指挥交通中心正式开通运行，在12个路口的交通视频监视系统、9个重点路口安装的29套闯红灯电子警察监控设备全天候监控，实现违章管理办公自动化。2010年，由青岛、胶南两级财政投资，对204国道全线安装高清视频监控系统，实现全程监控。2010～2012年，投资3000余万元，完成辖区141.63千米双向四车道以上国省道、24.5千米双向六车道以上城市道路中间隔离设施的安装工作。2012年，投资1435万元对122交通指挥中心进行整体升级改造，开工建设智能交通管理中心。是年，安装大型标志牌168套，施划交通标线152千米，市区交通信号灯增加到91处。

交通事故处理　1988～1997年，机动车、驾驶人数量增长相对缓慢，为交通事故稳定期。1998～2002年，机动车、驾驶人数量快速增长，而道路交通规划、道路通行条件、交通设施等发展滞后，为交通事故高发期。2003～2008年，道路规划建设快速发展，公安局交警大队建成122指挥中心，交通管理效能提升，其间《道路交通安全法》颁布，群众交通安全意识增强，交通事故大幅回落，为交通事故回落期。2009～2012年，道路交通安全管理工作力度加大，事故预防工作得到长足发展，交通事故稳中有降，道路交通安全形势趋于平稳。但因机动车、驾驶人数量继续增长，道路交通规划建设发展相对滞后，道路交通事故仍然相对高发，为交通事故相对稳定期。

1988～2012年全市(县)交通事故四项指标情况统计表

表20－2－2　　单位：起、人、万元

年份	事故数量	死亡人数	受伤人数	经济损失	年份	事故数量	死亡人数	受伤人数	经济损失
1988	80	28	39	4.65	2001	2589	176	2245	506.19
1989	78	29	40	5.92	2002	1981	189	1841	481.21
1990	70	29	38	11.75	2003	980	109	770	203.23
1991	72	31	37	8.90	2004	791	71	681	174.50
1992	69	30	31	12.17	2005	615	50	491	112.40
1993	55	30	29	24.75	2006	543	43	441	128.85
1994	46	32	18	34.98	2007	493	41	387	79.45
1995	40	32	23	71.00	2008	310	37	287	93.59
1996	38	41	40	58.30	2009	278	37	273	54.75
1997	41	44	16	16.87	2010	261	36	274	68.86
1998	429	99	377	140.86	2011	252	34	227	68.55
1999	1402	170	1174	291.6	2012	225	31	205	68.67
2000	1344	214	1276	443.34					

1995年5月24日，公安局交通警察大队正式开通122道路交通肇事报警电话，受理交通事故报警。2002年建成122指挥中心，规范接处警程序。2004年5月1日《道路交通安全法》实施后，公安交警的损害赔偿调解不再是民事诉讼的前置程序，当事人可以在事故责任认定后，直接到人民法院提起民事诉讼。在交通事故处理中，交警大队开始探索与法院之间的衔接与配合，2006年8月，市法院在交通警察大队肇事处理科成立交通事故巡回法庭。2008年，将适用一般程序以下的交通事故下放交警中队处理。2011年，由法院、公安、司法联合建立民警调解、人民调解员调解、法院庭审前调解"三位一体"的调解工作模式。

第五节　户政及出入境管理

户政管理与人口统计　1988年底，全县户籍208722户，总人口数为830807人。1989年出生登记人口13239人，总人口比1988年增长9553人。1990年新生儿出生登记14452人。1996年，灵山卫镇12个村和红石崖镇8个村共20个村划归黄岛区管辖，划出人口8510户，23867人。2003年底，红石崖镇整体划归黄岛区管辖，划出人口11132户，31970人。2004年，总人口数为808438人，比2003年末总人口（含红石崖人口）减少29573人。1988～2012年，男性人口多于女性人口。

截至2012年底，有户籍267181户，总人口为843276人。

1988～2012年全市（县）户籍人口统计表

表20－2－3　　单位：户、人

年份	户数	人口数	人口数			
			男性	女性	农业人口	非农人口
1988	208722	830807	425365	405442	778285	52522
1989	213793	840360	430423	409937	785248	55112
1990	225843	849212	434642	414570	792409	56803
1991	230378	855965	437598	418367	797579	58386
1992	243851	855720	436985	418735	795397	60323
1993	245821	853258	435373	417885	790461	62797
1994	247518	850111	433765	416346	763083	87028
1995	251203	853109	435033	418076	758376	94733
1996	249021	833204	424669	408535	731865	101339
1997	250351	834819	425664	409155	723974	110845
1998	253644	836741	426496	410245	719226	117515
1999	258009	836481	426234	410247	713418	123063
2000	262972	836083	425586	410497	709149	126934
2001	268265	836749	425360	411389	703194	133555
2002	268238	837245	425137	412108	693147	144098
2003	272412	838011	425139	412872	688050	149961
2004	262374	808438	410063	398375	522321	286117
2005	263718	811318	411158	400160	443480	367838
2006	265308	817533	413749	403784	443686	373847
2007	266618	826733	418325	408408		
2008	266898	833837	421354	412483		
2009	267005	837359	422650	414709		
2010	266835	839202	422714	416488		
2011	267437	841222	423145	418077		
2012	267181	843276	423595	419681		

户口管理　1985年，在23处乡镇设立公安派出所，居民户口由当地派出所统一管理，户口性质分为农业与非农业。户口登记实行出生、死亡、迁入、迁出、变更更正等内容，并设立人口卡片，采用

注音符号编排管理。

1988年,根据上级部署开始为居民办理居民身份证,派出所用“常住人口登记表”取代“户口登记簿”、用居民身份证底卡取代户口卡片。1990年,全县统一发放农村家庭户口簿,居民户口实行一人一表制。1992年3月,在农村推行编挂门牌制度,24处乡镇农村编挂门牌233958户。是年,市政府印发《关于筹集市区第三产业基金的实施意见》,为到市区务工、经商、发展第三产业的入户人员办理地方城镇户口。1994年,依照“个人申请、归口审查、统一审批”的原则,办理群众户口农业转地方非农业业务。1996~1997年,安装使用常住人口管理系统,派出所进行常住人口信息微机录入工作。1998年,微机操作系统正式受理群众各项户籍业务,由以前的手工操作实现微机化操作管理。2007年,省政府印发《关于进一步深化户籍管理制度改革的通知》,规定“凡常住户口所在地在行政区域内的居民,自9月1日起,取消其农业户口、非农业户口性质划分,统一登记为居民户口”。

居民身份证管理 1988年开始为居民办理居民身份证。2002年9月开通公民身份证无底卡网络制证系统。2004年1月1日开始实施《中华人民共和国居民身份证法》,规定公民在申请领取、换领、补领居民身份证期间,急需使用居民身份证的,可以申请领取临时居民身份证。2005年8月,公安部、省公安厅印发《山东省换发第二代居民身份证工作方案》,在全市集中为群众换发第二代居民身份证。2009年,集中为军人办理居民身份证。

出入境管理 *对外国人、华侨、港澳台同胞入境管理* 1998~2012年,将境外人员纳入派出所实有人口管理,派出所设立外管室,建立出入境管理档案,通过档案管理加强出入境管理工作的动态控制。2006年,在胶南工作、生活的境外人员570人,2009年有767人,2012年有533人。

对公民出境管理 根据有关法律规定,我国普通公民前往外国定居、探亲、学习、就业、旅行、从事商务活动等非公务原因出国境的,由本人向公安机关出入境管理机构申请出国境证件。属于登记备案的国家工作人员申请出境的,须经组织、人事部门同意。2000~2012年,全市先后有39932人申请出境。

涉外案件 1996年12月,公安部门及时侦破韩国独资企业青岛大弘化纤有限公司“伸幅器”被盗案。2000年4月,侦破胶南市首例绑架外国人质案件,韩国妇女辛某被解救。2009年7月,查获非法入境并被贩卖到中国的朝鲜妇女3名,并成功解救。2012年7月,破获青岛市首例涉外贩卖婴儿案,抓获越南籍非法入境人员钱某、薛某某等7名犯罪嫌疑人,解救3名被贩卖女婴。截至2012年底,发生涉外案件613起,涉案人员631人。

第六节 监所管理

看守所 胶南县看守所于1981年投入使用,建有12个监室。1993年扩建6个监室。2003年,扩建为占地面积5370.4平方米,其中监区占地面积4200平方米,建筑面积2375.1平方米。设有监室32间,总铺位面积344.8平方米。

1988~1992年,看押量一直保持在30~80人,看管民警每天对在押人员进行单独谈话一次。1994年,安装黑白色监控。2000年底,顺利通过三级看守所的检查验收。2007年,投资200余万元,对监室及监控报警系统进行改造升级。2008年,落实入所简易体检制度,无县级以上指定医院的体检证明一律不予收押。2012年,建立单独视频会见室,新安装可联接互联网的电脑,实现在押人员与家属之间的视频会见。

拘留所 1982年始建,原称公安局行政拘留所、治安拘留所。2007年更名为胶南拘留所。1997年,投资380万元对12间平房拘室进行改建,新建两层楼房作为拘留区,面积516平方米。2004年,新增办公区建筑面积280平方米,占地总面积达到1200平方米。

2002年,制定《拘留所基础工作规范手册》,建立完整的管理制度。2003年,实行管教民警包拘室管理和主、协管制度,坚持24小时值班巡视,严格信息报告制度。2004年,完善《拘留所民警工作手册》,制定收拘、值班巡视、提询、会见、安全检查、财物保管、岗位职责、处置突发事件的应急预案等40多项规章制度。2007年，制定《拘留所工作规程》，涵盖从收拘、体检、管理教育、宣传、拘留人员作息、日常生活管理、后勤保障、直至出所等一系列环节的程序。截至2012年底，拘留所连续30年无脱逃、自伤、自杀等安全责任事故。

第七节　安全保卫

110报警服务台　1997年7月设立110报警服务台，开通2个接警席位，实行24小时值班制度。当年接警6.8万余起。2002年，投资180万元完成对110报警服务台的硬件、软件升级，建成集110接处警、信息管理、道路交通秩序监控、人口管理信息等59个模块在内的110操作平台，使110成为全局信息控制枢纽。2006年2月24日，将110、122、119"三台合一"，开通5个接警席位。2008年，投资100万元对110报警服务台进行升级改造，110报警服务台拥有"作战视频指挥调度系统""GPS警车定位系统""GIS电子地图系统"、"动态视频监控系统"等十大系统。2012年，110报警服务台接报警248661起。

网络安全监察　2002年8月，公安局设立计算机监察信息通讯科。2003年6月，在69家网吧安装使用上网刷卡综合管理系统。2006年，引入"远程判断冻结假卡"技术手段，使网吧"一卡通"使用率达99%，正确率达98%。2007年，研究制定网络监控和刑侦技术于一体的网上侦查、定位制度，破获利用互联网诈骗案等40余起案件，抓获违法犯罪嫌疑人50余名。2008年，投资近300万元，建成基层网监业务工作平台，依托"天罗工程"，建成覆盖全市网吧的"视频监控系统"，网民刷卡即拍照上传，实现对网吧和上网人员的实时监控。是年8月，将农村信息服务站管理纳入日常管理。2012年5月，成立网络警察大队，并与刑警、治安、经侦等警种和派出所建立案件协查机制，对发现各类网上逃犯、犯罪嫌疑人实施准确定位、快速抓捕，侦破利用互联网危害公共安全和社会治安秩序的刑事犯罪28起，抓获违法犯罪嫌疑人44名，其中CCIC(在逃人员信息库)逃犯4名。

保安服务　1992年成立胶南保安服务公司。2006年10月更名为胶南保安服务中心。1992年配备保安人员42人，保安业务单一，主要集中派驻国有企业。2001年成立保安刻字印章社，规范全市刻字印章秩序。2002年，派驻单位增加到40多个，私营企业增多。2006年配备保安队员394人。是年抓获违法人员24人，发现和排除治安隐患80余起，为企业挽回经济损失300多万元。2008年11月，根据上级要求，开始推广应用网络编码印章，对全市企事业单位的印模印鉴实行更换网络防伪印鉴。进一步规范统一全市印章刻字市场。2009年7月，投资40万元成立青岛兴安泊车服务有限公司，下设隐珠、泊里、张家楼、黄山、六汪和城区6个停车场，总面积6万多平方米。2010年1月1日，《保安服务管理条例》发布施行，保安服务进入市场化。2011年7月，保安队伍增加到470人，派驻80多个企事业单位。推广安装110联网报警175台，GPS平台在线车辆237台，对遏制和预防犯罪起到重要的作用。2012年5月，为全市城区中小学及幼儿园派驻保安，校园保安150人。截至2012年，保安公司共协助公安机关抓获违法犯罪嫌疑人480名，发现和制止违法犯罪1200余起，避免火灾等安全隐患112起，累

公安干警参加奥运圣火传递保卫现场(2008年拍摄)

计为客户挽回经济损失3000多万元。

第八节　科技强警

办公设施　1988年,公安局只有1台手工铅印打印机。1997年,配备计算机12台,用于综合文印、机要、户政管理、刑事技术等业务。2000年,为基层单位配备计算机140台。2012年,公安系统已有计算机1240台,广泛应用于公安信息网络和互联网络。

2010年,根据青岛市公安局《派出所功能区域划分及执法安全保障建设标准指导意见(试行)》的要求,投资1700余万元,对31处派出所进行功能区划建设。2004年12月10日,省公安厅、科技厅确定胶南市为科技强警示范县(市、区)建设单位。2006年9月顺利通过省公安厅、科技厅联合验收专家组的考核验收。

警用装备　1988年,仅有11辆北京吉普车和20辆三轮摩托车作为公安系统交通工具。2004年投资40余万元,对120余辆警车进行外观制式改装。2012年底,共有车辆312辆,其中,警车178辆,便车134辆。

1990年前后,民警装备只有手铐和电警棍等简要装备。1997年投资40余万元,为基层单位配发防弹衣和钢盔,为科室、派出所配备"变焦"照相机,为刑警大队配备秘拍仪、毒化器材等办案设备。2004年投资5万元安装东方金指指纹远程查询系统。是年,检索查询指纹5000余枚,破获案件48起,认定犯罪嫌疑人51名。2005年,投资30万元购置气相色谱仪。是年,检测酒精含量521人次。2006年投资507万元,用于科技强警装备建设,其中投资36万元购置心理测试仪。是年,测试39人次,认定犯罪嫌疑人4名。2007年,投资36万元购置活体指纹采集仪,是年采集犯罪嫌疑人指纹4351份。2008年,按照《青岛市公安局单警装备管理规定》,投资26万元购买英国产MOLE远距离炸药探测仪一台,用于民爆物品、烟花爆竹等治安管理工作。投资30余万元,购置有毒气体探测仪、防弹背心、轻质防弹材料防爆服、防化服、东海龙屏蔽MP-3000E、二代证识别仪2台、弹射式遥控阻车器等警用装备,重点检查来往车辆、人员及易燃易爆疑似毒品等物品。2009年,投资52万元,购买手持式探测仪6个、防刺服170件、遥控破胎阻截器2个、折截梯2个、频率干扰仪1个、抓捕网枪10个、喷雾驱散器2个。2011年,购置执法记录仪107部,投资60万元完成车载终端及执法视频系统。2012年,投资110余万元,购买足迹采集系统和人员信息采集系统。配发到31处派出所和刑警大队。

信息化建设　1988年,通信工具是手摇式电话。1993年配有3部拨号电话,并在各科室设有分机。1997年投资60多万元建成有线电话程控系统。2000年8月,投资60万元建成青岛市公安局至市公安局的三级公安信息网络。2001年,依托110指挥调度系统,建成公安四级网,初步实现无纸化办公。2002年开通青岛至本市公安局的三级视频会议系统。2003年建成350兆无线警用集群系统。2005年,依托四级网络升级改造,对31处派出所建立四级视频会议系统。2010年,在乡镇建设无线基站8处,实现无线集群的数字化,为基层执法办案单位配置无线手持台188部,车载台143部,固定台38部。

动态视频监控系统　2006年,对公安110、119、122"三台合一"升级改造、对城区11处重点部位安装图象监控系统。并在进出城区的铁山、大珠山、隐珠大庄分别建立具有模糊比对碰撞功能的治安卡口,在交通繁忙的9处路口安装交通

"天罗"监控中心(2009年拍摄)

智能化视频分析自适应信号机系统。对8辆公安“三警联勤”警车配备字幕警灯和随车摄像取证系统。2008年,投资7250万元建设社会治安动态监控“天罗工程”,在公安局110指挥中心设立总监控平台,在城区铁山路、珠海路、北京路、隐珠、上海路5处派出所设监控分平台。在城区主要道路、公共场所,安装262个监控探头。在120家网吧安装视频监控系统。2011年,“天罗工程”被胶南市民评选为“胶南‘撤县设市’20周年最具影响的20件重大事件”之一。

截至2012年底,投资安装视频监控探头1929个,“天罗工程”覆盖全市23个镇、街、区,674个村庄。

第三章 检 察

1967年,胶南县人民检察院被“军管”,停止工作。1978年8月30日,县委【1978】90号文件正式公布设立胶南县人民检察院。1991年1月更名为“胶南市人民检察院”。1995年10月,市人民检察院成立反贪污贿赂工作局,1997年5月更名为“胶南市反贪污贿赂局”。

1988~2012年,市人民检察院先后荣获“省级档案管理特级先进单位”“全省十佳基层检察院”“全省公正执法先进单位”“省级文明单位”等称号。2007年被省检察院荣记集体二等功。

1988~2012年胶南市(县)检察院检察长任职情况一览表

表20-3-1

姓 名	籍 贯	任职时间
王 群	山东胶南	1987.5~1996.3
许兆民	山东潍坊	1996.3~2001.2
栾成章	山东平度	2001.2~2011.12
程宏谟	山东莱西	2011.12~2012.12

第一节 刑事检察

侦查监督 1988~1992年,市(县)人民检察院参与每年的阶段性集中打击活动,配合公安机关打击流氓、滋扰和反盗窃、挖团伙、打流窜、打非扫黄、除六害等专项活动。对重大刑事案件提前介入侦查、预审,同步开展侦查监督,及时纠正违法行为18件。

1993~2002年,贯彻修改后的《中华人民共和国刑法》《中华人民共和国刑事诉讼法》,准确把握调整后的逮捕条件和程序。1997年,青岛市检察院两次总结推广胶南市检察院批捕工作规范化的做法。2003~2012年,贯彻宽严相济刑事司法政策,推行主办检察官责任制及阳光执法。

2010年,深入开展打黑除恶、打击毒品犯罪等专项活动,批捕以张某某为首的平度市11人黑社会性质组织犯罪团伙案。是年,提前介入、审查批捕以王某某、唐某某为首的25人黑社会性质组织犯罪团伙案。2012年,批捕殷某某虚开2046万元发票案等一批重大刑事犯罪案件。1988~2012年,审查批捕工作均未出现错捕、漏捕。

1988～2012年胶南市（县）人民检察院侦查监督工作情况统计表

表20－3－2

年度	受案		批（决定）捕		不捕		监督立案		监督撤案		追捕		纠正违法		移交职务犯罪线索		建议行政机关移交	
	件	人	件	人	件	人	件	人	件	人	件	人	件	人	件	人	件	人
1988	137	190	111	170	14	18												
1989		172		162		10												
1990	124	158	121	153	3	5												
1991	115	164	113	162	2	2												
1992	103	135	103	135	0	0							18	29				
1993	90	123	90	123	0	0												
1994	129	186	129	186	0	0												
1995	118	151	118	151	0	0												
1996	149	233	149	233	0	0						2						
1997	166	245	165	243	1	2					1	1						
1998	208	304	206	301	2	3												
1999	239	350	232	343	5	5	9											
2000	250	359	249	351	1	1												
2001	288	415	287	416	1	1	0	0										
2002	340	482	331	471	8	9												
2003	277	411	271	402	2	2	3	3										
2004	355	546	346	534	8	11	6	6				5						
2005	392	603	377	585	14	17	4	4	1	1								
2006	497	772	484	757	12	14	6	6	4	4	0	1	8	8	3	3		
2007	470	710	453	685	17	25	10	14	6	6			4	5				
2008	454	775	446	762	8	13	9	9	4	4	12	12						
2009	513	741	494	714	19	27	5	11	2	2	12	13						
2010	514	749	502	729	12	20	15	16	11	11	9	12						
2011	747	993	721	957	26	36	9	10	4	4	27	34	16				4	4
2012	774	1034	745	986	29	48	14	16	5	5		110	20		1		5	

公诉　1988～1992年，公诉部门贯彻依法从重从快的方针，积极参与每年的阶段性集中打击活动。1988年受理各类案件111件192人，提起公诉101件163人，1990年受理487人，为历年最高。1993年受理各类案件88件129人，对116人依法提起公诉。1994年，受理各种案件115件191人，对164人提起公诉。2000年，受理各种案件272件418人，对381人提起公诉。2001年，公诉案件平均结案时间为7天，35%的案件3日内办结。1988～2012年，审查起诉工作均未出现错诉、漏诉。

1988～2012年胶南市人民检察院审查起诉情况统计表

表20－3－3

年度	受理		起诉		免诉		不起诉		抗诉		退查		追诉	
	件	人	件	人	件	人	件	人	件	人	件	人	件	人
1988	111	192	101	163	2	6		1			2	4		8
1989	192	282	123	182	27	34								
1990		487		436		19								
1991	136	237	118	92	13	35		1			1	1		
1992	95	136	94	125	5	13					1	3		
1993		124		119		9								
1994	115	191	113	164		21								
1995	117	173		159		6								
1996	133	220	149	238		18		1						
1997		940		886		40			3					11
1998	175	275		275										
1999	236	355	223	336										8
2000	272	418	257	381					2				3	6
2001	310	448	310	452										
2002	389	536	361	495			1	1			12	17		
2003	374	559	365	545	13	13								
2004	488	770	442	681		5		1						13
2005	490	831	445	761				19						
2006	651	1109	623	1023										
2007	674	1102	641	1023				6						
2008	667	1190	627	1071										24
2009	673	1051	642	1036										
2010	664	1045	637	1016				3		3				29
2011	951	1384	884	1277				14	10					81
2012	1149	1651	975	1360					5	6			35	45

第二节　反贪污贿赂检察

1985年，将反贪污贿赂工作列为打击经济犯罪重点，强化对贪污、贿赂等经济犯罪的侦查，重点抓大案要案的查处。

1988～1990年，立案查处各类经济犯罪案件151件174人，挽回经济损失321.5万元。1991～1995年，立案查处各类职务犯罪案件117件138人，挽回经济损失266万元。1996～2000年，立案查处各类职务犯罪案件109件128人，挽回经济损失1589万元。2001～2005年，立案查处各类职务犯罪案件80件92人，挽回经济损失1275万元。2006～2010年，立案查处各类职务犯罪案件84件106人，挽回经济损失2270万元。

2008年，开展查办涉农惠民领域职务犯罪专

项活动。2010 年，立案查处贪污、挪用土地征用补偿款领域职务犯罪案件 11 件 11 人。2011～2012 年，立案查处各类职务犯罪案件 33 件 42 人，挽回经济损失 720 余万元。

2011 年，在土地与矿产资源管理领域开展专项行动，查处土地与矿产资源的职务犯罪案件 21 件 21 人，所办案件涉及 7 处乡镇 12 个村庄，挽回经济损失 330 万元。

2012 年 6 月，全国检察机关民事行政执行检察工作座谈会在胶南市召开

第三节 反渎职侵权检察

1988～1992年，涉及非法拘禁、玩忽职守、非法侵入住宅、重大责任事故、包庇、诬告陷害案等罪名，检察院受理法纪案件 56 起，其中立案侦查 15 起。1993～1997 年，涉及玩忽职守、非法拘禁、重大责任事故等罪名，受理法纪案件 72 件，立案侦查 20 件。1998～2002 年，涉及徇私枉法、刑讯逼供、玩忽职守、滥用职权等罪名，受理案件 31 件，立案侦查 10 件。2002～2006 年，涉及滥用职权、玩忽职守、刑讯逼供等罪名，受理渎职侵权案件 30 件，立案侦查 13 件。

2004 年，开展查办国家机关工作人员利用职权侵犯人权犯罪专项活动。2005 年，开展集中查办破坏社会主义市场经济秩序渎职犯罪专项活动。2007 年，开展集中查办破坏环境资源犯罪专项活动。2009 年，开展调查土地整理资金、惠农资金专项行动。2006～2012 年，涉及滥用职权、玩忽职守、非法批准占用征用土地、暴力取证等，受理渎职侵权案件 63 件，立案侦查 27 件。

第四节 民事行政检察

1994 年 3 月，市人民检察院设立民事行政检察科。1996 年办理首起提请抗诉案件，是年受理案件 18 件，立案 3 件，提请抗诉 1 件，检察建议 1 件。1997 年开始办理建议提请抗诉案件，受理案件 23 件，立案 9 件，建议提请抗诉 3 件，检察建议 2 件。1999～2005 年，办理提请抗诉和建议提请抗诉案件达 10 件以上。2006 年办理 25 件。

2009 年，探索"检察和解"新机制，调处、和解民事申诉案件 12 件，涉案金额 50 余万元。2011 年，通过检察建议的形式，办理行政执法监督案件 9 件。2010 年，民行检察科创建的申诉案件和解新机制新做法，被最高人民检察院予以推广。

第五节 控告申诉检察

1988 年，县人民检察院设立打击经济犯罪举报站。1989～1992 年，受理群众信访 1537 件。1994～1997 年，受理群众举报 683 件，为反贪污贿赂提供了一批有价值的案件线索。

1998～2002 年，妥善处理群众信访 1052 件，其中检察长接访 432 件。2002 年开始实行"检察官约见制、检察官回访制、其中检察官走访制"。2003～2007 年，受理群众信访 732 件，检察长接访 110 余件。2008 年 5 月开通"检察长热线"暨"民生检察服务热线"。截至 2009 年底，受理群众信访 202 件，接听检察长热线 250 余人次。2010 年，在全市设立 23 个民生检察联系点，聘请民生检察联络员，创建网络覆盖，无缝对接信访工作机制。2011 年 3 月，控申举报接待室被评为"全国文明接待室"。

2010～2012 年，受理群众信访 485 件，其中检察长接访 86 件，下访巡访 40 件次，接听检察长热线 949 人次，连续 15 年保持涉检到省、进京零上访。

第六节　监所检察

1988年，县人民检察院设立监所检察科。1989年，在县看守所设立驻所检察室，负责对看守所执行政策、法律、办案法定时限进行监督，受理在押人员及其家属的申诉。

截至2012年底，监所检察人员驻所5510天，检察长、分管检察长检察278次，驻所检察人员与看守所、武警中队联合检察1270余次，自行检察5700余次。为在押人员上法制课102次，与在押人员谈话4500余人次。监所科每年对监外执行罪犯监督考察2次，并对保外就医、暂予监外执行罪犯进行重点监督考察，办理的重犯罪案件批捕、起诉准确率达100%。

第四章　审　　判

1951年成立胶南县人民法院。1991年更名为“胶南市人民法院”。1988~2012年，市(县)人民法院审结各类诉讼案件133921件，诉讼标的额587385.4万元，执行案件47022件，执行标的额317948.67万元。1988年12月，被最高人民法院荣记集体一等功；2002年6月，被评为全国法院系统“人民满意的好法院”。

1988~2012年胶南市(县)法院院长任职情况一览表

表20-4-1

姓名	籍贯	任职时间	姓名	籍贯	任职时间
任群先	山东莱芜	1984.7~1990.4	刘廷业	山东胶南	1999.3~2003.1
任群先	山东莱芜	1990.4~1991.7	刘廷业	山东胶南	2003. 1~2006.2
赵高岭	山东济宁	1991.9~1993.2	姜振祝	山东即墨	2006.5~2007.12
赵高岭	山东济宁	1993.2~1997.12	姜振祝	山东即墨	2007.12~2012.2
赵高岭	山东济宁	1998.1~1999.1	王光金	山东胶南	2012.2~2012.11

第一节　刑事审判

1988年，贯彻“严打”方针，对于严重危害社会治安、严重破坏经济秩序的犯罪分子，坚持从重从快处理，审结各类刑事案件109件，判处案犯137人。1990年，审结案件156件，审判案犯254人，挽回经济损失40余万元，召开大型宣判会6次，宣判重大典型案件58件73人，印发通告等宣传材料2600多份。

1994~1996年，刑事案件呈逐步上升趋势。1996年审结180件282人，公诉案件判处案犯201

市法院举行公捕公判大会(2007年拍摄)

人，其中判处10年以上有期徒刑27人。1997年，根据修订后的《刑法》规定，刑事审判方式改革步入正轨，庭审中强化公诉人的举证责任，变“纠问式”为“控辩式”。

1998～2000年，运用审判手段，严厉惩处盗窃、抢劫、强奸和报复伤害农村基层干部以及贪污、受贿、挪用公款、职务侵占等犯罪。1999年，先后两次对24名经济犯罪分子依法进行公开宣判，对两起报复伤害农村基层干部的典型案件，到被告人犯罪地公开审理，就地宣判。

2001年，重点审理有组织犯罪、带黑社会性质的团伙犯罪和流氓恶势力犯罪；爆炸、杀人、抢劫、绑架等严重暴力犯罪；盗窃等严重影响群众安全的多发性犯罪。

2002～2005年，刑事案件收案数量每年相当，均在410件左右，且案件类型无明显变化。2006年，审结刑事案件631件，判处罪犯1062人，同比分别增长47.4%和48.9%。同时积极探索建立刑事审判与社区矫正工作联动机制，促进对判处非监禁刑罪犯的教育改造，实现社区矫正工作的机制化、规范化。

2009～2010年，开展“重拳出击、百日行动”“打黑除恶”等集中专项行动，审结案件1159件。2011年，落实宽严相济的刑事政策，对各类黑恶势力犯罪、有计划有预谋的严重暴力犯罪，从重从快进行打击。

2012年，刑事案件收案数量达到历年最大，受理863件，审结863件，结案率100%，结案标的额1596万元。

第二节　民事审判

1988年，依照《民法通则》，民事审判逐步进入有法可依、依法办案新阶段。是年结案1098件，结案率达98%。1989～1990年，民事案件类型绝大部分为债权债务、婚姻家庭、财产及人身损害赔偿三大类。

1991年，《中华人民共和国民事诉讼法》颁布施行，审判工作向以公开审判为中心，以庭审调查、当事人举证、发挥合议庭职能作用为主转变。是年结案2716件，结案率99.6%。1992年，结案2636件，结案率99.62%，其中调解结案占82.97%。

1993年，民事审判方式改革逐步推开，强调当事人的举证责任和庭审功能。是年，组建交通肇事专门合议庭，成立小额债务巡回法庭，试办婚姻家庭教育学校，对诉讼法律文书格式进行改革。1995年，继续以改革审判方式、强化庭审功能为重点，建立和实行庭审中指导举证，证据责任双向分担，证据当庭确认和当庭裁判制度。1996年，全面推行“排期开庭”“一步到庭”的审判方式，审结案件2678件，结案率92.2%，调解结案占86.9%。

1999～2000年，处理风河综合治理、204国道黄山隘口拓宽、“同三”高速公路等重点建设中出现的民事纠纷31件，解决城镇规划、房屋拆迁、经济园区土地征用中发生的纠纷27件。2003年，强化庭前调解，制定实施《简单民商事案件庭前调解暂行规定》《民商事案件庭前调解提纲》等制度，提高案件调解率。

2004年，运用思想疏导和教育说服方法，平息讼争各方的对抗情绪，化解矛盾。审结民事案件5365件，调解率达80.3%。2005年，加强对民事案件的调解，对涉及园区建设和大项目开工建设的案件，通过上门做工作、现场办公等形式，高质量地解决南济青高速公路施工、世纪大道西部工程施工、青钢项目入驻等10余起有较大影响的案件。

2006年，成立交通事故巡回法庭，与市公安局交警大队、司法局联动调解道路交通事故纠纷。是年，建立劳动争议案件委托工会调解机制，对较为复杂、矛盾易激化的部分劳动争议案件委托市总工会进行调解。是年，委托调解劳动争议案件19件。

2010年，对涉及董家口港区及其他重点工程建设的案件进行专门审判，妥善疏导化解矛盾。2011年，成立董家口港区巡回办案组及“环湾保护”巡回法庭，对涉及港区、青连铁路以及其他重点项目建设的案件进行专门审判。

2012年，通过成立法官志愿服务团、设立巡回法庭、成立专业合议庭专案专办等形式，解决在园

区建设、项目进驻等方面的矛盾纠纷。是年审结案件6878件,其中调撤率达78.30%。

第三节　商事审判

1988～1989年,以“审判就是服务”为业务指导思想,发挥基层法庭“快、简、便”的优势,组织巡回法庭17次。就地办案,指导调处经济纠纷465起,指导完善经济合同3890份,审理经济案件342件,诉讼标的额1145.5万元。

1990年,在贯彻国务院、省政府关于清理“三角债”系列精神的过程中,针对企业诉外地经济纠纷案件明显增多的需要,把经济审判工作重点放在审理生产、流通、金融领域的经济纠纷案件上,并主动为企业提供诉讼外的超前法律服务。审结诉外地经济纠纷案件177件,协助企业到外地处理债权债务70件,为企业追回欠款、挽回经济损失834万元。

1991年,审结“三角债”案件569件,结案率100%,结案标的额1889.53万元。

1992年,农村承包合同纠纷比上年同期下降72.66%,而涉及企业生产经营纠纷比上年增长89.77%,且诉讼标的额明显增大。是年收案394件,审结378件,结案标的额1644.52万元,为企业追回和挽回经济损失1353万元。为企业培训法律“明白人”300余人次,指导和协助32家企业理顺债权债务关系。编写的《重点为地方骨干企业提供法律服务》被最高法院编入《经济审判资料选读》一书。1993年受理案件933件,审结928件,结案标的额4543.71万元,运用非诉讼手段调处经济纠纷87件,金额600万元,帮助企业清理账目11325笔,金额1.3亿元,与201家企业建立法律服务联系点,聘请企业经济司法联络员256名。

1994～1996年,企业经济纠纷案件继续明显上升。1996年受理1621件,审结1615件,结案标的额1.66亿元,为企业、集体和个人挽回经济损失1亿余元。妥善处理了市工艺品厂、青岛十三织布厂等一批破产案件。

1997年,企业承包经营、破产、财产租赁、财产保险、联营等新类型经济纠纷增多。是年,审结案件1551件,结案标的额22955.76万元,继续保持调解多、上诉率低、无改判、无发回重审的良好势头。1998年审结经济案件1684件,涉及金融体制改革的借款案件500件。1999年审理经济纠纷案件1343件,到外地办案670人次,办理被告在外地案件436件,从外地追回欠款2351.47万元。2000年审理涉及企业改革中企业出售、转让、租赁等纠纷案件37件,针对审判工作中发现的企业在改制和生产经营中出现的法律问题,提出司法建议45件。

2001年,对华青、恒昌等市属骨干企业实行重点扶持,贯彻立案、审理、执行“三个优先”原则,上门提供法律服务,帮助债权人回收货款。为企业实现债权3600多万元。2002年,继续对华青、恒昌、海王等市属骨干企业、乡镇“双十强”企业、外资企业实行重点扶持,派出审判人员赴河南、福建等地,审理外地案件232件,实现债权7750万元,收回属呆账、死账性欠款1630万元。2003年,赴上海、河北、吉林等地,为企业实现债权3700万元。审理涉及海滨工业园、临港产业加工区等园区开发建设的案件162件,处理非诉纠纷112件。2004年审结案件804件。2005年审理外地案件276件,为企业实现债权5200余万元,收回欠款

市法院组织法官送法进企业,帮助解决企业经营中遇到的法律问题

3328 万元。2006 年，处理涉及企业改制、买卖合同、金融纠纷、企业承包、租赁等案件，为企业实现债权 2300 余万元。审理农村承包合同纠纷 169 件，同比增长 125.3%。2007～2011 年，注重经济纠纷案件的调解与和解工作，审结案件 5638 件，其中调解、和解和撤诉率达 71.3%。

2012 年，结案 1211 件，调撤率 78.3%，同比增长 3.7%。

第四节　行政审判

1988 年 3 月，县人民法院成立行政审判庭，是年审结案件 5 件。1992 年 8 月组建交通行政专业巡回法庭。1993 年加快行政专业巡回法庭的扩建工作，先后派出土地矿产管理、卫生防疫、公路管理、城乡建设、盐业管理等 5 个巡回法庭和兽医卫生行政法律服务站，巡回法庭按照“超前不越权、服务不包办、维护不袒护、支持不代替”原则，开展执法培训、理顺执法关系、规范执法行为，使行政机关执法工作步入依法管理的轨道。

1997 年，行政审判方式改革，实行庭前指导诉讼、当庭即时认证、当庭合议宣判、合议庭集体负责制度。1998～2005 年，审结诉讼案件 195 件，依法执行非诉行政执行案件 1649 件。

2007 年，审结行政案件 37 件，其中 12 件予以协调处理，妥善化解行政争议。2008 年，按照“保护合法权益、促进依法行政、优化司法环境、化解行政争议”要求，审结各类行政诉讼案件 40 件，其中维持行政机关具体行政行为 15 件，撤销 3 件，其他案件做了协调处理。是年，开展计生、城建拆迁等非诉行政案件的审查执行工作，执结非诉执行案件 108 件。2009 年，审结行政诉讼案件 38 件，执结非诉执行案件 175 件。同时配合相关部门开展计生案件执行工作，执结计划生育非诉行政案件 97 件，征收社会抚养费 108 万元。

2010～2011 年，加大行政诉讼协调力度，对于涉及土地征收、城建拆迁、社会保障等领域的案件，尽可能以协调方式解决争议，审结 102 件，协调结案率 62%。并积极开展非诉行政案件的审查执行工作，执结非诉执行案件 182 件。

2012 年，发布行政审判白皮书，推进行政机关负责人出庭应诉工作，行政机关负责人应诉率大幅提升，妥善处理涉及董家口港区、开城公路施工及城建拆迁等案件 91 件。

第五节　少年审判

2008 年 7 月，少年审判庭正式挂牌开展工作，建立以熟悉掌握少年犯基本情况、犯罪原因和规律而积累的“二档、二簿”制度，使少审工作步入规范化。

2009 年 5 月，会同公、检部门联合制定印发《关于对涉未成年人刑事案件实行分案起诉、审判的暂行意见》，将未成年人刑事案件单独归类起诉、审理，优化少年刑事案件审判结构。审判方式采取有别于成年人犯罪案件的“圆桌式”，营造宽松而不失庄严的审判环境。并在青岛黄海学院、胶南市职业中专等 8 所学校建立法律教育联系点，与黄海学院签署协议，挂牌建立大学生法制教育基地和道德教育基地，设立 1 处未成年人矫正教育基地和劳动基地。

2011 年，在集中宣判一起未成年人团伙抢劫犯罪案件中，实施“亲情会见、感恩社会”法庭帮教

法院法官组织未成年缓刑犯到雷锋纪念馆接受道德观念洗礼

活动,对其中5名不满16岁的未成年人宣告缓刑,当庭释放,随后转交社区矫正,并建档跟踪。

1988~2012年全市(县)各项审判审结案件情况统计表

表20-4-2

单位:件、万元

年份	刑事	行政	少年	民事	商事	标的额
1988	109	5	14	1098	119	434.77
1989	145	1	9	1563	223	710.73
1990	156	4	15	1847	447	979.61
1991	143	6	12	2716	569	1889.53
1992	116	2	16	2636	378	1644.52
1993	78	1	19	1495	928	4543.71
1994	153	12	11	1726	1150	9934.42
1995	169	7	18	1856	1046	9356.69
1996	180	11	16	2678	1615	16600
1997	211	10	20	3084	1551	22955.76
1998	230	12	23	3711	1684	18366.9
1999	232	5	21	4186	1343	13345.28
2000	357	19	29	4139	1518	13613.4
2001	380	26	20	4190	1331	21200
2002	410	27	22	4217	1172	20924.36
2003	403	39	24	5883	1044	17288.65
2004	412	30	26	5365	804	22711.19
2005	428	37	30	4737	1170	22207.42
2006	631	37	34	4827	1370	32705.2
2007	642	47	40	4775	1157	55860.62
2008	563	40	95	5162	1375	42477.98
2009	570	38	157	5999	1286	73269.79
2010	589	56	202	5872	934	48364.01
2011	796	46	225	6077	886	52310.52
2012	863	57	254	6878	1211	63690.29
合计	8966	575	1352	96717	26311	587385.4

第六节　案件执行

1988～1989年，案件执行方式以各审判庭、派出法庭自审自执为主，执行庭除协助配合各审判庭执行已审结的案件外，受理各审判庭执行难度较大的案件。

1990年，强制执行案件明显增多，案件执行难的问题突出。执行方式采取以执行庭为主，其他庭室及法庭配合，集中力量强制执行与分散做思想工作相结合。执结违法建房等各类案件497件，行政执行案件281件。1992年，注重当庭履行，案后督促执行，适时强制执行，法庭自审自执率达90%。1993～1994年，立案执行各类案件1045件，赴外地执行案件187件，执行标的额1770.07万元。

1995年，执行案件外部干扰日趋严重，当事人履行能力弱化，"执行难"问题突出。执行中有31人次受到围攻，10人次受到不同程度的人身伤害。1996年，实行机关业务庭、审、执分离、法庭审执结合，形成以执行庭为主、各中心法庭组织协调、各法庭自审自执的执行网络。组织3次大规模电视通告执行，通告各类案件329件。1997年，执行案件难度不减，执结的895起案件中，采取强制措施执行的占44%。暴力抗拒执行案件增多，案件执行中有50人次遭受当事人围攻、谩骂或殴打。因妨碍执行公务，有76名当事人及案外人被处罚，训诫及责令具结悔过7人。

1998年8月，开展集中清理执行积案行动，重点涉及市属骨干企业、乡镇"双十强"企业（村）、重点私营企业和劳动报酬、赡养、抚养等群众生活息息相关的领域。先后发布3期执行公告，召开敦促执行大会3次，司法拘留141人，拘传10人，搜查13次，执行案件2326件，标的额2亿元。1999年，开展"执行年"活动，司法拘留192人，拘传63人，搜查43次，召开债务人大会3次，被拘留人员教育会3次。

2000年3月，市人大《关于进一步加强法院执行工作的决议》将执行方式由单一转为多元化，通过执行听证、开庭执行等方式让当事人了解执行、监督执行、配合执行。是年，采取拘留、搜查等强制措施256次。2001年，坚持强制执行与说服教育相结合，案件执结率为68.38%，中止率为20.56%。同时加大执行涉外地案件力度，执结外地案207件，为企业实现债权2300余万元。针对乡镇政府、行政事业单位和村（居）委会案件执行难问题，召开重点被执行人调度会，促使被执行人制定还款计划，执结案件77件。

2002年7月成立执行局。是年10月开展"封闭执行月"活动，通过召开敦促被执行人履行义务大会、集中执行行动新闻发布会，借助新闻媒体宣传执行工作的强制性和权威性。同时对执行决定权、裁决权、实施权进行分离，对重大、疑难案件、需追加或变更被执行人的案件以及当事人争议较大的案件实行公开听证，加大对赖账者的曝光力度。2003年，开展两次大规模的集中执行活动，集中执行各类案件1230件，执行标的额4900余万元，对213人司法拘留。实施查封、扣押、冻结等措施1200余次。是年，制定《案件执行监督管理暂行办法》《执行听证暂行办法》和《执行忌语宜语二十条》。

2004年开展4次较大规模的集中执行活动，运用当事人举证、公告执行、召开债务人会议、全

案件执行现场（2012年拍摄）

程录像等执行形式，提高执行率。对138人司法拘留，采取查封、扣押、冻结等措施980余次。2005年开展两次较大规模的集中执行活动，集中清收信用社不良贷款，通过上门敦促履行、在电视台发布执行公告等办法，在较短时间内执结案件320余件，标的560余万元。同时制定《关于规范执行工作的若干规定》，建立执行合议、执行听证、中止执行审批、易人易庭执行等4项制度。

2006年，全院开通全国法院执行信息管理系统，对受理的执行案件全部录入微机网络，并在互联网上实时发布信息。2007年开展"阳光执行"工作，实现执行流程一体化、执行程序公开化、执行期限法定化、执行行为规范化。

2009年，通过采取挂牌督办、交叉执行、公告执行等多种方式，执结各类案件2679件，同比增长7.42%；执结标的额2.26亿元。是年，采取"分区域集中执行"工作模式，采取拉网式逐片清理执行积案。集中执行11次，817名被执行人当场履行义务，执行到位案款1012万元。2010年继续"分区域集中执行"行动，执结案件233件，执行到位案款332.5万元。同时开展社会抚养费征收案件集中执行57次，执结案件24件，和解18件，执行到位款65万余元。

2012年，以开展特殊主体执行案件专项清理为契机，着力开展清理权力机关、特殊主体不执行人民法院裁判专项活动。对涉及164件特殊主体执行积案，123件涉村委会、公职人员的案件执行到位或有效化解，案件清理率达85%，其中，16件涉党政机关执行积案全部执行完毕，结案率和执行标的到位率"双100%"，圆满完成涉党政机关执行案件清积任务。

1988～2012年全市（县）执行案件情况统计表

表20－4－3　　单位：件、万元

年份	执行各类案件数	执行标的额	年份	执行各类案件数	执行标的额
1988	127	120	2001	2083	21197.26
1989	230	180	2002	3127	20078.79
1990	497	310	2003	3445	12235.74
1991	474	350	2004	2978	11141.24
1992	428	330.86	2005	3007	11033.52
1993	422	485.98	2006	2848	17846.6
1994	623	1284.09	2007	2275	16803.99
1995	443	1866.49	2008	2494	29315.77
1996	654	6228.55	2009	2679	22627.75
1997	895	5912.43	2010	3050	33826.07
1998	2326	19967.7	2011	2935	19538.71
1999	2768	14814.89	2012	3748	36011.94
2000	2466	14440.3			

第七节 审判监督

1997年5月设立审判监督庭。当年办理各类申诉、减刑、假释案件12件，评查案件4000件，案件评查率100%。1998年，受理申诉、申请再审案件21件，评查案件5816件7237卷。

1999年，建立和完善庭审评议、案件评查、错案追究等项制度，并将案件质量作为岗位目标考核的一项重要内容，对审判质量实行动态监督，规定应当公开审判的案件一律排期开庭，实行庭审评议制度。是年，评议庭审34次，公开宣判率100%，当庭裁判率54%。2000年，评议庭审15次，庭审合格率83%，评查案件1745件，审查申诉、再审案件12件，提起再审4件。

2001年，强化审判工作从规范、科学、动态管理入手，加强对庭审不规范或违反审判程序的监督力度。在“纠问式”向“诉辩式”转变过程中，尽可能地提高庭审规范化水平。是年，评议庭审19次，庭审合格率达89%。2002年，要求凡应公开审理的案件，一律在审判庭内公开开庭审理，将审判活动的重心全部转移到法庭上。是年，评议庭审18次，庭审合格率为100%。2003年，落实排期开庭、庭审评议、回访案件当事人等制度，评议庭审20次，回访案件当事人87人次，对发现的问题及时纠正。严格案件质量评查，对连续3个月平均得分列全院前三名的庭实行免予检查制度，共评查案件2149件，其中优秀卷宗2102件。对46起二审改判、发回重审及再审改判案件，由审委会进行集中会诊，对7起质量有瑕疵案件的承办人进行责任追究。是年，制订《庭前调解评议标准》《法官司法礼仪规范》《案件审查听证操作规则》等12项制度；刑事审判制定《刑事案件普通程序简化审操作办法(试行)》；民事案件推行简易案件即收即结的做法。

2005～2008年，落实庭审评议、案件质量评查、二审发改案件逐案分析、重大瑕疵案件通报等制度，开展办案质量大检查活动，修订完善加强审判管理的六项制度。进行庭审评议68次，审结案件71件，评查案件7708件。

1988～2012年全市(县)审判监督工作情况统计表

表20－4－4 单位：次、人次、件

年份	庭审评议	回访当事人	案件评查	审结案件	年份	庭审评议	回访当事人	案件评查	审结案件
1988				13	2001	19	78	1658	13
1989				6	2002	18	80	1805	7
1990				6	2003	20	87	2149	5
1991				14	2004	16	112	2029	20
1992				19	2005	18	83	1879	12
1993				7	2006	15	83	1920	20
1994				7	2007	19	85	1922	15
1995				10	2008	16	85	1987	24
1996			3830	11	2009	17	88	1889	5
1997	11	67	4000	6	2010	21	87	1958	25
1998	13	75	5816	8	2011	20	90	2011	6
1999	34	82	1562	9	2012	18	86	2006	4
2000	15	96	1745	6					

2010 年，制定《民商事诉讼文书送达规则》《书记员工作规范》《诉讼文书制作格式与印刷标准》，规范审判工作。每月一次以《案件评查通报》《立案综合情况通报》《审理执行案件情况通报》的形式进行案件质量情况通报。

2012 年，开展庭审、文书“两评查”，理顺独任审判、合议庭与院庭长和审委会的关系，解决“审”与“判”脱节和“陪而不审，合而不议”等问题，抓好节点管理，强化时限控制，建立案件繁简分流机制。

市法院法官进行案件回访（2012 年拍摄）

第八节　立案信访

1988～1989 年，立案以各审判庭、法庭自立自审为主；信访接待工作以信访接待室为主，审判庭接待为辅。期间接访 5489 人次，处理来信 1278 件，复查复核案件 28 件。

1990 年 8 月，撤销刑事审判二庭与信访接待室，设立告诉申诉庭，负责处理告诉申诉案件和群众接访工作。是年，接待来访 479 人次，处理来信 186 件，复查复核申诉案件 13 件。1991 年，告诉申诉庭接访 610 人次，处理来信 549 件，复查复核申诉案件 18 件。

1992 年，赋予告诉申诉庭“指令立案、督促催办、查处信访、评查案件”四项督查权。1993 年，处理来信 76 件，复查复核申诉案件 7 件，办理减刑、假释案件 4 件，通过信访调处简易纠纷 296 起。1994～1995 年，推行以岗位目标责任制为主要内容的规范化管理，并实行百分考核奖惩考核监督。

1996 年，评查案件 3830 件，审理申诉案件 5 件，处理来信 167 件。1997 年，撤销告诉申诉庭，设立立案庭。审判监督庭实行立审分离、审监分离制度，立案 5782 件，接访 2262 人次，处理来信 191 件。1998 年，落实立审分离规定，严格立案审批，立案 7545 件，接访 3159 人次。1999 年，立案 8566 件，群众来信来访分别比上年降低 12.7% 和 26.7%，未出现越级上访。

2000 年，将审限管理作为审判管理的重点，加大催办、督办力度，发出《案件督办通知单》176 件次。2001 年，当庭宣判率达 66%。全年减收、免收、缓收案件受理费 142.71 万元。2002 年，对民商事案件实行繁简分流，严格普通程序的适用，民事、经济案件适用简易程序审理的占结案总数的 89%，平均办案周期只有 11 天。同时制定《案件即收即结暂行规定》，并可以进行调解，调解不成的，当即开庭审理，当庭裁判。

2004 年，运用计算机网络等现代科技手段，对案件审理各个阶段进行跟踪。是年，民商事案件适用简易程序审理的占 90% 以上，平均办案周期 32 天，刑事案件的平均审理周期由 20 天缩短为 15 天。

2005 年，通过审限警示、召开案件调度会等制度，加大对案件的督促催办力度。并完善法官办案情况月通报、分段考核等制度。是年，涉法信访 56 人次，同比下降 39.79%。新华社内参以《让当事人监督办案法官——山东胶南市法院信访制度创新调查》为题，报道了胶南的经验做法。2006 年，为 97 起案件当事人缓、减、免诉讼费 29.17 万元。

2007 年，制定《关于加强审判执行工作效率监督管理的意见》，加大案件简易审和普通程序简化审程序的运用。在民商事审判中，探索速裁程序制度、尝试小额诉讼案件的快速处理机制。2008 年，完善立案大厅设施，实行立案、排期、交费“一

条龙”便捷服务。法庭全部实行网上远程立案，当事人可以就近到法庭立案，法庭当即收案，当即开庭审理。加强司法救助，依法为困难群众缓、减、免诉讼费9.3万元。

2009年，围绕“国庆60周年”、“十一运”等重大活动，做好涉法涉诉信访，对信访案件逐案复查，妥善处理，息诉息访率达到99.7%。2010年，涉法信访案件31件，同比下降6.45%。2011年，推进“阳光司法”，加大审判公开力度，建立办案进度告知、诉讼档案公开查询等制度。

2012年，在“十八大”召开之前，成功化解魏某某20年上访、缠访不断的信访老案。是年，共接待来访群众694人次，处理群众来信60件，妥善化解上级交办重点信访案件10件，实现全年新结案件进京零上访。

第五章　司法行政

第一节　普法教育

1986～1990年，在全市开展第一个五年全民普法教育活动。突出宣传“十法一条例”（即宪法、刑法、刑事诉讼法、民法通则、民事诉讼法、婚姻法、继承法、经济合同法、兵役法、民族区域自治法和治安管理处罚条例）。

1991～1995年，开展第二个五年普法教育活动。普法内容主要是“十三法二条例”（即宪法、选举法、行政诉讼法、国旗法、集会游行示威法、义务教育法、未成年人保护法、土地管理法、水法、森林法、环境保护法，矿产资源法、文物保护法和山东省计划生育条例、山东省未成年人保护条例）。1992年，举办行政诉讼法培训班53期，培训1800人次。1995年，对全市副科级以上干部进行普法考试，及格率100%。

1996～2000年，开展第三个五年普法教育活动。其间，在全体公民中普及59部法律法规，其中主要是“二十二法和一书、一条例”（即宪法、刑法、刑事赔偿法、劳动法、公司法、经济合同法、农业法、反不正当竞争法、消费者权益保护法、妇女权益保障法、香港特别行政区基本法、澳门特别行政区基本法、传染病预防法、军事设施保护法、工会法、消防法、保密法、审计法、预防未成年人犯罪法和《社会主义法制建设基本知识》）。在200处中小学校开设法制课、选配法制副校长230名。1998年，结合农村社教开展法律下乡活动，在全市农村设立普法一条街，营造立体化法制宣传舆论氛围。

2008年4月26日，全市司法行政工作会议召开

2001～2005年，开展第四个五年普法教育活动。主要宣传宪法、村民委员会组织法、行政许可法、行政复议法、教育法、刑事诉讼法、合同法、婚姻法、立法法、仲裁法、产品质量法、食品卫生法、土地管理法、

集会游行示威法、人口与计划生育法、公务员法、宗教活动场所管理条例、法律援助条例、信访条例等30余部法律法规，以及全国人大常委会关于取缔邪教组织、防范和惩治邪教活动的决定和有关世贸组织的基本法律知识等。重点加强对各级领导干部、行政执法人员、青少年学生、企业经营管理人员和外来务工人员的学法用法教育。

2006～2010年，组织开展第五个五年普法教育活动，主要内容是省普法办统一编印的年度普法教材。2011年，开始第六个五年普法教育阶段。是年11月，市委、市政府印发《胶南市法制宣传教育和依法治市第六个五年规划》。2012年，重点在创新法制宣传形式上下功夫，以法制文艺晚会、普法大集等形式替代上街宣传。普法期间，胶南多次被评为"全国普法先进单位"。

第二节　人民调解

1981年，县司法局开始加强人民调解组织建设。1987年底，有调解委员会1262个，调解人员3974名。其中，农村调解委员会1033个，乡镇企业调解委员会140个，县直工厂企业调解委员会89个。1981～1987年，受理民间纠纷21330件。其中，婚姻纠纷3763件，继承纠纷1474件，赡养、抚养、扶养纠纷3042件，房屋、宅基地纠纷1729件，债务纠纷426件，田、水、牲口、农机具纠纷1275件，损害赔偿纠纷5117件，家庭纠纷2162件，邻里纠纷1787件，其他纠纷555件。1988～2000年，受理民间纠纷28916件，年均2243件。其中，2000年受理民间纠纷2485件，调解成功2310件。

2000年7月，23处镇(街道)建立司法调解中心。2003年8月1日，胶南人民调解工作指导委员会成立。23处镇(街道)建立人民调解委员会，与镇司法调解中心合署办公，有镇级人民调解员138名。2007年成立"12348"人民调解委员会。是年，排查调处各类纠纷5715件，调解成功5546件。2008年，探索人民调解和民事审判衔接联动工作机制，推进"驻法庭人民调解工作室"建设，在市法院5处法庭建立人民调解工作室。2009年，排查调处各类纠纷4832件，调解成功4611件。

2012年，全市有调解组织1453个。其中，镇(街道)调委会23个，村(居)调委会1159个，企事业调委会232个，专业调委会5个，其他调委会34个。排查调处各类纠纷5723件，调处成功5437件，成功率达95%以上。

第三节　安置帮教

1998年10月，市司法局开始主管刑释解教人员的安置帮教工作。是年，设立安置帮教工作办公室，配备兼职工作人员两名，镇、村两级建立健全安置帮教组织机构，镇、街道由司法所负责办理日常事务，村(居)成立由调委会治保会，刑释解教人员家属代表参加的安置帮教小组。是年11月，对1995年以来的刑释解教人员，以及有违法犯罪倾向的人员进行统一摸底排查。全市排查刑满释放人员1093人，解除劳教人员235人。

2002年7月，市司法局成立两劳释放人员安置帮教工作科，负责指导刑满释放和解除劳教人员安置帮教工作。2004年，市委政法委、市综治办、司法局等15个部门单位联合印发《关于进一步加强全市刑释解教人员安置帮教工作的意见》，对刑释解教人员在低保救济、土地承包、扶持就业、保险待遇、企业安置、基地创建等方面作出具体规定。2007年，青岛市司法局实施"青岛市教育改造安置帮教一体化工程"，服刑在教人员与亲属可以通过网上会见。2008年开始，每年至少两次到北墅监狱、青岛监狱、青岛市劳教所开展联合帮教活动。

截至2012年底，全市有刑释解教人员1386名，其中，刑释1198人，解除劳教人员188人，帮教率97%，安置率95%。

第四节　社区矫正

2005年成立社区矫正工作领导小组。是年6月在灵山卫镇、珠海街道开展社区矫正试点工作。经摸底调查，全市社区有服刑人员218人。其中，灵山卫镇社区服刑人员10人(被宣告缓刑5人，

被裁定假释5人);珠海街道社区服刑人员15人(被宣告缓刑7人,被裁定假释8人)。2006年6月,会同法院印发《关于开展审判与社区矫正工作联动实施办法》,形成工作例会、情况分析、联合帮教、共同回访等十多项工作制度,促进对被判处非监禁刑和暂予监外执行罪犯的教育转化,被司法部推广。2008年1月,启动社区矫正工作信息管理平台。2010年,从监狱聘请干警担任社区矫正工作辅导员,实现社区矫正工作与监狱的有机衔接。

2012年10月,在灵山卫街道召开社区服刑人员集中交接现场会。随后,全市各镇、街道相继开展社区服刑人员交接工作,交接社区服刑人员319人。截至2012年底,社区服刑人员588人,其中缓刑380人,假释202人,暂予监外执行3人,剥夺政治权利3人。

第五节　公　　证

1981年2月成立胶南公证处(以下简称公证处)。1981～1988年,共办理各类公证事项16778件,其中经济合同15550件,有奖储蓄4件,房屋买卖14件,收养子女8件,财产继承2件,委托598件,协议32件,证明书458件,其他112件。

1988～1995年,每年办理公证数量均在2500件以上。1996～2007年,每年办理公证数量均在5000件以上。

2008年,办理各类公证事项6914件,其中国内民事4946件,经济897件,涉外、涉港澳台1071件。2009年,办理各类公证事项6272件,其中国内民事4765件,经济577件,涉外、涉港澳台930件。

2012年,办理各类公证事项6299件,其中国内民事5113件,经济145件,涉外、涉港澳台1041件。

第六节　律　　师

1981年2月,成立胶南县法律顾问处,1984年更名为胶南律师事务所,1995年改为青岛弘安律师事务所,1999年3月更名为山东金润通律师事务所。1981～1988年,为20个单位担任常年法律顾问,接待群众来访2687人次,解答法律咨询947件,代写法律文书301件,接受法院指定和当事人委托出庭辩护136件,民事和经济案件诉讼代理1049件,避免经济损失173.5万元。

1995年1月,山东汇正律师事务所成立,时为胶南第一家合伙制律师事务所。1997年11月,青岛仁通律师事务所成立,1999年3月更名为山东仁通律师事务所。2002年7月,山东明昭律师事务所成立,2003年8月更名为山东方恒律师事务所。2006年11月,山东光浩律师事务所成立。2007年3月,山东信公律师事务所成立。截至2007年底,有合伙制律师事务所6家。

2009年3月,山东雅圣律师事务所成立,时为胶南首家个人律师事务所。是年,山东承泽、锦胜、雅正、丰通4家个人律师事务所先后成立。2010年,山东翔鸿、理证两家律师事务所成立。2011年,山东同永、川佳两家律师事务所成立。是年8月,山东泽君律师事务所从青岛市市南区迁入。2012年4月,山东锐进律师事务所成立。

2012年,全市共有律师事务所17家,其中合伙律师事务所8家,个人律师事务所9家,执业律师104名。为546家单位担任法律顾问,解答法律咨询2482件,代写法律文书683件,刑事辩护248件,民事、经济、行政案件诉讼及纠纷诉讼代理

2006年11月,山东光浩律师事务所成立

2089件。

第七节　基层司法

基层司法所　1989年8月设立乡镇司法所，属县司法局派出机构，与乡镇法律服务站合署。1999年9月分置，司法所承担人民调解、安置帮教、社区矫正、普法依法治理和法律援助等职能。截至2012年，全市23处镇街区司法所达到青岛市级规范化建设标准，其中5处司法所达到省级规范化司法所建设标准。灵山卫司法所被司法部授予"全国先进司法所"。

法律服务所　1985年5月，全县24处乡、镇设立法律服务站，配工作人员48名。是年，解答群众法律咨询2140人次，代写法律文书414件，为108家单位担任常年法律顾问。代理经济、民事案件890件，调解纠纷1383件，协办公证613件，审查修订合同864件，避免经济损失193.5万元。1995年6月，法律服务站更名为法律服务所。

2001年6月，基层法律服务所脱钩改制，为自主执业、自负盈亏、自担风险、自我约束、自我管理、自我发展、平等竞争的社会中介组织。2009年，法律服务所为村（居）委员会、企业和个体户担任法律顾问574家，解答群众法律咨询3150人次，代写法律文书816件，办理法律事务4792件，避免和挽回经济损失2600余万元。

2012年，全市共有基层法律服务所20家，法律服务工作者102人，为714家单位担任法律顾问，办理各类法律服务事项2588件，为当事人避免和挽回经济损失2100余万元。

第八节　法律援助

1999年3月，胶南法律援助中心成立。是年8月，加挂"胶南市148法律服务专线协调指挥中心"牌子。2003年，国务院《法律援助条例》颁布施行，法律援助中心放宽对残疾人、老年人、妇女、未成年人的受援条件，并为社会福利组织和企业、事业单位提供法律服务。2005年，在各镇（街道）设立法律援助工作站，并在村（居）设立法律援助联系点，聘请法律援助联络员1000余名。2007年8月，推广使用"12348"法律援助热线平台。

2008年，扩大法律援助范围，简化法律援助承办手续，降低法律援助门槛，为农民工开通法律援助"绿色通道"。并在农民工比较集中的区域聘请联络员，对镇（街道）法律援助联络员进行分期分批培训。2009年，实行"一镇一站、一村一员、一户一卡"制度，发放法律援助联系卡12000份。2010年，开展"法律援助农村行"活动，培训农村法律援助联络员180多人次，集中宣传6场次，为全市残疾人、低保户发放法律援助服务卡6000多张。2011年，开辟了青少年、残疾人、农民工维权专线和绿色通道。

2012年3月成立"妇女维权法律服务团"，代理妇女维权案件124件，被青岛市综治办、青岛市妇联确立为"反家庭暴力示范点"。是年，受理法律援助申请506件，审批、指派、承办法律援助案件485件，12348热线接话接访2450起，解答各类法律咨询2800多人次。

第九节　司法鉴定

2005年2月，全国人大通过《关于司法鉴定管理问题的决定》，国家开始对司法鉴定人和鉴定机构实行登记管理制度。2006年12月，注册资金30万元的"青岛天正法医司法鉴定所"和注册资金50万元的"青岛胶南经济技术开发区医院司法鉴定所"先后成立。

截至2012年底，青岛天正法医司法鉴定所办理法医临床鉴定案件400件。青岛胶南经济技术开发区医院司法鉴定所办理法医临床鉴定案件500件。

第六章　武　　装

第一节　工作机构

市人武部　1986 年,胶南县人民武装部划归地方,退出军队序列。1991 年更名为胶南市人民武装部。1996 年 4 月列入军队编制序列,更名为中国人民解放军山东省胶南市人民武装部,为正团级单位,设军事科、政工科、后勤科。

市消防大队　1980 年 2 月,成立胶南县公安局消防中队,官兵编制 25 人。1982 年,胶南县公安局消防中队转为武装警察现役部队编制,编制消防干警 7 人。1991 年经省公安厅批准成立胶南市公安消防大队。2011 年 6 月,市公安消防大队列为副团级单位,辖铁山路、海王路两个建制中队,王台、泊里两个消防站,现役干部 20 名,现役士兵 33 名,合同制队员 51 名,文职 17 名,消防车 15 辆,行政用车 8 辆,并配备了抢险救援器材和个人保护装备。

市边防大队　1991 年,中国人民武装警察部队胶南县边防大队改称中国人民武装警察部队胶南市边防大队(以下简称边防大队),1988～2000 年,为营职建制,2001 年升格为副团职建制,接受中国人民武装警察部队青岛市边防支队和公安局双重领导。边防大队主要职能是负责沿海一线及海上治安管理、渔船民管理、港船管理、边防证件办理、打击走私偷渡、打击偷盗海沙等边防业务。1990 年,边防大队下设小口子、石嘴子、灵山卫、积米崖等 9 个边防工作站。2001 年,边防工作站更名为边防派出所。

武警胶南市中队　1976 年 1 月,胶南县公安队改编为胶南县人民武装警察中队,归公安机关建制领导。1978 年 12 月,由昌潍专区公安局移交青岛市公安局建制领导,改称胶南县公安局人民武装警察中队。1983 年 1 月,青岛支队成立,编为中国人民武装警察部队胶南县大队直属中队。1986 年 7 月改称中国人民武装警察部队胶南县中队。1990 年 12 月改称中国人民武装警察部队胶南市中队,为正连级建制。

市人防办　1997 年 9 月,成立胶南市制定防空袭预案工作领导小组,加强对制定防空袭预案的全面领导。领导小组办公室设在市人武部。2001 年 3 月成立市人民防空办公室。

第二节　兵员征集

1984 年,修改后的《中华人民共和国兵役法》(以下简称《兵役法》)颁布施行,征兵工作由县政府、人武部及宣传、公安、卫生、文教、民政、交通等部门负责人组成县征兵领导小组,统一组织开展工作。征兵领导小组办公室设在人武部,下设宣传、体检、政审、后勤 4 个组,分工协作完成征兵工作。1991 年,对征兵领导小组办公室进行调整充实,由公安、卫生、民政、交通、财政、宣传、纪检、监察等有关部门人员组成,下设计划、宣传、运输、政审、体检、纪检 6 个组,负责制订征兵计划,分配任务,组织体检、政审、移交新兵等工作。至 2012 年,一直沿用这一组织体制。

兵役年龄　1984 年开始执行新《兵役法》,其中规定:当年 12 月 31 日前,年满 18 岁的男性公民为征集对象,当年未被征集者在 22 岁以前仍可应征服兵役。根据军队需要和本人自愿,也可征集当年未满 18 岁男女青年入伍。到 2010 年,男女大学生征集年龄调整为专科生 23 周岁,本科生放宽到 24 周岁。

征兵时间　兵员征集每年一次。1989～1990 年,征兵时间由每年的 10 月改为 3 月。1990 年后又改为每年的 10 月。

文化审查　1989 年,根据国家规定,城镇户口的征集对象须高中毕业以上,农村户口的征集对象须初中毕业以上学历。征集女兵由初中毕业改

为高中毕业。2010 年开始，征集新兵以高学历优秀青年为主要对象，包括在校大学生和应届高校毕业生。

政治审查 1987 年，实行“逐级政审与联审相结合、本系统政审与友邻单位政审相结合、普遍政审与重点政审相结合”的方式进行政审。1989 年开始加强村、镇和市征兵办“三级严格把关，三方统一联审”。1996～2012 年，对应征青年的政治思想和现实表现进行审查，审查内容主要是：政治历史是否清楚；是否拥护中国共产党，热爱社会主义祖国，热爱人民军队；是否遵纪守法，道德品质是否良好，本人及其直系亲属是否参加“邪教”法轮功组织等。对曾因被判刑、拘留、审查、开除以及现实表现不好的，一律不得批准入伍。

2007 年 12 月 20 日，石桥工业总公司武装部成立

第三节　民兵预备役

预备役 1984 年颁布的《兵役法》规定：应征公民未被征集服现役的，服士兵预备役。士兵预备役的年龄为 18～35 岁。士兵预备役分两类：第一类为基干民兵和经过预备役登记的 28 岁以下的退伍士兵与军外专业技术人员；第二类为普通民兵和经过预备役登记的 29～35 岁的男性公民。第一类预备役士兵 29 岁转入第二类预备役；第二类预备役士兵 36 岁退出预备役。1988～2012 年，一直按照《兵役法》的规定要求进行预备役登记。2002 年开始更换编码，核对后，按《兵役法》第 24 条规定进行登记。

民兵 组织建设　1989 年 6 月，青岛警备区印发《1989～1993 年基干民兵发展规划》，要求本着突出重点，均衡负担的原则，立足现有基础，着眼今后发展，充分考虑现有民兵每年自然递减数量，以及接收退伍军人，民兵军事训练等因素发展基干民兵。

1993 年 9 月，乡镇机构改革，将乡镇人武部干部纳入机关公务员序列，规定 3 万人以下乡镇配部长 1 人，3 万人以上乡镇配部长、干事各 1 人。1999 年 7 月，中共中央办公厅、中央军委办公厅联合下发《关于基层人民武装部设置干部配备原则等问题》的通知，规定乡镇人武部配部长、干事各 1 人。2004 年，调整民兵建制，设立海上侦察分队、雷达观通分队，其他海上勤务分队若干个，负责海上警戒，及时掌握海上情报。截至 2012 年，全市有镇（区）人武部 16 个，街道人武部 6 个，企事业人武部 7 个，配专职人武干部 31 人。

政治教育　一是全民性教育。主要进行党的路线、方针、政策，以及形势任务和国家法律、法令

民兵应急分队举行防洪应急演练

教育。由地方党委统一领导，人武部配合，民兵带头参加。对民兵相对集中的单位，利用民兵例会、集训、重大节日进行课堂教育。对单位小，人员不容易集中的单位，采用民兵刊授、函授教育，电影、电视、广播、报纸，电化教学等。二是对民兵单独进行教育。主要以爱国主义为核心的国防教育，包括国防知识、人民战争思想、民兵性质、任务以及民兵光荣传统教育。1994 年，为纪念《兵役法》实施 10 周年，对民兵进行国防教育和开展国防知识竞赛活动。1997 年，结合香港回归和庆祝建军 70 周年，对民兵进行爱党、爱军、爱社会主义祖国和形势战备教育。1999 年，对民兵进行庆祝澳门回归、庆祝中华人民共和国成立 50 周年和形势战备教育。

军事训练　1988 年开始，民兵军事训练由分片组建教导队训练改为按专业、分批集中到民兵军事训练基地统一组织训练。同时组建民兵军事训练大队。

1998 年开始组建民兵应急分队，军事训练开始走向专业化训练，根据担负的任务不同，有计划地分专业组织民兵训练，重点是应急分队的训练和对口专业分队的训练。其中，迫击炮分队、单管火箭炮分队、高射机枪分队、海上运输分队、森林防火分队、医疗救护分队，港口码头抢修分队等训练逐步走向正规化、专业化训练的模式。1992 年，为纪念毛泽东主席“民兵工作三落实”30 周年，在烟台举办的全国民兵预备役工作会议上，黄海海藻工业公司女子迫击炮班表演的迫击炮实弹射击课目，得到总参谋长迟浩田、济南军区司令员张万年等领导的高度评价，并被山东省政府、山东省军区授予“女子神炮班”。

第四节　军事活动

军事演习活动　1994 ~ 2007 年，在胶南境内先后举行“前卫 - 94”演习、“神威 - 95”演习、“98 - 11”演习、海军 37003 部队重型武器实弹射击演练、“和平使命 - 2005”中俄联合军事演习、“前卫 - 2006”演习、“联合 - 2006”实兵对抗演习、“联 - 2007”实兵对抗演习等军事演习活动。其中，2005 年 6 ~ 8 月，“和平使命—2005”中俄联合军事演习部分项目在胶南境内进行，演习期间，市人武部先后 6 次组织民兵 2000 余人，保障演习的外围警戒与道路管控。

抗击“非典”　2003 年，抗击“非典”期间，组织 800 多人的民兵应急分队，封堵路口，检查车辆。在整个活动期间，有民兵 8000 余人参加。

抗洪抢险　1999 年，王台镇巨洋河决堤，十余村庄被洪水淹没，组织民兵应急分队 200 人，参加抗洪抢险。2005 年 8 月，在防御台风“麦莎”中，组织民兵应急分队 530 人，动员基干民兵 7000 余人，昼夜加强巡逻值班。同时，组织民兵 200 余人，对王台镇王家岛耳河村河堤决口进行紧急抢险 8 小时，抢修河堤 100 多米。并组织民兵 500 余人，参加风河入海口抢险。

赛事保障　2008 年，北京奥运会奥帆赛在青岛举行，面临浒苔困扰，出动民兵应急分队 1800 人打捞浒苔。

第五节　消防管理

消防监督　1988 年开始，每年对辖区单位进行 2 ~ 4 次全面性检查，并定期对重点单位、重点行业进行消防知识培训。1991 年，对 78 项建设项

“和平使命—2005”中俄联合军事演习我军新型主战坦克集群攻击

目和28处申请经营危化品的单位进行严格审核和检查。1996年，先后开展7次社会性消防大检查，整改火灾隐患750余条，其中重大隐患40余条；完成建筑项目防火审核35个。2000年上半年，对大型公共娱乐场所、易燃易爆、三资企业等重点单位进行重新确定建档，细化防火监督工作，大部分场所已配备灭火基础设施，员工基本具备扑救初期火灾的能力。2008年，重点开展"九小场所"消防安全专项整治及奥帆赛消防保卫攻坚战"围剿"火灾隐患一号、二号、三号等专项行动。期间，检查重点单位878家次，"九小场所"2321家次，发现整改火灾隐患1548处，下发《责令限期整改通知书》129份，责令停产停业8家，责令停止使用4家，没收违法所得2家，先后处结各类信访案件66起。2010年，深入开展构筑社会消防安全"防火墙"工程活动，全年未发生重特大火灾事故和亡人事故。2011年9月~2012年3月，经开展"清剿火患"战役，全市火灾"四项指数"大幅下降，较大以上火灾事故"零发生"、人员"零伤亡"。2012年，实施"网格化"管理，在全市划分17个"大网格"，1020个"中网格"，3400个"小网格"，明确网格化管理的人员、职责和任务，形成横向到边、纵向到底、责任明确、监管到位、服务及时的消防管理动态监管网络。并相继开展"平安一号""平安二号""平安三号"跨区域联合集中排查行动，将火灾隐患和消防违法行为突出以及群众反映比较集中的行业和场所纳入整治范畴，着力消除影响公共消防安全的突出问题。

市消防大队组织举行消防演练

灭火救援 1989年8月，中国石油总公司管道局胜利输油公司黄岛油库发生特大火灾爆炸事故，胶南消防大队派出23名官兵参战。救援中，4号油罐突然爆炸，5名官兵受伤，其中重伤2人，一辆消防车在大火中被烧毁。救援结束后，胶南大队荣获"黄岛油库灭火抢险集体二等功"，两名官兵获得"二等功"、4名官兵荣获"三等功"。1997年，在隐珠、王台、泊里3处乡镇成立民办消防队，并购置消防车辆，加强该区域防火救援工作。2002年，配备消防车4辆，城区设消火栓68个，各防火单位均备有灭火器、灭火机，大大减少了因初起火灾扑救不及时而造成损失的事件发生。是年，接出火警173次，出动人员1917人次，消防车375辆次，抢救财产价值355万元。2003年，接警出动255次，其中火灾126起，出动人员2374人次，消防车399辆次。2005年，编制15人的海王路现役消防中队正式投入执勤。2006年9月，招收40名合同制消防队员充实全市消防力量。2007年，以政府出资建站、现役消防官兵和合同制消防员为主体的新农村消防站相继在泊里镇和王台镇投入使用，成为山东省第一个拥有农村消防站的县级市。2008年"汶川地震"发生后，市消防大队派出两名战士随支队前往汶川抗震救灾，协助支队共疏散群众2700余人，抢救出粮食1000多千克及群众衣物、家电、家具、农业机械等价值30多万元，搜寻到6万元现金第一时间上交总指挥部。2011年，投资860万元购置的一辆68米登高云梯消防车投入使用，对于已建成的166栋24米以上的高层建筑具备了救援保障。截至2012年，登记在案消防栓412个，为开展灭火任务提供保障和便利。

1988～2012 年全市（县）火灾情况统计表

表 20－6－1　　单位：起、元

项目 年份	火灾起数	直接财产损失	项目 年份	火灾起数	直接财产损失
1988	15	94950	2001	98	756735
1989	9	23960	2002	173	289387
1990	24	81465	2003	126	1149420
1991	21	88568	2004	93	499253
1992	12	32337	2005	169	650626
1993	14	45558	2006	130	100200
1994	26	98452	2007	150	178070
1995	13	36587	2008	148	101825
1996	27	98546	2009	146	185459
1997	29	98542	2010	46	1177700
1998	19	65481	2011	63	367800
1999	20	74985	2012	23	109600
2000	113	1245619			

第六节　边防管理

边防大队辖区海岸线长 156 千米，陆地面积 223.63 平方千米，担负着胶南沿海 95 个村的海上和陆地治安边境管理任务。1988 年，边防大队与公安部门密切配合，在边防辖区开展“爱边护边”宣传教育，加强渔船民和船舶管理。是年，辖区有 22356 户、80318 人，船舶 1985 艘，渔民 3213 人。1991 年，健全完善 42 支海上治安巡逻队和 128 人的船只看护队，对全市 3567 名渔船民全部建卡立档。1992 年，杨家洼边防工作站民警马泮龙因在海上救人牺牲。2000 年成立海上 110，装备公边艇 1 艘、出警摩托艇 1 艘。是年，海上出警 25 起，救助 12 人，帮助渔民解决困难 18 件。2011 年 5 月 1 日，《山东省沿海船舶边防治安管理条例》开始施行，边防大队普查船舶 3560 条，补办出海船舶证件 208 套，渔船民证件 356 套。是年，加大打击偷盗海沙力度，查处偷沙船 4 艘，抓获 32 人，罚款 20 余万元。2012 年，辖区有 26856 户、90508 人，渔船 2232 艘，渔民 3940 人，码头 28 处，停泊点 30 处。1988～2012 年，共组织渔船民教育 2852 场次，受教育渔船民累计 83251 人次，受教育达到 100%；换发和新发“船舶户口簿”、“船舶登记簿”58350 本，办理“出海船民证”72530 本，办理“边境通行证”625 本；边防辖区查破刑事案件 1350 起，查破治安案件 2568 起，惩治各种违法犯罪嫌疑人 4835 人。

第七节　武装警察

武警中队主要负责看守所外围武装警戒、抢险救灾、处置突发事件以及社会面的反恐维稳任务。2000 年 10 月，武警中队原址新建规范化营房 1 处，占地 0.47 公顷，建筑面积 750 平方米。2009 年，协助公安机关圆满完成“三聚氰胺”毒奶粉焚烧警戒任务。2010 年 4 月，某超市发生 1 歹徒劫持人质事件，武警中队派员协助公安机关当场制伏犯罪嫌疑人，将人质安全解救。2012 年，武警中队参加胶南、黄岛涉日维稳任务。

第八节　人民防空

2003 年 6 月,胶南市被济南军区、山东省人民政府确定为人民防空二类城市,根据上级业务部门要求,市政府同意市人民防空办公室联合市发改、财政、城建等部门制定并落实《关于收取人防工程易地建设费的通知》,开始人防易地建设费的收取和人防工程结建工作。

人防地下规划修编和人口疏散基地建设　2009 年,人防办联合市规划局,配合青岛人防设计院、上海同济城市规划设计研究院,对胶南市人防工程及城市地下空间规划进行修编。配合青岛市人防办启动建设铁山人口疏散基地的同时,新增建设人口疏散点 19 个,疏散人口总数超过 25 万人。

防空地下室结建工作　根据《人民防空法》和《青岛市人民防空工程建设管理办法》等法律法规的要求,加强人防工程批后监管,人防办配合青岛人防质监站验收项目 19 个。人防工程竣工验收交付使用后,随即在通道显明位置加挂防空地下室标志,告知居民其地下室的防空功能。

防空和防灾警报　防空警报是城市防空工程的重要组成部分。1988 ~ 2012 年,每年配合青岛市人防通讯站对分控系统和全市防空警报器进行全面检查、保养和测试,并对设台单位专职管理人员进行专题培训。每年 11 月 14 日防空警报试鸣日进行试鸣,使城市规划区警报器印象覆盖率达到 98%。

第二十一篇

社会事务

青岛市城乡居民养老保险制度全覆盖养老金
发放仪式

胶南市市民服务中心
启用仪式

被征地农民社会基本养老保险
养老金领取证

胶南市2008年优秀大学毕业生岗前培训班

第一章　人事管理

第一节　公务员管理

20 世纪 90 年代之前，国家机关在编工作人员被称为“国家干部”，实行行政编制管理。1988 年 2 月，为贯彻落实中共中央、国务院《关于制止机构、编制和干部队伍膨胀的通知》，县委、县政府印发《关于进一步加强机构、编制管理和干部管理工作的意见》，严格执行中央通知精神。1990 年，印发《胶南县人事局关于股级干部考核工作的实施意见》，进一步加强股级干部队伍建设；改革干部备案制度，出台《胶南县人事局股级干部备案工作的暂行规定》。是年 12 月，根据青岛市部署，全市招考国家机关工作人员，通过严格考试考核，共有 53 人被录用，为最后一批以“国家干部”身份进入国家机关的工作人员。分别充实到 35 个市直党政群机关工作。1991 年，印发《关于加强干部宏观管理的意见》，进一步加强干部队伍管理的宏观控制。

1993 年 10 月 1 日，《国家公务员暂行条例》正式施行。国家机关工作人员的身份由“国家干部”改称“国家公务员”。胶南市于 1994 年 9 月开始推行公务员制度，全市设置正副主任科员职位 52 个，科员职位 917 个，办事员职位 66 个。至年底，首批 1417 名机关工作人员通过了考核过渡。

1995 年开始，除军转安置、领导职务调任、单位整体过渡外，公务员录用坚持公开考录的方式。至 2012 年，先后公开招考公务员 304 名；为实施“村村有大学生”工程考录 14 名。

2006 年 1 月 1 日，《中华人民共和国公务员法》施行。2007 年 1 月，为全市 1851 名在职公务员和 281 名离岗公务员进行登记。

2008 年，经省公务员主管部门审批，市委党校等 16 个事业单位及市总工会等 8 个群团机关被列为参照公务员法管理单位，不再实行事业单位的专业技术职务及工资奖金等人事管理制度，次年为其中符合条件的 259 名参照公务员法管理人员进行了登记。2011 年，按照公务员法及其配套法规，及时做好公务员登记、数据库信息整理等工作。是年，根据青岛市统一部署，考录 52 名公务员（含参公人员）充实到工作一线。

2012 年，举办公务员素质提升培训班，实施竞争上岗、轮岗交流、到龄免职等制度，先后调整股级干部 641 名，调配干部 138 名，干部队伍结构不断优化。

2007 年度全市公务员暨优秀大学毕业生培训班开学典礼

第二节　事业单位人员管理

岗位管理　1988～1999 年，专业技术职务聘任一直实行评审与聘任相结合，自取得资格的下个月起聘任其相应专业技术职务。1993 年，企事业单位岗位设置实行分类管理，企业根据需要自主设岗；企业化管理和自收自支事业单位参照企业办法设岗；财政差额拨款事业单

位在省确定的专业技术职务结构比例内由单位自主设岗；财政全额拨款事业单位由单位在规定的结构比例内经青岛市人事局审批后设岗。1993～1999年，企业及自收自支事业单位设置专业技术职务岗位需到市人事局备案；财政拨款的事业单位由市人事局根据省定专业技术职务岗位比例进行分配，各单位根据分配数额进行评聘。2000年，根据青岛市人事局关于实行专业技术职务评聘分开、竞争上岗的有关要求进行试点，至2006年多次完善竞聘办法。

2008年5月20日，全市事业单位聘用制改革工作会议召开

2007年，对事业单位实行岗位管理，分管理岗位、专业技术岗位和工勤技能岗位。2009年10月，事业单位岗位数额全部经青岛市人力资源和社会保障局审批通过。

人员招聘 2000年以前，事业单位招工以大、中专毕业生优生优分和指令性分配的方式为主。1999年，对乡镇农林水系统及紧缺的医药类、教育类中专毕业生采取考试录用。2001年开始公开考录事业单位新进人员。2002年3月，青岛市印发《青岛市事业单位公开招考工作人员暂行办法》，用于规范事业单位在编制限额内补充新进人员。2006年，国家人事部印发《事业单位公开招聘人员暂行规定》，明确事业单位新进人员除政策性安置等确需使用其他方法选拔任用人员外，均实行公开招聘。截至2012年，全市通过公开招聘新进人员1534人。

职称构成 全市事业单位人员中，高级职称结构呈逐年上升趋势。截至2012年，事业单位聘用正高24人，副高1272人，中级6110人，初级5437人。

1993～2012年全市事业单位中、高级职称聘用情况统计表

表21－1－1　　单位：个

年份	总数	高级	中级	年份	总数	高级	中级
1993	1780	127	1653	2003	4732	557	4175
1994	2505	259	2246	2004	4942	578	4364
1995	3090	327	2763	2005	5236	639	4597
1996	3455	354	3101	2006	5522	701	4821
1997	3805	392	3413	2007	5830	769	5061
1998	4049	407	3642	2008	6046	833	5213
1999	4164	451	3713	2009	6408	911	5497
2000	4290	473	3817	2010	6738	1046	5692
2001	4428	496	3932	2011	7096	1169	5927
2002	4617	524	4093	2012	7406	1296	6110

第三节　军队转业干部安置

按照国家、省、青岛市相关规定，军队转业干部安置及管理分为三类：(1)安置到机关事业单位军转干部，由各单位进行管理；(2)安置到企业军转干部，由市企军办负责管理；(3)自主择业军转干部，由市军转办负责管理。1988～2000年，结合军转干部本人的职务、衔级、专业、特长等情况，安置军转干部323人，其中，251人安置到机关事业单位，72人安置到企业。

2001年，对军转干部实行计划分配和自主择业相结合的方式进行安置，其中对计划分配的军转干部，实行档案考核和理论考试相结合的“双考”安置政策。2001～2012年，安置计划分配军转干部291名，接收自主择业军转干部60名。

1988～2000年全市(县)军转干部安置数量统计表

表21－1－2　　单位：人

年份	人数	年份	人数
1988	23	1995	29
1989	26	1996	21
1990	28	1997	19
1991	21	1998	24
1992	19	1999	29
1993	28	2000	31
1994	25	合计	323

1988～2001年，安置到企业的军转干部由本企业管理。2002年，此类人员开始反映经济待遇低、生活困难问题。2003年6月，根据青岛市《关于为企业军转干部发放生活补助等问题实施意见的说明》，落实职务军龄补助标准。2004年7月，青岛市出台《关于解决部分企业军转干部生活困难问题的意见》，规定企业在职、待岗、失业、退休军转干部有关生活补助标准及资金保障。是年9月，胶南成立做好企业军转干部工作领导小组办公室，与市军转办合署办公。2004年10月～2012年9月，省人事厅、青岛市政府、青岛市企军办等相继印发《关于给企业退休军转干部增发生活补助的通知》《关于认真做好企业军转干部医疗服务工作的通知》《关于调整部分企业军转干部生活补助、医疗救助和每年对住房困难户一次性救助的具体办法》《关于做好企业军转干部家庭生活困难救助工作的通知》等文件，就企业军转干部养老金倾斜、医疗优惠、医疗救助、提前退休、困难救助、重点救助、特殊困难救助、健康体检等做出详细规定。同时，青岛市企军办出台政策，为退休企业军转干部发放新增生活补助。胶南根据省、青岛市的相关政策，做好企业军转干部工作。截至2012年底，全市共有安置到企业的军转干部348人，其中(离)退休270人，在职等78人。发放各项补助2680万元。

2001～2012年全市军转干部安置情况统计表

表21－1－3　　单位：人

年份	计划分配	自主择业
2001	25	4
2002	23	12
2003	15	7
2004	20	16
2005	26	16
2006	60	2
2007	25	1
2008	32	2
2009	14	0
2010	14	0
2011	17	0
2012	20	0
合计	291	60

第四节　专业技术人员管理

初级专业技术职务资格评审　1986年开始实行专业技术职务聘任制度。1987年成立胶南县职称改革工作领导小组，办事机构设在县科委。1992年7月移交至胶南市人事局。2001年起，逐步对未实行国家统考的各系列专业技术职务实行初级职称“考评结合”或“以考代评”改革。2002年，在档案、农业、文博等专业初级职称评审中推行“以考代评”。2003年，对工程、乡企工程初级试行“考评结合”。2001～2012年，通过“以考代

评”获得初级专业技术资格132人，通过“考评结合”取得专业技术资格3454人。

1993～2012年全市专业技术岗位情况统计表

表21－1－4　　单位：个

年份	总数	高级	中级	初级	年份	总数	高级	中级	初级
1993	16190	325	3022	12843	2000	24153	668	4395	19090
1994	21647	464	3777	17406	2001	23705	641	4323	18741
1995	23290	543	4148	18599	2002～2004	23037	627	4274	18136
1996	23678	579	4495	18604	2004～2006	12437	849	4939	6649
1997	24108	638	4950	18520	2006～2008	12795	1046	5328	6421
1998	25234	679	5066	19489	2008～2012	14477	1351	5826	7300
1999	25378	707	4842	19829					

注：自2004年开始，企业单位岗位设置不再进行备案统计

专业技术岗位聘任　1988～2000年，专业技术职务聘任实行评审与聘任相结合，自取得资格的下个月起聘任其相应专业技术职务。1992年，有专业技术岗位8545个，其中高级79个，中级900个，初级7566个。2000年开始实行专业技术人员竞争聘任。2007年实行岗位管理，分管理岗位、专业技术岗位和工勤技能岗位。2009年11月，统一对167个设岗事业单位15206个岗位进行管理，其中管理岗位200个，专业技术岗位14477个，工勤技能岗位529个。截至2012年，聘用管理岗位178人，专业技术岗位12843人，工勤技能岗位547人。

1993～2012年全市专业技术人员情况统计表

表21－1－5　　单位：人

年份	总数	高级	中级	其他	年份	总数	高级	中级	其他
1993	15719	150	1936	13633	2003	25703	804	5128	20971
1994	25321	305	2700	22316	2004	27698	892	5932	20874
1995	25477	379	3232	21866	2005	29306	1090	6352	21864
1996	27163	403	3638	23122	2006	31653	1135	6841	23677
1997	20250	470	4047	15733	2007	33021	1197	7028	24796
1998	28118	443	4170	23505	2008	34210	1230	7219	25761
1999	24872	499	4266	20107	2009	35234	1297	7734	26203
2000	26769	512	4401	21856	2010	36917	1368	8132	27417
2001	25809	571	4667	20571	2011	37798	1395	8267	28136
2002	24821	628	4817	19376	2012	39513	1432	8423	29658

专家服务工作　科技干部家属“农转非”　为鼓励科技干部安心积极工作，1992～1997年，共为189名科技干部家属办理“农转非”手续。2000年后，再无科技干部家属申请办理“农转非”。

政府特殊津贴　1992年，市技术监督局李池台享受政府特殊津贴。1993年，市工业经济委员会陈

汝学、市农业技术推广站高景昌、市纺织机械厂宋慎平 3 人享受政府特殊津贴。2000 年,东佳纺机集团有限公司纪合聚享受政府特殊津贴。

专家工作站　2007 年 7 月,在龙湾海珍品育殖有限公司设立“青岛市海参良种繁育专家工作站”。2009 年 8 月,在青岛琅琊台集团股份有限公司设立“青岛市生物化工技术专家工作站”。2010 年 10 月,在青岛明月海藻集团有限公司设立“青岛市海藻酸功能性材料研发专家工作站”。

2011 年 8 月,经青岛市人力资源和社会保障局批准,在青岛明月海洋科技有限公司设立“青岛市海藻资源可持续开发与利用专家工作站”,在青岛聚大洋海藻工业有限公司设立“青岛市海藻生物技术转化专家工作站”,在青岛环球集团股份有限公司设立“青岛市工业机器人专家工作站”。2012 年 8 月,在青岛明月海藻集团有限公司设立“青岛市海洋生物医用材料专家工作站”。

引进国外智力工作　1993 年,中央做出《关于引进国外智力以利四化建设的决定》,引进国外智力工作开始得到各级党委、政府的认识和重视。1996 年,胶南市理顺引智工作管理体制,并由人事部门专门负责,是年,完成引智项目 7 个,引进专家 6 人。1998 年,在王台镇规划建设占地 666.67 公顷的蔬菜引智示范园,通过引进国外先进品种及技术,王台示范园多次被评为国家及省、地市级农业引智示范园。2000 年,胶南市 3 个引智项目首次获得国家审批立项。

2001 年,东佳集团引进俄罗斯切巴克沙蕾捷克斯吉利玛什纺织机械股份公司“改进片梭织机生产技术”,被国家外专局定为独联体“总理基金”引智项目。2002 年,申报青岛天元化工集团“邻苯基苯酚合成技术”、青岛星火纺机集团“无梭织机控制系统的设计制造”和“污水处理技术”项目,全部通过国家外专局立项。2003 年,引进德国专家赫尔曼·舒特到青岛琅琊台集团进行为期 7 天的技术指导,就生物发酵、化工提取及衣康酸衍生物等多方面的技术难题进行解答,帮助企业解决了生产中遇到的技术难题。2005 年,申报“地方政府经济资本运营管理”被列入国家外专局引进国外技术、管理人才项目。2006 年,市畜牧局“畜牧中心的奶牛胚胎制作、性别鉴定及移植技术研究”申报成功。2007 年,青岛钰泉环保有限公司“JS 紫外线上下水消毒技术”、青岛明月海藻集团有限公司“功能性海藻酸材料综合开发和利用”、市农业局“有机蓝莓生产及深加工配套技术”等 3 个引智项目,被青岛市外国专家局列为青岛市 2007 年引进国外技术、管理人才计划。2008 年,青岛王台高效农业发展有限公司引进及推广“四位一体”生态大棚绿色食品国外先进技术,被列为国家级 2008 年度引进国外技术、管理人才计划。青岛明月海藻有限公司“功能性海藻酸材料综合开发和利用”,被列为青岛市 2008 年度引进国外技术、管理人才计划。2010 年,沃林现代农业(青岛)有限公司“蓝莓栽培技术研究及果实品质控制”项目,被列为青岛市 2010 年度引进国外技术、管理人才计划。2012 年,青岛三祥科技有限公司“中高级汽车耐热空调管的研制”、胶南市彩洲生态园“杜鹃花雄性不育株的培育和繁殖”,被列为国家 2012 年度引进国外技术、管理人才计划。

第五节　人才交流与毕业生就业

人才交流与服务　1986 年开始人事代理工作,印发《关于加强流动人员人事档案和人事关系管理的规定》,对到乡镇企业、外商投资企业、个体私营企业就业的毕业生实行全程人事代理。1993 年,逐步简化人才流动调配手续,在市内企业之间流动的人员,不分隶属关系和企业性质,只要企业双方同意且缴纳社会保险金的,由企业自行办理。调入本市内或调出本市外的,仍由市人事部门办理有关手续。2001 ~ 2012 年,调入本市内人才 2516 人,调出本市外人才 7910 人。

2012 年,组织明月海藻集团、康大集团等 10 多家企业赴上海、大连、武汉、西安等城市,引进高层次人才 200 多人。截至 2012 年底,引进博士和正高职称及以上高层次人才 20 人,引进硕士、副高职称和高技能人才 256 人,引进本科学历和特需人才 2600 人,柔性引进“千人计划”专家李伟明以及赵法箴、高从堦、雷霁霖、束怀瑞等 4 名中国工程院院士。

毕业生就业管理 1985～1997年，全市分配计划内大、中专毕业生13204人，其中本科生2458人、专科生4452人、中专生6294人。按照“统筹安排、合理使用、突出重点、面向基层”的指导思想，坚持“专业对口、学以致用”的原则进行分配。1998年，国家改革大、中专毕业生就业政策，不再实行指令性分配办法。毕业生通过双向选择与用人单位签订协议就业，毕业生就业走向市场化。

胶南市2008年优秀大学毕业生岗前培训班

2009年，市政府印发《关于促进高校毕业生就业工作的意见》，组织举办毕业生招聘会40场，4000多名毕业生达成就业意向，毕业生就业率90.5%。同时，在美泰科技、琅琊台集团、康大集团等单位建立见习基地。截至2012年底，建立见习基地27个，完成毕业生就业见习2620人，毕业生在基地就业率达90%以上。

2010年至2012年底，组织举办农历“逢五”、“逢十”毕业生就业洽谈会、专场招聘会200多场，累计提供岗位4万多个，达成初步就业意向的1.5万多人次。通过服务前台、流动市场等形式，联系推介各类毕业生2000多人次。毕业生就业率连续3年达到93%以上。

第六节 机关事业单位工资管理

新中国成立以来，国家对职工分配制度进行了四次全国性的改革：1956年4月建立机关事业单位的职务等级工资制；1985年7月将机关事业单位的工资制度与企业工资制度脱钩；1993年又将机关工资制度与事业单位工资制度脱钩；2006年7月改革公务员职级工资制、建立事业单位岗位绩效工资制度。

1985年7月的工资改革规定：机关事业单位工作人员实行以职务（岗位）工资为主要内容的结构工资制，分为基础工资、职务工资、工龄津贴和奖励工资四个部分。

1988年5月，机关事业单位工作人员开始按六类区工资标准执行，人均月增资2元。1989年10月进行工资普调、升级，人均月增资13元。1992年，机关事业单位中96%的工作人员晋升一级工资，人均月增资6.9元。

1993年工资制度改革，机关工作人员实行职务级别工资制（简称职级工资制），工资由基础工资、职务工资、级别工资、工龄工资4项构成；机关技术工人执行岗位技术等级工资制，工资由岗位工资、技术等级（岗位）工资、奖金3项构成；机关普通工人执行普通工人岗位工资制，工资由岗位工资、奖金两项构成。事业单位管理人员和专业技术人员分别执行职员职务等级工资制和专业技

2007年全市机关事业单位工资收入分配制度改革工作会议

术职务工资制，工资由职务工资（固定部分）和津贴（活的部分）两项构成。事业单位技术工人和普通工人分别执行技术等级工资制和岗位工资制，工资由岗位工资（固定部分）和津贴（活的部分）两项组成。事业单位人员的津贴（活的部分），占工资构成的比重，根据编制部门核定的本单位预算管理方式确定：全额拨款单位固定部分70%，活的部分30%；差额拨款单位固定部分60%，活的部分40%；自收自支单位及企业化管理单位，根据其经济效益情况核定，活的部分一般不超过50%。对考核为称职（合格）以上工作人员，年终发放一次性奖金。是年，机关事业单位675个，其中，机关参照执行职级工资制的单位104个，参加改革人员2632人，人均月增资98元；事业单位571个，参加改革人员11542人，人均月增资99.3元。工资制度改革后，连续两年考核在称职（合格）以上即晋升一个职务（岗位）工资档次。截至2005年，人均晋升6个工资档次，人均月增资150元；连续5年考核在称职以上（或连续3年年度考核优秀）即晋升一个级别工资。至2005年底，人均晋升两次级别工资，人均月增资73元。

1997年7月1日起提高工资标准，人均月增资20元；1999年7月1日提高工资标准，人均月增资120元；2001年1月1日提高工资标准，人均月增资100元；2001年10月1日提高工资标准，人均月增资80元；2003年7月1日提高工资标准，人均月增资50元。

2006年工资制度改革，机关事业单位分别执行不同的工资制度。国家公务员执行职务级别工资制（简称职级工资制），基本工资由职务工资、级别工资两项构成。职务工资主要体现工作职责大小，一个职务对应一个工资标准，领导职务和相当职务层次的非领导职务对应不同的工资标准；级别工资主要体现工作实绩和资历。公务员的级别由1993年工资改革时15个调整为27个，每一职务层次对应若干个级别，每一级别设若干个工资档次。机关技术工人执行岗位技术等级工资制，基本工资由岗位工资、技术等级（职务）工资两项构成。机关普通工人执行岗位工资制，基本工资由岗位工资1项构成。事业单位管理、专业技术人员、技术工人和普通工人执行岗位绩效工资制，基本工资由岗位工资、薪级工资两项构成，并按本人现聘岗位执行相应的岗位工资标准，其中专业技术岗位由十三级岗位组成、管理人员岗位由十级职员岗位组成、技术工人岗位由五级岗位组成、普通工岗位不分级。是年，建立正常的工资增长机制：一是机关工作人员年度考核累计两年称职以上即可晋升一个级别工资档次，年度考核累计5年称职及以上即可晋升一个级别工资；事业单位工作人员年度考核合格及以上的每年增加一级薪级工资。二是工作人员随着职务、级别晋升和岗位变动相应增加工资。三是根据国民经济发展情况、物价指数变动情况和企业同类人员工资水平增长等因素，适时调整工资标准。机关工作人员年度考核称职及以上，即可享受年终一次性奖金，标准为本人当年12月份基本工资。事业单位实行绩效工资制，在核定绩效工资总量内，按照规范程序和要求自主分配，实行绩效工资后，取消年终一次性奖金，将1个月基本工资的额度以及地区附加津贴纳入绩效工资。

这次工资改革启用青岛市人事编制业务网上办理系统，2007年8月审批结束。在职人员人均月增资235元，人均月增加经费支出约415元（含应缴纳的各类社会保险及计提的住房改革支出）。市本级财政供养9150人，月增支出379.7万元。离休人员人均月增资420元，退休人员人均月增资235元。全市离退休人员5450人，月增社保金支出172.6万元。工资改革后，机关工作人员中，年度考核累计5年称职及以上的晋升一个级别工资，至2011年底，人均晋升一个级别，人均月增资15元；两年称职及以上的晋升一个级别工资档次，至2012年底，人均晋升三个级别工资档次，月增资105元。事业单位工作人员中，年度考核合格及以上的晋升一个薪级，至2012年底，人均晋升六个薪级，月增资180元。

1986年，全县机关事业单位职工工资总额为1301.2万元，年人均工资1472元。1994年，机关事业单位职工工资总额5554万元，年人均工资4812元，为1986年的3.27倍。2005年，机关事业单位职工工资总额45297.1万元，年人均工资

24909元,为1986年的16.92倍,1994年的5.18倍。2007年,机关事业单位职工工资总额89375万元,年人均工资35750元,为1986年的24.29倍,1994年的7.43倍。2012年,机关事业单位职工工资总额105133.8万元,年人均工资70864元,为1986年的48.14倍,1994年的14.73倍。

第七节 机关事业单位离退休待遇

基本离休(退休、退职)费 20世纪80年代,根据《国务院关于安置老弱病残干部的暂行办法》和《国务院关于工人退休、退职的暂行办法》,干部、工人"退职后,按月发给相当于本人标准工资40%的生活费,低于20元的,按20元发给"。1983年,根据《关于老干部离职休养制度的几项规定》《关于建国前参加工作的老工人退休待遇的通知》等文件,离休干部及建国前参加工作的老工人、驾机起义人员,计发离退休费比例为100%。

1989年,根据鲁组(89)4号、鲁人老字(89)第1号文件精神,一是调整国家机关、人民团体和全民所有制事业单位的退休人员退休补贴费比例:建国前参加革命工作按规定办理退休人员,退休费可补贴到本人退休前标准工资的100%。建国后参加工作的,工作年限满30年,退休费可补贴到本人退休前标准工资的95%;工作年限满20年不满30年,退休费可补贴到本人退休前标准工资的90%;工作年限满10年不满20年,退休费可补贴到本人退休前标准工资的85%。退休费低于50元的按50元发给,其中孤独单身的可增发5元;因工致残完全丧失工作能力的,按60元发给。二是按国家规定比例计发的退休费(含享受特殊贡献待遇提高的退休费)和按本规定增发的退休补贴费之和,除按最低保证数发给的外,不得超过本人退休前的标准工资。三是按国发[1978]104号文件规定办理退职的人员,其退职生活费低于45元的按45元发给。

1993年,根据《国务院关于机关事业单位工作人员工资制度改革问题的通知》《国务院办公厅关于印发机关事业单位工资制度改革三个实施办法的通知》,工资制度改革后:一是实行职级工资制后离退休的人员,①离休人员的离休费,按本人原基本工资全额计发;②退休人员的退休费,基础工资和工龄工资按本人原标准的全额计发,职务工资和级别工资按本人原标准的一定比例计发,其中工作满35年的,两项之和按88%计发;工作满30年不满35年的,两项之和按82%计发;工作满20年不满30年的,两项之和按75%计发。二是1993年工资制度改革后离退休的事业单位工作人员和机关工人,①离休人员的离休费,按本人职务工资与津贴之和全额计发;②退休人员的退休费,按本人职务(技术等级)工资与津贴之和的一定比例计发,其中工作满35年的,退休费按90%计发,工作满30年不满35年的,按85%计发,工作满20年不满30年的按80%计发;③按《关于建国前参加工作的老工人退休待遇的通知》(劳人险字[1983]3号)规定享受本人原工资100%退休费的退休工人,退休费按本人技术等级工资(等级工资)和津贴的全额计发;④工作人员原享受的政府特殊津贴、教龄津贴和护龄津贴,在离退休时均按100%发给。

2006年7月1后离退休的人员,在养老保险制度建立前,按照下列办法计发离退休费:(1)离休费:机关事业单位工作人员离休后的离休费,按本人离休前职务工资与级别工资之和或岗位工资与薪级工资之和全额计发。(2)退休(职)费:公务员退休后的退休费,按本人退休前职务工资与级别工资之和的一定比例计发。其中,工作年限满35年的,按90%计发;满30年不满35年的,按85%计发;满20年不满30年的,按80%计发;满10年不满20年的,按70%计发;不满10年的,按50%计发。事业单位工作人员退休后的退休费,按本人退休前岗位工资与薪级工资之和的一定比例计发。其中,工作年限满35年的,按90%计发;满30年不满35年的,按85%计发;满20年不满30年的,按80%计发;满10年不满20年的,按70%计发。机关技术工人、普通工人退休后的退休费,分别按本人退休前岗位工资技术等级工资之和、岗位工资的一定比例计发。其中,工作年限满35年的,按90%计发;满30年不满35年的,按85%计发;满20年不满30年的,按80%计发;满

10年不满20年的,按70%计发。事业单位工作人员和机关工人退职后的退职生活费,按本人退职前基本工资的一定比例计发。其中,工作年限不满10年的,按基本工资的50%计发;满10年不满20年的,按基本工资的60%计发;在20年以上的,按基本工资的70%计发。

2012年国家尚未统一实行机关事业人员养老保险制度,全市一直执行上述办法。

增发离休(退休、退职)费　1988年,落实鲁老[1988]9号文件精神,解决部分未参加1983年工资改革的离休干部待遇:①1937年7月6日前参加革命工作,现工资级别不到原行政14级的都提到14级(124元),并享受厅局级待遇,按规定发给护理费。②1956年底以前定级后未升过级、连续工作满10年以上的,增补一级工资额。③工作年限35年以上的,从35年起,每满1年每月增发0.5元,最多3元。

根据鲁老[1989]8号文件,解决部分未参加1983年工资改革的离休干部低工资问题:分别于1937年7月7日到1942年12月31日、1943年1月1日到1945年9月2日、1945年9月3日到1949年9月30日参加革命工作,现离休工资额(按六类区)达不到87.5、78、70元的,分别提到该标准。

根据《国务院批转人事部、国家计委、财政部1989年调整国家机关、事业单位工作人员工资实施方案的通知》(国发〔1978〕82号),解决部分离退休干部低工资问题:(1)分别于1937年7月6日前、1937年7月7日~1942年12月31日、1943年1月1日~1945年9月2日、1945年9月3日~1949年9月30日参加革命工作的离休干部,现离休工资额(按六类区)达不到124、87.5、78、70元的,分别提到该标准。(2)1957年以来从未升过级,又未享受前条待遇的,按提高一级工资的数额增加离退休费。(3)将一般退休职工及因公(工)致残退休职工的退休费最低保证数分别由原来的30、40元提高到50、60元,将职工退职生活费最低保证数由原来的25元提高到40元。(4)在按(1)、(2)、(3)提高离退休人员待遇基础上,再按普调有关规定增加一个级差的离退休费。

1991年,根据国发〔1991〕74号文件,工龄津贴标准由每工作一年0.5元调整为1元。

1993年,根据国发[1993]79号、国办发[1993]85号、鲁人薪[1994]3号、4号文件,在1993年工资制度改革时,离休人员、建国前参加工作的老工人参照同职务在职人员的增资水平增加离休费;退休人员按同职务在职人员平均增资额扣除一定比例增加退休费;按国发[1978]104号文件退职人员每月增加退职生活费35元。

离休人员可按参加工作时间划杠确定模拟职务:1937年7月7日~1942年12月31日为正县处;1943年1月1日~1945年9月2日为副县处;1945年9月3日~1949年9月30日为正科。

退休人员可按1985年工资改革前标准工资额划杠确定模拟职务:按六类区标准,98元以上的为副县处,70元以上不足98元的为正科,62元以上不足70元的为副科,其他为科员。

1995年,根据《国务院关于机关、事业单位离退休人员增加离退休费的通知》,自10月起,(1)离休人员、建国前参加革命工作的退休干部和退休老工人,以及按国发[1986]26号文件规定领取原工资100%的老专家、退休工人、起义人员,按同职务在职人员晋升一个工资档次的增资额增加离退休费,每月低于25元的按25元增加;(2)退休人员,厅局(地专)级、教授及相当职务的按每月30元增加退休费,处(县)级、副教授及相当职务的按每月25元增加退休费,其他人员按每月20元增加退休费,其中1994年度考核称职(合格)以上、1995年9月30日前退休人员,可选择先随在职人员晋升一个工资档次,再按退休费比例重新计发退休费的办法;(3)1993年9月30日前离休人员,可在模拟套改的工资基础上,按晋升一个工资档次的增资额增加离休费,对个别1993年10月1日后离休的人员,可参照1993年工资改革时增加离休费的划杠办法确定这次增加离休费的职级;(4)1993年10月1日~1995年9月30日期间离休,经组织批准享受某职级待遇的,可在该待遇与实际职级之间比较,按较高的职务增加离休费;1995年10月1日后经组织批准享受某职级待遇的,可从组织批准享受该职级待遇之月起按享

受的该职级待遇增加离休费的差额部分,并调整1992年的两次职务补贴;(5)自收自支事业单位人员,按津贴比例40%计增离退休费;(6)超过本职务最高职务工资档次的,按本职务最高档与下一档的差额计增离退休费;(7)原享受工资标准提高10%的离休教师、护士可按同职务同条件在职人员晋升一个工资档次的档差与此档差的10%之和增加离休费。

1997年,根据人发[1997]91号及省、青岛市精神,(1)1997年7月1日起,随在职人员调整工资标准(机关工作人员基础工资由90元调到110元;事业单位工作人员及机关工人调整职务岗位工资,活的部分相应调整),离退休、退职人员每人每月增加20元离休、退休费和退职费;(2)继续贯彻国发[1995]32号文件精神,1997年10月1日起,离休人员按同职务在职人员晋升一个工资档次的增资额增加离休费,每月低于25元的按25元增加;退休人员按每月20元增加退休费;按国家规定退职人员,按每月15元增加退职生活费。其它参见1995年离退休、退职人员的增资办法。

1999年,根据国办发[1999]78号、青政办发[1999]87号文件,随在职人员调整工资标准(机关工作人员基础工资由110元调到180元,级别工资由15级至1级每人每月55元至470元提高到85元至720元;事业单位工作人员及机关工人调整职务岗位工资,活的部分相应调整),离退休、退职人员从1999年7月1日起相应增加离退休、退职费:(1)离休人员,正市(副省)以上210元、副市(正厅)190元、正局(副厅)170元、副局155元、处(县)140元、副处(县)130元、科级以下120元;教授190元、副教授170元(1999年9月7日,青岛市工资工作会议上改为160元)、讲师130元、助教及以下120元。(2)退休人员,正市(副省)210元、副市及正局(厅)170元、副局155元、处(县)140元、科级110元、科员及办事员90元;教授170元、副教授140元、讲师110元、助教及以下90元;高级技师和技师110元,高级工以下及普工90元。(3)依照国家规定退职人员每月增加80元。

根据青人离退字[1999]56号文件,1999年10月1日起,随在职人员晋升工资档次,(1)离休人员、建国前参加革命工作的退休人员以及按国发[1986]26号、劳人险[1983]3号、中办厅字[1985]67号、厅字[1985]340号、劳人薪[1985]22号等文件享受原工资100%退休费的老专家、退休工人、起义人员,按同职务同条件在职人员晋升一个工资档次的增资额增加离休费,每月低于25元的按25元增加;(2)退休人员,厅局(地专)级及以上、教授及相当职务的按每人每月30元增加退休费,副局级、处(县)级、副教授及相当职务的按每人每月25元增加退休费,其他按每人每月20元增加退休费;(3)按国发[1978]104号文件退职和按鲁革发[1972]143号、鲁组[1981]553号、鲁组[1986]4号、(1985)鲁劳管字092号等文件按月领取生活费的人员,按每人每月15元增加退职生活费。

2001年,根据国家、省、青岛市通知精神,随在职人员调整工资标准(机关工作人员基础工资由180元调到230元,级别工资由15级至1级每人每月85元至720元提高到115元至1166元;事业单位工作人员及机关工人调整职务岗位工资,活的部分相应调整),离退休、退职人员从2001年1月1日起相应增加离退休、退职费:(1)离休人员按以下办法增加,每月低于100元的按100元增加。①国家机关1993年工资改革前离休的人员,按同职务同条件在职人员的级别,即按1993年工资改革我省模拟套改时的模拟级别增加离休费;1993年工资改革后离休的人员按离休时的级别增加离休费。②事业单位离休人员,按同职务同条件在职人员调整工资构成中的固定部分和活的部分。(2)退休人员,①建国前参加革命工作的退休人员以及按有关政策享受原工资100%退休费的老专家、退休工人、起义人员,按同职务同条件在职人员的增资额增加离退休费,每月低于100元的按100元增加。②行政人员:正市(副省)以上270元,副市、正局(厅)180元,副局150元,处(县)130元,科级100元,科员及办事员80元。③专业技术人员:教授级180元、副教授级130元、讲师级100元、助教及以下80元。④工人:高级技师和技师100元,高级工以下及普工80元。(3)依照国发[1978]104号文件退职人员每月增加70元。

根据国家人事部、财政部和省、青岛市精神，从2001年10月1日起调整机关事业单位工作人员工资标准和增加离退休人员离退休费，离、退休人员随在职人员调整工资标准（调整职务岗位工资标准，活的部分相应调整），离退休、退职人员从2001年10月起相应增加离退休、退职费：(1)离休人员，按同职务同条件在职人员的增资额增加离休费，每月低于80元的按80元增加；(2)退休人员，①建国前参加革命工作的退休人员，以及按有关政策享受原工资100%退休费的老专家、退休工人、起义人员，按离休人员的增资办法增资；②行政管理人员，正市（副省）级以上280元、副市及正局（厅）级185元、副局级140元、处县级125元、科级80元、科员及办事员55元；③专业技术人员，教授及相当职务180元、副教授及相当职务120元、讲师及相当职务80元、助教及以下职务55元；④工人，高级技师和技师80元、高级工以下及普通工55元；⑤按2001年机构改革分流政策于2001年9月30日前提前退休人员，可先按在职人员调整，再按职务工资新标准从2001年10月计发退休费；(3)退职人员，按国发［1978］104号文件规定退职及五十年代和六十年代精简退职并按有关规定按月领取退职生活费的人员，按每月50元增加退职生活费；(4)实际职务（职级）较低的，可以按1993年工资改革时的划杠职务增加离退休费；(5)自收自支事业单位的离休人员增资时，津贴比例按40%执行。

同时，按照国发［1995］32号文件精神，2001年10月1日起，随在职人员晋升工资档次，(1)离休人员、建国前参加革命工作的退休人员以及按有关政策享受原工资100%退休费的老专家、退休工人、起义人员，按同职务同条件在职人员晋升一个职务（岗位）工资档次的增资额增加离休费，每月增资额低于25元的按25元增加；(2)退休人员，厅局（地专）级及以上、教授及相当职务的按每人每月30元增加退休费，副局级、处（县）级、副教授及相当职务的按每人每月25元增加退休费，其他按每人每月20元增加退休费；(3)按国发［1978］104号文件退职及五十年代、六十年代精简退职并按有关规定按月领取退职生活费的人员，按每人每月15元增加退职生活费；(4)实际职务（职级）较低的，可以按1993年工资改革时的划杠职务增加离退休费；(5)自收自支事业单位的离休人员增资时，津贴比例按40%执行。

2003年10月1日起，随在职人员晋升工资档次，(1)离休人员、建国前参加革命工作的退休人员以及按有关政策享受原工资100%退休费的老专家、退休工人、起义人员，按同职务同条件在职人员晋升一个职务（岗位）工资档次的增资额增加离休费，每月增资额低于25元的按25元增加；(2)退休人员，厅局（地专）级及以上、教授及相当职务的按每人每月30元增加退休费，副局级、处（县）级、副教授及相当职务的按每人每月25元增加退休费，其他按每人每月20元增加退休费；(3)按国发［1978］104号文件退职及五十年代、六十年代精简退职并按有关规定按月领取退职生活费的人员，按每人每月15元增加退职生活费；(4)实际职务（职级）较低的，可以按1993年工资改革时的划杠职务增加离退休费；(5)自收自支事业单位的离休人员增资时，津贴比例按40%执行。(6)抗日战争及其以前参加革命工作的离休人员，这次增加的离休费，作为计发1至2个月生活补贴的基数，从2003年度执行。

根据国发【1995】32号文件和省、青岛市的部署，2005年10月1日起，离退休（退职）人员随在职人员晋升工资档次，(1)离休人员、建国前参加革命工作的退休人员以及按国发［1986］26号、劳人险［1983］3号、劳人薪［1985］22号、中央办公厅和国务院办公厅厅字［1985］67号、340号文件享受原工资100%退休费的老专家、退休工人、起义人员，按同职务同条件在职人员晋升一个职务（岗位）工资档次的增资额增加离休费，每月增资额低于25元的按25元增加；(2)退休人员，厅局（地专）级及以上、教授及相当职务的按每人每月30元增加退休费，副局级、处（县）级、副教授及相当职务的按每人每月25元增加退休费，其他按每人每月20元增加退休费；(3)按国发［1978］104号文件退职及五十年代、六十年代精简退职并按有关规定按月领取退职生活费的人员，按每人每月15元增加退职生活费；(4)实际职务（职级）较低

的,可以按1993年工资改革时的划杠职务增加离退休费;(5)自收自支事业单位的离休人员增资时,津贴比例按40%执行。(6)抗日战争及其以前参加革命工作的离休人员,这次增加的离休费,作为计发1至2个月生活补贴的基数,从2005年度执行。

根据国发[2006]22号、国人部发[2006]60号文件,2006年6月30日前已办理离退休手续和已到达离退休年龄的人员(按规定经组织批准留任的除外),按本人计发离退休费的职务,从2006年7月1日起增加离退休费,(1)离休人员,①行政管理人员,县处级正职670元,县处级副职490元,乡科级正职及以下职务350元;②专业技术人员,教授及相当职务990元,副教授及相当职务540元,讲师(含相当职务)及以下职务350元;(2)退休人员,①行政管理人员,厅局级750元,县处级450元,乡科级275元,科员及办事员180元;②专业技术人员,教授及相当职务700元,副教授及相当职务400元,讲师及相当职务275元,助教(含相当职务)及以下职务180元;③工人,高级技师和技师275元,高级工及以下、普通工180元;(3)退职人员,按国发[1978]104号文件规定办理退职手续的人员,增加160元退职生活费。(4)按国发[1986]26号、中办发[1985]67号、厅字[1985]340号、劳人薪[1985]22号和劳人险[1983]3号文件规定,享受原工资100%退休费的退休老专家、起义人员、建国前参加工作的老工人,从2006年7月1日起按下列标准增加退休费:行政管理人员,厅局级820元,县处级520元,乡科级及以下330元;专业技术人员,教授及相当职务890元,副教授及相当职务510元,讲师(含相当职务)及以下职务330元;老工人320元;(5)1993年工资制度改革前没有明确职务的离退休人员,按1993年的工改办法相应增加离退休费,但不涉及职务的重新认定。

2012年12月胶南市区划调整后离(退)休人员离(退)休费的调整,2006年6月30日(含)前退休的人员,参照1993年工资改革政策,按照前述在职人员基本工资的套改办法模拟套改(领导职务和非领导职务的认定以及职级对应办法同在职人员,任职时间按离退休前实际任职时间计算,但不涉及职务认定等问题。下同),产生模拟套改的基本工资,按其计发离退休费比例计算模拟套改后离退休费,减去其基本离退休费和历次增发离退休费后产生实际增资额(元以下归并至元),计入增发离退休费项目,自2012年12月起执行;2006年7月1日至2012年11月20日(含)退休的人员,按照前述在职人员基本工资的套改办法模拟套改至其退休之月,产生模拟套改的基本工资,减去其原计发退休费基数后产生模拟套改增资额,将模拟套改增资额按其计发退休费比例计入增发退休费项目,自2012年12月起执行。

第二章　劳动保障

第一节　就业与再就业管理

1988年,胶南就业安置政策是先城镇后农村,先本地后外地,实行政府指标性安置城镇待业青年以及计划安置农民合同制工人。1991年,成立劳动力市场,城镇待业青年由政府指标性安置转向市场双向选择就业。1998年,取消农民合同制工人计划审批,由企业按照实际需求自主招工。2007年7月,开始实行城乡统筹就业,农民合同制工人与城镇合同制工人享受同等社会保险待遇。

2006年,以"扶持创业、政府贴息"的方式探索设立创业扶持基金。由市财政对全民创业小额贷款实行贴息补助,并成立全民创业扶持基金理事会。

2008年7月开始,受金融危机影响,企业大批裁员,为稳定企业运行,采取稳岗补贴、鼓励自主创业等系列就业政策,2009~2010年,发放稳岗补

全市春季城乡劳动力供需洽谈会现场(2008年拍摄)

贴1790万元。2009年,将创业贴息基金额度增加到3000万元,创业贷款额度由10万元提高到20万元。截至2012年底,已为29612户发放贷款资金15.02亿元,带动就业90395人。

2010年,全市企业用工缺口达1.5万个,90%以上企业有用工需求,采取加大劳务对接、内引外联、提高薪酬待遇等措施,当年实现城乡统筹就业4.3万人。2011年,实现城乡统筹就业4.8万人。2012年,实现城乡统筹就业4.6万人,城镇登记失业率1.1%。

第二节 劳动关系管理

劳动合同管理 1986年,国务院颁布《国营企业实行劳动合同制暂行规定》,要求所有国营企业新招职工都应与企业签订劳动合同。到1988年,13568名职工与企业签订劳动合同。

1989年,劳动合同实施鉴证,除剧团和个别驻军家属工厂工人合同未鉴证外,全县鉴证劳动合同17096份,占全县合同制工人总数的99.6%。

1990年,合同制工人政治、社会地位得到提高,县属企业职工44752人,其中,合同制工人22040人,占49%。全县副厂级以上领导干部中,合同制工人占30%以上。当年,县劳动局印发《关于严格控制合同制工人转移工作单位的意见》,办理合同制工人转移185人。同时,对续订的600名合同制工人进行劳动合同鉴证。

1991年鉴证劳动合同10567份,鉴证率达到100%。1992年,对合同制工人招收录用、两册发放、转正定级、合同内转移、合同签订及鉴证实行"一条龙"管理办法,鉴证劳动合同10782份。1993年,推行企业全员劳动合同制。全市263家企业35228名职工中,签订劳动合同企业254家,职工34928人,分别占企业和职工总数的96.6%和99.1%。1994年,巩固推行全员劳动合同制成果,对1993年未完成全员劳动合同制的26家企业1600名职工全部实行全员劳动合同制。

1995年1月,《中华人民共和国劳动法》正式施行,企业实行全员劳动合同制,"铁饭碗"就业制度宣告终结。自2004年7月,用人单位与劳动者订立、变更、续订劳动合同,须到行政部门所属的劳动合同管理部门办理合同备案手续。2007年6月1日起,劳动合同管理实行网上备案制度,用人单位可通过互联网完成劳动合同备案业务。

2008年,国家先后颁布施行《中华人民共和国劳动合同法》《中华人民共和国劳动合同法实施条例》,就劳动合同的订立、变更、履行、解除或终止、法律责任等方面作了新的全面规定,进一步促进和完善了劳动合同制度。2010年5月,将就业登记、解聘备案与劳动合同网上备案三项业务整合,要求用人单位与劳动者订立、续订、变更、解除或终止劳动合同均应进行劳动用工网上登记。2012年持续执行。

工时制度 全国第一届政治协商会议上通过的《共同纲领》中规定,干部职工工作时间限定在每天8~10小时,每周休息1天。

20世纪70年代后,我国对高山、井下、化工、冶金、纺织等行业或工程工时进行改革,工作时间法律制度日趋完备。1994年2月3日,国务院发布《关于职工工作时间的规定》,市政府印发通知,从3月1日起实行新工时制度,每日工作8小时,第一周周六和周日休息,第二周周日休息,依次循环,平均每周工作44小时。是年7月5日,《中华

人民共和国劳动法》公布施行，规定每日工作时间不超过8小时、平均每周工作时间不超过44小时工时，并对加班做了限制，规定延长工作时间每日不得超过3小时，每月不得超过36小时。

1995年3月25日，国务院发布《关于修改〈国务院关于职工工作时间的规定〉的决定》。决定自5月1日起，“职工每日工作8小时，每周工作40小时”。同时规定，如期施行有困难的企业、事业单位可以适当延期，事业单位最迟应当自1996年1月1日起施行，企业最迟应当自1997年5月1日起施行。2012年持续执行。

第三节　职业技能培训

1988年3月成立县劳动就业训练中心，组织待业青年开展就业前技能培训。1999年4月开始，对以职业技能培训为主的民办学校实施审批、管理工作，组织民办学校开展城乡劳动力就业前、下岗失业职工再就业培训。2000年10月，开始对国有、集体企业中从事技术工种的企业职工进行岗位培训，实行持证上岗，进一步推行职业资格证书制度。

人民日報

RENMIN RIBAO

今日16版(华东、华南地区20版)　国内统一刊号:CN11-0065

人民网网址:http://www.people.com.cn　第20554期　(代号1-1)

http://www.peopledaily.com.cn　人民日报社出版

胶南农村剩余劳动力加快转移

订单式培训　菜单式教学　递进式就业

本报青岛10月17日电　记者宋学春报道：“可别小看这个技能合格证，有了它才有我们今天的红火。”山东省胶南市灵山卫镇北门里村的李升，手拿由劳动部门颁发的职业技能合格证书兴奋地说。李升是通过镇政府免费培训，掌握了焊接太阳能热水器、大型管道等技术，如今，上门找他干活的企业越来越多，收入也不断增加。

从今年起，胶南市、镇两级政府拿出近1000万元资金，决定对有条件的农民免费进行订单式培训、菜单式教学，促使农村剩余劳动力尽快实现就业转移，成长为“蓝领”工人。今年前9个月，全市经培训已转移16044人，分别进入社区服务、家庭手工业、汽车修理、机械加工、电工电焊等行业，预计能实现年人均纯收入4400多元，增幅达8%—10%。

据胶南市委书记张大勇介绍，目前胶南有60多万农民，其中剩余劳动力7.2万人。另外，每年新增加劳动力2万多人，约有1.4万人留在农村。大批量转移农村劳动力，就必须加大培训力度，让他们掌握一技之长，适应非农岗位素质要求。

订单式培训是胶南市的主要培训措施。生产手推车的泰发集团公司和北海造船厂急需一批电焊工，得知信息后，灵山卫镇政府和六汪镇政府依托青岛黄海职业学院，各自在本镇招生。8月底，免费培训的60多名电焊工已上岗。目前，全市6所中、高职业学校与企业签订了数千人的定向培训协议，培训围绕胶南重点发展的橡胶、化工、汽车、船舶、旅游等产业，设置了物流、机电、橡胶、旅游等20多个专业，每年为企业输送大批技术工人。胶南还采取发放教育券的方式，安排专款500万元，免费对失地失业农民进行优先技能培训。

缺什么补什么，学什么教什么，胶南市在培训中推广这种菜单式教学。政府举办的微机、农用车驾驶、缝纫、旅游服务、种植、养殖培训班，在全市各地均可见到。有基础技能型培训，有法律、文明规范教育培训；有几天的培训，也有几个月的培训。胶南开发区投资50万元启动培训工程，对一些中青年农民进行厨师、面点师、家电维修、汽修、农用车驾驶、花卉等专业培训，首期报名达150名。

面对就业形势的新发展，胶南创新培训思路，实行递进式就业。经过培训已经进入企业上岗的，由企业对其骨干进行“提升式”培训。胶南市泰发集团先后吸纳农村剩余劳动力3000多人，其中100多人工作一段时间后，经过再次培训成为骨干或进入企业管理层；有的离岗创办配套企业，目前配套企业达到110多家，吸纳就业1200多人。政府对企业的腾岗换人和吸纳新人就业，在组织、协调上给予有力支持。过去，琅琊镇台西头村的村民靠捕捞为生，弃船上岸后学习养殖，现在经培训后又纷纷办起“家庭旅馆”。农村“家庭工厂”、“家庭商店”、“家庭旅馆”等，已成为胶南市农民创业的一道亮丽风景。

2008年，人民日报报道《胶南农村剩余劳动力加快转移》

2005年3月，成立以青岛市第二技术学校为依托的劳动预备制培训基地，以预备制培训补贴和减免学费形式，鼓励初、高中毕业生到培训基地学习，掌握提高专业技能，促进就业。是年6月开始启动农村劳动力转移培训工作，至2012年，全市培训农村劳动力50467人。2009年2月，在青岛双星轮胎工业有限公司举行“在职培训援助计划”暨“金蓝领”职业技能培训基地启动仪式。是年，组织43家企业7130名职工参加技能培训，并取得职业资格证书。2010年，对企业新签合同6个月内的在岗农民工开展岗位技能培训，并给予企业一定的培训费补贴，是年，培训合格3094人。

2011年，认定33家单位为胶南市职业培训定点机构。2012年，开展企业新录用人员技能培训，参训人员不再受户籍限制，凡与企业签订6个月以上期限劳动合同，在劳动合同签订之日起6个月内的职工，均可参加由政府补贴的职业技能培训。

2011年庆五一金牌优秀职工表彰大会暨创新成果展示大会

第四节　企业职工工资与福利

20世纪80年代开始，国家在有计划的商品经济理论下全面推进工资改革，对企业实行一级工资分配，企业对职工实行二级分配。企业工资分

配与机关事业单位工资脱钩，并实行工效挂钩，即企业职工工资总额同经济效益挂钩。

工资及其制度改革 1988～1995年期间，企业职工工资分为企业干部、工人两大类，工资组成有技能工资、岗位（职务）工资及津补贴。技能工资定级根据学历、职称、兵龄、技术等级及企业行业分类等确定；岗位工资由各企业根据工作年限参照行业分类确定；各项津补贴组成及标准随上级文件规定调整。但是随着国家工资制度的不断改革，主要工资部分逐步与企业经济效益挂钩，突出多劳多得。

1988年，企业开始实行职工工资与经济效益挂钩。99家全民企业核定税利基数3407.4万元，工资总额基数2287.4万元，挂钩浮动比例为1:0.59。64家集体企业核定利税基数1785.3万元，工资奖金基数1542.2万元，挂钩浮动比例为1:0.56。县建筑公司仍实行百元产值工资含量包干办法，县饮食服务公司仍实行提成工资制。在工资与效益挂钩的基础上，推行浮动工资制。全县2.7万名职工中，实行计件工资制的6149人；定额工资制的1481人；岗位工作制的1002人；结构工资制的2107人；浮动工资制的9211人；计时工资加奖励的5479人，其他分配形式的1571人。是年，对1983年9月底以前获得专业技术职称，并符合条件的77名专业技术人员实行技术职务工资，其中，中级专业技术人员15人，初级62人，人均月增加工资额10元。同时，为企业中46名专职教师和幼儿教师提高工资标准，其中，专职教师20人，幼儿教师26人，人均月增加工资额8元。为621名专业技术人员调整一级工资，占职工总人数的3%。其中，大学本科毕业生29人，专科毕业生43人，中专毕业生103人，高中学历15人，相当于高中学历的431人，人均月增加工资14元。

1989年，继续推行和完善"工效挂钩"。全民企业挂钩单位53家，职工14211人，落实利税基数5412.5万元、工资总额基数2742.5万元。当年实际实现税利5822.6万元，比核定基数增长7.6%；工资总额3128.4万元，人均占有工资2201元。集体企业挂钩单位66家，职工11643人，落实利税基数为3447万元、工资基数2321.93万元。当年实际实现税利3006.9万元，比核定基数下降12.8%；工资总额2436.33万元，人均占有工资2092.5元。县属全民企业35家、核定工资包干基数116.5万元；集体企业1家、核定工资包干基数6.1万元。按照鲁政发〔1988〕59号和县政府〔1988〕168号文件，"工效挂钩"企业内部实行滚动浮动升级办法，全县实行滚动升级企业102家，占全县企业总数的80%；浮动升级职工10159人，占职工总数的68%，月增工资额12.2万元，人均月增加12元。县属企业27500名职工中，实行计件工资制4150人，定额工资制2430人，岗位工资制820人，结构工资制的680人，浮动工资制11250人，计时工资制加奖励7800人，其他分配形式370人。

1990年，全民企业工效挂钩57家，职工14374人，落实税利基数5912.05万元，工资基数3110.48万元。当年实际实现税利4257.66万元，比核定基数下降27.9%。工资总额达3224.4万元，人均占有工资2243元，比1989年增41元。集体企业挂钩32家，实现税利2003.4万元，比核定基数下降18.8%，人均工资2002元，比1989年减少90.50元。

1991年，根据青劳薪〔1991〕15号文件，为全市符合条件的28715名企业职工提高工资标准，人均月增工资8元。1992年，继续推行、改进完善企业工效挂钩办法，工效挂钩企业162家职工30703人；核定利税基数7241.8万元，工资总额基数7141万元。其中全民企业98家，集体企业64家。是年，为175家全民、集体、合资企业下达季度、年度工资计划，统一换发核签企业工资基金管理手册，加强对工资基金的结转、使用管理。是年，在严格控制升级指标前提下，将升级权下放企业。共有114家企业有升级指标，职工20396人，下达升级指标7136级，有13139名职工晋升工资，月增资额达98498元。根据青劳薪〔1992〕73号文件，为3家国家二级企业、14家省先进企业职工向上浮动一级工资转为固定工资，下达转固定指标1096级，使用1049.5级。为448名大中专毕业生、专业技术人员办理固定工资手续；为148家企业下达晋级指标833级；为17名示范企业厂长、

书记、贡献突出的供销人员、全国五一劳动奖章获得者晋升一级工资。

1993 年,落实工效挂钩方案和包干办法,列入工资挂钩企业 148 家,职工 30506 人。其中,全民企业 85 家,职工 17797 人,核定挂钩利税基数 6461.1 万元,工资总额基数 5832.6 万元,人均工资基数 3277 元;集体企业 63 家,职工 12709 人,核定挂钩利税基数 3201.8 万元,工资总额基数 4231.7 万元,人均工资基数 3329 元。并根据企业不同情况,确定浮动比例在 1.03 ~ 0.7 之间。对不具备挂钩条件的 42 家企业 1063 人,实行工资总额包干办法,核定包干基数 314.5 万元,人均工资基数 2958 元。同时按企业效益工资增长比例给 203 家企业 33683 名职工进行档案工资升级,月增资额达到 32.8 万元。是年,全市 218 家企业 35183 人增加年功工资,月增资 41.8 万元,人均月增资 11.88 元;为 218 家企业 34930 人增加补偿工资,月增资 87.3 万元,其中全民企业 135 家,月增资 52 万元;集体企业 83 家,月增资 35.3 万元。

1994 年,全市列入工效挂钩企业 118 家,职工 18619 人,核定工资总额基数 7956.4 万元,并区别企业不同情况确定 1.03 ~ 0.7 的浮动比例。确定 14 家企业 11386 人进行按“两低于”(工资总额增长低于经济效益增长、人均工资低于劳动生产率)原则确定工资水平的试点工作。是年,积极稳妥地进行企业技能工资套改工作,列入套改技能工资企业 271 家,职工 37175 人,月增资 372.5 万元,人均增资 100.20 元。根据青劳〔1994〕64 号文件,调整提高企业职工图书补助费、洗理费及交通费,三项补贴全市月增资 97.5 万元。

1995 年,《劳动法》《工资支付暂行规定》《青岛市企业最低工资规定》先后颁布施行。大部分企业从 1 月 1 日起执行新标准,重新调整分配方案、工资待遇,规范工资支付行为,依法保障劳动者的合法技能。同时,政府部门加强宏观管理,根据 1994 年全市非农国内生产总值和工资总额增长情况,给 260 多家企业下达工资总额计划 12367 万元,比上年增长 8.7%。是年开始发布全市在岗职工月平均工资和上级公布的最低工资标准。

1995 ~ 2012 年全市最低工资标准统计表

表 21 – 2 – 1　　　　单位:元

执行时间	工资额	执行时间	工资额
1995.3 ~ 1996.6	150	2005.1 ~ 2006.9	470
1996.7 ~ 1996.12	180	2006.10 ~ 2007.12	540
1997.1 ~ 1999.6	200	2008.1 ~ 2010.4	620
1999.7 ~ 2001.6	290	2010.5 ~ 2011.2	760
2001.7 ~ 2002.9	340	2011.3 ~ 2012.2	950
2002.10 ~ 2004.12	380	2012.3 ~ 2012.12	1100

2000 年,根据鲁劳〔1999〕71 号文件,进行最后一次套改技能工资,人均月增资 86 元。其后,国家工资管理职能发生重大转变,主要行使宏观调控职能,企业职工工资水平由企业根据当地社会平均工资和本企业经济效益决定。企业内部实行按劳分配原则,适当拉开差距,允许和鼓励资本、技术等生产要素参与分配。

津补贴　截至 2012 年,先后开始执行的津补贴有 20 项。

夜班津贴　1988 年,从事大夜班生产为每天 0.8 元,中班生产为每天 0.6 元。1989 年 4 月调整为大夜班生产每天 1.2 元,中班生产每天 1 元。

1995～2012 年全市在岗职工平均工资统计表
表 21－2－2　　单位:元

年份	工资额	年份	工资额
1995	352	2004	1035
1996	381	2005	1157
1997	401	2006	1189
1998	446	2007	1378
1999	518	2008	1534
2000	584	2009	1756
2001	656	2010	2004
2002	750	2011	2328
2003	814	2012	2657

1997 年 8 月调整为大夜班生产每天 10 元,中班生产每天 7 元。

肉价补贴　1988 年起,职工每人每月补贴 4 元;1991 年 1 月撤县设市后调整到 5 元。其中,农民合同制工人每月 2.5 元。

四种副食品补贴　1988 年 5 月起,每人每月 8 元。1991 年 1 月撤县划市后改为 10 元。其中,农民合同制工人 5 元。

副食品补贴　1988 年起,每人每月 5 元。

燃料交通补贴　1992 年 12 月起,每人每月 7 元。1994 年调整为 12 元。

煤价补贴　1992 年 8 月起,每人每月 5 元。

粮价补贴　1992 年 4 月起,每人每月 5 元。

粮食价格补贴　1992 年 11 月起,每人每月 8 元。

冬季取暖费　取暖时间为 12 月、1～2 月 3 个月。1988 年每人 16 元。1989 年每人 24 元。1996 年调整为 80 元。

自行车津贴　1988 年起,每人每月 1.5 元。1989 年 3 月调整为 5 元。

防暑降温费　1989 年起,从事高温作业 24 元,露天一般作业 18 元,其他 12 元。2006 年 8 月,从事室外作业和高温作业每人每月 120 元,非高温作业人员每人每月 80 元,全年按 6～9 月 4 个月计发。

年功工资　1993 年 1 月起,按年份计算,标准为一年 1 元,按月计发,逐年增加。

补偿工资　1993 年 7 月 1 日起,补偿标准为每人每月 25 元。

煤电补贴　1993 年 7 月起,每人每月 10 元。

洗理费　1994 年前,每月男 7 元、女 8 元。1994 年 1 月,调整每月为男 15 元、女 17 元。

图书补助费　1994 年前,仅限管理人员 4 元。1994 年 1 月起,管理人员调整为每月 15 元,且工人也可享受。

交通补贴费　1994 年前,每人每月 2 元。1994 年 1 月起调整为 7 元。

综合价格补贴　1995 年 5 月 1 日,将肉食品、副食品、粮食价格、燃料交通、煤价、补偿工资、电煤价格、图书补助费、洗理费等,简化归并成“综合价格补贴”,男每月 115 元、女 117 元。其中农民合同制工人男每月 107.5 元、女 109.5 元。

城市开放补贴　1995 年 5 月 1 日起,每人每月 35 元。

技术职务津贴　1998 年 1 月起,技师每月 50 元、高级技师每月 100 元,从被聘任的下月起计发职务津贴。中级工每月 20 元、高级工每月 70 元。2000 年 7 月 1 日,技师调整为每月 100 元、高级技师每月 150 元;技能津贴,高级工每月 70 元,中级工每月 40 元。

第五节　社会保险管理

胶南社会统筹保险始于 1985 年,至 2010 年 1 月 1 日,全市机关事业、企业单位在青岛“五市”中率先实现“五险”(养老、医疗、失业、工伤、生育保险)全覆盖。至 2011 年 1 月 1 日,实现城乡居民社会基本养老保险制度全覆盖。

养老保险　企业养老保险　1985 年 1 月,机关、企事业单位农民合同制工人开始缴纳职工养老保险。用工单位按照职工本人工资总额的 20%、个人按 2% 缴纳保险金;1993 年 10 月,根据国务院和省政府规定,企业固定职工开始实行个人缴纳基本养老保险费。1994 年,按照《青岛市城镇企业职工养老保险制度改革方案》《青岛市城镇企业从业人员养老保险暂行规定》要求,对企业中城镇户口从业人员实行社会统筹与个人账户相结

合的养老保险制度。个人缴费比例暂定为本人月平均工资收入的8%。

2009年8月,根据青岛市社会劳动保险事业办公室就企业职工基本养老保险制度"前补"的政策规定,将未参加养老保险的灵活就业人员以及游离于养老保险制度之外的参保职工纳入养老保险体系。至2011年6月30日,办理补缴保险手续52598人。至2012年9月底,全市养老保险企业参保户数达到3468户,参保人数达15.7万人。共征缴养老保险费7.1亿元。

机关事业单位养老保险　1986年,开始执行省政府《关于发布改革劳动制度四个实施细则的通知》,机关事业单位合同制工人,从参加工作之日起开始缴纳养老保险。

1994年5月,启动合同制养老保险,参保范围为机关事业单位中劳动合同制工人、乡镇农民合同制招聘干部、市人才交流中心保管其人事关系和人事档案的各类专业技术人员、自收自支及企业化管理事业单位的工作人员。缴纳标准为单位按上年度合同制职工月均工资总额的18%缴纳,个人按上年度月均工资总额的2%缴纳。

1996年3月,自收自支事业单位固定工开始缴纳养老保险。

1999年12月,机关事业单位实行全员养老保险,合同制工人、自收自支事业单位工作人员养老保险并轨运行。实施社会基本养老保险的范围为本市党政群机关、社会团体、事业单位及其工作人员。单位按上月在职工作人员档案工资总额单基数的25%缴纳。经批准的计划内临时工按上述比例,以所在单位上月人均工资总额为基数缴纳,低于320元的以320元为基数缴纳。个人按本人上月工资总额的2%缴纳。2001年1月开始,个人按2%缴纳;2002年1月,单位缴纳比例由25%提高到28%,个人仍按2%缴纳;2007年4月,单位统筹比例由28%调整为30%,个人为2%。2012年持续执行。

农村社会养老保险　1992年,胶南被国家民政部确定为农村社会养老保险(以下称农保老制度)县级试点单位。是年6月成立社会养老保险办公室。截至2012年底,全市参加农村社会养老保险居民58002人,收缴保费21345.21万元,涉及23处镇(街道)900多个村居。

城乡居民社会基本养老保险　2011年1月1日,城乡居民社会基本养老保险制度全覆盖。1992年开始参加农村社会养老保险的居民停止缴费,改按城乡居民社会基本养老保险制度参保缴费并计发待遇。2012年9月,开展城乡居民社会基本养老保险与1992年农保老制度交替衔接等相关工作,全面实现账户合并、养老保险待遇合并发放。

2011年3月,《胶南市城乡居民社会基本养老保险试点实施方案》规定,凡年满16周岁(不含在校学生)、具有本市户籍、未参加城镇职工或机关事业单位基本养老保险的城乡居民,均可在户籍所在地自愿参加城乡居民养老保险。截至2012年底,城乡居民养老保险参保人数333259人,60周岁以上居民参保率为100%,35周岁以上居民参保率98.9%。收缴保费12.8亿元,为133828人发放养老金4.8亿元。

被征地农民和成建制转非村居民社会基本养老保险　2005年12月,市政府印发《胶南市被征地农民和成建制转非村居民社会基本养老保险试行办法》。截至2012年底,符合条件的13处镇、街道的120个村(居)40513人参加保险,收缴保费42328.42万元,为23727人发放养老金25176.42万元。

医疗保险　企业职工医疗保险　1988～1996年,国有企业职工实行劳保医疗制度。1997年1月1日起,在城镇国有企业、市属集体企业、私营企业、外商投资企业和各类单一或混合型经济所有制以及股份制企业、股份合作制企业,内联企业,中央、省属和部队所属驻胶南企业,全面实施《青岛市企业职工医疗保险暂行办法》。医疗保险基金由社会医疗保险统筹金、单位医疗保险调剂金、个人医疗保险账户金三部分组成,由企业和职工个人共同缴纳。企业按在职职工上年度工资总额的10%提取医疗保险费,职工按本人上年度工资总额的1%缴纳医疗保险费,离退休人员按实际使用额在企业劳动保险费中列支医疗保险费。2012年,城镇基本医疗保险按照"统一政策、分级

经办”和“分步实施、逐步过渡”原则，统一参保范围和项目、统一待遇标准、统一基金管理、统一经办流程、统一信息管理，逐步统一缴费标准，已纳入青岛市级统筹。

城镇职工基本医疗保险　2001年1月1日起，首先在原实行大病统筹的企业和实行行业管理的驻胶南单位实行城镇职工基本医疗保险制度。是年4月1日，机关事业单位并轨运行。按照《胶南市城镇职工基本医疗保险暂行规定》，基本医疗保险制度实施范围覆盖胶南行政区域内的所有用人单位和职工、个体经济组织及其从业人员和自由职业者。并将1118名困难企业退休职工纳入医改范围，按规定享受医疗保险待遇。截至2001年底，有740家单位73877名在职人员参加基本医疗保险，分别占应参保数的94.9%和98%，其中机关事业单位24499人，企业49378人。另有退休职工11665人。

2011年3月24日，全市城乡居民社会基本养老保险启动动员大会

2003年启动城镇私营企业、个体经济组织从业人员及自由职业者医疗保险。年内有12245名城镇私营企业、个体经济组织从业人员、自由职业者参保，占总参保人数的13.5%。

基本医疗保险费由用人单位和在职职工共同缴纳。2001年，用人单位以在职职工工资总额为基数，按7%的比例按月缴纳；2007年4月，由7%调整为5%；2011年1月，由5%调整为6%；2012年4月，由6%调整为7%。个人统筹比例自始至终为2%。

城镇居民医疗保险　2008年10月，启动城镇居民医疗保险制度，未纳入城镇职工基本医疗保险和新型农村合作医疗制度覆盖范围的、具有本市城镇户籍的居民，以及在本市各类学校就读学生均可参加城镇居民基本医疗保险。当年，有33016人参加城镇居民医疗保险，参保率达72.19%。至2012年，全市参保城镇居民达到4.70万人，参保率100%，年筹集基金524万元。

新型农村合作医疗　2003年，市政府印发《胶南市新型农村合作医疗管理暂行办法》，实行个人缴费、集体扶持和政府资助三方筹资的新型农村合作医疗制度（以下简称“新农合”）。镇、村集体和农民个人三方总筹资额按每人每年不少于10元的标准筹集，10元以上按10元的整数倍数筹集。农民个人以家庭为单位在户口所在地参加。有条件的镇和村集体可根据当地实际情况，资助农民不断提高筹资额。农村五保户的筹集资金由所在村集体负担，农村优抚对象、农村低保户的筹集资金由所在镇政府负担。新型农村合作医疗统筹基金，全部用于支付参加新型合作医疗的农民门诊、住院费用，不得挪作它用。其中，每人每年提取8元作为市级大病统筹合作医疗基金，其它为基础合作医疗基金。充分体现以大病统筹为主、兼顾基础合作医疗，实现农民医疗互助共济的优越性。是年10月1日正式启动试点工作。

截至2012年，全市共筹集新农合基金6.85亿元，农民报销7.05亿元，914.19万人次受益。其中，门诊受益877.62万人次，住院受益36.58万人次，收益额万元以上的达4257人次。全市基金规模由试点之初的1848万元/年增长到1.9亿元/年，镇级医院住院报销比例由最初的30%提高到90%，门诊报销比例由10%提高到60%，大病门诊报销病种由3种扩大到16种，个人住院报销封顶线由19551元提高到18万元，使农民“小病扛，大病拖”的现象明显减少，有病早治，无病早防的健康意识明显提高。

2004~2012年全市新型农村合作医疗收支情况统计表

表21-2-3 单位:人、万元、人次

年份	实际筹资人数	筹资总额	门诊		住院			
			受益人次	报销金额	住院人次	费用总额	报销金额	每人每次万元以上
2004	598028	1848	683574	367	10131	2490	667	52
2005	582010	1798	840183	737	12596	3859	759	76
2006	597935	3525	1034927	806	22462	5418	1840	112
2007	646780	3354	644969	277	34803	9880	3912	149
2008	651688	6521	635359	300	45807	13074	5463	219
2009	647942	6482	610515	305	50939	15195	5769	349
2010	642274	9658	463238	305	58607	16986	8641	503
2011	644786	16307	543892	505	58953	25670	14297	930
2012	633440	19015	3319495	1996	71488	37257	22596	1867
合计	5644883	68508	8776152	5598	365786	129829	63944	4257

失业保险 1993年5月,胶南作为最早建立失业保险制度的城市之一,首先在企业中建立失业保险制度。截至2012年9月底,全市失业保险参保企业3521家,是年底参保人数113884人。1994年10月1日,根据青岛市人事局等部门通知精神,开展机关事业单位失业保险。按单位工作人员工资总额的1%缴纳失业保险。2010年1月1日,暂停征缴全额拨款事业单位失业保险费。2012年7月1日,恢复全额事业单位失业保险征缴工作。

工伤保险 1995年开始实施《青岛市企业职工工伤保险暂行办法》。截至2012年9月底,全市工伤保险参保企业3587家,参保人数11.3万人,征缴工伤保险费0.2亿元。

2009年1月1日,根据省和青岛市通知精神,启动机关事业单位工伤保险,参加市本级统筹的事业单位按照工作人员工资总额的0.3%缴纳,个人不缴纳工伤保险费。

生育保险 1996年开始执行《青岛市企业职工生育保险暂行办法》。截至2012年9月底,生育保险参保企业3523家,参保人数11万人。2010年1月1日,启动机关事业单位生育保险,用人单位以在职职工工资总额为基数,按0.7%的比例缴纳生育保险费,职工个人不缴纳生育保险费。

第六节　职工离、退休待遇

1994年10月前,企业离、退休人员养老待遇分为离退休费、生活补贴、工龄补贴、各项补贴等,每月人均养老金56元左右。1989～2002年,离休、退休、退职人员待遇逐步增加。

1989～2002年全市(县)退休职工增加待遇情况统计表

表21－2－4

政策依据	调整人员范围	提高标准	执行时间
鲁劳险〔1989〕084号	全体离退(职)休人员	比例:30年以上(含)的20%,15(含)到30(不含)年的15%,10(含)到15年(不含)的25%。各项待遇之和(含补贴)低于50元的按50元发放,孤独1人者55元 按本人标准工资为基数,1994年12月31日前退休的不用减6元,1995年1月1日起档案工资里有6元粮油价格补贴的退休时减6元,1999年7月起上浮2级级差－6 退职的低于45元的按45元发放 104号文已满80%的,独生子女、劳模、高原的增加5%,可加在084号文里,累计(104号＋084号)比例不超过100% 特殊工种的,折算后加工龄,但不加工龄补贴	1989年1月1日
国发〔1989〕83号	1989年9月30日前退休人员	以计发退休费为基数,对照〔1985〕31号文上调一个级差,一个级差低于8元的按8元计发;1957年后退休的未调过级可调两级;享受最低保证数的可在最低数上调1～2个级差 退职人员在最低保证数的基础上增加8元	1989年10月1日
鲁劳险〔1991〕003号	1989年9月30日前退休人员	以计发退休费为基数,对照〔1985〕31号文,未参加1985年工资改革的补贴10元,级差大于10元的按一个级差补贴,半个级差大于8元的按半个级差补贴	1989年10月1日
鲁劳发〔1992〕578号	对1992年12月31日前的离退休人员增加离退休金,1998年10月1日以后退休的不再执行	1.按连续工龄、每年发1元离退休金。2.以本人基本离退休金为基数,按比例增发。1985年工资改革前离退休的:红军65%,抗战时期50%,解放战争时期35%,新中国成立后20%;1985年工资改革后至1988年12月31日前离退休的:抗战时期45%,解放战争时期30%,新中国成立后15%;1989年1月1日～1992年12月31日前离退休人员:抗战时期40%,解放时期25%,新中国成立后10%;1993年1月1日～1998年9月底前离退休人员,比例10% 基数:〔104＋084＋50.9＋83＋003＋17(生活补贴)＋12(特需补贴)〕＊比例,不享受17(生活补贴)和12(特需补贴)不作为基数(计算到元,元以下四舍五入) 其中:50.9＝粮食补贴(1.5～2)＋肉类补贴5元＋副食补贴5元＋四种副食补贴10元＋燃料补贴5元＋粮油补贴(5,6,8)＋生活补贴5元	1992年1月1日

续表 21－2－4

政策依据	调整人员范围	提高标准	执行时间
《山东省劳动厅关于建立企业离退休人员基本养老金正常调整机制的试行意见》（鲁劳发〔1994〕367号）	1993年底前退休、退职人员	本人月基本养老金的10% 不作为11%的基数 本人月基本养老金的11% 基数：〔104＋084＋50.9＋83＋003＋578生活补贴＋17（生活补贴）＋12（特需补贴）〕，不享受17（生活补贴）和12（特需补贴）不作为基数分别计算到元，然后相加	1993年9月30日前退休的，从1993年10月1日起执行；1993年10月1日～12月31日退休的，从1994年7月1日起执行
鲁政发〔1994〕86号	1993年底前退休、退职人员	离退休时间1978年12月31日前的离休是100元，退休是60元；1979年1月1日～1985年工资改革前离休是85元，退休是45元；1985工资改革后至1988年12月31日离休是70元，退休是30元；1989年1月1日至1993年9月30日离休是60元，退休是20元	1993年9月30日前退休的，1993年10月1日起执行；1993年10月1日～12月31日退休的，从领待遇之月
《关于增加企业退休、退职人员基本养老金的通知》（青劳〔1997〕2号）	1993年9月底前退休、退职人员	本人月基本养老金的8% 在增加8%的基础上再增加本人月基本养老金的5% 基数：〔104＋084＋86绝对额＋367＋83＋003＋578＋50.9＋17元（生活补贴）〕，不享受17（生活补贴）不作为基数保留到元	95增长机制从1995年7月1日起执行；96增长机制从1996年12月1日起执行
《关于为企业退休（职）人员增加待遇的通知》（青劳〔1998〕156号）	1996年12月31日前退休、退职人员	每人每月增加养老金10元	1997年7月1日
《转发省劳动和社会保障厅、省财政厅〈关于提高企业离退休人员养老金水平的通知〉的通知》（青劳社〔1999〕95号）	1999年6月30日前退休	每人每月增加养老金40元	1999年7月1日
	1999年6月30日前退职	每人每月增加养老金35元	
	1999年6月30日前退休	本人月养老金的7%	
	1999年6月30日前退职	本人月养老金的5%	
《转发省劳动和社会保障厅、省财政厅〈关于2001年调整企业退休人员基本养老金的通知〉的通知》（青劳社〔2002〕80号）	2000年12月31日前退休、退职	按2000年12月本人基本养老金的一定比例增加，达不到最低额的按最低额增加： 1.1949年1月1日～1949年9月30日期间参加革命工作，享受人民政府薪金制的：12%、90元/人/月；2.1953年12月31日前参加工作的：12%、75元/人/月；3.1993年9月30日前退休的：12%、60元/人/月；4.1993年10月1日～1995年12月31日期间退休的：7%、55元/人/月；5.1996年1月1日～2000年12月31日期间退休的：7%、50元/人/月；6.2000年12月31日前退职的：7%、40元/人/月	2001年7月1日

续表 21－2－4

政策依据	调整人员范围	提高标准	执行时间
鲁劳社〔2002〕50 号文	2001 年 12 月 31 日前退休	一、普遍调整：按 2001 年 12 月本人月基本养老金的 5.5% 计算增加养老金。退休人员最低 30 元，退职人员最低 24 元。二、适当提高、普遍调整＋适当提高标准：1. 1949 年 1 月 1 日～9 月 30 日期间参加革命工作、享受当地人民政府制定薪金制待遇的退休干部：40 元/人/月（适当提高）、80 元/人/月（普遍调整＋适当提高标准低于 80 的按 80 执行）；2. 1949 年 1 月 1 日～9 月 30 日期间参加革命工作、享受当地人民政府制定薪金制待遇的退休工人：80 元/人/月（适当提高）、120 元/人/月（普遍调整＋适当提高标准低于 120 的按 120 执行）；3. 1953 年 12 月 31 日前参加工作的退休人员：40 元/人/月（适当提高）、80 元/人/月（普遍调整＋适当提高标准低于 80 的按 80 执行）；4. 退休的企业军转干部：35 元/人/月（适当提高）、75 元/人/月（普遍调整＋适当提高标准低于 75 的按 75 执行）；5. 原工商业者中的退休人员：30 元/人/月（适当提高）、70 元/人/月（普遍调整＋适当提高标准低于 70 的按 70 执行） 注：同时符合上述两项以上（含两项）条件的退休人员，按其中标准较高的一项执行，不重复	2002 年 7 月 1 日

2004 年开始，根据省调整企业退休职工增资政策，连续 8 年为企业退休职工每人每月平均累计增加养老金 1140 元。截至 2011 年底，全市企业离退休职工养老金人均 1450 元。2012 年 1 月再次调整企业退休职工养老金，为 13756 名企业退休职工每人每月增加 224 元。当年为全市 15359 名企业离退休人员发放养老金 2512 万元，人均 1636 元。

第七节　劳动监察与劳动争议仲裁

劳动监察　1988～1994 年 6 月，职工发生劳动纠纷通过劳动争议仲裁委员会进行处理。1994 年 7 月开始由市劳动局新成立的劳动监察科（后更名为劳动监察大队）负责。

2007 年 1 月开始实行网上办案，案件办理录入青岛市劳动监察网络化监管系统。是年 3 月开始实施企业工资信息网格化监控，对企业工资发放加大监管力度。2009 年 5 月试点劳动保障监察两网化管理。截至 2012 年，每年查处投诉、举报案件 1100 余起，检查企业 3150 余家，开展专项检查 5 次，检查企业 800 余家。所查办案件未发生效能投诉和行政复议。

2012 年 5 月开始对企业欠薪实行预警监管，对拖欠两个月以上工资的企业，由专职监察员进行重点监管，每月对企业工资拖欠情况进行调查处理，通过监管防止 4 家企业逃逸，为职工追回工资 200 余万元。是年 7 月，对欠薪欠费及加班严重的企业实施"约谈制"。

劳动争议仲裁　1985 年成立"胶南县劳动争议仲裁委员会"。1992 年受理第一起劳动仲裁案件。1993 年以前，处理劳动争议问题延用的仍是建国初期国家制定的《劳动争议暂行规定》。1993 年 7 月，国务院印发《企业劳动争议处理条例》。市劳动争议仲裁委员会办公室于 1996 年成立。2005～2007 年受理劳动争议案件 1287 件。2008

年5月1日,《劳动争议调解仲裁法》颁布施行,取消劳动仲裁收费。2009～2011年,受理劳动争议案件3694件,调解和撤诉率达60%以上。2012年,受理劳动争议案件1060件,调解和撤诉率达60%以上。

第三章 民　　政

第一节 村(居)民自治和城乡社区建设

村民自治 1990年11月,县委印发《关于加强村级组织建设工作的意见》。1998年,《村民委员会组织法》《山东省村民委员会选举办法》颁布施行。是年4月,市委印发《关于进一步加强农村基层组织建设的意见》。2002年2月,市委作出《关于进一步加强村级建设的决定》,要求积极实施依法治村、民主管理,健全村民委员会组织,建立健全村民议事、村民代表会议制度,以及正确处理村民委员会与乡镇政府、村党支部的关系。市民政局先后制定《关于创新体制推进村级民主政治建设的意见》《村级组织"4+X"管理模式的施行意见》《村级组织印章监督管理办法》《村(居)干部经济责任审计暂行办法》《村务公开目录》《农村干部廉洁履行职责暂行规定》《村级组织干部问责暂行办法》等。2009年,被评为"全国村务公开民主管理示范市"。

1990年开始,按照上级有关规定,先后进行八次村民委员会的换届选举。

城乡社区 1988年,县政府印发《关于在县城建立居民委员会的意见》。1991年1月撤县设市后,城市居委会建设步伐加快,至1995年,先后成立华山街、东风路等38个城市居民委员会。2004年4月,市委、市政府印发《加强社区建设工作的意见(试行)》,成立社区建设指导委员会,建立社区党组织,依法选举产生社区居民委员会,培育发展社区民间组织和志愿者组织。并建设社区服务中心、便民服务站以及文化、健身、娱乐等公益性服务设施,为居民提供方便快捷的服务。截至2012年,共有城市社区居民委员会61个。

2006年5月,市委、市政府印发《关于加强农村社区建设的意见(试行)》,启动以"建设农村社区综合服务中心或'邻里中心',搭建为民服务平台"为主要特色和突破口的农村社区建设工作。2011年9月,被民政部命名为"全国农村社区建设实验全覆盖示范单位"。

2007年3月19日,全国农村社区建设工作座谈会在胶南召开

第二节 拥军优抚安置

拥军优属 1990年,建成日处理5000立方米原水净水场1座,解决军港供水问题。1995年投资近200万元,在古镇口修建清水湾渔

船停泊点，将停在军港内的渔船全部迁出，结束 20 多年军舰、渔船混停的历史。1996 年投资百万元建设灵山岛饮水工程。1999 年，将古镇口军港内 540 多个养殖网箱迁出，清理利根湾、灵山岛防台锚地养殖场。2000 年，唐岛湾航道拓宽，清除养殖扇贝 20 多公顷，养鱼箱 100 个，参鲍池 0.67 公顷。2002 年投资近 35 万元，绿化古镇口军港山地。2003 年投资 15 万元为驻军某仓库实施水源地防护工程。2005 年，拆除古镇口军港西堤消磁码头近 200 处养鱼看护房。2008 年，投资 183 万元建设安全蔬菜检测中心。

“和平使命—2005”中俄联合军事演习保障工作总结表彰大会召开

除重大演习行动外，每年夏季、冬季均有部队到胶南境内进行夏季海训和冬季拉练，胶南积极为部队提供住宿、食品、水电、通信等便利条件，并向部队赠送丰富慰问品。每年建军节、春节等重大节日或者军事行动期间，组织开展形式多样的拥军慰问活动。截至 2012 年底，连续七届被评为山东省、青岛市双拥模范城。2008 年和 2012 年分别被评为“全国双拥模范市”。

优待抚恤　1987 年 7 月，县政府印发《胶南县对烈属、义务兵家属和残废、复员退伍军人实行以乡镇统筹优待的暂行规定》，对革命烈士、因公牺牲、病故军人的父母、配偶、未成年子女，以及义务兵家属、残废、复员和带病回乡的退伍军人给予优待。是年为 7399 名优抚对象发放优待金 205.2 万元。

1996 年 3 月，市政府印发《胶南市义务兵家属优待金统筹管理办法》，义务兵家属优待金实行社会统筹，统一管理，统一兑现。统筹标准为：机关、社会团体、事业单位和市属以上企业干部职工按照年度工资总额统筹 0.2%；农业人口按上年度人均收入统筹 0.15%。是年 8 月，印发《关于进一步做好拥军优属工作的若干规定》，在搞好义务兵统筹优待工作的基础上，把烈属、伤残、复员、带病回乡退伍军人统筹优待纳入全市统筹，建立起优待金与当地群众收入水平同步增长机制。对革命烈士父母、配偶和未成年子女（含因公牺牲、病故军人家属）、革命伤残军人、复员军人，按有关规定免负义务工、免缴村提留和乡镇统筹；带病回乡退伍军人基本丧失劳动能力的免负义务工、积累工；优抚对象中的困难户凭青岛市民政局核发的《困难户手册》，免除家庭成员义务工、劳动积累工、集资、提留。对伤残军人从事个体经营的减免工商管理费和营业税。

2007 年 8 月，对在农村和城镇无工作单位且家庭生活困难的参战退役人员、原 8023 部队退役人员（含其他参加核试验军队退役人员），每人每月发放生活补助 100 元。为 343 名参战参试退役人员落实发放生活补助待遇。

2008 年 5 月，市政府印发《胶南市抚恤定补优抚对象医疗保障办法》，优抚对象在按照属地原则参加相应的城镇职工基本医疗保险、城镇居民基本医疗保险和新型农村合作医疗保险的基础上，享受相应的优抚对象医疗保障待遇，其中 1～6 级残疾军人按照属地原则参加城镇职工基本医疗保险；其他优抚对象，在城镇居民基本医疗保险或者新型农村合作医疗规定报销范围、限额内的住院医疗费用，按规定比例报销（补助）后的剩余部分，按照孤老优抚对象、“三老”优抚对象（即 60 岁以上残疾军人、“三属”、复员军人）优抚报销。其余优抚对象分三个层次，分别给予 90%、70%、50% 医疗费补助，每人每年最高补助金额分别为 1.5 万元、1.2 万元、1 万元。

2011 年 7 月，为 60 周岁以上烈士子女定期发放生活补助，每人每月 130 元。是年 8 月，对部分农村籍退役士兵按每服 1 年义务兵役（不满 1 年的按 1 年计算），每人每月发给 10 元老年生活补助。

军人安置 退伍军人安置 1987年12月12日，国务院颁布《退伍义务兵安置条例》，规定退伍义务兵安置工作必须贯彻“从哪里来，回哪里去”的原则和“妥善安置，各得其所”的方针，对城镇退伍义务兵和转业志愿兵“按系统分配，包干安置”，并积极探索双向选择，保底安置的新政策。1988～2001年，全市接收农村退伍兵6524名，转业志愿兵1561名，城镇义务兵959名，伤残士兵105名，复员士官4名，复员干部3名。2001年，建立实行“双考双选”(即档案考核、文化理论考试和选岗位、选择自谋职业)相结合的安置办法。2002～2012年，将154名退役士兵安置到事业单位，73名退役士兵安置到企业单位，1020名退役士兵选择自谋职业。发放自谋职业金3716万元，发放待安置期间生活费335万元。接收农村退伍兵2950名，转业士官592名，城镇义务兵1034名，伤残士兵100名，复员士官208名，复员干部1名。

2008年胶南市退役士兵安置公开选岗大会

2006年，依托社区服务中心，挂牌成立“胶南市退役士兵就业服务中心”，先后组织50期就业洽谈会，1389名退役士兵实现顺利就业。2008年，培训工作由市退役士兵就业服务中心和劳动职业技能培训中心负责。2009年，依托武装部民兵训练中心，成立退役士兵培训中心，退役士兵不分城乡，均可免费接受为期3～6个月职业技能培训。2010年开始委托青岛市工业技术学校对退役士兵进行职业技能培训。截至2012年，培训退役士兵853名，拨付培训经费89万元。

1988～2012年全市(县)接收军人安置情况统计表

表21－3－1 单位:人

年份	接收						安置		
	农村义务兵	志愿兵或转业士官	城镇义务兵	复员士官	复员干部	伤残士兵	事业	企业	自谋职业
1988	783								
1989	525	110	28			9			
1990	608	141	89			10			
1991	374	113	56			11			
1992	394	168	51			5			
1993	381	101	70			13			
1994	443	155	72			9			
1995	337	110	61		1	4			
1996	546	169	88			8			
1997	454	161	90			10			
1998	535	94	97		2	4			
1999	487	115	92			5			

续表 21-3-1

年份	接收						安置		
	农村义务兵	志愿兵或转业士官	城镇义务兵	复员士官	复员干部	伤残士兵	事业	企业	自谋职业
2000	203	56	77			13			
2001	454	68	88	4		4			
2002	340	102	133	10		6	14		35
2003	399	111	130	21		11	26		100
2004	281	83	73	17		14	17		110
2005	304	55	84	11		5	15		98
2006	281	37	63	17	1	9	12	14	95
2007	262	36	89	28		13	12	16	97
2008	223	59	92	32		9	15	17	112
2009	228	32	64	11		10	9	7	78
2010	239	35	98	14		14	15	10	105
2011	185	26	116	18		6	10	4	112
2012	208	16	92	29		3	9	5	78
合计	9474	2153	1993	212	4	205	154	73	1020

军队离退休干部安置　1985 年组建胶南离退休干部休养所，占地 6755 平方米，设有阅览室、健身室、棋牌室、台球室、乒乓球室等。截至 2012 年，接收安置军队离休退休干部 119 名，其中，离休干部 49 名。

烈士陵园管理　胶南市烈士陵园　坐落于珠山路北端，1958 年 3 月始建，1975 年扩建，占地面积 1.05 公顷。1995 年被列为青岛市级烈士纪念设施。2009～2012 年，分三期投资 300 万元对烈士陵园进行整修改造，将原墓区重新规划改造为东西两个墓区，将原有竖碑烈士墓改为卧碑烈士墓，将散葬在胶南各地的 731 座烈士墓（包括 549 位无名烈士）集中搬迁到烈士陵园安葬，并对展厅进行重新布展。陵园主题建筑包括烈士纪念馆、东西墓区、无名烈士墓。墓区安葬 960 位革命烈士，其中，有名烈士 249 位，无名烈士 711 位。烈士英名录收录 2215 位革命英名，其中，抗日战争时期 62 人，解放战争时期 1439 人，抗美援朝时期 294 人，其他历史时期及牺牲时间不详的 420 人。

马家庄烈士陵园　坐落于泊里镇马家庄村，1999 年春季始建，占地面积 0.17 公顷。陵园安葬 11 位烈士，是泊里镇及周边重要的爱国主义教育基地。

大村烈士陵园　位于大村镇大村前村以西，天台山南侧，1981 年修建。陵园安葬 41 名烈士，均属滨北军分区独立一、二团，在 1949 年潍县战役——胶县沽河阻击战中牺牲。1998 年 4 月撤销该烈士陵园，41 名烈士遗骸迁入市烈士陵园集中安葬，其中 14 名无名烈士集中安葬在烈士纪念馆西侧的"英雄墓"内。

第三节　婚姻登记

1950 年，《中华人民共和国婚姻法》（以下简称婚姻法）颁布施行后，胶南实行婚姻登记制度，法定结婚年龄为男 20 岁，女 18 岁。1980 年修订的《婚姻法》，将结婚年龄改为男不得早于 22 周岁，女不得早于 20 周岁。1997 年前，胶南婚姻登

记职能由各乡镇政府承担，市直企事业单位人员在民政局办理婚姻登记。1997 年成立胶南婚姻登记管理处，承担全市婚姻登记工作。2003 年 10 月，民政部发布《婚姻登记条例》，原《山东省婚姻登记管理办法》废止，取消强制婚检和单位出具“婚姻状况证明”。婚姻登记程序为初审、受理、审查、登记（发证）。

1991～2012 年全市婚姻登记情况统计表

表 21－3－2　　单位：对

年份	结婚	离婚	年份	结婚	离婚
1991	6863		2002	5983	88
1992	5340		2003	7219	201
1993	6410		2004	8571	334
1994	8465		2005	6217	448
1995	7996		2006	7602	622
1996	6474		2007	6177	748
1997	5826	15	2008	6272	949
1998	6213	67	2009	6561	1173
1999	6391	84	2010	5595	1449
2000	6082	84	2011	7612	1462
2001	5544	79	2012	7719	1631

第四节　民间组织登记管理

1989 年，国务院颁发《社会团体登记管理条例》，确立社会团体统一归口由民政部门登记，实行登记管理机关与业务主管单位双重负责管理的体制。1998 年，国务院颁布《民办非企业单位登记管理暂行条例》。2000 年成立胶南市民间组织管理局，负责全市民间组织登记及管理。

1999～2000 年，开展民间组织清理整顿和复查登记工作，对 89 个社团进行清理整顿，保留 52 个符合条件的社团。并对 1922 家民办非企业单位进行调查，经过认真审核鉴定，首批为 28 家符合条件的民办非企业单位办理注册登记。

2001 年制定《胶南市社会团体规范化建设标准》，并开展“社会团体规范化建设年”活动，从社团基本建设、社团组织建设、社团制度建设、社团业务建设、社团党建设等五个方面作了详尽规定。2002 年，建立了市、镇（街道）、村居三级民间组织监督管理网络，设立举报电话、电子信箱，方便全社会的监督，是年查处非法民间组织 40 余家。

2002～2005 年，市政府对农村经济协会实施鼓励扶持政策，在全市重点开展农村经济类民间组织的培育发展，先后组建和扶持王台蔬菜研究会、绿茶开发研究会、道路运输协会、民营科技促进会等社团。2005 年，市民政局印发《关于加强全市民间组织诚信体系建设的实施意见》，开展民间组织诚信与自律建设。

2008～2009 年，开展农村经济协会清理整顿工作。2010～2012 年，积极发展扶持农村专业经济协会。胶南食用菌协会、宝山镇上柴村果品协会等，实行“协会＋企业＋基地＋农户”产业发展模式，被中国科协、财政部表彰为“全国科普惠农兴村先进单位”。截至 2012 年底，全市登记在册社会组织 376 个（其中社会团体单位 102 个，民办非企业单位 274 个），镇（街道）、社区备案社会组织 960 家。

第五节　地名、界线管理

地名管理　1988 年 6 月，地名办公室隶属胶南县民政局。自 1992 年 7 月～2012 年 9 月，命名道路 501 条，更名道路 52 条。

地名普查　2011 年 8 月，在 23 个镇、街道、区开展第二次地名普查试点工作，查清每条地名的来历和沿革。截至 2012 年底，普查行政区域类、居民点类、交通运输设施类、纪念地、旅游景点类、单位类等 10 个大类、60 个子类的地名 8369 条。上报地名普查成果档案 33 卷，地名普查成果图 23 幅。

地名图书编纂　1990 年 9 月印刷出版《胶南县地名志》。全书收录各类地名条目 1693 条，约 70 万字。

1991 年 8 月出版发行《胶南市地图册》。全书收图 30 幅，4 万余字。各图附有概况文字说明，主要反映胶南政区现状及各乡镇的地理沿革情况。

1995 年 3 月，为《中华人民共和国地名大辞典·山东分卷》提供胶南词条 56 条。1996 年 4 月，为《中华人民共和国县乡大辞典》提供胶南词条 25 条。1996 年 12 月，出版发行撤县设市后第一幅《胶南市地图》《胶南市城区图》。1998 年 2 月，为《山东省地名志》提供胶南词条 83 条。2002 年 6 月，为《中华人民共和国地名录》提供胶南词条 1069 条。是年 11 月，为《山东名镇名村》提供胶南词条 90 条。2012 年 5 月，为《中华人民共和国政区大典·青岛卷》提供胶南词条 18 条。

界线管理　1997 年 3 月开展勘界工作，胶南与临县（市）有 5 条县级边界线，胶南牵头负责五莲线勘定工作，其余胶南至黄岛线、东港线、胶州线、诸城线 4 条行政区域界线，分别由毗邻方负责边界线的勘定工作。1997 年 5 月～1998 年 11 月，勘定边界线总长 325.13 千米，埋设界桩 41 个，毗邻双方签订《行政区域界线协议书附图》70 份，形成勘界成果档案 70 卷。

1998 年勘界工作结束后，开始依法管界工作。2004 年起，胶南与毗邻县、市（区）开展县级行政区域界线联合检查工作，并制作《胶南市行政区域界线管理示意图》《胶南市行政区域界线管理网络图》。签订市政府与镇政府、镇政府与村委会、村委会与界线管理员《行政区域界线管理责任书》60 份。2008 年，开展创建平安边界活动。

第六节　老龄事业

1987 年成立胶南县老龄工作委员会。常设委员会办公室，负责全县老龄事业管理工作。

人口老龄化　1987 年，全县 60 周岁以上老年人占总人口的 10.1%，先于全国 12 年、全省 7 年步入人口老龄化社会。2000 年，全国第五次人口普查，全市 65 周岁及以上老年人口比例为 10.17%。

2002 年，60 周岁以上老年人 124938 名，占全市总人口的 14.9%，其中，城区老年人 14900 名，农村老年人 110038 名；百岁及百岁以上老年人 37 名。2003 年，全市老年人达到 12.3 万人，占总人口的 15.28%，其中 70 周岁以上老年人 63933 名，百岁老年人 40 名。

2004 年，全市老年人 126550 人，占全市总人口的 15.6%，其中，60～69 周岁的 59991 人；70～79 周岁的 47827 人；80～89 周岁的 16619 人；90～99 周岁的 2074 人；百岁以上老年人 39 人。

2010 年，全市 60 周岁及以上老年人 141134 人，占总人口的 16.82%，其中 65 周岁及以上老年人 99373 人，占总人口的 11.84%；70 周岁及以上老年人 69881 人，占总人口的 8.33%；80 周岁及以上老年人 22658 人，占总人口的 2.70%；90 周岁及以上老年人 2401 人，占总人口的 0.29%；百岁及以上老年人 49 人。

截至 2012 年底，全市 60 周岁及以上老年人为 147980 人，占总人口的 17.60%。其中，65 周岁及以上老年人 102308 人，80 周岁及以上老年人 25684 人，百岁以上老年人 36 人。

老年人生活及权益保障　2002 年，市政府为 37 位百岁以上老年人发放长寿补贴，对符合条件的老年人办理“老年人优待证”。为全市 1842 名老年人实行最低生活保障，有89个村为8700名

老年人发放生活补贴。同时,根据省老龄办《农村签订家庭赡养协议书实施办法》要求,在全市52个村开展签订赡养协议书试点工作,签订赡养协议书54800份。在税费改革中,为61508名70周岁以上老年人减免新增农业税附加246.6万元,减免乡村公益事业金369.7万元。是年,全市设有镇、村级敬老院190个,供养人数620人;市级老年公寓1处,床位50个。

2009年9月27日,市老年公寓二期工程建成投入使用

2003年,全市2335名老年人享受最低生活保障待遇,有82个村为老年人发放生活补贴,惠及9100人。全市签定赡养老年人协议书达5.2万户,占应签订户数的74%,履约率达到100%。

2004年,65周岁及以上老年人乘坐公交车半价优惠,70周岁以上老年人免费乘车。主要旅游景点落实60~69周岁老年人半价,70周岁及以上老年人免费政策。是年,免费为老年人办理"老年人优待证"16万余份。2007年,开展"银龄安康"工程,通过集体补助的形式为60周岁以上老年人办理意外伤害保险。2008年,为全市80周岁以上的老年人每人每年发放150元体检补助费。

2012年开始每年免费对65周岁及以上常住居民进行一次老年人健康管理,建立80周岁及以上老年人生活补贴制度,80~89周岁老年人每人每月发放20元补贴,90~99周岁老年人每人每月发放50元补贴,百岁以上老年人每人每月发放500元补贴。

活动设施建设 2002年,制定实施《胶南市镇、街道、区、园创建敬老模范市实施方案》和考核标准,全面推动敬老模范市创建工作。2003年,建筑面积4800平方米,投资额1100万元的市级老年大学、老年干部活动中心投入使用。是年,建有23处老年活动站,700个老年活动室。2007年,投资1200万元的老党员之家投入使用,建筑面积11000平方米,床位120张。是年,投入300万元新建7处镇、街道中心敬老院,设床位1320张,床位数占五保老人总数的71.6%。2008年,投资1000万元,对市老年公寓进行一期改造和二期扩建。

2009年9月,第二所综合性老年大学——胶南市七彩华龄大学成立,开设13个教学班。2010年,青岛市将胶南市"老党员之家"正式命名为"青岛市老党员之家",用于集中供养青岛市新中国成立前孤寡老党员。2012年,全市共有老年大学、老年学校85所,在校学习老年学员达3万人。

老年人活动 20世纪90年代以来,每年组织老年人文艺汇演和老年人文体比赛、老年人运动会,市体育馆、图书馆等社会公共文体活动场所免费向老年人开放。市直有关部门和各镇、街道每年都组织老年人开展门球、象棋、麻将等各类比赛。各层次的老年文艺队伍每年组织演出100余场次。

2008年老年人节期间,组织开展第三届"光大杯"十大健康寿星、"万德杯"十佳敬老好儿女和第二届"东佳杯"十佳模范老人的评选活动。是年,举办老人节、"庆国庆"老年人文艺晚会、老年人书画、剪纸艺术展等活动。2009年举办第十届老年人运动会和第五届中老年文化艺术节。2012年,全市共有老年人协会988个,组建老年文体队伍200多支,活动场所500多处,常年参加老年文体活动的老年人近4万人。

第七节 救济救助

救灾 境内自然灾害多为旱灾、洪涝、台风等。1988年以来,民政部门加强防灾措施,抗灾能力逐年增强。1990年,制定《胶南县农村救灾合作保险试行办法》,是年向贫困户投放扶贫款14.3万元,发放救济救灾款13万元,救灾粮1.5万千

克，扶持贫困户2000户7300人。

2003年，胶南遭遇春季低温冷冻灾、夏秋旱灾、风雹灾，向上级争取救灾救济专项资金108万元，下拨救灾款142万元，其中购买救济粮205吨、棉被1790件，救济灾民和生活困难群众17501户。是年“非典”期间发放防非典消毒液450箱，药皂520箱，毛巾8400条，体温计1830只，救助弱势群体12186人次。

2004年，制定《胶南市风暴潮救灾应急预案》。投入90万元，救助灾民5087户16278人。

2005年8月7日15时至8日7时，胶南遭遇第九号台风“麦莎”袭击，全市倒塌房屋298间，损坏房屋1217间，农作物受灾面积21000公顷，绝收面积4200公顷，毁坏耕地面积175公顷，因灾造成直接经济损失1.5亿元。是年，民政局争取救灾资金362.52万元，用于灾民房屋重建和维修。

1990～2012年全市救灾资金发放情况统计表

表21－3－3　　单位：吨、万元

年份	发放救灾粮	发放救灾款	救灾资金合计
1990	7.50		27.30
2003	205.00		142.00
2004		90.00	90.00
2005	301.10		63.00
2006	466.10	35.00	132.40
2007	333.62	172.00	252.00
2008	294.90		75.00
2009	88.35	9.50	33.00
2010	182.00	16.00	68.00
2011	296.68	20.00	127.00
2012	309.07	239.05	349.05

2007年9月20日，遭受13号强台风“韦帕”袭击，8800余公顷农作物和经济作物受灾，倒塌房屋487间，损坏房屋1814间，紧急转移安置人员5600余人，因灾造成直接经济损失约1.49亿元。是年，争取救灾资金172万元，对因自然灾害造成住房倒塌损坏、生活面临较大困难群众进行救助。

2012年7月17日，部分镇、街道遭遇暴风雨天气。是年8月，遭受“达维”台风袭击。9月21日，遭遇罕见特大暴风雨天气。全市受灾人口约24万人，农作物受灾面积15000公顷，其中，成灾面积3500公顷，直接经济损失3.4亿元。是年，组织专项救灾资金349.05万元，购买救灾粮309.07吨，发放救灾款239.05万元。

城乡低保　1997年3月16日，市政府印发《关于建立城市居民最低生活保障线制度的意见》《关于建立农村人口最低生活保障线制度的意见》，以保障城乡困难家庭基本生活。截至2012年底，全市有城市低保家庭634户1247人；农村低保家庭9764户15474人。农村五保对象1325人，其中集中供养982人，分散供养343人。

1997～2012年全市城市低保标准调整情况统计表

表21－3－4

执行时间	执行依据	执行标准
1997.1.1	南发〔1997〕18号	80元/月/人
1998.1.1	南政发〔1998〕29号	100元/月/人
1999.7.1	南民字〔1999〕49号	130元/月/人
2002.1.1	南政发〔2001〕77号	180元/月/人
2004.1.1	南政发〔2003〕121号	210元/月/人
2006.12.1	南政发〔2006〕122号	230元/月/人
2007.8.1	南民字〔2007〕61号	260元/月/人
2010.10.1	南政办发〔2010〕39号	300元/月/人
2011.10.1	南政办发〔2011〕43号	360元/月/人
2012.7.1	南政办发〔2012〕38号	420元/月/人

1997～2012年全市农村低保标准调整情况统计表

表21－3－5

执行时间	执行依据	执行标准
1997.1.1	南发〔1997〕19号	600元/年/人（含食物折款）
2004.1.1	南民字〔2003〕43号	840元/年/人（含食物折款）
2006.1.1	南政办字〔2005〕73号	1080元/年/人，差额救助
2007.7.1	南民字〔2007〕61号	1500元/年/人，差额救助
2009.10.1	南民字〔2009〕70号	1800元/年/人，差额救助
2011.10.1	南民字〔2011〕69号	2604元/年/人，差额救助
2012.7.1	南政办发〔2012〕38号	3000元/年/人，差额救助

1997～2012年全市农村五保标准调整情况统计表

表21－3－6

执行时间	执行依据	执行标准
1997.1.1	南发〔1997〕19号	40元/月
2005.10.1	南民字〔2005〕73号	集中供养的2000元/年，其中低保金1080元，专项生活补助920元；分散供养的1200元/年，其中低保金1080元，专项生活补助120元
2007.8.1	南民字〔2007〕61号	集中供养的2400元/年，其中低保金1500元，专项生活补助900元；分散供养的1600元/年，其中低保金1500元，专项生活补助100元

续表 21－3－6

执行时间	执行依据	执行标准
2009.10.1	南民字〔2009〕70 号	集中供养的 3600 元/年，其中低保金 1800 元，专项生活补助 1800 元；分散供养的 1920 元，其中低保金 1800 元，专项生活补助 120 元
2011.10.1	南民字〔2011〕69 号	集中供养的 4800 元/年，其中低保金 2604 元，专项生活补助 2196 元；分散供养的 2724 元/年，其中低保金 2604 元，专项生活补助 120 元
2012.07.1	南政办发〔2012〕38 号	集中供养的 5400 元/年，其中低保金 3000 元，专项生活补助 2400 元；分散供养的 3120 元/年，其中低保金 3000 元，专项生活补助 120 元

2011 年全市农村五保供养服务机构情况统计表

表 21－3－7　　单位：平方米

序号	名　称	坐落位置	建成年月	占地面积	建筑面积	备注
1	珠海中心敬老院	黄土路 321 号	2007.8	1000	500	
2	铁山中心敬老院	铁山街道东南崖村西	2006.11	14000	1365	2012 年 6 月撤
3	黄山中心敬老院	黄山经济区沙沟西村	2006	7200	870	
4	胶河中心敬老院	胶河经济区孔家庄	2007.1	4000	1030	
5	积米崖中心敬老院	灵山岛	1985.5	665	267	
6	张家楼中心敬老院	张家楼镇西崔家滩村	2006.1	11000	1800	
7	藏南中心敬老院	藏南镇横河川村	2007.6	6547	1440	
8	琅琊中心敬老院	琅琊镇曹家溜村西	2010.12	6720	1170	
9	泊里中心敬老院	泊里镇西庄村东	2006.9	5800	1513	
10	大场中心敬老院	大场镇塔山乡驻地	2005.4	810	576	
11	大场中心敬老院凤墩分院	大场镇凤墩村	2006.8	640	450	
12	大场中心敬老院刘家村分院	大场镇刘家村	2007.11	540	395	
13	大场中心敬老院河西分院	大场镇河西村	2007.8	420	290	
14	大场中心敬老院高家庄分院	大场镇高家庄村	2007.12	500	360	
15	海青中心敬老院	海青镇驻地	2006.12	3000	1000	
16	理务关中心敬老院	理务关镇驻地	2007.12	9467	1200	
17	大村中心敬老院	大村镇驻地	2007	6660	2200	
18	六汪中心敬老院	六汪镇驻地	2007.11	2741	1530	
19	宝山中心敬老院	宝山镇滕家村	2008.12	7396	1689	
20	王台中心敬老院	王台镇驻地	2006.12	2800	552	
21	市老年公寓	隐珠街道北高家庄村	2008	28356	4987	

城乡困难居民医疗救助　2004年建立城市困难居民医疗救助制度。2005年建立农村居民医疗救助制度。2010年10月建立城乡一体医疗救助制度,将低保边缘家庭纳入救助范围。2011年11月扩大救助对象和救助病种范围,取消救助起伏线,提高救助比例、救助封顶线,加大对特殊病种和特殊人员的救助力度。

城乡居民临时救助　2009年建立城乡居民临时困难救助制度。2012年7月将在境内居住一年以上的居民纳入临时救助范围,加大救助力度,解决城乡困难居民突发性、应急性困难问题。是年,为3125户因灾、因病临时困难家庭发放救助资金306万元。

2005～2012年全市城乡困难居民医疗救助情况统计表

表21－3－8　　单位:万元

年份	救助人次	救助金额
2005	12	3.5
2006	2006	115.1
2007	7501	122.9
2008	7428	137.4
2009	7191	162.2
2010	6649	131.2
2011	7165	365.7
2012	8721	1116

2009～2012年全市城乡居民临时救助情况统计表

表21－3－9　　单位:万元

年份	救助人次	救助金额
2009	1435	141.91
2010	1789	139.5
2011	2364	191.32
2012	3125	306

第八节　社会福利事业

福利企业　1988年3月成立胶南社会福利生产办公室,隶属县民政局,是年新建社会福利厂12家,至此福利企业达到55家,安置残疾职工617人,完成产值1340万元,实现利润111万元。1993年上半年,全市福利企业完成产值1822万元,实现利税91.5万元。

2001年,发动两家较大规模的福利企业(振华、天和)为青岛市慈善总会捐款51000元,捐运动衣100套,价值25000元。2008年,组织福利企业对四川地震灾区募捐救灾款11万元。

2010～2012年,全市社会福利企业有77家,安置残疾人就业1576人。

2010～2012年全市社会福利企业情况统计表

表21－3－10　　单位:家、万元、人

年份	企业数量	销售收入	利润	上缴税金	退税	职工数量		残疾人占职工总数比例
							残疾人	
2010	23	37668.5	983.19	1564.31	983.42	1280	467	36.5%
2011	25	47077.21	889.69	1767.83	1192.16	1334	529	39.7%
2012	29	63782.36	1963.49	2376.8	1212.6	1515	580	38.28%

社会养老　*民办养老机构*　2006年8月,境内第一家民办老年公寓——荣发老年公寓被青岛市民政局正式批准营业。2007年,全市开业民办养老机构两家,床位100张。2011年,新办养老机构1家,养老床位256张。2012年,新开工建设民办养老机构5家,设计床位786张。

居家养老　2011年,为滨海街道六合社区、琅琊镇丁石洼、夏家村、朱家村等社区拨付居家养老服务经费5.44万元,开展居家养老服务试点,有36名独居孤寡老人享受政府购买的居家养老服

务。2012 年，在滨海街道六合等 5 个城市社区和琅琊镇丁石洼等 3 个农村社区，开展对辖区内 60 周岁以上的独居孤寡老人、享受低保待遇家庭中的独居老年人，由政府购买服务，为其提供生活照料、家政、康复、精神慰藉等服务。并在珠海街道李家石桥社区建立 1 个社区日间照料中心。在珠山街道郝家石桥、峰台路、浮翠街、黄山路和市经济开发区灵山湾、大哨头等 6 个社区分别建立老年人活动中心。

收养工作　1992 年 4 月 1 日，《中华人民共和国收养法》（以下简称《收养法》）颁布前，全市未进行收养登记。已建立事实收养关系的，依据司法部《关于办理收养法实施前建立的事实收养关系公证的通知》规定，收养人可到公证机关办理事实收养公证。《收养法》颁布后，收养孤儿和弃婴，收养人须依据《收养法》和民政部关于《中国公民办理收养登记的若干规定》，到县级以上民政部门办理收养登记。1993 ~ 1997 年，由市民政局社会科办理收养登记。1997 年，婚姻登记管理处成立后加挂收养登记处牌子，由婚姻登记处办理收养登记。2003 年 9 月 1 日，青岛市民政局委托市南区民政局婚姻（收养）登记处办理青岛市行政区域内的弃婴收养登记。2010 年，《青岛市弃婴收养管理办法》规定，由青岛市民政局婚姻（收养）登记处办理全市弃婴收养登记。

1993 ~ 2012 年全市收养登记数据情况统计表

表 21 - 3 - 11　　单位：件

年份	1993	1994	1995	1996	1997	1998	1999	2000	2001	2002
收养	16	12	2	14	21	1	1	49	36	38
年份	2003	2004	2005	2006	2007	2008	2009	2010	2011	2012
收养	53	27	8	8	12	2	5	0	0	0

第九节　移民安置

境内水利移民　境内吉利河、铁山、小珠山、陡崖子、孙家屯 5 座中型水库涉及库区移民 5810 户、17680 人，分布于 18 个镇、106 个村。其中本地水库移民涉及 11 个乡镇、90 个村（整体搬迁村 30 个，分散安置村 60 个）。小型水库 179 座，其中小（1）型水库 33 座，小（2）型水库 146 座，共涉及 22 个镇、街道，220 个村，169161 人。其中：小（1）型水库涉及 17 个镇、街道，74 个村，54924 人；小（2）型水库涉及 20 个镇、街道，146 个村，114237 人。有 10 个镇、街道，16 个村涉及到外省、市大中型水库移民 146 人。根据《山东省大中型水库农村移民人口核定登记暂行管理办法》，全市核定库区移民 5810 户、17680 人，经过 2008 ~ 2012 年 5 次核减，截至 2012 年底，大中型水库移民 15607 人。

资金扶持　2008 ~ 2012 年，中央、省投资 1650 万元，完成铁山街道小于家村、柳行大庄自来水工程；藏南镇上丁家洼村、下丁家洼村扬水站工程；藏南镇刘家庄大口井工程；理务关镇屯地村、泊里镇丁峨家村、铁山街道河南村饮水工程；藏南镇胡家庄、藏南镇西陡崖村、藏南镇河崖村、铁山街道长青村、理务关镇屯地村、藏南镇范家洼村、王家官庄村等道路硬化工程；铁山街道新下庄村和河南村的冬暖式蔬菜大棚工程；理务关镇大亮马村、理务关镇东十字路村饮水工程等等。

2006 年，根据国务院《大中型水利水电工程建设征地补偿和移民安置条例》《国务院关于完善大中型水库移民后期扶持政策的意见》和《山东省大中型水库农村移民后期扶持规划纲要（2006 ~ 2010 年）》，胶南成立水利工程移民工作领导小组，办公室设在市水利局。是年 7 月 1 日，库区移民后期扶持资金按 600 元/年 · 人的标准发放给个人，扶持期限为 20 年。截至 2012 年底，拨付资金 6895.2 万元，拨付率达到 100% 。

项目扶持　2006 ~ 2010 年，青岛市每年拨付

项目资金662万元，胶南市财政拨付662万元用于项目建设。5年投资6001.68万元，建设项目216个。其中，基础设施项目：给6个库区移民村更换变压器并改造供电线路，新建、拓宽生产路3.946千米，修建桥涵17座，改建自来水20处，硬化村内街道249939.6平方米，浆砌排水沟54743米；给37个村建设村级综合服务中心，新建村养老院1处，新建大口井9眼，新建扬水站9座，加固塘坝21座，新建塘坝3座，新建拦河坝5座，新建灌溉渠道2517米。产业项目：新建通用厂房7处，建筑面积8800平方米；新建农机仓库1处，建筑面积348.2平方米；新建恒温库1处，建筑面积815平方米；新建商业网点1处，建筑面积518平方米；新建冬暖式大棚43个；新建食用菌大棚123个；建设畜牧养殖小区1处。

2005年，市财政投资908.36万元，对19个库区移民村的自来水设施进行维修改造，维修加固塘坝14座，建设小(2)型水库两座，建设畜牧养殖小区9处，为5个库区村铺上柏油路，17个库区村安装有线电视。

2010～2012年，省政府累计投资1119万元，对小(1)型水库部分移民村庄进行项目扶持，先后完成了宝山镇林子村东南岭的自来水改造和道路修建、林子村小墩的自来水改造、林子中心村的交通桥和道路修建、中山前村的交通桥和道路修建，胶河经济区孔家庄村、灰沟村的道路硬化，张家楼镇山张村的道路和排水沟修建、张家楼镇丁家寨村排水沟修建，藏南镇崖下村的石砌排水沟修建等。

三峡移民 2000年10月～2001年8月，接收安置第一批三峡工程库区重庆市忠县农村外迁移民49户205人。2003年5月至2004年8月，接收安置第二批三峡工程库区重庆市开县农村外迁移民18户82人。至2012年，先后两批接收重庆库区农村外迁移民67户287人。分别安置在张家搂镇、铁山街道、宝山镇、黄山经济区4处乡镇的13个行政村。

三峡移民安置后，调剂移民承包耕地22.96公顷(三峡移民人均承包耕地0.08公顷，一批调剂16.4公顷，二批调剂6.56公顷)。安置移民宅基地13690平方米(一批安置9980平方米，二批

胶南市接收重庆市三峡移民安置情况统计表

表21－3－12

安置镇	安置村	户主姓名	迁入时间
张家楼镇	大泮村	曾学凡、曾凡来、黎万良、雷顺华、雷顺安、雷顺权、雷伯权、刘兴治	2001.8
	丁家寨村	付昌洪、周成忠、熊凤安、雷顺荣	2001.8
		王志成、王家兴、何林均、陈国平	2004.8
	东潘家庄村	雷顺其、周康和、张万强、雷　明、雷顺文	2001.8
	西寨村	姜昌富、王处友、卿厚荣、刘明利	2004.8
	庄家疃村	贾兴柏、祁合祥、徐道仲、李成川、李亚平、李发生	2004.8
	岭前马家庄村	陈列富、向守金、李发国、李发明	2004.8
铁山街道	张仓村	刘天尧、牟一伟、牟一权、谭优国	2001.8
	刘梅家庄村	石明洪、石胜于、周康雄、谭登兵	2001.8
	东南庄村	谭优发、谭登海	2001.8
宝山镇	尚庄村	石明祥、石明全、石宗龙、陈进珍、石明伦、石书明、卢元成、卢元海	2001.8
黄山经济区	小王家庄村	周世凡、马培术、雷顺河、雷顺成、雷顺祥	2001.8
	邱家村	牟维凡、雷顺福、雷顺凡、雷顺勇、王顺忠、吴　忠	2001.8
	殷家台村	熊德宽、石明华、石宗堂	2001.8

安置3710平方米）。统建移民住房67套，建房面积7482.5平方米（一批统建住房49套，建房面积5222.5平方米，二批统建住房18套，建房面积2260平方米）。投入移民安置资金1268.8万元。其中，国家、省、青岛市分别拨付620.8万元、61.5万元、490.5万元，市财政投入安置经费96万元。三峡移民接收及安置工作得到国务院三峡工程建设委员会和省政府的通报表彰。

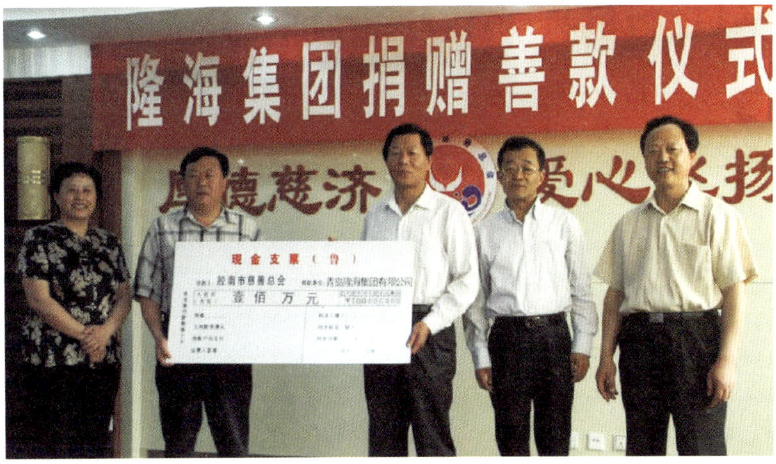

2007年5月17日，隆海集团捐赠善款仪式

第十节　慈善事业

组织建设　2003年3月，市政协向市委提出《关于对我市弱势群体进行调查的实施意见》，确定分准备、调查、汇总3个阶段，对全市弱势群体情况进行全面调查。是年11月，市委市政府批准成立胶南市慈善总会筹备工作小组。2003年12月，召开胶南市慈善总会第一届理事会，有153家党、政、企（事）业单位成为创始单位，154位慈善人士成为创始人。

截至2011年底，全市23处镇、街、区全部成立慈善分会，有962个行政村和61个居委会成立慈善工作站。

善款募集　慈善总会通过设立、募集、管理本会的创始基金、专项基金，接受国内外自然人、法人及其他组织的捐赠或委托捐赠，接受国家、政府和上级慈善机构的资助，开展义卖、义演、义诊、“一日捐”及网上专项募捐等多项合法募集活动，多渠道筹集慈善资金。2003年12月筹集创始基金1594.42万元。2004～2012年，每年5～8月开展“奉献爱心、扶危济困”为主题的“慈善一日捐”活动。鼓励企业捐出一天的经营利润，党政机关、事业单位、社会团体捐出节约的一笔开支，个人捐出一笔收入，募集4251.42万元。签约企业冠名慈善基金34家、个人（家庭、团体）冠名慈善基金68个以及日常、定向募捐，募集善款3494.19万元。截至2012年底，慈善总会募集善款9340.03万元。

救助资助　截至2012年底，慈善总会实施安老、慈孤、扶残、助学、济困、赈灾、定向等救助项目支出善款6524.43万元，救助2万余户因病（灾）致贫家庭，150余家弱势单位以及其他各类弱势群体。

义工队伍　2011年8月，慈善义工大队成立，市直机关25名爱心人士成为首批慈善义工，实施安老扶幼、助残济困、助医助学、社区服务、慈善公益服务、紧急救援以及其他社会慈善公益性活动。截至2012年底，登记在册慈善义工达1158名。

2007年7月3日，胶南市慈善总会泊里分会成立

2004～2012 年全市善款收支情况统计表

表 21－3－13

单位：万元

年份	善款收入			善款支出
	“慈善一日捐”活动	日常、定向等项目	小　计	
2004	166.97	1599.63	1766.60	363.11
2005	420.68	3.00	423.68	274.70
2006	673.42	55.49	728.91	586.37
2007	660.22	19.90	680.12	408.30
2008	2.31	591.97	594.28	442.05
2009	451.39	530.16	981.55	1140.31
2010	512.39	772.58	1284.97	1009.66
2011	596.61	837.02	1433.63	1093.33
2012	767.43	678.86	1446.29	1206.60
合计	4251.42	5088.61	9340.03	6524.43

注：2004 年度日常、定向等项目收入含 2003 年创始基金收入 1594.42 万元

第十一节　殡葬管理

1974 年 6 月，胶南县殡仪馆竣工投入使用，占地面积约 4 公顷，建筑面积 15000 平方米，为国家三级殡仪馆。馆内设有业务大厅、火化车间、告别厅、冷藏室、法医检验室、守灵室、祭奠园、停车场。截至 2012 年底，有环保型（平板拣灰式）火化炉 6 台，环保降尘设备 6 台，中档火化炉 1 台，专用殡仪车 4 辆。

2012 年 4 月，青岛市政府印发《关于免除居民基本殡葬服务项目费用有关事项的通知》。是年 6 月 1 日，免除居民普通型专用殡仪车遗体接运、车辆（遗体）消毒、馆内遗体搬运、1 天内遗体普通冷藏、环保型火化炉遗体火化、1 年内金属全封闭架骨灰寄存共 6 项基本殡葬服务项目费用，最高为 1225 元。

1988～2012 年胶南市（县）殡仪馆火化尸体情况统计表

表 21－3－14

单位：具

年份	数量	年份	数量
1988	4799	2001	7604
1989	4103	2002	7805
1990	4724	2003	7788
1991	4947	2004	7724
1992	5549	2005	8236
1993	4991	2006	7896
1994	5403	2007	7954
1995	5282	2008	8061
1996	5762	2009	8000
1997	5850	2010	8166
1998	5969	2011	8184
1999	5725	2012	8639
2000	6899		

注：以上火化数含胶南市以外死亡人口

第二十二篇

科学技术

胶南市科学和技术发展规划纲要(2006-2010年)新闻发布会
融入大青岛 QINGDAO
JIAONAN 建设新胶南

"500千瓦海洋能独立电力系统示范工程暨
开工典礼

中心产业化示范基地

07胶南科技活动周启动仪式暨第三届产学研合作洽谈会

第一章　科研机构与队伍

第一节　科研机构

1988 年，全县只有县纺织机械厂、县海洋化工厂等 3 家企业设有厂办科研所。1992 年，厂办科研所达到 25 处，厂办科研队伍发展到 670 人。1993 年，国家出台政策，鼓励大中型企业成立企业技术中心。1997 年，厂办科研机构发展到 37 个，承担科研课题 160 项，开发新产品 114 个。是年，青岛东佳纺机（集团）有限公司企业技术中心被认定为省级企业技术中心，为胶南首家省级企业技术中心。1998 ~ 1999 年，分别在华青、恒昌、海王 3 家企业厂办科研机构试点，实行以课题承包为主的各种技术经营承包制。2006 年 9 月，青岛海藻明月集团有限公司技术中心被认定为国家级企业技术中心。2012 年，全市拥有国家级企业技术中心 4 家，省级企业技术中心 7 家，青岛市级企业技术中心 31 家。

第二节　科技队伍

1988 ~ 1990 年，先后从外地引进科技人员 358 名；233 名科技人员从县直单位投身到农村生产一线。1990 年，819 个村建立科技服务小组或恢复村办科研队，1.6 万人取得专业技术任职资格，其中，高级职称 108 人，中级职称 1746 人。1992 年，引进各类科技人员 310 名，其中具有中级以上职称人员 25 名。1995 年，评审推荐工程技术人员 727 名，其中高级 16 名，中级 152 名，初级 559 名。2001 年，引进高级专业技术和高级技能专业人才 36 名，初级以上专业技术人员达 32300 名。2009 年，选拔出 79 名专业技术拔尖人才和 56 名乡村优秀科技人才；15 名海内外较高层次实用人才签约胶南市。截至 2012 年底，全市 39513 人取得专业技术职务资格。其中，高级职称 1736 人，中级职称 7422 人。

2006 年，明月海藻集团技术中心被认定为国家级企业技术中心

第二章　科技开发

1988～2012 年，全市共有 906 项成果获得科学技术奖励，其中国家二等奖 3 项，三等奖 1 项；省科学技术二等奖 6 项，三等奖 21 项；青岛市科学技术一等奖 11 项，二等奖 61 项；胶南市科学技术特等奖 2 项，一等奖 106 项，二等奖 193 项，三等奖 326 项。共鉴定（评价）科技成果 901 项，其中，工业项目 495 项，农业项目 239 项，卫生项目 116 项，软科学项目 23 项，其他类项目 28 项。达到国际领先水平的 14 项，国际先进水平 136 项，国内首创 79 项，国内领先 210 项，国内先进 283 项，省内先进 105 项，一般水平 74 项。组织有关单位实施青岛市级以上科技计划 745 项，其中，国家级科技计划 234 项，获取各类科技扶持资金 4.01 亿元。2008 年 1 月，胶南市被科技部授予“全国科技进步考核先进市”称号。

第一节　高新产业

1989 年，青岛黄海海藻工业公司研发“膜分离技术提纯甘露醇”新工艺等高新技术。1990～1995 年间，各金融机构技改贷款 10860 万元，帮助完成主要工业技改项目 141 个，研制开发新品种 238 种，其中，76 种达到国际先进水平，填补了国内空白。1995～1997 年，5 家企业被认定为青岛市高新技术企业，总数达到 9 家，居青岛五市首位，其中，4 家销售过亿，青岛第三铸造机械厂、胶南造纸厂被评为国内 500 家最大工业企业。1998～2000 年，3 家企业被认定为青岛市级高新技术企业，5 家企业被确定为青岛市技术创新重点企业。2002～2007 年，49 家企业被认定为高新技术企业。2003 年，青岛胶南明月海藻工业有限公司获批“十五”国家 863 成果产业基地。2007 年，全市高新技术产业产值达 220 亿元，占规模以上工业总产值的比重为 31.96%；青岛琅琊台集团股份有限公司等 4 家企业被认定为国家火炬计划重点高新技术企业。2008～2009 年，新认定国家级高新技术企业 9 家，青岛明月海藻集团有限公司被认定为国家级创新型企业。2010 年，新认定青岛市级创新型企业 7 家，高新技术产业产值同比增长 21%，全市高新技术产业产值占规模以上工业总产值的 37.18%。2011 年，国家级高新技术企业达到 19 家；组建 1 家青岛市级重点实验室；新认定青岛市级工程技术研究中心 2 家，至此已经发展到 7 家；新认定青岛市级创新型企业 7 家，全市达到 15 家；产业技术创新战略联盟发展到 3 家，其中国家级 1 家。2012 年，全市共有国家级高新技术企业 34 家。

第二节　民企科技

胶南市民营科技企业的发展起步于 20 世纪 80 年代。1998 年，市委、市政府印发《关于鼓励发

2012 年 10 月，省科技厅组织专家对青岛东海药业研发的系列微生态新药产业化技术开发及应用项目进行科技成果鉴定

展私营科技企业的意见》。1999 年,17 家企业被青岛市科技局授予“青岛市民营科技企业”称号。是年,挂牌成立“胶南市民营科技企业促进会”。到 2005 年底,全市民营科技企业 67 家,从业人员 3.97 万人,其中科技人员 5082 人。实现技工贸总收入 138 亿元。研究开发课题涉及机械、化工、电子、生物工程、海洋、环保、医药等领域。截至 2007 年,“青岛市民营科技企业”发展到 71 家,成为全市经济、科技战线的一支新生力量。2008 年后,青岛市科技局不再认定民营科技企业。

第三节　科研成果

1999 年,全市 8 种新产品达到国际先进水平,7 种达到国内先进水平。2002 ~ 2005 年,研发国家级重点新产品 16 项,青岛市重点新产品 46 项,青岛市高新技术产品 14 项。青岛久远空调有限公司和青岛华海环保工业有限公司分别开发的 HSR 系列海水热泵机组项目和新型海洋溢油处理装置——斜带沉浮式收油机项目分别达到国内和国际先进水平。2006 ~ 2007 年,开发高新技术产品 63 种。天一集团与西安工程大学联合成立了新型纺机研发中心,自主研制的系列高档喷气织机处于国内领先水平。2008 年,认定国家重点新产品 6 个。华海环保公司与中国石油大学联合研发的溢油应急卸载设备达到国际先进水平。2009 ~2012 年,共认定国家重点新产品 13 项。

1988 ~ 2012 年全市(县)获得省级及以上奖励科研(技)项目统计表

表 22 –2 –1

序号	年份	项目名称	完成单位	奖励等级
1	1988	铸造胶研制及应用研究	黄海海藻工业公司	省科技进步三等奖
2	1988	“8602”优生保健雾化剂研制	胶南县计划生育宣传技术指导站	省科技进步三等奖
3	1990	植物扦插生根培养装置	国家林科院、青岛市林科所	国家发明三等奖
4	1990	矮化苹果栽培模式与技术配套研究及推广	青岛市农科所、胶南果树站	省科技进步三等奖
5	1991	A186 型梳棉机	青岛第四纺织机械厂	“七五”全国星火计划成果博览会金奖
6	1991	晶体石硫合剂	胶南市农药厂	“七五”全国星火计划成果博览会金奖
7	1991	玻璃钢游艇	青岛胶南玻璃钢游艇厂	“七五”全国星火计划成果博览会金奖
8	1992	“飞鹤”牌系列玻璃钢游艇	青岛胶南玻璃钢游艇厂	92 黑龙江全国科技成果展览交易会金奖
9	1992	MQ431 台式木工多用机床	青岛第一木工机械厂	92 黑龙江全国科技成果展览交易会银奖
10	1992	QDK6700 型中型客车	青岛客车厂	92 黑龙江全国科技成果展览交易会银奖

续表 22－2－1

序号	年份	项目名称	完成单位	奖励等级
11	1993	SFB213 型精纺梳毛机	青岛胶南纺织机械厂	山东省科技进步二等奖
12	1993	S1320D 辗轮转子式混砂机	青岛第三铸造机械厂	山东省科技进步三等奖
13	1995	双引程、单钩式、钢管外壁抛丸清理机	青岛市第三铸造机械厂	山东省科技进步三等奖
14	1995	QXY3000 钢板型材自动节负处理线	青岛市第三铸造机械厂	山东省科技进步三等奖
15	1996	FN201B1～155.200 型组合式梳毛机	青岛胶南纺织机械厂	山东省科技进步二等奖
16	1997	ZNKZ45m2 鼓式真空洗浆机及 LFN248 型羊绒分梳联合机	安丘市机械厂、青岛胶南纺织机械厂	山东省科技星火奖三等奖
17	1997	BG214 型非织造布梳理机	青岛胶南纺织机械厂	山东省科技进步三等奖
18	1998	FN201～155.200 型组合式梳毛机	青岛胶南纺织机械厂、西北纺织工学院	国家科技进步二等奖
19	2000	发酵法生产衣康酸技术的研究	山东食品发酵研究设计院、山东中舜集团有限公司、青岛琊琊台酒业有限公司	国家科技进步二等奖
20	2003	菜果病虫无公害防治技术规程研究与应用	胶南市植物保护站	山东省科技进步三等奖
21	2004	无公害茶叶生产示范基地建设研究	青岛市果茶花卉工作站、崂山区农业中心、胶南市茶叶技术指导站、即墨市果树站	山东省科技进步三等奖
22	2004	胶南市地理信息管理系统	胶南市城乡规划管处	山东省计算机应用优秀成果三等奖
23	2005	利用膜法自海带浸泡液中提取甘露醇的工艺	青岛明月海藻集团有限公司	山东省科技进步二等奖
24	2005	新工艺合成5～氨基～2～氯甲苯～4～磺酸	青岛天元化工股份有限公司	山东省科技进步三等奖
25	2007	特种聚合单体衣康酸衍生物合成新工艺研究	青岛琅琊台集团股份有限公司	山东省科技进步二等奖
26	2007	BG212 型非织造布梳理机	青岛东佳纺机(集团)有限公司	山东省科技进步三等奖
27	2008	发酵法生产赤藓糖醇技术的研究与推广	山东食品发酵工业研究设计院、青岛琅琊台集团股份有限公司、滨州三元生物科技有限公司	山东省科技进步二等奖
28	2008	FB 系列组合式半精纺梳理制条成套设备	青岛东佳纺机(集团)有限公司	山东省科技进步三等奖
29	2009	FN208X 型梳理成条机	青岛东佳纺机(集团)有限公司	山东省科技进步三等奖
30	2009	利用有机酸发酵行业产生的菌丝体等废弃物生产有机～无机复混肥料的工艺研究	青岛科海生物有限公司	山东省科技进步三等奖
31	2011	BG217 型非织造布梳理机	青岛东佳纺机(集团)有限公司	山东省科技进步三等奖
32	2011	海洋水产蛋白，糖类及脂质资源高效利用关键技术研究与应用	青岛明月海藻集团有限公司	国家科技进步二等奖

第三章 科技服务

第一节 知识产权保护及专利管理

1995年成立市专利管理办公室，在市科技信息开发服务中心加挂牌子，主要负责全市专利申请、指导和服务工作。2001年撤销市专利管理办公室，成立市知识产权管理办公室，在市科技信息开发服务中心加挂牌子，主要负责全市知识产权管理和指导工作。2005年被山东省知识产权局确定为全省第一批知识产权试点市。2010年，青岛琅琊台集团股份有限公司被国家知识产权局认定为知识产权试点企业。

1988年，向国家专利局申请专利4项，其中，“试卷密封卡”获国家专利权。1990～1993年，申请专利51项，其中14项获国家专利。青岛琅琊台酒厂被认定为首家“山东省专利明星企业”。2004年，将专利工作纳入全市经济工作考核体系，属全省首创。2005年，全市专利申请量为672件，授权459件，达到历史最高水平，列全省县（市）级第一位。2007年，青岛市知识产权局批复市科技局开展专利委托执法工作，为全面开展打击假冒专利和专利侵权行为奠定了基础。截至2012年底，青岛琅琊台集团股份有限公司等17家企业被认定为“中国专利山东明星企业”，全市累计申请专利4343件，授权专利1843件。

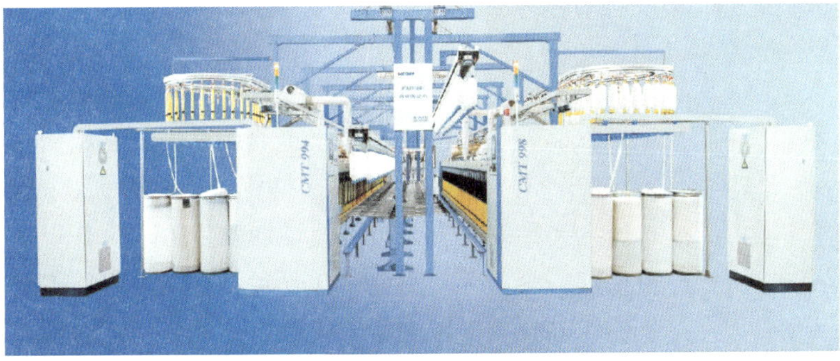

2011年，环球集团开发的纺机CMT1801全自动落纱粗纱机获“国家重点新产品”称号

第二节 情报交流

1988年，胶南县先后与全国212个单位建立长期情报交流关系，《胶南科技》年发行量6000余份。1989年，与全国240个大专院校、科研单位等建立联系卡，传递交流信息4500条。1990～1991年，引进各类技术成果60多项。1992年，投资4.6万元建立国际微机联机检索终端，先后有100余家信息单位加入网络组织，提供各类商品需求信息2万余条。1993年，同全国100多个信息单位和300多个科研院所建立信息联系，为社会检索课题120个。1994年，印发《关于加强科技信息系统建设的意见》，发展民办科技信息服务单位3处，先后外输技术、商品供求信息300多（项）条。1995年创办《技工贸信息》月刊，年发行量3000余份，年接待科技咨询服务1000余人次。之后，随着电子信息的快速发展，信息交流逐步被社会中介、大学媒体等渠道所替代，科技部门不再专门进行情报交流。

第三节 技术市场

1989～1990年，通过技术市场签订技术合同25项，引进和转让科技项目8个，交易额达51万多元；推广应用新技术、新成果4项，增加经济效益220万元。1991年引进新技术、新产品12项，转让专利技术6项，签订技术合同18项。1994年成立“胶南市技术市场管理办公室”，16人取得技术市场经纪人资格证书。1995年，14处技术贸易机构获得青岛市科技局颁发的技术贸易许可证。2005年，全市科技中介服务机构发展到21家，完

成技术合同交易额5000余万元，技工贸总收入71.5亿元，上缴税金2.5亿元，出口创汇9500万美元。2008～2012年，全市签订技术合同50余项，技术交易总额1000余万元。

第四节　科技兴农

1989年，建立县农业科技管理服务新体系，在各乡镇（灵山岛乡除外）设立科委，配备科技助理。18处乡镇成立科技服务中心，793个村成立村主任任组长的科技工作领导小组。1990～1993年，引进、推广和开发农业技术85项，确定353个科技示范村，7636个科技示范户。1994年，开展农业“五子登科”（粮囤子、菜篮子、虾池子、肉盘子、果园子）活动，组织实施青岛和胶南两级计划项目22项。1995年实施农业科技“15588”发展计划，即：抓好1处农业科研机构的研究开发试点，引进5类新品种，搞好5项技术试验、8个项目示范和8大项目推广。1997年，市抗旱服务队的自行式喷灌机研制成功，达到国际先进水平，被水利部确定为全国推广机械。2003年，先后建立了青岛市高效农业示范园、灵山卫深海抗风浪网箱养鱼、胶南市中药材规范化种植基地3个星火科技示范基地。2004年，建成以科技示范为重点的农业园区17个。其中，青岛黄海职业学院被科技部列为第一批国家星火计划农民科技培训学校；王台高效农业发展有限公司被科技部批准为第一批国家星火计划农业科技专家大院模式示范单位；胶南市蔬菜专业技术协会被批准为第一批国家星火技术农村专业技术示范协会。2007年，“海水养殖综合配套技术示范与产业化”项目被列为全国科技富民强县专项行动计划。截至2012年底，发展特色农业产业面积达3200公顷，新引进农业新品种300多个，推广农业新技术360多项，获青岛市级以上农业科技计划项目200余项。

中国农业大学第22个实验站落户胶南

第五节　科技兴工

1989～1991年，组织实施各级科技项目161项，黄海海藻工业公司“膜分离技术提取甘露醇”新工艺中试成功并通过鉴定，这种“冷法浓缩生产有机物”新工艺在国内外尚属首创。1992～1993年，组织实施工业科技项目88项，其中国家级项目22项。1994～1995年，组织实施科技计划项目145项，其中列入国家计划29项。1997～1999年，组织实施科技计划项目178项，其中国家级8项。青岛琅琊台酒厂利用酒糟废液生产沼气新能源项目列入国家新能源环保示范工程。全市42家企业分别与48处国内高等院校和科研机构建立了长期合作关系。2002～2003年，组织实施科技计划项目76项，其中国家级16项，获无偿拨款180万元。全市民营科技企业发展到44家。2004～2005年，争取上级科技部门支持及组织实施科技发展计划项目84项，其中，国家级项目20项，获无偿资金1187万余元；新建青岛市级工程技术研究中心3家。两家企业获得科技部中小企业创新基金支持。2006～2007年，争取上级科技计划项目30项，获无偿资金375万元。发展青岛市级以上企业技术中心和工程技术研究中心19家。2008～2009年，争取国家级科技型中小企业技术创新基金项目9个，获得扶持资金560万元；争取青岛市科技计划项目15个，获得扶持资金460万元。建成启用纺织机械创新公共服务平台，平台内重点建立了产品研发及成果转化等六大服务中心，为纺织机械企业提供了

2005 年 2 月，全市推进企业自主创新专题会议

多样化服务。青岛明月海藻集团有限公司承担的“海洋食品精深加工技术研究与产业化示范”项目列入国家“十一五”科技支撑计划。青岛金三阳纺织机械有限公司承担的“宽幅重磅喷水塑料编织机的研发及产业化”项目列入科技人员服务企业行动计划。2010 ~ 2011 年，争取国际合作项目 1 个，获得扶持资金 240 万元；争取国家级科技型中小企业技术创新基金项目 12 个，获得扶持资金 1190 万元；争取青岛市科技计划项目 17 个，获得扶持资金 665 万元。2012 年，争取国家级科技型中小企业技术创新基金项目 8 个，获得扶持资金 645 万元；争取国际合作项目两个，获得扶持资金 240 万元；争取青岛市科技计划项目 16 个，获得扶持资金 530 万元。

第四章　气象观测及服务

第一节　气象观测

胶南市气象站为国家一般气象站，1959 年初建成时称胶南县气候站。是年 1 月开始地面气象观测，观测时间为每日 01、07、13、19 时 4 次。1962 年 1 月改为每日 08、14、20 时 3 次。1970 年 6 月改为每日 02、08、14、20 时 4 次。1981 年 1 月改为每日 08、14、20 时 3 次。观测项目为温度、湿度、云量、云状、降水、风力、风向、积雪深度、雪压、能见度、天气现象、地面状态、地面温度、5 厘米地温。1959 ~ 1972 年，先后增加了气压、蒸发、日照、土壤湿度、冻土等 7 个项目的观测。2004 年 6 月增加了水泥地面温度观测项目。

1959 ~ 2005 年，向山东省气象台拍发小图报，雨情报、气候旬、月报及承担台风联防，台站互发灾害性天气报等。1969 年 7 月至 1994 年 1 月，向青岛、胶县、诸城、高密 4 个海空军机场拍发航危报。1997 年 3 月 ~ 2006 年 1 月，向济南空军气象处、青岛民航站拍发航危报。自建站至 2008 年底，向省气象台拍发天气加密报、重要天气报，农气旬月报、墒情报等。2009 ~ 2012 年，通过互联网发送天气加密报和重要天气报。

2006 年 6 月，市气象局建成气象卫星接收系统

1986 年 1 月开始，使用 PC－1500 计算器处理地面观测记录。1998 年 1 月开始，使用微机处理观测记录、编发报、制作报表。2005 年 1 月

CAWS600B 型自动气象观测站投入使用。2003～2007 年，先后安装闪电定位仪、空气负离子观测仪和 TFU－I 紫外线观测仪各一套，开展大气特种观测项目。安装区域自动雨量站 7 套，建立地面中小尺度气象灾害自动检测网。2008～2012 年，共建成 15 套多要素自动气象站，其中六要素（温度、气压、湿度、风向、风速、雨量）5 套，五要素（温度、湿度、风向、风速、雨量）1 套，四要素（温度、风向、风速、雨量）8 套，单雨量站 1 套。

第二节　气象预报

1959～1982 年，由预报员抄收省、市气象台发布的天气预报，手工点绘简易天气图，结合本站气象要素等，制作发布 24 小时补充订正预报。1982 年装备了无线气象传真收片机，结束手工绘图。2000 年，气象信息综合分析处理系统（MICAPS）建成，制作发布未来 1～2 天天气预报、短时（0～12 小时）和临近（0～3 小时）天气预报。2008 年开始制作未来 3～5 天的天气预报，用以提供 12121 和手机短信服务。1960 年开始定期向政府有关部门报送旬或月天气趋势预报，1979 年开始报送年度天气趋势预报，为安排农时生产提供参考，不对社会发布。

1975～1998 年，在规定日期进行农田墒情普查，分别向省气象台和青岛市气象台发报。2008 年 2 月恢复。1978～1996 年，定期制作全市范围内的土壤墒情、雨情等农气情报，主要农作物播种期和发育期预报等，报送市政府及相关部门。2011 年 3 月，在滨海街道古镇营西村建立自动土壤水分观测站，测量土壤相对湿度。

第三节　气象服务

公众气象服务　1995 年之前，天气预报主要通过胶南有线广播站播报，1996 年 1 月开始在胶南电视台播出。1986 年安装未来 24 小时天气预报电话自动答询机。1998 年建立“121”专号气象自动答询服务系统，可查询未来 1～5 天天气预报和其他气象信息。2005 年，开通手机短信气象服务。

决策气象服务　从 20 世纪 80 年代初开始，遇有灾害性天气，气象部门除及时向政府汇报并提出对策建议外，还以天气专报的形式报送市委、市政府及各有关单位。每年定期向市政府及农业主管部门报送麦收天气专报、汛期天气形势预测等各类气象情报信息，为安排农事生产和防汛救灾提供参考。

第四节　人工影响天气

1990 年春，县政府成立人工影响天气领导小组，办公室设在气象局。在大场、理务关等 5 处乡镇设置 37 高炮 5 门，开展人工防雹、增雨作业工作。2003～2008 年，购置增雨防雹火箭发射车 1 部，增雪、增雨碘化银焰烧炉 1 台。青岛市气象局配发可移动增雨防雹火箭发射架 6 台，加强人工增雨和防雹工作。1988～2012 年，在各火箭增雨作业点年均开展 15 次人工增雨作业；在各高炮防雹作业点年均进行 5 次人工消雹作业，将冰雹灾害天气损失降到最低，并缓解了旱情。

人工增雨工作现场（2007 年拍摄）

第五章　地震监测与防御

市地震局举办社区地震应急疏散演练(2009年拍摄)

第一节　监测预报

1988～1990年,设置地震测报点3处,1991年增设至8处,其中,鱼类观测点3处,水井观测点2处,气象外围点1处,地震知识科普宣传点1处,动物观测点1处。2003年,地震宏观观测点调整为3处。2008年增加8处,达到11处,覆盖了全市行政区域的陆地和海岛,观测项目涵盖水位、水温、大家畜、小家禽、海水、淡水、陆生动物、水生动物等多种类型。2011年,宏观观测点调整为10处,2012年调整为11处。

2006年开始筹建青岛市地震前兆台网胶南子台,2011年3月投入使用。2011年,投资12万元建设胶南市地震数据台网中心,2012年3月投入使用。2012年,国家背景场项目胶南强震台开始筹建。(2013年建成并投入运行)

第二节　震害防御

2008年,市政府办公室转发市地震局《关于建设工程抗震设防及地震安全性评价管理的意见》,建设工程抗震设防工作正式纳入基本建设管理程序。至2012年底,共审批重大建设项目77项,一般工民建项目405项。

积极推进地震小区划工作。胶南东部滨海发展带和中心城区地震小区划项目列入《胶南市国民经济和社会发展第十二个五年规划纲要》和《胶南市"十二五"防震减灾规划》,"十二五"期间完成。

2009年,市政府印发《胶南市中小学校舍安全工程实施方案》,对全市127处学校校舍进行实地排查。当年投资2592万元,超额完成校舍D级危房改造。2010年,继续推进中小学校舍安全工程,投资10022万元完成学校拆除重建项目18个;投资3万元完成加固项目1个。

2010年,市政府印发《胶南市城区建(构)筑物抗震性能普查和鉴定工作实施方案》,以2010年3月31日为标准时点,对城区范围内已建成且正在使用的尚未列入近期拆除改造计划的各类建筑物、构筑物进行抗震性能普查;是年5月召开全市城区建(构)筑物抗震性能普查和鉴定工作会议,11月完成全部普查任务。普查面积118.25平方千米,建筑物4210个,登记表4210份,工作地图473张。

第三节　应急救援

2005年成立市地震应急指挥室,并配备音视频会议系统。2012年灾情速报网村村覆盖,全市灾情速报员总数达到1016人。

建立健全地震应急协调联动机制,先后于2002年、2005年、2007年、2012年4次修订《胶南

市地震应急预案》(2002 年称《胶南市破坏性地震应急预案》)。2007～2008 年,组织城乡社区制定社区地震应急预案。全市 35 个城市社区和大部分农村社区拥有了自己的地震应急指导性文件。制定《胶南市双珠公园应急避难场所周边地区地震应急疏散预案》。2004～2011 年,分 3 个批次进行应急指挥决策系统支持软件系统基础数据库的统计。2005 年,市地震局联合市红十字会招募地震应急志愿者 2000 多人。2011 年,依托"山海情"志愿者联盟成立了胶南市地震应急救援志愿者大队。

第二十三篇

医药　卫生

强生医疗“健康中国”直通车活动
生医疗“健康中国”直通车活动
中国健康教育协会
青岛市社区卫生服务协会
胶南市卫生局
联合举
“健康中国”直通车活动进社区
中国健康教育协会
青岛市社区卫生服务协会
胶南市卫生局
联合举办

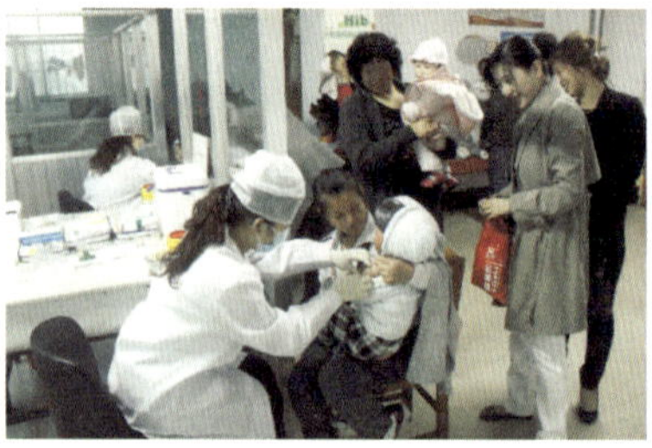

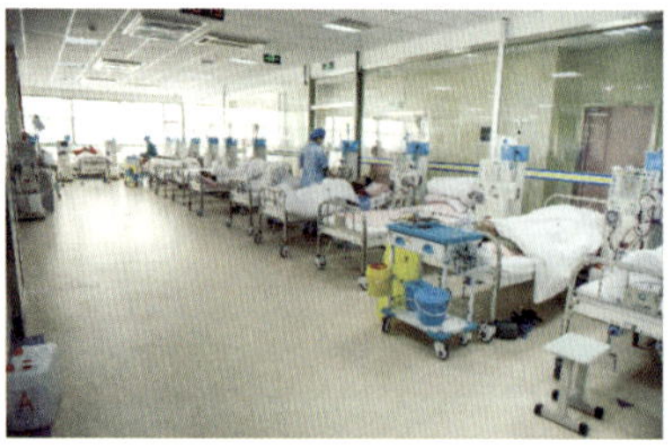

第一章　综合医疗

1988年以来，胶南卫生事业得到较快发展，全市(县)卫生资源配置逐步优化。1997年开始推行合作医疗制度，参与人数占全市农业总人口的90%以上。2003年成立市合作医疗管理中心。2006年，镇级卫生院由镇(街道)划至市卫生局统一管理，并推行市、镇、村卫生机构一体化管理。

2009年8月设立胶南市医药卫生体制改革领导小组及其办公室。2010年4月出台《推行国家基本药物制度优化基层医疗卫生体制机制的实施方案》，在镇(街道)卫生院先行实施基本药物制度。是年6月出台《关于深化医药卫生体制改革的实施意见》，重点实施基本医疗保障制度、国家基本药物制度、基本医疗卫生服务体系、基本公共卫生服务逐步均等化改革，落实医疗卫生服务公益性质。同年10月出台《胶南市在实施镇村一体化管理的村卫生室推行国家基本药物制度的实施方案(暂行)》。2011年，印发《胶南市2011年度医药卫生体制五项重点改革主要工作安排及责任分解》《胶南市加快推进全市基层医疗卫生机构综合改革工作实施方案》等文件，调整充实《胶南市新型农村合作医疗管理暂行办法》。2012年6月，顺利通过青岛市三年医改工作考核验收。是年，被列入国家卫生部公立医院改革试点市(县)，并制定了《胶南市公立医院综合改革试点方案》。2013年2月1日，在市人民医院、市中医医院、市经济技术开发区医院、市妇幼保健院4家综合改革试点医院正式启动公立医院综合改革试点工作。

第一节　医疗机构

1988年，全县共有公立医疗卫生单位25个。其中，二级综合医院1家、二级中医医院1家、一级乡镇卫生院18家，卫生防疫、妇幼保健、卫生进修学校、结核病防治、皮肤病防治机构各1家。共有个体医疗机构82家。1995年，市人民医院通过省卫生厅“二甲”医院评审。1999年，成立胶南市经济技术开发区医院，与原胶南市正骨医院(隐珠镇卫生院)合并。2005年成立市120急救调度指挥中心。截至2012年，全市卫生系统共有医疗事业单位28个。其中，二级综合医院两家(市人民医院、市经济技术开发区医院)，二级中医医院1家(市中医医院)，一级镇(街道)卫生院16家，疾病控制机构1家，卫生监督机构1家，妇幼保健机构1家，卫生进修学校1家，合作医疗管理机构1家，结核病防治机构1家，皮肤病防治机构1家，120急救调度指挥中心1家，人才市场卫生分市场1家。其他卫生机构848家，其中厂企医院两家，综合门诊部4家，个体诊所174家，厂企(学校)卫生室59家，村卫生室609家。2012年，全市医院共收入76507万元，门诊量1116139人次，编制床位2102张，年末实际开放床位数2770张，病床使用率为91.14%。

全市卫生系统“生命相托，笃行为民”服务品牌建设座谈会

1988～2012 年全市(县)公立卫生机构、床位和人员情况统计表

表 23－1－1　　　　单位:人、张

年份	卫生机构数		卫生机构人员数		卫生机构床位数	
		医院		医院		医院
1988	119	25	1902	1462	1423	1378
1989	115	25	2036	1542	1461	1375
1990	115	25	2135	1630	1481	1395
1991	115	25	2133	1647	1484	1392
1992	115	25	2133	1647	1459	1365
1993	135	25	2345	1770	1514	1378
1994	135	25	2408	1818	1560	1428
1995	135	25	2463	1861	1592	1460
1996	32	25	2168	1908	1545	1480
1997	32	25	2238	1963	1627	1561
1998	32	25	2241	1959	1627	1561
1999	32	25	2235	1968	1710	1639
2000	29	24	2049	1866	1633	1598
2001	30	26	2247	2092	1893	1858
2002	24	20	2328	2175	1902	1867
2003	24	20	2385	2226	1904	1869
2004	23	19	2382	2186	1864	1829
2005	23	19	2422	2249	2006	1971
2006	23	19	2418	2246	1923	1888
2007	23	19	2450	2276	1968	1933
2008	23	19	2471	2287	2050	2005
2009	23	19	2493	2298	2050	2005
2010	23	19	2538	2371	2146	2101
2011	23	19	2550	2385	2307	2232
2012	35	19	4543	2755	2334	2102

胶南市人民医院　属二级甲等医院,系潍坊医学院非隶属附属医院。占地面积 5.2 万平方米,其中业务用房面积 4.8 万平方米。职工总数 1065 人,其中卫生技术人员 916 人,行政工勤人员 149 人。卫生技术人员中,正高职称 9 人,副高级职称 56 人,中级职称 254 人,初级职称 597 人。医护比 1∶1.16。开放床位 640 张,设职能科室 21 个,临床医技科室 35 个。

2012 年完成诊疗 490689 人次,其中急诊 36130 人次;出院病人 36687 人次;病床使用率 125.7%;病床周转率 57.8 次;院内感染率 0.59%;甲级病案符合率 99.98%。完成手术 1.4 万台次。

医院有现代化净化手术室、中心供应室、血液透析中心、配液中心等配套设施的医院综合病房楼。信息化建设配有信息系统(HIS)、实验室信息

胶南市人民医院全景(2012年拍摄)

系统(LIS)、影像传输和存储系统(PACS)、电子病历系统(EMR),体检系统、合理用药、抗生素分级管理、OA、血库、防毒、网络行为管理系统等。

先后开展应用逆行充盈法膀胱CT检查、微创经额穿刺治疗高血压脑出血、显微手术技术在神经外科中的应用等7项新技术。心血管病介入诊治、急性脑外伤治疗被评为青岛市特色专科。成立儿童保健门诊,设立康复训练中心,开展儿童智力测试和功能锻炼。

胶南市中医医院　二级甲等中医医院,占地面积1.12公顷,编制床位270张,实际开放床位351张。共有职工300人,其中卫生技术人员270人,行政工勤人员30人。卫生技术人员中,高级职称31人,中级职称122人,初级职称94人。

胶南市中医院(2012年拍摄)

2012年,门诊量62831人次,收住院病人12203人次,病床使用率118.4%,床位周转次数44.8次,住院抢救危重病人384人次,手术2169例,手术前后诊断符合率97.9%,治愈率5.8%,好转率92.2%,病死率0.6%,甲级病案符合率97.7%。在诊疗过程中使用中医药和中医适宜技术。开展中医诊疗技术46种,中医护理技术使用率不断提高。开展中药贴敷、中药溻渍、中药湿敷、中药熏洗等常用中医护理技术。运用中医整脊手法,配合针灸、内外用药、四维牵引、理筋、调曲和功能锻炼治疗颈腰痛。

胶南经济技术开发区医院　二级综合性医院,系潍坊医学院教学医院,加挂"胶南市骨伤诊疗中心"、"胶南市眼科中心"牌子。占地面积6.33万平方米,其中业务用房1.51万平方米。共有职工460人,其中卫生技术人员417人,行政工勤人员43人。卫生技术人员中,高、中、初级职称分别是39人、147人、231人。医护比1.2∶1。职能科室21个、临床科室17个、医技科室5个。

2012年门诊量108015人次,其中急诊17924人次;收住院14774人次;病床使用率135.7%;床位周转次数61.7次;入院与出院诊断符合率100%;手术前后诊断符合率100%,抢救危重病人327人次,抢救成功率97.6%;治愈率98.4%;好转率98.4%;病死率0.5%;院内感染率0.4%;甲级病案符合率100%。

医院拥有低温等离子体灭菌器、彩色超声多普勒诊断仪、胃肠X光机、OCT光学相干断层扫描仪、眼底照相机、532激光治疗仪、ICU的进口呼吸机、床旁血滤机、中央监护仪、纤维支气管镜等设备。

按照"院有重点、科有特色、人有专长"的办院思路,确定骨科(脊柱关节、创伤)、眼科中心、神经外科、神经内科、心内科、肿瘤科、肛肠外科、泌尿外科、妇产科、手外科,超声介入治疗、鼻窦镜诊治、内镜检查治疗等重点发展的特色科室或专业。鼻窦镜诊治是青岛市特色专科门诊。

先后开展的技术项目有:"普通假体柄治疗老

2000 年 6 月 18 日，胶南市开发区医院开诊典礼及揭牌仪式

年人转子间骨折”“椎体间打压植骨治疗下腰椎手术”“钙离子拮抗剂在外伤性蛛网膜下腔出血后预防脑血管痉挛”“手指背侧筋膜瓣修复手指末节大面积皮肤缺损”“指动脉岛状瓣修复临指皮肤缺损”“腹腔镜胆囊切除术”“后腹腔镜肾脏切除术”“腹腔镜肾上腺肿瘤切除术”“腹腔镜输卵管开窗取胚胎术”等。

胶南市妇幼保健院（计划生育服务站） 系集医疗、保健、计划生育技术服务为一体的专科医院，国家一级甲等妇幼保健院。占地 11837 平方米，业务用房建筑面积 17000 平方米。共有职工 231 人，其中高、中、初级职称分别为 9 人、57 人、115 人。医护比 1∶1.1。开放床位 150 张，设有职能科室 8 个，临床科室 6 个，医技科室 6 个。

2012 年完成门诊 116937 人次，其中急诊 1720 人次，收治住院 4822 人次，病床使用率 72%，平均住院日 5.6 天。出院与出院诊断符合率 100%、手术前后诊断符合率 100%、院内感染率小于 2%。

孕产妇系统化保健管理率达 97.84%，孕产妇住院分娩率 100%，产后访视率 98.95%，高危妊娠专案管理率、住院分娩率均达 100%；儿童系统化管理率 97.78%，体弱儿专案管理率 100%，新生儿听筛 7284 人，听筛率达 97.86%；新生儿疾病筛查采血 7406 人，新筛率达 99.5%。完成婚检 11738 人次，婚检率达 82.3%。

2012 年，为全市 26100 例 35～64 岁农村户籍妇女进行“两癌”筛查，共检查出各种乳腺疾病 6400 多人，各种宫颈疾病 8400 多人，查治乳腺癌 18 例、宫颈癌 5 例、癌前病变 33 例。

六汪中心卫生院（市精神病院） 始建于 1958 年 9 月，1990 年建立“胶南市精神病医院”，两院合署办公。医院占地 13122 平方米，建筑面积 8600 平方米，开放床位 285 张，共有卫生技术人员 68 人。其中，高、中、初级职称分别有 3 人、24 人、41 人。

2012 年，医院门诊量 25242 人次，收住院 2284 人次，病床使用率 86.4%，入院与出院诊断符合率达 95%，手术前后诊断符合率达 95%，抢救危重病人 26 人次。

医院拥有“DR”X 光机 1 台，数字化胃肠电视系统 1 套，生化分析仪 2 台，颈颅磁治疗仪 1 台，体温计消毒机 3 台，大型烘干机 1 台，全自动按摩床 1 台，温针灸治疗仪 1 台，蜡疗机 1 台，TDP 神灯 8 台，银质针深部温控治疗仪 1 台，电子针灸治疗仪 5 台，中医定向透药治疗仪 2 台，中药粉碎机 1 台，连体式牙科治疗设备 1 台，大型综合性服务评价系统两台。

“精神科”为医院重点特色科室，配有精神卫生副主任医师 2 名、精神卫生医师 8 名，精神卫生专业护士 12 名，主要负责全市精神疾病诊治、防控、普查、重性精神病管理、心理咨询和测验、心理健康教育、精神残疾评定、精神病肇事肇祸风险评估等工作。2012 年接诊精神障碍患者 12973 人次，免费为全市精神障碍患者送药 5000 余人次，发放药物价值 160 余万元。

第二节 医疗队伍

1998 年以前，医学院校毕业生通过指令性分配进入各医疗机构工作。1998 年开始，护理人员从应届毕业生中公开招考，当年择优录用 52 名大中专毕业生。2003 年，医疗机构招聘工作人员全部面向社会公开考录，在派遣期内的医学类毕业

生中择优录用。2006 年开始，由人事部门统一组织，按医院计划配额，实行公开考录。至 2012 年底，全市从事卫生事业人员 4543 人。其中，在编医务人员 2550 人，综合门诊部、个体诊所和厂企卫生室从业人员 778 人，乡村医生 1215 人。拥有主任医师级技术职称 22 人，副主任医师级技术职称 169 人，主治（主管）医师级技术职称 1089 人。

1988～2012 年全市（县）卫生系统专业技术在编人员情况统计表

表 23－1－2 单位：人

年份	总人数	专业技术人员	按职称统计					按学历统计				管理及技术工人
			正高	副高	中级	初级	其他	硕士及以上	本科	专科	中专及以下	
1988	1671	1422		25	195	751	451		39	610	773	249
1989	1823	1449		36	288	683	442		42	652	755	374
1990	1913	1533		39	359	700	435		58	720	755	380
1991	1983	1620		42	386	764	428		71	806	743	363
1992	2073	1734	2	49	423	849	411		103	891	740	339
1993	2219	1863	2	53	481	937	390		156	909	798	356
1994	2275	1907	3	57	532	940	375		192	1143	572	368
1995	2334	1959	3	62	568	974	352		260	1157	542	375
1996	2318	1989	3	66	630	955	335		354	1092	543	329
1997	2342	2057	4	72	671	994	316		418	1058	581	285
1998	2359	2142	4	79	735	1038	286		495	1040	607	217
1999	2362	2198	5	83	782	1065	263		567	1032	599	164
2000	2358	2222	6	89	810	1065	252		629	1005	588	136
2001	2370	2250	6	92	839	1072	241		735	986	529	120
2002	2396	2271	7	94	857	1083	230		857	972	442	125
2003	2453	2324	7	98	877	1108	234		879	976	469	129
2004	2469	2358	10	102	867	1134	245		886	934	538	111
2005	2504	2394	10	102	879	1124	279	2	917	898	577	110
2006	2510	2388	12	105	889	1018	364	16	924	885	563	122
2007	2535	2401	12	104	855	1107	323	35	940	864	562	134
2008	2554	2404	12	109	835	1009	439	46	954	850	554	150
2009	2551	2298	14	118	825	999	342	55	967	830	446	253
2010	2545	2324	16	124	840	1078	266	60	987	821	456	221
2011	2504	2312	18	138	898	1108	150	68	1011	745	488	192
2012	2539	2347	22	148	960	1062	155	78	1055	644	570	192

第三节　医疗设备

1988 年,全县医疗机构中仅有部分中、小型医疗设备,万元以上医疗设备仅有 3 台。1991 年,市人民医院购置高压氧舱;市中医医院购置心电图机、脑电图机、进口多功能牙科综合治疗台、铸瓷牙设备、白内障超声乳化治疗仪、数字化彩色 B 超等医疗设备。1993 年,市人民医院购置了 CT、血球自动计数仪、脑电地形图、眼底照相机、B 超等大中型设备 48 台(件),血球自动计数仪,k + N + 分析仪、美国产 MAX - 640CT 投入使用,检验科达到青岛市卫生系统检验质量控制标准要求。

1996 年 3 月,市人民医院购置日本原装 F—820 型血液分析仪 1 台,可以自动测试 15 个检验项目,由瑞士进口的全自动生化仪开始使用,美国、中国台湾联产心电工作站投入使用。

1998 年,市人民医院购置荷兰产菲利浦 BV22 移动式 C 型臂 X 光机 1 台,美国 GE 公司螺旋 CT1 台,西门子数字化血管造影简影机 1 台,德国产腹腔镜 1 台,北京医疗器械研究所生产 BJ—6B 型直线加速器 1 台。建成全市首套远程会诊系统。

2000 ~ 2002 年,市经济技术开发区医院先后购置数字化胃肠 X 光机、双通道彩色经颅多普勒诊断仪、奥林巴斯胃镜、肠镜、全自动生化分析仪、全自动血球计数仪、冠心病定位诊断仪、体外碎石机、动态心电检测仪、GE 双排螺旋 CT、CR 等设备。2002 年 8 月,全市首台双排螺旋 CT 在市中医医院正式启用。

2002 ~ 2012 年,市人民医院先后购置美国 ATL 公司生产的 HDI3000 全数字化彩色 B 超、体外冲击波碎石诊断机、血液透析机、日本原产 7170S 生化分析仪、日本产 UF—100 型尿沉渣分析仪、开放式核磁共振、美国 GE 公司生产的 APEXSPE—6 型 ECT、美国 GE 公司生产的 16 排螺旋 CT、三维立体定向放射治疗系统、GE 公司新一代 ECO 磁共振、直线加速器、呼吸机、手术高频电刀、高清晰腹腔镜、基因扩增仪等设备。

第四节　医疗技术

中医　1984 年 10 月成立胶南县中医医院。1993 年,应用中西医结合疗法治疗劳累性心绞痛病例 600 余例,取得较好临床效果。1996 年,通过爱婴医院评审及国家中医药管理局组织的二级甲等中医医院评审。

2000 年,市人民医院研制中药制剂治疗糖尿病 500 余例,临床疗效可靠。

2007 年,市中医院应用小夹板固定手法治疗四肢骨折开始应用临床,疗效明显。市中医医院脑病科创建中西医结合卒中单元医疗模式,运用"微创颅内血肿碎吸技术"和"醒脑开窍针刺法"救治脑出血急性期的重症患者,取得显著疗效,2009 年被评为"山东省第四批中医药重点专科项目建设单位"。2011 年,对全市 1114 名基层卫生技术人员进行 20 项中医适宜技术培训并结业考试。是年 5 月,市中医医院顺利通过国家中医药管理局组织的中医医院管理年活动检查评估。至 2012 年,全市共有中医医院 1 家,中医诊所 25 所,中医类执业医师 342 人。

西医　1988 年,县人民医院有计划地开展宫颈注射阿托品、阴道成形术以及甲状腺癌切除和颈部淋巴结清扫术、十二指肠引流等 14 项新技术。

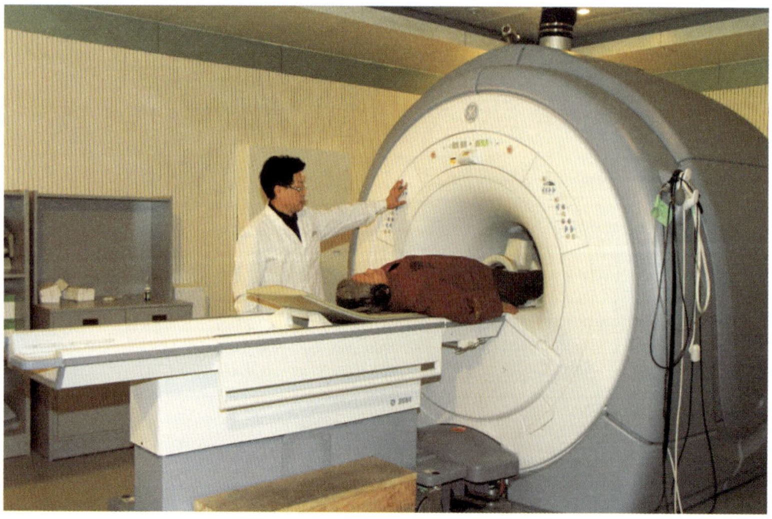

市人民医院引进的超导核磁共振(2011 年拍摄)

1989 年,县人民医院在青岛市率先开展胃肠道重建一层吻合术,并首次开展人工肾治疗。

20 世纪 90 年代以后,陆续引进部分具有国际水平的大型精密医疗器械,如 CT、1.5T 磁共振、全数字化血管造影减影机、高清晰腹腔镜、血液透析机等,填补了胶南多项医疗、检验等方面的空白,提高了临床诊断水平。市人民医院的心脏介入治疗技术、急性颅脑外伤治疗技术为青岛市特色专科,肝炎治疗为青岛市特色诊疗项目。

1992 年,成功完成首例食指转位、拇指再造手术。1997 年,开展脑膜瘤显微切除术、全髋置换术、多功能外固定架治疗胫腓骨骨折、刺上韧带重建术、股骨头无菌坏死的带肌方肌蒂骨瓣减压植入、高血压脑出血的碎吸术等。1998 年开展腹腔镜下胆囊摘除手术。

2000 年成立碎石治疗中心、血液透析中心。成功为一名冠心病患者进行冠状动脉内球囊成形术及支架植入术。2001 年,首次成功为一名肾功能衰竭病人进行肾移植手术。

2010 年,引进新一代 ECO 磁共振仪并正式应用于临床,开展痔疮“铜离子电化学治疗”技术、小切口非超声乳化白内障手术、胆道镜下 U—100 + 双频激光碎石治疗胆管难取性残余结石、趾附关节脱位骨折复位内固定术。

2011 年,进行逆行充盈法膀胱 CT 检查、侧脑室外引流并腰大池引流治疗脑室内出血、超声引导下麦默通于乳腺疾病的微创诊断与治疗、微创电视腔镜下肺叶切除、术中 B 超导引下显微手术治疗高血压脑出血、微创经额穿刺治疗高血压脑出血、自动痔疮套扎器治疗痔疮(RPH)、鼻内窥镜下双极电凝治疗鼻出血、耳石复位法治疗良性阵发性位置性眩晕等新技术及新方法检查治疗。

护理 1988 年进行护工试点,组织护理人员进行护理技术操作考试和护理操作表演赛,举办护理智力竞赛及护士长学习班。

1996 年 9 月,在全市推行三级护理质控管理制度,各医疗机构优质护理措施完成率达 90% 以上。1997 年,制定医院整体护理模式病房支持系统的试运行办法及管理措施。2000 年开始运行“护士站”管理模块。2005 年开展护理风险管理,制定护理应急预案和处理程序,成立突发事件护理应急队。2003 年 6 月开展全市护理人员应急能力培训,1200 名参训人员全部通过结业考试。2009 年,市人民医院外四科被评为“山东省优质护理服务示范病房”。

2010 年开展“优质护理服务示范工程”活动,市人民医院、市中医医院获得青岛市“优质护理服务示范医院”荣誉称号。2011 年 10 月,市中医医院养生康复科被评为“第二届全国中医护理优秀科室”。2012 年 9 月,在全市医疗机构推行分级护理制度,实施病人分级、护士分层管理,全市护理服务水平持续提升。

1988 年,全县医院、卫生院共有在岗护理人员 268 名。2012 年达到 1362 名。至 2012 年 12 月,对全市 1721 名护士(含个体从业人员)进行执业注册登记。

第五节 医疗急救与血液管理

急救 2005 年以前,胶南市无急救调度机构,群众遇有急症需自行到辖区医疗机构就诊。2005 年 5 月成立市 120 急救调度指挥中心。市财政投资 360 余万元招标采购急救车辆,配备随车仪器设备和调度软硬件,使院前急救系统建立起通信

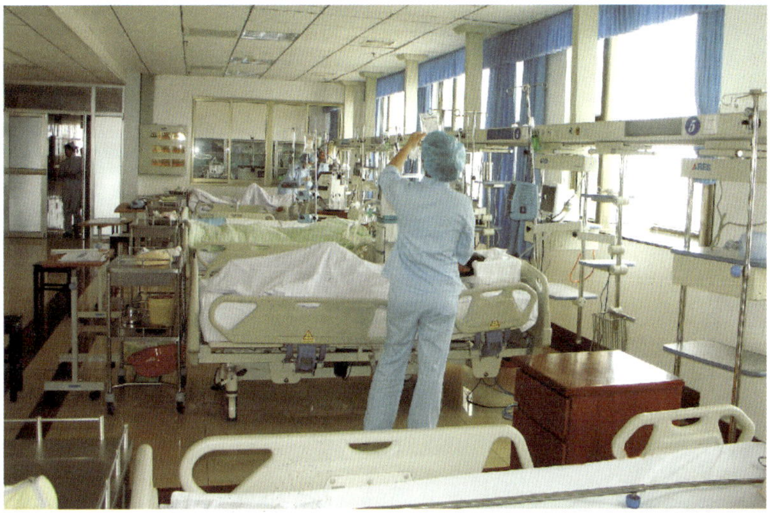

先进的 ICU 室(2007 年拍摄)

网络(120)有线计算机联网数据化和车载电台无线联络,并通过 GPS 卫星通信实现地面定位、电子屏幕显示、动态监控。并设市人民医院、中医医院、经济开发区医院、泊里中心卫生院、六汪中心卫生院、大村中心卫生院 6 处院前急救分中心,10 个急救单元。2008 年 6 月,新设立王台中心卫生院急救分中心,配 1 个急救单元。至此,全市共有 7 处急救分中心,11 个急救单元。2009 年,投资 30 余万元对调度指挥系统进行数字化改造,采用 30B + D 技术,有效缩短了急救电话信号传输时间。2010 年,市财政投资购置负压救护车一辆,并配备齐全车载设备。

2005 ~ 2012 年全市急救中心急诊出车次数统计表

表 23 – 1 – 3

年　份	2005	2006	2007	2008	2009	2010	2011	2012
急诊出车次数(次)	2359	9438	8535	9960	8779	12072	12177	11293

血液管理　按照《中华人民共和国献血法》规定,1998 年 10 月 1 日起,全市临床用血全部来自无偿献血。2001 年建立胶南基层血站。2005 年加强血站标准化建设。2007 年建立血液制备质量体系,执行血液制备、贴签、包装、入库程序。2008 年建立和实施血液运输管理程序,确保血液在完整的冷链中运输。2009 年建立和实施血液收回程序,能够快速收回已发放的血液或追踪血液去向,及时通告有关单位采取适当措施。2012 年,创新血源招募形式,强化献血者队伍建设;开展临床合理用血评价工作,提高临床科学合理用血水平。在二级以上医院积极推进临床互助献血、自身输血工作,加强医院自身输血技术培训。

第六节　医疗经费

1988 ~ 1992 年,乡镇卫生院经费由市财政按照差额给予补助。1993 年,乡镇卫生院整体划至各乡镇政府,经费由各乡镇政府解决。1994 年,使用国际开发信贷发展“农村卫生和医学教育项目”的贷款(世行贷款),折合人民币 553.26 万元,主要用于购置医疗设备、救护车等,27 家医疗单位受益。1998 年开始,市财政每年拨付卫生事业经费 30 万元。其中,农村卫生经费 15 万元,分别用于农村卫生院防疫经费 5 万元,健康教育及科研人才培养 5 万元,中医事业发展 5 万元。

2007 年 8 月,中央补助山东公共卫生专项资金项目启动仪式在胶南市举行

2006 年,乡镇卫生院财政体制上划市财政。是年 7 月开始,市财政承担镇卫生院在职人员各种保险 330 万元(王台、滨海卫生院除外)、在职人员工资总额的 50% 共计 320 万元、公共卫生人员经费 380 万元、住院医师培训经费 16 万元。此后,市财政补助经费不断增加,2007 年和 2008 年分别拨付经费 2687 万元、3115 万元,另投入基础设施建设经费 2682 万元。2009 ~ 2012 年,分别拨付经费 3387 万元、7685 万元、12624 万元、12465 万元。

第二章 专业防治与保健

第一节 传染病防治

胶南县卫生防疫站成立于1951年，主要负责全县的疾病防治和卫生监督检查等防疫工作。2001年11月，撤销市卫生防疫站，分别组建胶南市卫生局卫生监督所和胶南市疾病控制中心。市疾病控制中心负责全市传染病的防治、病原学监测和疫情调查处置等工作。

1951年开始，实施计划免疫，推广多种生物制品的预防接种。1998年3月，全部实行疫情微机连网，并建立传染病报告制度。2004年，全市实行传染病网络直报，及时控制治疗各种传染病。

病毒性肝炎 1985年，全市病毒性肝炎发病289例，发病率为36.03/10万，1985～1992年，发病率基本波动在36.03～118.11/10万之间。1992年以后，随着甲、乙肝疫苗的广泛应用，病毒性肝炎呈逐年下降趋势。1993～2004年，发病率波动在11.72～39.50/10万之间，控制在较低水平。2005～2012年，发病率波动在19.60～41.88/10万之间。

流行性脑脊髓膜炎 1985年，全市流脑发病17例，发病率为2.12/10万，死亡2例，死亡率为0.25/10万，病死率为11.76%。1985年后散在发病，平均发病率为3.98/10万。1991～2012年期间，除1992年发病2例，1996年、1997年和2009年各发病1例外，其他年份均无发病。

肺结核 1987年底，全市累计治疗管理病人8586名，痊愈率达80.90%。1988～2005年，全市现症病人2760名，平均发病率为20.50/十万。2006年发病314例，发病率37.36/十万。2007年发病441例，发病率52.31/十万。2008年发病435例，发病率51.49/十万。2009年发病369例，发病率43.63/十万。2010年发病354例，发病率41.80/十万。2011年发病313例，发病率37.04/十万。2012年发病287例，发病率33.27/十万。

流行性出血热 1984～1985年为第一个流行高峰，共发病1649人，平均发病率为103.00/十万，死亡106人，死亡率达6.62/十万。1995年为第二个流行小高峰，发病131例，发病率为15.41/十万，死亡18例，死亡率为2.12/十万。1999年为第三个流行高峰，发病240例，发病率为28.68/十万，死亡9例，死亡率为1.08/十万。2011～2012年为第四个流行小高峰，共发病221例，共死亡4例。该病发病时间多集中在10～12月，年龄以20～55岁的青壮年为多。2005年6月，胶南市被确定为“全国肾综合征出血热监测点”，开展人间疫情和宿主动物感染情况监测，并以灭鼠、接种出血热疫苗和环境改造为根本性措施，坚持病人“早发现、早诊断、早休息治疗和就近治疗”，发病得到有效控制。

性传播疾病（STD） 1990～2005年，共发生STD1358例，平均发病率达20.96/10万，其中淋病、梅毒、尖锐湿疣、非淋菌性尿道炎和生殖器疱疹，年平均发病率分别达6.81/十万、2.35/十万、6.99/10万、4.63/10万和0.17/10万。1999年开始采取一系列综合防治措施，规范性病诊断治疗，加强宣传教育，完善疫情报告网络，全市性病管理工作逐步走上法制化、规范化轨道。2006～2012年，淋病、梅毒共发病462例，发病率处于较低水平。

SARS及“甲流” 2003年上半年境内发生SARS疫情。是年4月中旬至6月上旬重要防治期间，全市设置163名疫情报告员，实行日报告制度。由市疾控中心成立流调队和消毒组，在6处检疫哨卡24小时值班。共追踪观察返境重点人群219人，追踪、排查、会诊医院上报的可疑“非典”病人42人，出动流调人员118人次，流调资料均整理归档。2008～2009年“甲流”防治期间，没有暴发疫情，仅2009年发病9例，发病率1.06/十万。

2003年，全市医护工作者全力防治非典疫情

艾滋病 2004年1月，境内发现首例外籍输入型艾滋病感染者；3月建立艾滋病筛查实验室；5月成立市防治艾滋病协调委员会；7月，实验室通过省疾控中心评审；9月通过计量认证复评审，成为全省首批艾滋病筛查实验室。

2005年4月，境内发现首例本地艾滋病感染者，立即在二级以上医疗卫生单位开展主动监测工作，完成各类就诊人员初筛5792人，发现初筛阳性2人，经青岛市疾控中心确认为HIV感染者；完成366名“外来媳妇”及配偶子女的监测工作，初筛发现HIV阳性7例；市公安局看守所332名新入所被监管人员和既往有偿供血(浆)32人，经检测未发现HIV阳性。截至2005年底，共发现HIV感染者12例，死亡4例、返回原籍1例，7例居住胶南。2006年检测上报8例，发病率0.95/十万。2007年检测上报5例，发病率0.71/十万。2008年检测上报2例，发病率0.24/十万。2009年检测上报6例，发病率0.71/十万。2010年检测上报5例，发病率0.59/十万，死亡1例。2011年检测上报4例，发病率0.46/十万，死亡1例。2012年发病1例，发病率0.12/十万。

第二节 慢性病监测及防治

1987年，全面组织实施慢性病监测工作，建出生卡1438张，死亡卡360张，孕妇报告卡811张，妊娠结果报告卡626张，肿瘤发病报告卡44张。1998年，成立胶南市慢性病工作领导小组，并在“全国高血压日”开展宣传日活动。2000年规范监测网络。2005年启动恶性肿瘤监测和伤害监测工作，被省疾控中心定为“省级死因监测和肿瘤发病监测点”。2010年，在全市农村社区开展糖尿病、高血压的综合防治的筛查、防治的干预工作。

2011年开展冠心病、脑卒中监测网络直报工作。是年8月，市卫生局举行高血压、糖尿病患者免费服药政策启动仪式。是年创建成为“省级慢病综合防治示范市”。

第三节 计划免疫

1986年，县疾控中心设立预防接种门诊。1991年，制定胶南市计划免疫发展“八·五”规划，每年进行两轮脊灰强化服苗。1992年，乙肝疫苗免疫接种纳入计划免疫管理，接种104986人次。1993和1995年，先后印发《关于预防接种使用一次性针管的通知》《胶南市1995～2000年消灭脊髓灰质炎规划》和《胶南市1995～2000年麻疹预防控制规划》，制定实施AFP报告制度。1996

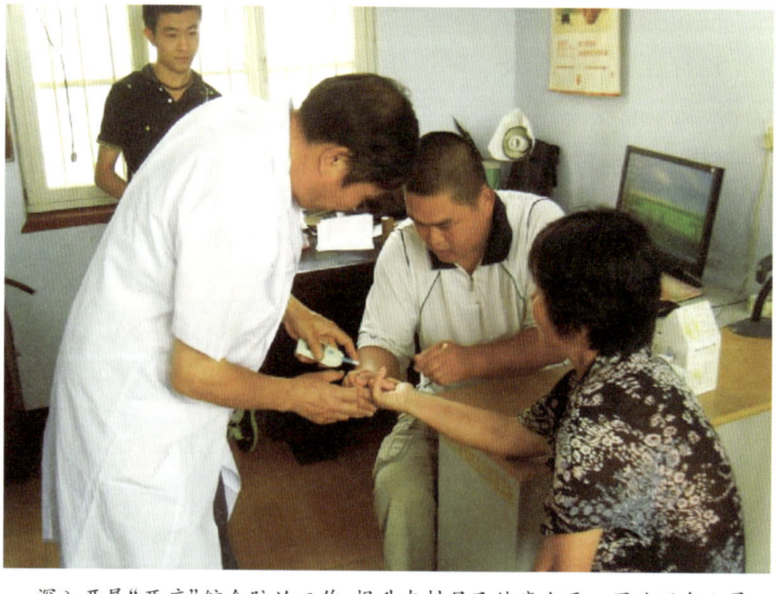

深入开展“两病”综合防治工作，提升农村居民健康水平。图为医务人员为辖区居民开展糖尿病筛查(2012年拍摄)

年，针对重点人群进行乙肝疫苗的接种及加强。1997 年，风疹疫苗进入疫苗接种程序，儿童出生后 24 小时内完成卡介苗注射，取消原程序中 7 岁、12 岁儿童复种工作。2000～2001 年，全市 19 处医院门诊通过青岛市计划免疫规范化门诊验收，另有琅琊、海青、宝山和信阳 4 处医院门诊达到规范化要求。2003 年，将乙型肝炎纳入全市儿童计划免疫，实行 0、1、6 三针程序，全程免费。2004～2006 年，麻疹疫情采用网络直报，免费提供第一类疫苗共计 8 种疫苗，在学龄前儿童中开展 Hib 疫苗接种，将 1.5～2 岁年龄组儿童麻疹、百白破三联疫苗和 4 岁脊灰疫苗加强免疫纳入常规运转接种。对 8～12 月龄儿童进行乙脑疫苗初免和 2 岁、6 岁儿童的加强免疫。2008 年，对 8 月龄至 14 岁儿童补种麻疹疫苗 34045 人次，补种率为 98.60%。2009 年，灵山卫街道发现 1 例流脑病例，经及时处置并疫苗应急接种，阻止疫情蔓延。2010 年，对 8 月龄至 6 岁儿童开展麻疹疫苗强化免疫接种，对 4 岁以下儿童开展脊灰疫苗强化免疫接种。2011 年 3 月，全部完成 15 岁以下人群乙肝疫苗补种工作。是年发现接种脊髓灰质炎减毒活疫苗引起的急性驰缓性麻痹病例 1 例，并向青岛市医学会提交相关鉴定材料。

第四节　妇女保健

妇女保健指妇女五期（月经期、孕期、产褥期、哺育期、更年期）保健和劳动保护。市妇幼保健院及各公立医院、卫生院、计划生育服务站每年利用“三八”妇女节、“六一”儿童节、“母乳喂养宣传周”等重大节日，举行各种形式的宣传活动，举办卫生保健知识培训班；利用孕妇学校为孕产妇讲授优生优育、孕产期保健、母乳喂养等知识。1999 年开始利用计划生育网络和村人口学校为妇女进行分类示教，提高广大妇女的自我保健意识和健康水平。

妇女病防治　妇女病防治工作由市妇幼保健院和各公立医院、卫生院、计划生育技术服务站共同完成。市妇幼保健院负责市直机关女职工查体，各医院、卫生院、计划生育技术服务站负责辖区内农村妇女的普查工作。2009～2011 年，市妇幼保健院为全市 35～59 周岁的农村妇女进行乳腺癌、宫颈癌筛查，共筛查 58000 人，查治乳腺癌 51 例、宫颈癌 16 例、癌前病变 110 例。2012 年，为全市 35～64 周岁的农村妇女 26100 人进行乳腺癌宫颈癌筛查，查治乳腺癌 18 例、宫颈癌 5 例、癌前病变 33 例。

婚前保健和孕前优生查体　1995 年开始由市妇幼保健院承担婚前健康检查工作。查体合格者领取“婚前体检证明”，凭此办理结婚登记。2003 年 10 月 1 日《婚姻登记条例》开始施行，“强制婚检”变为“自愿婚检”，全市婚检率直线下降。2006 年 2 月重新恢复婚检，是年 5 月，全市开始实行免费婚检及优生检测。2011 年 1 月开始，在优生检测的基础上开展孕前优生查体工作。医学检查内容 14 项，其中包括实验室检查 9 项，病毒筛查 4 项，影像学检查 1 项。

围产保健　围产保健目的是为了降低孕产妇和围产儿死亡率。具体措施为：对孕产妇实行系统化管理，即孕早期（12 周内）建围产保健手册，孕期查体 5 次以上，高危妊娠查体 8 次以上，产后访视 3 次以上。1986 年开始对孕产妇加强围产期保健管理和临床监护，对高危妊娠妇女实行档案管理。1988 年开始推行孕产妇孕早期、孕中期、产前、产后的系统化管理和科学接生，提倡住院分娩。1992 年实行孕产妇住院分娩，住院分娩率为 44.29%，孕产妇死亡率为 59.5/10 万，围产儿死亡率为 12.5‰，新生儿死亡率为 8.4‰。1996 年，市妇幼保健院顺利通过“爱婴医院”评审。2002 年，住院分娩率为 99.79%，孕产妇死亡率为 12.1/10 万，围产儿死亡率为 2.7‰，新生儿死亡率为 4.6‰。2000 年取消家庭接生后，村级接生员合格证全部收回。2002 年，市卫生局制定实施《胶南市关于加强高危妊娠管理的实施意见》《胶南市关于加强孕产妇系统化管理的实施意见》，并成立高危妊娠急救领导小组，孕产妇系统化管理领导小组和孕产妇、围产儿急救协作小组。对全市死亡的孕产妇和围产儿进行评审，分析死亡原因，查找工作不足并持续改进，孕产妇、围产儿死亡率逐年降低。2003 年开始对早孕妇女建立《孕产妇保健手

册》与初查制度，并进行高危孕产妇初筛、专册登记与随访，以及产妇出院后的三次产后家庭访视服务。2007 年开展孕前保健服务，尝试婚前、孕前、孕期、产时、产后保健等系统化生育健康服务。2009 年，全市住院分娩率达到 100%。2012 年，全市具有接生资质的单位有市妇幼保健院、市人民医院、市中医医院、市经济技术开发区医院、泊里中心卫生院。

1995～2012 年全市围产期保健管理情况统计表

表 23－2－1　　单位：人

年份	产妇总数	建卡人数	产检人数	早检人数	产后访视人数	系统管理人数	系统管理率	住院分娩人数	住院分娩率
1995	10132	10110	9806	9549	10130	8932	88.16%	5669	55.95
1996	12254	12236	12236	11745	12250	11736	95.55%	8204	66.79%
1997	9378	9364	9364	9096	9351	9069	96.71%	7666	81.74%
1998	8879	8858	8874	8620	8827	8584	96.68%	8009	89.86%
1999	7704	7696	7696	7439	7624	7379	95.52%	7368	95.61%
2000	8325	8310	8316	8010	8302	7935	95.32%	8069	96.65%
2001	8395	8377	8385	8090	8382	8016	95.18%	8287	98.40%
2002	8231	8223	8224	7939	8220	7876	95.69%	8214	99.79%
2003	7193	7193	7193	6927	7189	6871	95.54%	7190	99.31%
2004	9868	9868	9868	9673	9868	9634	97.17%	9868	100%
2005	9159	9098	9159	8978	9158	8978	98.02%	9159	100%
2006	8525	8523	8523	8460	8524	8412	98.13%	8525	99.45%
2007	8689	8650	8650	8588	8687	8546	97.91%	8689	99.55%
2008	8485	8464	8460	8391	8465	8367	98.39%	8485	99.78%
2009	7464	7430	7433	7378	7420	7368	98.53%	7478	100%
2010	6760	6758	6758	6689	6738	6686	98.53%	6786	100%
2011	6429	6429	6429	6361	6394	6351	98.54%	6445	100%
2012	7269	7260	7266	7166	7230	7149	97.84%	7307	100%

1995～2012 年全市婚前体检及疾病检出情况统计表

表 23－2－2　　单位：人

年份	应检人数	实检人数	检出疾病分类情况					
			指定传染病人数	严重遗传病人数	有关精神病人数	生殖系统病人数	内科系统病人数	合计
1995	16390	5679	12	0	0	137	13	162
1996	12800	10681	3	0	0	270	33	306
1997	11780	11770	4	1	0	285	250	540
1998	11608	11570	6	5	0	473	77	561
1999	12648	12648	70	0	1	200	66	337
2000	12166	11815	26	3	1	495	129	654
2001	10694	10236	27	5	2	668	109	811

续表 23－2－2

年份	应检人数	实检人数	检出疾病分类情况					
			指定传染病人数	严重遗传病人数	有关精神病人数	生殖系统病人数	内科系统病人数	合计
2002	10887	9019	26	16	1	502	271	816
2003	14450	2724	12	2	1	161	101	277
2004	13604	71	0	0	0	7	4	11
2005	12434	38	0	0	0	1	1	2
2006	19222	3683	5	8	0	212	122	347
2007	13596	13152	22	11	1	473	724	1231
2008	13146	13054	29	15	5	594	423	1066
2009	12232	11988	6	10	23	677	300	1016
2010	12010	11770	26	6	10	623	369	1034
2011	14198	11490	64	3	8	476	176	727
2012	15056	9756	227	7	7	334	133	708

第五节　儿童保健

全市儿童保健系统管理工作由市妇保院儿保科及各公立医院、卫生院妇幼保健医生共同承担，共有专职儿保医师21人。儿童保健系统管理包括散居儿童(0～3岁)管理和集体儿童(3～7岁)管理。散居儿童由家长办理“出生医学证明”并建立儿童健康手册，根据年龄特点对小儿进行定期体格检查。集体儿童每年4月份由各公立医院儿保科到幼儿园进行健康体检。体检情况及发育评价及时通知家长，指导科学育儿、早期教育，做好小儿常见病和多发病的防治。

1996年11月1日开始对住院分娩的新生儿进行甲状腺机能低下和苯丙酮尿症筛查，每月15日、30日各医院将血片标本送至市妇幼保健院，由妇幼保健院质控员验收合格后，统一送青岛市儿童医院新筛中心化验。1996～2006年，全市共筛查77646例新生儿，其中筛查出甲状腺功能低下可疑者268例，确诊28例；苯丙糖尿症(PKU)可疑患者63例，确诊10例，均及时予以治疗和指导。2001年开始血片送验改为每10天一次。2010年增设“先天性肾上腺皮质增生症”和“葡萄糖—6—磷酸脱氢酶缺乏症”为新生儿筛查常规检测项目，血片送检改为7天一次。

1997～2012年全市新生儿疾病筛查及产前筛查情况统计表

表 23－2－3　　单位：人

年份	活产数	采血数	采血率	产妇数	产筛数	产筛率
1997	6414	6259	97.58%	–	–	–
1998	8223	7998	97.26%	–	–	–
1999	7358	7309	99.30%	–	–	–
2000	8087	7966	98.50%	–	–	–
2001	8156	8051	98.71%	–	–	–

续表 23－2－3

年份	活产数	采血数	采血率	产妇数	产筛数	产筛率
2002	8018	7860	98.03%	–	–	–
2003	6733	6654	98.82%	–	–	–
2004	10143	10445	99.03%	–	–	–
2005	8914	8868	99.48%	–	–	–
2006	8458	8388	99.2%	8525	842	9.88%
2007	8768	8716	99.41%	8689	1923	22.13%
2008	8175	8103	99.12%	8485	1850	21.8%
2009	7377	7322	99.25%	7464	2682	35.93%
2010	6907	6852	99.20%	6894	2980	43.23%
2011	6729	6685	99.35%	6721	3796	56.48%
2012	7443	7406	99.50%	7426	5636	75.90%

第三章　爱国卫生及社会卫生

第一节　除“四害”

“四害”为苍蝇、蚊子、老鼠、蟑螂。境内蟑螂未形成流行趋势，故无需开展除蟑螂工作。

灭鼠　1988 年 4 月和 12 月，县爱卫会分别开展春、冬灭鼠活动，动员县政府序列部门和各企事业单位按每人每年集资一元标准，以上一年度年底总人数计算一次性交至县防疫站，专款专用。全年春、冬灭鼠共用粮食 116.796 吨，各类药物 1.242 吨，用工 38420 人次。是年，胶南县被命名为无鼠害县（市）区，奖励灭鼠经费 1 万元。

举办基层消杀人员除四害知识培训班（2005 年拍摄）

1990 年，继续实行集资承包灭鼠，春季灭鼠共用粮食 6 吨，磷化锌 1.2 吨。秋冬季灭鼠使用面粉 4.13 吨、敌鼠钠盐 0.043 吨、磷化锌 1.54 吨、毒饵粮 52.6 吨。1992 年，在重点部位投放 4 万个毒饵包、2 万个毒饵盒。

1993～2012 年，全市投入灭鼠经费 1800 万元，购买灭鼠毒饵 3000 吨，发放到各镇、街道以及城区内各单位集中灭鼠。经检查考核各项指标均在国家标准范围内。

灭蚊蝇　1989 年，县爱卫会制定印发《关于搞好除害防病和食品

卫生工作的通知》，组织大力消灭蚊蝇。1990～2012年，采取专业队伍与群众运动相结合，药物喷杀与人工扑打、诱杀相结合的方法消灭成蚊成蝇。倡导食品加工等重点场所设置扑蝇笼，悬挂粘蝇纸。药物喷杀实行自行喷杀和有偿喷杀两种方式，同时结合城乡环境卫生综合整治，与相关单位签订有偿服务消杀协议书，每年对蚊蝇滋生地进行药物消杀，消杀面积约10万平方米。

第二节　农村改水改厕

农村改水改厕工作起步于20世纪80年代。1992年成立市农村改水改厕工作领导小组，在市爱卫办下设办公室，负责日常工作。

卫生改水　1988年，全县24个乡镇中有15个乡镇进行了农村改水，兑现改水补助1.45万元。1989年，卫生改水1033个村庄，累计受益55.95万人，占全市农村总人口的71.53%。其中，自来水普及率为40.5%，手压机井普及率59.5%。累计改水投资435.7万元。1990～2012年，全市累计改水受益人口71.64万人，受益率达到100%。其中，自来水累计受益人口60.33万人，普及率为84.21%，手压机井累计受益人口11.31万人，普及率为15.79%。

卫生改厕　1992～2001年，全市累计建成卫生厕所12.46万户，普及率为56.02%，粪便无害化处理率24.56%。总投资212.185万元，其中国家投资1.32万元，集体投资32.05万元，个人投资178.815万元。

2002年开始，农村改水改厕工作列入全市国民经济计划，下达到各乡镇、街道组织实施。是年底，全市累计改厕13.72万户，普及率为61.95%。2004年改厕15.59万户，普及率达到70.38%。2005年改厕16.48万户，普及率达到74.43%。2006年，将农村卫生改水改厕工作列入精神文明建设考核内容，累计改厕16.66万户，普及率达到76.91%，无害化卫生厕所普及率达到27.11%。2007～2012年，改建无害化卫生厕所29831座。至2012年底，全市累计改建卫生厕所21.17万户，卫生厕所普及率96.56%，其中无害化卫生厕所10.74万户，无害化处理率为48.95%。

第三节　创卫工作

1988年获批“省级卫生县城”。1992年获批“省级卫生城市”。2005年9月获批“全国除四害先进城市”。2007～2008年，组织开展环境综合整治工作，投资3354万元，铺设主支排污管道1089条，改造户厕10576户；投资9600多元，硬化大街小巷1352条；拆除乱搭乱建5672处，清除各类垃圾6700余万吨。2012年11月顺利通过“省级卫生城市”复审检查验收。

1995年3月，开始在全市开展卫生合格村、镇检查评比活动。截至2012年，全市创建省级卫生先进单位16个，青岛市卫生先进单位60个，青岛市无烟单位8个，胶南市卫生先进单位129个，胶南市无烟单位1个，省级卫生镇7个，青岛市卫生模范镇9个，青岛市卫生镇12个，省级卫生村8个，青岛市卫生模范村14个，青岛市卫生村52个，胶南市卫生村167个。

第四章　农村医疗卫生

第一节　机构管理

1987年开始，通过技能考试、医学类毕业生定向招录等多种方式，不断充实乡镇卫生院专业技术力量。

1994年，国家《医疗机构管理条例》颁布后，全市进一步加强对乡镇卫生院和村卫生室的整顿

力度,依法监督检查覆盖面达70%以上。至1996年底,全市共有乡镇卫生院22处,村卫生室1185处,村卫生室甲级率为72%。1997年推行村卫生室一体化管理模式,镇街卫生院负责对辖区村卫生室的药品、器械、财务、人员等实行一体化管理。22处乡镇实行合作医疗,珠山、珠海两个街道部分村实行村办合作医疗。全市筹集合作医疗经费208万元,参与人数占全市农业总人口的90%以上,胶南市被卫生部授予"全国2000年人人享有卫生保健普及阶段先进市"称号。

1998年开始建设乡镇卫生院特色专科。海青卫生院的血液平衡疗法、信阳卫生院的哮喘病治疗、胶河卫生院的腰椎间盘突出治疗、黄山卫生院的颈肩腰腿痛等治疗项目尤为突出。2000年,胶南市被命名为第三批"全国牙病防治先进县"。

2006年,根据中共中央、国务院《关于进一步加强农村卫生工作的决定》和省、青岛市卫生工作要求,市政府印发《关于推进农村卫生管理体制改革和农村公共卫生体系建设的实施方案》,建立市、镇、村一体化的新型管理运行模式,3家市医院分别管理乡镇卫生院。其中市人民医院管理张家楼、琅琊、藏南、海青、大场、大村6处卫生院,重点建设张家楼、大场、大村3处卫生院,其他卫生院按社区卫生服务中心的功能要求建设;市中医医院管理宝山、六汪、理务关、胶河、铁山5处卫生院,重点建设宝山、六汪2处卫生院;市经济技术开发区医院管理灵山卫、黄山卫生院及积米崖港区社区卫生服务站,重点建设灵山卫中心卫生院。是年,市财政投资为镇卫生院配置"四件一车"(X光机、B超、半自动生化分析仪、血液分析仪、救护车)。

2007年,市政府印发《关于推进农村卫生室建设工作的意见》,明确村卫生室的经营性质为集体兴办的非营利性、公益性医疗卫生机构。同时开展第一次大规模村卫生室改造和建设,新建178处。2008年新建113处,全市农村卫生室达到704处。2008年和2009年,王台中心卫生院、滨海卫生院划归市卫生局管理。各镇卫生院(医院)对所辖村卫生室实行一体化管理。

2009年4月,根据国家医改指导意见和实施方案,全市投入近400万元为16处镇卫生院安装HIS系统,为全部村卫生室配备了电脑、打印机、扫码枪、网络等设备。基层医疗机构的工作重点逐渐由基本医疗为主向基本公共卫生服务为主转变。2010年开展第二次大规模的村卫生室建设和修缮工作。至2012年,新扩建村卫生室272处,全市符合青岛市统一规划的村卫生室达609处。

第二节 新型农村合作医疗管理

2003年1月,国务院办公厅转发卫生部、财政部、农业部《关于建立新型农村合作医疗制度的意见》(国办发[2003]3号)。2003年2月,胶南市被列为青岛市开展新型农村合作医疗制度的四个试点市(区)之一,并于10月份正式启动试点工作。是年12月成立原胶南市农村合作医疗管理中心。印发《胶南市新型农村合作医疗管理暂行办法》(南政发[2003]82号)文件,提出了"以大病统筹为主、兼顾基础合作医疗"符合我市市情的农村合作医疗保障体系,实行了住院、门诊都报销的管理办法。

2006年7月,对原新农合管理办法进行调整:封顶线由原来的19551元提高到了30000元;取消市内转诊,在市内任何一家定点医院自主择医就诊,不需要办理转诊

2008年1月全市新型农村合作医疗工作会议召开

手续；实行当场就地结报；对全市新农合定点医院的合作医疗用药实行了统一采购、统一配送、统一价格；建立了定点医院医疗费用控制制度，降低了医疗费用；将农村住院分娩纳入新农合报销范围。

2007年5月，对新农合管理办法再次调整完善：将镇级医院住院费用报销比例提高到70%；把草药、中医诊疗技术等项目的报销比例再提高20%；将CT检查费用纳入住院报销范围；降低自费药品占药品总额的比例，镇级医院自费药品费用占住院药品总费用控制在5%以内，市级医院控制在10%以内，对住院费用实行限额控制，对超出限额的医疗机构予以处罚；根据年度内基金使用情况，对发生住院大额医疗费的参合农民实行二次补偿，以进一步减轻高额医疗费用对农民造成的经济负担。

2011年5月，对新农合管理办法又进行了调整：将镇级医院的住院报销比例提高到85%，胶南市级医院提高到65%；将个人年内住院报销封顶线由6万元提高到10万元；完善门诊统筹制度，提高普通门诊报销比例，由原来的20%提高到50%，封顶线由120元提高到200元；将慢病门诊报销比例由原来的80%提高到85%；建立中医门诊报销制度，报销比例（中药饮片、中医适宜技术）为65%，年度报销封顶线为800元；扩大大病门诊报销范围，由3种扩大到16种；在青岛市率先实行提高儿童白血病、先天性心脏病及重性精神疾病、乳腺癌、宫颈癌、终末期肾病、血友病的青岛市级及以上住院报销比例，按70%报销。

2012年6月，进一步完善新农合管理办法：将镇级医院的住院报销比例提高到90%，胶南市级医院提高到75%，青岛市级定点医院提高到55%；将个人年内住院报销封顶线由10万元提高到15万元；普通门诊报销比例提高到60%，封顶线提高到300元；慢病门诊报销比例提高到95%；中医门诊报销比例提高到75%；重大疾病的报销比例提高到75%。

第三节　乡村医生管理

1986～1999年，村卫生室为村办村管，乡村医生由各村委会自行招募，队伍整体水平较低。1999年开始，根据上级要求，市卫生局组织乡镇卫生院加强乡村医生队伍管理，村卫生室村办镇管。2003年10月，在全市集中组建18处卫生服务站，负责对辖区内乡村医生业务监管。2005年开始，根据国务院《乡村医生从业管理条例》，每两年一度对乡村医生进行集中培训和考核，乡村医生的业务能力和服务意识逐步提高。2006年，根据青岛市政府《关于进一步完善农村卫生服务体系的实施意见》，建立村级兼职公共卫生预防保健员制度，每个行政村选拔1名乡村医生兼职从事本村预防保健、疫情报告、健康教育等公共卫生工作。市卫生局对全市982名公共卫生预防保健员进行业务考核，考核合格者按照100元/月的标准发放公共卫生服务经费。

2009年，全国医改工作正式启动，各级政府逐渐加大对乡村医生的补助力度，乡村医生待遇大幅度提高。2012年，基本公共卫生专项补助、一般诊疗费补助、基本药物专项补助及村级防保员补助均采取市财政直接支付的形式发放，全年发放补助资金2180.58万元。是年底，全市共有乡村医生1212名。

第四节　卫生下乡支农

1996年，中央宣传部等14个部委提出开展教育、科技、卫生“三下乡”活动，相关部门积极开展多种形式的对口下乡支援活动。2006年，青岛市卫生局印发《青岛市新型卫生支农服务工程管理规定（试行）》要求：“二级以上医疗机构医生在晋升中级和副高级职称前，必须到农村医疗机构工作累计一年”，将下乡支农作为职称晋升的重要条件，并建立督查调度制度，卫生下乡支农工作长效机制建立。2007～2012年，各镇街卫生院和部分村卫生室合计每年接受二级以上医疗机构下乡支农医生60人以上，医疗质量和水平进一步提高。

第五章　卫生科研与人才培训

第一节　医学科研

1989年，为鼓励卫生科研创新工作，制定《医疗卫生单位岗位、技术、效益责任制管理办法》，对取得重要技术成果的卫生专业技术人员，按有关规定破格奖励或升级。1991年，市人民医院与青岛传染病医院合作，开展“单磷酸阿糖腺苷联合胸腺肽治疗慢性乙型肝炎”科研课题，临床效果显著，通过专家鉴定，达到“国内首创和国内先进水平”。2002年完成科研论证立项6项，科研鉴定2项。2003年10月，市人民医院与市科技局签订《窒息新生儿脐动脉血乳酸水平测定的临床意义》《静脉输液中滴数与实际给药/造影剂量换算研究》《胶南市1992、1997、2002年急性心肌梗塞住院病历回顾性调查》《VWF基因多态性与中国人群冠心病的相关性研究》《创伤性蛛网膜下腔出血对重度脑挫伤病人氧耗量和氧摄取量影响》《山楂结块体外凝结、离解实验研究与临床应用》《急诊流行病学调查与医学影像学科建设相关性研究》等7项科技计划项目合同，经有关部门鉴定，有5项达国内领先水平。2005年，市人民医院检验科科研课题“青岛地区汉坦病毒分子流行病学调查研究”获山东省医学科技进步三等奖。

2009～2012年，全市医疗机构共获得青岛市科技进步奖10项、实用新型专利1项，申请省级、青岛市级继续教育项目4项。

1988～2012年，共完成科研成果鉴定67项，其中国际先进水平5项，国内领先水平46项，国内先进水平16项；获得各等次科研奖励45项，其中青岛市科技进步二等奖3项、三等奖10项。

2006年青岛市医学会外科学学术年会在胶南召开

第二节　医学人才培训

1992年开始，在市卫生进修学校采取联合办学方式进行全日制中等医学教育，学制三年，设有高等护理、全科医学、中医、中西医结合、护理、药学等专业。至2012年，共培养六类医学专业毕业生3600余人充实到全市各类医疗机构。

2000～2012年，依托市卫生进修学校开展乡村医生培训工作，每年培训2200余人次，培训合格率达90%以上。

2003～2012年，每年对全市个体诊疗机构卫生专业技术人员开展继续医学教育工作，共培训8000余人次。

2005年开始，对在职卫生专业技术人员开展中医药公共课程继续教育考试、专业技术人员继续医学教育专项培训，每年完成公共课目考试1100余人次，培训合格率达100%。

第二十四篇

教育　体育

车专生学南胶

2012' 青岛吉利湖生态旅游

第一章　教育行政

第一节　教育管理与监督

体制与机制建设　1985年5月,《中共中央关于教育体制改革的决定》提出,把发展基础教育的责任交给地方,有步骤地实行九年制义务教育,并确定基础教育由地方负责、分级管理。是年12月,县委、县政府印发《关于全县教育体制改革的决定》,全面启动教育体制改革。农村小学由乡(镇)办乡(镇)管,乡(镇)设中心小学,由中心小学校长负责全乡(镇)的小学管理工作。学区设完全小学,村设小学或下伸班。完全小学校长、教导主任负责全学区小学和小学下伸班的行政、业务管理。乡(镇)驻地联办中学改为乡(镇)中心中学,中心中学校长负责全乡(镇)中学工作。县城内的县实验小学、东风小学为县教育局直属管理。翌年,对25处中学进行改编,其中县第一、二、三、四、八、九、十五中学编为一至七中,第五、六、七、十、十四中学改编为县第二至第六高级职业中学,由县教育局管理;其余13处中学改为所在乡(镇)的中心中学,与其他乡(镇)中心中学一样,受县教育局和乡(镇)政府双重领导,学校内部实行党支部领导下的校长负责制。

1988年,根据《中华人民共和国义务教育法》制定《全县实施义务教育总体规划》,逐步实施九年义务教育。各乡(镇)相继成立教育委员会,接受县教育局和乡(镇)政府双重领导和管理,村级小学仍实行中心校长负责制,乡(镇)中心中学由乡(镇)教委直接管理,联办中学由中心中学校长负责。1989年,胶南县被国家教委确定为"全国农村教育综合改革实验县"。1992年11月,《胶南市乡镇机构改革方案》确定乡镇教委的人、财、物下放到乡镇管理,市教育局负责业务指导。1993年全面普及九年义务教育,经青岛市、省政府验收确认,国家教委免检认可为实现"两基"(基本实现九年义务教育,基本扫除农村青壮年文盲)县。1998年4月,教育事业单位实施"三定"(定编制、定岗位、定工资总额)改革方案,实行全员聘任。中层以上干部聘期一般为3年,教职工为1年。是年8月,市第一中学改制为"国有民办",办学模式为"学校国有,校长承办、办学自主,经费自筹"。改制学校的党政负责人由市委、市政府任命;副校长和中层干部由改制学校在市直学校范围内实行竞争上岗的办法进行选聘;干部、职工一律实行聘任制。是年12月,教育系统教职工根据编制限额,实行待岗培训制度。通过竞争聘任、末位淘汰等办法确定待岗培训人员,待岗培训时间为一年。待岗培训期满,经考核合格者,重新参与竞争上岗;连续两次待岗培训仍不能上岗者,转入市教育人才交流市场待岗,待岗期满仍未找到岗位者,面向社会自主择业。当年共有202人待岗培训。

2007年4月20日,全省新农村教育研讨会在胶南召开

1999年,市实验中学建成并投

入使用，实行"国有民办"体制；设立实验小学分校（后析出，独立建制胶南市新世纪小学），实行"公办民助"办学体制。

2000年7月，市博文中学建成并投入使用，实行"国有民办"。是年8月，全市实行教师专业技术职务评聘分开、聘用合同制（聘用期2年）和高职低聘。至2002年，全市累计待岗培训教师已达734人，高职低聘172人。其后，对待岗培训制度和高职低聘制度进行了完善。

2004年，乡（镇）撤销教委，设立教育办公室，与中心中学合署；设立成人教育中心（挂农村劳动力资源开发培训中心牌子）；设立中心幼儿园。撤销胶南经济开发区山前小学、两河小学，设立市海滨小学。市第四职业高级中学成建制合并到市职业中专。

2007年10月，恢复胶南市第一中学公办学校性质。2008年8～9月，根据省教育厅《关于进一步做好义务教育阶段改制学校清理和规范工作的通知》，实验中学、博文中学、新世纪小学恢复公办学校性质。

2010年9月，在市职业教育中心挂市职业中等专业学校、青岛广播电视大学胶南分校、青岛市第二技术学校、市卫生进修学校、市电子学校牌子。

2012年，全市有幼儿园258所，在园幼儿2.6万人。小学65所，初中23所，国办普通高中6所，在校生分别为5.4万人、2.6万人、1.3万人。特殊教育学校1所，在校生59人。体育运动学校（属胶南市体育发展中心）1所，在校生162人。国办中等职业学校2所，在校生9451人。国办高等教育院校2所，在校生1.1万人。农村成人教育中心校19所。

教育研究 20世纪80年代，胶南县教育研究的主要机构是县教育局基础教育教学研究室和教育科学研究室。中小学的教育研究主要围绕基础知识和基本技能训练，开展以启发式为主要教学方法，以提高课堂教学效率为目的的课堂教学改革探索。这一时期，提出中小学"三主"（"教师为主导、学生为主体、训练为主线"）教学思想，课堂教学开始由关注教师"教"向学生"学"转变。

20世纪90年代，全市开始加强教材教法研究，提倡启发式、引导式教学。1991年，以实验小学为示范，选派实验小学教师到农村小学传授教学改革经验，有计划地组织农村小学骨干教师轮流到实验小学听课和短期任教，开展创建省时高效的教学模式探索。在高中学校将教学过程分解为自我诊断、自我梳理、双基并网、规律总结、综合应用等5个阶段。1992年，在初中推广目标教学。1995年，初中开始"合作教学"研究，在高中推广导学模式。1996～2000年，学校均设置教科室，制定学校教育科研工作制度和考核评价制度，"教育发展，科研先行"、"科研兴校"成为共识。"十五"（2001～2005年）启始，正值新课程改革培训与新理念初步应用实践时期，全市教育研究实施课题带动战略，教、学、研、训相互融合。市教学研究室实行教研员学科教学负责制、课程改革学科培训负责制和教研员兼课教学制，相继印发《胶南市教学研究课题方案》《高中各学科课堂教学优化实施意见》《"3＋X"高考信息及教学指导意见》，各学段建立教学问题档案，各学校侧重展开教学研究。小学注重"一体两翼"（指以学生为主体，以课内、课外为两翼）课题带动和小学、初中教学衔接研究；初中注重推广探究式教学、情景教学、透析问题式教学等适合各学科特点的课堂创新教学模式研究；高中注重探讨研究性学习指导方法和活动形式，对课堂教学进行教学目标、教学内容、教学结构、教学方法、教学手段、师生关系优化，推进实施分层递进教学。进入"十一五"（2006～2010年），教育科学研究和教学研究积极推进基础教育课程改革，深入落实有效教学理念，突出教学中心地位，重视对青年骨干教师的培养。加强教研（科研）员队伍、学校业务干部队伍、兼职教研（科研）员队伍、教研组长（备课组长）队伍建设，切实加强各学段之间有效衔接，构建中小幼一体化教育研究格局和"城乡互动、资源共享、学段衔接、课题拉动、成果推动、典型辐射、制度保证"的教、学、研、训一体教研机制，教育研究工作呈现直接为教育教学实践服务新局面。2007年，在全国初中学科竞赛中，有；两人获国家级一等奖，6人获国家级二等奖，24人获省级奖。翌年开始在高中二年级推

行行政班和教学班相结合"双轨制"管理，实行选课走班教学。"双轨制"教学管理的做法走在全省前列。"十二五"期间，教学研究继续实行教、学、研、训一体教研机制，并采取"全覆盖逐点透析式"管理，普通高中学校建立教学研究共同体，初中和小学建立起"大学区共同体"，构建起城乡互动和校际互动的高效研讨教研模式，教研员承包联系学校，在教研策略上由重点研究教转变为教与学双研，加强有效教学环节研究，构建高效课堂，推行"自主、互助、高效"课堂教学模式。

2012年11月，合并胶南市教师进修学校、胶南市教学研究室、胶南市教育科学研究室3个正股级单位，成立胶南市教育发展研究中心。主要负责全市普通中小学教学研究、管理和指导；负责中小学幼儿园干部教师培训工作；负责中小学幼儿园教育科研工作；负责语言文字工作。

教师任用　1988年，全县在编教职工7912人。其中，行政编制15人，公办教师（含以公代工）3376人，民师4155人，其他工作人员366人。有专任教师7405人，其中幼儿园198人，小学4127人，中学2768人，中等专业学校及师范学校265人。各类大中专师范院校毕业生按照国家统配原则，由县教育局按计划部门下达的分配计划进行安置，见习1年即转为正式教师。是年，高校毕业生207人，中专毕业生146人，民师转为公办教师26人。年内，县职称改革领导小组办公室对全县教师评聘专业技术职务，共评出中学高级教师39人，中级教师（含中学一级教师和小学高级教师）578人。

1995年，对教职工实行全员聘任制。1998年进行"三定"改革，推行校长负责制、岗位责任制、教职工全员聘任制。并实行待岗培训制度。1999年开始推行师范类高校本科、专科毕业生择优录用。年内考录364人，占当年师范类中专毕业生总数的70%。是年，民办教师转为公办。翌年，对师范类高校毕业生均按70%的比例考录，中专毕业生考录比率为50%。

至2000年，全市在编教职工9367人。其中，中学高级教师293人，占专任教师的3.1%，中级教师2080人，占专任教师的22.2%。2006年，对录用的高校毕业生和引进的名师全部实行人事代理，实行聘用制和试用制，签订聘用合同，新聘用的毕业生须在农村学校工作5年以上。是年，面向全国公开选聘普通高中优秀教师30名。2007年，9857名事业编人员与所在单位签订聘任合同。翌年起，整合优化城乡干部教师资源，新考录教师到西部乡镇学校任教，农村教师"带课进城"，城乡学校优质教育资源互补共进。2010年，实行新考录教师到市直学校顶岗实习制度，实习期1年，一年后分配至西部乡镇中小学任教。

2012年，《青岛市中小学教育人事制度改革试验方案》发布施行，实施五年一周期教师资格注册制度；城乡中小学教职工统一编制标准；教师交流定期化、制度化。设立农村教师岗位津贴，对农村教师在职称评聘、评优奖励等方面予以照顾。是年，全市在编教职工9383人，专任教师8386人，其中，幼儿教师230人，专任教师214人；小学教师3963人，专任教师3701人；初中教师2777人，专任教师2485人；普通高中教师1470人，专任教师1346人；职业学校教师727人，专任教师525人。共有中学高级教师984人，占全市专任教师的11.7%，中级教师4456人，占全市专任教师的53.1%。全市在编教职工男女比例达到1.2∶1，趋向平衡。年龄结构，25岁以下、26～35岁、36～45岁、46～55岁、56岁以上各年龄段教职工占本年度在编教职工总数的比例分别为4.3%、21%、36.5%、28.4%、9.8%，35岁以下年龄段教职工比例相对2000年继续下降；36岁以上年龄段教职工比例相对2000年继续增长，比1988年相应年龄段比例大幅提高，教职工队伍老化现象堪忧。

教育督导　1989年设立胶南县教育局督导室，制定督政和督教工作目标，对义务教育的实施进行全面视察、督促和指导。至1993年，全市共设343所小学和56所初中（其中城区局属小学3所，初中2所），九年义务教育全面普及。此后，全市教育督导的重点开始转为推动更高水平实施九年制义务教育，创建义务教育示范乡镇和省、市规范化学校工作。1995年，市第四中学通过青岛市规范化学校评估。1996年，在城区新建第十中学。是年，实验小学、第二中学分别通过山东省规范化

1988～2012年全市(县)在编教职工分布情况统计表

表24－1－1　　　　单位:人

年份	机关工作人员及在编教职工分布											各学段专任教师分布							
	幼儿园	小学		初中		普通高中	中等专业学校	高等教育	特殊教育	其他	总计	幼儿园	小学	初中	普通高中	中等专业学校	高等教育	特殊教育	总计
			民办教师		民办教师														
1988	201	4212	3389	2625	766	438	339	43	23	31	7912	198	4127	2409	359	265	31	16	7405
1989	205	4352	3049	2691	674	351	360	43	20	34	8056	195	4256	2533	272	227	31	15	7529
1990	189	4244	2847	2539	601	357	368	30	27	41	7795	179	4092	2381	281	231	20	15	7199
1991	249	4395	2616	2678	525	361	371	30	32	42	8158	233	4232	2507	297	238	20	16	7543
1992	245	4279	2461	2501	457	389	410	27	38	101	7990	232	4116	2365	293	282	22	18	7328
1993	276	4314	2378	2681	493	412	455	32	45	99	8314	263	4161	2372	291	297	25	23	7432
1994	297	4139	2106	2455	434	445	518	45	45	98	8042	286	3986	2294	306	332	38	23	7265
1995	307	4360	1809	2698	367	470	555	45	46	92	8573	296	4207	2536	339	351	38	23	7790
1996	332	4479	1497	2885	315	461	563	53	48	88	8909	326	4315	2627	312	362	40	24	8006
1997	354	4422	1165	3054	241	486	571	91	48	82	9108	348	4236	2709	348	377	76	24	8118
1998	361	4699	485	3186	21	507	628	91	47	86	9605	353	4325	2794	362	393	76	23	8326
1999	385	4447	291	2952	9	531	622	82	49	81	9149	327	4219	2685	376	371	68	24	8070
2000	395	4495	215	3038		592	634	83	48	82	9367	388	4273	2692	385	388	76	23	8225
2001	395	4353	158	3048		658	671	84	48	100	9357	388	4112	2699	411	405	70	26	8111
2002	422	4171	112	3229		1098	685	82	49	99	9835	415	3946	2938	845	535	69	33	8781
2003	427	4218		3095		1229	686	80	49	99	9883	420	4005	2874	970	533	68	42	8912
2004	427	4009		2945		1370	674	81	54	104	9664	419	3807	2801	1253	510	68	50	8908
2005	403	4082		3094		1426	654	78	52	94	9883	394	3831	2632	1044	642	63	36	8642
2006	369	4038		3153		1389	731	77	46	88	9891	356	3807	2696	1173	566	61	39	8698
2007	355	3991		3185		1380	740	76	47	83	9857	341	3792	2757	1145	584	63	37	8719
2008	341	4150		3031		1366	737	79	44	83	9831	327	3879	2742	1111	567	63	34	8723
2009	270	4171		2993		1352	735	74	43	83	9721	251	3884	2594	1158	516	62	39	8504
2010	261	4169		2975		1342	670	74	42	83	9616	248	3838	2603	1218	632	61	38	8638
2011	226	4092		2930		1337	730	71	46	82	9514	212	3801	2566	1252	639	58	39	8567
2012	230	3963		2777		1470	727	67	67	82	9383	214	3701	2485	1346	525	56	59	8386

注:表中"在编教职工分布"中,"幼儿园"不含农村幼儿教师;"中等专业学校"包括中等师范学校、职业教育学校;"其他"是指局机关、教研室、学校装备办公室、体育发展中心等单位的公务员、在编工作人员等

1988～2012年全市(县)在编教职工结构情况统计表

表24－1－2

单位:人

年份	在编教职工		性别结构		年龄结构					学历结构				职称结构		
	总数	专任教师	男	女	25岁以下	26～35岁	36～45岁	46～55岁	56岁以上	研究生	本科	专科	其他	高级	中级	其他
1988	7912	7405	5869	2043	1912	2467	1789	1438	306		182	832	6898	39	578	7295
1989	8056	7529	5894	2162	2071	2365	1744	1498	378		193	938	6925	54	621	7381
1990	7795	7199	5684	2111	2076	2161	1782	1343	433		257	1233	6305	67	694	7034
1991	8158	7543	5872	2286	2123	2284	1867	1410	474		325	1987	5846	83	766	7309
1992	7990	7328	5709	2281	2084	2202	1904	1342	458		390	2399	5201	98	840	7052
1993	8314	7432	5971	2343	1835	2399	2047	1594	439		453	2778	5083	116	912	7286
1994	8042	7265	5640	2402	1462	2223	2376	1509	472		542	2993	4507	131	986	6925
1995	8573	7790	6059	2514	1317	2177	2681	1913	485		621	3187	4765	148	1062	7363
1996	8909	8006	6324	2585	1159	2509	2645	2094	502		699	3354	4856	164	1148	7597
1997	9108	8118	6425	2683	914	2635	2853	2194	512		897	3348	4863	199	1382	7527
1998	9605	8326	6534	3071	706	2901	3033	2438	527		1014	3776	4815	235	1614	7756
1999	9149	8070	6175	2974	584	2665	2924	2464	512		1338	3574	4237	271	1844	7034
2000	9367	8225	6242	3125	491	2724	3067	2491	594		1865	3623	3879	293	2080	6994
2001	9357	8111	5909	3448	372	2869	2954	2483	679	1	1631	4040	3685	325	2316	6716
2002	9835	8781	5951	3884	335	3073	3183	2561	683	2	2056	3968	3809	358	2553	6924
2003	9883	8912	5973	3910	232	3096	3132	2645	778	3	5348	2343	2189	418	2708	6757
2004	9664	8908	5833	3831	227	3198	3061	2432	746	5	5247	2214	2198	471	2821	6372
2005	9883	8642	5861	4022	243	3214	3146	2483	797	9	5405	2261	2208	543	3001	6339
2006	9891	8698	5813	4078	257	3261	3174	2415	784	17	5473	2286	2115	687	3383	5821
2007	9857	8719	5780	4077	265	3025	3264	2459	844	21	5882	1980	1974	736	3665	5456
2008	9831	8723	5736	4095	383	2827	3213	2567	841	26	6418	1554	1816	867	4418	4546
2009	9721	8504	5668	4053	389	2792	3135	2553	852	39	6337	1534	1811	1049	4830	3842
2010	9616	8638	5511	4105	377	2743	3119	2538	839	44	6259	1488	1825	1075	4799	3742
2011	9514	8567	5381	4133	386	2738	3076	2499	815	51	6215	1459	1789	1085	4702	3727
2012	9383	8386	5137	4246	401	1973	3425	2664	920	89	5851	1749	1694	984	4456	3943

注:1.此表所统计均为国办学校,不含民办学校;

2.“学历结构”中,“其他”是指中等专业、普通高中、初中、中速师等不同层次的学历;

3.“职称结构”中,“高级”指中学高级教师;“中级”指中学一级教师、小学高级教师;“其他”是指“高级”“中级”职称外其他具有专业技术职务及未确认专业技术职务的教师和非教师系列的工作人员

学校的评估。

2002年1月,市政府印发《关于推动基础教育改革和发展的意见》,市教育主管部门制定一系列考核评估方案,对乡镇政府和市有关部门落实教育责任目标情况纳入市政府综合考核;将学校和幼儿园素质教育目标管理、工作创新和村办小学精品达标等情况按年度进行考核。2003年,一中、二中通过青岛市新一轮办学水平督导评估,均达优秀等级。2004年,全市所有农村小学均达到胶南市精品学校等级。

2012年,山东省、青岛市规范化学校分别有15所和35所,山东省教育示范学校7所。

第二节　教育经费与装备

经费来源　1988年，全县继续坚持以财政拨款为主，多渠道筹措教育经费的资金投入体制。农村教育费附加继续执行省政府《关于贯彻执行〈国务院关于筹措农村学校办学经费的通知〉的意见》规定，对乡（镇）、村两级企业，按上年利润总额的3%～5%征收，农户按上年人均纯收入的2%计征。学杂费征收，每生每学期农村小学4元，初中8元，高中（含职业高中）10元；城区小学6元，初中12元，高中（含职业高中）15元。是年，全县教育经费总收入为2358.9万元。

1994年，调整学生收费标准，每生每学期小学35元，初中55元，高中230元，职业高中220元，职业中专400元。全日制幼儿园分别按一类、二类、三类收取保育费、管理费和杂费，每生每月一类59元、二类51元、三类45元。

1997年全市教育经费总收入1.34亿元。其中，筹集教育发展基金1473万元，征收城乡教育费附加3167万元。是年，全市预算内资金用于教育经费的支出为6400万元，比上年增长28.3%，教育经费支出占财政总支出的35.30%。在校学生人均教育事业费为高中686元，初中506元，小学296元，分别比上年增长2.69%、21.6%和40.95%。学生人均公用经费为高中15元，初中16.88元，小学2.58元。1999年，进一步深化办学体制改革，拓宽融资渠道，在市第一中学、实验中学、第二职业中学、博文中学、实验小学分校（后称新世纪小学）分别进行了“国有民办”“公办民助”体制改革。完善以财政拨款为主，其他多种渠道筹措的多元化教育投入机制。

2001年，中小学生杂费收取标准再度上调，小学、初中、普通高中、职业高中每生每学期分别为40元、70元、300元、500元。全日制托幼园所分别按一类、二类、三类实行指导性收费标准，农村每生每月最高收费分别为120元、100元、80元，最低收费40元；城区每生每月最高收费分别为155元、135元、115元，最低收费70元，由各托幼园所在规定幅度内自行确定。改制学校收费，高中按每生三年8000～10000元分学年度收取，学杂费每生每学期1500～1700元；初中按每生每学期1000元，按学年度收取，学杂费每生每学期1400元；小学按每生每学期600元，按学年度收取，食宿生每学期加收2000元，按学年度收取。2002年，全市教育总收入34964万元，比上年增长22%，是1988年教育总收入的近15倍。其中，预算内教育经费22149.1万元，比上年增长21.23%，预算内拨款占财政总支出的27.88%。在校学生人均教育事业费，高中1504元，初中1693元，小学1636元，分别比上年增长9.78%、27.68%和19.33%。

2004年1月起，市财政统筹发放城乡教师工资。翌年，由乡镇财政支付改为市财政按照统一标准直接支付专项资金5990万元，并提高医疗保险补贴标准。2005年，教育总收入53816万元，比上年增长20%。其中，财政拨款42723万元，比上年增长33.71%；财政预算内对教育拨款36956万元，比上年增长25.45%。首次将中小学预算内生均公用经费纳入市财政预算，按城市小学40元、初中70元，农村小学30元、初中40元的标准共下拨中小学公共经费326.6万元。2006年，将义务教育阶段学生杂费、中小学公用经费、危房改造资金、资助家庭困难学生经费等均纳入市级财政预算，实施免费义务教育。2007年，投入1864万元为全市8.05万城乡义务教育阶段学生免除杂费，预算安排870万元按省定标准拨付生均公用经费，为全市中小学生投保校方责任险，共发放助学金240.9万元，受资助学生9544人次，确保全市中小学生不因贫困而失学。

2008年，全市教育总收入87948万元，比上年增长20.46%。其中，财政拨款65202万元（含教育费附加），比上年增长16.39%。是年，教师月人均津贴补贴平均增长501元，全市农村教师月平均工资由2002年的1131元增长到3328元。

2010年7月1日起，小学和初中公用经费财政预算内拨款标准分别提高至每生每年700元和900元；高中段公办学校在校生财政预算内拨付公用经费标准为普通高中每生每年500元，职业高中每生每年600元。提高农村义务教育阶段家庭

经济困难寄宿生生活费用补助标准,小学由原来每生每年500元提高到750元,初中由原来每生每年750元提高到1000元。普通高中政府助学金比例(受助学生与学生总数之比)由原来的8%提高到20%,由原来每生每年1000元提高至1500元。将中等职业学校城市低保家庭(含低保边缘家庭)学生纳入免学费范围。是年,财政对教育总投入8.63亿元,比上年增长11.07%,其中预算内8.02亿元,比上年增长22.26%。全市小学生人均公用经费570.47元,比上年提高42.26%;初中生人均公用经费785.94元,比上年提高26.15%。

2012年,教育经费总收入16.46亿元,比上年增长29.6%。财政对教育总投入14.8亿元,比上年增长33%。其中,预算内教育经费12.44亿元,比上年增长22%。全市小学、初中年生均公用经费分别为718元、923元,均比上年提高2.5%。

经费管理 1988年以来,各级各类学校实行经费包干,以在编教职工及学生数为基数,根据国家规定开支标准,定额分配人员经费和公用经费。公办学校的基础建设投资由县教育局根据经费收支情况予以安排。

1995年,按省规定改革教育经费管理体制,实行教育事权与财权统一,教育经费预算单列,每年由教育行政部门提出年度计划建议,报财政部门列入预算,经市政府审查批准后实施。农村集体办学经费则由乡(镇)教委按经费管理使用办法和开支标准编制预算,经乡(镇)政府同意,报市教委批准后执行。农村教育费附加由乡(镇)政府负责征收和管理。各乡(镇)财政根据支出预算将教育经费拨付乡(镇)教委,主要用于教师(含幼儿教师)工资和乡(镇)中小学公用经费及校舍维护等。1995年起,学校预算外资金专户存入市教育财务核算中心,实行使用审批制度。1999年起,乡(镇)教委统管农村中小学财务。2001年,市教育体育局成立学校财务结算中心,对局属26个单位财务实行集中统一核算。

2004年,学校财务结算中心更名为学校财务管理中心,负责局属学校及教育系统事业单位财务代记账及集中核算工作。是年10月,全市义务教育阶段收费实行“一费制”(指在严格核定杂费、课本和作业本费标准的基础上,确定收费总额,一次性统一向学生收取),将义务教育学校公用经费全额纳入财政预算,非义务教育办学经费以政府为主,由政府、受教育者、社会共同分担。2008年被纳入财务集中核算的有112处学校236个单位。

1988~2012年全市(县)教育经费收支情况统计表

表24-1-3

单位:万元

年份	收入	支出	高等教育	师范	成人中专	中学	职业学校	小学	特殊教育	学前教育	其他
1988	2358.9	2284.8	3.7	34.3	~	1048.3	207.8	893.6	4.2	56	36.9
1989	3110	3110	7.6	95.1	~	1428.2	254.6	1168.9	6.2	25.3	124.1
1990	3310.2	3310.2	9	90	~	1467	261	1267	6	79	131.2
1991	3607.9	3598.9	10.4	90.3	~	1567	178.3	1416	7.7	135.4	193.8
1992	4071.6	4071.6	9.7	109.7	~	1745.8	325.2	1470.8	12.6	177.3	220.5
1993	4082.5	4327.6	13.2	168.5	23.1	2048.9	245.1	1468.1	34.4	163	163.3
1994	7257	7257	182.9	326.9	150.6	2901.3	781	2327.7	46.8	235.1	304.7
1995	11559.4	10354.7	92.2	366.9	164.7	4692.8	1071.3	3198.9	58.7	367	342.2
1996	11559.4	11559.4	193.6	408.8	127.6	5409.8	1040.3	3290.3	58.6	423.3	607.1
1997	13400	13122	268	410	110	5400	1600	4100	73	460	701
1998	15847.5	14788.6	537.9	467.4	115.1	5499.1	1741.3	4858.6	85.5	519.2	964.5
1999	20498.5	18952.5	259.8	338.6	189.6	8437.4	1971.2	6214.8	107.8		1433.3
2000	23239	22826.3	517.1	393.5	251.8	8743.3	2166.9	8425.1	140.5		2188.1

续表 24－1－3

年份	收入	支出	高等教育	师范	成人中专	中学	职业学校	小学	特殊教育	学前教育	其他
2001	28674	27689	422	215.4	317.9	11971.7	2149.7	10546.7	211.1		1854.5
2002	34964	34609	595	–	1063	16612	2050	12246	189		1854
2003	40490	39884	694	–	–	19635	2754	15271	206		1324
2004	44976	44976	952	–	–	21654	3549	16490	221		2110
2005	53816	52877	1180	–	–	23825	5016	19123	232		3501
2006	55299	55294	1162	–	–	24286	5059	20005	243		4539
2007	73006	71040	5440	–	–	28908	11249	24404	248		791
2008	87948	85964	2034	–	–	31080	21947	29252	279	935	437
2009	87824	86499	3305	–	–	32051	19487	29589	261	1134	672
2010	110300	108311	1512	–	–	38992	24780	37263	350	4782	632
2011	127010	125809	12958	–	–	49588	15706	42790	360	3847	560
2012	164644	162972	17637	–	–	57519	17113	57079	498	12006	1120

注:“其他”,包括教育教师进修、教育研究以及教育机关办公等支出;1999～2007 年,“学前教育”支出统计在“其他”中

教育装备　20 世纪 80 年代,全县教育装备受经济基础的制约,投入少,装备条件较差。至 1993 年,全市基本实现九年义务教育,青岛市政府认定胶南实施义务教育达到优秀水平。1994 年,投入 1389.5 万元用于学校装备配套。翌年,投资 1748.2 万元改善办学条件。

1996 年,投资 2220 万元建设第一中学、第三中学、第八中学实验楼、师范风雨操场等 12 个项目;投资 150 万元新上 386 型、486 型微机 214 台,语音设备 15 套,投影仪 72 台,打印机 31 台、大屏幕投影教科室 1 个。全市电教设备达一类标准、二类标准、三类标准的学校分别有 7 所、32 所、26 所。添置各种器材 1.5 万件,图书 9.8 万册。第二中学和实验小学均达到了省级规范化学校标准。2002 年,用于学校基本建设资金达 1.34 亿元,教育技术装备资金达到 1579 万元,新上计算机 1310 台,语音设备 40 套,多媒体电化教室设备 24 套,高档实验室设备 31 套,以及其他教学仪器、音体美器材和电教设备。至此共有 9 所学校建成校园网,14 所学校安装双控闭路电视系统,34 所安装多媒体教室,46 所学校安装多媒体网络教室,32 所学校的光纤接入互联网,86 所学校装备语音室,66% 的村级小学装备了微机室,高中每所学校至少拥有 2 个微机室、1 个电子备课教室。全市学校教学仪器总值 1365 万元,音体美器材总值 814 万元。

2004 年,全市各类学校专业实验和实习设备总值达到 5858.11 万元,其中小学、初中、高中、职业学校分别为 2034.28 万元、1317.83 万元、1730 万元、776 万元。固定资产和专业实验实习设备总

胶南二中微机室(2008 年拍摄)

值，农村小学分别为7486.36万元、1066.82万元，农村初中分别为7132.77万元、709.83万元。小学、初中、高中、职业学校计算机分别有3205台、1624台、1327台、1012台，其中农村小学和初中分别有2138台、1201台。藏书249.8万册，小学、初中、高中、职业学校分别有114.7万册、80.1万册、41.5万册、13.5万册，其中农村小学和初中分别有86.2万册、41.5万册。电子图书、音像教材1.46万片，总价值达210万元。各种电教软件2.5万件，总价值265万元。投资383万元为全市就学距离3千米以上的近万名农村学生配备首批52辆班车。投入1818万元用于“义务教育标准化工程”建设（其中精品村办小学建设投入121万元，薄弱学校改造投入122万元；投入327.84万元，消除和改造农村中小学有安全隐患的校舍1137间），86所村办小学全部装备微机室，校均微机15台以上。共有国家重点职业学校2所，省规范化学校9所、电化教育示范学校4所、示范幼儿园4所，青岛市教育示范乡镇18处、规范化学校26所、电化教育示范学校17所、示范幼儿园6所、一类幼儿园101所。全市教育城乡统筹发展，优质教育资源进一步扩大，办学水平大幅提高。

隐珠中学语音室（2012年拍摄）

2006年，全市教育技术装备总投入1200万元。拥有语音室117个，市属学校及镇（街道）中心中小学、37%的村级小学均建立了语音室。拥有多媒体电化教室430个，31%的镇（街道）村级小学完成多媒体电化教室建设，高中学校三年级教室实现班班通，市第一中学、实验中学等4所普通高中实现了班班装备多媒体电教设备。装备物理、化学、生物实验室和小学科学实验室143个。装备计算机11500台，其中学生用机7985台，教师用机3515台。仅农村小学拥有计算机3495台，近40所村级小学装备语音室、微机室、多媒体教室，实验装备均达部颁一类标准。各学段人机比（学生总数与计算机数相比），普通高中12∶1，职业高中11∶1，城区初中14∶1，农村初中12∶1，城区小学16∶1，农村小学12∶1。全市学生人机比13∶1，教师人机比3∶1。全市拥有接入互联网的学校132所，接入光纤的学校32所，建成校园网的学校22所，市属学校及镇（街道）中心中小学全部建立网络教室，共有网络教室153个，农村小学微机室配置率和信息技术开课率均达100%。2009年，胶南被教育部表彰为全国推进义务教育均衡发展工作先进地区。2010年，市镇两级财政投资6000万元，按防震要求新建、加固、改造校舍6.74万平方米，20所学校创建为青岛市标准化学校，3所学校创建为青岛市规范化学校，两所学校创建为山东省规范化学校。电教设备、教学仪器、实验室、图书等教育技术装备投入总额1438万元，其中各种教学仪器、器材676万元，计算机337万元，各种实验室48万元，多媒体设备144万元，图书51万元，其他设备投入182万元。至年底，省级规范化学校18所、青岛市级41所，占全市基础教育阶段学校的56%。共有青岛市标准化学校96所，占全市基础教育学校总数的97%。

2012年，全市中小学（含普通高中学校）均创建为青岛市标准化学校，按期圆满完成青岛市标准化学校建设任务；中小学教学仪器基本达到山东省普通中小学基本办学条件标准。

第三节 招生考试

中小学招生考试 1990年前后尚未普及初、高中阶段教育，小学升初中、初中升普通高中（含

职业高中）实行以升学选拔为主的考试，毕业考试独立进行。1992 年中考实行毕业考试和升学考试“两考合一”。1993 年全市实施九年义务教育，小学毕业生全部升入初中。农村中小学就近入学，城区中小学校实行划区域招生入学。

高考结束现场

1994 年开始，在初中三年级进行五科联赛，前 120 名的应届初中毕业生可免试升入普通高中；普通高中往常考试的科目按高考模式共考七科分五卷：语文、数学、外语、理化、政史各 120 分。1995 年 9 月，首次实行初中三年级分流招生，当年职业学校完成招生计划的 92%。

1999 年小学取消百分制，实行等级制。2000 年，青岛市教委推出中考改革方案，实行初中毕业考试与高中阶段招生考试分离。2004 年，实行初中毕业生学业水平测试，测试结果既是衡量学生是否达到毕业标准的主要依据，也是高中阶段学校录取的重要依据，初中毕业生综合素质评定纳入高中新生选拔体系。2008 年，采取多元化录取的方式，在普通高中招生中实行指标生录取，将普通高中招生计划的 50% 作为指标生，按照初中学校在籍学生人数分配到各初中学校。至 2012 年一直沿用这一招生政策。

普通高等学校招生全国统一考试 恢复高考制度后文、理分科。1988 年，山东省在胶南县进行大学招生计划分配到县的试点工作。全县分配招生计划 297 名。翌年 7 月，全国试行高中会考制度。1994 年，实行会考后的高考“3＋2”科目组方案，即语文、数学、英语 3 科为必考科目，文史类加考政治、历史；理工类加考物理、化学，每科满分原始分 150 分。是年，全市有 438 人达本科录取分数线。

1995 年实行全省统一划线，专科仍按人口比例分配到市、地。是年全市有 477 人达本科录取分数线，创历史最高纪录。1996 年，市第一中学被省招生委员会确定为国家级考试定点考点。1998 年，市第二中学学生刘付娥、曾文文分别以总分 900 分满分成绩，夺得山东省理科状元。翌年，市第二中学学生刘翔以总分 900 分满分成绩夺得山东省文科状元。2002 年，山东高考加入“3＋X”高考科目改革的行列，“3”为语文、数学、外语；“X”分为文科综合、理科综合。2003 年，高考时间提前 1 个月，固定安排在每年 6 月 7 日、8 日。2007 年，山东实施高中新课程改革后首次高考，全部科目采取自主命题方式。开始采用“3＋X＋1”模式。“3”指语文、数学和外语 3 个科目，是所有考生必考科目；“X”指文科综合或理科综合；“1”指“基本能力”考试。至 2012 年一直沿用“3＋X＋1”模式。

高等教育自学考试 1984 年，县教育局成立高等教育自学办公室。是年 10 月举行第一次高等自学考试。开考专科汉语言文学、英语、数学、会计、法律、统计学等 6 个专业。每年开考两次。1986 年开始有考生考完所学专业全部课程而取得毕业证书。翌年，增加本科段自学考试。1993 年，高等教育自学考试办公室并入市招生委员会办公室。自 1997 年始，每年增考两次，每次考试间隔 3 个月。至 2012 年，共开设自学考试 97 个专业。其中，专科 46 个，本科 51 个。全市共有 115275 人（包括各行各业人员）报名参加高考教育自学考试，共发单科合格证书 53752 张，有 2498 人考完全部所学专业课程获得大学毕业证书，其中，大学专科 1806 人，大学本科 692 人。

1988～2012年全市(县)高考情况统计表

表 24－1－4　　　　单位:人

年份	报考人数	本科达线人数	万人比	年份	报考人数	本科达线人数	万人比
1988	1730	191	2.3	2001	3950	1579	18.80
1989	1793	288	3.47	2002	4167	2426	28.88
1990	1944	250	2.98	2003	4394	1732	19.28
1991	2023	330	3.93	2004	4596	1538	19.26
1992	2031	301	3.58	2005	6303	2264	20.66
1993	2071	368	4.38	2006	7152	2501	21.95
1994	1858	438	5.20	2007	7301	2636	24.9
1995	1653	477	5.68	2008	7487	2924	28.5
1996	1940	664	7.90	2009	6348	3024	29.56
1997	2412	670	7.98	2010	5345	3654	－
1998	2982	1002	11.93	2011	3900	2277	－
1999	3128	1102	13.12	2012	4016	2572	－
2000	3232	1715	20.42				

1986～2012年全市(县)高等教育自学考试情况统计表

表 24－1－5　　　　单位:人

年份	大学专科毕业数	大学本科毕业数	合 计	年份	大学专科毕业数	大学本科毕业数	合 计
1986	2		2	2000	158	28	186
1987	6		6	2001	156	92	248
1988	28		28	2002	177	188	365
1989	21	2	23	2003	116	89	205
1990	25	2	27	2004	83	50	133
1991	43	1	44	2005	69	37	106
1992	58	2	60	2006	34	61	95
1993	37	3	40	2007	18	42	60
1994	69	4	73	2008	24	21	45
1995	110	4	114	2009	18	6	24
1996	127	4	131	2010	21	11	32
1997	138	9	147	2011	11	5	16
1998	109	12	121	2012	7	5	12
1999	141	14	155	总 计	1806	692	2498

第二章 基础教育

第一节 学前教育

基本情况 20世纪80年代，学前教育由县妇联主管，教育和卫生主管部门分别负责教学及卫生保健业务。申请开办幼儿园须师资、校舍、卫生保健及有关设备达学前班三类标准以上；学前班的变更、停办须经县教育局批准备案。1988年，全县幼儿园有892所，在园幼儿3.02万人，教职员工1217人。其中，县直机关幼儿园和各乡镇中心幼儿园为公办，有24所，在园幼儿1059人，集体办园（村办园居多）868所，在园幼儿2.91万人。

1991年1月，托幼工作划归教育局管理，设托幼工作办公室。1992年，注册幼儿园858所。1995年对农村幼师进行资格审定，771人获得幼师任职资格证书。是年8月，胶南首家个体幼儿园小百灵幼儿园创立。至年底个体园发展到3所。1997年共有幼儿园667所，其中公办28所，集体办639所。1998年撤并幼儿园48所。翌年，城区公办幼儿园进行"国有民办"体制改革，至2003年全部完成改制。其中，"园长承办制"97所，"村有民办"118所，"股份制"5所，"个人办园"31所，"合作办园"15所。2006年全市幼儿园减少到249所。2007年，3～6岁幼儿入园率达到95%以上，基本实现托幼一体化。至2012年底，全市有幼儿园258所，在园幼儿2.55万人，其中民办66所，学前三年幼儿入园率达97.2%。共有幼儿教师（含农幼师）2417人，其中专任教师1952人。

保育与教学 1988年，学前教育实行全日制，执行青岛市《组织和领导幼儿一日活动工作标准》，开设语言、常识、计算、音乐、体育、美术等课程。班额一般为35～40人，最多不超过45人。小班（3～4岁）每周上课6～8节，每节10～15分钟；中班（4～5岁）每周上课10～12节，每节20～25分钟；大班（5～6岁）每周上课12～14节，每节25～30分钟。1991年，贯彻青岛市"幼儿一日活动即课程"的理念，幼儿园一日活动均为教学内容。包括教育活动、生活活动、活动区活动和户外活动。教育活动包括共同生活、探索求知、体验表达三个领域；生活活动包括加餐、喝水、如厕、午睡等；活动区活动包括表演游戏、角色游戏、结构游戏、智力游戏、音乐游戏、体育游戏等。

市直机关幼儿园（2007年拍摄）

1988～2012 年全市(县)幼儿园基本情况统计表

表 24－2－1　　单位:人

年份	幼儿园数		在园幼儿数		教职工数	
		其中民办		其中民办		其中农幼师
1988	892	868	30208	29149	1217	1016
1989	903	879	26781	25496	1302	1097
1990	846	822	26393	24854	1343	1154
1991	797	773	26603	22288	1397	1148
1992	858	834	29240	25958	1448	1203
1993	786	762	26365	23886	1601	1325
1994	775	751	20660	18169	1587	1290
1995	782	755	23562	20616	1730	1423
1996	671	644	18925	16733	1640	1308
1997	667	639	15432	12893	1588	1234
1998	619	590	15028	13022	1544	1183
1999	481	450	17854	15728	1623	1238
2000	431	388	20196	17887	1170	775
2001	258	219	19774	17668	1129	734
2002	246	185	19086	16886	1107	685
2003	280	42	18210	9328	1375	948
2004	279	40	18335	9153	1460	1033
2005	249	34	19332	8965	1460	1057
2006	249	28	21446	7231	1460	1091
2007	249	30	21446	7219	1260	851
2008	249	29	19510	7158	1551	1210
2009	249	56	21994	8754	1796	1526
2010	255	52	21563	8325	2180	1919
2011	258	66	27471	11312	2273	2047
2012	258	66	25529	9316	2417	2187

第二节　义务教育

1988 年,胶南县提出五年内逐步实现义务教育。是年,全县小学 410 所,3136 个教学班,在校生 9.15 万人,适龄儿童入学率达 98.92%;初中 89 所,747 个教学班,在校生 3.7 万人,学龄少年入学率为 78.9%。小学、初中教职工分别有 4212 人、2625 人,专任教师 4127 人、2409 人。是年,泊里、小场、王台、藏南、海青、灵山岛 6 个乡镇开始实施九年制义务教育。1990 年开始学龄儿童 6 周岁入学,调整中小学校布局,新建珠海路小学。翌年建琅琊台路小学和第六中学。至 1993 年,全市小学减至 300 所,初中减至 56 所,适龄儿童入学率

99.65%,少年入学率达95.5%。是年,全市普及九年制义务教育。1994年,胶南第一所希望小学在理务关乡落成。1995年新建第十中学。胶南镇中心小学划为教育局管理,更名为人民路小学。至1998年全市小学减至280所,初中减至36所。1999年,第六中学成建制并入实验中学,实行“国有民办”,在原址设立实验小学分校,实行“公办民助”。

至2000年,全市小学152所,教学班1656个,在校生6.41万人,适龄儿童入学率达100%;初中28所,教学班685个,在校生3.8万人,学龄少年入学率为99.2%。小学、初中教职工分别有4495人、3038人,专任教师分别为4273人、2692人。2001年,建成桃园路小学和第二实验小学,境内海岛学校大部分外迁。是年8月,在原胶南师范旧址建立博文中学,实行“公办民助”。在大连路1号新建第六中学。2002年,琅琊台路小学迁址泰山路。珠山中学并入十中。是年10月,实验小学分校更名为新世纪小学。是年底,全市小学调整到135所,其中城区7所,教学班1475个,在校学生5.69万人;初级中学调整到30所,教学班753个,在校学生4.41万人。2004年,撤销胶南经济开发区两河小学、山前小学,设立市滨海小学。翌年,滨海小学更名为市实验小学滨海分校;珠海中学更名为市第七中学。2006年,博文中学迁至一中老校址;新世纪小学迁至博文中学原校址;新世纪小学原址设为珠海路小学东校区;原十中南校区设为琅琊台小学南校区。2011年在灵山路建立小学、初中九年一贯制义务教育学校弘文学校,设54个教学班。实验小学滨海分校更名为市第三实验小学;实验小学海之韵分校建成并投入使用。是年,全市中小学全部达到青岛市标准化学校标准。

至2012年底,全市有小学65所,教学班1166个,在校生5.36万人;初中23所,教学班544个,在校生2.61万人。适龄儿童、少年入学率均为100%。小学、初中教职工分别有3963人、2777人,专任教师3701人、2485人。全市共有希望小学19所,其中有3所因学校调整布局而撤销。希望小学建设总投资达5368万元,其中乡镇政府投资2042万元,非政府投资3326万元。

学制与课程 1988年,全县小学实行6年学制,初中实行3年学制。小学一、二年级开设思想品德、语文、数学、体育、音乐、美术、劳动等7门课程;三、四年级增设自然课;五、六年级增设地理、历史2课。初中开设思想政治、语文、数学、外语、历史、地理、物理、化学、生物、体育、音乐、美术、劳动技术等13门课程。1993年,中小学课程分为学科类、活动类和地方安排课程。小学三至六年级增设健康教育;四至六年级增设社会课。城区小学设英语课。各年级周课时总数均为34课时。

1999年,小学五、六年级增设信息技术课,小学各年级均取消百分制。2001年,城区小学一至六年级和农村小学三至六年级增设英语课。到2002年,中小学全部开设计算机信息技术课。小学在教学质量检测中增设英语学科。

2006年,根据《青岛市基础教育课程改革课程设置方案》,1~9年级综合实践活动、地方课程和学校课程的课时共占义务教育段九年课时总数的15%。综合实践活动为3年级以上学生必修的国家课程。民族教育列入义务教育学生必修课程。

教育教学 20世纪90年代,小学实施“双百工程”(对小学语文教材中100篇课文、小学数学教材中100节重点内容进行集中攻关)。1995年中小学教材教法改革,小学提倡启发式、引导式教学,加强教育科研。初中开始“合作教学”研究,课堂教学由师生双边活动扩展到师生及学生之间的多边活动。1999年,城区小学一、二年级进行评价制度和评语改革试点,取消百分制,实行等级制;取消期中、期末统考,实行学年教学质量检测。幻灯机、多媒体投影机、视频展台等电化教学设备在各学科教学中广泛应用。初中

胶南第二实验小学(2010年拍摄)

教学逐步向重视培养能力和提高素质的发展模式转变。学生评价引入"考试测评加评语"双评制。翌年,推广习惯、知识、能力("HKA")教学模式。

2007年,中小学开始构建中小幼一体化的教研格局,加强各学段之间的有效衔接。2009年,全市小学成立由邻近乡镇和市直小学组成的八大学区发展共同体,推广"城乡互动、区片联动、校际合作"一体化教研模式。2012年,全市义务教育学校立足课堂教学,强化有效教学模式研究,建立过程指导、终结评价的质量监控体系和市、校、教研组三级教学质量监测体系。

主要学校 胶南市实验小学 1961年5月由王戈庄小学析置,始称胶南师范附属小学,为县教育局直属小学。1962年胶南师范停办,更名为胶南县东楼小学。1969年与王戈庄小学合并,附设初中部,更名为胶南县王戈庄中学。1979年恢复东楼小学名称。1984年更名为胶南县实验小学。1991年改称胶南市实验小学。学校一贯实施素质教育,坚持"为每个学生提供适合的教育,让学生有美好的童年"宗旨,实施依法办学、科学办学、开放办学,科研兴校,名师立校,加强课程建设,创新教学方法,探究学习策略,提高教育质量。1994年和1998年,《山东教育》两次报道学校语文教学改革经验成果。1999年,《小学语文双翼训练实验》获山东省教学科研成果一等奖。2000年,《中国教育报》以《胶南市实验小学双翼训练实验结硕果》为题向全国推广。2002年被《中国教育报》等新闻单位评为"全国名校600家"之一。2012年,学校拥有教学楼、科技教育实验楼各1幢,校园面积21660平方米,建有音、体、美、微机等训练室,双控室、多媒体教室、200米塑胶跑道田径场等现代化教学设施;有教学班51个,学生2650名;教职工144人。

胶南市第四中学 位于新华路29号。1971年建校,始称胶南县王戈庄中学。1979年更名为胶南县新建中学。1980年更名为胶南县第四中学。学校占地面积1.98万平方米,建筑面积9250平方米,拥有设备齐全的理化生实验室、地理教室、书法教室、美术教室、微机室、录播教室等现代化教学设施。有教学班42个,学生2760人。教职工186人。

胶南市第六中学 位于大连路1号。2001年8月建成投入使用,占地面积5.8万平方米,建筑面积1.1万平方米。拥有教学楼、实验楼、科技楼各1幢,按部颁标准要求装备物理、化学、生物实验室、图书室以及计算机、音乐、美术、舞蹈、劳技、综合实践活动、史地、德育、心理咨询和多媒体等特种教室,铺设300米塑胶跑道田径场地。有42个教学班,在校学生2600人,教职工183人。

胶南市弘文学校 2011年12月12日开工建设,2012年5月28日主体封顶。位于灵山路以西、银桥大街以北,胶南五中西侧,占地5.8万平方米,规划建筑面积2.7万平方米,总投资约1.2亿元。依照"生态、环保、科技"的理念规划设计,整个校区由普通教室、实验教学楼、办公室、食堂、风雨操场、室外活动场地组建而成,可容纳中学班18个,小学班36个。

2012年5月,九年一贯制义务教育学校——弘文学校落成

表 24－2－2

2012 年全市希望小学基本情况统计表

名称	校址	投资单位	投资额（万元）	建筑形式	建筑面积（平方米）	启用时间	可容纳班数（个）	可容纳学生数（人）	备注
青岛胶南第一希望小学	理务关乡驻地	中国工商银行青岛分行	32	扩建	1375	1994.10	12	500	胶南第一所希望小学，2007 年 4 月撤销，另址新建青岛欧美希望小学
		市直单位	22						
		理务关乡人民政府	23						
青岛中心希望小学	藏南镇丁家官庄村	青岛市工商局组织青岛市 2.8 万名私营业户及从业人员捐资	25	新建	826	1996.3	10	450	2003 年 3 月，该校因布局调整，撤并至藏南镇韩家溜小学。新校沿用青岛中心希望小学校名
		社会各界捐资（共 11.7 万元）及藏南镇下丁家洼村民崔焕明捐资（2.3 万元）	14						
		藏南镇人民政府	30						
宝山乡长虹小学	宝山乡张八朱村	朱长虹（哈尔滨企业家）	30	新建	1152	1996.7	10	400	
青岛荣美希望小学	市美乡市美村	市美乡人民政府	160	新建	2785	1997.7	16	720	
		青岛荣花边有限公司	20						
青岛会计师事务所胶南市铁山希望小学	铁山镇新河村	青岛市财政局会计师事务所	28	新建	980	1997.12	6	300	
香港回归希望小学	隐珠镇阎家屋子村	凌峰（台湾艺人，“希望工程海外爱心基金”发起创立者）	20	新建	900	1998.1	6	240	
宝山乡子奇小学	宝山乡柳家屯村	柳子奇（祖籍胶南，中年在台湾出家，法名普过，字号传悔，曾任承天禅寺主持 25 年）	30	改建	1560	2000.5	6	270	2005 年 7 月撤销
青岛朗讯希望小学	塔山乡大沟村	塔山乡人民政府	580	改建	4036	2000.10	18	810	
		青岛朗讯公司	42						
理务关乡海尔希望小学	理务关乡卫东村	理务关乡人民政府	20	新建	954	2000.12	6	300	2009 年 3 月撤销
		青岛海尔集团	25						
崔桂璇希望小学	张家楼镇逄家台后村	崔耐（美籍华人，博士）	20	扩建	747	2001.11	12	540	

续表 24－2－2

希望小学名称	校　　址	投资单位	投资额（万元）	建筑形式	建筑面积（平方米）	启用使用	可容纳班数（个）	可容纳学生数（人）	备　注
青岛池田樱花希望小学	大场镇吉利河路114号	大场镇人民政府	233	扩建	4500	2002.8	20	900	日本创价学会捐资1000万日元，折合人民币77万元
		日本创价学会	77						
青岛慧海希望小学	王台镇张家岛耳河村	青岛慧海实业集团公司	25	扩建	2070	2004.8	12	500	另扩建操场5400平方米，为学校盖院墙200米
		王台镇政府	15						
崔耐博士希望小学	张家楼镇驻地	崔耐（美籍华人，博士）	25	扩建	1044	2004.9	16	720	
		张家楼镇人民政府	93						
青岛保税区希望小学	六汪镇五道口经济贸易区	青岛市保税区	200	新建	1838	2006.9	8	360	
青岛欧美希望小学	理务关镇驻地	理务关镇人民政府	480	新建	5560	2007.4	18	800	
		青岛欧美集团	70						
海青镇明德小学	海青镇茶乡路3号	海青镇人民政府	45	新建	2960	2010.3	24	1100	
		王永庆（台湾台塑集团董事长）	266						
宝山镇陈广南希望小学	宝山镇大张八村	陈广南（香港企业家）	30	新建	755	2010.6	12	420	
大场镇奕龙侨心小学	大场镇吉利河路114号	大场镇人民政府	363	扩建	2826	2011.3	16	720	该校初拟建于大场镇柳沟村，因布局调整所需，该小学撤销，其投资并入镇中心小学建设
		朱奕龙（西班牙归侨，宁夏银帝（发展）集团董事长）	25						
实验小学海之韵分校	胶南市海滨10路	青岛隆海集团	2300	新建	9500	2011.9	20	900	

第三节　普通高中教育

公办高中学校　1988年，全县有公办高中学校6所，其中第一中学在城区，其余5所（县第二中学、第三中学、第七中学、第八中学、第九中学）分布在农村，共有教学班76个，在校学生4727名，教职工438人，其中专任教师359人，学历达标率为12.9%。1991年，市第五职业高级中学（驻隐珠乡）改办普通高中，更名为市第五中学。1993年8月，第五中学迁至城区灵山路与银桥大街交汇处。1999年新建实验中学，首次招收高中班6个，学生420人。是年，全市普通高中达到8所，其中城区达到3所。2000年，撤销七中（位于寨里镇）、九中（位于六汪镇），七中成建制并入二中，九中学生分流至三中、五中。2001年，市第一中学新建东部校区。2005年，全市有6所高中，教学班340个，在校生2.02万人。是年，初中毕业生升入高一级学校1.33万人，其中升入普通高中6562人，升入中等职业学校（含普通中专）6710人，职普比例为50.6∶49.4，全面普及高中段教育。

至2012年，全市有高中学校6所，在校学生1.35万人，教学班325个，有教师1470人，其中专任教师1346人。职普比例为50.3∶49.7。

学制与课程　1982年，全县中学教育实行初中、高中学制各3年。使用国家统一教材，设语文、数学、英语、政治、物理、化学、历史、地理、生物、体育、音乐、美术等课程。实行文、理分科，文科不学物理、化学、生物；理科不学地理、历史。至1994年秋，增设人口教育课，使用省编教材《人口教育》，纳入地理会考内容。1996年，执行教育部《全日制普通高级中学课程计划（试行）》，增设信息技术、综合实践活动课（包括研究性学习、劳动技术教育、社区服务、社会实践）、数学、信息技术、物理、化学、生物、历史、地理等7门课程，均分必修和选修两部分内容。至1999年，全市普通高中全面实行选修课学分制课程改革。2002年，教育部颁布《全日制普通高级中学课程计划（实验修订稿）》，把“研究性学习”课程规定为必修内容。全市普通高中全面开设综合文科与综合理科全员课程。

教育教学　20世纪80年代初期，高中教学以升学为主要目的，教学质量有所提高，但随之出现片面追求升学率和教学挤、拼、搓的倾向。1991年，全市推广自我诊断、自我梳理、双基并网、规律总结、综合应用“五段式”教学法。翌年，全市高考本科达线301人，占报考总人数的14.82%，万人比居青岛市各市、区首位。同年，山东省针对文、理分科考试导致学生学习偏科现象，开始实行普通高中毕业会考。2000年，实施新课程改革。教学从强调知识的讲授，转到启发引导学生质疑、调查、探究，注重过程学习和学生动脑动手能力的培养。采用小组学习、合作学习和个别学习等多种教学组织形式，组织学生参加社会实践，体验生活，了解社会。数学的“两案——六段式”导学模式、英语阅读的“六学”教学法、地理的开放性课堂教学模式成为高中教学主流。2009年，探索实施选课走班管理模式，将现行政班按学生选课倾向分成走班单元，实行单元内走班，规范学校课程设置。2011年起，普通高中学校实行“教、学、研、训、管、评”一体化和“全覆盖逐点透析式”管理。

主要学校　胶南市第一中学　1952年9月创

2006年6月12日，胶南第一中学新校区落成并投入使用

建,始称胶南中学。1956 年 7 月更名为胶南第一中学,学校行政与业务均属昌潍地区专员公署领导。1969 年 4 月与胶南师范合并,成立胶南五七红校。翌年 3 月更名为胶南五七中学,学校行政属县革委领导,业务属县文教局领导。1978 年 11 月恢复“山东省胶南县第一中学”校名。2000 年被评为省级规范化学校。2001 年在隐珠镇驻地东侧建设东部校区,占地 25 万平方米,建筑面积 10 万平方米;拥有数量充足的高标准实验室、现代化的语音室、微机室、多媒体教室,以及艺体、劳技等特种教室,学校图书馆藏书 12 万多册,各种教学仪器配备均达国家新Ⅰ类标准,设计规模72个班级。2006 年,学校迁至东部新校区,有 62 个教学班,在校生 2650 人,教职工 266 人。至 2012 年,学校在校生达到 2851 人,教职工 412 人,其中专任教师 379 人。

胶南市第一中学老校区

胶南市第二中学　1952 年 9 月建校,始称藏马师范学校。1953 年 10 月改为藏马中学。1956 年改为山东省胶南第二中学。1966 年更名为泊里中学。1977 年更名为胶南县第二中学。1991 年更名为胶南市第二中学。位于泊里镇驻地海泊二路 2 号,占地面积 16.7 万平方米,建筑面积 6.3 万平方米。有 62 个教学班,在校学生 2574 人,教职工 293 人。

胶南市实验中学　1999 年 12 月投入使用,为初、高中完全中学,按“国有民办”的体制运营。2003 年 7 月停办初中改制班,只保留高中部,成为单一的普通高中学校。学校占地 11.7 万平方米,总建筑面积 5.5 万平方米。共有 54 个教学班,2360 名学生,教职工 237 人。有教学楼、电教实验楼和综合楼各 1 幢,公寓楼 4 幢,餐厅 2 个;拥有天文观象台、400 米标准塑胶跑道,设有微机室、语音室、师生阅览室、图书馆、理化生实验室、音美训练室、通用技术教室、多功能厅等 30 多个现代化特种教室,各教室均配备交互式电子白板教学系统。

1988～2012 年全市(县)公办中小学基本情况统计表

表 24－2－3　　单位:所、个、人

年份	学校所数			教学班数			在校学生数					教职工数					
	小学	初中	高中	小学	初中	高中	小学		初中		高中	小学		初中		高中	
								入学率		入学率			专任教师		专任教师		专任教师
1988	410	89	6	3136	747	76	91487	98.92%	37028	78.9%	4727	4212	4127	2625	2409	438	359
1989	393	71	6	3196	732	79	93360	99.10%	35634	76.8%	4736	4352	4256	2691	2533	351	272
1990	412	73	6	3243	730	79	92101	99.18%	35045	83.8%	4584	4244	4092	2539	2381	357	281
1991	386	73	7	3143	667	78	87683	99.32%	35690	91.1%	4771	4395	4232	2678	2507	361	297
1992	364	64	7	3031	678	78	82619	99.56%	37094	93.6%	4715	4279	4116	2501	2365	389	293
1993	300	56	7	2934	692	84	82343	99.65%	38382	95.5%	5136	4314	4161	2681	2372	412	291
1994	365	59	7	2874	806	92	82162	99.80%	41666	98%	5870	4139	3986	2455	2294	445	306
1995	348	55	7	2660	842	103	80250	99.30%	44833	98.6%	6920	4360	4207	2698	2536	470	339
1996	318	53	7	2457	842	111	78748	99.70%	52855	98.3%	7650	4479	4315	2885	2627	461	312
1997	311	44	7	2348	789	116	79945	99.99%	40350	98%	8134	4422	4236	3054	2709	486	348
1998	280	36	7	2239	727	131	78670	100%	33379	97.6%	8767	4699	4325	3186	2794	507	362

续表 24-2-3

年份	学校所数			教学班数			在校学生数					教职工数					
	小学	初中	高中	小学	初中	高中	小学		初中		高中	小学		初中		高中	
								入学率		入学率			专任教师		专任教师		专任教师
1999	232	28	8	1842	598	152	71300	100%	32932	98.3%	9698	4447	4219	2952	2685	531	376
2000	152	28	6	1656	685	171	64119	100%	37954	99.2%	10377	4495	4273	3038	2692	592	385
2001	144	30	6	1546	755	187	58985	100%	54103	100%	11116	4353	4112	3048	2699	658	411
2002	135	30	6	1475	753	235	56885	100%	44116	100%	13350	4171	3946	3229	2938	1098	845
2003	125	28	6	1475	753	241	55283	100%	41199	100%	17301	4218	4005	3095	2874	1229	970
2004	110	26	6	1366	691	302	54002	100%	34649	100%	19554	4009	3807	2945	2801	1370	1253
2005	101	26	6	1278	638	340	55896	100%	27512	100%	20175	4082	3831	3094	2632	1426	1044
2006	98	26	6	1269	568	343	56701	100%	23820	100%	18038	4038	3807	3153	2696	1389	1173
2007	98	25	6	1271	535	327	56066	100%	24752	100%	17530	3991	3792	3185	2757	1380	1145
2008	91	26	6	1270	541	331	53473	100%	29130	100%	12645	4150	3879	3031	2742	1366	1111
2009	91	26	6	1221	586	288	51101	100%	31126	100%	10891	4171	3884	2993	2594	1352	1158
2010	76	25	6	1188	599	268	53141	100%	28055	100%	13713	4169	3838	2975	2603	1342	1218
2011	74	24	6	1170	568	301	53082	100%	27794	100%	12468	4092	3801	2930	2566	1337	1252
2012	65	23	6	1166	544	325	53575	100%	26107	100%	13490	3963	3701	2777	2485	1470	1346

民办高中学校 2004年2月，青岛伟大科技文化有限公司投资创办的胶南第一所民办高中——青岛明天中学成立，位于大珠山镇政府驻地。翌年6月，经青岛市教育局批准正式办学，为中等普通高中学历教育，列胶南市普通高中统一招生。2012年4月增设高考补习校。学校占地面积2万平方米，建筑面积10.3万平方米，拥有多媒体教室36个，图书6.6万册。是年，明天中学在校生1532人，教职工131人；明天职业学校在校生1190人，教职工75人，毕业生就业达到96%。

第四节 特殊教育

1959年，县民政局和县教育局在王戈庄公社曹戈庄村合办盲哑学校。1986年建立胶南县聋哑学校，教职员工8人，招收教学班2个，学生26人。1987年扩大为4个班，学生53人，教职员工17人。是年，全县有23处学校附设弱智班51个，学生298人，配管理人员23人，教师32人。聋哑学校学制为8年，课程设普通课(政治、语文、数学)、补偿课(含常识、体育、律动)、专业课(有美术、手工劳动、职业技术)等。办学经费由县教育局从教育费附加项拨付，学生的学习生活费用自理，确有困难者，县民政局给予适当补助。

1988年，县聋哑学校迁至县城西北(胶河路73号)，占地1.05万平方米。是年，县政府投资130万元建成教学办公楼1幢，建筑面积3526平方米。1993年普及九年义务教育，学制改为9年，共有8个教学班，114名学生，45名教职工。

1996年，市人民路小学附设弱智班两个，学生19人。农村学校不再设弱智班，弱智儿童随班就读。

2001年，市政府投资75万元建成聋哑学校实验楼，建筑面积832平方米，配备电教设备、图书室、仪器室、律动室、实验室、家政训练室、康复训练室等特殊教室。至2002年，学校有教学班9个，学生74人，教职工49人。2011年，市政府为在校学生拨付学习和生活费用41.2万元。2012年，投入48万元建立校园网，共有教学班10个，在校生59人，教职工67人。是年，学校加强艺体教育，开发篮球、书法、剪纸、木雕、家政训练、康复

训练和信息技术教育等校本课程。至年底，有3人分别在第二届、第三届绿星国际少年儿童美术、书法大赛获得金奖、银奖。

第三章　中等专业（职业）教育

第一节　中等师范教育

1958年8月，胶南师范学校（下称胶南师范）建成并开始招生，至1962年，先后毕业初速师班、中师班、中速师班各4个，毕业生分别有178人、186人、160人。末一届中师班未毕业，部分学生考入胶南县第一中学编入高中三年级继续学习，余大部返乡。1962年因国民经济困难被撤销。1965年8月改为胶南县工读师范学校，培养“社来社去”民办教师，共招两届学员，4个中师班。1969年底停办。1977年9月恢复胶南师范学校，列入国家招生计划，招收高中毕业生和社会青年，学制两年。是年招中师班两个，学生82名。两年后，初中毕业生列入招生范围。

1980年开始招脱产进修民办教师班，学制两年。是年招收中师班和脱产进修民办教师班共4个，招生160名。翌年，中师班改学制为3年。1987年共有教学班8个，其中中师班6个，脱产进修民办教师班两个，在校生337名，教职工59名，其中专任教师27名。1996年在校学生1015名，分6个专业22个班。1999年10月，山东省教育厅调整师范学校布局，胶南师范停招。2001年7月撤销。

1977～1999年10月，胶南师范学校共有毕业班114个，学生4779名。其中，中师班70个，学生3043名；脱产民办教师班43个，学生1696人；非师资中专班1个，学生40人。大部分毕业生被分配到胶南中小学校任教。

第二节　中等职业教育

公办中等职业学校　1987年9月，胶南县第一职业高级中学改建胶南县职业中等专业学校（下称“职业中专”）。中等职业教育学校还有县技工学校、卫生进修学校和第二、三、四、五、六职业高级中学。市职业中专、技工学校和卫校地处城区，余者分别位于灵山卫、张家楼、大村、隐珠、宝山镇驻地。8所职业学校共有教学班70个，在校生2713人。

1991年1月撤销第五职业高中。翌年，市卫生进修学校开始与市职业中专、青岛卫生学校等联合办学，开设医士、乡村医学、卫生保健、护理、中西医结合等专业全日制普通中专班，属市卫生局管理。1993年8月，第五中学迁入城区，旧址建立胶南市成人中等专业学校（下称“成人中专”）。

胶南市职业中专全貌（2006年拍摄）

2009 年 10 月，胶南市职教中心落成

2001 年 9 月，市第二职业高级中学挂“胶南市电子学校”牌子（下称“电子学校”）。翌年 1 月，市第三职业高级中学成建制并入市成人中专。3 月，成人中专原址新建胶南市高级职业技术学校（下称“高职校”），挂“胶南市成人中等专业学校”牌子。7 月，第六职业高级中学成建制并入高级职业技术学校。至此，第三、第六职业高级中学和成人中专三校合并。2003 年 9 月，胶南市技工学校更名为青岛市第二技术学校，隶属胶南市劳动和社会保障局。翌年，第四职业高级中学成建制并入职业中专，为职业中专大村分校，2006 年撤销。

2009 年 10 月，市职教中心一期工程竣工，投资 3.5 亿元，占地 31.8 万平方米，建筑面积 9.3 万平方米，有教学楼、图文艺术中心、实训基地、餐厅、师生公寓等 11 栋单体楼舍。重点建设的数控、汽修、电子信息技术、机电一体化四大实训基地，设备总价值 5400 余万元，各类实验实训室 175 个，可同时容纳4000名不同专业学生实习实训，是青岛市西海岸规模最大的公共实训基地。是年，市职业中专、青岛电视大学胶南分校、青岛市第二技术学校、胶南市卫生进修学校等 4 所学校首批整合入驻，共有教学班 203 个，在校生 9725 人。2010 年下半年，市第二职业高级中学（市电子学校）整合入驻职教中心。

2012 年，全市中等职业学校共有教学班 257 个，在校生 10485 人。其中，公办学校教学班 223 个，在校生 9069 人；行业办学校教学班 34 个，在校生 1416 人。年内共招收新生 3600 人，毕业生 4200 人。在编教职工 853 人。

1988～2012 年全市（县）职业教育基本情况统计表（不含行业办学）

表 24－3－1

单位：所、人、个

年份	学校	教职工		教学班	在校生	当年招生	当年毕业生	就业率
			专任教师					
1988	6	278	231	46	2303	1035	621	83%
1989	6	298	240	50	2306	1237	1233	84.6%
1990	6	304	249	53	2337	1396	1104	85.8%
1991	6	307	251	53	2034	997	1070	87.6%
1992	5	346	266	64	2925	1949	1423	90.6%
1993	5	388	279	86	4307	3705	1239	90.5%
1994	6	447	340	108	5249	4434	1300	91%
1995	6	483	336	115	5931	5219	1980	91.2%
1996	6	487	344	109	5677	5527	3059	91.5%
1997	6	494	357	127	6341	5582	4488	92%
1998	6	549	412	152	7388	6572	5397	93%
1999	6	542	408	165	8026	5169	5626	94%
2000	6	556	434	135	8403	5723	5312	94.5%

续表 24－3－1

年份	学校	教职工		教学班	在校生	当年招生	当年毕业生	就业率
			专任教师					
2001	6	598	463	132	8051	5993	6522	95%
2002	4	685	535	224	11527	7710	5108	96.4%
2003	4	686	533	239	13803	6748	5903	97.1%
2004	3	674	510	271	15631	7227	6354	98.4%
2005	3	654	642	291	17967	7173	5981	98.1%
2006	3	731	566	468	28346	9101	7973	98.6%
2007	3	740	584	464	26948	10387	9093	98.5%
2008	3	737	567	320	17937	13135	7112	98.7%
2009	3	735	516	316	16646	3885	7364	98.2%
2010	2	670	632	261	10971	3797	5527	98.5%
2011	2	730	639	253	9723	3995	4257	99.1%
2012	2	727	525	223	9069	3209	3828	99.6%

1988～2012 年胶南技工学校、卫生进修学校基本情况统计表

表 24－3－2　　单位：个、人

年份	教学班		教职工数		专任教师数		在校生数		当年招生数		当年毕业生数		就业率	
	技校	卫校	技校	卫校	技校	卫校	技校	卫校	技校	卫校	技校	卫校	技校	卫校
1988	8	–	65	7	36	5	410	–	110	–	–	–	–	–
1989	9	–	59	7	32	5	420	–	159	–	149	–	99.3%	–
1990	9	–	62	7	31	5	359	–	140	–	190	–	99.5%	–
1991	10	–	75	7	37	5	376	–	77	–	60	–	98.3%	–
1992	10	3	81	11	39	8	377	146	160	146	159	–	99.4%	–
1993	14	5	96	12	50	9	593	267	356	124	140	–	99.3%	–
1994	20	8	115	13	64	10	789	407	273	143	76	–	98.7%	–
1995	18	8	114	13	64	10	688	406	240	146	339	140	99.4%	99.3%
1996	21	8	112	13	65	10	805	434	354	152	344	117	99.4%	99.2%
1997	24	9	110	15	58	11	1063	449	507	159	127	136	99.2%	99.3%
1998	24	11	106	16	54	12	1022	609	318	300	343	138	99.4%	99.3%
1999	23	11	81	23	36	18	988	577	413	133	498	143	99.6%	99.3%
2000	22	11	84	24	38	19	975	586	427	164	416	144	99.5%	99.4%
2001	19	9	82	31	38	25	921	450	311	160	369	289	99.7%	99.0%
2002	21	10	82	34	38	28	1085	515	586	197	422	126	99.5%	99.8%
2003	31	9	87	35	45	29	1450	467	861	118	291	158	99.7%	99.2%

续表 24－3－2

年份	教学班		教职工数		专任教师数		在校生数		当年招生数		当年毕业生数		就业率	
	技校	卫校	技校	卫校	技校	卫校	技校	卫校	技校	卫校	技校	卫校	技校	卫校
2004	47	8	96	35	53	29	2006	417	1138	110	321	152	99.4%	98.8%
2005	47	7	99	46	57	39	1740	343	589	121	661	189	99.4%	99.8%
2006	19	6	104	44	59	36	915	297	279	69	796	112	99.5%	99.0%
2007	37	5	108	37	67	31	1665	234	911	49	648	107	99.7%	99.6%
2008	45	4	109	34	63	28	1954	182	678	73	402	116	99.5%	99.1%
2009	38	5	109	31	64	25	1558	217	520	99	571	60	99.8%	98.6%
2010	28	6	106	31	61	25	1196	245	429	77	609	45	99.7%	98.0%
2011	29	6	101	30	58	25	1170	259	488	88	401	69	99.8%	98.6%
2012	28	6	97	29	57	26	1169	247	301	90	281	91	99.6%	99.0%

注：胶南市技工学校，简称“技校”；胶南市卫生进修学校，简称“卫校”

专业设置　20 世纪 80 年代，职业教育专业结构单一，大多以农、林、牧和水产专业为主，职业学校为适应农业经济发展需要，把农学、林果、畜牧兽医、水产养殖、建筑、烹饪等专业作为骨干专业。县职业中专为三年学制。其他职业高级中学均为二年学制。1990 年，除农、林、牧、水等“农”字号专业为二年制，其他专业大多改为三年学制。

20 世纪 90 年代，胶南市职业教育坚持“四统筹”（即青岛市实施的统筹职业教育经费、统筹专业设置和技术等级考核、统筹联合办学、统筹建设骨干学校）工程，实施“双名牌”（重点职业学校和骨干专业）战略，优化教育资源，集中力量建设一批名牌专业。1992 年，增设烟草、机械加工、计算机及应用、电子技术应用、焊接技术应用等 5 个专业。翌年，增设公关礼仪、旅游导游、宾馆服务、日语、企业管理、工业自动化等 6 个专业。1993 年 2 月增设机制工艺、制冷电器、化工工艺、公关文艺、城管与保安、食品加工、多种经营、预备役、编播、英语、韩语等 11 个专业。次年 6 月，市职业中专与青岛国际经济合作公司胶南分公司组建中国青岛国际人才培训中心胶南分校，对胶南外派劳务人员进行系统培训，为三资企业培养输送技术和管理人员。1995 年 9 月，市职业中专利用 40 万美元世界银行贷款，重点加强了机电、计算机等专业的设备配套工作。翌年，市职业中专跨入首批国家级重点职业学校行列。

至 2000 年，职业教育共开设计算机及应用、财务会计、电子信息技术、工业与民用建筑、烹饪、机电技术应用、旅游服务与管理等涵盖一、二、三产业共 26 个专业。2002 年，撤销农业经济管理、企业管理、多种经营、预备役、农机驾驶与维修、武警、电脑美术、纺织等专业，增设数控技术应用专

汽修实训基地

业。2005 年，重点扶持加工制造、汽车维修、传播、汽车焊接、电子、机电等专业建设。全市开设专业 21 个，机电技术应用被确定为省教学改革试点专业，数控技术应用被列为教育部重点扶持专业，电子学校获得国家级重点中等职业学校认定。2008 年，高职校获国家级重点职业学校认定。

2012 年，整合入驻职教中心的 4 所职业学校共开设专业 20 个。其中，山东省教学改革试点专业 4 个，青岛市骨干专业 12 个。就读骨干专业的学生占在校生 80% 以上。

教育教学　1986 年开始执行国家教委《职业高级中学(三年制)教学计划的意见》，设政治课、文化课、专业课和实习 4 类。

1993 年，贯彻《中国教育改革与发展纲要》，调动各部门、企事业单位和社会各界参与办学、联合办学，联合办学学生占招生总数的 83%。第三职业高中与市人武部联合成立预备役军人学校。第二、四职业高中分别举办针织和电子专业工学班。第六职业高中农林牧专业成为学校突出专业。职业中专进行建筑专业一体化试验，创出寓“管理、教学、实习、创收”于一体的办学形式。1995 年，将“双证书”制度作为教育部门核发毕业证书的重要依据。2000 年，第二职业高中与韩国独资企业南涯电子有限公司联合建立校内试验基地，面向农村经济困难生招生，采取半天学习半天工作的方式办学，学生、企业、学校三方受益，受到社会好评。

2001 年秋季开始陆续使用国家规划教材。必修课增设德育、英语、计算机基础。2004 年在职业中专建立以加工制造业为重点的资源共享中心。2005 年，职业中专被确定为国家级紧缺型人才培训基地，年内有 1645 名学生考取中级职业资格，940 人考取了初级职业资格，初级通过率达 100%，中级以上通过率达 88.8%。2006 年，投资 4312 万元加强工学实训基地建设，扩大工学结合办学规模。通过“将工厂引进学校，将学校办到工厂”等方式，开展深层次的校企合作，变消耗性实习为生产性实习，学生得到更多的职业技能训练，在车床、建筑测量等 16 个工种的技能鉴定、全国英语等级考试和全国计算机中级考试，通过率均在 95% 以上。2006 年 10 月，全国职业教育半工半读试点工作会议在胶南召开，现场观摩了胶南职业中专、胶南电子学校、胶南高职校、黄海学院；职业中专、高职校、电子学校均确定为教育部半工半读试点学校。

招生与就业　20 世纪 90 年代以前，职业教育虽有成效，但因专业与需求脱钩，学生就业困难。1995 年 9 月，胶南首次实行初三学生分流招生。各职业学校设立联合办学办公室，负责毕业生的就业安置，联合办学专业达到 23 个，占招生计划的 92%。是年，全市共招生 5913 人，毕业生 27 人升入大中专院校，其余全部就业。2001 年，承诺对学校安置的学生如因企业原因或其他不可抗力因素导致下岗的，学校进行再次甚至多次安置。是年，新招生 6464 人，毕业生 7180 人，毕业生就业安置率达到 96.6%。其后，全市各职业学校逐步实施校企合作、半工半读、顶岗实习办学模式，实施订单定向培养社会所需人才。各学校相继与现代造船、海尔、三承、中铝、双星集团、中集集团、上汽通用、海信集团、澳柯玛、富士康集团等企业签订培养协议，组建企业冠名班。企业通过参与制定学校教学计划、编写冠名培训教材、派工程师到校讲课、接收学校指导老师进厂挂职锻炼、为学生提供奖学金等方式，参与教学活动。2005 年，毕业生

2006 年 10 月 25 日，全国职教半工半读试点工作会议在胶南召开

电子专业学生在松下公司顶岗实习场景（2007 年拍摄）

6831 人，其中 818 人被对口高级职业院校录取，达线率 95%。2007 年，各职业学校在“订单模式”培养一线工人的基础上，根据 2001 年开始的对毕业生召回再次安置的经验，实行 3 年内允许毕业生免费回校再造的“召回制”。2001～2007 年，各学校共召回毕业生近 4000 名。至 2012 年，全市职业教育就业安置率连续两年在 99% 以上。

主要学校 胶南市职业中等专业学校 始建于 1975 年 4 月，时称胶南县“五七”大学，位于人民路 256 号，是胶南建校最早的职业学校。1978 年 12 月东迁人民路 488 号。历称胶南县工读大学、农业技术学校、第一农业技术中学，1986 年 11 月更名为胶南县第一职业中学。1987 年 6 月更名为胶南县职业中等专业学校。1999 年，胶南市财政学校、胶南市职工中专先后整建制并入，加挂胶南市职工中专牌子。2000 年推广双语教学。2001 年进行弹性学制、学分制试点。是年，与韩国柳韩大学缔结为姊妹学校。2004 年，校企结合、半工半读办学模式成熟，并被重新认定为国家级重点职业学校。是年 8 月，胶南市第四中高级职业中学成为市职业中专大村分校（2006 年整建制并入）。翌年，学校被确定为国家级紧缺型人才培训基地，山东省青岛市中等职业教育教学示范校。2009 年 10 月入驻胶南市职业教育中心。2010 年 8 月并入市第二职业高级中学，挂胶南市电子学校牌子。

胶南市高级职业技术学校 2002 年 3 月，在胶南市成人中等专业学校原址新建成立，挂“胶南市成人中等专业学校”牌子。位于隐珠镇黄海路 63 号。学校占地 5.3 万平方米，建筑面积 2 万平方米。教职工 182 人，在校生 3500 余人，开设机电技术应用、电子技术应用、数控技术应用等 16 个特色专业。2004 年设立西校区，办校入企，引企入校，建成占地 5.3 万平方米，建筑面积 2 万平方米的工学基地。2006 年 5 月，时任国家教育部部长周济到学校视察，对学校“半工半读、工学结合”的办学模式给予高度评价。是年 9 月被评为山东省重点职业学校。翌年被评为全国职业教育半工半读试点学校。2008 年被评为国家级重点职业学校。电工电子与自动化专业被列为教育部、财政部重点支持建设实训基地。2012 年被教育部确定为第二批国家中等职业教育改革发展示范校立项建设学校。

青岛市第二技术学校 1986 年 5 月，经省劳动厅批准建立胶南县技工学校，为全日制中等职业技术学校，隶属县劳动局管理。1994 年，经省劳动厅批准成立青岛市国家职业技能鉴定第十六所，成为以机电专业为主的国家职业技能鉴定机构。2002 年，被批准设立全国计算机信息技术考试站。是年，被评为山东省重点技工学校，获开设高级技工专业资质。2003 年 9 月更名为青岛市第二技术学校，隶属市劳动和社会保障局。位于向阳路 154 号。

市高职校全貌

除全日制教育，学校兼办职业技能鉴定、企业职工和农村劳动力转移培训等。2004年被确定为青岛市农村劳动力培训就业转移基地。翌年开始招收高中起点的两年制高级技工班。至2008年，学校占地面积2.76万平方米，建筑面积2.39万平方米，实习工厂6599平方米。2009年10月整合入驻胶南市职业教育中心。2011年3月被确认为国家级重点技工学校。2012年，开设高级技工和中级技工两个层次的焊接加工、汽车维修、机床切削加工、数控加工、电气自动化设备安装与维修等5个专业。

民办中等职业学校　20世纪90年代初开始出现社会力量办学，一般为行业办学或行业联合办学。2002年，审批青岛海洋职业学校、青岛海博职业学校为中职学历教育，为胶南民办中职学历教育之始。2006年4月，青岛明天中学增加职业中专办学层次，2010年4月设有机电、化工、市场营销、计算机等领域8个专业，在校生2360人，专职教师125人，毕业生就业率85%。2012年，全市民办中等职业学校发展到9所，共有教职工815人，在校生7016人。

第四章　高等教育

第一节　公办高等教育

1980年1月，山东省广播电视大学青岛分校胶南工作站建立，隶属县工会，主办成人业余学历教育，兼办各类短期业余培训。翌年改属县教育局管理，迁至胶南师范校园。1988年7月，八五级汉语言文学专业大专班37人毕业。至此，先后招收学历教育学员900余名，其中121人大学专科毕业；举办短期培训2000余人次。

1987年9月，工作站改学校制，青岛市广播电视大学胶南分校（以下简称“电大”）挂牌成立。按国家统一招生计划招收普通高中毕业生，执行青岛广播电视大学教学计划，并接受其业务指导。主办普通专科教育和成人业余教育（包括中专、专科和本科3个学段的函授学历教育和短期培训）。开设汉语言、数学、机械、财会等4个专业，学制为两年。其中汉语言、数学为师资类专业。普通专科当年招生206人。是年，校址迁往县商业学校。1992年迁至珠海路中段。1994年迁至孟家滩村北。1999年9月，迁至珠海路东端温州路以西，占地2.67万平方米，建有教学办公楼、计算机中心、多媒体教室、电子阅览室、视听阅览室、语音室、电子电工电力拖动实验室、财会模拟实验室以及学生公寓、餐厅等，建筑面积8600平方米，开设23个专业。是年，有普通专科毕业生168人，在校生334人；业余成人教育在册生1297人；教职工82人，其中专任教师68人。2000年开始与山东师范大学、济南大学、泰安医学院等高校联办成人业余学历教育班。开设本、专科专业26个。业余成人教育在册生663人，其中开放教育在册生349人。有教职工83人，其中，专任教师76人，专任教师学历达标率98%。

2006年10月，青岛港湾职业技术学院落户胶南市大学科教园区。系由山东省教育厅主管、青岛港（集团）有限公司主办的全日制专科高等职业

青岛港湾职业技术学院（2007年9月拍摄）

院校。

2008年,电大普通专科停止招生。此后,学校励精成人教育,以举办成人学历教育(含远程开放教育)为主,兼办短期培训。联合办学成为主要办学方式。与山东师范大学、吉林师范大学、济南大学、泰山医学院、青海医学院、中国石油大学等48所高校联合办学,设置本、专科专业48个,涵盖文史、理工、财经、师范、法学、医学、艺术等7大门类。其中,汉语言、财会、计算机、法律、英语、临床医学、市场营销等是学校骨干专业,省内外招生。是年,有教职工79人,其中,专任教师63人。在校(册)学生2811人,其中,普专科教育在校生226人,成人函授学历教育2585人(含开放教育1313人)。当年短期培训645人。2009年10月迁驻职业教育中心。

2012年,高等教育学校中,电大有教职工67人,业余成人教育在册学生2700人(含开放教育2076人),其中毕业377人,新招781人。青岛港湾职业技术学院有教师674人,在校生1.06万人,其中,新招3890人,毕业生3280人,就业率达96%以上。

1988~2012年青岛广播电视大学胶南分校基本情况统计表

表24-4-1　　单位:人

年份	普通专科教育			业余成人教育在册生(不含短期培训)		教职工数	
	在校生	当年毕业	当年招生		开放教育		专任教师
1988	366	-	160	204	-	43	31
1989	444	46	124	257	-	43	31
1990	320	200	76	206	-	30	20
1991	240	200	120	242	-	30	20
1992	165	75	0	277	-	27	22
1993	252	125	212	271	-	32	25
1994	327	40	115	363	-	45	38
1995	248	152	73	441	-	45	38
1996	326	135	213	465	-	53	40
1997	404	80	158	465	-	91	76
1998	375	166	137	477	-	91	76
1999	334	168	127	598	-	82	68
2000	332	147	145	663	349	83	76
2001	456	97	221	1300	349	84	70
2002	407	130	107	2134	763	82	69
2003	409	186	137	3071	1269	80	68
2004	411	157	160	3506	1721	81	68
2005	485	127	201	3132	1852	78	63
2006	493	147	165	3377	2021	77	61
2007	413	181	101	2921	1896	76	63
2008	226	185	-	2585	1313	79	63
2009	84	141	-	2535	1817	74	62
2010	40	40	-	2230	1355	74	61
2011	-	-	-	2632	1874	71	58
2012	-	-	-	2700	2076	67	56

第二节　民办高等教育

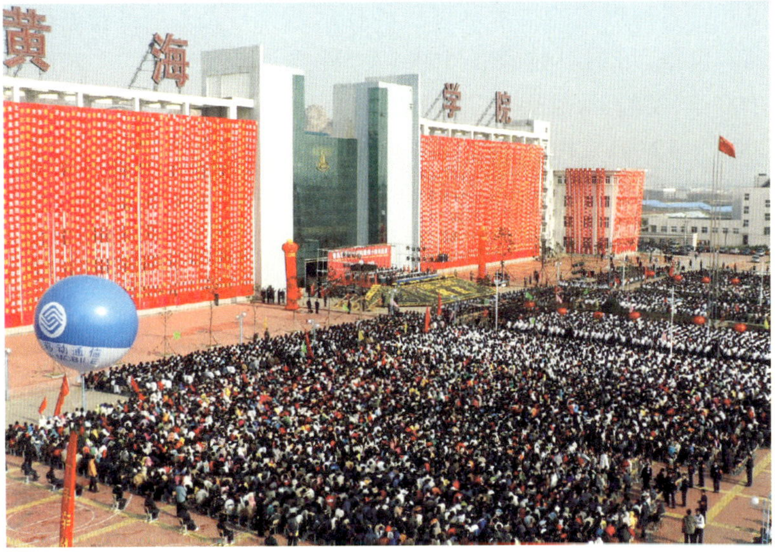

2006 年 11 月 28 日,青岛黄海职业学院建校十周年庆典大会举行

2003 年 4 月,青岛黄海职业学院经省政府批准成立,为民办专科全日制普通高等院校。2011 年 4 月改为青岛黄海学院,为民办普通本科高校。占地面积 92 万平方米,建筑面积 35 万平方米,下设工程技术学院、商学院、管理学院、电子与信息工程学院、外国语学院、财经学院、建筑工程学院、交通与船舶工程学院、机电工程学院等 9 个二级学院。教学科研仪器设备总值近亿元,图书馆纸质藏书 142.5 万册,电子类图书 59 万种,影像资料5000余种。2012年,学院有教职员 1070 人、在校生 11481 人、毕业生就业率 98.53%。

第五章　成人教育

第一节　农民教育

1987 年,县教育局成立成人教育办公室。全县 24 处乡镇均成立中心农民文化技术学校。其任务是构建镇(乡)、村教育培训网络,扫除青壮年文盲,进行农民技术培训,内容主要包括文化、科技、政策、法制、人口教育等。同时,县农业机械管理局所属的农业机械化学校面向全县农村机手开展拖拉机驾驶员培训,县农牧局所属的中央农业广播学校胶南县办公室负责农民科技教育培训、农业实用技术推广普及和农村骨干人才的培养等。

1988 年,贯彻实施国务院《扫除文盲工作条例》,以乡镇成教中心为主阵地举办补习班。1990 年 8 月,乡镇中心农民文化技术学校统一更名为镇(乡)成人教育中心校(下称“成教中心”)。1994 年,全市 45 岁以下中青年非文盲率达到 99.5%,先后通过青岛市、山东省及国家验收。至此,全市完成扫盲工作,继续进行农村成人教育,侧重文化、科技教育。是年,各乡镇成教中心面向未升学初中毕业生举办专业技术培训班。

1995 年,青岛市政府提出实施“双五”富民工程(用 5 年时间,帮扶 50 万户农户科技致富,使工程户年平均收入比其他农户高 10% 以上)。胶南市发挥乡镇成教中心培训、试验、示范、推广、服务之综合功能,帮扶农民科技致富,使 1.6 万农民的年收入比其他农户高出 15.5%。

1996 年 12 月,青岛市列入国家劳动部实施劳动预备制度试点城市。1997 年 9 月,对未能升入高中级学校学习,准备从事二、三产业的农业户口普通高、初中毕业生,实行劳动力预备制度。劳动预备人员经过培训考核合格,并取得相应职业资格证书后,方可进入劳动力市场就业。2000 年,继续实施“双五”富民工程,转向以“三园”(科技园、实验园、示范园)建设为重点,面向农业、农村、农

民开展多种形式的技术培训和科技示范推广活动。当年，培训科技家长 1600 人，科技示范户 1600 个，实验、示范及推广高效农业项目 60 余个。2001 年 12 月，宝山镇成教中心并入市第六高级职业中学。翌年 7 月，第六高级职业中学成建制并入高级职业技术学校。至此，全市有成教中心 19 处，在校生 5126 人。其中，专科以上 1208 人，中专 1430 人。举行“3 + 1”专业技术培训累计 1.53 万人，近 1.1 万人升入普通中等专业学校。2004 年，各镇（街道）成教中心挂农村劳动力资源开发培训中心牌子。大力开展农村劳动力转移培训。中专以上学历教育在册学员 2560 人。开展各类培训人数达 4.11 万人。其中农村劳动力转移前培训 1.45 万人，农民实用技术培训 223 期 1.62 万人次，4700 人实现转移就业。翌年，中专以上学历教育在册学员达到 5847 人。各类培训人数突破 4.5 万人，其中职业技能培训 1.32 万人，8759 人获得职业资格证书，1.69 万人实现转移就业。2006 年，大村镇成教中心投资 270 万元，建成具有农村剩余劳动力培训与就业转移指导、农技培训与推广、农村党员干部教育培训、农业信息交流与服务、农村文化活动等多种功能于一身的“新农村大学堂”，并建立村学堂，创建“订单式培训、菜单式教学、递进式就业”的农村劳动力转移培训办学模式，年培训农民 2 万人次以上，形成“农民致富有知识、创业有本领、就业有技术、岗位提升有技能、递进就业增收入”格局。是年 9 月，中央电视台、《人民日报》等媒体对胶南市“农民大学堂”办学经验进行报道推广。

2012 年，全市 19 处成教中心均建有中心学堂，并成立村级农民文化学堂 841 所；青岛市劳动力转移培训基地 11 个。成教队伍由 2004 年的 142 人发展至 791 人，其中专任教师达到 730 人，“双师型”（可兼任基础文化课与专业课教学）教师占专任教师的 72.5%。为满足农村及农业生产经营需要，聘请企业、农技能手兼职专业教师 1183 人次，进行农民教育培训 27.7 万人次，经培训获得初级以上资格证书 7.3 万人，实现转移就业 11.2 万人。

第二节　职工教育

20 世纪 80 年代末，胶南县职工教育的行政机构是县职工教育办公室，负责对全县各行业在职职工进行岗位培训和基础文化培训。主要办学单位有县总工会、交通局、卫生局、商业局、城建局、物资局、粮食局、县供销合作社联合社等，分别举办的学校为：县总工会业余中学、交通学校、卫生进修学校、商业学校、建筑学校、物资学校、粮食学校、供销学校等。这些学校负责相关行业在职职工的非学历岗位培训和学历教育的文化课培训。至 1989 年，全县干部队伍中已有 1672 人参加不同形式的大专班学习，193 人大专毕业；2581 人参加中专学习，816 人中专毕业；3257 人参加高中单科学习，2112 人单科结业，156 人高中毕业。另有近两万人次参加不同工种、不同层次的短期专业技术培训。是年底，全县工人队伍中，具有大专、中专、初中文化程度的在职职工分别占 1.5%、24.7% 和 75.8%。

1990 年，县职工教育办公室改为县成人教育局。1992 年成立所属的胶南市职工中专，专门进行职工培训。1993 年，市教育局与成人教育局合并，成立市教育委员会，市成人教育局对企业职工培训的管理职能划归市工业经济委员会。是年，职工教育学校有职工中专和业

大村镇新农村大学堂全景（2006 年拍摄）

余中学、卫生进修学校、建筑学校、供销学校等。翌年，设立胶南财政学校。1997 年 10 月，国务院颁布《社会力量办学条例》，将行业部门办学纳入市教育委员会管理。是年，市职工中专并入电大。1998 年，市供销学校更名为市经济贸易学校。1999 年，市财政学校并入市职业中等专业学校。其后，全市各职工教育学校主要挂靠大学院校和市内职业学校，根据企业需要开展专业技术培训。2003 年，全市职工教育学校仅有胶南市技工学校、胶南市卫生进修学校、胶南市建筑工程学校、胶南市经济贸易学校等。1999 ~ 2003 年，各职工教育学校先后举办职业技术培训班 12 次，培训 9327 人；举办特殊工种（包括电工、金属焊接和切割、起重机械、企业内机动车辆驾驶、危险物品作业等）培训班 7 次，培训 5850 人；开设乡村医学大专护理班 30 个，学生 1400 人；成人高考辅导班 37 个，学生 3325 人。

截至 2012 年，市建筑工程学校近三年为建筑企业培养不同工种技术人员 1077 人；市经济贸易学校近五年为青岛双星华青集团、青岛北海船舶重工有限责任公司、海尔集团、海信集团、青岛三美电机有限公司、松下电器等企业培养各类专业技术人才 1500 多人。以上两所学校近三年内短期培训专业技术 1921 人次，联合办学培训学员 4156 人，其中取得中专以上学历 1202 人。

第六章　体　　育

第一节　学校体育

20 世纪 80 年代，受体育场地不足、器械缺乏、师资短缺等因素制约，学校体育不能够开设全课程，只能侧重体育达标及每年举行一次田径运动会。

1990 年 3 月，国家教委、国家体委联合颁布《学校体育工作条例》（以下简称“《条例》”），标志着学校体育工作进入法制管理、科学管理、目标管理新时期。体育课从小学一年级开设，每周安排 2 课时。但因师资短缺，只有乡镇中心中小学能够按大纲进行正常教学。

为全面贯彻《条例》《中学生体育合格标准实施办法》和《小学生体育合格标准实施办法》，1993 年，教育部门将体育作为毕业考试科目，制定落实《条例》实施细则，学校由对学生单纯的体育达标测验转入对学生体质全面科学的衡量，并对学生体育 3 项成绩记入学生档案，作为选评三好学生及升学的重要依据。中小学生体育达标合格率由 75% 提高到 80%。1996 年 11 月，根据国家教委办公厅《体育两类课程整体教学改革方案》，确定胶南一中、泊里中心中学、实验小学为胶南市实验点，实验取得圆满成功。1997 年，执行《体育两类课程整体教学》和《九年义务教育全日制小学、初级中学体育教学大纲》。体育课教学由以往单一的学科类课程体系改变为学科类课程与活动类课程相结合的新的课程体系。是年，成立胶南市艺术体育办公室，配备两名体育教研员负责全市学校体育教学和学校体育行政管理工作。1998 年，各局属学校和各镇教委配备负责学校体育工作的专职干部，市、镇、校三级学校体育工作管理网络初步形成。

1999 年，中共中央、国务院在《关于深化教育改革，全面推进素质教育的决定》中指出：“学校教育要树立‘健康第一’的指导思想，切实加强体育工作，使学生掌握基本的运动技能，养成坚持锻炼的好习惯。”这一时期，全市积极落实第三次全国教育工作会议精神，全面推进素质教育，推行以国家教育部创编的中小学生幼儿系列广播体操（一）和眼保健操、课间操为主的大课间体育活动，学生每天 1 小时的体育锻炼得到保证，学生体育达标

合格率达到95%。是年10月,市教委根据有关体育法规和上级体育工作精神,制定《关于落实“健康第一”指导思想,规范学校体育卫生工作若干规定》,并决定每年4~9月举办体育节活动。全市中、小学推行以“健康、文明、育人、向上”为主题,以面向全体学生,人人参与体育锻炼,人人享有体育、健康教育为宗旨,以推广实施快乐体育,构建学校快乐体育园地为主要内容,举办中小学体育节、乒乓球比赛、篮球比赛等系列活动,全市中、小学生体质得到明显增强,体育达标合格率达到98%。翌年,全市中、小学实行运动员注册制度。

2001年8月,全市推行《体育与健康》新教学大纲。是年,全市共有体育教师425名,其中专职284名(普通高中47名,职业高中16名,初中102名,小学119名),学历达标率为100%。各学校均按教学大纲开齐课程,开足课时。全市中、小学生每天体育活动时间保证在1小时以上。2002年7月,教育部、国家体育总局印发《学生体质健康标准(试行方案)》(以下简称“《标准》”)。《标准》将测试对象划分为小学低年级组(一、二年级)、中年级组(三、四年级)、高年级组(五、六年级);初中及以上年级每年级为一组。小学低年级组测试身高、体重、坐位体前屈3项;中年级组测试身高、体重、50米跑、立定跳远4项;高年级组必测项目为身高、体重、肺活量3项,选测项目为从台阶试验、50米×8往返跑中选测1项,从50米跑、立定跳远中选测1项,男生从坐位体前屈、握力中选测1项,女生从坐位体前屈、握力、仰卧起坐中选测1项。初中及以上各年级测试项目共6项,其中身高、体重、肺活量为必测项目。选测项目为从50米跑、立定跳远中选测1项;男生从台阶试验、1000米跑中选测1项,女生从台阶试验、800米跑中选测1项;男生从坐位体前屈、握力中选测1项,女生从坐位体前屈、仰卧起坐和握力中选测1项。是年,全市推行青岛市教育局《青岛市中小学生课外文体活动实施方案》,乡镇完全小学以上的学校均成立田径队、乒乓球队、篮球队,并保持正常活动。人民路小学成为全国基层小学“幼苗杯”乒乓球理事会会员单位。

2003年,全市开始做好推广《学生体质健康标准》的前期准备工作,分两期对关人员进行培训学习。实验小学、珠海路小学被评为青岛市课外文体活动示范校。翌年,教育部办公厅发出《关于开展‘体育、艺术2+1项目’实验工作的通知》,通过学校组织的课内外体育和艺术教育活动,要求每个学生在九年义务教育阶段能够掌握两项体育运动技能和一项艺术特长,为学生全面发展奠定良好的基础。是年,泊里中心小学、藏南中心中学、隐珠中心小学被评为青岛市课外文体活动示范学校。2005年,全市全面实施教育部“体育、艺术2+1项目”,各学校每天上午安排25~30分钟大课间体育活动,认真组织学生广播体操和其他集体体育活动,充分保证学生每天锻炼1小时以上。

2007年,启动“全国亿万学生阳光体育运动”工作,组织参加青岛赛区集体竞技活动。是年7月,人民路小学参加“红双喜·商都杯”中国乒协少儿乒乓球比赛,获得女子甲组团体赛第二名佳绩。

至2012年,共有体育教师536名,其中专职347名(普通高中51名,职业高中19名,初中89名,小学188名),学生每天锻炼1小时以上,人人有体育特长项目,在中等学校招生体育考试中,优秀率在10%以上,合格率达到95%以上。

第二节 群众体育

机关、企业体育 1992年,市体育场建成并投入使用,每年组织8次以上各类比赛,包括篮球、乒乓球等。1995年以后,倡导企业出资取得体育比赛冠名权,先后开展“琅琊台酒杯”“明月杯”等有影响力的冠名比赛。1996年举办胶南市首届职工运动会,以后每3年左右举办一次;开展“1996全民健身万众行广播体操大推广”活动。1997年,全市百人以上的单位均有业余体育代表队,部分机关、事业单位做工间操。是年9月举办胶南市首届外资企业足球赛。同年12月举办胶南市棋类比赛,100多名选手参赛,赛后邀请山东省象棋冠军、青岛市棋院院长刘凤君与10名优秀选手进行象棋车轮比赛表演。1999年9月7日,举办胶南市职工横渡风河游泳比赛,吸引万余市民观看。

2011 年全市第六届职工运动会在市体育中心举行

2004 年举办首届机关干部健身运动会。此后每年举办一届。

农村体育　1996 年 2 月，举办胶南市“文体杯”乡镇农民篮球赛。1997 年 12 月，隐珠镇业余篮球队参加青岛市农民篮球赛获得第三名。1999 年，胶南市代表队参加青岛市农民运动会，取得拔河比赛第一名并被评为精神文明代表队。2000 年 10 月，国家体育总局、农业部授予隐珠镇“全国亿万农民健身运动先进乡镇”称号。2004 年 10 月 28 日，胶南市首届“亿联杯”农民篮球赛举行，15 支代表队参赛。是年，珠海街道荣获“山东省城市体育先进社区”称号。次年，珠山街道荣获“山东省城市体育先进社区”称号。2010 年开始把全民健身工作列入对各镇、街道体育工作考核。每年举办全民健身越野等大型体育活动 30 项以上。青岛临港经济区等 5 处镇、街道、区分别成立篮球运动协会，每年举办 3～5 次比赛。

时尚体育　2011 年开始加快发展时尚体育，打造“一地一特色”品牌活动，形成帆船、轮滑等 10 多项特色健身项目。至 2012 年，全市有 34 所毽球示范学校、10 所荷球试点学校、8 所帆船特色学校，常年参加健身球锻炼的近万人，参加健身气功锻炼的有近 3000 人，有 22 处健身气功站（点）被认定为青岛市健身气功站（点）。2011 年荣获“全国社会（休闲）体育示范市”称号，2012 年被国家体育总局授予“全国社会体育沙滩休闲球类运动城市”称号。

老年人体育　1984 年 6 月成立市老年人体育协会，各级老年体育组织逐步建立。1990 年 5 月举办第一届老年人运动会，此后每年一届。2007 年开始改为每两年一届。至 2000 年，经常参加体育活动的老年人达 5.2 万多人，老年运动队遍布城乡。1988～2000 年，各类老年人体育活动培训班共培训 7000 多人次，老年人体育协会累计组织比赛 400 多项。2012 年创建“健身球之乡”，近万人参加健身球活动，基本队伍 5942 人，骨干队伍 1829 人，23 处镇、街道全部通过验收。市、镇（街道）、村三级全部建立老年体育组织，专兼职人员 1800 余人；老年人体育协会下设 8 个专业委员会和 1 个艺术团体，组建太极、门球等辅导站 200 余个，其中门球队 30 个；经常参加活动人数约 8 万人，约占全市老年人口的 60%。

全民健身工程　为贯彻国务院《全民健身条例》，2004 年印发《2004 年胶南市构建全民健身服务体系实施方案》，主要内容是实施“八个一工程”，即：建立一个健身组织网络；建设一支社会体

2011 年全国时尚体育“和谐杯”荷式篮球赛在胶南举行

育指导员队伍；建立一个国民体质监测站（点）；建设一项全民健身工程；建设一批健身活动站（点）等。2010年举办第一届全民运动会，设8个大项，分5个组别，101个代表团6000人次参赛。此后每4年一届。2010年底，各镇（街道）均成立全民健身工作领导小组，加强对全民健身工作的组织领导。2011年，胶南获得“全国全民健身活动先进单位”称号。2012年被表彰为“山东省第二届全民健身运动会先进单位”。

第三节　竞技体育

1988年以来，胶南向上级输送运动员584名，先后参加青岛市及以上田径、射击、射箭、赛艇等各类比赛480多次。至2012年，输送队员共获世界冠军9人次，亚军14人次；亚洲冠军27人次，亚军36人次；全国冠军109人次。

水上运动　赛艇、皮划艇　胶南水上运动以输送优秀后备人才为重点。1994年，运动员田启强、孙茂盛分别获得广岛亚运会赛艇2000米双桨冠军、划船500米双人划冠军。1997年，孙茂盛获得第八届全运会划船500米双人划冠军。2001年，田启强获得第九届全运会赛艇2000米、赛艇2000米八人划两个冠军，被省政府表彰，记一等功奖励。2003年，青岛市水上运动学校落户胶南，位于东风路南端东侧、风河北岸，占地面积1公顷。学校设教练员3人，设赛艇、皮划艇训练队2支，学生60人。2005年以来，胶南市每年向青岛以上学校和专业队输送队员20名以上。在2005年、2009年青岛市第一、二届运动会上，赛艇、皮划艇金牌总数名列各区市前茅。2008年，胶南籍运动员郭康参加第29届北京奥运会赛艇比赛。2010年，第16届广州亚运会上，胶南市输送的队员仉方兵取得赛艇男子八人单桨有舵第一名。

帆船　2006年6月，青岛市帆船运动进校园活动正式启动。2007年上半年，隐珠中心小学、灵山卫中心小学被命名为“青岛市帆船特色学校”，第三实验小学、隐珠中心中学和积米崖港区小学被命名为“青岛市青少年帆船俱乐部”。2007年以来，每年参加青岛市各种帆船赛事。2008年，积米崖港区小学张黎明在青岛国际OP帆船营暨OP帆船赛上获得小学组第一名。2011年，胶南代表队在青岛市青少年帆船帆板锦标赛中，获得团体第五名。2012年，在青岛国际OP帆船营暨OP帆船赛中，刘霄洋获得男子乙组第五名。至2012年底，在青岛市青少年帆船基本能力等级评定中，胶南有1人获得一级、36人获得二级、98人获得三级、127人获得初级基本能力等级证书、证章。

田径运动　田径运动以学校为主，1990年之前按照《国家体育锻炼标准》开展达标活动。1988年9月，王刚获得全国第一届城市运动会800米冠军；董汝良获得国际田径比赛1500米、3000米两项第一名。1993年春，高淑英被选拔到青岛市体校，并在省中学生运动会上取得撑竿跳第2名。2001年6月，胶南田径代表队参加省百县田径运动会，获得六个单项第一，夺得团体总分第五名。高淑英于2002年10月在韩国釜山第十四届亚运会上获得女子撑竿跳冠军并破亚运会记录；2006年在卡塔尔第十五届亚运会上再次获得该项目冠军。2010年，在第22届省运会上，焦聪聪获得两枚田径金牌。此后，各学校普遍开展田径运动，有6所学校被青岛市体育局认定为青岛市传统体育项目学校。

青岛市水上运动学校训练基地（2006年拍摄）

球类运动　篮球、乒乓球　篮球、乒乓球是胶南的传统项目。1994年，陈楠被青岛市体校录取，1995年进入“八一”队开始篮球训练。1996年，王刚被省竞技体育运动学校录取，成为专业篮球运动员。2002年，组织参加在太原市举行的全国幼苗杯乒乓球比赛，获得男女团体第16名、第19名和女子单打第7名，是全国唯一参赛的农村县队。2008年，陈楠在北京奥运会上获得女子篮球团体第四名，2012年在伦敦奥运会上获得女子篮球团体第六名。2011年成立乒乓球、篮球协会。

足球　1988年以来，每年组织开展足球比赛。2007年，引进“亚洲展望青岛项目”足球发展计划，开展“足球运动进校园”活动；是年8月举办第一届胶南市足球教练员裁判员培训班。2007年开始每年开展城市足球联赛和校园足球联赛。2008年4月，胶南市足球协会成立。2011年，琅琊台路小学、实验小学、桃园路小学被命名为青岛市足球试点学校，珠海路小学被命名为青岛市足球重点学校。

羽毛球　20世纪80年代，羽毛球运动仅在有条件的中小学开展，全县整体水平不高。之后逐步活跃。2009年，依托市体育馆与青岛市军体校共建青岛市羽毛球基地，当年夏季承接省和青岛市羽毛球暑期集训，时间60天，为胶南培训教练员120名，以后每年开展羽毛球集训。进入21世纪，随着人们生活水平的提高，全市羽毛球运动迅猛发展，先后成立羽毛球俱乐部10多个。2012年5月，胶南市羽毛球协会成立，每年举办羽毛球活动10余次。

荷球、毽球、木球　2010年6～9月举办（全国）时尚体育健身大赛，比赛项目有门球、花毽、沙滩荷式篮球、沙滩木球、轮滑和毽球。2011年7月，组织第四中学等4所学校体育教师赴大庆参加全国荷球培训班；是年11月，在青岛黄海学院体育馆举行的全国时尚体育“和谐杯”荷式篮球赛上，组建5支队伍参赛。2012年，举办中小学毽球比赛，24支球队400名队员参加。有34处中小学开展毽球运动、10所中学开展荷球运动，在全国青少年（中学生）毽球锦标赛中获得男子双人、混合双人赛第四名，在全国青少年荷球锦标赛中获得第六名。

射击运动　射击是胶南传统体育项目，20世纪70年代涌现出高建敏、张会群等世界级射击运动员。1986年，输送到省射击队的王德文，在参加比赛中两平世界纪录，两破亚洲纪录。此后，胶南输送运动员张永杰先后参加西班牙巴塞罗那、美国亚特兰大、澳大利亚悉尼三届奥运会、三届亚运会和七届全运会，获得亚运会金牌1枚、银牌4枚、铜牌2枚，获得全运会金牌3枚。1988年以来，胶南输送运动员获得省运会射击冠军31人、亚军17人。在2005年、2009年青岛市运动会上，射击金牌均名列青岛各区市前茅。1993年，投入150万元建成射击馆和灯光篮球场。2012年8月搬迁至市职教中心。

1988～2012年胶南籍运动员取得成绩（国家级以上比赛）统计表

表24－6－1

姓名	项目	比赛名称	名次	年份
张永杰	射击	全国首届城市运动会	第一名	1988
王　刚	田径	全国首届城市运动会800米	第一名	1988
董汝良	田径	国际田径比赛1500米、3000米两项	第一名	1988
金　燕	田径	全国（上海）业余体校田径比赛五项全能	第一名	1989
张永杰	射击	第十一届北京亚运会飞碟多向个人	第二名	1990
张永杰	射击	第十一届北京亚运会飞碟多向团体	第二名	1990
刘明刚	田径	全国中学生田径运动会400米、4×400米	第一名	1990

续表 24－6－1

姓名	项目	比赛名称	名次	年份
刘明刚	田径	世界中学生运动会 400 米、300 米栏两项	第一名	1991
高兴奕	摔跤	全国摔跤锦标赛	第一名	1991～1996
张永杰	射击	亚洲锦标赛射击飞碟多向	第一名	1991
高兴奕	摔跤	第二届城市运动会摔跤	第一名	1991
杨鹏芬	柔道	全国青少年女子柔道 66 公斤级	第一名	1992
高兴奕	摔跤	第七届全国运动会摔跤 90 公斤级	第一名	1993
周巨友	摔跤	全国自由式摔跤比赛 74 公斤级	第一名	1993
王国之	摔跤	全国少年摔跤比赛 84 公斤级	第一名	1993
张永杰	射击	亚洲射击锦标赛双多向团体	第一名	1993
张永杰	射击	亚洲射击锦标赛双多向个人	第二名	1993
栾清刚	无线电测向	全国无线电测向山地青年组	第一名	1993
田启强	赛艇	第十二届广岛亚运会赛艇 2000 米男子八人单桨有舵手	第一名	1994
孙茂盛	皮艇	第十二届广岛亚运会划船 500 米双人划	第一名	1994
张永杰	射击	北京世界射击锦标赛飞碟双多向 150 靶团体	第一名	1994
张永杰	射击	第十二届亚洲运动会团体	第二名	1994
张永杰	射击	第十二届亚洲运动会个人	第三名	1994
杨鹏芬	柔道	全国少年女子柔道 66 公斤级	第一名	1994
殷太高	赛艇	全国青年锦标赛 4 人单桨　赛艇	第一名	1995
张永杰	射击	亚洲射击锦标赛飞碟双多向团体	第一名	1995
张永杰	射击	亚洲射击锦标赛飞碟多向个人	第二名	1996
刘立伟	摔跤	全国青年锦标赛　摔跤	第一名	1995
张永杰	射击	亚洲杯射击赛	第一名	1996
陈　平	射击	全国重点城市赛　射击	第一名	1996
张　峰	射击	全国重点城市赛　射击	第一名	1996
孙茂盛	皮艇	第八届全国运动会划船 500 米双人划	第一名	1997
薛风强	摔跤	全国青年锦标赛摔跤 74 公斤级	第一名	1997
徐立功	柔道	全国青年柔道锦标赛 84 公斤级	第一名	1997
陈楠	篮球	全国青年女篮锦标赛团体	第一名	1997
张永杰	射击	全国射击锦标赛	第一名	1998

续表 24－6－1

姓名	项目	比赛名称	名次	时间
王　华	柔道	全国锦标赛柔道 70 公斤级	第一名	1998
刘要传	赛艇	全国四城会赛艇 1000 米双人浆	第一名	1999
张永杰	射击	奥运会选拔赛　射击	第一名	2000
张永杰	射击	亚洲飞碟锦标赛团体	第一名	2000
张永杰	射击	亚洲飞碟锦标赛个人	第一名	2000
刘　萍	摩托艇	全国体育大会　女子摩托艇	第一名	2000
张森学	拳击	全国青年锦标赛拳击 75 公斤	第一名	2000
高淑英	撑杆跳高	全国田径大奖赛成都站破亚洲、全国纪录	第一名	2000
陈　楠	女子篮球	第三届东亚运动会女子篮球	第一名	2001
陈　楠	女子篮球	第九届全国运动会女子篮球	第一名	2001
陈　楠	女子篮球	全国女篮甲级联赛	第一名	2001～2003
田启强	赛艇	第九届全国运动会赛艇 2000 米双人单桨有舵手	第一名	2001
田启强	赛艇	第九届全国运动会赛艇 2000 米八人单桨有舵手	第一名	2001
田启强	赛艇	全国赛艇锦标赛男子 2000 米八人单桨有舵手	第一名	2001
高淑英	撑衔竿跳高	第三届东亚运动会女子撑竿跳高	第一名	2001
庄振平	400 米栏	第三届东亚运动会田径 400 米栏	第一名	2001
庄振平	401 米栏	全国田径大奖赛 400 米栏	第一名	2001
薛风强	摔跤	全国城市运动会散打 100 公斤	第一名	2001
徐立功	柔道	全国柔道锦标赛	第一名	2001
王　刚	散打	全国散打锦标赛 82 公斤	第一名	2001
刘彩云	跆拳道	全国跆拳道锦标赛	第一名	2001
高淑英	撑竿跳高	全国田径大奖赛宁波站亚洲纪录	第一名	2001
高淑英	撑竿跳高	第五届世界田径锦标赛	第五名	2001
高淑英	撑竿跳高	北京世界大学生运动会	第一名	2001
高淑英	撑竿跳高	第九届全国运动会女子撑竿跳高	第一名	2001
陈　楠	女子篮球	第十四届釜山亚运会女子篮球	第一名	2002
张永杰	射击	第十四届釜山亚运会射击比赛	第一名	2002
张永杰	射击	世界杯男子飞碟多向 125 靶	第二名	2002
田启强	赛艇	第十四届釜山亚运会赛艇 2000 米八人单桨有舵手	第一名	2002

续表 24－6－1

姓名	项目	比赛名称	名次	时间
孙　健	赛艇	第十四届釜山亚运会四人艇	第一名	2002
李　雪	帆船	全国帆船锦标赛女子帆船 470 级	第一名	2002
高淑英	撑竿跳高	全国锦标赛女子撑竿跳高	第一名	2002
高淑英	撑竿跳高	亚洲田径锦标赛女子撑竿跳高	第一名	2002
高淑英	撑竿跳高	第十四届釜山亚运会女子撑竿跳高	第一名	2002
陈　楠	女子篮球	世界大学生运动会	第一名	2003
田启强	赛艇	亚洲赛艇锦标赛 2000 米男子八人单桨无舵手	第一名	2003
田启强	赛艇	全国赛艇锦标赛 2000 米男子双人单桨无舵手	第一名	2003
田启强	赛艇	全国赛艇锦标赛 2000 米男子双人单桨有舵手	第一名	2003
高淑英	撑竿跳高	全国室内田径锦标赛女子撑竿跳高	第一名	2003
高淑英	撑竿跳高	维也纳国际室内田径赛女子撑竿跳高	第一名	2003
高淑英	撑竿跳高	全国田径大奖赛广州站女子撑竿跳高	第一名	2003
陈　楠	女子篮球	全国女子篮球联赛	第一名	2004
陈　楠	女子篮球	第二十届亚洲女子篮球锦标赛	第一名	2004
孙　健	赛艇	全国冠军赛男子双人赛艇	第一名	2004
孙　健	赛艇	全国锦标赛男子双人赛艇	第一名	2004
逄淑强	赛艇	全国锦标赛男子单人赛艇	第一名	2004
逄淑强	赛艇	全国青年锦标赛男子单人赛艇	第一名	2004
李　雪	帆船	全国锦标赛女子帆船 470 级	第一名	2004
高淑英	撑竿跳高	雅典奥运会女子撑竿跳高	第八名	2004
高淑英	撑竿跳高	全国田径锦标赛女子撑竿跳高	第一名	2004
高淑英	撑竿跳高	亚洲田径锦标赛女子撑竿跳高	第一名	2004
王园元	摔跤	全国冠军赛男子摔跤 91 公斤级	第一名	2004
丁　娟	柔道	全国青年锦标赛女子柔道团体	第一名	2004
张森学	拳击	全国锦标赛男子 75 公斤拳击	第一名	2004
陈　楠	女子篮球	第十届全国运动会女子篮球	第一名	2005
孙　健	赛艇	第十届全国运动会赛艇双人双桨 1000 米	第一名	2005
高淑英	撑竿跳高	世界田径锦标赛女子从撑竿跳高	第五名	2005
高淑英	撑竿跳高	第十七届亚洲田径锦标赛女子撑竿跳高	第一名	2005

续表 24－6－1

姓名	项目	比赛名称	名次	时间
李　雪	帆船	第十届全国运动会女子帆船 470 级	第一名	2005
陈　楠	女子篮球	第十五届多哈亚运会女子女子篮球	第一名	2006
胡贤强	帆船	全国帆船锦标赛 49 人级	第一名	2006
胡贤强	帆船	全国帆船锦标赛长航赛程 49 人级	第一名	2006
高淑英	撑竿跳高	第十五届多哈亚运会女子撑竿跳高	第一名	2006
陈　楠	女子篮球	第二十二届亚洲女子篮球锦标赛	第二名	2007
郭　康	赛艇	第一届水运会赛艇男子四人单桨	第一名	2007
王晓丽	帆船	全国帆船锦标赛女子帆船 470 级	第一名	2007
王晓丽	帆船	第一届水运会女子帆船 470 级	第一名	2007
高淑英	撑竿跳高	美国可口可乐莫德斯托田径邀请赛	第一名	2007
高淑英	撑竿跳高	美国传统田径赛事——安东尼奥山大学田径赛	第一名	2007
高淑英	撑竿跳高	美国纽约锐步田径大奖赛 4.62 米亚洲纪录	第二名	2007
陈　楠	女子篮球	第二十九届北京奥运会女篮	第四名	2008
郭　康	赛艇	第二十九届北京奥运会预选赛赛艇男子四人单桨	第二名	2008
王晓丽	帆船	全国帆船锦标赛女子帆船 470 级	第二名	2008
王晓丽	帆船	全国帆船长距离赛女子帆船 470 级	第一名	2008
王晓丽	帆船	全国帆船冠军赛女子帆船 470 级	第三名	2008
仉方兵	赛艇	赛艇青年锦标赛男子轻双人双桨 2000 米、全能	第一名	2008
郭　康	赛艇	全国赛艇锦标赛男子 4 人	第一名	2009
王晓丽	帆船	第十一届全国运动会女子帆船 470 级	第一名	2009
王晓丽	帆船	第十一届全国运动会预赛女子帆船 470 级	第一名	2009
张永杰	射击	第十一届全国运动会男子飞碟	第二名	2009
李传民	自行车	第十一届全国运动会男子自行车	第一名	2009
陈　楠	女子篮球	亚运会女子篮球	第一名	2010
郭　康	赛艇	全国赛艇锦标赛男子 4 人	第一名	2010
仉方兵	赛艇	广州亚运会男子八人单桨有舵手赛艇 8 人	第一名	2010
仉方兵	赛艇	全国赛艇锦标赛男子轻量级双人双桨	第一名	2010
张馨月	赛艇	全国青年赛艇锦标赛 8 千米女单人双桨	第一名	2010
王晓丽	帆船	第二届全国帆船锦标赛女子帆船 470 级	第一名	2010

续表 24－6－1

姓名	项目	比赛名称	名次	时间
王晓丽	帆船	全国帆船奥线赛女子帆船 470 级	第三名	2010
王晓丽	帆船	全国帆船长距离赛女子帆船 470 级	第二名	2010
张永杰	射击	亚运会选拔赛飞碟多向	第一名	2010
李传民	自行车	亚运会男子自行车	第三名	2010
陈　楠	女子篮球	日本长崎亚锦赛女篮	第一名	2011
郭　康	赛艇	全国秋季赛艇锦标赛男子双人单桨 2000 米	第一名	2011
郭　康	赛艇	全国秋季赛艇锦标赛男子双人单桨 8000 米	第一名	2011
郭　康	赛艇	全国秋季赛艇锦标赛男子双人单桨全能	第一名	2011
仉方兵	赛艇	赛艇世锦赛轻量级男子双人双桨总排名	第六名	2011
仉方兵	赛艇	赛艇世界杯汉堡站男子轻量级双人双桨	第二名	2011
仉方兵	赛艇	全国赛艇锦标赛男子轻量级双人双桨	第一名	2011
张馨月	赛艇	全国赛艇锦标赛女子双人	第一名	2011
王晓丽	帆船	全国帆船冠军赛女子帆船 470 级	第一名	2011
王晓丽	帆船	全国帆船锦标赛女子帆船 470 级	第一名	2011
陈　楠	女子篮球	伦敦奥运会女篮	第六名	2012
郭　康	赛艇	全国赛艇锦标赛男子 4 人	第一名	2012
仉方兵	赛艇	伦敦奥运会赛艇轻量级男子双人双桨	第十五名	2012
仉方兵	赛艇	春季冠军赛轻量级赛艇男双人双桨 2000 米	第一名	2012
仉方兵	赛艇	全国赛艇锦标赛轻量级男单人单桨 2000 米	第一名	2012
赵文科	赛艇	2012 年中韩对抗赛	第一名	2012
赵文科	赛艇	2012 年全国锦标赛双人双桨	第一名	2012
王晓丽	帆船	伦敦奥运会女子 470 级帆船	第十一名	2012

第四节　体育设施

公共体育设施　1992 年开始规划建设市体育馆。是年 7 月，市政府在文化路南侧、小辛河以东、珠海路以北划拨 9.2 公顷土地建成 400 米标准(炉渣)田径场。1993～1994 年，建成射击馆、灯光篮球场、体育中心综合楼及体育场观礼台。综合楼内体育馆建筑面积 2100 平方米，馆内高度 13.5 米，共设座席 2100 个，可进行篮球、排球等项目的训练和比赛，1998 年 5 月正式开馆。1998～1999 年，在体育场东西两侧建成简易看台、建成标准网球场一片。2006～2011 年，对体育场进行综合整治和改造提升。2003 年新建老年体育活动中心，包括办公楼和 4 个塑胶门球场，2011 年对门球场进行改造。2010 年建设滨海新村市民健身广场，主要包括篮球、网球、乒乓球等运动场地和沿河健身长廊。2011 年，实施上海路市民运动公园、体育场改造提升、城市健康绿道等工程。上海路市民运动公园总占地面积 4 公顷，总投资 2500 万

元，室外建设篮球、门球、足球场，室内设置篮球、羽毛球、乒乓球等场地和健身器械室，为室内外场地相结合、体育设施与园林绿化相结合的生态运动公园；城市健康绿道总投资2500万元，在滨海大道和上海路两侧建设37千米的人行道和自行车道，为全省首创。是年启动城市阳台景观工程，专门建设占地4000平方米的沙滩排球区等文化体育设施，新建10千米的城市健康绿色步行道。

学校体育设施　1988年，制定《全县实施义务教育总体规划》，逐步实施九年义务教育。翌年11月，国家教委印发《中学体育器材设施配备目录》《小学体育器材设施配备目录》。此时，各中小学未能按照要求配齐相应体育器材设施。为满足体育教学需求，各学校鼓励自制体育教学所需器材。至1993年，全市义务教育段学校自制足球门、乒乓球台（网）、篮球架、悬挂式沙袋、垒球、沙包等，共计3.2万件。至2000年，全市各学校音体美器材总价值仅447万元，其中体育器材仅140.75万元。2002年，全市加大对体育教学硬件投资力度，用于对体育设施及体育器材配备投资达3000万元，全市各镇（街道、区）中心学校以上及局属学校体育器材配备全部达到部颁Ⅰ类标准，市第二中学建成标准体育馆，胶南一中、实验中学、实验小学、王台中心中学建成标准塑胶跑道，其中，王台中心中学400米标准塑胶田径场地属全省农村中学之首。2003年，全市用于设施及器材配备投资达1000余万元，其中，灵山卫镇中心中学投资214万元建成塑胶跑道。全市局属学校（高中6所、初中4所、小学7所、职业学校4所、高等教育学校和特殊教育学校各1所）、乡镇中学和中心小学，以及部分乡镇村办小学体育器材配备均达到或超过部颁Ⅰ类标准，70%的村办小学达到部颁Ⅱ类标准。至2005年，全市用于体育设施和器材配备投资1200余万元，其中，第二中学、隐珠中心中学各投资200余万元建成塑胶跑道。体育器材配备除70%的村办小学达部颁Ⅱ类标准外，所有学校均达部颁Ⅰ类标准。2008年，各级各类学校共投资1098.2万元，铺设塑胶操场9004平方米，塑胶跑道300米。2009年，全市学校投入165万元，新增体育器材27105件，学校体育场地设施向社会开放，到校参加健身活动的人数达1.2万余人次。

至2012年，体育运动场（馆）面积达标学校90所。其中，普通高中6所、初级中学23所全部达标；小学达标61所，占全市小学的94%。体育器材配备，中小学各学校均达标。

乡镇体育设施　20世纪80～90年代，各乡镇体育设施以学校为主，有条件的乡镇建有篮球场、乒乓球场地。从2004年开始，利用体育彩票公益金加强农村体育设施建设。至2012年，共投入体彩公益金518万元，为313个社区（行政村）配套体育设施。2011～2012年，连续两年把全民健身场所建设列为政府实事，总投入5000万元，新建健身场所354处，省体育局将胶南做法向全省推广。至2012年底，70%的镇（街道）驻地建有全民健身活动中心，约63%的行政村拥有体育健身场所。

企业体育设施　20世纪90年代初，工厂企业主要利用公益性场地开展职工体育活动。随着经济社会的发展和全民体育意识的增强，开始普遍建设职工乒乓球室等健身活动场所。至2012年底，大企业多数拥有乒乓球活动室。青岛天一集团、青岛康大外贸集团等13家企业均建有篮球场、足球场等户外运动场所，有条件的配套网球场、羽毛球场和各类健身路径，满足职工体育文化

青岛全原泽群体育运动中心羽毛球训练基地

需求。青岛金原集团建设集篮球、乒乓球、羽毛球等于一体的金原泽群体育运动中心。

第五节　承办赛事

2007 年 5 月 10 日，“隆海杯”全国公路自行车赛在胶南举行

承办国际比赛　2002 年 8 月 10 日，青岛国际动力伞邀请赛暨全国动力伞锦标赛胶南赛区举行比赛，国家体育总局航管中心二部主任张荷生，中国航空运动协会悬挂委员会主任王永利等有关领导出席开幕式。2006 年 7 月 29 日至 8 月 4 日，“隆海”杯中国青岛—德国奥芬巴赫击剑对抗赛在胶南体育馆举行。参加本次比赛的有德国奥芬巴赫市击剑俱乐部击剑队员 22 人（其中有 3 名选手进入世界杯前三名）、中国青岛润东击剑俱乐部击剑队员 12 人（其中有 3 名全国击剑冠军）。德国奥芬巴赫市击剑俱乐部主席瓦尔德马·克鲁格先生及夫人专程来访。赛中，青岛润东击剑俱乐部王柱获男子个人赛冠军；奥芬巴赫市击剑俱乐部萨别里娜获女子个人赛冠军。

承办国家级比赛　1998 年 9 月 8 日，全国帆船锦标赛暨全国青年帆船锦标赛在海水浴场举行，为胶南首次承办国家级体育赛事。1999 年 9 月，山东省全国体育先进县“三人制”篮球赛在胶南体育馆举行。2000 年 12 月 1 日，“全国排球四强邀请赛”在胶南体育馆举行。2003～2004“鲁能杯”、2004～2005“鲁能杯”中国乒乓球俱乐部超级联赛先后在胶南体育馆举行，刘国正、秦志戬、张怡宁、李楠等世界级乒坛高手参加比赛。2005 年 7 月 23～25 日，全国汽车场地越野锦标赛第四站“双星”杯比赛在胶南举行，来自 7 个省市地区的 16 支车队、100 辆赛车车手参加。2007 年 5 月 10～14 日，“隆海”杯全国公路自行车冠军赛（第一站比赛）在胶南举行，22 支代表队 230 名队员参加。2010 年 6～9 月，全国时尚体育健身大赛在胶南举行，比赛设 6 个项目。2011 年 11 月 8～10 日，全国时尚体育“和谐杯”荷式篮球赛在青岛黄海学院体育馆举行，13 支队伍近 200 名选手参加。2012 年，胶南先后举办“海润杯”第十一届全国速度轮滑（公路）锦标赛、“海容电器杯”全国青少年（中学生）毽球锦标赛、全国青年跆拳道锦标赛和“康大杯”第四届全国荷球锦标赛，参赛总人数近 2000 人，其中，胶南代表队取得毽球男子双人、混合双人赛两个第四名。

承办省级比赛　1993 年 6 月 4 日，山东省“希望杯”射击比赛在胶南射击馆举行。1998 年 8 月 2 日，山东省第十九届运动会跆拳道比赛在胶南体育馆举行。2009 年 11 月 17 日，山东省武术套路冠军赛在胶南体育馆举行，18 个代表队共 300 多名运动员参加。

承办青岛市级比赛　2001 年，青岛市青少年篮球比赛在胶南体育馆举行，胶南代表队取得区（市）组第一名。2005 年 6 月 10～18 日，青岛市第一届运动会摔跤比赛在胶南体育馆举行，胶南代表队取得 12 枚金牌。2009 年 3 月，青岛市第二届运动会武术套路比赛在市体育馆举行，胶南代表队获得 8 枚金牌、5 枚银牌、8 枚铜牌，以总成绩 214 分位列团体总分第二名，与青岛市四方区各得 8 枚金牌并列第一名；是年 5 月，承办青岛市第二届运动会赛艇、皮划艇比赛，7 支代表队 150 多名运动员参加比赛，胶南代表队获得 13 枚金牌，金牌数位列参赛队第一名。

第二十五篇

文　　化

HIN HUA
文明村庄建设示范村图书捐赠仪式

全国名家书画作品邀请展

第一章　文化设施

1978年5月，胶南县文化局成立。1979年，全县24处公社均设文化站。1987年底，24处乡镇文化站除市美、理务关、灵山岛、薛家庄、大珠山5处外，其余19处均建成文化中心(站)。文化中心(站)负责组织、辅导本乡镇的群众文化活动，管理电影队、图书室、书店等文化活动场所，帮助农村建设文化娱乐场所，组织业余文艺创作，进行文物收集等。1992年之后的5年里，相继建成市文化综合楼、工人文化宫、老干部活动中心等文化设施。到2002年，全市共建成17处文化中心，9处文化站和772个文化大院。2005～2006年，对全市的镇综合文化站和村文化活动室进行全面改扩建，其中王台、宝山、大村、张家楼等4处镇文化中心达到省标准。2006年，隐珠文化艺术中心正式投入使用，设有演艺中心、艺术培训中心、展览交易中心、中小型影厅、各种排练厅、展览厅及活动室，建筑面积1.5万平方米，广场面积2万平方米，成为胶南标志性综合文化活动中心。2008～2012年，全市22处镇、街、区均设综合文化站。

隐珠文化艺术中心

第一节　文化馆

1989年,山东省开展"创建全省社会文化先进县"活动。县文化馆借机积极开展"文化基地"建设。培育大村、王台两处乡镇为文化工作点,隐珠乡为剪纸基地,寨里和藏南乡为年画基地,灵山卫镇为书法基地,小场乡为摄影基地。1991年,市委、市政府决定开展"创建全省文化先进县(市)活动"。文化馆组织人员深入乡镇进行指导、协调,抓出高标准的创建典型,在全市推广。同时,以"创建"为契机,大力开展各项群众文化活动,有力推动"创建"活动的开展。1996年,胶南市被省委、省政府命名为"全省社会文化先进县";1998年,被文化部命名为"全国文化先进市";2004年,被文化部、中国美术家协会评为"文化(美术)产业示范基地";2007年,被文化部确定为"中国美术创作基地·青岛基地"。2008年,市文化馆由乙等馆达标升级为国家一级文化馆。

第二节　图书馆

1980年10月,恢复胶南县图书馆建制。1994年6月易址文化路107号,馆舍面积2500平方米。1998年实行计算机流通管理,图书采访、编目、流通、期刊、参考、咨询工作等实行自动化、网络化管理。1994～2004年,连续三次在全国公共图书馆评估定级中被评定为国家二级图书馆。2009年被评定为国家一级图书馆。2000年设立"地方文献特藏室",2006年与市史志办公室联合成立"胶南市方志馆"。2008年4月实现公共图书馆免费开放。2009年加入青岛图书馆总分馆制,实现青岛地区公共图书馆网上联合编目、通借通还、网上参考咨询以及数字资源共享等联网服务。2012年深入推进本地区内总分馆制建设。将本地区图书馆总分馆制建设纳入2012政府实事,分馆数量达到9家。是年,馆藏图书24.2万册,接待读者25万人次,借阅图书19.8万册次。

第三节　博物馆

1983年3月设立胶南县博物馆,属综合性地志博物馆。1994年9月,由人民路中段迁至文化路103号。新馆占地面积3000平方米,建筑面积1100平方米,其中展览面积400平方米,库房面积200平方米。是国家、省、青岛市三级博物馆协会的集体会员。2008年,馆藏文物3000余件,其中国家一级文物8件,二级文物42件,三级文物25件。1983年开始,博物馆常年举办"胶南古代史基本陈列展览"。布展以地方通史为主线,以东夷文化和琅琊台为代表的先秦文化为重点,共展出琅琊刻石(复制品)、"千秋万岁"秦代瓦当、黑陶蚌形响器、汉代玉钺、汉代镶玉青铜牌、周代青铜鼎、"荆公孙"铜敦、高凤翰山水画轴等文物藏品600余件。并先后举办"中国古钱币展""胶南民俗展览""齐长城大型图片展览""胶南市2000年以来重大考古发掘成果展览""胶南剪纸艺术展览"等70余期专题展览。1983～2012年,博物馆共接待省级及以上会议和领导120余(人)次,接待外宾40余(人)次,共接待观众30余万人次。

博物馆多次进行境内文物普查、复查和补查,为上级公布文物保护单位提供决策依据。对已公布的40处胶南市级以上的文物保护单位都按"四有"(有保护组织、有保护范围、有保护标志、有保护记录档案)要求,公布保护范围,建立保护组织,设立专人看护,树立保护标志,建立文物保护单位数据档案。自20世纪90年代以来,博物馆联合省文物考古所、青岛市文物局等有关部门,先后成功进行"宝山镇向阳石椁墓考古发掘""王台镇田家窑汉墓考古发掘""张家楼土山屯墓群"等十几个考古发掘工作。

2012年,对全市国有可移动文物进行普查,登记国有可移动文物3684件,涉及历史文物、历史档案、古籍三个大类共32类文物。

第四节　书　　店

1945年8月,胶南成立王戈庄新华书店,成立

之初城区只有1处门市部,3名工作人员。1988年,全县有新华书店直属门市部13处,乡镇集体书店8处,图书发行网点遍布全县24处乡镇。1995年4月,胶南新华书店由小型(一)类企业调整为中型(二)类企业。1997年6月,管理体制改为隶属于青岛市新华书店(集团)。2003年10月,改制为国有控股有限责任公司,更名为"青岛胶南市新华书店有限责任公司"。2012年底,全市有13处城乡门市部,138名员工,担负着全市图书、教材的发行和宣传任务。

1988～2012年胶南新华书店图书发行情况统计表

表25－1－1　　单位:册、元

年份	发行数量	课本及大中专教材		一般图书及其他		销售额	实现利税
		数量	码洋	数量	码洋		
1988	5393261	71472	69709	5321789	3363449	3433158	91944.92
1989	5140598	100219	166614	5040379	4835652	5002266	376298.62
1990	5244235	1962288	1510851	3281947	3694552	5205403	391805.93
1991	4864221	1800497	1421872	3063724	4043203	5465075	417023.15
1992	4753321	1962636	1697638	2790685	4098327	5795965	443838.76
1993	4113990	2068347	2294939	2045643	6202052	8496991	527097.22
1994	4252262	2441303	3800336	1810959	5705917	9506253	355910.70
1995	5102958	2849521	5608783	2253437	8056299	13665082	465821.61
1996	5767721	2977826	9816197	2789895	10343654	20159851	949227.12
1997	5784390	3638963	11039100	2145427	10047790	21086890	1138526.82
1998	5398937	3332224	11088699	2066713	10125216	21213915	1230957.26
1999	5117682	3507505	11593089	1610177	10014451	21607540	1089942.36
2000	4898000	3377296	12675120	1520704	10651108	23326228	1575832.16
2001	4812631	2997490	12910728	1815141	12922079	25832807	1771667.45
2002	5055709	2874503	13588098	2181206	17853653	31441751	2778982.89
2003	5551998	3163416	19060347	2388582	18091894	37152241	2988535.66
2004	5497479	3129730	19380001.9	2367749	18968080.35	38348082.25	1897394.47
2005	6153172	3964464	22432429.81	2188708	19143832.07	41576261.88	2733423.73
2006	6667137	4208655	27040514.82	2458482	20096374.57	47136889.39	3517400.23
2007	6885395	3782704	23296756.79	3102691	27265656.11	50562412.9	4097735.69
2008	5724408	3103869	23049679.83	2620539	29967241.15	53016920.98	5197103.69
2009	6084128	2598738	20349500.66	3485390	37665901.79	58015402.45	3733417.20
2010	6356160	3627138	28292621.18	2729022	35489719.09	63782340.27	6009526.50
2011	6243074	4227749	50701074.76	2015325	19311926.66	70013001.42	6118069.84
2012	6562489	2534808	20130792.12	4027681	59871734.97	80002527.09	9022745.33
合计	137425356	70303361	353015491.9	67121995	407829762.8	760845254.6	58920229.31

1988～2012 年，新华书店共计发行图书 13742.54 万册，其中教材教辅 7030.34 万册，一般图书 6712.20 万册，年销售额由 1988 年的 343.32 万元增长到 2012 年的 8000.25 万元。

胶南新华书店（2010 年拍摄）

第五节　电影发行放映

电影发行放映公司　1972 年 5 月组建胶南县电影管理站，1983 年 8 月改称胶南县电影发行放映公司，成为管理全县电影发行放映业务的专业机构，负责全县的电影发行放映、器材供应维护及放映人员培训等工作。2007 年注销。

乡镇电影管理站和基层电影发行站　1981 年 6 月，在泊里公社试办电影管理站。至 1986 年 4 月，全县先后建立起琅琊、横河、六汪、宝山、泊里、柏乡、海青、胶南、市美、小场、大村、大场、寨里等 13 处乡镇电影管理站。

1985 年 5 月，县电影发行放映公司为保证农村片源，缩短传片时间，提高拷贝利用率，在大场镇试办基层电影发行站。承担大场、小场、塔山、海青、理务关等 5 处乡镇村办放映单位的影片发行业务，效果良好。是年 10 月，在泊里镇设立基层电影发行站 1 处，负责泊里、琅琊、寨里、横河、大村 5 处乡镇村办放映单位的影片发行业务。

胶南电影院　1978 年 11 月，位于人民路中段的胶南电影院启用，人民电影院停止营业。胶南电影院占地 6000 平方米，为二层楼房，建筑面积 3550 平方米，座席 1613 个，其中楼上座席 441 个。电影院内设机务组、票务组、服务组和专职美工人员。1985 年开始放映立体电影。2005 年停用。

专业影院　2009 年，胶南蓝海国际影城建成开业。位于城区人民路与东风路交汇处，毗邻胶南工人文化宫，面积 1000 余平方米，拥有 5 个国际标准放映厅，共有座位 800 个，可以放 3D 影片。2012 年营业额近百万元。为胶南发展成熟的唯一专业影院。

集镇影剧院　1981 年 6 月，泊里公社会堂改建为集镇影剧院，为公社集体所有制的固定放映单位。1982 年 4 月，经青岛市文化局批准，泊里、藏南、六汪、大场等 4 处公社驻地成立集镇影剧院之后，继有王台、灵山卫、王戈庄、宝山、海青、小场、红石崖等 7 处公社先后成立集镇影剧院。至 1991 年，全市共有集镇影剧院 17 处。20 世纪 90 年代，随着电视机普及到百姓家中，集镇影剧院逐步停止营业。

胶南电影院（1988 年拍摄）

公益电影放映　2002 年，国家广电局等部门在全国推出“2131”工程（即在 21 世纪实现一村一月一部电影），后称为农村公益电影放映工程。为做好全市农村公益电影放映工作，2008 年 4 月成立电影放映协会，吸收负责文化工作的各镇街社会事业服务中心主任为理事。2012 年 3 月，全市农村公益电影放映工

程正式启动，23 处镇（街道）48 支放映队全年完成电影放映任务 12024 场。

第六节　社区（村）文化活动基地

1992 年，根据《山东省“社会文化先进县”具体标准》的要求，泊里镇、大村镇、藏南乡、灵山卫镇、大场镇、红石崖镇、信阳镇、张家楼乡、王台镇 9 处乡镇建成了省定标准的一类文化中心；海青镇、隐珠乡、宝山乡、胶南镇、塔山乡 5 处乡镇文化中心建成了省定标准的二类文化中心；六汪镇、铁山乡、胶河乡 3 处文化中心建成了省定标准的三类文化中心。琅琊镇、大珠山镇、灵山岛乡、市美乡、寨里乡、理务关乡、薛家庄乡 7 处文化站建成了“五室（阅览室、展览室、游艺室、广播电视室、科技室）一场（体育场）一校（农民夜校）”的省定标准文化站。全市 1033 个行政村中，已建成文化大院 772 个（其中一类文化大院 265 个，二类文化大院 284 个，三类文化大院 223 个），成为集宣传教育、文体娱乐、信息传递等于一体的多功能、综合性文化阵地，为社区（村）文化活动开展提供了重要阵地，辐射、带动周边镇（街道）群众文化活动开展。

2007 年 10 月，根据文化部制定的《国家“十一五”时期的文化发展规划纲要》，要求在每个村庄建立文化活动室。2008 年全市建成村文化活动室 900 多个，其中超过 100 平方米并建有“三室一场”的高标准村文化活动室 660 个。同时建成了以市图书馆为支点，22 处镇、街、区和 955 个村为基层服务点的文化信息资源共享工程网络体系。至 2012 年，全市社区（村）文化活动室结合村庄拆迁得到不断扩大、完善和提升，农家书屋、电子阅览室等得到普及，为社区（村）居民开展文化活动提供了更好条件。各社区（村）根据自身条件，纷纷组建了以茂腔为主的戏曲队，小品、乐器、舞蹈、书画、剪纸等艺术形式为主的文艺队，在农闲、节假日及民俗需求时开展活动。

第二章　群众文艺创作

胶南县文学艺术界联合会（以下简称文联）于 1987 年 12 月恢复设立，同时成立县文学戏剧协会。2000 年 4 月成立县作家协会、县美术家协会、县书法家协会、摄影协会、音舞协会等组织。2012 年，市文联下属 27 个协会，包括 7 大文艺家协会和挂靠的 20 个文艺家协会。

第一节　文学　戏剧

文学　2012 年，市作家协会共有会员 264 名，其中中国作协会员 5 名，省和青岛市作协会员 40 余名。20 世纪 80 年代以来，有 100 多名作者在国内各类报刊发表文学作品 7000 余篇（首），正式出版文学专著 50 余部。小说专著主要有：宋瑞斌的《渔家女》《一个人不能生两次》等；李辉的《乡事》《胜利的春天》等；薛立民的《一千个吻》《中国红豆词》，以及徐福德的《人体根雕》、栾建东的《水浒上的红楼》、张寒石的《日月双城》、李光琳的《三家村五十年》等。散文专辑有：栾建东的《雨语》《流风岁月》《久远的辉煌》，丁国强的《精神游戏的终结》《心灵的和声》，刘圣文的《琅琊之梦》，张国光的《异域走笔》，杨义民的《我眼中的美国》《今日信阳镇》等。诗歌专辑有：苏正新的《无花果》，杨东方的诗歌集《北方》，佟军的《世纪孤儿》和万钧的诗歌《相识》等。自小因股骨头坏死致残，克服困难勤奋写作的逄焕试出版《三千言释译》《大沟》等文学作品。全市有大量的文学作品获奖：如宋瑞斌的中篇小说《一个人不能生两次》《鹿角弯儿》《狗皮》《馇粘煮》等先后获得国家和省级文学奖；李辉的《欲望天堂》获中国金盾文学奖。

戏剧 1988年创作的茂腔移植剧目《李亚仙》《寻儿记》被山东电视台拍成舞台戏曲片在全省播放；茂腔传统戏《西京》《火焰驹》《东京》《小姑贤》《张郎休妻》《借年》《于兰英要饭》由齐鲁音像出版社制成磁带出版发行。1998年，戏曲《东京》参加山东省文联举办的山东省第二届戏曲邀请赛，获得特殊贡献奖、表演二等奖和优秀乐队奖。2001年9月，茂腔《徐福东渡》获山东省第七届文化艺术节剧目三等奖。2008年，徐翠萍表演的《张郎休妻·奔路》一折，在山东省文明办、山东省文化厅、山东省广电局联合举办的“谁不说俺家乡好”中，荣获最具特色奖；2010年，逄术宏、丁森聚创作的茂腔戏《仲秋夜》，在中共山东省委宣传部、山东省文化厅举办的山东省第二届文化艺术节农村题材戏曲比赛中荣获二等奖。

市艺术团服务新农村建设巡回演出(2006年拍摄)

第二节 影视 美术

影视 2006年，宋瑞斌的电影文学剧本《渔旗》获全国剧本征集二等奖，2009年获国家广电总局“夏衍杯”2008电影剧本征集“创意电影剧本”奖；2010年，《渔旗》在斋堂岛拍摄，著名演员斯琴高娃主演，主要反映建设“新农村”的现实和矛盾，表现改革开放以来人格尊严和生活信念的建立过程。李辉的中篇小说《村官》由福建省东宇影视有限公司改编成电影《编外警官》。2010年12月，农民王新全编导的电视片《藏马山传奇》获中央电视台“实话实说”栏目的“最佳影视特写片”。

美术 2012年，市美术家协会在册会员121名，其中国家级会员5名，省级会员12名。截至2012年，先后创作年画2000余幅作品，在27家出版社和20多家报刊发表500多件。11幅作品被中国美术馆和中国民间博物馆收藏。

参展作品 1989年，“山东胶南民间美术作品展览”在中国美术馆举行，共展出胶南县100余名作者的250幅年画、剪纸作品。1991年，全市50多位农民画家的70幅作品，在阿根廷首都布宜诺斯艾利斯雷科莱塔文化中心参加了由文化部组织的“中国农民画展”。是年，胶南农民画画展在乌拉圭国家图书馆开幕。陈明的作品《海底世界》于1988年参加全国第四届年画展览；《迎福接福》于1996年在全国“丁绍光奖”全国美展中，荣获优秀奖；《国泰民安》《怒海惊涛》《正月里》《虎娃》于2001年5月同时入选第六届全国年画展。1996年，刘鸿信的国画作品在中国美协、书协举办的首届“孺

2010年6月，由著名影视演员斯琴高娃主演的《渔旗》在胶南开机

子牛杯”全国书画大展获优秀奖；1998 年，其作品在中国美协、中国书协举办的中国“黄河魂”艺术大展中荣获优秀奖；是年，丁仲修作品《春雪》入选中国美协举办的“中亨杯”全国美展；2002 年，200 幅胶南农民画、国画、剪纸作品组成“中国胶南现代民间美术作品展览”，赴澳大利亚悉尼东方文化艺术中心展出。2004 年 4 月，徐明斋作品《渔家女》在中国农民画联展中荣获金奖。是年，张守玉作品《溪山秋韵》入选中国美协举办的“第二届中国西部大地情全国山水风景画作品展”等。朱先贵作品《蓝色家园》获“2012 南京六合·第二届全国农民画展”三等奖。

1991 年，胶南市赴阿根廷参加“中国农民画展”

出版作品　1995 年 9 月，王彬创作的油画《拾贝》入选《中国风景油画集》。1999 年 2 月，市文化局编撰的《胶南年画精品集》由天津杨柳青出版社出版发行。2007 年，市文联编撰的《琅琊文化艺术集锦》由山东人民出版社出版发行。

第三节　书法　摄影

书法　2012 年，全市共有书协会员 92 人，其中，国家级会员 6 人，省级会员 13 人。2004 年，侯方臣的书法作品入选由中国书协举办的“纪念邓小平诞辰 100 周年书法大赛”；2006 年 6 月，王昕宇和李铭强的隶书作品入选山东省书法家协会主办的“山东省临帖展”；2008 年，马维甫书法作品入展全国书坛第六届新人新作展；2011 年，丁昌民作品获山东省纪念建党 90 周年“红旗颂”书法大赛三等奖。

摄影　2012 年，胶南摄影家协会共有会员 120 人，其中国家级会员 5 名，省级 18 名。主要获奖作品：1990 年，张启宏作品《织女》在《山东画报》月赛中获一等奖，作品《天道酬勤》入选首届中国老年“红光杯”摄影大赛；1993 年，其作品《渔家女》在《人民画报》发表；1995 年，其作品《英姿》在《解放军画报》月赛中获一等奖；2003 年，其作品《模特表演进村来》《美好人生》入编人民画报社主编的大型画册《中国巨变》，并被收藏。1989 年 10 月，刘文中摄影作品《正月里》在全国“财苑杯”摄影大赛中获二等奖，其作品《秋色》等 4 幅摄影作品于 2003 年 6 月入选《中国优秀摄影家》全集。1999 年，李伟作品《希望》获亚洲及太平洋地区摄影比赛优秀奖；2010 年，其作品《浴》获得德国莱卡摄影展优秀奖；2011 年，其作品《岁月》获山东省第十届摄影展铜奖。2011 年，王刚作品《伴》获第十三届全国当代摄影艺术邀请赛纪实摄影类银奖。2001 年 6 月，胶南市委、市政府编著的大型摄影集《中国胶南》出版发行。2005 年，市政府办公室编著的摄影画册《魅力胶南》出版发行。

市文化部门组织农民书画联谊会

胶南名家书

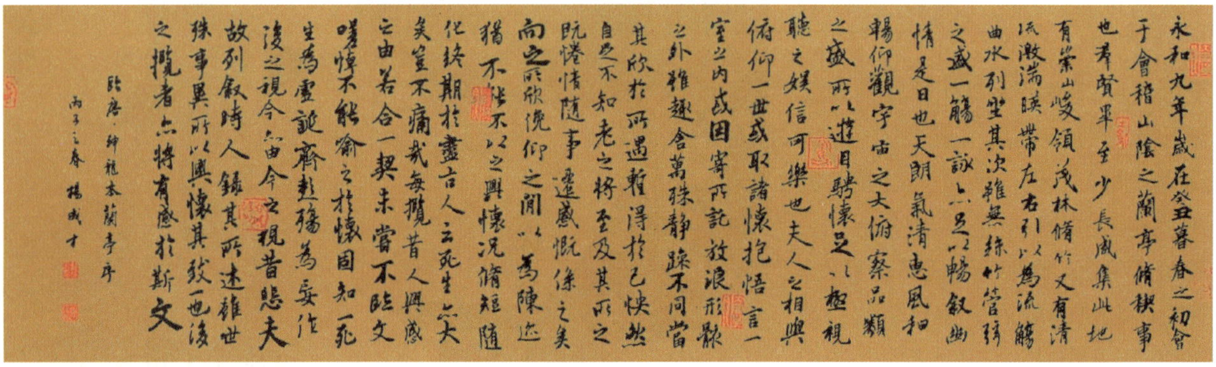

行书 杨成才

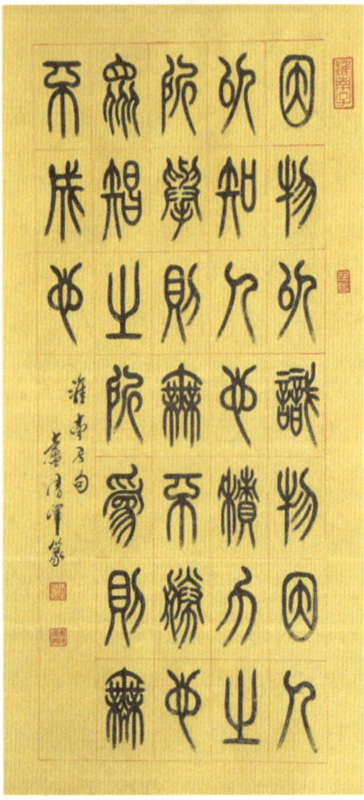

篆书 卢清泽

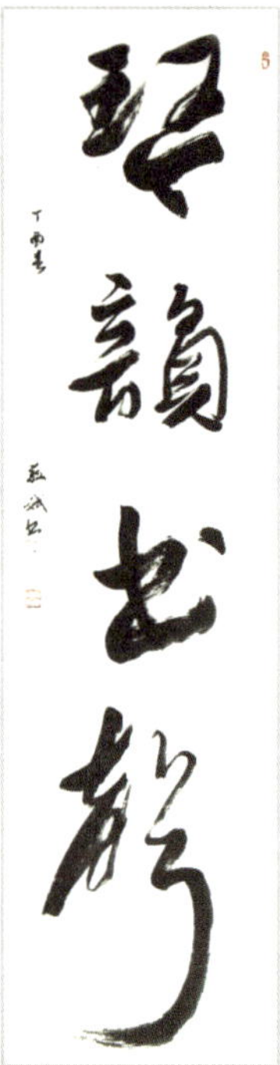

行书 胡敬斌

国画《梅兰竹菊》 潘惠久

国画《民族魂》(部分) 丁仲修

画作品选登

油画《鹤舞朝阳》　陈明

国画《雪》　刘鸿信

国画《雄风啸月》　高伟

第四节　曲艺　音乐

曲艺　2010年，舞蹈戏曲家协会创作的群口快书《话健康》在全国科普文艺作品评选活动中，荣获优秀节目奖。2011年，龙玉美表演的山东快书《娄金斗与大花狗》荣获山东省地方文艺电视大赛最佳节目奖。2012年小品《讨债》获华东六省一市小品大赛特等奖和全国第三届“新农村、新文化、新风尚”小品大赛一等奖、优秀组织奖、优秀演员奖和最佳创作奖。

音乐　1990年，王冬梅创作的歌曲《金沙滩》《回胶南》《城建工人之歌》在中国广播电视出版社出版的《这片热情的土地上》第一辑中发表。2002年，王冬梅创作的歌曲《中国又一个春天》被收录在《中国主旋律大奖赛获奖作品集》中。2010年3月，胡虹作词作曲的《吉星高照》《党啊，亲爱的党》发表在《中国乐坛》2010年第3期。2006年，张亮荣获“青春中国——第三届全国才艺选拔活动”全国总决赛金奖。至2012年，全市创作词曲作品1000余首，并有300余首在国家、省级电台、报刊播出或刊载。

第五节　舞蹈　民间文艺

舞蹈　2012年，全市共有舞协会员120名，其中国家级会员两名，省级会员10名。1988年，整理挖掘《宝山地秧歌》，2008年列为胶南市非物质文化遗产。1996年，在山东省文化厅举办的“山东省舞蹈大赛”中，张艺杰、马正斌编演的舞蹈《忘情森巴舞》获二等奖。2005年，在山东省第三届少数民族文艺调研中，董强强编导、刘玲和关瑛据等演出的群舞《阿拉木汗》获二等奖。

民间文艺　2006年4月成立市民间文艺家协会。至2012年底，发展会员300余名。1989年1月，被国家文化部命名为“中国现代民间绘画画乡”。2007年，在山东人民出版社出版的《琅琊文化艺术集锦》一书中收录王芹、陈知保等150余名业余作者的325件作品；在文化部社文司主办的“第三届中国农民艺术节——‘今日中国新农村’中国百县年画大展”中，胶南有7幅年画作品入选，其中庄向辉创作的《瞧，姐姐变了》获银奖；在首届“山东省农村文化节——山东省民间书画、工艺美术作品大展”中，胶南有44幅作品入选并获奖。2010年6月，在由中国文学艺术界联合会、中国美术家协会、中共浙江省委宣传部、浙江省文学艺术界联合会主办“年画时代——全国首届年画展”中，崔增森的《农家春色》、李增梅的《金秋》均荣获优秀奖。2010年7月，由中国文联、中国美协、浙江省委宣传部、浙江省文联主办的“年画时代——首届全国农民绘画展”中，胶南市入选年画9幅，其中有2幅作品荣获优秀奖。2012年9月，由中国民间文艺家协会、江苏省文学艺术界联合会举办的展览会上，庄向辉的《在希望的田野上》年画获优秀奖。

1996年，山东美术出版社出版发行了《中国琅琊剪纸集》。2002年2月11日晚（阴历年除夕），《胶南隐珠剪纸》在中央电视台《新闻联播》节目中播出。2004年12月，王明香的剪纸艺术培训班在中央电视台《新闻联播》节目中播出。

2005全国现代民间绘画大展在胶南举行

第三章　文物保护及非物质文化遗产

第一节　文物保护与管理

文物保护　1990年胶南县文物管理委员会成立以来，完成13处县级文物保护单位标志树立工作。2005年，对灵山卫进士府门楼进行加固，对土山屯古墓四周砌起防护性围墙。2012年，启动齐长城保护性修复工作。是年，国家文物局批复《胶南市博物馆馆藏竹木漆器保护修复方案》，对市博物馆馆藏竹木漆器修复项目立项。

藏品管理　胶南市博物馆藏品主要来源于文物征集和考古发掘。截至2012年底，藏品类别计有石器、玉器、陶器、瓷器、铜器、铁器、其他金属类、石刻、砖瓦、牙骨器、竹木器、法书类、法帖类、书画类、雕塑类、玺印类、货币类、票证类、文具类、服饰类等，总数3800余件(套)。其中，国家一级文物8件，二级文物42件，三级文物25件。20世纪90年代初，藏品秦代“千秋万岁”瓦当、黑陶蚌形响器被调往北京参加“全国五百件文物精品展”，并印刷装帧成书出版发行。藏品汉代玉钺、镶玉铜牌等多次被青岛市借展。

田野考古　1995年，对境内齐长城进行首次徒步全面考察。1997年，考察发现黄山镇龙山文化遗址、理务关镇戴家尧墩台、信阳镇旺山古墓群。2000年1月，发掘王台镇田家窑汉墓，出土文物100余件；是年4月，修复王台镇田家窑村高宏图墓。2001年，完成了琅琊湾水下考古调查和“同三”高速公路胶南段沿途文物遗址普查任务。2002年3月，根据普查情况对遗址进行了为期40天的抢救性发掘，共发掘文物点6处，出土文物160余件。是年9月，中国历史博物馆水下考古中心、青岛市文物局、胶南市博物馆联合对琅琊杨家洼海域明代沉船进行考察，在位于鸭岛最南面的一处明暗礁以东约7米处发现了这条明代沉船。通过调查发现，沉船的凝结物主要由铁锅等铁质器物组成，其中还夹杂有成摞的青花瓷器，在沉船遗物中还有一条20×40×120厘米的石碇，保存完整，是确定沉船规模、大小的重要线索。通过调查初步确定，该遗址为一满载景德镇青花瓷器和铁锅的明代晚期的船只，航行到琅琊台海域时触礁沉没。2003年，在海青、大场一带发现传说为仙人床的明代遗址1处、小塔山龙山文化遗址1处，蒋家庄文物点1处。2004年，在琅琊台旅游度假区西山上发现古墓群1处，在宝山镇瓦屋大庄发现龙山文物遗址1处，在大珠山黑龙潭发现多处摩崖石刻。2005年，与山东省、青岛市文物考古所联合对青莱高速公路胶南段徐村文物点进行了抢救性发掘，证明徐村文物点为周至隋唐时代的文化遗址。2008年，为配合胶州－日照天然气管道工程建设，山东省文物考古研究所、青岛市考古研究所和胶南市博物馆联合组队，由青岛市文物考古所为主对管道工程建设途经的张家楼镇河头文物点进行抢救性考古发掘，经过发掘清理，共发现房址5

大珠山遗址考古现场

座、围壕1条、儿童墓葬1座、灰坑数10处。以山东省文物考古研究所为主在胶南市祝家庄遗址挖掘，发现这处村落遗址以汉代为主，跨越龙山文化（新石器后期）、西周、战国、汉、北朝、宋六个时代。2009年4月，联合青岛市文物保护考古研究所对大场殷家庄汉墓进行了抢救性发掘，出土玉蝉、漆盘等文物10余件。2011年5月，会同青岛考古所对张家楼土山屯墓群进行了抢救性发掘，共发掘墓葬13座，在青岛地区首次发现3座有斜坡墓道且为“甲”字形形式墓葬，具有重要的考古研究价值。2012年，受山东省文物考古研究所委托、青岛市考古研究所和胶南市博物馆联合组队对天然气管网所经祝家庄遗址进行发掘，发现陶排水管道遗迹。

文物普查 2007年4月，根据国务院通知精神，胶南市开始第三次全国文物普查工作。2008年10月～2010年3月，完成野外实地调查阶段工作，普查的144处文物点中，新发现文物点96处，复查48处。其中，古遗址76处，古墓葬34处，古建筑17处，石窟及石刻9处，近现代重要史迹及代表性建筑8处。抢救发掘大场汉代木椁墓，对杨氏家祠、大士庵、准提庵、灵山卫进士府等一系列古建筑实施保护；山东大学东方考古研究中心、美国芝加哥自然历史博物馆联合对胶南地区进行了古人类遗址调查，首次发现古琅琊郡遗址、大汶口文化晚期村落遗址。2009年，省文物考古所齐长城普查队普查胶南段，胶南市博物馆3名工作人员随队普查，经过二十余天的徒步考察，顺利将齐长城胶南段普查工作完成。2012年，胶南市国有可移动文物普查工作领导小组以南普发【2012】1号文印发《胶南市国有可移动文物普查方案》，开展国有可移动文物普查试点工作，是年10月圆满完成任务。

第二节 重点文物

2012年，胶南境内有世界文化遗产1处，全国重点文物保护单位1处，山东省文物保护单位3处，青岛市文物保护单位7处，胶南市文物保护单位48处。

古文化遗址 齐长城遗址 齐长城为春秋战国时期齐国为防御邻国鲁、晋、楚等国的军事侵伐在境内修筑的军事设施，故名齐长城。《竹书纪年》载：“周显王十有八年（前351年），齐人筑防为长城。”《齐记》：“（前319至前301年）齐宣王乘山岭之上筑长城，东至海，西至济州，千余里以备楚。”《管子·轻重篇》：“长城之阳，鲁也；长城之阴，齐也。”据上述史籍记载，修筑齐长城当始于春秋前期，完成于战国后期，历时数百年。齐长城胶南段当筑于齐威王在位时期（前356～前320年）至齐宣王在位时期（前319～前296年）的数十年间。《增修胶志》载：“长城，在治南八十里，齐城等山。西起平阴之防门，经泰山北麓而东至诸城县亭子夼后入州境，十五里至六汪庄南铁橛山阴，东历杨家山、白猊山、齐城山之黄山顶十余里，又东历小珠山阴鹁鸽山，至徐山之北于家河庄东入海三十里。城之历州境者百五十里。”

经实地考察，齐长城西起济南市平阴县北部，东至青岛经济技术开发区东于家河村东北入海，全长618.89米。齐长城胶南段从诸城市桃园乡史家夼村（原亭子夼）入境，自西横贯而东，经六汪镇李家前夼村西岭，向东北经徐家前夼村、丰台顶、丰台村南岭、孙家沟村南岭、山周村北岭、月季山北侧进入铁山街道，向北经背儿山（白猊山）、曹成山（齐城山）、金猪坑村、大桥村北岭、苗家村南

齐长城遗址（铁山街道月季山东坡段）

山向东进入黄山经济区，经黄山顶沿黄山经济区与隐珠街道交界的报屋顶、石寨、陡楼山进入隐珠街道，经扎营山、大黑涧、小珠山进入灵山卫街道，经鹞鹰窝、鹁鸽山，沿徐山向东至东于家河村东北入海。翻越大小215个山头，全长60余千米。“缘岗峙崇观，跨谷绝惊虹”，气势雄伟壮观。

经考察和发掘，齐长城胶南段就地取材，或以砂土版筑，或以乱石垒成，或内版筑沙土外砌石块，砂石掺盐等物质，城基坐落在坚硬的砂石棚上，宽15～20米。齐长城历2000多个春秋，城垣大都坍塌倾圮，但尚有遗迹可寻。如徐家前夼村北岭一段，长约600米，丰台顶一段，长268米；烽火台高4米，直径15米；山周村北岭两段，分别长约300米和1000米；背儿山段、曹成山段各长约600米；金猪坑段长约1000米；李家洼子村北山段长约1500米；鹁鸽山段长约300米等。留存的残基底宽7～10米，顶宽2～3米，高2～3米左右。小珠山白石子口要塞、西峰关关门遗址尚存，城基坚固一如当年。齐长城虽然“雉堞无复存，邈然丘陇同”，但它是古代劳动人民的智慧结晶，是研究齐鲁文化的珍贵实物资料。2001年6月25日，被国务院评为国家重点文物保护单位。

琅琊台遗址　位于琅琊镇驻地夏河城村东南6.8千米处的琅琊山上。东、南、北三面环海，唯西面接陆。台阳坡缓，阴坡陡，从东向西逐渐隆起，形成东西长约3千米，南北宽约1.96千米，东低西高、东西走向的多道山梁和主山梁。台基位于主山梁争高山东侧，过躁脚沟与争高山对峙。台顶部宽阔平敞，周长150余米，台基（含山体）面积为5.88平方千米。主峰海拔183.4米。《山海经》云：“琅琊台在渤海间。盖海畔有山，形如台，在琅琊，故曰琅琊台。”

近年来，琅琊台周边区域秦汉遗物不断被发现。国家博物馆藏秦琅琊台刻石是国内仅存的两件秦刻石之一，被誉为“国宝”；胶南市博物馆藏秦“千秋万岁”瓦当是我国较早的文字瓦当，被定为国家一级文物。夯土台、石板护土坡、陶制排水管道等秦汉遗迹也先后被发现。

大珠山旧石器遗址　2012年4～11月，中科院古脊椎动物与古人类研究所、青岛市考古研究所、胶南市博物馆联合开展了一次早期遗址考古调查，在滨海街道乔家洼村西侧河流北岸发现动物化石和人工打制石器。

在地层中发现了确切的人工打制石器（旧石器），用料多为灰黑色火山岩和石英，坚硬且韧度较高，人工打制痕迹明显，石器加工精致。石器的打制技术十分成熟，与中国北方地区其他旧石器时代晚期遗址发现的石器类型相同，以小型刮削器为主，石器刃部加工精细，反映出1万～3万年前古人类为适应寒冷的自然环境，以狩猎采集为主的迁徙生活方式。

西寺遗址　位于大场镇西寺村北部，为临河台地，中部隆起，属龙山文化聚落遗址。遗址东西长约200米，南北宽约80米，面积1.6万余平方米。遗址文化堆积丰富，地表采集大量龙山文化时期的夹沙黑陶片和泥质黑陶片，曾出土黑陶蚌形响器、红陶鬶、泥质黑陶杯、石镞等大量文物。西寺遗址出土文物众多，文化内涵丰富，1982年公布为青岛市级文物保护单位。

琅琊台夯土层保护亭

挪庄遗址　位于珠海街道肖家庄村以西，挪庄村以北，王家楼村以东，为临河台地。面积约2万平方米。遗址文化堆集丰富，地表采集有大汶口、龙山、汉代时期陶器残片，系延续叠压关系。根据采集文

物标本分析，遗址以新石器时代为主，属大汶口晚期文化聚落址。

东皂户遗址　位于琅琊镇东皂户村，属新石器时代——周代聚落址。遗址呈长方形，南北长200米，东西宽110米，面积2.2万平方米。遗址文化堆积丰富，曾采集有石铲、石斧、石凿和灰陶罐、铜镞、铜削等。1977年被公布为山东省文物保护单位。

向阳遗址　位于宝山镇向阳村。遗址东西长300米，南北宽约250米，面积近7.5万平方米。遗址文化堆积丰富，地表采集有新石器时代和汉代的陶器残片，为新石器时代龙山文化聚落址和汉代文化聚落址，呈延续叠压关系，以龙山文化时期为主。1982年被公布为青岛市级文物保护单位。2006年被公布为山东省级文物保护单位。

河头遗址　位于张家楼镇河头村北。东西长400米，北侧东西长250米，南北长800余米，总面积近3万平方米。文化堆积丰富，地表采集有龙山文化时期的鼎、罐、杯、壶等陶器残片。1989年公布为青岛市级文物保护单位。2002年，“同三”公路考古发掘，发现大汶口晚期至汉代墓葬坑、龙山文化房址、灰坑、灶坑、窑址以及大量大汶口至汉代陶器和残片。2008年，煤气管道线考古发掘，发现房址、围壕、墓葬坑等。

高戈庄遗址　位于藏南镇高戈庄村。属龙山文化时期聚落址，南北长200米，东西长230余米，面积近5万平方米。遗址文化堆积丰富，地面采集大量龙山文化的陶器残片，曾出土石镰、石斧、石凿、石锛等石器。1989年被公布为青岛市级文物保护单位。

2012年全市不可移动文物名录
（按照保护级别分类）

表25－3－1

一、全国重点文物保护单位

序号	名　称	地　址	级别	类别	公布时间	年代
1	齐长城遗址	六汪镇、铁山街道	国家级	古遗址	2001.6.25	春秋战国

二、山东省文物保护单位

序号	名　称	地　址	级别	类别	公布时间	年代
1	东皂户遗址	琅琊镇东皂户村	省级	古遗址	1977.12.23	新石器时代—周代
2	琅琊台遗址	琅琊镇琅琊山	省级	古遗址	1996.6	秦代
3	向阳遗址	宝山镇向阳村	省级	古遗址	2006.12.7	新石器时代

三、青岛市文物保护单位

序号	名　称	地　址	级别	类别	公布时间	年代
1	郭家河岩遗址	临港经济开发区郭家河岩村	青岛市级	古遗址	1982.12.31	新石器时代
2	西寺遗址	大场镇西寺村	青岛市级	古遗址	1982.12.31	新石器时代
3	河头遗址	张家楼镇河头村	青岛市级	古遗址	1989.12.5	新石器时代
4	高戈庄遗址	藏南镇高戈庄村	青岛市级	古遗址	1989.12.5	新石器时代
5	董大庄遗址	泊里镇董大庄村	青岛市级	古遗址	1999.12.30	周代
6	王台当铺遗址	王台镇中村	青岛市级	古建筑	2005	清代
7	朝阳寺遗址	灵山卫街道黄石圈村	青岛市级	古遗址	2005	明代

续表 25－3－1　四、胶南市文物保护单位

序号	名　称	地　址	级别	类别	公布时间	年代
1	张家大庄遗址	大场镇张家大庄村	胶南市级	古遗址	1984. 12. 10	新石器时代
2	驼沟遗址	大场镇驼沟村	胶南市级	古遗址	1984. 12. 10	新石器时代
3	甲旺墩遗址	海青镇甲旺墩村	胶南市级	古遗址	1984. 12. 10	新石器时代
4	祝家庄遗址	珠海街道祝家庄村	胶南市级	古遗址	1984. 12. 10	汉代
5	西茶沟遗址	大村镇西茶沟村	胶南市级	古遗址	1984. 12. 10	新石器时代
6	柏乡遗址	胶河经济区柏乡三村	胶南市级	古遗址	1984. 12. 10	汉代
7	崖上遗址	藏南镇崖上村	胶南市级	古遗址	1984. 12. 10	新石器时代
8	纪家店子遗址	张家楼镇纪家店子村	胶南市级	古遗址	1984. 12. 10	新石器时代
9	王家楼墓群	珠海街道王家楼村	胶南市级	古墓葬	1984. 12. 10	汉代
10	峡沟西山石窟	滨海街道峡沟村西山	胶南市级	石窟寺	1984. 12. 10	隋唐
11	峡沟南山石窟	滨海街道峡沟村南山	胶南市级	石窟寺	1984. 12. 10	隋唐
12	石屋子沟石窟	滨海街道石屋子沟村	胶南市级	石窟寺	1984. 12. 10	隋唐
13	土山屯墓群	张家楼镇土山屯村	胶南市级	古墓葬	1996. 7. 10	汉代
14	磊石古墓群	泊里镇磊石村	胶南市级	古墓葬	1996. 7. 10	汉代
15	夏河城城墙	琅琊镇夏河城城西村	胶南市级	古遗址	1996. 7. 10	明代
16	老高桥	滨海街道东山张村	胶南市级	古建筑	1996. 7. 10	明代
17	石门寺	滨海街道胡家小庄	胶南市级	古建筑	1996. 7. 10	明代
18	古镇口炮台	滨海街道古镇营村	胶南市级	古建筑	1996. 7. 10	明代
19	亭子兰炮台	琅琊镇台西头村	胶南市级	古建筑	1996. 7. 10	明代
20	琅琊台墩	琅琊镇吴家村	胶南市级	古遗址	2002. 12. 17	明代
21	鸭岛沉船遗址	琅琊镇杨家洼湾	胶南市级	古遗址	2002. 12. 17	明代
22	琅琊古墓	琅琊镇驻地夏河城	胶南市级	古墓葬	2002. 12. 17	汉代
23	吉利河古墓	大场镇吉利河村	胶南市级	古墓葬	2002. 12. 17	汉代
24	文汇中学旧址	张家楼镇西崔家滩村	胶南市级	近现代建筑	2002. 12. 17	民国

续表 25－3－1　四、胶南市文物保护单位

序号	名　　称	地　　址	级别	类别	公布时间	年代
25	海崖遗址	滨海街道海崖村东南	胶南市级	古遗址	2012.8.8	龙山至汉
26	苎子口遗址	珠海街道苎子口村北	胶南市级	古遗址	2012.8.8	周代
27	湖崖遗址	琅琊镇湖崖村西	胶南市级	古遗址	2012.8.8	周代
28	口上遗址	泊里镇肖家贡村东南	胶南市级	古遗址	2012.8.8	汉代
29	刘家崖下遗址	琅琊镇刘家崖下村西	胶南市级	古遗址	2012.8.8	汉代
30	游神庙遗址	泊里镇尧头村东北	胶南市级	古遗址	2012.8.8	清代
31	旺山墓群	泊里镇崖下东庄村东北	胶南市级	古墓葬	2012.8.8	汉代
32	张谦宜墓	张家楼镇大崮村	胶南市级	古墓葬	2012.8.8	清代
33	丁戈庄墓群	张家楼镇丁戈庄村北	胶南市级	古墓葬	2012.8.8	不详
34	大台墓	胶南经济开发区大台村东南	胶南市级	古墓葬	2012.8.8	不详
35	于氏祠堂	藏南镇于家官庄村	胶南市级	古建筑	2012.8.8	清代
36	下庵阁子殿	六汪镇下庵村	胶南市级	古建筑	2012.8.8	清代
37	海青天齐庙	海青镇后河东村	胶南市级	古建筑	2012.8.8	清代
38	藏马县委旧址	泊里镇河北村	胶南市级	近现代建筑	2012.8.8	1955年
39	王家河岩靶楼	临港经济区王家河岩村	胶南市级	近现代建筑	2012.8.8	20世纪50年代
40	田家窑墓群	王台镇田家窑村	胶南市级	古墓葬	2012.8.8	汉代
41	高宏图墓	王台镇田家窑村	胶南市级	古墓葬	2002.12.17	明代
42	杨氏祠堂	王台镇石梁杨村村内	胶南市级	古建筑	2012.8.8	清代
43	准提庵	王台镇中村，王台主街西侧	胶南市级	古建筑	2012.8.8	明代
44	大士庵	王台镇中村	胶南市级	古建筑	2012.8.8	清代
45	王进士府	灵山卫街道北门里村委会北	胶南市级	古建筑	2002.12.17	清代
46	灵山卫城隍庙	灵山卫街道西街村大路北	胶南市级	古建筑	2012.8.8	明代
47	太平庵	小珠山西麓	胶南市级	古遗址	2002.12.17	清代
48	蟠龙庵石钟楼	隐珠街道崮上村东北	胶南市级	古建筑	2002.12.17	清代

古城邑　夏河城　古称琅琊，齐邑。现为胶南市琅琊镇驻地。《竹书纪年》记载，越王勾践于前468年徙都琅琊，都琅邪90年。《中国历史地图集》标注春秋时期琅琊为越国都。《括地志》记："密州诸城东南百七十里有琅琊台，越王勾践观台也。台西北十里有琅琊故城（今夏河城）"《诸城

县志》载，秦琅琊郡治、汉琅琊县治、隋丰泉县治，皆于此。明初，此地为兵寨，称夏河寨备御千户所，隶属灵山卫，夏河城故址在今夏河城南500米处，近年曾出土秦砖、釉陶器、“千秋万岁”瓦当、黑陶器、古币等文物。（2015年被公布为山东省级文物保护单位。）

祝兹城　西汉侯国城邑，属琅琊郡。汉高后八年（前180年）四月，封高后兄弟之子吕荣为祝兹侯。同年高后崩后被杀，祝兹国废。《山东通志》载：“祝兹城，在（胶）州西南五弩山北……（汉）武帝封胶东王子延为祝兹侯。”据考，祝兹城故址在胶河柏乡村西南隅，近年曾出土汉陶鼎、陶匜、陶罐、陶盆等文物。

柜城　西汉县治，属琅琊郡。《增修胶志》载：“柜城，在治东南四十五里，洋水之南。”即今王台附近。《中国历史地图集》也将柜城标注于此。经实地调查，疑址有三：一是王台西北至辛庄河南，曾出土大量汉砖和部分铜器；二是王台西南3.5千米处，曾出土大量汉代残碎砖瓦和马骨等；三是王台东北3.5千米巨洋河转弯处，有1000平方米的古遗址，河水曾冲出一些古铜剑和古瓶等器皿，这些是否均与故城址有关，尚待识者考证。

安陵城　战国时齐邑。《中国历史地图集》标注其位置在今灵山卫附近。据调查，灵山卫黄山以北有一山，名曰安陵山，山之附近曾发现古代建筑遗址，是否与安陵故城有关，尚待考证。

古墓葬　吉利河汉墓群　位于大场镇吉利河村北，共有3座汉墓，呈三角状，封土高4～5米，直径8米，其中两座封土被盗掘，墓室顶端有棱形花纹，汉砖外露。

王家楼汉墓群　位于珠海街道王家楼村西南1.5千米处，共有汉墓7座，均封土高5～6米，直径8～10米，其中3座被挖，墓室暴露，其余4座外形保护良好。

甲旺墩汉墓群　位于海青镇甲旺墩村东北300米处，当地群众称其为“八王墩”。共发现汉墓4座，其中3座被挖，曾出土过西汉时期的陶器、铜器，漆器等。旧《诸城县志》疑此为八个越王冢。

孔辉墓　《增修胶志》载：“金知密州孔辉墓在治南七十五里孔家庄。”经考查，此墓在胶河经济区孔家庄东面，占地1.33公顷。墓前有碑，碑高3.5米，厚0.2米，坐落在石龟上。碑前分立着两根八棱黑色大理石柱，高4米，径约0.3米。碑前两侧还分别置立石人、石狮、石马、石羊。1958年此处修建柏乡水库，墓地及遗物尽毁。

法若真墓　《增修胶志》载：“清江南布政使法若真墓在治南镜台山长城山之别峰。”经考查，此墓在隐珠街道兰西村东北，墓前两侧原有石人、石狮、石马、石羊等。1948年墓葬被盗掘，现已恢复立碑。

高宏图墓　《增修胶志》载：“（明）大学士高宏图墓在治南五十里阁老山。”经考查，此墓坐落在王台镇田家窑村东阁老山上，1967年被盗掘，现存两个砖砌墓室，并新竖墓碑1座。

石窟石室　相传，大珠山麓共有99座小型石窟。现保存较好的仅有3处，另有石室1处。

峡沟西山石窟　位于滨海街道峡沟村西1.5千米山坡上。石窟为一高大岩石凿成，门东向，高0.8米，宽0.7米，门外两侧各镌一虎。窟室呈房屋状，高1.5米，东西长1.4米，南北宽1.3米。内壁浮雕佛像30尊，经鉴定为北齐时期的石窟造像。现大多佛像保护良好。

峡沟西山石窟

峡沟南山石窟 位于滨海街道峡沟村南300米山顶上。石窟为一高大岩石凿成,门南向。窟室呈房屋状,高1.7米,东西长1.6米,南北宽1.5米。内壁浮雕佛像21尊,经鉴定为北齐时期的石窟造像。现佛像面目已模糊不清。

石屋子沟石窟 位于滨海街道石屋子沟村东北700米处。石窟为一大岩石凿成,门南向,高0.8米,宽0.7米,窟室呈房屋状,内壁浮雕佛像11尊,兼雕飞天、云纹,保护良好,也为北齐时期造像。

珠山石室 位于大珠山东侧悬崖峭壁间,《增修胶志》载:"石室在治南几十里,大珠山之阳,晋高士陈仲举隐居于此。"《胶州志》载:"珠山石室,在大珠山之阳。悬山腰石壁间,东瞰大海,若在足下。""一名麻衣庵,土人云明赵麻衣辟谷处。"石室深3米,宽2.5米,高2.5米,有门框洞槽和石雕门槛。室呈椭圆形,四壁及地面磨制平滑。

石窟石室

珠山石室

庵观寺庙 据《诸城县志》《胶州志》《灵山卫志》等记载,胶南境内原有众多庵观寺庙,其中较著名的有石门寺、清凉寺、行香寺、朝阳寺等。1948年境内寺庙多被破坏,现除石门寺得以修复外,其他均已面目全非。

石门寺 即玉泉寺,《增修胶志》载:"玉泉寺在州南百二十里大珠山麓,一名石门寺,金大定五年建。"寺院坐落于山间,占地26.67公顷,绿树掩映。寺内建有天王殿、大殿和东西两庑,分别供奉四大天王、释迦牟尼等神佛塑像。寺东南有石门,东向,为自然石形成。门旁有泉,大旱不涸,泉水清碧如玉,石门寺因此又叫玉泉寺。清顺治年间,平山和尚游至石门寺,于殿壁题《秋怀》诗17首。寺前有卧象石,状如象,背镌"卧石"二字,为琅琊刘子羽所书。寺西有磨铁庵,为清代著名画家法若真读书处,"磨铁庵"为若真手书。寺院早圮,遗址位于大珠山阴胡家小庄西南1.5千米处,大珠山水库南侧。

行香寺 建于明朝。寺内设关帝殿、三官殿、菩萨殿。三殿分别供奉关公、三官(天官、地官、水官)、观世音菩萨等神佛像。寺院早圮,遗址位于大村镇吉利河水库上游。

清凉寺 建于明朝。寺内设有天王殿、大殿、菩萨殿、关帝殿、牛王殿,各殿内均有神佛塑像。寺院占地0.27公顷,早圮,遗址位于张家楼镇马家屋子村东1.5千米处的陡阳山上。

清凉寺前院墙遗迹

朝阳寺　位于灵山卫街道黄石圈村，建于唐宣宗大中元年(847 年)，明成化、崇祯年间几度重修。唐代封演在《封见记》中记叙自己访问寺僧事。寺庙遗址占地面积约 4004 平方米。寺庙早圮，现存寺院南墙和山门以及寺中的“龙泉”等遗迹。2002 年被公布为青岛市级文物保护单位。

朝阳寺遗址

太平庵　太平庵为道观，在古胶州声名远播，位于小珠山西麓，隐珠街道崮上村。古庵历史悠久，颇负盛名，始建年代已不可考。庵中碑文记载，太平庵几经废圮，现太平庵是清嘉庆四年(1799 年)、嘉庆十九年(1814 年)、光绪八年(1882 年)几番重修而成。庵坐北朝南，东西一字排开 3 个院落，中间院落正房 3 楹，为三官大殿，庵大门单间倒厦，门内东侧为石砌单间钟楼，总建筑面积 204 平方米。古庵正殿和东院早已坍塌，仅有西院房屋因有人居住而存在。2002 年被公布为胶南市文物保护单位。

太平庵遗址

刻石　琅琊台刻石　秦代记功刻石。秦始皇二十八年(前 219 年)巡行时登琅琊台，立石刻辞，记其功业。原石残存十三行八十六字，前二行为秦始皇从臣的官职和姓名，后十一行为秦二世时补刻的诏书及其从臣姓名，字已漫漶。原置琅琊台，现陈列于中国历史博物馆，胶南市博物馆存有刻石复制品。

琅琊刻石(复制品)

大珠山刻石 位于大珠山崆峒寨。《增修胶志》载："邑西南大珠山北头山名崆峒寨，庙曰玲珑庵。庵后石壁孤立，直入云霄，古峭奇秀，别开异境，而石壁中间有横书'清华岩'三字，字如斗大，纯系楷书，体势端严超隽，殊非凡笔，未知何人所书，其年代亦不可考。"此刻石现仍完好。

近现代重要史迹及代表性建筑 **文汇中学旧址** 位于张家楼镇西崔家滩村前，系由境内开明绅士崔仁卿于民国22年(1933年)捐资创办。学校始在中滩村，后迁现址，校名也由"育英初级小学"更名为"文汇中学"。兴盛时有师生500余人，为抗战时期青岛地区三个最有名的中学之一，为社会培养了大批人才。旧址占地80769平方米，后排校舍10间，前排校舍9间，西厢房6间。房屋青砖砌筑，青灰小板瓦覆顶，石灰抹缝，门窗券顶。解放后，校舍扩大，后排教室增为14间，西厢房增至12间。以后，前面新建三排教室，每排12间，共36间，在旧有校舍东侧又前后各新建3间教室。2002年12月17日公布为胶南市文物保护单位。

文汇中学旧址

藏马县委旧址 始建于1955年。位于泊里镇河北村东北端，原为日伪青岛滨海警备军营房。藏马县委、县政府旧址占地面积10913平方米，建筑面积1466平方米。房屋坐北朝南，南北两座大门，南大门面街，北大门位于礼堂东侧。院中原有南北房屋六排，东西相对，每排12间，西南侧有伙房6间，共有平房78间。房屋硬山顶，机制瓦覆顶，石基清水砖墙，层砖叠涩出檐，玻璃门窗。院中西北侧为藏马县政府礼堂，面东，东山有2座门出入，礼堂共12间，能容纳800左右人。1956年3月，藏马县并入胶南县，泊里区委、区政府迁至此地办公。后为山东省军区守备部队营房。2002年12月17日公布为胶南市文物保护单位。

藏马县委旧址

王台当铺 位于王台镇王台中村，始建于清末。当铺大门面西，院内东、西、南三面围房，共70余间，现尚有南围房9间，西围房24间。正房高大宽敞，坐北朝南，五排48间，进深7.6米，檐高4.2米，通高7米余，抬梁式砖木构架，硬山顶，飞椽出檐，清水砖墙，糯米调石灰勾缝，两层木棂窗，房内两排立柱。为胶南境内仅存的一处当铺，是研究古代当铺的实物资料。2005年被公布为青岛市级文物保护单位。

主要馆藏文物 **褐陶"千秋万岁"铭瓦当** 国家一级文物。秦代瓦当，修筑琅琊台时烧制的专用瓦当，1982年3月在琅琊台出土。澄泥烧制，周身呈黄褐色，瓦面为圆形，直径18.7厘米，厚约3厘米，瓦筒约8厘米，两条凸弦纹绕瓦面沿一周，中间以"十"字分区式，分割篆书"千秋万岁"四字在界内。曾数次参加国家级文物精品展览。

千秋万岁瓦当

黑陶蚌形响器　国家一级文物。新石器时代泥质黑陶响器，1985 年 8 月在大场镇西寺龙山文化遗址出土。响器呈椭圆形，形如蚌壳，壁薄细腻，光可鉴人；两侧有两道对称的弧形缺口，长 7.5 厘米，宽 0.5 厘米，两端各有一凹形槽，便于摇动时两指捏住；蚌体为上下两体分制后黏合。上体较小，下体较大，且口沿外侈，腹部一侧有 4 个小圆孔为发音孔；器内有 3 个泥质小圆球，其中 1 个残破，仅剩下 1/5 左右，另外 2 个完好。响器摇动时壳内 3 个小圆球互相滚动撞击和碰击外壳，发出清脆悦耳、柔和动听的声音。曾数次参加国家级文物精品展览。

黑陶蚌形响器

釉陶盘口双系壶　国家一级文物。汉代盛储器，1982 年 8 月在琅琊镇出土。盘口、平唇、高颈、圆肩、鼓腹、圈底、青釉，壶身的下腹部露胎部分呈浅棕色。通高 36.5 厘米，其中口沿高 4 厘米，颈高 6 厘米，口径 12.5 厘米，底径 12.5 厘米，最大腹围84厘米。肩部饰叶脉纹双耳，上耳根饰对称螺旋纹，口沿外部和颈下部分别饰有两组环形水波纹，上腹部有三组凸弦纹，下腹部有数条层次清晰的轮制纹。釉陶壶造型精美，纹饰清秀，为汉代釉陶精品。

双系釉陶壶

灰陶“西舍”文字壶　国家一级文物。汉代盛储器，1979 年 7 月在海青镇出土。陶壶泥质，椭圆形，浅灰色；通高 33.5 厘米，颈高 3 厘米，口径 16.5 厘米，最大腹围 104 厘米，并饰一条宽 3 厘米的宽弦纹，壶下腹阴刻“西舍”两字，字下饰直纹。

西舍灰陶壶

玉钺　国家一级文物。汉代礼器，和田白玉质，共 2 件，素面，形制相同，两侧外张，弧刃，无内，两肩等长，肩的一侧有倒钩式刺突。长 12 厘米，刃宽 9 厘米，体宽 6 厘米，厚 2 豪米。

玉钺

青铜镶嵌蟠魑纹玛瑙牌饰　国家一级文物。牌饰整体呈长方形，长 10 厘米，宽 5.5 厘米，厚 0.5 厘米，外周为青铜框，青铜框内部镶嵌玛瑙牌，玛瑙牌正面琢刻阴线虎面蟠螭纹饰。

青铜镶嵌玛瑙牌饰

高凤翰纸本山水立轴　国家一级文物。1981年11月在海青镇征集。画长285厘米，宽8厘米，画心长162厘米，宽54厘米。画面丛树群山，瀑布云烟，近景为3棵蓊郁苍翠的古树；中景秀峰奇石，流水环绕；远景高山瀑布，烟云流动，意境邈远。题款为“云水窈窈清华是宝，中有奇石遇颠拜倒，好事相寻时日不了。”副题为“阜道人左手题赠珠西兄”，落款为“乾隆乙丑弟高凤翰”。此画为高凤翰晚年左手所画，幅大意深，绘制精美，诗、书、画、印集于一体，属佳品。

高凤翰山水画

汉玉蝉　白玉，磨制精细，光泽温润。器为蝉形，体近扁平，弧背、平腹，周边削薄。正面阴刻出双翼、头、眼线条，背面刻嘴、眼和腹部节纹等。刀工娴熟、线条简练流畅，深得“汉八刀”简约传神之功。长6.1、宽3.2、最厚0.6厘米。

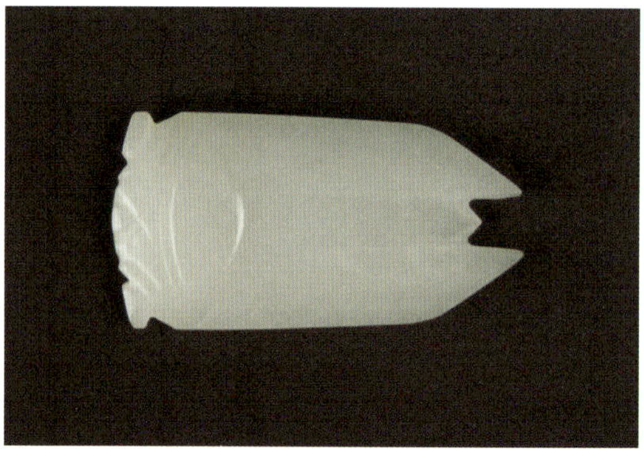

汉玉蝉

汉七子奁盒　包括母奁为1套8件。大圆奁，木胎。圆筒形，由盖、盒两部分组成。内髹红漆，外髹黑褐色漆。器身三层银扣，上下层银扣分绘有两道红色弦纹带，弦纹内镶嵌有金箔变体几何纹。几何纹下部为主体纹饰，镶嵌变体金箔云气纹并以红漆勾勒轮廓，云气纹间镶嵌有金银箔制成珍禽怪兽图案。盒内口沿黑色弦纹内镶嵌金箔几何纹，内底以黑漆绘云气纹，外底红色弦纹带内镶嵌金箔几何纹，外圆心再红色弦纹圈内绘红色云气纹，中心部分外圈为红色弦纹带内镶嵌金箔几何纹，正中部分有红漆云气纹镶嵌银箔怪兽图案。盒，直径20.8、高13、厚0.45厘米；盖顶部隆起，正中有红漆绘四瓣柿蒂纹图案，中心及四叶镶嵌玛瑙饰件，柿蒂纹周边镶嵌金箔图案，往外有三周银扣，银扣间有红漆弦纹及镶嵌金箔变体云纹，云纹间为银箔珍奇异兽图案，盖内口沿同样弦纹内镶嵌金箔几何纹，直径22，通高14.6、厚0.45厘米。

母奁内七子奁装饰风格一致，皆为木胎，分为盒、盖两部分，内髹红漆，外髹黑褐色漆。方盒为盝顶，其余盒顶盖面隆起，顶部正中有三瓣或四瓣银箔柿蒂纹图案，中心及叶片镶嵌玛瑙饰件，柿蒂纹周边镶嵌金箔云气纹图案，往外有两周银扣，银扣间有红漆弦纹及镶嵌金箔变体几何纹，盖内口

2012 年胶南市馆藏国家一二级文物统计表

表 25－3－3

序号	名称	级别	序号	名称	级别
1	汉“西舍”灰陶壶	一级	26	汉“西舍”灰陶罐	二级
2	汉双系釉陶壶	一级	27	汉“王午”灰陶罐	二级
3	新石器时代龙山文化黑陶蚌形响器	一级	28	汉双系釉陶罐	二级
4	秦千秋万岁瓦当	一级	29	宋“官”字四系瓷瓶	二级
5	清高凤翰山水画轴	一级	30	宋“道德清静”文字瓷罐	二级
6	汉玉钺	一级	31	宋青釉瓷匜	二级
7	汉玉钺	一级	32	唐仿波斯纹青釉双系瓷罐	二级
8	汉青铜镶嵌玛瑙牌饰	一级	33	周蟠螭纹铜鬲	二级
9	岳石文化亚腰石刀	二级	34	周波曲纹三蹄足铜鼎	二级
10	岳石文化石斧(2 件)	二级	35	周窃曲纹三袋足铜鬲	二级
11	清云朵灵芝纹青玉笔洗	二级	36	周窃曲纹三蹄足铜鼎	二级
12	清山水图玉板	二级	37	汉“君忘”铭文连弧纹铜镜	二级
13	清青玉荷叶盏托	二级	38	周“荆公孙”乳丁纹三足铜敦	二级
14	清玉鸟	二级	39	秦千秋万岁瓦当	二级
15	清玉雕寒山拾得像	二级	40	秦卷云纹瓦当	二级
16	新石器时代双孔玉璋	二级	41	清高汝岱绢本花卉图轴	二级
17	新石器时代龙山文化红陶鬶	二级	42	宋“童子拜观音”滑石雕像二尊	二级
18	新石器时代龙山文化黑陶杯	二级	43	金“都统所印”铜印	二级
19	新石器时代龙山文化黑陶鼎	二级	44	战国齐即墨之法化刀币	二级
20	新石器时代龙山文化单耳黑陶杯	二级	45	汉白玉剑璏	二级
21	商灰陶簋	二级	46	汉双系釉陶壶	二级
22	战国夹砂灰陶豆	二级	47	汉釉陶壶	二级
23	汉双系釉陶壶	二级	48	汉三足灰陶樽	二级
24	汉双系釉陶罐	二级	49	汉灰陶罐	二级
25	汉双系釉陶罐	二级	50	新石器时代研磨石板	二级

沿两道黑色弦纹内绘几何纹饰;器身三层银扣,银扣外缘均绘红漆弦纹两道,弦纹间为主体纹饰,镶嵌变体金箔云气纹并以红漆勾勒轮廓,云气纹间镶嵌有银箔制成珍禽怪兽图案,器内壁口沿部分黑色弦纹绘几何纹,内外底均为素面。

七子奁盒

第三节　非物质文化遗产

胶南地处黄海之滨,史以东国名地著称,秀丽

的山海美景，数千年琅琊文化的沉淀，孕育了一批具有浓郁地域特色的非物质文化遗产。已建立县级非物质文化遗产名录项目31项。其中，徐福传说为国家级名录，琅琊台传说、胶南剪纸、胶南茂腔、泊里红席编织技艺等5项为省级名录，大珠山传说、宝山地秧歌、泊里大集等8项为青岛市级名录。涉及民间文学、民间美术、民间音乐、民间舞蹈、戏剧、曲艺、传统手工技艺、生产商贸习俗、民俗等16个类别。

徐福传说　徐福，字君房，秦代方士，琅琊人。秦始皇二十八年（前219）和三十七年（前210），徐福在琅琊台两次上书秦始皇，为其入海寻求神山仙药。秦始皇三十七年，徐福率三千名童男女和五谷百工由琅琊台下的琅琊港扬帆启航东渡日本，一去不返。他把中国先进的农耕技术和文化带到了日本国，推动了日本的经济发展和社会进步，由石器时代迅速过渡到弥生时代。这一重大历史事件，在中日关系发展史上，有着十分重要和深远的意义。

徐福雕像

胶南是徐福东渡日本"入海求仙"的启航地，其在胶南沿海一带长期活动，因此，有关徐福的传说在当地广为流传。

据史书记载，秦始皇于始皇帝三十七年（210年），第三次也是最后一次到达琅琊台，立即召见徐福。徐福第二次在秦始皇的派遣下，率数千名童男女和五谷百工，从琅琊台启航北上，渡海求仙药。船队经庙岛群岛，横渡渤海至辽东半岛，然后沿辽东半岛东南近海至朝鲜半岛（一说经过朝鲜半岛时留下数百人），再由朝鲜半岛西部近海折南而行，横渡朝鲜海峡，到达日本，成为汉文化传播日本三岛的先驱，为开启日本文明历史发挥了巨大作用。徐福传说在秦朝以来就在胶南之地广为流传，两千多年来，人们把徐福传说里的故事加以发挥、充实、演绎、细化，民间流传的大都是徐福在琅琊一带造福百姓及从琅琊台起航，造船、泊船、训练船员等活动的传说故事。徐福传说故事以及故事里所体现的徐福之谋略智慧和人格魅力，经百姓们代代口传，传至今日。

徐福传说大致可分为以下两类：1. 地名地物传说：琅琊台周围不少地名的命名，和徐福的东渡活动传说有关，比较有代表性的有：《沐官岛》《老湾子和哭坟》《小湾城与潮湾》《湘子门》《点将台》等十几个传说故事；2. 人物传说：塑造了一个足智多谋、信念坚定、极富开拓创新、坚忍不拔精神、深受民众爱戴的徐福形象。如：《徐福治病》《仙山神药》等，故事中既有医术，也有方士们通常用的巫术。

琅琊台传说　琅琊台历史悠久，文化灿烂。早在周代姜太公封齐时有八神，周元王三年（前473年），越王勾践灭吴后，为称霸中原，从会稽迁都琅琊，并在琅琊山上筑台。秦始皇统一中国后，实行郡县制，在此设琅琊郡和琅琊县，他三次登临琅琊台，重筑琅琊台，立"琅琊刻石"，并接受徐福上书，遣其率童男女数千人入海求仙。据史料记载，历史上有12位帝王巡幸古台，达官贵人、文人雅士多有登台，并留下了丰富的文化遗迹和诗词歌赋等文学作品。悠久的历史和名人轶事，载入了《史记》《汉书》《山东通志》《诸城县志》等史志和古文献资料。

琅琊台的系列传说包括两个方面的内容：1、历史典故：如《姜太公立"四时主祠"》《秦始皇三临琅琊台》《斋堂岛斋戒》《徐福东渡》《神医安期生》《斋堂岛》《沐官岛》《海市蜃楼》等；2、民间故

事:《秦始皇三神鞭》《争高山与跺脚沟》《马蹄湾》《梳妆台与皇姑庵》《金子塔》《徐福探海》《龙湾》《龙王溜》等。

胶南茂腔　胶南是茂腔剧种的重要发源地和流行地。茂腔,以前曾叫肘鼓子、周姑子、轴棍子、正歌(音果)子、本肘鼓、冒肘鼓、老拐调,噢号汉等七、八个名称。

新中国成立后,将分散的“茂肘鼓”艺人组织起来,把“茂肘鼓”定名为茂腔,使茂腔戏剧得以新生。胶南作为茂腔发源地和流传地区,到20世纪60年代,以王仙梅、陈艳琴为主要演员的胶南县茂腔剧团,年演出达300余场,转遍了胶东半岛及周边县市区。20世纪80年代后,以优秀演员王淑娴为新一代传承人的胶南茂腔,创新发展了茂腔唱腔和音乐,形成了自己鲜明独特的演唱艺术风格。《李亚仙》《寻儿记》《林中缘》《俩老头》《徐福东渡》等茂腔戏,先后拍摄成电视剧,在部分省、市电视台播放,《林中缘》录音曾在中央电视台播放,《西京》《东京》等七部历史戏录音在全国发行。

胶南茂腔

胶南剪纸　胶南剪纸艺术有着深厚的文化积淀和广泛的群众基础,以琅琊、隐珠、宝山等地为代表。民间剪纸队伍近千人,隐珠镇被青岛市委宣传部授予“特色艺术之乡”,确定为“剪纸基地”。胶南剪纸作品内容十分丰富,花鸟虫鱼、瓜果飞禽、民间故事、历史人物、戏剧脸谱等。从用途看,主要有窗花、顶棚花、饽饽花诸类。

胶南剪纸

泊里红席　泊里红席,俗称秫秸席,是用高粱茎去根、剔梢、捆坯子、破刮蔑子、编隔子和挑席子等多道工序编织而成,有红白两种颜色,交叉编织出各种不同花纹的图案,是一种传统的纯手工制品。据史料记载,编织红席始于春秋战国时期,距今已有2000多年历史。由于红席的颜色红白相间,色泽鲜艳喜庆,百姓逐渐赋予铺红席驱凶避邪的含义,每逢婚庆嫁娶、欢度年节,当地百姓就一定要赶集,买一领崭新的红席铺在炕上,泊里红席在当地常常是亲戚朋友间互相赠送的高档礼品。

泊里红席编制现场

新中国成立初期,“泊里红席”曾作为本地土特产品,进京参加展览。2007年,泊里红席专业合作社根据市场需求,对红席的传统工艺进行了改

造，开发出一系列适合现代人使用的“双喜席”“福寿席”等10多个新品种，变粗糙实用为实用鉴赏并举，使红席由过去农民的“铺火炕”，逐渐成为城里人的时尚床上用品。

大珠山传说 大珠山传说内容丰富，几乎涵盖了山中所有景点古迹，主要有：大珠山历史遗址的传说，如《大珠山的石门寺》《麻衣庵》《朱朝洞》等；大珠山自然景观与奇峰怪石传说，如《大珠山杜鹃花》《帽子峰和仙人洞》《月季山》《和尚石与女人石》《大珠山的鹰龟石》《天然佛》《淌钱石》《石龟与石鹰》等；大珠山与帝王名士传说，如《李世民重修石门寺》《朱元璋放牛》《徐庶与帽子峰》等；大珠山与佛教文化传说，如《石屋子沟的石屋子》《峡沟石窟》等；大珠山神仙传说，如《石屋子》《天女下凡》等；村庄与百姓传说，如《聚宝盆》《老高桥》《海庙后的传说》《凤凰山》《点石成金》《县官断斧》《智惩无赖》《纸灰花蝶》等。

宝山地秧歌 宝山地秧歌起源于宝山镇黄山后村，产生于明末清初，当时冷、倪、闫姓逃荒者在黄山后村各自发挥一技之长，组织青年于农闲时扭秧歌。村中隋孝先带班进一步提高了艺术水平，遂命名为“隋氏地秧歌”。20世纪80年代初，通过民间艺术普查，挖掘整理出宝山地秧歌较全面的资料，被收录文化部、中国舞蹈家协会主办的《中国民族民间舞蹈集成（山东卷）》中。

宝山地秧歌

黄山后“地秧歌”自成一格。男女角色之间不同的动律有机地融会在一起，形成了男刚女柔、男放女羞、刚柔相济的特点，逐渐形成了群体意识强，舞蹈动作舒展、流畅，朴实无华的风格。

泊里大集 每逢农历四、九是泊里大集日，几乎与泊里镇同时起源，距今已有三百年的历史，是胶南市尚存的最古老、规模最大的集市之一。

胶南手绘年画 胶南年画根植于民间，内容多为喜庆吉祥的体裁，深受广大农民的喜爱。胶南手绘年画沿袭了潍坊木版年画的特点，同时结合时代特点，借鉴并吸收中国工笔画、民间剪纸以及上海日历年画等其他艺术种类的特点，经过几个阶段的演变，逐渐形成了胶南特有的手绘年画。年画运用简单、丰满、装饰的构图，跳跃统一的色调，稚拙、朴实、夸张的造型，创造出具有鲜明地方特色、具体抽象共存的独特艺术风格。因而，它质朴、纯真、豪放、不矫揉造作，它明快、强烈、绚丽、不浮华媚宠，画中所描述的故事也多为表达吉祥如意、福禄寿喜、喜获丰收等人们所喜闻乐见的内容。寄托了劳动人民美好的生活理想。

胶南年画创作

胶南手绘年画代表作品有：《如饥似渴》《回娘家》《丰乐图》《人欢鱼跃》《放风筝》《编红席》《虎娃》《年集》《收获》《渔家女》《阳光下》《海韵》《风调雨顺日子火》《大花褥子大花被》等。姜秀晔创作的《年集》在文化部主办的全国现代民间绘画优秀作品展中荣获金奖。

此外，境内还有藏马山传说、灵山岛传说、没尾巴老李传说、琅琊台天文学说、藏马大鼓、胶南方言、泊里烧肉、海青绿茶种植技艺、胶河大白菜种植技艺、琅琊酿酒工艺、李家洼子地瓜粉条手工加工技艺、胶河塔桥全羊烹制工艺、王台增聚回饼制作工艺、炸翻花工艺、胶南打炕技术等23项列入胶南市级非物质文化遗产名录。

第四章　文化活动

第一节　专题文化活动

胶南县艺术节　1989年，为庆祝新中国成立四十周年，县文化局、县文联主办了“胶南县首届艺术节”。历时一个月，由“建国四十周年优秀摄影作品展”“庆国庆美术作品展”“建国四十周年征文比赛”“胶南县首届器乐演奏比赛”“胶南县首届戏剧、小品、曲艺比赛”“胶南县第二届舞蹈比赛”“胶南县第四届青年业余歌手大奖赛”“胶南县少儿国庆书画现场比赛”等活动板块组成。有24处乡镇及县直各大行业系统的文艺骨干1500人参加。艺术节期间，共举办文艺演出50余场，各类展览、比赛30余期，观众总人数达5万人次，共评选出优秀创作奖56个、优秀演出奖68个、创作奖、演出奖230个。

胶南市庆祝建党七十周年文艺专场会演　1991年，为庆祝建党七十周年、青岛市建置一百周年，市委宣传部、市总工会、团市委、市妇联、市文化局联合举办“胶南市庆祝建党七十周年文艺专场会演”。历时14天，有20余个部门和单位700多名演员参加，共演出9个专场，160多个节目。

琅琊台大型文化活动　始于1997年，2006年停办。1997年5月，市文化部门和旅游部门联合举办“纪念徐福东渡日本2207年暨琅琊台第二期工程竣工典礼”活动。1999年4月30日，胶南市纪念徐福东渡日本2209年暨琅琊台生态旅游周活动拉开帷幕，至5月6日，共接待游客4万人次。2000年10月，在琅琊台观龙阁广场举办“琅琊台之声”大型音乐会，由中央广播民族乐团全场出演，并有本市地方特色节目补充，内容丰富生动。2002年6月26日，在琅琊台游客服务中心广场举办纪念徐福东渡日本2212年庆典暨徐福雕像揭彩仪式。2004年4月，“纪念徐福东渡日本2214年庆典暨国际风筝友情放飞表演”活动在琅琊台下龙湾广场隆重举行。邀请来自美国、英国、德国、法国、日本、泰国、马来西亚等12个国家和中国香港、澳门、台湾地区的风筝放飞专家和爱好者进行风筝放飞表演。2006年举办“十一”黄金周活动后，此项活动停办。

纪念徐福东渡日本2214年庆典暨国际风筝友情放飞表演

“胶南之夏”广场文艺演出活动　始于1998年，为常年开展的大型公益性品牌文化活动，每年从6月持续至9月底，历时4个月，观众达10多万人次。演出内容形式多样，丰富多彩，“以百姓喜闻乐见的形式演百姓最关心的身边事”，使广场演出成为百姓舞台、“草根”舞台。城乡居民自娱自

胶南之夏演出现场

乐，有组织的登台演出，丰富业余生活，营造良好文化氛围。2012 年，“胶南之夏”广场文艺演出活动在城区 5 个文化广场同时展演。

“四进四出”文化活动 2003 年，青岛市文化局举办首届“大地欢歌”农村文化艺术节，开展“四进四出”文化活动。胶南市积极参入其中，在每年一届“大地欢歌”艺术节中，设立广场文化活动点、老年文化活动点、少儿文化活动点，组织各类讲座、文化展览、文艺演出、电影放映、读书演讲等文化活动。同时，自 2005 年开始，组织专业演出团体和群众业余艺术团体“走进希望小学、走进敬老院、走进乡村、走进社区、走进工地”，开展公益文化演出活动。每年组织送文艺演出数十场次。

中老年文化艺术节 始于 2004 年，以“情系老年生活，关爱老人健康”为主题的城乡文化艺术展演活动。每年 9 ~ 10 月，先后举办棋类、球类、书画展览、文艺会演、太极拳（剑）、健身操、广场秧歌、时装表演、戏曲等 14 个项目的比赛。其间，来自市直、乡镇和企事业等 50 多个单位的 2000 多名中老年朋友登台献艺。

新胶南·新农村小戏曲调演与“小品进社区”活动 始于 2006 年，每年 6 ~ 9 月举办，纳入胶南之夏广场文艺演出之中。活动内容秉承“从群众中来，到群众中去”的文化工作理念，以“人人是演员、户户有编剧”为目标，鼓励群众直接参与活动进行“表演体验”。通过集中展演、调演、巡演等方式，每年开展演出 1000 余场。先后推出《一条黄花鱼》《西瓜亲家》《家乡巨变》《掂量掂量》《特殊婚期》等一批优秀小戏剧。至 2012 年连续举办 7 届。

庆祝胶南撤县设市 20 周年活动 2011 年 3 月，举行“大力发展蓝色经济，精心打造海军名城”庆祝胶南撤县设市 20 周年活动军地联合大型文艺演出活动，海政歌舞团的艺术家们与地方文艺工作者共同表演了精彩的文艺节目，赞美胶南撤县设市二十年的辉煌和城乡面貌发生天翻地覆的巨大变化，讴歌为胶南的繁荣、和谐而默默奉献的胶南人民，表达了同呼吸、共命运、心连心的军民鱼水深情。

胶南撤县设市 20 周年大型文艺演出

中国·琅琊旅游文化周 2005 年 9 月 30 日至 10 月 6 日，市政府举办以“历史、文化、帆船”为主题的“扬帆青岛——中国·琅琊文化活动周”。包括“全国民间绘画大展”“山东省剪纸大赛暨优秀作品展”“地方戏曲欣赏”等 9 项主体板块、27 项活动板块。其内容有前卫歌舞团、山东省歌舞剧院、山东京剧院、上海明星艺术团的众多知名艺术家带来的文艺演出，以及两类大展、城市规划、风光摄影、房产、汽车、旅游产品展览、地方戏曲表演、琅琊文化学术论坛和现代民间绘画论坛等一系列活动，涉及全市 34 家镇（街道）、企事业单位，参与各项文化活动的人数达 15 万人次，是一项空前的大型综合性节庆活动。2006 年，以“山水灵韵、和美胶南”为主题，更名为“琅琊旅游文化周”，是年邀请中央三台“激情广场”栏目组录制大型文艺演出，并举办大型海上音乐焰火晚会、全国名家书画作品邀请展、胶南民俗文物展、“琅琊之梦”系列活动等活动。2007 年，邀请山东大学和京鲁（胶南籍）书画名家、年画专家参展。“2008 中国·琅琊旅游文化节”包括旅游推介、文化活动等4大板

2008 年 9 月，中国·琅琊旅游文化节开幕式在胶南隐珠文化艺术中心开幕

块 17 项主题活动。至 2009 年，该活动因申报期满而停办。

第二节　民间艺术及其表演活动

胶南市（县）民间艺术表演活动　始于 1985 年正月十五，每年一届，1989 年和 1990 年因故停办，1991 年复办。民间艺术表演活动以“弘扬民族民间文化、丰富城乡居民文化生活、展示胶南生机盎然的精神风貌”为宗旨。组织各镇、街道、骨干企业等开展排演，各单位、乡镇除在本地区演出外，正月十五全市（县）集中到城区会演，在城区分设若干演出场地，满足更多群众观看。表演形式为具有胶南地方特色的秧歌、舞龙、舞狮、高跷、旱船、毛驴、花棍、猪八戒背媳妇、腰鼓等。从 2001 年的第十五届逐渐增加了小龙鼓、威风锣鼓、排鼓、联鼓以及爵士鼓、军鼓、管乐队、现代舞、团体操、卡通吉祥物等。2002 年的第十六届增加了花车巡游、地方戏曲欣赏等形式，活动的规模越来越大，内容越来越丰富多彩。至 2012 年已举办 26 届。

胶南市第二十二届民间艺术表演活动现场

琅琊祭海节　琅琊祭海具有上千年的传承历史，是琅琊渔民在漫长的耕海牧渔生活中创造的一种独具地域特色的渔家文化，表达了渔民与海洋长期和谐相处期盼丰收的愿望。农历正月十三，是琅琊沿海渔民传统祭海的节日。琅琊镇台西头村、石家村、西杨家洼等沿海村一起举行盛大的祭海仪式。提前两三天就要做祭前准备。当日会像过除夕一样为海守夜：五更之前，在海边备好供桌，摆香炉、祭案，各船船主将渔船开到村前海湾，船头面向大海，一字排列，等待正式举行祭海仪式。清晨，一种充满乡情海韵的民间祭祀活动就在村前的沙滩上拉开序幕。渔民们抬着宰好的整猪，渔妇们穿着节日的盛装，提着供品，从四面八方汇集到海滩上。各家非常有秩序地将供桌、供品摊摆开来，司仪宣布吉时已到，三炮，三鼓，三锣声后，祭海仪式正式开始，海滩上鞭炮齐鸣，礼花喧天，万头攒动，一片欢腾。剧团搭台唱戏三天三夜，秧歌、腰鼓及各种民俗表演纷纷登场，热烈的场面极为壮观。按照传统习俗，祭海仪式结束后，渔民们将会带着分来的贡品及配足船上的粮食和蔬菜，开海打鱼。

琅琊祭海仪式

祭海节期间，还开展琅琊民间文化展演、车展、民间工艺品展销、渔家美食品尝等活动，浓浓的民俗气息吸引了上万名游客乐在其中。

大珠山庙会　大珠山庙会由来已久，庙会地址在大珠山石门寺。相传明朝开始，每年农历的四月初八，石门寺都会举行佛事来庆祝佛祖诞生。

2004 年大珠山传统山会庆典仪式

十里八乡的百姓就会聚集到大珠山石门寺上香祈福，庙会形式丰富多样。庙会时间大约连续三天，内容涵盖宗教、文化、旅游、民俗、商贸等多层意义。形式上主要有：祭祀佛祖，祈求佛祖保佑风调雨顺、五谷丰登、国泰民安、婚姻家庭美满幸福，祈求佛祖保佑惩恶扬善，驱邪打鬼，祛病消灾；民间艺术表演，邀请专业或业余戏班唱大戏，有高跷、秧歌、魔术、杂技演出等；工艺品交流，有玉器、剪纸、绣花以及小动物等民众喜爱的物品。并有地方特色小吃。

第五章　文化传媒

第一节　广　　播

胶南县有线广播站于1957年3月25日正式播音。1986年10月改为胶南人民广播电台，每天分早、午、晚三次播音，共6小时30分钟，比建站初期增加2小时30分钟，除转播上级电台节目外，自办节目3小时50分钟。1991年10月1日，开通无线调频广播。1995年10月1日，广播电台尝试自办直播节目，呼号为“胶南人民广播电台”，全天播音13个小时。2003年广播电台中断播出。2009年10月26日恢复播出，自办节目时间每天16小时50分钟。2010年3月2日，电台专栏“行风在线”开播。同时，恢复农村小广播喇叭。

市电视台演播厅

第二节　电　　视

1972年10月，胶南县广播站组装50瓦黑白电视差转机一部，在城区调试成功，覆盖半径约3千米。1974年组装第二部黑白电视差转机，并在六汪公社高城岘建立一座小型电视差转台，覆盖半径约3千米。1989年3月试办胶南电视节目，开设《胶南新闻》栏目，每周播出一期，每期10分钟。1992年新闻节目增加到每周三期，同时开办了专题、文艺节目，采、编、播、制作人员12人。2002年7月1日起，《胶南新闻》周一至周五播出，《一周要闻》周六、周日播出。2010年6月23日，整合远程教育与有线电视资源，开通胶南党建频道。

有线电视　胶南有线电视起步于1990年，总户数不足300户。1994年有线广播与有线电视双入户，当年双入户率占有线电视用户的44%。1995年10月，胶南有线电视台成立。1998年，完成了除灵山岛外的23处乡镇的广播电视光缆联网任务，实现三级有线电视网络联网，开始向城乡用户传送24套电视节目。2003年10月，彻底解决了沐官岛、斋堂岛、灵山岛收看有线电视难的问题。2005年，22个镇、街道实现“村村通”，976个行政村（居）开通有线电视信号，有线电视用户18.06万户，通村率99.4%，

入户率达到71.2%。至2012年，全市有线电视用户33.78万户，其中数字电视用户9.82万户。2012年，广电网络资产上划到省。

数字电视 2010年，胶南电视台自筹资金2800万元，开始数字电视网络建设，全年完成整转用户6万户。2011年改造数字电视1.4262万户，全市数字电视用户达8.6万户，城区范围内全部整转完毕。2012年发展新用户1.2万户，全市用户达9.82万户，实现创收3607万元。

第三节 报 刊

《胶南市讯》创办于2005年1月，由胶南市委主办、市委宣传部新闻中心承办。创办初期每周刊发一期，每期八版，2012年6月改为每周刊发五期，每期八版。

《胶南市讯》围绕市委市政府中心工作，服务大局，通过专栏、专题、通版、特刊和消息、通讯、系列评论、图表、数字、访谈等多种形式，对全市重大活动和创新做法进行权威、及时、翔实的全方位策划宣传报道，传达解读各级政策，跟进项目、活动开展情况，客观反映市情民意，报道民生和创业，坚持正确舆论导向，弘扬传播正能量。

截至2012年11月20日，《胶南市讯》共刊发750期，每期发行2万份，基本覆盖各机关事业单位、医院、学校、重要企业和知名人士。

《乡情》创刊于2002年9月，由市委、市政府主办，胶南人民广播电台承办。后改由胶南市委主办，市委宣传部新闻中心承办。创刊初期为每月一期，后改为为半月一期。一版为重要新闻，二版为重点新闻（以经济为主），三版为综合新闻，四版为特别关注，主要介绍全市政治、经济及社会各方面发展及改革开放情况。

截至2012年11月20日，共编辑发行7期，每期1000份，其中877份寄往全国各地胶南籍知名人士。

第六章 文化市场管理

1991年，市文化局增设文化市场管理科，负责全市文化市场管理。

1994年，开展“扫黄打非”集中行动，从查处制黄、贩黄、非法出版物入手，对全市的书刊、音像市场进行全面、彻底的清理。1996年，检查图书经营摊点27处、录音制品经营点22处、录像放映点12处、出版物商店12处，取缔违法录像放映厅1处、违法录像制品零售点两处。开展音像制品市场自查，提高正版音像制品市场占有率，从源头上控制音像制品的泛滥。1998年，开展为期三个月的“扫黄打非”集中行动，共查处文化市场经营点151处，收缴非法盗版书刊438册、盗版录像带2328盘。

2008年，开展出版物市场集中整顿工作，为北京奥运会和青岛奥帆赛的成功举办营造良好的社会文化环境。

2010年，开展扫除淫秽色情等文化垃圾行动、打击“四假”、网吧整治等专项行动9次，共检查经营单位1400余家次，查缴非法出版物12570件，其中盗版图书5089册、盗版音像制品5471盘、非法报纸2010份；屏蔽和删除互联网有害信息5000余条，查处利用手机传播淫秽色情信息的网站56家，整顿处理违法违规网站28家。举行5次文化市场经营单位法律培训班，开展“2010年保护知识产权宣传周”活动。建立“扫黄打非”社会监督员队伍，健全社会监督网络。

2011年，深入开展“扫黄打非”和打击侵犯知识产权和制售假冒伪劣商品、“黑娱乐场所”、民营医院非法内刊、打击盗版工具书、创建全国文明城市文化市场专项整治、封堵查违禁非法出版物、打击盗版教辅材料专项治理、打击淫秽色情出版物和有害信息等文化市场领域15次专项整治行动。

检查各类经营单位1600余家次，查缴非法出版物73150余件，其中盗版图书21600余册、非法音像制品13400余盘、非法期刊38150余册；查获非法卫星地面接收机20部、接收天线18座、“网络电视棒”8个；将12名侵犯著作权行为的涉案人员移交公安机关追究刑事责任。

2012年6月成立市文化行政执法局。是年，以“扫黄打非”为主阵地，创建部门联勤联动执法机制和基层基础监管模式。共查缴非法出版物67940余件，取缔各类无证摊点51处；查办各类案件82起，会同公安机关查办刑事案件29起，处理群众举报76起。稳步推进企业软件正版化。

截至2012年底，全市共有网吧、歌厅、书店、印刷厂、音像店等各类许可文化企业300余家，文化市场健康有序发展。

第七章　琅琊与徐福研究

1993年11月，胶南琅琊暨徐福研究会成立。研究会确立以研究琅琊历史文化带动徐福文化研究原则，把研究的基础建立在史籍研究与考古文物的基础上，深入追溯徐福文化的源头——琅琊文化。20年来，通过广泛深入的学术研讨和国际国内交流以及相关的考古活动，形成了一批比较严谨的著述，对琅琊文化和徐福东渡等问题作出了客观的论述，编纂出版了一批学术著述。20年来，通过积极开展学术活动，努力发掘琅琊文化和徐福文化内涵，一些有关琅琊与徐福的命题得到正确揭示，历史本来面貌得以还原；努力宣传所取得的研究成果，在海内外的影响日益扩大，为弘扬徐福精神和繁荣胶南文化做出了应有贡献，为胶南旅游业的发展提供了文化支持；在扩大对外开放中，琅琊与徐福研究活动也发挥了积极作用。

第一节　琅琊与徐福研究的缘起

最早记载徐福事迹的文献是《史记》。根据《史记》记载，徐福是秦代著名方士。秦始皇二十八年（前219年），徐福在琅琊台上书秦始皇，说海中有蓬莱、方丈、瀛洲三座神山，山上有长生不老药，请求入海求之。秦始皇同意并派遣他带数千童男女入海求仙人。秦始皇三十七年（前210年），秦始皇第三次登上琅琊台时，徐福再次上书：“蓬莱药可得，然常为大鲛鱼（鲨鱼）所苦，故不得至。愿请善射与俱，见则以连弩射之。”秦始皇又一次批准了徐福的请求，亲自监护徐福船队“自琅琊北至荣成山”，到达之罘一带时，秦始皇发现并亲手射杀一条大鱼后，才登岸西去；徐福则扬帆东渡，以后再无音讯。

千百年来，中国东部沿海广大地域一直流传着关于徐福的美丽传说；韩国的济州岛有“徐市过之”的石刻和其他相关遗迹，流传着类似的传说。在日本，徐福的遗迹和传说几乎遍布日本17个县、都，遗迹地和传说达500余处。如佐贺县、鹿儿岛县、福冈县、和歌山县、三重县、山梨县、秋田县、青森县、京都府等地至今有大量的徐福祠、徐福墓、“徐福上陆地”碑等纪念物，徐福还被尊为农耕、医药、渔猎等神供奉。

关于对徐福其人其事的研究由来已久，《史记》之后的古籍屡有记述和稽考。自20世纪80年代开始，我国涌起改革开放大潮，中日经济文化交流日益频繁，中日关系史的研究备受重视。作为文字所记载的中日关系史的源头——徐福东渡日本事件在中国大陆、日本、韩国以及东南亚许多国家和地区遂成为研究热点，于是出现大批热心徐福研究的学者和爱好者，相关学术专著及论文也先后面世。出于“文化搭台、经济唱戏”的考量和吸引外资及发展旅游业的需要，中国东部沿海一些有徐福传说的地区，纷纷成立起徐福研究会，

全国大凡十数家之多。国内一些史学家纷纷督促胶南投入研究。

在这种情势下，胶南学人感到一种历史责任：一是徐福两次上书秦始皇和受遣入海求仙都在琅琊台，徐福研究离不开琅琊台，只有将琅琊台研究和徐福研究相结合，才能揭示出徐福史迹的历史真相。二是胶南研究琅琊与徐福是以研究历史为主，不以拉名人壮声威为目的争夺徐福里籍。以开展学术研究，揭示琅琊文化、徐福文化的内涵和内在联系为主，宣传和弘扬地方文化，促进人文交流、开发旅游、服务于经济和社会发展。基于这样的目的，以市长为主任的胶南琅琊暨徐福研究会筹备委员会于1992年6月1日成立。是月17日，筹委会赴青岛市委就成立胶南琅琊暨徐福研究会事宜向青岛市委作了汇报，得到领导支持和鼓励。1993年11月，胶南琅琊暨徐福研究会成立，并在市旅游局设办公室，编制4人。

第二节　学术活动

胶南琅琊暨徐福研究会在组建筹备期间，从自身优势出发，做了大量查阅整理文献资料、踏勘琅琊台及周围相关现场、踏访民间口碑等工作。同时与全国各地徐福会，国内著名先秦史、秦汉史、徐福研究等方面专家建立了广泛联系，得到他们的鼎力支持。专家们认为，胶南成立琅琊暨徐福研究会，将琅琊研究与徐福研究相结合，很重要，很必要，很有远见，也很具优势，必将引起海内外徐福研究者的共鸣。著名历史学家史树青、李学勤、安志敏、孟世凯、宗仲曲、安作璋等均给予高度赞赏和热情指导。经过一年多的紧张工作，筹备工作业已就绪。

1993年11月24～26日，“胶南琅琊暨徐福研究会成立大会并首届学术研讨会”召开。来自北京、天津、上海、济南、大连、青岛等全国各地的专家学者，《人民日报》、新华社、《光明日报》《大众日报》《青岛日报》及北京、山东、青岛等地电台电视台记者57人应邀与会。中国著名史学家李学勤、孟世凯、宗仲曲，中国徐福会、日本国徐福会、山东省徐福研究会、连云港徐福研究会、龙口市徐福研究会等都带来或发来热情洋溢的贺信、贺电。

专家们在研讨会上交流了自己的论文，会议共收到论文31篇。他们主要围绕徐福东渡日本启航港、徐福故里等问题展开讨论，从史实出发，持之有据，言之成理，论证科学严密。大连海事大学教授、港航研究所所长孙光圻从文献学、航海学和港湾学三个方面令人信服地论证了琅琊港是徐福东渡启航港，受到与会专家的肯定和称赞。他认为司马迁父子治学严谨举世公认，且离徐福东渡的年代很近，而《史记》是记载徐福事迹的最早文献，十分可信；文献记载清楚，现场考察与文献记载吻合，“自琅琊北至荣成山”明确无误地记载了徐福东渡的出发地，因此琅琊港是徐福东渡日本启航港不容置疑。青岛社会科学院研究员张树枫先生从对徐福东渡日本启航港和徐福故里其它说的不能成立反证了琅琊的必然性，可谓独辟蹊径。经过研讨，专家们在许多方面观点较为统一，认为从记载、遗存和传说进行系统考察，历史上徐福确有其人，徐福东渡日本确有其事；徐福所说的三神山，是他读了道家前辈列御寇在《列子·汤问》中关于三神山的描述，又从琅琊一带经常出现的海市蜃楼得到“印证”而来。而齐威王、齐宣王和燕昭王时代齐燕方士频繁出海多次到达过，徐福在公元前210年从琅琊台下的琅琊港启航，沿中国山东半岛、庙岛群岛，韩国的沐浦、釜山一带

1993年胶南琅琊暨徐福研究会成立

成功东渡日本，成为文字记载最早的中日关系的开拓者。徐福两次上书秦始皇都在琅琊台，徐福的故里应顺着琅琊台下的路去寻找。

1997年7月28～30日，胶南市第二届国际徐福研讨会召开。参加这次会议的代表地域更加广泛：中国国际徐福文化交流协会、中国徐福会、中国先秦史学会、中国秦汉史学会、山东省徐福研究会、河北省徐福千童会、苏州市徐福研究会、连云港市徐福研究会、青岛经济技术开发区徐福研究会、龙口市徐福研究会、复旦大学、山东大学、山东师范大学、山东省社会科学院、青岛社会科学院、青岛大学、山东齐鲁书社等来自全国各地的专家和来自日本、韩国的外宾等44人应邀与会。

这次研讨会对进行徐福研究的主要文献依据和考古证据形成一致观点。认为徐福研究的主要文献依据应是《史记》，因为《史记》是最早记载徐福事迹的可信度极高的史籍，其后的史籍则只是对《史记》的引述、转述或演释；考古依据方面，琅琊台夯土层、琅琊刻石、琅琊台出土的秦代陶管、"千秋万岁"秦瓦当等是目前国内外唯一没有争议的与徐福活动有关的物证。如此，徐福东渡日本启航港问题应当画上圆满的句号。

这次会议对徐福故里的寻找范围作了更加深入地探讨，"琅琊说"的轮廓勾勒了出来。专家们认为，目前虽无充分资料证明徐福故里的确切地点，但他两次都在琅琊台上书秦始皇，两次都从琅琊港启航，说明琅琊是徐福经常活动的地方。从秦代交通、通信条件的局限性推断，徐福应当是琅琊台附近人，因为只有生长居住在琅琊台附近，才有可能随时获取秦始皇到达的消息并在有限时间内赶赴琅琊台。所以，徐福故里只能在琅琊台周围寻找。

2001年4月19～20日，胶南琅琊暨徐福研究会第三届学术研讨会召开。中国国际徐福文化交流协会、中国徐福会、全国各地的徐福研究会代表和山东大学、复旦大学、青岛大学等全国各地的徐福研究专家32人应邀参加交流。会议除进行学术交流外，还就宣传和弘扬徐福精神，在有徐福影响的一系列地区，开辟日本、韩国和中国东部沿海徐福文化旅游线进行了探讨。会议确认，鉴于中国东部沿海徐福传说地域广阔，而只有琅琊台存在相关文物，因此琅琊台在这条旅游线上具有不可或缺和不可代替的重要地位。

2005年9月29～30日，胶南琅琊文化学术研讨会召开。来自北京大学、南开大学、大连海事大学、中国海洋大学、山东师范大学、青岛大学、青岛社会科学院以及潍坊和日照文博部门等全国各地的著名专家学者应邀与会。这次会议与以往不同的特点是：在研讨内容上，专家们对琅琊文化和徐福文化并行关注，尤其对有关琅琊文化的内涵、外延及其产生、发展、传承以及在海内外的影响等进行了初步探讨；有关徐福的议题走向更高的层次，特别注重徐福精神、历史作用和现实意义等内容。如果说以往是从琅琊与徐福的联系上侧重研究徐福，那么现在则是把徐福文化看成琅琊文化中的重要组成部分。

2006年10月14日，由青岛人民对外友好协会和日本永旺1%俱乐部主办，胶南市人民政府和青岛永旺东泰商业有限公司承办的"2006年青岛中日徐福文化交流活动"在胶南举行。这一活动的规模大，层次高。中方出席活动的有：中国外交学院院长吴健民、中国国际关系协会副秘书长冯伟、青岛人民对外友好协会会长赵雪芳、中国海洋大学教授修斌及胶南市委、市政府、市人大、市政协主要领导以及胶南琅琊暨徐福研究会理事。日

1994年徐福史迹陈列馆开馆典礼

方出席活动的有：永旺1%俱乐部委员长冈田卓也夫妇、日本永旺株式会社专务执行役中国总代表田中秋人、日本永旺特别顾问山口宽治、青岛永旺东泰商业有限公司总经理大山英佳和日本佐贺县徐福会副会长村冈央麻、日本佐贺女子短期大学校长高岛中平及来自日本各地的191名来宾。会上，中国外交学院院长吴健民以中日关系和徐福文化为主题作了演讲。中国海洋大学教授教授介绍了中国各地的徐福传说和研究状况。徐福研究会会长钟安利概括介绍了胶南琅琊暨徐福研究会多年来的研究成果，琅琊文化与徐福文化的内涵外延，两者之间的关系以及对中日关系深远的影响等。村冈央麻副会长、高岛中平校长介绍了徐福在日本的记载、传说和广泛深入的影响，介绍了日本各地的徐福遗迹、徐福纪念建筑、徐福纪念活动等。与会人员还实地对琅琊台进行了参观游览，并在琅琊台上栽植了中日友好纪念树。

20年来，胶南琅琊暨徐福研究会还多次参加国家徐福会及山东龙口、河北秦皇岛、浙江岱山、江苏连云港、赣榆、浙江宁波等徐福会组织的徐福纪念活动和学术研究，并介绍了琅琊文化与徐福文化研究成果和活动情况。

第三节　对外交流与合作

随着琅琊与徐福研究的深入开展，胶南琅琊暨徐福研究会逐渐成为国内研究的主力军，影响日益扩大，对外交流日益频繁。

1995年10月27日，中日韩三国徐福会联合举办徐福遗迹探访及学术研讨会活动，上午考察了琅琊台，下午召开了徐福学术研讨会暨经贸洽谈会。在踏访琅琊台时，专家们对起自半山的夯土层、秦琅琊刻石、秦陶管、金字塔形石砌建筑物等与徐福活动有关的古遗存产生浓厚兴趣，一致公认这是海内外唯一没有争议的有关徐福的考古证据。许多中外专家都把在琅琊台拣到的古瓦碎片珍藏了起来。在随后进行的研讨会上，探访团成员对在琅琊台的所见如获至宝，兴奋不已。天津社会科学院日本所王金林教授深有体会地说："这次实地探访，使我们得到了书本上读不到的东西，徐福研究像作其他学问一样，决不能只从书本到书本。"日本客人三善喜一郎手捧在琅琊台采集到的植物标本和薯干标本，激动地说："我的家乡九洲出产的和这些一模一样！一定是徐福从琅琊台带过去的。"

1998年5月，日本青森县小泊村议员寻根团慕名来访。他们一行12人考察了琅琊台、古琅琊港，然后同胶南琅琊暨徐福研究会进行了长时间热情友好的座谈。日本朋友说，青森县的徐福遗迹和传说也很多，希望通过徐福研究，加强两地文化交流和经济合作。

2001年6月29日至30日，日本新宫市市长佐藤春阳率团一行12人到胶南访问。其中的西和代女士骄傲地说，她是第二次到胶南寻根，徐福从里起航才符合历史实际，以后她还会来。访问团游览了琅琊台古遗迹、徐福东渡启航处等景观，同胶南琅琊暨徐福研究会进行了交流并互赠了纪念品。佐藤市长说，新宫居民都相信徐福是从他们那儿登上日本列岛的；看了琅琊台的古迹后确信琅琊台才是徐福东渡日本的启航地。

2002年4月19日，韩国釜山徐福会到琅琊台考察。

2002年9月，中国徐福会组织召开中国国际徐福研讨会，会后，中国徐福会会长李连庆于26

2001年6月29日，日本新宫市徐福协会访问团到胶南访问

日率中、日、韩学者赴琅琊台考察。

2008年10月，中国徐福会组织国内徐福会赴日本佐贺县参加中日韩及港台徐福国际学术大会，与会人员500余人。胶南徐福会钟安利、彭煜文参加。钟安利会长在大会上作了主题发言，与佐贺、福冈、大阪、和歌山、东京等地学者进行了广泛交流。并考察了徐福在日本的遗迹地和传说地。

第四节　琅琊台天文历法研究

琅琊台天文历法的研究起于2006年，原胶南市史志办主任彭煜文在《琅邪风》2006年第4期上刊发《琅邪四时祠与中国古代历法》一文，文中根据《尚书·尧典》和《史记·历书》等文献记载加以考证，认为琅琊台四时祠即是尧帝时代祭祀春分和推算验证历法的地方。此文引起市委主要领导的重视，并责成相关单位开始组织专家进行研究。

2007年10月1日，中国天文历法高层学术论坛在胶南市丰泽山庄举行，胶南市在论坛上发表的古天文学研究论文《琅琊台，岁之所始及二十四节气日出坐标》，引起与会专家的高度重视，并对琅琊台天文历法进行研讨。论坛取得四项学术研究成果：一是我国规定统一采用的“北京标准时”，是东经120°经线的地方平太阳时，东经120°恰好是经过胶南市的子午线。二是琅琊台是迄今已知的地面上遗址尚存的中国最早的天文台遗址。三是琅琊台是季节之神的供奉地，有着古代测定岁时季节独特优越的条件。四是中国古代太岁纪年每个周期从琅琊台起始。

2008年4月10～11日，中国天文学会与胶南市人民政府联合举办琅琊台天文历法学术论证会，中国科学院国家天文台、自然科学史研究所、紫金山天文台、北京大学、南京大学、北京天文馆、南开大学、东华大学以及国家自然科学基金委和中国科学院基础局的12位专家学者，认定琅琊台是一座古观象台遗址，具有观日出、定时节、望云气、祭祀四时主等天文历法、星占以及宗教政治方面的功能，是一个兼具观象授时与宗教祭祀功能的古观象台；此古观象台的时代下限在秦汉时期，可以上推到西周初年，甚至是尧帝时代，是迄今已知的地面上遗迹尚存的我国最早的观象台遗址。

2008年8月28～31日，中国天文学会2008年学术年会在胶南市德泰大酒店举行。来自全国各地的350名天文学专家参加会议，胶南市《琅琊台是中国古老的观象台遗址》的报告引起了与会专家的广泛关注。自此琅琊台在中国古代天文历法中的地位得到确认。

2015年1月5日，经国家天文台申报、国际天文学联合会小天体命名委员会批准，编号为31129的小行星正式命名为“琅琊台星”，是为宇宙中首颗以青岛元素命名的小行星，“千古琅琊”在浩淼星宇也有了与之遥相对应的天体。“琅琊台星”是中国科学院国家天文台施密特CCD小行星项目组1997年9月26日发现的，近地点2.18个天文单位、近日点2.55个天文单位、公转周期4.08年。是年9月，中国科学院国家天文台为青岛西海岸新区颁授“琅琊台星”命名证书和运行轨道图。

2007年10月1日，中国天文历法高层学术论坛在胶南举行

第二十六篇

旅　游

海军公园

第一章　旅游规划与资源开发

胶南山海壮美，古遗迹丰富，旅游资源得天独厚。境内有大珠山、小珠山、铁橛山等三大著名山脉，有灵山湾、龙湾等十多处较大的海湾海滩，有灵山岛、斋堂岛等十几处海岛岩礁，有长约156千米的漫长海岸线；胶南亦为琅琊故地，历史悠久，几千年来积淀了厚重的人文资源，境内分布有大量的部落遗迹、卫城遗址、军事遗址、宗教遗址等；胶南还是一座布局合理，环境优美，富有现代化气息的园林式海滨城市。自然地理、人文遗址、城市风光、乡村风貌，为当代旅游提供了丰富的资源。经过多年的开发建设，胶南旅游的食、住、行、游、购、娱六大要素全面发展，已形成较为完整的旅游产业体系。2001年1月，胶南市荣获“中国优秀旅游城市”称号。之后，胶南不断整合滨海旅游资源，逐渐形成以山海、人文、城乡风貌为一体，“山、海、岛、湾、滩、城”交相辉映的“海岛观光，海湾度假”的滨海旅游业格局。2012年，全市共有AAAA级景区2处，AA级景区1处，全年共接待旅客720万人次，实现旅游业总收入50.6亿元。

第一节　旅游规划

1992年10月，胶南市旅游开发公司成立，旅游业开始作为胶南的一项经济产业进行培育开发。在对全市旅游资源进行详细普查和重点考察基础上，借鉴外地经验，着手旅游规划的前期工作。1994年，编制《胶南市旅游开发总体规划》。之后编制琅琊台、灵山湾两个旅游度假区的规划方案。2000年5月，省政府批复《青岛琅琊台省级旅游度假区总体规划》。2002年1月，市政府召开《胶南市旅游产业“十五”计划及至2020年规划》评审会议，该规划根据胶南旅游资源的分布情况和开发现状，确定“三带、七区、五点”的开发建设架构。2003年，青岛月里涧风景区、大珠山风景名胜区中心区、青岛小珠山旅游度假区、青岛小珠山黄石圈风景区和睡牛山生态观光园等景区规划编修完成并通过专家评审。2004年，青岛珠山大地生态苑、胶南市九上沟旅游区总体规划先后编制完成并通过专家评审。2005年组织召开旅游专家研讨会。后相继聘请深圳麟德、四川（北京）来也、北京同和时代等国内知名旅游规划设计院编制全市旅游产业总体规划以及大珠山、小珠山、琅琊台等旅游重点区域总体规划和多个项目策划。2006年，市委、市政府再次印发《关于加快旅游业发展的意见》，把旅游业作为现代服务业要优先发展的重点、率先突破，提出“要尽快把旅游业培育成为全市国民经济的重要支柱产业”。旅游业在全市经济产业中地位的进一步提高，对旅游业的发展方向、发展标准和发展速度提出新要求。是年12月，《胶南市旅游产业发展总体规划》及大珠山、琅琊台、小珠山、海青、大村等五个分区的六部规划通过专家评审。2011年，聘请国内著名旅游策划团队编制完

2005年，胶南市首届旅游发展战略暨旅游规划专家论证会议召开

成《山海岛大景区概念性规划》和《石门寺佛教文化区深度策划》等规划文件，为全市旅游业的健康科学发展奠定基础。

第二节　旅游资源开发

景区开发建设　1992年，胶南市旅游开发公司成立后，首先确定把琅琊台的修复和大珠山的开发作为旅游开发重点，分别成立琅琊台旅游开发有限公司、大珠山旅游开发有限公司。采取“走出去、请进来”的方式，实施“边开发、边宣传、边开放”的措施。1993年开始，先后修复建设了琅琊台的云梯、御路、望越楼、徐福殿，秦始皇遣徐福东渡入海求仙群雕、琅琊台刻石、半壁亭等景点，设立徐福东渡启航处、老湾子秦代造船遗址、潮湾秦代造船遗址等3块碑记。翌年10月，举行琅琊台国家风景名胜区一期工程竣工典礼活动。1994年4月，举行大珠山杜鹃花游览区开放仪式。1995年5月，举行大珠山景区石门寺景点开放仪式。1996年，市政府印发《关于加快发展旅游业的意见》，首次提出把旅游业作为胶南经济的一支新兴力量培育，确定通过财政、招商引资、股份合作等形式加快旅游业发展。1998年5月，灵山岛景区正式开放。2000年4月，市政府召开创建“中国优秀旅游城市”动员大会，设立“中国优秀旅游城市”工作室。此后旅游开发逐步形成政府引领，多渠道投资的格式。先后开发建设小珠山、藏马山、铁橛山等多个风景区，以及海青茶园、樱皇谷等多个特色旅游景区；设立琅琊台、灵山湾两个省级旅游度假区。全市旅游资源逐步得到整合。

2005年，强化旅游业发展“政府主导”战略，制定实施《2005年各乡镇、街道办事处旅游业

胶南市旅游资源分布图

考核办法》，旅游业首次列入市政府对乡镇、街道年终经济工作考核指标，推进了旅游资源优势向产业优势的转化。大村、藏南、海青、张家楼、铁山、灵山卫等镇街把发展旅游业列入工作日程。旅游景区基础设施继续完善。大珠山珠山秀谷景区建设大型绿荫停车场、三星级旅游厕所等，购置电瓶观光车，提升了景区环境和服务质量。博胜苑文化主题公园投资1000多万元，修建部分游览道路，建设菩提洞、和平钟等景点。双珠公园完成投资1000多万元的扩建工程，打造城区游览新亮点。同时，加快重点景区的生态环境建设步伐，按照国家《农业旅游示范点验收标准》实施改造建设，海青茶园、大珠山风景区、九上沟生态园、古月山庄、卧龙山庄等5家旅游区分别被评为省级和青岛市级农业旅游示范点。

2006年，大珠山风景区通过国家AAA级景区验收，海青茶园、大珠山风景区、隆海生态农业观光园等旅游区（点），通过国家旅游局“全国农业旅游示范点”的验收。配合国家旅游局“中国乡村游”主题，推出海青茶竹园、九上沟生态园、达尼画家村等“绿色生态”旅游品牌。2007年，景区开发实施的精品工程战略初见成效。按照国家AAAA级景区标准建设大珠山基础设施，投资1200万元，建设石阶步行道、围栏、座椅、垃圾箱、环保厕所等设施，当年杜鹃花会期间全部投入使用。为解决旅游产业规模小、档次低这一制约胶南旅游业快速发展的瓶颈问题，2007年4月，引进新加坡政府产业投资公司投资的小珠山旅游及综合开发项目，对小珠山进行旅游综合开发。利群德泰大酒店、阳光博澳度假酒店、裕承森林公园大酒店、旅游文化美食特色街、太平洋商务区等旅游配套项目入驻，为胶南旅游接待设施的升级创造了条件。

旅游特色商品　旅游特色商品作为旅游要素，胶南先后评选并推介出琅琊台酒、海青绿茶、蓝莓、海参、鲍鱼、西施舌、琅琊窑手绘瓷、绿泽油画等几十种旅游特色商品。

琅琊台酒　被誉为“青岛小茅台”，多次被评为青岛市十佳旅游纪念品。在众多的琅琊台酒中，30度长生、29度红梅等超低度白酒和70度原酒、71度小琅高尤其受到中外消费者喜爱。

海青绿茶　产于胶南市海青镇。外形全芽、墨绿；冲泡后黄绿剔透，色泽极佳，味甘香郁，回味悠长，是绿茶中上品。有银针、龙井、碧螺春、毛峰、炒青等品种。

海青绿茶

蓝莓　蓝莓维生素含量高，属高氨基酸、高锌、高钙、高铁、高铜、高维生素的营养保健果品。张家楼镇的佳沃蓝莓园、宝山镇的蓝宝实蓝莓生态园、厚人蓝莓园，理务关镇的慧海蓝莓园等园区都有种植。

刺参　境内海域是最适宜刺参生长的海区之一，也是青岛刺参的主要产地。出产的刺参个大、皮厚、肉质软糯、无腥味，营养丰富。

鲍鱼　境内鲍鱼个头大、肉质柔嫩细滑、味美，具有很高的营养价值。

西施舌　属软体动物门。传说由越国美女西施的舌头变成，故得名“西施舌”。主要生长在泊里一带海湾的浅水沙滩中，蛋白质含量高，味道鲜美。

琅琊新瓷　是恢复具有五千年历史的琅琊古窑后，经过传承、研究、开发烧制的艺术鉴赏瓷新品种。其质朴靓丽，肌理妙变，色彩丰富，古雅飘逸又不失厚重大气。被列入胶南非物质文化遗产名录，多次代表山东省出展文化创意博览会。

琅琊窑手绘工作室

第三节　旅游服务

1995年9月成立胶南市旅游局，负责境内旅游管理服务工作。2000年以后，胶南旅游服务工作按照“中国优秀旅游城市”的标准进行不断提升和管理，接待设施日趋完善，服务逐渐规范。2004年设立旅游质量监督管理所，指导全市的景区、宾馆、旅行社进行达标建设，负责监督旅游服务质量，督促旅游相关机构和企业开展旅游优质服务。

随着全市行、住、食、购、游、娱等旅游配套要素的不断完善，现代城市旅游功能不断提升，旅游服务越来越规范高效。截至2012年，全市共发展旅行社4家，并入驻青岛中青旅国际旅行社、中国旅行总社、青岛春秋国际旅行社等13家门市部；建成星级饭店11家，其中四星级饭店2家，三星级饭店6家，二星级饭店3家；发展星级餐馆9家，其中四星级餐馆6家、三星级餐馆3家；星级农家乐12家，其中四星级农家乐4家、三星级农家乐7家、二星级农家乐1家，共有床位2068个，餐位15302个。同时，国际品牌喜来登、美国速8连锁酒店等知名服务企业先后入驻。

红树林度假酒店

利群集团德泰大酒店开业

2012年胶南市注册旅行社基本情况一览表

表26－1－1

名　　称	级　　别	地　　址	成立时间
琅琊台国际旅行社	AAA	胶南市珠海中路	2001.3
缘之旅旅行社		胶南市珠山路	1997.11
顺意通旅行社		胶南市珠山路	2011.8
裕之源旅行社		胶南市珠海路	2011.12

2012年全市星级酒店基本情况一览表

表26－1－2

名　　称	等级	评定时间	名称	等级	评定时间
德泰大酒店	四星	2009.4	双珠蓝港大酒店	三星	2012.1
宏程粤海酒店	四星	2012.12	董家口大酒店	三星	2013.1
国旅大酒店	三星	2001.12	金中太大酒店	二星	2001.12
丰泽山庄	三星	2006.8	裕源宾馆	二星	2005.3
海西大酒店	三星	2007.11	胶南宾馆	二星	2007.11
新泰华大酒店	三星	2003.11			

2012 年全市星级餐馆基本情况一览表

表 26-1-3

名称	等级	地址	名称	等级	地址
御风大酒店	四星	大泸河西畔	环城大酒店	四星	琅琊台路 57 号
珠山雨花苑	四星	胶南经济开发区顾家崖头村	宽松火锅城	三星	海王路 150 号
山海天大酒店	四星	胶南易通路 71 号	宏润园美食城	三星	泊里镇
鑫兆运大酒店	四星	董家口港区	瑞港大酒店	三星	泊里镇
龙湾馨苑生态酒店	四星	琅琊台度假区			

2012 年全市星级农(渔)家乐基本情况一览表

表 26-1-4

名　称	等级	地址	名称	等级	地址
清闲庄园	四星	张家楼镇丁戈庄	龙湾渔嫂宾馆	三星	琅琊台度假区王家台后村
平湖旅游度假村	四星	泰山西路 318 号	龙湾新虹宾馆	三星	琅琊台度假区王家台后村
秀水田园	四星	六汪镇秀水田园度假村	海岸壹号酒店	三星	琅琊台度假区王家台后村
海青龙跃山庄	四星	海青镇	龙湾渔家乐宾馆	三星	琅琊台度假区王家台后村
九上商务酒店	三星	滨海街道	海城大酒店	三星	琅琊镇海城路 53 号
老湾口渔家宴	三星	琅琊镇西杨家洼	渔岛新村大酒店	二星	滨海街道宅科村

自 2010 开始,大力推广旅游业国家标准、行业标准和地方标准,有效地规范和引导行业和各市场主体提升服务质量。聘请中国海洋大学旅游标准化课题组编制《旅游标准化发展规划》;大珠山风景区、琅琊台风景名胜区、琅琊台旅行社、德泰大酒店、国旅大酒店 5 家试点企业分别建立企业标准化体系。2011 年 11 月,胶南市旅游标准化工作通过了国家旅游局评估验收组验收,被评定为青岛市旅游标准化示范市,5 家试点企业被评定为旅游标准化示范单位。

第二章　风景名胜区

第一节　青岛琅琊台风景名胜区

琅琊台风景名胜区位于胶南城区西南 26 千米处的海滨。1982 年,国务院公布琅琊台列入第一批国家重点风景名胜区;2001 年被国家旅游局评定为国家 AAA 级景区;2010 年被评定为国家 AAAA 级景区。

琅琊台　郦道元在《水经注》中描绘当时的琅琊台"孤立特显,出于众山上,下周二十余里,傍滨巨海",其"台基三层,层高三丈,上级平敞,方二百余步,高五里"。现在的琅琊台,依然可见台分 3 个层次,海拔 183.4 米,山下环台周长 7.5 千米,平坦的台顶周长 130 米。周代初期,姜太公封齐时作八神,四时主祠就立在琅琊山上。在琅琊台周边海域上发生的齐吴琅琊海战,以史书记载的

琅琊台风景名胜区荣获国家 AAAA 级旅游景区揭牌仪式(2010 年拍摄)

中国第一次大规模海战而彪炳中国历史和世界战史。越王勾践灭吴后北上,在琅琊山筑观台会盟诸侯,此后称为“琅琊台”。秦始皇先后 3 次登临琅琊,在勾践筑台的基础上再行修建琅琊台,并刻石纪功。琅琊台也是方士徐福率数千童男女东渡日本的启航地。历代帝王及文士多次登临游览,留下了大量的诗文墨迹。琅琊台刻石是中国现存最早的刻石之一,被称为“国宝”,原件陈列在中国国家博物馆内。经当代天文学家证实认定,琅琊台也是中国现存最早的古观象台遗址,是琅琊文化的发源地和重要凝聚点。自 1993 年开发建设以来,景区先后规划建设了多处景点,形成了一个环境优美、内容丰富、结构完整,服务完善的旅游景区。

琅琊文化陈列馆 位于景区西部。馆前矗立着秦始皇青铜铸像,陈列馆序厅展有《琅琊台图》、四时主祠模型、《古琅琊地区大事年表》和《琅琊历史变迁图》等。主展厅第一层陈列着从春秋至汉代巡游琅琊的 12 位重要历史人物塑像;第二层展出琅琊台出土的文物和社会文物。回廊的廊壁上嵌刻着历代名人吟咏琅琊风物的诗词文赋碑刻。

跺脚沟 位于琅琊文化陈列馆东侧,琅琊台和争高山之间。相传秦始皇修筑琅琊台时,白天筑台升高一层,夜间台西侧的山头也长高一截。就这样,这边不停地筑台,那边山也不停地长高,琅琊台总是高不过西山。秦始皇怒不可遏,在西山上狠狠跺了三脚,那西山才停止了长高。他跺脚的地方陷成了一道山沟,人们叫它“跺脚沟”。沟底溪水淙淙,溪边野蔷薇丛生密布,沟内到处生长着高大的板栗树,夏季枝繁叶茂,林荫清凉。

跺脚沟

徐福殿 位于跺脚沟北端,为纪念徐福东渡而建造的一座秦代风格建筑。分前后两殿和东西两庑。前殿正中立有徐福塑像,四壁挂有介绍徐

琅琊文化陈列馆

徐福殿

福生平和东渡事迹的大型工笔画，殿内还陈列着国内外研究徐福的著述，后殿和两庑展出历史文物和名人书画。

云梯 徐福殿后一条沿着山坡修建的花岗岩石阶路。据志书记载，这里原是秦始皇登琅琊台的三条御路之一。1994 年在御路原址修建，长 152 米，宽 2.8 米，共 336 步台阶，中有 4 个平台。云梯两边的山坡上乔木、灌木、藤类等植被遍布，生机盎然。

云梯

观龙阁 位于云梯顶端广场北部，琅琊台和争高山之间的仿古楼阁。主阁两层，两侧引廊。每当东南风起，琅琊台下龙湾里的波浪会形成万千银龙聚会的场面，观龙阁是观看龙湾的最佳位置，能感受到万千银龙聚会的磅礴气势。

观龙阁

秦御路 位于琅琊台北坡，观龙阁以东 200 多米处。当年秦始皇登琅琊台时走过的路。1994 年在旧路基上重建，路中间用黑方砖铺成，两边用花岗岩砌成台阶，路沿有石雕护栏。路宽 6.8 米，长 135 米，共有 386 步台阶，其中均匀分布有 4 个宽敞的平台。由此登上琅琊台顶，纵目四周，海阔天空，周围山峦尽收眼底。

御路

秦始皇遣徐福东渡入海求仙群雕 位于琅琊台顶，现代大型石雕作品，共有石雕像 14 尊：秦始皇、徐福、胡亥、李斯、赵高和文武官员、武士、侍从等。群雕生动地再现了两千多年前秦始皇巡游琅琊时，派遣徐福入海求仙的历史故事。

秦始皇遣徐福东渡求仙群雕

夯土层保护亭 位于琅琊台顶东侧，廊亭式建筑，亭前建有橱窗式的半壁亭保护着筑台的土层面。夯土每层厚约 6 厘米，夯筑纹理十分清楚。

琅琊台夯土层保护亭

秦琅琊刻石 立于琅琊台顶以西的山头上，刻载秦始皇琅琊刻辞和二世诏书刻辞全文。1994年恢复重建琅琊台时，根据《史记》记载书刻。刻石碑用青州墨青石作为镌刻载体，碑文由著名书法家熊伯齐用小篆体书写。刻石碑为正方形，高4.8米，顶宽0.73米，底宽2米。

琅琊刻石

望越楼 一座仿古楼亭建筑，位于琅琊台顶东侧山头。亭中立有紫铜锻造的越王勾践铜像，身披铠甲，手按长剑，极目南眺。史书记载，越王勾践徙都琅琊后，在琅琊山上起"观台"，又在台东顶建楼南望家乡会稽，故名"望越楼"。

望越楼

斋堂岛 位于琅琊台东南，岛上有3个自然村，隶属琅琊镇。传说此岛为秦始皇当年求仙其侍从斋戒之处。过去岛上确实有座"斋堂"，后来遭毁坏，但遗迹犹存。岛上原先有娘娘庙，相传为秦始皇之母斋戒居住之所，遗址尚存。岛上还有甘泉，位于海边绝壁，相传为太后洗脸盆。此外还有黑石门等景点，也有多处适宜执竿垂钓之处。

斋堂岛

沐官岛 位于市区南部海域的棋子湾口，岛上有一处渔村，隶属泊里镇。和斋堂岛一样与秦始皇东渡求仙有关，据旧志记载为秦始皇侍从官员斋沐之处。

景区内另有秦兵马俑布阵馆、观龙亭、观龙台、秦阙、刻石亭、神泉等景观；景区周边主要有徐福东渡启航处、亭子兰炮台、鲸馆、龙湾、徐福街等景点。

第二节 大珠山风景名胜区

大珠山位于胶南城区西南4千米处，灵山湾

与古镇口湾之间。三面环海，地势雄奇，长约 9 千米，宽约 6.5 千米，面积约 59.5 平方千米，主峰大砦顶海拔 486.4 米。据传因仙人朱仲曾居于此山，故名“大朱山”，后雅称“大珠山”。大珠山以自然风光秀丽多姿著称，植物品种丰富，奇峰异石遍布，同时拥有众多的人文古迹，其中保护较好的有石门寺、古镇口炮台、老高桥等多处古代建筑。大珠山自古以来就是令人向往的旅游胜地，远在唐代，新罗国文化宗师崔致远就曾在此留居，并写下著名的“大珠山诗十首”，如吟诵杜鹃的诗“石罅根危叶易干，风霜偏觉见摧残。已饶野菊夸秋艳，应羡岩松保岁寒”等流传至今，其后历代文人雅士都留下了大量歌咏大珠山的诗文。大珠山风景名胜区位于大珠山的东坡和北坡，区内有“石门寺”和“珠山秀谷”花区等十几个景点。1994 年，大珠山风景区正式对外开放。2009 年 10 月被国家旅游局评定为国家 AAAA 级旅游景区。

大珠山石门寺景区

石门寺步金桥

石门寺　坐落于大珠山山阴，相传建于隋唐，史料记载为金大定五年（1165 年）重修。旧时殿堂林立，古树参天，晨钟暮鼓，香火旺盛。石门寺有丰富的民间传说故事，并常有名人大师光顾，留下了大宗题诗壁画，最有名的是明末清初平山和尚的“石门寺十七诗”。寺南侧有墓塔林，12 座石塔保留完好。1993 年以来，景区先后恢复重建了石门寺大雄宝殿、墓塔林、天王殿、玉泉宫、磨铁庵、钟鼓楼、念佛堂、竹林、木栈道、石阶等。

石门寺

珠山秀谷　位于大珠山东侧山谷，每年清明节前后进入花期，其中最具特色的是野生杜鹃花，花区面积万余亩。大珠山野生杜鹃品种主要是蓝荊子和映山红等。开春时首先开放的蓝荊子，花红中透着蓝晕，四月中旬映山红相继开放，花期月余，颜色猩红，色泽夺目。杜鹃花从谷底一直延伸到山顶，盛开时，花海浩瀚，极为壮观。在杜鹃花盛开的季节，一年一度的“杜鹃花会”在此举行，前来赏花踏青的游客充谷盈川。

珠山秀谷

石门涧 出石门寺拾阶南行，便进入群峰环绕的石门涧，涧内青松翠藤，苍深蓊郁，一条山溪水经过，夏日雨季瀑布挂崖。古时，石门涧是文人墨客常来游览聚会佳地，有大量诗作传世。涧西侧有一巨石，上面镌刻着明代文人王无竟手书的一首诗："苍霭寒山深，有人乃在此。一杯复一炉，煮茗溪光里。"至今字迹清晰。

石门涧瀑布

麻衣庵 麻衣庵残垣坐落于石门涧南侧上方。据民国年间的《增修胶志》记载，晋代的陈仲举、元代的张清源、明代的赵麻衣等名士曾在这里隐居过，现存有石室和大量的石刻。庵西侧的高处有一平台，为"望海楼"遗址，条石砌的建筑基础很规整，站在这里可以东望灵山湾，西望龙湾。

麻衣庵遗址

朱朝洞 位于大砦顶西坡，有一道石门口，门枕、石窝和门槛俱在。门里面是由巨石围成的院落，院内东侧有许多巨石相摞相叠，扣合成一洞，深不可测。据传，此处与明代皇族后裔有关。

奇峰异石 大珠山景区内沿路而行，可以欣赏到各种奇峰异石：奋力攀山的石龟、挎着篮子的少女、雄踞山头的雄鹰、手拄禅杖的和尚，以及"一指通天""清照索句""圣人问路""僧道对弈""师徒取经""关公请战""天马行空"等奇石，高约141米的天然石佛惟妙惟肖地展示着大自然的鬼斧神工。

大珠山奇石——天然大佛

在景区周边还有徐庶庙、帽子峰、隋唐石窟、高峪画苑等多个景区景点。

第三节 小珠山风景区

小珠山地处胶南东部，位于灵山卫和隐珠街道境内，东与青岛经济技术开发区毗邻。主峰大顶海拔724.9米，是青岛西海岸第一高峰，"大顶观日出"被称作第一奇观，与大珠山合称的"双珠嵌云"被誉为古胶州第一胜景。小珠山有三多：险峰奇石多，望仙台、滴水观音、官帽石、珠山船等千姿百态；沟涧泉水多，溪水、山泉、瀑布、深潭、塘坝星罗棋布；树木花草多，植被繁茂，树木繁多，花草遍地。小珠山也有丰富的人文景观，齐长城贯穿而过，进开发区入海；明末张大雅、韩继本农民起义屯军遗址、防守工事至今存留。佛教文化深厚，有朝阳寺、蟠龙寺、白云寺、太平庵等古刹名寺，古往今来的文人墨客也留下了许多珍贵史料和诗文。

古月山庄 位于小珠山东麓，地处灵山卫街道杨七岭村，总面积3.33平方千米。景区内共分

古月山庄风景区

为入口区、接待服务区、山泉游憩区、民俗游乐区、景观游赏区、绿色养殖区六个功能区，是一个集游览、观光、休闲、疗养、度假于一体的城市郊野公园。景区除有秀丽的自然风光外，还开发建设了翡翠塘、吊索桥、女儿泉、儿童乐园、动物表演场等景点，各有情趣。景区内有直达山顶的登山石阶，登上峰顶，近可览山林竞秀景石迭出，齐长城遗迹蜿蜒上下，远可眺青岛市区。2010 年被评定为国家 AA 级旅游景区。

博胜苑景区　位于小珠山西麓，东靠青岛经济技术开发区，西倚隐珠街道，南邻灵山卫街道，北接王台镇，总面积 30 平方千米。景区内共分 10 个功能分区，是一个集游览、观光、探胜、休闲、度假于一体的城市郊野主题公园。

博胜苑景区

步入景区，除观赏秀丽的山光水色和琳琅满目的奇峰异石之外，还可饱览佛教文化。蟠龙寺、白云寺、太平庵等古刹名寺均在景区之内，园内有 100 多位著名作家和艺术家签名的“太平钟”、国内罕见的大型现代摩崖石刻“佛祖讲经图”和《心经崖》全文石刻以及世界名人石造像等。位于小珠山顶峰大顶的菩提洞，横穿南北大顶，长 109 米，供奉有多位艺术家和民间艺人创作的十尊金身菩萨。

第四节　灵山岛风景区

灵山岛位于胶南城区东南灵山湾中，距大陆最近点 11.06 千米，面积 7.66 平方千米，主峰海拔 513.6 米，是中国的第三高岛。岛上有 12 个自然村，属胶南市积米崖港区所辖的一个管区。《胶澳志》称它为“水灵山岛”，古《胶州志》称“先日而曙，将雨而云，故名灵山”，“灵岛浮翠”列古“胶州八景”之一。灵山岛有许多独特的自然景观，代表景观有火炬树、灵岛浮翠、灵岛奇峰、老虎嘴、试刀石、背来石等。为省级自然保护区。

灵岛浮翠　乾隆年间的《胶州志》记载，灵山岛“其色四时常青，葱翠如滴，时与波光相乱”。灵山岛林木覆盖率 70% 以上。岛上每座山峰都耸翠叠绿，每道山梁、每面山坡、每条山沟都是郁郁葱葱的绿树，满岛的翠色倒映成大海里浮动的绿光，绿光拥抱着翠绿的海岛，把岛上的翠绿渲染的更具动感。

海上画屏——灵山岛远眺

灵岛奇峰 灵山岛上共有山峰56座，一座山峰就是一个艺术形象。有活灵活现的“象鼻山”，岛上的最高峰“歪头顶”，惟妙惟肖的“石秀才”、“石笋”等奇峰异石。

象鼻山

老虎嘴 位于海岛南端山崖上，好象一只卧身昂首的猛虎张着巨口朝大海呼啸。“虎口”旁边的石壁上刻着“老虎嘴”三个大字。站在老虎嘴西北山崖上的观虎亭里，可以看到老虎嘴吞吐着高天的风云和大海上的飞霞。

老虎嘴

试刀石 位于海岛东面的一座小山，临海的一角好象用刀削了下来一样。相传有一年海盗入侵灵山岛，岛上一位渔家好汉率众乡亲来到海边迎击海盗，他为了试试刀锋，挥刀削去这个山角，后来人们就叫这块被削下的山角为“试刀石”。

海蚀崖壁 位于海岛东北端的一道陡峭的崖壁。高山的岩体深入海中，经千百万年来大海狂涛细浪的撞击，深入水中的部分就断碎成海里的礁石，海岸就出现了这道壮观的海蚀崖壁。岩层间有岩浆凝固而成的岩石，崖壁上有海蚀洞、五彩石、硅化木化石等。

灵山岛地质奇观

背来石 位于海岛东北端的海蚀崖壁前，是一块深灰色的奇石。传说它原是东海龙宫里的一块灵石，被龙王的女儿水灵从龙宫里背来放在这里与她为伴。“背来石”犹如巨大的荷蕾，那外层的瓣似乎时刻就要张开，就在最外层花瓣张开的

背来石

地方,大自然的鬼斧神工还雕刻了一株老干曲枝的梅花在上面。

火炬树　灵山岛的山坡、沟坎和崖头上生长着许多火炬树。每年六月,树枝头便窜出一支火红的花,整个花絮有二三十厘米高,形状极像熊熊燃烧的火炬,一直开放到深秋。岛上有多处"火炬坡"和"火炬垭",成片的火炬树林,无数支火炬花怒放,苍翠的绿色烘托着火焰般的红色,形成了灵山岛一道夺目的风景。

第五节　双珠公园

位于城区西部珠山路以东,北靠珠海路,南临风河,东接东风路。双珠公园始建于 1987 年,占地 23 万平方米,其中绿地 14.18 万平方米,园路及草坪砖 3.57 万平方米,水面 3.66 万平方米,服务设施面积 1.59 万平方米。公园建设以中国古典造园山水为骨架,融入现代园林的格局与设施,体现"古国新城"主题,具有时代气息。公园共分五个功能区:(一)龙山湖水上活动区。位于北大门南 100 米处,占地 3.66 万平方米。涵碧桥南北横跨湖面,建有凌波飞虹大型喷泉、琼岛迷雾及亲水平台等景点。另有脚踏船、手划船、电动船等 30 余艘,供游客水上游览。(二)动物展示区。位于龙山湖西南侧,槐树林东北角,占地 6000 平方米。展示区内有猴山、珍禽园、百鸟园、动物园等。(三)儿童活动区。位于公园西大门北侧,占地 9800 平方米。(四)老人活动区。设在公园东大门南侧,面积 1.4 万平方米,有休闲活动广场和门球场。(五)观赏休闲区。主要分布在从东门经珠联璧合广场到旱喷灯光广场,经组合式园路至槐树林,经木栈道至风河一线。区内除原有的槐树林外,新增大规格柿树、桂花、木瓜等珍稀树种。主要景点包括珠联璧合广场、旱喷灯光广场、牌坊、涵碧桥、观鱼廊、轩阁、十二生肖长廊、八角亭、双层蘑菇亭、假山等。

双珠公园

第三章　旅游度假区

第一节　青岛琅琊台省级旅游度假区

1995 年 12 月,省政府批准设立青岛琅琊台省级旅游度假区,1998 年 3 月成立管委会。度假区规划面积 9.8 平方千米,海岸线长 7.8 千米,是以海滨旅游度假为主,兼有商务休闲、文化游览和山海观光等功能的综合性旅游度假区。已开发开放的旅游景区和服务设施,除琅琊台风景名胜区外,还有卧龙山庄生态庄园、龙湾海水浴场等景点。

卧龙山庄生态园　建于 2001 年,占地 9.3 公顷,位于龙湾海水浴场北侧,北依龙王溜,南望琅琊台,是一座充满神话色彩的"水上公园"。百鸟园占地 3000 多平方米,养殖飞禽 100 多种;垂钓中心养殖鱼贝类海鲜 50 余种,还备有游艇 10 多艘,专供游客垂钓和观光。卧龙山庄内散布着 50 多个民俗庭院,供游客食宿。

龙湾海水浴场　位于琅琊台北侧山下,因海

湾内常有龙形波浪的出现而得名。滩广沙细，远离污染，海水晶莹透明，每到东南风达到5级以上时，龙湾里就会出现银龙奔腾聚会的景象，十分壮观。龙湾西岸有一块巨石，朝着陆地的一面刻着“龙湾”二字，朝大海的一面刻着“倏起一龙”四个字。“倏起一龙”原是明代诸城知县颜悦道立在琅琊台上的《登琅琊述》石碑上的一句话，历经450多年，此碑犹存。龙湾已开发长1560米，正常潮位宽200米的浴场海滩，设有防鲨网、冲浴房、停车场等设施，已成为集旅游、购物、餐饮、休闲、娱乐为一体的大型娱乐场所。

龙湾海水浴场

徐福街 位于龙湾西岸，占地6000平方米，为秦式仿古建筑，主要为游客提供食宿和购物服务。街上所有建筑物的线条平直、简洁、古朴，展现出秦代市井街肆风貌。东面是由花圃、草地装扮的广场，一尊高5.8米的徐福石雕像立于广场正中。

青岛国防教育基地 位于度假区北部，为纪念“和平使命——2005”中俄首次联合军事演习而建。主要有两大部分组成：一是中俄联合军事演习纪念馆，包括指挥中心、中俄军械图片展览室、放映厅三部分；二是将军台（观礼台），包括军械实物展览、观礼台和指挥所。

渔家宴 2002年起，王家台后村利用靠近琅琊台和龙湾海水浴场的地理优势，开发了体现海滨渔家生活情景和渔业生产方式的“渔家宴”旅游项目。在这里，游客住渔家屋，吃渔家饭，游琅琊台，看卧龙山庄生态园，还可以乘渔船或在岸礁垂钓，赶海捡螺拾贝，参加海滩篝火晚会等，享受渔家生活的乐趣。

青岛市国防教育基地——中俄军演纪念馆

第二节 青岛灵山湾省级旅游度假区

2010年11月正式启动灵山湾申报省级旅游度假区。2012年12月，省政府同意并批复设立青岛灵山湾省级旅游度假区。度假区规划北起月亮湾，南至龙门顶码头，东起积米崖（不含灵山岛），西到大珠山，沿滨海大道向东南延伸，陆地总面积约28.5平方千米。度假区具有高品位的海洋、沙滩、阳光“三S”要素，拥有海水浴场、国家森林公园、湿地公园、生态体育公园等丰富的旅游资源和产品。截至2012年底，投资10亿元用于度假区土地整理及基础设施建设，整理滩涂333.33公顷，储备土地136.2公顷，其中风河以北82.73公顷，风河以南53.47公顷。配套建设路网管网、城市展览馆、城市阳台景观工程等公益基础设施。先后引进大项目14个，社会总投资逾200亿元，规划建筑面积近300万平方米。集聚洲际、艾美、丽笙、香格里拉、红树林、喜来登、世茂等多个国内外知名品牌，形成高端服务品牌集聚群。度假区内拥有客房1万余间。

城市阳台 位于灵山湾省级旅游度假区核心区，为大型公益性城市休闲公园。2012年7月建成开放。占地71.67公顷，设有城市阳台景观区、灵山湾第一海水浴场、市民文化广场、文化会展公园、滨水广场、儿童广场、中心湖区、大卢河景观桥等景观。是集文化、休闲、运动、观海等多种功能于一体的现代滨海城市公园，被评为“青岛市园林绿化精品工程”。

2012 年 7 月，城市阳台建成并对外开放

灵山湾国家森林公园　位于灵山湾省级旅游度假区中部。1994 年 2 月，被国家林业部命名为“灵山湾国家森林公园”，批复总面积 697.13 公顷，其中成林 328.6 公顷，幼林 88.6 公顷，湿地 145.13 公顷，苗圃地 12.27 公顷；森林覆盖率 58.8%，植被覆盖率 78.7%，初具海防林自然景观，并具有显著的保持水土、防风固沙、抵御海潮、调节气候、美化环境等重要作用。公园内有木本植物 21 科 53 属 86 种，草本植物 28 科 94 属 122 种。是以森林游憩和郊野休闲为特色的多功能综合性城郊生态型森林旅游胜地。开发建设有神奇乐园游乐区、园林荟萃区、森林游憩区、海上活动区、滨海度假村、海礁垂钓区、花园别墅区等八个功能区。

灵山湾国家森林公园

海水浴场　位于灵山湾内东侧，滨海大道以南，大泸河以东、两河入海口处海岸边，东西长有 5 千米优质沙滩，其中 3 千米建成海水浴场。20 世纪 90 年代开始规划建设并投入使用。浴场沙滩绵绵，绿树成荫，形成“金滩镶绿野，碧海映蓝天”的海滨风光特点。

风河湿地　位于风河入海口处，面积 66.7 余公顷，是以芦苇等水生植物和海鸥、白鹭、苍鹭、野鸭、鹬等多种水鸟为主的自然保护区，由于自然环境优良无污染，被称为“城市之肺”。

海水浴场

风河湿地

第三节　藏马山国际旅游度假区

藏马山国际旅游度假区位于藏马山南麓，陡崖子水库以北，山峦跌宕俊秀，生态植被丰实，自然资源优势明显，加之气候宜人，区位适中，素有“东有崂山，西有藏马”之称。度假区总体面积约 32 平方千米，内部功能多样，设施完备，是一个集观光、休闲、娱乐、餐饮、运动、会议、科普、民俗等功能为一体的综合性度假胜地。

藏马山国际旅游度假区

植物园　分多个区域，有玫瑰园、牡丹园、郁金香园、薰衣草园、诗经园、蓝莓园等。诗经园是一个露天开放式的园林，园内有多种奇花异草，布局优雅、曲径通幽，花草树木配有植物说明并有与环境和植物相称的《诗经》名句标牌。薰衣草园中的薰衣草从5月、6月开始一直到10月，浓艳的色彩装扮着整个山谷。

蓝莓小镇　一个有着欧陆风情的小镇。欧陆式的建筑、配套设施完善的蓝莓度假酒店，还有咖啡吧、餐厅、酒吧、4D影院、商店、展览馆等风格鲜明。积木样的屋舍，欧式的风灯、室外的挂表、藤类植物缠绕着墙壁门窗，起伏的街道，趣味盎然的街头雕像、精致的小广场，不远的山坡上还有一座小教堂。小镇到处都透露着异域风情，让人仿佛置身于欧洲一样。

千禧谷　与蓝莓小镇毗邻，景区内有索桥、水果模型、卡通人物形象、风车，还有一系列的游乐设施。

藏马庄　顺山坡自然地势而建的村庄，石板铺成的街道上坐落着近百个门头店铺，这些建筑大都展示着20世纪五十年代、六十年代乃至更早时期的乡村小镇风格。藏马庄的主题是美食一条街，街上招帘酒幌密集，各种风味的小吃排列在街面两侧。除美食街之外，还有庙会戏台子，演艺小广场等，里面有茶亭、凉粉棚和供游人休息的座位。

滑雪场　境内最大的冰雪游乐基地，总面积达12万平方米，配套设施齐全，人工造雪功能强大。5条高、中、初各级雪道的滑雪场可让游客自由滑翔，几万平方米的戏雪区，设计了雪地摩托、雪圈、雪爬犁、雪雕DIY、雪地马术、雪地挖掘机等项目供游客参与。每年一度的藏马山冰雪节开放时间长达两个多月。

蓝莓小镇全景

第四章　乡村特色旅游区

第一节　海青茶园

海青茶园位于胶南市西南部海青镇。20世纪60年代，海青“南茶北引”成效明显，此后不断发展，成为北方茶乡。主要景区为海青绿洲茶叶精品园，规划面积1万公顷。园内山、水、茶、竹、林等生态资源得天独厚，一年四季茶农从茶树的生产管理、茶叶的采摘、加工、包装，到茶艺的展示，每个环节都在彰显着厚重的茶文化。茶园内涓涓溪流，芦苇丛生，青翠的竹林，碧绿的茶园，一派南国气象，被誉为“青岛小江南”。海青绿洲茶叶精品园先后被评为省、青岛市农业生态旅游示范点，国家级农业旅游示范点。

每年一次的“绿茶采茶节”是海青当地民间的一项重要活动。一般于5月初在海青茶叶精品园举办，有当地群众和外地客人数万人参加。其间，人们可以观览采茶女的风采，自己动手体会采茶

海青绿茶采茶节现场

乐趣，现场参观制茶工艺流程，观赏丰富多彩的文艺表演、炒茶比武、茶艺表演等活动，尽情游览茶乡田园风光。

第二节　樱皇谷

樱皇谷位于铁橛山南麓张家楼镇大崮村。群山环绕的景区内曲径通幽，溪水潺潺，有生长多年的樱桃树5万多株计10多个品种。樱桃以个大、味甜、形美著称。据考证，该地樱桃种植至少有360年的历史。景区内民风朴实，生态自然，石头、老树、山泉、民居交相辉映，构成了一幅美丽的山居图画。有胶南籍原国家外交部部长李肇星题词的《姥姥的樱桃》诗词碑刻。另有邵华泽题词的“月亮湾”“一滴泉”，艾丰题词的“农耕文化园”等诸多景点。还有清代大学士、雍正皇帝老师张谦宜的墓地。景区每年一度的樱桃文化节，有樱桃采摘、原生态乡村游、特色农家宴、农耕文化体验、大戏台表演等活动项目。

樱皇谷景区

第三节　铁橛山风景区

铁橛山风景区位于六汪镇内，面积7.8平方千米。铁橛山海拔595.1米，著名的山峰有八柱山、墨津崮、歪头顶、南门山等大小三十六峰，还有醉酒泉、涌金泉、清音泉等风采各异的七十二泉。最著名的是古胶州八景之“铁橛悬泉”，清乾隆版《胶州志》记载：“铁橛山峰直矗，色黑如铁。顶有悬崖如盖，名滴水崖。一水从石罅中滴出，时作玉琴声。下积为流，溽夏不流，大旱不涸，玩之如明珠时倾，又似闻流水一曲，不减庐山瀑布云。”清朝诗人周于智有诗赞美曰：“琴声仿佛出烟岑，流水高山自古今。何事成连居海上，风涛漫拟是清音。”风景区林木覆盖率达95%。600年银杏、400多年板栗树、百年枣树以及杜鹃、秋海棠、平柳、柘树等百余种植物分布在景区内，高山“大躺枣”久负盛名。清代法若真《滴水岩绝顶海棠序》云：“……绝顶。方广十亩余，皆秋海棠聚生其上，约十余尺、六七尺、四五尺。叶委如偃轮，华灼如火树。旭色高融，忽芙蓉之摇落，忽桃花之烂熳；亦幔亭之飞霞，亦丹崖之绛雪……”景区内原有滴水庵两处，分别位于山顶滴水岩和山下的村子里，称为“上庵”和“下庵”，遗址尚存。景区现已建成生态林果休闲园区、特色农业种植园区、卧龙生态旅游度假区和地质景观区四大功能区并陆续对外开放。

铁橛山风光

第四节　九上沟生态园

九上沟风景区

九上沟生态园位于铁山街道九上沟村，是国家 AA 级旅游景区。九上沟自然风光独特，素有“天然氧吧”之称。园内有林果采摘区、山野观光区、农家游览区和民俗度假区等数十处景点。每年早春时节，漫山遍野的樱桃花、杏花、桃花等开满山谷。每年 5 月举办樱桃采摘节，可品味纯正的山里樱桃，可以领略独特的自然景观和淳朴的乡土风情。景区内建有“杨家山里抗日战争纪念馆”，供游人观览，接受爱国主义教育。

第五节　蓝莓采摘园

张家楼沃林蓝莓采摘园

蓝莓，果实除供鲜食外还有极强的药用价值及营养保健功能，因此又被称为“水果皇后”和“浆果之王”。2012 年，全市蓝莓总面积达 4453 公顷，可采摘面积达 2000 公顷，年产鲜果 3000 吨。为全国县域种植面积最大、产业化程度最高的蓝莓主产区，被称为“蓝莓之乡”。蓝莓园成为乡村旅游的重要景点，特别是每年六七月间的蓝莓采摘节期间，蓝莓种植主要区域张家楼镇、宝山镇等地多处采摘园对外开放，活动内容丰富，品尝游乐兼具。

宝山蓝宝石有机蓝莓采摘园

第六节　达尼画家村

达尼画家村位于城区以西的张家楼镇大泥沟头村，被誉为“中国江北第一画家村”。村北有松泉山，面积 20 多公顷，山林茂密、植被丰富。青岛绿泽画院于 2003 年 7 月落户开业经营以来，已建成并使用画室 12000 平方米，有职业画家 36 人，画师 400 人，画工 300 多人，主要从事油画、水彩画、丙烯画的临摹和创作，吸引了众多文化界人士的光临，作品出口欧美等十几个国家和地区，年出口油画 3 万余幅。相应的配套设施有3000余平方米的绿泽油画国际展览交易中心（绿泽美术馆）和具有中等职业教育资质的绿泽美术职业学校。画院先后荣获“中国文化（美术）产业示范基地”“中国文化制品七大品牌”“国家文化出口重点企业”

绿泽油画国际展览交易中心

等荣誉称号。

村中画廊一条街由山川画廊、大地画廊等10家画廊组成，画作风格各异。秀丽的自然风景、浓郁的文化氛围、漂亮的文化建筑给游人和民众提供了一处较高品位的观光和文化娱乐休闲场所。

第五章　历史文化遗址

第一节　齐长城遗址

齐长城始建于春秋齐桓公时期，完成于战国齐宣王时期，蜿蜒千余里，被称为"中国长城之父""世界壁垒之最"。春秋中叶以前齐长城仅完成了西段修筑，今沂源以东即是战国时期田氏齐国所续修的东段长城。齐长城遗址胶南段是战国时期完成的，由诸城市桃园镇史家夼入胶南境，起自六汪镇李家前夼西岭横贯而东，经六汪、铁山、黄山、隐珠、灵山卫5个乡镇（街道、功能区），逾小珠山进入青岛经济技术开发区辛安街道东于家河村东北入海，历经215座山头，全长68.1千米。齐长城，随山势而筑地段多系由大小不一的自然石块砌成，平原低谷地段多夯土而筑，

齐长城遗址（六汪镇山周段）

从军事防御功能需要，设有城墙、防门、关塞、燧、亭、烽火台等设施。六汪镇徐家前夼北岭和山周村北岭各有600多米长的残垣，隐珠街道孟家洼子北山一段长达1000米，还有多处烽火台、城堡寨遗迹（详见二十五篇第三章第二节）。

第二节　灵山卫古城

灵山卫古名安陵，是战国时期齐国的海上交通门户。宋金时期，灵山卫为海上军事要塞，明代初期建灵山卫，其职责是负责青、莱两州的海疆防务。灵山卫城堡曾历经三次营造，城池整齐，规模宏大。据《卫志·建置志》载："四门洞达，街为十字，均齐方正，形若棋盘，巷口有石若棋子，中有界河自北水门入，由南水门出，汇于城南，渐次归海。"城中分东、西、南、北四街，建有卫署、学宫、经历司、仓廒等。城东有演武场，建有将台、厅堂。城外还有社稷坛、风坛、云坛、雷坛、雨坛、先农坛、城隍庙、关帝庙、玄武庙、三官庙、三司庙、马神庙、观音阁、福寿寺、朝阳寺等坛、庙、阁、寺，有文林坊、柱史坊等坊表，有通济桥、长平桥、迎鹤桥、小石桥等桥梁建筑。

雍正十三年（1735年）春，灵山卫正式裁撤。裁并后，古城日渐荒废，只有城内的护城河和城南烽火台遗迹尚存。2011年7月份起，灵山卫街道

投资200多万元修复城隍庙，本着“修旧如旧”的原则，对主殿和后宫进行了维修。

灵山卫城隍庙遗址

第三节　夏河城遗址

夏河城古称齐邑、琅琊城、夏河寨备御前千户所等，现为琅琊镇驻地。此地历史悠久，春秋时期，齐国在此设琅琊邑，春秋末期越王勾践将越国首都迁至这里，秦并天下实行郡县制，琅琊郡郡址也设在此地。明朝实行卫所制，这里设备御前千户所，城池称为“夏河城”，是灵山卫的“前所”。据《明史》载，夏河寨备御前千户置于明弘治后期（1488～1505年）。夏河城遗址曾出土秦砖、釉陶器、灰陶器、古币等文物，至今有两段残城墙尚存。1996年7月，夏河城城墙被列为胶南市级文物保护单位。

第四节　大珠山隋唐石窟

境内有许多宗教遗址，除寺院庙观之外，还存有多处石窟造像，大珠山石窟是青岛地区仅存的隋唐时代佛像石窟。据传大珠山在隋唐鼎盛时期曾拥有90多座石窟，但大多消失难觅，目前发现的只有3处，即石屋子沟石窟、峡沟南山石窟和峡沟西山石窟，这3处石窟皆在大珠山山脉择石凿就，石窟除体现隋唐时期的佛教文化风貌外，还有非常高的艺术价值。大珠山石窟群的菩萨造像线条简练、流畅，方头大耳，袒肩露腹，石窟两侧壁上造像面容丰圆、清秀，造像衣服线条稀疏，有较明显的隋唐石窟造像特点，但与隋、唐时盛行的石窟艺术特色还有所区别，可能这也是大珠山石窟的一种特色。

第二十七篇

社会生活

隐珠街道办事处农民经济适用房
奠基仪式

第一章　人　口

第一节　人口状况

人口总量　1987年底，全县共有204648户822002人，其中男性420858人，女性401144人。1990年全国第四次人口普查，全市839100人，其中男性427951人，女性411149人。2000年全国第五次人口普查，全市827771人，其中男性419362人，女性408409人。2010年全国第六次人口普查，全市868348人，其中男性441681人，女性426667人。

人口分布　2010年全国第六次人口普查，全市常住人口868348人。其中，城区人口由珠山街道、珠海街道、胶南经济开发区范围内人员为主构成，计248090人；农村人口由其余20处镇、街道、区所辖人员为主构成，计620258人。

2010年全国第六次人口普查胶南家庭人口分布情况统计表

表27－1－1　　单位：户、人

区　域	户　数			人　口　数			
	合计	家庭户	集体户	合　计	男	女	性别比（女＝100）
合计	304640	294391	10249	868348	441681	426667	103.52
珠山街道	27445	27025	420	77037	38869	38168	101.84
珠海街道	26028	25716	312	73145	36095	37050	97.42
隐珠街道	13753	12614	1139	39614	20497	19117	107.22
灵山卫街道	17422	15284	2138	54968	29025	25943	111.88
铁山街道	7852	7734	118	22384	11368	11016	103.20
滨海街道	13638	12166	1472	43133	23295	19838	117.43
琅琊镇	11513	11468	45	32148	16377	15771	103.84
泊里镇	21669	21093	576	61853	31091	30762	101.07
大场镇	15669	15434	235	42955	21472	21483	99.95
大村镇	13049	13024	25	33941	17163	16778	102.29
六汪镇	9286	9278	8	24705	12618	12087	104.39
王台镇	15999	15750	249	47475	23762	23713	100.21
张家楼镇	13981	13907	74	38878	19728	19150	103.02
海青镇	12220	12213	7	33964	16916	17048	99.23
宝山镇	9591	9578	13	25828	13158	12670	103.85
藏南镇	9539	9529	10	26388	13296	13092	101.56
理务关镇	5555	5545	10	15069	7520	7549	99.62
临港经济开发区	10473	9782	691	30785	16263	14522	111.99
胶南经济开发区	32914	30252	2662	97908	50064	47844	104.64
琅琊台度假区	1246	1239	7	3595	1799	1796	100.17
黄山经济区	7246	7226	20	19696	9893	9803	100.92
积米崖港区	1890	1882	8	5200	2612	2588	100.93
胶河经济区	6662	6652	10	17679	8800	8879	99.11

人口密度 1990年每平方千米460人，比1982年增加34人；2000年每平方千米447人，比1982年增加21人；2010年每平方千米477人，比1982年增加51人；2012年每平方千米481人，比1982年增加55人。

第二节 人口变动

自然变动 1988～2009年，出生率高于死亡率。2009～2012年，出生率低于死亡率，属于高人口自然增长类型。1988～2012年底，全市共出生228123人，平均每年出生9125人；死亡152772人，平均每年死亡6111人，净增75351人，平均每年净增3014人。出生率最高的是1990年，达17.1‰，最低的是2009年，为7.06‰；死亡率最高的是2010年，达8.34‰，最低的是1989年，为6.27‰；自然增长率最高的是1990年，达10.1‰，最低的是2009年，为－0.47‰。

机械变动 1988～1990年，迁入率高于迁出率。1991～2004年，迁入率低于迁出率。2005～2012年，迁入率高于迁出率。1988～2012年，共迁入168136人，迁出165290人。

1988～2012年全市(县)户籍人口变动情况统计表

表27－1－2　　单位：户、人

年份	总户数	总人数	出生人数	出生率	死亡人数	死亡率	自然增长率	迁入人数	迁入率	迁出人数	迁出率	人口机械增长率
1988	208722	830807	12598	15.24‰	5694	6.89‰	8.35‰	14987	18.14‰	13089	15.84‰	2.30‰
1989	213793	840360	13239	15.84‰	5240	6.27‰	9.57‰	13614	16.29‰	12077	14.45	1.84‰
1990	225843	849212	14452	17.11‰	5912	7.00‰	10.11‰	14657	17.35‰	14353	16.99‰	0.36‰
1991	230378	855965	12868	15.09‰	5547	6.51‰	8.59‰	4578	5.37‰	5164	6.06‰	－0.69‰
1992	243851	855720	8476	9.90‰	6036	7.05‰	2.85‰	5335	6.23‰	8022	9.37‰	－3.14‰
1993	245821	853258	6896	8.07‰	5537	6.48‰	1.59‰	5152	6.03‰	8993	10.52‰	－4.50‰
1994	247518	850111	8677	10.19‰	5971	7.01‰	3.18‰	5955	6.99‰	8065	9.47‰	－2.48‰
1995	251203	853109	10672	12.53‰	5885	6.91‰	5.62‰	6406	7.52‰	8151	9.57‰	－2.05‰
1996	249021	833204	11208	13.29‰	6248	7.41‰	5.88‰	5688	6.75‰	8090	9.59‰	－2.85‰
1997	250351	834819	9837	11.79‰	6259	7.50‰	4.29‰	4744	5.69‰	6750	8.09‰	－2.41‰
1998	253644	836741	8849	10.59‰	6173	7.39‰	3.20‰	3717	4.45	4587	5.49‰	－1.04‰
1999	258009	836481	7588	9.07‰	5691	6.80‰	2.27‰	3386	4.05‰	5845	6.99‰	－2.94‰
2000	262972	836083	8189	9.79‰	6519	7.80‰	2.0‰	3397	4.06‰	5635	6.74‰	－2.68‰
2001	268265	836749	8326	9.95‰	5792	6.92‰	3.03‰	3981	4.76‰	5854	7.00‰	－2.24‰
2002	268238	837245	8435	10.08‰	6280	7.50‰	2.57‰	4582	5.47‰	6241	7.46‰	－1.98‰
2003	272412	838011	7395	8.83‰	6198	7.40‰	1.43‰	5537	6.61‰	5968	7.12‰	－0.52‰
2004	262374	808438	9577	11.63‰	5893	7.16‰	4.48‰	6112	7.42‰	7303	8.87‰	－1.45‰
2005	263718	811318	8941	11.04‰	6279	7.75‰	3.29‰	6344	7.83‰	6126	7.56‰	0.27‰
2006	265308	817533	8988	11.04‰	6345	7.79‰	3.25‰	8349	10.25‰	4777	5.87‰	4.39‰
2007	266618	826733	8829	10.74‰	5913	7.19‰	3.55‰	10150	12.35‰	3866	4.70‰	7.64‰
2008	266898	833837	7823	9.42‰	6527	7.86‰	1.56‰	8647	10.41‰	2839	3.42‰	7.00‰
2009	267005	837359	5900	7.06‰	6290	7.53‰	－0.47‰	6663	7.97‰	2811	3.36‰	4.61‰
2010	266835	839202	7080	8.45‰	6991	8.34‰	0.11‰	6019	7.18‰	4341	5.18‰	2.00‰
2011	267437	841222	6640	7.90‰	6776	8.06‰	－0.16‰	5488	6.53‰	3273	3.90‰	2.64‰
2012	267181	843276	7879	9.35‰	7435	8.83‰	0.52‰	4648	5.52‰	3070	3.65‰	1.87‰

流动人口 1988年，全县登记暂住人口9681人。1993年为15837人。1995～2005年，全市登记暂住人口401442人。2006～2011年，登记暂住人口834208人，其中2011年登记16.1万人，签发

暂住证15.8万个。2012年10月1日,《山东省流动人口服务管理办法》正式施行,流动人口服务管理实行居住登记制度。截至2012年底,登记流动人口13.3万人。

第三节　人口构成

性别构成　1982年全国第三次人口普查,全县总人口中男性占51.06%,女性占48.94%,性别比(以女性为100,下同)为104.32。1990年全国第四次人口普查,全县总人口中男性占51%,女性占49%,性别比为104.09。2000年全国第五次人口普查,全市总人口中男性占50.66%,女性占49.34%,性别比为102.68。2010年全国第六次人口普查,全市总人口中男性占50.86%,女性占49.14%,性别比为103.52。

2010年全国第六次人口普查胶南性别构成情况统计表

表27-1-3

区　域	人口数(人)								家庭平均户规模
	集体户				家庭户				
	小　计	男	女	性别比(女=100)	小　计	男	女	性别比(女=100)	(人/户)
合计	823109	413409	409700	100.91	45239	28272	16967	166.63	2.80
珠山街道	75593	37956	37637	100.85	1444	913	531	171.94	2.80
珠海街道	72127	35548	36579	97.18	1018	547	471	116.14	2.80
隐珠街道	35520	18169	17351	104.71	4094	2328	1766	131.82	2.82
灵山卫街道	42871	21788	21083	103.34	12097	7237	4860	148.91	2.80
铁山街道	21952	11138	10814	103.00	432	230	202	113.86	2.84
滨海街道	36383	18110	18273	99.11	6750	5185	1565	331.31	2.99
琅琊镇	31747	16039	15708	102.11	401	338	63	536.51	2.77
泊里镇	59174	29549	29625	99.74	2679	1542	1137	135.62	2.81
大场镇	41879	20878	21001	99.41	1076	594	482	123.24	2.71
大村镇	33739	17011	16728	101.69	202	152	50	304.00	2.59
六汪镇	24669	12586	12083	104.16	36	32	4	800.00	2.66
王台镇	46391	23166	23225	99.75	1084	596	488	122.13	2.95
张家楼镇	38435	19427	19008	102.20	443	301	142	211.97	2.76
海青镇	33921	16880	17041	99.06	43	36	7	514.29	2.78
宝山镇	25754	13089	12665	103.35	74	69	5	1380.00	2.69
藏南镇	26333	13255	13078	101.35	55	41	14	292.86	2.76
理务关镇(乡改镇)	14994	7478	7516	99.49	75	42	33	127.27	2.70
临港经济开发区	27751	14260	13491	105.70	3034	2003	1031	194.28	2.84
胶南经济开发区	87999	44182	43817	100.83	9909	5882	4027	146.06	2.91
琅琊台度假区	3582	1788	1794	99.67	13	11	2	550.00	2.89
黄山经济区	19545	9772	9773	99.99	151	121	30	403.33	2.70
积米崖港区	5091	2554	2537	100.67	109	58	51	113.73	2.71
胶河经济区	17659	8786	8873	99.02	20	14	6	233.33	2.65

年龄构成　2000年全国第五次人口普查，全市0～14岁156502人，占18.91%；15～64岁587092人，占70.92%；65岁及以上84177人，占10.17%。同1990年全国第四次人口普查相比，0～14岁的比重下降4.15个百分点，65岁及以上比重上升了2.99个百分点。

2010年全国第六次人口普查，全市0～14岁13.00万人，占14.97%；15～64岁63.98万人，占73.68%；65岁及以上9.86万人，占11.35%。同2000年全国第五次人口普查相比，0～14岁比重下降3.94个百分点，15～64岁比重上升2.76个百分点，65岁及以上比重上升1.18个百分点。

2010年全国第六次人口普查胶南人口及年龄情况统计表

表27－1－4　　单位：人

年　龄	人口数			年　龄	人口数		
	合　计	男	女		合　计	男	女
总　计	868348	441681	426667	21	14608	7893	6715
0～4岁	40754	21085	19669	22	12908	6811	6097
0	6640	3443	3197	23	12045	6225	5820
1	7948	4172	3776	24	8954	4461	4493
2	8336	4290	4046	25～29岁	52840	26150	26690
3	9099	4712	4387	25	7208	3613	3595
4	8731	4468	4263	26	8724	4210	4514
5～9岁	43337	22226	21111	27	11339	5554	5785
5	9640	4972	4668	28	13443	6619	6824
6	9539	4882	4657	29	12126	6154	5972
7	7413	3856	3557	30～34岁	59809	29973	29836
8	8141	4175	3966	30	12066	6012	6054
9	8604	4341	4263	31	12844	6342	6502
10～14岁	45897	23686	22211	32	11529	5804	5725
10	8372	4269	4103	33	10941	5523	5418
11	7690	3975	3715	34	12429	6292	6137
12	9097	4718	4379	35～39岁	73419	37436	35983
13	10003	5203	4800	35	11977	6132	5845
14	10735	5521	5214	36	13073	6698	6375
15～19岁	50008	27356	22652	37	14452	7438	7014
15	10126	5248	4878	38	15820	8049	7771
16	10398	5501	4897	39	18097	9119	8978
17	8971	4990	3981	40～44岁	92501	46188	46313
18	9134	5096	4038	40	20986	10571	10415
19	11379	6521	4858	41	19341	9618	9723
20～24岁	63633	33771	29862	42	18871	9412	9459
20	15118	8381	6737	43	15206	7624	7582

续表 27－1－4

年　龄	人口数			年　龄	人口数		
	合　计	男	女		合　计	男	女
44	18097	8963	9134	72	5255	2699	2556
45～49 岁	76551	37895	38656	73	4798	2451	2347
45	18277	9047	9230	74	5011	2485	2526
46	16728	8222	8506	75～79 岁	22086	10377	11709
47	21569	10712	10857	75	5373	2577	2796
48	12606	6182	6424	76	4938	2359	2579
49	7371	3732	3639	77	4264	2022	2242
50～54 岁	62860	32119	30741	78	4000	1868	2132
50	12306	6170	6136	79	3511	1551	1960
51	9547	4840	4707	80～84 岁	13774	5969	7805
52	12957	6636	6321	80	3666	1623	2043
53	13955	7164	6791	81	2759	1219	1540
54	14095	7309	6786	82	2532	1079	1453
55～59 岁	66220	34059	32161	83	2630	1138	1492
55	14354	7498	6856	84	2187	910	1277
56	13087	6777	6310	85～89 岁	5756	2341	3415
57	13476	6980	6496	85	1572	644	928
58	13419	6830	6589	86	1256	537	719
59	11884	5974	5910	87	1094	427	667
60～64 岁	41937	21772	20165	88	1010	411	599
60	10646	5370	5276	89	824	322	502
61	7829	4061	3768	90～94 岁	1807	715	1092
62	7478	3871	3607	90	607	257	350
63	8146	4363	3783	91	401	160	241
64	7838	4107	3731	92	346	125	221
65～69 岁	29494	15439	14055	93	278	105	173
65	7379	3874	3505	94	175	68	107
66	7310	3813	3497	95～99 岁	327	102	225
67	5451	2809	2642	95	109	42	67
68	4491	2360	2131	96	81	22	59
69	4863	2583	2280	97	60	17	43
70～74 岁	25304	13013	12291	98	44	15	29
70	5308	2820	2488	99	33	6	27
71	4932	2558	2374	100 岁及以上	34	9	25

2012年胶南市百岁老人名单

表27－1－5

序号	姓名	性别	出生日期	户口所在地
1	逄刘氏	女	1909.1.7	珠山街道东新村
2	肖孙氏	女	1910.11.12	胶南经济开发区袁家村
3	张薛氏	女	1912.12.27	隐珠街道东辛庄村
4	焦张氏	女	1912.5.27	隐珠街道卜落林村
5	焦金善	男	1909.3.6	隐珠街道西冯家滩村
6	王崔氏	女	1910.9.29	隐珠街道小兰东村
7	生祁氏	女	1911.3.16	临港经济开发区冯家岭村
8	孙李氏	女	1910.7.17	临港经济开发区郑家河岩村
9	王薛氏	女	1908.1.4	灵山卫街道毛家山村
10	张吉祥	女	1912.11.30	积米崖港区城口子村
11	张瑞兰	女	1912.11.29	铁山街道后石沟村
12	宋刘氏	女	1912.10.28	铁山街道宋家店子村
13	逄焕录	男	1909.12.8	张家楼镇大泮村
14	逄本温	男	1912.8.26	张家楼镇西安子村
15	杨毕氏	女	1911.1.3	琅琊镇西杨家洼村
16	董利英	女	1912.8.18	琅琊镇董家溜村
17	刘丁氏	女	1909.12.21	藏南镇崖上村
18	刘现秀	女	1911.11.20	藏南镇丁家松园村
19	赵许氏	女	1908.1.29	泊里镇尧头二村
20	董观希	男	1908.3.29	泊里镇棋子湾村
21	尹王氏	女	1911.12.13	泊里镇尹家村
22	邵希仁	男	1912.1.6	泊里镇邵家岚村
23	徐周氏	女	1912.6.25	泊里镇庙东村
24	卢陈氏	女	1912.7.22	泊里镇河东村
25	陈王氏	女	1912.10.30	泊里镇贡口村
26	王董氏	女	1912.12.3	泊里镇石崖村
27	王董氏	女	1912.12.7	泊里镇撒牛沟村
28	李董氏	女	1911.3.14	海青镇麻沟河村
29	丁传法	男	1912.1.12	大村镇河北村
30	李凤彩	男	1910.3.21	六汪镇柳杭沟村
31	殷秀兰	女	1910.6.28	黄山经济区迟家屯村
32	韩聚元	男	1911.3.3	黄山经济区韩家寨村
33	孙韩氏	女	1910.12.8	黄山经济区薛家店子村
34	刘相氏	女	1908.1.6	王台镇西村
35	杨刘氏	女	1911.6.30	王台镇北马连村
36	刘韩氏	女	1912.10.22	王台镇井头村

文化构成　1990 年全国第四次人口普查，全县大专及以上文化程度 3461 人；高中（含中专）文化程度 47171 人，初中文化程度 210037 人；小学文化程度 368074 人（以上各种文化程度的人分别包括各类学校的毕业生、肄业生和在校生）；文盲、半文盲人口（15 岁及 15 岁以上不识字或识字很少的人）为 130308 人。与 1982 年人口普查数据相比，每千人中拥有各种文化程度的人数有如下变化：大专及以上文化程度由 0.78 人上升为 4.12 人；高中文化程度由 42.42 人上升为 56.22 人；初中文化程度由 159.21 人上升为 250.31 人；小学文化程度由 341.45 人上升为 438.65 人，文盲、半文盲占总人口的比重由 32.11% 下降到 15.53%。

2000 年全国第五次人口普查，全市 6 周岁以上人口中，接受大专及以上教育的 16098 人，占 1.94%；接受高中（含中专）教育的 85518 人，占 10.33%；接受初中教育的 297655 人，占 35.96%；接受小学教育的 262374 人，占 31.70%（以上各种受教育程度的人包括各类学校毕业生、肄业生和在校生）。

2010 年全国第六次人口普查，全市大专及以上受教育程度为 7.85 万人；高中（含中专）受教育程度 12.25 万人；初中受教育程度 33.12 万人；小学受教育程度 20.84 万人（以上各种受教育程度的人包括各类学校毕业生、肄业生和在校生）。

民族构成　1990 年全国第四次人口普查，全县汉族 838874 人，占 99.97%；少数民族 226 人，占 0.03%。2000 年全国第五次人口普查，全市汉族 826387 人，占 99.83%；少数民族 1384 人，占 0.17%，与 1990 年全国第四次人口普查相比，汉族减少 12487 人，降低 1.49%；少数民族增加 1158 人，增长 512.39%。2010 年全国第六次人口普查，全市汉族 864837 人，占 99.60%；少数民族 3511 人，占 0.40%。与 2000 年全国第五次人口普查相比，汉族增加 38450 人，增长 4.65%；少数民族增加 2127 人，增长 153.7%。

2010 年全国第六次人口普查胶南各民族人口分布情况统计表

表 27－1－6　　单位：人

区域	合计	汉族	蒙古族	回 族	壮族	朝鲜族	苗族	其他民族
合计	868348	864837	269	273	344	1007	57	1561
珠山街道	77037	76807	20	29	2	79	2	98
珠海街道	73145	72786	18	17	5	182		137
隐珠街道	39614	39391	11	8	3	43		158
灵山卫街道	54968	54356	78	86	11	159	14	264
铁山街道	22384	22345	3	4	1	5		26
滨海街道	43133	42870	35	20	12	49	2	145
琅琊镇	32148	32106	1			4		37
泊里镇	61853	61753	7	16	9	19	2	47
大场镇	42955	42912			12	3	4	24
大村镇	33941	33864	1	1	29	7	2	37
六汪镇	24705	24650	7			3	2	43
王台镇	47475	47382	8	12	2	38	1	32
张家楼镇	38878	38756	5	7	13	7	4	86
海青镇	33964	33915	4	2	5	5	1	32
宝山镇	25828	25801				4	1	22
藏南镇	26388	26290	8		11	3	7	69
理务关镇	15069	15049			5			15
临港经济开发区	30785	30440	13	28	219	4	3	78
胶南经济开发区	97908	97297	46	27	4	373	11	150

续表 27－1－6

区域	合计	汉族	蒙古族	回 族	壮族	朝鲜族	苗族	其他民族
琅琊台度假区	3595	3589		1				5
黄山经济区	19696	19683	1		1	2		9
积米崖港区	5200	5156	3	15		11		15
胶河经济区	17679	17639	0			7	1	32

姓氏 截至2012年底，境内常住人口超过1千人的姓氏共有87个，其中超过1万人的姓氏有19个，分别为王、张、刘、李、丁、徐、陈、赵、杨、孙、逄、崔、董、薛、于、高、周、宋、韩，占户籍总人口的68.4%。

2012年全市主要姓氏情况统计表

表 27－1－7　　单位：人

序号	姓氏	人数	序号	姓氏	人数	序号	姓氏	人数
1	王	108335	30	冯	5626	59	葛	2287
2	张	73134	31	魏	5144	60	纪	2241
3	刘	68170	32	程	4994	61	任	2201
4	李	49671	33	吕	4975	62	臧	2134
5	丁	42478	34	管	4911	63	滕	2125
6	徐	39433	35	姜	4815	64	林	2084
7	陈	31415	36	封	4721	65	侯	2064
8	赵	26178	37	杜	4443	66	邵	1960
9	杨	23261	38	吴	4337	67	柳	1752
10	孙	17245	39	夏	4196	68	季	1726
11	逄	16867	40	闫	4093	69	邓	1677
12	崔	15941	41	石	3876	70	金	1644
13	董	14125	42	许	3607	71	曾	1613
14	薛	14009	43	樊	3589	72	郝	1545
15	于	11894	44	田	3570	73	焦	1540
16	高	11062	45	卢	3500	74	代	1425
17	周	10691	46	胡	3412	75	万	1424
18	宋	10437	47	曲	3359	76	范	1416
19	韩	10113	48	郑	3295	77	耿	1363
20	朱	7231	49	柴	3115	78	梁	1345
21	安	7224	50	贾	2996	79	曹	1307
22	孟	7118	51	单	2842	80	隋	1261
23	庄	6466	52	唐	2744	81	沈	1237
24	尹	6220	53	邢	2726	82	彭	1210
25	郭	6151	54	苏	2660	83	辛	1209
26	肖	6123	55	黄	2491	84	邱	1103
27	殷	5914	56	苗	2358	85	常	1070
28	马	5910	57	潘	2352	86	宗	1053
29	毕	5819	58	付	2348	87	相	1010

婚姻家庭　婚姻　2010年全国第六次人口普查胶南抽样调查为：15～19岁年龄组中人口已婚率为0.01%，男占0.0%，女占0.01%；20～24岁的为1.11%，男占0.75%，女占1.47%；25～29岁的为5.39%，男占4.93%，女占5.87%；30岁以上的为68.01%，男占67.34%，女占68.69%。15岁以上未婚者占该年龄段人数的17.84%。在30～49岁年龄组中，未婚者占该年龄段人数的5.86%。丧偶率随年龄增大而升高，45～49岁年龄组丧偶率为男性1.46%，女性3.05%。50～59岁为男性4.47%，女性7.96%。60岁以上男性为28.19%，女性53.98%。丧偶者主要分布于60岁以上人群，女性丧偶率高于男性。

2010年7月12日，全市人口计生工作会议召开

家庭　1990年全国第四次人口普查，胶南家庭户为222035户，平均每户3.71人。2000年全国第五次人口普查，全市家庭户为264025户，平均每户3.07人。2010年全国第六次人口普查，全市家庭户为294400户，平均每户2.80人。

第四节　优生优育

生育政策　基本政策　1988年7月，《山东省计划生育条例》（以下简称《条例》）颁布施行，县政府依据《条例》提倡一对夫妻只生育一个孩子，对确有实际困难和特殊情况的夫妻可以允许有间隔的再生一个孩子，但无论什么情况都不准生第三胎。2002年9月28日，依据《山东省人口与计划生育条例》，鼓励公民晚婚晚育、少生优生，提倡一对夫妻生育一个子女。符合本条例规定条件的公民，经批准可以生育第二个子女。

利益导向政策　1990年，试行独生子女备用金保险制度，其中含每月5元的独生子女备用金保险费和加发的3元独生子女父母养老保险费，1997年投保标准提高至每月6.5元/人，2004年停止办理。2004年，试行奖励扶助政策。其中，公益金救助600元/个、特困家庭救助600元/个、意外死亡不再生育救助1000元/个、奖励扶助960元/人/年。2006年，建立农村独生女孩家庭母女大病医疗保险机制，按每位女孩每年100元、每位母亲每年120元的标准投保。2007年，试行计划生育家庭特别扶助政策，其中子女伤残扶助标准为1800元/人/年，子女死亡扶助标准为6000元/人/年。2009年，整合利益导向政策29项，建立“政府主导、资源整合、社会参与、奖惩并举”的人口和计划生育利益导向政策体系。2012年，对全市合法生育的育龄妇女

胶南市施行《青岛市育龄妇女住院分娩补助》发放仪式

发放住院分娩补助,标准为500元/人。

2004~2012年全市部分利益导向政策落实情况表

表27-1-8 单位:家庭·人

项目 年份	公益金救助	特困家庭救助	意外死亡不再生育救助	奖励扶助	特别扶助	住院分娩补助
2004	143	310	18	1603		
2005	149	336	18	1603		
2006	149	337	20	1845		
2007	160	329	23	2386	268	
2008	162	317	28	2920	293	
2009	157	361	28	3586	418	
2010	164	431	27	4580	473	
2011	161	462	27	6112	518	
2012	165	542	30	8546	589	6587

宣传教育 1988年,开展以宣传教育为主、避孕节育为主、经常性工作为主的"三为主"活动,强化"县乡指导,村级为主"工作机制。1990~2000年,先后开展计划生育先进县(市)和"三为主"合格村创建活动。1993年起,每年举办一次全市计划生育干部培训班和镇村计划生育业务培训班。1999年,开展"婚育新风进万家"活动。2003年,开展"关爱女孩行动"活动。至2012年底,有1018个农村独女家庭领取独生子女光荣证。出生婴儿性别比连年控制在105以内,有465户独生女农业家庭退掉二胎生育证。2010~2012年,在青岛市及以上新闻媒体刊(播)发新闻稿件2000余篇。通过广播电视栏目,及时发布有关人口计生法律法规和政策,解答群众关注的热点和难点问题。

2010年6月,举行"琅琊台杯"女职工工作暨人口和计划生育知识竞赛决赛

出生缺陷干预 20世纪90年代开始实施出生缺陷干预工程。2006年,全面实施优生工程,开展免费婚前医学检查和孕前优生四项检测(即风疹病毒、巨细胞病毒、弓形体病毒、单纯疱疹病毒)。2009年,开始实施农村妇女免费增补叶酸预防神经管缺陷项目,为备孕和孕早期的农村妇女免费发放6个月的叶酸。2011年开始实施覆盖城乡,包含流动人口的国家免费孕前优生健康检查项目,出生缺陷发生风险进一步降低,出生人口素质得到普遍提高。

孕期保健 2006年5月,开展神经管畸形、21-三体综合症、18-三体综合征产前筛查。截至2012年底,开展产前筛查5636例,产前筛查率75.9%。产前筛查阳性人数345人,发生率6.12%。羊水穿

刺诊断 80 人，异常数 2 人，终止妊娠 3 人，有效降低出生缺陷的发生。

住院分娩 1988 年开始推行科学接生，提倡住院分娩。1992 年，住院分娩率为 44.29%，孕产妇死亡率为 59.5/10 万，围产儿死亡率为 12.5‰，新生儿死亡率为 8.4‰。2004 年，住院分娩率 100%，孕产妇死亡率下降至 20.17/10 万，围产儿死亡率降至 7.83‰，新生儿死亡率降至 4.34‰。2012 年，住院分娩率 100%，孕产妇死亡 1 例，死亡率 13.6855/10 万，围产儿死亡率为 6.67‰，新生儿死亡率为 1.64‰，母婴安全得到有效保障。

新生儿疾病筛查 1996 年 11 月 1 日开始新生儿甲状腺机能低下和苯丙酮尿症筛查。2010 年，增加对先天性肾上腺皮质增多症和葡萄糖－6－磷酸脱氢酶缺乏症的筛查。至 2012 年底，新生儿疾病共筛查 7406 例，新筛率为 99.50%，有效提高了出生缺陷的检出率和治疗率。

1988～2012 年全市（县）初婚及育龄妇女情况统计表

表 27－1－9　　单位：人

年份	女性初婚			已婚育龄妇女人数	年份	女性初婚			已婚育龄妇女人数
		晚婚人数	晚婚率				晚婚人数	晚婚率	
1988	5751	4504	78.30%	137576	2001	3985	3920	98.37%	182350
1989	7816	6048	77.40%	141768	2002	4561	4311	94.52%	181351
1990	8291	6426	77.50%	152712	2003	5869	4965	84.60%	182555
1991	9414	7247	77.00%	164027	2004	7421	5671	76.42%	177538
1992	6294	5421	86.02%	170433	2005	5077	3786	74.57%	175141
1993	5853	5772	98.62%	173872	2006	6442	5089	79.00%	175444
1994	7893	7839	99.32%	175350	2007	5212	4050	77.71%	175215
1995	7570	7535	99.54%	180399	2008	5067	3904	77.05%	172313
1996	6166	6145	99.66%	177095	2009	5452	4068	74.61%	173849
1997	5991	5981	99.83%	176283	2010	4506	3324	73.77%	172318
1998	4002	3974	99.30%	179997	2011	5457	4124	75.57%	174007
1999	4388	4347	99.07%	182941	2012	4803	3705	77.14%	174037
2000	4383	4351	99.27%	183860					

第二章 居民生活

第一节 生活调查

农民生活调查 1982年,在全县农村开展农民家庭收支调查,从部分公社抽取60户农民家庭记账,每10户设1名辅助调查员。1984年正式改名为农村住户调查,一直运行到1986年底。1986年12月,从1000多个村中抽选30个村,每村抽10户,全县共抽选300户,从1987年1月开始进行常年记账,运行了三年。因调查户多,工作量大,1990年,按照山东省农村经济调查队的要求,全县调查户调整到120户。2000年4月,按照山东省农村经济调查队开展农村多目标抽样调查的要求,全市调查户调整到100户,分布在9处乡镇10个村,每村设10个记账户,1名辅助调查员,每5年轮换一次。

城镇居民生活调查 城镇住户调查始于1989年,全县抽取50户开展家庭常年记账,是胶南自行开展的专项调查,2004年底停止运行。2004年6月,根据青岛市政府办公厅要求,确定50户经常性住户,从2005年起开展家庭常年记账,运行了5年。2008年6月,根据青岛市统计局和调查队要求,是年10月起开展城镇住户抽样调查扩户工作,确定100户作为全市经常性住户调查样本,从2009年起进行常年记账,每4年轮换一次。

第二节 收 入

农民收入 1988年开始,强化农业基础,增加农业投入,围绕"丰收计划"等科技工程,农民收入稳步增长。是年全县农民人均纯收入748元。1991年夏粮和全年粮食总产双双获国务院表彰,并跨入全国农村综合实力百强县行列,是年农民人均纯收入967元。1993年始,围绕"十园工程",坚持一个稳定,实行"三个放活",农民人均纯收入实现快速增长。1998年,农民人均纯收入3152元。此后,农业结构调整力度加大,农民减负工作取得实效,培植了一批外向型龙头加工企业,带动农民提高收入,2003年,农民人均纯收入4480元,跃居全省第7位。2004年"中央1号文件"出台,农村劳动力培训、就业与转移步伐加快,推行农业税减免和粮食直补等惠农政策,农民收入取得突破性增长。2006年,农民人均纯收入6470元,全市综合经济实力位居全国第31位。2007年开始,坚持科技引领、"龙头"带动,出台鼓励发展现代特色农业意见。2012年,农民人均纯收入13879元。

城镇居民收入 20世纪80年代末到90年代初,城镇居民主要以工资为家庭收入来源。通过多渠道安排城镇待业青年就业,职工队伍不断扩大。职工年平均工资由1989年的1858元,提高到1994年的3865元,城镇居民年收入由1159元提高到3220元。1995年以后,企业实行计件工资或绩效工资,工资增长较快,机关事业单位工资也有所提高。1999年,职工年平均工资6217元。2000年,全市在岗职工总人数67762人,年平均工资7010元,城镇居民人均可支配收入6330元。2003年,全市在岗职工总人数73063人,年平均工资9769元,城镇居民人均可支配收入9469元。城镇居民在工资性收入快速增长的同时,其他劳动收入和财产性收入也在快速增长。到2012年,城镇居民人均可支配收入增至27600元,其中经营净收入1868元、财产性收入1536元、转移性收入4891元。

1988～2012 年全市(县)居民人均收入情况统计表

表 27－2－1　　　　单位:元

年份	农民人均纯收入	城镇居民人均可支配收入	年份	农民人均纯收入	城镇居民人均可支配收入
1988	748	1182	2001	3853	7458
1989	795	1159	2002	4155	8565
1990	894	1345	2003	4480	9469
1991	967	1499	2004	5013	9988
1992	948	1777	2005	5734	11165
1993	1182	2503	2006	6470	12870
1994	1162	3220	2007	7373	15255
1995	2138	3807	2008	8382	17416
1996	2502	4129	2009	9119	19092
1997	2538	4880	2010	10400	21421
1998	3152	5102	2011	12280	24529
1999	3385	5596	2012	13879	27600
2000	3591	6330			

第三节　消　　费

农民消费　20 世纪 80 年代初期,农村实行家庭联产承包责任制,农民消费水平提高较快。20 世纪 80 年代末期,黑白电视机、自行车、缝纫机、手表普遍进入百姓家庭,1988 年,每百户农村家庭拥有黑白电视机 51 台、自行车 152 辆、缝纫机 68 架、手表 196 只。1995 年,农民生产积极性高涨,粮油总产创历史最高水平,获得全国粮食大县称号,农民有足够的资金购买生活耐用消费品。是年,农村居民生活消费支出 1740 元。每百户农村家庭拥有电视机 111 台,其中彩色电视机 25 台、电冰箱 25 台、洗衣机 11 台、电风扇 118 台。随着延长土地承包期 30 年工作的完成,农民消费水平逐步提高,摩托车等开始进入百姓家。2000 年,农村居民生活消费支出 1992 元,每百户农村家庭拥有彩色电视机 83 台、电冰箱 29 台、电风扇 131 台、摩托车 44 辆。2005 年,每百户农村家庭拥有彩色电视机 96 台、电话机 97 部、移动电话 59 部、摩托车 128 辆、汽车 2 辆。2010 年,每百户农村家庭拥有彩色电视机 116 台、电话机 103 部、移动电话 148 部、家用计算机 19 台、汽车 8 辆。2012 年,每百户农村家庭拥有彩色电视机 130 台、移动电话 247 部、电脑 56 台、汽车 17 辆,生活消费支出为 8404 元,同比增长 13.38%。

2012 年农村百户居民主要消费品拥有量统计表

表 27－2－2

指　标	数量	指　标	数量
洗衣机(台)	94	汽车(生活用)(辆)	17
电冰箱(台)	105	固定电话机(部)	33
空调机(台)	28	移动电话(部)	247
抽油烟机(台)	48	其中:接入互联网的(部)	40
吸尘器(台)	4	彩色电视机(台)	130
微波炉(台)	33	其中:接入有线电视网的(台)	102
热水器(台)	100	影碟机(台)	38
其中:太阳能热水器(台)	89	照相机(架)	21
自行车(辆)	115	家用计算机(台)	56
其中:电动自行车(辆)	66	其中:接入互联网的(台)	44
摩托车(辆)	76		

城镇居民消费　1988 年以后,随着城镇居民收入的不断提高,居民生活明显改善,除自行车、缝纫机等必需品外,电视机、电冰箱、洗衣机、大型家具等高档耐用消费品开始进入大多数城镇职工家庭。1989 年,每百户城镇居民拥有彩色电视机 75 台、洗衣机 85 台、电冰箱 75 台。20 世纪 90 年代,城镇居民开始对 80 年代的家电产品更新换代。2000 年后,空调、家用电脑、移动电话、钢琴开始进入城镇居民家庭。2005 年,全市城镇居民家庭百户拥有汽车 4 辆、移动电话 124 部。2012 年,全市城镇居民家庭百户拥有汽车 36 辆、移动电话 234 部。2000～2012 年,城镇居民人均消费支出分别为 4702 元、5461 元、6294 元、6001 元、6398 元、7017 元、8353 元、10050 元、11092 元、12038 元、13454 元、15127 元、16591 元。

2012 年城镇百户居民消费品拥有量统计表

表 27－2－3

指　标	数量	指　标	数量
摩托车(辆)	40	钢琴(架)	2
助力车(辆)	80	其他中高档乐器(件)	4
家用汽车(辆)	36	微波炉(台)	75
洗衣机(台)	95	空调器(台)	85
电冰箱(台)	106	淋浴热水器(台)	88
彩色电视机(台)	111	消毒碗柜(台)	12
其中:接入有线电视网络的电视机(台)	99	洗碗机(台)	2
家用电脑(台)	89	健身器材(套)	5
其中:接入互联网的计算机(台)	72	固定电话(部)	64
组合音响(套)	18	移动电话(部)	234
摄像机(架)	7	其中:接入互联网的移动电话(部)	41
照相机(架)	53		

第四节　居住条件

隐珠街道北高家庄村新旧对比

农民居住条件　20世纪80年代末期，随着农村经济的快速发展，建房速度加快，面积扩大、标准提高，土坯房被有玻璃门窗的砖木结构和钢筋混凝土结构的住房所替代。20世纪90年代开始，出现二层、三层摞房。1993年农村居民人均住房面积21.94平方米。2000年，农村居民人均住房面积23.7平方米。2005年人均住房面积达到26.08平方米，2011年为27.66平方米。农村居民房屋造价越来越高，一栋房屋建造费用少则五、六万元，多则十几万甚至几十万元，装修也越来越高档，少则花费1－2万，多则花费4－5万元。

城镇居民居住条件　1988年以前，胶南城镇居民住房紧张，主要依靠公有住房分配。1989年，县城居民人均住房面积8.5平方米。1992年，随着商品房建设步伐加快，城区居民住房面积由1989年的44万平方米增加到58万平方米。1993年，商品房建设投资同比增长876.3%，竣工房屋面积61594平方米。1994～1997年，房地产投资放缓。1998年开始，随着先后两期经济适用房的开工建设，房地产投资快速增长。2000～2012年，共竣工住宅房屋面积6775982平方米，住宅销售面积8052063平方米，装修档次逐年提高。2012年，城镇居民人均住房面积达到29.73平方米。

隐珠街道驻地新貌（2012年拍摄）

第三章 民俗风情

元宵节民间艺术表演现场

第一节 岁时习俗

胶南地区的岁时习俗较多，大部分与我国传统节日相同，主要有春节、元宵节、春龙节、清明节、端午节、鬼节、财神节、中秋节、重阳节、冬闲节、腊八节、辞灶节等。

春节 俗称“大年”，亦称“阴历年”，是中国人一年中最隆重也是持续时间最长的节日，内容包括除夕、守岁、送年、走亲等许多内容。除夕日，即旧年最后一天，举家大扫除，贴门神、春联、年画、窗花、门笺，还要悬挂供奉祖先的“烛子”，同时上坟烧纸，把先辈亡灵迎接回家过年。除夕夜，全家集中在一起点香烛守岁、敬财神、放鞭炮、吃水饺、喝辞岁酒、观看春晚，以志辞旧迎新。正月初一，老少衣着更新，传统上进祠堂或供家谱拜祖先，再进行亲族之间少幼对尊长的串拜。初二晚上或者初三早晨，吃饺子放鞭炮送年。初三到初五“出门”走亲戚，互相拜年祝福，初五称为“破五”。

元宵节 农历正月十五，又称为“上元节”或者“灯节”。正月十五日是一年中第一个月圆之夜，并是一元复始，也是春节的延续和结束。元宵节的内容十分丰富，人们在晚上可以“闹花灯”、放花炮焰火。元宵节的代表性食品是“元宵”。经常有民间的戏班子到各村庄扎台唱戏。自 1985 年以来，胶南城乡于元宵节期间统一举办民间艺术表演活动，进行高跷、旱船、秧歌、毛驴、舞龙、舞狮等民间艺术表演，后又加演现代舞、龙鼓、威风锣鼓、腰鼓、彩车等节目（详见第二十五篇第四章第二节）。

农村赶年集

春龙节 农历二月初二，俗称“二月二”、“龙抬头”。二月初二这天与二十四节气中的惊蛰靠近，百虫“起蛰”，龙也从冬眠中苏醒抬起头来准备行雨，意味着春天来了，天上开始有雷声了。这天家家户户炒糖豆、糖花生、糖米等等，进行祭拜，祈寿求福、祈祷风调雨顺。人们在这天不动刀、剪子、锥子和针等锐利用具，避免伤及“龙体”。

寒食节 是冬至节气后的第一百零五天，和清明连在一起。一般认为寒食节有两天，第一天是“小寒食”，整修祖上的墓地，坟上添土，第二天是“大寒食”，上坟祭祖。传统

上的寒食节需要禁烟火、吃冷食，现在已无此禁忌。

清明节　清明节在寒食的后一天，在二十四个节气中，清明既是节气又是节日。一般在公历4月5日前后。清明节因为和寒食节的日期接近，民间渐渐将两者习俗融合，成为扫墓祭祖的日子。除了上坟祭祖之外，还有许多娱乐活动，例如荡秋千、放风筝等。机关、学校、工矿企业、驻军等皆于清明节组织祭扫烈士陵墓，进行革命传统教育和爱国主义教育。清明也是踏青的好时节，故亦称"踏青节"，家人或者朋友一起外出春游。

端午节　农历五月初五，起源于战国时期，是为纪念楚国三闾大夫屈原。端午习俗为包粽子、吃粽子，并在煮粽子的锅里煮鸡蛋。要在天不亮之前到野外把艾草采回来，插在门的上方，有驱鬼辟邪之说。这天妇女和儿童要在手腕带"五丝"（用五种不同颜色的线做成），身上挂"荷包"，象征幸福健康。

粽子

七夕节　农历七月初七，是中国传统节日里面最浪漫的一个节日。七夕节源于"牛郎织女"的传说。据说，七夕那天夜深人静之时，到葡萄架下或其他的瓜果架下能听见牛郎织女在天上说悄悄话。七夕节一般会下雨，传说他们相见时流下的眼泪。七夕的应节食品是"巧果"，巧果又名"乞巧果子"，主要的材料是油面糖蜜。当今青年人把"七夕节"作为"情人节"，互赠礼物。

中元节　农历七月十五，也称"鬼节"，或"亡人节""七月半"。按民间说法，七月是鬼月，初一鬼门开，十五鬼门关。这天人们都要备下酒菜、纸钱祭奠，以示对死去先人的怀念。这天烧纸的时候要在晚上，先用石灰在院子里或者路口洒几个圈儿，把纸钱烧在圈儿里，这样孤魂野鬼无法来抢了，还要在圈外烧一烧，这是烧给孤魂野鬼的，避免他们来抢钱财。鬼节送祖时，讲究纸钱冥币要多烧，这样可以使祖上在阴间的日子过得富裕一些。近些年人们习惯上坟祭奠。

财神节　农历的七月二十二，也称"财神会"。近年来，经商办企业者为讨吉利和彩头，在这天举行一些供奉活动，财神节越来越受重视。每当这天总要拜财神、放鞭炮、设酒宴，祈求自己财运亨通，此习俗也由经商人家蔓延至非经商人家。

中秋节　农历八月十五，因此民间也直称为"八月十五"。农历八月在秋季中间，为秋季的第二个月，故称"仲秋"，而八月十五又在"仲秋"之中，所以称"中秋"。中秋之夜，明月当空，人们把月圆当作团圆的象征，把八月十五作为亲人团聚的日子。因此，中秋节又被称为"团圆节"。农历的八月，也正是农家收获季节。晚上，全家老少欢聚一堂，饮酒赏月，吃月饼、瓜果，庆祝丰收，享受人生之乐。

重阳节　农历九月初九，民俗认为"九"是数字里面最大，九九就表示长远。九月初九，日月并阳，所以在岁时中占有重要位置。古代，民间在重阳有登高的风俗，故重阳节又叫"登高节"。另外，双九还是生命长久、健康长寿的意思，后来重阳节被立为"老人节"。每到重阳节，都要组织老年人登山秋游，交流感情，子女则为老人买礼物，并敬祝老人健康长寿。重阳节正值金秋时节，菊花盛开，所以也叫"菊花节"。

冬闲节　是二十四节气里的"冬至"，胶南人一直把它当节日过，这时候没有重要的农活，所以称它为"冬闲"。过了冬至，白昼一天比一天长，阳气回升，是一个节气循环的开始，也是一个吉日。冬闲一般要吃饺子或者馄饨，还要喝酒，民间说法喝酒是为了暖身子，吃饺子是怕冻掉耳朵。胶南的西南部过"冬闲"还有烧纸祭祖的习惯，把冬闲分为两天过，第一天"鬼冬"，是烧纸祭祖的；第二

天“人冬”,吃饺子和馄饨。

腊八节 农历腊月初八,俗称“腊八”,古人有祭祀祖先和神灵、祈求丰收吉祥的传统。相传这一天还是佛祖释迦牟尼成道之日,称为“法宝节”,是佛教盛大的节日之一。这天有吃腊八粥的习俗,腊八粥是用8种当年收获的新鲜粮食和瓜果煮成,原料有大米、小米、绿豆、豇豆、花生、大枣等,一般都为甜味粥。有的地方还要加萝卜、白菜、粉条、海带、豆腐等做成咸味腊八粥。

辞灶节 也称为“小年”,时间为农历腊月二十三。民间传统中,灶王爷是管理家政的神灵,每年这一天要升天向玉皇大帝汇报这家一年的功过,玉皇大帝根据灶王爷的汇报,再将这家在新一年中应该得到的吉凶祸福命运交于灶王爷之手,辞灶便是送灶王爷起程。灶王爷的汇报对一家人来说太重要了,人们希望他“上天言好事,下界保平安”。因此,家家放鞭炮,吃饺子,并用香甜的供品祭灶,让灶王爷吃了嘴变甜,上天多说好话。

除了上述的民间传统节日外,胶南地区和全国一样,也有国家规定的节假日,如:元旦、“五一”国际劳动节、“五四”青年节、“三八”国际妇女节、“六一”国际儿童节、“七一”中国共产党诞生日、“八一”建军节、“九十”教师节、“十一”国庆节等。

第二节 礼仪习俗

礼仪,胶南地区称为“礼道”,自古至今极为重视。出行有礼,坐卧有礼,宴饮有礼,婚丧有礼,寿诞有礼,祭祀有礼,体现在日常生活的方方面面。

行走礼仪 古代常行“趋礼”,即地位低的人在地位高的人面前走过时,一定要低头弯腰,以小步快走的方式对尊者表示礼敬,现在已无此规矩。但“行不中道,立不中门”,即走路不走在路中间,应该靠边行走;站立不站在门中间。这样既表示对别人的尊重,又可为他人提供方便。还要求“站有站相,坐有坐相”,不可邋遢轻浮。

见面礼仪 日常见面要态度热情、彬彬有礼。古代一般性打招呼行拱手礼。拱手礼是最普通的见面礼仪,方式是双手合抱举至胸前,立而不俯,表示一般性的客套。如果到别人家做客,在进门与落座时,主客相互客气行礼谦让,这时行的是作揖礼。作揖同样是两手抱拳,拱起再按下去,同时低头,上身略向前屈,向人致谢、祝贺、道歉及托人办事等也常行作揖礼。传统社会对至尊者还有跪拜礼,即双膝着地,头手有节奏触地叩拜,即所谓叩首,现今一般不再流行。当今社会人们相见,或在一些公开的仪式上,一般习用西方社会传入的握手、鞠躬礼。

入座礼仪 座席亦有主次尊卑之分,尊者上坐,卑者末坐。何种身份坐何位置都有一定之规。在室内,一般贵客坐西席上,主人在东席上作陪。贵客光临,主人应该立刻起身致意。

饮食礼仪 饮食礼仪在胶南习俗中占有重要的位置,迎宾的宴饮称为“接风洗尘”,送客宴席称为“饯行”。宴饮离不开酒品,宴席上饮酒有许多礼节,客人需待主人举杯劝饮之后,方可饮用。以前的风俗要求宴席上,主人动的菜才能吃,特别不要随便动鱼,大家酒要小口喝,菜要少许吃,客人要主动提出结束酒宴,名曰“止壶”。现在招待客人大部分是在酒店进行,宴席上一般是对着门的座位为主陪,主陪对面是副陪,主陪的右手位是主客,左手位为次客,副陪的右手位和左手位分别是第三和第四客人,其他位置可以随便坐。

拜贺庆吊礼仪 围绕着人的出生、成年、婚嫁、寿庆、亡故等若干个人生节点,形成了一系列人生礼仪。婴儿出生是家族大事,诞生礼自然隆重热闹。婴儿满月时,亲戚朋友纷纷上门恭贺,并馈赠营养食品与幼儿鞋帽衣物。小孩长大成人时要行成年礼,男子20岁行加冠礼,女子15岁行绾发加笄礼。现代成年礼的年龄在18周岁,一般由学校举行集体的成年宣誓仪式。婚嫁是人生的大事,大婚之日,亲友纷纷前来恭贺,主人要大宴宾客,被邀请的客人要带一定的礼金“随份子”。生日庆典,年轻人称为“过生日”,老年人称“寿诞”,亲友送寿礼致贺。最后一道人生礼仪是丧礼,为了表示哀悼心情,人们要奉上挽联、挽幛或礼品、礼金。

拜贺庆吊之礼显示了人们相互扶助的社会合作精神与社会和谐的气象。传统礼俗中诚敬谦让的精神、和众修身的礼义原则在当代社会仍然值

得提倡。但传统礼俗的继承是一个复杂问题，需认真辨析，择善而从。

第三节　生活习俗

服饰　旧时受封建社会传统影响，本地着装基本是明清时代的混合装束。新中国成立前，官宦及殷实人家，男子穿长袍马褂，戴葫芦帽、瓜皮帽或礼帽，穿黑布圆口呢鞋或布皮靴子；女子穿大襟上衣、长裙、肥裤或旗袍，穿花鞋，并佩戴手镯、戒指、钗簪等首饰。未嫁女梳辫子，已婚女挽髻。一般人家，男女都穿粗布短衣，女子中亦有佩戴简易首饰者。新中国成立后，服饰发生明显变化。20 世纪 50 年代，县城人及国家工作人员中，男子着中山服、工装，女子流行列宁服，戴解放帽、工人帽，穿布鞋、胶鞋。20 世纪 60 年代至 80 年代初，军便服风行一时，其他服饰的颜色基本为蓝、灰两种，比较单调。20 世纪 80 年代后，服装逐步多样化，男女均以西服为主，还有休闲服、夹克服、牛仔服、运动服、西服裙、百褶裙、连衣裙、风衣等，种类繁多。女子多戴耳环、戒指、手镯、项链等首饰。

饮食　胶南人的饮食基本为中国北方习俗，喜面食，兼米食，一日三餐。旧时，殷实人家吃馒头、面条、包子、饺子、米饭等，佐以各种菜肴、茶、酒；一般人家吃饼子、地瓜、地瓜干、煎饼、炒面，有时以菜代粮；贫穷人家半年糠菜半年粮，甚至沿街乞讨。新中国成立后膳食习惯无大的改变，但群众生活得到改善，贫富差距缩小。20 世纪 80 年代后，城乡人民生活水平得到很大提高，以小麦面为主，面食种类繁多，面包、糕点等西式食品进入寻常百姓家中，并佐以时鲜蔬菜及肉鱼禽蛋、海鲜、牛奶等副食品。每逢节日或喜庆宴客，烟酒糖茶必备，并置多样菜肴。

居住　境内民众住房均为南向。旧时，居住面积的大小因家庭状况而不同。殷实人家拥有几进式的院落，还有厢房、南屋；普通人家一般三至四间，一个院子。贫穷人家的房屋低矮狭小，房屋基本为平房，结构起脊，土墙草顶，木窗棂，锅灶通炕取暖。新中国成立后，民居房屋有较大改善，农村房屋一般一处 4 间，单独院落。20 世纪 80 年代以后，农村新建房多为砖墙瓦顶，玻璃门窗，水泥地面，院子里建有厕所和猪舍。进入 20 世纪 90 年代，住房条件进一步改善，农村居民很多人家建起二至三层“楼房”。城区住房基本为商品房，城中村也不断进行村庄改造，居民居住的是多层和高层楼房，水电暖配套齐全，进入 21 世纪后逐步出现别墅区和花园洋房等高档住宅区。

农村新貌(2011 年拍摄)

第四节　崇信与禁忌民俗

崇尚大海　缘于沿海地区，人们无论是日常生活还是传统理念，多与大海密不可分。正月十三是海生日，也为渔民的传统节日，对于常年在海上进行渔业生产的渔民非常重要，每逢这天子夜时分，渔民要到海边摆放祭品，点鞭炮放烟花，烧纸焚香，隆重祭海，祈求龙王爷保佑一年四季风调雨顺、出海打渔的人们鱼虾满仓，平平安安。旧时，胶南沿海曾经有多个海神庙，渔民们出海前和出海返回总要去庙里焚香磕头，以求得海神保佑。沿海渔村有一种习惯，家中若有出海打渔的，就在屋顶或院子里悬挂一块红布条，现在每家都升一面国旗，表示热爱国家、热爱大海，祈求平安。

敬奉祖先　胶南人自古就有敬祖的传统，人们除以香烛纸锞敬祭天地神明外，还要按时按季

祭海节

节给列祖列宗添土上坟烧香烧纸，名叫“祭祖”，春节要把祖先的神灵迎回来过年。敬神祭祖必须要在下午和晚上进行，因为下午和晚上是神明的白天。祭奠仪式要先在院子里设好香案，点燃香烛，在香案上摆列供品饮食，在供案前焚化纸锞，将少许饮食投入烟火之中，然后跪在地上作揖叩首，默许心愿，磕头谢恩。祭奠后所剩的供品敬献先给老人品尝，老人品尝完后，全家人再一并就餐。

重视吉日　无论是迁居、娶亲、打墙盖房、出行、下葬等，都要选出黄道吉日。修缮房屋和建造房屋最忌讳“太岁头上动土”和“犯煞”。与“太岁”、“三煞”相犯的日子是“黑道凶日”。嫁娶吉日——男婚女嫁首先要看“属相”和“命相”合不合，克不克，再查出女子行嫁的吉月和吉日良辰。安锅吉日——“锅”代表家，“安锅”代表安家立业，分家、搬家都要选定好日子。出行吉日——为趋吉化凶，人们临出门前要查个“好日子”。出门的“好日子”有“四顺日”，不宜出行的日子为“四逆日”。后来人们总结为：待要走，三六九，若要好，三凑巧。

相信风水　“风水宝地”是指“藏风纳水”的吉地、吉穴。阳宅——古人云：“人之居处，宜以大地山河为主，其来脉气势最大，关系人祸福最为切要”。人们的住宅要选择地势宽阔平坦之处，前后有水环抱的地方最佳。阴宅，即坟墓。旧时，人们认为人死后灵魂不灭，坟墓的风水可以影响到子孙的繁荣昌盛，因此对殡葬的位置非常慎重。

祷天祈雨　《增修胶志》载：“农民专靠天时为丰歉，不讲防备水旱诸法，遇旱则祈雨，遇涝则祈晴，遇蝗、雹则许愿于神。有应则各村醵钱演戏以酬谢神佑，此风至今犹然。”据《诸城县志》记载，祈雨时，由地方官吏、乡绅、百姓组成的祈雨队伍，首先到龙王庙请出龙王塑像，鼓乐前导抬至有“龙在深渊”的潭畔，将龙王供起行祭奠礼，然后众人跪地祈雨，直至天降大雨。

有关禁忌　胶南民间有许多禁忌，地域不同，禁忌也有所不同。主要禁忌是：家族祠堂不许女人进去祭拜，祭奠供品需男人摆放，烧纸需男人用“纸刀子”打；过年时，除夕晚上不许说不吉利的话，正月初上不“起（掘）粪圈”，以免动了“太岁”；正月初一不可干活，初九为碓臼日，不准动碓磨；家遇丧事，家人不许穿红衣服，第一年不能到别人家拜年，三年不贴红纸春联，但可以贴蓝、绿纸对联；日常忌坐碾、磨、碓、铡床等；在田间干活忌坐鞋；新婚媳妇，如果是爷娘月结婚的，一月不见父母。家有结婚者，喜家不吃喜家的饭，产妇不能看新媳妇；春节前立春，不能在立春后打扫房屋，小孩不能在立春后剃头；家有生痘的小孩，门口挂根红布条，意忌外人进家；探望病人必须在上午；已出嫁的女儿不能在娘家过春节，不能在娘家生孩子；家有老人忌穿白衣服、白鞋；晚辈给长辈过生日要年年过，不能间断，间断意为老人要死亡；沿海渔民，饭后忌将筷子横放在碗上，忌将碗反扣过来，船上忌说“翻”字，因此“翻过来”应说为“调过来”等等。这些传统禁忌中，有的具有科学道理，有些并无多少科学依据，有的早已被废弃，有的在民间仍然传承。

第五节　红白喜事

婚庆　旧时的婚礼是沿袭下来的传统礼法，从媒妁之言到洞房花烛，包括很多内容。

媒妁　父母之命媒妁之言,大体上是男女双方通过媒人撮合介绍,双方父母同意认可。定婚:先由男方找人看属相是否相合,待双方认为各方面条件都适合,就正式定婚,这过程也叫纳彩或行聘。下媒启:其实是男女双方家庭交换愿结秦晋之好的书面文本,也叫"投启"。送日子:男方父母决定给儿子娶媳妇办婚事的日期,并将这个日期通报女方家。送妆奁:结婚前的一两天,女方将陪送的妆奁,派人送到男方家里。

婚礼　旧时婚礼是一件十分隆重的民俗大典。新郎着婚礼服坐轿或骑马带着迎亲队伍前去女方家迎亲。新娘罩头红,戴凤冠,着霞帔,穿软底"黄道鞋",放下罩头红,由伴娘搀扶送入花轿。母亲泼一盆清水在花轿底下,寓意是"嫁出去的闺女泼出去的水"。迎亲队伍一路在喜洋洋闹哄哄的鼓乐声中行进到喜家门前停住,新娘下轿,由嫁女客扶着通过地毯走向庭院内。庭院中央摆放蜡台、香案、猪头三牲、喜饽饽等,公公婆婆坐堂中,司仪喊着"一拜天地,二拜高堂,夫妻对拜,送入洞房",新郎新娘变化着不同礼拜目标。拜完后,共牵一条结着红花的红绸带,由新郎引着新娘缓步走向新房,跨过堂屋门槛的马鞍进入洞房,然后新郎退出,新娘上炕。新娘子坐床半个时辰,新郎进洞房挑起罩头红,旧时代新婚夫妻算是第一次打照面。饭后,嫁女客顺手用新筷子打破封在窗上的粉红色窗纸,准许大家进来看新媳妇、闹洞房。闹房过后,一对新人喝"合婚酒",酒后新郎新娘步入新房就寝。婚后第三天,女方娘家派自己家的人,携带礼品到男方家看望,俗曰"看三"。新娘婚后第一次回娘家一般安排在结婚的当月或者下月。

旧时的婚礼习惯胶南各地不一样,例如,东北部地区迎亲在上午,中午前必须到婆家,而西南部则过了中午女方才发嫁,傍晚时分才能到婆家,后陆续改为上午迎亲。

新时代的男女婚姻强调自由恋爱。结婚方式也受到了西方婚俗的影响。夫妻关系是由政府颁发的结婚证在法律上确认,婚礼仪式只是一个庆典活动。

胶南城乡结婚庆典仪式基本采取中西结合的方式。男女双方也要经过定亲、择日、举行婚礼等步骤。结婚庆典仪式当天清早,新郎身着结婚礼服,在本家兄弟和伴郎、朋友的陪同下,到新娘家迎接新娘。婚礼服,新郎一般为西装,新娘为西式婚纱。迎亲队伍到来后,新娘由伴娘及本家姐妹和亲友陪同上婚车,婚车队伍先驶向新郎家,在新郎家经过"拜天地、拜父母,夫妻拜"等仪式后,全家共同驱车去举行庆典仪式的酒店。现在的婚庆仪式一般由专业的礼仪庆典公司筹办。仪式内容主要有:主婚人和证婚人分别发表主婚词和证婚词;新人的父亲或母亲发表贺辞,祝贺新人并感谢参加婚礼的朋友光临;新人向双方父母及参加婚礼的亲戚朋友鞠躬致谢、交换结婚戒指、开启香槟、点燃喜庆蜡烛、喝交杯酒等。最后主持人宣布宴会开席、新人离台更换成民族婚服参加婚宴。宴会上新人及父母要逐桌敬酒感谢。婚礼仪式后,亲家双方相距比较远的,新人在回娘家时女方家还要举行一次答谢宴会,答谢的对象以女方亲朋好友为主。

集体婚礼现场(2007 年拍摄)

添喜　家中有婴儿出生谓之"添喜"。旧时,婴儿三日,产妇的娘家女亲前来"送汤米",多是三尺布、一把(10 只)鸡蛋或一只鸡、一斤红糖和几升米,其他亲友邻居多是一把(10 只)鸡蛋、三尺布。主人

设宴款待“送汤米”的亲友，吃宽面条，喝喜酒，给亲友回赠宽面条和红皮鸡蛋。同时，给亲邻每户送一碗上撒芝麻盐的宽面条，谓“分喜面”，各家在碗里回上数目不等的鸡蛋。旧时，“送汤米”送婴儿服装、鞋帽、被褥等物品。现在，“送汤米”大部分送礼金。小孩生下足一个月的时候，往往要举家庆贺，庆祝“家有后人”“添丁之喜”“足月之喜”，亲戚邻居也可以登门祝贺赠送礼物。过一至三周年生日时，父母偕小孩中午在其姥姥家庆贺，小孩的舅舅、舅母、姨母等都要携带礼物祝贺。当地有“姑家的帽子，姨家的袄，妗子家的花鞋穿到老”的俗谚。其中，过周岁时要举办“抓周”活动，把一些不同的物品放在婴儿面前让其抓，抓到什么物件，代表着将来孩子的职业和爱好。

祝寿　庆贺老人生日谓之“祝寿”“贺寿”。按传统，人过四十才过寿，五十岁和六十岁的寿诞最为隆重。老人生日这天，晚辈们携带酒、肉、鱼以及糕点等礼品回家，合家欢聚共餐。现在，家住城镇的人们，贺寿仪式一般在酒店设宴。

此外，新房竣工、乔迁新居等，亲朋亦应置礼相贺，谓之“烧炕”，主人把酒宴客。农村节日、起集、山会、庙会、剧团演戏，要搬请七姑八姨来家凑热闹、看戏。

丧葬　丧礼　是有关殡殓亡者、举办丧事、居丧祭奠的仪式礼节，也形成了一套严格的丧礼制度。胶南地区的葬礼步骤大体如下：

报丧　亡者去世后首先要穿寿衣，亡者咽气后，家人应尽快向亲友通报死讯，孝子还要及时给丧者“指路”，并向本地土地爷报告死讯，叫“报庙”。

入殓　即尸体入棺。在亡者死后的二十四小时内，要正式将尸体移入棺中。殡葬改革实行火化以后，即将骨灰移入棺中。尸体入殓后的第二天下午，孝子还要去土地庙“圆庙”。

守灵　亡者入棺之后，家人守护、睡卧在棺旁，叫“守灵”。

吊唁　亲友前来吊唁的时候，孝子要陪同。比较亲近的亲友，一般要在灵前正式举哀哭悼，亲友前往吊唁时，一般都要携带礼品或礼金。

出殡　胶南地区一般选择亡者去世后的第三天举行出殡仪式。出殡之前先要辞灵，抬棺起行时，送葬队伍一般是长子在前、次子及其他孝属随后手持裹着白纸的“哀杖”前行。出殡过程中需要“摔老盆”，即把灵前祭奠烧纸所用的瓦盆摔碎，摔盆者一般是亡者的长子或长孙，如果无儿无孙可有亲近的人来摔盆，摔盆者可继承遗产或者分得一定财产。在出殡路上还要沿路扬撒纸钱。

下葬　到达墓地后，整理墓坑，把随葬的物品和长明灯放在墓坑壁上龛内，然后将棺木徐徐放入，由丧主铲土掩棺，并堆成坟堆。

居丧　亡者家人后辈依其与亡者关系的远近穿孝服。孝子在居丧期间（一般为一月或百日）不能理发，不能同房，不能会晤亲友、参加宴会等。在亲人去世之后的一段时间里，必须要在生活的许多方面进行节制，以表示对亲人的哀悼和思念。居丧礼节，对于孝子要求更严，在古时候，孝子要居丧三年。

新中国成立后丧葬习惯有一些变化，实行了遗体火化、墓地集中等制度，传统的丧葬方式受到一定限制，强调“厚养薄葬”，丧葬礼制呈现出适合当今时代的状态。丧葬礼仪大部分沿用了旧时的方法，如“入土为安”理念、吊唁礼仪、出殡仪式、穿戴孝服、祭奠规则等等，有些则弱化和放弃了传统方式，如守孝礼节、丁忧制度等。

第四章　方　　言

胶南地方语言丰富而复杂，具有鲜明的地方特色，很难给“胶南话”一个准确的定位。概括起来，有三个比较显著的特征：一是地域差异大。胶南地方语言大体可分为三个区域：以大场、海青为代表的西南部语言，以王台为代表的东北部语言和以城区为代表的中部语言。中部区域和东北部区域的语言比较接近一些，而与西南部的语言则相差较大，尤其是在发音方面。二是说土话现象严重，特别是西南部居民说话“咬舌子”非常普遍，外地人所谓听不懂胶南话，往往是这个原因。三是方言词汇十分丰富，大多带有鲜明的地方色彩，含义深刻，意味隽永，用其他词语几乎无可替代，还有一些词语由古代书面语演变而来。这些方言，准确含蓄，寓意丰富，不了解胶南话的人感到莫名其妙，不知所云，一旦熟悉，方知如此。

第一节　方言的成因

胶南方言的形成，既有历史的因素，也有地域的原因。首先，与移民有密切关系。胶南虽然历史悠久，商周时期甚至更早就有居民生活，秦代还在琅琊设郡。但当时居民较少，现境内 90% 以上的居民为明代移民的后代，这些来自不同地区的移民，其自身语言对后来胶南方言的形成影响很大。胶南历史上大规模迁民，发生在明初洪武年间，移民主要来自三个方向：一是来自山西，就是通常所说的山西洪洞的大槐树下，这一部分移民后多居住胶南的北部地区如王台、宝山、六汪等；二是来自江苏海州一带，就是通常所说的海州的“荡芦村”，这部分移民基本上在胶南的西南部，如大村、大场、海青等地。这个地区几个比较著名的大姓，如丁、徐、安、许、魏、赵等都是江苏移民而来的。三是来自明代军屯迁移，主要是灵山卫等区域。明初为了边防的需要，实行卫所制度，建立灵山卫，来自各地的军人及其家属在此定居，延续至今，比较著名的大姓如苏、薛、焦等都是来自这部分移民。因为移民来自不同方向，其语言风格及风俗习惯也不一样，在语言融合的同时，各自也保持了一定的独立性。尽管已经过了五、六百年，但差距仍然不同程度的存在。其次，与胶南这个区域形成得较晚有关。胶南市的行政区域，历史上分属不同地区。1945 年从诸城割东部地区成立藏马县，1946 年从胶县割南部成立胶南县，1956 年又将藏马、胶南合并成为胶南县。藏马县的母体诸城和胶南县的母体胶县，这两个县一个属于胶东地区，一个靠近临沂地区，民俗风格不同，语言差别较大。早年间，区域之间的交往与交流远不及现代频繁，语言融合较慢，所以，胶南境内不同地区语言至今仍然存在很大差别。

第二节　发音特征

胶南方言发音最典型的特点是“咬舌子”。这种语言里没有汉语拼音里面的“j、q、x”的发音，也没有“zh、ch、sh”的发音，其发音特点为用舌头中部贴上颚发出气流声音，而在普通话里还找不到同样语言和文字。说话“咬舌子”主要集中在西南部地区。还有一种为“半咬舌子”，这种语言中有“j、q、x”的发音，但没有“zh、ch、sh”的发音。“半咬舌子”主要集中在中部和东北部。胶南方言还有一个明显特点，就是发音没有汉语拼音的声母“r”，“r”用“y”代替，把“日头”说成“义头”，把“人民”说成“银民”，把“容易”说成“迎易”。不过这种发音特点不是胶南独有，整个胶东半岛乃至大半个山东都这样。

第三节　词汇特征

胶南方言有一个很鲜明的特点，就是词汇特

别丰富。这些词汇与普通话相比不管是发音还是汉字都有很大区别，有不少甚至在《现代汉语词典》中查不到相应的读音和汉字。很多词汇，单凭字面很容易曲解其本来意思。譬如“后晌”，其实是晚上的意思；“夜来”，其实是昨天的意思。这些具有鲜明地方特色的词汇多与日常生活有关，人们在长期的生产生活过程中频频使用这些词汇，其意思逐渐固定下来，成为彼此交流沟通的重要工具。

胶南方言中的词汇，名词、动词、形容词、副词居多，其中动词和形容词尤其丰富鲜明。名词中，以人的称谓和动植物名称以及日常器物独具特点。如，称父亲为“大”（音调阳平），称叔叔为“大大”，（音调阴平－轻声）。再如，玉米叫“玉豆”，土豆叫“地蛋”，鸭子叫“老歪”，蝉叫“截柳”，马扎叫“交叉儿”，等等。动词中，尤以描述人的动作词汇居多，而且多与普通话截然不同。如用筷子夹叫“叨”，推叫“搌”，半倚半躺叫“歪块”，打开叫“秋开”，等等。在形容词和副词的使用上，胶南方言还有一个比较明显的特点，那就是很少用“很”、“非常”之类副词修饰形容词，很大叫“木实大”、“大很很”，很小叫“精点点儿”、“小嘎嘎儿”，非常红、白、黄、紫、绿、黑叫“通红”、“跳白”、“干黄”、“铮紫”、“真绿”、“哄黑”，胖叫“偷胖”，瘦叫“精瘦”，苦叫“寡苦”，酸叫“刁酸”，如此等等。胶南方言中还常用一些语气词，如山、吭、昂等。譬如，“快走吧，山?”；“回去吧，吭?”；“昂? 你要走?”。不过，随着时间推移，这类语气词正在逐渐消失。

第四节　胶南方言词语举例

胶南方言词汇相当丰富，跟普通话词汇差别较大。现选择有代表性的词语举例如下。

名词（代词、量词）

称谓

嬷嬷（ma ma）：祖母。

大（da）：父亲。

大大（dada）：父亲或叔叔。

丈母大（zhang mu da）：岳父（背称）。

识字班（shi zi ban）：未出嫁的女孩子。

小厮（xiao si）：小男孩。

小嫚儿（xiao man er）：小女孩。

起手（qi shou）：小偷；掏包儿的。

小绺（xiao liu）：小偷。

姑姑子（gu gu zi）：尼姑。

办饭的（ban fan di）：妻子。

跟脚子（gen jiao zi）：母亲改嫁带来的孩子。

带犊子（dai du zi）：妇女怀孕改嫁后生的孩子。

海把子（hai ba zi）：渔民。

戳驴腚的（chuo lu ding di）：牲口经纪人。

箍噜子（gu lu zi）：锔锅碗瓢盆的锔匠。

讨佬子（tao lao zi）：乞丐。

吃道士（chi dao shi）：能吃不能干的人。

觅汉（mi han）：旧时的雇农。

先生（xian sheng）：医生；算命的瞎子。

待诏（带诏）（dai zhao）：剃头师傅。

耍藏掖的（shua cang ye di）：变戏法儿的。

痴巴（chi ba）：精神病人、愚蠢。

瞎汉（xia han）：盲人。

聋汉（long han）：聋子。

光棍子（guang gun zi）：年长而无妻者。

彪子（biao zi）：傻瓜。

恁（nen）：你，你们。

喃（nan）：我，我们。

前窝（qian wo）：男女再婚时所带的孩子。

鬼名字、外名字（gui ming zi，wai ming zi）：绰号。

恶人猫（wu ren mao）：喻令人讨厌的人。

肢体

夜楞盖（额勒盖）（ye leng gai）（e le gai）：前额。

膊楞盖（bo leng gai）：膝盖。

嘎巴（ga ba）：胳膊。

干腿子（gan tui zi）：小腿。

齉鼻子（nang bi zi）：鼻塞不通，发音不清。

拃（zha）：张开大拇指和中指间隔的距离。

庹（tuo）：两臂左右平伸的长度。

锨板骨(xian ban gu):肩胛骨。

腚锤子(ding chui zi):臀部。

仰嘎子疯(yang ga zi feng):癫痫病,羊角疯。

产着了(chan zhe le):感冒了。

冻着了(dong zhe le):感冒了。

发脾寒(fa pi han):打摆子,疟疾。

木疙瘩(mu ge da):身上被蚊虫叮咬的疙瘩,感觉发木。

锅腰(guo yao):驼背。

耳窦底子(er dou di zi):耳朵流脓。

雀瞽(que gu):近视,夜盲。

有暴昙(you bao tan):有病。

扎固暴昙(zha gu bao tan):治病。

斜线(xie xian):口流的粘液。

眼之毛(yan zhi mao):眼睫毛。

饮食

供养(gong yang):上坟用的小馒头。

饽饽(bo bo):馒头。

面汤(mian tang):面条儿。

馉馇(gu zha):水饺。

馉馇汤(gu zha tang):疙瘩汤。

哈饼(ha bing):上下是面皮中间夹馅,烙制而成。

黏煮(nian zhu):稀饭、粥。

嘎渣(ga zha):锅巴,食物受热焦黄。

麻山(ma shan):豆饼,花生饼。

引子(yin zi):发面引子(酵母)。

面不儿(mian bu er):做面食时用的干面粉。

香油馃子(xiang you guo zi):油条。

忌讳(ji hui):醋。

果子仁儿(guo zi ren er):花生米。

玉豆(yu dou):玉米。

番瓜(fan gua):南瓜。

地蛋(di dan):土豆。

甜甘(tian gan):甘蔗;新鲜且有甜味的玉米秸秆。

衣饰、器物、用具

卫生衣(wei sheng yi):绒衣。

棉猴儿(mian hou er):一种带风帽的棉衣。

褯子(jie zi):婴幼儿用的尿布。

铺衬(pu zhen):废旧布,旧衣衬里。

嘎巴箍(ga ba gu):袖标,臂章。

汗褟子(han ta zi):布制背心。

铜盆(tong pen):脸盆。

筲(shao):水桶。

家什儿(jia shi er):家庭用具。

营生儿(ying sheng er):活计、工作。

凄缕儿(qi liu er):碎布条儿。

豆(头)枕(dou zhen):枕头。

抽头(chou tou):抽屉。

锅门口(guo men kou):炉灶口。

风限(feng xian):风箱,风匣。

煤胡儿(mei hu er):没完全燃烧的煤渣。

饭帚(fan zhu):炊帚。

暖壶(nuan hu):热水瓶。

燎壶 (liao hu):烧水用的铁壶。

卡子(ka zi):作面食用的木模子。

胰子(yi zi):肥皂。

猴子筋(hou zi jin):橡皮筋。

小拥车(xiao yong che):手推的独轮车。

地排车(di pai che):两轮木板车。

廷杆(ting gan):高粱秸梢。

交叉儿 (jiao cha er):马扎。

懒老婆(lan lao po):玩具陀螺。

呱嗒板(gua da ban):木屐。

门哗啦(men hua la):门环。

手灯(shou deng):手电筒。

鞋靸(xie sa):拖鞋。

自然

日头(yi tou):太阳。

勺子星(shao zi xing):北斗星。

天老鼠(tian lao shu):流星。

早照(zao zhao):早霞。

晚照(wan zhao):晚霞。

风旮旯(feng ga la):月晕。

冻冻(dong dong):冰。

坷垃(ka la):干土块。

䊪土(bu tu):极细的干土。
巴子(ba zi):冰雹。
雾露嗤子(wu lu chi zi):毛毛雨。

时间、方位

头晌(tou shang):上午。
晌晚头(shang wan tou):中午。
后晌(hou shang):晚上。
傍黑天(bang hei tian):傍晚。
下晚儿(xia wan er):晚上。
大尽(da jin):阴历每月三十天。
小尽(xiao jin):阴历每月少于三十天。
当央儿(dang yang er):中间。
地场(di chang):地方,场地。
黑日(hei yi):夜间。
夜来(ye lai):昨天。
大前日(da qian yi):大前天。
外后日(wai hou yi):大后天。
天井(tian jing):庭院。
当门(dang men):房屋进门一间的地面。
旮旯儿(ga la):墙角。
港门子(jiang men zi):河水入海口。
阳沟(yang gou):通往院墙外的脏水沟。
门掩后(men yan hou):门后。

动物

家翅儿(jia chi er):麻雀。
截柳(jie liu):知了、蝉。
长虫(chang chong):蛇。
蝈蝈当子(guo guo dang zi):蝌蚪。
沙牛(sha niu):母牛。
爬牯(pa gu):公牛。
犍子(jian zi):被阉的公牛。
咩子(mie zi):牛犊。
老歪(lao wai):鸭。
草驴(cao lv):母驴。
叫驴(jiao lv)公驴。
牙狗(ya gou):公狗。
马虎(ma hu):狼。
古鲁蝈(gu lu guo):白色大飞蛾。
担杖钩(dan zhang gou):浮水虫。
马蝎子(ma xie zi):蜥蜴。
蝎虎子(xie hu zi):壁虎。
蚁蛘(yi yang):蚂蚁。
油子(you zi):米象。
毂辘(gu lu):小海螺。
草鞋底(cao xie di):一种百脚虫。
白渣(bai zha):苍蝇卵。
密虫子(mi chong zi):蚜虫。
布噶(bu ga):鹁鸽,鸽子
乖乖儿(guai guai er):蝈蝈。
外子(wai zi):青蛙。

动词

手的动作

捹(ben):拉。用双手把树捹倒了。

搐(chu):缩,吸,皱纹。把头搐(缩)进去。用口搐(吸)出来。他脸上有搐(皱纹)了。

叨(dao):夹。用筷子叨菜。

扺(di):拔。扺下一根头发。

掇(duo):端。把饭掇上来。

掴(guai):碰。锅很热,别掴着。

呼(hu):打。呼他一巴掌。

劐(huo):割开。用剪刀把布劐成两半。

擢(huo):除。把沟里的水擢干净。

括(kuo):割开。用刀把鱼肚子括开。

墁(man):抹。用水泥把地墁一下。

攮(nang):刺。用刀子攮人。

敨(tou):倒。把口袋里的东西敨出来。

搌(wei):推。把自行车搌倒了。

稳(wen):放。把书包稳在桌子上。

揳(xie):袭击,钉。用石头揳人。在墙上揳上个钉子。

絮(xu):往里填。用棉花絮被子。

楦(xuan):填进。用谷糠楦枕头。

拥(yong):推。把自行车拥出来。

招(zhao):扶。用手招着,别倒了。(“手挡曰招”《增修胶志》)

砧(zhen):扔,打。用石头砧你。

拽(zhuai):扔。用力拽的远一点。

缒(zhui):送。把水桶从井口缒下去。缒上来。

捽(zuo):揪。捽下一绺头发。

含(han):拿。手里含着一本书。

约(jin):提。他约着一个包。

来(lai):撕。把纸一来两半。

淋(lin):抡。淋棍子打人。

其(qi):给。把书其我。

搉(que):折。不要搉断树枝。

逡(qun):抡,打。用棍子逡人。

捝(shui):摔,扔。他把书捝在地上。

垭(ya):倒。给我垭杯水喝。

抈(yue):折。把树枝抈断。

逐(zhu):递,迎面击打。把书逐给他。逐了他一拳。

拨弄(bo long):别拨弄坏了。拨弄是非。

搓约(cuo yue):揉搓。别把报纸搓约坏了。

提溜(di liu):提。他提溜着一篮子菜。

划拉(hua la):收拢。把地上的纸划拉起来。

攉洛(huo luo):搅。别把水攉洛混了。

理刷(li shua):梳理。把头发理刷一下。

抛撒(pao sa):浪费。别抛撒粮食。

踢蹬(ti deng):破坏,坏。别踢蹬公物。一天没吃饭饿踢蹬了。

剜嗒(wan da):指划。用手指剜嗒他。

握巴(wo ba):随意折叠。把衣裳随便握巴一下就放起来了。

演当(yan dang):演习。正式开始前先演当一下。

挓挲(zha sha):伸张,狂妄。挓挲两手。这个人很挓挲。

抓地(zhua di):刨地。

哄了(hong le):丢了。

拽了(zhuai le):扔了。

扎固(zha gu):修理;治;整治。

捣鼓(dao gu):捣弄;修理;借换。

脚的动作

踡(juan):踢。他踡了一脚。(“足踢曰踡”《增修胶志》)

跈(nian):踩。用脚跈死一个小虫。

趋(qu):踢。用脚趋过来。

柴(chai):踩。用脚柴住。

排(pai):用脚踹。一脚把门排开。

张倒(zhang dao):面朝天向后倒下。

眼的动作

白瞪(bei deng):看。无可奈何白瞪眼。

瞅睺(chou hou):看。仔细瞅睺。

瞪睺(deng hou):看。瞪睺眼看。

喽睺(lou hou):看。四处喽睺。

嘛瞪(ma deng):看。眨巴眼瞅。

眯央(mi yang):眯着眼睛,似睡非睡。

撒嘛(sa ma):看。四处瞅。

瞻顾眼(zhan gu yan):眨眼。

说话

反啦(fan la):不满,发牢骚。

咧咧(lie lie):乱说话。

囔唧(nang ji):小声嘟囔。

哈嘟(ha du):大声斥责。

岔舌(cha she):议论别人隐私。

抻扎 (chen zha):撒娇。

喳嘁(cha qi):小声嘀咕人和事。

背味儿(bei wei):犟嘴。

阻声(zu sheng):出声。闭嘴别阻声。

震唬(zhen hu):威胁。不要听他震唬。

争竞(zheng jing):争辩。不要争竞了。

净说些嗓子外的(jing shuo xie sang zi wai de):言不由衷。

行为

烧炕(shao kang):祝贺乔迁。

捱磨(ai mo):拖延。别挨磨时间。

摆晒(bai shai):张狂。他真能摆晒。

抄捞(chao lao):打听。向你抄捞一个人。

抻勾(chen gou):伸。抻勾着脖子光想好事。

打登(da deng):收拾。把东西打登一下。

打捞(da lao):搜集。给我打捞点材料。

得为(dei wei):故意。我得为不理他。

掉蛋(diao dan):无序的玩闹,不听规劝。

鼓拥(gu yong):蠕动。慢慢向前鼓拥。

哈趴(ha pa):俯卧。哈趴在地上。

护揽(hu lan):贪婪。不要护揽那么多。

煞风了(sha feng le):风停了。

闪下(shan xia):撇下、漏下。别闪下东西。

钻算(zuan suan):投机钻营。他很善于钻算。

作孽(zuo ye):闯祸。要守法,不要作孽。

惬下(qie xia):躺下。惬下睡一觉。

歪块(wai kuai):半倚半躺。他歪块在床上。

拉夿觢水(la ha chi shui):流口水。

噶拾(ga shi):割舍。不噶拾吃穿。

喀哒(ka da):遭罪。他生活不好,很受喀哒。

戳坏(chuo huai):挑拨别人的关系

惹致(re zhi):招惹。

烦恶(fan wu):讨厌。

圆和(yuan hu):劝解,说和。

抄捞(chao lao):打听,寻找。向您抄捞一个人。

戳嘁(chuo qi):挑拨。他专门戳嘁事。

掂掇(dian duo):斟酌。我掂掇一下。

噶乎(ga hu):相处。

折登(zhe deng):变卖;遭踏。

贴乎(tie hu):讨好别人。

其他

拔(ba):用凉水给热东西降温。

馇(cha):馇小豆腐。

闯(chuang):串。闯门子。

锅(guo):弯。锅下腰。

烀(hu):烀饼子。

护(hu):靠。别护炉子太近,小心烫着。

使人(shi):太累。太使人了。

嘘(xu):吸。嘘了一口酒。

泚(ci):泼。泚了一身水。

过(guo):触。叫电过了一下。

哈(ha):喝。哈口水。

将(jiang):娶。将媳妇。

掬(ju):趴靠。周围掬上很多人。

缕(lu):顺沿。缕着这条路往前走。

抿(min):租。抿间房子住。

研(yan):压,加。他叫车轮研了。给车轮子研点油。

着(zhuo):盛。太多了,着不下。

热盆儿:热衷于某种事物。

噘(jue)人:骂人。

熊(xiong)人:无理地斥责、诬赖别人。

喳咕(cha gu)人:背后议论别人。

刺闹(ci nao)人:外物贴身或皮肤过敏使人不好受。

呲嗒(ci da)人:呵斥别人。

点哄(dian hong):欺骗人。

哈度(ha du):大声呵斥别人。

撸光(lu guang)人:骗人。

粘缠(nian chan)人:无休止地纠缠别人。

舔哄(tian hong)人:讨好别人。

嫌后(xian hou)人:挑别人的毛病。

糟蹋(zao ta)人:侮辱、伤害别人。

造作(zao zuo)人:糟蹋、伤害别人。

扎箍(zha gu)人:给人亏吃。

作蹬(zuo deng)人:糟蹋、伤害别人。

碜(chen)人:言行过极让人难受。

膈应(ge ying)人:言行不正常让人讨厌。

丧门(sang men)人:说不吉利的话,让人感到丧气。

臊噶(sao ga)人:挖苦人。让人感到不舒服。

窝囊(wo nang)人:让人感到不舒服。

依赖(yi lai)人:让人厌恶。

淡巴(dan ba)人:冷落人。

盎脏(ang zang):对某人反感。

霍作(huo zuo):浪费。

噶 yai(ga yai):小孩打架。

鲁诓(lu kuang):欺骗。

昂(ang):焚烧。一把火昂了它。昂炕。

胀饱(zhang bao):吃饱了撑的。喻没事找事。

揍作(zou zuo):装腔作势。

作下了(zuo xia le):闯祸了。

开怀儿(kai huai er):妇女初育初产。

出门儿(chu men er):走亲戚。

伏群儿(fu qun er):禽鸟交尾。

摸忽儿(mo hu er):捉迷藏。

形容词

板整(ban zheng):整齐,规范。

瘪约(bie yue):变形,瘪了。

不善(bu shan):不简单。

超盈(chao ying):绰绰有余。

称料(chen liao):富裕,有钱。

呲毛(ci mao):喻不好。

倒槽(dao cao):喻倒霉,不走运。

发熊(fa xiong)儿:喻无理取闹。

咕搐(gu chu):缩进去。

咕颠(gu dian):上下颠动。床或凳子不稳当。

呼哈(hu ha):上下颠动。

胡迷(hu mi):头脑不清醒,迷路。

欢气(huan qi):高兴。

刺闹(ci nao):痒痒。

拃拃(zha zha):说话多,不谦逊。

技亮(ji liang):心灵手巧。

煞实(sha shi):踏实。他办事真煞实。西北风很煞实。

煞妥(sha tuo):果断有力。他办事真煞妥。

集束(ji shu):紧凑。

卡裉(ka ken):刚好,正合适。

囔咕(nang gu):软了。柿子熟透了。

囔(nang):道路泥泞。

泞糊(ning hu):黏稠。

黏糊(nian hu):行为不利索,不痛快。

刨燥(pao zao):焦躁不安。

瓢偏(piao pian):不正,变形。

逡亮(qun liang):清楚,清亮。

舒索(shu suo):舒服。

刷溜(shua liu):干活很利索。

囊乎(nang hu):暖和。

恣(zi):心里高兴。

哇屈(wa qu):委屈。

熨作(yu zuo):舒服。

抗不了(kang bu liao):受不了。

横理(heng li):蛮不讲理。

丝孬(si nao):发酵,长毛。

挺妥(ting tuo):结实,挺得住。

解离(xie li):糊状物放的时间长了发酵而变稀。

恹油(yan you):植物蔫了。

窄吧(zhei ba):不宽敞。

整壮(zheng zhuang):完整而整齐。

大手(da shou):大方,不在乎。

颠跣(dian xian):献媚,讨好。

蹀躞(die xie):献媚,讨好。

嘎咕(ga gu):吝啬。

拉撒(la sa):不干净,懒惰。拉扯,养育。

烂才(lan cai):脏。

浪张(lang zhang):放荡,张狂。

排赖(pai lai):脏。

谝弄(pian long):自夸;炫耀。

死丘(si qiu):死板地待在一个地方。

小作(xiao zuo):小气。

踅逛(xue guang):伸张,善于展示自己。

牙犟(ya jiang):不服气、不认理。

夹谷(jia gu):害羞,怕见人。

咬牙(yao ya):不服气。

不操儿(bu cao er):不错;好。

窝囊(wo nang):脏。

派癞(pai lai):不干净。

铺囊(pu nang):办事不利索。

柳斜(liu xie):不直;偏离正直方向。

瓢偏(piao pian):圆形物扭曲不正。

野霸(ye ba):野蛮。

痼憷(gu chu):不自信。

苟止(gou zhi):抠门儿。

乍古(zhi gu):不实在。

鬼仗(gui zhang):嬉闹玩笑。

涨颠(zhang dian):不稳重。

混窘(hun qun):胡来。

淡木索的(dan mu suo de):难堪。

杠子头(gang zi tou):倔强。

寇(kou):性格偏激,不饶人。

鬼头蛤蟆眼(gui tou ha ma yan):狡诈。

浪张、浪歪(lang zhang,lang wai):放荡。

泼皮胡子(po pi hu zi):骄横。

装大头廓落(zhuang da tou kuo luo):强出头。

烧包(shao bao):忘乎所以。

彪呼呼的(biao hu hu de):不明智。

埋里埋汰(mai li mai tai):不爽快。

胡卢(hu lu):莽撞。不怕事儿。

颠仙(dian xian):为讨欢心替人做事。

二二丝丝(er er si si):犹豫不决。

离心(li xin):胃不好受。

饥困(ji kun):饿。

害喀(hai ke):渴了。

拙古(zhuo gu):不巧,办事不周全。

木噶之地(mu ga zhi di):脑笨。

精神(jing shen):聪明。

差目点儿(cha mo dian er):差很少一点。

没式多(mu shi duo):非常多。

没式大(mu shi da):非常大。

没式高(mu shi gao):非常高。

鼓啦(gu la):非常多。

离巴(li ba):差大了。

伎俩(ji liang):手巧,正合适。

各一路(ge yi lu):与众不同。

副词及其他

一大盼子(yi da pan zi):一段较长的时间。

木纵干儿(mei zong gan er):一小会儿。

才将(刚)忙(cai jiang mang er):刚才。

了了(liao liao):很少。

紧三火(jin san huo):赶快,赶紧。

现于今(xian yu jin):现在。

拉末了(la mo liao):最后。

一拢总(yi long zong):所有,全部,总共。

余外(yu wai):多余。

眼不遇(yan bu yu):偶尔,不经常。

备不住(bei bu zhu):当不住,可能。

快当儿地(kuai dang di):快一点。

摸量(mu liang):估量 ,估计。

大约模(da yue mo):估计,大约。

俯就(fu jiu):顺便。

成天价(cheng tian jia):一天到晚。

临(lin):轮到。今天临他值班。

门是(men shi):莫非是。

多曾(duo zeng):什么时候。

敢自(gan zi):敢情。

亘儿亘儿 (gen er gen er):等一下。

将就(jiang jiu):迁就;凑合。

不龙顾(bu long gu):脱不开身。

归其(gui qi):原来。

八成儿(ba cheng er):大概、可能。

朵说(duo shuo):多少。这书多少钱一本。

第二十八篇

人　物

張蔚华烈士的革命業績是
朝中兩國人民的友誼的光輝的
典範，烈士的崇高的革命精神和
革命業績永遠活在人民的心中。
金日成

徐福

第一章　人物传略

胶南地区自唐初裁琅琊县后，直至1943年抗日民主政府诸胶县成立，其间长达1300年无独立行政建置。人物事迹散见于旧诸城、胶州志书中。而旧志记人往往只记邑人，不记乡里，以今行政区划分割，很难理清。本志力图尽力搜索，以弥补长期无志书记载的遗憾。除记述1987～2012年间去世人物外，又搜索了清以前的今胶南籍历史人物和名声较大的家族人物，予以补录，以供参考。

迟敬德（1927～1988）　山东省即墨市人。

1947年1月加入中国共产党，同年3月入伍。1970年9月至1981年5月任中共胶南县委书记。曾任胶南县人武部干事、科长、副政委、政委，胶南县革委会副主任、主任，昌潍地委常委，青岛市委常委、市计委副主任，潍坊地区行署副专员等职。迟敬德主政胶南期间，农田建设、水利建设和县社队工业均获得较快发展，为胶南的工农业生产发展奠定了基础。1988年病逝。

王振卓（1920～1997）　曾用名王树森，山东省掖县人。1938年10月入伍，1939年7月加入中国共产党。1957年6月至1958年8月任中共胶南县委书记。曾任分区委书记，地委代理秘书主任、办公室主任、秘书长，胶县县委第一书记，昌潍地委宣传部长，山东师范大学副校长等职。1984年12月离休。1997年去世。

戴跃西（1928～1997）　江苏省赣榆县人。

1943年10月入伍，1944年7月加入中国共产党。1958年12月至1962年12月任中共胶南县委书记。曾任分区委副书记，地委秘书，胶河县委宣传部长、副书记，即东县委书记，潍坊市计划委员会主任，市人大副主任等职。1993年12月离休。1997年去世。

陈济敏（1959～1998）　山东省胶南市珠山街道曹戈庄村人。1976年9月参加工作，1980年5

月加入中国共产党。历任胶南镇团委副书记、党委秘书、党委组织委员、党委副书记，理务关乡党委副书记、乡长，铁山镇党委副书记、镇长，琅琊镇党委书记等职。1998年6月18日，因病倒在工作岗位上，经抢救无效不幸去世，年仅39岁。

陈济敏在工作期间，爱岗敬业，清正廉洁，关心群众疾苦，创新岩礁开发使用权30年不变，积极带领群众致富。去世后，中共青岛市委追授他"优秀乡镇党委书记"称号，青岛市人民政府为他追记二等功。中共山东省委做出《开展向陈济敏同志学习活动的决定》。其事迹被收入中共山东省委党史研究室编著的《中共山东英烈大典》。

潘相文（1935.3～1999.8）　青岛市黄岛区红石崖镇山王东村人。

1952年8月参加工作，1956年11月加入中国共产党。历任胶南县第八区王家乡政府财粮委员，胶南县第六区公所会计，胶南县人民政府水产科统计员，胶南县六汪税务所会计，胶南县税务所文书，胶南县人民政府人事科办事员，中共胶南县委组织部干事，海阳"四清"工作团高家大队部干事，昌潍地区胶南"四清"工作团政治部干事，中共胶南县委组织部干事，胶南县革委会保卫处办事组副组长，胶南县公安局副局长、教导员，胶南县革委政治部组织组组长，县委组织部部长、县委副书记，政协胶南县第二、三届委员会

主席等职。1999 年 8 月病逝。

隋本熙(1935.12～2001.5)　山东省莱西市水集镇隋家屯村人。1961 年 9 月参加工作,先后在胶南县六汪中学、寨里中学、第二中学从事语文教学。在长期的教学实践中,他创立预习、研习、讲习、复习的"四步程序"教学法,通过启发诱导,培养学生能力。1986 年高考,所教两个班语文成绩有 25 人在 90 分以上,其中最高分 107 分,列青岛市考生榜首。其事迹载入《教坛群英谱》。1990 年被收入《中国教育名人辞典》。1991 年被国家教育委员会、人事部授予全国教育系统劳动模范荣誉称号,获人民教师奖章。1996 年 1 月退休。2001 年 5 月因意外事故去世。

于成凤(1924～2006)　山东省文登市大水泊镇人。1938 年 9 月入伍,1940 年 8 月加入中国共产党。1953 年 6 月至 1954 年 10 月和 1962 年 12 月至 1970 年 9 月任中共胶南县委书记。曾任莒北县各救会长,县委宣传部副部长、组织部部长,胶河县委副书记、书记,胶州、昌潍地委宣传部副部长,昌潍地委财贸部长,山东省供销社副主任,潍坊市委书记,昌潍地委副书记、行署副专员,潍坊市人大常委会主任等职。1993 年 12 月离休。2006 年去世。

刘唤农(1922.6～2006.5)　山东省招远市毕郭村人。1938 年 3 月参加革命工作,1939 年 6 月加入中国共产党。抗日战争和解放战争时期,出生入死,英勇奋战,多次受到上级机关的记功嘉奖。新中国成立后,先后担任胶南县公安局股长、副局长、县委委员兼公安局局长,为维护胶南的社会治安秩序、保卫经济建设做出了贡献。1952 年调任山东省劳改局工作,先后任省直第四劳改管教队队长、管教处处长等职。

1975 年 12 月,离休回到胶南后即全力投入关心下一代工作。1986 年 5 月,在上级部门的支持下,成立了胶南关心下一代协会。经多方联络,很快建立了 36 个老干部关心下一代协会分会、143 个活动站,协会会员达到 500 余名。为挽救失足青少年,动员 150 余名老干部成立了 100 多个帮教小组。其先后帮教 10 名失足青少年获得新生。针对未成年人犯罪上升的趋势,他抱病到中小学校作革命传统教育报告 300 余场次,足迹遍布青岛、潍坊、烟台等地。为使因贫辍学的孩子重新回到课堂,先后资助 14 名贫困学生,资助金额达 5 万余元。青岛市、山东省先后表彰他为"老干部先进个人""老有所为先进个人",1991 年被全国关心下一代工作委员会评为"全国关心下一代先进个人",1992 年被全国老龄委授予"全国老有作为先进集体创新带头人"荣誉称号。2006 年 5 月去世。

李怀仁(1930～2007)　山东省安丘县人。1947 年 1 月参加工作。1980 年 5 月至 1984 年 7 月任胶南县委副书记、县长,1984 年 7 月至 1990 年 4 月任胶南县人大常委会主任、党组书记。曾任安丘县委组织部干事、安丘县俊山区委书记,昌潍地区组织部干事、地委纪委会监察员、组织部科长,胶南县隐珠公社党委书记、县委组织部组长、县委常委政治部副主任、县委副书记等职。2007 年去世。

丁培祉(1930～2011)　山东省胶南市大村镇人。1947 年 5 月入伍,1948 年 11 月加入中国共产党。1981 年 5 月至 1984 年 5 月任中共胶南县委书记。曾任藏马县龙马区委干事,胶南县贡口区委书记,胶南县委监委副书记,海青公社党委书记,胶南县监察委员会副书记。县革委会副主任。县人大主任,崂山县委书记,青岛市水产局局长、党委书记等职。1993 年 12 月离休。2011 年去世。

杨凌波(1919.9～2014.10)　山东省胶南市铁山街道杨家山里东南崖村人。1938 年加入中华民族解放先锋队。1939 年 6 月加入中国共产党。1940 年针对国民党姜黎川部在胶南加紧反共活动,积极组织自编教材秘密进行党员教育,成立学

生救国会和农民救国会等进步群众组织，打击敌对反共活动。1941 年 7 月任刚成立的中共胶县特区委书记。是年与赵子善、苗载祯一起组建中共胶县第七分区委，发展中共党员 60 多名，组建了 4 个党支部和若干党小组，建立了农民抗日救国会和青年抗日救国会。是年 10 月赴中共胶东区委学习。1944 年 2 月任胶县工委副书记，主管地方工作。是年 5 月，国民党姜黎川部袭击杨家山里，杨凌波组织联防大队反击突围，保存了有生力量。滨海部队消灭姜黎川部后，由联防大队改编成的铁山大队改为诸胶边县大队，杨凌波兼任大队长，是年 7 月任诸胶边工委委员兼办事处主任；8 月，中共滨北地委和专署决定撤销诸胶边办事处，建立诸胶边县抗日民主政府，杨凌波任县长，负责敌占区的工作。日寇投降后，杨凌波先后任珠山县、胶县县长。1946 年 5 月初赴华东局党校学习，离开胶南。此后历任山东支前委员会科长，团副政委、政委，军委总干部部副处长，海司装备部修理部副部长，海司政治部副主任，海司防化部政委等职。2014 年 10 月去世。

附录一　人物补遗

徐福　《辞海》载：徐福，本作徐市，字君房，秦方士，琅琊（今胶南琅琊）人。通道术，精阴阳，与当时的齐国方士侯公、燕国方士卢生均为至交。《史记·秦始皇本纪》云：二十八年，始皇东行郡县……南登琅琊，大乐之，留三月。乃徙黔首三万户琅琊台下，复十二岁。作琅琊台，立石刻，颂秦德，明得意。……既已，齐人徐市等上书，言海中有三神山，名曰蓬莱、方丈、瀛州，仙人居之。请得斋戒，与童男女求之。于是遣徐市发童男女数千人入海求仙人……三十七年十月癸丑，始皇出游，……并海上，北至琅琊。方士徐市等入海求神药数岁不得，费多，恐谴，乃诈曰：'蓬莱药可得，然常为大鲛鱼所苦，故不得至，愿请善射与俱，见则以连弩射之。'始皇梦与海神战，如人状，问占梦，博士曰：'水神不可见，以大鱼蛟龙为候。今上祷祠备谨，而有此恶神，当除去，而善神可致。'乃令入海者赍捕巨鱼具，而自以连弩候大鱼出射之。自琅琊北至荣成山，弗见。至之罘，见巨鱼，射杀一鱼，遂并海西；徐福继续率船队经庙岛群岛，横渡渤海至辽东半岛，然后沿辽东半岛东南近海至朝鲜半岛，再由朝鲜半岛西部近海折南而行，横渡朝鲜海峡，到达日本，为开启日本文明历史发挥了巨大作用。公元七八世纪后，日本文献中颇多有关徐福的记载，并尊之为司农耕、医药之神。

安期生　亦称"安期先生""安其生"。秦、汉间琅琊阜乡人。传说较多。《史记》说他为方士，从河上丈人习黄帝、老子之学，卖药东海边。秦始皇东游，与语三日夜，赐金璧数千万，皆置之阜乡亭而去，留书及赤玉舄一双为报。后始皇遣使入海求之，未至蓬莱山，遇风波而返。《汉书》说他为策士，生平与蒯通友善，尝以策干项羽，未能用。后之方士、道家多谓其居海上之神仙。《史记·封禅书》："安期生，仙者，通蓬莱中，合则见人，不合则隐。"《汉书·蒯通传》："通善齐人安其生，安其生尝干项羽，羽不能用其策。而项羽欲封此两人，两人卒不肯受。"苏轼《安期生》："安期本策士，平日交蒯通。尝干重瞳子，不见隆准公。"陆游《长歌行》："人生不作安期生，醉入东海骑长鲸。"传说，安期生寓居海岛时，以巨大海枣为食。《史记·封禅书》：李少君对汉武帝说"臣常游海上，见安期生。安期生食巨枣大如瓜。"后因有"安期枣"之称。唐元稹《和乐天赠吴丹》诗："冥搜方朔桃，结念安期枣。"唐李白《寄王屋山人孟大融》："我昔东海上，劳山餐紫霞。亲见安期公，食枣大如瓜。"清方文《奉酬范质公司马》诗："东风柔橹别江沙，送我安期枣似瓜。"郭沫若《董老行》："传食共分

秦侯瓜，延年自有安期枣。”据旧志载，斋堂岛上旧有海枣出产，八月开花结枣，次年春夏成熟，是否系安期枣，待有识者考之。

李少君 西汉临淄人。曾客居琅琊，从安期生学炼丹术。汉武帝招募方士，李少君乃以祠灶、谷道、却老之术见信于帝。说：“祠灶则致物，致物而丹砂可化为黄金，黄金成以为饮食器，则益寿。而海中蓬莱仙者，乃可见之。”汉武帝对其非常尊敬，赐赠无数。汉武帝座前有古铜器。李少君言是齐桓公柏寝所陈。汉武帝验其刻字，果然是齐故器。李少君数百岁，人视之如五十许，面色肌肤甚有色泽。乃作神丹，对汉武帝说：“陛下不能绝骄奢、遣声色，杀伐不止，喜怒不胜，大道盖未可成也。”以丹砂少许与武帝，便尸解而去。

贡禹（前124～前44年） 字少翁，西汉琅琊县人，其确切里籍不详。今泊里镇、琅琊镇有贡口、肖家贡、陈家贡等村，是否与贡禹有关待考。贡禹起初从事嬴公学《公羊春秋》，学成于眭孟。以明经、洁行著闻。与皋虞（即墨）王吉为友，世称“王阳在位，贡公弹冠”，此即成语“弹冠相庆”之由来。宣帝时征为博士、凉州刺史，因病去官。复举贤良，为河南令，岁余又去官。元帝即位，征贡禹为谏大夫，经常虚心求教政事。当时年景不好，郡国多困，贡禹乃上疏言节俭爱民之意，常引《春秋》《论语》以立论。元帝采纳他的建议，下诏令太仆减食谷之马，水衡减食肉之兽，省宜春下苑以予贫民，又罢角抵诸戏及齐三服官，并升贡禹为光禄大夫。时贡禹已八十一岁，上书乞归。元帝不许，复令贡禹为御史大夫，列于三公。数月后，卒于官。贡禹在位，数言得失，上书数十次，要旨皆扶本爱民、节俭利国，元帝多采纳之，民因之亦受其惠。贡禹临终前数月尚奏欲罢郡国庙，定汉宗庙迭毁之礼。卒后，元帝追思其议，下诏施行。

诸葛丰 字少季，西汉琅琊县人，其里籍疑为今琅琊镇窝龙村（传言因纪念诸葛祖籍得名），或疑为葛陂（今诸城市枳沟镇普庆村南）。诸葛丰以明经为郡文学，特立刚直。贡禹为御史大夫时，以同乡召诸葛丰为属员，后举荐为侍御史。元帝擢为司隶校尉，刺举无所避，京城因而有语曰：“间何阔，逢诸葛。”就是说诸葛丰执法严正，害人者遂久阔而不相见。元帝嘉奖他的气节，加封诸葛丰为光禄大夫。时侍中许章以皇帝贵幸，淫奢而不守法规，其属下犯事，牵连及之。诸葛丰具文弹劾，正准备上奏，适逢许章私出，诸葛丰遂举符节令其下车，欲将其逮捕。许章逃入宫门，乞哀于天子。于是元帝收回诸葛丰的符节。诸葛丰不胜愤懑，上书辞职，元帝不许。是后所言益不被用。在位权贵多言其短，元帝降诸葛丰为城门校尉。最后上书弹劾光禄勋周堪、光禄大夫张猛，被元帝贬为庶人，终于家。诸葛丰之后代迁居阳都（今沂南县砖埠乡黄疃一带），多有显者，诸葛亮便是其中之一。

朱仲 汉代会稽人，往来贩宝珠于今大珠山沿海一带，富甲一方。汉高后时，应诏书上书朝廷，并献上好于朝廷规定的宝珠，高后赐黄金五百两。鲁元公主又私下付黄金七百两向其购买宝珠，朱仲便将四寸大的宝珠放在宫门即离。后皇帝下诏书到会稽征聘朱仲，但不知去向。汉景帝时，朱仲又献朝廷三寸宝珠数十颗且即离。后隐居大珠山。故此山名曰朱山。后演绎为大珠山。民国时期，大珠山至小珠山一带设朱仲区以为纪念。

崔琰 字季珪，东汉清河郡东武城（今山东省武城县）人。29岁就学于高密郑玄门下。汉中平五年，黄巾军攻破北海郡，崔琰等门人随郑玄避乱不其山（今崂山铁骑山）。后因粮食匮乏，诸门生各归故里。由于战乱频仍，西道不通，崔琰泛海南下，辗转四年方归。途经州山（今境内之大珠山）时，曾因战乱难以归乡，在此长期逗留。其间，他“高洪崖之耿介，羡安期之长生。登州山以永望，临洞浦之广暝”，写下了文采绚丽的《述初赋》。后崔琰被袁绍辟为骑都尉。曹操打败袁绍后，对崔琰甚为器重，先后辟为别驾从事、中尉。后因谗言被曹操赐死。

徐庶 三国颍川（今河南禹州）人，字元直。初与诸葛亮等为友。后归刘备，并推举诸葛亮。以其母为曹操所执，被迫归曹，官至右中郎将。相传其脱离曹魏后曾在大珠山帽子峰和鼓子洋一带隐居，旧有“徐庶不离帽子峰”之说。帽子峰顶旧有徐庶庙，香火颇盛，现已坍塌。

陈仲举　晋代胶州人，学黄老术，辟谷隐于大珠山石室，黄发童颜，时人莫知其岁数。后周游四方，不知所终。

雪窦禅师　宋代赵州人，俗名李重显，自幼出家，遍参名宿，驻浙江四明雪窦山，发愿建立道场。趺坐穷岩，诵经不辍。有山鹿衔花、野猿设供之异。旬日之间，布施云集，遂成庙宇，帝赐寺额“明觉寺”。后奉宋仁宗诏命移往琅琊台，复建琅琊台“资圣禅院”，广收门徒。身披一布衫，五十年不换。宋仁宗至和二年（1055 年）七月七日昂首而逝。圆寂之前嘱其弟子将舍利送归雪窦芗林。其曾作雪窦布衫偈云：“赵州无义汉，雪窦老婆禅。一川风雨后，明月独当天。”《齐乘》和雍正版《山东通志》均有记载。

苏轼（1037 ~ 1101）　北宋文学家、书画家。字子瞻，号东坡居士，眉州眉山人。嘉祐进士。宋神宗时因反对王安石新法而外放。知密州期间，曾重新摹刻秦琅琊台刻石，并有多篇描写琅琊台人文景观的诗文传世。如《书琅琊篆后》、《安期生》并序、《潮中观月》等。

孔辉　金代中叶人。其先世为曲阜人，因游宦迁至今胶河经济区孔家庄定居。祖父孔进武、父亲孔德皆有隐行。孔辉以武功显赫官至定远大将军、元帅右都监，知密州事。以为绪承先圣而离乱相仍，谱牒遗失，乃追述祖先，于孔家庄勒石贻后，言辞颇为沉痛。石碑无朝代年号及书撰人姓名，只说“时庚寅年十月定远大将军元帅右都监知密州”。据此，疑为孔辉于金哀宗正大七年（1230 年）立。孔辉孙孔思忠、孔思义分别被荫封为昭信校尉、武节将军。

麻衣赵　明代僧人，轶其名。冬夏常穿麻衣。洪武年间隐于大珠山石室辟谷，门勒“朝阳庵”三字，今遗迹尚存。

颜悦道　字君白，祖籍山东琅琊，为唐代颜真卿之后人。元泰定年间，其先人到大名（直隶魏县）为官，遂落籍大名。颜悦道于万历二十三年（1595 年）由进士任诸城知县。性明敏，敢任事。后以善政升任户部主事。他为诸生时，曾梦游琅琊，因而自号“琅琊”。后到诸城为官，因诸城即属古之琅琊，悦道非常惊奇。万历二十四年（1596 年），悦道登琅琊台，二十年前梦中景物竟历历在目，遂更加惊奇。当日海上屡生奇异，遂刻“登琅琊述碑”，详记此事。两年后，又建海神庙于台上。颜悦道继苏东坡之后，对保护、修复琅琊台卓有贡献。离任后，万历四十一年（1613 年），县人为其刊碑立生祠于琅琊台上。

刘元化　字季雅，又字斗杓。琅琊刘家村人。明万历三十七年（1609 年）举人，授陕西高陵知县。为政持大体，重教化。为重振旌善申明之制，特立善恶两坊，将好坏官民的名字分别题写其上。月初则将其人召至县衙，亲自进行教化。曾有一位老妇告其子不孝，他就让老妇坐于公堂门口，由差役杖责其子，轻重、多寡全由老妇决定。其子向老妇苦苦求饶，老妇也深感痛悔，双双哭拜堂下。此后，其子尽孝至极。调至洛川时，正值洛川年景不好，许多饥民弃婴于路，遂令人收养，并每日发给粮食。刘元化在洛川因不肯献媚知府而受排斥，曾赋《逐鹿行》以表达志向。后来，知府利用“考功法”将其罢职。归里后，绕舍遍植绿竹，不留门径，砍柴打水都往来于竹林之中。每日与农夫酣饮，家中资财耗尽，便伐竹易酒，而竹林却更加繁茂。家居二十余年，于七十四岁时醉酒而殁。

王无竟　明末大珠山东人。名僩，初号无竞，后以唐人王无竞未以善终，改“竞”为“竟”。幼即能诗。当时山东文人都效法历下派，无竟能自振拔，习陶、杜、岑、孟之风，出语清远闲旷，气骨卓荦一时。远近名士都以文章和无竟交往，而无竟与琅琊刘翼明尤为投契。著有《太古园集》。

王经世　明末灵山卫人。素以孝闻，好读书。因家贫而缺衣少食。冬天寒冷，在邻家借读。每晚回家必将所穿棉衣送给父母暖身。以岁贡授南直隶扬州府通判，卓有善政。崇祯三年(1630 年)兵逼京师，粮饷不足，王经世抄近道将粮饷运至京城，得到崇祯的嘉奖。子王请试，清康熙十五年(1676 年)进士。

韩继本（? ~1644）　薛家庄人，明末胶州农民起义领袖。土豪出身，原系匡姓家奴。明崇祯十七年（1644 年）三月，李自成领导的农民军攻占北京，并派郭升率万余人进军山东。胶州百姓闻讯后，“佃杀其田主，奴戮其家长”，纷纷揭竿而起。是月，诸城人邱子嬴攻占灵山卫，灵山卫人张大雅

与韩继本共谋起义，率数千农民攻打胶城。不久，张大雅被俘牺牲，余部在韩继本领导下继续围攻，迫使知州郭文祥从海道逃走。九月，清军总兵柯永盛率军进驻胶州对其围剿下，他们退守小珠山最险要的扶台甬，全部力战而亡。

雒献图　字锡文，清代王台人。初为诸生，其父为胶州总兵府掾史，携家居城中。顺治十年(1653年)，胶州总兵海时行举兵反清，掳掠了很多青年男女至淮安。海时行被杀后，官府允许将人赎回，但必须是嫡亲前去认领。雒家当时也有婢女被掳。献图带钱去赎，不见婢女。有胶州城少妇邓氏，闻乡音痛哭。献图与其素不相识，可怜她，就冒称为妹将其赎回，并将所骑驴让给少妇，自己步行跟随。每宿旅店，必叮嘱店主，让少妇住客房，自己居外舍，一路绝无半点轻佻之举。当时正下大雪，加上乱后萧条，时有盗贼出没，献图一路护持非常艰辛。进城后，将少妇直接送到家门方回。后雒献图于顺治十一年(1654年)中举人，顺治十五年(1658年)成进士，未仕卒。

宋之钊　字仙水，清顺治年间岁贡。少孤贫，力学能文，学使某称他为“莱郡一人”。教授学生，循循善诱，孜孜不倦，当地文风因之大振。按察使重其行，赐额曰“坊表足式”。其子宋汤裔、宋戴裔，孙宋廷佐、宋廷辅，曾孙宋鹤程，皆岁贡。

成永健　江苏盐城人。清康熙三十三年(1694年)进士，康熙五十八年(1719年)以日照令兼理胶州。时胶水泛溢，王台一带大灾，继以荒歉，民不聊生。成永健赋《王台行》以状其况：“王台村边妇夜哭，夫死路隅女已鬻。女闻走哭枕父尸，哀鹄啼猿听不得。行人凄恻各泪垂，霾雾冷风暗山谷。对此酸心复蜷跼，何人袖手空缩朒。使君羸马泥鹿鹿，倒橐典衣女为赎。沟壑难回既死魂，尸素空縻大府禄。吁嗟豪华厌粱肉，管弦夜饮犹不足。”成永健亲赴省城为民请命，得帑金两千两，按照户头人数分发支给。又劝说富室，出粟煮粥，接济饥民，数千人赖以存活。离任时，胶州、王台一带百姓倾城相送。

焦复亨　字七来，清代灵山卫人。自幼刻苦攻读。因家贫，教授学生以奉养双亲。父殁后，对继母备极孝顺。性聪悟，幼读《春秋》，过目不忘。以拔贡任郓城县教谕，言行为读书人所仿表。学生中有成就的较多。后辞官归里。为文别开门径，名重一时。继王纮、赵泰临、张谦宜之后，领袖清代胶州文坛60年。年88岁卒。乡人称其为“孝贞先生”。其父焦亮，贡生，家贫，爱读书，不问生计。临老，手录天文、地理、先儒语录数十卷，对子孙说：“家贫无产，以此贻尔等，其敬守之！”弟焦复震、焦渐亨，子焦汸，皆岁贡。

王士栋　珠山街道辛庄村人。字华东，清康熙六十年(1721年)岁贡。慷慨好施，赈穷乏，多义举，族人贫而才者多资之使学。有高氏女鬻于薛姓为婢，士栋闻之蹙然曰：“士族也，奈何为人奴?”赎而育之，及笄择族孙而字焉。士栋之父王纲，监生；弟士柼，贡生。

王寯　王士栋之子。字帙千，号南溪，别号楚村。清雍正四年(1726年)举人，乾隆二年(1737年)恩科进士，钦点翰林院庶吉士，散馆外除四川大足县知县。邑多柞树，而不知可为茧。王寯教以饲蚕织作以兴县。旧例，里中正税银一两，帮费五钱。王寯重申里甲，革帮费。百姓歌之云：“王父仁，编我户。今纳粮，减加五。”其他开水利、崇学校，善政甚多。升任绵州知州。值金川用师，军需旁午，不劳民而事治。迁顺庆府知府，卒于官。著有《剑外诗草》四卷、《选山堂集》八卷。其长子王克绥，岁贡生。孙王夏，字大村，一字蜀子，亦岁贡生。著作多佚失，传者唯《周官释略》六卷，《大村制义》《诗草》各一卷，《史记论文》四卷。

王克掞　胶南辛庄村人。字幼藻，一字至泉。性颖异，家贫力学。乾隆四十二年(1777年)举人。中年即绝意进取，与族侄王夏一起殚心经史。好考据，多著述，于经传可疑者互相发明，于诸史得失利弊辩论皆精。观诸子百家与历代先儒所传而约取之，各手抄为秘本。克掞品度端凝，学识淹通，与王夏共为一时名宿，游其门者辄成名以去。著作甚富，多散佚。其可考者有《通鉴摘抄》《辨正礼经》《经史音字考异》《读史杂录》《古字考据》《注释昌黎全集》《古诗》《古辞》及《古文》等。另外考正《附毛诗》《尚书》《左传》数种，考订《尔雅》《周易》《尚书》《毛诗》《论语》《孝经》《公羊》《谷梁》《左传》《礼记》《老子》《古字古韵》共若干种。

邵光廷　字亮工，监生，红石崖人。父化南，乾隆五十一年（1786年）大饥，煮粥助赈。光廷颇有父风，疏财尚义。族中亲者各给产为赡养，疏者以时周之。外姻贫者令佃田，常弛其租。嘉庆十六年（1811年）饥，待举火者数十家。光廷设厂为粥，就食者无算。又鬻地二顷，转籴以食饿者。道光十六年（1836年）复饥。光廷家已渐落，乃鬻王台镇旧宅一所以赈邻里。令子培元、允元察男女之来食者，老弱疾病倍其食。当地赖其力起沟壑者甚众。卒年七十三。葬之日，送者塞途。

庄玉洤　字瀛州，王台人。清道光十五年（1835年）举人，任蒙阴县教谕，汲引寒士，俸不敷用，出家资以助之。任满离职，诸生送牌伞，罗拜于道。调任利津县教谕，任满回籍，正值胶州百年大饥，他在大门外设大锅，煮粥分给饥民，全活甚众，胶州知州旌以善行匾额。庄玉洤工诗善文，是晚清有影响的文人。其诗作平实淳朴，警世劝人，在民间流传很广。

王应蔚　字文堂，清灵山卫人，清道光二十四年（1844年）进士，授任知县，签发湖南，因亲老隐居不仕。家不中资，教授生徒，不计报酬，一时名士多出其门。门生宋岱龄家境贫寒，几至废学，应蔚多方勉励，终成进士。母亲刘氏多病，应蔚日夜侍奉汤药，达数月之久。其母病重，为文吁天，请以身代。其母不久病愈，而应蔚以积劳不起含恨而殁。卒年65岁。子冠勋，字介封，监生。生性爽直，治家有方，而为时运所困。因战乱几至破产，承母命与弟分产析居，仍相互友爱，乡人称之。冠勋子王传曾，字心源，监生。历任安徽采石、白沙等司巡检，所至有声。在三山任职期间，德政尤为显著。其地以文昌阁为巡署，岁久倾圮，传曾捐资修葺，焕然一新，百姓为他勒石颂德。后因母老告归。适值日德争青岛，鏖战甚烈，沿海居民多受损失。传曾竭力筹划防卫，独免于战祸，卫人对他都心怀感激。年五旬卒于家。

宋岱龄　字鲁瞻，清末灵山卫人，少孤，事母以孝闻。性聪敏，倜傥不群。16岁即为诸生，每次考试都是第一，深受山东学正器重。同治元年（1862年）举人，十年进士。历任河南宁丘、祥符、鹿邑、怀宁等县知县。为官所至，皆政声洋溢，士民怀思。清光绪十年（1884年），任河南乡试考官，所推荐选拔的皆为名士。后因母老告归，卒于家。

金振玉　大珠山一带人。字韵亭，别号西园，清同治八年岁贡。幼受庭训，课耕读。年十八始刻苦力学，与邻村张雨亭（道光二十年副贡）等结伴读书石门寺，互相奋勉，后偕成名。振玉乡试，屡荐不售。家居授徒，循循善诱。珠山附近被其教泽，文风大振。振玉曾与友赴秋闱。途次友病，友之中表某舍之去。振玉为友进汤药，一路调护备至。待友病愈，同试而归，人咸重其义。尤笃于邻里。人有急难，竭力救护，不为利害所动，至今犹艳称之。

萧延年　字桂园，今珠海街道萧家庄一带人。少孤。聪颖好学，同治十二年（1873年）副贡。后屡试不第，遂绝意进取，教授乡里，潜心经史之学。著有《历代提纲》两卷、《周易审诂》八卷。

萧风枢　今珠海街道萧家庄人。字仲翔，延年次子。少有隽才，弱冠入邑庠。性豪放，重气节，勇于为义。民国初年，萑苻四起，胶南一带风鹤频惊，村民皆惶遽失措。风枢倡议办团练，首重清查以捍卫村堡。凡当时所有陋规苛索等弊辄据理抗争，一乡赖以安谧。年逾六旬染疫卒于济南客寓。民国14年（1925年），村人为建遗念碑于大珠山黄石坎之东。

庄维道（？～1913）　字子修，王台人，天主教徒，革命志士。清宣统元年（1909年）在烟台求学时由栾星壑介绍加入同盟会。二次革命后，他协助沈曼云和刘大同在大连设军政府，揭起反袁大旗，"多所擘画，同志翕然"（丁惟汾《革命人物志》），因日军干涉失败。后由吴大洲派遣回山东，在鲁西南一带发动革命运动，设山东革命机关，准备在山东起兵。民国2年（1913年），庄维道携革命经费抵达烟台，不幸被军警搜捕杀害。1935年6月，国民党中常委决定，追赠庄维道为陆军少将，尸骨移葬济南千佛山辛亥革命山东烈士陵园。

萧遐龄（？～1928）　今珠海街道萧家庄人。字福卿，号逸农，诸生。性直朴。居乡排难解纷，以理为据，不避谤怨。里闬中遇有疑难，多就正之。有纷争者，得遐龄一言即解，一乡称望人焉。中年困于棘闱，屡荐不售，乃设帐于乡，勉诸生以

穷经致用。一时游其门者竞以器识相磨砺。清光绪二十七年(1901 年),珠山一带土匪蜂起,遐龄忧愤成疾,几殆。稍痊,力疾赴诸城,请练兵剿除。匪焰稍戢,复于王哥庄倡办民团,慨任筹款事,地方赖以安谧。民国元年(1912 年),匪势复猖獗。遐龄率乡董请陆军一连驻王哥庄剿捕。匪远避,无敢犯其境。又以陆军不能久驻为虑,选近村少年有勇力者数十人,从陆军练习枪法为永久自卫计。寻因事多掣肘而罢。乃倡议就本村筑炮台。工竣,村民皆有恃无恐。尤嗜学,年过七旬犹执卷吟哦无倦容。幼从族兄副贡延年读书。延年著《易经训诂》,遐龄为校正其稿,以竟兄志。民国 17 年(1928 年)卒。

杜占鳌(? ~1930) 今胶河经济区赵家村人。民国 2 年(1913 年)在四川陈将军部下充任某营营长,勇猛有胆略。未几,因母老返回乡里。1923 年,与匪首逄翰林剧战数次,终于将其剿平。1930 年,悍匪头目李小七在西南一带纠众劫掠,势甚猖獗。占鳌密结村众前往捕捉,被贼侦知,出其不备,占鳌及弟东甫在芦山后均遇害。西南一带民众无不扼腕哀伤。

张成仁(1905 ~1930) 字奎五,今泊里镇邱家庄人。幼丧父,赖母抚养成立。为人有肝胆,尚义气。民国 16 年(1927 年)张宗昌督鲁,人民苦于供应。成仁目击时艰,乃加入国民党,谋革命事。1928 年,胶县党务指导委员会成立,因环境险恶,播迁于大小珠山一带,凡四阅月。常携带重要文件,徒步往来无难色。1929 年,日本撤兵后,党部始设于城内,成仁被任命为第三区筹备委员会委员。1930 年春,又被选为第四区分部执行委员。其时南乡盗匪猖獗,架案日有所闻。成仁首倡组织民团以资保卫。屡率团剿捕匪徒,不遗余力。匪徒由是特别忌恨,经常图谋报复。成仁怕祸及其身,拟迁居王台镇。匪徒侦知,遂纠合其党数十人,各持利械,将成仁寄宿的薛家庄包围。成仁正枕戈酣睡,匪徒已经入室。等他警觉,已经头部中弹,并劫去匣枪二支,越日而卒,年仅二十六岁。

相宝善(? ~1930) 字从之,今泊里镇河西村人,素以勇敢果断闻名。民国 18 年(1929 年),被举为宝华区民团团练长。翌年 5 月,县警察队会同该区民团赴立柱村剿匪,宝善率练众助战。适北来匪众假扮警察队,声言北练上人到此会剿。宝善初时未辨真伪,及就近察其非,方知中计,已防御不及,遂被包围。宝善中弹死,其族弟宝璐其时充任练长,亦同时殉难。

龚金城(1886 ~1937) 王台镇东大草夼村人。母早逝,8 岁即从父劳作。年 19 离家赴吉林,靠为亲友帮工维持生计。28 岁经绥汾河去海参崴,5 年后北上回国至黑龙江省饶河县以垦殖鸦片为业。时保长朱文瑶召雇会兵,龚应召,以其身体雄健、不遗余力,颇受器重。民国 15 年(1926 年),朱在守城战中左股中弹,龚冒死相救。朱伤愈,即易位于龚。2 年后,再被推为保长。“九一八事变”后,饶河沦陷,后抗日联军对其晓以大义,激发其报国之志。他利用担任伪警察署长之便,多方掩护抗日地工人员,秘密向抗联提供情报。日伪“讨伐”时,他佯与配合,并借机遗抗联以枪械子弹。1936 年 12 月,因事发被捕,倍受酷刑,于翌年 4 月被害。《饶河县志》有传。

钟子传(1909 ~1940) 山东诸城人。民国 26 年(1937 年)参加诸城抗日民主先锋队,被中共诸城临时县委派到障日山一带以办冬学为名宣传抗日。1938 年 6 月到沂水岸堤抗日军政干校学习,并加入中国共产党。结业后被分配到诸城独立营任干事。1939 年任中共诸城第六分区委书记,仍在障日山一带开展工作,并在绕子阿村建立秘密交通站,负责中共鲁东南特委与现胶南杨家山里一带党组织的联络工作。同时,积极宣传抗日,动员参军,秘密发展党组织。经过艰苦细致的工作,很快发展党员 60 余名,并建立了中共竹园支部。1940 年,在鲁东南“肃托”运动中,他以“托派”嫌疑被错杀。1979 年 6 月,他被平反昭雪,并追认为革命烈士。

乔志一(1917 ~1940) 原名乔光玺,曾用名李志新,山东高密人。民国 27 年(1938 年)夏秋间,经介绍与刘力一等爱国青年到沂水岸堤干校(由中共苏鲁豫皖边区省委举办)学习,并于期间加入中国共产党。同年 10 月,中共诸城县委在岸堤干校成立,乔志一任书记,并兼任八路军山东人民抗日游击第四支队诸城独立营政治处主任。12

月,中共诸城县委随二支队进驻胶南泊里镇。其后,在所属各区建立区委会,发展党员,建立青年、妇女和自卫团等群众组织和抗日武装,开展抗日救亡工作。1940年夏,在鲁东南地区“肃托”运动中,他以“托派”嫌疑含冤罹难。1950年5月,中共胶州地委报请上级批准,为其平反昭雪,并追认他为革命烈士。

权新年(1922~1944.5) 安徽省萧县人。自幼勤奋好学,能说善讲,小学五年级时即在学校周末故事会上登台讲《三国演义》《水浒传》,学习成绩名列前茅。高小毕业后,考入江苏省立徐州中学。抗日战争爆发后,他作为一名爱国青年学生参加了丰县抗敌动员委员会领导的儿童团,教唱抗日歌曲。1938年回萧县参加抗日宣传队。不久,该宣传队被编入湖西人民武装抗日义勇队第二总队第二十六队,权新年任政训员、文化教员等职。1939年底,与二总队参谋长孙合一一起被选送到陇海路北干部训练班学习,1940年加入中国共产党。学习结业后,被分配到山东军区滨海十三团二营任教导员。1943年11月,与胶东军区参谋长贾若瑜率领的胶东区十四团主力营配合开辟诸胶边根据地,建立诸胶边工委。1944年2月任诸胶边工委副书记;是年5月,在诸城东南部山区店子村与日伪军作战时光荣牺牲。

陈鹏(1919~1946.2) 今泊里镇西红石村人。1939年春参加革命工作,并加入中国共产党。曾任区长,八路军武工队队长,党的地下情报站站长等职。

“七七事变”后,陈鹏积极参加抗日救亡活动并成为抗日积极分子。1939年2月,他参加了中共诸城县委在泊里镇举办的“青年训练班”。结业后,他被派往中共山东分局岸堤干校学习。是年6月,八路军山东纵队第二支队撤离泊里地区。为了巩固和发展泊里地区的革命形势,陈鹏根据上级指示返回该地区,坚持斗争。1941年8月,中共诸城五区委书记刘步云牺牲,泊里党组织与上级失去联系,转入秘密活动。1943年1月,滨海地委派交通员与泊里党组织取得联系后,重建五区委,陈鹏任区委委员。1944年春,陈鹏被任命为八路军松山子武工队队长。10月,他又担任了松山子情报交通站长。陈鹏利用各种形式,广泛动员广大群众参加抗日救亡运动,理直气壮地宣传共产党和八路军救国救民的主张,使饱受灾难的人民见到了希望。他侦察敌情,传送情报,打击小股敌伪武装,有力地配合了八路军主力的军事斗争。1946年2月,他因劳成疾,不幸病逝。藏马县人民政府追认其为革命烈士。

张万程(1889~1954) **张蔚华**(1913~1937)

张万程,字鹏九,今大场镇蔡家村人。10岁时随父闯关东至吉林省抚松县定居。后靠合伙经营杂货店成为地方富豪。民国13年(1924年)底,与朝鲜著名独立运动领导者、朝鲜民主主义人民共和国开国领袖金日成之父金亨稷相识,对金亨稷落户抚松开展革命活动、开办朝鲜学校给予了热心帮助。金亨稷病逝后,对其家人多方照顾,并多次帮助开展革命活动的金日成脱离险境。张蔚华,字亚青,张万程次子。民国14年(1925年)初,与辗转来到抚松第一小学就读的金日成成为同窗知己。在其后的岁月里,他紧紧追随金日成参加抗日救国运动,在抚松地区组织开展地下革命活动,为金日成领导的抗日部队提供了大量生活和军事物资。其间,曾利用其富家子弟的身份帮助金日成躲过了日伪警察的搜捕。后由于叛徒出卖被捕。他及时识破了日寇企图以他为诱饵诱捕金日成的阴谋,于1937年10月27日毅然服毒自尽。1984年5月,张蔚华子女请访问朝鲜的胡耀邦总书记代为传书,因“文化大革命”而一度中断联系的金张两家得以再续前缘。1992年10月,金日成为张蔚华烈士墓立碑,并用中文亲手题写碑文:“张蔚华烈士的革命业绩是朝中两国人民友谊的光辉典范。烈士崇高的革命精神和革命业绩永远活在人民心中。”

附录二　望族人物

澧汶张氏　其先世于北宋元祐年间自南直隶清河县迁至王台澧汶居住，自明代起渐为显赫门第。清代高凤翰《题张氏元祐书屋》诗云："元祐老屋六百年，屋前松柏高参天。当时缚茅竖土壁，非有殊作留坚完。子孙聚族阅人代，前明已隔辽金元。陵谷百变历劫火，宋家垛上常岿然。浮云富贵有时去，此屋不共成飞烟。呜呼，盛德之留别有以，鬼瞰定知无疢愆。只今岁久少经过，风风雨雨门常关。寒松夭矫关不住，苍龙飞入青冥端。茯苓斗大不可见，千尺下抱灵根蟠。墙外行人生叹息，时闻落子松风前。"澧汶张氏兴衰，可见一斑。据其家谱，澧汶张氏自其七世至二十一世，先后出进士 4 人（张若獬、张若麒兄弟双进士，张若麒、张应桂、张洽父、子、孙三进士）、举人 14 人、贡生 39 人，另有 1 人以军功累官至游击。康生为澧汶张氏之二十四世孙。

张显　字至明，澧汶张氏之八世孙。明正统三年（1438 年）举人，任山西灵石教谕，以善教化迁任代府纪善，改任湖广安化县丞。后历任北直隶钜鹿、江西萍乡知县。为官四十余年，所至皆有政声。

张勉学　张正学　张勉学，张显之子，由明成化二十二年（1486 年）举人任北直隶枣强、柏乡知县，后迁任南直隶海州知州，俱以循吏著闻。张正学，勉学之弟，字宗鲁，由明成化十六年（1480 年）举人任浙江绍兴府推官，居官廉洁，以报政入都。时王守仁在京师做官，为文赠之。后告休，安贫守正，足迹不入城市。有同年友某携妓过访不遇。正学知道后，锄去其土，时人有"程夫子"之称。

张若獬　张若麒　张若獬，字义生，为澧汶张氏之十四世孙。崇祯七年（1634 年）进士，授北直隶河间知县，弭盗安民，以考核第一擢南京户部主事，又升任淮徐道按察司佥事，督漕防河，多著劳绩。明亡后，弃官归隐于州南旃檀庵。嗣子张应建，因与侄张洽交恶，迁至胶南大台村定居，十传至张宗可（即康生）。张若麒，若獬弟，字银台，崇祯四年（1631 年）进士，累官至兵部职方司郎中，加光禄寺少卿。后奉旨监军辽东，因两度兵败，于崇祯十五年（1642 年）以死罪下狱。两年后，李自成义军攻破京师，委任若麒为大顺兵政府尚书。清兵入关后，若麒再降，仕至通政司通政使。顺治十三年（1656 年）在家病逝。若麒学识渊博，尤精于经史之学。有《诗经课》《礼记课》《止足轩集》等书行世。居家养病期间，多有善举。曾出田千余亩，一为供祭，一为赡族，一为养士，号"张氏三田"。

张应甲　张应桂　张应甲，张若麒之子，字先三，清顺治年间贡生。性端方，少时即有文名。为赡养双亲而无意仕途。承父志主持"张氏三田"，祭祀尽礼，赡养族人不问亲疏，对有志力学之贫士每年给粟四石。"三田"之制，历时 80 年不改。张应桂，应甲之弟，字复我，顺治九年（1652 年）进士，改庶吉士，授内翰林弘文院编修。时明代忠臣左懋第子孙久徙海上，应桂上疏乞赦回，以广励忠孝。疏上后，虽被降级调用，但不久懋第子孙即被赦归。后迁任光禄寺丞。以年老告归，居乡以惠济见称。据传，其辞官后，曾至崂山出家，舍庙地百顷，另为王台准提庵舍地三顷六。著有《奏疏》《脱箨轩偶存草》。子张友臣、张邦臣皆贡生，张廷臣为监生。

张应运　字景开，为澧汶张氏之十五世孙。年少英迈而有志操。崇祯十四年（1641 年）投身军伍，为山东巡抚马成名的部属。马成名器重他的才能，任命他担任山海关左营中军守备。当时山东战乱，有许多难民被掳掠。张应运率甲士千余人，救难民五百余口，皆资助他们返乡。崇祯十六年（1643 年），巡抚黎玉田专门上疏推荐张应运迁任抚标左营游击。未几明亡，弃官归里。清朝建立后，当地官员准备推荐他再度为官，以亲老推

辞不就，卒于家。弟张应昌、张应象，皆贡生。张应昌子7人，3人为贡生，3人为监生。

张淳　张应甲之子，字孟朴，为漕汶张氏之十六世孙。年未弱冠即中举，授寿昌令，裁陋规冗费3000余两，赋额不足，代民缴纳1500余两，百姓戴之如父母。后以终养告归。子三：张楷为贡生，张柟为举人，张樾为监生；其孙张炯文、张熠文、张焘文、张燦文皆贡生，张新德为举人，张德懋为监生；其曾孙有1人为举人、2人为贡生、7人为监生；其玄孙有2人为贡生；其六世孙有1人为贡生（张怀澄）、1人为监生，其七世孙有1人为贡生。

张洽　张淳之弟。字仲和。康熙十五年（1676年）以弱冠中进士。初授永宁县知县，劝农桑，修学校，教化大行。以治理有方升任山西道监察御史。遇事敢言，无所挠避。当时社会初定，社仓官员不能依诏旨行事。张洽上疏请立制限时出入，不使扰民；又以关税滞留不便商贾，请严禁需索，加强监督，发与印文，以防重税，皆蒙采纳。著有《谏垣草》《吏隐堂稿》。据传，张应建入嗣张若獬后，张洽对其不敬。张应建亦轻视张洽，遂交恶。后张洽设计陷害，以张应建祭祀冒犯祖先告于官，欲置之死地。其父应甲获悉不允，将应建救出，并护送其到大台居住。途中，张洽派人追杀，因有人护送方罢。弟张友逸，康熙（1705年）副贡，授峄县教谕。

张沅　字起渭，号药山，为漕汶张氏之十六世孙。年十四即为诸生。其父张应昌任金城县知县，张沅帮助父亲督理内外，精明干练，人们对其都非常敬惮。兄弟皆早逝，抚养各位孤侄如同己子。后以援例任青州府训导，勤于教授士子，待贫寒学生以仁爱闻名。其子张存仁、张秉义的授业恩师纪汝奭被诬陷，张沅为言于学使，使诬陷之辞得到了澄清，并将其捐为监生。子7人，除1人早亡外，1人为举人、3人为贡生、2人为监生。

张存仁　张沅之子，为漕汶张氏之十七世孙。字虚斋，号伯刚，别号愚亭。曾与高凤翰同学于胶州名儒纪汝奭门下。清康熙五十九年（1720年）举人，雍正二年（1724年）副贡，除陵县训导，升鳌山卫教授，因裁卫而改任泰安府学教授。后以终养告归，作《归来吟》以明志。为学官时，勤于课士，以立身制行为最。离开陵县时，顾慎行作《双松居士图》以志其操。鳌山卫学中有耐冬二株，树龄数百年，存仁有诗传诵一时。著有《岱游草序》《乐轩吟》《愚亭诗集》三卷。其子张大文为举人，张大亮为监生；孙张寿序为监生；曾孙张殿图为贡生。

张秉义　张存仁之弟。字忍斋，号质夫，晚年自号余叟，又称半舫主人。由雍正七年（1729年）拔贡分发湖南，试用州判，以军功升授桑植县知县。当地为新开辟的苗疆，以难治著称。秉义严无所苛，宽无所纵，士民安定。以考核最优擢升广东琼州府知府。丁父忧，服阙授四川宁远府知府，不久因对下属失察而受牵连，左迁直隶良乡、临榆二县知县。所至有政声，吏民畏怀。因亢直不能献媚上司而被免官。著有《半舫诗钞》诸集。其子张大器为贡生；孙张宁蕴为贡生，张粤荫为监生；曾孙张奎高为举人，张抡彦为贡生。

张奎高　字聚五，为漕汶张氏之二十世孙。嘉庆六年（1801年）举人，由教习期满以知县用，请改教职，授章丘县教谕，丁母艰归，终于家。奎高性廉介，不苟取予。在章丘时，县令陷一诸生罪，奎高力白其枉。令曰：“君岂以教职老！若辈何足惜？”答曰：“自顾菲才不堪民社寄，故不为耳。无罪者何忍文致以刑之？”令惭释其罪。

张怀澄　字桐源，为漕汶张氏之二十一世孙。清同治元年（1862年）恩贡，授直隶州州判，改就教谕，钦加光禄寺署正衔。性豁达，好急人之难，尤其乐于奖掖后进。从学者报酬有无，从来不予计较。咸丰辛酉年间，捻军起义，州牧听说捻军将至，急令闭门守御。怀澄抗命建言，认为等难民入城后再关闭城门不迟，因此而得以保全性命的人极多。他七十余岁去世时，路上挤满了穿白衣为他送葬的学生。

张鸿义　字逵吉，清同治五年（1866年）岁贡，为漕汶张氏之二十一世孙。少颖悟，就学于平度前太史陈小瀛，深为器许。乡试屡荐不第，晚年无意仕进，家居授徒，从游者皆胶诸两邑知名之士。著有《诗经集解》《竹轩杂记》。为人静穆寡言，矜躁者一见即为之同化。殁后，乡人怀思其德。曾孙康生，《胶南县志》有传。

六汪赵氏　其祖先于明永乐初自南直隶徐州

迁至境内六汪河北村定居，五传至赵本。其族明清两代显耀。据其家谱及有关志书记载，赵氏一门8位进士、14位举人、23位贡生、51位监生（其官职不录）；另有世袭镇抚2人、总兵、游击各1人。

赵本　明弘治年间贡生。精通经书，为一方通儒。性情忠谨不浮，遵循事理，与世无竞，自号退斋。初，将以明经充贡，曰："今世所称仕进者，率脂韦以投世好，吾安能局促效辕下驹哉！"遂隐于铁橛山，足迹不入城市。卒年70余。

赵从龙　赵本长子，字子云，明弘治十五年（1502年）举人。初授河南开封府水利通判，除掉了荆隆、铜瓦、罗蓟、张口数十年之水患。正德七年（1512年），刘六、刘七等犯河南。从龙受命购良骑、募劲卒，巡守黄河南北，刘六气势因此而有所收敛。后行经属地开封，刘部突至围城，官民震惊。从龙指挥若定，一日内备好全城防务。刘部侦知赵从龙在城内，不战而逃。河北裴昆拥城自卫，官军屡攻不下。从龙指挥官军围城，同时秘密离间其心腹，致其内溃，遂斩裴昆，余部皆降。从龙因此迁任湖广武昌府同知，不久乞归。从龙长子赵完璧，字文全，由例贡入国子监，授兵马司指挥，执法不避权贵。当时，京都官府卫兵非常骄横，完璧依法严加整治，因此得罪了九门提督陆炳，被诬陷下狱，与同在狱中的杨继盛赋诗唱和，坦然自如。尚书徐阶深为器重，力为援救。出狱后，任陕西巩昌府通判。时逢岁饥，督赈卓有劳绩。以固原州通判归，囊空如洗。著有《海壑诗文集》，其中描写大珠山、铁橛山、百儿山等自然风光的诗文较多。

赵伾　赵本玄孙，字季然，号长城。少负奇才。万历间，倭寇进犯高丽，朝廷命各省荐举将才。时赵伾年方十九，经荐举率兵援剿，屡建奇功，荐授北直隶遵化州游击，世袭胶州所镇抚，掌所印。年三十七岁卒。兄赵佑，三中武举，授镇抚，掌所印，任游击加副总兵官。曾受赐蟒玉服（一品服）出使朝鲜。

赵任　赵本玄孙，字仁甫，一字肩吾。七岁能文工诗。其父偶指飞燕曰"两翅剪开杨柳色"，赵任当即对曰："一声啼破海棠春"。时人都惊为神童。万历十一年（1583年）以进士授中书舍人，时年方弱冠。与李廷机、汤显祖评选中秘，一时推为文衡诗伯。明神宗御试群臣，钦定赵任为天下第三才子。因得罪权贵，贬任南直隶太平县丞。远近名流以文就止。其中，对汤宾尹特别赏识，预言其会试必中第一，榜出果然。后转任大理寺评事，终因不能俯仰于时，乞休归里。当时乡里学宫多数坍塌，赵任倡议捐资修葺。同时大力奖掖后进，一时读书人都以能登其门为荣。著有《秋水斋诗文集》行世。

赵昌嗣　赵任之子，字百男。善辞赋，工书法，幼娴礼教。年十二省父京师，为屠赤水所器重。以明经历任东阿、齐河教谕。勤于课士，以敦行为先。与诸生讲明三礼，参以时制，期于可行。父殁，丧葬悉遵古礼。弟八人，咸奉教唯谨，时称秉礼之家。

赵东晋　赵昌嗣之子，字康侯。少入武庠，矜气节，有勇略。甲申土寇起，率众捍御，贼不敢犯其里，保全数十余家。后折节读书，改补博士员，设乡学，教族党，子弟多所成就。卒年八十余。

赵焘　赵本之七代孙，字霞湄，清顺治六年（1649年）进士，授宁羌州知州。清兵下四川，赵焘往来以济军需而民不扰，治声颇佳，迁任郧襄府知府。有伪侍郎李企晟倡邪教谋乱。赵焘侦知，派部下健勇乘其不备擒之，获印30余颗。转任贵州督学道、按察司佥事，又改任广东督粮道副使。适逢大兵进歼苏丑，赵焘督运军需，刍茭飞挽不绝，卓有劳绩。后以养母告归，卒于家。

赵文煚　赵熙煚　赵文煚，字玉藻，赵本之八代孙。康熙九年（1670年），弱冠即为进士，改庶吉士，官翰林院侍讲，充仁皇帝实录馆纂修。雍正十三年（1735年）典试广东，选拔之士多为名流。事毕回京经过豫章。其时，流寇进犯高雷。已去世的老臣潘某，家人被掠。文煚会试出其门下，遂倾其所有，将潘之家人赎回。又停留十日，为其家人置办家产，拜其墓而后去。人皆称其高义。著有《粤游草》。赵熙煚，字帝载，别号云鹤，文煚堂弟。少孤，事母以孝闻。博览群书，下笔万言立就，游其门者皆七邑知名士。以岁贡终。著有《云鹤古文稿》二卷、《千树斋诗》四卷、《清籁词》三卷。

赵泰甡　赵本之八代孙，字鹿友。由康熙二十一年（1682年）进士任金华知县，廉介自持，出

刊《正学渊源》及《郑愍忠公文集》，广为传授。同时，复修吕成公祠、胡文定书院，又建滋兰书院，设四乡义学，一时文教振兴，升任湖州府同知。后以服丧归，年未五十而卒。

赵泰临　赵本之八代孙，字敬亭。生而颖异，四岁受书，即索训解闻。读史遇古嘉言懿行，每有思齐之志。为文研求周、邵、程、张、朱子诸书，学问大进。与同乡李湄、王鑰、高铮符、张谦宜组织文会，名声更为昭著。布政使卫既齐、学使徐铎都欣赏他的文采，招他入白雪书院学习。康熙四十一年（1702 年）乡试名列第一，次年成进士，改庶吉士，选习国书。以父丧归。服丧期满，又以奉养老母告归。母殁，被重新起用，授予检讨之职，任甲午科云南乡试正考官，入闱试卷多经由他手批阅。复命后，引疾归乡，任海山书院、龙章书院山长。康熙五十八年（1719 年）秋，胶州大水灾。泰临倡言官府，赈济饥民。次年，再次主持赈灾之事，皆为时人所称道。年六十三岁卒。著有《制艺》行世。

琅琊臧氏　其祖世居琅琊台下，后人遍及胶南、诸城、五莲等地。自臧惟一起，家族日渐兴盛。其兄弟、子孙在明清两代相继登科达数十人，官至部、省、府、州、县正官，声名播扬乡里。其中臧惟一、臧尔劝父子双进士，死后均追赠兵部尚书。

臧惟一（1542～1607）　字守中，号理轩。祖父黄斐，字文甫，因其父入赘黄氏，故姓黄。由岁贡为景陵卫经历，升任定州同知。解饷京师时，火耗剩余黄金数百两分毫不取。后调任忻州，告归。臧惟一，明嘉靖四十三年（1564 年）力夺经魁，次年连捷进士，始复姓臧。初授安庆府宿松县知县，后调太湖县知县。而后历任户部云南司主事，吏部验封司主事、文选司员外郎、稽勋司郎中等职。在吏部任职期间，他恪尽职守，合理委派官员，颇受大学士高拱器重，调任文选郎中。时吏部尚书等人对官员的升降调补都要秉承首辅张居正的意旨行事，唯臧惟一刚直不阿主持公道，连尚书也不能改变他的意志。万历八年（1580 年），调任大理寺少卿，署理大理寺正卿的事务。他在审理各地呈报皇帝最终裁决的重大案件中，发现有几十名没有确证、罪状可疑的人，便奏请皇帝予以释放。万历九年（1581 年）春，升为太仆寺正卿，后又调任光禄寺正卿。在任期间，节制虚报费用数千万两。张居正死后被弹劾，附张之人都被罢官，而臧惟一却得到清正舆论的赞扬，先后升顺天府尹、河南巡抚、南京兵部右侍郎，死后赠兵部尚书。

臧尔劝　臧惟一次子，字仲升，又字九岩。明万历二十年（1592 年）进士，授户部山西司主事，历任兵部车驾、礼部主客司主事、仪制司员外郎中，后升任陕西潼关兵备副使，改任提学副使。时年仅二十余，为官持重不轻浮，所取之士多居要职，秦人称他为“水镜”。后历任陕西潼关兵备右参政、河南颍州兵备右参政、浙江湖广按察使、河南右布政使、广东左布政使，皆严守清操。曾自书“此乡多宝玉，慎勿厌清贫”为座右铭。被特选为右副都御史巡抚宁夏。其时西部边境受哱拜袭扰经常告急。尔劝激励将士效忠尽义，并在贺兰山之南麓设伏，杀死哱军数百人，哱军败逃。朝廷因此颁旨嘉奖，授其为兵部侍郎。不久，又荐为尚书，任命未及下达，便告病归里。在家闲居三年，年六十四岁终，被追赠为兵部尚书。

臧尔令　臧惟一四子，字玉岩。明天启二年（1622 年）进士，授元氏知县，著清操，日用所需，皆取给于家。直指张以卓异举，台省索金，谓铨部可得。尔令不予，乃授工部屯田主事，调礼部仪制司主事，升精膳员外郎，出为河南睢陈道参议，藉藉有治声。未几，转山西冀南道副使。是时，流贼蜂起，尔令率所部亲冒矢石与贼战于石楼。贼败遁去，而忌嫉者力为掣肘。尔令知事不可为，遂移疾归。每言及时事，辄唏嘘泣下。崇祯十五年（1642 年）冬，清兵南下，缙绅分任城守之责。尔令率子姓守西南隅，十二月十四日城破遇害。弟尔寿，子世德、永德，侄嗣德俱同日罹难。臧嗣德，字伯元，以官生授詹事府主簿，累迁刑部郎中，出为庆阳知府。庆阳边陲重地，时多兵警。嗣德力为捍御，民赖以安。母老请终养，辟园植花竹，日吟啸其间。城被围，出粟给守者，欢声如雷。清兵入，衣朝服，端坐厅事遇害。

臧允德　臧惟一之孙，臧尔劝嗣子。自幼读书，欲以科举考试赢得功名。因其父在宁夏建功给予世荫，按规定可得锦衣百户。玺书至时，他怏

愠不拜，其母王太夫人曰："国恩不可负"。方才稽首谢接。不久，准备晋升他为北镇抚，掌管诏狱。北镇抚自魏忠贤掌权后属东厂。允德以"吾岂为中贵人作鹰犬乎"坚辞不就。归里后，养亲尽孝。崇祯十五年（1642年）饥荒，允德出粟，在路上煮粥施舍，乡人多赖之不死。晚年开松梧旧居，每日与诸名士赋诗唱和，书画相酬。年五十八岁卒。

臧振荣（1630～1694） 字均仁，臧允德长子。幼年即奋志为有用之学。顺治九年（1652年），以拔贡肄业成均，与邓汉仪、丁耀亢二百余人创观文大社，学益进。顺治十一年（1654年）中举人，十八年（1661年）成进士，授任广西昭平知县。方莅任，滇黔告变，桂林附之，广东、西皆震动。振荣悉力谋守，于峡江两岸设旌旗，夜张灯火。敌艘疑畏不敢进，故昭平于邻县皆陷之后屹然独存。巡抚金重其才，檄赴军前理粮务，叛军乘虚陷昭平。适怀集令缺，金以为东粤要害，属振荣摄之。抵任二日，伪将军周一鹗自湖广来犯，振荣复力守，一鹗宵遁。而土寇王天福、黄日本、李花龙各聚众，据城西北，官兵围累月不下。振荣致书招天福，天福焚寨降，日本、花龙散走。先是，振荣染瘴疠，告归不许，力疾守，两城皆赖以保全。新令至，乃谢事。时东粤尽陷，所至皆叛军营垒。振荣离怀集间行，为叛军马雄所掳，旋逸去。康熙十六年（1677年）二月，抵赣州，谒镇南将军舒，巡抚佟为闻于朝，以不肯归附叛军擢任江西宁州知州。在宁州六年，他明敏干练，敢于任事，深得民众爱戴。

臧振乾 振荣弟，字幼青，援例中书舍人，质朴诚实，不苟言笑。尝买一女，后知其已字人，即使完聚。屡出廪粟活乡里。

臧琮 振乾次子，字坤仪，弱冠第进士，授龙川知县。建书院课士，亲定甲乙，士为建生祠。除宁夏西路同知，兴水利，裁麦馔潮碱银数千两，民大快，擢礼部仪制司员外郎，调祠祭司，出为建宁知府。建宁俗多溺女，琮作歌戒之。乾隆二年（1737年）春，境内雨粟三昼夜，有麦黍红黑豆四种，巡抚欲上闻，琮力持不可，事乃寝。后念母年高，告官归里，年六十三岁卒。

臧珣 臧琮族兄，字玗友。父振奇，字君平，廪贡生，有义行。友人罹难，寄银三千两，人无知者。难定，还之，封识宛然。康熙四十三年（1704年），出粟赈饥，多所全活。殉以附贡援例授莘县教谕。母忧，服除捐升凤翔知县。陕兵多骄横，有白昼夺民金者。珣出，控于道，兵咆哮甚。珣命搜其衣，得所夺金，置于法。调唐县，升晋州知州。晋民旧苦差徭，愿出钱免役，每条银一两纳百钱，曰"徭钱"，珣悉除之。珣卒，晋人多会哭于署。

藏马丁氏 藏马丁氏（又称大村丁氏、琅琊丁氏）祖籍海州，明初其始祖丁推徙居藏马山之小天台，以冶箕为业，后世子孙繁衍旺盛，所谓"瓜瓞蕃衍，墟落冢墓，相望无别姓，盘亘六十余里"。至其六世，居住当地的六世孙计有七十二个。而散处永城、鹿邑、江浦、东平、黄县、寿光、潍县、日照、莱阳、沾化、阳信、丰城、莆田、板浦、灌云等地者不可胜纪。藏马丁氏，自明历清，两朝显赫。为官者如丁惟宁、丁琰有"大小郑公"之称，为文学者如丁耀亢有"诸城诗风"之谓，擅科场者如丁自劝、丁自丰、丁自玉、丁运昌有"一门四进士"之誉。而散处外地者，更是簪缨接踵，名人辈出。据丁氏家谱：河南永城有明代天启辛酉举人丁魁河，万历丙辰进士、蓟辽总督、兵部右侍郎、都察院右佥都御史丁魁楚，崇祯庚午举人丁魁南，万历己未进士、兵部尚书丁启睿，崇祯癸酉举人丁启昌；江苏江浦有万历丁未进士、云南佥事丁遂，万历丙辰进士、衢州知府丁明；山东东平有天启甲子解元丁乙等。明初因灾荒徙居黄县（今山东龙口）的丁氏后裔，以开当铺、钱庄发家，是清代胶东巨富，素有"丁百万"之称。其家族"以学入仕"。自乾隆三十一年（1766年）丁之鹏第一个考取进士，至清末计有20人次中举，7人中进士，为官者378人（五品以上149人，从一品文官4人，从二品武官1人）。其中，丁培镒官至上书房行走、国子监祭酒，是恭亲王、孚郡王、钟郡王的老师。女眷中受皇帝诰封的309人，五品以上的179人，一品诰命夫人6人。其十五世孙丁佛言，为清末民初著名社会活动家、古文字学家和书法家。曾任中华民国临时政府议员、参议院议员、总统府秘书长。曾参与起草了中国第一部宪法《中华民国临时约法》。他一生著述近百万言，留有书稿二十余部。《大公报》主编张继兰称其为"一代宗师""鲁之灵光"。当代的丁

方明，曾任山东省政协副主席、山东省关心下一代工作委员会副主任、山东省老年书画研究会会长。

丁惟宁　字汝安，为藏马丁氏之七世孙。明嘉靖四十四年（1565年）进士，授职清苑知县，遇事明敏干练，案无积牍。县附保定府，旧宿重兵，多骄骞难驯。惟宁以礼屈其帅，帅戢徒伍弥谨。以治行第一得到推举。以内艰归，服除，补任长治县令。长治人善织，令此者例计日受一缣。惟宁革之，更请蠲织室之供上官者，以苏商困。行取四川道监察御史，侍经筵，巡按直隶，白莲狱株连千余人，悉为宽释。大太监冯保，骄横异常，示意巡抚旌表他的门闾，丁惟宁据理以拒。时张居正柄国，各路监察御史人多希旨承颜，唯丁惟宁不趋炎附势。张居正深为不满，外放他作河南佥事。巩县苦河患，为规善地，移其城，民不称扰。有私凿矿于山者，逻卒持之急，乃作乱。惟宁以计擒首祸数人，余传示而解。丁外艰。万历七年（1579年）起陇右兵备佥事，调江西参议，移疾归。万历十四年（1586年），强起督饷陕西。无何，授郧襄兵备副使。郧、襄广袤数千里。皇帝宗室以种种名目勒索地方。丁惟宁任职后，大部予以裁除。后遭巡抚李材、参将米万春诬陷，官降三级。令补官陕西，不就而归，年始逾40。曾参与编写《诸城县志》，又课业授徒，乡人敬之。年六十九卒。丁惟宁之父，丁纯，字质夫。以岁贡授钜鹿县训导，升长垣教谕。砥行端方，通世务，两县士皆敬重之。

丁自劝　字茂叔，丁惟宁族兄之子，今大村镇西南庄村人。明万历三十二年（1604年）进士，授襄陵知县。时年方少，习簿书如老吏。县里有一位给事，为人贪婪狠辣，其子曾杀人，自劝将其捕获并判了死罪。后调任南京工部营缮司主事，督理芦政。适逢福王请求增加沿江芦租作为汤沐之费。上官都唯唯诺诺，只有自劝据理力争，认为不可。上疏数十条，终于使皇帝收回了成命。后历任兵部车驾员外郎、武库郎中、保定知府、潞安推官、工部虞衡主事、户部四川司主事等职。54岁时，以劳瘁卒于任上。有《督芦疏草》行世。

丁耀亢（1599～1669）　字西生，号野鹤等，丁惟宁之五子，清初文学家。少负文才，弱冠即为诸生。曾游历江南，与董其昌诗文唱和，并和陈古白、赵凡夫、徐暗公等名士组织“文社”。回乡后，编成《天史》十卷，深得工部尚书钟羽正赏识。顺治五年（1648年），赴京求仕，因他属明朝命官，被取消考试资格。后经友人帮助，改籍顺天，再次入试，考取拔贡，充当镶白旗教习。王铎、傅掌雷、张坦公、刘正宗、龚鼎孳等著名大臣都以诗文和他结交，一时名声大振。其诗作踔厉风发，早年就颇具丰采，晚年出语更加豪迈，有“诸城诗风”之誉。一生著作很多，主要有《野鹤诗抄》《逍遥游》《陆舫诗草》《续金瓶梅》《出劫纪略》等。康熙四年（1665年），因写《续金瓶梅》被逮捕入狱，经龚鼎孳、傅掌雷等人极力营救方获释。被释时，命他焚毁书稿，遂作《焚书》诗曰：“帝命焚书未可存，堂前一炬代招魂。心花一化成焦土，口债全消净业根。奇字恐招山鬼器，劫灰不灭圣王恩。人间腹笥多芒草，隔代安知悔立音”。晚年在今泊里镇海岱庄立村定居。

丁自丰　丁自玉　丁运昌　丁自丰，丁自劝之弟，明崇祯十五年（1642年）壬午科武举，清顺治九年（1652年）壬辰科武进士，除江南常州府守备，诰授明威将军。丁自玉，丁自丰之弟，明崇祯十五年（1642年）壬午科武举，清顺治九年（1652年）壬辰科武进士，候选守备。丁运昌，丁自玉堂兄之子，明崇祯十二年（1639年）己卯科武举，清顺治九年（1652年）壬辰科武进士，授泰安州香锞司，迁登州道标中军。

丁似谷　字率胥，丁惟宁之孙。顺治九年（1652年）岁贡，授莱芜训导。有李生者，为盗所诬，似谷力辩之。知县不听，遂径达抚、学两院，冤白告归，家居二十余年。尝获盗树者，其人诳以母死，即赠为葬具，更予粟两斗。好学问，著《大端厅遗训》，持身治家治道略备。年八十四岁卒。

丁豸佳　字梦白，丁惟宁之孙。崇祯十五年（1642年）为清兵所伤，跛一足，遂无意进取。居九仙山，力学不辍。与李澄中以诗角，不胜，乃以赋夸之，澄中愧不逮。所著赋数十篇皆汪洋浩瀚而归于典则，古文亦有识。诙谐好谈论，日曳杖行山麓间。为娱乐，学琴于雄县马鲁。鲁死，哭甚哀。年六十九岁卒。

丁僎　字卫公，监生。丁惟宁曾孙。年七十，事继母犹无间定省。子应蕙，任靖江知县。僎策

骞潜至其境，采风谣，得廉吏状，乃入署。有靖江缙绅罹法诣家求解者，峻拒之。应蕙，字兰友，康熙四十一年（1702 年）举人。初宰靖江，兴水利，人呼曰“丁公港”。母忧，服除，补永年，繁剧难治，应蕙宽猛相济。去官日，泣送者数千人，或为绘《攀辕卧辙图》。调井陉，教民纺织之法。以病归。

丁璇　字智临，丁惟宁曾孙。崇祯十五年（1642 年），父大谷遇害，璇年十四，忍泣不敢哭。蒿葬后，乃与族兄亮共舁祖母逃入山，备极艰苦。后予亮田二百亩报之。知县陈邦纪死于盗，欠库金，璇为集绅士多方补苴，其妻、子始得归。以廪贡终。子泽溥，字念云，亦廪生。母臧病，艰于动履，出入皆泽溥肩负，遂无意棘闱，人称其孝。

丁廷植　字孟发，丁泽溥长子。雍正八年（1730 年）中进士，分发直隶，以知县试用。是年大饥，上官派他到山海关留养流民。他除了按成例办事外，还经常向流民捐资送衣。事毕后，补官永清知县。雍正十二年（1734 年），永定河决口，城墙、官署都被冲毁。丁廷植急取印信，释放狱囚，乘筏抢救溺水者，并倾县仓之粮赈济灾民，使百姓赖以活命。乾隆二年（1737 年），永定河再次决口。其时，他正在五十里之外的韩信镇筑堤，得信后冒雨连夜赶回抢险，使仓库得以无恙。因其熟悉河工，总河顾琮任命他为同知，署理南岸河防。继而又任天津、南阳通判。嵩县二程子裔，皆世袭五经博士，以争祭田构讼二十年不解。上官委廷植鞫之。为述先贤旧德，复喻以骨肉至戚，两博士愧服。尝署洛阳县，历时七月，案无留牍，民颂之。后以赡养老母请归，每日以教子孙读书为乐，年七十八岁终。

丁琰　字崑圃，丁廷植长子。由例贡捐授长治知县。县衙与府衙同署一地。有一府役肆虐乡里，知府庇之，被丁琰治以重法。县里原来有座起文书院，丁琰拿出自己的俸禄将其修缮一新，又为养济院置田近千亩。其时距丁惟宁宰该县已二百年，因丁琰复有善政，当地人将二人比作“大小郑公”。后升任广信府同知。境内有封禁山连福建界，为明代邓茂七据以作乱之地，奸徒窜匿其中，经常为害百姓。丁琰向巡抚说明情况，入深山，涉幽险，攀缘林木，亲自勘察，以劳殉职。

松山张氏　其先于明初自潍县迁至胶州，依松山（今张家楼镇松山子村）而居。自其二世起，族中人才辈出，两朝显赫。根据张氏家谱，先后出进士 5 人、举人 5 人、贡生 16 人。其出类拔萃者，如张铭、张懋喜、张懋煌、张谦宜，皆名闻乡里。

张铭　字文粹，为松山张氏之第五世孙。由嘉靖三十五年（1556 年）进士授户部主事，升陕西司员外监。后榷税江西九江关，风采卓厉，廉明著闻，但为同官所忌，受谣言中伤，贬任陕西同州州同。后又升任河间府同知。年五十岁卒。

张汝元　字亚甫，张铭之子。由万历四年（1576 年）举人授河南安阳知县。值岁旱，七月始雨，汝元督促百姓于霜降之前急播苦荞，终于得到一半收成。次春赈饥，实惠及民，以政绩最优擢任北直隶顺天府推官。为官刚正自持，权贵不敢以私情干预。后迁任户部主事，巡通州仓。其父张铭在此为官时力清庾弊。汝元沿用其法，猾吏皆循规蹈矩。告归后，敬宗睦族，事事有法。年七十六岁卒于家。

张懋熺　张懋煌　张懋熺，字伯光，号石帆，张汝元之孙。以崇祯七年（1634 年）进士授刑部主事，后典试广东。事毕，改授广东道监察御史，巡按真定；又迁任山西道监察御史，巡按湖南，皆有政声。卒后被追封为文林郎，授大理寺寺副。著有《三驾草》一卷。张懋煌，字子辉，号石间，张懋熺之弟。自幼颖敏过人，每年都要通读一遍《资治通鉴》。精通古典，有“州中文献”之称。由顺治岁贡历任山西长子县县丞、潞城县知县。后辞官归里。长兄去世，留有遗债，懋煌不忍诸孤侄受累，变卖家产代为偿还。经常周济乡邻。乡人某向其借钱甚多，后贫不能还，懋煌不仅没有索要，还抚恤其子孙，人们都称其为长者。年八十一岁卒。著有《松麓吟诗刻》《胶西科第考》诸书。

张谦宜　名张庄，字谦宜，一字稚松，号山农、山民，张懋煌之子。少年落拓，有诗名。中年折节读书，尤沉酣程朱之说，多所心得。闭户著书，终身不辍。为文宏衍渊深，能探经义而折其衷。康熙五十一年（1712 年）中进士，先后任礼部主政、南书房行走，御赐山对旧书斋额，谥号“山东学究”。著有《尚书说略》《四书广注》《质言疏义》

《州志别本三种》《胶莱河辨》《山东盐法志》《胶镇志修史议》《川程便览》《高氏传家录》诸书，对地方文献颇有贡献。年八十三岁卒。

宝山法氏　其祖世袭济南卫指挥使。明代成化年间，法文质官胶州学正，遂落籍胶州。明末法若真随其父法寰避兵乱两度迁居铁橛山十几年，辞官后携六子等定居黄山，死后葬于隐珠镜台山。法若真之后多有显者，如法枟、法坤宏、法坤厚等皆能承其家学。

法若真(1613～1696)　字汉儒，号黄山，生于胶州。性警敏，幼承家学，四岁时听到秀才们讲论《大学》就能提问置辩。十多岁入大珠山石门寺读书。19岁避兵乱随父法寰移居铁橛山大崮村。29岁避兵乱移居杨家山。68岁辞官定居黄山尚庄。清顺治二年(1645年)，礼部废除《五经》命题考试。法若真不知此事，仍以五经命题应试。主考官爱其文采，特封呈皇帝。皇帝特召法若真到礼部御试，遂任命他为内翰林。次年中进士，改庶吉士，任翰林院编修。顺治五年(1648年)典试福建，回京后晋升秘书院侍读，掌管六部奏章和诏旨起草。后皇帝下旨由法若真充任掌院，大学士洪承畴私改任命，法若真与洪承畴发生争执，触怒了洪承畴，洪承畴欲将法若真等词臣外放，后因法若真参与修纂《文皇帝实录》而幸免。任浙江按察使期间，奉诏审理朱佑明编造"逆书案"和王式诬告巡抚朱鼎祚、前布政使宋琬案，朱佑明、王式伏法，受牵累的130余人均无罪开释，"举国惊为神明"。任江南安徽布政使期间，为政持大体，不为苛细。按惯例，州官征收田赋不齐，布政使须派官吏到州县催征。法若真特创立"风、火、雷"三种公文催征，而不再派官吏督催，深得州县拥护，后为各省效仿。安徽灵璧、盱眙等五县遭灾，申请免征荒田租税银数万两，总督让法若真核查。法若真核查后免征五县荒田租税，但户部仍下令催征，法若真乃变卖家产代为缴纳。法若真少以诗文著名，晚工书画，为旧胶州书画四山之一。著作较多，主要有《介庐诗》1卷、《黄山诗留》20卷、《黄山文留》4卷、《黄山集》20卷等。其父法寰，字开三。明天启七年(1627年)举人，任北直隶静海知县，因年景不好，征税不足，左迁南直隶苏州府知事，又改任六合、太平知县，均有治声。后升任河南怀庆府同知。明亡后，弃官回家。清顺治十年(1653年)，胶州总兵海时行发动兵变，法寰被捉，与两子若爽、若巽一同被害。法若真哭庭于兵部，清廷乃出兵镇压。法寰在苏州时，曾与杨维斗、艾千里一起昌明正学。晚年置业胶州城南讲学怡云岭，学者称怡云先生。著有《四书义》《诗义》《春秋繁露解》。

法枟　若真子，字舆瞻，一字书山。康熙五十四年(1715年)进士，授大理寺评事，乾隆十二年(1747年)任顺天同考官。十五年，典试山西。先后得钱以垲、甄昭、李周望等名士。因政绩显著，准备提拔他为主事，未及任命就告老还乡。家居三十年，不与官府事。著有《书山草堂诗稿》二卷。弟法樟，字岘山，廪荫生。性孝友，好施与。承父命抚孤侄，保护如己出。岁饥大疫，出粟煮粥，佐以药饵，救人甚多。著有《又敬堂诗草》。子法光祖，字幼黄，监生，善画，其笔法与其祖父法若真颇为相似。著有《介庐诗》一卷。

法坤宏　法枟之孙，字直方，又字迂斋。少事其祖，得其家学。及年长，喜治古文，疏宕有奇气，得司马迁真脉。其舅焦复亨为郓城教谕，召坤宏督为制义百余篇，文章更加颖奇。学使徐铎对其尤为欣赏。乾隆六年(1741年)，坤宏以乡试第二名考中举人。次年会试不第，其文稿为侍郎方苞、詹事陈兆仑、尚书赵国麟、翰林鞠逊行所赏识，认为深得古法。恰逢国子监学正职缺，准备保荐坤宏，因赵国麟被罢官而未果。回归乡里后，教授于家。知州周于智修州志，请坤宏总揽其事。周于智因事赴济南，其幕僚刘某示意坤宏曰："官府提举志局，受成事，是非毁誉非所任。"坤宏乃取各家谱牒、志乘，以朱墨标之曰："一时是非之所系，百世荣辱之所关，莫重于人物一部，不可不严为区别。当俟明府回，公议之。"不久，周于智因升任宣化知府即将离任，坤宏乃投书州署辞出，曰，志成日勿列己名。后周于智服丧归，路遇州人，寄问坤宏且询及修志始末，叹服曰"法先生风仪自持，不愧名家子。"坤宏七上公车不第，以会试年届七旬赐官大理寺评事。耄耋之年犹勤学不倦。著有《学古编》《春秋取义测》《纲目要略》《介亭待征录》《法氏诗》《闻过庭录》《墨水传经录》《扶风旧

德录》。八十七岁卒。子法嵩龄,乾隆二十一年(1756年)举人。

法坤振　法坤厚　法坤振,坤宏弟,字兰野,一字怡斋,监生。诗才敏妙,率易中往往句有天成。于郊外筑西墅,与诸兄弟诗酒唱和。著有《西墅词》一卷、《怡斋诗》四卷。弟坤厚,字南野,一字黄裳,监生。幼通五经大义,工画,似其曾祖父若真,人称“小黄山”。乾隆东巡泰山,坤厚献东封颂;南巡,又献迎銮诗。待诏帝侧,蒙赐缎匹。生平好交游,所到之处,人皆为之倾倒。东国名宿二十余人结岱社,推坤厚为首。曾万里行不治装,名山大川,多所游历。为诗无所依傍,一意孤行。吴越诸名士评判其诗,皆认为《建川草》为集中之冠,有“如燕公得江山之助”的评语。另著有《荫松堂诸集》十六卷、《白石居文集》四卷。

灵山卫苏氏　其祖先于明洪武年间以军户自青州临朐县迁来灵山卫。后人读书从文者较多。明清间出贡生24人,其政声卓闻者以苏丛为最。

苏丛　字茂元,号海峰,灵山卫苏氏之四世孙。以选贡入国子监,肄业,授陕西米脂知县。当时米脂久旱,他到任后天即下雨,百姓喜称为苏公雨。有客商王存义为店主谋害,无人知晓。苏丛查寻蛛丝马迹,使真相大白、凶手伏罪,人称神明。在米脂为官四年,赈饥修学,士民戴如父母。以税政最优,升任江西道监察御史。巡南城九门、通州仓场,行赏边关,所至都有贤能之声。巡按江南,剪除豪强,兴革利弊,吏民畏服。嘉靖十八年(1539年)二月,随帝巡幸承天,至卫辉时行宫起火,因护驾有功拟予提拔,但因与给事中张守约弹劾武定侯郭勋忤旨,被罢官回家。四年后,被重新起用。不久去世,祭祀于米脂泗州名宦祠。其父苏林,性醇谨,有厚德,曾经在野外拾到遗金,久等失主不来,就在树上贴了告示,终于还给了失主。去世后,被追赠文林郎江南道监察御史。苏丛子苏应时、苏应节、苏应聘、苏应期皆岁贡。

苏应期　字汝昌,苏丛子。聪敏力学,由副贡授河南怀庆府通判,为知府所不容,遂告归。工诗赋文词,当地读书人多以他为师。子苏淳、苏浩,侄苏濬,皆岁贡。

苏濬　字东浦,苏丛之孙。性恬静,能文工诗。由岁贡任陕西鄜县知县,以循礼守法为时人称道。后告归,诗酒自娱,不与世事。著有《群玉斋诗集》。

苏润　字栗轩,灵山卫苏氏之六世孙。由岁贡任辽东教授,整躬率物,训士以德行为先。后迁任北直隶安平知县,多惠政。曾筑堤以防沱水,当地百姓因此受惠,祀之于安平名宦祠。其父苏应锡、弟苏洪、子苏万春(潞城县丞)、孙苏再武、曾孙苏念祖、玄孙苏潜修及苏洪子苏万邦(蒲县知县)、苏万姓(洪泽知县)皆岁贡。

苏万春　字同我,灵山卫苏氏之七世孙。由岁贡任潞城县丞,署屯留县事。时军役繁兴,驿不堪命。公为置法,苏其困惫。邑人感德,立碑颂之。

苏万邦　字怀我,灵山卫苏氏之七世孙。由岁贡任象山县知县。善政累累,升蒲县知县。蒲系土城,屡圮屡修,民苦之。公莅任,纠工修葺。俸余不足,仕宦争助,不费官帑而砖城坚好。去后,民不能忘,肖像祀之。

苏万室　字陶我,灵山卫苏氏之七世孙。由岁贡任莒州学正。明代崇祯末,土寇薄城,协州人固守,城陷,死之。

苏再武　字又卿,灵山卫苏氏之八世孙,岁贡生。幼孤,事母陈以孝闻。食上必在,常以母食之多寡为忧喜。母性严,不假辞色。然公或有过,母即不知,必涕泣面陈,以求责罚。遇父母忌辰,悲泣竟日,曰:“君子有终身之丧者,此也。”岁时祭献,未尝不流涕。年及古稀,综练典故,手不释卷。疾笃,以卫志未成,口传贤孝数事,而不及其私。

苏念祖　灵山卫苏氏之九世孙。字陟庭,号黄西,清代雍正年间岁贡,任博兴训导。岁饥,佐县令施赈,公普无私,邑人称之。老益嗜学,手不停披,著有《四书宗朱》十六卷,五十余万言。学使喀尔钦、李光墺皆为之叙。莅任十年,卒于官。

苏潜修　字纯一,灵山卫苏氏之十世孙。性好学,尤其留意地方文献。卫中节孝义行及先辈诗文,多为他所编纂辑录。广咨博访,至老不倦。清乾隆十六年,著《灵山卫志》八卷。乾隆四十三年(1778年),以岁贡任日照县训导。

第二章　烈　　士

1991 年版《胶南县志》共收录辛亥革命以来革命烈士 2095 名，其中山东省著名烈士 30 名。遗漏解放上海战役和淮海战役中牺牲的本籍烈士 6 名，本志予以补记。其余 4 名为 1988～2012 年期间牺牲的烈士。

王善恒（1930～1949.5）　1930 年生，山东省胶南县人。生前为解放军 26 军 76 师 228 团 3 营 7 连战士。1949 年 5 月解放上海时，在宝山县战斗中牺牲。

王在平（1924～1949.5）　1924 年生，山东省胶南县人。生前为解放军 26 军 76 师 228 团 2 营 4 连战士。1949 年 5 月解放上海时，在宝山县战斗中牺牲。

周兆先（1929～1949.5）　曾用名周兆宜。1929 年生，山东省胶南县人。生前为解放军 26 军 76 师 228 团 1 营 3 连战士。1949 年 5 月解放上海时，在宝山县大场战斗中牺牲。

吴元珍（1926.5～1949.5）　曾用名吴元慎。1926 年生，山东省胶南县人。生前为解放军 26 军战士。1949 年 5 月解放上海时，在宝山县战斗中牺牲。

曲芬春（1924～1949.5）　1924 年生，山东省胶南县人。生前为解放军 26 军 76 师 228 团 1 营 1 连战士。1949 年 5 月解放上海时，在宝山县杨行战斗中牺牲。

王元均（1927～1948.12）　1927 年生，山东省胶南县人。生前为解放军某部 97 师通信员。1948 年 12 月在淮海战役中牺牲。

杨波（1976.11～1996.11）　今珠山街道崔家庄人，1976 年 11 月出生。1994 年 12 月入伍，生前系上海市公安局消防局高桥中队战士，1995 年 12 月加入中国共产主义青年团。1996 年 11 月 21 日在扑救上海市东沟船厂“车 14 号”渡轮火灾时，为抢救被困群众不幸遇难，时年 20 岁。

1996 年 11 月 21 日，上海东沟船厂“车 14 号”轮火灾发生后，杨波和战友们迅速着装登车赶赴火场。到场后，主动请缨进入船舱进行侦察，在低矮、狭窄而又昏暗的船舱内，杨波和战友们很快查明火点，为有效控制火情赢得了宝贵时间。当他完成侦察任务爬出船舱，又听到还有 3 名施工人员被困舱内时，他毫不犹豫地再次进入了船舱。翻滚的浓烟，灼人的气浪，时刻威胁着杨波和施工人员的生命，他慢慢摸索，细细查寻，终于发现了两名昏倒在舱内的施工人员，他竭尽全力将他们转移到了安全地带，此时的杨波已在舱内作战近 40 分钟了，面具的氧气已所剩无几，体力下降非常厉害。还有一名施工人员仍处在危险状态，为了自己的阶级弟兄，杨波又一次冲进了浓烟区。这一去，他再也没有回来……1996 年 12 月，中国人民警察部队上海市消防总队为杨波追记二等功。1997 年 1 月，上海团市委追认杨波为“上海优秀团员”。同年，获第三届上海优秀民警“东方卫士”奖。1999 年 9 月，中华人民共和国公安部、中华人民共和国民政部联合授予杨波为“公安英烈——共和国不会忘记”荣誉称号。

宋保福（1969.11～2002.5）　今灵山卫街道赵家庙村人，1969 年 11 月 8 日出生，生前系青岛市经济技术开发区广厦宾馆职工。2002 年 5 月 31 日上午，为抢救中毒职工的生命不幸牺牲。

2002 年 5 月 31 日，青岛市经济技术开发区广厦宾馆下水管道被堵，请利民物业公司前来疏通。上午 8：20 左右，利民物业公司派出掏下水道工李照林前往广厦宾馆外一古力井作业，当他下到井底开始工作时，不幸中毒倒在古力井底，正在井外的宋保福发现后，不顾自身的安危，奋不顾身地下井救人，因井底毒气浓度较高，不幸牺牲，年仅三十三岁。

宋保福热爱本职工作，勤勤恳恳，任劳任怨，经常牺牲个人休息时间加班加点。这次带领利民

物业公司人员排查污水管道，就是他放弃休息时间，并且在亲人病危、哥哥盖房急需他留在家中的情况下，前去宾馆加班协助疏通下水道的。宋保福同志平时团结同志，乐于助人，同事们有困难，他都主动帮助，做过的好事不计其数。宋保福同志对工作恪尽职守，认真负责，多次出色地完成工作任务。2001 年 6 月，他在工作中，由于认真负责，成功地避免了一次重大事故的发生，受到领导与同事们的高度赞扬。

宋保福在关键时刻，不顾自身安危，奋不顾身抢救人民群众的生命，并为之献出了年轻的生命。

管延鹏(1986. 9 ~ 2007. 8)　今胶河经济区新胜村人，1986 年 9 月出生，曾就读于山东经济学院燕山学院，为市场营销专业 502 班学生。

2007 年 8 月 18 日 15 时左右，胶河经济区新胜村管延鹏同本村王康、邢玉杰、邢玉昆四人一起，走到胶河经济区埠上兰村西北侧的拦河坝处，听到河边有人呼喊救命。发现有一人被湍急的河水冲到拦河坝北侧，在水中挣扎。管延鹏见状，不顾河水湍急，衣服也来不及脱，就率先跳入两米多深的河水中，他奋力游到溺水者身旁，将溺水者推出漩涡并推到岸上，而他自己却被河水卷入漩涡中；邢玉昆、邢玉杰自己游上岸，只看见王康正在湍急的水面上一起一伏，被河水冲出很远。此时无力下水救人的邢玉昆、邢玉杰二人，只好在岸边大喊救命。后来王康被闻讯赶来的村民田纪森从水中救出，经医院抢救后脱离危险。直到当日 17 时许，管延鹏才被当地干部群众从河水中打捞出来，终因抢救无效，献出了年轻的生命。

逄金生(1972. 9 ~ 2008. 7)　今滨海街道下泊村人，1972 年 9 月出生，1992 年 8 月参军，1999 年 6 月加入中国共产党，生前系空三十五团飞行三大队二中队正营职飞行员，2008 年 7 月 12 日在飞行训练中光荣牺牲。

干部群众到市革命烈士陵园扫墓

附　录

行政区划调整文件选录

中华人民共和国民政部
关于山东省设立胶南市的批复

民行批〔1990〕117号

山东省人民政府：

你省一九八九年十一月二十日《关于撤销胶南县设立胶南市的请示》和补充报告收悉。经国务院批准，同意撤销胶南县，设立胶南市（县级），以原胶南县的行政区域为胶南市的行政区域，不增加机构和编制，由省直辖。

一九九〇年十二月十八日

山东省人民政府
关于撤销胶南县设立胶南市的通知

鲁政函〔1991〕3号

青岛市、胶南县人民政府：

经国务院批准，民政部于一九九〇年十二月十八日以民行批〔1990〕117号文批复，同意撤销胶南县，设立胶南市（县级），以原胶南县的行政区域为胶南市的行政区域，不增加机构和编制，由省直辖。省政府确定，胶南市由青岛市代管。望你们抓紧做好胶南市的组建工作，并在今后工作中，加强城市管理，充分发挥城市的中心作用，促进城乡经济的协调发展。

一九九一年一月七日

山东省人民政府
关于建立青岛琅琊台省级旅游度假区的批复

鲁政字〔1995〕219号

青岛市人民政府：

你市《关于兴建琅琊台省级旅游度假区的请示》收悉，现批复如下：

一、同意建立青岛琅琊台省级旅游度假区（以下简称度假区）。度假区位于胶南市南部海滨，南以王家台后村前登台路东西线为界，北以车轮山前村向西延伸至山前坡沟边缘为界，东以龙湾海岸线（东北部截至车轮山村岩礁分界处）为界，西以王家台后村向北沿登台路外侧50米延伸至车轮山前（虾场办公室以北地段登台路外侧100米）为界，规划陆地面积9.8平方公里。起步区为1.4平方公里，位于王家台后东。度假区内分为综合服务中心区、海滨活动区、水上娱乐休闲区、水庄别墅区、山庄别墅区等功能小区。

二、度假区要坚持“面向海外，招商开发”的原则，主要利用外资进行建设。区内建设项目，要进行可

行性论证，严格按规划和基建程序进行。度假区以招徕国际游客为主，区内建设要符合国际旅游度假区的要求，坚持高起点、高质量、高标准，做到开发一片，建成一片，收益一片。

三、度假区的总体规划要报省旅游局会同省有关部门审核批准。有关具体事宜，可商请省旅游局等有关部门研究办理。

四、你市要切实加强对旅游度假区建设工作的领导和管理，逐步把度假区建成高档次，高标准的旅游度假场所。

一九九五年十二月二十九日

山东省人民政府
关于部分经济开发区更名的通知

鲁政字〔2002〕45 号

各市人民政府，各县（市、区）人民政府，省政府各部门、各直属机构，各大企业，各高等院校：

为扩大对外开放，省政府先后在全省批准设立了 58 家不同类型的省级开发园区。58 家开发区由于审批的背景不同，名称很不规范，其中外向型工业加工区 35 个，开放开发综合实验区 11 个，经济开发区 5 个，外向型园区 4 个，对外加工贸易区 3 个（其中菏泽、聊城两市对外加工贸易区与开放开发综合实验区一套机构两块牌子），渔货贸易区 1 个。为加强统一规范管理，便于开发区招商引资工作的对外宣传，经研究，决定对除济南、潍坊、东营、德州、泰安五个经济开发区和石岛渔货贸易区以外的 52 家开发区，统一更名为经济开发区。

附件：更名为省级经济开发区名单

二〇〇二年二月六日

附件：

更名为省级经济开发区名单

序号	原有名称	批准文号	更改名称
1	环海外向型工业加工区	鲁政字（95）第 18 号	环海经济开发区
2	即墨外向型工业加工区	（92）鲁府协字 11 号	即墨经济开发区
3	胶州外向型工业加工区	（92）鲁府协字 11 号	胶州经济开发区
4	胶南外向型工业加工区	（92）鲁府协字 11 号	胶南经济开发区
5	莱西外向型工业加工区	（92）鲁府协字 11 号	莱西经济开发区
6	平度外向型工业加工区	（92）鲁府协字 11 号	平度经济开发区
7	海阳外向型工业加工区	（92）鲁府协字 11 号	海阳经济开发区
8	龙口外向型工业加工区	（92）鲁府协字 11 号	龙口经济开发区
9	牟平外向型工业加工区	（92）鲁府协字 11 号	牟平经济开发区
10	莱州外向型工业加工区	（92）鲁府协字 11 号	莱州经济开发区
11	长岛外向型工业加工区	（92）鲁府协字 11 号	长岛经济开发区
12	栖霞外向型工业加工区	（92）鲁府协字 11 号	栖霞经济开发区
13	蓬莱外向型工业加工区	（92）鲁府协字 11 号	蓬莱经济开发区
14	招远外向型工业加工区	（92）鲁府协字 11 号	招远经济开发区
15	莱阳外向型工业加工区	（92）鲁府协字 11 号	莱阳经济开发区
16	明水外向型工业加工区	（92）鲁府协字 11 号	明水经济开发区
17	荣成外向型工业加工区	（92）鲁府协字 11 号	荣成经济开发区

山东省人民政府
关于山东青岛临港经济开发区等设立为省级开发区的通知

鲁政字〔2006〕194号

各市人民政府，省政府各部门、各直属机构：

根据《国务院办公厅关于清理整顿各类开发区加强建设用地管理的通知》（国办发〔2003〕70号）和国家发展改革委、国土资源部、建设部《关于印发〈清理整顿开发区的审核原则和标准〉的通知》（发改外资〔2005〕1571号）精神，山东青岛临港经济开发区等8个园区基本符合国家开发区清理整顿的原则和标准，已原则通过国家开发区设立审核，省政府同意上述8个园区为省级开发区。现就有关问题通知如下：

山东青岛临港经济开发区等8个园区虽属违规设立，但符合规划要求，已形成一定经济规模和产业集聚优势，经国家发展改革委审核认定，基本符合国务院批准的《清理整顿开发区的审核原则和标准》，批准设立为省级开发区。各开发区面积、四至范围及界址点坐标等以国土资源部核定公布的数据为准，审核结果以国家发展改革委审核公告为准。

各市要结合全省和当地经济与社会发展规划、土地利用总体规划、城市总体规划等，科学制定园区发展规划，明确功能定位，合理布局，集约用地，协调发展，把园区真正建设成为产业特色鲜明、综合配套能力强的现代制造业聚集区。

附件：经批准设立的省级开发区名单（略）

二〇〇六年八月十日

国务院关于同意山东省调整青岛市部分行政区划的批复

国函〔2012〕153号

山东省人民政府：

你省《关于青岛市部分行政区划调整的请示》（鲁政呈〔2012〕52号）收悉。现批复如下：

一、同意撤销青岛市市北区、四方区，设立新的青岛市市北区，以原市北区、四方区的行政区域为新的市北区的行政区域。市北区人民政府驻敦化路街道延吉路80号。

二、撤销青岛市黄岛区、县级胶南市，设立新的青岛市黄岛区，以原青岛市黄岛区、县级胶南市的行政区域为新的黄岛区的行政区域。黄岛区人民政府驻隐珠街道深圳路181号。

上述行政区划调整涉及的各类机构要按照“精简、统一、效能”的原则设置，涉及的行政区域界线要按规定及时勘定，所需人员编制和经费由你省自行解决。你省及青岛市要严格执行中央关于厉行节约的规定和国家土地管理法规政策，加大区域资源整合力度，优化总体布局，促进区域经济社会协调健康发展。

二〇一二年九月三十日

山东省人民政府
关于调整青岛市部分行政区划的通知

鲁政字〔2012〕254号

青岛市人民政府：

2012年9月30日，国务院以国函〔2012〕153号文批复我省，同意对青岛市部分行政区划进行调整。为做好有关工作，现通知如下：

一、撤销青岛市市北区、四方区，设立新的青岛市市北区，以原市北区、四方区的行政区域为新的市北区的行政区域。市北区人民政府驻敦化路街道延吉路80号。

二、撤销青岛市黄岛区、县级胶南市，设立新的青岛市黄岛区，以原青岛市黄岛区、县级胶南市的行政区域为新的黄岛区的行政区域。黄岛区人民政府驻隐珠街道深圳路181号。

三、望你们按照行政区划管理等有关规定，坚持“精简、统一、效能”的原则，认真做好新的市北区、黄岛区的组建工作。要严格执行中央和省委、省政府关于厉行节约的规定及国家土地管理法规政策，加大区域资源整合力度，优化总体布局，促进区域经济社会协调健康发展。新的市北区、黄岛区组建工作结束后，要及时将组建工作情况专题报告省政府。

四、行政区划调整涉及的行政区域界线变更，要按照有关规定于2013年4月30日之前勘定，并将勘界成果报省民政厅。

二〇一二年十一月二十日

国务院关于同意设立青岛西海岸新区的批复

国函〔2014〕71号

山东省人民政府：

《山东省人民政府关于申请设立青岛西海岸新区的请示》(鲁政呈〔2013〕26号)收悉。现批复如下：

一、同意设立青岛西海岸新区。青岛西海岸新区位于胶州湾西岸，包括青岛市黄岛区全部行政区域，其中陆域面积约2096平方公里、海域面积约5000平方公里。青岛西海岸新区区位条件、科技人才、海洋资源、产业基础、政策环境等综合优势明显，具备推进陆海统筹、城乡一体、军民融合发展的独特条件。要以海洋经济发展为主题，服务于青岛建设区域性经济中心和国际化城市的发展定位，把建设青岛西海岸新区作为全面实施海洋战略、发展海洋经济的重要举措，为促进东部沿海地区经济率先转型发展、建设海洋强国发挥积极作用。

二、青岛西海岸新区建设要以邓小平理论、“三个代表”重要思想、科学发展观为指导，统筹海洋经济与陆域经济、经济建设与国防建设、资源开发与生态保护、新型工业化与新型城镇化，以全面深化改革为动力，坚持高起点规划、高标准建设、高水平管理，推进创新驱动和体制机制创新，大力发展海洋经济和海洋新兴产业，加强生态文明建设，深化对外对内开放，努力发展成为海洋科技自主创新领航区、深远海开发战略保障基地、军民融合创新示范区、海洋经济国际合作先导区、陆海统筹发展试验区，为探索全国海洋经济科学发展新路径发挥示范作用。

三、山东省人民政府要切实加强对青岛西海岸新区建设的组织领导，完善工作机制，明确工作责任，加大支持力度，积极探索与现行体制协调、联动、高效的管理方式，积极稳妥扎实推进青岛西海岸新区建设发展。要认真做好青岛西海岸新区发展总体规划的编制工作，规划建设必须符合土地利用总体规划、城市和镇总体规划、海洋功能区划、环境保护规划、水资源综合规划等相关专项规划的要求。要执行国家统一财税政策，着力优化空间布局，切实节约集约利用土地，严格保护耕地和基本农田，合理开发利用海洋资源、有效保护海洋生态环境，抓紧开展环境影响评价，切实保护和节约水资源。要进一步明确发展思路，突出发展重点，创新发展方式，统筹推进青岛西海岸新区发展，涉及的重要政策和重大建设项目要按规定程序报批。

四、国务院有关部门要按照职能分工，加强对青岛西海岸新区建设发展的支持和指导，进一步细化各项政策措施，在有关规划编制、政策实施、项目安排、机制创新、全面深化改革、扩大对外开放等方面给予积极支持。发展改革委要会同有关部门做好有关重大发展政策的落实工作，加强沟通协调，帮助解决青岛西海岸新区发展过程中遇到的困难和问题，为推动青岛西海岸新区建设发展营造良好的环境。

设立并建设好青岛西海岸新区，对于全面实施海洋战略、创新军民融合机制、深化海洋管理体制改革、推进深远海开发与陆海统筹发展和建设海洋强国具有重要意义。各有关方面要统一思想、密切配合、开拓创新、扎实工作，共同推动青岛西海岸新区持续健康发展，努力开创山东半岛蓝色经济区发展的新局面。

二〇一四年六月三日

琅邪与四时祠考

自春秋时期齐国置琅邪邑以来的历朝历代，以“琅邪”命名的行政区划和自然实体数十处之多，其范围涉及今山东、江苏、安徽、浙江、广西和四川6省区。这些地名均源于胶南境内的古琅邪邑，可谓天下琅邪宗胶南。这么多行政区划和自然实体因何都喜欢以“琅邪”命名且经久不衰？“琅邪”一词的本始含义是什么？琅邪两字应该怎样写、怎样读？琅邪的历史渊源有多久？这的确是一个值得探讨和考究的问题。

“琅邪”地名解读

由于古代文献的缺乏，汉代以来，“琅邪”一词的含义、字形和读音都有过不同的说法和解释。

词义　中国语言文字最早的权威性工具书《说文解字》，系汉代人许慎编纂。清代文字学大师江苏金坛人段玉裁倾一生精力为之注释，编纂成《说文解字注》。许慎在《说文解字》中关于“琅邪”的解释较简单。段玉裁虽是江苏人，但其女嫁于胶州柯姓（段女之孙为《清史稿》总纂柯绍忞），想必到过胶州和诸城。段在《说文解字注》中把“琅邪”两字的来源、词义、字形、读音和琅邪辖境解释得比较详细。

1、“琅：琅玕，似珠者。”《尚书》：璆琳琅玕。郑注曰：琅玕，珠也。王充《论衡》曰：璆琳琅玕，土地所生，真玉珠也。鱼蚌之珠与《禹贡》琅玕皆真珠也。《本草经》青琅玕，陶贞白谓即《蜀都赋》之青珠。而某氏（即段玉裁）注《尚书》、郭注《尔雅》、《山海经》皆曰：琅玕，石似珠。似珠亦非人为之，故郑、王谓之真珠也。

2、“邪，琅邪郡也。”谓琅邪郡之字如此作也。《前志》曰琅邪郡，秦置，属徐州。《后志》曰琅邪国，属徐州刺史部。许从前汉之制，故曰郡。《前志》：郡领东武等五十一县。今兖州府诸城县东南

百四十里有故琅邪城，古齐琅邪邑也。其地有琅邪山。《管子》：齐桓公将东游，南至琅邪；《孟子》：齐景公欲遵海而南，放于琅邪；苏秦说齐宣王曰：齐南有泰山，东有琅邪；《史记》：秦始皇屡并海至琅邪；《子虚赋》曰：齐东陼巨海，南有琅邪，皆谓今诸城县。《山海经》云琅邪台在渤海间，非也。赵歧曰：琅邪，齐东南境上邑。《越绝书》：勾践既灭吴，欲霸中国，徙都琅邪，立观台于山上，周七里，以望东海。始皇立琅邪郡，为三十六郡之一，而汉因之。寻周时琅邪之名，未知何解，许君以其字从邑，傅合郡名为释耳。《九经》字样曰郎邪，郡名。郎，良也。邪，道也。以地居邹、鲁，人有善道，故为郡名。今经典玉旁作良者，伪。未知其说所出。古书绝无作郎者，且琅邪，齐地，非邹鲁地。邪，古书用为衺正字，又用为辞助。如乾坤其易之门邪，乾坤其易之缊邪，是也。今人文字，邪为疑辞，也为决辞，古书多不分别。如子张问十世可知也，当作邪是也。又邪、也二字古多两句并用者。如《龚遂传》：今欲使臣胜之邪，将安之也。韩愈文：其真无马邪，其真不知马也。皆也与邪同。按：汉碑"琅邪"字或加玉旁，俗字也。近人隶书从耳作耶，由牙耳相似。

综合段玉裁及其以前之诸书、诸说，笔者认为，"琅邪"一词，可简单解释为如珠似玉的珍贵和漂亮。而"琅邪邑"即是如珠似玉的城邑。近几年，有人根据司马迁《史记·封禅书》中关于姜太公封国后在琅邪封四时王的记载推测：一则姜太公登琅邪山见海天一色的美丽景色，兴高采烈，脱口而命名为"琅邪"，意思是指非常漂亮，类推琅邪山和琅邪邑为漂亮的山和漂亮的城邑。虽然无根据但也是一种美好的推测。有点象新疆导游解释"那拉提"山和"那拉提"草原名字一样，富有诗意：说当年蒙古大军自北而南过那拉提山，山北大雪弥漫，不见天日，及至山口，猛见阳光明媚，绿草如茵，众军士脱口而呼"那拉提"，意思是太阳。这属仁者见仁，智者见智，无可无不可。二则姜太公封八神时，驻琅邪山下，建牙帐，后改为琅牙邑。春秋时期，凡地名用字多加"邑"字旁，遂成"邪"。今之右耳旁，金文均作"邑"。

根据有限的史籍资料，"琅邪"一词的本始含义，汉代的许慎、清代的段玉裁不能确断，我们现代人更不能确断，只能各抒己见，各自发挥美好的想象而已。

字形　"琅邪"一词的字形，最为混乱。主要有 4 种写法。一为"琅邪"，古籍如《山海经》、《国语》、《史记》、《越绝书》等，皆写作"琅邪"。二为"琅琊"。在汉代碑文中既有"琅邪"，又有"琅琊"。清人段玉裁认为："琊"系汉代俗字。现今山东、江苏、浙江、安徽、四川等地仍有"琅琊"与"瑯琊"混用现象。三为"琅耶"。晋代书法家造字很多，琅邪士族多把"琅邪"写成"琅耶"。1965 年在南京燕子矶琅邪王氏族墓地出土的王闽之、王丹虎等许多墓志铭皆作"琅耶"。清代人写隶书时，也将"牙"改"耳"，是为"琅耶"，试图与读音相合，与词义相合，但未能广泛推开。四为"琅玡"。最早见于苏东坡书《醉翁亭记》，既作耶，又作玡，以区分南北琅邪。清代也有，如乾隆二十九年《诸城县志》等。1986 年胶南县人民政府办公室曾行文转发县地名办报告将"琅琊"改为"琅玡"。

应该说明的是，1986 年改"琊"为"玡"的依据仅是胶南县地名办公室所谓"琊"字为"玡"字的古旧写法，现行汉语工具书中已查不到云云。据国家民政部地名研究所副所长商伟凡 2003 年撰文介绍，建国后，确实把"瑯"字归并于正体字"琅"，但"琊"字却从未明令从异体字或繁体字的角度退出应用。是《新华字典》把"琊"字列为《第一批异体字整理表》以外的异体字，括注在"玡"字之后。意欲使其"未经审判"而自然消亡。然而，这种民间"类推异体字"的权威性毕竟不够，胶南遵从改作"琅玡"，而江苏、浙江、安徽、四川的"琅琊"依然如故。现行（2006 年）的计算机常用字库也是有"琊"无"玡"。也就是说，国家语委没有明令禁用"琊"字，胶南地名办仅依据《新华字典》的归属而改"琊"为"玡"，依据是不足的。况且汉代即用"琊"作俗字，宋代才出现"玡"字。笔者认为，从古字应写作"琅邪"，从习惯可写作"琅琊"，但不能再写成"瑯琊"。

读音　《说文解字》、《说文解字注》、《辞海》等语言文字工具书，皆将"琅邪"读为 láng yà，而胶南民间的乡学旧儒皆读作 láng yé。正如春秋名

剑“莫邪”读作(mòyé)一样。“干将莫邪”剑名亦如“琅邪”地名,也有多种写法。如“干将莫邪”和“干将镆铘”两种。剑名中牙旁加金如同地名中牙旁加王一样,皆后人所加,大概是担心初学者误读“斜”而为之。

渊源　“琅邪”的历史源头问题。目前能查到的史籍与地图,胶南的琅邪,最早为春秋时期才出现。但如果按照《史记·封禅书》中所说的齐八神或为太公造或为太公之前齐已有来推测,琅邪台的四时主,至少在西周姜太公封齐时即为齐地琅邪人所祭祀,琅邪邑的历史也至少可追溯到公元前1046年。甚至更早,也许人类进入农耕时代后,就有了四时主之崇拜。根据《尚书》记载,尧帝时代就在琅邪台祭春。历史非常悠久。

“琅邪”字型考

从古至今“琅邪”两字有过多种写法。现将部分碑贴、钱币、官私印、字典及词典中不同的写法介绍如下:

战国尖足布(铜币)　1996年版《中国古钱目录》收录了一枚战国铜币,面文为“邪山”,此币出产在何处不详,也没有人考究过。春秋战国时期,齐国有即墨、琅邪两城邑,经济繁荣,成为齐国的支柱城邑。“即墨法化”有大量出土,而琅邪未曾见铜币出土,此枚面文为“邪山”的铜币是否系琅邪造,笔者不敢乱加推断,但这个“邪”字却可用来考究“琅邪”。

汉代琅邪相印章　清代嘉庆年间,胶南胡家小庄农民在大珠山犁地时发现一枚汉代琅邪国丞相印,银质龟钮,方25mm,高28mm,重130克。此印被称为汉代官印中的典范之作,在中国印史上具有重要地位。印文为“琅邪相印章”。

东晋“琅耶”墓志铭　1958年在南京市挹江门外老虎山出土东晋永和元年(公元345年)刻颜谦妇刘氏墓志和1965年在南京燕子矶人台山出土东晋升平元年(公元358年)的王闽之、王丹虎两墓志等,皆将“琅邪”刻作“琅耶”王闽之、王丹虎是东晋书法家王羲之的同代族人,颜谦是唐代书法家颜真卿的先祖,这两个大家族都是东晋的显赫家族,给他们刻墓志铭的恐怕不是等闲之人。这两个大家族为何将“琅邪”刻成“琅耶”?在古汉语中,“邪”作为助词,与“耶”和“爷”相同,也许晋代人读“yé”而不读“yà”,为避人错读为“xiè”而改为“耶”。现代汉语中的许多字与古代读音并不相同,一字多音现象自古有之,同义字、词也自古有之,一些常用字一旦用于姓氏和地名,会有不同于常用词语的读音。如黄山的“岳家”村,当地读作“yàjiā”;郝家石桥的“郝”,当地读“huò”而不读“hǎo”,至于方言里的差异就更大了。

南北朝“琳瑯”与“琅邪”刻石　南北朝时的北魏孝昌二年(公元526年)刻皇族元挺墓志铭中作“琳瑯”字样。山西大同北魏司马金龙墓志铭将“瑯琊”写成“瑯琊”。“琅”字右边加耳不知始于何时,清人段玉裁说汉碑中已有俗字“瑯”,但未见实物及拓片。刻于东魏武定二年(公元544年)的元湛妃墓志铭仍作“琅邪”字样。

唐代“琅耶”与“琅邪”碑贴　徐浩与颜真卿都是盛唐时代的大书法家。徐是越州人,他在苏州宝林寺诗贴中,记述了琅邪的一座山飞达苏州城外之事。此说最早见于《越绝书》记述。其中“琅邪”两字写成“琅耶”。而同时代的大书法家颜真卿书后落款皆从古写作“琅邪”。

宋代苏东坡《醉翁亭记》中的“琅邪”　写成琅玡,以区划分东晋南迁后的琅琊。

清代《诸城县志》中的“琅邪”　清代乾隆二十九年出版《诸城县志》中已将“琅邪”改为“琅玡”。

近代琅邪王禔印　王禔即王福庵,浙江人,祖籍山东琅邪,他是西泠印社领袖人物,20年代民国北京政府印铸局技正,堪称一代宗师。他的私印“琅邪王禔”不仅刻风直追汉“琅邪相印章”,用字也作“琅邪”。

现代工具书中的“琅玡”与“琅邪”　1972年版《新华字典》最早把“琊”作繁体字的。1978年版《现代汉语词典》也按《新华字典》办法处理。但国家语委公布的简化汉字表中,并没有将“琊”归于“玡”。《辞海》虽多次再版,但1999年版仍坚持以“琅邪”作为地名字型。

从以上的罗列和堆砌中可以看出,在不同的

时代,或同一时代的不同人,不同的书籍中,写法是多样的,但主导还是“琅邪”。特别是现代,六省区中,“琅邪”、“琅琊”、“琅玡”的混用现象无法统一。国家语委虽然可以规定常用汉语中的字,但又不能在古籍整理、地名、人名中一刀切。地名用字有其特殊性,有些字可以按照通常的办法处量,但有些用字用一刀切办法还是行不通。如河北省的“藁城”就不能改成“稿城”。将来有一天国家语委明令将“琊”字作为“玡”字的异体或繁体字,我们当然可以改为“琅玡”。但目前国家语委未明确,仅《新华字典》和《现代汉语词典》改,其效力是不足的。只能作为学术研究和探讨。任何一个字,一旦有了多种写法,短时间很难统一起来。管住了现代出版物管不住古籍出版,管住了官方文件,管不住民间信手拈来。胶南如何写“琅邪”两字,最好不要争议。从古从历史,可以写成“琅邪”;从习惯从用计算机字库方便可以写成“琅琊”。

历史上以“琅邪”命名的行政区划

自春秋迄民国,以“琅邪”命名的行政区划,若以朝代计,多达五六十处。若以其治所计,也有20处。即1邑、4县、7郡、7国、1道。

琅邪邑　是中国历史上最早出现的以“琅邪”命名的城邑。它位于山东省胶南市琅邪镇驻地。早在周代,它就是齐国东部的一个重要城邑。赵歧《孟子注》说它是“齐东境上邑”;《管子·戒第二十六》说“齐桓公将东游,南至琅邪。”《孟子·梁惠王》说:“昔齐景公问于晏子曰:我欲观于转附、朝儛,遵海而南,放于琅邪”,都是指这里。琅邪邑历史悠久,以富饶繁华著称于春秋战国。先为齐邑,后为越都。《越绝书》记载,公元前473年,越王勾践灭吴,徙都琅邪,歃血盟,会诸侯,以尊周室,都琅邪224年。据台湾学者柏杨考据,勾践于公元前468年迁都琅邪,传五王,都琅邪90年,亡于楚。后齐败楚,琅邪复归齐。公元前221年,秦灭齐,以齐琅邪邑为琅邪郡和琅邪县治所。

琅邪县　历史上的琅邪县,以其治所不同,共有4处。

第一个琅邪县为秦置。秦始皇二十六年(公元前221年)灭齐,改齐琅邪邑为琅邪县。并设琅邪郡治于此,郡县同城。之后,西汉、东汉、曹魏琅邪县皆治于此。晋武帝太康十年(公元289年)裁琅邪县入东武和诸县(今山东诸城市)。从秦始皇始设到晋武帝裁撤,第一个琅邪县设置长达510年。

第二个琅邪县为南北朝时期刘宋置。公元420年,宋武帝刘裕灭晋后,于平昌郡置琅邪县,辖境在今安丘市西南一带,治郚城(今安丘市西南60里有郚山乡,似是郚城旧治)。后魏、后齐、隋初沿置。隋大业初改琅邪县为郚城县。刘宋所设琅邪县历后魏、后齐和隋初建置百余年。

第三个琅邪县建于隋代。隋文帝开皇十六年(公元596年)于秦汉琅邪县境设置丰泉县。隋炀帝大业三年(公元607年)将今安丘境内的琅邪县改为郚城县,将今胶南境内的丰泉县改为琅邪县。唐高祖武德三年(公元620年)裁琅邪县入诸城县。建置24年。另据有关史书记载,唐高祖武德初年仍忙于战事,各路诸侯归唐后权置许多州县,数量空前,根本无暇顾及旧郡县省并。至唐太宗贞观年间,方行大量省并郡县。另外,颜师古贞观中被封为琅邪县男。据此推测,唐省琅邪县当在贞观年间较为合理。

第四个琅邪县建于唐代。唐代于岭南道析岭方县设置琅邪县,治所在今广西宾阳县。历经五代十国,至宋代省。唐代岭南道琅邪县始置年代不详,但《中国历史地图集》绘制的唐玄宗开元二十九年(公元741年)唐代十五道州县图中已标注“琅邪县”。据此推算,唐代广西之琅邪县至少也有200年建置。

琅邪郡　历史上琅邪郡设置最繁,自秦至唐,几乎每个朝代都设琅邪郡。按琅邪郡治所分,共8处:

第一个琅邪郡为战国末田齐设置。辖境为今鲁东南地区,是效法秦国在边境改县为郡。

第二个琅邪郡为秦置。秦始皇二十六年(公元前221年)灭齐,置琅邪郡,治所在琅邪古邑。西汉沿置。吕后七年(公元181年)改郡为国,封汉高祖刘邦之弟营陵侯刘泽为琅邪王。汉文帝元年(公元前179年)刘泽徙封燕王,除国复郡。王莽天凤元年(公元14年)改天下郡县名,琅邪郡改为填夷郡。更始帝刘玄更玄元年(公元23年)复旧名。刘秀建立东汉后,于建武十七年(公元41年)改郡为国,晋封自己的儿子琅邪郡公刘京为琅邪王,并将国都移治开阳(今临沂市北),自秦始皇设置到刘秀改郡为国,胶南地区的琅邪郡建置达260余年。

第三个琅邪郡为三国时期曹魏所置。公元220年曹丕代汉,废琅邪国复置琅邪郡,郡治开阳,建置45年。公元265年,晋武帝灭曹魏,封皇族27人为王。琅邪改郡为国,封司马懿第九子司马伦为琅邪王。公元317年,琅邪王司马睿在南京建立东晋政权,西晋亡。开阳沦为十六国。后赵、前燕、前秦、后燕、南燕等国皆沿置琅邪郡,治所仍在开阳。时间长达百余年。

第四个琅邪郡为南北朝时置。南朝的刘宋、魏、南齐和北朝的北魏、东魏、东齐等国的琅邪郡移治即丘(今临沂市西南),疆域也向西南扩展,已远离秦汉郡境。这一时期建置约170年。

第五个琅邪郡为东晋侨置。东晋元帝司马睿太兴三年(公元320年)在建康(今南京市)以南侨置琅邪郡,仅有郡名而无实土。咸康元年(公元335年)桓温为太守时,分江乘县为实土,治金城(今江苏省句容市北)。公元420年,宋武帝刘裕灭东晋,改为南琅邪郡。建置160年。

第六个琅邪郡为南齐置。公元479年,南齐高帝萧道成灭刘宋,迁南琅邪郡于白下(今南京市北,幕府山西南)。公元557年,陈武帝陈霸先灭梁后废南琅邪郡。白下的琅邪郡建置78年。

第七个琅邪郡也为南齐侨置。南齐侨置东莞、琅邪两郡于朐山城(今江苏省东海市),一城置两郡,有官无民,有郡无土,徒有空名20余年。

第八个琅邪郡为隋置。公元589年,隋文帝杨坚统一后,复置琅邪郡,治今临沂市北。唐贞观年间省并,建置40余年。这是最后一个琅邪郡。

琅邪国　历史上的琅邪国,按封王计应有7处,但有3处封地不详,或许以郡、县为国,或许原本就无封地。

第一个琅邪国为西汉建。西汉吕后七年(公元前181年)改琅邪郡为国,封汉高祖刘邦之弟营陵侯刘泽为琅邪王,治琅邪古城。汉文帝元年(公元前179年)改封刘泽为燕王,除国复郡。立国3年。

第二个琅邪国为东汉建。东汉刘秀建武十七年(公元41年)改郡为国,封刘秀第十一子琅邪郡公刘京为琅邪王,都开阳(今临沂市),七传至汉献帝初平年间国废。立国150余年。

第三个琅邪国为三国时期东吴建。始建年代,封地皆不详。据三国孙吴皇族世系记载,孙权第六子孙休被封为琅邪王。公元258年,孙琳废会稽王孙亮,立孙休为东吴景帝。

第四个琅邪国为西晋建。晋武帝司马炎泰始元年(公元265年)灭曹魏建立两晋,大封同姓27人为王。琅邪改郡为国,封司马懿第9子司马伦为琅邪王。咸宁三年(公元277年)改封司马伦为赵王,改封东莞王司马伷为琅邪王。国都在今临沂市。司马伷三传至司马睿。

第五个琅邪国为东晋建。琅邪王司马睿居京师期间,素与琅邪士族王导善。王导常劝司马睿离京之国,培植自己的势力。永嘉初年(公元307年),琅邪王司马睿用王导计,出镇建邺。晋怀帝司马炽蒙尘平阳后,王导、王敦等琅邪贵族拥立司马睿为晋王,在建邺培植自己的势力。公元316年,晋愍帝司马邺被杀,司马睿便于建邺称帝,都建邺,并改名建康(今南京市),史称东晋。东晋建国,完全依赖琅邪士族势力扶持,时人谓“王与马共天下”。司马睿称帝后,封自己的儿子司马裒为琅邪王。江南琅邪国封地不详,或许以郡为国,有待进一步考究。但自司马睿渡江后,琅邪王在江南传4代10王,立国103年。自司马睿以下,有6个琅邪王登基称帝,占东晋11帝的半数以上,是晋代27个王族中的旺族。公元420年,南朝宋武帝刘裕灭东晋,琅邪国亡。

第六个琅邪国为南北朝时期北齐建。据南北朝皇族世系记载,北齐武成帝高湛(公元561年即位)之子高俨被封为琅邪王,始封年代与封地皆不详,一代而已,未有传封。或许高齐改部城为琅邪,先封高俨而后改县,有待进一步考究。

第七个琅邪国为唐代建。据唐代皇族世系记

载，唐太宗李世民第八子李贞封越王。李贞之子李冲封琅邪王。而李冲之子李琳又嗣封越王。李冲琅邪王始封年代与封地均不详。或许唐代析岭方县所置琅邪先为国而后改县，尚待有识者考证。

另外，从南北朝至元代，先后封琅邪公主十多人，这些琅邪公主只是食琅邪郡俸禄，并不涉及行政区划。

琅邪道 1914 年，民国政府于今临沂市境置琅邪道，为山东督抚派出机构，辖临沂等 7 县，1928 年撤销。

建国后，山东、安徽、浙江、江苏和四川 5 省因历史原因，先后以“琅邪”命名了多处行政区划，主要有琅邪乡、琅邪区和琅邪镇等。

琅邪乡 主要有 3 处，一是在山东胶南。1958 年胶南县将琅邪区改为琅邪乡，之后陆续改为公社、乡和镇；二是在浙江金华县。曾建琅邪乡，之后改为镇；三是四川渠县。因境内有琅邪驿而置琅邪乡，现也改乡为镇。

琅邪区 主要有 2 处：一是在山东胶南。1945 年解放，以古琅邪邑为中心设置琅邪区，为县政府派出机构。1958 年后陆续改为乡、区、公社、镇。二是在安徽。安徽省于 1992 年设立滁州市，辖琅邪、南谯 2 区及 6 县市。

琅邪镇 有 3 处：一是在山东胶南。由原琅邪乡、琅邪公社演变而来。镇驻地为春秋齐之琅邪邑、越之国都、秦汉之琅邪郡、县、国治所。二是在浙江金华市。由原浙江省金华县之琅邪乡改置。因该镇始居民为琅邪徐氏而命名琅邪镇。三是四川渠县，2004 年将原琅邪乡改为镇。

以“琅邪”命名的自然实体主要为山，其他实体还有如山东胶南市境内的琅邪海湾、琅邪港，安徽琅邪山的琅邪寺、琅邪溪，江苏南京、安徽合肥、山东临沂的琅邪路等皆属衍生，此不赘述。琅邪山，主要有 3 座：

第一座琅邪山是最早的琅邪山，即琅邪台。在山东省胶南市西南部滨海处的琅邪镇内，距古琅邪邑 5 公里。此山因琅邪邑而得名。《山海经·海内东经》：“琅邪台在渤海间，琅邪之东。”《史记·索引》：“盖海畔有山，形如台，在琅邪，故曰琅邪台。”据《史记·封禅书》记载：姜太公封齐后，在齐国作八神祭祀，其中第八神为“四时主”，祠琅邪山。越王勾践徙都琅邪后，在琅邪山上筑台，会诸侯，歃血盟，以尊奉周天子，并建望越楼于台东顶。公元前 219 年，秦始皇东巡天下，登琅邪台，大乐之，留三月，迁民 3 万户筑台，刻石颂德；与齐方士安期生、徐福等会晤，派徐福率童男女数千人入海求仙药。终始皇一生，五巡天下，三至此山。汉武帝效法秦始皇，封禅求仙。他一生七巡天下，四至此山。宋代南禅宗著名禅师雪窦奉帝令在此山建“资圣禅院”。李白、白居易、苏东坡留下大量诗词歌颂此山海天山色。琅邪山以琅邪台驰名天下，属国务院 1982 年公布的国家重点风景名胜区，山东省省级旅游度假区。台上现有秦始皇遣徐福入海求仙群雕、望越楼、秦始皇及二世刻石、徐福殿、徐福东渡纪念碑、秦御路、秦始皇铜像、观龙阁、鲸馆、琅邪文化陈列馆等。

第二座琅邪山在安徽省滁州市。《太平环宇记》载：东晋元帝司马睿为琅邪王时，避乱此山，因名琅邪山。宋代欧阳修《醉翁亭记》所说“西南诸峰，林壑尤美，望之蔚然而深秀者，琅邪也”，即指此山。山中有琅邪古寺、醉翁亭、东坡刻石等，是皖东名胜。

第三座琅邪山在浙江金华，因山下始居民为琅邪徐氏而得名，现改称琅峰山。素以岩石峻秀，清溪逐流而著称。山中有白沙古庙、观音阁、乐寿亭等文物。粟裕、刘英等曾在此山创建浙西革命根据地。

琅邪台四时祠与古代历法

地处偏僻海疆的琅邪台四时祠，为什么能让秦始皇、汉武帝等一批封建帝王不辞辛苦，千里奔波前来祭祀？为什么在琅邪台祭祀春、夏、秋、冬？祠四时主作为国家大典的意义何在？秦汉以后，人们关注琅邪台，研究琅邪台，往往把注意力放在秦皇汉武的求仙问药和宣威边疆等方面。对琅邪台作为古代观测天象气候、推算历法、验证历法的基准原点研究和宣传并不多。

根据《尚书·尧典》和《史记·历书》等文献记载，笔者认为琅邪台四时主祠即是尧帝时代祭

祀春分的测候所——旸谷隅夷。羲仲受尧帝之命,居此主持春分的测定和祭祀。就像青岛的水准原点和西安的大地原点是测量海拔和大地的基准原点一样,琅邪台是尧帝时代测定春分节气的基准点。它与我国古代历法的推算和验证有着十分重要的关系,也是上古最早的祭春场所。

四方边陲的四时祠　最早的四时祠并非把春、夏、秋、冬都放在琅邪台祭祀,而是分散在中国的东、南、西、北边陲地区。它们是古代中国历法的产物。

中国古代历法起源很早。神农氏(距今7000~5000年)"制耒耜,教民农作"之前早已有初级的历法。《史记·历书》:"昔在自古,历建正于孟春。于是冰畔发蛰,百草奋兴,秭规先滜,物乃岁具,生于东,次顺四时,卒于冬分"。那个时代,人们已经把每年分为四季,把每天划分为十二时刻。之后,凡王朝更替,帝王换代,都要先行制定新历法和改换服色以顺天应民。神农氏之后的黄帝轩辕"考定星历,建立五行,起消息,正闰余",并设置天地神祇物类五官,神民异业,各司其序。那时的历法,已经有了闰月调节,应该说比较系统和精确了。黄帝之后,因少皋氏衰落,九黎乱德,历法被废弛,民神杂扰,天灾人祸不断。颛顼皇帝即位后,拨乱反正,"命南正重司天以属神,命火正黎司地以属民",恢复了神民分祭制度,黎民又得到依时农获。之后三苗作乱,重蹈九黎旧辙,再度废弛天地神民之官,历法再度被弄得一塌糊涂。

尧帝即位后,以德治天下,和睦九族,制度百姓,协合万国,呈现出空前的安定和繁荣。但由于九黎和三苗给历法造成的破坏,"黎民于变时雍",尧帝为建立科学历法,授民以时,"乃命羲和,敬顺昊天,数法日月星辰,敬授民时"。就是说尧帝为消除九黎三苗给历法造成的混乱,重新启用颛顼帝时司神之官南正重和司民之官火正黎的后裔——羲氏与和氏,研究推算了新历法。新历法制定后,为进一步验证和实施,委派四名官员分赴东、南、西、北就职,祭祀春分、夏至、秋分和冬至,并制定了四时节气的物候人候标准进行验证。

《尚书·尧典》载:"分命羲仲,宅隅夷,曰旸谷,寅宾日出,平秩东作,日中星鸟,以殷仲春,厥民析,鸟兽孳尾;申命羲叔,宅南交,〔曰明都〕,平秩南讹〔为〕,敬致,日永星火,以正仲夏,厥民因,鸟兽希革;分命和仲,宅西,曰昧谷,寅饯纳日,平秩西成,宵中星虚,以殷仲秋,厥民夷,鸟兽毛　;申命和叔,宅朔方,日幽都,平在朔易,日短星昴,以正仲冬,厥民奥,鸟兽　毛。羲及和……,期三百有六旬有六日,以闰月定四时之岁。允　百工,庶绩咸熙"。司马迁《史记·黄帝本纪》记述尧制定历法的内容与《尚书·尧典》的记述大致相同。

尧帝时代派出的四位主持天象历法和四季农时的官员,其封地和居所即是古代四时祠的处所。第一位羲仲,被派驻在东方日出之处的旸谷隅夷。按照朱熹等人注《四书五经》,旸谷为羲仲封国之都,隅夷为羲仲测候春分节气之处。其大概位置应在今山东半岛低山丘陵临海处。

而薛氏注《尚书·禹贡》"海岱唯青州,隅夷既略"中的"隅夷"为登州,即今日之蓬莱。不知薛氏所据出自何处。考今日蓬莱地,虽濒临海边,然而其所临之海为渤海,自古至今均为内海,在蓬莱观测日出和天象显然是不行的。恐怕薛氏未读唐代熊曜《琅邪台观日赋》,也忘记了周初齐太公姜尚祠四时于琅邪台等史实。根据琅邪台得天独厚的观测日出条件和齐太公建四时祠于琅邪台推断,羲仲所居测候春分的地方应该在琅邪台。其国都旸谷很可能就是琅邪台下的琅邪故邑。苏北庆先生认为,旸谷应在琅邪台附近。

"三代礼器出东夷",琅邪台周边的胶州、诸城、胶南、莒南等地历史上曾多次多处出土过器形硕大的灰陶大口尊等上古礼器,其腹均刻有"　"形图像文字,于省吾、唐兰等专家认为是中国最早的文字"旦"。其型象由日、云、气、水、山组成。也许这就是羲仲测候观天象的礼器标志。当春分之时,日出升至东海上空,就会呈现古陶器"　"(即旦)的景象。第二位羲叔、派驻南方的交趾,其位置大约在今越南国北部。唐代的交趾大概也在此范围。第三位和仲,派驻日落之处的最西方昧谷,也许是古籍所称"西涉流沙"的地方,最远也不过是天山大漠一带。第四位和叔,派驻朔方的漠北一带,幽都的位置或在今河北及北京以北,或在漠河一带。朱熹注《四书五经》说其地昼短夜长。中

国白天时间最短的地方当属漠河，不知尧时疆域是否已达此处。

羲仲、羲叔、和仲、和叔四时祠官的职责，一为敬祀，二为测候天象，三为授民以时。在东方旸谷嵎夷祠春分的羲仲，在春分之日，以宾客之礼迎接日出而敬祀之，犹如帝喾历日月而迎送之礼。作为春分的象征，尧帝规定了三个特点：一是“日中星鸟”，即春分时昼夜等长，皆五十刻，天空中出现朱鸟七宿中的鹑火为标志；二是“其民析”，即天气转暖，人们开始分散活动；三是“鸟兽孳尾”，即鸟兽们开始交配生育。羲仲在琅邪台的工作，除了敬祀日出外，还要观测这些物候和人候，从而推算和验证春天节气，告诉黎民农时。一年之计在于春，而祭祀春天的羲仲也就成了四位祠官之首。

在南方明都交趾主祠夏至的羲叔，要测量验证夏至时的昼长夜短，草物丰茂和鸟兽退毛、人们四处分散避炎热等星候、物候和人候。

驻西方日落之处昧谷的和仲主祠秋分，届时要观测五谷成熟、人气和平、鸟兽生出新羽毛等征候。

驻朔方幽都的和叔主祠冬至，届时观测星象及人们聚居室内和鸟兽生出绒毛避寒等征候。自羲仲至和叔，即春至冬，每年为三百六十六天，并以闰月调节。尧帝时让春夏秋冬四时祠官分居四方边陲观测天象和物候，推算历法更准确，当时为农耕服务的意识不亚于现代。

舜即帝位后，不仅重视历法的执行，又建立新的巡视制度。一方面巡视四岳牧守，另一方不断验证和推算历法，“协时日、正月、同律度量衡”，还规定祭祀四岳、四时礼仪：五礼、五玉、三帛、二生、一死等。舜帝出巡天下，按春、夏、秋、冬四个季节依次进行。二月东巡，五月南巡，八月西巡，十一月北巡，皆与春分、夏至、秋分和冬至相吻合。

夏禹即位后，以正月为岁首，建立更为完备的“夏历”。之后，殷、商、周等基本大体沿用。民间至今仍称农历为夏历，大概由于后世沿用的缘故。汉武帝的太初历也部分沿用夏历。

琅邪台上的四时祠　上古分散在东、南、西、北边陲的四时祠为何让姜太公统统集中到琅邪台上一并祭祀？正像四时祠是上古历法的产物一样，四时祠的兴废，或分散四方边陲，或集中于琅邪台，都是国家兴衰、历法兴废的结果。

有道是夏尚忠、殷尚鬼、周尚礼。大禹治理水患之后，农业获得很好发展，夏人重视祖先和农耕，比较注重实际，所以尚忠。夏代历法也是比较好的历法。但到夏代第三任帝仲康时，“羲和湎淫，废时乱日”，主管春、夏、秋、冬祭祀之官羲和等人沉湎淫乐，荒废了历法。大概随着羲、和两氏违法乱禁被革，分散四方的四时祠也就难免荒废。

成汤革命建立殷商，其历法与四时祠情形如何，不得而知。自夏代少康时发明造酒后，殷商统治者大享其成，沉湎于酒色，不重农耕崇鬼神，不爱江山爱美人。到商纣王帝辛时，终因骄淫无度，被周武王消灭。

周武王十二年，封尚父吕望于营丘，建立齐国。周代历法在周厉王和周幽王时期也曾几度废弛，各地自行其事。这种现象也许在姜太公在世时就已发生。所以，齐国的姜太公索性把分散在四方边陲的四时祠统统集中到东方海边的琅邪台，建立春夏秋冬为一体的四时主祠，一并祭祀春夏秋冬四季。

当时的琅邪，并不是齐国的疆域。周初大封建时，曾经封祝融后裔八姓中的一姓于琅邪。《左传》认为司地之官火正黎即是祝融，让其后人到琅邪台祭祀春分是合情理的。但是具体何姓封于琅邪，不可考。《封神演义》将祝融八姓之一的　姓郐国说成封于琅邪，是错误的，郐国应封在今河南许昌一带。琅邪虽非齐地，但齐国姜太公却有征伐之权，一则属齐国的势力范围，二则尧帝以后祭祀春分都在琅邪，设四时祠于琅邪台是理所当然的。《史记·齐太公世家》载：周成王少时，周公摄政。管叔和蔡叔作乱，淮夷叛周，康公传达成王旨意，“东至海，西至河，南至穆陵，北至无棣，五侯九伯，实得征之”。太公集四时祠于琅邪，当在此后。

姜太公如何祭祀四时祠，已无从考究。到春秋战国时期，天下的诸侯忙于称雄割据，历法大坏，琅邪台的四时祠也就荒废了。齐人邹衍以阴阳五德学说传播阴阳、历法对国家的重要性。他的许多观点深为秦始皇信奉。秦始皇平定六国后，在位仅有十三年，虽然来不及全面推演新历

法，但也做了一些基本工作。如改十月为岁首，改服色为黑色，崇水德，并恢复了琅邪台的四时主祠等。即位第三年就千里迢迢来到琅邪祭祀四时主，并大修其台，留住三个月。秦始皇祭祀四时主的礼仪，司马迁有详细记载。汉武帝效法秦皇岛，不仅学求仙问药，学祭祀四时祠更加认真。他一生七巡天下，四至琅邪求仙并祭祀四时主。汉武帝之后的汉宣帝、汉明帝等都曾来琅邪祠四时主。东汉末战乱，是四时祠祭祀的最后终结。

天下三分，两晋南北朝更无暇到琅邪祭祀。这之后，在国家大一统的朝代，虽然也祭祀四时，但都不在琅邪。大多在京郊设立地坛或社稷坛或先农坛举行，随着历法的精确和普及，天子授时于民也就可有可无了。明清两代在城郊置先农坛或地坛，春分时候，皇帝亲自耕种，以为天下农人表率，与琅邪台祭祀四时主虽是一脉相承，但却相去甚远。好在省却了帝王们跋山涉水到东海琅邪之苦。

祭祀四时的历史意义　古代以农耕立国，由于自然科技的不发达，人们只能靠天吃饭。天象、历法和农时显得十分重要，应该算是历朝历代的国家首务。祭祀四时的意义有四点：一是皇权的标志。历法的兴废是国运兴衰的晴雨表。大凡有道明君，都会在国家统一、政治安定之时力劝农桑，这就必然高度重视历法和农时。“天下有道，则不失纪序；无道，则正朔不行于诸侯。”尧帝首倡四时之祭祀，并封国派官至边陲四方值守，对历法的完善和精确作出巨大贡献。当他临终禅位于舜时，把舜帝叫到人文之祖黄帝庙中告诫舜帝，务必把历法作为立国首务，不可荒废。舜帝一生躬行不叛。临终禅位于夏禹时，也同样沿用了尧帝的方式告诫夏禹。自尧以来，祭祀四时一直是国家大典，各地诸侯无资格主管此事。祭祀四时大权一旦旁落诸侯，中央连统一历法都没有了，哪里还谈得到驾驭诸侯？齐国之所以集天下四方之祠于琅邪一地祭祀，一方面显示齐国之强大，可以代周天子行祭祀之礼，另一方面则说明周天子卑弱，不能统率四方诸侯。秦始皇、汉武帝之所以千里迢迢赶赴琅邪祭祀四时，首先是一种皇权的彰示。

二是国家重视农耕的标志。九黎、三苗、夏桀、商纣、春秋战国之时，四时祭祀几度荒废，在战火纷飞的年代，主要精力是军事割据，历法等自然被抛诸一边，更谈不上祭祀春、夏、秋、冬四季。只有尧、舜、禹、姜太公、秦始皇、汉武帝这样一些治乱致平的帝王才会重视农桑进而祭祀四时。清代的康熙、雍正、乾隆虽然不到琅邪行祭，但也每年春分时刻躬耕于南郊先农坛，为天下农耕表率，都说明了他们对农业和国计民生的重视。

三是国家安定的标志。四时祠的兴废是与国运兴衰、历法兴废紧密联系在一起的。治平则历法一统，四时祭祀正常；逢乱则历法不达于诸侯，四时祭祀荒废，“正不由天，又不由人，则凡事易坏而难成矣”。

四是探索自然规律、追究科学的标志。四时祠，不管是分散在天下四方的边陲还是集中于琅邪台，它都是先人们探索自然规律、追究科学的标志。四时之祭祀，不同于对鬼神的祭祀，它是实实在在对自然规律的认识和探索研究。它的研究对象和研究方法都是务实的。绝不同于对鬼怪神仙的探索徒费钱粮，终无一成。

中国先人的天文历法知识，应该是世界上最早的。近几年从殷墟出土的人骨和贝壳拼成的龙虎星象图就是实物证明。在河南殷商遗址中曾经出土多处以人骨和贝壳按星宿排列的葬穴。而琅邪台以北的黄道山，很可能是古代测量经纬度的一个点。琅邪台作为上古测量之地的证据不仅在典籍中。随着地下考古的不断发现，许多历史迷团会不断被解开。就像随着红山文化女神祭台和良渚文化被发现，而中华文明只发源于黄河流域的定论被否定一样。琅邪台礼日祭春的证据也许还会被陆续发现。

呜呼，羲和首日，日月如梭，沧海桑田，天地悠悠。上古时代琅邪台上那声势浩大、仪式庄重的祭祀活动已经远去，礼敬迎接日出的帝王官员们早已骨朽几代。但探索自然规律、追求科学的琅邪精神永远不会消逝，这也应是琅邪研究的题中之义。

虽然四时主祠早已荒废，但现今散布全国各地的天文台、气象台之类就是四时古祠的进化变种子孙，只是子孙们进化的更科学、更完美。现代

科学的发展,人们已经登上太空观测气候和天象。琅邪台上古老的四时主祠已经完成了它的历史使命。它留给胶南人民的不仅是肃穆的敬重和神圣的记忆,先人们追求科学的精神更值得我们发扬和光大。

最后需要说明的是,笔者不是历法专家,只能走以典考典的老路子。而这种以典考典的怪圈,曾经使许多大家误入歧途。撰写此文,只能算作对琅邪台四时古祠的追祭。至于观点正确与否,尚待考古的检验和方家的批判。

(作者:彭煜文　原载《琅邪风》2006 第 1 ~4 期)

古城邑简考

夏　河　城

夏河城,古称琅玡。位于胶南市城区南 23 公里处。现为琅玡镇人民政府驻地。因古时此地有城,临夏河,故名夏河城。

琅玡,古为齐邑。赵岐《孟子注》谓"齐东境上邑"。城东南有琅玡山。《管子·戒》载:"齐桓公将东游,南至琅玡。"《孟子》载:"齐景公问于晏子曰:'吾欲观于转附朝儛,遵海而南,放于琅玡'。"这两处所说的琅玡,均指此。春秋后期,越灭吴,疆域伸展到齐长城以南的沿海一带,欲称霸于中国。据史籍记载,越国都曾由会稽迁至琅玡。[①]《吴越春秋》载:"越王勾践二十五年徙都琅玡,立观台以望东海,遂号令秦、晋、齐、楚以尊辅周室,歃血盟"。《越绝书》和《竹书》都有有关这方面的记载。勾践死后,他的后人败于楚,国都迁至吴(今江苏省苏州市)。琅玡遂为越国的一个城邑。[②]

秦统一中国后,在此置琅玡郡。清乾隆版《诸城县志·总记》载:"庚辰秦始皇二十六年(公元前 221 年)灭齐。置琅玡郡。"《水经注》载:"琅玡郡城在琅玡台西北十里"。[③]西汉时期,郡治移驻东武(今诸城),辖县五十一,琅玡改置为县。[④]汉武帝于元封五年(公元前 106 年)和太始三年(公元前 94 年)曾两次出巡到此,并游览了琅玡台。东汉时期琅玡仍为县,属琅玡国。清乾隆版《诸城县志·沿革表》载,后汉,徐州刺史部统辖琅玡国(建初五年治开阳)及东武、琅玡、诸、平昌侯国等县邑。[⑤]东汉以后至隋、唐、五代,琅玡县时废时置。《太平寰宇记·卷二十四》载:"秦琅玡郡故城在今县(诸城)东南一百六十里,古城是也。"曹魏省,并东武,后魏复置,高齐省。《读史方舆纪要·卷三十》载,"汉琅玡县属琅玡郡,东诸城东境。晋省,刘宋属平昌郡,后魏因之,后齐废。隋开皇十六年(公元 590 年)改置丰泉县。大业初(605 年)复曰琅玡县,属高密郡。唐时琅玡又废。

元、明之际,沿海倭患频仍。为防倭,明代在此设立兵寨,称夏河寨备御前千户所,隶属灵山卫。《诸城县志·武备考》载:"寨有三……夏河寨在龙湾社。洪武间,灵山卫百户管成包以砖石,周三里。"《读史方舆纪要·卷三十》载:"夏河寨备御前千户所,胶州西南九十里,所城周三里有奇,属灵山卫"。夏河寨千户所设正千户(正五品)、副千户(从五品)、百户(正六品)、镇抚(从六品)等武官,除驻有作战部队外,还辖军屯 7 个。清代,倭患消除,卫、所逐渐失去作用,至雍正十三年(1735 年)裁撤。

夏河城历史悠久,与琅玡台同以东国胜地载入史册。今日的夏河城(村)是琅玡镇的政治、经济、文化中心。琅玡古城虽不可见,但古迹依稀可寻。在今夏河城(村)南,曾出土釉陶器、汉陶器、汉砖、明砖、古币及秦代"千秋万岁"瓦当等古文物一批,足证琅玡故址确在此地。

注:

①《中国历史地图集》第一册 25 ~26 页《楚、吴、越》。

②《中国历史地图集》第一册 31 ~32 页《诸侯称雄形势图》(公元前 350 年)。

③《中国历史地图集》第二册 9 ~10 页秦《山东东南部

诸郡图》。

④《中国历史地图集》第二册36～37页西汉《豫州、兖州、徐州、青州刺史部》、《汉书地理志》琅玡郡（秦置、莽曰填夷、属徐州、古曰镇）县五十一。

⑤《中国历史地图集》第二册64～65页东汉《豫州、兖州、徐州、青州刺史部》。

（摘自1991版《胶南地名志》）

灵　山　卫

灵山卫位于胶南市城区以东12.1公里处，北倚小珠山，南濒黄海，与灵山岛隔海相望。民国版《增修胶志·艺文·金石上·重修灵山卫学记》载："灵山卫距胶州之南九十里，左右皆崇山，其南一望无际者，海也。有山涌出其间，俨若翠屏天开者，灵山也。卫因山而名。"①。

与沿海各卫所一样，设立灵山卫主要是为了防御倭寇。《卫志·舆图》载："设卫所以防海也。近代自元以来，海氛不靖，倭寇杀掠尤惨。有明深鉴于此，故沿海设立卫、所，防御甚严。"灵山卫的设置，对加强山东东部海防，防御倭寇，发挥了重要作用。清乾隆版《诸城县志·总记上》载："明洪武六年（1373年）癸丑夏六月辛亥倭夷入寇。即墨、诸城、莱阳等县沿海居民多被杀掠。诏近海诸卫分兵讨捕之。"清乾隆版《胶州志·大事记》载："明太祖洪武七年（1374年）甲寅夏六月，倭寇胶州（民国版《增修胶志》为"倭寇滨海州县"），靖海侯吴祯率沿海各卫兵捕获，俘送京师。"

灵山卫始建于明洪武五年（1372年）。卫城先为土城，后几经扩建。《灵山卫志·舆地志·沿革》载："灵山卫建于明洪武五年，裁于大清雍正十三年(1735年)。（十二年十二月裁，十三年春文始到卫）。""明洪武五年魏国公徐达檄调指挥佥事朱兴筑土城以备倭。周围三里，高二丈五尺，厚半之，门四，池二丈五尺，广二丈。""永乐二年（1404年）指挥佥事郭崇重修，外包以砖，周方加二里，四门加楼，增铺舍十余所。后渐倾圮。弘治元年（1488年），分巡副使赵鹤龄檄指挥使张某重修，名其四门，东曰朝阳，西曰阅武，南曰镇海，北曰承恩"。至此，卫城已具相当规模，且城池整齐。《卫志·建置志》载："四门洞达，街为十字，均齐方正，形若棋盘，巷口有石如棋子，中有界河自北水门入，由南水门出，汇入城南，渐次归于海"。城中分东、西、南、北四街，建成有卫署、学宫、经历司、仓廒等。城东有演武场，建有将台、厅堂。城外还有社稷坛、风坛、云坛、雷坛、雨坛、先农坛、城隍庙、关帝庙、玄帝庙、三官庙、三司庙、马神庙、观音阁、福寿寺、朝阳寺等坛、庙、阁、寺，有文林坊、柱史坊等坊表，有通济桥、长平桥、迎鹤桥、小石桥等桥梁建筑。

灵山卫依山面海，地势险要。《卫志·形胜》载："西北众山环抱，东南大海旋绕，灵岛屏列于前，长城（齐长城）带围于后。左二崂，右大珠，山盘路曲，无异鸟道羊肠；控淮口，逼莺游，洪激水深可比龙门、积石。通江淮之运道，舻舳直接幽燕；联吴越之战艘，片帆可达化外。虽仅海上孤城，实为边疆要地"。《卫志·形胜·按》："登莱濒海要地有三，而胶为最；胶之险不在于胶，而在于胶之唐岛口（在卫南五里）。（唐岛口）岸陡水深，不俟潮汛，舟至即可抵岸。宋（南宋高宗）绍兴三十一年（1161年），浙西副总管李宝败金人舟师，降其众三千余人，斩其帅完颜郑家即此地也。"

卫的建制在当时是相当于州府级的军事机构。灵山卫设有指挥使（正三品）、指挥同知（从三品）、指挥佥事（正四品）、千户（正千户正五品、副千户从五品）、百户（正六品）、镇抚（从六品）等武职官员，还有经历司经历、儒学教授、仓大使等文职官员。卫辖左（在卫）、前（在夏河寨）、后（在胶州）三个千户所及墩台三十座，临海城堡十二座。共有边操军、京操军、守城军、屯田军等三千余名。②卫、所的武职官员都是世袭，兵都是军户。明制，卫、所都设立屯田。灵山卫（前后所在内）共有军屯三十三个。《大明会典》载："各卫、所创制屯田，以都司统摄。每军种田五十亩为一分，或七十亩、或三十亩、或二十亩不等。军士三分守城，七分屯田。又有二八，四六，九一，中半等例，皆以田土肥瘠、地方冲缓为差。又令少壮者守城，老弱者屯种"。《卫志·兵防志》云："烽烟告警，则民可为兵；外侮不作，则兵即为民。国无虚縻之饷，野无不耕之夫"。这个寓兵于农的办法，在当时不仅巩固了国防，而且增加了收入。灵山卫的仓廒就

是为了储藏屯田收获的军粮而设置的。

灵山卫的建立，不仅保障了山东东南沿海的安全，而且对繁荣本地经济也起到一定作用。《卫志·建置志》载："洪武以前，灵山一人迹不到之区耳，荆棘充塞，树木丛杂，豺狼之所居，狐狸之所嗥，渔夫樵子时或出没其间，不过一、二深山野人耳。乃忽焉而立为营垒，忽焉而建为城池，阛阓相望，市井嚣繁，俨然一都会矣。"

清代倭患平定，卫、所作用逐渐消失，开始缩减卫、所建制。《卫志·兵防志》载："国朝，世袭指挥官职裁革，改设卫守备一员。雍正十二年(1734年)裁卫守备改设千总，属胶州协。城守马兵八名，步兵五十四名"。后又改设灵山巡检司。至此，灵山卫已等于一般村镇了。此后，灵山卫城逐渐倒塌，今已全部拆除。沿海墩台城堡，有的仅留残迹。

注：

①《中国历史地图集》第一册43～44页《战国·齐鲁宋》图。

②按《明纪事本末·兵制》：大率五千六百人为一卫，一千一百二十人为一所，一百一十二人为百户所。《大明会典》未详其数，而府志(《莱州府志》)所载卫军户共计一千四百八十人。前所未载，后所军户共计九百六十七人。

(摘自1991版《胶南地名志》)

祝 兹 城

汉侯国城邑。位于胶河经济区柏乡三村，东南距胶南市城区28公里。据史书记载，西汉时封过两个祝兹侯。吕莹为前祝兹侯。《汉书·表》载："以皇太后(吕后)昆弟子侯。高后八年(公元前180年)四月封，九月反诛"。吕莹受封时间很短，即因吕后病故、恢复刘氏统治被杀。后祝兹侯是刘延年。《汉书·表》载："胶东康王子，武帝元封元年(公元前110年)封，五年，坐弃印绶出国，免"(刘延年《史记》作刘延，元封作元鼎。《史记·卷二十一·王子侯者年号表》：祝兹侯，延，国除)。《山东通志·疆域志·古迹》称，"祝兹故城在州(胶州)西南柏乡集，汉高帝封徐厉为祝兹夷侯"，此系误记。《史记·表》称徐厉为松兹侯。《索隐》云，松兹，在庐江。(《中国古今地名大辞曲》云，松兹即今安徽省宿松县)。

祝兹侯国的封疆不大，属汉初的"小侯"。《史记·卷十七·表》云："汉兴以来，诸侯稍微，大国不过十余城，小侯不过数十里，上足以奉贡职，下足以供养祭祀，以藩辅京师"。祝兹侯国就是受封时由临近大邑析置的。祝兹侯只封过上述两个，国除以后祝兹城沦为一般村镇。其具体位置，史籍所记均在今柏乡(村)。《水经注》载："胶水经祝兹县，故城是也"。《山东通志·疆域志·古迹》载："祝兹故城在州(胶州)西南柏乡集"。民国版《增修胶志·历代城池建置图》标注的位置亦在柏乡(村)。据现场考察，故址在今柏乡三村西南部，柏乡水库北岸。该地片名"西南盖子"，是高出周围的小土埠，南北长约300米，东西宽约200米，面积约60,000平方米。当地村民多在此取土，据称土质肥沃，有许多残砖碎瓦。此处曾出土不少文物，多为陶器，有完整的陶鼎、陶罐、陶匜、陶盆等，经鉴定均系汉代遗物，此外还有部分石器，如石凿、石杵等。1983年当地农民在遗址西北边缘(推断为古墓葬)又发现较大汉陶鼎、陶匜各一件。

(摘自1991版《胶南地名志》)

张 仓 镇

金置胶西三镇①(张仓、梁乡、陈村)之一。位于今胶南市城区西北7.5公里、铁橛山东南部，濒风河。

金、宋对峙时期，山东南部沿海地带为金统治不稳定地区，南宋从海上不断来袭。②为加强对该地区的统治，金世宗大定二十九年(公元1189年)在胶西县建立了张仓、梁乡、陈村三镇，"皆可为守备之事"。镇设督监，综理军政事务。当时金又于板桥镇(后为胶西县)设立"榷场"，与宋互市③，张仓也是当时的榷场之一。民国版《增修胶志·金石上》载："张仓镇铜记，面铸篆文八字'张仓镇商酒盐场记'，背凿正书二行，'正隆元年(公元1156年)五月秘府监造'。按：张仓，胶西县三镇之一，场则榷场，常其地酒盐税务而总其榷于商，故有此记也"。"张仓"一名的由来，当与榷场设有酒、盐仓库有关。

明代为防倭寇，于沿海设立卫所。此地虽不近海，但其地扼胶州千户所通夏河寨千户所之孔道，又背靠铁橛山，为战略要地，因而仍设有墩台[4]（墩台故址在原铁山乡政府会堂以西公路通过处），一旦海防有失，与西南纪家店墩台互为犄角，可为第二道防线。清代此地属利民乡，称张仓社，有集市，并建有预备仓，属乡仓之一[5]。原胶（州）新（浦）公路开通前，张仓为胶县通往泊里的必经之地。今为铁山街道办事处驻地，是当地政治、经济、文化中心。

注：

①《金史·地理》：胶西，镇三：张仓、梁乡、陈村。

②见《古镇营简考》附注。

③《金史·卷四十九·食货志》："'榷场'，与敌国互市之所也。皆设场官，严厉禁，广屋宇，以通两国之货。"

④清乾隆版《胶州志·兵防》烟墩共八处：王台、张仓、纪家店……。

⑤民国版《增修胶志·建置》仓库。按：预备仓即社仓，又名义仓。清康熙十八年题准地方官劝谕官绅士民捐输米谷，乡村社仓，以备荒年。

（摘自1991版《胶南地名志》）

古 镇 营

金梁乡镇故址。[1]位于胶南市城区西南7公里处。

金与南宋对峙时期，山东东南沿海为双方拉锯地带。[2]为加强统治，金世宗大定二十九年（1189年）在胶西县设立了梁乡、张仓、陈村三镇。《金史·地理》载："胶西镇三：张仓、梁乡、陈村"。陈村位于北部，张仓位于中部，梁乡位于南部海口，"皆可为守备之事"。梁乡镇地处古镇口湾北岸，地势险要，实为海防重地。清乾隆手抄本《灵山卫志·海汛》云："古镇口在大珠山西南海道以西。其北岸多礁石，船不敢近，商船重载，必停海中，用小船拨运；一遇东南风起，则拔锚他徙，顷刻难停"。镇设督监一员，管理军政事务。[3]

元代此地是否设镇未见记载。明代为防御倭寇，沿海设立卫所，筑墩台戍守。此处设有巡检司[4]，筑台驻兵，建大型炮台一座，置竹节炮二门，"镇海侯"大炮一门。属灵山卫统辖，始称古镇口。清代倭患消除，卫、所裁撤，[5]古镇口改设外委把总一员，驻防马兵二名，步兵十四名。道光年间改古镇口为古镇营。道光二十年（1840年）鸦片战争时重修炮台（南北长约25米，东西宽约20米，高约9米），以防御英帝国主义入侵。清宣统年间分为东古镇营、西古镇营两村。民国元年守兵裁撤。

注：

①据《中国历史地图集》第六册55～56页金《京东东路·京东西路》图标注，梁乡镇位于今古镇营位置。又据《中国古今地名大辞典》梁乡镇：金置，在今山东胶县西南一百二十里。据民国版《增修胶志·历代城池建置图》金：梁乡镇则位于汉祝兹故城北，在今胶州境内。今从《中国历史地图集》。

②民国版《增修胶志·大事记》宋绍兴三十一年（1161年）浙西副总管李宝败金人舟师于陈家岛一线，降其众三千余人，斩其帅完颜郑家。

③民国版《增修胶志·历代职官表》。

④乾隆版《胶州志·建置》；《灵山卫》。

⑤《增修胶志·大事记》；《胶州志·兵防》。

（摘自1991版《胶南地名志》）

信 阳 镇

金置诸城县三镇（普庆、信阳、草桥）之一。[1]位于胶南西南沿海，距县城35公里。原为信阳镇人民政府驻地，烟（台）上（海）公路（204国道）经此。

金以前信阳为山东南部盐场，称信阳场。《金史·卷四十九·食货志·盐》载："山东沧州之场九，……莒州之场十二。信阳场行密州（今诸城、胶州、高密、安丘）。"金统治时期，偏安南方的南宋从海上不断来此袭扰，[2]为了加强防御，金世宗大定二十九年（1180年）于胶西、诸城各设置三镇，"皆可为守务之事"。信阳既是盐场，又是诸城沿海三镇之一，驻有镇督监一员，综理军政事务。[3]元代此地仍为盐场，属胶莱、莒密司盐使八场之一，还设立了信阳场巡检司以防倭寇，[4]驻有盐课大使及巡检各一。明代仍设信阳镇巡检司（曾驻程家集，即今泊里（村）），盐课大使增为正副各一人，终明之世未变。

清初，信阳仍设场盐课大使及巡检司〔称南

(龙湾)信(阳场)巡检司〕。巡检司除负责海防墩台守瞭外,[5]还兼管征收部分“额外杂税”。清乾隆版《诸城县志·田赋》载:“其额外杂税……领之南(龙湾)信(阳场)巡检司者曰豆船税……”。“雍正八年又定该员(盐课大使)催征盐课钱粮之例与州县地丁同”。道光十一年(1831年)裁撤信阳盐课大使,归涛雒场兼管,又裁撤信阳场巡检司,[6]此地仍称信阳场,属信阳练。

解放后,因附近的参游场改称大场,信阳场遂改名小场。

《山东通志·疆城志·古迹》载:“信阳镇在县(诸城)东南一百五十里,宋旧镇。”

注:

①《金史·地理志》诸城,镇三:普庆、信阳、草桥。

②据《中国历史地图集》第六册55~56页金《京东东路·京东西路》图标注,梁乡镇位于今古镇营位置。又据《中国古今地名大辞典》梁乡镇:金置,在今山东胶县西南一百二十里。据民国版《增修胶志·历代城池建置图》金:梁乡镇则位于汉祝兹故城北,在今胶州境内。今从《中国历史地图集》。

③民国版《增修胶志·历代职官表》。

④清乾隆版《诸城县志·职官表》、民国版《增修胶志·元职官表》。

⑤清乾隆版《诸城县志·田赋》。

⑥清乾隆版《诸城县志·武备》。

(摘自1991版《胶南地名志》)

草 桥 镇

金置诸城县三镇(普庆、信阳、草桥)之一。位于泊里镇西北2.5公里,塔山东南麓,距胶南市区28公里。

金与南宋对峙期间,金虽占有北方大片领土,但山东东南沿海常受到南宋水师袭击。为了加强统治,金世宗大定二十九年(1189年)在临海的胶西(今胶州)、诸城各设三镇,草桥是其中之一。据《中国历史地图集》第六册《金·山东东路·山东西路图》标注,其位置大致在今泊里(村)西北侧。又据《山东通志·疆城志·古迹》载,诸城县镇三:信阳、普庆、龙湾,龙湾镇在县(诸城)东南一百一十五里。1931年版《中国古今地名大辞典》载:“草桥镇,金置,在今山东诸城县东南一百二十里”。据此,古草桥镇当在今泊里镇草桥村附近。而《山东通志》所称诸城三镇中的龙湾镇其名与其他文献不符,究属何因,有待识者考。

元、明两代,草桥镇名称已不再见于史籍。据《中国历史地图集》第八册《山东》图村注,草桥村清代为“草桥社”,其位置基本与今村址合。道光版《诸城县续志·疆域》称泊里练草桥村。可见此时草桥古镇已变成普通村庄,因该村几经迁徙,其故址确切位置,待学者查考。

(摘自1991版《胶南地名志》)

柜[①] 县

西汉县名。《中国历史地图集》第二册36~37《西汉·豫州·兖州·徐州、青州刺史部图》标注位置为北纬36°05′、东经119°58′,民国版《增修胶志·历代城池建置图》标绘位置与《中国历史地图集》同,与今王台镇王台(村)位置基本吻合,略偏西北。《增修胶志·古迹》载:“柜城在治南四十五里,洋水之南。《汉志》:琅玡县,柜艾水东入海。《水经注》:柜艾水出柜艾山,东北流经柜县故城西。王莽之祓同也,世谓之王城。又谓是水为洋水矣,又东入海。今其地仍名王城,而社讹为王昌矣。”清代顾炎武著《山东考古录》及叶圭绶著《续山东考古录》的有关记述均与《水经注》相符。该县于东汉省。

经实地考察,王台附近有三处遗址,疑为柜城故址。一是王台(村)西北至辛庄河南。1973年王台(村)整地改土时,曾于此处挖出不少汉代砖瓦和铜器,其中五铢钱、刀币、剑、鼎等二百余斤。二是王台(村)西南3.5公里处的前营村曾出土大量汉代残碎砖瓦和马骨等,且该村有棋盘地、石门等地片名称。三是王台(村)东北3.5公里巨洋河转弯处,有一约1,000平方米的古建筑遗址,往年河水常冲出一些古器,有铜剑、古瓶、盆、碗等。柜县故城址确切位置尚待查考。

注:

①柜,音“jǔ”,即柜柳,一名元宝枫,俗称平柳。

(摘自1991版《胶南地名志》)

编 后 记

百余万字的《胶南市志》付梓之时，作为编者心中感慨万千。多年的笔耕不辍，多年的无怨无悔，多年的坚持相守，多年的默默奉献，一次次的审改，每章每节的推敲斟酌，无不饱含着史志同仁的心血与汗水。

2001年5月，根据山东省、青岛市关于做好新一轮地方志续修工作的要求，胶南市开始启动续修《胶南市志》工作，成立了由市委书记任名誉主任、市长任主任的市史志编纂委员会，组建了史志办公室，确定了全市续修志工作总体思路，制定了史志工作五年规划。随后，在全市广泛动员，续修志工作稳步推进。2004年，因受区划调整因素影响，为将《胶南市志》下限延至划区年份，续修志工作暂停，转向资料收集与其它专业资料编纂。2012年4月，胶南市与原黄岛区撤销，合并成立新黄岛区，市政府办公室主任李福斌针对当时续修志工作的紧迫性与重要性，要求重启续志工作，并在人员、经费和工作条件等方面给予大力支持。是年5月召开全市重启续修《胶南市志》会议，对续修志工作全面动员部署。市史志办在重新修订志书篇目结构的基础上，针对资料收集、编写初稿等环节，加强了对基层修志工作的指导和督促。同时聘请原市史志办主任彭煜文担任总顾问，对整部志书编纂业务进行全程指导。2015年12月，各承编单位基本完成初稿并上报。2016年4月，通过整理、编纂完成《征求意见稿》，并印发至全区有关领导、各部门单位和社会各界广泛征求意见。在此基础上，我们根据反馈的意见建议对市志稿进行进一步的补充、修改和完善，完成《胶南市志》送审稿。6月份召开了由青岛市史志办领导及方志界专家参加的第一次志稿评审会，对志稿从总体上进行了审评和指导。11月份，根据青岛评审会议提出的指导意见，经过认真梳理，再次全面调整、修改、补充和提升，形成《胶南市志》终审稿报青岛市史志办审批。12月14日召开第二次评审会议，一致认为：《胶南市志》终审稿设置科学、归属得当、结构合理、体例严谨、资料翔实、内容齐全、特色鲜明，文字朴实、精炼、流畅，达到出版要求。是月，青岛市史志办批准出版。

编史修志是一项浩繁工程。它纵贯古今、横及百科，需要全社会参与，众手成志。所幸《胶南市志》在编纂过程中，各届党委、政府高度重视，各级领导大力支持。区委书记王建祥、区长李奉利联袂为该志作序，先后有分管市志工作的原胶南市副市长刘淑岚、市长助理刘凤光、副市长姜巧珍、唐旭艳、赵兴绩及副区长柴方利、张磊娜等领导对市志的编修提出要求，并经常调度编修情况。省、青岛市史志办的领导在业务上给予了诸多具体的指导和鼓励。部分区级领导及原胶南市退休老干部和社会各界为志书提出了许多宝贵意见建议。在终审稿的修改过程中，区管委办公室主任傅跃鑫提出要进一步提炼完善志稿，确保编纂一部严谨、朴实、科学的资料汇集，力求经世致用。史志办的全体同志，面对区划调整造成的编志队伍不稳定、档案资料缺失等不利因素，迎难而上，积极作为，主动协调相关部门单位查档案、补资料，并经过多方考证、仔细核对、精心打磨，志稿得以充分完善。特邀的彭煜文和借调的山桂春等同志字斟句酌，精心推敲，为高质量完成志书总纂倾注全力。聘请的王丰业、庄奎太、宋新光等参加了前期资料的整理工作。各镇街及区属各部门、单位及驻区各单位积极参与，撰稿人员认真负责，为续志总纂合成打下良好基础。借此机会，谨向所有关心、支持和参与《胶南市志》编纂工作的单位及人士，致以崇高的敬意和诚挚的感谢！

今欣逢盛世，有幸参加修志，无比荣光，同时也感到责任重大，战战兢兢，诚惶诚恐，不敢丝毫懈怠。但我们毕竟缺少经验，才识疏浅，错漏之处在所难免，恳请领导、学者、同行及社会各界人士斧正。

编　者

2018年10月